国家建筑标准设计图集　R4（三）

动力专业标准图集

室外热力管道安装

（2007年合订本）

批准部门：　中华人民共和国建设部

组织编制：　中国建筑标准设计研究院

中国计划出版社

图书在版编目（CIP）数据

国家建筑标准设计图集．动力专业标准图集．室外热力管道安装：2007年合订本．R4，3/中国建筑标准设计研究院组织编制．—北京：中国计划出版社，2007.1
ISBN 978-7-80177-779-9

Ⅰ．国… Ⅱ．中… Ⅲ．①建筑设计—中国—图集②供热管道—市政工程—工程施工—中国—图集 Ⅳ．TU206 TU995-64

中国版本图书馆CIP数据核字（2007）第012140号

国家建筑标准设计图集
动力专业标准图集
室外热力管道安装
（2007年合订本）
R4（三）
中国建筑标准设计研究院 组织编制
（邮政编码：100048 电话：010-68799100）
☆
中国计划出版社出版
（地址：北京市西城区木樨地北里甲11号国宏大厦C座3层）
北京强华印刷厂印刷

787mm×1092mm 1/16 43.5印张 163千字
2007年1月第1版 2019年4月第8次印刷
☆
ISBN 978-7-80177-779-9
定价：170.00元

目　　录

GUOJIAJIANZHUBIAOZHUNSHEJI 05R410

国家建筑标准设计图集 **05R410**

热水管道直埋敷设

中国建筑标准设计研究院

关于批准《混凝土小型空心砌块墙体建筑构造》等十四项国家建筑标准设计的通知

建质[2005]118号

各省、自治区建设厅，直辖市建委，解放军总后营房部，新疆生产建设兵团建设局，国务院有关部门：

经审查，批准由中国建筑标准设计研究院、总参三部设计研究所等九个单位编制的《混凝土小型空心砌块墙体建筑构造》等十四项标准设计为国家建筑标准设计。该十四项标准设计自2005年9月1日起实施。

原《混凝土小型空心砌块墙体建筑构造》（02J102-1）、《上悬钢天窗》（95J815）、《中悬钢天窗》[00J618(一)]、《平天窗》（96SJ811）、《钢天窗架建筑构造》（00J623-1）、《混凝土小型空心砌块墙体结构构造》[SG613-1～2（1998年合订本）、96(03)SG613-1～2]、《矩形钢筋混凝土清水池（有效容积50m³～4000m³）》（96S823～96S833、96S836～96S838）标准设计同时废止。

附件：国家建筑标准设计名称及编号表

中华人民共和国建设部

二00五年七月五日

“建质[2005]118号”文批准的十四项国家建筑标准设计图集号

序号	图集号	序号	图集号	序号	图集号	序号	图集号	序号	图集号	序号	图集号	序号	图集号
1	05J102-1	2	05J621-1	3	05J623-1	4	05SJ810	5	05SG110	6	05G613	7	05SG811
8	05SS522	9	05S804	10	05SS905	11	05SK605	12	05R410	13	05R501	14	05SDX007

热水管道直埋敷设

批准部门	中华人民共和国建设部	批准文号	建质[2005]118号
主编单位	北京市热力工程设计公司 全国工程建设标准设计动力专家委员会	统一编号	GJBT-876
实行日期	二00五年九月一日	图集号	05R410

主编单位负责人 刘静 舒世安
主编单位技术负责人 董乐义 张兴锟
技术审定人 牛小化 朱彤
设计负责人 张书臣 王岩敏 宋盛华

目录

图名	页

目 录 （二）						图集号	05R410
审核	牛小化	校对	宋盛华	设计	张书臣	页	2

图名	页

目录(三)						图集号	05R410
审核	牛小化	校对	宋盛华	设计	张书臣	页	3

总说明

随着我国经济建设的迅速发展和人民生活水平的不断提高，供热工程的规模和能源需求量越来越大，供热管道敷设形式也出现了多样化。在供热管道的各种敷设方式中，直埋敷设以其占地少、施工周期短、维护管理费用少、热损失小等特点，近几年得到很大发展。为了方便直埋敷设管道的设计、施工、安装，使其更广泛地应用于供热工程中，经建设部批准，由北京市热力工程设计公司（现改名为北京市特泽热力工程公司）与全国工程建设标准设计动力专家委员会共同编制《热水管道直埋敷设》图集（以下简称《图集》），供从事供热工程的设计、施工安装和其它相关人员使用。

1. 《图集》的适用范围

1.1 本图集适用于钢制内管、保温层和保护壳结合为一体的预制保温直埋热水管道。

1.2 供热介质：热水。

1.3 供热参数：P≤1.6MPa，供热介质温度≤150°C。

1.4 管道管径范围：公称直径小于或等于DN500。

1.5 回填料为砂土。

1.6 对于地震区、湿陷性黄土地区，膨胀土地区及寒冷地区冰冻线以上等条件下的热力管道需直埋敷设时，应遵守相应的规范。

2. 《图集》的编制内容及特点

2.1 给出了直埋敷设预制保温管道依据《城镇直埋供热管道工程技术规程》CJJ/T81-98(以下简称《规程》)计算的有关数据。

2.2 提供了直埋敷设预制保温管道施工和安装方面的内容。

2.3 编制了直埋预制保温管道及其管件的相关资料。

2.4 给出了直埋供热管道系统的一般布置方式。

2.5 给出了直埋管道敷设方式的特点及适用范围。

2.6 图集第7页给出了设计过程中相关数据的选用方法，供使用者参考。

3. 《图集》编制遵循的的规范标准

3.1 《城镇直埋供热管道工程技术规程》CJJ/T81-98

3.2 《城市热力网设计规范》CJJ34-2002

3.3 《城镇供热管网工程施工及验收规范》CJJ28-2004

3.4 《采暖、给水、排水工程施工及验收规范》GB50242-2002

3.5 《现场设备、工业管道焊接工程施工及验收规范》GB50236-98

3.6 《工业金属管道设计规范》GB50316-2000

3.7 《室外给水、排水和煤气热力工程抗震设计规范》GB50032-2003

3.8 《湿陷性黄土地区建筑规范》GBJ25-90

3.9 《膨胀土地区建筑技术规范》GBJ112-87

3.10 《压力容器安全技术监察规程》质技监局锅发[1999]154号

3.11 《钢制压力容器》GB150-1998

3.12 《高密度聚乙烯外护管聚氨酯泡沫塑料预制直埋保温管》CJ/T 114-2000

3.13 《高密度聚乙烯外护管聚氨酯硬质泡沫塑料预制直埋保温管件》CJ/T 115-2001

4. 《图集》选用需注意的事项

4.1 设计选用的预制直埋保温管的性能必须满足相应的规范要求。

4.2 本图集仅给出施工安装过程中需注意的主要问题，施工单位应根据相关规范要求，制定具体的施工方案。

4.3 本图集中数据仅适用于表中所列规格的预制直埋保温管，当选用其它规格的预制直埋保温管时，各表中数据应重新计算。

4.4 各数据表中的空白处，若无特殊说明，均表示该种管径的管道在此埋深时不满足《规程》规定的最小管顶覆土深度，故无数据。

4.5 本图集编制时依据的国家标准规范和行业标准均为现行有效正式版本。由于各标准规范和行业标准会定期修改，因此，用户在选用本图集时，对于涉及标准和规范，应根据使用年代的相关标准规范的现行有效版本进行，必要时应作相应的修改。

4.6 本图集编制过程中选用的计算公式均取自《规程》，用户在核算时应注意与《规程》规定的单位一致。在本图集中，为了符合工程使用习惯，将管道的内外径等相关参数的单位取为mm。

总说明（二）						图集号	05R410
审核	牛小化	校对	王淑敏	设计	左贤龄	页	5

热水直埋管道敷设方式的特点及适用范围

温度应力控制方法	优 点	缺 点	适用范围
无补偿冷安装	1.安装简单 2.无预热或额外补偿器的费用 3.管道的锚固段长 4.施工周期短	1.高轴向应力，管壁局部屈曲危险性大 2.在膨胀区域中的首次膨胀量最大 3.必须注意平行开沟，防止轴向失稳	介质温度≤150°C,且安装温度≥10°C的保温管道敷设工程
敞开式预热安装	1.轴向应力水平较低，管壁局部屈曲危险性降低 2.无额外补偿器的费用 3.管道锚固段较长	1.预热时必须使沟槽敞口 2.需要临时预热热源 3.施工周期长	大口径管道，敷设在郊外允许敞槽施工、且具有临时热源的工程
一次性补偿器覆土预热安装	1.轴向应力水平低，管壁局部屈曲危险性降低 2.管道锚固段较长 3.预热前部分沟槽可回填	需投入补偿器的费用	市内街道中心、交通要道、地下水位高、且地下水中氯离子含量高的地段
补偿弯管或补偿器安装	降低了轴向应力，局部屈曲危险性降低	1.补偿装置需额外费用 2.补偿器维修工作量大 3.固定墩数量多	为保护管网薄弱部件、减小固定墩推力的场合

序号	设计内容	应力分析内容	计算或选用依据	图集内容	不满足管道强度条件时的技术措施或要求
1	管线路由	管道稳定性条件	1.《规程》中表3.1.1 2.《规程》中表3.1.2 3.《规程》中4.6“管道竖向稳定性验算”	1.确定设计管线的平面走向，水平管道安装见50～52页图 2.用14页表查管道竖向稳定性验算结果	管道埋深符合竖向稳定性要求时，查《规程》中表3.1.2，确定管道覆土深度
2	直管段	锚固段安定性条件	《规程》中公式4.3.5－1及4.3.5－2	1.查12页表判定管系中锚固段是否安定 2.查15页表确定管系在不满足安定性条件时设计布置的过渡段最大长度，其作用按《规程》条文说明的4.3的要求应用	1.增加覆土深度 2.增加钢管壁厚 3.设补偿装置，减小轴向力 4.利用自然补偿或设置补偿装置，控制过渡段长度
		锚固段稳定性条件	《规程》4.6中公式	用14页表查管道竖向稳定性验算结果，验证锚固段是否稳定	
		过渡段	《规程》中公式4.3.2－1及4.3.2－2	查16～21页表直管过渡段最大及最小长度，作为直管过渡段工作状态的两项判据，是管道计算中的重要边界条件，其用法按《规程》4.3.1～4.3.4公式及条文说明的4.3的要求应用	
3	弯头及90°转角管段	弯头疲劳分析条件	1.《规程》中4.4.4、4.4.5 2.《规程》中附录C中各公式	1.查32～36页表90°水平转角管段的最大及最小过渡段长度，作为计算水平转角管段弯头的升温轴向力的判据，是确定弯头的升温轴向力变化时水平转角管段平均计算臂长的边界条件，具体做法按《规程》附录C的要求 2.查37～43页表90°水平转角管段循环工作状态下的过渡段长度，作为计算水平转角管段弯头弯矩变化范围的判据，是确定弯头弯矩变化时平均计算臂长的最大值，具体做法按《规程》附录C的要求 3.查44～49页表90°水平转角管段弯头弯矩变化范围的最大平均计算臂长，作为90°水平转角管段两侧设计布置臂长 4.进行弯头的强度验算	1.增大曲率半径，减小应力集中 2.设固定墩或补偿器，控制臂长
4	三通	三通疲劳分析条件	1.《规程》中附录D 2.《规程》中3.2.5的规定	80～86页图给出了三通的加固方案	1.采用加固三通 2.在主管或支管上设固定墩 3.在主管或支管上设补偿装置
5	阀门	阀门是否需要保护	《规程》中3.3.1的规定	67～70页图给出了阀门井的做法	1.采用钢制焊接阀门 2.设固定墩 3.设补偿装置
6	补偿器	计算补偿量设置膨胀区	1.《规程》中公式4.3.2－1及4.3.2－2 2.《规程》中公式4.3.7－1～4.3.7－3	1.查16～21页直管过渡段最大及最小长度，是确定直管段热伸长量的边界条件；查22～27页直管段最大位移量，确定管道的热伸长量 2.60～64页给出了补偿器的布置图	
7	固定墩	计算固定墩的受力	1.《规程》中附录E 2.《规程》中公式4.3.4	1.表13给出了锚固段内的轴向力 2.73～76页图给出了固定墩的做法	在固定墩附近设补偿装置

热水直埋管道设计计算说明						图集号	05R410
审核	左贤龄	校对	牛进才	设计	王淑敏	页	7

符号	术语	符号	术语	符号	术语
A	钢管管壁的横截面积(m^2)	Lc1(Lc2)	水平转角管段的计算臂长(m)	ρ	土壤密度(kg/m^3)
Ao	钢管的内横截面积(m^2)	Lt	水平转角管段循环工作状态下的过渡段长度(m)	φ	土壤内摩擦角(°)
C	土壤横向压缩反力系数(N/m^3)	Lt.max	水平转角管段的过渡段最大长度(m)	ψ	基本许用应力修正系数
Dc	预制直埋保温管外壳的外径(mm)	Lt.min	水平转角管段的过渡段最小长度(m)	μ	土壤摩擦系数
Di	钢管内径(mm)	Na	锚固段内的轴向力(N)	δ	钢管公称壁厚(mm)
Do	钢管外径(mm)	n	屈服极限增强系数	δ_t	管道的理论计算壁厚(mm)
E	钢材的弹性模量(MPa)	Pd	管道的计算压力(MPa)	δ_c	管道的计算壁厚(mm)
Fmax	管道最大单长摩擦力(N/m)	R	弯管的曲率半径(m)	ν	钢材的泊松系数
Fmin	管道最小单长摩擦力(N/m)	ΔL	直管段中任一点处的位移量(mm)	$[\sigma]$	钢材的基本许用应力(MPa)
g	重力加速度(m/s^2)	ΔLmax	直管段的最大位移量(mm)	σ_s	钢材在计算温度下的屈服极限最小值(MPa)
H	管顶覆土深度(m)	t_0	管道的计算安装温度(°C)	σ_t	管道内压引起的环向应力(MPa)
Ip	管道横截面的惯性矩(m^4)	t_1	管道工作循环最高温度(°C)		波纹管补偿器
L1(L2)	L型转角管段的两侧臂长(m)	t_2	管道工作循环最低温度(°C)		阀门
Le	用弹性抗弯铰解析法进行计算时L型弯管的最小臂长(即弹性臂长)(m)	ΔT	t_1-t_0 (°C)		球阀
		ΔT'	t_1-t_2 (°C)	×	固定墩
Lmax	管道过渡段最大长度(m)	ΔTy	管道的屈服温差(°C)	●	固定点、驻点或锚固点
Lmin	管道过渡段最小长度(m)	ΔT'max	管系中有锚固段存在时的最大允许循环温差(°C)		
Lcm	水平转角管段的平均计算臂长(m)	α	钢材的线膨胀系数(m/m·°C)		

说明：1.表中所列符号和术语中，单位是mm的，在按《规程》中的公式进行计算时，均改为以m为单位。

2.本图集所使用的钢材的材质为Q235，如果设计人员所选用的钢材材质与本图集有所不同，则应另行计算。

3.在本图集的计算过程中，部分常量的取用值如下：

$C=5X10^6(N/m^3)$；$E=19.6X10^4(MPa)$；$Pd=1.6MPa$；$\alpha=12.6X10^{-6}(m/m\cdot°C)$；$\rho=1800(kg/m^3)$；

$\varphi=30°$；$\nu=0.3$；$[\sigma]=125MPa$；$\sigma_s=235MPa$；$g=9.8m/s^2$；$n=1.3$；μ：最大值取0.4，最小值取0.2。

术语和符号						图集号	05R410
审核	牛小化	校对	宋盛华	设计	张书臣	页	8

公称直径 DN		50	65	80	100	125	150	200	250	300	350	400	450	500
钢管外径 Do(mm)		57	76	89	108	133	159	219	273	325	377	426	478	529
基本许用应力修正系数ψ	管道的理论计算壁厚δ_t(mm)及计算壁厚δ_c(mm)													
0.60	δ_t	0.602	0.802	0.939	1.140	1.404	1.678	2.311	2.881	3.430	3.979	4.496	5.045	5.594
	δ_c	1.102	1.302	1.439	1.640	1.904	2.178	2.811	3.480	4.230	4.780	5.296	5.845	6.394
0.75	δ_t	0.482	0.643	0.753	0.914	1.125	1.345	1.853	2.310	2.750	3.190	3.604	4.044	4.476
	δ_c	0.982	1.118	1.253	1.414	1.625	1.845	2.453	2.910	3.550	3.990	4.404	4.844	5.284
0.80	δ_t	0.452	0.603	0.706	0.857	1.056	1.262	1.738	2.167	2.579	2.992	3.381	3.794	4.198
	δ_c	0.952	1.103	1.206	1.357	1.556	1.762	2.338	2.767	3.379	3.792	4.181	4.594	4.998
0.85	δ_t	0.426	0.568	0.665	0.807	0.994	1.188	1.637	2.040	2.429	2.817	3.184	3.572	3.961
	δ_c	0.926	1.046	1.165	1.307	1.494	1.688	2.437	2.840	3.229	3.427	3.984	4.372	4.761
0.90	δ_t	0.403	0.534	0.628	0.763	0.939	1.123	1.546	1.928	2.295	2.662	3.008	3.375	3.742
	δ_c	0.903	1.016	1.128	1.263	1.439	1.623	2.146	2.528	3.095	3.462	3.808	4.175	4.542
1.00	δ_t	0.363	0.483	0.566	0.687	0.846	1.011	1.393	1.736	2.067	2.397	2.709	3.040	3.370
	δ_c	0.863	0.983	1.066	1.187	1.346	1.511	1.993	2.336	2.867	3.197	3.509	3.840	4.170

说明：

1. 管道的理论计算壁厚：$\delta_t=\dfrac{PdDo}{2[\sigma]\psi+Pd}$(m)。(《规程》4.2.1公式)

2. 管道的计算壁厚：$\delta_c=\delta_t+B$；(《规程》4.2.3-1公式)，式中：B-管道的壁厚附加值(m)，按《规程》选取。

3. 管道的取用壁厚应采用大于或等于计算壁厚的最小公称壁厚。可选用的管道常用壁厚值见本图集第10页。

管道管壁计算厚度						图集号	05R410
审核	牛进才	校对	石中东	设计	李建民	页	9

公称直径 DN		50	65	80	100	125	150	200	250	300	350	400	450	500
一般无缝钢管	外径(mm)	57/60	76	89	108/114	133/140	159/168	219	273	325	377	426	480	530
	常用壁厚(mm)	3	3.5	3.5	4	4	4.5	6	7	8	9	9	9	9
		3.5	4	4	4.5	4.5	5	8	9	11	12	10	11	12
		4	4.5	5	6	5	7	10	12	14	15	13	15	16
螺旋缝电焊钢管	外径(mm)	/	/	/	/	/	/	219	273	325	377	426	478	529
	常用壁厚(mm)	/						7、8、9、10						
直缝卷制电焊钢管	外径(mm)	/	/	/	/	/	159	219	273	325	377	426	480	530
	常用壁厚(mm)	/	/	/	/	/	4.5	6	6	6	6	6	6	6
		/	/	/	/	/	6		8	8	9	9	9	9

说明：斜杠表示常规情况下，无此规格的管材.

管道常用壁厚表						图集号	05R410
审核	牛小化	校对	宋盛华	设计	张书臣	页	10

公称直径 DN		50	65	80	100	125	150	200	250	300	350	400	450	500
保温管外径 Dc(mm)		125	140	160	200	225	250	315	400	450	500	560	600	655
管顶覆土深度 H(m)		最大单长摩擦力Fmax和最小单长摩擦力Fmin (N/m)												
0.6	Fmax	1836	2079	2412	3103	3554	4018	5289						
	Fmin	918	1040	1206	1552	1777	2009	2645						
0.7	Fmax	2113	2390	2766	3547	4052	4572	5988	7980	9227				
	Fmin	1056	1195	1383	1773	2026	2286	2994	3990	4614				
0.8	Fmax	2390	2700	3121	3990	4551	5126	6686	8867	10225	11638	13407		
	Fmin	1195	1350	1561	1995	2276	2563	3343	4433	5112	5819	6703		
0.9	Fmax	2667	3010	3476	4433	5050	5680	7384	9754	11222	12746	14648	15960	17823
	Fmin	1333	1505	1738	2217	2525	2840	3692	4877	5611	6373	7324	7980	8911
1.0	Fmax	2944	3321	3830	4877	5549	6234	8082	10640	12220	13854	15889	17290	19275
	Fmin	1472	1660	1915	2438	2774	3117	4041	5320	6115	6927	7945	8645	9637
1.1	Fmax	3221	3631	4185	5320	6048	6789	8781	11527	13217	14963	17131	18620	20727
	Fmin	1611	1815	2903	2660	3024	3394	4390	5763	6609	7481	8565	9310	10364
1.2	Fmax	3498	3941	4540	5764	6546	7343	9479	12414	14215	16071	18372	19950	22178
	Fmin	1749	1971	2270	2882	3273	3671	4739	6207	7107	8036	9186	9975	11089
1.3	Fmax	3775	4252	4894	6207	7045	7879	10177	13300	15212	17180	19613	21280	23630
	Fmin	1888	2126	2447	3103	3522	3949	5089	6650	7606	8590	9807	10640	16815
1.4	Fmax	4052	4562	5249	6650	7544	8451	10875	14187	16210	18288	20855	22610	25082
	Fmin	2026	2281	2625	3325	3772	4226	5438	7093	8105	9144	10427	11305	12541
1.5	Fmax	4330	4872	5604	7094	8042	9005	11574	15074	17207	19396	22096	23940	26534
	Fmin	2165	2436	2802	3547	4021	4503	5787	7537	8604	9698	11048	11970	13267

说明：

1.本表为轴线方向每米管道的最大及最小摩擦力。

2.计算公式：$F=\pi \rho g \mu (H+Dc/2)Dc$ (N/m)。(《规程》4.1.4公式)

3.计算Fmax时，μ取0.4；计算Fmin时，μ取0.2。

管道单长摩擦力								图集号	05R410
审核	牛进才		校对	石中东		设计	李建民	页	11

公称直径 DN	50	65	80	100	125	150	200	250		300		350		400		450		500	
钢管外径 Do(mm)	57	76	89	108	133	159	219	273		325		377		426		478		529	530
钢管壁厚 δ(mm)	3.5	4.0	4.0	4.0	4.0	4.5	6.0	6.0	7.0	7.0	8.0	7.0	9.0	7.0	9.0	7.0	9.0	7.0	10.0
管道屈服温差ΔTy(°C)	120.5	119.8	119.1	118.0	116.6	116.1	115.9	113.8	115.3	113.6	114.9	111.9	114.7	110.4	110.4	108.7	112.1	107.0	112.1
锚固段最大允许循环温差ΔT'max(°C)	148.6	148.0	147.3	146.2	144.8	144.3	144.0	142.0	143.5	141.8	143.1	140.1	142.8	138.5	141.6	136.8	140.3	135.2	140.3
L型弯管的Le值 (m)	1.7	2.1	2.3	2.5	2.9	3.3	4.2	4.7	4.9	5.4	5.6	5.9	6.3	6.3	6.7	6.8	7.2	7.2	7.8

说明：

1.管道的屈服温差计算公式：$\Delta Ty=\frac{1}{\alpha E}[n\sigma_s-(1-\nu)\sigma_t]$ (°C)，其中$\sigma_t=\frac{P_d D_i}{2\delta}$ (MPa)。(《规程》4.3.1−1、4.3.1−2公式)

2.锚固段内最大允许循环温差计算公式：由《规程》4.3.5−1公式 $\sigma_j=(1-\nu)\sigma_t-\alpha E(t_2-t_1)\leqslant 3[\sigma]$ 推导出：$\Delta T'max=\frac{3[\sigma]-(1-\nu)\sigma_t}{\alpha E}$ °C

3.L型弯管弹性臂长Le值是指用弹性抗弯铰解析法进行计算时的最小臂长，计算公式：

L_1(或L_2)$\geqslant 2.3/\kappa$ (m)，$\kappa=\sqrt[4]{\frac{DcC}{4EIp*10^6}}$ (1/m)。(《规程》4.4.2−1、4.4.2−2公式)

管道屈服温差、锚固段的最大允许循环温差及L型弯管弹性臂长Le							图集号	05R410
审核	董乐义	董乐义	校对	宋盛华	宋盛华	设计	张书臣	张书臣	页	12

公称直径 DN	50	65	80	100	125	150	200	250		300		350		400		450		500	
钢管外径 Do(mm)	57	76	89	108	133	159	219	273		325		377		426		478		529	530
钢管壁厚 δ(mm)	3.5	4.0	4.0	4.0	4.0	4.5	6.0	6.0	7.0	7.0	8.0	7.0	9.0	7.0	9.0	7.0	9.0	7.0	10.0
ΔT (°C)	管道锚固段内的轴向力Na (kN)																		
130	173	264	309	373	455	609	1116	1362	1614	1888	2188	2148	2847	2381	3174	2615	3509	2831	4324
120	172	264	309	373	455	609	1116	1362	1614	1888	2188	2148	2847	2381	3174	2615	3509	2831	4324
110	158	242	285	347	428	576	1057	1315	1537	1825	2090	2109	2727	2373	3075	2615	3440	2831	4238
100	143	220	259	315	388	522	958	1190	1393	1652	1894	1908	2470	2145	2783	2393	3112	2632	3834
90	129	197	232	283	348	468	859	1066	1248	1480	1697	1707	2213	1918	2492	2137	2785	2349	3431
85	122	186	219	267	328	441	810	1004	1176	1393	1599	1607	2085	1804	2347	2010	2621	2207	3229

说明：锚固段内的轴向力计算公式：$Na=[\alpha E(t_1-t_0)-\nu\sigma_t]A*10^6$ (N)，当$t_1-t_0>\Delta Ty$时，取$t_1-t_0=\Delta Ty$，式中σ_t见本图集第12页。(《规程》4.3.4公式)

锚固段内的轴向力							图集号	05R410
审核	董乐义	董乐义	校对	宋盛华	宋盛华	设计	张书臣 张书臣	页 13

公称直径 DN		50	65	80	100	125	150	200	250		300		350		400		450		500	
钢管外径 Do(mm)		57	76	89	108	133	159	219	273		325		377		426		478		529	530
钢管壁厚 δ(mm)		3.5	4.0	4.0	4.0	4.0	4.5	6.0	6.0	7.0	7.0	8.0	7.0	9.0	7.0	9.0	7.0	9.0	7.0	10.0
保温壳外径 Dc(mm)		125	140	160	200	225	250	315	400		450		500		550		600		655	
不同ΔT下管系中有锚固段存在时管顶最小允许覆土深度(m)	130°C	1.00	0.88	0.84	0.76	0.71	0.72	0.78	0.64	0.75	0.66	0.76	0.57	0.76	0.47	0.66	0.40	0.59	0.32	
	120°C	0.99	0.88	0.84	0.76	0.71	0.72	0.78	0.64	0.75	0.66	0.76	0.57	0.76	0.47	0.66	0.40	0.59	0.32	0.58
	110°C	0.89	0.81	0.77	0.71	0.66	0.68	0.73	0.61	0.70	0.62	0.71	0.55	0.72	0.47	0.63	0.40	0.57	0.32	0.56
	100°C	0.79	0.74	0.70	0.63	0.59	0.60	0.65	0.53	0.61	0.54	0.62	0.46	0.61	0.39	0.53	0.33	0.47	0.26	0.46
	90°C	0.68	0.66	0.63	0.56	0.52	0.53	0.56	0.44	0.52	0.45	0.52	0.38	0.51	0.31	0.43	0.25	0.37	0.18	0.36
	85°C	0.63	0.62	0.59	0.52	0.48	0.49	0.52	0.40	0.48	0.40	0.47	0.33	0.46	0.26	0.39	0.21	0.33	0.15	0.31

说明：

1.有锚固段存在时管顶最小允许覆土深度计算公式：《规程》"4.6 管道竖向稳定性验算"中的公式4.6.1、4.6.2和4.6.3。

2.管系中有锚固段存在时管顶最小允许覆土深度是指根据管道竖向稳定性验算公式得出的管顶最小覆土深度，这里没有考虑地面荷载及其它因素对管道的影响。

3.不满足稳定性条件的管段可采用降低管道轴向力或增加管道上方荷载等措施。

4.《规程》规定的直埋供热管道最小覆土深度见《规程》中的表3.1.2。

5.阴影部分表示，在此埋深下，虽然管道是稳定的，但不满足《规程》中的表3.1.2规定的管道最小覆土深度。

6.本表需结合《规程》使用，工程设计时，既要满足《规程》对最小管顶覆土深度的要求，又要符合竖向稳定性验算的要求。

管系中有锚固段存在时管顶最小允许覆土深度							图集号	05R410
审核	董乐义	校对	宋盛华	设计	张书臣		页	14

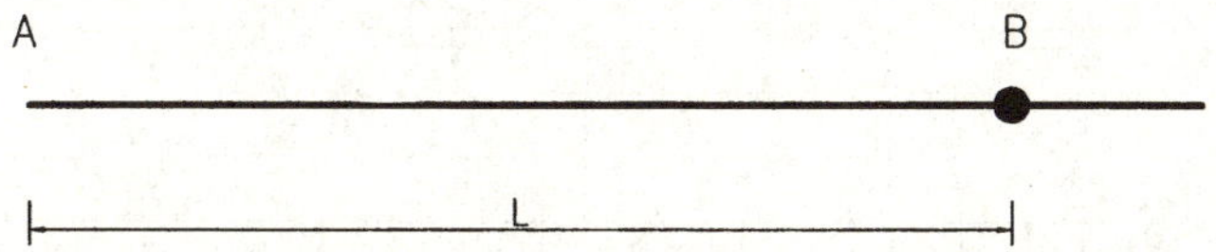

A—末端；
B—固定墩或驻点。

公称直径 DN	50	65	80	100	125	150	200	250		300		350		400		450		500	
钢管外径 D_0(mm)	57	76	89	108	133	159	219	273		325		377		426		478		529	530
钢管壁厚 δ(mm)	3.5	4.0	4.0	4.0	4.0	4.5	6.0	6.0	7.0	7.0	8.0	7.0	9.0	7.0	9.0	7.0	9.0	7.0	10.0
保温壳外径 Dc(mm)	125	140	160	200	225	250	315	400		450		500		550		600		655	
管顶覆土深度 H(m)	不满足安定性条件的直管过渡段最大布置长度 (m)																		
0.6	73	95	99	94	100	118	164												
0.7	63	82	86	82	87	104	145	134	158	161	186								
0.8	56	73	78	73	78	93	130	121	142	145	168	146	191	141	186				
0.9	50	65	69	65	70	83	117	110	130	132	153	133	175	129	170	131	173	127	191
1.0	46	55	63	60	64	76	107	101	119	121	140	122	161	119	157	121	160	118	177
1.2	38	50	53	50	54	65	91	86	102	104	121	106	139	103	136	104	139	102	154
1.5	31	42	43	41	44	53	75	71	84	86	100	87	115	86	113	87	116	86	129

说明：

1.直管段的当量应力变化范围验算公式：$\sigma_j=(1-\nu)\sigma_t-\alpha E(t_2-t_1)\leqslant 3[\sigma]$。(《规程》4.3.5−1公式)

2.当不能满足上式的条件(即t_1-t_2超过锚固段最大允许循环温差ΔT'max(见本图集第12页))时，管系中不应有锚固段存在，

且设计布置的过渡段最大长度：$L\leqslant\frac{[3[\sigma]-\sigma_t]A}{1.6F_{max}}10^6$(m)，其中$\sigma_t=\frac{P_d D_i}{2\delta}$ (MPa)。(《规程》4.3.5−2公式)

3.直管段的布置应符合本表的规定，同时尚应进行稳定性验算。

不满足安定性条件的直管过渡段最大布置长度							图集号	05R410
审核	牛进才	[签名]	校对	石中东	[签名]	设计 李建民 [签名]	页	15

公称直径 DN		50	65	80	100	125	150	200	250		300		350		400		450		500	
钢管外径 Do(mm)		57	76	89	108	133	159	219	273		325		377		426		478		529	530
钢管壁厚 δ(mm)		3.5	4.0	4.0	4.0	4.0	4.5	6.0	6.0	7.0	7.0	8.0	7.0	9.0	7.0	9.0	7.0	9.0	7.0	10.0
保温壳外径 Dc(mm)		125	140	160	200	225	250	315	400		450		500		550		600		655	
管顶覆土深度 H(m)		ΔT=130°C时直管过渡段最大长度Lmax和最小长度Lmin (m)																		
0.6	Lmax																			
	Lmin																			
0.7	Lmax								341		409									
	Lmin								171		205									
0.8	Lmax				187	200	238	334	307	364	369	428	369	489	355	474				
	Lmin				94	100	119	167	154	182	185	214	185	245	178	237				
0.9	Lmax		175	178	168	180	214	302	279	331	336	390	337	447	325	433	328	440	318	485
	Lmin		88	89	84	90	107	151	140	165	168	195	169	223	163	217	164	220	159	243
1.0	Lmax		159	161	153	164	195	276	256	303	309	358	310	411	300	400	302	406	294	449
	Lmin		80	81	77	82	98	138	128	152	154	179	155	205	150	200	151	203	147	224
1.1	Lmax	107	145	148	140	150	179	254	236	280	286	331	287	381	278	371	281	377	273	417
	Lmin	54	73	74	70	75	90	127	118	140	143	166	144	190	139	185	140	188	137	209
1.2	Lmax	99	134	136	130	139	166	235	220	260	266	308	267	354	259	346	262	352	255	390
	Lmin	50	67	68	65	70	83	118	110	130	133	154	134	177	130	173	131	176	128	195
1.3	Lmax	92	124	126	120	129	154	219	205	243	248	288	250	331	243	324	246	330	240	366
	Lmin	46	62	63	60	65	77	110	102	121	124	144	125	166	121	162	123	165	120	183
1.4	Lmax	85	116	118	112	121	144	205	192	228	233	270	235	311	228	304	231	310	226	345
	Lmin	43	58	59	56	60	72	103	96	114	116	135	117	156	114	152	116	155	113	172
1.5	Lmax	80	108	110	105	113	135	193	181	214	219	254	222	294	216	287	218	293	213	326
	Lmin	40	54	55	53	57	68	96	90	107	110	127	111	147	108	144	109	147	107	163

说明：1.计算公式：$L_{max}=\dfrac{[\alpha E(t_1-t_0)-\nu\sigma_t]A*10^6}{F_{min}}$ (m)，$L_{min}=\dfrac{[\alpha E(t_1-t_0)-\nu\sigma_t]A*10^6}{F_{max}}$ (m)，当$t_1-t_0>\Delta Ty$时，取$t_1-t_0=\Delta Ty$。(《规程》4.3.2−1、4.3.2−2公式)

2.阴影部分表示在此埋深下，管系中有锚固段存在时，管道是不稳定的，故表中没有给出数据。

直管过渡段最大及最小长度(ΔT=130°C)						图集号	05R410
审核	牛小化	校对	宋盛华	设计	张书臣	页	16

公称直径 DN		50	65	80	100	125	150	200	250		300		350		400		450		500	
钢管外径 Do(mm)		57	76	89	108	133	159	219	273		325		377		426		478		529	530
钢管壁厚 δ(mm)		3.5	4.0	4.0	4.0	4.0	4.5	6.0	6.0	7.0	7.0	8.0	7.0	9.0	7.0	9.0	7.0	9.0	7.0	10.0
保温壳外径 Dc(mm)		125	140	160	200	225	250	315	400		450		500		550		600		655	
管顶覆土深度 H(m)		ΔT=120°C时直管过渡段最大长度Lmax和最小长度Lmin (m)																		
0.6	Lmax																			
	Lmin																			
0.7	Lmax								341		409									
	Lmin								171		205									
0.8	Lmax				187	200	238	334	307	364	369	428	369	489	355	474				
	Lmin				94	100	119	167	154	182	185	214	185	245	178	237				
0.9	Lmax		175	178	168	180	214	302	279	331	336	390	337	447	325	433	328	440	318	485
	Lmin		88	89	84	90	107	151	140	165	168	195	169	223	163	217	164	220	159	243
1.0	Lmax	117	159	161	153	164	195	276	256	303	309	358	310	411	300	400	302	406	294	449
	Lmin	59	80	81	77	82	98	138	128	152	154	179	155	205	150	200	151	203	147	224
1.1	Lmax	107	145	148	140	150	179	254	236	280	286	331	287	381	278	371	281	377	273	417
	Lmin	54	73	74	70	75	90	127	118	140	143	166	144	190	139	185	140	188	137	209
1.2	Lmax	99	134	136	130	139	166	235	220	260	266	308	267	354	259	346	262	352	255	390
	Lmin	50	67	68	65	70	83	118	110	130	133	154	134	177	130	173	131	176	128	195
1.3	Lmax	92	124	126	120	129	154	219	205	243	248	288	250	331	243	324	246	330	240	366
	Lmin	46	62	63	60	65	77	110	102	121	124	144	125	166	121	162	123	165	120	183
1.4	Lmax	85	116	118	112	121	144	205	192	228	233	270	235	311	228	304	231	310	226	345
	Lmin	43	58	59	56	60	72	103	96	114	116	135	117	156	114	152	116	155	113	172
1.5	Lmax	80	108	110	105	113	135	193	181	214	219	254	222	294	216	287	218	293	213	326
	Lmin	40	54	55	53	57	68	96	90	107	110	127	111	147	108	144	109	147	107	163

说明：同本图集第16页。

直管过渡段最大及最小长度(ΔT=120°C)						图集号	05R410
审核	牛进才	校对	石中东	设计	李建民	页	17

公称直径 DN		50	65	80	100	125	150	200	250		300		350		400		450		500	
钢管外径 Do(mm)		57	76	89	108	133	159	219	273		325		377		426		478		529	530
钢管壁厚 δ(mm)		3.5	4.0	4.0	4.0	4.0	4.5	6.0	6.0	7.0	7.0	8.0	7.0	9.0	7.0	9.0	7.0	9.0	7.0	10.0
保温壳外径 Dc(mm)		125	140	160	200	225	250	315	400		450		500		550		600		655	
管顶覆土深度 H(m)		ΔT=110°C时直管过渡段最大长度Lmax和最小长度Lmin (m)																		
0.6	Lmax																			
	Lmin																			
0.7	Lmax					211	252		329		396									
	Lmin					106	126		165		198									
0.8	Lmax			183	174	188	225	316	297	347	357	409	362	469	354	459				
	Lmin			91	87	94	112	158	148	173	179	204	181	234	177	229				
0.9	Lmax	118	161	164	157	170	203	286	270	315	325	373	331	428	324	420	328	431	318	476
	Lmin	59	80	82	78	85	101	143	135	158	163	186	165	214	162	210	164	216	159	238
1.0	Lmax	107	146	149	142	154	185	262	247	289	299	342	304	394	299	387	302	398	294	440
	Lmin	54	73	74	71	77	92	131	124	144	149	171	152	197	149	194	151	199	147	220
1.1	Lmax	98	133	136	131	142	170	241	228	267	276	316	282	364	277	359	281	369	273	409
	Lmin	49	67	68	65	71	85	120	114	133	138	158	141	182	139	179	140	185	137	204
1.2	Lmax	90	123	126	120	131	157	223	212	248	257	294	262	339	258	335	262	345	255	382
	Lmin	45	61	63	60	65	78	112	106	124	128	147	131	170	129	167	131	172	128	191
1.3	Lmax	84	114	116	112	122	146	208	198	231	240	275	246	317	242	314	246	323	240	359
	Lmin	42	57	58	56	61	73	104	99	116	120	137	123	159	121	157	123	162	120	179
1.4	Lmax	78	106	109	104	114	136	194	185	217	225	258	231	298	228	295	231	304	226	338
	Lmin	39	53	54	52	57	68	97	93	108	113	129	115	149	114	147	116	152	113	169
1.5	Lmax	73	99	102	98	106	128	183	174	204	212	243	217	281	215	278	218	287	213	319
	Lmin	36	50	51	49	53	64	91	87	102	106	121	109	141	107	139	109	144	107	160

说明：同本图集第16页。

直管过渡段最大及最小长度(ΔT=110°C)							图集号	05R410
审核	牛小化	牛小化	校对	宋盛华	宋盛华	设计 张书臣	张书臣 页	18

公称直径 DN		50	65	80	100	125	150	200	250		300		350		400		450		500	
钢管外径 Do(mm)		57	76	89	108	133	159	219	273		325		377		426		478		529	530
钢管壁厚 δ(mm)		3.5	4.0	4.0	4.0	4.0	4.5	6.0	6.0	7.0	7.0	8.0	7.0	9.0	7.0	9.0	7.0	9.0	7.0	10.0
保温壳外径 Dc(mm)		125	140	160	200	225	250	315	400		450		500		550		600		655	
管顶覆土深度 H(m)		ΔT=100°C时直管过渡段最大长度Lmax和最小长度Lmin (m)																		
0.6	Lmax					218														
	Lmin					109														
0.7	Lmax				178	192	228	320	298	349	358	410								
	Lmin				89	96	114	160	149	175	179	205								
0.8	Lmax	120	163	166	158	171	204	287	268	314	323	370	328	424	320	415				
	Lmin	60	81	83	79	85	102	143	134	157	162	185	164	212	160	208				
0.9	Lmax	107	146	149	142	154	184	260	244	286	295	337	299	388	293	380	300	390	295	430
	Lmin	54	73	74	71	77	92	130	122	143	147	169	150	194	146	190	150	195	148	215
1.0	Lmax	98	132	135	129	140	167	237	224	262	270	310	275	357	270	350	277	360	273	398
	Lmin	49	66	68	65	70	84	119	112	131	135	155	138	178	135	175	138	180	137	199
1.1	Lmax	89	121	124	118	128	154	218	207	242	250	287	255	330	250	325	257	334	254	370
	Lmin	45	61	62	59	64	77	109	103	121	125	143	128	165	125	162	129	167	127	185
1.2	Lmax	82	112	114	109	119	142	202	192	224	233	266	237	307	234	303	240	312	237	346
	Lmin	41	56	57	55	59	71	101	96	112	116	133	119	154	117	152	120	156	119	173
1.3	Lmax	76	103	106	101	110	132	188	179	209	217	249	222	288	219	284	225	292	223	325
	Lmin	38	52	53	51	55	66	94	90	105	109	124	111	144	109	142	112	146	111	162
1.4	Lmax	71	97	99	95	103	124	176	168	196	204	234	209	270	206	267	212	275	210	306
	Lmin	35	48	49	47	52	62	88	84	98	102	117	104	135	103	133	106	138	105	153
1.5	Lmax	67	91	93	89	97	116	166	158	185	192	220	197	255	194	252	200	260	198	289
	Lmin	33	45	46	44	48	58	83	79	92	96	110	98	127	97	126	100	130	99	145

说明：同本图集第16页。

直管过渡段最大及最小长度(ΔT=100°C)							图集号	05R410
审核	牛进才	牛进才	校对	石中东	石中东	设计	李建民 李建民	页 19

公称直径 DN		50	65	80	100	125	150	200	250		300		350		400		450		500	
钢管外径 Do(mm)		57	76	89	108	133	159	219	273		325		377		426		478		529	530
钢管壁厚 δ(mm)		3.5	4.0	4.0	4.0	4.0	4.5	6.0	6.0	7.0	7.0	8.0	7.0	9.0	7.0	9.0	7.0	9.0	7.0	10.0
保温壳外径 Dc(mm)		125	140	160	200	225	250	315	400		450		500		550		600		655	
管顶覆土深度 H(m)		ΔT=90°C时直管过渡段最大长度Lmax和最小长度Lmin (m)																		
0.6	Lmax				182	196	233	325												
	Lmin				91	98	116	162												
0.7	Lmax	122	165	168	159	172	205	287	267	313	321	368								
	Lmin	61	83	84	80	86	102	143	134	156	160	184								
0.8	Lmax	108	146	149	142	153	183	257	240	282	289	332	293	380	286	372				
	Lmin	54	73	74	71	77	91	129	120	141	145	166	147	190	143	186				
0.9	Lmax	97	131	134	128	138	165	233	219	256	264	302	268	347	262	340	268	349	264	385
	Lmin	48	66	67	64	69	82	116	109	128	132	151	134	174	131	170	134	174	132	193
1.0	Lmax	88	119	121	116	125	150	213	200	235	242	278	246	319	241	314	247	322	244	356
	Lmin	44	59	61	58	63	75	106	100	117	121	139	123	160	121	157	124	161	122	178
1.1	Lmax	80	109	111	106	115	138	196	185	217	224	257	228	296	224	291	230	299	227	331
	Lmin	40	54	56	53	58	69	98	93	108	112	128	114	148	112	145	115	150	113	166
1.2	Lmax	74	100	102	99	106	127	181	172	201	208	239	212	275	209	271	214	279	212	309
	Lmin	37	50	51	49	53	64	91	86	101	104	119	106	138	104	136	107	140	106	155
1.3	Lmax	69	93	95	92	99	119	169	160	188	195	223	199	258	196	254	201	262	199	290
	Lmin	34	46	47	46	49	59	84	80	94	97	112	99	129	98	127	100	131	99	145
1.4	Lmax	64	87	89	85	93	111	158	150	176	183	209	187	242	184	239	189	246	187	274
	Lmin	32	43	44	43	46	55	79	75	88	91	105	93	121	92	120	95	123	94	137
1.5	Lmax	60	81	83	80	87	104	148	141	166	172	197	176	228	174	226	179	233	177	259
	Lmin	30	41	41	40	43	52	74	71	83	86	99	88	114	87	113	89	116	89	129

说明：同本图集第16页。

直管过渡段最大及最小长度(ΔT=90°C)								图集号	05R410
审核	牛小化	牛小化	校对	宋盛华	宋盛华	设计	张书臣	页	20

公称直径 DN		50	65	80	100	125	150	200	250		300		350		400		450		500	
钢管外径 Do(mm)		57	76	89	108	133	159	219	273		325		377		426		478		529	530
钢管壁厚 δ(mm)		3.5	4.0	4.0	4.0	4.0	4.5	6.0	6.0	7.0	7.0	8.0	7.0	9.0	7.0	9.0	7.0	9.0	7.0	10.0
保温壳外径 Dc(mm)		125	140	160	200	225	250	315	400		450		500		550		600		655	
管顶覆土深度 H(m)		ΔT=85°C时直管过渡段最大长度Lmax和最小长度Lmin (m)																		
0.6	Lmax			182	172	185	220	306												
	Lmin			91	86	92	110	153												
0.7	Lmax	115	156	158	150	162	193	270	252	295	302	346								
	Lmin	58	78	79	75	81	97	135	126	147	151	173								
0.8	Lmax	102	138	140	134	144	172	242	226	265	273	313	276	358	269	350				
	Lmin	51	69	70	67	72	86	121	113	133	136	156	138	179	135	175				
0.9	Lmax	91	124	126	120	130	155	219	206	241	248	285	252	327	246	320	252	328	248	362
	Lmin	46	62	63	60	65	78	110	103	121	124	142	126	164	123	160	126	164	124	181
1.0	Lmax	83	112	114	109	118	141	200	189	221	228	262	232	301	227	295	232	303	229	335
	Lmin	41	56	57	55	59	71	100	94	111	114	131	116	150	114	148	116	152	115	168
1.1	Lmax	76	103	105	100	109	130	184	174	204	211	242	215	279	211	274	216	282	213	312
	Lmin	38	51	52	50	54	65	92	87	102	105	121	107	139	105	137	108	141	106	156
1.2	Lmax	70	95	97	93	100	120	171	162	189	196	225	200	259	196	255	201	263	199	291
	Lmin	35	47	48	46	50	60	85	81	95	98	112	100	130	98	128	101	131	100	146
1.3	Lmax	64	88	90	86	93	112	159	151	177	183	210	187	243	184	239	189	246	187	273
	Lmin	32	44	45	43	46	56	80	76	88	92	105	94	121	92	120	94	123	93	137
1.4	Lmax	60	82	84	80	87	104	149	142	166	172	197	176	228	173	225	178	232	176	257
	Lmin	30	41	42	40	44	52	74	71	83	86	99	88	114	87	113	89	116	88	129
1.5	Lmax	56	76	78	75	82	98	140	133	156	162	186	166	215	163	212	168	219	166	243
	Lmin	28	38	39	38	41	49	70	67	78	81	93	83	107	82	106	84	109	83	122

说明：同本图集第16页。

直管过渡段最大及最小长度(ΔT=85°C)								图集号	05R410
审核	牛进才	牛进才	校对	石中东	石中东	设计	李建民	页	21

公称直径 DN	50	65	80	100	125	150	200	250		300		350		400		450		500	
钢管外径 Do(mm)	57	76	89	108	133	159	219	273		325		377		426		478		529	530
钢管壁厚 δ(mm)	3.5	4.0	4.0	4.0	4.0	4.5	6.0	6.0	7.0	7.0	8.0	7.0	9.0	7.0	9.0	7.0	9.0	7.0	10.0
保温壳外径 Dc(mm)	125	140	160	200	225	250	315	400		450		500		550		600		655	
管顶覆土深度 H(m)	ΔT=130°C时直管段最大热伸长量ΔLmax (mm)																		
0.6																			
0.7								289		346									
0.8				156	167	199	280	260	306	312	361	314	413	304	401				
0.9		146	148	140	151	180	254	236	279	285	329	287	377	278	367	282	374	275	413
1.0		132	134	128	137	164	232	217	255	261	302	264	347	256	338	260	345	254	381
1.1	89	121	123	117	126	151	214	200	236	242	279	244	321	238	314	241	320	236	355
1.2	82	111	113	108	116	139	198	186	219	225	259	227	299	222	293	225	299	221	332
1.3	76	103	105	100	108	129	184	173	204	210	242	213	280	208	274	211	280	207	311
1.4	71	96	98	94	101	121	172	162	191	197	227	200	263	195	258	199	264	195	293
1.5	66	90	92	88	95	114	162	153	180	186	214	188	248	184	243	188	249	184	277

说明：1.最大热伸长量计算公式:(1)当$t_1-t_0 \leqslant \Delta T_y$或$L \leqslant L_{min}$时，$\Delta L=[\alpha(t_1-t_0)-\frac{F_{min}L}{2EA*10^6}]L$ (m)，式中L取Lmax。 （《规程》4.3.7–1公式）

(2)当$t_1-t_0>\Delta T_y$且$L>L_{min}$时，$\Delta L=[\alpha(t_1-t_0)-\frac{F_{min}L}{2EA*10^6}]L-\Delta L_p$ (m)

$\Delta L_p=\alpha(t_1-\Delta T_y-t_0)(L-L_{min})$ (m)，式中L取Lmax， （《规程》4.3.7–2、4.3.7–3公式）

2.本页直管段最大热伸长量数据是根据本图集第16页表中“直管过渡段最大长度”数据计算出来的。本表中数据与第16页直管过渡段最大长度对应。

直管段的最大热伸长量(ΔT=130°C)						图集号	05R410
审核 张宗旭	张宗旭	校对 宋盛华	宋盛华	设计 张书臣	张书臣	页	22

公称直径 DN	50	65	80	100	125	150	200	250		300		350		400		450		500	
钢管外径 Do(mm)	57	76	89	108	133	159	219	273		325		377		426		478		529	530
钢管壁厚 δ(mm)	3.5	4.0	4.0	4.0	4.0	4.5	6.0	6.0	7.0	7.0	8.0	7.0	9.0	7.0	9.0	7.0	9.0	7.0	10.0
保温壳外径 Dc(mm)	125	140	160	200	225	250	315	400		450		500		550		600		655	
管顶覆土深度 H(m)	ΔT=120°C时直管段最大热伸长量ΔLmax (mm)																		
0.6																			
0.7								267		320									
0.8				144	155	184	259	241	283	289	334	291	382	281	371				
0.9		134	137	130	140	166	235	219	258	264	304	266	349	257	340	261	346	255	382
1.0	90	122	124	118	127	152	215	200	236	242	279	244	321	237	313	241	320	235	353
1.1	82	111	113	108	117	139	197	185	218	224	258	226	297	220	290	224	297	219	328
1.2	76	103	105	100	108	129	183	172	202	208	240	211	276	205	271	209	277	205	307
1.3	70	96	97	93	100	120	170	160	189	194	224	197	259	192	254	196	260	192	288
1.4	65	89	91	87	94	112	159	150	177	182	210	185	243	181	239	184	244	181	271
1.5	61	84	85	81	88	105	150	141	167	172	198	174	229	171	225	174	231	171	257

说明：1.同本图集第22页。

2.本页直管段最大热伸长量数据是根据本图集第17页表中"直管过渡段最大长度"数据计算出来的。本表中数据与第17页直管过渡段最大长度对应。

直管段的最大热伸长量(ΔT=120°C)						图集号	05R410
审核	张宗旭	校对	宋盛华	设计	张书臣	页	23

公称直径 DN	50	65	80	100	125	150	200	250		300		350		400		450		500	
钢管外径 Do(mm)	57	76	89	108	133	159	219	273		325		377		426		478		529	530
钢管壁厚 δ(mm)	3.5	4.0	4.0	4.0	4.0	4.5	6.0	6.0	7.0	7.0	8.0	7.0	9.0	7.0	9.0	7.0	9.0	7.0	10.0
保温壳外径 Dc(mm)	125	140	160	200	225	250	315	400		450		500		550		600		655	
管顶覆土深度 H(m)	ΔT=110°C时直管段最大热伸长量ΔLmax (mm)																		
0.6																			
0.7					151	180		237		285									
0.8		93	129	123	134	160	226	213	248	257	293	263	336	258	331				
0.9	83	113	116	111	121	145	205	194	226	234	267	240	307	236	303	240	312	234	344
1.0	75	103	105	101	110	132	187	178	207	215	245	221	282	218	279	222	288	217	318
1.1	69	94	96	93	101	121	172	164	191	199	227	204	261	202	259	206	268	202	296
1.2	64	87	89	85	93	112	159	152	177	185	211	190	243	188	241	192	250	188	277
1.3	59	80	82	79	87	104	148	142	165	173	197	178	228	176	226	180	234	177	260
1.4	55	75	77	74	81	97	139	133	155	162	185	167	214	166	213	170	220	167	245
1.5	51	70	72	70	76	91	130	126	146	153	174	158	202	157	201	160	208	158	231

说明：1.同本图集第22页。

2.本页直管段最大热伸长量数据是根据本图集第18页表中"直管过渡段最大长度"数据计算出来的。本表中数据与第18页直管过渡段最大长度对应。

直管段的最大热伸长量(ΔT=110°C)							图集号	05R410
审核	张宗旭	张宗旭	校对	宋盛华	宋盛华	设计 张书臣 张书臣	页	24

公称直径 DN	50	65	80	100	125	150	200	250		300		350		400		450		500	
钢管外径 Do(mm)	57	76	89	108	133	159	219	273		325		377		426		478		529	530
钢管壁厚 δ(mm)	3.5	4.0	4.0	4.0	4.0	4.5	6.0	6.0	7.0	7.0	8.0	7.0	9.0	7.0	9.0	7.0	9.0	7.0	10.0
保温壳外径 Dc(mm)	125	140	160	200	225	250	315	400		450		500		550		600		655	
管顶覆土深度 H(m)	ΔT=100°C时直管段最大热伸长量ΔLmax (mm)																		
0.6					142														
0.7				115	124	149	208	196	228	235	268								
0.8	77	104	106	102	111	132	187	176	205	212	242	217	278	213	273				
0.9	69	94	96	92	100	120	169	160	186	194	221	198	254	195	250	201	258	199	285
1.0	63	85	87	84	91	109	154	147	171	178	203	182	233	180	230	186	238	184	263
1.1	57	78	80	77	84	100	142	136	158	164	187	169	216	167	214	172	221	171	245
1.2	53	72	74	71	77	93	132	126	146	153	174	157	201	156	199	161	206	160	229
1.3	49	67	68	66	72	86	123	118	137	143	163	147	188	146	187	151	193	150	215
1.4	46	62	64	62	68	81	115	110	128	134	153	138	177	137	176	142	182	142	202
1.5	43	58	60	58	63	76	108	104	121	126	144	130	167	129	166	134	172	134	191

说明：1.最大热伸长量计算公式，$\Delta Lmax=[\alpha(t_1-t_0)-\frac{FminL}{2EA*10^6}]L$ (m)，式中L取Lmax。 （《规程》4.3.7–1公式）

2.本页直管段最大热伸长量数据是根据本图集第19页表中“直管过渡段最大长度”数据计算出来的。本表中数据与第19页直管过渡段最大长度对应。

直管段的最大热伸长量(ΔT=100°C)							图集号	05R410
审核	牛进才	牛进才	校对	石中东	石中东	设计	李建民	李建民
							页	25

公称直径 DN	50	65	80	100	125	150	200	250		300		350		400		450		500	
钢管外径 Do(mm)	57	76	89	108	133	159	219	273		325		377		426		478		529	530
钢管壁厚 δ(mm)	3.5	4.0	4.0	4.0	4.0	4.5	6.0	6.0	7.0	7.0	8.0	7.0	9.0	7.0	9.0	7.0	9.0	7.0	10.0
保温壳外径 Dc(mm)	125	140	160	200	225	250	315	400		450		500		550		600		655	
管顶覆土深度 H(m)	ΔT=90°C时直管段最大热伸长量ΔLmax (mm)																		
0.6				106	115	137	191												
0.7	71	96	98	93	101	120	169	159	184	191	217								
0.8	62	85	86	83	90	107	151	143	166	172	196	176	225	173	221				
0.9	56	76	78	75	81	97	137	130	151	157	179	160	205	158	202	163	209	161	230
1.0	51	69	70	68	74	88	125	119	138	144	164	148	189	146	187	150	193	149	213
1.1	46	63	64	62	68	81	115	110	128	133	152	137	175	135	173	139	179	139	198
1.2	43	58	60	57	63	75	107	102	119	124	141	127	163	126	161	130	167	130	185
1.3	40	54	55	53	58	70	99	95	111	116	132	119	152	118	151	122	157	122	174
1.4	37	50	52	50	55	65	93	90	104	108	124	112	143	111	142	115	147	115	164
1.5	35	47	48	47	51	61	88	84	98	102	116	105	135	105	134	108	139	108	155

说明：1.同本图集第25页。

2.本页直管段最大热伸长量数据是根据本图集第20页表中“直管过渡段最大长度”数据计算出来的。本表中数据与第20页直管过渡段最大长度对应。

直管段的最大热伸长量(ΔT=90°C)						图集号	05R410
审核	张宗旭	校对	宋盛华	设计	张书臣	页	26

公称直径 DN	50	65	80	100	125	150	200	250		300		350		400		450		500	
钢管外径 Do(mm)	57	76	89	108	133	159	219	273		325		377		426		478		529	530
钢管壁厚 δ(mm)	3.5	4.0	4.0	4.0	4.0	4.5	6.0	6.0	7.0	7.0	8.0	7.0	9.0	7.0	9.0	7.0	9.0	7.0	10.0
保温壳外径 Dc(mm)	125	140	160	200	225	250	315	400		450		500		550		600		655	
管顶覆土深度 H(m)	ΔT=85°C时直管段最大热伸长量ΔLmax (mm)																		
0.6			100	95	102	122	170												
0.7	63	85	87	83	90	107	151	141	165	170	194								
0.8	56	76	77	74	80	96	135	127	148	153	175	157	201	154	197				
0.9	50	68	69	66	72	86	122	116	135	140	159	143	183	141	180	145	186	144	205
1.0	45	61	63	60	66	79	112	106	123	128	146	132	168	130	166	134	172	133	190
1.1	41	56	57	55	60	72	103	98	114	119	135	122	156	120	154	124	160	124	177
1.2	38	52	53	51	56	67	95	91	106	110	126	113	145	112	144	116	149	116	165
1.3	35	48	49	48	52	62	89	85	99	103	118	106	136	105	135	109	140	108	155
1.4	33	45	46	44	48	58	83	80	93	97	110	100	128	99	127	102	131	102	146
1.5	31	42	43	42	46	55	78	75	87	91	104	94	120	94	120	97	124	97	138

说明：1.同本图集第25页。

2.本页直管段最大热伸长量数据是根据本图集第21页表中"直管过渡段最大长度"数据计算出来的。本表中数据与第21页直管过渡段最大长度对应。

直管段的最大热伸长量(ΔT=85°C)								图集号	05R410
审核	牛进才	牛进才	校对	石中东	石中东	设计	李建民	页	27

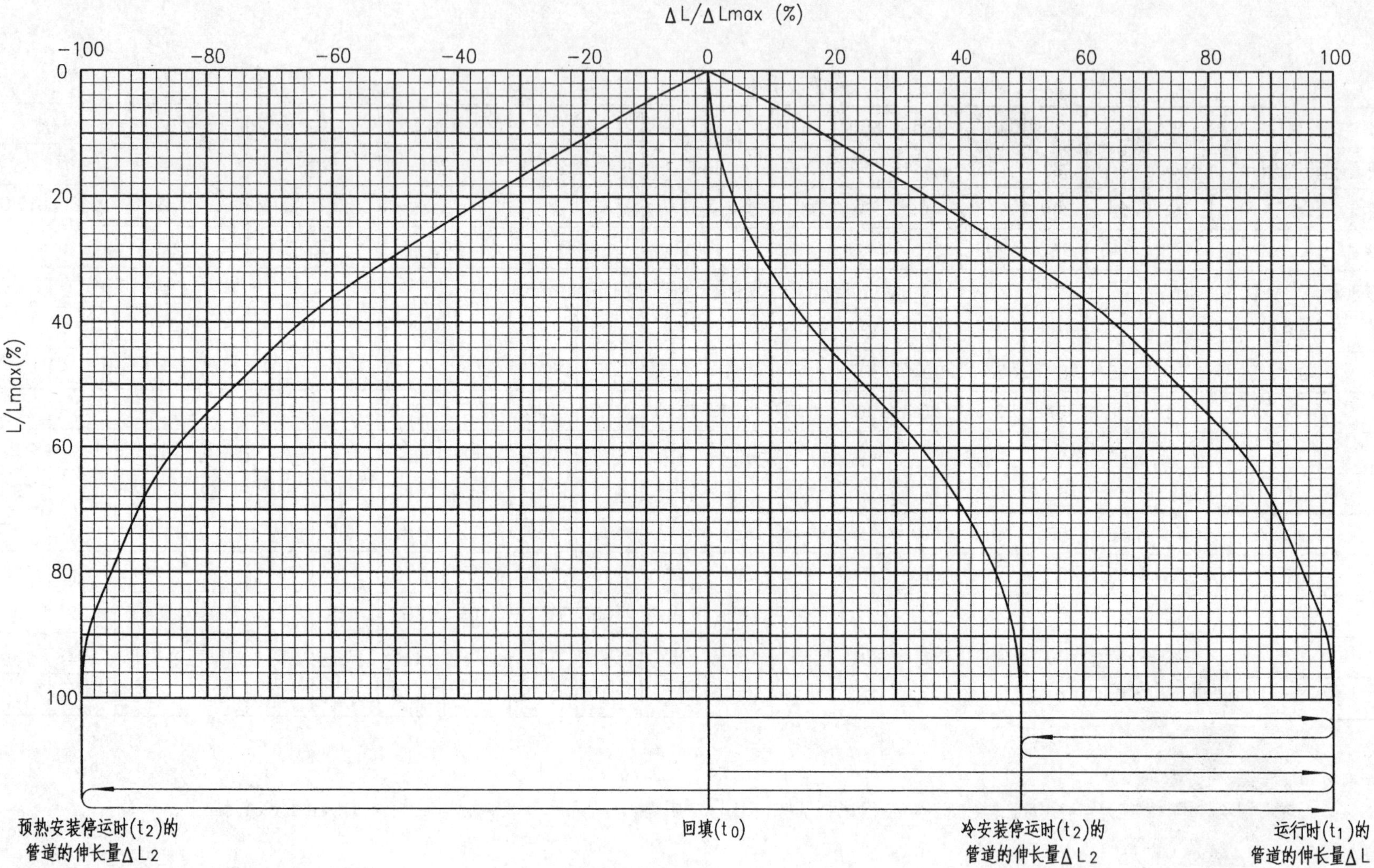

说明：使用方法见本图集第29页。

无因次热伸长量线算图								图集号	05R410
审核	牛小化	[signature]	校对	宋盛华	[signature]	设计	张书臣	页	28

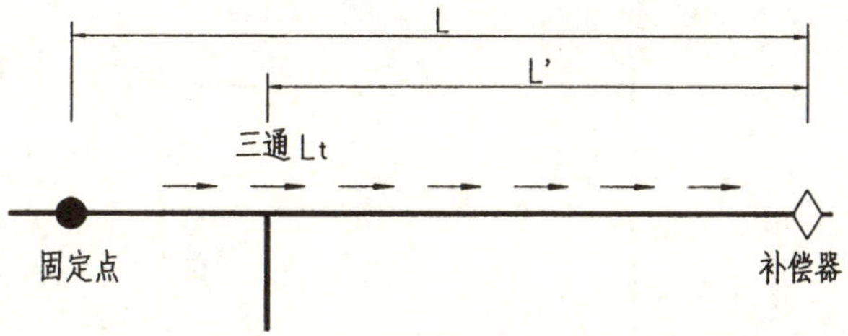

一、说明：

1.用途：用于计算直埋管道中：有补偿管段的补偿点处管道的热伸长量；有补偿管段中任意一点(如三通)管道的热伸长量；

2.补偿装置处管道的无因次热伸长量$\Delta L/\Delta L_{max}$经过计算，仅与补偿管段的无因次长度L/L_{max}有关，可用无因次热伸长量线算图表示；

3.计算无因次长度的特征长度为该规格管道在相应温度变化条件下的最大摩擦长度L_{max}；

4.计算无因次热伸长量的特征热伸长量为管道在相应温度变化条件下的最大热伸长量ΔL_{max}。

二、补偿装置处管道的热伸长量计算：

1.确定相应条件(温度、管径、埋深)下管道的特征参数L_{max}和ΔL_{max}；

2.确定有补偿管段长度L；

3.取L作为计算长度，计算有补偿管段无因次长度L/L_{max}；

4.查线算图，可得运行工况和停运工况对应的无因次热伸长量$\Delta L_1/\Delta L_{max}$和$\Delta L_2/\Delta L_{max}$；

5.计算补偿装置处管道在升温时膨胀出的热伸长量ΔL_1和降温后收缩到的热收缩量ΔL_2。

三、管段中任意一点的热伸长量计算：

1.先计算补偿装置处管道在升温时膨胀出的热伸长量ΔL_1和降温后收缩到的热收缩量ΔL_2；

2.再取计算点到补偿装置间的管段长度L'作为计算长度，通过线算图，计算L'对应的热伸长量$\Delta L'_1$和热收缩量$\Delta L'_2$；

3.计算点处管道在升温时的热伸长量为：$\Delta L_{t1}=\Delta L_1-\Delta L'_1$；

4.计算点处管道在降温时的热收缩量为：$\Delta L_{t2}=\Delta L_2-\Delta L'_2$。

无因次热伸长量线算图的使用方法							图集号	05R410
审核	牛小化	牛小化	校对	宋盛华	宋盛华	设计	张书臣	张书臣	页	29

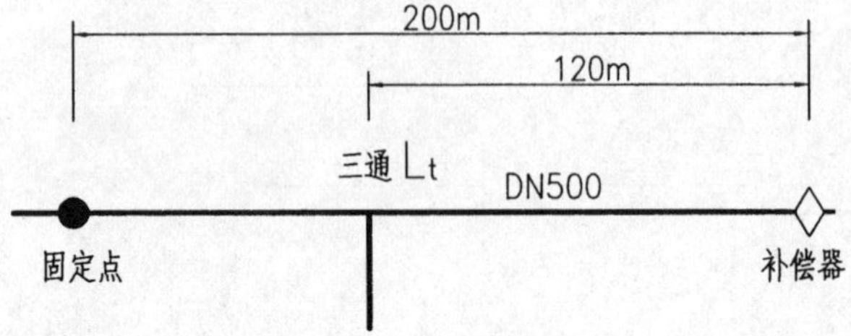

[例]：如图，直埋热水管道系统，ΔT=130(℃)，钢管DoXδ：ø529X7.0，保温壳外径Dc=655(mm)，管顶覆土深度H=1.2(m)，

管道长度L=200(m)，三通处距补偿器120(m)。

计算补偿器处管道的热伸长量和三通处的热伸长量。

一、补偿装置处的热伸长量计算：

1.查本图集第16页：130℃下，埋深1.2米时，ø529X7.0：Lmax=255(m)；

2.查本图集第22页：130℃下，埋深1.2米时，ø529X7.0：ΔLmax=221(mm)；

3.L=200(m)<255(m)，整个管道都处于有补偿段；

4.取L作为计算长度，计算有补偿管段无因次长度L/Lmax=78%；

5.查第28页无因次热伸长量线算图，得到在L/Lmax=78%时：

运行工况的无因次热伸长量$\Delta L_1/\Delta L_{max}$=93%，停运工况的无因次热伸长量$\Delta L_2/\Delta L_{max}$= 45%；

6.结果：补偿装置处管道在升温时膨胀的热伸长量$\Delta L_1=\Delta L_{max}$X93%=206(mm)；降温后收缩的热收缩量$\Delta L_2$=100(mm)。

二、管段三通处热伸长量的计算：

1.整个过渡段的热伸长量ΔL_1=206(mm)(由一得出)；

2.三通处L_t到补偿端的长度L'=120(m)，L'/Lmax=47%；

3.查线算图，得出管道在升温时：L'/Lmax=47%时膨胀出的无因次热伸长量ΔL'/ΔLmax=72%；

4.则，ΔL'=72%XΔLmax=160(mm)；

5.三通处的管道升温时膨胀出的热伸长量$\Delta L_t=\Delta L_1-\Delta L'$=206−160=46mm。

无因次热伸长量线算图的使用示例						图集号	05R410
审核	牛小化	校对	宋盛华	设计	张书臣	页	30

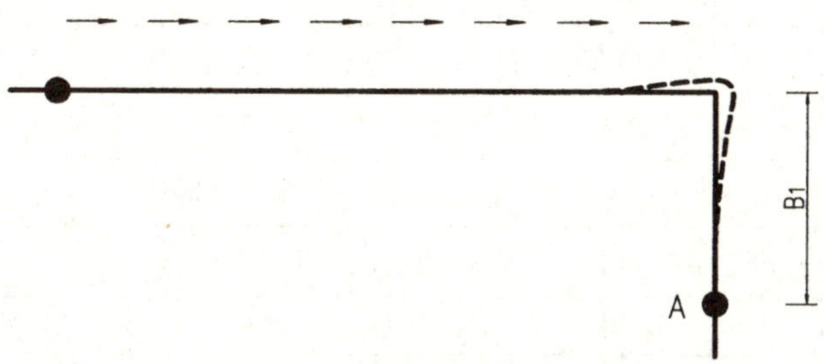

水平布置的L型管段的最小布置臂长B_1

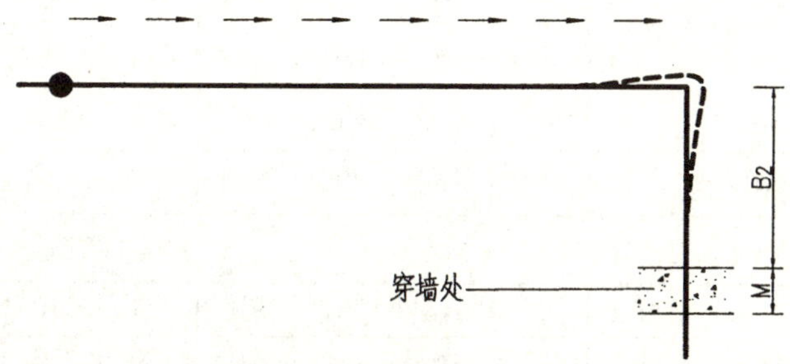

水平布置的L型管段的弯头距穿墙处的最小距离B_2

公称直径 DN		80	100	125	150	200	250	300	350	400	450	500
钢管外径X壁厚(mm)		89X4.0	108X4.0	133X4.0	159X4.5	219X6.0	273X6.0	325X7.0	377X7.0	426X7.0	478X7.0	529X7.0
保温壳外径 Dc(mm)		160	200	225	250	315	400	450	500	550	600	655
热预应力安装	B_1(m)	2.1	2.4	2.8	3.0	4.1	4.5	5.4	5.9	6.2	6.8	7.2
	B_2(m)	3.3	4.2	4.9	5.9	6.9	7.9	9.4	9.9	12.3	12.6	12.9
	M (m)	0.3	0.4	0.4	0.4	0.4	0.4	0.4	0.5	0.5	0.7	0.7
冷安装	B_1(m)	2.6	3.0	3.5	4.0	4.6	5.3	5.9	6.6	7.9	8.2	8.4
	B_2(m)	3.7	4.7	5.7	6.9	7.9	9.1	10.7	11.4	14.3	14.4	14.6
	M (m)	0.3	0.4	0.4	0.4	0.4	0.4	0.4	0.5	0.5	0.7	0.7

说明：1.B_1–水平布置的L型管段的最小布置臂长；B_2–弯头距穿墙处的距离；M–穿墙处墙壁的厚度。

2.A点可以是驻点或固定墩。

3.当臂长$L_1=B_1$(或B_2)时，另一臂的计算臂长$L_{c2}=2L_{cm}-L_1$。

4.本表中数据根据北京豪特耐管道设备有限公司《供热手册》编制，仅供参考。

90°水平转角最小臂长布置长度及弯头距穿墙处的距离						图集号	05R410
审核	董乐义	校对	宋盛华	设计	张书臣	页	31

公称直径 DN		50	65	80	100	125	150	200	250		300		350		400		450		500	
钢管外径 Do(mm)		57	76	89	108	133	159	219	273		325		377		426		478		529	530
钢管壁厚 δ(mm)		3.5	4.0	4.0	4.0	4.0	4.5	6.0	6.0	7.0	7.0	8.0	7.0	9.0	7.0	9.0	7.0	9.0	7.0	10.0
保温壳外径 Dc(mm)		125	140	160	200	225	250	315	400		450		500		550		600		655	
管顶覆土深度 H(m)		ΔT=120°C时，90°水平转角管段的过渡段最大长度Lt.max 和最小长度Lt.min (m)																		
0.6	Lt.max	152	200	201	188	199	231	310												
	Lt.min	84	111	111	104	110	129	175												
0.7	Lt.max	135	178	179	169	178	208	281	258	300	303	346								
	Lt.min	74	98	98	93	98	115	157	144	169	171	196								
0.8	Lt.max	122	161	162	153	162	189	257	237	276	279	319	278	358	268	347				
	Lt.min	66	88	88	83	89	104	143	132	155	156	179	156	203	150	196				
0.9	Lt.max	111	147	148	140	148	174	237	219	256	259	296	258	333	249	324	251	327	243	357
	Lt.min	60	79	81	76	81	95	131	121	142	144	165	144	188	139	182	140	184	136	202
1.0	Lt.max	101	135	136	129	137	161	220	204	238	241	276	241	312	233	303	235	307	228	335
	Lt.min	54	73	73	69	74	87	121	112	132	134	154	134	174	129	170	130	172	127	189
1.2	Lt.max	87	116	117	111	119	140	192	179	209	213	244	214	276	207	269	209	273	203	300
	Lt.min	46	62	63	60	64	75	105	98	115	117	134	117	154	114	149	115	152	112	167
1.5	Lt.max	72	96	97	93	99	117	162	152	178	181	208	182	237	177	231	179	235	175	259
	Lt.min	38	51	52	49	53	62	88	82	96	98	113	99	130	96	127	98	129	95	143

说明：

1.计算公式：$L_{t.max}=\sqrt{Z^2+\left(\frac{2Z}{F_{min}}\right)\cdot N_a}-Z$；$L_{t.min}=\sqrt{Z^2+\left(\frac{2Z}{F_{max}}\right)\cdot N_a}-Z$；(《规程》C.1.1-1公式及《规程》第43页的注释1)

式中Z、Na等相关参数的计算公式见《规程》附录C的C.1.1。

2.ΔT=130°C时，根据《规程》附录C.1.1中公式C.1.1-7的规定，当ΔT≥ΔTy时，取ΔT=ΔTy，由图集第12页可看出ΔTy基本上都小于120°C(DN50除外)，所以，ΔT=130°C与ΔT=120°C数据相同(DN50除外)，而DN50的ΔTy=120.5°C，与ΔT=120°C相差不大，因此这里只列出ΔT=120°C的数据。

90°水平转角管段的过渡段最大及最小长度(ΔT=120°C)						图集号	05R410
审核	牛进才	校对	石中东	设计	李建民	页	32

公称直径 DN		50	65	80	100	125	150	200	250		300		350		400		450		500	
钢管外径 Do(mm)		57	76	89	108	133	159	219	273		325		377		426		478		529	530
钢管壁厚 δ(mm)		3.5	4.0	4.0	4.0	4.0	4.5	6.0	6.0	7.0	7.0	8.0	7.0	9.0	7.0	9.0	7.0	9.0	7.0	10.0
保温壳外径 Dc(mm)		125	140	160	200	225	250	315	400		450		500		550		600		655	
管顶覆土深度 H(m)		$\Delta T=110^\circ C$时，90°水平转角管段的过渡段最大长度$L_{t.max}$和最小长度$L_{t.min}$ (m)																		
0.6	$L_{t.max}$	141	186	188	178	189	221	297												
	$L_{t.min}$	77	102	103	98	105	123	167												
0.7	$L_{t.max}$	125	166	167	159	170	199	269	251	289	295	333								
	$L_{t.min}$	68	90	92	87	93	110	150	140	162	166	188								
0.8	$L_{t.max}$	113	149	151	144	154	181	246	230	266	271	307	274	346	267	339				
	$L_{t.min}$	60	81	82	78	84	99	136	128	148	152	172	153	195	150	191				
0.9	$L_{t.max}$	102	136	138	131	141	166	226	213	246	252	285	255	322	249	315	251	322	243	351
	$L_{t.min}$	55	73	74	71	76	90	125	117	136	140	159	142	181	139	177	141	181	139	198
1.0	$L_{t.max}$	94	125	127	121	130	153	210	198	229	235	266	238	301	233	295	235	302	228	330
	$L_{t.min}$	50	67	68	65	70	83	115	109	126	130	148	132	168	129	165	132	169	130	185
1.2	$L_{t.max}$	80	107	109	104	113	133	184	174	201	207	235	210	267	206	262	209	269	203	295
	$L_{t.min}$	42	57	58	56	60	72	100	95	110	113	129	116	148	113	145	116	149	115	164
1.5	$L_{t.max}$	66	89	91	87	94	111	155	147	170	176	200	180	228	177	225	179	231	175	254
	$L_{t.min}$	35	47	48	46	50	59	83	79	92	96	109	98	125	96	123	99	127	98	140

说明：同本图集第32页说明1。

90°水平转角管段的过渡段最大及最小长度($\Delta T=110^\circ C$)						图集号	05R410
审核	牛小化	校对	张书臣	设计	宋盛华	页	33

公称直径 DN		50	65	80	100	125	150	200	250		300		350		400		450		500	
钢管外径 Do(mm)		57	76	89	108	133	159	219	273		325		377		426		478		529	530
钢管壁厚 δ(mm)		3.5	4.0	4.0	4.0	4.0	4.5	6.0	6.0	7.0	7.0	8.0	7.0	9.0	7.0	9.0	7.0	9.0	7.0	10.0
保温壳外径 Dc(mm)		125	140	160	200	225	250	315	400		450		500		550		600		655	
管顶覆土深度 H(m)		ΔT=100°C时，90°水平转角管段的过渡段最大长度$L_{t.max}$ 和最小长度$L_{t.min}$ (m)																		
0.6	$L_{t.max}$	130	172	173	164	175	204	274												
	$L_{t.min}$	70	94	95	90	96	113	154												
0.7	$L_{t.max}$	115	153	154	146	156	183	248	231	267	272	308								
	$L_{t.min}$	62	83	84	80	85	101	138	128	149	152	173								
0.8	$L_{t.max}$	103	137	139	132	142	166	227	212	245	250	284	253	320	246	313				
	$L_{t.min}$	55	74	75	71	77	91	125	117	136	139	158	141	179	137	175				
0.9	$L_{t.max}$	94	125	127	121	130	153	209	196	226	232	263	235	297	229	291	233	297	229	324
	$L_{t.min}$	50	67	68	65	70	83	114	108	125	128	146	130	166	127	162	129	166	127	182
1.0	$L_{t.max}$	86	115	116	111	119	141	193	182	211	216	245	219	278	214	273	218	279	215	304
	$L_{t.min}$	46	61	62	59	64	76	106	100	116	119	135	121	154	118	151	121	155	119	170
1.2	$L_{t.max}$	74	98	100	96	103	122	169	160	185	190	216	193	246	190	242	194	248	191	272
	$L_{t.min}$	39	52	53	51	55	65	91	87	101	104	118	106	135	104	133	106	136	105	150
1.5	$L_{t.max}$	61	82	83	80	86	102	142	135	157	162	184	165	210	162	207	166	213	164	272
	$L_{t.min}$	32	43	44	42	45	54	76	72	84	87	99	89	114	88	113	90	116	89	128

说明：同本图集第32页说明1.

90°水平转角管段的过渡段最大及最小长度(ΔT=100°C)							图集号	05R410
审核	牛进才	牛进才	校对	石中东	石中东	设计	李建民 李建民	页 34

公称直径 DN		50	65	80	100	125	150	200	250		300		350		400		450		500	
钢管外径 Do(mm)		57	76	89	108	133	159	219	273		325		377		426		478		529	530
钢管壁厚 δ(mm)		3.5	4.0	4.0	4.0	4.0	4.5	6.0	6.0	7.0	7.0	8.0	7.0	9.0	7.0	9.0	7.0	9.0	7.0	10.0
保温壳外径 Dc(mm)		125	140	160	200	225	250	315	400		450		500		550		600		655	
管顶覆土深度 H(m)		ΔT=90°C时，90°水平转角管段的过渡段最大长度Lt.max 和最小长度Lt.min (m)																		
0.6	Lt.max	119	157	158	149	159	186	251												
	Lt.min	64	85	86	81	87	102	140												
0.7	Lt.max	105	139	141	133	143	167	227	211	244	249	282								
	Lt.min	56	75	76	72	77	91	125	117	135	138	157								
0.8	Lt.max	94	125	127	120	129	152	207	193	224	229	259	231	293	225	286				
	Lt.min	50	67	68	65	70	82	113	106	123	126	144	128	163	124	159				
0.9	Lt.max	85	114	115	110	118	139	190	179	207	212	240	214	272	209	266	213	272	209	296
	Lt.min	45	61	62	59	63	75	104	97	113	116	132	118	151	115	147	117	151	115	165
1.0	Lt.max	78	104	106	101	109	128	176	166	192	197	224	200	254	195	249	199	254	196	278
	Lt.min	41	55	56	54	58	69	96	90	105	108	123	109	140	107	137	109	140	107	154
1.2	Lt.max	67	89	91	87	94	111	154	145	168	173	197	176	224	173	220	176	226	174	248
	Lt.min	35	47	48	46	50	59	83	78	91	94	107	96	122	94	120	96	124	95	136
1.5	Lt.max	55	74	75	72	78	93	129	123	142	147	167	150	191	147	188	151	193	149	213
	Lt.min	29	39	39	38	41	49	69	65	76	79	90	80	103	79	102	81	105	80	116

说明：同本图集第32页说明1。

90°水平转角管段的过渡段最大及最小长度(ΔT=90°C)							图集号	05R410
审核	牛小化	牛小化	校对	张书臣	张书臣	设计 宋盛华	宋盛华	页 35

公称直径 DN		50	65	80	100	125	150	200	250		300		350		400		450		500	
钢管外径 Do(mm)		57	76	89	108	133	159	219	273		325		377		426		478		529	530
钢管壁厚 δ(mm)		3.5	4.0	4.0	4.0	4.0	4.5	6.0	6.0	7.0	7.0	8.0	7.0	9.0	7.0	9.0	7.0	9.0	7.0	10.0
保温壳外径 Dc(mm)		125	140	160	200	225	250	315	400		450		500		550		600		655	
管顶覆土深度 H(m)		ΔT=85°C时，90°水平转角管段的过渡段最大长度Lt.max 和最小长度Lt.min (m)																		
0.6	Lt.max	113	149	151	142	152	177	239												
	Lt.min	61	81	82	77	83	97	133												
0.7	Lt.max	100	132	134	127	135	159	216	201	232	237	269								
	Lt.min	53	71	72	68	73	86	119	110	128	131	149								
0.8	Lt.max	89	119	120	114	123	144	197	184	213	218	247	219	279	214	272				
	Lt.min	47	64	65	61	66	78	108	101	117	120	136	121	155	128	151				
0.9	Lt.max	81	108	110	104	112	132	181	170	197	201	229	203	259	198	253	202	258	198	282
	Lt.min	43	57	58	56	60	71	98	92	107	110	125	111	143	109	140	111	143	109	157
1.0	Lt.max	74	99	100	96	103	122	168	158	183	187	213	190	242	185	237	189	242	186	265
	Lt.min	39	52	53	51	55	65	91	85	99	102	116	103	133	101	130	103	133	102	146
1.2	Lt.max	63	85	86	83	89	105	146	138	160	165	187	167	213	164	209	167	214	165	235
	Lt.min	33	45	45	44	47	56	78	74	86	89	101	90	116	89	114	91	117	90	129
1.5	Lt.max	52	70	71	68	74	88	122	116	135	139	159	142	181	140	179	143	184	141	202
	Lt.min	27	36	37	36	39	46	65	62	72	75	85	76	98	75	97	77	99	76	110

说明：同本图集第32页说明1。

90°水平转角管段的过渡段最大及最小长度(ΔT=85°C)							图集号	05R410
审核	牛进才	牛进才	校对	石中东	石中东	设计	李建民	李建民	页	36

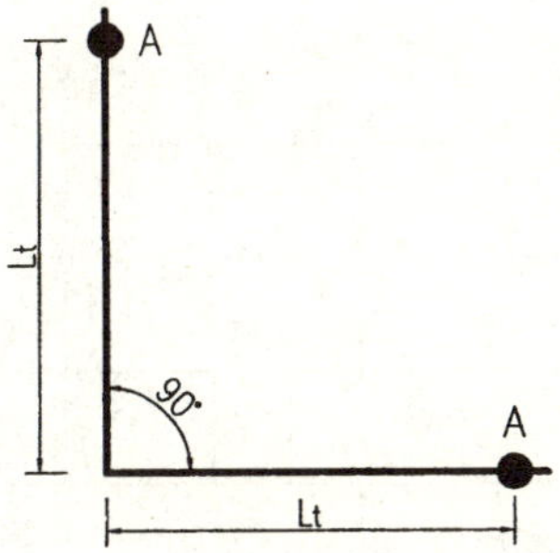

图1

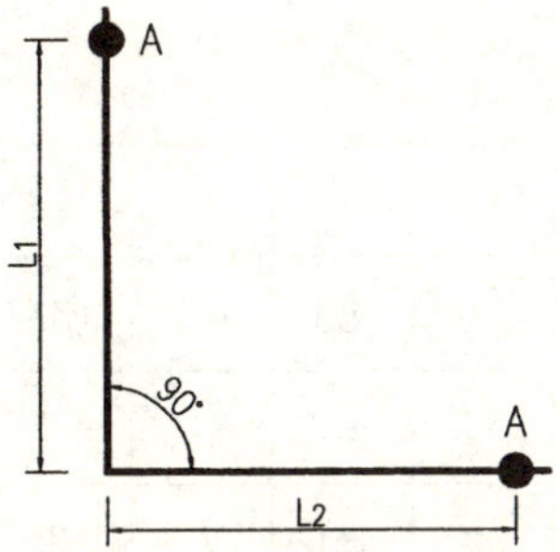

图2

说明：

1.L_t为水平转角管段循环工作状态下的过渡段长度(m)。

2.图1中L_t计算公式：$L_t=\sqrt{Z^2+\left(\frac{Z}{F_{min}}\right)\cdot N_b}-Z$（《规程》C.1.1-2公式），式中其它相关参数的计算公式见《规程》附录C的C.1.1。

3.图2中水平转角管段的计算臂长L_{c1}、L_{c2}按下列方法确定：

(a)当$L_1 \geqslant L_2 \geqslant L_t$时，取$L_{c1}=L_{c2}=L_t$；(b)当$L_1 \geqslant L_t \geqslant L_2$时，取$L_{c1}=L_t$，$L_{c2}=L_2$；(c)当$L_t \geqslant L_1 \geqslant L_2$时，取$L_{c1}=L_1$，$L_{c2}=L_2$；

平均计算臂长L_{cm}：$L_{cm}=(L_{c1}+L_{c2})/2$ (C.1.2-1)。

4.L_t的计算过程中，由于管道工作循环最低温度t_2与计算安装温度的取值不同，N_b的计算公式中的t_1-t_2的取值相差很大。考虑到本图集的适用性，为了满足不同地区对于直埋管系中弯头布置需要，这里t_1-t_2分别取为130℃、120℃、110℃、100℃、90℃、85℃，使用者应根据自己设计的供热系统的运行特点（全年运行或只在采暖期运行）选择使用L_t及L_{cm}的数据。本图集中，当计算温差相同时，由于$F_{max}=2F_{min}$，$L_{t.min}=L_t$，但$L_{t.min}$与L_t之间并不存在对应关系。请图集使用者注意两者之间的区别。

5.$L_t \geqslant L_1(L_2) \geqslant L_e$。

6.A点是锚固点、驻点或者固定墩等。

7.本图集计算中所使用的弯头均为机制弯头，且弯头的壁厚与管道的壁厚相同。

8.水平转角管段的最大平均计算臂长L_{cm}是90°机制弯头水平布置下，其弯矩变化范围满足《规程》4.4.4和4.4.5中的强度验算要求的安全平均臂长。

9.循环工件状态下的过渡段长度L_t的的值见本图集第38～43页。

10.L_{cm}的值见本图集第44～49页。

90°水平转角管段的Lt及Lcm的使用说明							图集号	05R410
审核	牛小化	校对	宋盛华		设计	张书臣	页	37

公称直径 DN	50	65	80	100	125	150	200	250		300		350		400		450		500	
钢管外径 Do(mm)	57	76	89	108	133	159	219	273		325		377		426		478		529	530
钢管壁厚 δ(mm)	3.5	4.0	4.0	4.0	4.0	4.5	6.0	6.0	7.0	7.0	8.0	7.0	9.0	7.0	9.0	7.0	9.0	7.0	10.0
保温壳外径 Dc(mm)	125	140	160	200	225	250	315	400		450		500		550		600		655	
管顶覆土深度 H(m)	ΔT'=130°C时，90°水平转角管段循环工作状态下的过渡段长度Lt (m)																		
0.6	90	119	120	114	122	143	194												
0.7	79	105	107	101	108	128	174	163	188	192	218								
0.8	71	94	96	91	98	115	158	149	172	176	200	178	226	174	221				
0.9	64	85	87	83	89	105	145	137	158	163	185	165	210	161	205	165	210	162	230
1.0	58	78	80	76	82	97	134	127	147	151	172	153	195	150	192	154	196	152	215
1.2	50	67	68	65	71	84	117	111	128	132	150	135	172	133	169	136	174	134	191
1.5	41	55	56	54	58	70	97	93	108	112	127	114	146	113	144	116	148	115	163

说明：

1.用途：用以确定90°水平转角管段的计算管长Lc1(或Lc2)。

2.计算公式及其它注意事项见本图集第37页。

90°水平转角管段循环工作状态下的过渡段长度(ΔT'=130°C)							图集号	05R410
审核	牛小化	牛小化	校对	张书臣	张书臣	设计 宋盛华 宋盛华	页	38

公称直径 DN	50	65	80	100	125	150	200	250		300		350		400		450		500	
钢管外径 Do(mm)	57	76	89	108	133	159	219	273		325		377		426		478		529	530
钢管壁厚 δ(mm)	3.5	4.0	4.0	4.0	4.0	4.5	6.0	6.0	7.0	7.0	8.0	7.0	9.0	7.0	9.0	7.0	9.0	7.0	10.0
保温壳外径 Dc(mm)	125	140	160	200	225	250	315	400		450		500		550		600		655	
管顶覆土深度 H(m)	ΔT'=120°C时，90°水平转角管段循环工作状态下的过渡段长度Lt (m)																		
0.6	83	111	112	106	113	133	181												
0.7	73	98	99	94	101	119	162	151	175	179	203								
0.8	66	88	89	85	91	107	148	138	160	164	186	166	211	162	206				
0.9	59	79	81	77	83	98	135	127	147	151	172	153	195	150	191	153	196	151	214
1.0	54	73	74	71	76	90	125	118	137	141	160	143	182	140	178	143	183	141	200
1.2	46	62	63	61	65	78	108	103	119	123	140	125	160	123	157	126	161	125	178
1.5	38	51	52	50	54	64	90	86	100	104	118	106	135	104	134	107	137	106	152

说明：

1.用途：用以确定90°水平转角管段的计算臂长Lc1(或Lc2)。

2.计算公式及其它注意事项见本图集第37页。

90°水平转角管段循环工作状态下的过渡段长度(ΔT'=120°C)							图集号	05R410
审核	牛小化	牛小化	校对	张书臣	张书臣	设计 宋盛华 宋盛华	页	39

公称直径 DN	50	65	80	100	125	150	200	250		300		350		400		450		500	
钢管外径 Do(mm)	57	76	89	108	133	159	219	273		325		377		426		478		529	530
钢管壁厚 δ(mm)	3.5	4.0	4.0	4.0	4.0	4.5	6.0	6.0	7.0	7.0	8.0	7.0	9.0	7.0	9.0	7.0	9.0	7.0	10.0
保温壳外径 Dc(mm)	125	140	160	200	225	250	315	400		450		500		550		600		655	
管顶覆土深度 H(m)	ΔT'=110°C时，90°水平转角管段循环工作状态下的过渡段长度Lt (m)																		
0.6	77	102	103	98	105	123	167												
0.7	68	90	92	87	93	110	150	140	162	166	188								
0.8	60	81	82	78	84	99	136	128	148	152	172	153	195	150	191				
0.9	55	73	74	71	76	90	125	117	136	140	159	142	181	139	177	141	181	139	198
1.0	50	67	68	65	70	83	115	109	126	130	148	132	168	129	165	132	169	130	185
1.2	42	57	58	56	60	72	100	95	110	113	129	116	148	113	145	116	149	115	164
1.5	35	47	48	46	50	59	83	79	92	96	109	98	125	96	123	99	127	98	140

说明：

1.用途：用以确定90°水平转角管段的计算臂长Lc1(或Lc2)。

2.计算公式及其它注意事项见本图集第37页。

90°水平转角管段循环工作状态下的过渡段长度(ΔT'=110°C)						图集号	05R410
审核	牛小化	校对	张书臣	设计	宋盛华	页	40

公称直径 DN	50	65	80	100	125	150	200	250		300		350		400		450		500	
钢管外径 D_0(mm)	57	76	89	108	133	159	219	273		325		377		426		478		529	530
钢管壁厚 δ(mm)	3.5	4.0	4.0	4.0	4.0	4.5	6.0	6.0	7.0	7.0	8.0	7.0	9.0	7.0	9.0	7.0	9.0	7.0	10.0
保温壳外径 Dc(mm)	125	140	160	200	225	250	315	400		450		500		550		600		655	
管顶覆土深度 H(m)	$\Delta T'=100^\circ C$时，90°水平转角管段循环工作状态下的过渡段长度L_t (m)																		
0.6	70	94	95	90	96	113	154												
0.7	62	83	84	80	85	101	138	128	149	152	173								
0.8	55	74	75	71	77	91	125	117	136	139	158	141	179	137	175				
0.9	50	67	68	65	70	83	114	108	125	128	146	130	166	127	162	129	166	127	182
1.0	46	61	62	59	64	76	106	100	116	119	135	121	154	118	151	121	155	119	170
1.2	39	52	53	51	55	65	91	87	101	104	118	106	135	104	133	106	136	105	150
1.5	32	43	44	42	45	54	76	72	84	87	99	89	114	88	113	90	116	89	128

说明：

1.用途：用以确定90°水平转角管段的计算臂长L_{c1}(或L_{c2})。

2.计算公式及其它注意事项见本图集第37页。

90°水平转角管段循环工作状态下的过渡段长度($\Delta T'=100^\circ C$)						图集号	05R410
审核	牛小化	校对	张书臣	设计	宋盛华	页	41

公称直径 DN	50	65	80	100	125	150	200	250		300		350		400		450		500	
钢管外径 Do(mm)	57	76	89	108	133	159	219	273		325		377		426		478		529	530
钢管壁厚 δ(mm)	3.5	4.0	4.0	4.0	4.0	4.5	6.0	6.0	7.0	7.0	8.0	7.0	9.0	7.0	9.0	7.0	9.0	7.0	10.0
保温壳外径 Dc(mm)	125	140	160	200	225	250	315	400		450		500		550		600		655	
管顶覆土深度 H(m)	ΔT'=90°C时，90°水平转角管段循环工作状态下的过渡段长度Lt (m)																		
0.6	64	85	86	81	87	102	140												
0.7	56	75	76	72	77	91	125	117	135	138	157								
0.8	50	67	68	65	70	82	113	106	123	126	144	128	163	124	159				
0.9	45	61	62	59	63	75	104	97	113	116	132	118	151	115	147	117	151	115	165
1.0	41	55	56	54	58	69	96	90	105	108	123	109	140	107	137	109	140	107	154
1.2	35	47	48	46	50	59	83	78	91	94	107	96	122	94	120	96	124	95	136
1.5	29	39	39	38	41	49	69	65	76	79	90	80	103	79	102	81	105	80	116

说明：

1.用途：用以确定90°水平转角管段的计算管长Lc1(或Lc2)。

2.计算公式及其它注意事项见本图集第37页。

90°水平转角管段循环工作状态下的过渡段长度(ΔT'=90°C)						图集号	05R410
审核	牛小化	校对	张书臣	设计	宋盛华	页	42

公称直径 DN	50	65	80	100	125	150	200	250		300		350		400		450		500	
钢管外径 Do(mm)	57	76	89	108	133	159	219	273		325		377		426		478		529	530
钢管壁厚 δ(mm)	3.5	4.0	4.0	4.0	4.0	4.5	6.0	6.0	7.0	7.0	8.0	7.0	9.0	7.0	9.0	7.0	9.0	7.0	10.0
保温壳外径 Dc(mm)	125	140	160	200	225	250	315	400		450		500		550		600		655	
管顶覆土深度 H(m)	ΔT'=85°C时，90°水平转角管段循环工作状态下的过渡段长度Lt (m)																		
0.6	61	81	82	77	83	97	133												
0.7	53	71	72	68	73	86	119	110	128	131	149								
0.8	47	64	65	61	66	78	108	101	117	120	136	121	155	118	151				
0.9	43	57	58	56	60	71	98	92	107	110	125	111	143	109	140	111	143	109	157
1.0	39	52	53	51	55	65	91	85	99	102	116	103	133	101	130	103	133	102	146
1.2	33	45	45	44	47	56	78	74	86	89	101	90	116	89	114	91	117	90	129
1.5	27	36	37	36	39	46	65	62	72	75	85	76	98	75	97	77	99	76	110

说明：

1. 用途：用以确定90°水平转角管段的计算臂长Lc1(或Lc2)。
2. 计算公式及其它注意事项见本图集第37页。

90°水平转角管段循环工作状态下的过渡段长度(ΔT'=85°C)							图集号	05R410
审核	牛小化	牛小化	校对	张书臣	张书臣	设计 宋盛华 宋盛华	页	43

公称直径 DN		50	65	80	100	125	150	200	250		300		350		400		450		500	
钢管外径 D_0(mm)		57	76	89	108	133	159	219	273		325		377		426		478		529	530
钢管壁厚 δ(mm)		3.5	4.0	4.0	4.0	4.0	4.5	6.0	6.0	7.0	7.0	8.0	7.0	9.0	7.0	9.0	7.0	9.0	7.0	10.0
保温壳外径 Dc(mm)		125	140	160	200	225	250	315	400		450		500		550		600		655	
管顶覆土深度 H(m)		$\Delta T'=130^\circ C$时，90°水平转角管段的最大平均计算管长Lcm (m)																		
R=1.5D	0.6	11.3	12.9	13.7	14.6	16.3	18.5	22.9												
	0.7	11.4	13.0	13.8	14.7	16.5	18.7	23.1	26.0	26.5	29.9	30.4								
	0.8	11.5	13.1	14.0	14.9	16.6	18.9	23.2	26.2	26.7	30.1	30.6	33.6	34.4	37.1	37.5				
	0.9	11.7	13.2	14.1	15.0	16.8	19.0	23.4	26.4	26.9	30.4	30.9	33.9	34.6	37.5	37.8	41.3	41.3	45.1	44.8
	1.0	11.8	13.3	14.2	15.2	17.0	19.2	23.6	26.7	27.2	30.7	31.1	34.3	34.9	37.9	38.1	41.8	41.6	45.7	45.1
	1.2	12.0	13.5	14.5	15.5	17.3	19.6	24.0	27.2	27.6	31.2	31.6	35.0	35.4	38.8	38.7	42.8	42.4	47.0	45.9
	1.5	12.5	13.9	14.9	16.0	17.9	20.2	24.6	28.1	28.4	32.1	32.4	36.1	36.2	40.3	39.8	44.7	43.6	49.4	47.2
R=3D	0.6	19.1	21.5	23.1	24.8	27.8	31.6	39.0												
	0.7	19.5	21.8	23.5	25.2	28.3	32.2	39.5	45.4	45.9	52.3	52.6								
	0.8	19.8	22.2	23.9	25.7	28.9	32.7	40.1	46.3	46.6	53.2	53.4	60.3	60.1	68.2	66.5				
	0.9	20.3	22.6	24.3	26.2	29.5	33.4	40.7	47.2	47.3	54.2	54.2	61.6	61.0	70.0	67.6	78.9	74.9	89.6	81.3
	1.0	20.8	22.9	24.7	26.8	30.2	34.1	41.4	48.2	48.1	55.3	55.1	63.1	61.9	72.0	68.9	81.7	76.4	93.8	82.9
	1.2	21.9	23.8	25.8	28.2	31.8	35.7	42.9	50.6	50.0	57.7	57.1	66.5	64	77.2	71.7	89.1	79.9	108	86.5
	1.5	24.4	25.5	27.8	31.0	35.3	39.1	45.8	55.7	53.5	62.8	60.8	74.0	67.9	92.5	77.2		87.1		93.9

说明：1.与本表对应的Lt的数值见本图集第38页。

2.确定Lc1和Lc2的值时，应在第37页的说明指导下进行。

3.阴影部分表示此时Lcm=Lt。

90°水平转角管段的最大平均计算管长($\Delta T'=130^\circ C$)						图集号	05R410
审核	张宗旭	校对	宋盛华	设计	张书臣	页	44

公称直径 DN		50	65	80	100	125	150	200	250		300		350		400		450		500	
钢管外径 D_0(mm)		57	76	89	108	133	159	219	273		325		377		426		478		529	530
钢管壁厚 δ(mm)		3.5	4.0	4.0	4.0	4.0	4.5	6.0	6.0	7.0	7.0	8.0	7.0	9.0	7.0	9.0	7.0	9.0	7.0	10.0
保温壳外径 Dc(mm)		125	140	160	200	225	250	315	400		450		500		550		600		655	
管顶覆土深度 H(m)		ΔT'=120°C时，90°水平转角管段的最大平均计算臂长Lcm (m)																		
R=1.5D	0.6	12.4	14.1	15.1	16.0	17.9	20.4	25.2												
	0.7	12.6	14.2	15.2	16.2	18.1	20.6	25.4	28.7	29.3	33.0	33.5								
	0.8	12.7	14.4	15.4	16.4	18.4	20.8	25.6	29.0	29.5	33.4	33.8	37.3	38.0	41.3	41.5				
	0.9	12.9	14.5	15.5	16.6	18.6	21.1	25.9	29.3	29.8	33.7	34.1	37.8	38.3	41.9	41.9	46.3	45.9	50.9	49.8
	1.0	13.1	14.7	15.7	16.8	18.8	21.3	26.1	29.7	30.1	34.1	34.5	38.2	38.6	42.5	42.4	47.1	46.4	51.8	50.3
	1.2	13.5	15.0	16.1	17.3	19.4	21.9	26.7	30.4	30.8	34.9	35.1	39.2	39.4	43.8	43.3	48.7	47.5	53.9	51.4
	1.5	14.1	15.6	16.7	18.1	20.3	22.8	27.6	31.8	31.8	36.3	36.3	41.0	40.6	46.2	44.8	51.6	49.3	57.8	53.3
R=3D	0.6	21.3	23.9	25.6	27.6	31.1	35.3	43.4												
	0.7	21.8	24.3	26.2	28.3	31.8	36.1	44.2	51.3	51.4	59.0	59.1								
	0.8	22.4	24.8	26.7	29.0	32.7	37.0	45.0	52.6	52.5	60.4	60.2	69.1	67.7	79.3	75.6				
	0.9	23.0	25.3	27.3	29.8	33.6	37.9	46.0	54.1	53.6	62.0	61.5	71.3	69.1	82.6	77.4	95.1	86.3	113	93.7
	1.0	23.8	25.9	28.0	30.7	34.7	39.0	47.0	55.8	54.9	63.7	62.8	73.8	70.5	86.7	79.4	102.0	88.8	132	96.4
	1.2	25.8	27.3	29.7	33.0	37.6	41.9	49.4	60.2	58.0	68.1	66.1	80.5	74.0	101.0	84.3		95.4		103.0
	1.5	33.0	30.4	33.6	40.1	48.0	49.7	54.6	74.8	64.9	80.0	73.1		81.2		96.4		115.0		122.0

说明：1.与本表对应的Lt的数值见本图集第39页。

2.确定Lc1和Lc2的值时，应在第37页的说明指导下进行。

3.阴影部分表示此时Lcm=Lt。

90°水平转角管段的最大平均计算臂长(ΔT'=120°C)							图集号	05R410
审核	张宗旭	[signature]	校对	宋盛华	[signature]	设计	张书臣 [signature]	页 45

公称直径 DN		50	65	80	100	125	150	200	250		300		350		400		450		500	
钢管外径 D_0(mm)		57	76	89	108	133	159	219	273		325		377		426		478		529	530
钢管壁厚 δ(mm)		3.5	4.0	4.0	4.0	4.0	4.5	6.0	6.0	7.0	7.0	8.0	7.0	9.0	7.0	9.0	7.0	9.0	7.0	10.0
保温壳外径 Dc(mm)		125	140	160	200	225	250	315	400		450		500		550		600		655	
管顶覆土深度 H(m)		ΔT'=110℃时，90°水平转角管段的最大平均计算管长Lcm (m)																		
R=1.5D	0.6	13.8	15.6	16.7	17.8	20.0	22.7	28												
	0.7	14.0	15.8	16.9	18.1	20.3	23.0	28.3	32.1	32.7	37.0	37.4								
	0.8	14.2	16	17.2	18.4	20.6	23.3	28.6	32.6	33.0	37.5	37.8	42.1	42.5	46.9	46.6				
	0.9	14.5	16.2	17.4	18.7	20.9	23.7	29.0	33.1	33.5	38.0	38.3	42.8	43.0	47.8	47.2	53.1	51.9	58.9	56.3
	1.0	14.7	16.4	17.6	19.0	21.3	24.1	29.3	33.6	33.9	38.5	38.8	43.5	43.5	48.7	47.9	54.3	52.6	60.4	57.1
	1.2	15.3	16.9	18.2	19.7	22.1	24.9	30.1	34.8	34.9	39.8	39.8	45.0	44.6	50.9	49.3	57.0	54.3	64.2	58.8
	1.5	16.5	17.8	19.2	21.0	23.6	26.4	31.6	37.0	36.6	42.0	41.6	48.0	46.5	55.2	51.7	62.9	57.3	73.6	61.9
R=3D	0.6	24.1	26.8	28.9	31.4	35.4	40.1	49.1												
	0.7	24.9	27.5	29.7	32.4	36.6	41.1	50.4	59.4	59.0	68.3	67.7								
	0.8	25.8	28.3	30.6	33.6	38.0	42.8	51.7	61.7	60.7	70.7	69.6	82.4	78.2	98.2	88.5				
	0.9	27.0	29.1	31.6	35.0	39.7	44.5	53.2	64.5	62.6	73.5	71.7	86.8	80.5	107	91.8		104		113
	1.0	28.5	30.1	32.8	36.7	41.9	46.7	55.0	68.1	65.0	77.1	74.1	92.9	83.1		95.8		110		119
	1.2	33.8	32.7	36.1	42.6	50.4	53.5	59.7	82.4	71.4	88.8	80.7		90.0		108		133		141
	1.5		43.6					80.1						118						

说明：1.与本表对应的Lt的数值见本图集第40页。

2.确定Lc1和Lc2的值时，应在第37页的说明指导下进行。

3.阴影部分表示此时Lcm=Lt。

90°水平转角管段的最大平均计算管长(ΔT'=110℃)						图集号	05R410
审核	张宗旭	校对	宋盛华	设计	张书臣	页	46

公称直径 DN		50	65	80	100	125	150	200	250		300		350		400		450		500	
钢管外径 D_0(mm)		57	76	89	108	133	159	219	273		325		377		426		478		529	530
钢管壁厚 δ(mm)		3.5	4.0	4.0	4.0	4.0	4.5	6.0	6.0	7.0	7.0	8.0	7.0	9.0	7.0	9.0	7.0	9.0	7.0	10.0
保温壳外径 Dc(mm)		125	140	160	200	225	250	315	400		450		500		550		600		655	
管顶覆土深度 H(m)		$\Delta T'=100^\circ C$时，90°水平转角管段的最大平均计算臂长Lcm (m)																		
R=1.5D	0.6	15.6	17.5	18.8	20.2	22.6	25.7	31.6												
	0.7	15.9	17.8	19.1	20.6	23.1	26.1	32.0	36.7	37.1	42.2	42.5								
	0.8	16.2	18.1	19.5	21.0	23.5	26.6	32.5	37.4	37.7	42.9	43.1	48.6	48.4	54.7	53.5				
	0.9	16.6	18.4	19.8	21.4	24.1	27.2	33.1	38.2	38.3	43.8	43.8	49.7	49.2	56.2	54.4	63.1	60.1	71.3	65.2
	1.0	17.0	18.8	20.2	21.9	24.7	27.8	33.6	39.1	39.0	44.7	44.6	50.9	50.0	57.9	55.5	65.4	61.4	74.7	66.5
	1.2	18.1	19.6	21.1	23.1	26.1	29.2	34.9	41.1	40.6	46.8	46.3	53.7	51.8	62.3	57.8	71.6	64.3	85.9	69.5
	1.5	20.5	21.1	23.0	25.8	29.3	32.3	37.4	45.7	43.7	51.2	49.5	60.3	55.1	76.0	62.5		70.4		75.6
R=3D	0.6	28.0	30.9	33.4	36.7	41.6	47.0	57.1												
	0.7	29.5	32.0	34.7	38.5	43.8	49.3	59.2	72.4	70.0	82.8	80.4								
	0.8	31.4	33.3	36.3	40.8	46.8	52.2	61.7	77.8	73.4	88.2	84.0	109	94.5		111				
	0.9	34.2	34.9	38.3	44.2	51.5	56.3	64.8	86.9	77.8	96.3	88.6		99.4		120		149		160
	1.0	40.4	37.0	41.1	50.8		64.0	68.9		84.1		95.0		106		140				
	1.2		46.5																	
	1.5																			

说明：1.与本表对应的Lt的数值见本图集第41页。

2.确定L_{c1}和L_{c2}的值时，应在第37页的说明指导下进行。

3.阴影部分表示此时Lcm=Lt。

90°水平转角管段的最大平均计算臂长($\Delta T'=100^\circ C$)								图集号	05R410
审核	张宗旭	张宗旭	校对	宋盛华	宋盛华	设计	张书臣	页	47

公称直径 DN		50	65	80	100	125	150	200	250		300		350		400		450		500	
钢管外径 D_0(mm)		57	76	89	108	133	159	219	273		325		377		426		478		529	530
钢管壁厚 δ(mm)		3.5	4.0	4.0	4.0	4.0	4.5	6.0	6.0	7.0	7.0	8.0	7.0	9.0	7.0	9.0	7.0	9.0	7.0	10.0
保温壳外径 D_c(mm)		125	140	160	200	225	250	315	400		450		500		550		600		655	
管顶覆土深度 H(m)		ΔT'=90°C时，90°水平转角管段的最大平均计算管长Lcm (m)																		
R=1.5D	0.6	18.0	20.1	21.6	23.3	26.2	29.7	36.4												
	0.7	18.5	20.5	22.1	23.9	26.9	30.5	37.1	43.1	43.2	49.5	49.5								
	0.8	19.1	21.0	22.7	24.6	27.8	31.3	37.9	44.4	44.2	50.8	50.5	58.2	56.7	67.0	63.3				
	0.9	19.8	21.6	23.3	25.5	28.8	32.3	38.9	45.9	45.3	52.4	51.8	60.4	58.0	70.4	65.1	81.6	72.6	101	78.7
	1.0	20.6	22.2	24.0	26.4	29.9	33.5	39.9	47.7	46.6	54.2	53.1	63.0	59.5	75.0	67.1	89.7	75.2		81.3
	1.2	23	23.6	25.8	29.1	33.3	36.6	42.4	52.6	49.8	58.9	56.4	70.8	63.0		72.2		82.2		88.4
	1.5		27.5	31.1				48.6		58.4		64.6		71.1		88.8				
R=3D	0.6	34.4	36.8	40.2	45.2	52.1	58.3	69.4												
	0.7	38.0	39.0	42.9	49.9	58.7	64.3	74.0	108	90.3	117	103								
	0.8		42.0	47.1				80.9		103		116		130						
	0.9		47.2	57.9				98.2												
	1.0																			
	1.2																			
	1.5																			

说明：1.与本表对应的Lt的数值见本图集第42页。

2.确定Lc1和Lc2的值时，应在第37页的说明指导下进行。

3.阴影部分表示此时Lcm=Lt。

90°水平转角管段的最大平均计算管长(ΔT'=90°C)							图集号	05R410
审核	张宗旭	张宗旭	校对	宋盛华	宋盛华	设计	张书臣	张书臣	页	48

公称直径 DN		50	65	80	100	125	150	200	250		300		350		400		450		500	
钢管外径 Do(mm)		57	76	89	108	133	159	219	273		325		377		426		478		529	530
钢管壁厚 δ(mm)		3.5	4.0	4.0	4.0	4.0	4.5	6.0	6.0	7.0	7.0	8.0	7.0	9.0	7.0	9.0	7.0	9.0	7.0	10.0
保温壳外径 Dc(mm)		125	140	160	200	225	250	315	400		450		500		550		600		655	
管顶覆土深度 H(m)		ΔT'=85°C时，90°水平转角管段的最大平均计算臂长Lcm (m)																		
R=1.5D	0.6	19.5	21.7	23.4	25.4	28.6	32.3	39.5												
	0.7	20.2	22.3	24.1	26.2	29.6	33.4	40.5	47.6	47.2	54.5	54.1								
	0.8	21.1	23.0	24.8	27.2	30.8	34.6	41.6	49.4	48.6	56.4	55.6	65.4	62.4	77.3	70.3				
	0.9	22.1	23.7	25.7	28.4	32.3	36.0	42.9	51.7	50.3	58.8	57.3	68.9	64.2	84.3	72.9	109	82.2		89.0
	1.0	23.4	24.5	26.7	30.0	34.2	37.9	44.4	54.7	52.2	61.6	59.4	73.8	66.4		76.1		86.6		93.5
	1.2	29.4	26.9	29.7	35.7	43.0	44.1	48.4	67.6	57.6	71.4	64.8		72.0		85.9		104		110
	1.5																			
R=3D	0.6	39.8	41.1	45.3	52.8	62.2	68.5	79.2												
	0.7		44.7	50.3				88.2		118		132								
	0.8		51.6																	
	0.9																			
	1.0																			
	1.2																			
	1.5																			

说明：1.与本表对应的Lt的数值见本图集第43页。

2.确定Lc1和Lc2的值时，应在第37页的说明指导下进行。

3.阴影部分表示此时Lcm=Lt。

90°水平转角管段的最大平均计算臂长(ΔT'=85°C)						图集号	05R410
审核	张宗旭	校对	宋盛华	设计	张书臣	页	49

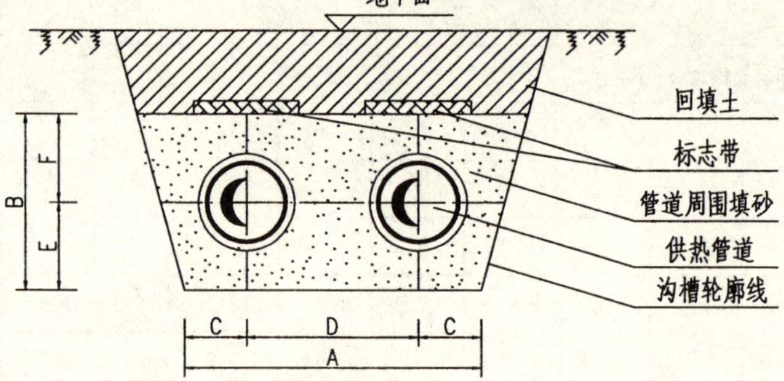

钢管公称直径 DN	保温厚度 (mm)	保温管外径 (mm)	A (mm) 自然补偿	A (mm) 补偿器补偿	B (mm)	C (mm)	D (mm) 自然补偿	D (mm) 补偿器补偿	E (mm)	F (mm)
50	31	125	630	690	390	170	290	350	170	220
65	29	140	630	740	390	170	290	400	170	220
80	33	160	670	790	410	180	310	430	180	230
100	40	200	750	870	450	200	350	470	200	250
125	40	225	1010	1030	480	265	480	500	215	265
150	42	250	1050	1120	500	275	500	570	225	275
200	43	315	1200	1260	570	315	570	630	260	310
250	57	400	1350	1400	650	350	650	700	300	350
300	56	450	1450	1550	700	375	700	800	325	375
350	54	500	1600	1670	750	400	800	870	350	400
400	58	560	1720	1810	810	430	860	950	380	430
450	52	600	1790	1940	850	450	890	1040	400	450
500	53	655	1890	2070	910	480	930	1110	430	480

说明：

1.直埋保温管外皮距槽底填砂距离不小于100mm。

2.直埋保温管外皮距槽顶填砂距离不小于150mm。

3.直埋保温管外皮距槽边填砂距离：

管径≤DN100，不小于100mm；

管径>DN100，不小于150mm。

4.直埋保温管外皮间净距取：150~250mm。

5.通常情况下，槽边的放坡角度为45°。

双管水平安装管道横断面图						图集号	05R410
审核	张宗旭	校对	宋盛华	设计	张书臣	页	50

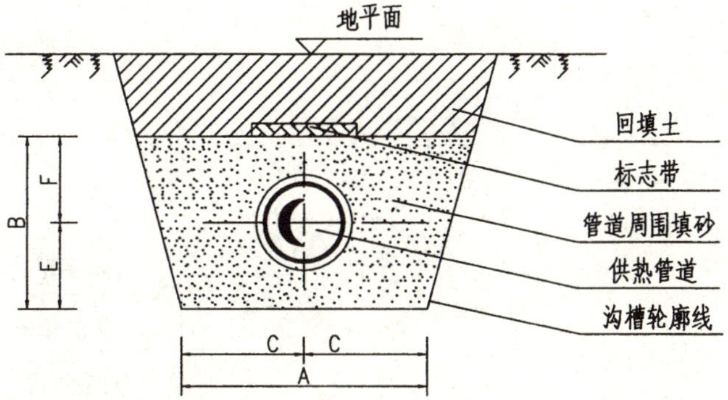

说明：

1.本图横断面适用于供回水管分开布置的直埋供热管道。

2.直埋保温管外皮距槽底填砂距离不小于100mm。

3.直埋保温管外皮距槽顶填砂距离不小于150mm。

4.直埋保温管外皮距槽边填砂距离：

管径≤DN100，不小于100mm；

管径>DN100，不小于150mm。

5.通常情况下，槽边的放坡角度为45°。

钢管公称直径 DN	保温厚度 (mm)	保温管外径 (mm)	A (mm)	B (mm)	C (mm)	E (mm)	F (mm)
50	31	125	340	390	170	170	220
65	29	140	340	390	170	170	220
80	33	160	360	410	180	180	230
100	40	200	400	450	200	200	250
125	40	225	430	480	265	215	265
150	42	250	450	500	275	225	275
200	43	315	630	570	315	260	310
250	57	400	700	650	350	300	350
300	56	450	750	700	375	325	375
350	54	500	800	750	400	350	400
400	58	560	860	810	430	380	430
450	52	600	900	850	450	400	450
500	53	655	960	910	480	430	480

单管水平安装管道横断面图						图集号	05R410
审核	张宗旭	校对	宋盛华	设计	张书臣	页	51

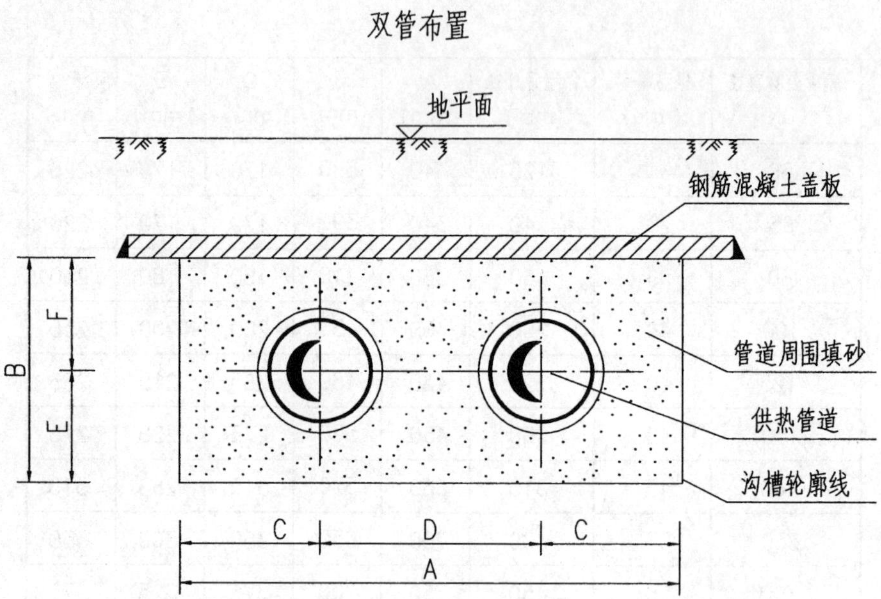

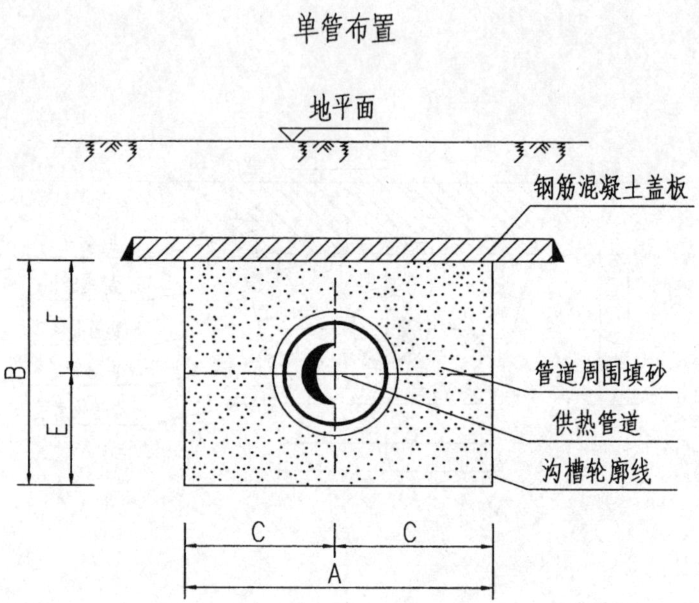

说明：

1.当直埋管道的敷土深度不能满足规范要求时，可用此种方式进行直埋管道的敷设。

2.地沟内填砂应分层夯实。

3.地沟断面尺寸见本图集第50、51页。

4.保护盖板做法见本图集第53页。

加保护盖板的双(单)管水平安装管道横断面图						图集号	05R410
审核	张宗旭	校对	宋盛华	设计	张书臣	页	52

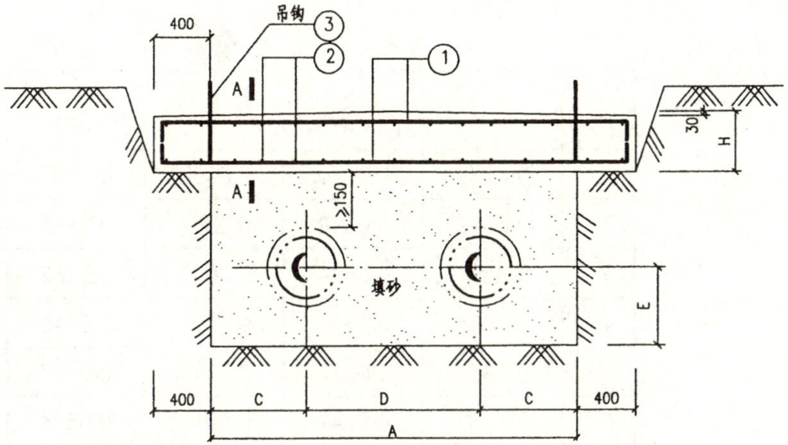

保护盖板剖面

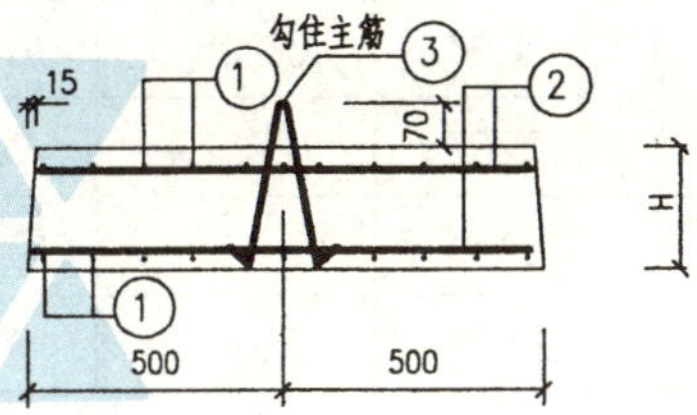

A—A

钢筋材料表

管道DN	板厚H(mm)	钢筋序号	钢筋示意图	规格
DN50~DN100	H=180	①	A+740	Φ12@100
		②	940	Φ10@100
		③	220	Φ12
DN125~DN250	H=200	①	A+740	Φ14@120
		②	940	Φ10@100
		③	240	Φ14
DN300~DN500	H=250	①	A+740	Φ20@100
		②	940	Φ10@100
		③	290	Φ16

说明：

1.本图尺寸单位mm。

2.本图适用条件：

(1)汽车荷载：公路-Ⅱ级。

(2)盖板上覆土大于等于300mm。

3.材料：混凝土C30，垫层C15。钢筋Φ为HPB235，Φ为HRB335。

4.盖板上部路面作法由路政部门处理。

5.图中A、C、D、E值参见本图集第50页。

6.沟槽内填砂要求由工程设计人员确定。

7.选用时如不符合本图条件，应另行计算。

直埋管道保护盖板结构图						图集号	05R410
审核	董乐义	校对	刘艳芬	设计	张玉成	页	53

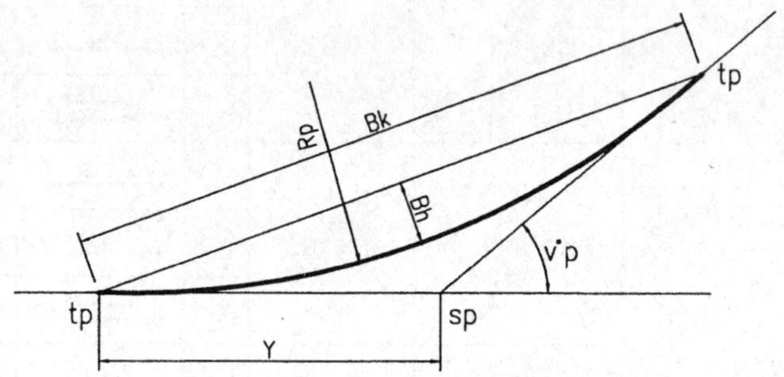

Bl －弯管/半径的长(m)
Bh －圆弧/半径的弦高(m)
Bk －弯管/半径的弦长(m)
V°p－设计角度(度)

sp －交点
tp －切点
Y －tp和sp间的距离(m)
Rp －圆弧的设计半径(m)

尺寸表

V°p (°)	Bl (m)	Bk (m)	Bh (m)	Y (m)
1	0.0175	0.0175	0.0000	0.0087
2	0.0349	0.0349	0.0002	0.0175
3	0.0524	0.0524	0.0003	0.0262
4	0.0698	0.0698	0.0006	0.0349
5	0.0873	0.0872	0.0010	0.0437
6	0.1047	0.1047	0.0014	0.0524
7	0.1222	0.1221	0.0019	0.0612
8	0.1396	0.1395	0.0024	0.0699
9	0.1571	0.1569	0.0031	0.0787
10	0.1745	0.1743	0.0038	0.0875
11	0.1920	0.1917	0.0046	0.0963
12	0.2094	0.2091	0.0055	0.1051
13	0.2269	0.2264	0.0064	0.1139
14	0.2443	0.2437	0.0075	0.1228
15	0.2618	0.2611	0.0086	0.1317

说明：

1.弹性弯曲管可用于任意转角的方向改变.

2.可将弯曲管视为直管段.

3.用弹性弯曲管时，局部开槽断面见本图集第57页.

4.表中数值乘以Rp.

5.本图根据北京豪特耐管道设备有限公司《供热手册》进行编制，此数据仅供参考.

弹性弯曲管的设计与布置						图集号	05R410
审核	董乐义	校对	宋盛华	设计	张书臣	页	54

Z型补偿弯管

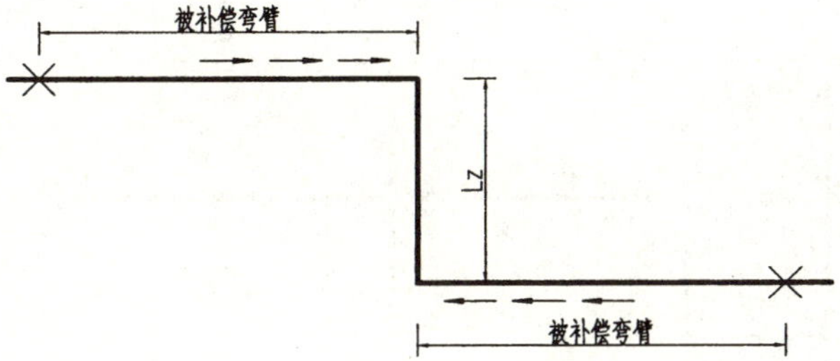

U型补偿弯管

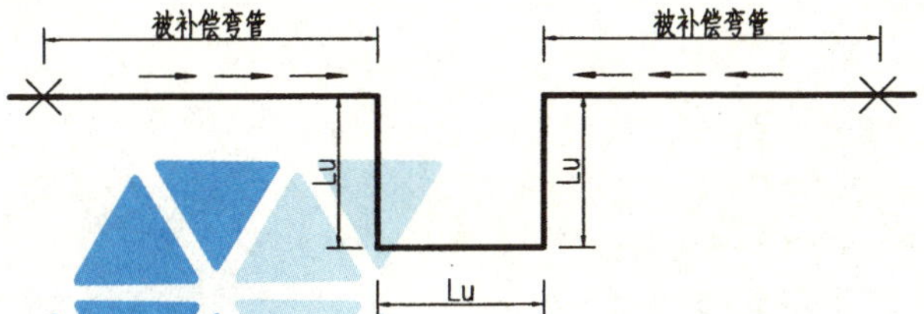

Lz与Lu尺寸表

公称直径 DN	钢管规格 Do×δ (mm)	Lz(Lu) (m)	公称直径 DN	钢管规格 Do×δ (mm)	Lz(Lu) (m)
50	57X3.5	3.3	300	325X8.0	11.2
65	76X4.0	4.2	350	377X7.0	12.0
80	89X4.0	4.6		377X9.0	12.6
100	108X4.0	5.C	400	426X7.0	12.7
125	133X4.0	5.7		426X9.0	13.4
150	159X4.0	6.6	450	478X7.0	13.6
200	219X6.0	8.5		478X9.0	14.2
250	273X6.0	9.5	500	529X7.0	14.3
	273X7.0	9.8		530X10.0	15.6
300	325X7.0	10.9			

说明：

1.补偿弯臂长度Lz与Lu的取值不应小于表中所列数值。

2.被补偿弯臂长度应符合《规程》的规定：2Lcm≤Lc1+Lc2。

Z型和U型弯管补偿的一般布置方式							图集号	05R410
审核	牛小化	校对	宋盛华	设计	张书臣		页	55

1.在分支管上设置固定墩

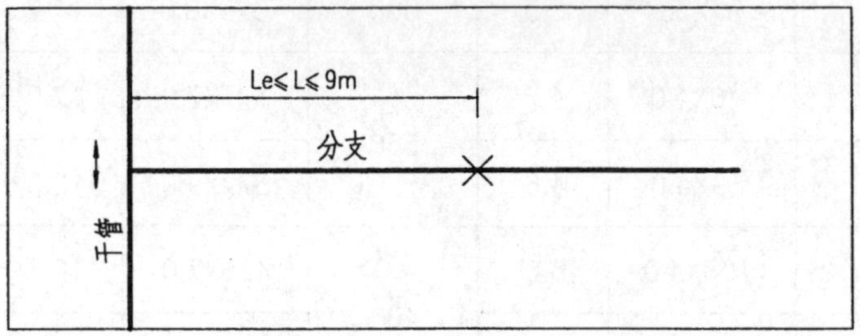

2.在分支管上设置弯管补偿装置

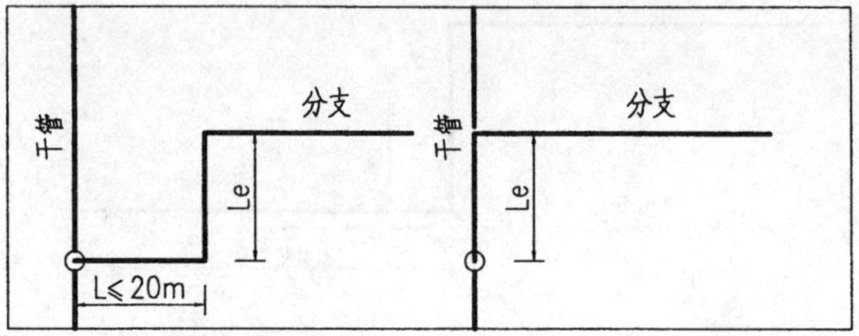

3.在分支管上设置补偿器

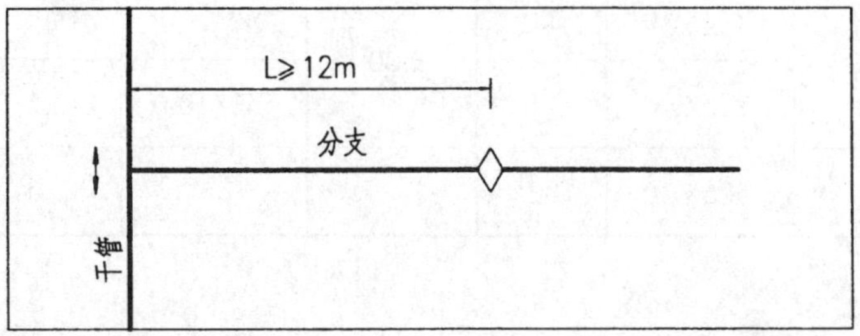

说明：

1.按《规程》要求：

1.1 分支点有干线轴向位移时，轴向位移量不宜大于50mm，分支点至固定墩或弯管补偿器的最小距离不应小于Le，分支点距轴向补偿器的距离不应小于12m；

1.2 分支点至支线上固定墩的距离不宜大于9m；

1.3 分支点至轴向补偿器或弯管补偿器的距离不宜大于20m.

2.Le的长度见本图集第12页.

直埋管道分支的几种布置方式								图集号	05R410
审核	牛小化	[signature]	校对	宋盛华	[signature]	设计	张书臣	页	56

膨胀区局部加宽示意图

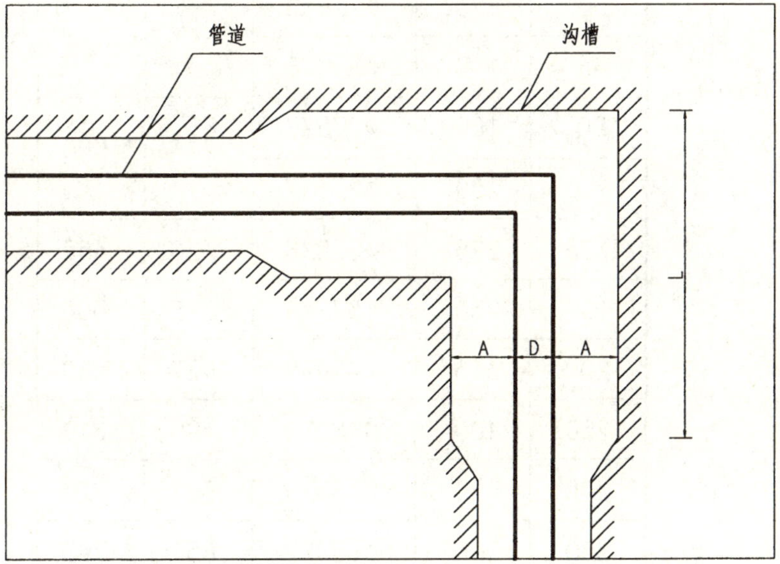

说明：管道间距D见本图集第50页。

尺寸表

公称直径 DN	外壳与沟壁净距 A (mm)	膨胀区长度 L (mm)
50	200	1500
65	250	1500
80	250	2000
100	300	2000
125	350	2500
150	400	2500
200	500	3500
250	600	4000
300	700	4500
350	750	4500
400	800	5000
450	900	5000
500	950	5500

弯头附近膨胀区的做法							图集号	05R410
审核	牛小化	(签名)	校对	宋盛华	(签名)	设计 张书臣 (签名)	页	57

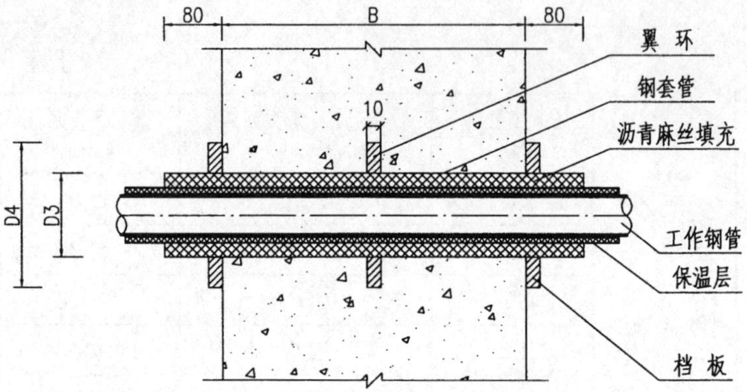

说明：

1.钢套管长度L=B+160mm，B为墙厚。

2.翼环及钢套管加工完成后外壁均刷防锈漆两遍。

3.若墙壁为砖混结构，应浇注混凝土，其浇注范围应比翼环直径大400mm。

4.套管上下部各焊一块挡板以使其固定。

5.本图仅用于一般性的穿墙管，若对防水要求过高，则应按本图集第59页进行设计。

公称直径 DN	保温管外径 Dc(mm)	套管(外径X壁厚) DXδ(mm)	翼环(1件) D_3(mm)	翼环(1件) D_4(mm)	挡板(2件) (mm)
50	125	ϕ219X6	220	340	尺寸同翼环
65	140	ϕ219X6			
80	160	ϕ273X7	274	390	
100	200	ϕ273X7			
125	225	ϕ325X8	326	450	
150	250	ϕ377X9	378	500	
200	315	ϕ426X9	427	550	
250	400	ϕ489X9	490	610	
300	450	ϕ560X9	561	720	
350	500	ϕ630X9	631	790	
400	550	ϕ660X9	661	820	
450	600	ϕ711X9	712	870	
500	655	ϕ762X9	763	920	

管道穿墙套管安装图(不可调式)						图集号	05R410
审核	牛进才	校对	石中东	设计	李建民	页	58

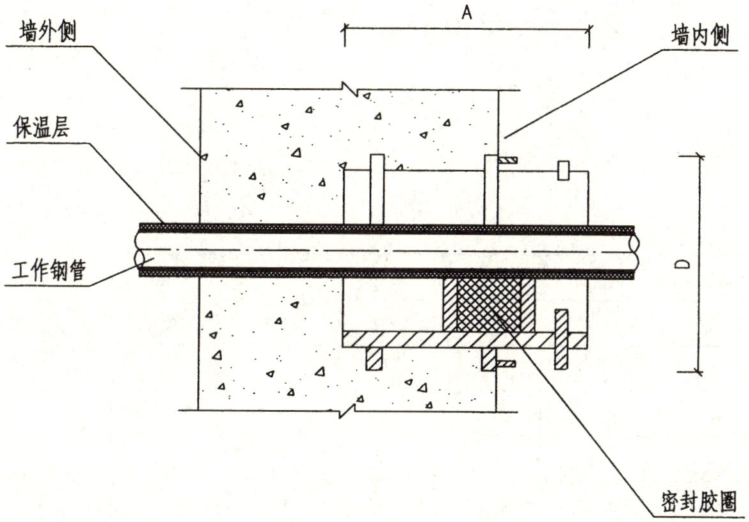

公称直径DN	保温管外径Dc(mm)	套管直径D(mm)	套管长度A(mm)
50	125	390	255
65	140	406	
80	160	426	
100	200	466	
125	225	490	
150	250	480	
200	315	550	
250	400	682	
300	450	714	
350	500	760	
400	550	822	
450	600	917	
500	655	1026	

说明：

1.本图根据北京豪特耐管道设备有限公司的技术资料编制。

2.若墙壁为砖混结构，应浇注混凝土，其浇注范围应为D+200mm。

3.图中密封胶圈可根据需要进一步调节压紧，以加强密封效果。

管道穿墙套管安装图(可调式)						图集号	05R410
审核	董乐义	校对	宋盛华	设计	张书臣	页	59

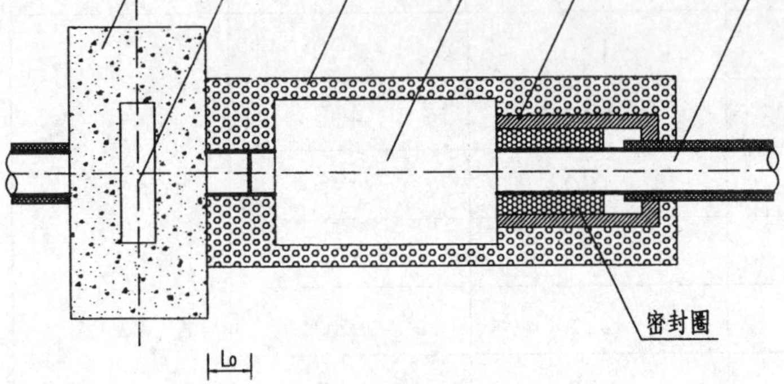

直埋补偿器安装

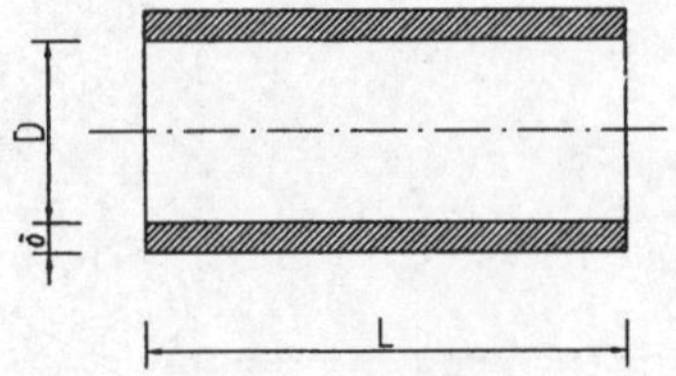

隔土罩

尺寸表

单位：mm

公称直径DN	隔土罩	D	δ	L	Lo
50	GZ57	ø168	5	272	300
65	GZ73	ø194	5	272	350
80	GZ89	ø194	5	364	400
100	GZ108	ø219	6	420	500
125	GZ133	ø245	6	500	500
150	GZ159	ø273	6	550	600
200	GZ219	ø351	6	600	800
250	GZ273	ø426	8	600	1000
300	GZ325	ø450	8	650	1200
350	GZ377	ø530	8	650	1400
400	GZ426	ø560	8	700	1600
450	GZ478	ø630	10	700	1800
500	GZ529	ø670	10	700	2000

说明：

1.波纹管的预拉伸量或压缩量，由单体项目决定。

2.管道预留安装位置长度应等于补偿器的长度加上预拉伸量。

3.安装前应将管沟底部夯实铲平，补偿器需与直埋管保持同轴，距补偿器12m范围内不应有折角和弯头。

4.套筒安装时应注意其方向性。

5.隔土罩材质为钢管。

6.本图适用于有补偿直埋管系。隔土罩的内径D和长度L可根据工程实际选用的预制直埋管外径和补偿量进行加工。

直埋波纹管(套筒)补偿器安装						图集号	05R410
审核	牛进才	校对	石中东	设计	李建民	页	60

1 － 1

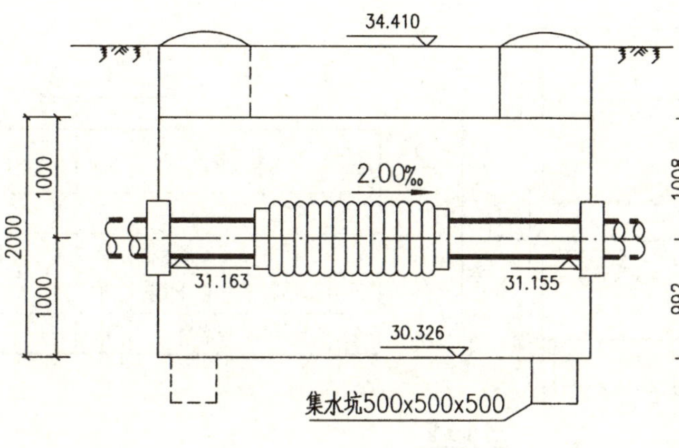

材　料　表

序号	名称及规格	单位	数量	备　注
1	DN300穿墙套管	套	4	
2	DN300波纹管补偿器	套	1	供　水
3	DN300波纹管补偿器	套	1	回　水
4	DN300收缩端帽	套	4	

平面图

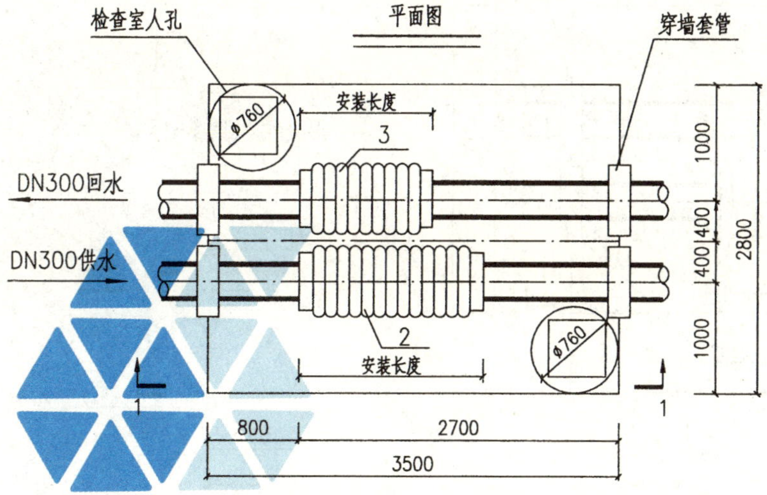

说明：

1.图中高程单位为m，其余单位为mm。
2.检查室人孔尺寸应能满足设备进出。
3.检查室内空间应满足设备检修要求。
4.检查室应做防水。
5.穿墙套管的做法见本图集第58、59页。
6.表中数据为参考值，具体长度值应由设计确定。
7.检查室结构应由土建专业另行设计。
8.补偿器末端距检查室壁净距应≥500mm。
9.检查室人孔、爬梯、集水坑做法见本图集第65页。

检查室内补偿器典型布置图（一）						图集号	05R410
审核	牛小化	校对	张书臣	设计	宋盛华	页	61

1 — 1

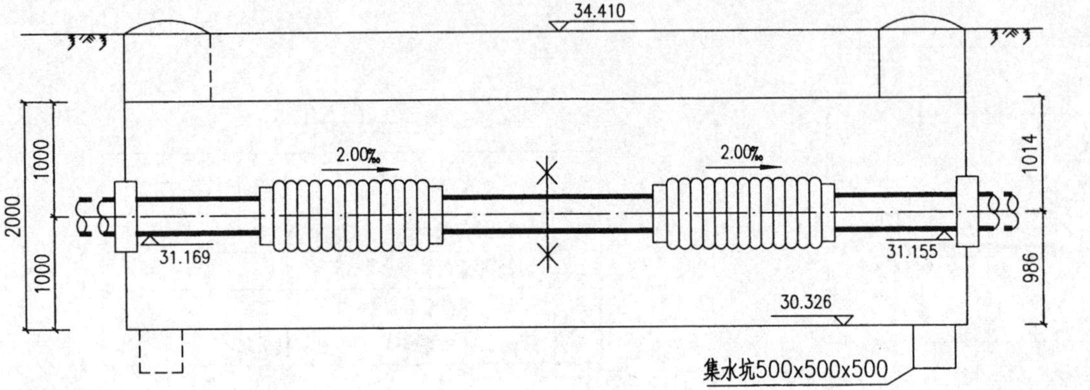

检查室人孔

平面图

穿墙套管

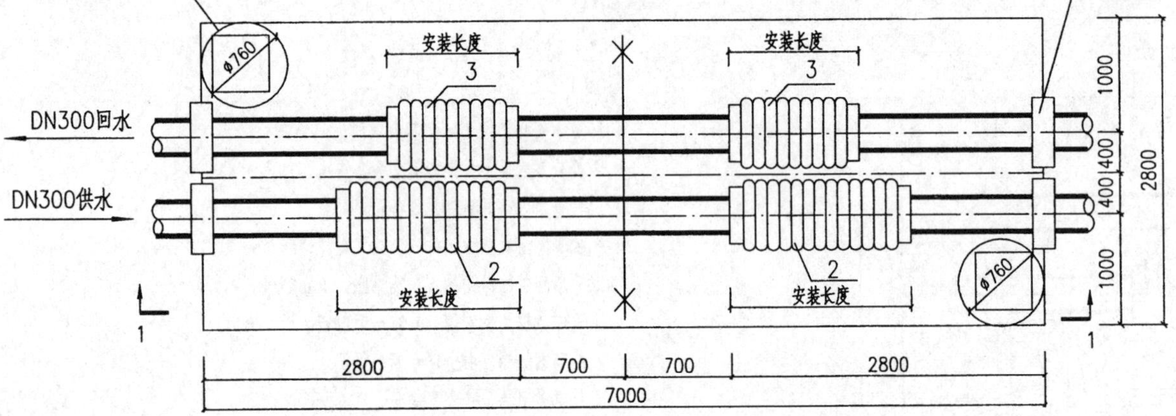

材 料 表

序号	名称及规格	单位	数量	备 注
1	DN300穿墙套管	套	4	
2	DN300固定支架卡板	套	2	单管轴向推力：10吨以下
3	DN300波纹管补偿器	套	4	
4	DN300收缩端帽	套	4	

说明：同本图集第61页。

检查室内补偿器典型布置图（二）							图集号	05R410
审核	牛小化	[signature]	校对	张书臣	[signature]	设计 宋盛华 [signature]	页	62

1 — 1

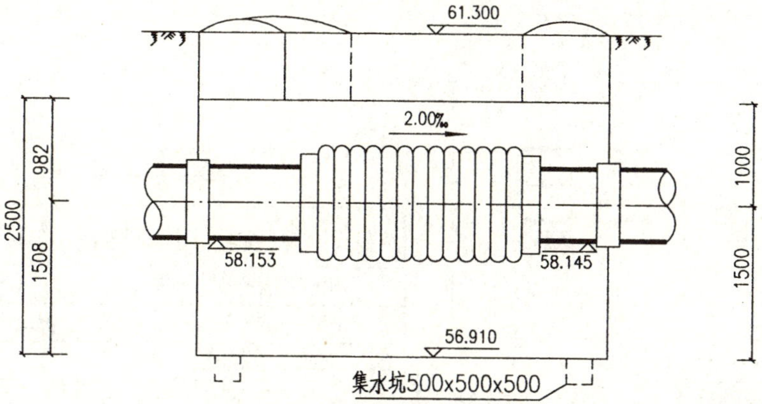

平 面 图

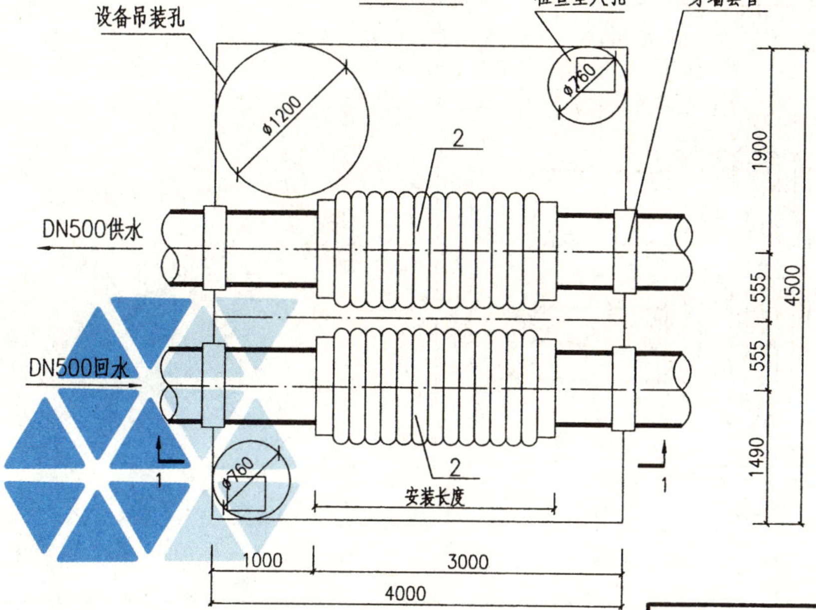

材 料 表

序号	名称及规格	单位	数量	备 注
1	DN500穿墙套袖	套	4	
2	DN500波纹管补偿器	套	2	
3	DN500收缩端帽	套	4	

说明：同本图集第61页。

检查室内补偿器典型布置图（三）						图集号	05R410
审核	牛小化	校对	张书臣	设计	宋盛华	页	63

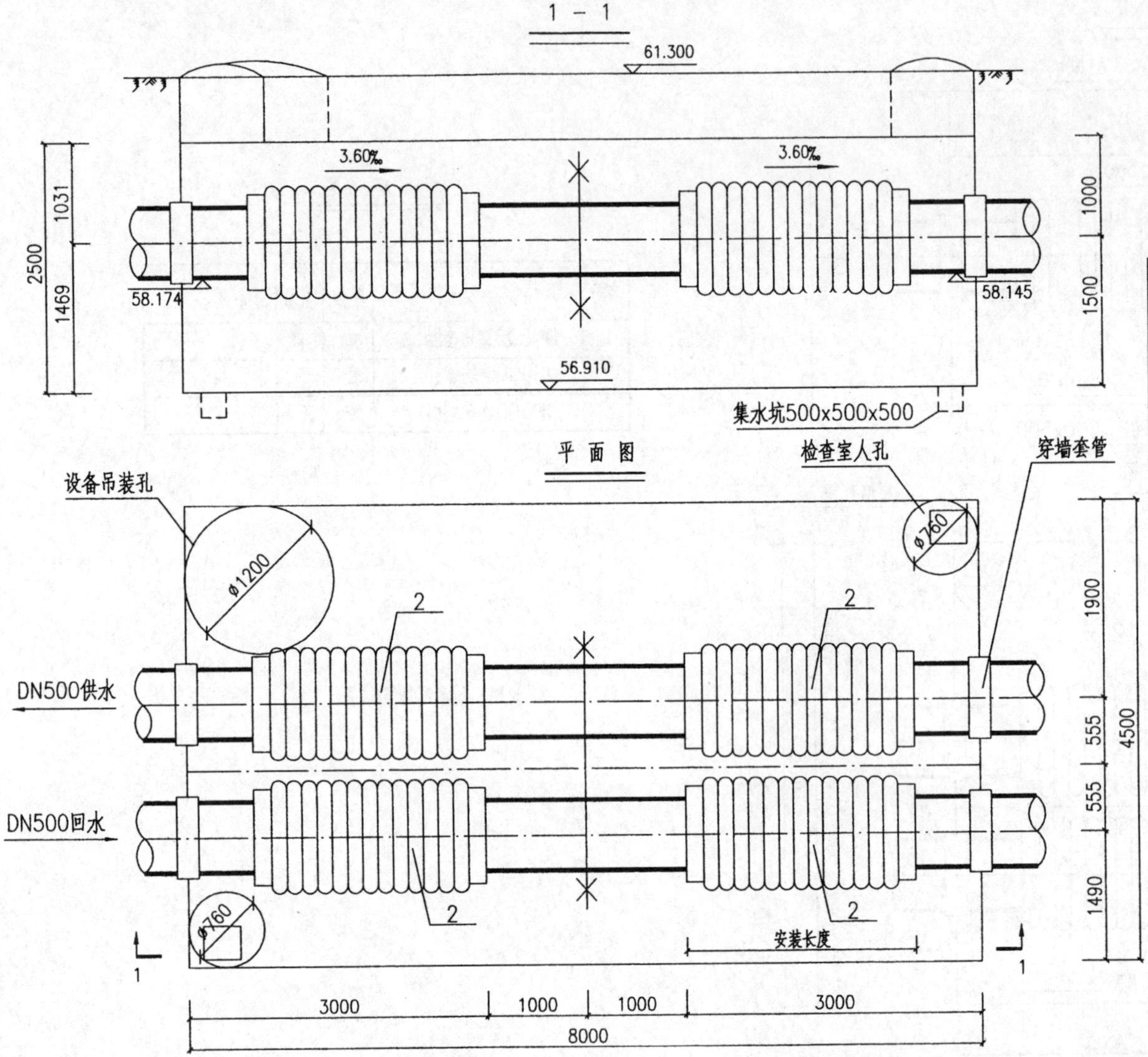

材 料 表

序号	名称及规格	单位	数量	备 注
1	DN500穿墙套袖	套	4	
2	DN500固定支架卡板	套	2	单管轴向推力：10吨以下
3	DN500波纹管补偿器	套	4	
3	DN500收缩端帽	套	4	

说明：同本图集第61页。

检查室内补偿器典型布置图（四）						图集号	05R410
审核	牛小化	校对	张书臣	设计	宋盛华	页	64

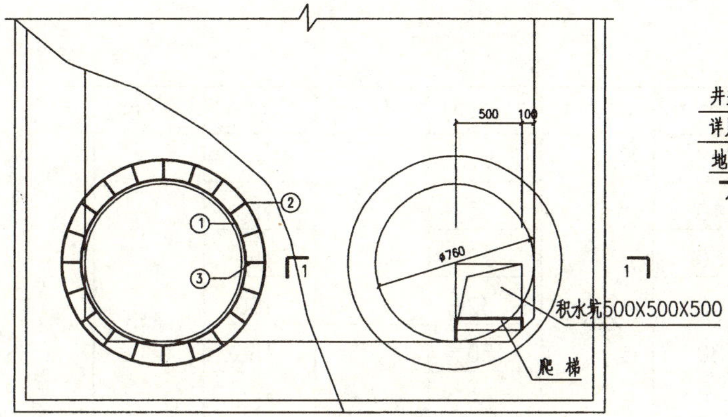

平 面 图

钢筋明细表	编号	示 意 图	规格	备注
	①	810	φ12@150	间距沿板厚方向
	②	1000	φ12@150	间距沿板厚方向
	③	100 板厚-30	φ8@150	

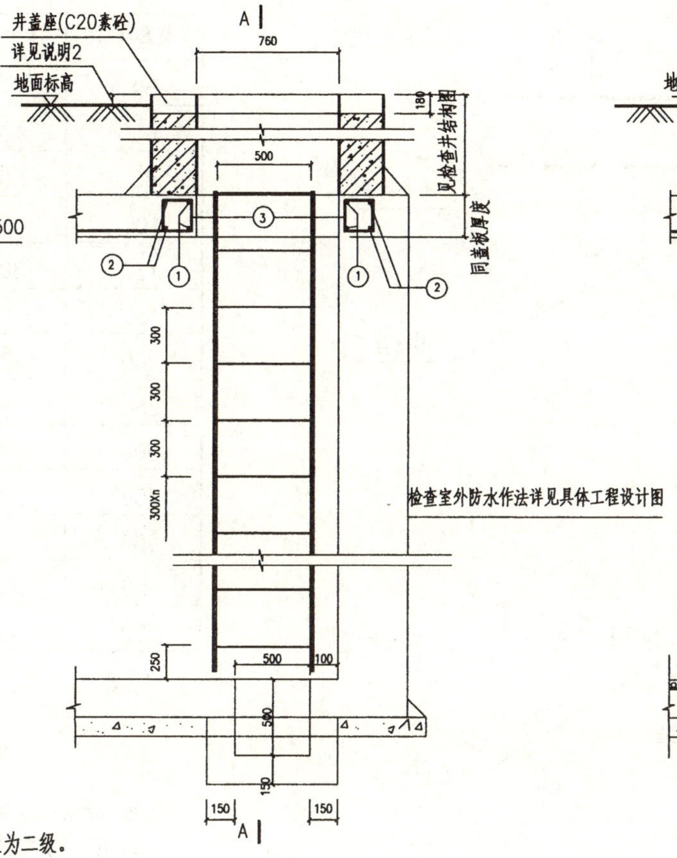

1--1

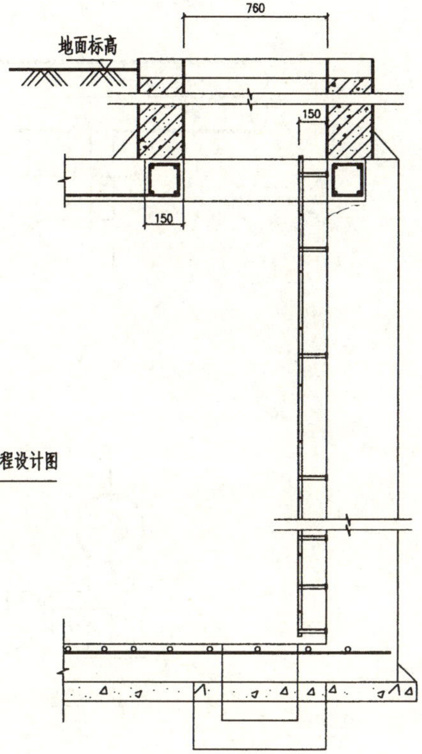

A--A

说 明:

1.材料：钢材 Q235，焊条E43，焊缝高8mm。且不小于较小焊件厚度，焊缝等级为二级。钢筋Φ为HPB235，钢筋Φ为HRB335。检查室的防水材料、钢爬梯及检查室配筋作法详见具体设计施工图。

检查室人孔、爬梯、集水坑做法图						图集号	05R410
审核	董乐义	校对	刘艳芬	设计	张玉成	页	65

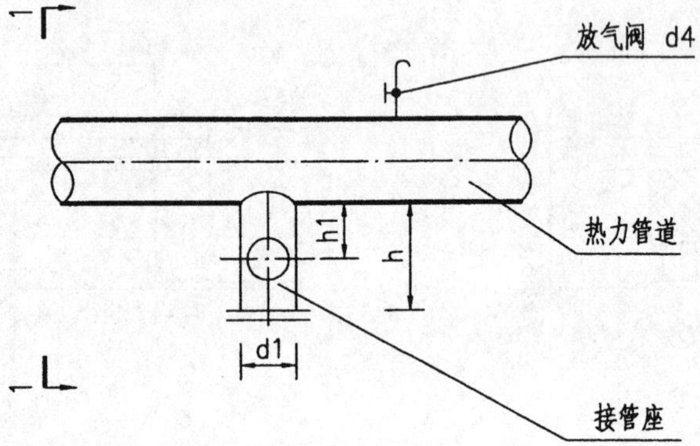

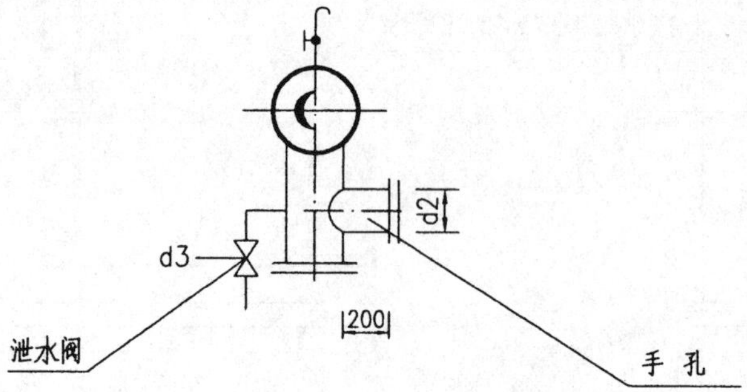

1-1

公称直径 DN	d1(mm)	d2(mm)	d3(mm)	d4(mm)	h(mm)	h1(mm)
50	无d1		25		–	
65	40		25	15	120	
80	50		32		150	
100	65	无d2	32		150	无h1
125	80		50		150	
150	100		50		150	
200	125		50	20	200	
250	150		50		200	
300	200	125	65		400	220
350	200	125	80		400	220
400	250	150	80	25	430	230
450	250	150	80		430	230
500	300	150	100		430	230

说明:

1.法兰和法兰盖按相应公称直径选择，并符合《钢制压力容器》(GB150-1998)及《压力容器安全技术监察规程》要求。

2.本图为综合图，当管道为高点时，设放气阀d4，无接管座d1及泄水阀d3；当管道为低点时，设接管座d1及泄水阀d3，无放气阀d4。

检查室中设置的泄水接管座和放气阀						图集号	05R410
审核	张宗旭	校对	宋盛华	设计	张书臣	页	66

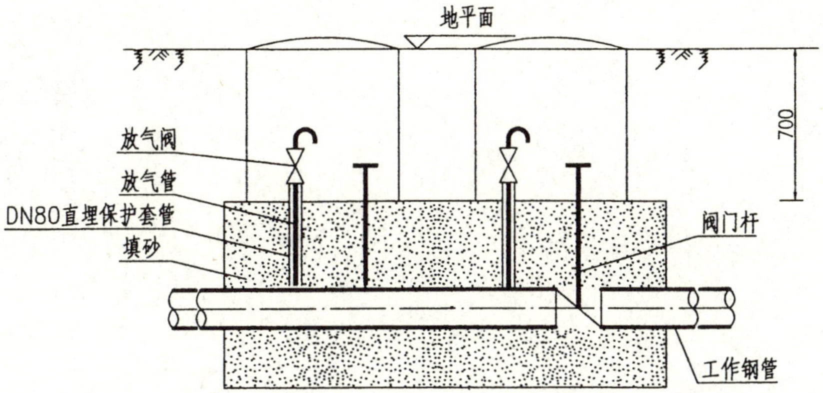

1—1

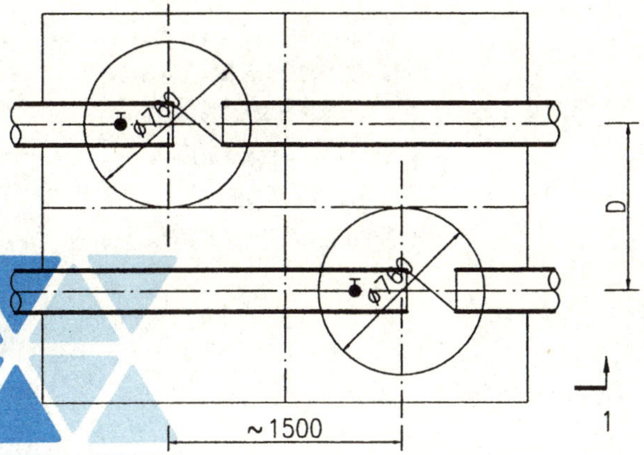

平面图

说明：

1.DN300≥管径>DN80者采用此种双井孔做法，当管径≤DN80时，做法见本图集第68页，当管径>DN300时，不宜采用直埋阀门井，阀门应设于小室内。

2.放气管与直埋阀门均可单独使用。

3.当两者合用时，放气管与直埋阀门间净距不应小于200mm。

4.直埋阀门的杆长应根据具体情况确定。

5.放气管管径见本图集第66页。

6.土建部分见本图集第69页。

7.管间距D见本图集第50页。

8.图中未注明的尺寸，其单位均为mm。

直埋阀门和放气井(双孔)							图集号	05R410
审核	张宗旭	张宗旭	校对	张书臣	张书臣	设计	宋盛华	宋盛华	页	67

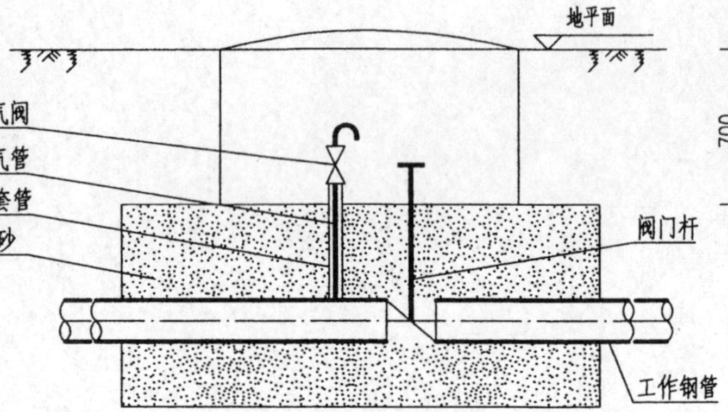

1－1

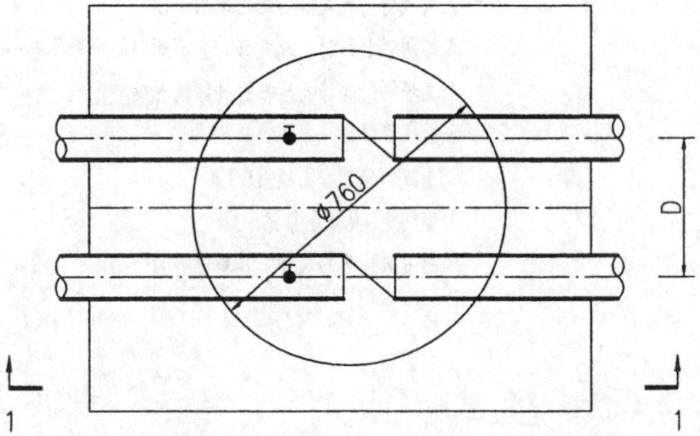

平面图

说明：

1.管径≤DN80者采用此种单井孔做法；当管径>DN80时，做法见本图集第67页。
2.放气管与直埋阀门均可单独使用。
3.当两者合用时，放气管与直埋阀门间净距不应小于100mm。
4.直埋阀门的杆长应根据具体情况确定.
5.放气管管径见本图集第66页。
6.土建部分见本图集第70页。
7.管间距D见本图集第50页。
8.图中未注明的尺寸，其单位均为mm。

直埋阀门和放气井(单孔)							图集号	05R410
审核	张宗旭	张宗旭	校对	张书臣	张书臣	设计 宋盛华 宋盛华	页	68

1--1

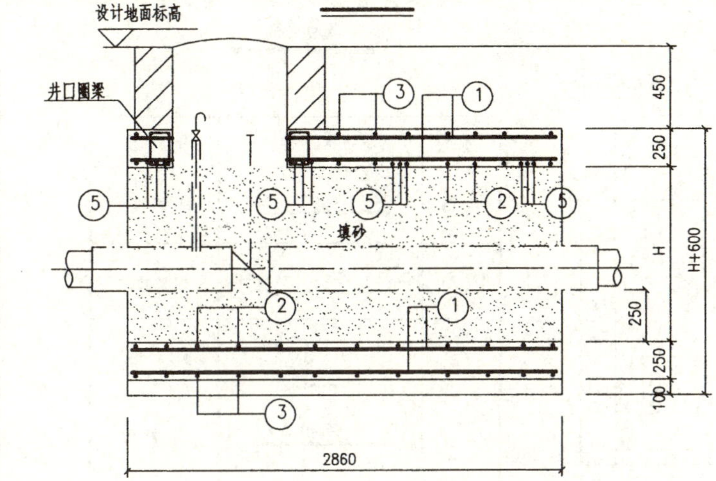

2--2

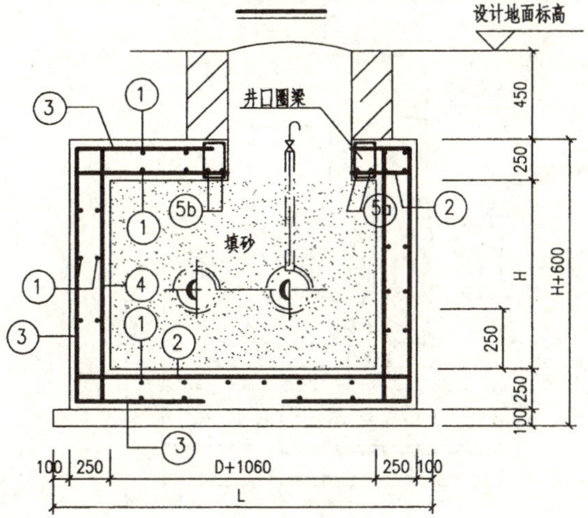

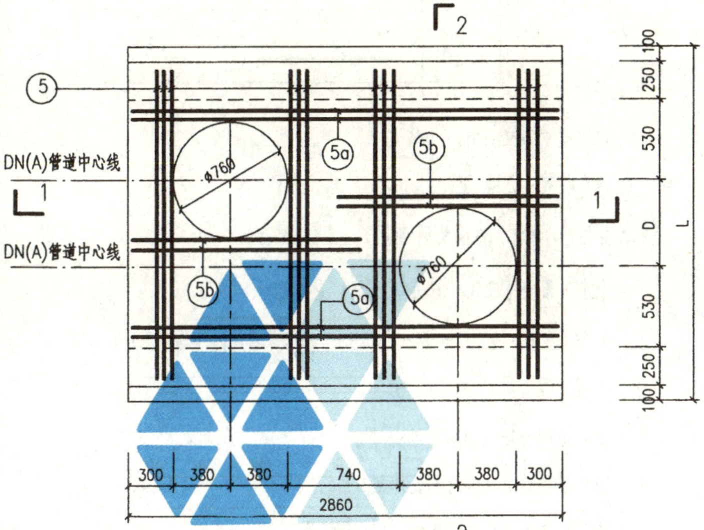

平面图

钢筋材料表

编 号	示 意 图	规 格	
①	2800	Φ12@150	
②	140 L-260 140	D<=700mm时	Φ22@150
		D>700mm时	Φ25@150
③	D/4+520 D/4+520 H+440	Φ12@150	
④	H+440	Φ12@150	
⑤	L-260	3Φ25	
⑤a	2800	2Φ25	
⑤b	1800	2Φ20	

说明:

1.本图尺寸单位mm。

2.汽车荷载:公路--Ⅱ级。

3.本图中D值详见本图集第50页。

4.材料:混凝土C30,抗渗等级S8,垫层混凝土C15。钢筋Φ为HPB235,Φ为HRB335,钢筋保护层内外均为30mm。

5.地基承载力fak=100KPa。

6.人孔圈梁做法见本图集第65页。

7.井内填砂要求具体详见设计施工图。

8.选用时如不符合本图条件,应另行计算。

直埋阀门和放气井结构图(双孔)						图集号	05R410
审核	董乐义	校对	刘艳芬	设计	张玉成	页	69

1—1

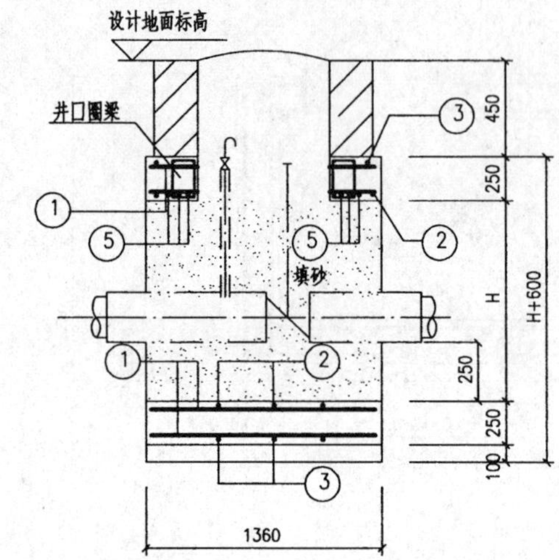

2—2

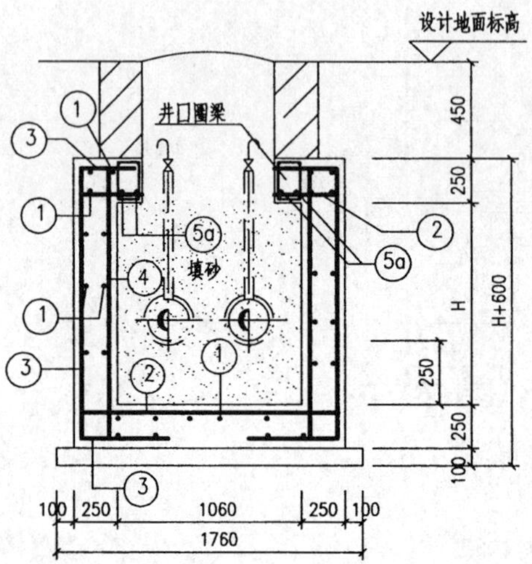

钢筋材料表

编号	示意图	规格
①	1300	Φ12@150
②	140 1500 140	Φ14@150
③	520 H+440 520	Φ12@150
④	H+440	Φ12@150
⑤	1500	3Φ20
⑤a	1300	2Φ20

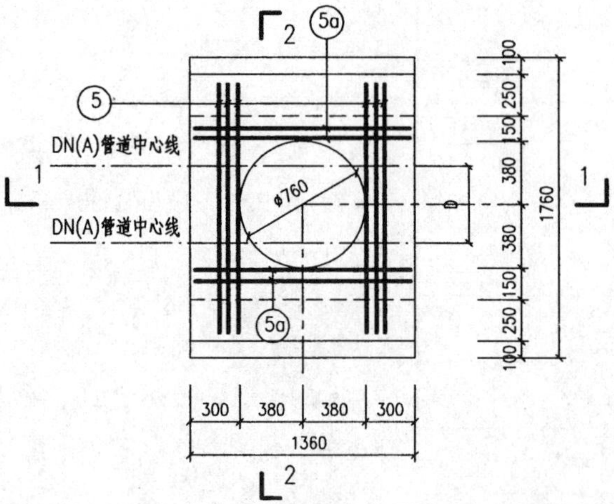

平面图

说明：

1.本图尺寸单位mm。

2.汽车荷载：公路—Ⅱ级。

3.本图中D值详见本图集第50页。

4.材料：混凝土C30，抗渗等级S8，垫层混凝土C15。

钢筋Φ为HPB235，Φ为HRB335，钢筋保护层内外均为30mm。

5.地基承载力fak=100KPa。

6.人孔圈梁做法见本图集第65页。

7.井内填砂要求具体详见设计施工图。

8.选用时如不符合本图条件，应另行计算。

直埋阀门和放气井结构图（单孔）						图集号	05R410
审核	董乐义	校对	刘艳芬	设计	张玉成	页	70

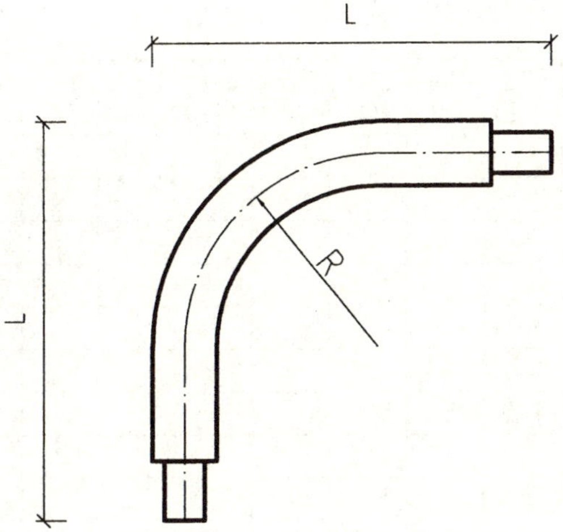

公称直径 DN	弯头规格 DoXδ (mm)	保温管外径 Dc(mm)	L (mm)			
			R=1.5D	R=3D	R=4D	R=5D
50	57X3.5	125	500	600	600	650
65	76X4.0	140	550	600	650	700
80	89X4.0	160	600	650	650	800
100	114X4.0	200	700	700	700	850
125	140X4.0	225	800	800	850	950
150	159X4.5	250	800	800	950	1050
200	219X6.0	315	800	950	1100	1350
250	273X6.0	400	950	1100	1350	1600
300	325X7.0	450	1000	1250	1550	1800
350	377X7.0	500	1000	1400	1750	2100
400	426X7.0	560	1200	1600	2000	2400
450	478X7.0	600	1200	1800	2250	2700
500	529X7.0	655	1200	2000	2500	3000

说明：

1.本图根据北京豪特耐管道设备有限公司的技术资料编制。

2.L指90°机制弯头的产品长度。

90°机制直埋弯头系列尺寸表							图集号	05R410
审核	董乐义	校对	宋盛华	设计	张书臣		页	71

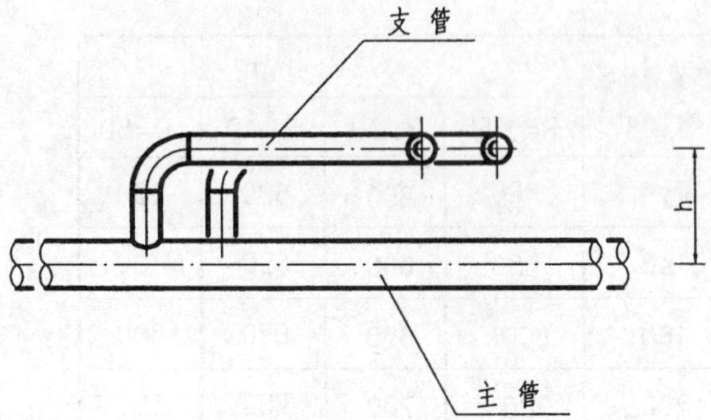

1—1

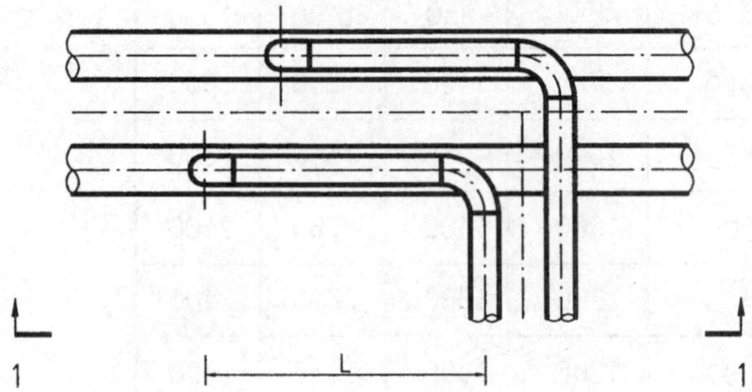

平面图

平行分支高度h尺寸表

主管(mm) \ 支管(mm)	57/125	76/140	89/160	108/200	133/225	159/250	219/315	273/400	325/450	377/500	426/560	478/600
76/140	293											
89/160	303	310										
108/200	323	330	340									
133/225	335	343	353	370								
159/250	348	355	365	385	398							
219/315	380	388	398	418	430	443						
273/400	423	430	440	460	473	485	518					
325/450	448	455	465	485	498	510	543	645				
377/500	473	480	490	510	523	535	568	670	730			
426/560	503	510	520	540	553	565	598	700	760	850		
478/600	523	530	540	560	573	585	618	720	780	870	1005	
529/655	538	545	555	575	588	600	633	735	795	885	1020	1055

说明：

1.本图所示为热水管道平行分支布置大样图。

2.平行分支管长L不应小于相应管径的弹性臂长Le。

3.本图平行分支高度h按北京豪特耐管道设备有限公司的技术资料编制。

4.管间距见本图集第50页。

5.h的值不宜小于表中数据。

直埋管道平行分支布置大样图						图集号	05R410
审核	董乐义	校对	宋盛华	设计	张书臣	页	72

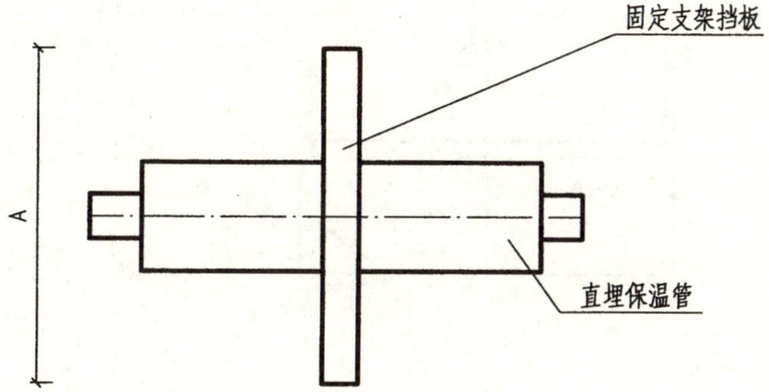

说明:

1.本图根据北京豪特耐管道设备有限公司的技术资料编制。

2.固定墩做法见本图集第74、75、76页。

3.如果直埋固定支架受力大于表中受力，则应预先将受力大小提供给厂家，进行特殊加工。

固定支架挡板尺寸及推力表

公称直径 DN	保温管外径 Dc(mm)	挡板尺寸 A (mm)	固定支架承受的最大推力(t)
50	125	215X215	5
65	140	230X230	8
80	160	250X250	10
100	200	300X300	13
125	225	330X330	18
150	250	370X370	21
200	315	470X470	39
250	400	560X560	49
300	450	625X625	68
350	500	680X680	79
400	560	740X740	89
450	600	810X810	101
500	655	810X810	111

直埋固定支架系列尺寸表						图集号	05R410
审核	董乐义	校对	宋盛华	设计	张书臣	页	73

1-1

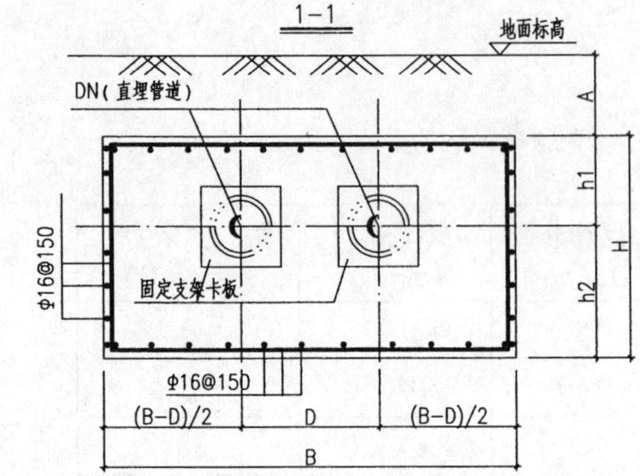

2-2

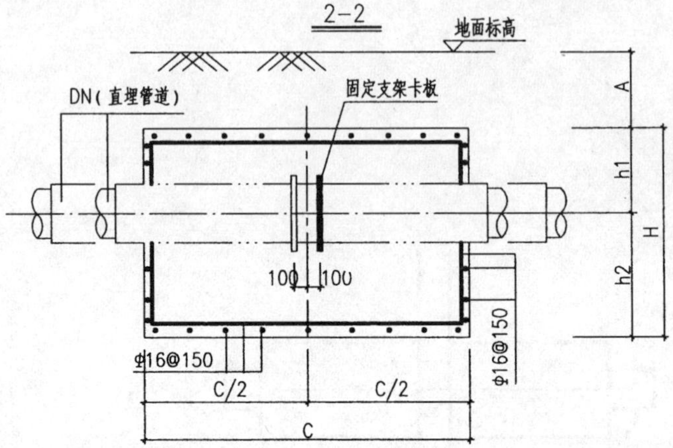

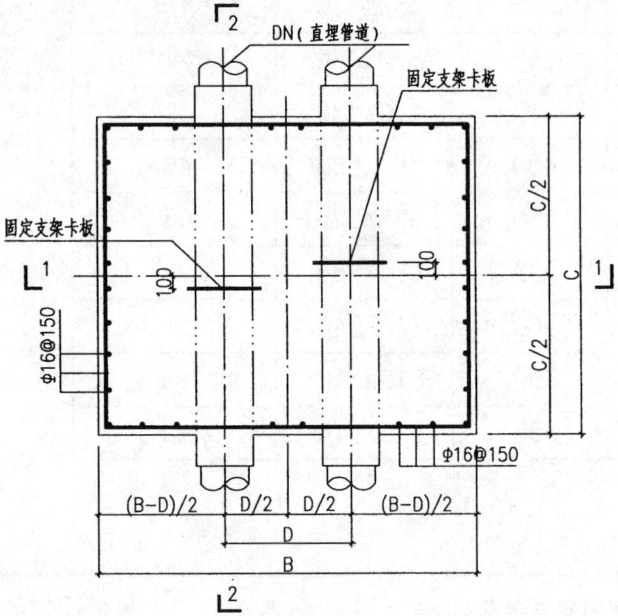

直埋固定墩平面图

说 明

1.本图尺寸单位mm。

2.本图适用条件：

(1) DN50~350管道，单管推力3t~20t。

(2) 土壤类别为粉土，回填土内摩擦角为30°。

(3) 地基承载力fak=100KPa。

3.选用时如不符合本图条件，应另行计算。

4. 材料：砼C30。钢筋Φ为HPB225，Φ为HRB335。钢筋保护层为35mm。

5.固定墩周围回填土要夯密实。压实系数>0.94。

6.混凝土强度必须达到设计强度，且按要求回填后，方可打压、运行。

7.图中D值参见本图集第50页。

8.固定支架卡板尺寸参见本图集第73页。

9.固定墩结构尺寸详见本图集第76页。

固定墩结构图(一)								图集号	05R410
审核	董乐义	董乐义	校对	刘艳芬	刘艳芬	设计	张玉成	页	74

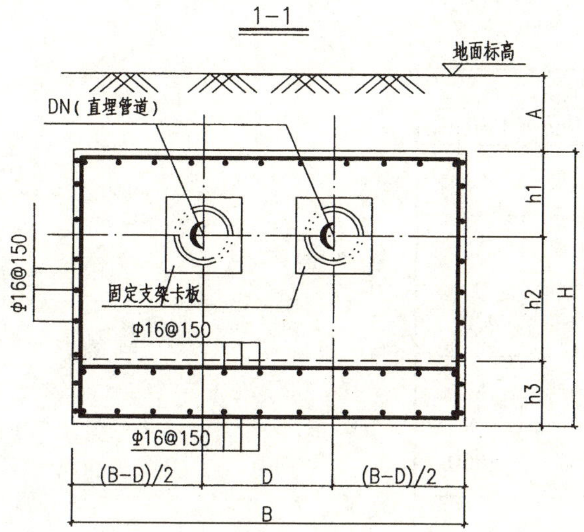

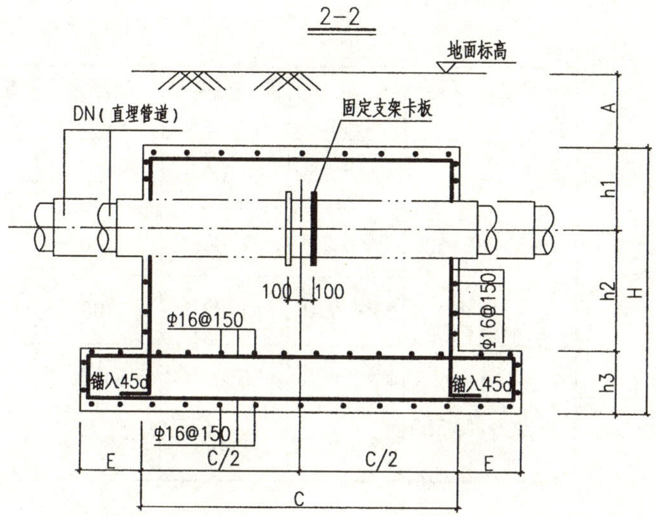

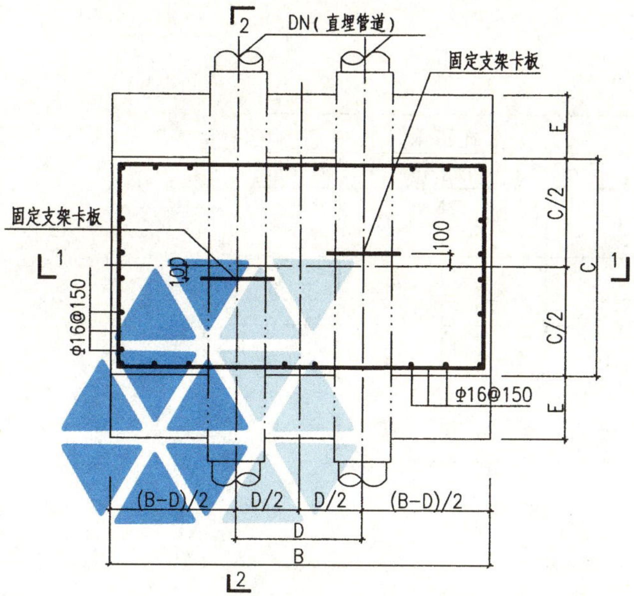

直埋固定墩平面图

说 明

1.本图尺寸单位mm。

2.本图适用条件：

(1)DN200~500管道，单管推力30t~70t。

(2)土壤类别为粉土，回填土内摩擦角为30°。

(3)地基承载力fak=130KPa。

3.选用时如不符合本图条件，应另行计算。

4. 材料：砼C30。钢筋Φ为HPB225，φ为HRB335。钢筋保护层为35mm。

5.固定墩周围回填土要夯密实。压实系数>0.94。

6.混凝土强度必须达到设计强度，且按要求回填后，方可打压、运行。

7.图中D值参见本图集第50页。

8.固定支架卡板尺寸参见本图集第73页。

9.固定墩结构尺寸详见本图集第76页。

固定墩结构图(二)							图集号	05R410
审核	董乐义	[signature]	校对	刘艳芬	[signature]	设计	张玉成 [signature]	页	75

直埋固定墩(一)尺寸表

管径	推力	固定墩上覆土 A (mm)	固定墩长 B (mm)	固定墩宽 C (mm)	固定墩高 h1 (mm)	h2 (mm)	H (mm)
DN50~DN150	单管推力3t	1100	1500	1000	400	500	900
	单管推力5t	1100	2000	1400	400	500	900
	单管推力10t	1100	2700	2500	400	500	900
DN200~DN350	单管推力15t	850	3000	2500	650	950	1600
	单管推力20t	850	3500	2500	650	1150	1800

直埋固定墩(二)尺寸表

管径	推力	固定墩上覆土 A (mm)	固定墩长 B (mm)	固定墩宽 C (mm)	E (mm)	固定墩高 h1 (mm)	h2 (mm)	h3 (mm)	H (mm)
DN200~DN350	单管推力30t	850	3500	2500	500	650	1150	500	2300
DN400~DN500	单管推力45t	800	3500	2500	1200	700	2300	500	3500
	单管推力55t	800	4000	2500	1250	700	2300	500	3500
	单管推力70t	800	4000	2500	1500	700	2300	500	3500

固定墩结构尺寸表						图集号	05R410
审核	董乐义	校对	刘艳芬	设计	张玉成	页	76

钢管公称直径 DN	钢管外径X壁厚 DoXδ(mm)	补偿器外径 D(mm)	补偿器长度 L(mm)	补偿量 (mm)	补偿器有效面积 cm^2	摩擦力 (N)	公称压力Pd=1.6MPa	
							弯头的内压力(t)	补偿器内压力(t)
50	57X3.5	160		150,200,250,300	38.5	1320	0.3	0.6
65	76X4.0	180	920	150,200,250,300	70.9	1810	0.6	1.1
80	89X4.0	200		150,200,250,300	95.0	2370	0.8	1.5
100	108X4.0	210		150,200,250,300	122.7	3120	1.3	2.0
125	133X4.0	240	940	150,200,250,300	176.6	3990	2.0	2.8
150	159X4.5	280		150,200,250.300	254.5	4810	2.9	4.1
200	219X6.0	350		150,200,250,300	490.6	6250	5.5	7.8
250	273X6.0	385	960	150,200,250,300	615.4	7900	8.7	9.8
300	325X7.0	455		150,200,250,300	972.6	9260	12.6	15.6
350	377X7.0	515		150,200,250,300	1256.0	11700	16.9	20.1
400	426X7.0	570	990	150,200,250,300	1589.6	12600	21.8	25.4
450	478X7.0	630		150,200,250,300	1962.5	13400	27.6	31.4
500	529X7.0	710		150,200,250,300	2461.7	15600	34.0	39.4

说明：

1.使用条件：工作压力≤1.6MPa,工作温度≤150°C.

2.材料：采用Q235A、Q235B或20#钢.

3.套筒补偿器采用抗氯离子设计，并设有防拉断装置，防止内外套拉脱.

套筒补偿器系列性能参数表						图集号	05R410
审核	董乐义	校对	宋盛华	设计	张书臣	页	77

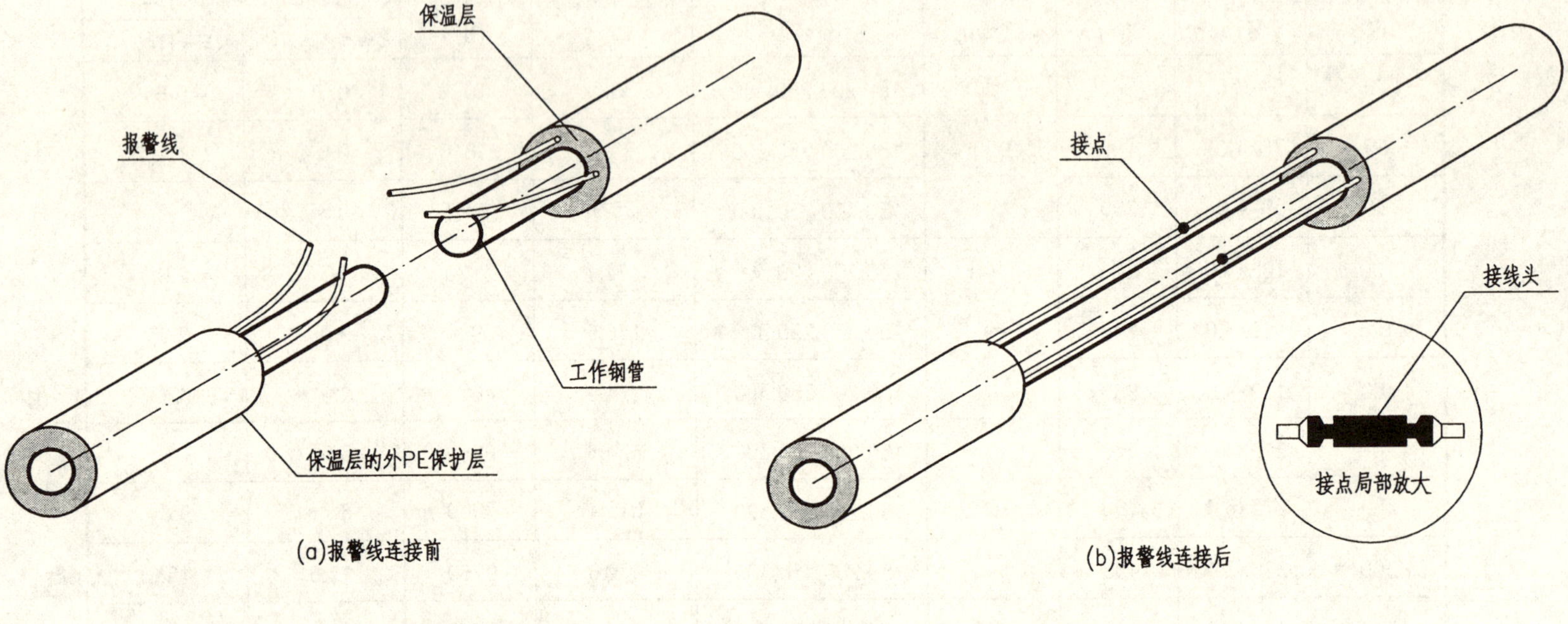

(a)报警线连接前

(b)报警线连接后

安装步骤：

1.检测报警线的导电性和电阻，确认报警线正常；

2.将管道平放，使报警线处于管道的上方；

3.将报警线的一端插入专用接线头内，用夹紧钳在接线头的两端夹紧；

4.再将另一报警线插入接线头内，将其夹紧；

5.用烙铁加热此接线头，几秒钟后，温度达到接头的熔点，然后将锡条送入接线头的两端，当熔化的锡液从接线头的两端吸入时，接线头则焊接完毕；

6.在报警线和钢管间装一个吸湿性毡垫，并确保此毡垫在安装时是干燥的；

7.把毡垫包在报警线上，用胶带粘好；

8.报警线安装完毕后，进行管道接头的安装。

直埋管道报警系统的安装							图集号	05R410
审核	牛小化	牛小化	校对	张书臣	张书臣	设计 宋盛华	宋盛华	页	78

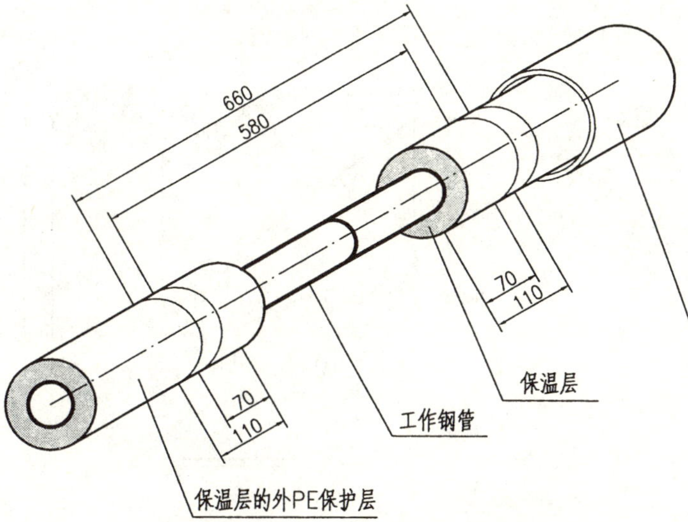

(a)接头连接前

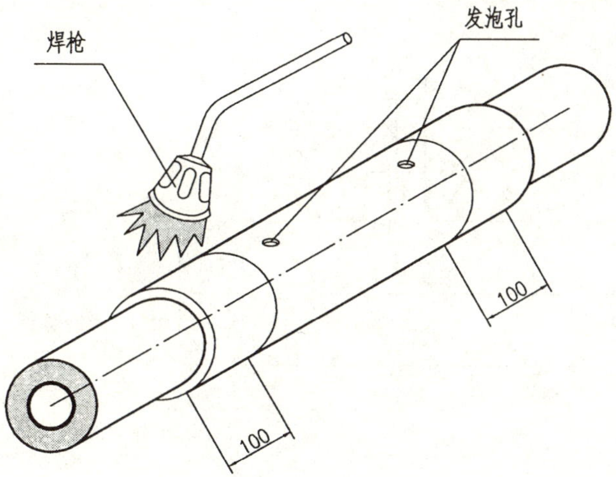

(b)接头连接后

安装步骤：

1.焊接钢管前将套筒接头预先套在供热管道上；

2.接口处应清洁干净并保持干燥；

3.用笔在距管道末端70和110mm的地方分别做上记号，并按图(a)所示检查记号之间的距离是否为580和660mm；

4.在管外壳上贴上密封条，允许少量的搭接；

5.在管外壳上离密封条约15和20mm处分别放上50和100mm宽的聚乙烯片，并用胶带粘紧；

6.把套筒接头放在接口处的中间，并且套筒的一端放在聚乙烯片的中间，保证发泡孔处于管道上方；

7.在距套筒两端100mm的范围内沿周向烘烤套筒，如图(b)所示；

8.经过足够长时间的冷却，用0.2bar的压力对套筒进行气密性试验；

9.将发泡配料注入空腔，保持一定压力，待发泡完成后，封死两个发泡孔；

10.本图所示做法为管道接头安装方法的一种，其它做法由各保温管厂家现场指导。

直埋管道接头的安装						图集号	05R410
审核	牛小化	校对	宋盛华	设计	张书臣	页	79

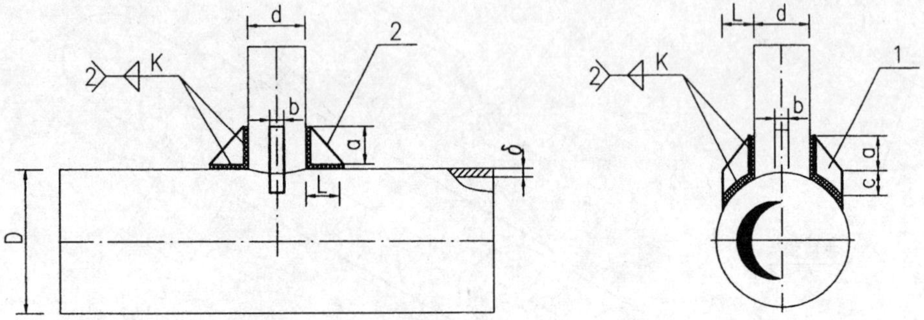

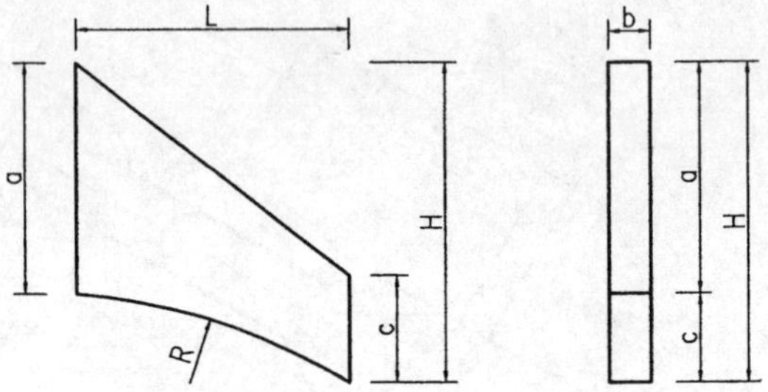

件1

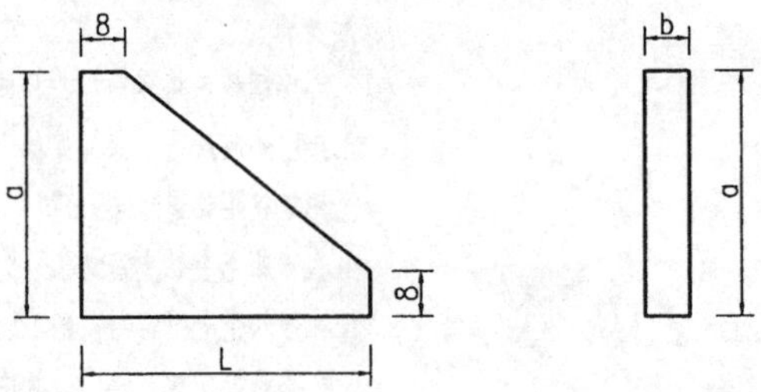

件2

说明：

1.件1、件2材料：Q235-A。

2.件1、件2和主管、支管焊接，焊缝高度K与被焊件较小厚度相同，连续焊缝。

3.焊条按GB5117-85规定的E4303。

4.件1、件2的毛边、毛刺要打磨干净，整齐，圆弧要与主管外圆相同，焊接件间接触面要紧密相贴，焊接好后按预制保温管的要求做防锈、防腐处理。

5.图中尺寸见本图集第81页。

6.本图所示做法按《规程》附录D"可选择的焊制三通加固方案"中的I型加固方案。

直埋管道焊制三通加固方案I(一)									图集号	05R410
审核	牛进才	牛进才	校对	石中东	石中东	设计	李建民	李建民	页	80

直埋管道焊制三通加固方案I尺寸表

件号		件1								件2				
主管	支管	径向肋板								轴向肋板				
DXδ(mm)	dXδ(mm)	a(mm)	L(mm)	c(mm)	r(mm)	H(mm)	b(mm)	单重(kg)	件数	a(mm)	L(mm)	b(mm)	单重(kg)	件数
530X10.0	219X6.0	150	150	187	265	337	25	4.96	2	150	150	25	2.51	2
	159X4.5	120	120	79		199		2.34		120	120		1.65	
	133X4.0	100	100	51		131		1.28		100	100		1.18	
	108X4.0	80	80	31		111		0.87		80	80		0.79	
478X9.0	159X4.5	120	120	93	239	213	22	2.20		120	120	22	1.46	
	133X4.0	100	100	59		159		1.37		100	100		1.04	
	108X4.0	80	80	35		115		0.79		80	80		0.70	
426X9.0	159X4.5	120	120	123	213	243	22	2.51		120	120	22	1.46	
	133X4.0	100	100	69		169		1.46		100	100		1.04	
	108X4.0	80	80	40		120		0.83		80	80		0.70	
377X9.0	133X4.0	100	100	88	188.5	188	22	1.62		100	100	22	1.04	
	108X4.0	80	80	48		128		0.88		80	80		0.70	
325X8.0	133X4.0	90	90	104	162.5	194	20	1.37		100	100	20	0.95	
	108X4.0	80	80	62		142		0.89		80	80		0.64	
273X7.0	108X4.0	80	70	68	136.5	148	18	0.73		80	80	18	0.57	
219X6.0	108X4.0	80	45	49	109.5	129	16	0.36		80	80	16	0.51	

直埋管道焊制三通加固方案I(二)	图集号	05R410
审核 牛进才 校对 石中东 设计 李建民	页	81

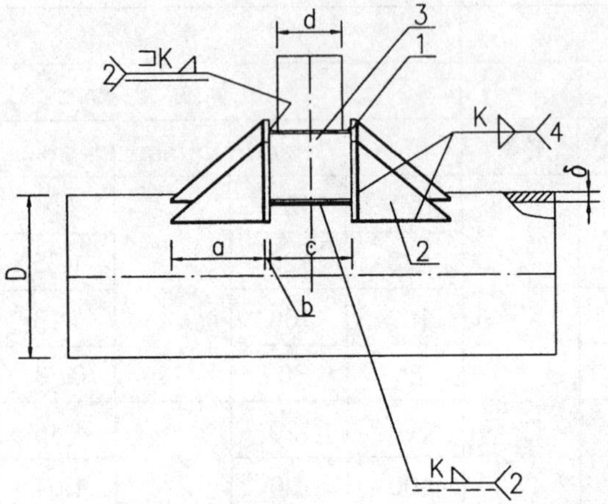

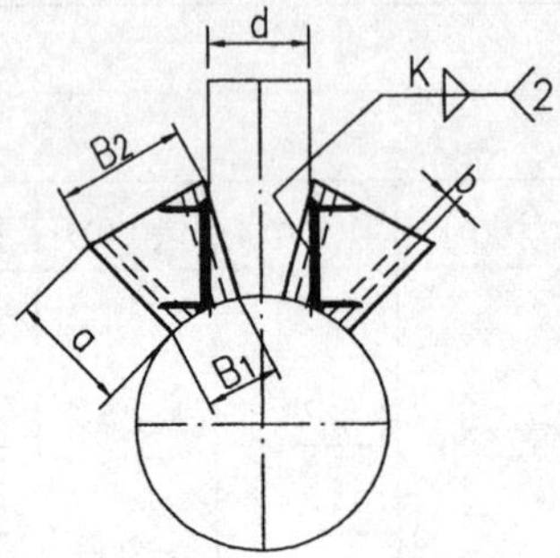

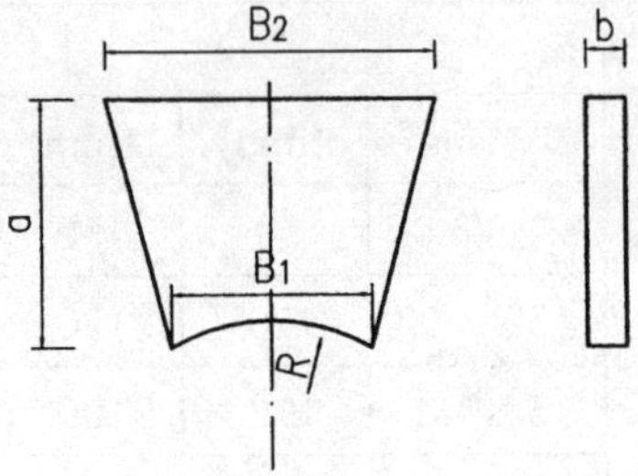

件1

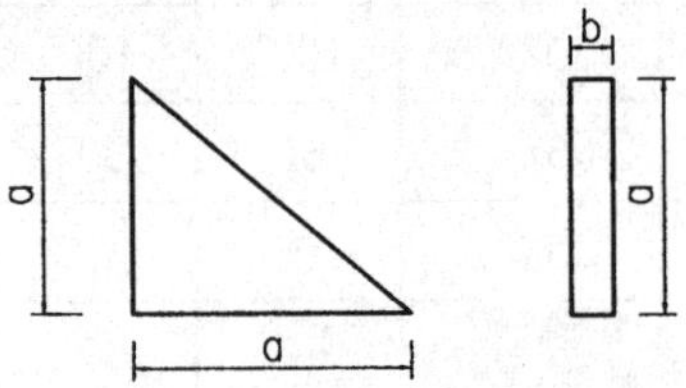

件2

说明：

1.件1、件2材料：Q235-A，件3：槽钢。

2.件1、件2、件3和主管、支管焊接，焊缝高度K与被焊件较小厚度相同，连续焊缝。

3.焊条按GB5117-85规定的E4303。

4.件1、件2和件3的毛边、毛刺要打磨干净，整齐，圆弧要与主管外圆相同，焊接件间接触面要紧密相贴，焊接好后按预制保温管的要求做防锈、防腐处理。

5.图中尺寸见本图集第83页。

6.本图所示做法按《规程》附录D“可选择的焊制三通加固方案”中的II型加固方案。

直埋管道焊制三通加固方案II(一)								图集号	05R410
审核	牛进才	[签名]	校对	石中东	[签名]	设计	李建民	[签名]	页	82

直埋管道焊制三通加固方案II 尺寸表

件号		件 1							件 2				件 3			
主管	支管	挡板							轴向肋板				加固槽钢			
DXδ (mm)	dXδ (mm)	a(mm)	B_1 (mm)	B_2 (mm)	b(mm)	r(mm)	单重(kg)	件数	a(mm)	b(mm)	单重(kg)	件数	c(mm)	槽钢号	单重(kg)	件数
530X10.0	325X8.0	355	220	440	25	265	23.0	4	355	25	12.4	8	425	[32b	18.3	2
	273X7.0	280	200	340		265	14.8		280		7.7		375	[25c	13.2	
478X9.0	273X7.0	280	195	350	22	239	13.2		280	22	6.8		375	[25b	11.8	
	219X6.0	250	180	300		239	10.4		250		5.4		320	[22a	8.0	
426X9.0	273X7.0	280	195	370	22	213	13.6		280	22	6.8		375	[25b	11.8	
	219X6.0	250	180	320		213	10.8		250		5.4		320	[22a	8.0	
377X9.0	219X6.0	230	175	315	22	188.5	9.7		230	22	4.6		320	[20	8.2	
	159X4.5	190	150	240		188.5	6.4		190		3.1		260	[16a	4.5	
325X8.0	219X6.0	230	170	330	20	162.5	9.0		230	20	4.2		320	[20a	7.3	
	159X4.5	170	140	230		162.5	4.9		170		2.3		260	[14b	4.4	
273X7.0	159X4.5	170	135	240	18	136.5	4.5		170	18	2.1		260	[14a	3.8	
	133X4.0	150	130	210		136.5	3.6		150		1.6		325	[12.6	2.9	
219X6.0	133X4.0	130	110	190	16	109.5	2.5		130	16	1.1		235	[10	2.4	
159X4.5	108X4.0	90	90	150	12	79.5	1.0		90	12	0.4		210	[6.3	1.4	

直埋管道焊制三通加固方案II(二)								图集号	05R410
审核	牛进才	牛进才	校对	石中东	石中东	设计	李建民	页	83

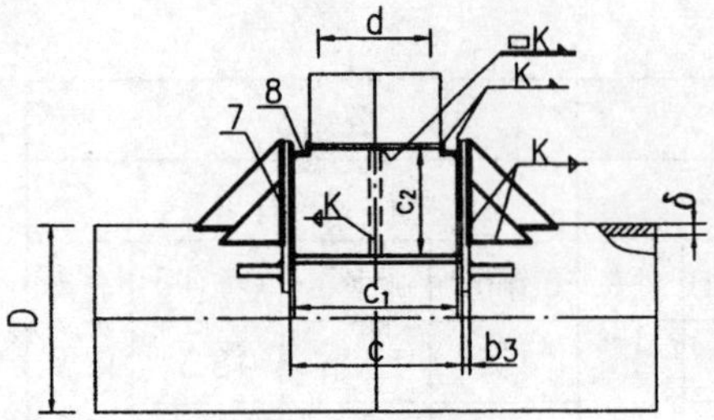

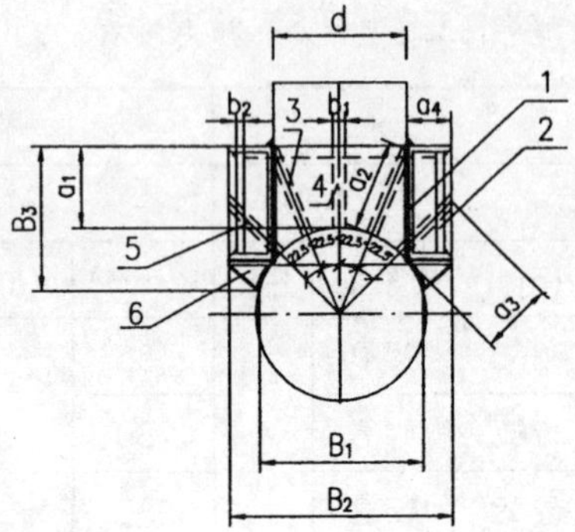

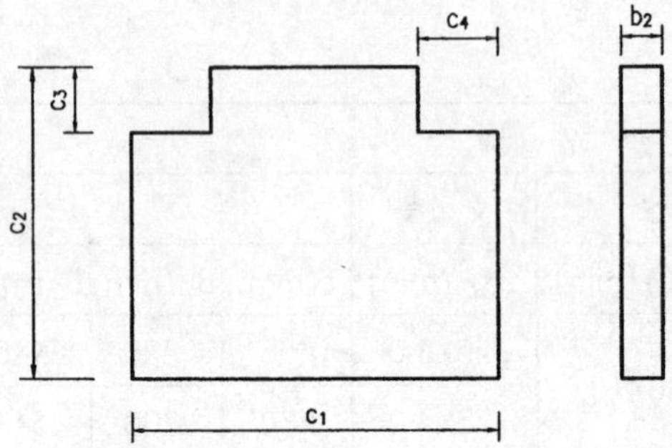

件2

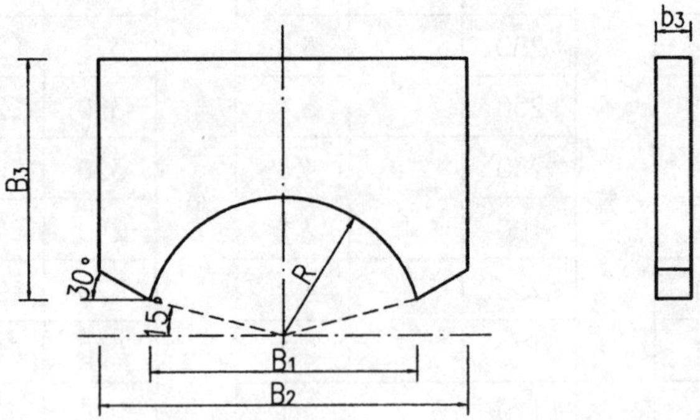

件7

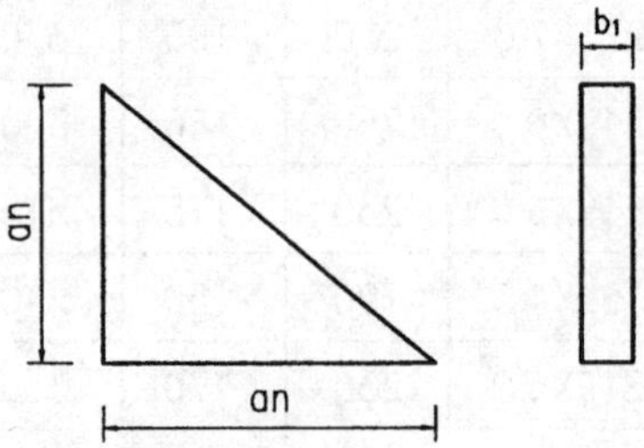

件an

件号	3	4	5	6
an	a1	a2	a3	a4

说明：

1.件1、件8为槽钢，件2～件7材料为Q235-A.

2.各件之间、各件和主管、支管焊接，焊缝高度K与被焊件较小厚度相同，连续焊缝.

3.焊条按GB5117-85规定的E4303.

4.件2～件7的毛边、毛刺要打磨干净，整齐，圆弧要与主管外圆相同，焊接件间接触面要紧密相贴，焊接好后按预制保温管的要求做防锈、防腐处理.

5.图中尺寸见本图集第85、86页.

6.本图所示做法按《规程》附录D"可选择的焊制三通加固方案"中的III型加固方案.

直埋管道焊制三通加固方案III(一)							图集号	05R410
审核	牛进才	牛进才	校对	石中东	石中东	设计	李建民	李建民	页	84

直埋管道焊制三通加固方案III尺寸表一

件号		件1				件3				件4				件5				件6			
主管	支管	加固槽钢1				轴向肋板1				轴向肋板2				轴向肋板3				轴向肋板4			
DoXδ (mm)	doXδ (mm)	c (mm)	槽钢号	单重 (kg)	件数	a1 (mm)	b1 (mm)	单重 (kg)	件数	a2 (mm)	b1 (mm)	单重 (kg)	件数	a3 (mm)	b1 (mm)	单重 (kg)	件数	a4 (mm)	b1 (mm)	单重 (kg)	件数
	478X9.0	640	[32c	30.8		170		2.8		205		4.1		200		3.9		90		0.8	
530X10.0	426X9.0	590	[28c	23.7		175	25	3.0		205	25	4.1		155	25	2.4		85	25	0.7	
	377X9.0	540	[25c	19.0		175		3.0		205		4.1		115		1.3		80		0.63	
	426X9.0	590	[28c	23.7		150		1.9		180		2.8		180		2.8		85		0.62	
478X9.0	377X9.0	540	[25c	19.0		160		2.2		190		3.1		140		1.7		80		0.55	
	325X8.0	490	[22	13.9		160		2.2		185		3.0		100		0.9		75		0.5	
426X9.0	377X9.0	540	[25c	19.0	2	140	22	1.7	2	160	22	2.2	4	165	22	2.4	4	80	22	0.55	4
	325X8.0	490	[22	13.9		145		1.8		170		2.5		125		1.4		75		0.5	
377X9.0	325X8.0	455	[22	13.0		130		1.5		150		2.0		150		1.9		75		0.5	
	273X7.0	405	[20	10.4		145		1.8		180		2.8		110		1.1		75		0.5	
325X8.0	273X7.0	405	[22	11.5		150	20	1.8		170	20	2.3		140	20	1.5		75	20	0.44	
273X7.0	219X6.0	325	[18	7.5		125	18	1.1		145	18	1.5		115	18	0.9		75	18	0.4	
219X6.0	159X4.5	265	[14a	3.9		110	16	0.8		120	16	0.9		80	16	0.4		55	16	0.2	
159X4.5	133X4.0	235	[12.6	2.9		95	12	0.4		100	12	0.5		85	12	0.34		50	12	0.12	
133X4.0	108X4.0	210	[8	1.7		55	10	0.12		60	10	0.14		70	10	0.2		40	10	0.06	
108X4.5	108X4.0	210	[10	2.1		50	10	0.1		50	10	0.1		85	10	0.28		45	10	0.08	

直埋管道焊制三通加固方案III（二）								图集号	05R410
审核	牛进才	牛进才	校对	石中东	石中东	设计	李建民	页	85

直埋管道焊制三通加固方案III尺寸表二

件号		件2							件7							件8			
主管	支管	加强板							挡板							加固槽钢2			
DXδ (mm)	dXδ (mm)	c1 (mm)	c2 (mm)	c3 (mm)	c4 (mm)	b2 (mm)	单重 (kg)	件数	B1 (mm)	B2 (mm)	B3 (mm)	b3 (mm)	r (mm)	单重 (kg)	件数	B2 (mm)	槽钢号	单重 (kg)	件数
530X10.0	478X9.0	638	290	28		10	14.4			665	370			33.8		665		5.4	
	426X9.0	588	253	29		10	11.3		512	600	375	25	265	29.6		600	[8	4.8	
	377X9.0	538	224	30		9	8.2			545	375			25.6		545		4.4	
478X9.0	426X9.0	588	253	29	80	10	11.3			600	330			23.7		600		4.8	
	377X9.0	538	224	30		9	8.2	2	462	545	340		239	21.5		545	[8	4.4	
	325X8.0	488	195	30		8	5.7			485	340			21.5		485		3.9	
426X9.0	377X9.0	538	224	29		9	8.2		410	545	300	22	213	19.9	2	545	[8	4.4	2
	325X8.0	488	195	30		8	5.7			485	305			17.2		485		3.9	
377X9.0	325X8.0	453	195	27	63	8	5.3		364	485	270		188.5	16.1		485	[6.3	3.2	
	273X7.0	403	176	28	63	6	3.2			425	285			14.4		425		2.8	
325X8.0	273X7.0								314	440	270	20	162.5	14.6		440	[6.3	2.9	
273X7.0	219X6.0								264	360	230	18	136.5	8.9		360	[5	2.0	
219X6.0	159X4.5								212	280	195	16	109.5	5.4		280	[5	1.5	
159X4.5	133X4.0								154	240	155	12	79.5	2.9		240	[5	1.3	
133X4.0	108X4.0								128	200	105	10	66.5	1.3		200	[5	1.1	
108X4.5	108X4.0								104	210	90	10	54	1.2		210	[5	1.2	

直埋管道焊制三通加固方案III（三）						图集号	05R410
审核	牛进才	校对	石中东	设计	李建民	页	86

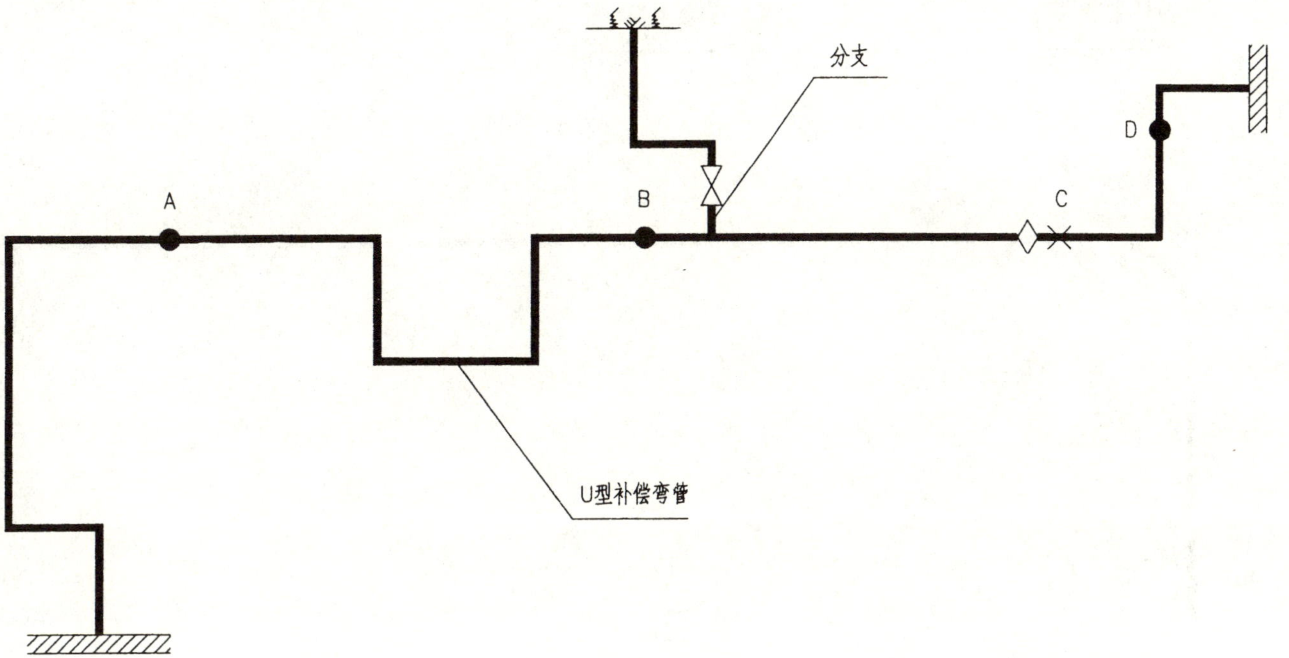

说明：

1.A、B、D为驻点或锚固点，C为固定墩或固定支架.

2.补偿器的设置与否应根据实际情况而定.

3.双管布置时，管道横断面尺寸见本图集第50页.

4.单管布置时，管道横断面尺寸见本图集第51页.

直埋管道系统典型布置图(一)							图集号	05R410
审核	董乐义		校对	宋盛华		设计	张书臣		页	87

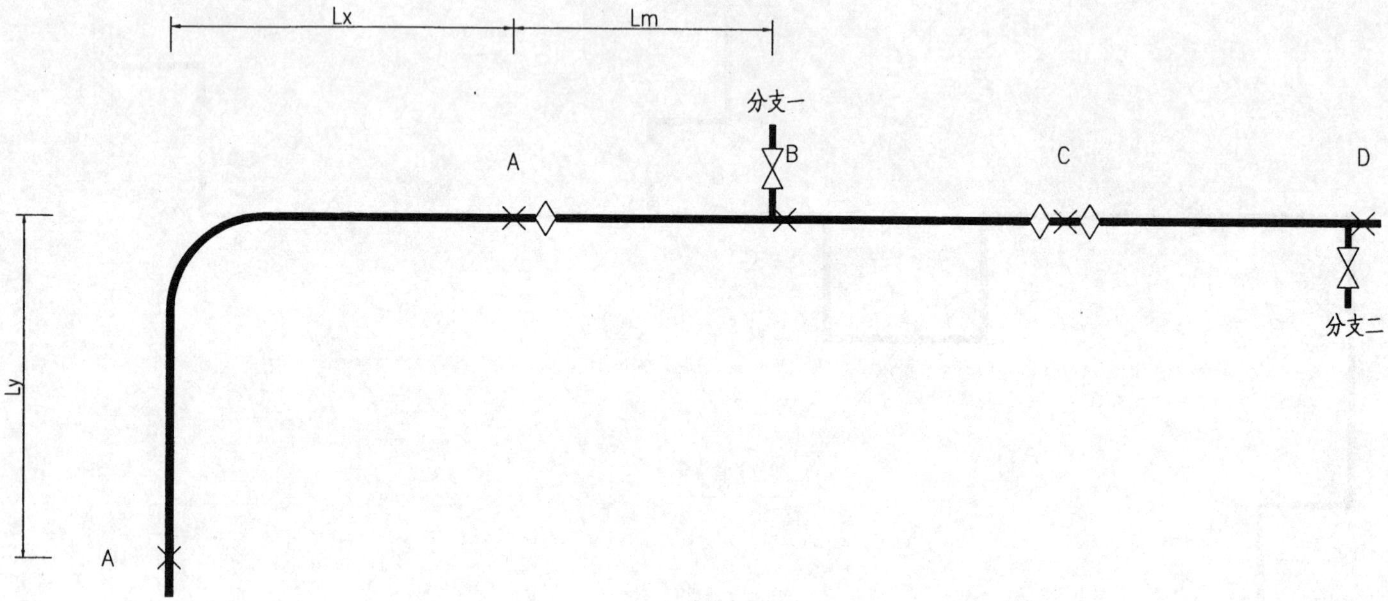

说明：

1.A为端部固定支架，B、C、D为中间固定支架或驻点。

2.Lx+Ly≤2Lcm，Lcm为90°水平转角管段的平均计算管长。

3.Lx(Ly)≥Le。

4.补偿器的设置与否应根据实际情况而定。

5.双管布置时，管道横断面尺寸见本图集第50页。

6.单管布置时，管道横断面尺寸见本图集第51页。

直埋管道系统典型布置图(二)								图集号	05R410
审核	牛进才	牛进才	校对	石中东	石中东	设计	李建民	页	88

直埋热水管道的施工及安装说明

直埋保温管的施工及安装程序大致可分为以下几个阶段：管道与管件的收货、装卸及储存；管沟施工；管道安装；阀门、补偿器、固定支架安装；接头和监测系统的装配；敷设砂垫层、管道试压、回填和重整路面；运行安排。

1. 管道和管件的收货、装卸及储存

1.1 预制保温管、接口材料及其管道配件如阀门、法兰、补偿器等必须符合相关行业的质量标准，安装前必须检查其产品合格证及相关检测数据文件，必须逐件进行外观检查，破损和不合格产品严禁使用，检查无误后方可安装。

1.2 管道运输吊装应保护管壳，宜用宽度大于50mm的吊带吊装，或用两个吊钩钩住钢管两端吊装。严禁用铁棍撬动外套管，且不得用钢丝绳直接捆绑外壳。

1.3 预制保温管进入现场后，应分类堆放，管端应用罩封好，底部用木板垫平，无硬质杂物，堆高不宜超过2m，堆高离热源不应小于2m。

2. 管沟施工

2.1 管沟定位：管沟开挖前，先按工程设计图纸标注的方位坐标在地面上测量放线，对干管、支管定位。

2.2 开挖沟槽：按设计标高、坡度开槽，焊接用的工作坑应比沟槽大，一般工作坑的沟槽壁或侧面支承与管道的距离不小于0.6m，工作坑的沟槽底与管道的距离不小于0.7m，如图所示。沟底铲平夯实，作好垫层，沟槽经测量检验合格后，开始安装管道。

3. 管道安装

3.1 预制保温管可单根吊入沟内安装，也可2根或多根组焊完后吊装。当组焊管段较长时，宜用两台或多台吊车抬吊下管，吊点的位置应使管组平衡。应用柔性宽吊带起吊，稳起稳放。严禁将管道直接推入沟内。

3.2 不得用预制保温管加工变径管及三通。

3.3 管道对口焊接前，应先将外套管套在管子的一端，有警报线的预制保温管，安装前应先用仪表测试报警线的导电性能和电阻值，合格后再下管对口焊接。对口时报警线应装在管道的上方或两侧。玻璃钢预制保温管对口时，可将玻璃钢外壳先套在管子一端，也可在接口焊接完成后，用模具现场做保温层，然后再按设计要求，现场用环氧树脂缠绕玻璃布施工玻璃钢保护套。

3.4 预制保温管组装对口的错口偏差应控制在允许范围内。预制保温管的直管段必须对直，不允许在接头处出现转角。在管沟中逐根安装预制保温管时，应保证中心偏移量不超过规定值。

3.5 锚固（固定支架）之间的中心线应成一条直线，坡度准确一致。管中心线高程的偏差、水平方向的偏差和每一焊口折角不超过规定值。

3.6 安装预制保温管道时，应符合产品标准的规定。在施工中，报警线必须防潮；一旦受潮，应采取预热、烘烤等方式干燥。

3.7 直埋管道预热应根据施工现场条件分段进行，宜采取1km为一段。预热介质宜采用热水，预热温度按设计要求定，升温速度和预热时间可根据环境温度和施工条件而定。直埋管道预热前应计算出预伸长量，测量预热伸长。胀足后应及时焊接并填土夯实。

3.8 安装前应按设计给定的伸长值调整一次性补偿器。施焊时两条焊线应吻合。

4. 管道焊接

4.1 直埋供热管道的焊接应符合《现场设备、工业管道焊接工程施工及验收规范》(GBJ236-82)。

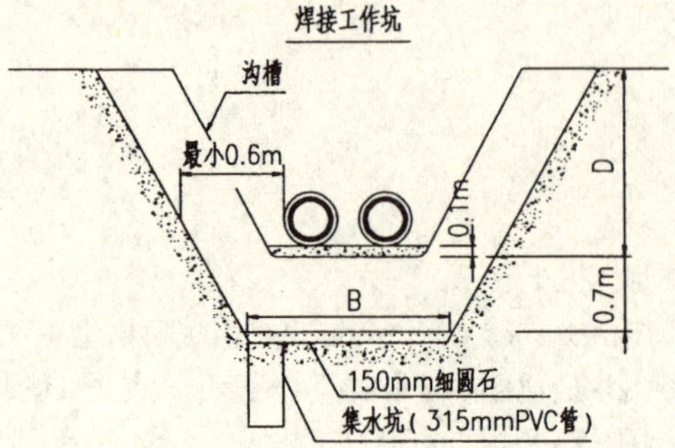

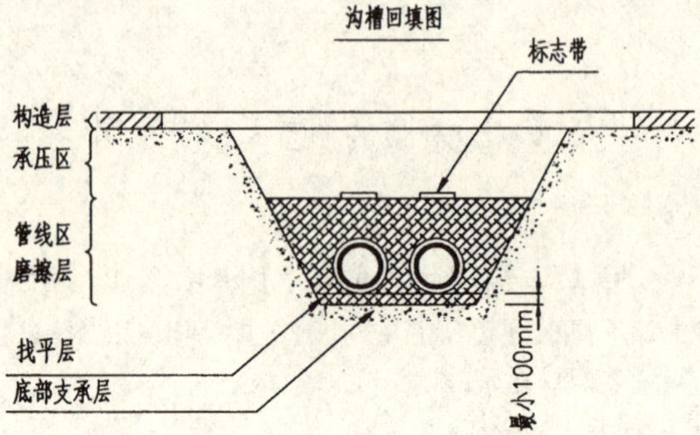

管径 DN	外套管Dc(mm)	深度D (m)		宽度B (m)
		无分支线	有分支线	
50	125	1.35	1.5	0.95
65	140	1.35	1.5	1.0
80	160	1.35	1.5	1.1
100	200	1.4	1.55	1.1
125	225	1.5	1.7	1.2
150	250	1.5	1.75	1.2
200	315	1.6	1.8	1.3
250	400	1.65	1.9	1.7
300	450	1.7	2.1	1.8
350	500	1.75	2.15	1.9
400	550	1.8	2.2	2.1
450	600	1.85	2.25	2.2
500	655	1.9	2.3	2.3

4.2 管道坡口采用V形坡，坡口角单边30～35°。

4.3 直埋热水管道沟内焊接时，要将管道两端调直，保持对口间隙一致，防止变形而引起应力集中。焊接前应采用对称位置焊接，防止变形。

5. 阀门、补偿器、固定支架安装

5.1 安装前应对阀门、补偿器的铭牌、型号及规格与设计要求对照检查，要求阀门的阀瓣应无伤痕,阀杆、阀瓣应能旋转、开启灵活，补偿器外表应无碰伤、压坑，内表面无沙土等异物。检查其实际长度是否与铭牌相符，是否有合格证书。

5.2 阀门的外观检查合格后，应按工作压力的1.5倍进行强度试验或按工作压力的1.25倍进行严密性试验，试验不合格的阀门应进行解体检查修理，并重新进行试压。试压不合格者不得安装。

5.3 在波纹管补偿器或套筒补偿器前12m范围内的管道轴线应与补偿器的轴线相吻合。凡设计要求管道预热伸长后需要焊接的一次性补偿器，两焊接面之间的距离,应按设计给定的预伸长值预留。施焊时两焊接面之间应吻合,完成焊接后管线应马上回填，分层夯实，伸长量应记录下来。

直埋热水管道的施工及安装说明(二)						图集号	05R410
审核	董乐义	校对	王淑敏	设计	左贤龄	页	90

5.4 补偿器应待全线接通后再安装，安装时应按设计规定计算出安装长度，然后在安装位置切割管段，取下后安装。

5.5 固定支架应严格按设计要求安装，并应在补偿器预拉伸前安装完毕。

6. 接头和监测系统的装配

6.1 对于长时间遭受外部水压的管线，接头应采取附加措施,如焊接式接头，双密封接头等，以防止水渗透入接头内部。在安装期间和嵌接监测系统时，要进行仔细的检查。

6.2 接头组装时,应有足够的工作场地。必须保证外套管和连接件的绝对洁净干爽，组装部件的包装在接头安装时才能拆除。

6.3 组装必需在干爽的地面或在完全干燥的沟槽内施工。

6.4 必须切除受潮或湿的泡沫塑料和发泡层。

6.5 管道接头的装配、压力试验和保温应在同一天进行。

6.6 外套管接头与工作钢管间的保温采用膨胀发泡。应保证没有空气残存在接头内，发泡后应将所有排气孔有效地牢固地封闭。

6.7 安装监测系统时，应清除导线四周多余的泡沫塑料，对导线和部件进行性能试验。

6.8 接头发泡保温后，应测量真实的电阻值，进行性能试验和事故模拟，并对整个过程进行记录。

7. 沟槽回填

7.1 沟槽的回填要逐层进行，砂的粒径为0.2~2.0mm，不应有尖角颗粒，并安置标志带。回填土中不准有冻块，混凝土块，树枝等杂物。直埋管回填时要求两侧同时投填，以防管道偏移,回填要求分层夯实，人工夯实每层200~250mm,机械夯实每层250~300mm。

7.2 管道下部和四周为磨擦层，磨擦层底部有不小于100mm的找平层。找平层平整并在规定的埋深处夯实。沟槽底部施工应使找平层达到规定厚度，厚度偏差为0~+10mm.

7.3 管道四周回填前，必须检查保温管轴线距离、干管的水平位置及管道与沟槽边的距离是否符合设计要求。

7.4 管道间及其周围填砂高出管道不小于100mm,人工夯实。并保证砂层的厚度，以保证对管道的支承。

7.5 回填土未超过管顶200mm时，不得采用机械夯实。

7.6 管线区与上部结构（如道路）间的回填层为承压层，所用材料及逐层施工方法应符合上部结构要求。

7.7 承压层与表面层之间的部位按路面要求施工。

7.8 对弯头、三通支线、跨越管和检查井中的管道，必须检查其沟槽尺寸和管道位置是否留够预期的膨胀余地。

7.9 对于直埋式阀门、直埋式补偿器的四周，回填前须检查其功能是否正常。

8. 运行安排

8.1 安装前后应保证管道和部件内部的清洁。

8.2 管道安装后应对管道系统进行清洗,清洗后的管线应将水放净。

8.3 运行前充入系统的水，水质应符合区域供热水质要求。

8.4 停运期间的管道系统应采取保护措施。

8.5 如系统安装有监测系统，系统投入运行后，应对监测系统的功能进行测试。

直埋热水管道的施工及安装说明(三)							图集号	05R410
审核	董乐义	董乐义	校对	王淑敏	王淑敏	设计	左贤龄	左贤龄	页	91

主编单位、联系人及电话

主编单位	北京市热力工程设计公司	董乐义	010-64171569
		牛小化	010-64179988-806
	全国工程建设标准设计动力专家委员会	牛进才	010-82373239-806
		左贤龄	010-62553610

以下企业为本图集协编单位，在图集编制过程中，提供了相关的技术资料，对图集的编制工作给予了很大的支持，特表示感谢。

北京豪特耐管道设备有限公司　010-67882588

组织编制单位、联系人及电话

中国建筑标准设计研究院　王淑敏　010-88361155-800（国标图热线电话）

010-68318822（发行电话）

GUOJIAJIANZHUBIAOZHUNSHEJI 03R411-1

国家建筑标准设计图集 03R411-1

室外热力管道安装

(地沟敷设)

中国建筑标准设计研究院

关于批准《蒸压加气混凝土砌块建筑构造》等三十三项国家建筑标准设计的通知

建质[2003]211号

各省、自治区建设厅，直辖市建委，国务院各有关部门，解放军总后营房部，新疆生产建设兵团建设局：

经审查，批准由北京市建筑设计研究院、北京国电华北电力工程有限公司等二十三个单位编制的《蒸压加气混凝土砌块建筑构造》、《钢筋混凝土雨篷建筑构造》等三十三项标准设计为国家建筑标准设计。该三十三项标准设计自2003年12月1日起执行。原《加气混凝土墙建筑构造》（87SJ139）、《钢筋混凝土雨篷》（98SG372）、《管道和设备保温》（87S159）、《IS离心水泵基础及安装》（90T911〈一〉）、《R型离心热水泵基础及安装》（90T911〈二〉）、《室外热力管道安装（地沟敷设）》（87SR416-1）、《室外热力管道地沟》（87SR416-2）等七项标准设计同时废止。

中华人民共和国建设部

二00三年十月二十四日

附件：国家建筑标准设计名称及编号表

序号	图集号	序号	图集号	序号	图集号	序号	图集号	序号	图集号	序号	图集号	序号	图集号
1	03J104	2	03J501-2	3～5	03J502-1～3	6	03J922-1	7	03G102	8	03G372	9	03SG435-1
10	03SG435-2	11	03SG520-1	12	03SG520-2	13	03SG615	14	03S401	15	03SS408	16	03K132
17	03K202	18	03K501-1	19	03R102	20	03R411-1	21	03R411-2	22	03R420	23	03R421
24	03D103	25	03D602	26	03D603	27	03D702-3	28	03D704-1	29	03D705-1	30	03X101-4
31	03X102	32	03X502	33	03X602								

室外热力管道安装——地沟敷设

批准部门：中华人民共和国建设部　　批准文号　建质[2003]211号

主编单位：北京中铁工建筑工程设计院　　统一编号　GJBT-666

实行日期：二00三年十二月一日　　图集号　03R411-1

主编单位负责人　范晓钢

主编单位技术负责人　潘志達

技术审定人　刘明

设计负责人　牛进才

目录

目录						图集号	03R411-1
审核	刘明	校对	石中东	设计	牛进才	页	1

目录							图集号	03R411-1
审核	刘明	刘明	校对	石中东	石中东	设计	牛进才	牛进才	页	2

目录							图集号	03R411-1
审核	刘明	刘明	校对	石中东	石中东	设计	牛进才	牛进才	页	3

目录						图集号	03R411-1
审核	徐洪球	校对	张鸣侠	设计	张群仲	页	4

总 说 明

一、本图集适用于一般工业及民用工程室外热力管道地沟敷设的设计安装和施工

二、管道输送介质及参数

蒸汽：1.25MPa、250° C及以下

热水、凝结水：1.25MPa、150° C及以下

无保温管压缩空气(上水)：1.6MPa及以下、常温

三、管径范围

DN400及以下，补偿方式：方形补偿器

DN150及以下，补偿方式：方形补偿器、轴向型波纹补偿器、套筒补偿器

DN200-DN600，补偿方式：平衡型波纹补偿器、平衡型套筒补偿器

四、地沟分不通行（单、双沟）、半通行（单、双侧布管；支架与吊架）及通行（单、双侧布管）三种型式

地沟横断面布管原则：不通行单沟，不通行双沟，管内介质温度外侧高往内低。半通行与通行地沟支架敷设，管径大而保温的布置在最下层，上层则布置管径小或无保温的管子。半通行地沟吊架敷设，管内介质温度高的在下，温度低的在上。

五、地沟断面编号如下表：

	沟高 H (mm)	沟宽 B (mm)											
		300	400	500	600	700	800	900	1000	1100	1200	1300	1400
不通行地沟(单沟)	320	G1	G2										
	380		G3										
	450		G8	G4	G17	G32	G44	G48			G56		
	510			G9		G18	G33	G34	G45	G49	G53	G55	G57
	570			G10	G5		G19	G35	G36	G37	G50	G51	G54
	630				G11	G6	G20	G21		G38		G46	G52

	沟高 H (mm)	沟宽 B (mm)											
		300	400	500	600	700	800	900	1000	1100	1200	1300	1400
不通行地沟(单沟)	700					G12	G7		G22	G23	G39	G40	G47
	760						G13			G24	G25	G41	G42
	820						G14			G26		G27	G43
	880							G15			G28		G29
	950							G16				G30	G31

	沟高 H (mm)	沟宽 B1+B2/编号
不通行地沟(双沟)	450	800+700/G85
	510	900+800/G86，1000+900/G87
	570	800+800/G71，800+1100/G72，1000+900/G88 1100+1100/G89
	630	800+1100/G73，900+1100/G74 1100+1100/G90，1300+1100/G91
	700	700+900/G61，700+1100/G62，1000+1300/G75， 1100+1300/G76，1300+1300/G92，1400+1300/G93
	760	1100+1400/G77，1200+1400/G78 1300+1400/G94，1400+1400/G95
	820	800+800/G58，800+1100/G63，800+1200/G64， 800+1300/G65，1100+1400/G79，1300+1400/G80
	880	900+900/G59，900+1200/G66，900+1300/G67 900+1400/G68，1200+1400/G81，1400+1400/G82
	950	900+900/G60，900+1300/G69，900+1400/G70 1300+1400/G83，1400+1400/G84

总 说 明							图集号	03R411-1
审核	刘明	（签名）	校对	石中东	（签名）	设计 牛进才 （签名）	页	5

半通行地沟	沟高H (mm)	沟宽 B (mm)									
		1000	1100	1200	1300	1400	1500	1600	1700	1800	2000
	1200	G103	G104	G105	G106	G107	G108	G109			
	1300			G96	G110	G111					
	1400			G97	G112	G113					
	1500			G98	G114	G115			G100	G116	G117
	1600			G99	G118	G119			G120	G101	G102

通行地沟	沟高H (mm)	沟宽 B (mm)									
		1300	1400	1500	1600	1700	1800	1900	2100	2200	
	1800	G121	G125						G126	G127	
	1900			G129							
	2000	G128	G122						G123	G124	
	2100				G130						
	2200					G131					
	2300						G132				
	2500							G133			

1. 半通行地沟编号G110－G120，通行地沟G126－G128为土建增加的地沟断面尺寸，可根据设计需要进行布管。
2. 本图集中地沟断面编号带a、b、c……字母的表示该地沟断面有多种布管型式。
3. 通行地沟安装孔，半通行、通行地沟的人孔及通风孔在03R411-2选用。

六、检查井编号如下表：

检查井编号	长×宽 mm	井高 mm	附 注
J1	1400×1400	1800－3000	见本图集第63、64页
J2	1400×2000	1800－3000	
J2a	1400×3000	1800－3000	
J3	2000×2000	1800－3000	见本图集第63、64、65页
J3a	2000×3000	1800－3000	
J4	2000×2400	1800－3000	
J5	2400×2400	1800－3000	见本图集第64、65页
J6	2400×2800	1800－3000	
J7	2400×3500	1800－3000	
J8	2800×2800	1800－3000	见本图集第65页
J9	2800×3500	1800－3000	

检查井只对不通行地沟单沟，单管至三管进行了布管。上表J2、J4、J6、J7、J9为土建增加的检查井规格，可根据设计需要进行选用。

七、地沟及检查井内支墩、支架土建部分编入本册，列表如下：

名 称	构件代号	附 注
混凝土支墩	HD-1－6	见本图集第123页
不通行地沟固定支架	BGJX-X	见本图集第124-126、136-141页
半通行、通行地沟滑动、固定支架	－	见本图集第126-135、142-150页

总 说 明							图集号	03R411-1
审核	刘明		校对	石中东		设计	牛进才		页	6

八、地沟、方形补偿器、检查井三部分，动力与土建工种统一编号如下表：

名　称	代号和编号	说　明
地　沟	GXXXa - f-后缀	G-地沟横断面代号
		XXX-地沟编号
		a - f-地沟横断面尺寸相同
		而布管不相同
		后缀-由土建特征决定，见
		03R411-2（后同此，省略）
方形补偿器	WXXX-后缀	W-方形补偿器代号
		XXX-方形补偿器编号
检查井	Jx-XXXX-后缀	J-检查井代号
		X-检查井编号
		XXXX-井高（毫米）

九、半通行、通行地沟滑动、固定支架应根据布管管径大小和管架长度，于本图集中选用，并绘制下图，标注尺寸及规格于施工详图上。

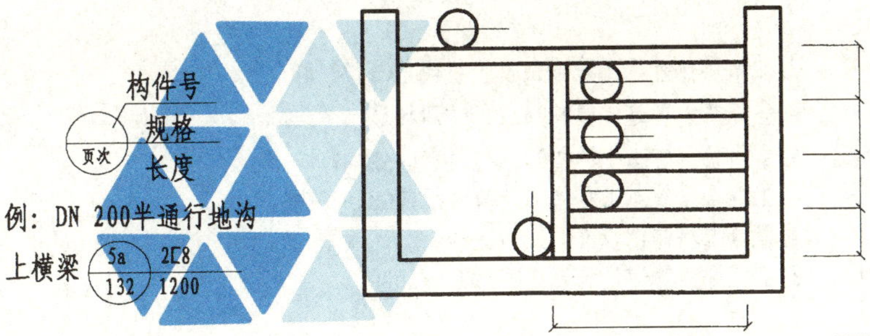

当管道代用时，支墩、支架等均应按实际使用管径选取。

十、管道保温

保温材料：岩棉、硅酸铝制品等，密度≤250Kg/m^3

保温要求：所有热力管道及其附件均进行保温，保温结构、厚度及要求见99R101（原99R500第十一章）

十一、管道支座与支架、支墩摩擦系数（μ）的采用

DN≤150　　μ=0.3（钢对钢）

DN≥200　　μ=0.1（钢对聚四氟乙烯）

十二、支架

支架分：活动支架、支墩；固定支架；

固定支架分：端部固定支架、中间固定支架。如下图所示：

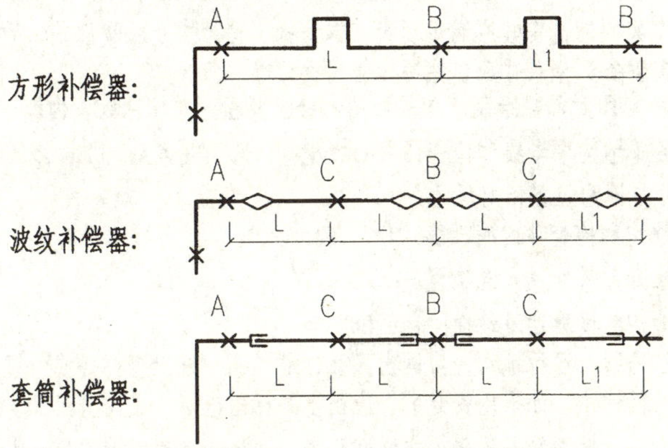

A为端部固定支架　　　B为中间固定支架

A、B所受水平推力见表一

C为　次中间固定支架，当L、L1确定后，由单项设计核算C处水平推力，根据核算数据选用固定支架

总　说　明						图集号	03R411-1
审核	刘明	校对	石中东	设计	牛进才	页	7

十三、支架施工

1. 沟内管道支架材料：Q235-B
2. 支架根据本图集排管情况考虑。如实际布管情况与本图集不符时，设计者应予核算。
3. 当管道代用时，应按实际管径选用支架。
4. 管道在固定支架上的固定方法参照动力设施国家标准图集97R412。
5. 凡外露部分均刷防锈漆二遍，油漆前必须除锈。当支架构件为封闭截面时，在端部零件焊装前，空腔内先刷防锈漆。
6. 必须与土建施工密切配合。支架安装需要的预埋件、预留洞详见本图集，施工时不得遗漏。
7. 滑动支架立柱底板下、支墩下均用1：2水泥砂浆找平，并调节高度。
8. 支架的制造安装应满足现行“钢结构工程施工及验收规范”的要求。
9. 支架各部分尺寸应以实际布管情况为准。

十四、运用本图时，需绘制地沟平面图，检查井图，并标注以下内容：

1. 各条地沟中心线和检查井中心线坐标：X、Y（或A、B）；也可标出井与地沟位置相对尺寸。
2. 地沟和检查井内底标高：▼
3. 检查井尺寸及人孔位置。
4. 地沟敷设坡度及坡向：i=0.00X
5. 半通行、通行地沟，应画出人孔、通风孔，标出坐标（或位置尺寸）。
6. 通行地沟，如采用安装孔，应画出并标出坐标（或位置尺寸）。
7. 不通行地沟给出混凝土支墩间距表、通行、半通行地沟给出支架及支墩间距表。

例图如右：

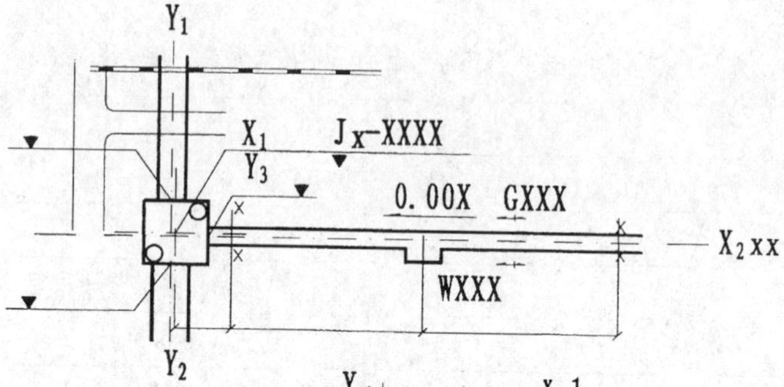

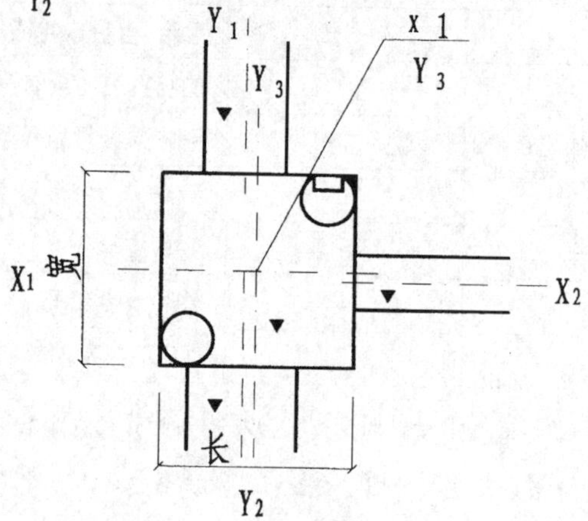

十五、编制依据及规范

1. 城市热力网设计规范CJJ34-2002
2. 锅炉房设计规范GB50041-92
3. 城市供热管网工程施工及验收规范CJJ28-89
4. 室外热力管道支座97R412(原97R403)
5. 室内热力管道支吊架95R417-1(原95R402)
6. 工业金属管道工程施工及验收规范GB50235-97
7. 供热工程制图标准CJJ/T78-97
8. 工业金属管道设计规范GB50316-2000

总说明								图集号	03R411-1
审核	刘明	[签名]	校对	石中东	[签名]	设计	牛进才	[签名] 页	8

管道垂直荷载及固定支架水平推力一览表

表一

公称直径DN(mm)			≤50	65	80	100	125	150	200	250	300	350	400	450	500	600
外径×壁厚(mm)			57×3.5	73×4	89×4	108×4	133×4	159×4.5	219×6	273×7	325×8	377×9	426×9	478×9	529×10	630×10
热水管道重量(150° C)N/m			157	202	246	328	539	726	1303	1453	1740	2229	3064	3668	4408	5840
蒸汽管道重量(250° C)N/m			138	171	197	249	295	388	582	812	1024	1263	1474	1648	1935	2286
支座与支架摩擦系数			0.3	0.3	0.3	0.3	0.3	0.3	0.1	0.1	0.1	0.1	0.1	0.1	0.1	0.1
活动支架计算间距(m)			6	6	6	8	9	10	12	12	15	15	15	15	15	15
方形补偿器	使用范围DN(mm)		0	0	0	0	0	0	0	0	0	0	0			
	端部固定支架A推力kN		2.3	3.4	4.4	5.8	7.6	9.8	18.8	25.2	38.9	41.5	48.7			
	中间固定支架B推力kN		0.5	0.8	1.0	1.4	1.8	2.5	4.4	7.3	11.7	12.45	14.61			
轴向型波纹补偿器(内压式)	使用范围DN(mm)		0	0	0	0	0	0								
	端部固定支架A推力kN	1.25MPa	11.1	13.83	19.5	25.4	35.4	49.3								
		0.6MPa	5.34	6.4	8.32	14.02	19.3	23.7								
	中间固定支架B推力kN	1.25MPa	1.91	2.1	2.8	4.1	4.9	7.8								
		0.6MPa	0.95	1.1	1.4	2.1	2.6	4.4								
保温层厚度(mm)			80	80	80	90	90	100	100	110	110	110	120	120	120	120

1、表中所列管道重量包括：管道自重、保温层重、管内介质重，即工作状态下的荷重

2、表中固定支架水平推力计算条件及计算公式见本图集第34、68、99页

3、"o"表示使用范围内.

总说明						图集号	03R411-1
审核	刘明	校对	石中东	设计	牛进才	页	9

续表一

公称直径DN(mm)			50	65	80	100	125	150	200	250	300	350	400	450	500	600
平衡型波纹补偿器	使用范围DN(mm)								0	0	0	0	0	0	0	0
	端部固定支架A推力kN	1.25MPa							43	73.1	97.7	143.2	124.2	192.7	206.2	231.8
		0.6MPa							30.8	37.6	44.9	71.0	82.4	75.9	121.8	107.1
	中间固定支架B推力kN	1.25MPa							12.9	21.9	29.3	43	37.3	57.8	61.9	69.5
		0.6MPa							9.2	11.30	13.5	21.3	24.7	22.8	36.6	32.1
普通型套筒补偿器	使用范围DN(mm)		0	0	0	0	0	0								
	端部固定支架A推力kN	1.25MPa	5.1	7.6	11.2	17.7	24.8	34.2								
		0.6MPa	3.0	3.5	5.2	8.3	11.6	15.9								
	中间固定支架B推力kN	1.25MPa	0.5	0.6	0.7	1.5	1.8	2.2								
		0.6MPa	0.2	0.3	0.3	0.7	0.9	1.0								
平衡型套筒补偿器	使用范围DN(mm)								0	0	0	0	0	0	0	0
	端部固定支架A推力kN	1.25MPa							35.1	47.8	57.1	66.1	75.5	80.5	89.1	106.2
		0.6MPa							16.9	23.0	27.4	31.7	36.2	38.7	42.8	51.0
	中间固定支架B推力kN	1.25MPa							10.5	14.4	17.1	19.8	22.7	24.0	26.7	31.9
		0.6MPa							5.1	6.9	8.1	9.5	10.9	11.4	12.8	15.3

总说明						图集号	03R411-1
审核	刘明	校对	石中东	设计	牛进才	页	10

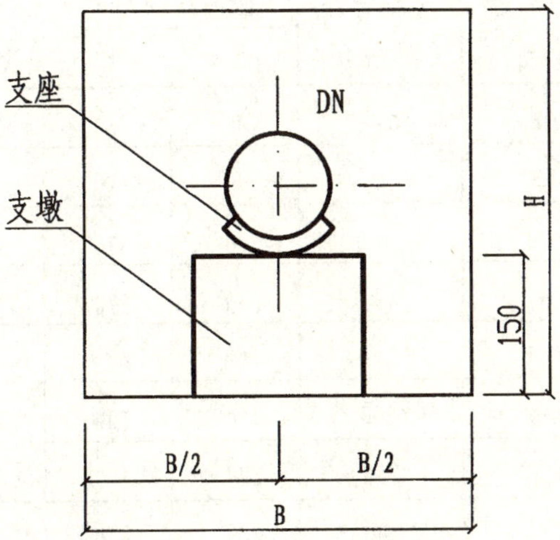

地沟断面号	公称管径DN(mm)	地沟尺寸(mm)	
		B	H
G1	<40	300	320
G2	50 - 100	400	320
G3	125 - 150	400	380
G4	200	500	450
G5	250 - 300	600	570
G6	350	700	630
G7	400	800	700

说明:

支座的选用与制作参照国标图97R412总说明中"支座组装技术条件"，技术条件中包括：支座的材料规定、适用范围、支座制作的验收。

附注：支墩见本图集第123页。

不通行地沟 一管（无保温）G1 - G7								图集号	03R411-1
审核	刘明		校对	石中东		设计	牛进才	页	11

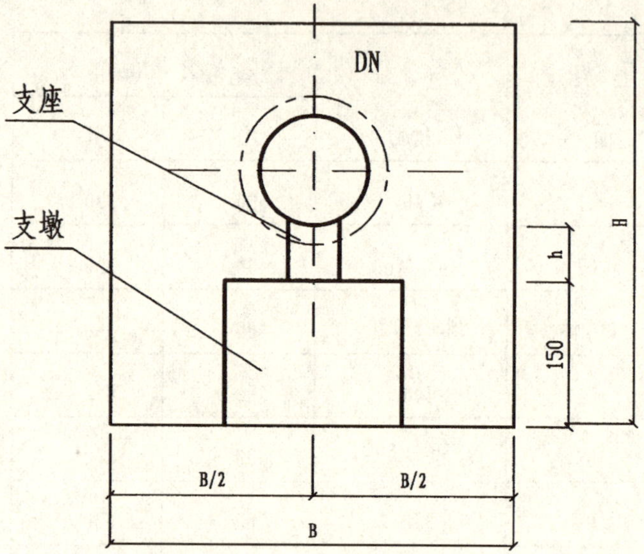

地沟断面号	公称管径DN(mm)	地沟尺寸(mm)		h (mm)
		B	H	
G8	≤40	400	450	100
G9	50	500	510	100
G10	65 - 100	500	570	100
G5a	125	600	570	100
G11	150	600	630	150
G12	200	700	700	150
G13	250	800	760	150
G14	300	800	820	150
G15	350	900	880	150
G16	400	900	950	150

说明:

管道保温的技术要求:

保温材料: 岩棉、硅酸铝制品等，密度≤250Kg/m^3

保温要求: 所有热力管道的保温结构、厚度及要求见99R101（原99R500第十一章）。

附注:

1. 支座参照动力国家标准图集97R412，具体要求同第11页。
2. 支墩见本图集第123页。

不通行地沟 一管（保温）G8 - G16						图集号	03R411-1
审核	刘明	校对	石中东	设计	牛进才	页	12

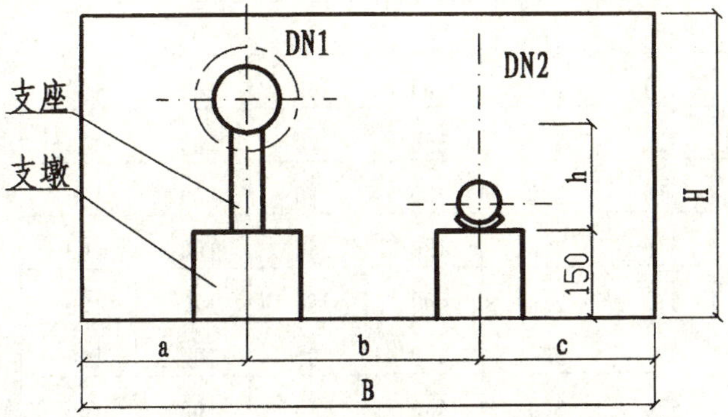

甲 型

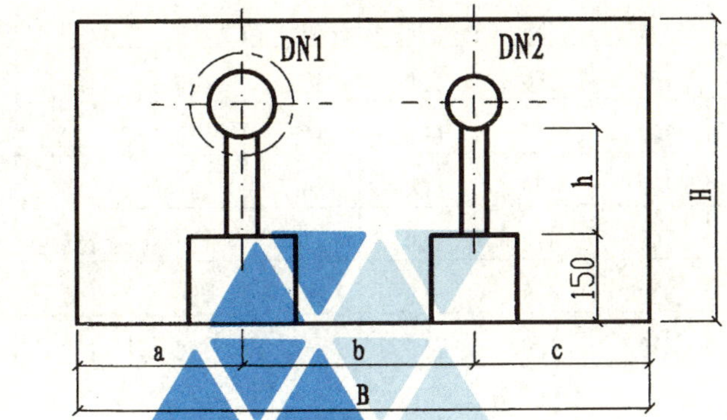

乙 型

地沟断面号	公称管径(mm)		地沟尺寸(mm)		安装尺寸(mm)			
	DN1	DN2	B	H	a	b	c	h
G17	≤32	≤32	600	450	200	250	150	100
G18	40-65	40-65	700	510	250	300	150	100
G19	80-100	≤100	800	570	250	350	200	100
G19a	125	≤125	800	570	270	350	180	100
G20	150	≤65	800	630	300	350	150	150
G21		80-150	900	630	300	400	200	150
G22	200	≤100	1000	700	350	450	200	150
G23		125-200	1100	700	350	500	250	150
G24	250	100-125	1100	760	400	500	200	150
G25		150-250	1200	760	400	550	250	150
G26	300	≤150	1100	820	400	500	200	150
G27		200-300	1300	820	400	600	300	150
G28	350	≤200	1200	880	450	500	250	150
G29		250-350	1400	880	450	600	350	150
G30	400	≤200	1300	950	450	600	250	150
G31		250	1400	950	450	600	350	150

附注:

1. 支座见动力设施国家标准图集97R412。
2. 支墩见本图集
3. 当采用波纹补偿器、套筒补偿器或其他需要时用乙型。

不通行地沟 二管(一管保温、一管无保温)G17 - G31						图集号	03R411-1
审核	刘明	校对	石中东	设计	牛进才	页	13

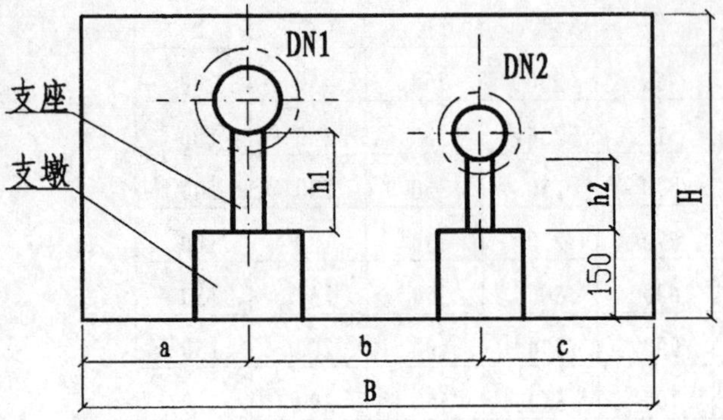

甲型

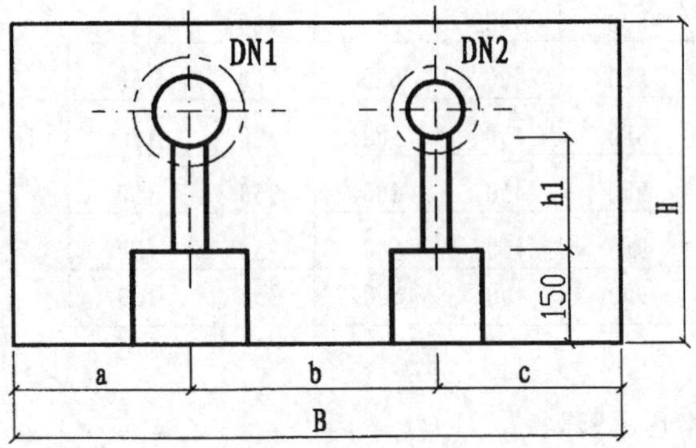

乙型

地沟断面号	公称管径(mm)		地沟尺寸(mm)		安装尺寸(mm)				
	DN1	DN2	B	H	a	b	c	h1	h2
G32	32	<32	700	450	200	300	200	100	100
G33	50	<50	800	510	230	350	220	100	100
G34	80	<80	900	510	250	400	250	100	100
G35	100	<65	900	570	250	400	250	100	100
G35a		80-100	900	570	250	400	250	100	100
G35b	125	<50	900	570	300	400	200	100	100
G36		65-100	1000	570	300	450	250	100	100
G37		125	1100	570	300	500	300	100	100
G21a	150	<65	900	630	300	400	200	150	100
G38		80-250	1100	630	300	500	300	150	150
G23a	200	<80	1100	700	350	500	250	150	100
G39		100-125	1200	700	350	550	300	150	100
G40		150-200	1300	700	350	600	350	150	150
G41	250	65-150	1300	760	400	600	300	150	150
G42		200-250	1400	760	370	660	370	150	150
G27a	300	<125	1300	820	400	600	300	150	100
G43		150-200	1400	820	400	650	350	150	150

附注:

1. 支座见动力设施国家标准图集97R412。
2. 支墩见本图集
3. 当采用波纹补偿器、套筒补偿器或其他需要时用乙型。

不通行地沟 二管(保温)G32 - G43						图集号	03R411-1
审核	刘明	校对	石中东	设计	牛进才	页	14

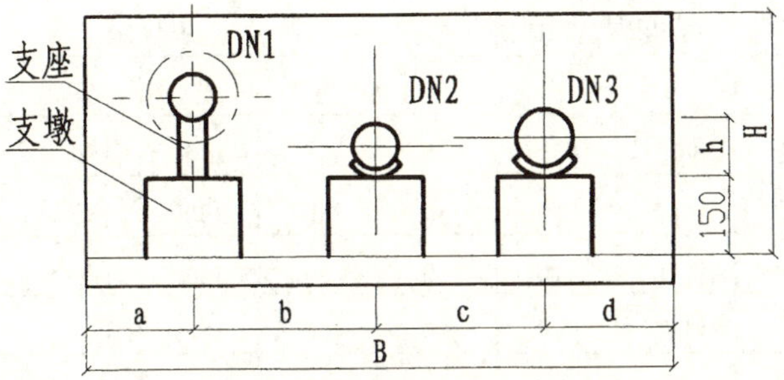

甲 型

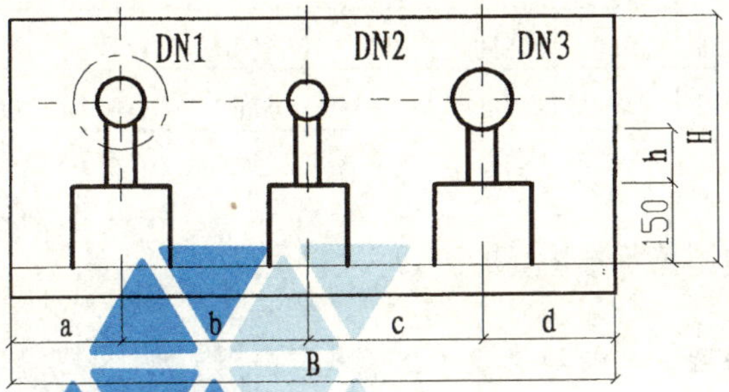

乙 型

地沟断面号	公称管径(mm)			地沟尺寸(mm)		安装尺寸(mm)				
	DN1	DN2	DN3	B	H	a	b	c	d	h
G44	40	≤32	≤50	800	450	200	250	200	150	100
G34a	65	≤50	≤80	900	510	250	300	200	150	100
G45	80	≤65	≤100	1000	510	250	300	250	200	100
G36a	100	≤80	≤125	1000	570	250	300	250	200	100
G37a	125	≤100	≤125	1100	570	300	350	250	200	100
G38a	150	≤100	≤125	1100	630	300	350	250	200	150
G46		≤125	≤200	1300	630	300	400	350	250	150
G40a	200	≤100	≤150	1300	700	350	400	300	250	150
G47		≤150	≤200	1400	700	350	450	350	250	150

附注:

1. 支座见动力设施国家标准图集97R412。
2. 支墩见本图集
3. 当采用波纹补偿器、套筒补偿器或其他需要时用乙型。

不通行地沟 三管(一管保温,二管无保温)G44 - G47						图集号	03R411-1
审核	刘明	校对	石中东	设计	牛进才	页	15

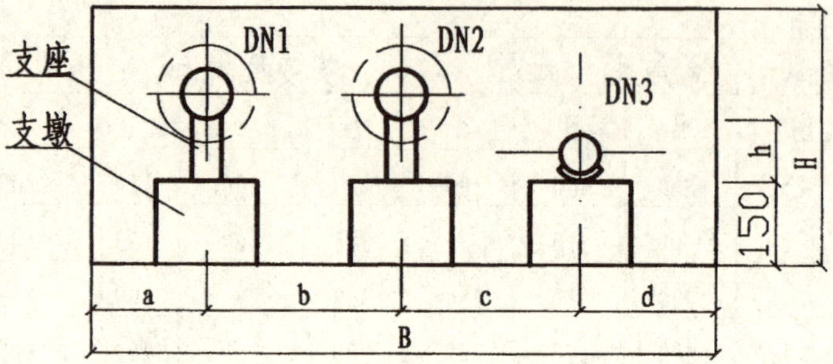

甲 型

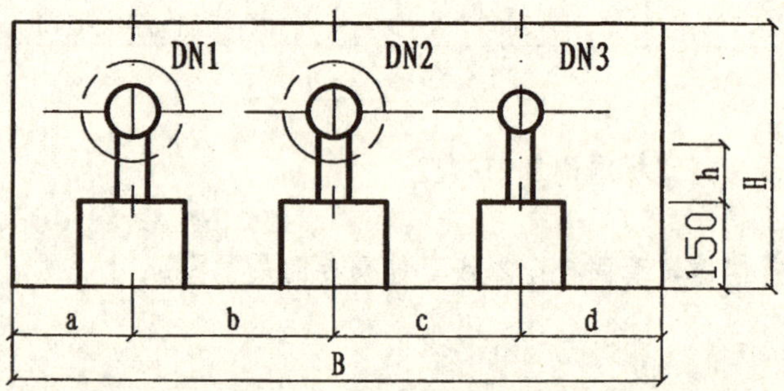

乙 型

地沟断面号	公称管径(mm)			地沟尺寸(mm)		安装尺寸(mm)					
	DN1	DN2	DN3	B	H	a	b	c	d	h
G48	40	≤40	≤40	900	450	200	300	250	150	100
G45a	50	≤50	≤50	1000	510	200	350	300	150	100
G49	80	≤80	≤80	1100	510	250	400	300	150	100
G37b	100	65	≤65	1100	570	250	400	300	150	100
G50		80-100	≤80	1200	570	250	450	350	150	100
G50a	125	80	≤100	1200	570	300	400	300	200	100
G51		100-125	≤125	1300	570	300	450	350	200	100
G46a	150	150	≤100	1300	630	300	470	350	180	150
G52		150	≤150	1400	630	300	500	400	200	150
G47a	200	150	≤125	1400	700	350	500	350	200	150

附注:

1. 支座见动力设施国家标准图集97R412。
2. 支墩见本图集
3. 当采用波纹补偿器、套筒补偿器或其他需要时用乙型。

不通行地沟 三管(二管保温，一管无保温) G48 - G52								图集号	03R411-1
审核	刘明	刘明	校对	石中东	石中东	设计	牛进才	页	16

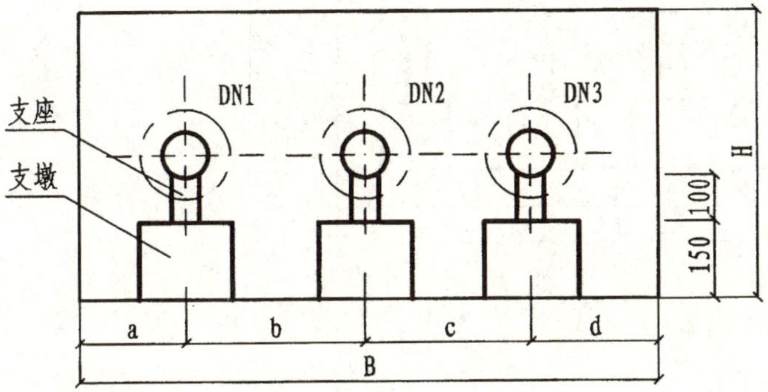

地沟断面号	公称管径(mm)			地沟尺寸(mm)		安装尺寸(mm)			
	DN1	DN2	DN3	B	H	a	b	c	d
G49a	50	50	50	1100	510	200	350	350	200
G53	80	80	80	1200	510	250	350	350	250
G51a	100	100	100	1300	570	250	400	400	250
G54	125	125	100	1400	570	280	450	420	250

说明：

管道保温的技术要求：

保温材料：岩棉、硅酸铝制品等，密度≤250Kg/m^3

保温要求：所有热力管道的保温结构、厚度及要求见99R101（原99R500第十一章）。

附注：

1. 支座的选用与制作参照国家标准图集97R412总说明中“支座组装技术条件”，技术条件中包括：支座的材料规定、适用范围、支座制作的验收。

2. 支墩见本图集第123页。

不通行地沟 三管（保温）G53－G54							图集号	03R411-1
审核	刘明		校对	石中东		设计 牛进才	页	17

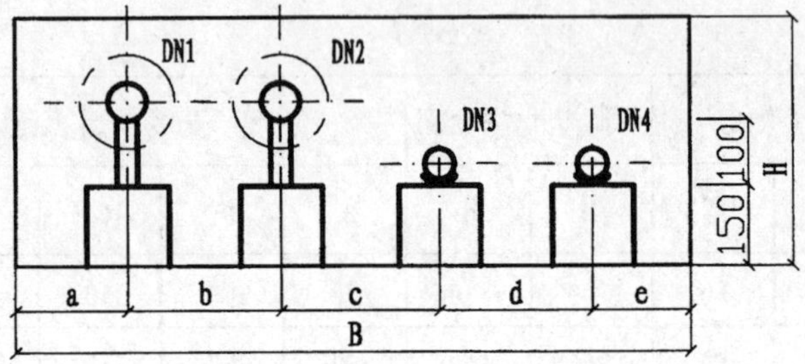

甲型

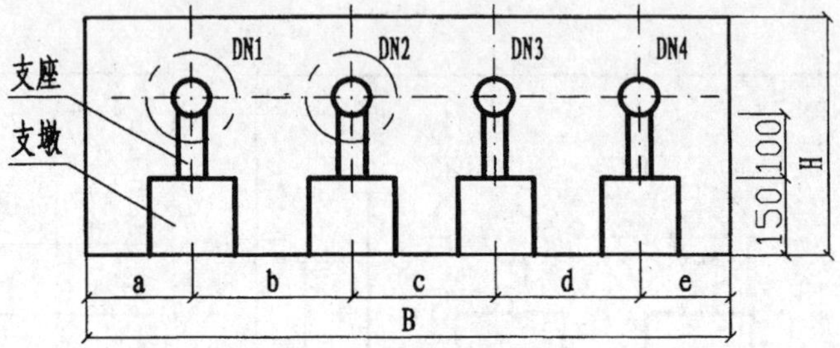

乙型

地沟断面号	公称管径(mm)				地沟尺寸(mm)		安装尺寸(mm)				
	DN1	DN2	DN3	DN4	B	H	a	b	c	d	e
G53a	50	≤40	≤40	≤40	1200	510	200	350	300	200	150
G55	80	≤80	≤65	≤80	1300	510	250	400	300	200	150
G51a	100	≤65	≤65	≤65	1300	570	250	400	300	200	150
G54a		≤100	≤65	≤100	1400	570	250	400	300	250	200

附注:

1. 支座见动力设施国家标准图集97R412。
2. 支墩见本图集
3. 当采用波纹补偿器、套管补偿器或其他需要时用乙型。

不通行地沟 四管（二管保温，二管无保温）G55							图集号	03R411-1
审核	刘明	[签名]	校对	石中东	[签名]	设计 牛进才 [签名]	页	18

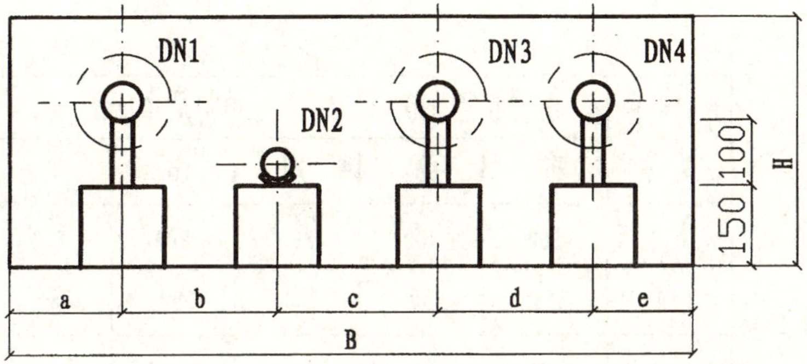

甲型

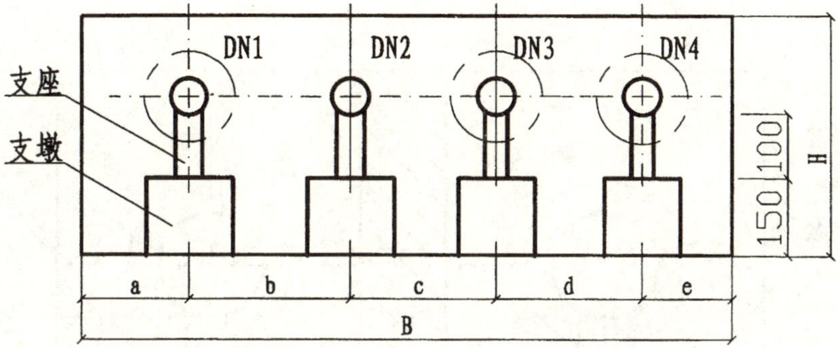

乙型

地沟断面号	公称管径(mm)				地沟尺寸(mm)		安装尺寸(mm)				
	DN1	DN2	DN3	DN4	B	H	a	b	c	d	e
G56	40	40	40	40	1200	450	200	250	250	300	200
G55a	50	50	50	50	1300	510	250	250	250	300	250
G57	65	50	65	65	1400	510	250	275	275	350	250

附注:

1. 支座见动力设施国家标准图集97R412。
2. 支墩见本图集
3. 当采用波纹补偿器、套筒补偿器或其他需要时用乙型。

不通行地沟 四管（三管保温，一管无保温）G56-G57						图集号	03R411-1
审核	刘明	校对	石中东	设计	牛进才	页	19

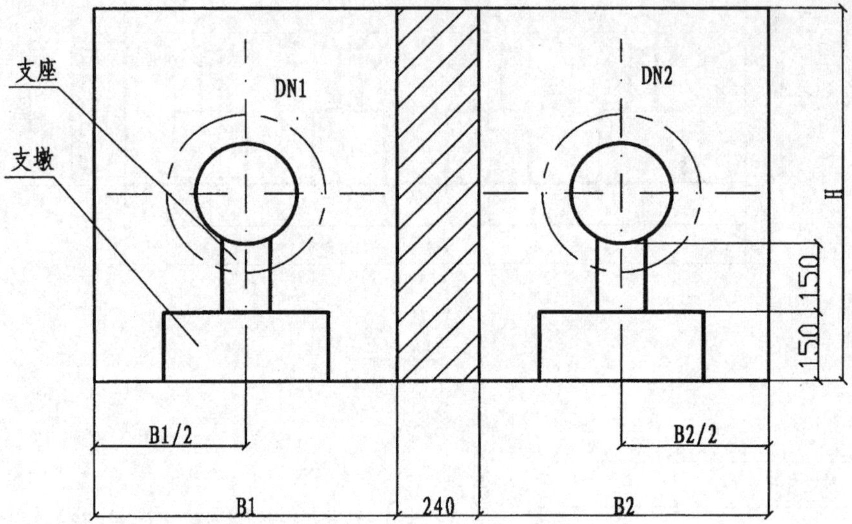

地沟断面号	公称管径(mm)		地沟尺寸(mm)		
	DN1	DN2	B1	B2	H
G58	300	300	800	800	820
G59	350	350	900	900	880
G60	400	400	900	900	950

附注:

1. 支座见动力设施国家标准图集97R412。
2. 支墩见本图集第123页。

不通行地沟 双沟 二管(保温) G58-G60	图集号	03R411-1
审核 刘明 [signature] 校对 石中东 [signature] 设计 牛进才 [signature]	页	20

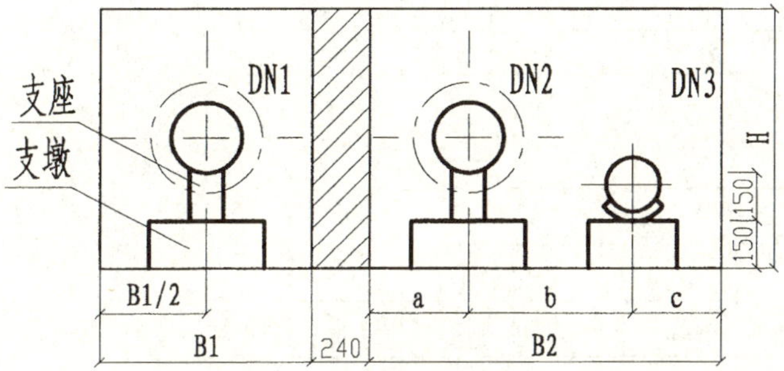

甲型

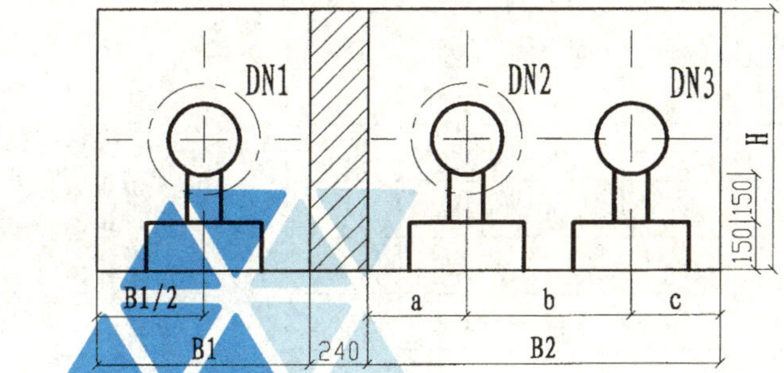

乙型

地沟断面号	公称管径(mm)			地沟尺寸(mm)			安装尺寸(mm)		
	DN1	DN2	DN3	B1	B2	H	a	b	c
G61	200	150	150	700	900	700	300	400	200
G62	200	200	200	700	1100	700	350	500	250
G63	300	200	200	800	1100	820	350	450	300
G64	300	250	250	800	1200	820	400	500	300
G65	300	300	300	800	1300	820	400	600	300
G66	350	250	250	900	1200	880	400	500	300
G67	350	300	300	900	1300	880	400	600	300
G68	350	350	350	900	1400	880	450	600	350
G69	400	300	300	900	1300	950	400	600	300
G70	400	350,400	250-350	900	1400	950	450	600	350

附注:

1. 支座见动力设施国家标准图集97R412。
2. 支墩见本图集
3. 当采用波纹补偿器、套筒补偿器或其他需要时用乙型。

不通行地沟　双沟 三管(二管保温,一管无保温) G61-G70						图集号	03R411-1
审核	刘明	校对	石中东	设计	牛进才	页	21

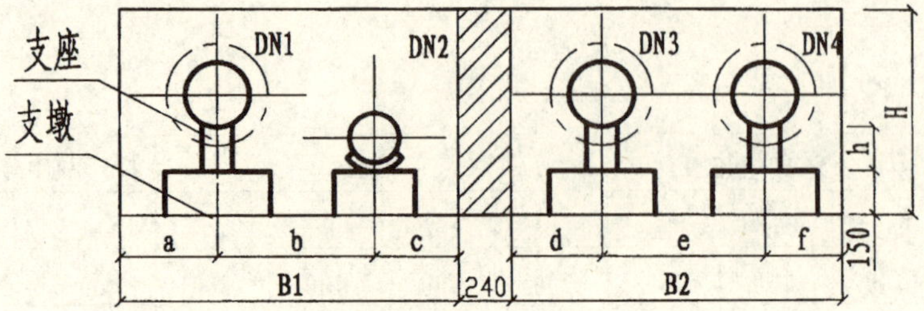

甲型

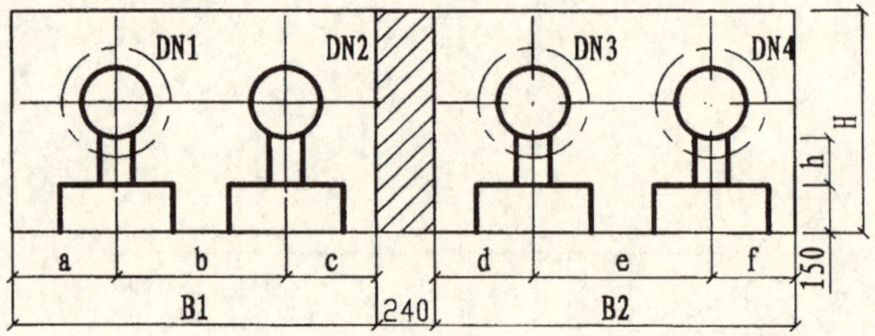

乙型

地沟断面号	公称管径(mm)				地沟尺寸(mm)			安装尺寸(mm)						
	DN1	DN2	DN3	DN4	B1	B2	H	a	b	c	d	e	f	h
G71	80-100	80-100	80-100	80-100	800	900	570	250	350	200	250	400	250	100
G72	125	125	125	125	800	1100	570	250	370	180	300	500	300	100
G73	150	65	150	150	800	1100	630	300	350	150	300	500	300	150
G74	150	150	150	150	900	1100	630	300	400	200	300	500	300	150
G75	200	100	200	200	1000	1300	700	350	450	200	350	600	350	150
G76	200	200	200	200	1100	1300	700	350	500	250	350	600	350	150
G77	250	125	250	250	1100	1400	760	400	500	200	370	660	370	150
G78		250	250	250	1200	1400	760	400	550	250	370	660	370	150
G79	300	150	250	250	1100	1400	820	400	500	200	400	600	400	150
G80		300	250	250	1300	1400	820	400	600	300	400	600	400	150
G81	350	200	250	250	1200	1400	880	450	500	250	400	600	400	150
G82		350	250	250	1400	1400	880	450	600	350	400	600	400	150
G83	400	200	250	250	1300	1400	950	450	600	250	400	600	400	150
G84		250	250	250	1400	1400	950	450	600	350	400	600	400	150

附注:

1. 支座见动力设施国家标准图集97R412。
2. 支墩见本图集
3. 当采用波纹补偿器、套筒补偿器或其他需要时用乙型。

不通行地沟 双沟 四管(三管保温,一管无保温) G71-G84	图集号	03R411-1
审核 刘明 校对 石中东 设计 牛进才	页	22

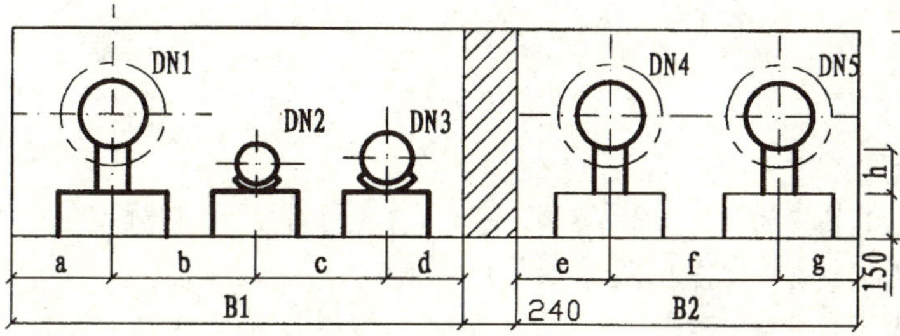

甲型

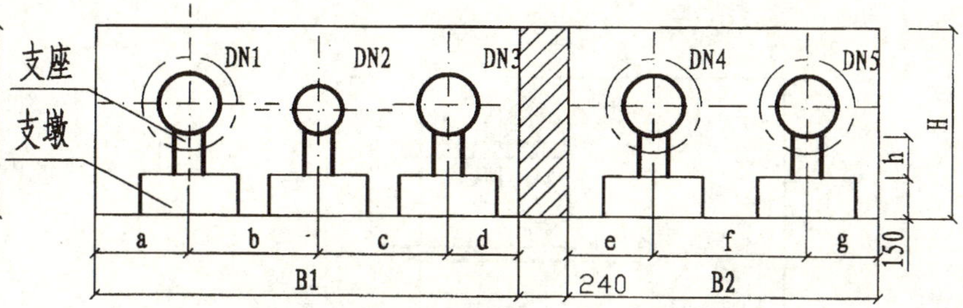

乙型

地沟断面号	公称管径(mm)					地沟尺寸(mm)			安装尺寸(mm)							
	DN1	DN2	DN3	DN4	DN5	B1	B2	H	a	b	c	d	e	f	g	h
G85	40	≤32	≤50	32	32	800	700	450	200	250	200	150	200	300	200	100
G86	65	≤50	≤80	50	50	900	800	510	250	300	200	150	230	350	220	100
G87	80	≤65	≤100	80	80	1000	900	510	250	300	250	200	250	400	250	100
G88	100	≤80	≤125	100	100	1000	900	570	250	300	250	200	250	400	250	100
G89	125	≤100	≤125	125	125	1100	1100	570	300	350	250	200	300	500	300	100
G90	150	≤100	≤125	150	150	1100	1100	630	300	350	250	200	300	500	300	150
G91	150	≤125	≤200	150	150	1300	1100	630	300	400	350	250	300	500	300	150
G92	200	≤100	≤150	200	200	1300	1300	700	350	400	300	250	350	600	350	150
G93	200	≤150	≤200	200	200	1400	1300	700	350	450	350	250	350	600	350	150
G94	200	≤100	≤150	250	250	1300	1400	760	350	400	300	250	370	660	370	150
G95	200	≤150	≤200	250	250	1400	1400	760	350	450	350	250	370	660	370	150

附注:

1. 支座见动力设施国家标准图集97R412。
2. 支墩见本图集
3. 当采用波纹补偿器、套筒补偿器或其他需要时用乙型。

不通行地沟 双沟 五管(三管保温，二管无保温) G85-G95							图集号	03R411-1
审核	刘明		校对	石中东		设计	牛进才	页 23

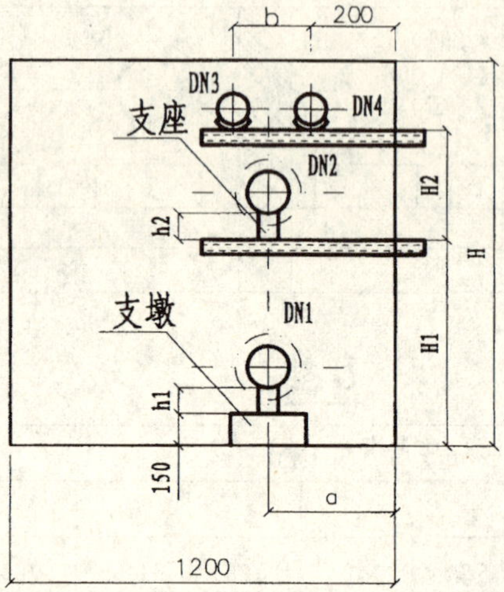

附注:

1. 本图支架形式为滑动支架，安装见本图集第127 、128页
2. 固定支架安装见本图集第129-132页。
3. 支墩见本图集。
4. 支座见动力设施国家标准图集97R412。

地沟断面号	公称管径(mm)				地沟高度H(mm)	安装尺寸(mm)					
	DN1	DN2	DN3	DN4		a	b	h1	h2	H1	H2
G96	80	80	80	80	1300	300	200	100	100	550	450
G97	125	100	80	80	1400	350	200	100	100	600	500
G98	150	150	100	100	1500	350	250	150	150	650	550
G98a	200	100	100	100	1500	400	250	150	100	720	500
G98b	200	150	100	100	1500	400	250	150	150	720	550
G99	200	200	100	100	1600	400	300	150	150	720	600

半通行地沟　单侧布管 四管（二管保温，二管无保温）G96-G99							图集号	03R411-1
审核	刘明	校对	石中东	设计	牛进才		页	24

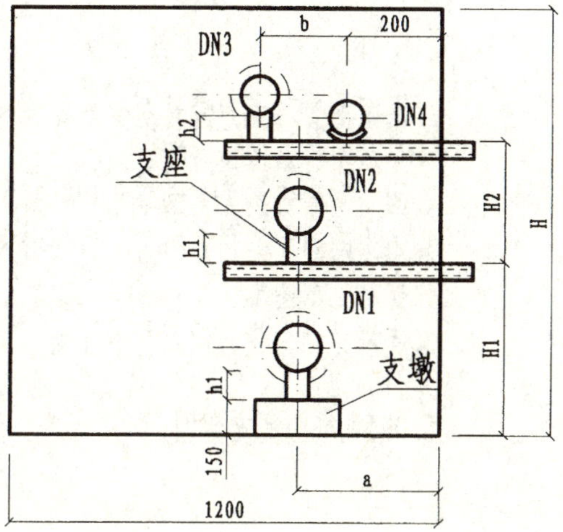

附注:

1. 本图支架形式为滑动支架，安装见本图集第127、128页。
2. 固定支架安装见本图集第129-132页。
3. 支墩见本图集。
4. 支座见动力设施国家标准图集97R412。

地沟断面号	公称管径(mm)				地沟高度H(mm)	安装尺寸(mm)					
	DN1	DN2	DN3	DN4		a	b	h1	h2	H1	H2
G97a	80	80	80	80	1400	300	300	100	100	550	400
G98a	100-125	100-125	80	125	1500	350	350	100	100	600	450
G99a	150	150	40	150	1600	350	350	150	100	650	550

半通行地沟　单侧布管 四管（三管保温，一管无保温）						图集号	03R411-1
审核	刘明	校对	石中东	设计	牛进才	页	25

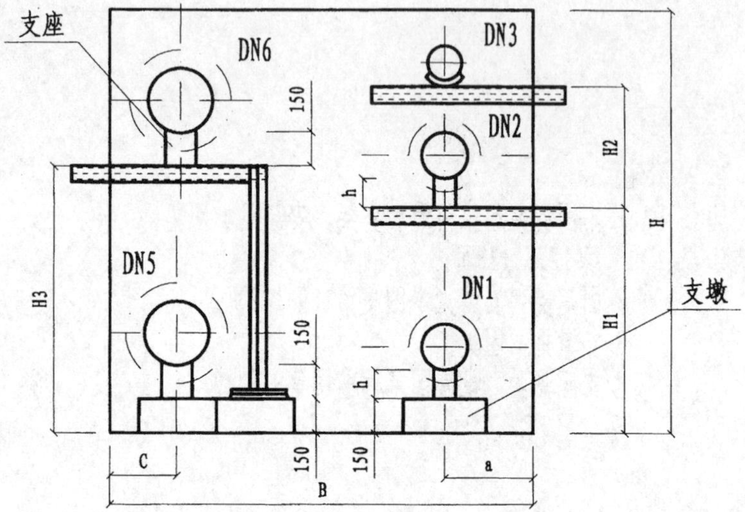

附注：

1. 本图支架形式为滑动支架，安装见本图集第127、128页。
2. 固定支架安装见本图集第129-132页。
3. 地沟两侧支架错开布置，以便行人。
4. 支墩见本图集。
5. 支座见动力设施国家标准图集97R412。
6. DN4见本图集支架图。

地沟断面号	公称管径(mm)					地沟高度(mm)		安装尺寸(mm)					
	DN5	DN6	DN1	DN2	DN3	B	H	c	a	h	H3	H1	H2
G100	≤250	≤250	100	≤100	≤200	1700	1500	400	300	100	800	550	500
G100a	≤250	≤250	125	≤125	≤125	1700	1500	400	350	100	800	600	550
G101	≤300	≤300	125	≤125	≤200	1800	1600	450	350	100	850	600	550
G101a	≤350	≤200	125	≤125	≤200	1800	1600	450	350	100	900	600	550
G102	≤400	≤150	150	≤150	≤125	2000	1600	500	350	150	1000	650	600

半通行地沟　双侧布管 五管（四管保温，一管无保温）G100-G102	图集号	03R411-1
审核 刘明 校对 石中东 设计 牛进才	页	26

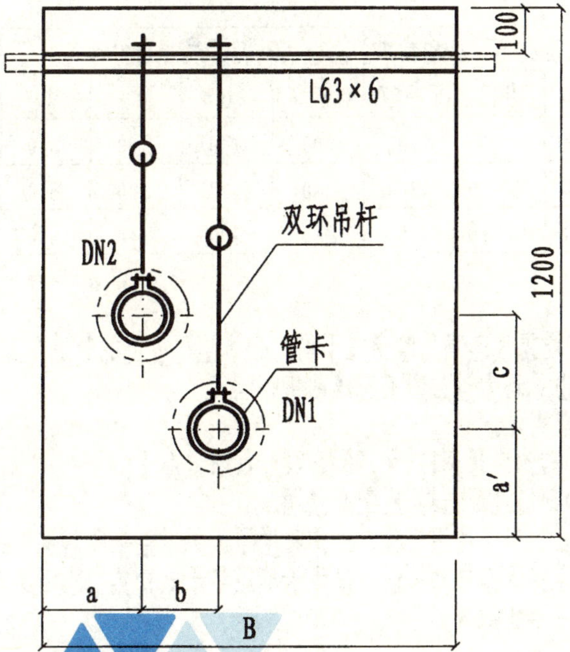

地沟断面号	公称管径(mm)		地沟尺寸B(mm)	安装尺寸(mm)			支架长(mm)
	DN1	DN2		a(a′≥)	b	c	
G103	≤80	≤80	1000	200	140	250	1240
G104	100-125	100-125	1100	240	160	280	1340
G105	150	150	1200	260	180	300	1440

附注:

1. 布管原则:介质温度较高的管道在下面,介质温度较低的管道在上面。
2. 吊架零件制造见动力设施国家标准图集95R417-1。
   管卡亦可用双夹环。
3. 支架施工:如砖沟应留洞120×120灌C20号细石混凝土;
   如钢筋混凝土沟,应配合预埋.
4. 吊架型式。只适用于民用工程,地沟长度不大,低温采暖热水管的情况,利用管道转弯作自然补偿,吊架卡箍应装于该处热膨胀相反方向,偏移热位移一半的地方。

半通行地沟 吊架 二管(保温) G103-G105							图集号	03R411-1
审核	刘明		校对	石中东		设计	牛进才	页	27

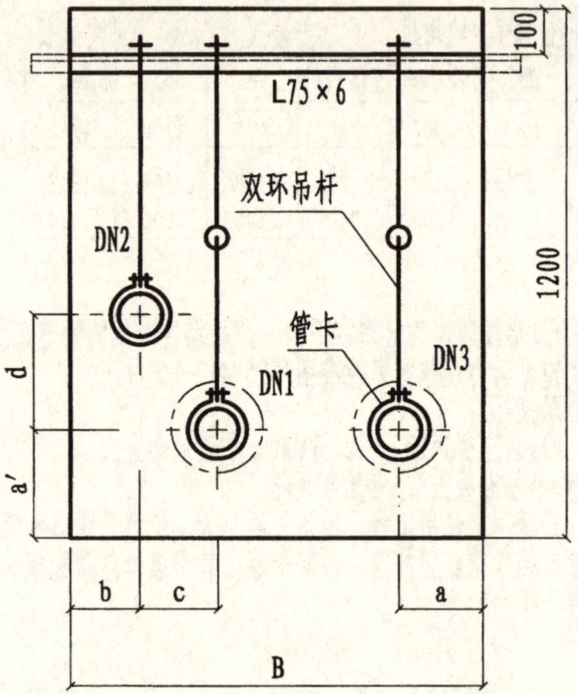

地沟断面号	公称管径(mm)			地沟尺寸B(mm)	安装尺寸(mm)				支架长(mm)
	DN1	DN2	DN3		a(a′≥)	b	c	d	
G105a	≤80	≤150	≤80	1200	200	160	100	300	1440
G106	100-125	≤150	100-125	1300	240	180	120	340	1540
G107	150	≤150	150	1400	260	200	140	360	1640

附注:

1. 布管原则:介质温度较高的管道在下面，介质温度较低的管道在上面。
2. 吊架零件制造见动力设施国家标准图集95R417-1。
   管卡亦可用双夹环。
3. 支架施工:如砖沟应留洞120×120灌C20号细石混凝土;
   如钢筋混凝土沟,应配合预埋.
4. 吊架型式。只适用于民用工程，地沟长度不大，低温采暖热水管的情况，利用管道转弯作自然补偿，吊架卡箍应装于该处热膨胀相反方向，偏移热位移一半的地方。

半通行地沟 吊架 三管(二管保温，一管无保温)G106-G107							图集号	03R411-1
审核	刘明	[signature]	校对	石中东	[signature]	设计	牛进才	[signature]	页	28

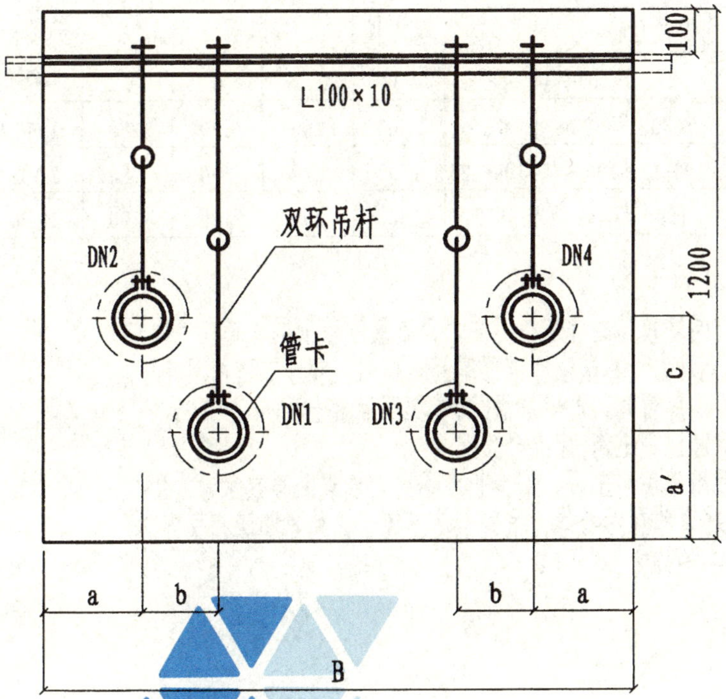

地沟断面号	公称管径(mm)				地沟尺寸B(mm)	安装尺寸(mm)			支架长(mm)
	DN1	DN2	DN3	DN4		a(a'≥)	b	c	
G107a	≤80	≤80	≤80	≤80	1400	200	140	250	1640
G108	100-125	100-125	100-125	100-125	1500	240	160	280	1740
G109	150	150	150	150	1600	260	180	300	1840

附注:

1. 布管原则:介质温度较高的管道在下面,介质温度较低的管道在上面。
2. 吊架零件制造见动力设施国家标准图集95R417-1。
   管卡亦可用双夹环。
3. 支架施工:如砖沟应留洞120×120灌C20号细石混凝土;
   如钢筋混凝土沟,应配合预埋.
4. 吊架型式。只适用于民用工程,地沟长度不大,低温采暖热水管的情况,利用管道转弯作自然补偿,吊架卡箍应装于该处热膨胀相反方向,偏移热位移一半的地方。

半通行地沟 吊架 四管(保温) G108-G109						图集号	03R411-1
审核	刘明	校对	石中东	设计	牛进才	页	29

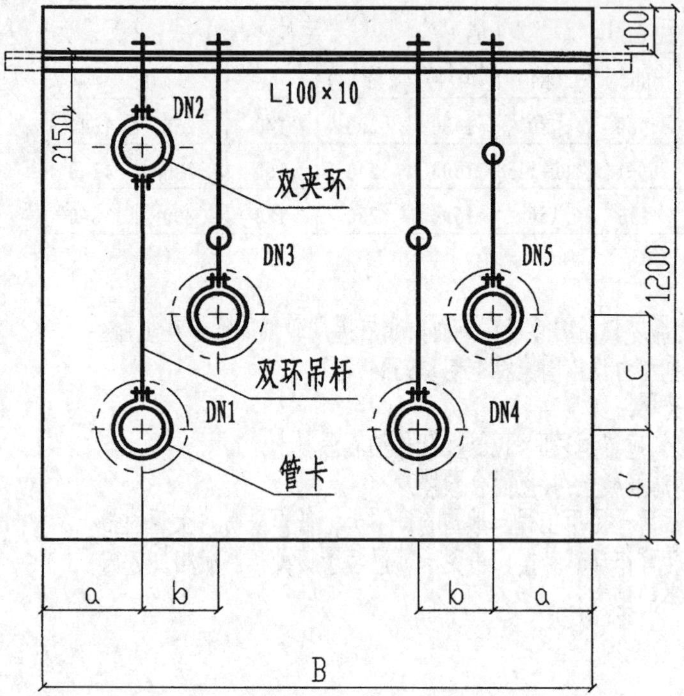

地沟断面号	公称管径(mm)					地沟尺寸B(mm)	安装尺寸(mm)			支架长(mm)
	DN1	DN2	DN3	DN4	DN5		a(a'≥)	b	c	
G106b	80	≤150	≤80	≤80	≤80	1300	200	140	250	1540
G108a	100-125	≤150	100-125	100-125	100-125	1500	240	160	280	1740
G109a	150	≤150	150	150	150	1600	260	180	300	1840

附注:

1. 布管原则:介质温度较高的管道在下面，介质温度较低的管道在上面。
2. 吊架零件制造见动力设施国家标准图集95R417-1。管卡亦可用双夹环。
3. 支架施工:如砖沟应留洞120×120灌C20号细石混凝土;
   如钢筋混凝土沟,应配合预埋.
4. 吊架型式,只适用于民用工程，地沟长度不大，低温采暖热水管的情况，利用管道转弯作自然补偿，吊架卡箍应装于该处热膨胀相反方向，偏移热位移一半的地方。

半通行地沟 吊架 五管(四管保温，一管无保温)						图集号	03R411-1
审核	刘明	校对	石中东	设计	牛进才	页	30

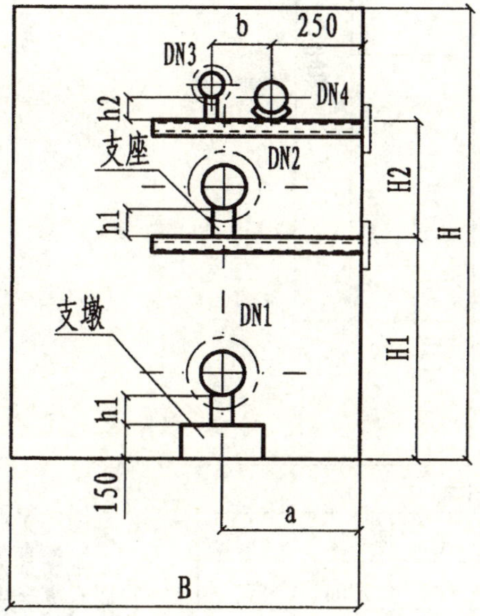

附注:

1. 本图支架形式为滑动支架，安装见本图集第133页。

2. 固定支架安装见本图集第134、135页。

3. 支墩见本图集。

4. 支座见动力设施国家标准图集97R412。

地沟断面号	公称管径(mm)				地沟高度(mm)		安装尺寸(mm)					
	DN1	DN2	DN3	DN4	B	H	a	b	h1	h2	H1	H2
G121	150	150	65	200	1300	1800	350	350	150	100	700	550
G122	200	200	125	200	1400	2000	400	380	150	100	750	600

通行地沟　单侧布管 四管（三管保温，一管无保温）G121、G122							图集号	03R411-1
审核	刘明	刘明	校对	石中东	石中东	设计	牛进才	页	31

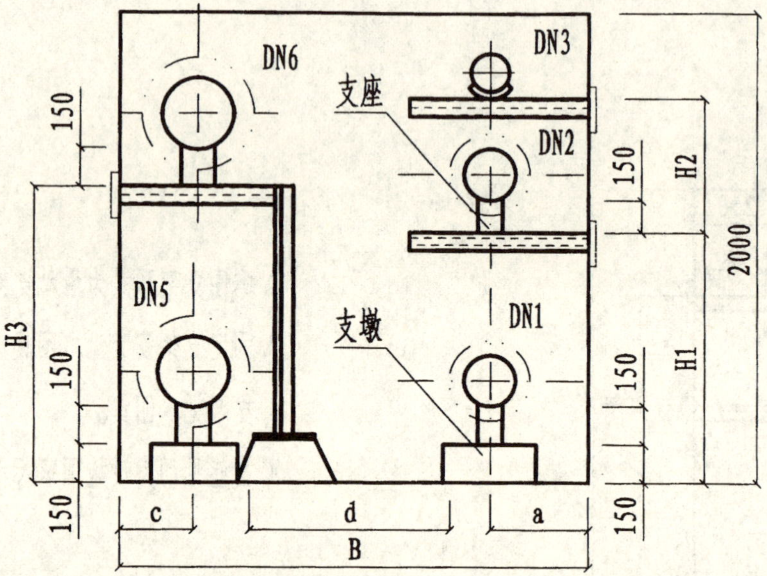

地沟断面号	公称管径(mm)					地沟尺寸B(mm)	安装尺寸(mm)					
	DN5	DN6	DN1	DN2	DN3		c	d	a	H3	H1	H2
G123	≤300	≤300	250	200	150	2100	450	700	400	900	700	800
G123a	≤300	≤300	200	200	200	2100	450	770	400	900	700	750
G123b	≤300	≤300	200	150	250	2100	450	770	400	900	650	750
G123c	≤300	≤300	150	150	300	2100	450	800	350	900	650	700
G124	≤400	≤400	250	200	150	2200	500	700	400	1000	700	800
G123d	≤400	≤400	200	200	200	2100	500	680	400	1000	700	750
G123e	≤400	≤400	200	150	250	2100	500	680	400	1000	650	750
G123f	≤400	≤400	150	150	300	2100	500	700	350	1000	650	700

附注：

1. 本图支架形式为滑动支架，安装见本图集第133页。
2. 固定支架安装见本图集第134、135页。
3. 地沟两侧支架错开布置，以便行人。
4. 支墩见本图集。
5. 支座见动力设施国家标准图集97R412。
6. DN4见本图集支架图。

通行地沟 双侧布管 五管（四管保温，一管无保温）G123，G124							图集号	03R411-1
审核	刘明	[signature]	校对	石中东	[signature]	设计 牛进才 [signature]	页	32

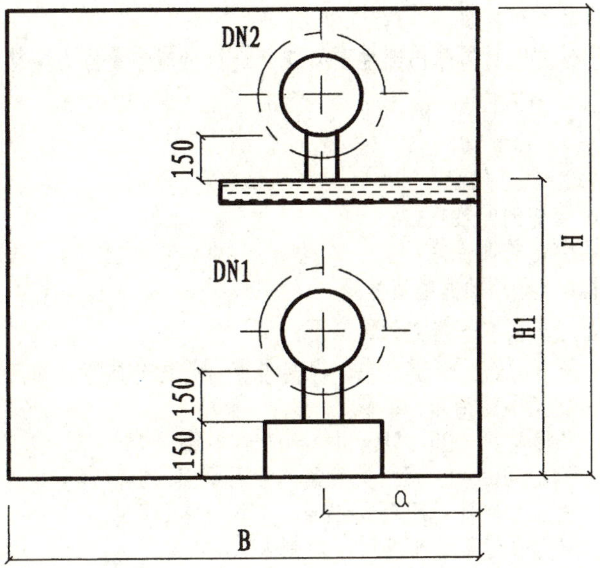

地沟断面号	公称管径(mm)		地沟断面(mm)		安装尺寸(mm)	
	DN1	DN2	H	B	H1	a
G125	200-300	≤300	1800	1400	930	420
G129	350	≤350	1900	1500	980	450
G130	400	≤400	2100	1600	1070	510
G131	450	≤450	2200	1700	1130	540
G132	500	≤500	2300	1800	1180	570
G133	600	≤600	2500	1900	1280	620

附注:

1. 本图支架形式为滑动支架，安装见本图集第132页。
2. 固定支架安装见本图集第134、135页。
3. 支墩见本图集。
4. 支座见动力设施国家标准图集97R412。

通行地沟 单侧布管 二管保温 G125，G129-G133						图集号	03R411-1
审核	刘明	校对	石中东	设计	牛进才	页	33

说　　明

一、方形补偿器的制作:

1、DN<100时，宜采用一根管弯制，其弯管曲率半径R=4D外径。弯头为煨弯。

2、DN≥100时，弯头宜采用90° 无缝弯头，其曲率半径R=1.5DN。

3、当补偿器由弯管和直管组焊时（非90° 无缝弯头）外伸臂上的焊口应在其中点。

二、方形补偿器的安装:

1、方形补偿器一般布置在两固定支架中间，其固定支架间距表如下:

DN	25	32	40	50	65	80	100	125	150	200	250	300	350	≥400
Lg(m)	30	35	45	50	55	60	65	70	80	90	100	115	120	120

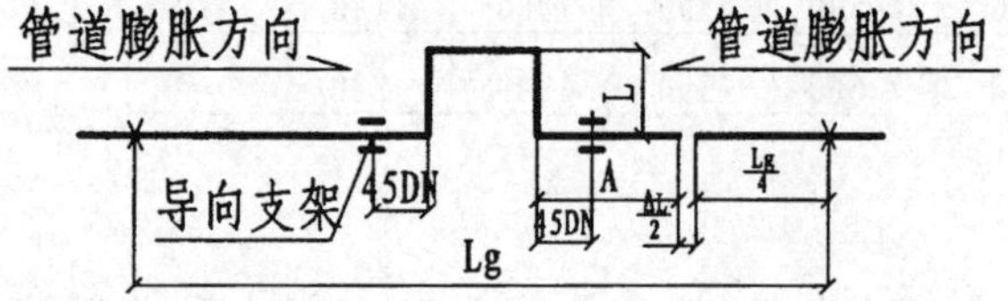

当管段长度Lg大于上表数值或几根热力管道共架时，在距外伸臂45DN处各加一导向支架。

2、预拉伸：固定支架安装完毕后，对方形补偿器必须进行预拉伸，其预拉伸量为管段Lg补偿量的一半，如上图所示 ΔL/2

3、滑动支座（弧形板和曲面槽）与管道支架或支墩中心位置的相对尺寸

a、在上图中A长度范围内X为150毫米。

b、A长度范围外X为50毫米。

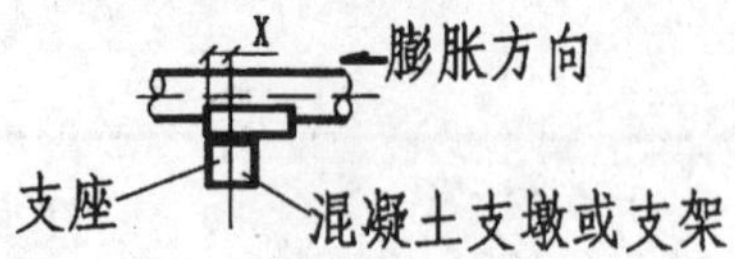

三、方形补偿器弹性力的计算原则:

1、弯管曲率半径：DN<100mm R=$4D_{外}$

DN≥100mm R=1.5DN

2、计算预拉伸量为ΔL/2

3、弹性力Px计算采用弹性中心法并进行热胀当量应力验算。

$$Px=\frac{\Delta X\cdot E\cdot I}{Ixo\cdot 10^{7}}\ \mathrm{N}$$

式中：ΔX=ΔL 1/2mm

E 管道的弹性模数　　N/cm^2

I 管道的惯性矩　　cm^4

Ixo 对于X轴的线惯性矩　　cm^3

四、固定支架水平推力计算原则:

1、垂直荷重：管道自重，保温层重，管内介质重，即工作状态下的荷重：q N/m

2、摩擦系数：DN≤150mm, μ=0.3钢对钢摩擦

DN≥150mm, μ=0.1聚四氟乙烯间摩擦（88R420）

3、固定支架计算间距取60mm，方型补偿器居中。

4、热力管道双管布置时，牵制系数为1.0

五、固定支架推力计算:

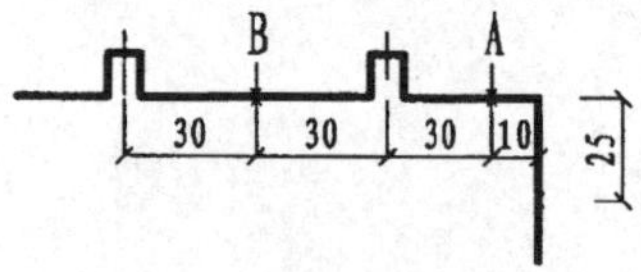

$F_A=Px+30\mu q-Pf_1$ N

$F_B=0.3(30\mu q+Px)$ N

P_{f1}－‘厂’型自然补偿弹性力与该处管道和滑动架磨擦反力之计算合成 N 见本图集第69页 “五”。

F_A.F_B见本图集第9页表一。

方形补偿器说明							图集号	03R411-1
审核	刘明	[签名]	校对	石中东	[签名]	设计	牛进才	[签名]	页	34

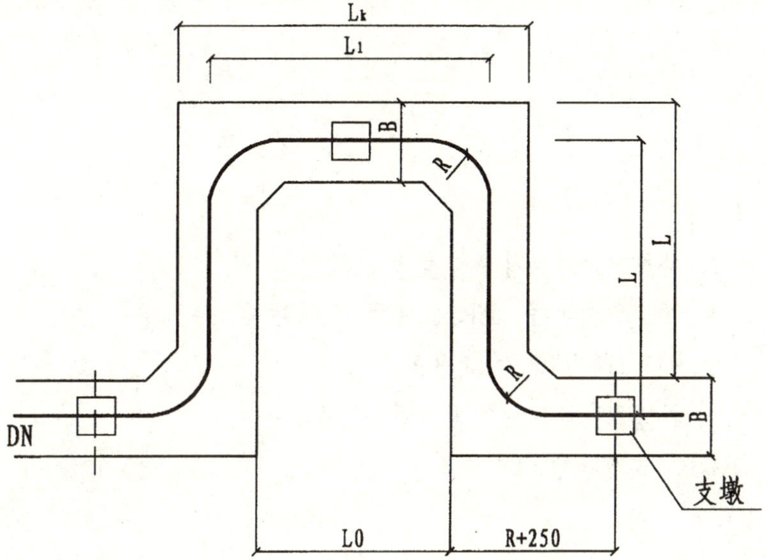

附　注:

1、补偿器尺寸按管道补偿量ΔL选用。

2、管道弯曲半径: DN<100煨弯, R=4D外径,
DN> 100用90° 无缝弯头。

3、补偿器安装时必须预拉伸补偿量的一半。

4、尺寸均以毫米计。

公称管径 DN	地沟宽度 B	ΔL=50					ΔL=75					ΔL=100					ΔL=150					ΔL=200				
		L	L_1	L_k	L_0	编号	L	L_1	L_k	L_0	编号	L	L_1	L_k	L_0	编号	L	L_1	L_k	L_0	编号	L	L_1	L_k	L_0	编号
≤40	300	900	900	1200	600	W1	1100	1100	1400	800	W3	1200	1200	1500	900	W6										
50-100	400	1200	1200	1600	800	W2	1500	1500	1900	1100	W4	1700	1700	2100	1300	W7	2100	2100	2500	1700	W11					
125-150	400						1800	1800	2200	1400	W5	2100	2100	2500	1700	W8	2500	2500	2900	2100	W12	2900	2900	3300	2500	W15
200	500											2800	2800	3300	2300	W9	3000	4500	5000	4000	W13	3500	5000	5500	4500	W16
250	600											3000	3000	3600	2400	W10	3000	5000	5600	4400	W14	3500	5500	6100	4900	W17

不通行地沟 一管（无保温）方形补偿器W1-W17	图集号	03R411-1
审核 刘明 校对 石中东 设计 牛进才	页	35

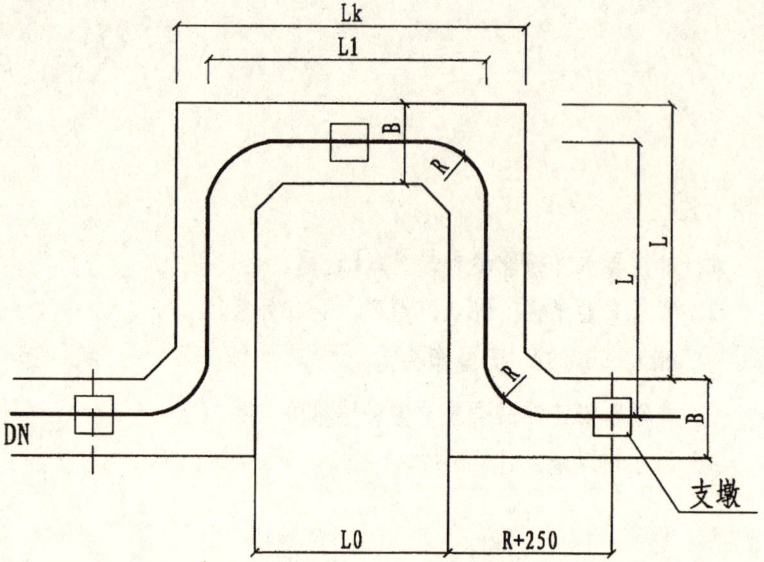

附　注：

1、补偿器尺寸按管道补偿量△L选用。

2、管道弯曲半径：DN<100煨弯，R=4D外径，
DN⩾100用90°无缝弯头。

3、补偿器安装时必须预拉伸补偿量的一半。

4、尺寸均以毫米计。

公称管径 DN	地沟宽度 B	△L=50					△L=75					△L=100					△L=150					△L=200				
		L	L_1	L_k	L_0	编号	L	L_1	L_k	L_0	编号	L	L_1	L_k	L_0	编号	L	L_1	L_k	L_0	编号	L	L_1	L_k	L_0	编号
⩽40	400	900	900	1300	500	W18	1100	1100	1500	700	W20	1200	1200	1600	800	W22	1500	1500	1900	1100	W29					
50	500	1100	1100	1600	600	W19	1400	1400	1900	900	W21	1600	1600	2100	1100	W23	1900	1900	2400	1400	W30	2200	2200	2700	1700	W36
65-100	500											1700	1700	2200	1200	W24	2100	2100	2600	1600	W31	2400	2400	2900	1900	W37
125	600											1900	1900	2500	1300	W25	2300	2300	2900	1700	W32	2700	2700	3300	2100	W38
150	600											2100	2100	2700	1500	W26	2500	2500	3100	1900	W33	2900	2900	3500	2300	W39
200	700											2800	2800	3500	2100	W27	3000	4500	5200	3800	W34	3500	5000	5700	4300	W40
250	800											3000	3000	3800	2200	W28	3000	5000	5800	4200	W35	3500	5500	6300	4700	W41

不通行地沟 一管（保温）方形补偿器（一）W18-W41							图集号	03R411-1
审核	刘明		校对	石中东		设计	牛进才	页 36

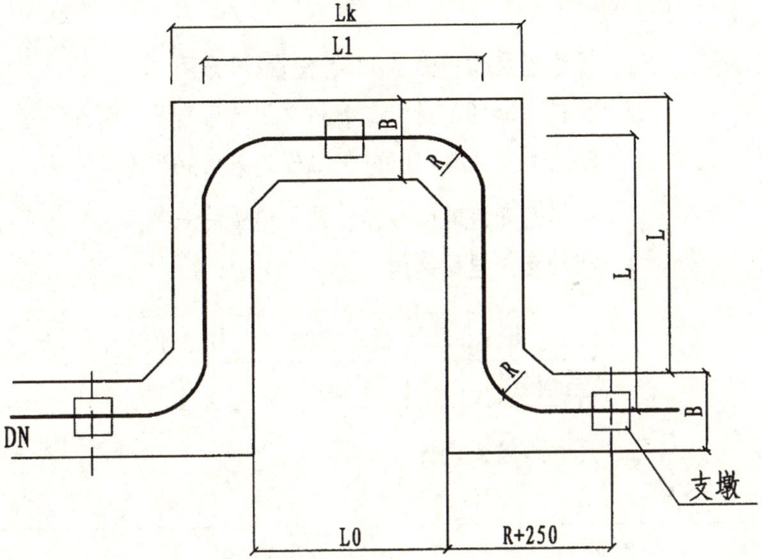

附 注:

1、补偿器尺寸按管道补偿量ΔL选用。

2、管道弯曲半径：DN<100煨弯，R=4D外径，DN≥100用90°无缝弯头。

3、补偿器安装时必须预拉伸补偿量的一半。

4、尺寸均以毫米计。

公称管径 DN	地沟宽度 B	ΔL=250					ΔL=300				
		L	L_1	L_k	L_0	编号	L	L_1	L_k	L_0	编号
100	500	2900	2900	3400	2400	W42					
125	600	3100	3100	3700	2500	W43					
150	600	3400	3400	4000	2800	W44					
200	700	4000	5000	5700	4300	W45	4700	5000	5700	4300	W47
250	800	4500	5000	5800	4200	W46	5200	5000	5800	4200	W48

不通行地沟 一管（保温）方形补偿器（二）W42-W48						图集号	03R411-1
审核	刘明	校对	石中东	设计	牛进才	页	37

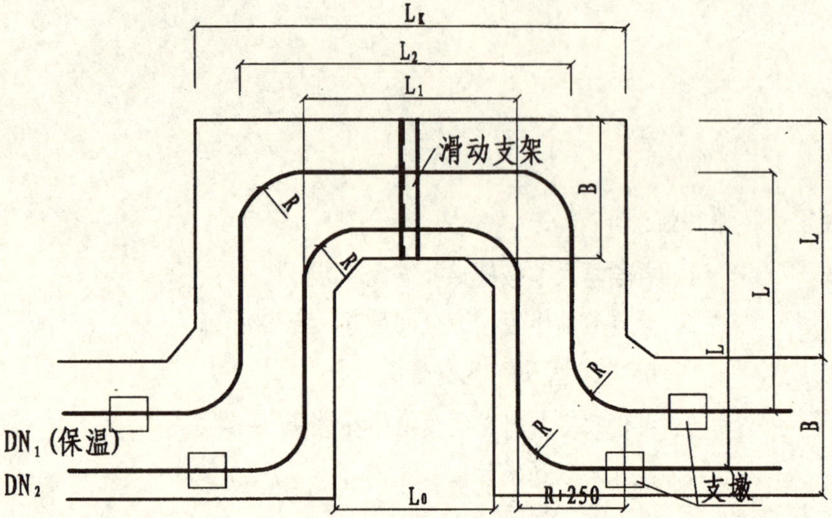

附 注:

1、补偿器尺寸按管道DN_1补偿量ΔL选用。

2、管道DN_1<100 时，二管均采用煨弯弯头，弯曲半径R=4D外径。DN_1≥100时，二管均采用90° 无缝弯头。

3、补偿器安装时必须预拉伸补偿量的一半。

4、滑动支架型钢选用:

沟宽 B	≤800	900-1000	1100-1200
型钢号	L63×6	[6.3	[10

5、尺寸均以毫米计。

公称管径		地沟宽度 B	ΔL=50						ΔL=75						ΔL=100						ΔL=150					
DN_1	DN_2		L	L_1	L_2	L_K	L_0	编号	L	L_1	L_2	L_K	L_0	编号	L	L_1	L_2	L_K	L_0	编号	L	L_1	L_2	L_K	L_0	编号
≤32	≤32	600	800	700	1200	1600	400	W49	1000	900	1400	1800	600	W51	1100	1000	1500	1900	700	W55	1300	1200	1700	2100	900	W65
40-65	40-65	700	1000	900	1500	2000	600	W50	1200	1100	1700	2200	800	W52	1400	1300	1900	2400	1000	W56	1700	1600	2200	2700	1300	W66
80-100	≤100	800							1400	1400	2100	2600	1000	W53	1600	1500	2200	2700	1100	W57	1900	1900	2600	3100	1500	W67
125	≤125	800							1500	1400	2100	2640	1040	W54	1700	1600	2300	2840	1240	W58	2100	2000	2700	3240	1640	W68
150	≤65	800													1900	1800	2500	3100	1500	W59	2300	2200	2900	3500	1900	W69
150	80-150	900													1900	1800	2600	3200	1400	W60	2300	2200	3000	3600	1800	W70
200	≤100	1000													2800	2000	2900	3600	1600	W61	3000	3700	4600	5300	3300	W71
200	125-200	1100													2800	1900	2900	3600	1400	W62	3000	3600	4600	5300	3100	W72
250	100-125	1100													3000	2100	3100	3900	1700	W63	3000	4100	5100	5900	3700	W73
250	150-250	1200													3000	2000	3100	3900	1500	W64	3000	4000	5100	5900	3500	W74

不通行地沟 二管（一管保温）方形补偿器（一）W49-W74						图集号	03R411-1
审核	刘明	校对	石中东	设计	牛进才	页	38

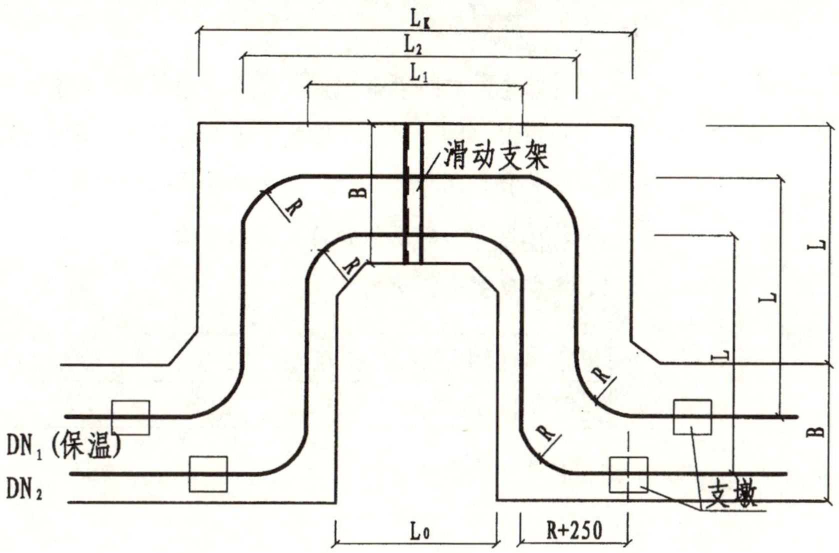

附 注:

1、补偿器尺寸按管道DN_1补偿量ΔL选用。

2、管道DN_1<100 时，二管均采用煨弯弯头，弯曲半径R=4D外径。$DN_1 \geqslant 100$时，二管均采用90° 无缝弯头。

3、补偿器安装时必须预拉伸补偿量的一半。

4、滑动支架型钢选用:

沟宽 B	≤800	900-1000	1100-1200
型钢号	L63x6	[6.3	[10

5、尺寸均以毫米计。

公称管径		地沟宽度 B	ΔL=200						ΔL=250						ΔL=300					
DN_1	DN_2		L	L_1	L_2	L_K	L_0	编号	L	L_1	L_2	L_K	L_0	编号	L	L_1	L_2	L_K	L_0	编号
80-100	≤100	800	2200	.2100	2800	3300	1700	W75	2900	2200	2900	3400	1800	W83						
125	≤125	800	2400	2400	3100	3640	2040	W76	3100	2500	3200	3740	2140	W84						
150	≤65	800	2700	2600	3300	3900	2300	W77	3400	2800	3500	4100	2500	W85						
150	80-150	900	2700	2600	3400	4000	2200	W78	3400	2600	3400	4000	2200	W86						
200	≤100	1000	3500	4200	5100	5800	3600	W79	4000	4200	5100	5800	3800	W87	4700	4200	5100	5800	3800	W91
200	125-200	1100	3500	4100	5100	5800	3800	W80	4000	4100	5100	5800	3600	W88	4700	4100	5100	5800	3600	W92
250	100-125	1100	3500	4600	5600	6400	4200	W81	4500	4100	5100	5900	3700	W89	5200	4100	5100	5900	3700	W93
250	125-250	1200	3500	4500	5600	6400	4000	W82	4500	4000	5100	5900	3500	W90	5200	4000	5100	5900	3500	W94

不通行地沟 二管（一管保温）方形补偿器（二）W75-W94						图集号	03R411-1
审核	刘明	校对	石中东	设计	牛进才	页	39

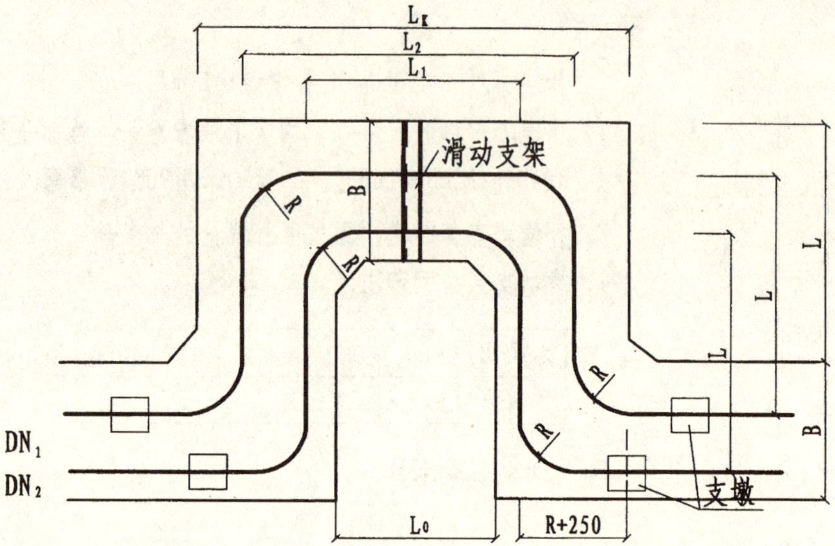

附 注：

1、补偿器尺寸按管道中温度高的一根算出补偿量ΔL选用。

2、管道DN_1<100 时，二管均采用煨弯弯头，弯曲半径R=4D外径。DN_1≥100时，二管均采用90° 无缝弯头。

3、补偿器安装时必须预拉伸补偿量的一半。

4、滑动支架型钢选用：

沟宽 B	≤800	900-1000	1100-1200	1200-1400
型钢号	L63×6	[6.3	[10	2X[8

5、尺寸均以毫米计。

公称管径		地沟宽度	ΔL=50						ΔL=75						ΔL=100						ΔL=150					
DN_1	DN_2	B	L	L_1	L_2	L_K	L_0	编号	L	L_1	L_2	L_K	L_0	编号	L	L_1	L_2	L_K	L_0	编号	L	L_1	L_2	L_K	L_0	编号
≤32	≤32	700	800	800	1400	1800	400	W95	1000	1000	1600	2000	600	W98	1200	1200	1800	2200	800	W106	1400	1400	2000	2400	1000	W121
50	≤50	800	1000	1000	1700	2160	560	W96	1200	1200	1900	2360	760	W99	1300	1300	2000	2460	860	W107	1600	1600	2300	2760	1160	W122
80	≤80	900	1100	1100	1900	2400	600	W97	1400	1400	2200	2700	900	W100	1600	1600	2400	2900	1100	W108	1900	1900	2700	3200	1400	W123
100	≤65	900							1400	1300	2100	2600	800	W101	1600	1500	2300	2800	1000	W109	2000	1700	2500	3000	1200	W124
100	80-100	900							1500	1500	2300	2800	1000	W102	1700	1700	2500	3000	1200	W110	2100	2100	2900	3400	1600	W125
125	≤50	900							1500	1300	2100	2700	900	W103	1900	1200	2000	2600	800	W111	2300	1600	2400	3000	1200	W126
125	65-100	1000							1600	1400	2300	2900	900	W104	1900	1500	2400	3000	1000	W112	2300	1900	2800	3400	1400	W127
125	125	1100							1700	1700	2700	3300	1100	W105	1900	1900	2900	3500	1300	W113	2300	2300	3300	3900	1700	W128
150	≤65	900													2100	1300	2100	2700	900	W114	2500	1700	2500	3100	1300	W129
150	80-150	1100													2100	2100	3100	3700	1500	W115	2500	2500	3500	4100	1900	W130
200	≤80	1100													2800	1800	2800	3500	1300	W116	3000	3500	4500	5200	3000	W131
200	100-125	1200													2800	1700	2800	3500	1100	W117	3000	3400	4500	5200	2800	W132
200	150-200	1300													2800	2800	4000	4700	2100	W118	3000	4500	5700	6400	3800	W133
250	65-150	1300													3000	1800	3000	3800	1200	W119	3000	3800	5000	5800	3200	W134
250	200-250	1400													3000	3000	4320	5060	2260	W120	3000	5000	6320	7060	4260	W135

不通行地沟 二管（保温）方形补偿器（一）W95-W135							图集号	03R411-1
审核	刘明		校对	石中东		设计	牛进才		页	40

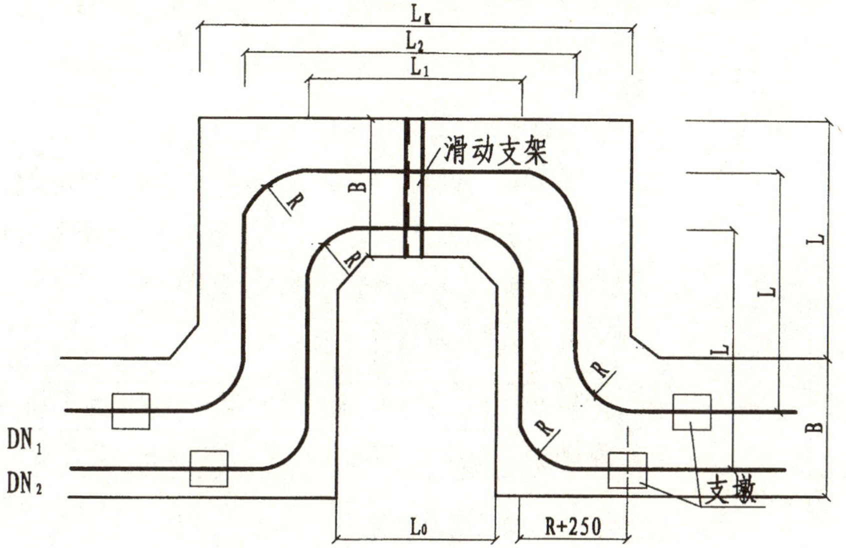

附　注:

1、补偿器尺寸按管道中温度高的一根算出补偿量△ L选用。

2、管道DN_1<100 时，二管均采用煨弯弯头，弯曲半径R=4D外径。DN_1≥100时，二管均采用90° 无缝弯头。

3、补偿器安装时必须预拉伸补偿量的一半。

4、滑动支架型钢选用:

沟宽 B	≤800	900-1000	1100-1200	1200-1400
型钢号	L63x6	[6.3	[10	2X[8

5、尺寸均以毫米计。

公称管径		地沟宽度 B	ΔL=200						ΔL=250						ΔL=300					
DN_1	DN_2		L	L_1	L_2	L_K	L_0	编号	L	L_1	L_2	L_K	L_0	编号	L	L_1	L_2	L_K	L_0	编号
80	≤80	900	2200	2200	3000	3500	1700	W136												
100	≤65	900	2400	1800	2600	3100	1300	W137	2900	2300	3100	3600	1800	W149						
100	80-100	900	2400	2400	3200	3700	1900	W138	2900	2900	3700	4200	2400	W150						
125	≤50	900	2700	2000	2800	3400	1600	W139	3100	2400	3200	3800	2000	W151						
125	65-100	1000	2700	2200	3100	3700	1700	W140	3100	2200	3100	3700	1700	W152						
125	125	1100	2700	2700	3700	4300	2100	W141	3100	3100	4100	4700	2500	W153						
150	≤65	900	2900	2100	2900	3500	1700	W142	3400	2700	3500	4100	2300	W154						
150	80-150	1100	2900	2900	3900	4500	2300	W143	3400	3400	4400	5000	2800	W155						
200	≤80	1100	3500	4000	5000	5700	3500	W144	4000	4000	5000	5700	3500	W156	4700	4000	5000	5700	3500	W161
200	100-125	1200	3500	3900	5000	5700	3300	W145	4000	3900	5000	5700	3300	W157	4700	3900	5000	5700	3300	W162
200	150-200	1300	3500	5000	6200	6900	4300	W146	4000	5000	6200	6900	4300	W158	4700	5000	6200	6900	4300	W163
250	65-150	1300	3500	4300	5500	6300	3700	W147	4500	3600	4800	5600	3000	W159	5200	3600	4800	5600	3000	W164
250	200-250	1400	3500	5500	6820	7560	4760	W148	4500	5000	6320	7060	4260	W160	5200	5000	6320	7060	4260	W165

不通行地沟 二管（保温）方形补偿器（二）W136-W165						图集号	03R411-1
审核	刘明	校对	石中东	设计	牛进才	页	41

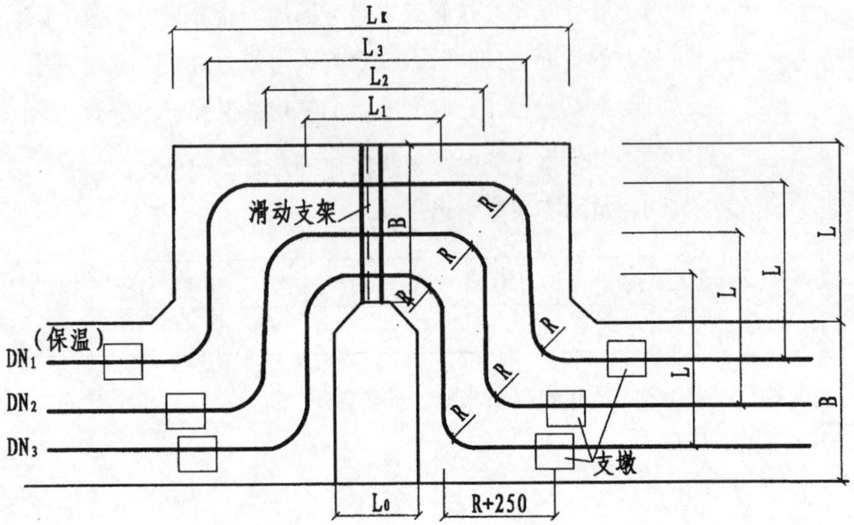

附 注:

1、补偿器尺寸按管道DN_1补偿量△L选用。
2、管道DN_1<100 时，二管均采用煨弯弯头，弯曲半径R=4D外径，$DN_1 \geqslant 100$时，二管均采用90° 无缝弯头。
3、补偿器安装时必须预拉伸补偿量的一半。
4、滑动支架型钢选用:

沟宽 B	800	900-1000	1100	1300-1400
型钢号	∟63×6	[6.3	[10	2×[8

5、尺寸均以毫米计。

公称管径			地沟宽度	ΔL=75							ΔL=100							ΔL=150						
DN_1	DN_2	DN_3	B	L	L_1	L_2	L_3	L_K	L_0	编号	L	L_1	L_2	L_3	L_K	L_0	编号	L	L_1	L_2	L_3	L_K	L_0	编号
40	≤32	≤50	800	900	700	1100	1600	2000	400	W166	1100	700	1100	1600	2000	400	W171	1500	800	1200	1700	2100	500	W180
65	≤50	≤80	900	1100	1000	1400	2000	2500	700	W167	1300	1000	1400	2000	2500	700	W172	1800	1000	1400	2000	2500	700	W181
80	≤65	≤100	1000	1200	1100	1600	2200	2700	700	W168	1400	1100	1600	2200	2700	700	W173	1800	1100	1600	2200	2700	700	W182
100	≤80	≤125	1000	1300	1300	1800	2400	2900	900	W169	1500	1300	1800	2400	2900	900	W174	2000	1300	1800	2400	2900	900	W183
125	≤100	≤125	1100	1400	1300	1800	2500	3100	900	W170	1700	1300	1800	2500	3100	900	W175	2300	1300	1800	2500	3100	900	W184
150	≤100	≤125	1100								2000	1300	1800	2500	3100	900	W176	2500	1300	1800	2500	3100	900	W185
150	≤125	≤200	1300								2000	2000	2700	3500	4100	1500	W177	2700	2000	2700	3500	4100	1500	W186
200	≤100	≤150	1300								2800	1400	2000	2800	3500	900	W178	3000	3100	3700	4500	5200	2600	W187
200	≤150	≤200	1400								2800	1200	1900	2800	3500	700	W179	3000	2900	3600	4500	5200	2400	W188

不通行地沟 三管（一管保温）方形补偿器（一）W166-W188						图集号	03R411-1
审核	刘明	校对	石中东	设计	牛进才	页	42

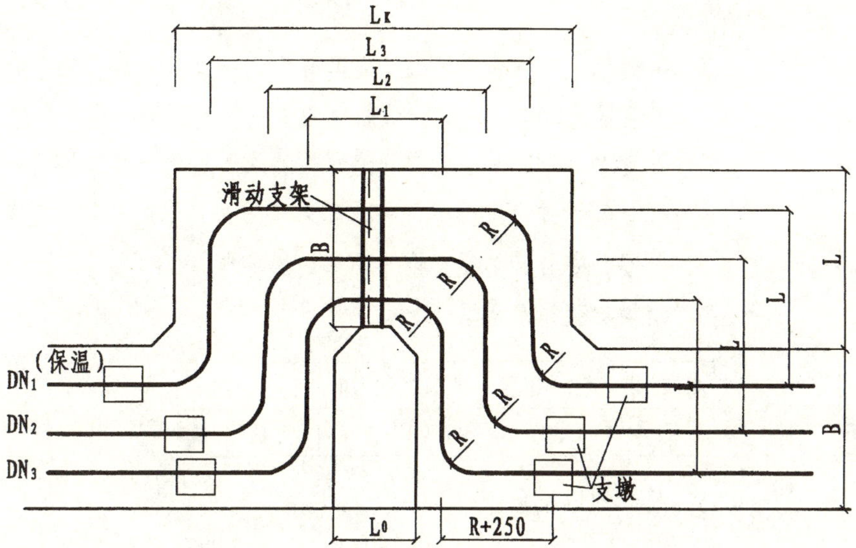

附　注：

1、补偿器尺寸按管道DN_1补偿量ΔL选用。

2、管道DN_1<100 时，二管均采用煨弯弯头，弯曲半径R=4D外径。$DN_1 \geqslant 100$时，二管均采用90° 无缝弯头。

3、补偿器安装时必须预拉伸补偿量的一半。

4、滑动支架型钢选用：

沟宽 B	800	900-1000	1100	1300-1400
型钢号	L63x6	[6.3	[10	2X[8

5、尺寸均以毫米计。

公称管径			地沟宽度	ΔL=200							ΔL=250							ΔL=300						
DN_1	DN_2	DN_3	B	L	L_1	L_2	L_3	L_K	L_0	编号	L	L_1	L_2	L_3	L_K	L_0	编号	L	L_1	L_2	L_3	L_K	L_0	编号
80	⩽65	⩽100	1000	2200	1200	1700	2300	2800	800	W189														
100	⩽80	⩽125	1000	2400	1400	1900	2500	3000	1000	W190	2900	1800	2300	2900	3400	1400	W196							
125	⩽100	⩽125	1100	2700	1600	2100	2800	3400	1200	W191	3100	1900	2400	3100	3700	1500	W197							
150	⩽100	⩽125	1100	2900	1700	2200	2900	3500	1300	W192	3400	2200	2700	3400	4000	1800	W198							
150	⩽125	⩽200	1300	3300	2000	2700	3500	4100	1500	W193	3400	1900	2600	3400	4000	1400	W199							
200	⩽100	⩽150	1300	3500	4100	4700	5500	6200	3600	W194	4000	3600	4200	5000	5700	3100	W200	4700	3600	4200	5000	5700	3100	W202
200	⩽150	⩽200	1400	3500	3900	4600	5500	6200	3400	W195	4000	3400	4100	5000	5700	2900	W201	4700	3400	4100	5000	5700	2900	W203

不通行地沟 三管（一管保温）方形补偿器（二）W189-W203							图集号	03R411-1
审核	刘明		校对	石中东		设计	牛进才		页	43

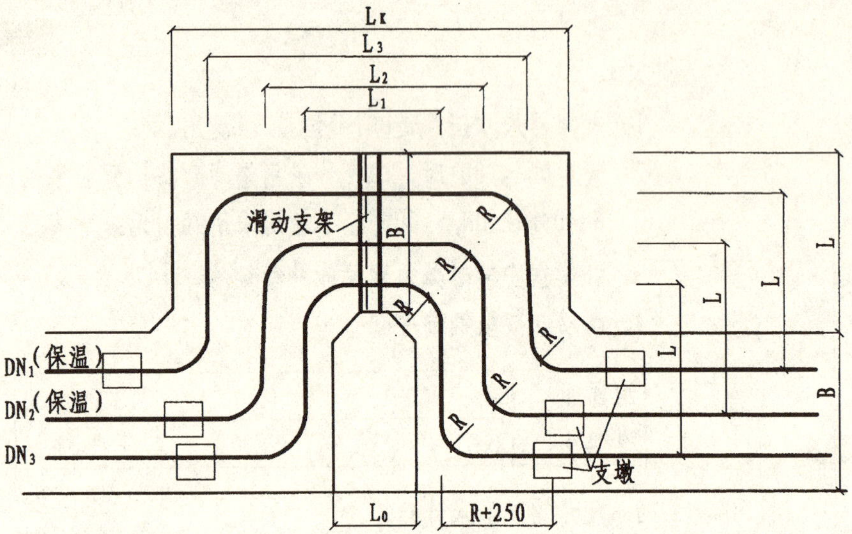

附 注：

1、补偿器尺寸按管道DN_1、DN_2两管中温度高的一根计算出的补偿量ΔL选用。DN_1一般布置为管中温度高的一根。

2、管道$DN_1<100$ 时，三根管道弯头均采用煨弯，弯曲半径R=4D外径，$DN_1\geqslant100$时，三根管道弯头均采用90° 无缝弯头。

3、补偿器安装时必须预拉伸补偿量的一半。

4、滑动支架型钢选用：

沟宽 B	900-1000	1100-1200	1300-1400
型钢号	[6.3	[10	2X[8

5、尺寸均以毫米计。

公称管径			地沟宽度	ΔL=75							ΔL=100							ΔL=150						
DN_1	DN_2	DN_3	B	L	L_1	L_2	L_3	L_K	L_0	编号	L	L_1	L_2	L_3	L_K	L_0	编号	L	L_1	L_2	L_3	L_K	L_0	编号
40	≤40	≤40	900	1000	900	1400	2000	2400	600	W204	1200	1000	1500	2100	2500	700	W211	1500	1200	1700	2300	2700	900	W221
50	≤50	≤50	1000	1100	900	1500	2200	2600	600	W205	1300	1000	1600	2300	2700	700	W212	1600	1200	1800	2500	2900	900	W222
80	≤80	≤80	1100	1300	1100	1700	2500	3000	800	W206	1500	1200	1800	2600	3100	900	W213	1800	1500	2100	2900	3400	1200	W223
100	65	≤65	1100	1400	1100	1700	2500	3000	800	W207	1600	1200	1800	2600	3100	900	W214	2000	1500	2100	2900	3400	1200	W224
100	80-100	≤80	1200	1400	1100	1800	2700	3200	800	W208	1600	1200	1900	2800	3300	900	W215	2000	1600	2300	3200	3700	1300	W225
125	80	≤100	1200	1600	1200	1800	2600	3200	800	W209	1800	1300	1900	2700	3300	900	W216	2200	1600	2200	3000	3600	1200	W226
125	100-125	≤125	1300	1600	1400	2100	3000	3600	1000	W210	1800	1600	2300	3200	3800	1200	W217	2200	2000	2700	3600	4200	1600	W227
150	150	≤100	1300								2000	1200	1900	2840	3440	840	W218	2400	1600	2300	3240	3840	1240	W228
150	150	≤150	1400								2000	1200	2000	3000	3600	800	W219	2400	1600	2400	3400	4000	1200	W229
200	150	≤125	1400								2800	1100	1800	2800	3500	700	W220	3000	2800	3500	4500	5200	2400	W230

不通行地沟 三管（二管保温）方形补偿器（一）W204-W230	图集号	03R411-1
审核 刘明 校对 石中东 设计 牛进才	页	44

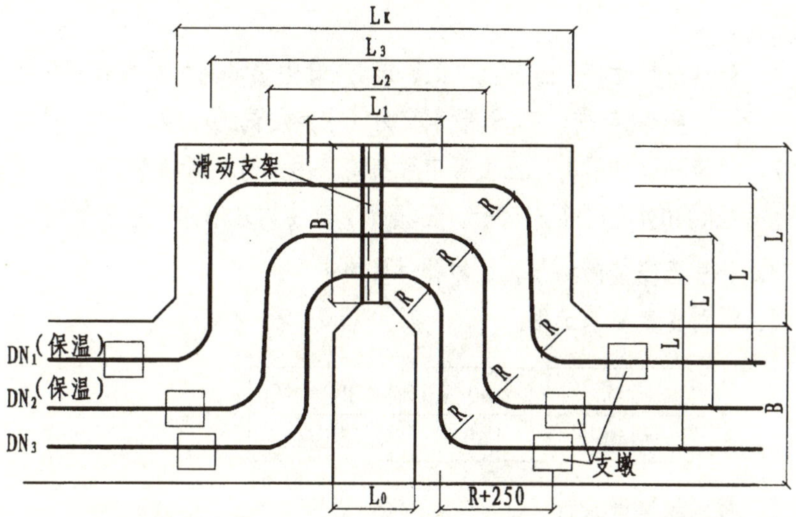

附　注：

1、补偿器尺寸按管道DN_1、DN_2两管中温度高的一根计算出的补偿量ΔL选用。DN_1一般布置为管中温度高的一根。

2、管道DN_1<100 时，三根管道弯头均采用煨弯，弯曲半径R=4D外径，$DN_1 \geqslant 100$时，三根管道弯头均采用90° 无缝弯头。

3、补偿器安装时必须预拉伸补偿量的一半。

4、滑动支架型钢选用：

沟宽 B	900-1000	1100-1200	1300-1400
型钢号	[6.3	[10	2X[8

5、尺寸均以毫米计。

公称管径			地沟宽度 B	ΔL=200							ΔL=250							ΔL=300						
DN_1	DN_2	DN_3		L	L_1	L_2	L_3	L_K	L_0	编号	L	L_1	L_2	L_3	L_K	L_0	编号	L	L_1	L_2	L_3	L_K	L_0	编号
100	65	≤65	1100	2400	1900	2500	3300	3800	1600	W231	2900	1600	2200	3000	3500	1300	W238							
100	80-100	≤80	1200	2400	1800	2500	3400	3900	1500	W232	2900	2200	2900	3800	4300	1900	W239							
125	80	≤100	1200	2600	1900	2500	3300	3900	1500	W233	3100	1700	2300	3100	3700	1300	W240							
125	100-125	≤125	1300	2600	2200	2900	3800	4400	1800	W234	3100	2400	3100	4000	4600	2000	W241							
150	150	≤100	1300	2800	1900	2600	3540	4140	1540	W235	3400	2700	3400	4340	4940	2340	W242							
150	150	≤150	1400	2800	1900	2700	3700	4300	1500	W236	3400	2600	3400	4400	5000	2200	W243							
200	150	≤125	1400	3500	3300	4000	5000	5700	2900	W237	4000	3300	4000	5000	5700	2900	W244	4700	3300	4000	5000	5700	2900	W245

不通行地沟 三管（二管保温）方形补偿器（二）W231-W245						图集号	03R411-1
审核	刘明	校对	石中东	设计	牛进才	页	45

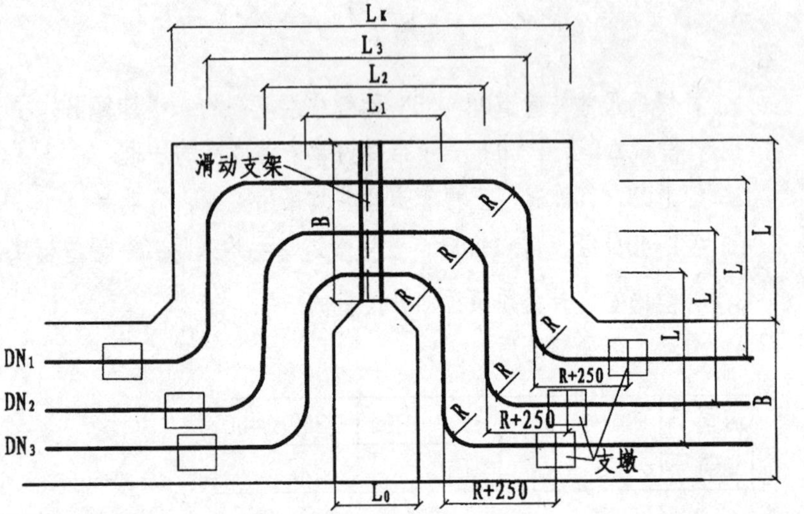

附 注:

1、补偿器尺寸按管道DN_1、DN_2、DN_3三管中温度高的一根计算出的补偿量ΔL选用。DN_1一般布置为管中温度高的一根。

2、管道DN_1<100 时，三根管道弯头均采用煨弯，弯曲半径R=4D外径，$DN_1 \geqslant 100$时，三根管道弯头均采用90° 无缝弯头。

3、补偿器安装时必须预拉伸补偿量的一半。

4、滑动支架型钢选用:

沟宽 B	1100-1200	1300-1400
型钢号	[10	2X[8

5、尺寸均以毫米计。

公称管径			地沟宽度	ΔL=75							ΔL=100						
DN_1	DN_2	DN_3	B	L	L_1	L_2	L_3	L_K	L_0	编号	L	L_1	L_2	L_3	L_K	L_0	编号
50	50	50	1100	1200	1200	1900	2600	3000	800	W246	1300	1300	2000	2700	3100	900	W250
80	80	80	1200	1400	1400	2100	2800	3300	900	W247	1600	1600	2300	3000	3500	1100	W251
100	100	100	1300	1500	1500	2300	3100	3600	1000	W248	1700	1700	2500	3300	3800	1200	W252
125	125	100	1400	1700	1700	2540	3440	4000	1200	W249	1900	1700	2540	3440	4000	1200	W253

公称管径			地沟宽度	ΔL=150							ΔL=200						
DN_1	DN_2	DN_3	B	L	L_1	L_2	L_3	L_K	L_0	编号	L	L_1	L_2	L_3	L_K	L_0	编号
50	50	50	1100	1600	1600	2300	3000	3400	1200	W254							
80	80	80	1200	1900	1900	2600	3300	3800	1400	W255	2200	2200	2900	3600	4100	1700	W258
100	100	100	1300	2100	2100	2900	3700	4200	1600	W256	2400	2400	3200	4000	4500	1900	W259
125	125	100	1400	2300	2100	2940	3840	4400	1600	W257	2700	2500	3340	4240	4800	2000	W260

公称管径			地沟宽度	ΔL=250						
DN_1	DN_2	DN_3	B	L	L_1	L_2	L_3	L_K	L_0	编号
50	50	50	1100							
80	80	80	1200							
100	100	100	1300	2900	2900	3700	4500	5000	2400	W261
125	125	100	1400	3100	2800	3640	4540	5100	2300	W262

不通行地沟 三管（保温）方形补偿器W246-W262						图集号	03R411-1
审核	刘明	校对	石中东	设计	牛进才	页	46

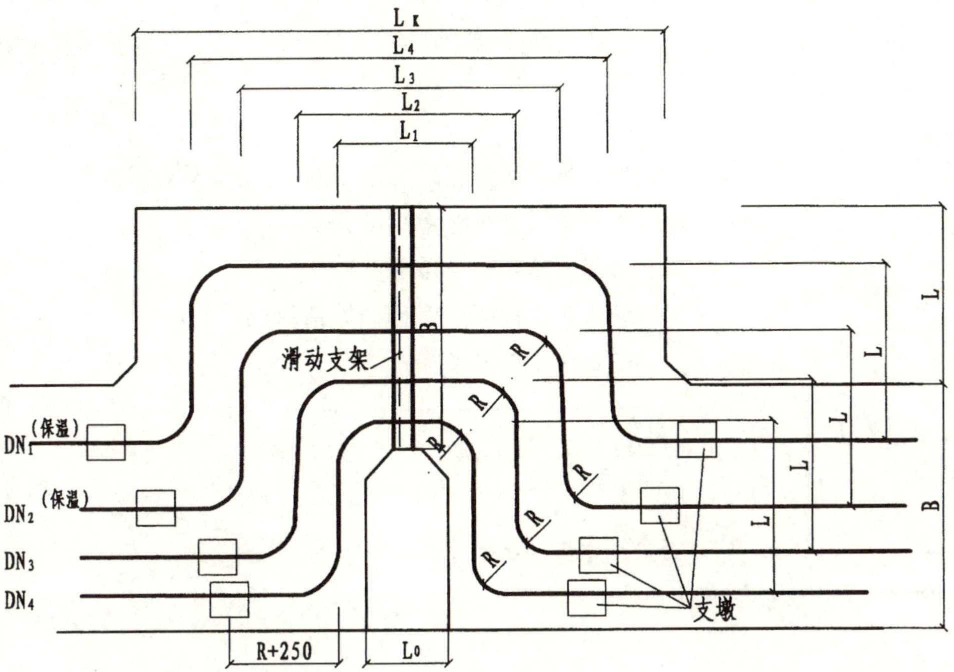

附 注:

1、补偿器尺寸按DN_1、DN_2两管中温度高的一根计算出的补偿量ΔL选用。

2、管道弯曲半径R=4D外径。

3、补偿器安装时必须预拉伸补偿量的一半。

4、滑动支架型钢选用:

沟宽 B	1100-1200	1300-1400
型钢号	[10	2X[8

5、尺寸均以毫米计。

公称管径				地沟宽度	ΔL=75							
DN_1	DN_2	DN_3	DN_4	B	L	L_1	L_2	L_3	L_4	L_K	L_0	编号
50	≤40	≤40	≤40	1200	1000	800	1200	1800	2500	2900	500	W263
80	≤80	≤65	≤80	1300	1200	1000	1400	2000	2800	3300	700	W264
100	≤65	≤65	≤65	1300	1300	800	1200	1800	2600	3100	500	W265
100	≤100	≤65	≤100	1400	1300	1100	1600	2200	3000	3500	700	W266

公称管径				地沟宽度	ΔL=100							
DN_1	DN_2	DN_3	DN_4	B	L	L_1	L_2	L_3	L_4	L_K	L_0	编号
50	≤40	≤40	≤40	1200	1200	800	1200	1800	2500	2900	500	W267
80	≤80	≤65	≤80	1300	1400	1000	1400	2000	2800	3300	700	W268
100	≤65	≤65	≤65	1300	1500	800	1200	1800	2600	3100	500	W269
100	≤100	≤65	≤100	1400	1500	1100	1600	2200	3000	3500	700	W270

公称管径				地沟宽度	ΔL=150							
DN_1	DN_2	DN_3	DN_4	B	L	L_1	L_2	L_3	L_4	L_K	L_0	编号
50	≤40	≤40	≤40	1200	1400	900	1300	1900	2600	3000	600	W271
80	≤80	≤65	≤80	1300	1800	1200	1600	1900	2600	3500	900	W272
100	≤65	≤65	≤65	1300	2000	800	1200	1800	2600	3100	500	W273
100	≤100	≤65	≤100	1400	2000	1300	1800	2400	3200	3700	900	W274

公称管径				地沟宽度	ΔL=200							
DN_1	DN_2	DN_3	DN_4	B	L	L_1	L_2	L_3	L_4	L_K	L_0	编号
50	≤40	≤40	≤40	1200								
80	≤80	≤65	≤80	1300	2000	1400	1800	2400	3200	3700	1100	W275
100	≤65	≤65	≤65	1300	2400	800	1200	1800	2600	3100	500	W276
100	≤100	≤65	≤100	1400	2400	1400	1900	2500	3300	3800	1000	W277

公称管径				地沟宽度	ΔL=250							
DN_1	DN_2	DN_3	DN_4	B	L	L_1	L_2	L_3	L_4	L_K	L_0	编号
100	≤65	≤65	≤65	1300	2700	1700	2100	2700	3500	4000	1400	W278
100	≤100	≤65	≤100	1400	2900	1800	2300	2900	3700	4200	1400	W279

不通行地沟 四管（二管保温）方形补偿器W263-W279							图集号	03R411-1
审核	刘明		校对	石中东		设计	牛进才		页	47

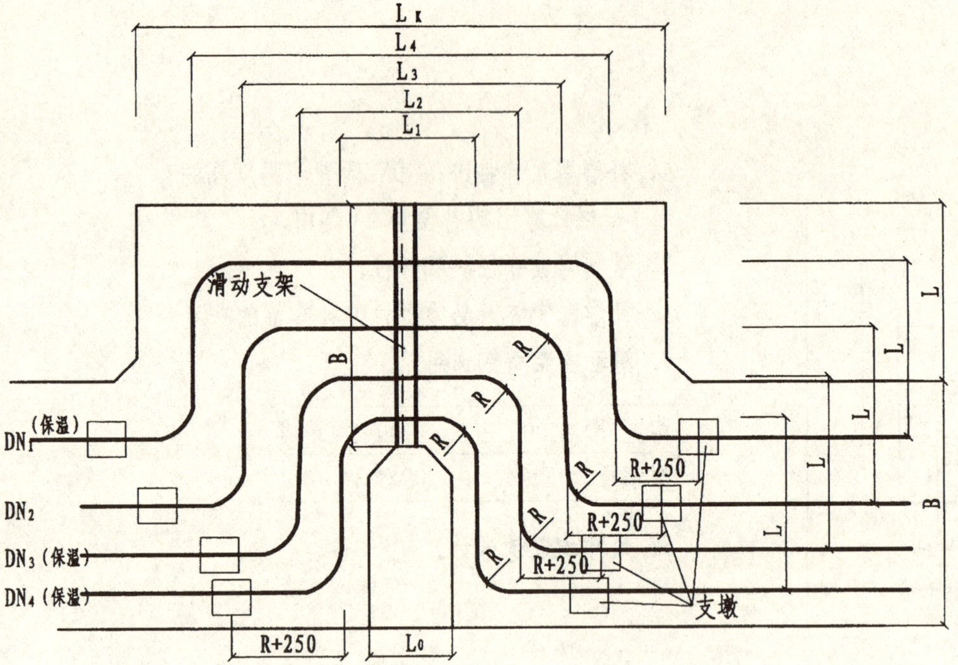

附 注:

1、补偿器尺寸按DN_1、DN_3、DN_4三管介质温度最高的一根算出补偿量△L选用。

2、管道弯曲半径R=4D外径。

3、补偿器安装时必须预拉伸补偿量的一半。

4、滑动支架型钢选用:

沟宽 B	1200	1300-1400
型钢号	[10	2X[8

5、尺寸均以毫米计。

公称管径				地沟宽度	△L=75								△L=100							
DN_1	DN_2	DN_3	DN_4	B	L	L_1	L_2	L_3	L_4	L_K	L_0	编号	L	L_1	L_2	L_3	L_4	L_K	L_0	编号
40	40	40	40	1200	1000	1000	1600	2100	2600	3000	600	W280	1200	1200	1800	2300	2800	3200	800	W283
50	50	50	50	1300	1100	1100	1700	2200	2700	3200	600	W281	1300	1300	1900	2400	2900	3400	800	W284
65	50	65	65	1300	1200	1200	1900	2450	3000	3500	700	W282	1400	1400	2100	2650	3200	3700	900	W285

公称管径				地沟宽度	△L=150								△L=200							
DN_1	DN_2	DN_3	DN_4	B	L	L_1	L_2	L_3	L_4	L_K	L_0	编号	L	L_1	L_2	L_3	L_4	L_K	L_0	编号
40	40	40	40	1200	1400	1400	2000	2500	3000	3400	1000	W286								
50	50	50	50	1300	1500	1500	2100	2600	3100	3600	1000	W287	1700	1700	2300	2800	3300	3800	1200	W289
65	50	65	65	1300	1700	1700	2400	2950	3500	4000	1200	W288	1900	1900	2600	3150	3700	4200	1400	W290

不通行地沟 四管(三管保温)方形补偿器W280-W290						图集号	03R411-1
审核	刘明	校对	石中东	设计	牛进才	页	48

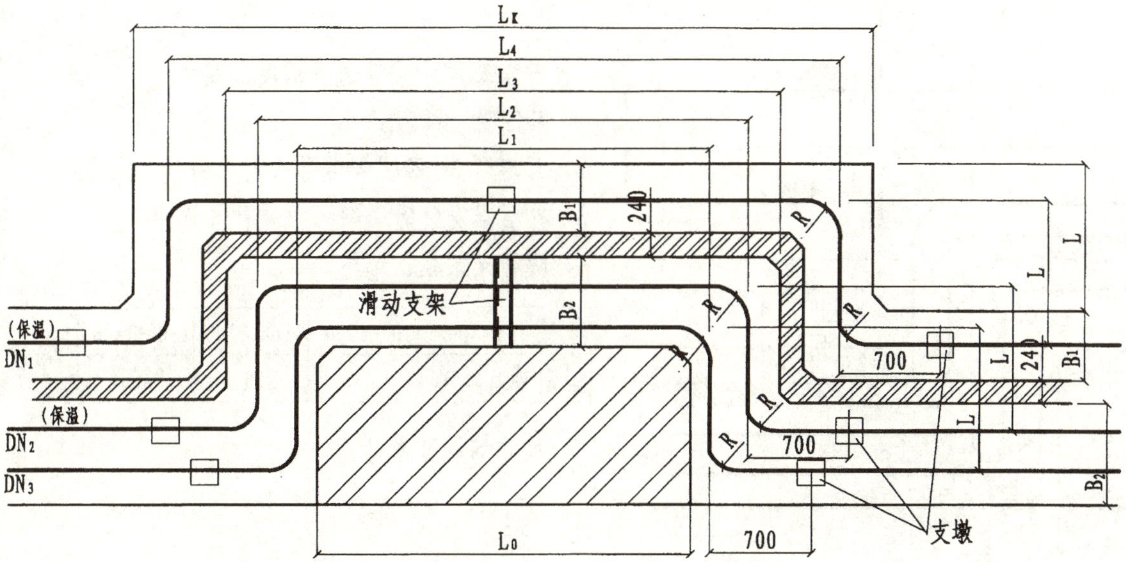

附 注:

1、补偿器尺寸按DN_1、DN_2 温度较高的一根算出补偿量ΔL选用。
2、管道弯头采用90° 无缝弯头。
3、补偿器安装时必须预拉伸补偿量的一半。
4、滑动支架型钢选用:

B_2	900	1100
型钢号	[6.3	[10

5、尺寸均以毫米计。

公称管径			地沟 宽度		ΔL=100								ΔL=150							
DN_1	DN_2	DN_3	B_1	B_2	L	L_1	L_2	L_3	L_4	L_K	L_0	编号	L	L_1	L_2	L_3	L_4	L_K	L_0	编号
200	150	150	700	900	1500	4200	5000	5600	6780	7480	3800	W291	2000	4200	5000	5600	6780	7480	3800	W293
200	200	200	700	1100	2000	4000	5000	5700	6880	7580	3500	W292	2700	4000	5000	5700	6880	7580	3500	W294

公称管径			ΔL=200								ΔL=250							
DN_1	DN_2	DN_3	L	L_1	L_2	L_3	L_4	L_K	L_0	编号	L	L_1	L_2	L_3	L_4	L_K	L_0	编号
200	150	150	2700	4200	5000	5600	6780	7480	3800	W295	3000	4200	5000	5600	6780	7480	3800	W297
200	200	200	3400	4000	5000	5700	6880	7580	3500	W296	4000	4000	5000	5700	6880	7580	3500	W298

公称管径			地沟 宽度		ΔL=300							
DN_1	DN_2	DN_3	B_1	B_2	L	L_1	L_2	L_3	L_4	L_K	L_0	编号
200	150	150	700	900	3500	4200	5000	5600	6780	7480	3800	W299
200	200	200	700	1100	4700	4000	5000	5700	6880	7580	3500	W300

不通行地沟 双沟 三管（二管保温）方形补偿器W291-W300							图集号	03R411-1
审核	刘明	校对	石中东	设计	牛进才		页	49

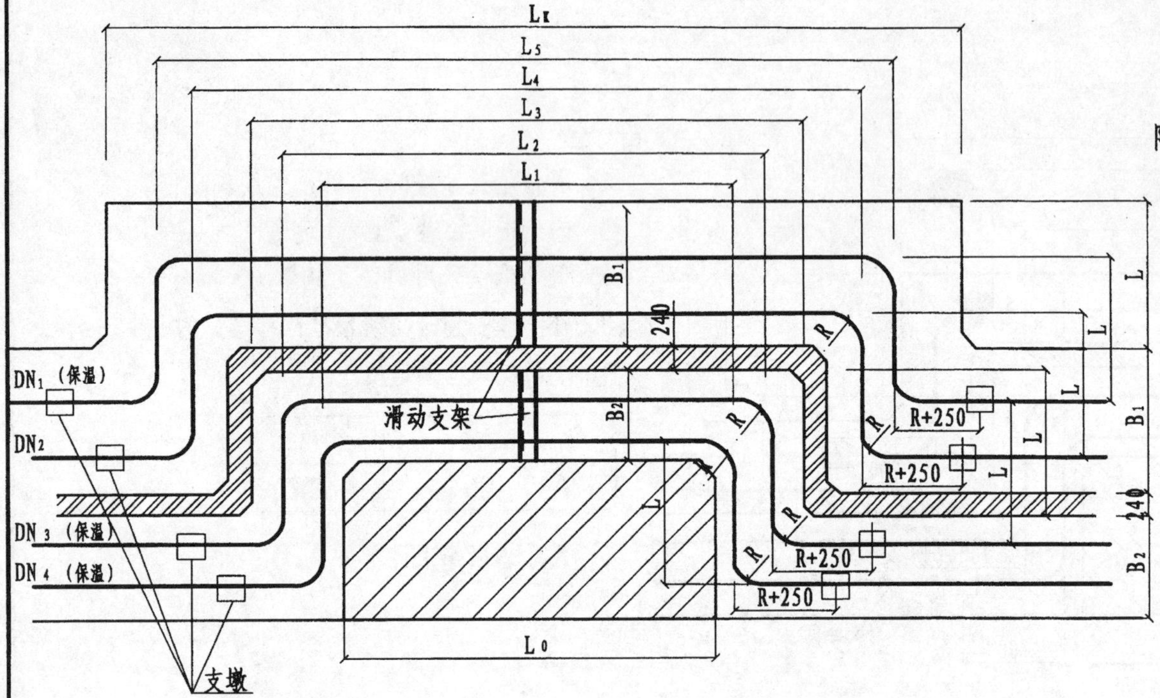

附　注:

1、补偿器尺寸按管道中温度最高的补偿量ΔL选用。

2、管道弯头:四根管道弯头均采用90°无缝弯头。

3、补偿器安装时必须预拉伸补偿量的一半。

4、滑动支架型钢选用:

B_1或B_2	800	900-1000	1100-1200	1300-1400
型钢号	L6.3X6	[6.3	[10	2X[8

5、尺寸均以毫米计。

公称管径				地沟宽度		$\Delta L=100$									$\Delta L=150$									$\Delta L=200$								
DN_1	DN_2	DN_3	DN_4	B_1	B_2	L	L_1	L_2	L_3	L_4	L_5	L_K	L_0	编号	L	L_1	L_2	L_3	L_4	L_5	L_K	L_0	编号	L	L_1	L_2	L_3	L_4	L_5	L_K	L_0	编号
100	100	100	100	800	900	1700	1700	2500	3000	3880	4580	5080	1200	W301	2100	2100	2900	3400	4280	4980	5480	1600	W309	2400	2400	3200	3700	4580	5280	5780	1900	W317
125	125	125	125	800	1100	1900	1900	2900	3500	4340	5080	5580	1300	W302	2300	2300	3300	3900	4740	5480	5980	1700	W310	2700	2700	3700	4300	5140	5880	6380	2100	W318
150	65	150	150	800	1100	2100	2100	3100	3700	4480	5180	5780	1500	W303	2500	2500	3500	4100	4880	5580	6180	1900	W311	2900	2900	3900	4500	5280	5980	6580	2300	W319
150	150	150	150	900	1100	2100	2100	3100	3700	4580	5380	5980	1500	W304	2500	2500	3500	4100	4980	5780	6380	1900	W312	2900	2900	3900	4500	5380	6180	6780	2300	W320
200	100	200	200	1000	1300	2800	2800	4000	4700	5580	6480	7180	2100	W305	3000	4500	5700	6400	7280	8180	8880	3800	W313	3500	5000	6200	6900	7780	8680	9386	4300	W321
200	200	200	200	1100	1300	2800	2800	4000	4700	5680	6680	7380	2100	W306	3000	4500	5700	6400	7380	8380	9080	3800	W314	3500	5000	6200	6900	7880	8880	9580	4300	W322
250	150	250	250	1100	1400	3000	3000	4320	5060	5940	6940	7740	2260	W307	3000	5000	6320	7060	7940	8940	9740	4260	W315	3500	5500	6820	7560	8440	9440	10240	4760	W323
250	250	250	250	1200	1400	3000	3000	4320	5060	6040	7140	7940	2260	W308	3000	5000	6320	7060	8040	9140	9940	4260	W316	3500	5500	6820	7560	8540	9640	10440	4760	W324

不通行地沟 双沟 四管（三管保温）方形补偿器(一)W301-W324							图集号	03R411-1
审核	刘明		校对	石中东		设计	牛进才		页	50

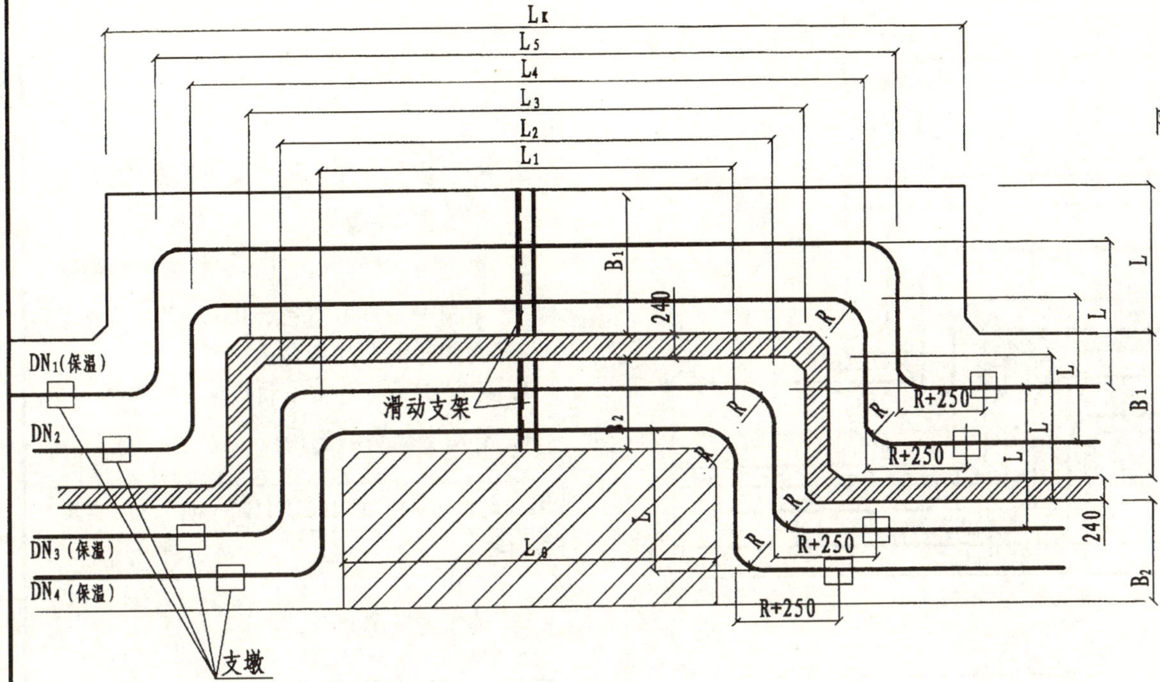

附 注:

1、补偿器尺寸按管道中温度最高的补偿量ΔL选用。
2、管道弯头:四根管道均采用90° 无缝弯头。
3、补偿器安装时必须预拉伸补偿量的一半。
4、滑动支架型钢选用:

B_1或B_2	800	900-1000	1100-1200	1300-1400
型钢号	L6.3X6	[6.3	[10	2X[8

5、尺寸均以毫米计。

公称管径				地沟 宽度		ΔL=250									ΔL=300								
DN_1	DN_2	DN_3	DN_4	B_1	B_2	L	L_1	L_2	L_3	L_4	L_5	L_K	L_0	编号	L	L_1	L_2	L_3	L_4	L_5	L_K	L_0	编号
100	100	100	100	800	900	2900	2900	3700	4200	5080	5780	6280	2400	W325									
125	125	125	125	800	1100	3100	3100	4100	4700	5540	6280	6780	2500	W326									
150	65	150	150	800	1100	3400	3400	4400	5000	5780	6480	7080	2800	W327									
150	150	150	150	900	1100	3400	3400	4400	5000	5880	6680	7280	2800	W328									
200	100	200	200	1000	1300	4000	5000	6200	6900	7780	8680	9380	4300	W329	4700	5000	6200	6900	7780	8680	9380	4300	W333
200	200	200	200	1100	1300	4000	5000	6200	6900	7880	8880	9580	4300	W330	4700	5000	6200	6900	7880	8880	9580	4300	W334
250	150	250	250	1100	1400	4500	5000	6320	7060	7940	8940	9740	4260	W331	5200	5000	6320	7060	7940	8940	9740	4260	W335
250	250	250	250	1200	1400	4500	5000	6320	7060	8040	9140	9940	4260	W332	5200	5000	6320	7060	8040	9140	9940	4260	W336

不通行地沟 双沟 四管（三管保温）方形补偿器(二)W325-W336						图集号	03R411-1
审核	刘明	校对	石中东	设计	牛进才	页	51

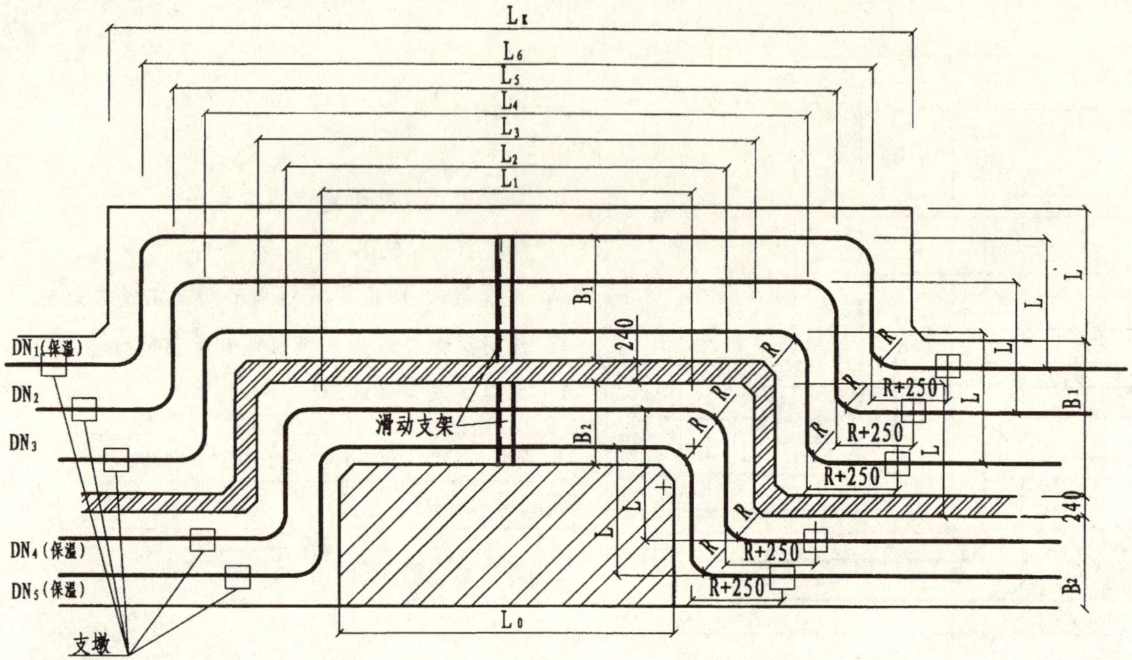

附　注：

1、补偿器尺寸按管道中温度最高的补偿量ΔL选用。

2、管道DN_1<100时，五根管均采用煨制弯头弯曲半径R=4D外径；DN_1≥100时五根管均采用90°无缝弯头。

3、补偿器安装时必须预拉伸补偿量的一半。

4、滑动支架型钢选用：

B_1或B_2	700-800	900-1000	1100-1200	1300-1400
型钢号	L63X6	[6.3	[10	2X[8

5、尺寸均以毫米计。

公称管径					地沟 宽度		ΔL=75										ΔL=100										ΔL=150									
DN_1	DN_2	DN_3	DN_4	DN_5	B_1	B_2	L	L_1	L_2	L_3	L_4	L_5	L_6	L_K	L_0	编号	L	L_1	L_2	L_3	L_4	L_5	L_6	L_K	L_0	编号	L	L_1	L_2	L_3	L_4	L_5	L_6	L_K	L_0	编号
40	≤32	≤50	32	32	800	700	1000	1000	1600	2000	2780	3180	3680	4080	600	W337	1200	1200	1800	2200	2980	3380	3880	4280	800	W342	1400	1400	2000	2400	3180	3580	4080	4480	1000	W353
65	≤50	≤80	50	50	900	800	1200	1200	1900	2360	3140	3540	4140	4640	760	W338	1300	1300	2000	2460	3240	3640	4240	4740	860	W343	1600	1600	2300	2760	3540	3940	4540	5040	1160	W354
80	≤65	≤100	80	80	1000	900	1400	1400	2200	2700	3580	4080	4680	5180	900	W339	1600	1600	2400	2900	3780	4280	4880	5380	1100	W344	1900	1900	2700	3200	4080	4580	5180	5680	1400	W355
100	≤80	≤125	100	100	1000	900	1500	1500	2300	2800	3680	4180	4780	5280	1000	W340	1700	1700	2500	3000	3880	4380	4980	5480	1200	W345	2100	2100	2900	3400	4280	4780	5380	5880	1600	W356
125	≤100	≤125	125	125	1100	1100	1700	1700	2700	3300	4180	4680	5380	5980	1100	W341	1900	1900	2900	3500	4380	4880	5580	6180	1300	W346	2300	2300	3300	3800	4780	5280	5980	6580	1700	W357
150	≤100	≤125	150	150	1100	1100											2100	2100	3100	3700	4580	5080	5780	6380	1500	W347	2500	2500	3500	4100	4980	5480	6180	6780	1900	W358
150	≤125	≤200	150	150	1300	1100											1500	5000	6000	6600	7580	8280	9080	9680	4400	W348	2000	5000	6000	6600	7580	8280	9080	9680	4400	W359
200	≤100	≤150	200	200	1300	1300											2000	5000	6200	6900	7880	8480	9280	9980	4300	W349	2700	5000	6200	6900	7880	8480	9280	9980	4300	W360
200	≤150	≤200	200	200	1400	1300											2000	5000	6200	6900	7880	8580	9480	10180	4300	W350	2700	5000	6200	6900	7880	8580	9480	10180	4300	W361
200	≤100	≤150	250	250	1300	1400											2200	5000	6320	7060	8040	8640	9440	10410	4260	W351	3000	5000	6320	7060	8040	8640	9440	10140	4260	W362
200	≤150	≤200	250	250	1400	1400											2200	5000	6320	7060	8040	8740	9640	10340	4260	W352	3000	5000	6320	7060	8040	8740	9640	10340	4260	W363

不通行地沟 双沟 五管（三管保温）方形补偿器(一)W337-W363						图集号	03R411-1
审核	刘明	校对	石中东	设计	牛进才	页	52

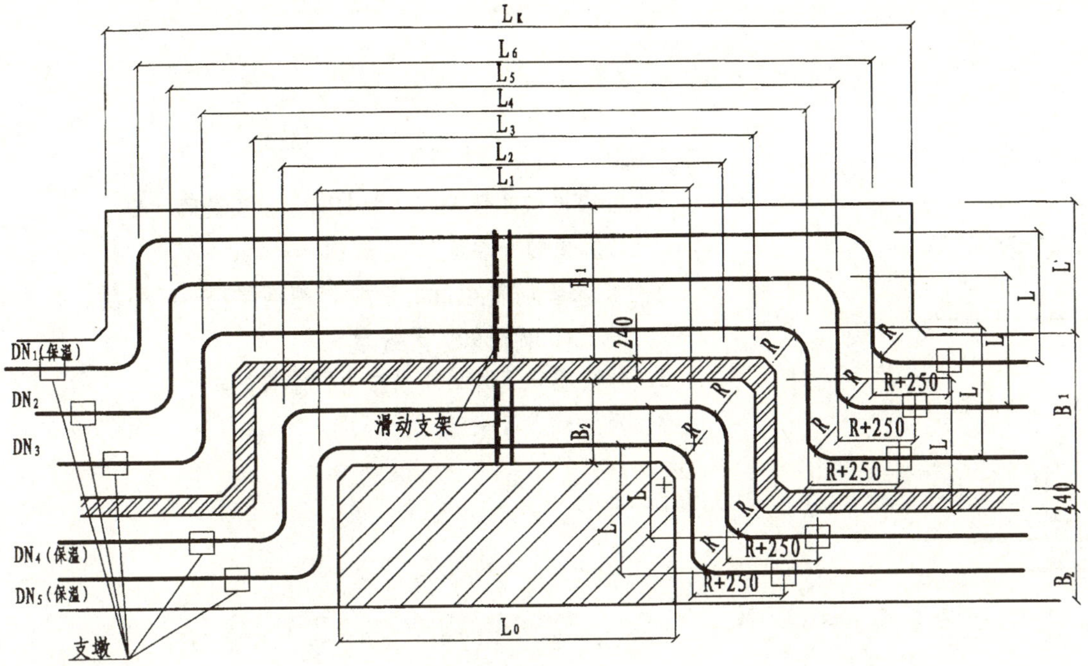

附　注:

1、补偿器尺寸按管道中温度最高的补偿量ΔL选用。

2、管道DN_1<100时，五根管均采用煨制弯头弯曲半径R=4D外径；DN_1≥100时五根管均采用90° 无缝弯头。

3、补偿器安装时必须预拉伸补偿量的一半。

4、滑动支架型钢选用:

B_1或B_2	700-800	900-1000	1100-1200	1300-1400
型钢号	L63X6	[6.3	[10	2X[8

5、尺寸均以毫米计。

公称管径					地沟 宽度		ΔL=200										ΔL=250										ΔL=300									
DN_1	DN_2	DN_3	DN_4	DN_5	B_1	B_2	L	L_1	L_2	L_3	L_4	L_5	L_6	L_K	L_0	编号	L	L_1	L_2	L_3	L_4	L_5	L_6	L_K	L_0	编号	L	L_1	L_2	L_3	L_4	L_5	L_6	L_K	L_0	编号
100	≤80	≤125	100	100	1000	900	2300	2300	3100	3600	4480	4980	5480	5980	1800	W364	2900	2900	3700	4200	5080	5580	6180	6680	2400	W372										
125	≤100	≤125	125	125	1100	1100	2600	2600	3600	4200	5080	5580	6280	6880	2000	W365	3100	3100	4100	4700	5580	6080	6780	7380	2500	W373										
150	≤100	≤125	150	150	1100	1100	2800	2800	3800	4400	5280	5780	6480	7080	2200	W366	3400	3400	4400	5000	5880	6380	7080	7680	2800	W374										
150	≤125	≤200	150	150	1300	1100	2800	5000	6000	6600	7580	8280	9080	9680	4400	W367	3400	5000	6000	6600	7580	8280	9080	9680	4400	W375										
200	≤100	≤150	200	200	1300	1300	3200	5000	6200	6900	7880	8480	9280	9980	4300	W368	4000	5000	6200	6900	7880	8480	9280	9980	4300	W376	4700	5000	6200	6900	7880	8480	9280	9980	4300	W380
200	≤150	≤200	200	200	1400	1300	3200	5000	6200	6900	7880	8580	9480	10180	4300	W369	4000	5000	6200	6900	7880	8580	9480	10180	4300	W377	4700	5000	6200	6900	7880	8580	9480	10180	4300	W381
200	≤100	≤150	250	250	1300	1400	3700	5000	6320	7060	8040	8640	9440	10140	4260	W370	4500	5000	6320	7060	8040	8640	9440	10140	4260	W378	5200	5000	6320	7060	8040	8640	9440	10140	4260	W382
200	≤150	≤200	250	250	1400	1400	3700	5000	6320	7060	8040	8740	9640	10340	4260	W371	4500	5000	6320	7060	8040	8740	9640	10340	4260	W379	5200	5000	6320	7060	8040	8740	9640	10340	4260	W383

不通行地沟 双沟 五管（三管保温）方形补偿器(二)W364-W383							图集号	03R411-1
审核	刘明	[signature]	校对	石中东	[signature]	设计	牛进才	[signature]	页	53

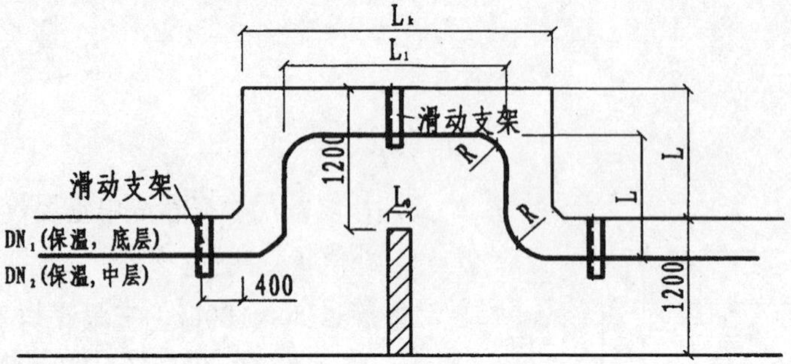

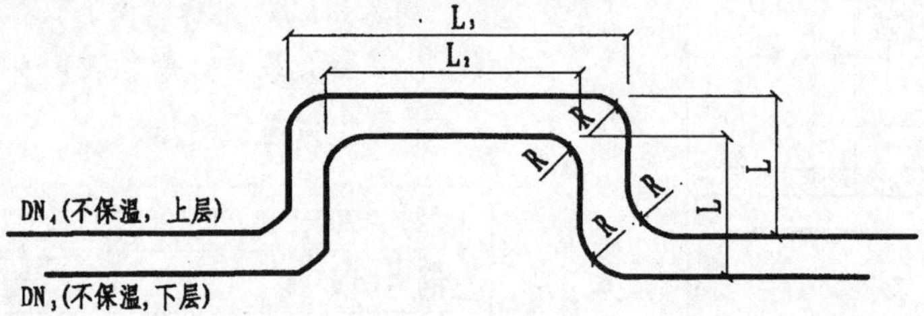

附 注:

1、补偿器尺寸按DN_1、DN_2两管中温度高的一根计算出的补偿量ΔL选用。

2、管道弯头DN <100时用煨弯，弯曲半径R=4D外径 DN ≥100时用90° 无缝弯头。

3、补偿器安装时必须预拉伸补偿量的一半。

4、尺寸均以毫米计。

公称管径				ΔL=75							ΔL=100							ΔL=150						
DN_1	DN_2	DN_3	DN_4	L	L_1	L_2	L_3	L_K	L_0	编号	L	L_1	L_2	L_3	L_K	L_0	编号	L	L_1	L_2	L_3	L_K	L_0	编号
80	80	80	80	1100	2170	1970	2370	2770	370	W384	1400	2170	1970	2370	2770	370	W386	1900	2170	1970	2370	2770	370	W392
125	100	80	80	1300	2070	1970	2370	2770	370	W385	1900	2070	1970	2370	2770	370	W387	2300	2300	2200	2600	3000	600	W393
150	150	100	100								2100	2200	2000	2500	2900	500	W388	2500	2600	2400	2900	3300	900	W394
200	100	100	100								2800	2800	2700	3200	3600	1200	W389	3000	4500	4400	4900	5300	2900	W395
200	150	100	100								2800	2800	2700	3200	3600	1200	W390	3000	4500	4400	4900	5300	2900	W396
200	200	100	100								2800	2800	2600	3200	3600	1200	W391	3000	4500	4300	4900	5300	2900	W397

半通行地沟 单侧布管 四管（二管保温）方形补偿器(一)W384-W397	图集号	03R411-1
审核 刘明 校对 石中东 设计 牛进才	页	54

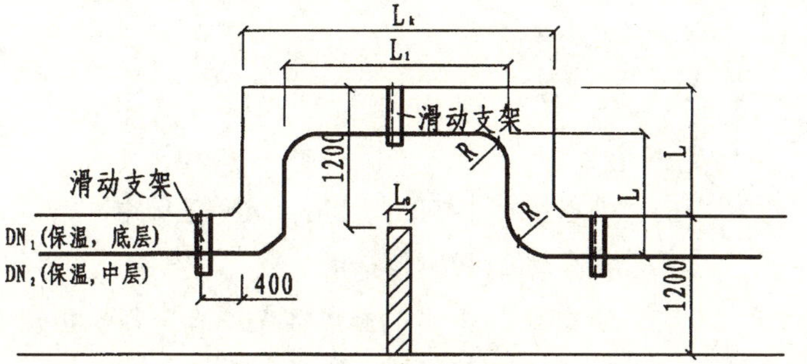

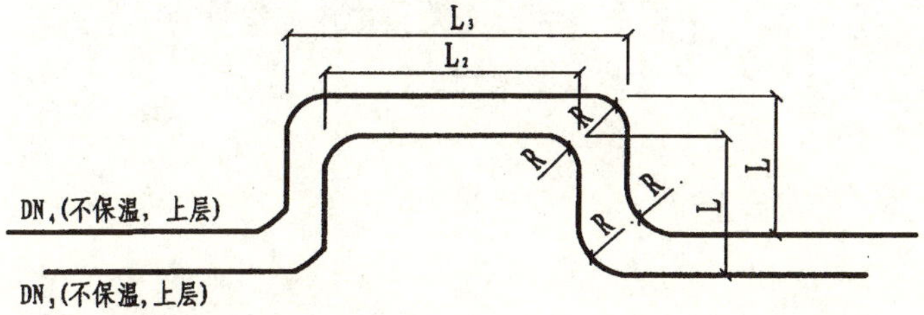

附　注:

1、补偿器尺寸按DN_1、DN_2两管中温度高的一根计算出的补偿量ΔL选用。
2、管道弯头DN <100时用煨弯，弯曲半径R=4D外径，DN ≥100时用90° 无缝弯头。
3、补偿器安装时必须预拉伸补偿量的一半。
4、尺寸均以毫米计。

公称管径				ΔL=200							ΔL=250							ΔL=300						
DN_1	DN_2	DN_3	DN_4	L	L_1	L_2	L_3	L_K	L_0	编号	L	L_1	L_2	L_3	L_K	L_0	编号	L	L_1	L_2	L_3	L_K	L_0	编号
125	100	80	80	2700	2700	2600	3000	3400	1000	W398	3100	3100	3000	3400	3800	1400	W403							
150	150	100	100	2900	3000	2800	3300	3700	1300	W399	3400	3500	3300	3800	4200	1800	W404							
200	100	100	100	3500	5000	4900	5400	5800	3400	W400	4000	5000	4900	5400	5800	3400	W405	4700	5000	4900	5400	5800	3400	W408
200	150	100	100	3500	5000	4900	5400	5800	3400	W401	4000	5000	4900	5400	5800	3400	W406	4700	5000	4900	5400	5800	3400	W409
200	200	100	100	3500	5000	4800	5400	5800	3400	W402	4000	5000	4800	5400	5800	3400	W407	4700	5000	4800	5400	5800	3400	W410

半通行地沟 单侧布管 四管（二管保温）方形补偿器(二)W398-W410						图集号	03R411-1
审核	刘明	校对	石中东	设计	牛进才	页	55

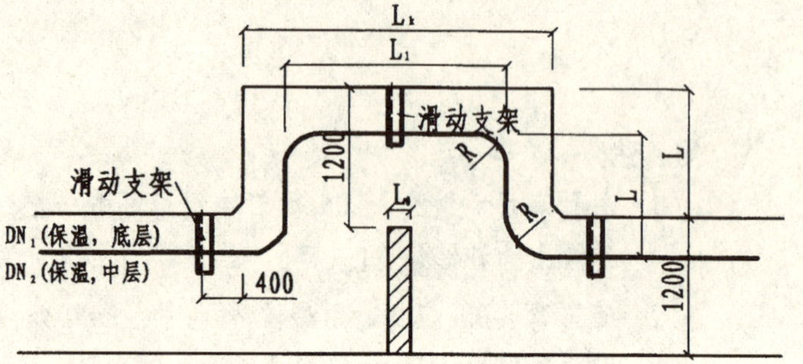

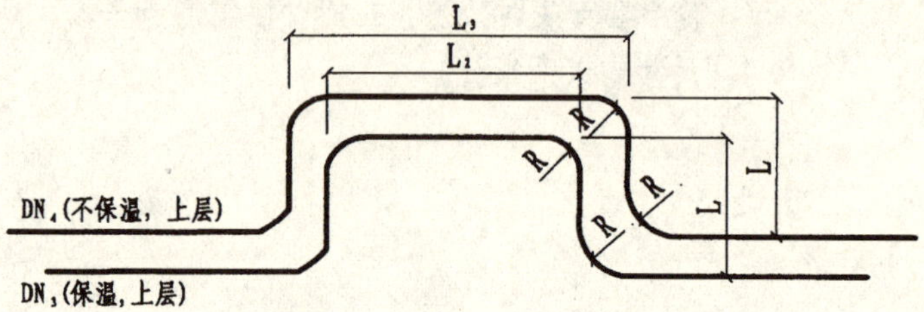

附 注：

1、补偿器尺寸按DN_1、DN_2、DN_3三管中补偿量ΔL较大值选用。

2、管道弯头DN <100时用煨弯，弯曲半径R=4D外径 DN ≥100时用90° 无缝弯头。

3、补偿器安装时必须预拉伸补偿量的一半。

4、尺寸均以毫米计。

公称管径				$\Delta L=75$							$\Delta L=100$						
DN_1	DN_2	DN_3	DN_4	L	L_1	L_2	L_3	L_K	L_0	编号	L	L_1	L_2	L_3	L_K	L_0	编号
80	80	80	80	1100	2170	1770	2370	2770	370	W411	1400	2170	1770	2370	2770	370	W413
100-125	100-125	100	125	1300	2070	1670	2370	2770	370	W412	1900	2070	1670	2370	2770	370	W414
150	150	40	150								2100	2200	1800	2500	2900	500	W415

公称管径				$\Delta L=150$							$\Delta L=200$						
DN_1	DN_2	DN_3	DN_4	L	L_1	L_2	L_3	L_K	L_0	编号	L	L_1	L_2	L_3	L_K	L_0	编号
80	80	80	80	1900	2170	1770	2370	2770	370	W416							
100-125	100-125	100	125	2300	2300	1900	2600	3000	600	W417	2700	2700	2300	3000	3400	1000	W419
150	150	40	150	2500	2600	2200	2900	3300	900	W418	2900	3000	2600	3300	3700	1300	W420

公称管径				$\Delta L=250$						
DN_1	DN_2	DN_3	DN_4	L	L_1	L_2	L_3	L_K	L_0	编号
100-125	100-125	100	125	3100	3100	2700	3400	3800	1400	W421
150	150	40	150	3400	3500	3100	3800	4200	1800	W422

半通行地沟 单侧布管 四管（三管保温）方形补偿器W411-W422							图集号	03R411-1
审核	刘明		校对	石中东		设计	牛进才	页	56

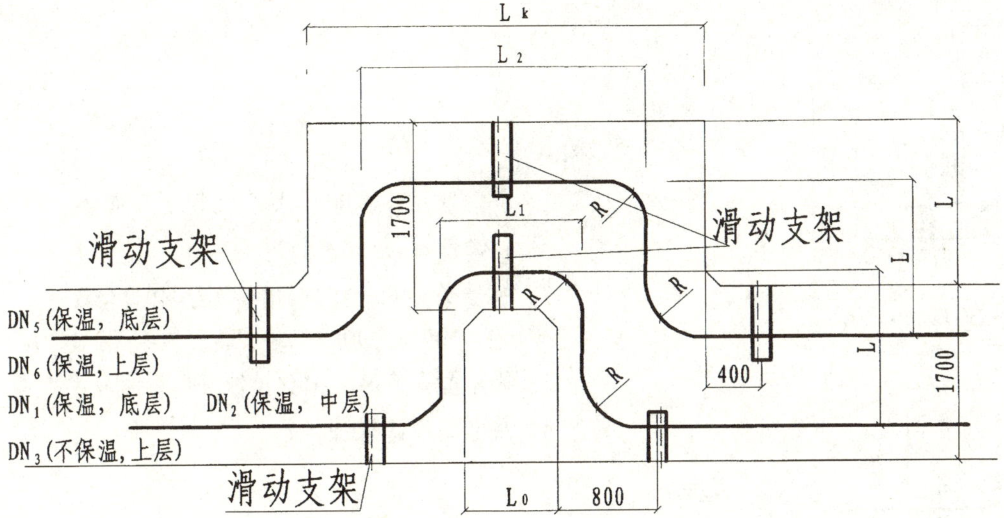

附　注:

1、补偿器尺寸按DN_1、DN_2 、DN_5 、DN_6四管中补偿量ΔL较大值选用。

2、管道弯头DN <100时用煨弯，弯曲半径R=4D外径 DN ≥100时用90° 无缝弯头。

3、补偿器安装时必须预拉伸补偿量的一半。

4、尺寸均以毫米计。

5、DN_4见本图集支架图。

公称管径					ΔL=75						ΔL=100					
DN_5	DN_6	DN_1	DN_2	DN_3	L	L_1	L_2	L_K	L_0	编号	L	L_1	L_2	L_K	L_0	编号
≤250	≤250	100	≤100	≤200	2000	2600	4600	5400	2000	W423	2500	2600	4600	5400	2000	W425
≤250	≤250	125	≤125	≤125	2000	2700	4600	5400	2000	W424	2500	2700	4600	5400	2000	W426

公称管径					ΔL=150						ΔL=200						ΔL=250					
DN_5	DN_6	DN_1	DN_2	DN_3	L	L_1	L_2	L_K	L_0	编号	L	L_1	L_2	L_K	L_0	编号	L	L_1	L_2	L_K	L_0	编号
≤250	≤250	100	≤100	≤200	3000	3100	5100	5900	2500	W427	3500	4100	6100	6900	3500	W429	4500	3100	5100	5900	2500	W431
≤250	≤250	125	≤125	≤125	3000	3200	5100	5900	2500	W428	3500	4200	6100	6900	3500	W430	4500	3200	5100	5900	2500	W432

公称管径					ΔL=300					
DN_5	DN_6	DN_1	DN_2	DN_3	L	L_1	L_2	L_K	L_0	编号
≤250	≤250	100	≤100	≤200	5200	3100	5100	5900	2500	W433
≤250	≤250	125	≤125	≤125	5200	3200	5100	5900	2500	W434

半通行地沟 双侧布管 五管（四管保温）方形补偿器W423-W434							图集号	03R411-1
审核	刘明	[签名]	校对	石中东	[签名]	设计	牛进才 [签名]	页 57

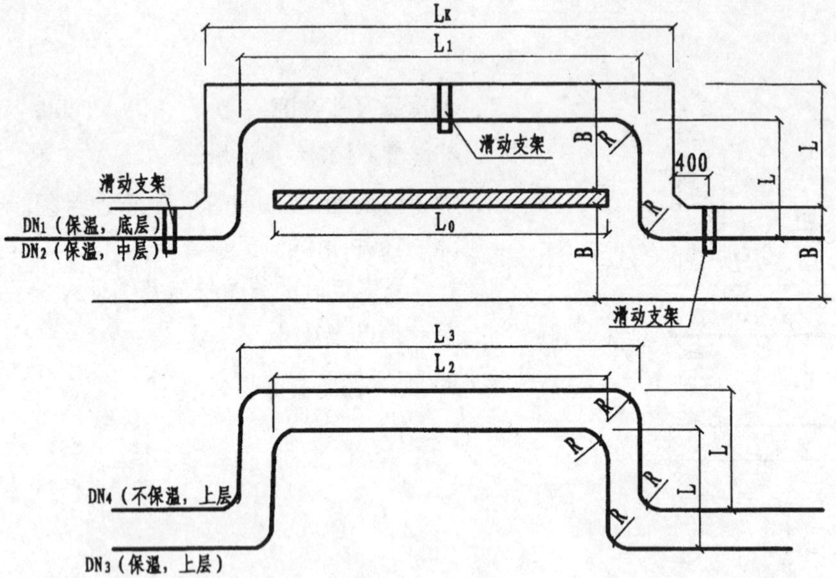

附 注：

1、补偿器尺寸按DN_1、DN_2、DN_3三管中补偿量ΔL较大值选用。
2、管道弯头DN ＜100时用煨弯，R=4D外径 DN ≥100时用90° 无缝弯头。
3、补偿器安装时必须预拉伸补偿量的一半。
4、尺寸均以毫米计。

公称管径				地沟宽度	ΔL=100							ΔL=150							ΔL=200							ΔL=250						
DN_1	DN_2	DN_3	DN_4	B	L	L_1	L_2	L_3	L_K	L_0	编号	L	L_1	L_2	L_3	L_K	L_0	编号	L	L_1	L_2	L_3	L_k	L_0	编号	L	L_1	L_2	L_3	L_k	L_0	编号
150	150	65	200	1300	1790	5100	4600	5300	5800	3200	W435	2000	5100	4600	5300	5800	3200	W437	2700	5100	4600	5300	5800	3200	W439	3100	5100	4600	5300	5800	3200	W441
200	200	125	200	1400	2000	5100	4640	5400	5900	3100	W436	2700	5100	4640	5400	5900	3100	W438	3400	5100	4640	5400	5900	3100	W440	4000	5100	4640	5400	5900	3100	W442

公称管径				地沟宽度	ΔL=300						
DN_1	DN_2	DN_3	DN_4	B	L	L_1	L_2	L_3	L_K	L_0	编号
200	200	125	200	1400	4700	5100	4640	5400	5900	3100	W443

通行地沟单侧布管 四管（三管保温）方形补偿器W435-W443						图集号	03R411-1
审核	刘明	校对	石中东	设计	牛进才	页	58

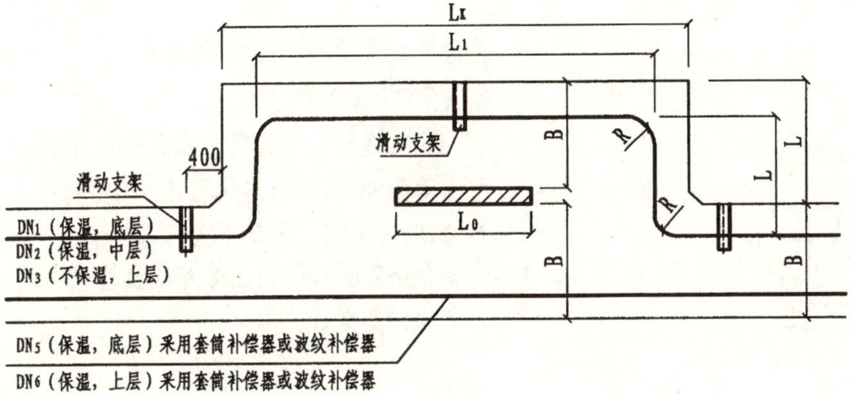

附　注：

1、补偿器尺寸按DN_1、DN_2 两管中补偿量△L较大值选用。
2、DN_5及DN_6选用套筒补偿器或波纹补偿器。
3、管道弯头DN <100时用煨弯，R=4D外径 DN ≥100时用90° 无缝弯头。
4、补偿器安装时必须预拉伸补偿量的一半。
5、尺寸均以毫米计。
6、DN_4见本图集支架图。

公称管径				地沟宽度 B	ΔL=100					ΔL=150					Δ L=200				
DN_5DN_6	DN_1	DN_2	DN_3		L	L_1	L_K	L_0	编号	L	L_1	L_K	L_0	编号	L	L_1	L_k	L_0	编号
＜300	250	200	150	2100	2590	5100	5900	1700	W444	3000	5100	5900	1700	W450	3900	5100	5900	1700	W456
＜300	200	200	200	2100	2590	4000	4800	600	W445	2700	5000	5800	1600	W451	3400	5000	5800	1600	W457
＜300	200	150	250	2100	2590	4000	4800	600	W446	2700	5000	5800	1600	W452	3400	5000	5800	1600	W458
＜400	250	200	150	2200	2590	5100	5900	1500	W447	3000	5100	5900	1500	W453	3900	5100	5900	1500	W459
＜400	200	200	200	2100	2590	4000	4800	600	W448	2700	5000	5800	1600	W454	3400	5000	5800	1600	W460
＜400	200	150	250	2100	2590	4000	4800	600	W449	2700	5000	5800	1600	W455	3400	5000	5800	1600	W461

通行地沟双侧布管 五管（四管保温）方形补偿器（一）W444-W461						图集号	03R411-1
审核	刘明	校对	石中东	设计	牛进才	页	59

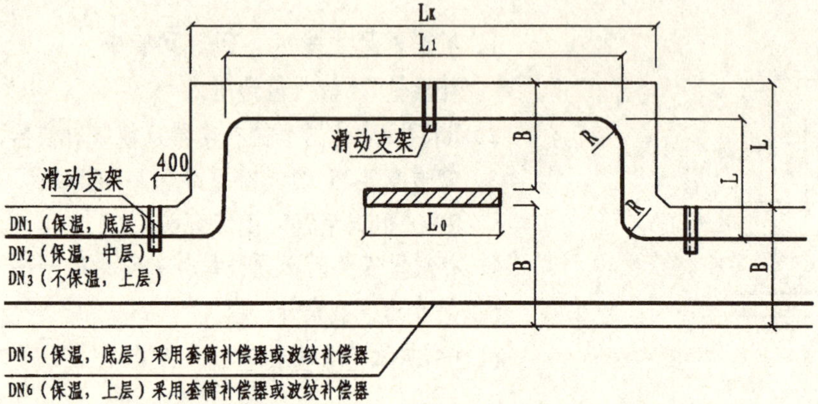

附　注:

1、补偿器尺寸按DN_1、DN_2 两管中补偿量ΔL较大值选用。
2、DN_5及DN_6选用套筒补偿器或波纹补偿器。
3、管道弯头DN <100时用煨弯,R=4D外径; DN ≥100时用90° 无缝弯头。
4、补偿器安装时必须预拉伸补偿量的一半。
5、尺寸均以毫米计。

公称管径				地沟宽度 B	ΔL=250					ΔL=300				
DN_5DN_6	DN_1	DN_2	DN_3		L	L_1	L_K	L_0	编号	L	L_1	L_K	L_0	编号
≤300	250	200	150	2100	4500	5100	5900	1700	W462	5200	5100	5900	1700	W468
≤300	200	200	200	2100	4000	5000	5800	1600	W463	4700	5000	5800	1600	W469
≤300	200	150	250	2100	4000	5000	5800	1600	W464	4700	5000	5800	1600	W470
≤400	250	200	150	2200	4500	5100	5900	1500	W465	5200	5100	5900	1500	W471
≤400	200	200	200	2100	4000	5000	5800	1600	W466	4700	5000	5800	1600	W472
≤400	200	150	250	2100	4000	5000	5800	1600	W467	4700	5000	5800	1600	W473

通行地沟双侧布管 五管（四管保温）方形补偿器（二）W462-W473						图集号	03R411-1
审核	刘明	刘明	校对	石中东	石中东	设计 牛进才	页 60

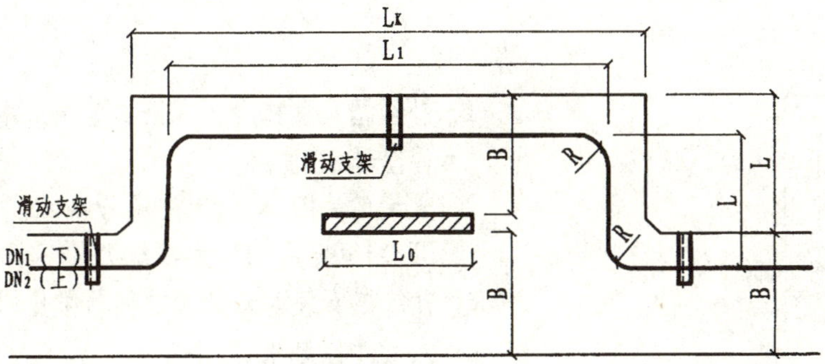

附　注:

1、补偿器尺寸按DN_1、DN_2二管中温度较高的管道补偿量ΔL选用。

2、管道弯头DN <100时用煨弯,R=4D外径

DN ≥100时用90° 无缝弯头。

3、补偿器安装时必须预拉伸补偿量的一半。

4、尺寸均以毫米计。

公称管径		地沟宽度 B	ΔL=100					ΔL=150					ΔL=200				
DN_1	DN_2		L	L_1	L_K	L_0	编号	L	L_1	L_K	L_0	编号	L	L_1	L_K	L_0	编号
300	<300	1400	3000	3000	3840	1040	W474	3800	3800	4640	1840	W480	4200	4200	5040	2240	W486
300	<300	1400	2600	3900	4740	1940	W475	3400	5100	5940	3140	W481	3800	5700	6540	3740	W487
350	<350	1500	3200	3200	4100	1100	W476	4000	4000	4900	1900	W482	4600	4600	5500	2500	W488
350	<350	1500	3000	4500	4400	1400	W477	3600	5400	6300	3300	W483	4000	6000	6900	3900	W489
400	<400	1600	3400	3400	4420	1220	W478	4200	4200	5220	2020	W484	5000	5000	6020	2820	W490
400	<400	1600	3200	4800	5820	2620	W479	3800	5700	6720	3520	W485	4200	6300	7320	4120	W491

通行地沟单侧布管 二管（保温）方形补偿器（一）W474-W491							图集号	03R411-1
审核	刘明	刘明	校对	石中东	石中东	设计	牛进才	牛进才	页	61

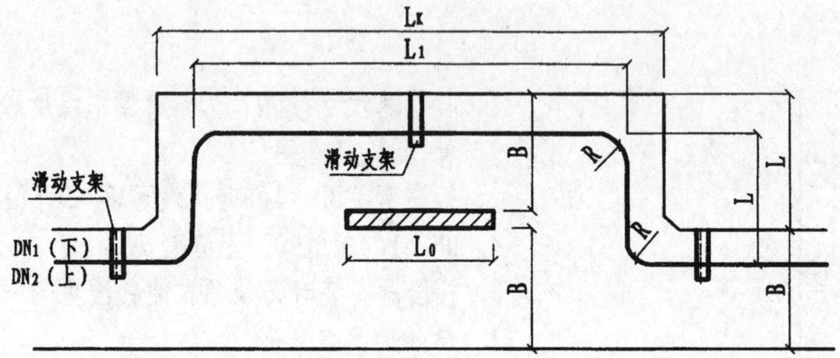

附 注：

1、补偿器尺寸按DN_1、DN_2二管中温度较高的管道补偿量ΔL选用。

2、管道弯头DN <100时用煨弯，R=4D外径
DN ≥100时用90° 无缝弯头。

3、补偿器安装时必须预拉伸补偿量的一半。

4、尺寸均以毫米计。

公称管径		地沟宽度	ΔL=250					ΔL=300				
DN_1	DN_2	B	L	L_1	L_K	L_0	编号	L	L_1	L_K	L_0	编号
300	<300	1400	5000	5000	5840	3040	W492	5600	5600	6440	3640	W498
300	<300	1400	4600	6900	7740	4940	W493	5300	7950	8790	5990	W499
350	<350	1500	5200	5200	6100	3100	W494	5800	5800	6700	3700	W500
350	<350	1500	4800	7200	8100	5100	W495	5400	8100	9000	7500	W501
400	<400	1600	5400	5400	6420	3220	W496	6200	6200	7220	4020	W502
400	<400	1600	5000	7500	8520	5320	W497	5800	8700	9720	6520	W503

通行地沟单侧布管 二管(保温)方形补偿器(二) W492-W503								图集号	03R411-1
审核	刘明		校对	石中东		设计	牛进才	页	62

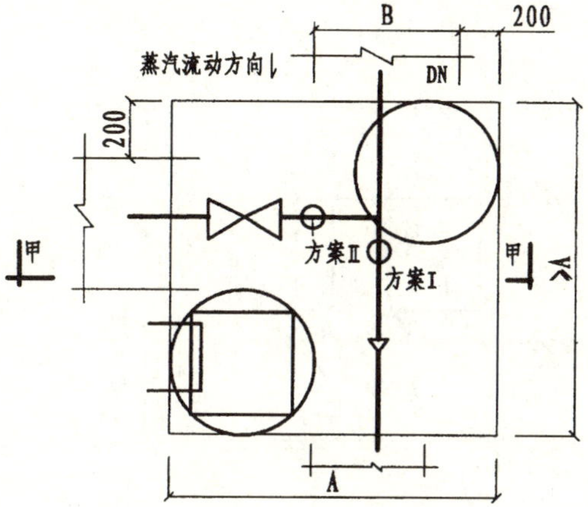

平 面 图

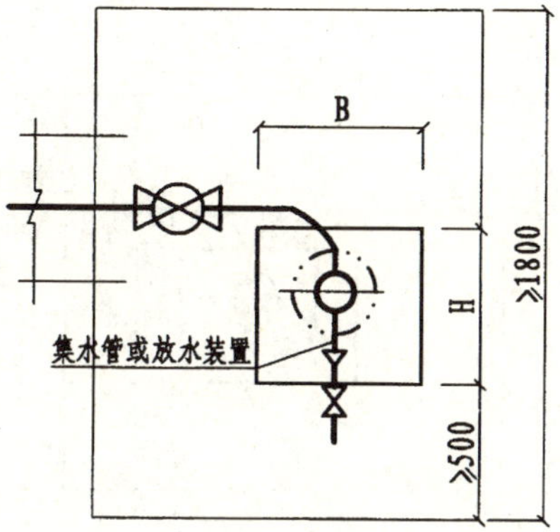

甲—甲剖面图方案Ⅰ

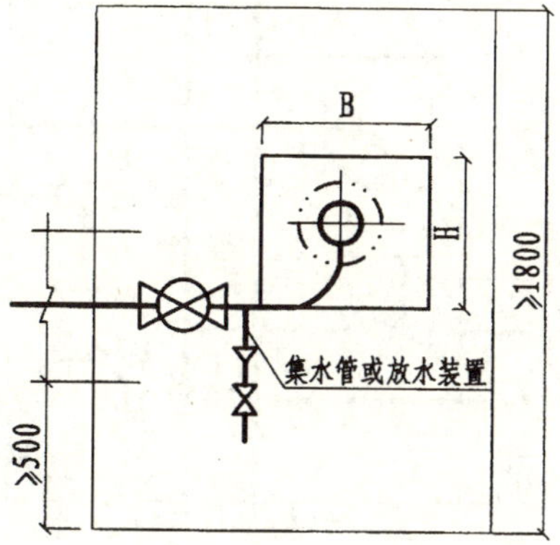

甲—甲剖面图方案Ⅱ

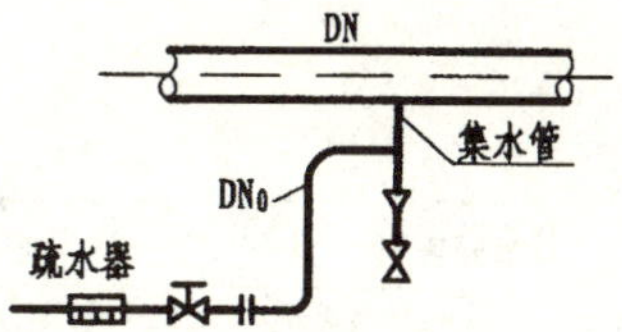

附 注:

1、蒸汽管集水管及起动疏水管、热水管的放水装置安装参见动力设施国家标准图集97R407.

2、疏水器（带过滤器）采用热动力型CS19H-16。

3、抽水器制造图、安装图见本图集第66、67页。

4、尺寸均以毫米计。

检查井编号	DN	BxH	A	DNo	疏水器DN
J1	≤40	400X450	1400	20	20
J1	50	500X510	1400	20	20
J1	65-100	500X570	1400	25	25
J1	125	600X570	1400	25	25
J1	150	600X630	1400	25	25
J3	200	700X700	2000	25	25
J3	250	800X760	2000	32	32

检查井布管（DN40-250单管、保温）								图集号	03R411-1
审核	刘明		校对	石中东		设计	牛进才	页	63

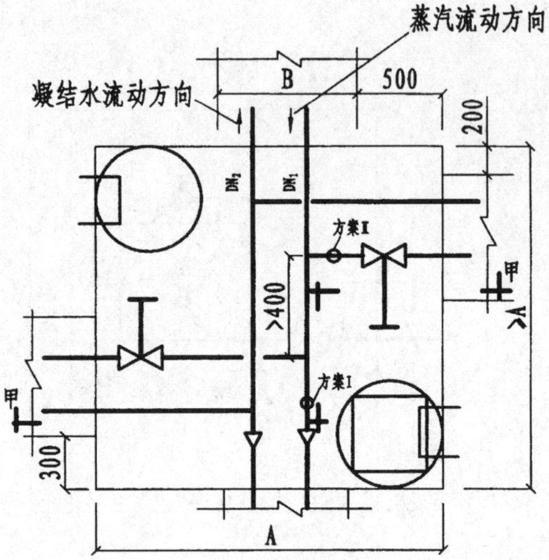

平 面 图

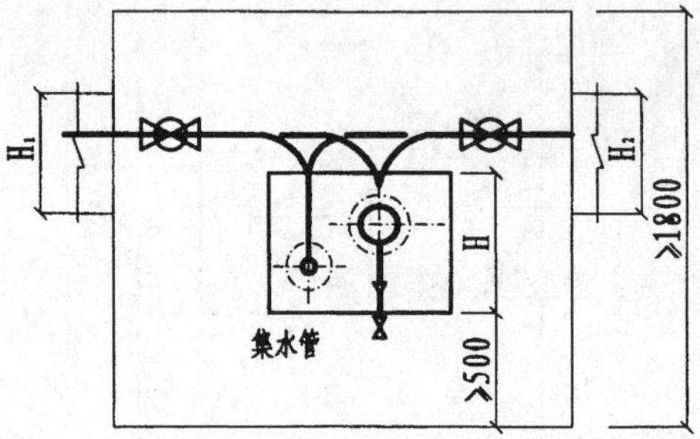

甲—甲剖面图方案Ⅰ

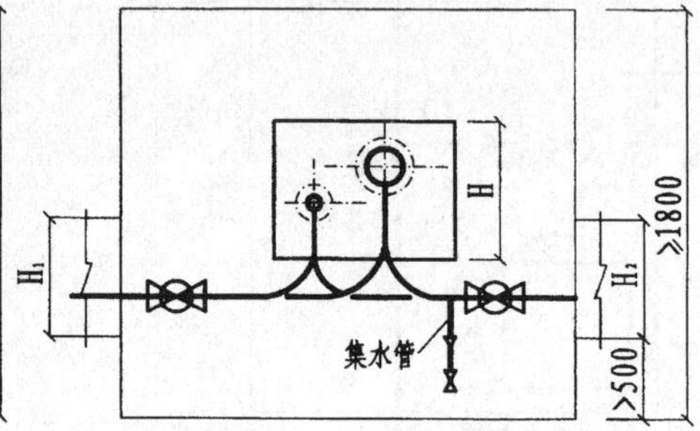

甲—甲剖面图方案Ⅱ

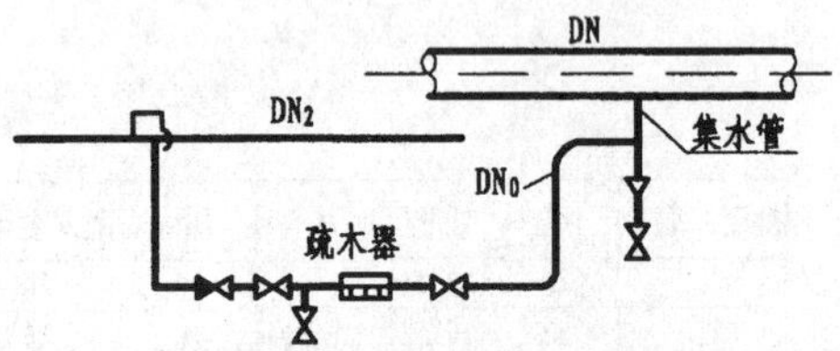

检查井编号	DN_1	DN_2	B×H	A	DN_0	疏水器DN
J1	≤32	≤32	600x450	1400	15	15
J3	40-65	40-65	700x510	2000	20	20
J3	80-100	≤100	800x570	2000	25	25
J3	125	≤125	800x570	2000	25	25
J3	150	≤65	800x630	2000	25	25
J3	150	80-150	900x630	2000	25	25
J5	200	≤100	1000x700	2400	32	32
J5	200	125-200	1100x700	2400	25	25
J5	250	100-125	1100x760	2400	32	32
J5	250	150-250	1200x760	2400	32	32

附 注:

1、蒸汽管集水管及起动疏水装置参见动力设施国家标准图集97R407.
2、疏水器（带过滤器）采用热动力型CS19H-16。
3、抽水器制造图、安装图见本图集第66、67页。
4、井内凝结水管需保温。
5、尺寸均以毫米计。

检查井布管（DN32-250,双管、一管保温）							图集号	03R411-1
审核	刘明	[signature]	校对	石中东	[signature]	设计	牛进才	[signature]	页	64

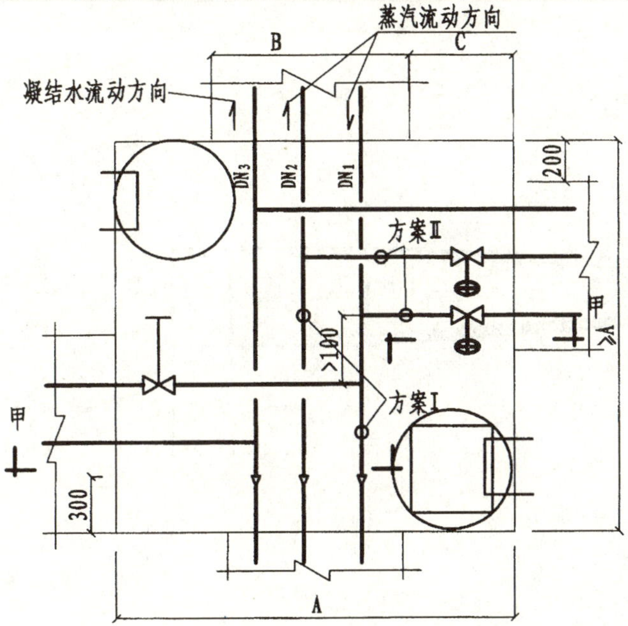

平 面 图

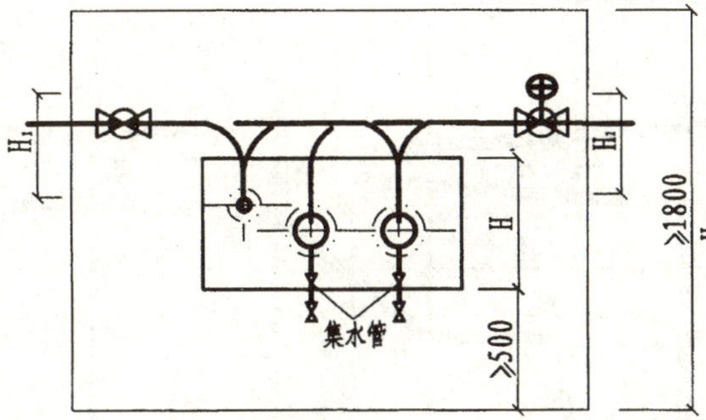

甲—甲剖面图方案Ⅰ

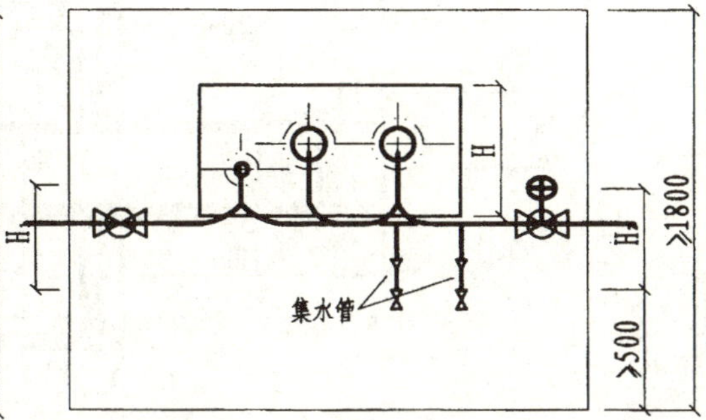

甲—甲剖面图方案Ⅱ

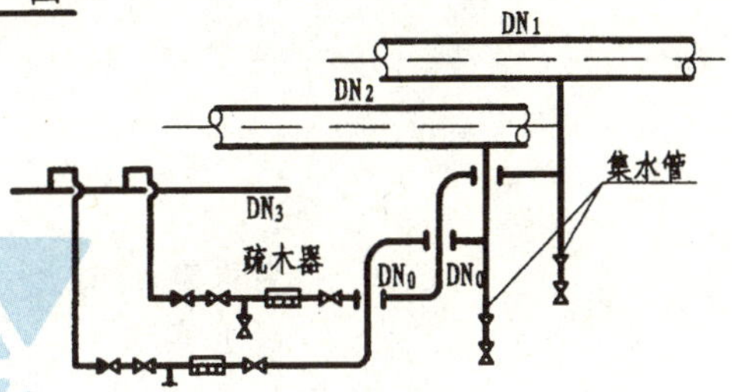

检查井编号	Dg 1	Dg 2	Dg 3	BxH	C	A	DNo	疏水器DN
J3	40	≤40	≤40	900x450	500	2000	20	20
J3	50	≤50	≤50	1000x510	500	2000	20	20
J5	80	≤80	≤80	1100x510	600	2400	20	20
J5	100	65	≤65	1100x570	600	2400	25	25
J5	100	80-100	≤80	1200x570	600	2400	25	25
J5	125	80	≤100	1200x570	600	2400	25	25
J8	125	100-125	≤125	1300x570	700	2800	25	25
J8	150	150	≤100	1300x630	700	2800	25	25
J8	150	150	≤150	1400x630	700	2800	25	25
J8	200	150	≤125	1400x700	700	2800	25	25

附 注:

1、蒸汽管集水管及起动疏水装置参见动力设施国家标准图集97R407.
2、疏水器（带过滤器）采用热动力型CS19H-16。
3、抽水器制造图、安装图见本图集第66、67页。
4、井内凝结水管需保温。
5、尺寸均以毫米计。

检查井布管（DN40-200三管二管保温）								图集号	03R411-1
审核	刘明		校对	石中东		设计	牛进才		页	65

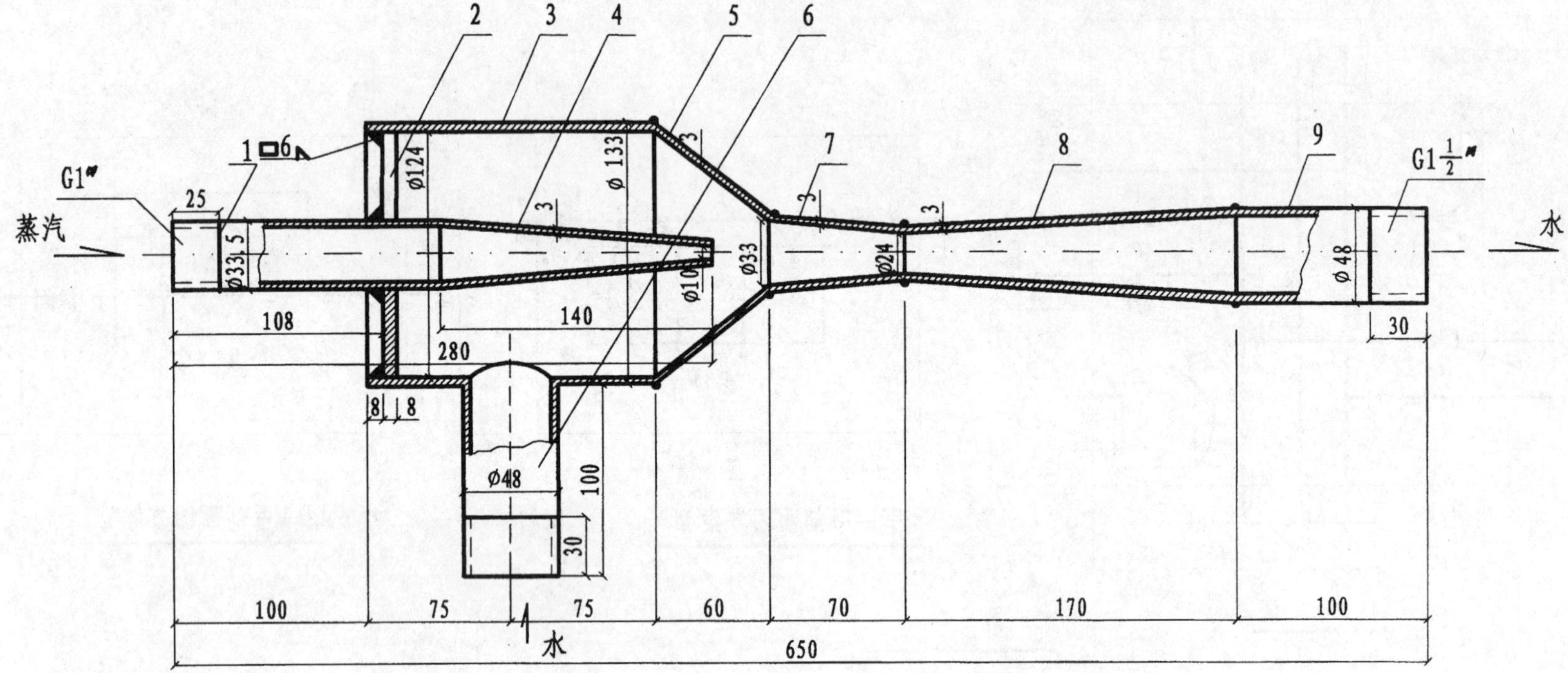

编号	名 称 及 规 格	编号	数量	重(Kg)	备 注
9	焊接钢管 L=100mm DN40	个	1	0.38	
8	扩 口 δ=3mm Q235-A	个	1	0.4	
7	缩 口 δ=3mm Q235-A	个	1	0.17	
6	焊接钢管 DN40 L=110	个	1	0.42	
5	缩 口 δ=3mm Q235-A	个	1	0.4	
4	喷 咀 δ=3mm Q235-A	个	1	0.24	
3	无缝钢管 D133x4 L=150mm	个	1	1.9	
2	焊接平盲板 δ=8mm ø124/ø35	个	1	0.75	Q235-A
1	焊接钢管 DN25 =140mm	个	1	0.34	

附 注:

1、蒸汽压力　0.4-0.6MPa

2、提升高度　4m

3、抽水能力　15T/h

4、蒸汽消耗量　0.2T/h

5、制作后涂色　防锈漆二遍加灰色调和漆一遍

抽 水 器						图集号	03R411-1
审核	刘明	校对	石中东	设计	牛进才	页	66

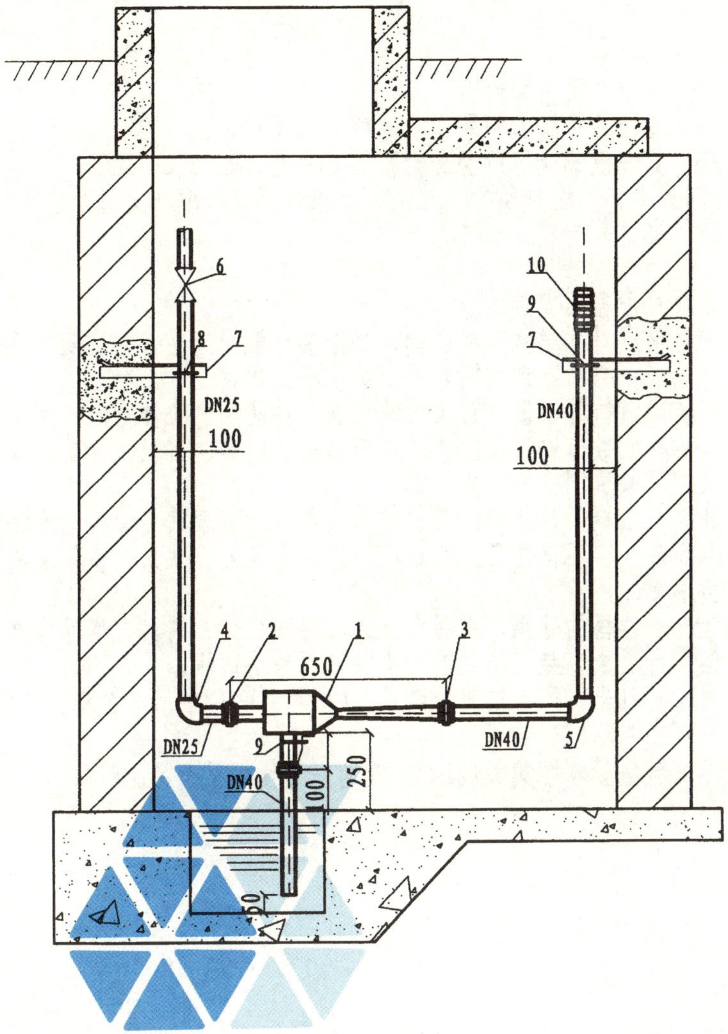

附　注：

1、抽水器安装在有生产蒸汽管的检查井内。

2、根据井内蒸汽管道布置情况连接抽水器进汽管，阀门布置在井口上部便于操作。

3、蒸汽管道保温。

4、排水时用内径38毫米橡胶管从井口引至地面。

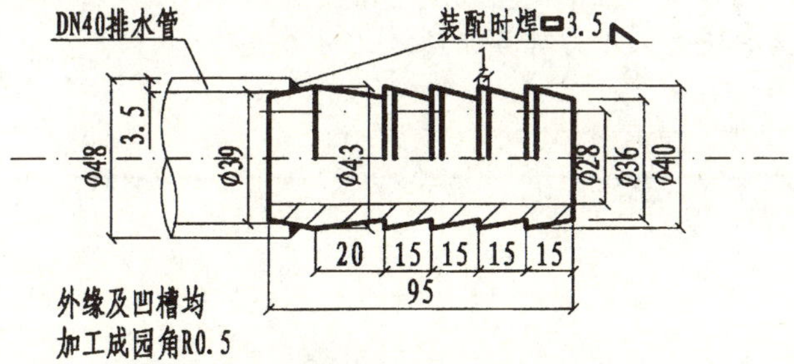

10. 软胶管接头Q235-A 1个 M1:2

编号	名称及规格	编号	数量	重(Kg)	备注
10	软胶管接头	个	1		
9	U型螺钉带帽 DN40	个	2		
8	U型螺钉带帽 DN25	个	1		
7	支架角钢 40x4 L=300mm	个	3	0.73	
6	截止阀DN25 PN16	个	1		J11T-16型
5	90° 弯头DN40	个	1		
4	90° 弯头DN25	个	1		
3	活接头DN40	个	2		
2	活接头DN40	个	1		
1	抽水器	个	1	5	

检查井内抽水器安装						图集号	03R411-1
审核	刘明	校对	石中东	设计	牛进才	页	67

波纹补偿器选用及安装说明

一、 本图集选用的波纹补偿器型式有:

轴向型波纹补偿器

压力平衡型波纹补偿器

二、 波纹补偿器选用原则:

DN ≤150: 宜选用轴向型波纹补偿器，包括内压式、外压式、复式波纹补偿器

DN ≥ 200: 宜选用压力平衡型波纹补偿器

三、 平面布置及固定支架推力计算原则:

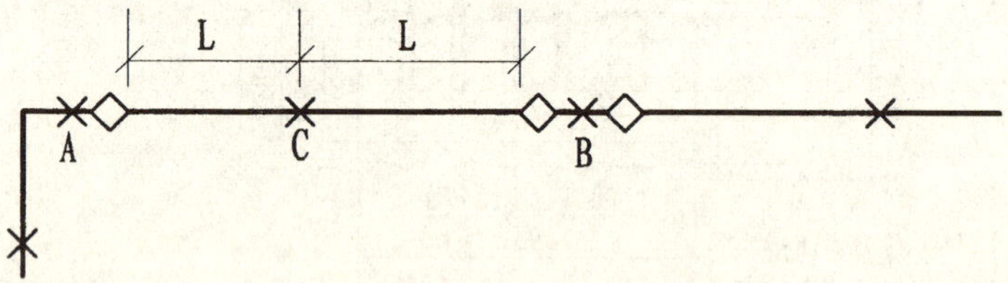

1. 在不通行地沟中，波纹补偿器宜布置在检查井中，在半通行地沟中应布置在便于检修的位置
2. 在两固定支架之间只能布置一个轴向型波纹补偿器
3. 固定支架推力计算:

A为端部固定支架受水平推力最大，其值为:

$F_A = Pb + Pd - Pf1$ (N)

B为中间固定支架受水平推力最小，其值为:

$F_B = 0.3Pd$ (N)

C为次中间固定支架，其水平推力值为:

$F_C = 0.3 (Pd + Pm)$ (N)

Pd: 波纹补偿器弹性力 (N)

Pb: 盲板力（压力平衡型无此项） (N)

Pm: 直管段管道与滑动支架摩擦之反力 Pm=uqL (N)

Pf1: “Γ”型自然补偿弹性力与该处管道和滑动支架摩擦反力之计算合成 (N)

四、 波纹补偿器的安装:

1. 安装前应对补偿器外观进行认真检查，核对产品合格证及产品说明书，并清除波纹间异物，防止机械损伤。
2. 安装时波纹补偿器均需预拉伸。当产品注明预拉伸量时，按产品的标明数值进行预拉伸；当产品未注明时，其预拉伸量为△L/2，或按产品说明中的公式计算。
3. 波纹补偿器安装方向：必须使补偿器内导流套筒与管内介质流动方向一致，不得装反。严禁用补偿器变形的方法来调整管道的安装偏差。
4. 装有补偿器的管系，在固定支架、导向支架、滑动支架等按施工图设计要求安装完毕之前，不得进行系统试压。
5. 当L ≥ 40米时，应按照补偿量△L核算97R412中滑动支座的长度，亦可在01R413中选用。
6. 导向装置见本图集第121页，其它安装要求见产品说明书。

波纹补偿器选用及安装说明								图集号	03R411-1
审核	刘 明	[签名]	校对	石中东	[签名]	设计	牛进才	[签名]	页	68

五、“厂”型自然补偿Pf1值:

公称直径DN		50	65	80	100	125	150	200	250	300	350	400	450	500	600
Pf1(N)	蒸汽	408	499	633	736	951	1177	1001	1693	2770	4489	5250	7301	9433	14304
	热水	362	475	636	789	1015	1301	974	1622	2492	4450	5760	7811	10117	15054

注：本表计算温度蒸汽为250℃、热水为150℃。

六、钢管单位长度补偿量△X值:

介质温度℃	75	100	130	150	200	250
△X mm/m	0.9	1.22	1.62	1.89	2.6	3.31

注：△X值的计算最低温度为0℃，当最低温度低于0℃时，应计0℃至最低温度的补偿量。

七、DN ≥ 200时在滑动支架顶面粘接聚四氟乙烯板滑垫详见安装图。

波纹补偿器选用及安装说明								图集号	03R411-1
审核	刘明		校对	石中东		设计	牛进才	页	69

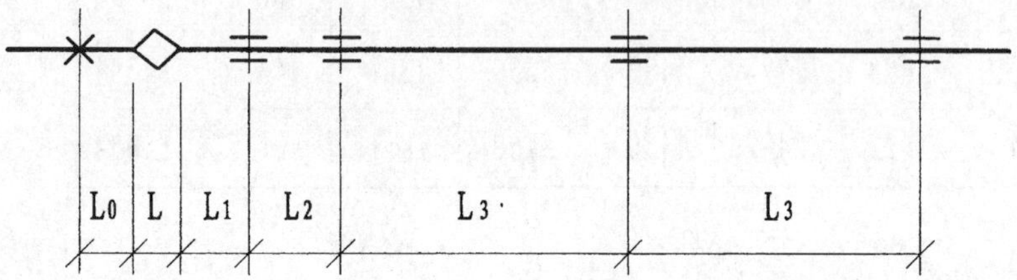

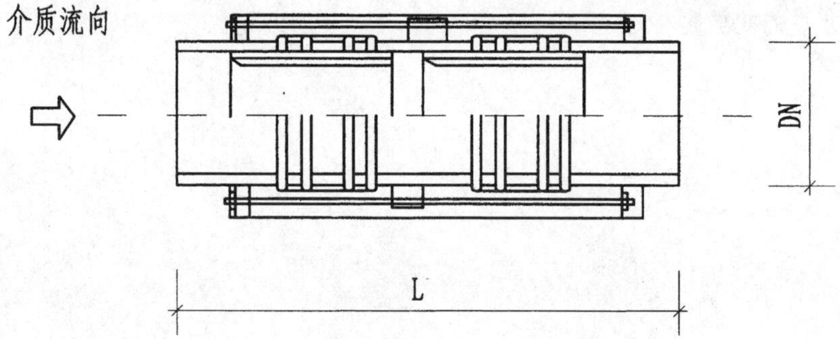

复式波纹补偿器外型图

公称直径DN	50	65	80	100	125	150	200	250	300
L_0 (mm)	200	260	320	400	500	600	800	1000	1200
L_1 (mm)	200	260	320	400	500	600	800	1000	1200
L_2 (mm)	700	910	1120	1400	1750	2100	2800	3500	4200
BF50 XXX	PN = 1.6MPa								
BF50 XXX	102	132	162	202	252	302	402	502	602
补偿量 (mm)	45	68	90	82	102	102	124	172	172
L (mm)	480	520	600	668	700	850	810	1050	1094
L_3 (mm)	3500	4300	5000	5500	6500	7800	12000	14000	17000
BF40 XXX	PN = 1.0MPa								
BF40 XXX	102	132	162	202	252	302	402	502	602
补偿量 (mm)	60	75	108	102	122	124	156	210	221
L (mm)	480	520	608	700	700	850	810	1050	1150
L_3 (mm)	4000	5000	5900	6000	7200	8600	13000	16000	19000
BF30 XXX	PN = 0.6MPa								
BF30 XXX	102	132	162	202	252	302	402	502	602
补偿量 (mm)	81	108	111	122	150	162	216	260	259
L (mm)	480	540	560	660	700	774	850	1050	1150
L_3 (mm)	4800	5800	6800	7700	8800	11000	15000	20000	24000

说明：预拉伸量为补偿量△L的1/3

本图按沈阳弗莱希波.泰格金属波纹管有限公司产品编制

复式波纹补偿器布置图（BF型）						图集号	03R411-1
审核	刘明	校对	石中东	设计	牛进才	页	70

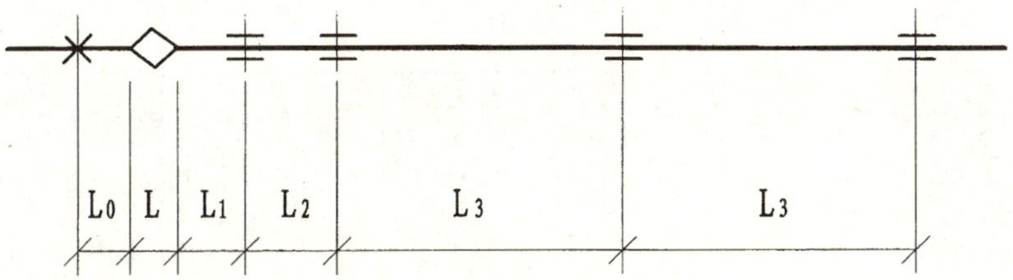

公称直径DN	50	65	80	100	125	150	200	250	300
L_0 (mm)	200	260	320	400	500	600	800	1000	1200
L_1 (mm)	200	260	320	400	500	600	800	1000	1200
L_2 (mm)	700	910	1120	1400	1750	2100	2800	3500	4200
AF50 XXX					PN = 1.6MPa				
AF50 XXX	103	133	163	203	253	303	403	503	603
补偿量 (mm)	25	38	50	46	57	57	69	96	96
L (mm)	250	270	310	344	360	450	430	560	592
L_3 (mm)	3100	3600	4500	5000	5800	7000	9800	12400	15000
AF40 XXX					PN = 1.0MPa				
AF40 XXX	103	133	163	203	253	303	403	503	603
补偿量 (mm)	33	42	60	57	68	69	87	120	123
L (mm)	250	270	314	360	360	450	430	560	620
L_3 (mm)	3900	4500	5700	5800	6900	8300	12700	15000	18000
AF30 XXX					PN = 0.6MPa				
AF30 XXX	103	133	163	203	253	303	403	503	603
补偿量 (mm)	45	60	62	68	84	90	120	144	144
L (mm)	250	280	290	340	360	412	450	560	620
L_3 (mm)	4500	5100	6400	7400	8400	10500	15000	19000	34000

说明：预拉伸量为补偿量△L的1/3

本图按沈阳弗莱希波.泰格金属波纹管有限公司产品编制

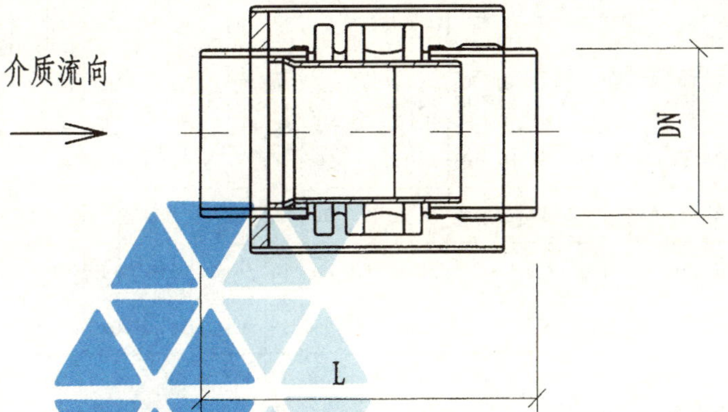

单式波纹补偿器外型图

单式波纹补偿器布置图（AF型）						图集号	03R411-1
审核	刘明	校对	石中东	设计	牛进才	页	71

PN MPa	名称 \ DN	50					65					80				
0.6	型号	AF30101	AF30102	AF30103	BF30101	BF30102	AF30131	AF30132	AF30133	BF30131	BF30132	AF30161	AF30162	AF30163	BF30161	BF30162
	补偿量(mm)	27	36	45	65	81	30	42	60	75	108	36	46	62	82	111
	预拉伸(mm)	9	12	15	21	27	10	14	20	25	36	12	16	20	27	37
	总长(mm)	218	234	250	448	480	230	250	280	480	540	242	266	290	512	560
	刚度(N/mm)	64	48	58	24	29	102	76	83	38	42	102	77	92	39	46
1.0	型号	AF40101	AF40102	AF40103	BF40101	BF40102	AF40131	AF40132	AF40133	BF40131	BF40132	AF40161	AF40162	AF40163	BF40161	BF40162
	补偿量(mm)	19	27	33	48	60	24	30	42	54	75	36	46	60	82	108
	预拉伸(mm)	6	9	11	16	20	8	10	14	18	25	12	16	20	27	36
	总长(mm)	218	234	250	448	480	242	250	270	480	520	242	266	314	512	608
	刚度(N/mm)	144	108	86	54	43	164	128	137	64	69	153	114	92	57	46
1.6	型号	AF50101	AF50102	AF50103	BF50101	BF50102	AF50131	AF50132	AF50133	BF50131	BF50132	AF50161	AF50162	AF50163	BF50161	BF50162
	补偿量(mm)	15	20	25	36	45	22	27	38	48	68	30	42	50	75	90
	预拉伸(mm)	5	6	8	12	15	7	9	13	16	22	10	14	17	25	30
	总长(mm)	218	234	250	448	480	242	266	270	512	520	254	282	310	544	600
	刚度(N/mm)	273	205	164	103	82	296	222	210	111	105	297	223	178	112	89

PN MPa	名称 \ DN	100					125					150				
0.6	型号	AF30201	AF30202	AF30203	BF30201	BF30202	AF30251	AF30252	AF30253	BF30251	BF30252	AF30301	AF30302	AF30303	BF30301	BF30302
	补偿量(mm)	42	57	68	102	122	45	62	84	111	150	45	66	90	118	162
	预拉伸(mm)	14	19	23	34	40	15	21	28	37	50	15	22	30	39	54
	总长(mm)	284	312	340	604	660	296	328	360	636	700	340	376	412	702	774
	刚度(N/mm)	107	80	114	40	57	150	113	135	57	68	105	118	138	59	69
1.0	型号	AF40201	AF40202	AF40203	BF40201	BF40202	AF40251	AF40252	AF40253	BF40251	BF40252	AF40301	AF40302	AF40303	BF40301	BF40302
	补偿量(mm)	36	42	57	75	102	38	50	68	90	122	46	62	69	111	124
	预拉伸(mm)	12	14	19	25	34	13	17	23	30	40	16	21	23	37	41
	总长(mm)	296	328	360	636	700	296	312	360	604	700	370	390	450	730	850
	刚度(N/mm)	206	184	221	92	111	246	193	222	97	111	268	215	278	108	139
1.6	型号	AF50201	AF50202	AF50203	BF50201	BF50202	AF50251	AF50252	AF50253	BF50251	BF50252	AF50301	AF50302	AF50303	BF50301	BF50302
	补偿量(mm)	26	39	46	70	82	27	42	57	75	102	42	48	57	86	102
	预拉伸(mm)	9	13	16	23	27	9	14	19	25	34	14	16	19	28	34
	总长(mm)	280	312	344	604	668	296	312	360	604	700	370	410	450	770	850
	刚度(N/mm)	442	316	296	158	148	461	306	297	103	149	463	347	373	174	187

PN MPa	名称 \ DN	200					250					300				
0.6	型号	AF30401	AF30402	AF30403	BF30401	BF30402	AF30501	AF30502	AF30503	BF30501	BF30502	AF30601	AF30602	AF30603	BF30601	BF30602
	补偿量(mm)	69	90	120	162	216	90	111	144	200	260	69	120	144	216	259
	预拉伸(mm)	23	30	40	54	72	30	37	48	66	86	23	40	48	72	86
	总长(mm)	370	410	450	770	850	464	512	560	954	1050	508	564	620	1038	1150
	刚度(N/mm)	214	160	171	80	86	175	145	174	73	87	231	163	208	82	104
1.0	型号	AF40401	AF40402	AF40403	BF40401	BF40402	AF40501	AF40502	AF40503	BF40501	BF40502	AF40601	AF40602	AF40603	BF40601	BF40602
	补偿量(mm)	45	62	87	111	156	66	96	120	172	210	69	90	123	162	221
	预拉伸(mm)	15	21	29	37	52	22	32	40	57	70	23	30	41	54	73
	总长(mm)	350	390	430	730	810	464	512	560	954	1050	508	564	620	1038	1150
	刚度(N/mm)	374	267	242	134	121	350	286	281	143	142	429	322	344	161	172
1.6	型号	AF50401	AF50402	AF50403	BF50401	BF50402	AF50501	AF50502	AF50503	BF50501	BF50502	AF50601	AF50602	AF50603	BF50601	BF50602
	补偿量(mm)	36	50	17	90	124	57	75	96	135	172	50	75	96	135	172
	预拉伸(mm)	12	69	23	30	41	19	25	32	45	57	17	25	32	45	57
	总长(mm)	350	390	430	730	810	464	512	560	954	1050	480	536	592	982	1094
	刚度(N/mm)	716	512	398	256	199	589	442	487	221	244	839	599	476	300	238

注：1. AF为单式轴向型波纹补偿器（有导流管及外套筒）、BF为复式轴向型波纹补偿器（有导流管及外套筒）

2. 本资料按沈阳弗.泰金属波纹管有限公司产品编制。

单式、复式波纹补偿器数据表（AF、BF型）						图集号	03R411-1
审核	刘明	校对	石中东	设计	牛进才	页	72

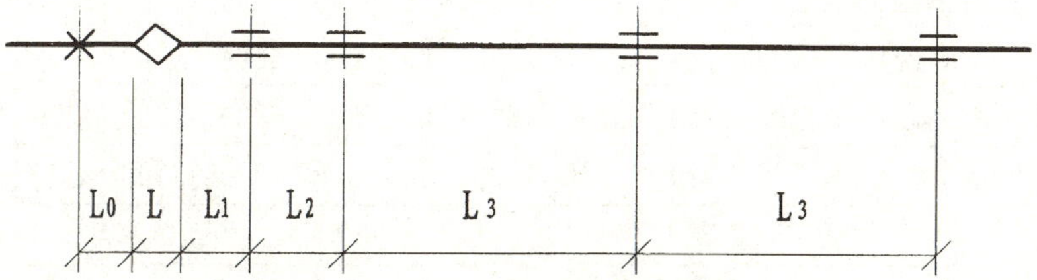

公称直径DN	50	65	80	100	125	150	200	250	300
L_0 (mm)	200	260	320	400	500	600	800	1000	1200
L_1 (mm)	200	260	320	400	500	600	800	1000	1200
L_2 (mm)	700	910	1120	1400	1750	2100	2800	3500	4200
RWZ-16-DN-△L					PN = 1.6MPa				
补偿量△L(mm)	20	25	25	40	36	70	60	56	56
L (mm)	410	453	493	580	582	725	760	748	778
L_3 (mm)	3200	4200	5200	5700	6500	7300	10700	13400	15600
刚度(N/mm)	184	160	186	164	255	153	298	319	515
RWZ-10-DN-△L					PN = 1.0MPa				
补偿量△L(mm)	20	25	25	50	45	84	77	72	70
L (mm)	394	413	445	521	497	750	769	756	785
L_3 (mm)	3500	4900	6000	7400	7900	9400	13500	17000	19600
刚度(N/mm)	216	164	204	67	172	66	148	156	288
RWZ- 6-DN-△L					PN = 0.6MPa				
补偿量△L(mm)	25	24	25	50	45	70	77	72	84
L (mm)	413	412	445	505	518	700	769	756	792
L_3 (mm)	3650	6300	6700	8600	9000	11400	16400	19400	23800
刚度(N/mm)	216	109	219	81	203	89	148	284	257

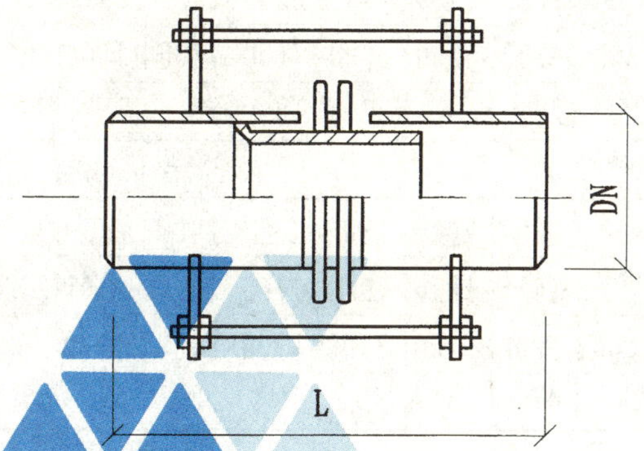

单式波纹补偿器外型图

本图按河南开封市柳园热能设备有限公司产品编制。

单式波纹补偿器布置图（RWZ型）								图集号	03R411-1
审核	刘明	[signature]	校对	石中东	[signature]	设计	牛进才	页	73

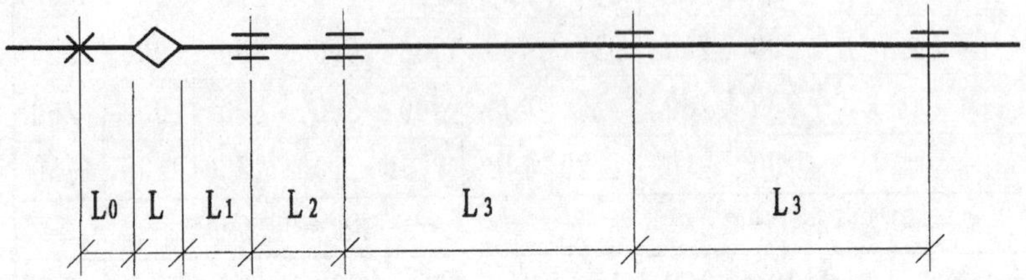

公称直径DN	50	65	80	100	125	150	200	250	300
L_0 (mm)	200	260	320	400	500	600	800	1000	1200
L_1 (mm)	200	260	320	400	500	600	800	1000	1200
L_2 (mm)	700	910	1120	1400	1750	2100	2800	3500	4200
YZ-16-DN-△L					PN = 1.6MPa				
补偿量△L(mm)	100	100	160	160	280	240	240	240	252
L (mm)	1490	1655	1820	1950	2265	2335	2295	2465	2482
L_3 (mm)	2700	3600	4300	4600	5500	5600	9000	11000	13700
刚度(N/mm)	46	59	33	64	37	75	64	113	106
YZ-10-DN-△L					PN = 1.0MPa				
补偿量△L(mm)	100	100	200	180	340	320	300	280	360
L (mm)	1490	1655	1870	1980	2355	2455	2385	2525	2645
L_3 (mm)	3300	4800	5500	6000	7100	7200	11000	14000	16700
刚度(N/mm)	35	27	15	32	18	37	31	63	78
YZ- 6-DN-△L					PN = 0.6MPa				
补偿量△L(mm)	100	100	200	180	280	280	260	320	336
L (mm)	1490	1655	1820	1980	2265	2395	2355	2585	2606
L_3 (mm)	4100	5000	6700	7100	8700	8800	13000	17000	22000
刚度(N/mm)	24	47	15	32	19	38	57	57	39

注：本类型补偿器因L值较大，宜在通行、半通行地沟中选用。

本图按河南开封市柳园热能设备有限公司产品编制。

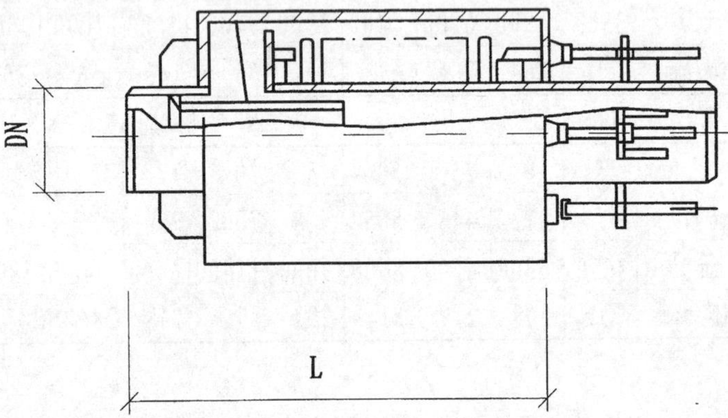

轴向外压式波纹补偿器外型图

轴向外压式波纹补偿器布置图（YZ型）

审核	刘 明		校对	石中东		设计	牛进才		图集号	03R411-1
									页	74

PN MPa	名称 \ DN	50					65					80					100					125				
0.6	型号	RWZ			YZ		RWZ			YZ		RWZ			YZ		RWZ			YZ		RWZ			YZ	
		10	14	20	50	75	14	20	24	50	75	15	20	25	100	150	20	30	40	90	135	15	20	30	140	210
	补偿量(mm)	10	14	20	50	75	14	20	24	50	75	15	20	25	100	150	20	30	40	90	135	15	20	30	140	210
	总长(mm)	309	343	380	895	1195	337	380	412	980	1320	368	406	445	1090	1480	346	399	452	1145	1565	340	399	479	1315	1790
	刚度(N/mm)	459	368	306	47	31	193	134	109	93	62	372	286	219	29	20	189	126	95	63	42	560	448	280	37	24
1.0	型号	RWZ			YZ		RWZ			YZ		RWZ			YZ		RWZ			YZ		RWZ			YZ	
		10	15	20	50	75	15	20	25	50	75	15	20	25	100	150	20	30	40	90	135	12	20	30	170	255
	补偿量(mm)	10	15	20	50	75	15	20	25	50	75	15	20	25	100	150	20	30	40	90	135	12	20	30	170	255
	总长(mm)	309	352	394	895	1195	348	380	413	980	1320	368	406	445	1090	1480	362	415	468	1145	1565	12	20	30	1360	1860
	刚度(N/mm)	460	283	216	70	46	279	214	164	54	36	347	267	204	29	19	162	114	87	63	42	560	373	249	37	21
1.6	型号	RWZ			YZ		RWZ			YZ		RWZ			YZ		RWZ			YZ		RWZ			YZ	
		10	15	20	50	75	10	16	20	50	75	10	16	20	80	120	16	24	32	80	120	10	16	24	140	210
	补偿量(mm)	10	15	20	50	75	10	16	20	50	75	10	16	20	80	120	16	24	32	80	120	10	16	24	140	210
	总长(mm)	325	368	410	725	1195	325	378	410	980	1320	341	404	442	1070	1445	376	460	512	1130	1540	335	392	468	1315	1790
	刚度(N/mm)	268	245	184	99	66	399	246	200	117	78	465	286	233	66	44	410	273	205	128	85	919	574	383	73	49

注：1.本表按河南开封市柳园热能设备有限公司产品编制。
2.轴向型单式型号示例：RWZ-16-100-40
3.轴向外压式型号示例：YZ-10-125-255

轴向型单式、外压式波纹补偿器(RWZ、YZ型)数据表(一)								图集号	03R411-1
审核	刘 明		校对	石中东		设计	牛进才	页	75

PN MPa	DN / 名称	150					200					250					300				
0.6	型号	RWZ			YZ		RWZ			YZ		RWZ			YZ		RWZ			YZ	
		30	40	50	140	210	20	41	52	130	195	36	54	72	160	240	24	48	72	168	252
	补偿量（mm）	30	40	50	140	210	20	41	52	130	195	36	54	72	160	240	24	48	72	168	252
	总　长（mm）	525	575	625	1385	1890	560	601	666	1365	1860	578	667	756	1505	2045	512	624	736	1518	2062
	刚　度(N/mm)	214	153	119	75	50	329	234	182	114	76	569	379	284	113	75	900	450	300	78	52
1.0	型号	RWZ			YZ		RWZ			YZ		RWZ			YZ		RWZ			YZ	
		36	48	60	160	240	42	56	70	150	225	36	54	72	140	210	30	50	70	180	270
	补偿量（mm）	36	48	60	160	240	42	56	70	150	225	36	54	72	140	210	30	50	70	180	270
	总　长（mm）	550	600	650	1415	1935	601	668	735	1380	1885	578	667	756	1475	2000	565	675	785	1535	2090
	刚　度(N/mm)	155	116	93	73	49	266	200	160	63	42	311	207	156	126	84	673	404	288	155	103
1.6	型号	RWZ			YZ		RWZ			YZ		RWZ			YZ		RWZ			YZ	
		30	40	50	120	180	22	39	50	120	180	28	42	56	120	180	24	40	56	126	189
	补偿量（mm）	30	40	50	120	180	22	39	50	120	180	28	42	56	120	180	24	40	56	126	189
	总　长（mm）	550	600	700	1355	1845	531	630	695	1335	1815	574	661	748	1445	1955	562	670	778	1451	1969
	刚　度(N/mm)	356	267	214	149	99	812	464	361	128	85	638	425	319	225	150	1200	720	515	212	141

注：1.本表按河南开封市柳园热能设备有限公司产品编制。

2.轴向型单式型号示例：RWZ-6-250-240

3.轴向外压式型号示例：YZ-10-300-270

轴向型单式、外压式波纹补偿器(RWZ、YZ型)数据表(二)							图集号	03R411-1
审核	刘 明	[signature]	校对	石中东	[signature]	设计 牛进才 [signature]	页	76

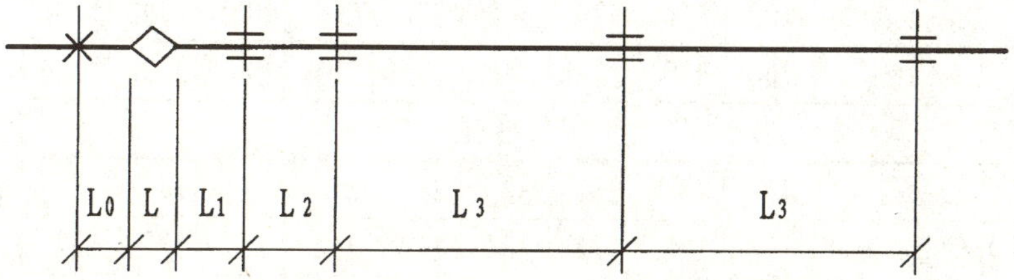

公称直径DN	50	65	80	100	125	150	200	250	300
L_0 (mm)	200	260	320	400	500	600	800	1000	1200
L_1 (mm)	200	260	320	400	500	600	800	1000	1200
L_2 (mm)	700	910	1120	1400	1750	2100	2800	3500	4200
PN = 1.6MPa									
波数 n	32	32	24	20	20	16	16	16	16
补偿量 (mm)	40	48	64	96	122	132	140	220	224
L (mm)	700	700	740	850	860	860	980	1220	1430
L_3 (mm)	3000	4200	4800	5700	6700	7900	10700	12900	22300
刚度 (N/mm)	159	142	143	104	102	125	234	220	312
PN = 1.0MPa									
波数 n	32	32	20	20	20	16	16	16	16
补偿量 (mm)	40	48	66	98	128	136	196	222	228
L (mm)	700	700	740	850	860	860	980	1220	1430
L_3 (mm)	3800	5200	5200	6100	7100	9000	12700	15000	17400
刚度 (N/mm)	79	71	143	104	102	94	98	147	207
PN = 0.6MPa									
波数 n	32	32	20	20	20	16	16	16	16
补偿量 (mm)	40	50	64	100	128	136	206	258	254
L (mm)	700	700	740	850	860	860	980	1220	1430
L_3 (mm)	4300	6000	7000	7700	8400	11500	15900	19700	22300
刚度 (N/mm)	79	71	72	69	68	63	72	86	126

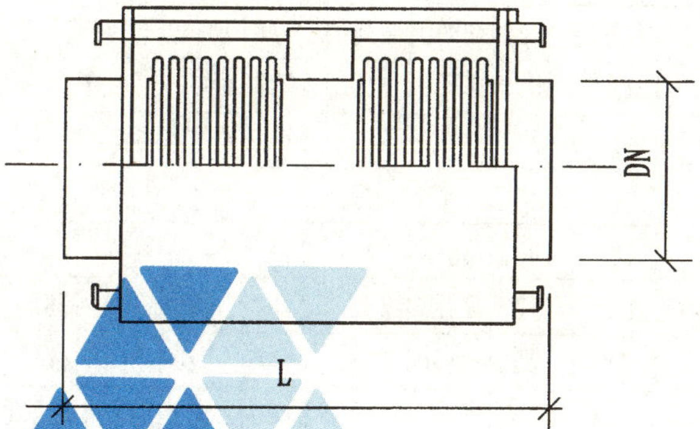

复式波纹补偿器外型图

复式波纹补偿器布置图						图集号	03R411-1
审核	刘 明	校对	石中东	设计	牛进才	页	77

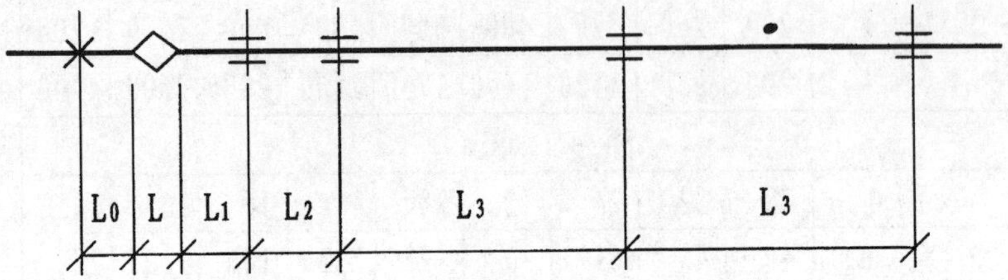

公称直径DN	50	65	80	100	125	150	200	250	300
L_0（mm）	200	260	320	400	500	600	800	1000	1200
L_1（mm）	200	260	320	400	500	600	800	1000	1200
L_2（mm）	700	910	1120	1400	1750	2100	2800	3500	4200
PN = 1.6MPa									
波数 n	40	40	36	32	28	24	24	24	24
补偿量（mm）	128	128	172	204	232	212	332	339	372
L（mm）	1190	1260	1300	1390	1550	1670	2090	2360	2750
L_3（mm）	2150	3300	3800	4250	5300	6000	8000	10000	12400
刚度(N/mm)	71	71	69	85	71	156	147	207	275
PN = 1.0MPa									
波数 n	40	40	36	32	28	24	24	24	24
补偿量（mm）	152	152	208	204	236	292	336	340	412
L（mm）	1108	1250	1330	1380	1620	1700	2090	2360	2600
L_3（mm）	2600	4000	4700	5200	6400	6800	10000	12500	15000
刚度(N/mm)	42	42	39	64	53	65	98	138	182
PN = 0.6MPa									
波数 n	40	40	36	32	28	24	24	24	24
补偿量（mm）	152	152	208	232	240	308	384	384	436
L（mm）	1180	1250	1330	1380	1510	1720	2180	2440	2630
L_3（mm）	3500	5400	6000	7000	8100	8400	12600	15800	20700
刚度(N/mm)	21	21	24	24	36	48	57	82	75

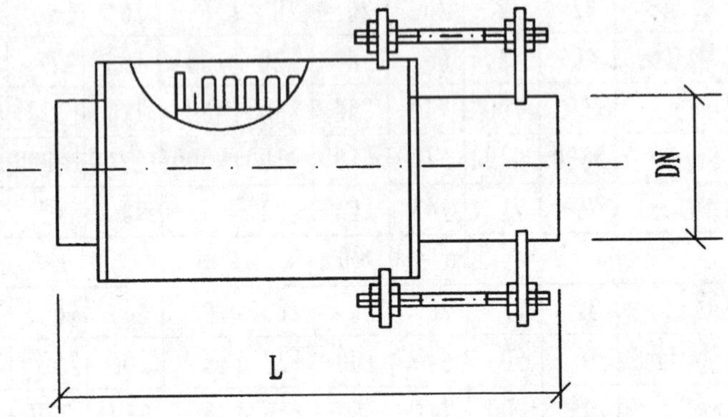

轴向外压式波纹补偿器外型图

注：本类型补偿器因L值较大宜在通行、半通行地沟中选用。

轴向外压式波纹补偿器布置图						图集号	03R411-1
审核	刘明	校对	石中东	设计	牛进才	页	78

PN MPa	名称 \ DN	50					65					80					100					125				
0.6	型　号	8	16	10	20	30	8	12	10	20	30	8	10	9	18	27	6	10	8	16	24	5	10	7	14	21
	补偿量(mm)	10	20	38	76	114	17	25	38	76	114	26	32	52	104	156	30	50	58	116	174	32	64	60	120	180
	总　长(mm)	274	339	431	678	923	292	332	440	706	977	340	370	470	755	1042	315	379	492	794	1091	312	402	542	876	1217
	刚　度(N/mm)	317	158	84	42	28	212	142	84	42	28	179	143	96	48	32	276	166	97	49	32	272	136	143	72	48
1.0	型　号	8	16	10	20	30	8	12	10	20	30	8	10	9	18	27	6	10	8	16	24	5	10	7	14	21
	补偿量(mm)	10	20	38	76	114	16	24	38	76	114	26	33	52	104	156	30	49	51	102	153	32	64	59	118	177
	总　长(mm)	282	347	437	686	931	300	340	456	722	993	344	374	478	763	1050	323	387	502	789	1089	316	406	570	920	1273
	刚　度(N/mm)	317	158	167	83	56	212	142	167	83	56	357	286	159	79	53	572	343	255	127	85	408	204	214	107	71
1.6	型　号	8	16	10	20	30	8	12	10	20	30	8	10	9	18	27	6	10	8	16	24	5	10	7	14	21
	补偿量(mm)	10	20	32	64	96	16	24	32	64	96	26	32	43	86	129	29	48	50	102	152	31	61	58	116	174
	总　长(mm)	282	347	453	701	946	300	340	476	744	1019	344	374	494	777	1063	323	387	520	818	1121	316	406	594	952	1313
	刚　度(N/mm)	635	317	286	143	95	424	283	286	143	95	357	286	278	139	93	417	250	340	170	113	409	204	286	143	95

轴向型内压式、外压式波纹补偿器数据表(一)							图集号	03R411-1
审核	刘　明	刘明	校对	石中东	石中东	设计	牛进才	牛进才	页	79

PN MPa	DN / 名称	150					200					250						300					
0.6	型 号	5	8	6	12	18	4	8	6	12	18	4	6	8	6	12	18	4	6	8	6	12	18
	补偿量(mm)	43	68	77	154	231	52	103	96	192	288	65	98	129	96	192	288	64	96	127	109	218	327
	总 长(mm)	330	390	605	983	1368	340	448	712	1211	1716	405	480	561	782	1340	1905	450	548	646	845	1443	2050
	刚 度(N/mm)	200	125	191	95	64	287	144	230	115	77	342	228	171	330	165	110	502	335	251	300	150	100
1.0	型 号	5	8	6	12	18	4	8	6	12	18	4	6	8	6	12	18	4	6	8	6	12	18
	补偿量(mm)	43	68	73	146	219	49	98	84	168	252	56	84	111	85	170	255	57	84	114	103	206	309
	总 长(mm)	338	398	607	977	1369	344	452	685	1149	1619	409	487	565	760	1288	1825	458	556	654	893	1466	2074
	刚 度(N/mm)	300	188	260	130	87	390	195	391	195	130	587	391	294	553	276	184	830	391	415	728	364	242
1.6	型 号	5	8	6	12	18	4	8	6	12	18	4	6	8	6	12	18	4	6	8	6	12	18
	补偿量(mm)	41	66	53	106	159	35	70	83	166	249	55	83	110	85	169	254	56	84	112	93	186	279
	总 长(mm)	338	402	643	1029	1420	348	456	680	1121	1565	415	493	572	760	1268	1785	466	564	662	880	1504	2130
	刚 度(N/mm)	400	250	623	311	208	935	468	587	293	195	880	587	440	830	415	277	1245	830	623	1100	550	366

轴向型内压式、外压式波纹补偿器数据表(二)							图集号	03R411-1
审核	刘 明	刘明	校对	石中东	石中东	设计	牛进才	牛进才	页	80

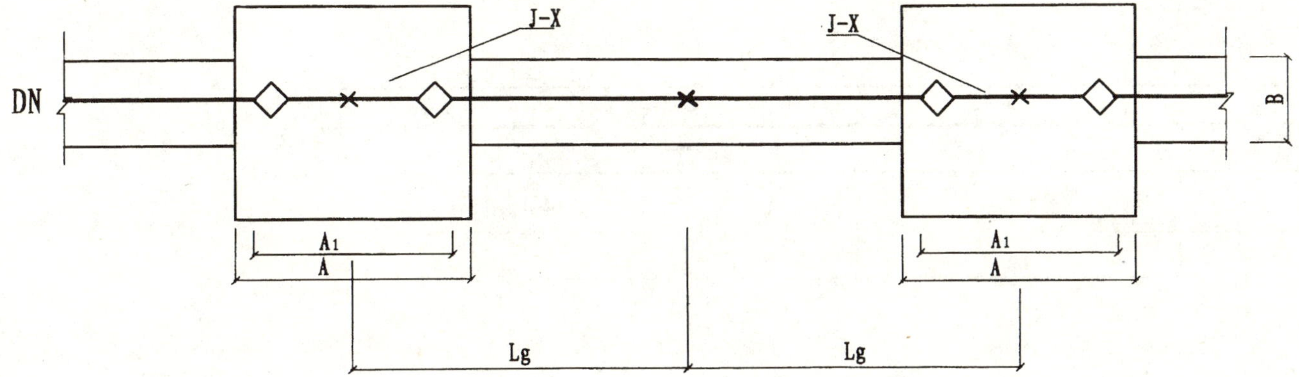

介质温度° C	75	100	130	150	200	250
米补偿量mm/m	0.9	1.22	1.62	1.89	2.6	3.31

检修井编号	宽x长(mm)	DN	A(mm)
J-1	1400x1400	<50	1400
J-2	1400x2000	50-65	2000
J-2a	1400x3000	80-150	3000

标注示例:

DN 150, t=200° C, PN=1.0MPa,

选BF40302 补偿量: 124mm, 总长: 850mm

固定支架间距$Lg=\frac{124}{2.6}=47.7m$, 取Lg=47m

$A_1=2x4DN+2L=2x600+2x850=2900mm$, 取A=3000mm

导向支架间距L_1、L_2、L_3见波纹补偿器布置图(BF型)

波纹补偿器布置在检查井内, B地沟宽度。

不通行地沟、波纹补偿器单管(保温)布置(中间固定支架)(一)								图集号	03R411-1
审核	刘明		校对	石中东		设计	牛进才	页	81

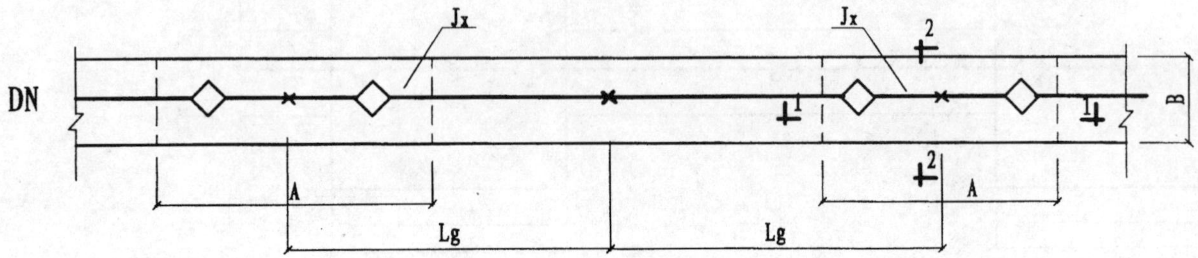

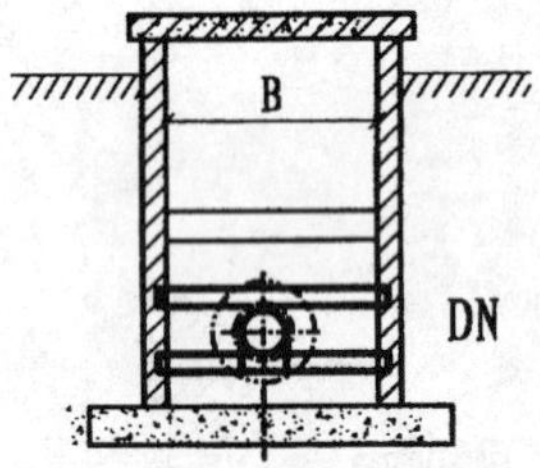

2-2

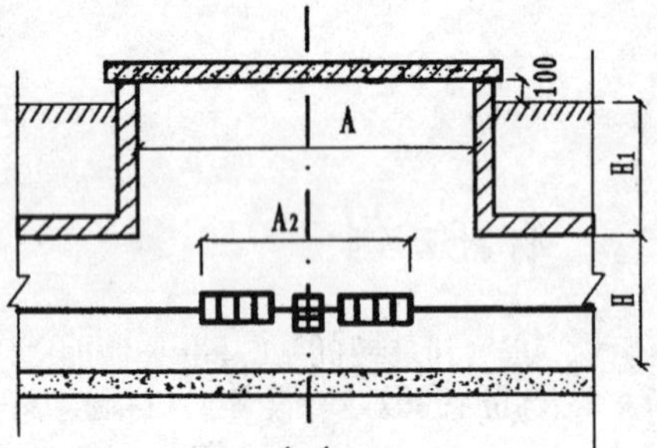

1-1

介质温度° C	75	100	130	150	200	250
米补偿量mm/m	0.9	1.22	1.62	1.89	2.6	3.31

检修井	DN	A(mm)	BxH
J1	<50	1500	沟宽×沟高
J2	50-65	2000	
J3	80-150	3000	

标注示例:

DN125 t=130°c PN=0.6MPa

选BF30251 补偿量: 111mm, 总长: 636mm

固定支架间距Lg= $\frac{111}{1.62}$ =68.5m, 取Lg=68m

A_1=2×4DN +2L=1000+636×2=2272mm, 取A=3000mm

导向支架间距L_1、L_2、L_3见波纹补偿器布置图（BF型）

注: 1、波纹补偿器布置在检修井内，井宽和沟宽相同，井长A可视其具体情况确定，但不宜小于表内尺寸。

2、检修井材料同地沟用材料，井口高出地面100mm，H_1不宜大于0.6米，井盖板同沟盖板。

不通行地沟、波纹补偿器单管（保温）布置（中间固定支架）（二）							图集号	03R411-1
审核	刘明	[signature]	校对	石中东	[signature]	设计	牛进才	[signature]	页	82

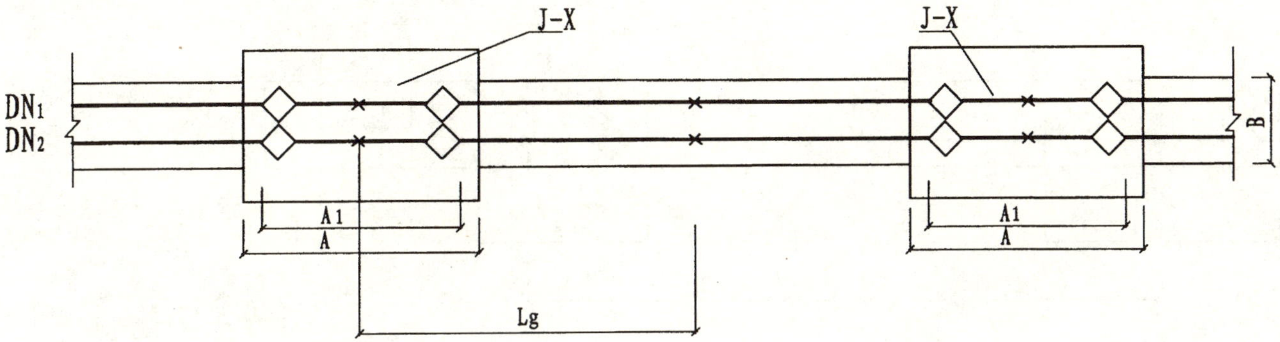

介质温度°C	75	100	130	150	200	250
米补偿量mm/m	0.9	1.22	1.62	1.89	2.6	3.31

检修井编号	宽x长(mm)	DN_1	DN_2	A(mm)
J-1	1400×1400	<50	<50	1400
J-2	1400×2000	50-65	≤65	2000
J-3a	2000×3000	80-150	≤150	3000

标注示例:

$DN_1$125 t=200°c, PN=1.0MPa,
选BF40252 补偿量: 122mm, 总长: 700mm

固定支架间距$Lg=\frac{122}{2.6}=46.9m$, 取Lg=46m

$A_1=2\times4DN_1+2L=1000+2\times700=2400mm$, 取A=3000mm

$DN_2$100, t=130°c, PN=0.6MPa, 补偿量为46×1.62=74.5mm
选BF30201 补偿量: 102mm, 总长: 604mm
$A_1=2\times4DN_2+2L=800+2\times604=2008mm$,

导向支架间距L_1、L_2、L_3见波纹补偿器布置图(BF型)
波纹补偿器布置在检查井内, B地沟宽度。

不通行地沟、波纹补偿器双管(保温)布置(中间固定支架)(一)						图集号	03R411-1
审核	刘明	校对	石中东	设计	牛进才	页	83

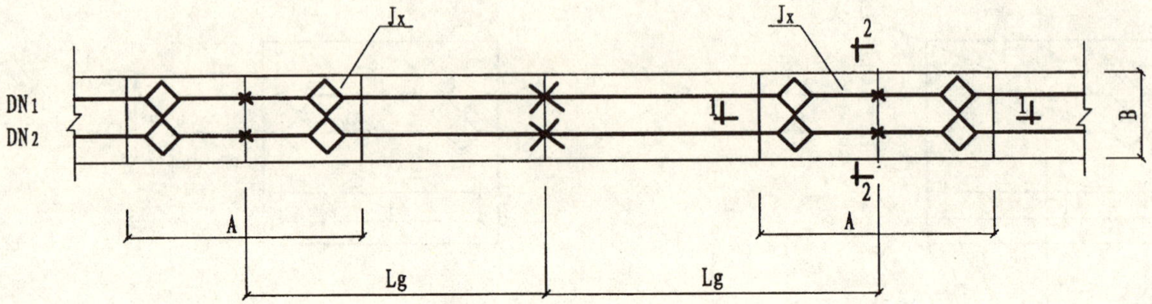

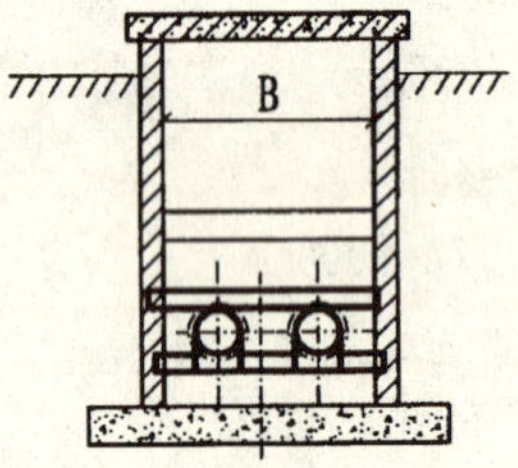

2-2

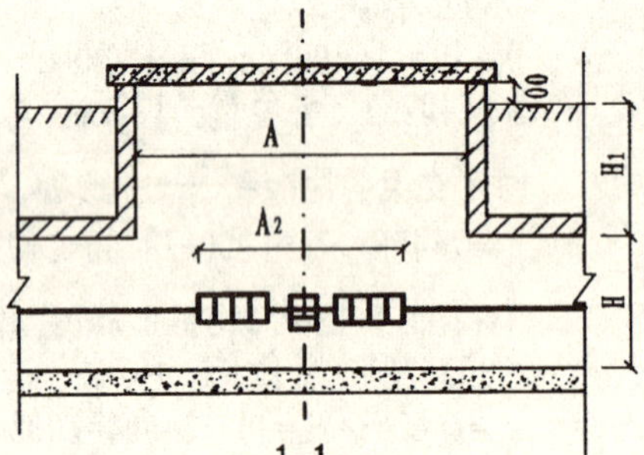

1-1

标注示例:

$DN_1$150 t=200° c, PN=1.25MPa,
选BF50302　补偿量: 102mm　总长: 850mm
固定支架间距$Lg=\frac{102}{2.6}=39.2m$, 取Lg=39m
$A_1=2\times4DN_1+2L=1200+1700=2900mm$, 取A=3000mm

$DN_2$125 t=150° c, PN=0.6MPa,
选AF30253　补偿量: 84mm,　总长: 360mm
$A_1=2\times4DN+2L=1000+720=1720mm$,

导向支架间距L_1、L_2、L_3见波纹补偿器布置图（AF、BF型）

介质温度° C	75	100	130	150	200	250
米补偿量mm/m	0.9	1.22	1.62	1.89	2.6	3.31

检修井	DN_1	DN_2	A (mm)	BxH
J1	<50	<50	1400	沟宽×沟高
J2	50-65	≤65	2000	
J3	80-150	≤150	3000	

注: 1、波纹补偿器布置在检修井内，井宽和沟宽相同，井长A可视其具体情况确定，但不宜小于表内尺寸。
2、检修井材料同地沟用材料，井口高出地面100mm，H_1不宜大于0.6米，井盖板同沟盖板。

不通行地沟、波纹补偿器双管（保温）布置（中间固定支架）（二）							图集号	03R411-1
审核	刘明	刘明	校对	石中东	石中东	设计	牛进才	牛进才	页	84

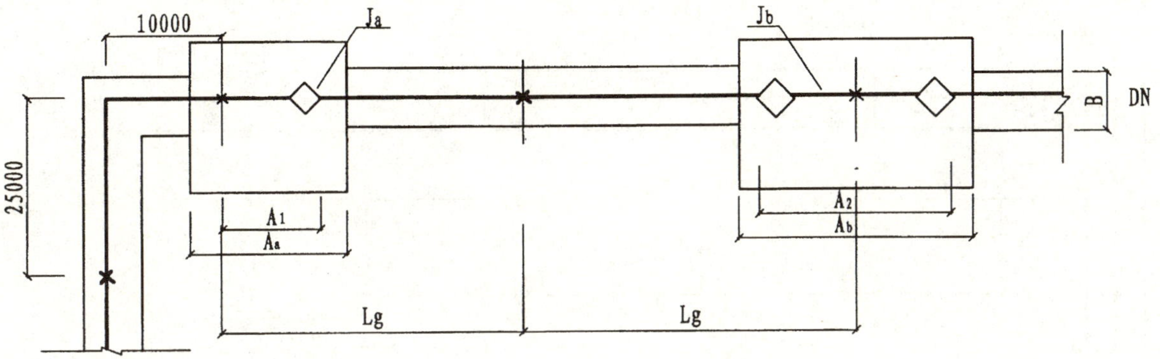

介质温度°C	75	100	130	150	200	250
米补偿量mm/m	0.9	1.22	1.62	1.89	2.60	3.31

检修井编号		宽×长(mm)	DN	A(mm)
Ja	J-1	1400×1400	≤65	1400 (Aa)
	J-2	1400×2000	80-150	2000 (Aa)
Jb	J-1	1400×1400	<50	1400 (Ab)
	J-2	1400×2000	50-65	2000 (Ab)
	J-2a	1400×3000	80-150	3000 (Ab)

标注示例:

$DN_1$150 t=250° c PN=1.25MPa,
选BF50302
补偿量: 102mm, 总长: 850mm
固定支架间距Lg= $\frac{102}{3.31}$ =30.8m, 取Lg=30m
A_1=4DN +L=600+850=1450mm, 取Aa=2000mm
A_2=2×4DN +2L=2×600+2×850=2900mm, 取A_b=3000mm
导向支架间距L_1、L_2、L_3见波纹补偿器布置图(BF型)
波纹补偿器布置在检查井内,B地沟宽度。

不通行地沟、波纹补偿器单管(保温)布置(端部固定支架)(一)						图集号	03R411-1
审核	刘明	校对	石中东	设计	牛进才	页	85

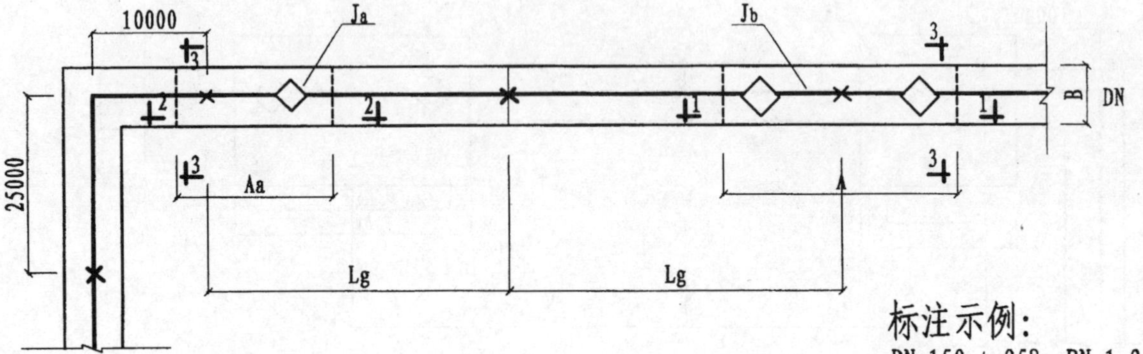

标注示例:

DN₁150 t=95°c PN=1.25MPa

选RWZ-16-150B-70

补偿量: 70MM,总长: 725mm

固定支架间距Lg= $\frac{70}{1.22}$=57.4m,取Lg=57m

A_1=4DN_1+L=600+725=1325mm,取A_a=2000mm

A_2=2×4DN +2L=1200+1450=2650mm,取A_b=3000mm

导向支架间距L_1、L_2、L_3见波纹补偿器布置图（RWZ型）

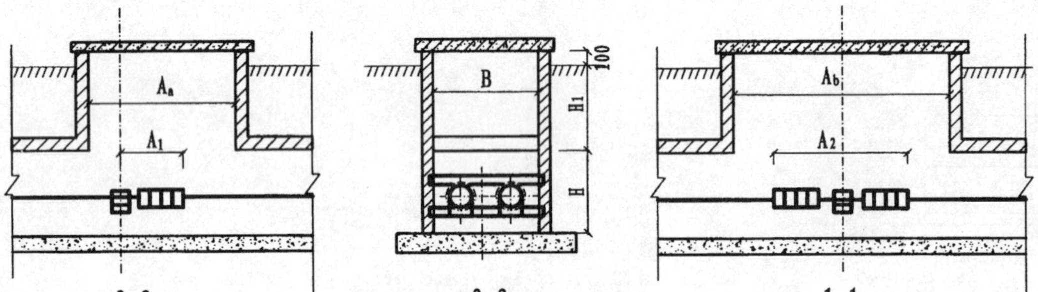

2-2　　3-3　　1-1

介质温度°C	75	100	130	150	200	250
米补偿量mm/m	0.9	1.22	1.62	1.89	2.6	3.31

检修井		DN	A(mm)	BxH
Ja	J1	≤65	1400 (Aa)	沟宽×沟高
	J2	80-150	2000 (Aa)	
Jb	J1	<50	1400 (Ab)	
	J2	50-65	2000 (Ab)	
	J3	80-150	3000 (Ab)	

注: 1、波纹补偿器布置在检修井内，井宽和沟宽相同，井长A可视其具体情况确定，但不宜小于表内尺寸。

2、检修井材料同地沟用材料，井口高出地面100mm，H_1不宜大于0.6米，井盖板同沟盖板。

不通行地沟、波纹补偿器单管（保温）布置（端部固定支架）（二）						图集号	03R411-1
审核	刘明	校对	石中东	设计	牛进才	页	86

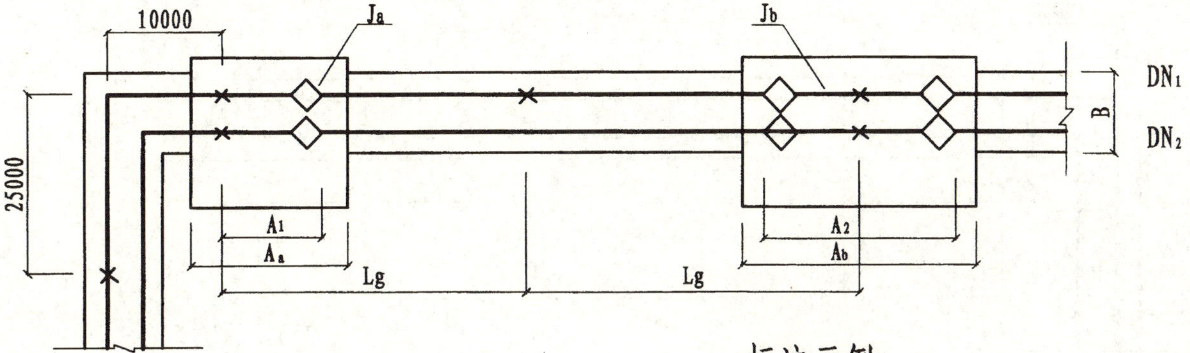

介质温度° C	75	100	130	150	200	250
米补偿量mm/m	0.9	1.22	1.62	1.89	2.6	3.31

检修井		宽x长(mm)	DN_1	DN_2	A(mm)
Ja	J-1	1400×1400	≤65	≤65	1400(Aa)
	J-2	1400×2000	80-150	≤150	2000(Aa)
Jb	J-1	1400×1400	<50	<50	1400(Ab)
	J-2	1400×2000	50-65	≤65	2000(Ab)
	J-2a	1400×3000	80-150	≤150	3000(Ab)

标注示例:

$DN_1$150 t=95°c PN=1.0MPa
选RWZ-10-150-84
补偿量: 84mm,总长: 750mm
固定支架间距$Lg=\frac{84}{1.22}=68.9m$,取Lg=68m

$DN_2$150, t=70°c, PN=0.6MPa, 补偿量为68×0.9=61.2mm
选RWZ-6-150-70
补偿量: 70mm,总长: 700mm

$A_1=4DN_1+L=600+750=1350mm$,取$A_a=2000mm$
$A_2=2\times4DN_2+2L=1200+1400=2600mm$,取$A_b=3000mm$
导向支架间距L_1、L_2、L_3见波纹补偿器布置图(RWZ型)
波纹补偿器布置在检查井内,B地沟宽度

不通行地沟、波纹补偿器双管(保温)布置(端部固定支架)(一)								图集号	03R411-1
审核	刘明		校对	石中东		设计	牛进才	页	87

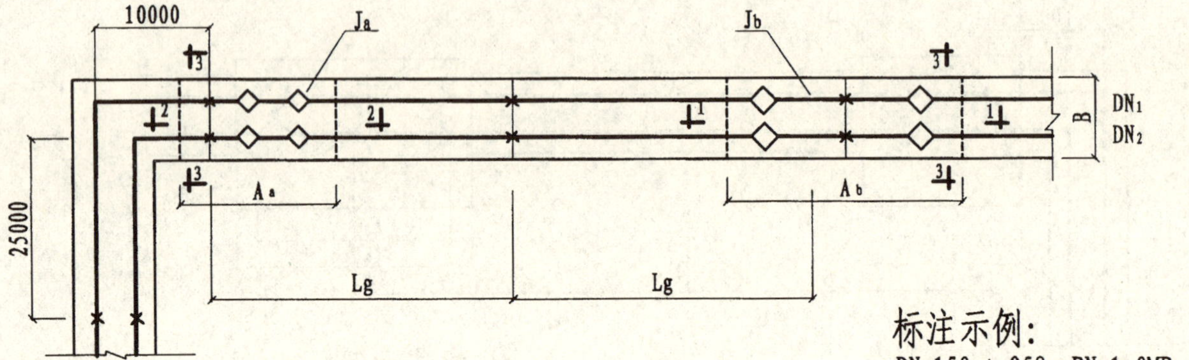

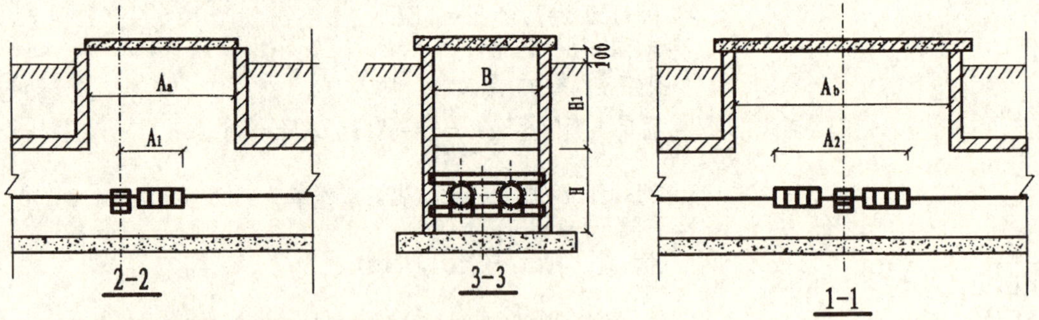

标注示例:

$DN_1$150 t=95°c PN=1.0MPa,
选RWZ-10-150-84
补偿量：84mm 总长：750mm
固定支架间距Lg= $\frac{84}{1.22}$=68.9m，取Lg=68m
$DN_2$150 t=70°c PN=0.6MPa
选RWZ-6-150-70
补偿量：70mm，总长：700mm
$A_1=4DN_1+L=600+750=1350mm$，取$A_a=2000mm$
$A_2=2DN_2+2L=1200+1400=2600mm$，取$A_b=3000mm$
导向支架间距见波纹补偿器布置图（RWZ型）

注：1、波纹补偿器布置在检修井内，井宽和沟宽相同，井长A可视其具体情况确定，但不宜小于表内尺寸。
2、检修井材料同地沟用材料，井口高出地面100mm，H_1不宜大于0.6米，井盖板同沟盖板。

介质温度° C	75	100	130	150	200	250
米补偿量mm/m	0.9	1.22	1.62	1.89	2.6	3.31

检修井		DN_1	DN_2	A (mm)	BxH
Ja	J1	≤65	≤65	1400 (Aa)	沟宽×沟高
	J2	80-150	≤150	2000 (Aa)	
Jb	J1	<50	<50	1400 (Ab)	
	J2	50-65	≤65	2000 (Ab)	
	J3	80-150	≤150	3000 (Ab)	

不通行地沟、波纹补偿器双管（保温）布置（端部固定支架）（二）						图集号	03R411-1
审核	刘明	校对	石中东	设计	牛进才	页	88

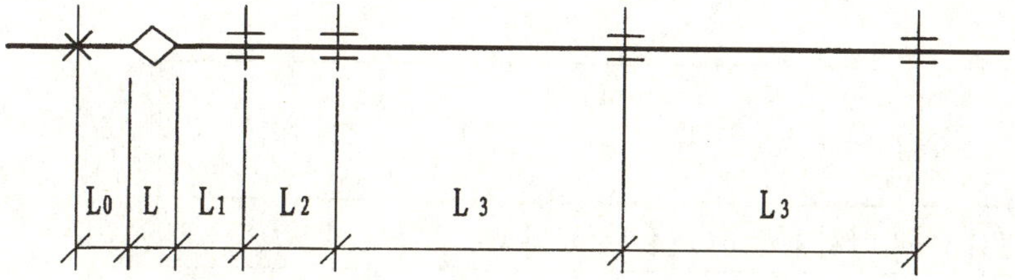

公称直径DN	200	250	300	350	400	450	500	600
L_0（mm）	800	1000	1200	1400	1600	1800	2000	2400
L_1（mm）	800	1000	1200	1400	1600	1800	2000	2400
L_2（mm）	2800	3500	4200	4900	5600	6300	7000	8400
PN = 1.6MPa								
n/n	6/6	6/6	8/8	8/8	8/8	8/8	8/8	8/8
补偿量（mm）	70	83	112	124	129	134	138	166
L（mm）	1308	1389	1873	2053	2170	2119	2255	2581
L_3（mm）	10000	12000	13000	15000	17000	20000	21000	24000
PN = 1.0MPa								
n/n	6/6	6/6	8/8	8/8	8/8	8/8	8/8	8/8
补偿量（mm）	98	84	114	137	130	151	154	190
L（mm）	1264	1372	1855	2024	2149	2074	2203	2517
L_3（mm）	12000	14000	17000	19000	21000	24000	26000	30000
PN = 0.6MPa								
n/n	6/6	6/6	8/8	8/8	8/8	8/8	8/8	8/8
补偿量（mm）	103	98	127	145	144	168	175	212
L（mm）	1269	1386	1868	2032	2163	2091	2224	2539
L_3（mm）	14000	18000	21000	23000	25000	31000	33000	38000

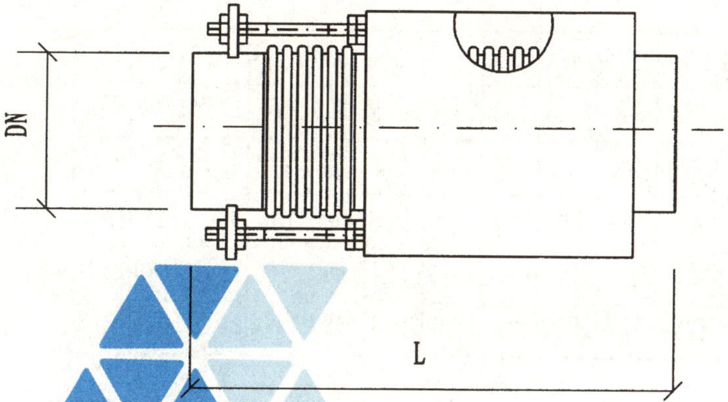

内外压平衡式波纹补偿器外型图

PN MPa	DN / 名称	200		250		300			350			400			450			500			600		
0.6	型号	4/4	6/6	4/4	6/6	4/4	6/6	8/8	4/4	6/6	8/8	4/4	6/6	8/8	4/4	6/6	8/8	4/4	6/6	8/8	4/4	6/6	8/8
	补偿量（mm）	52	103	65	98	64	94	127	73	110	145	72	108	144	84	126	168	87	131	175	106	159	212
	总长（mm）	1000	1269	1187	1386	1330	1557	1868	1434	1695	2032	1537	1799	2163	1483	1743	2091	1620	1864	2224	1805	2098	2539
	刚度(N/mm)	402	202	479	319	703	469	351	630	420	315	784	522	392	567	378	283	595	396	298	745	496	372
1.0	型号	4/4	6/6	4/4	6/6	4/4	6/6	8/8	4/4	6/6	8/8	4/4	6/6	8/8	4/4	6/6	8/8	4/4	6/6	8/8	4/4	6/6	8/8
	补偿量（mm）	49	98	56	84	57	84	114	68	102	137	65	98	130	76	113	151	77	116	154	95	143	190
	总长（mm）	997	1264	1178	1372	1323	1547	1855	1429	1687	2024	1530	1789	2149	1475	1730	2074	1610	1849	2203	1794	2082	2517
	刚度(N/mm)	546	273	822	547	1162	774	581	1529	1047	764	1281	854	640	1445	963	722	1540	1026	770	1753	1169	876
1.6	型号	4/4	6/6	4/4	6/6	4/4	6/6	8/8	4/4	6/6	8/8	4/4	6/6	8/8	4/4	6/6	8/8	4/4	6/6	8/8	4/4	6/6	8/8
	补偿量（mm）	35	70	55	83	56	84	112	62	93	124	64	96	129	67	100	134	69	104	138	83	125	166
	总长（mm）	1027	1308	1195	1389	1340	1563	1873	1451	1712	2053	1551	1811	2170	1512	1771	2119	1654	1897	2255	1846	2140	2581
	刚度(N/mm)	1309	585	1232	822	1743	1162	872	2317	1522	1155	1925	1284	963	2877	1918	1438	2989	1992	1494	2436	1624	1218

内外压平衡式波纹补偿器数据表							图集号	03R411-1
审核	刘明	刘明	校对	石中东	石中东	设计	牛进才	牛进才	页	90

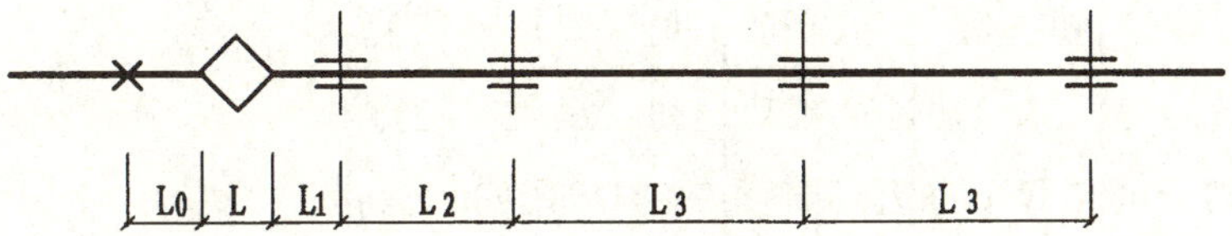

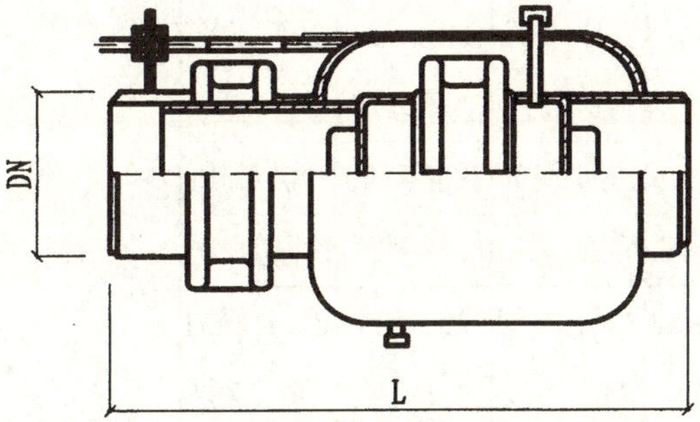

压力平衡型波纹补偿器外型图

注：预拉伸量为补偿量ΔL的1/3

本图按沈阳弗莱希波.泰格金属波纹管有限公司产品编制

公称直径DN	200	250	300	350	400	450	400	450
Lo (mm)	800	1000	1200	1400	1600	1800	2000	2400
L_1 (mm)	800	1000	1200	1400	1600	1800	2000	2400
L_2 (mm)	2800	3500	4200	4900	5600	6300	7000	8400
PA5xxxx	PN=1.6MPa							
PA5xxxx	0402	0502	0602	0702	0802	0902	1002	1202
补偿量(mm)	108	150	150	180	189	216	240	243
L (mm)	2200	2600	2800	3300	3560	3800	4200	4300
L_3 (mm)	9500	11500	13000	15000	17000	20000	20000	23000
PA4xxxx	PN=1.0MPa							
PA4xxxx	0402	0502	2602	2702	0802	0902	1002	1202
补偿量(mm)	135	180	189	198	216	216	270	270
L (mm)	2200	2600	2800	3390	3560	3800	4200	4300
L_3 (mm)	11500	14000	17000	19000	21000	24000	25000	29000
PA3xxxx	PN=0.6MPa							
PA3xxxx	0402	0502	0602	0702	0802	0902	1002	1202
补偿量(mm)	180	216	216	243	270	270	324	315
L (mm)	2290	2700	2900	3500	3560	3800	4450	4300
L_3 (mm)	13500	17500	21000	23000	25000	31000	31000	37300

压力平衡型波纹补偿器布置图（PA型）						图集号	03R411-1
审核	刘明	校对	石中东	设计	牛进才	页	91

PN MPa	名称 \ DN	200		250		300		350		400		450		500		600	
0.6	型号	PA30401	PA30402	PA30501	PA30502	PA30601	PA30602	PA30701	PA30702	PA30801	PA30802	PA30901	PA30902	PA31001	PA31002	PA31201	PA31202
	补偿量（mm）	100	180	120	216	120	216	135	243	150	170	150	270	180	324	175	315
	总长（mm）	1600	2290	1900	2700	2000	2900	2300	3500	3250	3560	2560	3800	2900	4450	2900	4300
	刚度(N/mm)	342	171	348	174	416	208	584	292	610	305	562	281	752	376	680	340
1.0	型号	PA40401	PA40402	PA40501	PA40502	PA40601	PA42602	PA42701	PA42702	PA40801	PA40802	PA40901	PA40902	PA41001	PA41002	PA41201	PA41202
	补偿量（mm）	75	135	102	180	102	189	110	198	120	216	120	216	150	270	150	270
	总长（mm）	1550	2200	1800	2600	1900	2800	2250	3390	2350	3560	2600	3800	2800	4200	2900	4300
	刚度(N/mm)	484	242	562	281	688	344	922	461	1000	500	1100	550	1194	597	1170	585
1.6	型号	PA50401	PA50402	PA50501	PA50502	PA50601	PA50602	PA50701	PA50702	PA50801	PA50802	PA50901	PA50902	PA51001	PA51002	PA51201	PA51202
	补偿量（mm）	60	108	84	150	84	150	100	180	105	189	120	216	135	240	135	243
	总长（mm）	1550	2200	1800	2600	1900	2800	2250	3300	2350	3560	2600	3800	2800	4200	2900	4300
	刚度(N/mm)	796	398	974	487	952	476	1374	687	1220	610	1326	663	1668	834	1908	954

本表按沈阳弗莱希波.泰格金属波纹管有限公司产品编制。

压力平衡型波纹补偿器(PA型)数据表							图集号	03R411-1
审核	刘明		校对	石中东		设计 牛进才	页	92

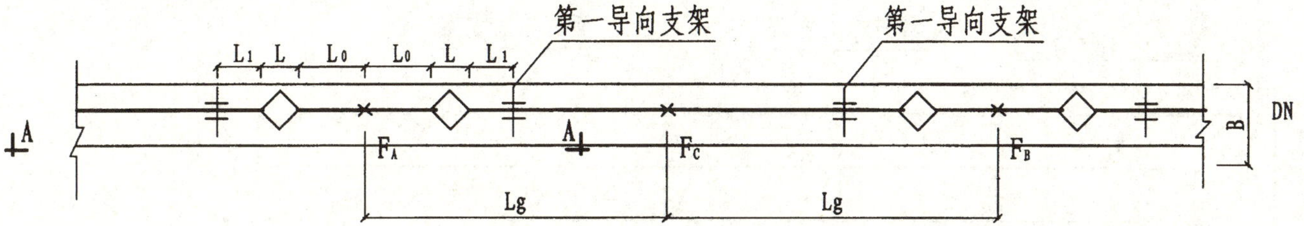

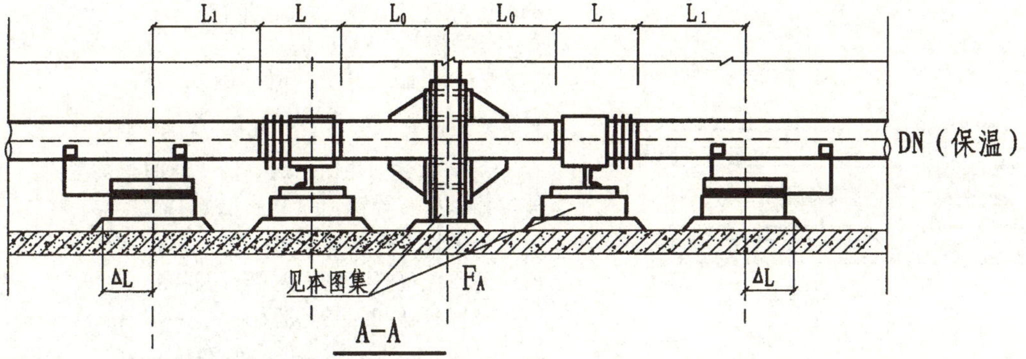

介质温度° C	75	100	130	150	200	250
米补偿量mm/m	0.9	1.22	1.62	1.89	2.6	3.31

标注示例：介质　热水

DN600 t=150°c PN=1.25MPa

选压力平衡型：PA51201

补偿量：135mm　总长：2900mm

固定支架间距$Lg=\frac{135}{1.89}=71.4m$，取Lg=70m

L_0及导向支架间距L_1，L_2，L_3见压力平衡型波纹补偿器布置图（PA型） B 地沟宽度

固定支架推力计算及选用：

$F_A=135\times1908\times0.3=77274N$

$F_C=0.3(Lg-\frac{L_0+L+L_1}{2})q\mu+0.3P_d$

$=0.3\times66.15\times5840\times0.1+77274=88864N$

$F_B=F_A$　F_A、F_B、F_C 均选用F≤98KN（10t）

固定支座（见97R412）

固定支架见本图集第143~145页。

注：本图适用于通行、半通行地沟中单侧单管底层管道布置；DN≥350时补偿器设支墩

通行、半通行地沟、单管（保温） 平衡式波纹补偿器安装详图（中间固定支架）						图集号	03R411-1
审核	刘明	校对	石中东	设计	牛进才	页	93

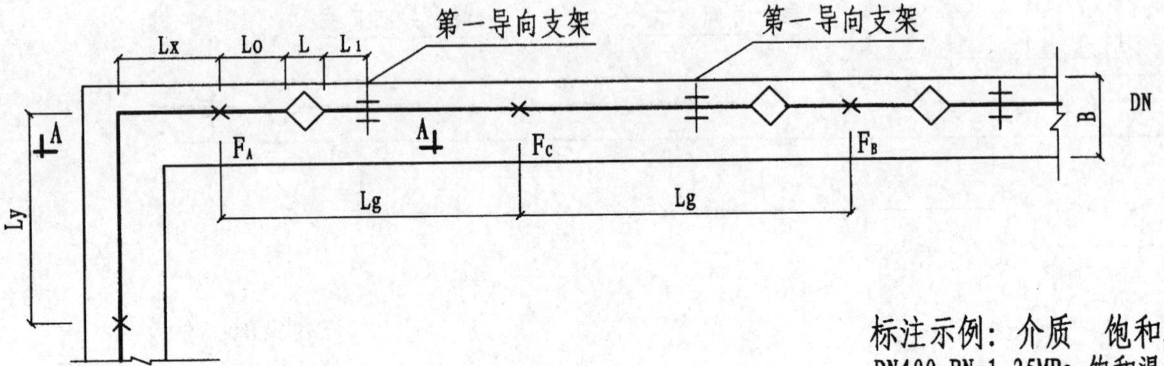

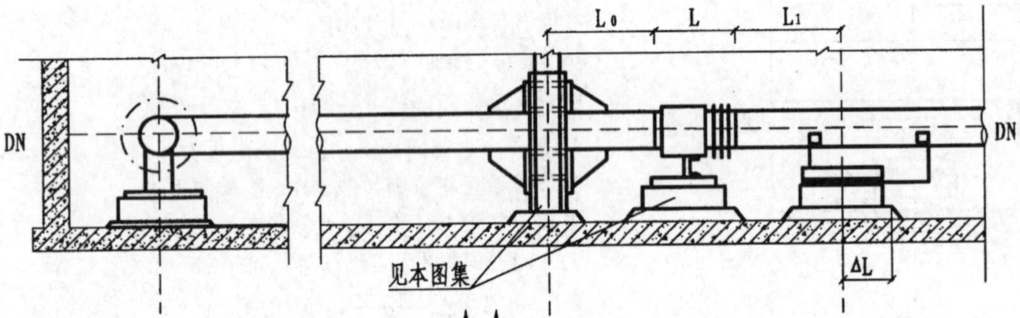

A-A

标注示例：介质　饱和蒸汽

DN400 PN=1.25MPa 饱和温度193°c

选压力平衡型：PA50802

补偿量：189mm　总长：3560mm

固定支架间距$Lg=\frac{189}{2.6}=72.7m$　取Lg=72m

L_0及导向支架间距L_1，L_2，L_3见压力平衡型波纹补偿器布置图（PA）　B地沟宽度

固定支架推力计算及选用：

$F_A=P_d-P_{f1}=610\times189-5250=110040N$

$F_B=610\times189\times0.3=34587N$

$F_C=0.3(Lg-\frac{L_0+L+L_1}{2})q\mu+0.3P_d$

$=0.3\times68.62\times1474\times0.1+0.3\times610\times189=37621N$

F_A 选F≤147KN（15t）F_B 选F≤49KN（5t）

F_C 选F≤49KN（5t）　固定支座（见97R412）

固定支架见本图集第143~145页。

注：本图适用于通行、半通行地沟中单侧单管底层管道布置，D≥350时补偿器设支墩。

介质温度° C	75	100	130	150	200	250
米补偿量mm/m	0.9	1.22	1.62	1.89	2.6	3.31

DN	≤300	350	400	450	500	600
Lx (m)	10	12	14	15	16	17
Ly (m)	25		30			

通行、半通行地沟、单管（保温）平衡式波纹补偿器安装详图（端部固定支架）								图集号	03R411-1
审核	刘明	刘明	校对	石中东	石中东	设计	牛进才	牛进才	页	94

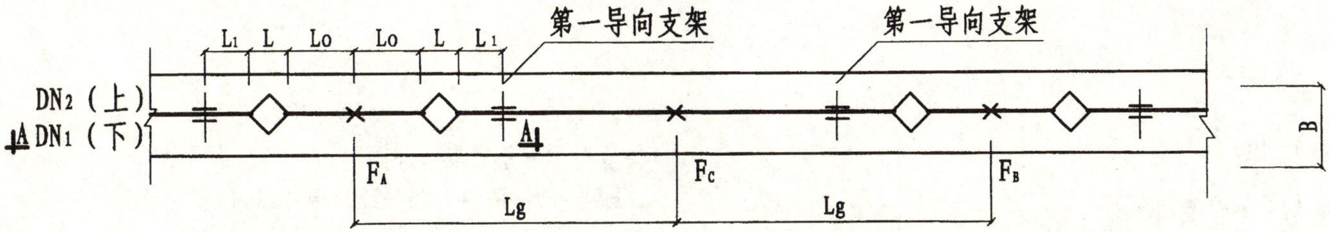

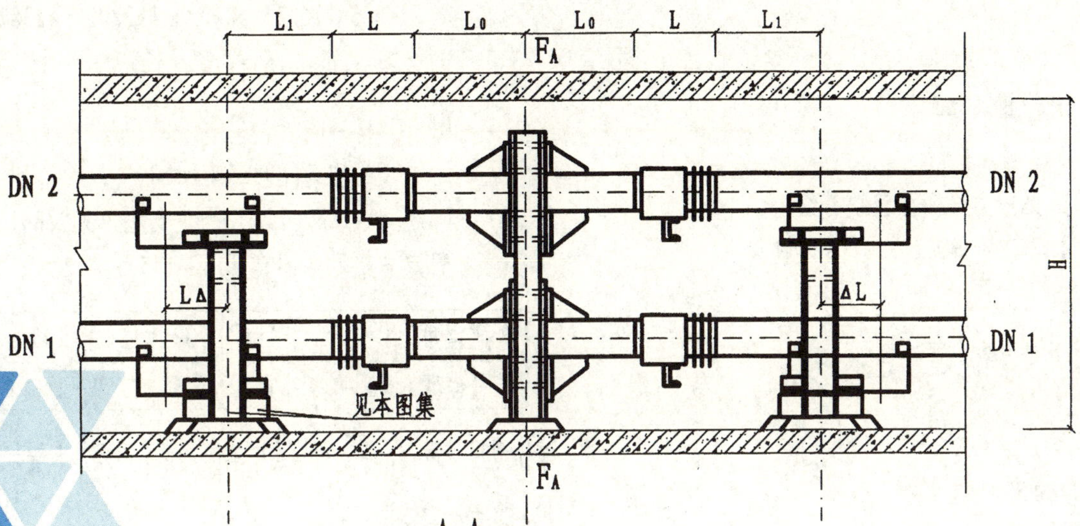

A—A

通行、半通行地沟、双管（保温） 平衡式波纹补偿器安装详图（中间固定支架）（一）								图集号	03R411-1
审核	刘明		校对	石中东		设计	牛进才	页	95

标注示例：介质 热水

DN_1 600 t=150°c PN=1.0MPa

选压力平衡型：PA41202 补偿量270mm

总长：4300mm

固定支架间距 $Lg=\frac{270}{1.89}=142.8m$ 取Lg=120m

$DN_2$600 t=75°c PN=0.6MPa

补偿量 120×0.9=108mm

选压力平衡型： PA31201 补偿量175mm

总长：2900mm

L_0及导向支架间距L_1，L_2，L_3见压力平衡型波纹补偿器布置图（PA型）当DN_1，DN_2管径相近时，L_1，L_2可取二管中较小值。

B 地沟宽度，H地沟高度，B×H地沟断面在本图集中选定。

固定支架推力计算及选用：

$F_{A1}=120×1.89×585×0.3=39803N$

$F_{A2}=108×680×0.3=22032N$

两管时牵制系数取1 则

$F_A=F_{A1}+F_{A2}=39803+22032=61835N$

$F_{C1}=0.3(Lg-\frac{L_0+L+L_1}{2})q\mu+0.3Pd_1$

$=0.3×115.45×5840×0.1+39803=60030N$

$F_{C2}=0.3(Lg-\frac{L_0+L+L_1}{2})q\mu+22032$

$=0.3×116.15×5840×0.1+22032=42382N$

$F_C=F_{C1}+F_{C2}=102412N$

$F_B=F_A$

F_A、F_B 均选F≤98KN（10t）

F_C选F≤147KN（15t）固定支座（见97R412）

固定支架见本图集第143~145页。

介质温度°C	75	100	130	150	200	250
米补偿量mm/m	0.9	1.22	1.62	1.89	2.6	3.31

注：本图适用于通行、半通行地沟中单侧双管上下双层布置，DN≥350时补偿器设支架。

通行、半通行地沟、双管（保温）平衡式波纹补偿器安装详图（中间固定支架）（二）								图集号	03R411-1
审核	刘明	[signature]	校对	石中东	[signature]	设计	牛进才	页	96

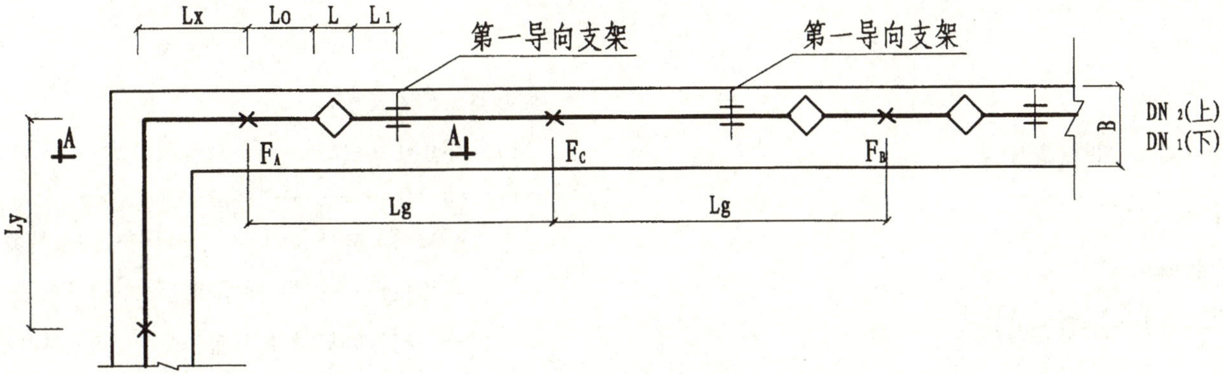

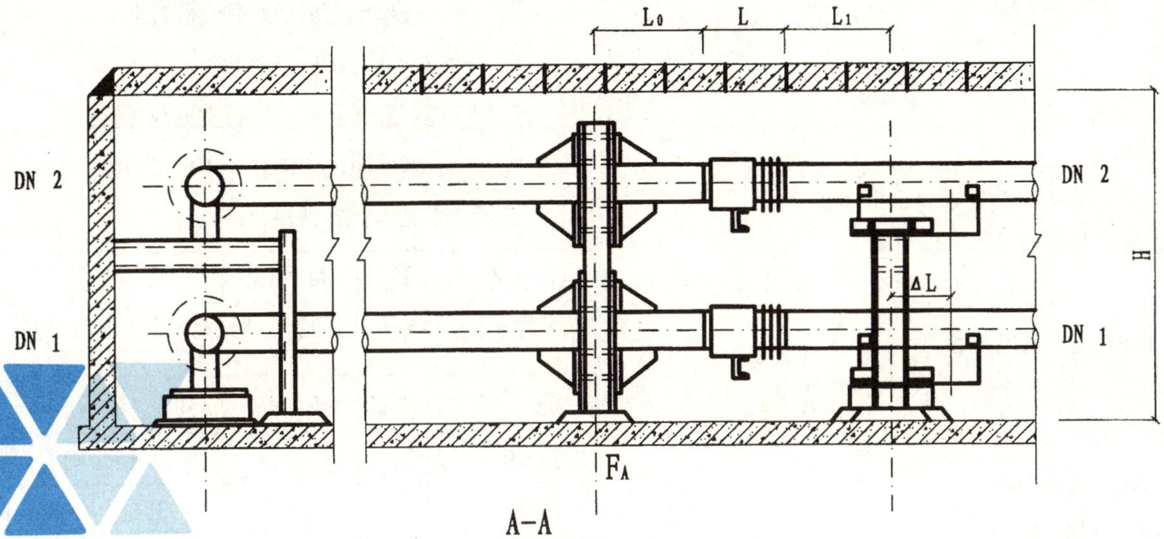

A-A

通行、半通行地沟、双管（保温） 平衡式波纹补偿器安装详图（端部固定支架）（一）							图集号	03R411-1
审核	刘明		校对	石中东		设计	牛进才	页	97

标注示例:

DN_1 500 介质: 蒸汽t=200℃ PN=1.0MPa

选压力平衡型: PA42001

补偿量150mm 总长2800mm

固定支架间距$Lg=\frac{150}{2.6}$=57.7mm 取Lg=57m

$DN_2$450 介质 热水 t=150°c PN=0.6MPa

补偿量 57×1.89=107.7mm

选压力平衡型: PA30901

补偿量: 150mm 总长: 2560mm

L_0及导向支架间距L_1，L_2，L_3见压力平衡型波纹补偿器布置图（PA）当DN_1、DN_2管径相近时，L_1、L_2可取二管中较小值。

B 地沟宽度，H地沟高度，B×H地沟断面在本图集中选定。

固定支架推力计算及选用:

$F_{A1}=P_{d1}-P_{f11}$=1194×150-9433=169667N

$F_{A2}=P_{d1}-P_{f12}$=562×108-7811=52885N

两管时牵制系数取1 则

$F_A=F_{A1}+F_{A2}$=169667+52885=222552N

$F_{C1}=0.3(Lg-\frac{L_0+L+L_1}{2})q_1\mu+0.3Pd_1$
=0.3×53.6×1935×0.1+0.3×1194×150=64102N

$F_{C2}=0.3(Lg-\frac{L_0+L+L_1}{2})q_2\mu+0.3Pd_2$
=0.3×53.9×3668×0.1+0.3×562×108=24140N

$F_C=F_{C1}+F_{C2}$=64102+24140=88242N

$F_B=0.3(P_{d1}+P_{d2})$=71939N

F_A 选F≤245KN（25t），F_B选F≤98KN（10t）

F_C 选F≤98KN（10t）固定支座（见97R412）

固定支架见本图集第143~145页。

介质温度° C	75	100	130	150	200	250
米补偿量mm/m	0.9	1.22	1.62	1.89	2.6	3.31

DN	<300	350	400	450	500	600
Lx(m)	10	12	14	15	16	17
Ly(m)	25		30			

注: 本图适用于通行、半通行地沟中单侧双管上下层布置
DN≥350时补偿器设支架

通行、半通行地沟、双管（保温）平衡式 平衡式波纹补偿器安装详图（端部固定支架）（二）	图集号	03R411-1
审核 刘明 校对 石中东 设计 牛进才	页	98

套筒补偿器选用及安装说明

一、 套筒补偿器选用：本图集参照型号为：

TTB-B系列弹性套筒补偿器

N-H-Ⅱ 型直流式无推力套筒补偿器

二、 套筒补偿器选用原则：

DN ≤150：宜选用弹性套筒补偿器

DN ≥ 200：宜选用无推力套筒补偿器

三、 平面布置及固定支架推力计算原则：

1. 在不通行地沟中，套筒补偿器宜布置在检查井中，在通行、半通行地沟中应布置在便于检修的位置

2. 在两固定支架之间只能布置一个套筒补偿器

3. 固定支架推力计算：

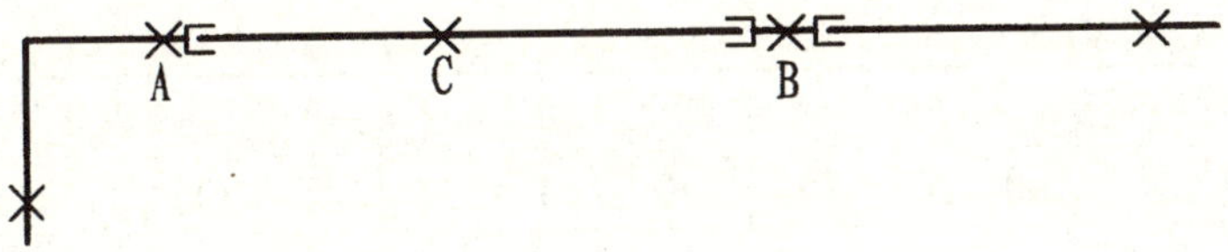

A 端部固定支架：

$F_A = P_c + P_b - P_{f1}$ （N）

B 中间固定支架：

$F_B = 0.3P_c$ （N）

C 次中间固定支架：

$F_C = 0.3(P_c + P_m)$ （N）

Pc：套筒补偿器摩擦力 （N）

Pb：盲板力（无推力型无此项） （N）

Pm：管道与滑动支架摩擦之反力 （N）

Pf1：“⌈”型自然补偿弹性力与该处管道和滑动支架摩擦反力之计算合成（见69页） （N）

四、 套筒补偿器的安装：

1. 安装时预拉伸量为100%，在满足最大补偿量△L后，其总安装长度不得大于补偿器的最大安装长度Lmax。

2. 与套筒补偿器连接的管道端部必须进行坡口处理，然后焊接，并保证管道与补偿器的同心度。

3. 在固定支架、导向装置安装完毕后按要求进行水压试验，同时预紧填料室两端螺栓至无泄漏为止。

4. 预拉伸量在补偿器允许最大补偿量 △Lmax范围内确定。

5. DN≥200在滑动支架顶面粘接聚四氟乙烯板滑垫，详见安装图。

五、钢管单位长度补偿量 △X及Pf1值见69页。

套筒补偿器选用及安装说明						图集号	03R411-1
审核	刘 明	校对	石中东	设计	牛进才	页	99

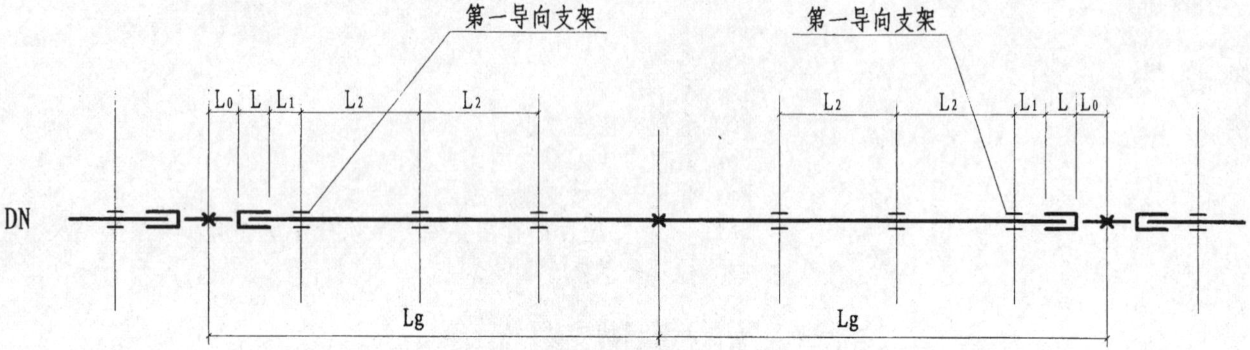

套筒补偿器布置方式

注：1. Lg为固定支架间距，
L_2为导向支架间距：
DN≤150　L2≤10m
DN≥200　L2≤24m
2. 当管道工作压力与本表所列压力等级不同时，Pc可按下式修正：

$$P_{c1} = \frac{Pc}{P} \times PN\ (N)$$

P：计算压力 1.25MPa、1.0MPa、0.6MPa
P_N 管道工作压力MPa

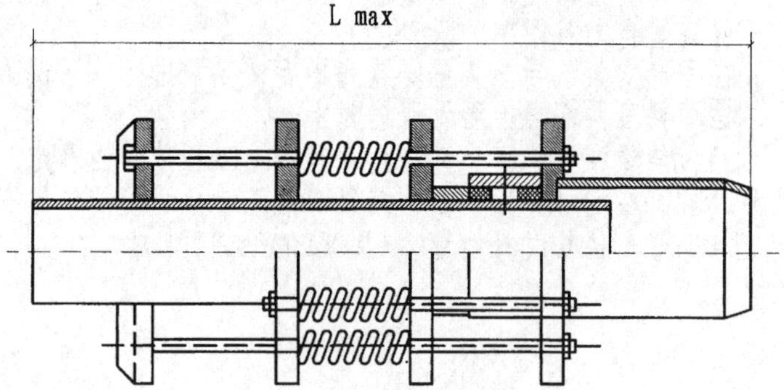

弹性套筒补偿器外型图

3. TTB － B 数据表

公称直径DN		50	65	80	100	125	150	200	250	300
补偿量△Lmax (mm)		200	200	200	250	250	250	300	350	350
安装长度Lmax (mm)		785	785	785	915	915	915	1040	1155	1175
L_0 (mm)		400	400	400	400	500	500	800	1000	1200
L_1 (mm)		600	600	600	600	600	600	800	1000	1200
总重 (Kg)		18.68	24.92	35.46	39.98	53.65	57.30	118.3	149.9	207.3
摩擦力 Pc (KN)	1.25MPa	1.51	1.94	2.35	5.25	6.06	7.26	11.7	16.64	19.84
	1.0MPa	1.21	1.55	1.88	3.92	4.84	5.81	9.36	13.31	15.87
	0.6MPa	0.73	0.93	1.13	2.52	2.91	3.48	5.62	7.99	9.53

本图按河南开封市柳园热能设备有限公司产品编制
产品型号：TTB － B　Cr全不锈钢
Crb　伸缩部位不锈钢　A碳钢

套筒补偿器布置图							图集号	03R411-1
审核	刘　明		校对	石中东		设计	牛进才	页	100

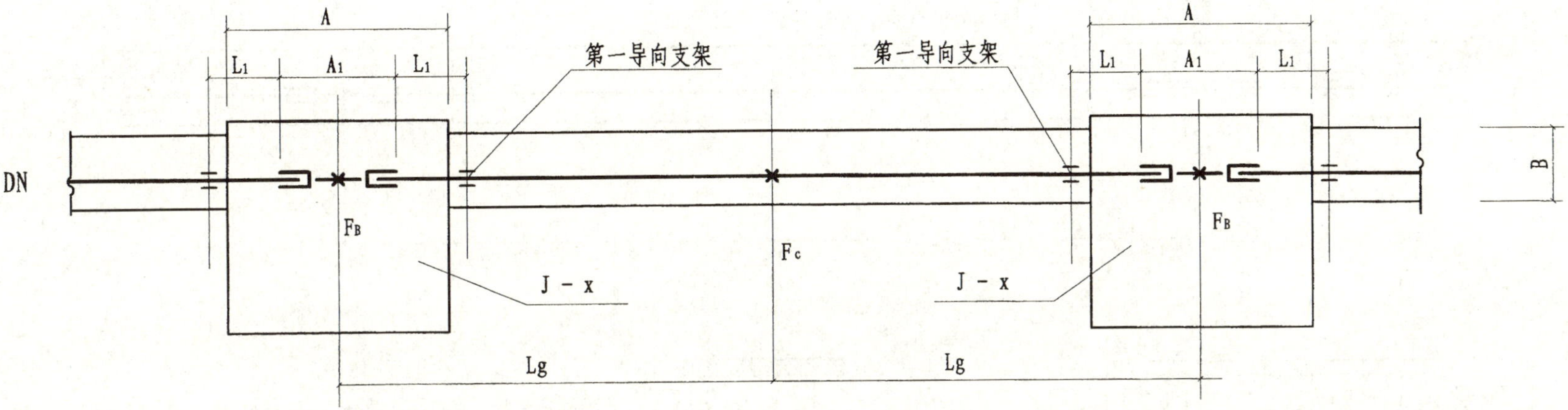

介质温度°C	75	100	130	150	200	250
米补偿量 mm/m	0.9	1.22	1.62	1.89	2.6	3.31

检查井编号	宽X长(mm)	DN	A(mm)
J - 2a	1400x3000	50-150	3000

标注示例：介质 蒸汽 DN150 t=250°C PN=1.25MPa

选TTB - B150 - Cr - 1.6 - 250 补偿量250mm 总长915mm

固定支架间距Lg= $\frac{250}{3.31}$ =75.5m 取Lg=75m

$A_1=2L_0+2L$=2x500+2X915=2830mm 确定A=3000mm

L_1=600mm $L_2 \leqslant 8$m Lg间导向支架共9个

固定支架Fc见本图集138、139页，F_B见本图集141页

B地沟宽度

不通行地沟套筒补偿器单管（保温）布置（中间固定支架）（一）						图集号	03R411-1
审核	刘 明	校对	石中东	设计	牛进才	页	101

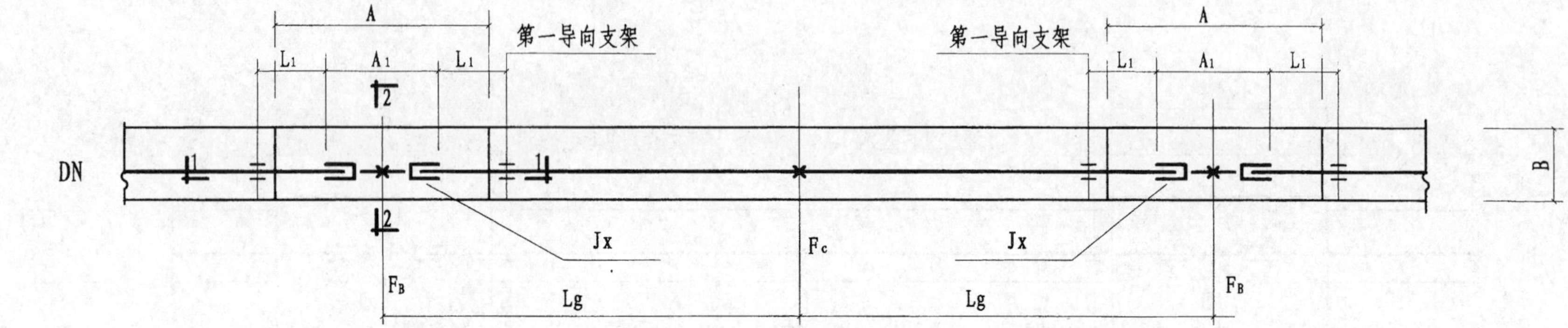

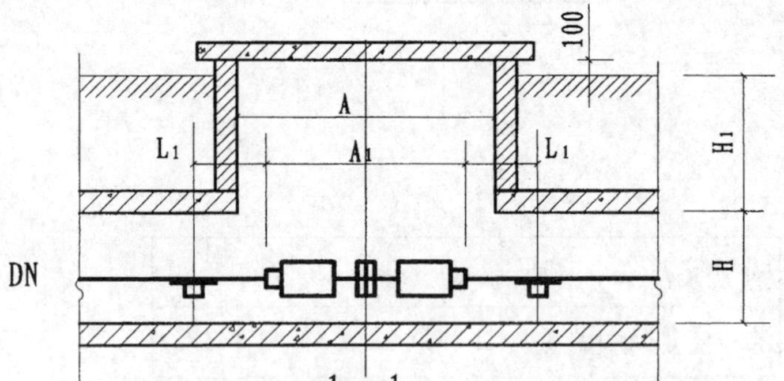

1 - 1

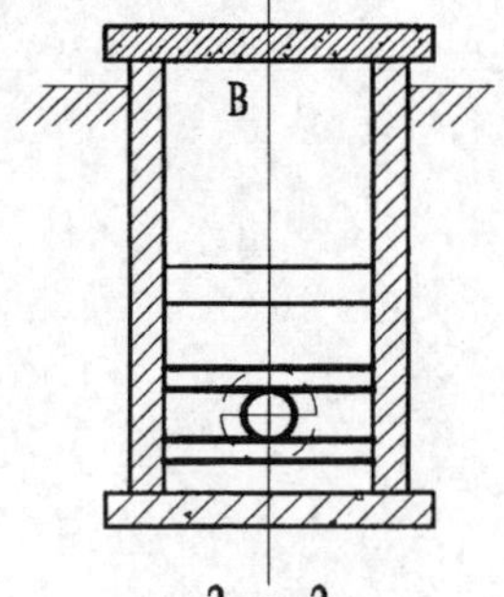

2 - 2

标注示例：介质　热水

DN150　t=150℃　PN=0.6MPa

选TTB - B150 - Crb - 0.6 - 250

补偿量250mm　总长915mm

固定支架间距$Lg=\frac{250}{1.89}=132m$

取Lg=100m　$A_1=2L_0+2L=2x500+2x915=2830mm$

确定A=3000mm　$L_1=600mm$　$L_2\leqslant 8m$　Lg间导向支架共12个

固定支架Fc见本图集138、139页，F_B见本图集141页

注：1.套筒补偿器安装在检修井内，井宽和沟宽相同，井长A可视具体情况确定，但不宜小于表内尺寸。

2.检修井材料同地沟用材料，井口高出地面100mm，H_1不宜大于0.6米，井盖板同沟盖板。

介质温度℃	75	100	130	150	200	250
米补偿量 mm/m	0.9	1.22	1.62	1.89	2.6	3.31

检修井	DN	A(mm)	B x H
J1	50-150	3000	沟宽x沟高

不通行地沟套筒补偿器单管（保温）布置（中间固定支架）（二）								图集号	03R411-1
审核	刘　明	[signature]	校对	石中东	[signature]	设计	牛进才	页	102

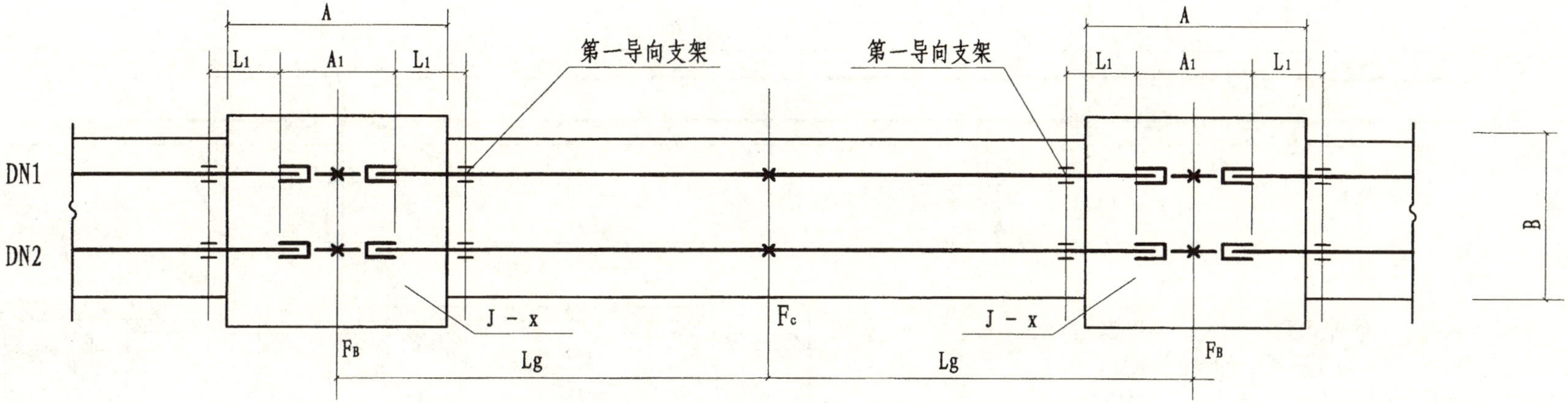

标注示例：介质 热水 DN1 150 t=150°C PN=0.6MPa

选TTB - B150 - A - 0.6 - 250 补偿量250mm 总长915mm

固定支架间距$Lg=\frac{250}{1.89}$=132m 取Lg=120m

$A_1=2L_0+2L$=2x500+2x915=2830mm

DN2 150 t=100°C PN=0.6MPa 补偿量：120x1.22=146mm

选TTB - B150 - A - 0.6 - 250 补偿量250mm 总长915mm 实际安装

总长：915-(250-146)=811mm A'_1=2x500+2x811=2622mm

取A=3000mm L_1=600mm $L_2\leqslant$8m Lg间导向支架共15个

固定支架Fc见本图集138、139页，F_B见本图集141页

B地沟宽度

介质温度°C	75	100	130	150	200	250
米补偿量 mm/m	0.9	1.22	1.62	1.89	2.6	3.31

检查井编号	宽X长(mm)	DN1	DN2	A(mm)
J - 2a	1400x3000	50-80	≤80	3000
J - 3a	2000x3000	100-150	≤150	3000

不通行地沟套筒补偿器双管（保温）布置（中间固定支架）（一）								图集号	03R411-1
审核	刘 明	[签名]	校对	石中东	[签名]	设计	牛进才	[签名]	页	103

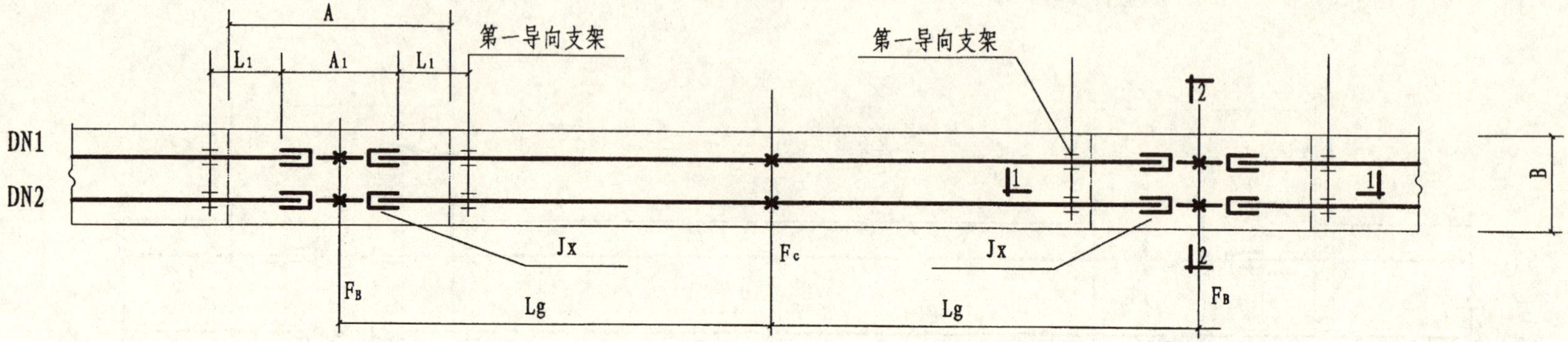

标注示例：　介质 DN1　蒸汽，　DN2　热水

DN1 150　t=193°C　PN=1.25MPa

选BBT－B150－A－1.6－250

补偿量250mm　总长915mm

固定支架间距Lg= $\frac{250}{2.6}$ =96m　取Lg=96m

$A_1=2L_0+2L=2\times500+2\times915=2830$mm

DN2 125　t=150°C　PN=0.6MPa

选TBB－B125－A－0.6－250

补偿量250mm　总长915mm

实际安装总长915-(250-182)=847mm　$A_1'=2\times500+2\times847=2694$mm

取A=3000mm　L_1=600mm　$L_2\leqslant$8m　Lg间导向支架共12个

固定支架Fc见本图集138、139页，F_B见本图集141页

注：1. 套筒补偿器安装在检修井内，井宽和沟宽相同，井长A可视具体情况确定，但不宜小于表内尺寸。

2. 检修井材料同地沟用材料，井口高出地面100mm，H_1不宜大于0.6米，井盖板同沟盖板。

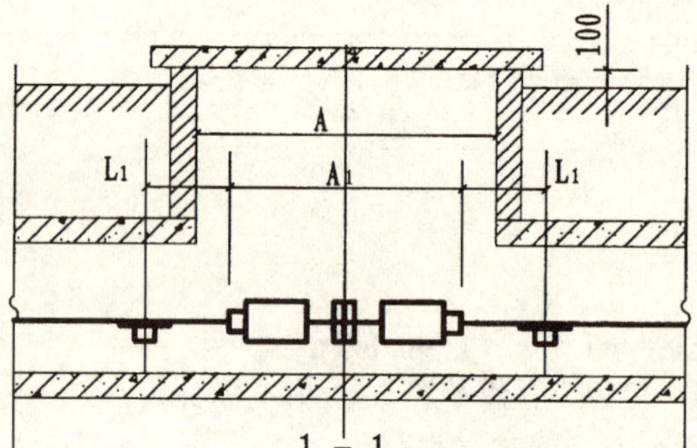

1－1

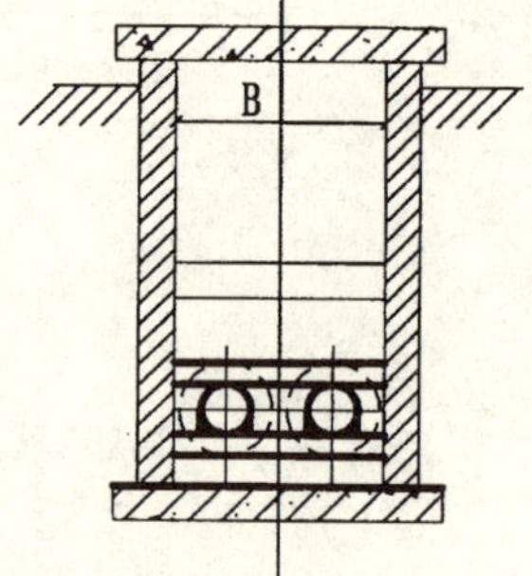

2－2

介质温度°C	75	100	130	150	200	250
米补偿量 mm/m	0.9	1.22	1.62	1.89	2.6	3.31

检修井	DN1	DN2	A(mm)	B x H
J1	50-150	50-150	3000	沟宽x沟高

不通行地沟套筒补偿器双管（保温）布置（中间固定支架）（二）							图集号	03R411-1
审核	刘　明	[签名]	校对	石中东	[签名]	设计	牛进才	[签名]	页	104

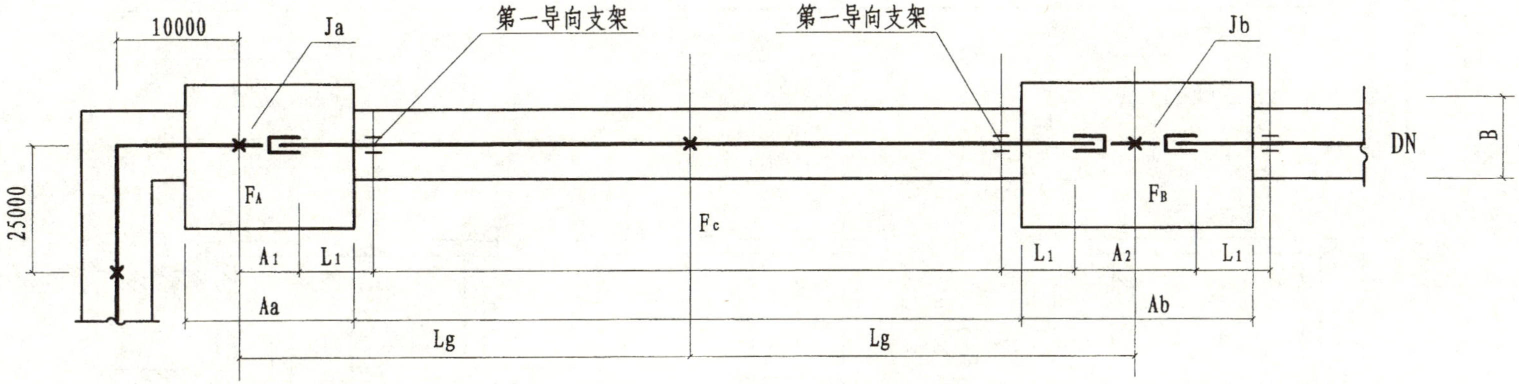

标注示例：介质 蒸汽 DN150 t=250°C PN=1.25MPa

选TTB - B150 - Cr - 1.6 - 250 补偿量250mm 总长915mm

固定支架间距$Lg=\frac{250}{3.31}=75.5m$ 取Lg=75m

$A_1=L_0+L=500+915=1415mm$

$A_2=2L_0+2L=2x500+2x915=2830mm$

确定 Aa=2000mm Ab=3000mm

L_1=600mm $L_2\leqslant 8m$ Lg间导向支架共9个

固定支架Fc见本图集138、139页，F_A、F_B见本图集141页

B地沟宽度

介质温度°C	75	100	130	150	200	250
米补偿量 mm/m	0.9	1.22	1.62	1.89	2.60	3.31

检查井编号		宽X长(mm)	DN	A(mm)
Ja	J - 2	1400x2000	50-150	2000(Aa)
Jb	J - 2a	1400x3000	50-150	3000(Ab)

不通行地沟套筒补偿器单管（保温）布置（端部固定支架）（一）								图集号	03R411-1
审核	刘 明		校对	石中东		设计	牛进才	页	105

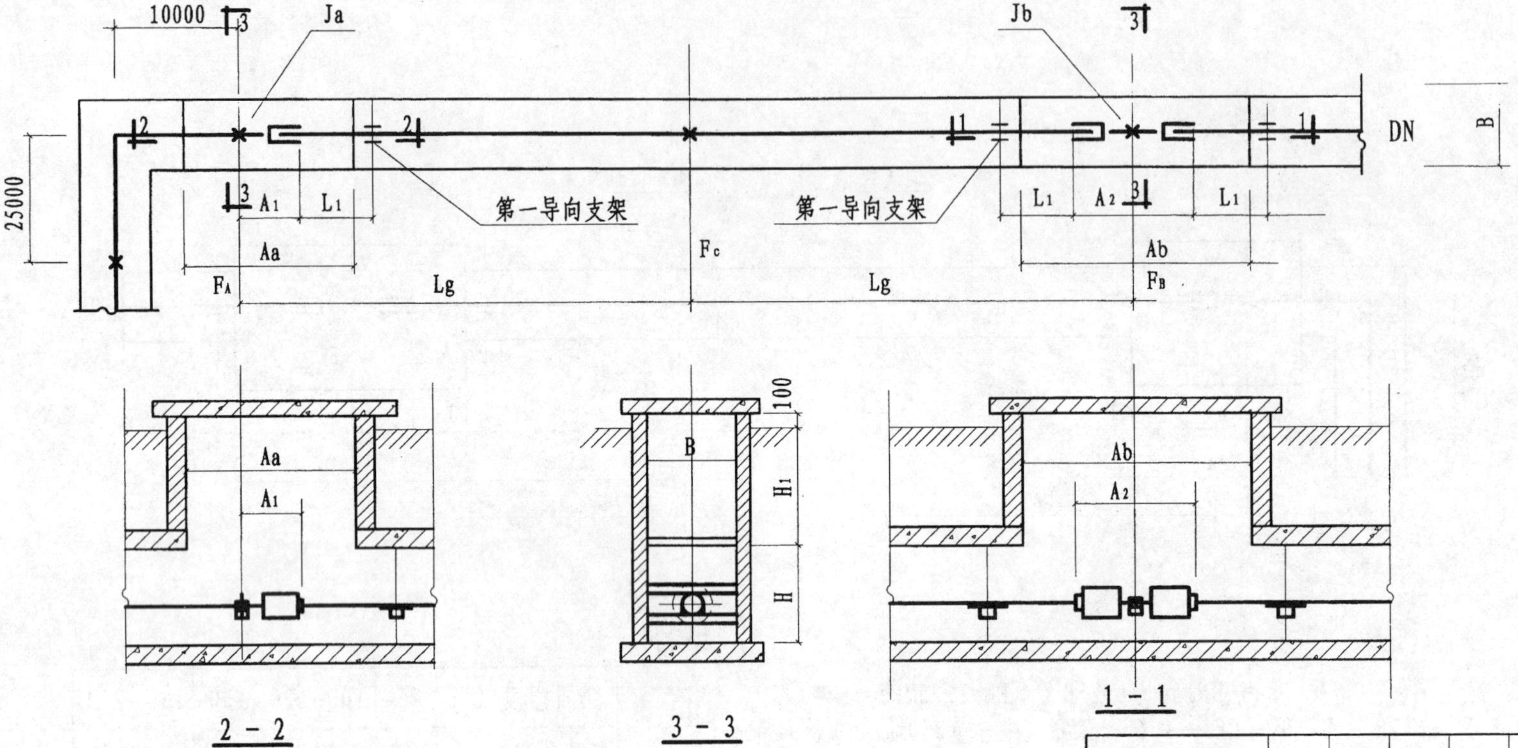

标注示例：介质 热水 DN125 t=150°C PN=1.0MPa 选TTB－B125－A－1.0－250

补偿量250mm 总长915mm 固定支架间距$Lg=\frac{250}{1.89}=132m$ 取Lg=100m

$A_1=L_0+L=500+915=1415mm$ $A_2=2L_0+2L=2830mm$

确定 Aa=2000mm Ab=3000mm

$L_1=600mm$ $L_2\leqslant 8m$ Lg间导向支架共12个

固定支架Fc见本图集138、139页，F_A、F_B见本图集141页 B地沟宽度

注：1. 套筒补偿器布置在检修井内，井宽和沟宽相同，井长A可视具体情况确定，但不宜小于表内尺寸。

2. 检修井材料同地沟用材料，井口高出地面100mm，H_1不宜大于0.6米，井盖板同沟盖板。

介质温度°C	75	100	130	150	200	250
米补偿量 mm/m	0.9	1.22	1.62	1.89	2.60	3.31

检查井编号	DN	A(mm)	B x H
Ja	50-150	2000(Aa)	沟宽x
Jb	50-150	3000(Ab)	沟高

不通行地沟套筒补偿器单管（保温）布置（端部固定支架）（二）						图集号	03R411-1
审核	刘 明	校对	石中东	设计	牛进才	页	106

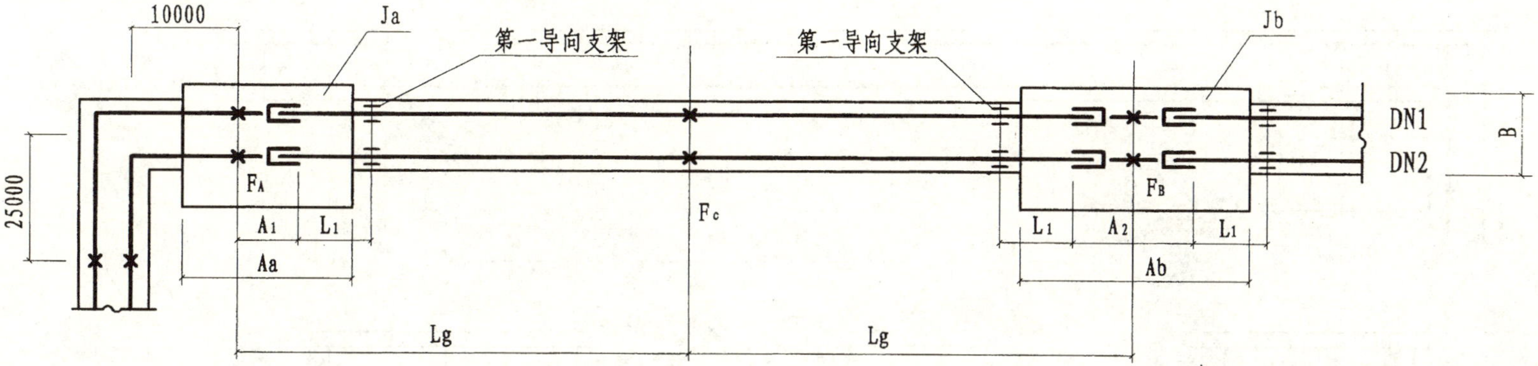

标注示例：介质 DN1 蒸汽 DN2热水（凝结水）

DN1 150 t=250℃ PN=1.25MPa 选TTB－B150－Cr－1.6－250

补偿量为250mm 总长915mm

固定支架间距$Lg=\frac{250}{3.31}=75.5m$ 取Lg=75m

DN2 125 t=150℃ PN=0.6MPa 补偿量为75x1.89=142mm

选TTB－B125－A－0.6－250 补偿量250mm 总长915mm

实际安装总长：915-(250-142)=807mm

$A_1=L_0+L=500+915=1415$ 取Aa=2000mm

$A_2=2L_0+2L=2x500+2x915=2830mm$ 取Ab=3000mm

$L_1=600$ $L_2\leqslant8m$ Lg间导向支架9个

固定支架Fc见本图集138、139页，F_A、F_B见本图集141页 B地沟宽度

介质温度℃	75	100	130	150	200	250
米补偿量 mm/m	0.9	1.22	1.62	1.89	2.60	3.31

检查井编号		宽x长(mm)	DN1	DN2	A(mm)
Ja	J－2	1400x2000	50-80	≤80	2000(Aa)
	J－3	2000x2000	100-150	≤150	2000(Aa)
Jb	J－2a	1400x3000	50-80	≤80	2000(Ab)
	J－3a	2000x3000	100-150	≤150	3000(Ab)

不通行地沟套筒补偿器双管（保温）布置（端部固定支架）（一）							图集号	03R411-1
审核	刘明	[signature]	校对	石中东	[signature]	设计 牛进才 [signature]	页	107

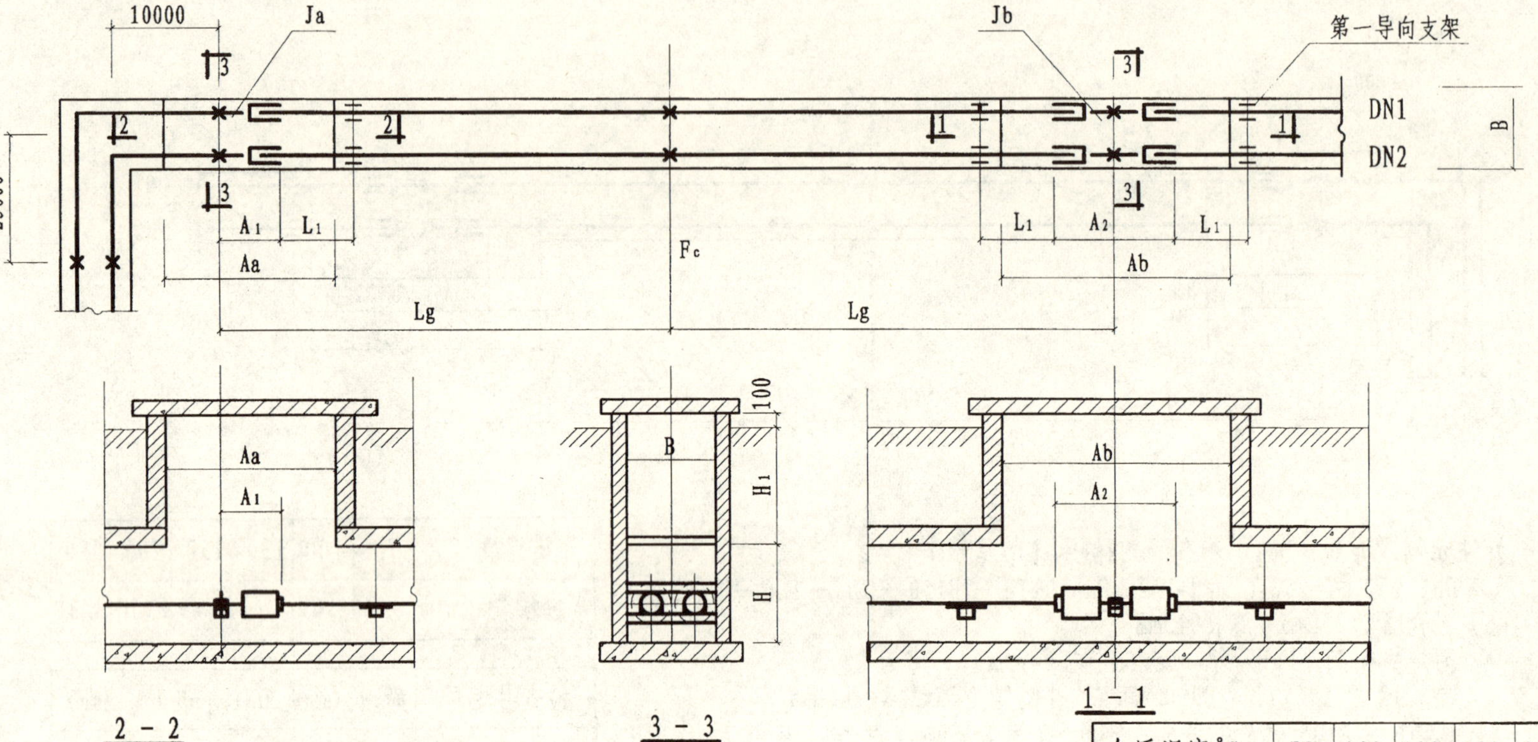

2－2　　3－3　　1－1

介质温度℃	75	100	130	150	200	250
米补偿量 mm/m	0.9	1.22	1.62	1.89	2.60	3.31

检查井编号	DN1	DN2	A(mm)	B x H
Ja	50-150	≤150	2000(Aa)	沟宽x沟高
Jb	50-150	≤150	3000(Ab)	

标注示例：介质 DN1 蒸汽 DN2 热水（凝结水）

DN150 t=250℃ PN=1.25MPa 选TTB－B150－Cr－1.25－250

补偿量250mm 总长915mm 固定支架间距$Lg=\frac{250}{3.31}=75.5m$ 取Lg=75m

DN2 125 t=150℃ PN=0.6MPa 补偿量为75x1.89=142mm 选TTB-B125-A-0.6-250 补偿量250mm

实际安装总长915-(250-142)=807mm；$A_1=L_0+L=500+915=1415mm$ 取Aa=2000mm

$A_2=2L_0+2L=2x500+2x915=2830mm$ 取Ab=3000mm $L_1=600mm$ $L_2<8m$

Lg间导向支架9个，固定支架Fc见本图集138、139页，F_A、F_B见本图集141页 B地沟宽度

注：1.套筒补偿器布置在检修井内，井宽和沟宽相同，井长A可视具体情况确定，但不宜小于表内尺寸。

2.检修井材料同地沟用材料，井口高出地面100mm，H_1不宜大于0.6米，井盖板同沟盖板。

不通行地沟套筒补偿器双管（保温）布置（端部固定支架）（二）						图集号	03R411-1
审核	刘 明	校对	石中东	设计	牛进才	页	108

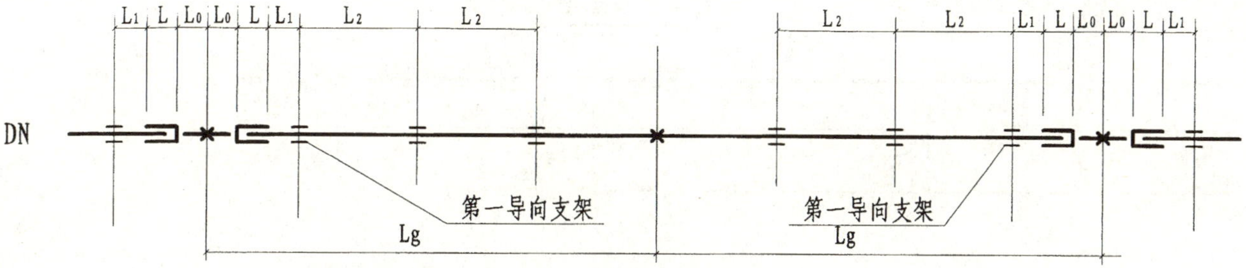

无推力套筒补偿器布置方式

注：1. Lg为固定支架间距，
L2为导向支架间距：
DN≤300　L2≤24m
DN≥350　L2≤36m
2. 当管道工作压力与本表所列压力等级不同时，Pc可按下式修正：

$$P_{c1}=\frac{P_c}{P}\times PN\ (N)$$

P：计算压力 1.25MPa、1.0MPa、0.6MPa

PN 管道工作压力MPa

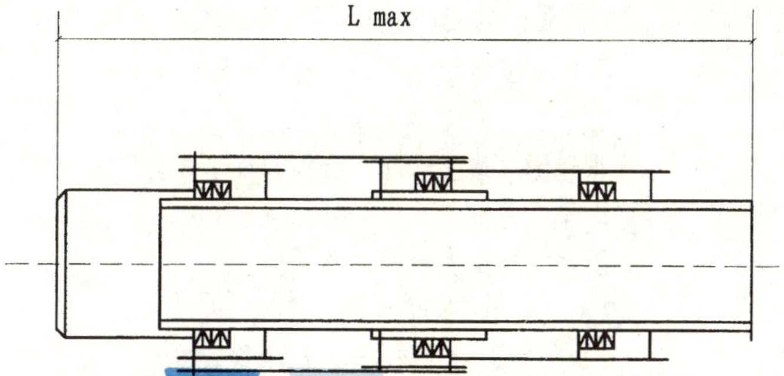

直流式无推力套筒补偿器外型图

N－H－Ⅱ数据表

公称直径DN		200	250	300	350	400	450	500	600
补偿量△Lmax (mm)		250	300	300	300	350	350	400	400
安装长度Lmax (mm)		1956	1956	1956	2311	2311	2311	2617	2617
L_0 (mm)		800	1000	1200	1400	1600	1800	2000	2400
L_1 (mm)		800	1000	1200	1400	1600	1800	2000	2400
总重 (Kg)		215	362	470	596	835	989	1300	1663
摩擦力	1.25MPa	30.1	43.7	52.1	60.3	74.8	77.0	88.5	105.5
Pc	1.0MPa	24.1	34.9	41.7	48.3	59.8	61.5	70.8	84.4
(KN)	0.6MPa	14.4	21.0	25.0	29.0	35.9	36.9	42.5	50.6

本图按河南开封市柳园热能设备有限公司产品编制
产品型号：TTB－H－Ⅱ　Cr全不锈钢
Crb　伸缩部位不锈钢　A碳钢

直流式无推力套筒补偿器布置图						图集号	03R411-1
审核	刘明	校对	石中东	设计	牛进才	页	109

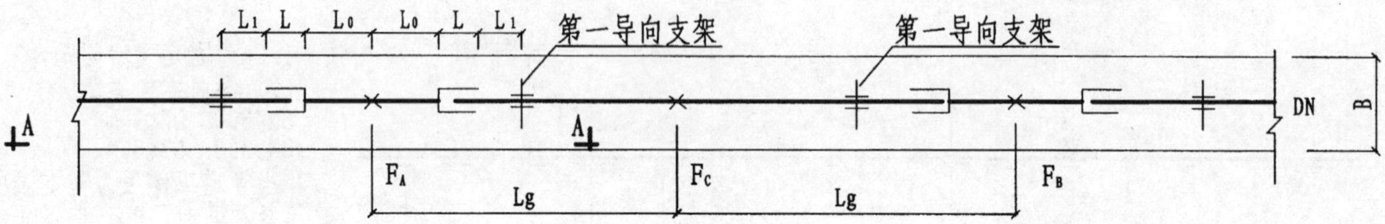

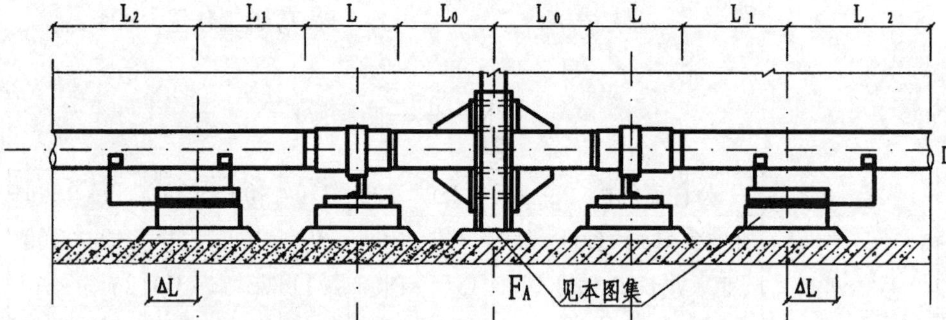

A-A

介质温度° C	75	100	130	150	200	250
米补偿量mm/m	0.9	1.22	1.62	1.89	2.6	3.31

标注示例：介质 热水

DN600 t=150°c PN=1.25MPa,

选N-H-Ⅱ600-Cr-1.6-400

补偿量：400mm 总长：2617mm

固定支架间距$Lg=\frac{400}{1.89}=211m$，取Lg=200m

L_0、L_1、L_2见直流式无推力套筒补偿器布置图，取L_2=24m，Lg间导向支架共8个，

B 地沟宽度

固定支架推力计算及选用：

$F_A=0.3P_c=105500\times0.3=31650N$

$F_C=0.3(Lg-\frac{L_0+L+L_1}{2})q\mu+0.3P_c$

$=0.3\times196.3\times5840\times0.1+31650=66042N$

$F_B=F_A$选，F≤49KN(5t) F_C选用F≤98KN(10t)

固定支座（见97R412），固定支架见本图集第146~148页。

注：本图适用于通行、半通行地沟中单侧单管底层管道布置；D≥400时补偿器设支墩

通行、半通行地沟、单管（保温）无推力套筒补偿器安装详图（中间固定支架）							图集号	03R411-1
审核	刘明	校对	石中东	设计	牛进才		页	110

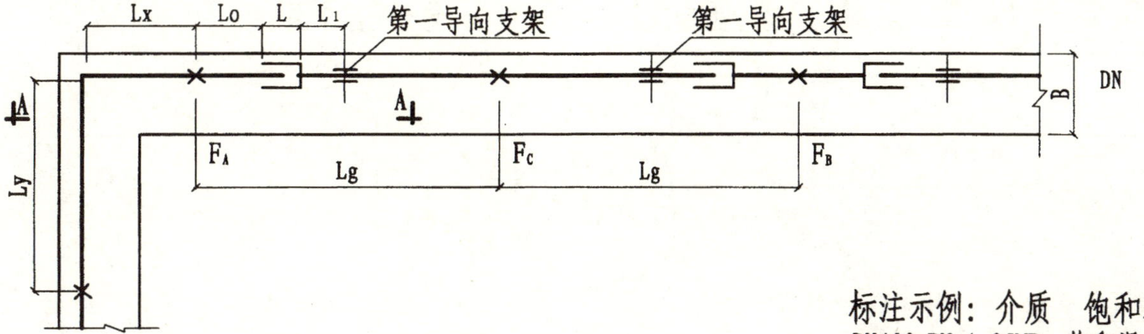

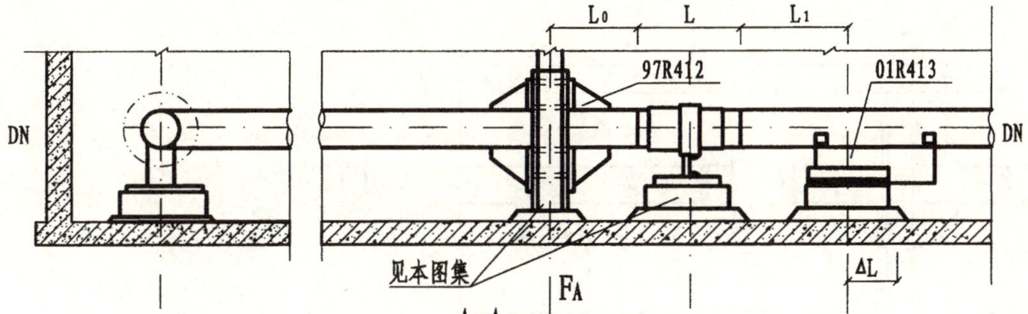

A-A

介质温度°C	75	100	130	150	200	250
米补偿量mm/m	0.9	1.22	1.62	1.89	2.6	3.31
DN	≤300	350	400	450	500	600
Lx(m)	10	12	14	15	16	17
Ly(m)	25		30			

标注示例：介质　饱和蒸汽

DN400, PN=1.25MPa, 饱和温度193°C

选N-H-Ⅱ400-Cr-1.6-350

补偿量：350mm，总长：2311mm

固定支架间距$Lg=\frac{350}{2.6}=134m$，取Lg=130m

L_0，L_1，L_2 见直流式无推力套筒补偿器布置图，取$L_2=24m$，Lg间导向支架共5个，

B 地沟宽度

固定支架推力计算及选用：

$F_A=P_c-P_{f1}=74800-5250=69550N$

$F_B=0.3P_c=74800\times0.3=22440N$

$F_C=0.3(Lg-\frac{L_0+L+L_1}{2})q\mu+0.3P_c$

$=0.3\times127.25\times1474\times0.1+22440=28067N$

F_A 选F≤98KN（10t）

F_B、F_C选F≤49KN（5t）固定支座（见97R412）

固定支架见本图集第146~148页。

注：本图适用于通行、半通行地沟中单侧单管底层管道布置 D≥400时补偿器设支架

通行、半通行地沟、单管（保温） 无推力套筒纹补偿器安装详图（端部固定支架）						图集号	03R411-1
审核 刘明		校对 石中东		设计 牛进才		页	111

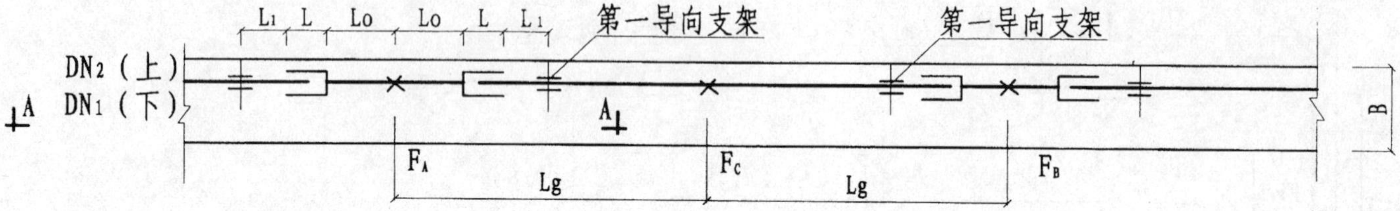

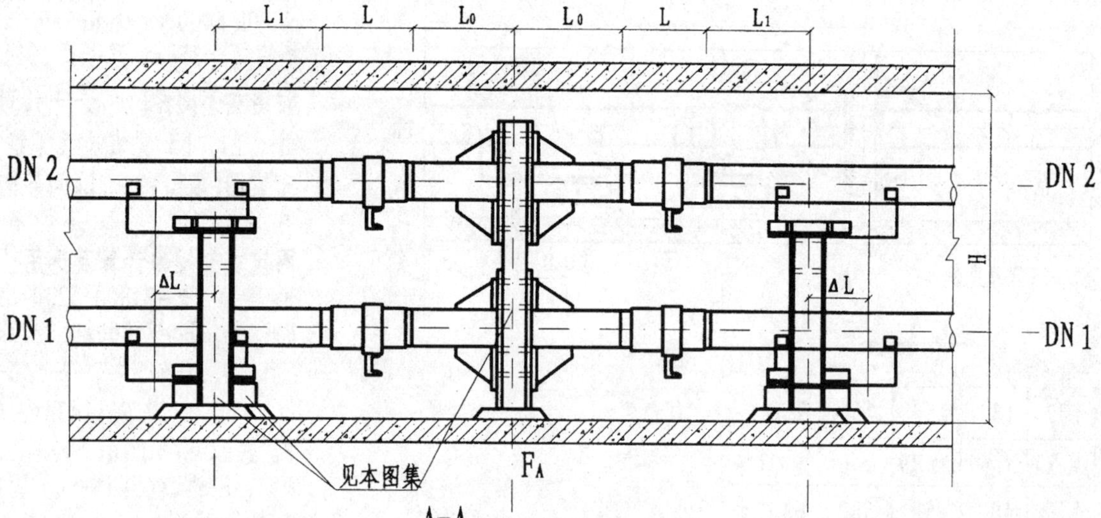

A–A

通行、半通行地沟、双管（保温） 无推力套筒补偿器安装详图（中间固定支架）（一）							图集号	03R411-1
审核	刘明		校对	石中东		设计	牛进才		页	112

标注示例：介质 热水

DN1 600　$t=150^{\circ}C$　PN=1.0MPa

选N－H－Ⅱ600－Cr－1.6－400　补偿量400mm

总长2617mm

固定支架间距：$Lg=\frac{400}{1.89}=211m$　取Lg=200m

DN2 600　$t=75^{\circ}C$　PN=0.6MPa

补偿量 200x0.9=180mm

选N－H－Ⅱ600－A－0.6－400　补偿量400mm

总长2617mm 实际安装总长2617-（400-180）=2397mm

L_0及导向支架间距L_1、L_2见直流式无推力套筒补偿器布置图 取L_2=32m　Lg间导向支架共6个

B地沟宽度　H地沟高度　BxH地沟断面在本图集中选定

固定支架推力计算和选用：

$F_{A1}=0.3P_{C1}=0.3x105500=31650N$

$F_{A2}=0.3P_{C2}=0.3x50600=15180N$

二管牵制系数取1 则

$F_A=F_{A1}+F_{A2}=31650+15180=46830N$

$F_{C1}=0.3(Lg-\frac{L_0+L+L_1}{2})qu+0.3P_{C1}$

$=0.3x196.3x5840x0.1+31650=66042N$

$F_{C2}=0.3(Lg-\frac{L_0+L+L_1}{2})qu+0.3P_{C2}$

$=0.3x196.4x5840x0.1+15180=49589N$

$F_C=F_{C1}+F_{C2}=115631N$　F_C 选F≤147KN(15t)

$F_B=F_A$ 选F≤49KN (5t)　固定支座(见97R412)

固定支架见本图集第146-148页

介质温度°C	75	100	130	150	200	250
米补偿量 mm/m	0.9	1.22	1.62	1.89	2.60	3.31

注：本图适用于通行、半通行地沟中单侧双管上下双层布置，DN≥400时补偿器设支架。

通行、半通行地沟双管（保温） 无推力套筒补偿器安装详图（中间固定支架）（二）							图集号	03R411-1
审核	刘 明	[签名]	校对	石中东	[签名]	设计	牛进才	[签名]	页	113

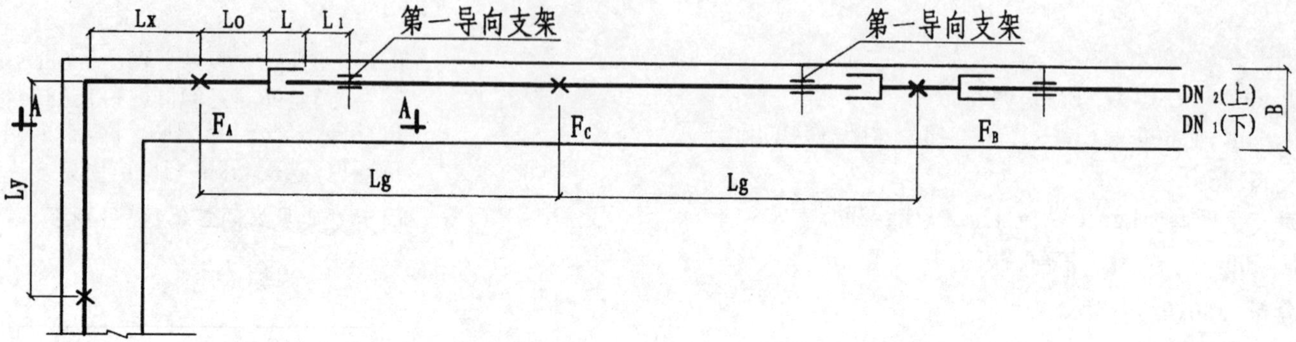

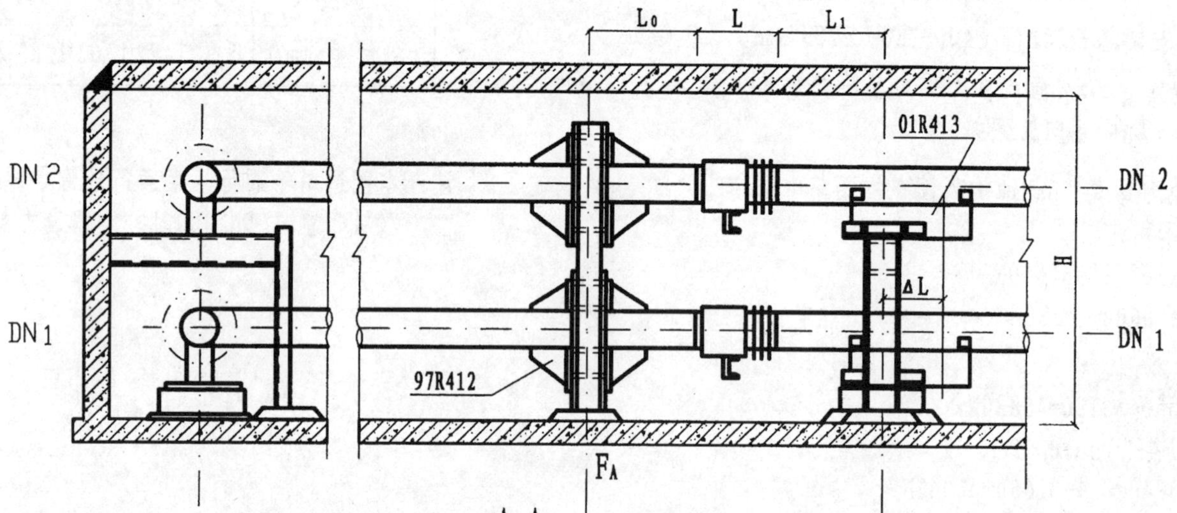

A-A

通行、半通行地沟、双管（保温）无推力套筒补偿器安装详图（端部固定支架）（一）						图集号	03R411-1
审核	刘明	校对	石中东	设计	牛进才	页	114

标注示例:

DN_1 500 介质：蒸汽 t=193°C PN=1.25MPa

选N-H-Ⅱ500-Cr-1.6-400

补偿量400mm 总长2617mm

固定支架间距$Lg=\frac{400}{2.6}=153m$，取Lg=150m

$DN_2$450 介质，热水 t=150°C PN=0.6MPa

补偿量 150x1.89=284mm

选N-H-Ⅱ450-A-0.6-350

补偿量：350mm，总长：2311mm

L_0及导向支架间距L_1，L_2见直流式无推力套筒补偿器布置图，取L_2=24m，Lg间导向支架6个

B 地沟宽度，H地沟高度，BxH地沟断面在本图集中选定。

固定支架推力计算及选用:

$F_{A1}=P_{c1}-P_{f11}=88500-9433=79067N$

$F_{A2}=P_{c2}-P_{f12}=36900-7811=29089N$

两管时牵制系数取1 则

$F_A=F_{A1}-F_{A2}=79067+29089=108156N$

$F_{C1}=0.3(Lg-\frac{L_0+L+L_1}{2})q_1\mu+0.3Pc_1$

$=0.3\times146.7\times1935\times0.1+0.3\times88500=35066N$

$F_{C2}=0.3(Lg-\frac{L_0+L+L_1}{2})q_2\mu+0.3Pc_2$

$=0.3\times146.7\times3668\times0.1+0.3\times36900=27213N$

$F_C=F_{C1}-F_{C2}=34811+25351=62279N$

$F_B=0.3(P_{c1}+P_{c2})=37620N$

F_A 选F≤147KN（15t），F_B选F≤49KN（5t）

F_C 选F≤98KN（10t）固定支座（见97R412），固定支架见本图集第146 148页。

介质温度° C	75	100	130	150	200	250
米补偿量mm/m	0.9	1.22	1.62	1.89	2.6	3.31
DN	≤300	350	400	450	500	600
Lx (m)	10	12	14	15	16	17
Ly (m)	25		30			

注：本图选用于通行、半通行地沟中单侧双管上下层布置D≥400时补偿器设支架

通行、半通行地沟、双管（保温） 无推力套筒补偿器安装详图（端部固定汇率支架）（二）	图集号	03R411-1
审核 刘明 校对 石中东 设计 牛进才	页	115

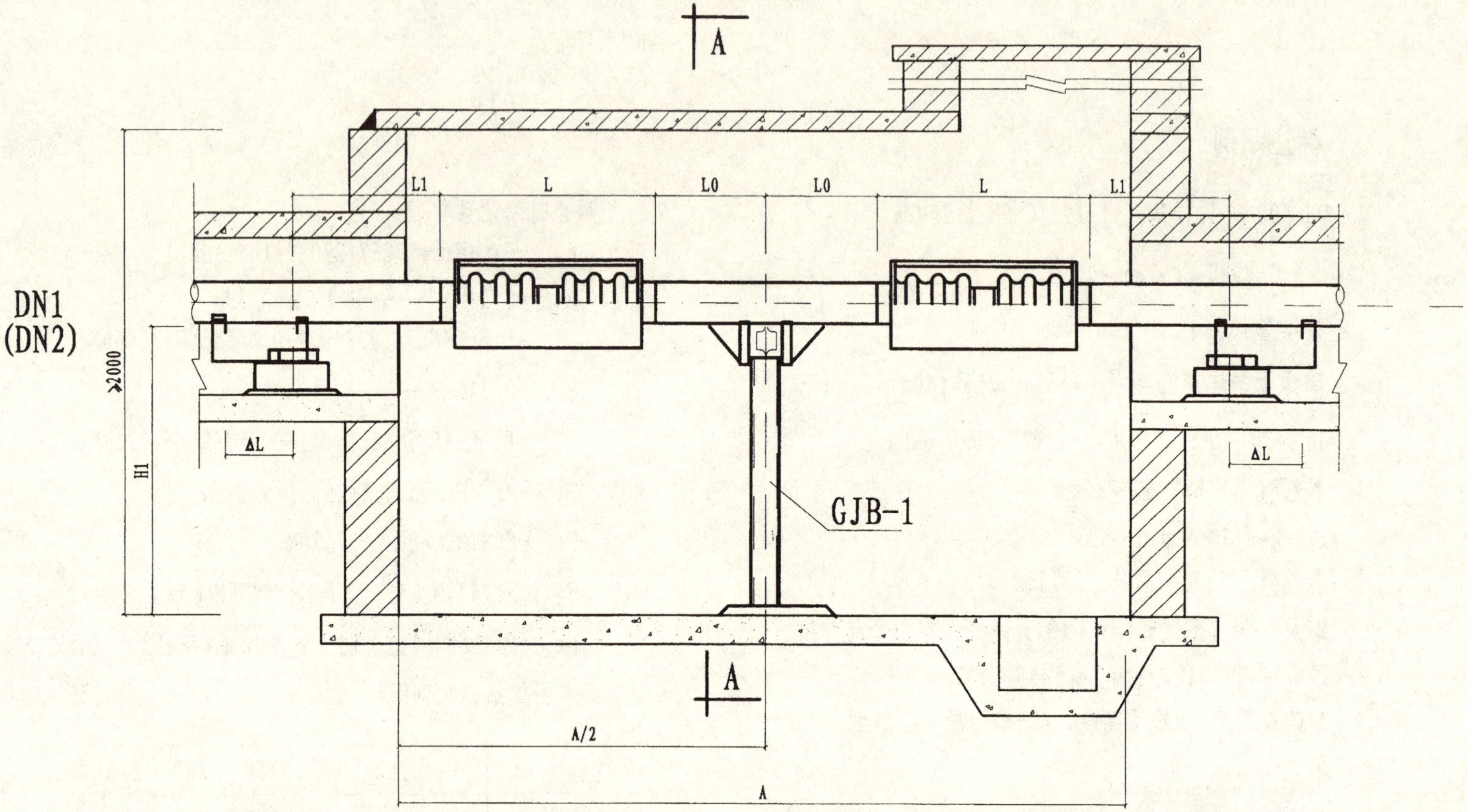

DN	A (mm)	H1 (mm)
<50	1400	⩽1200
50-65	2000	⩽1200
80-150	3000	⩽1200

注：1、L_0、L_1、L、ΔL见波纹补偿器布置图　L_0⩽4D外

2、GJB-1为中间固定支架见本图集140页GJB-1-1单管GJB-1-2双管

3、A-A见本图集120页

检查井内轴向波纹补偿器安装详图（中间固定支架）								图集号	03R411-1
审核	刘明	[signature]	校对	石中东	[signature]	设计	牛进才	[signature] 页	116

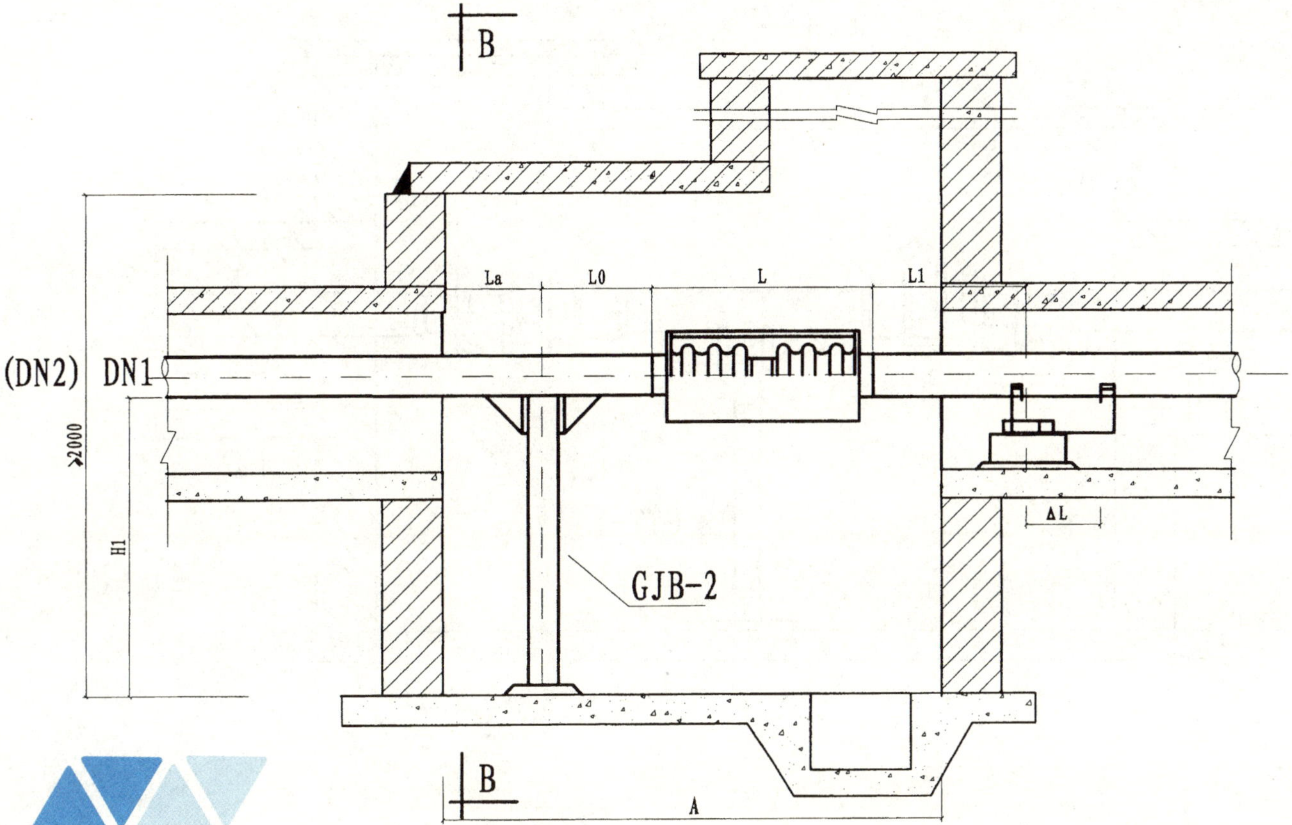

注：1、L_0、L、L_1见波纹补偿器布置图 L_0≤4D外

2、GJB-2为端部固定支架见本图集140页GJB-2-1单管GJB-2-2双管

3、本图不包括轴向外压式波纹补偿器，该型号可参照平衡式布置

DN	A (mm)	H1 (mm)	La (mm)
≤65	1400	≤1200	300
80-150	2000	≤1200	500

检查井内轴向波纹补偿器安装详图（端部固定支架）							图集号	03R411-1
审核	刘明		校对	石中东	设计	牛进才	页	117

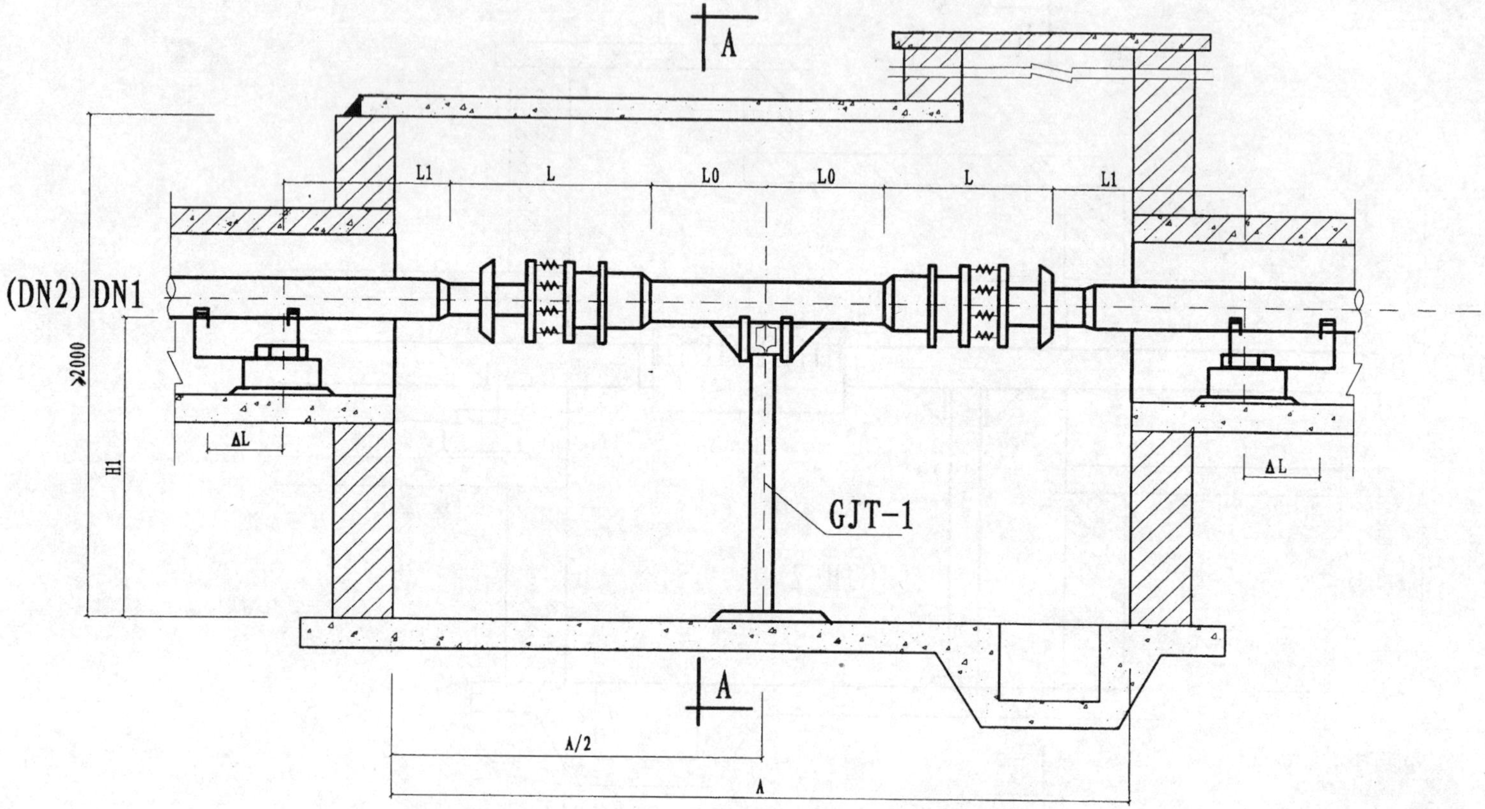

注：1、L_0、L、L_1、L见套筒补偿器布置图　$L_0 \leqslant 4D$外

2、GJT-1为中间固定支架见本图集141页GJT-1-1单管GJT-1-2双管

3、A-A见本图集120页

DN	A (mm)	H1 (mm)
50-150	3000	≤1200

检查井内套筒补偿器安装详图（中间固定支架）									图集号	03R411-1
审核	刘明	[signature]	校对	石中东	[signature]	设计	牛进才	[signature]	页	118

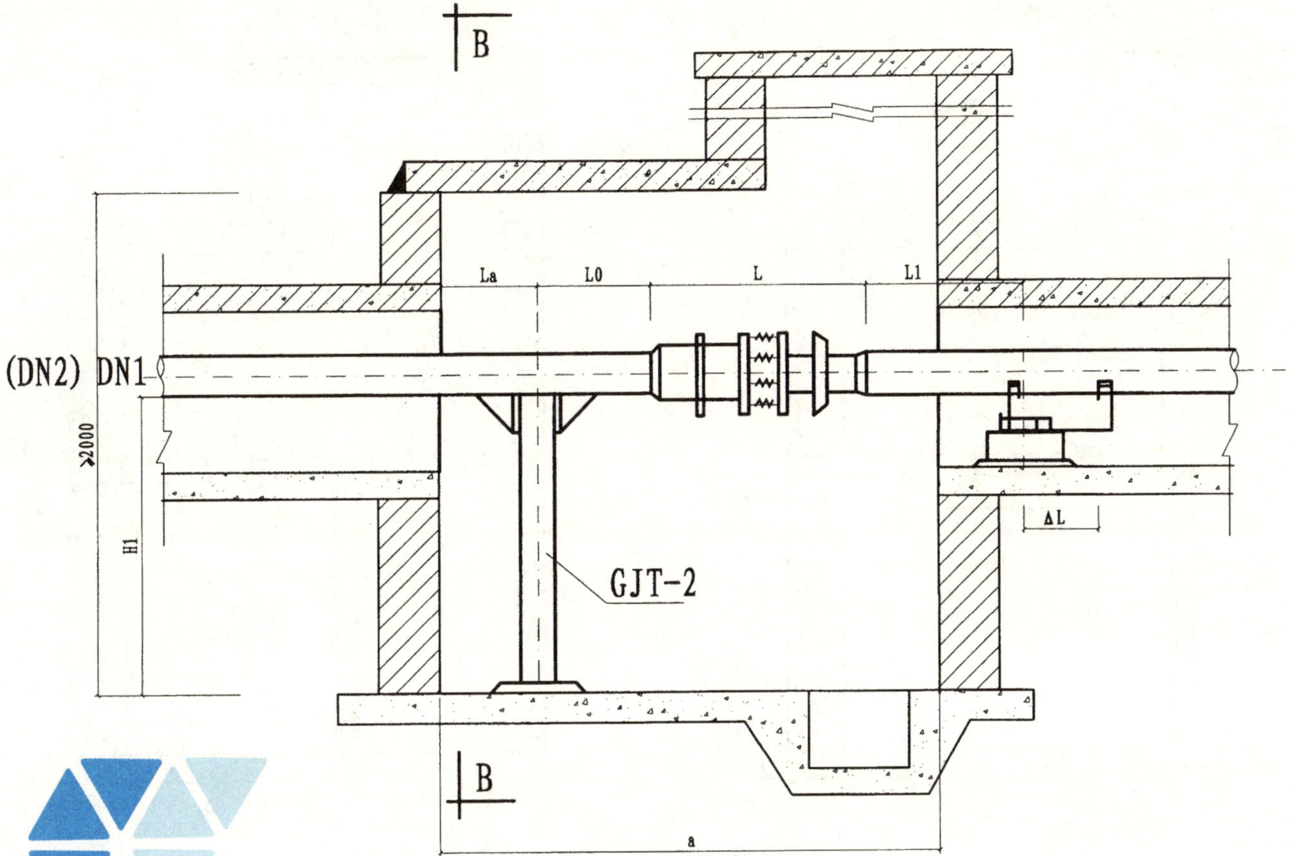

注：1、L_0、L、L_1见套筒补偿器布置图　L_0≤4D外

2、GJT-2为端部固定支架见本图集141页GJT-2-1单管GJT-2-2双管

3、B-B见本图集120页

DN	A (mm)	H1 (mm)	La (mm)
50-150	2000	≤1200	≤500

检查井内套筒补偿器安装详图（端部固定支架）								图集号	03R411-1
审核	刘明		校对	石中东		设计	牛进才	页	119

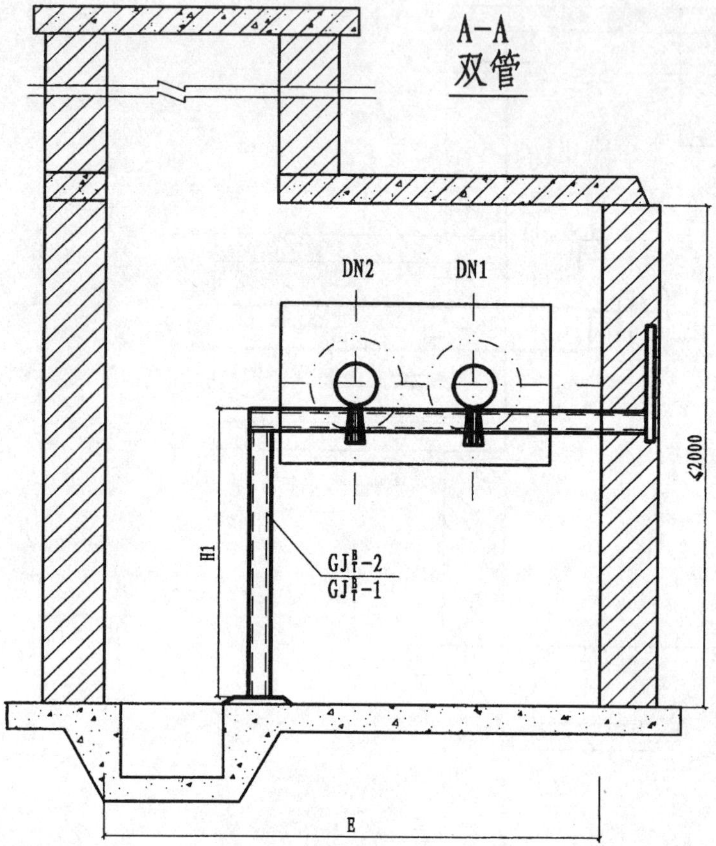

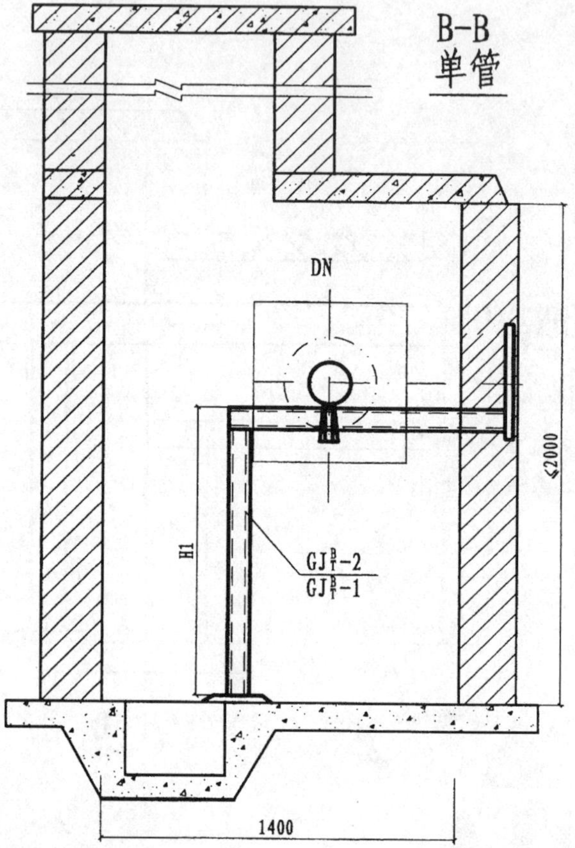

DN1	DN2	E (mm)	H1 (mm)
≤65 (80)	≤65 (80)	1400	≤1200
80–150 (100)–150	≤150	2000	≤1200

检查井内轴向波纹补偿器、套筒补偿器安装详图剖面图						图集号	03R411-1
审核	刘明	校对	石中东	设计	牛进才	页	120

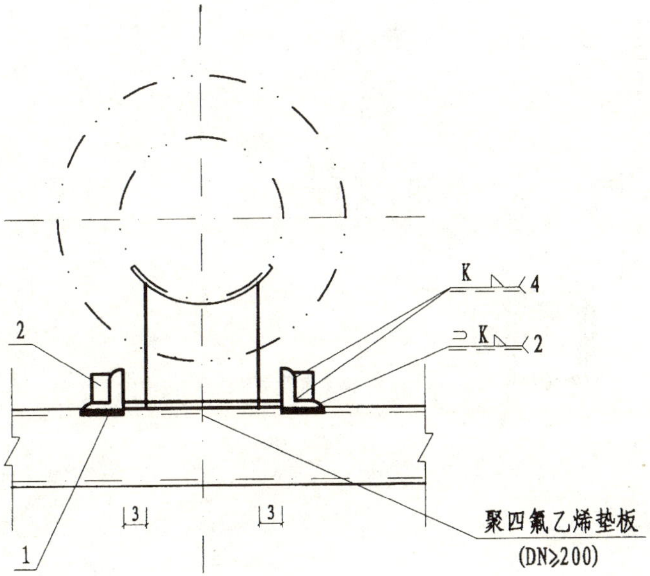

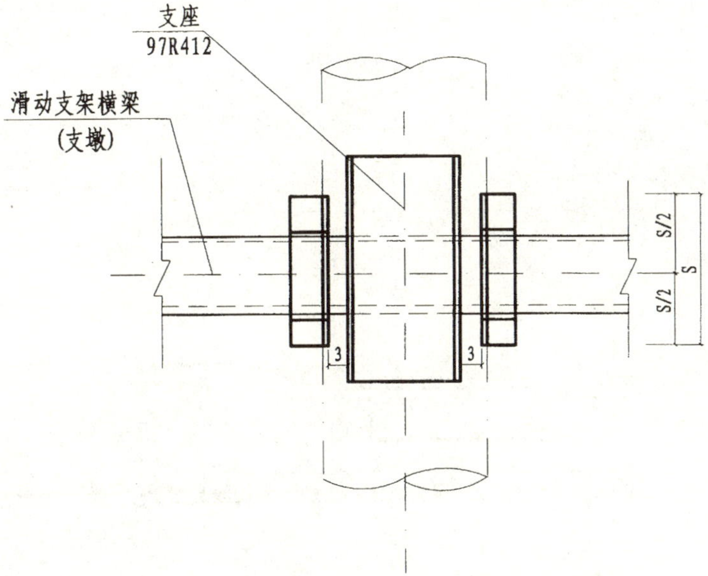

公称直径 DN			50-150	200-350	400-600
S(mm)			100	150	200
2	加强板	4	-30x5	-30x5	-40x5
1	导向板	2	L36x4	L40x5	L50x5
件号	名 称	件数	材 料 规 格		

注：K等于角钢厚度

滑动导向支架导向装置安装图

滑动导向支架导向装置安装图								图集号	03R411-1
审核	刘明	[签名]	校对	石中东	[签名]	设计	牛进才	[签名]	页	121

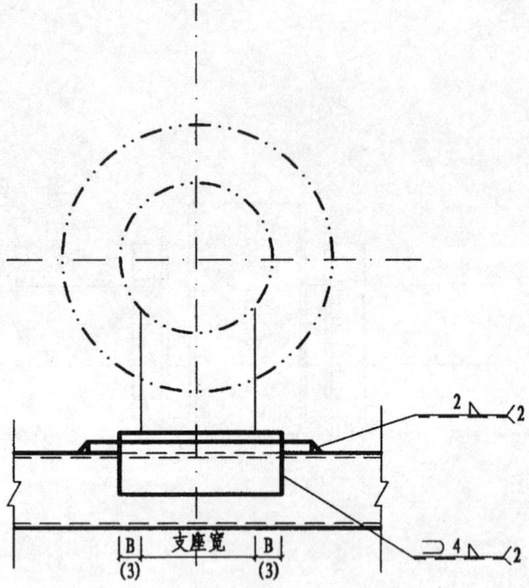

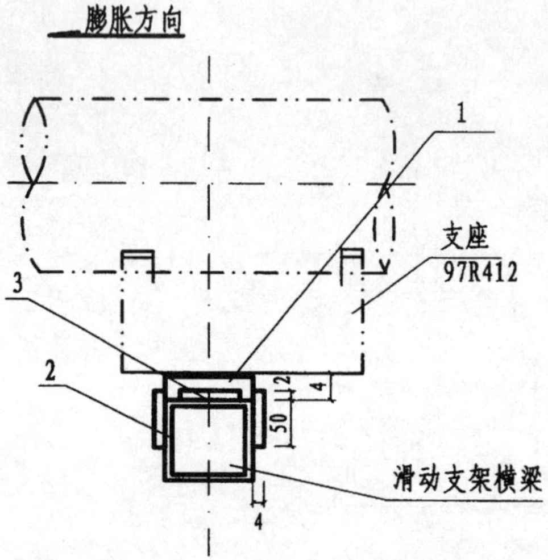

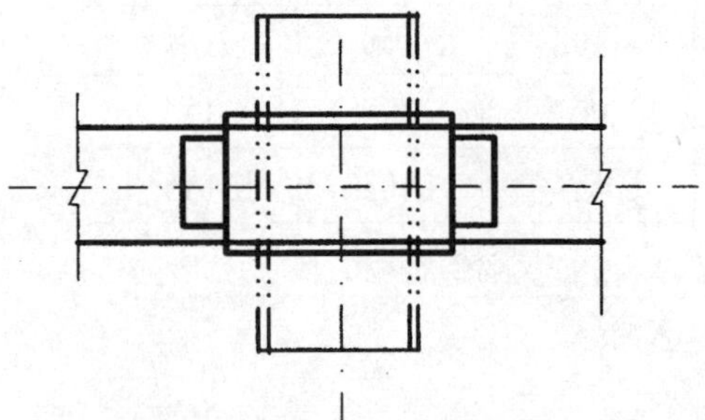

注：1、括号内数字为导向支架时数据

2、聚四氟乙烯垫板用胶粘在支架上

3、适用范围：DN≥200

4、当为支墩时件2同件3

件号	名　称	件数	材料规格
3	挡板	2	扁钢
2	挡板	2	扁钢
1	聚四氟乙烯垫板	1	δ=4mm

聚四氟乙烯垫板在滑动支架上的安装							图集号	03R411-1
审核	刘明		校对	石中东		设计	牛进才	页	122

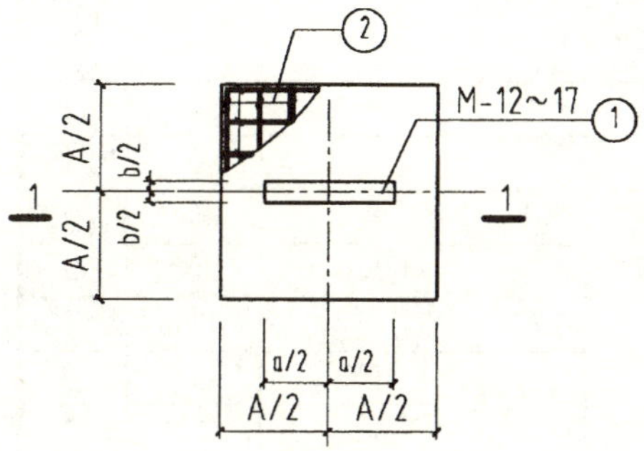

HD-1~6

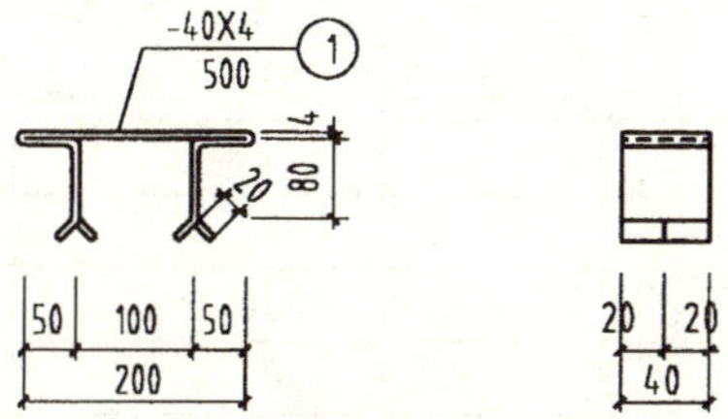

M-12

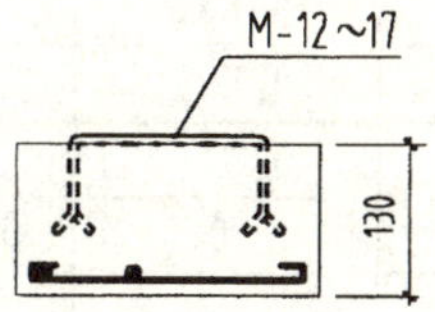

1-1

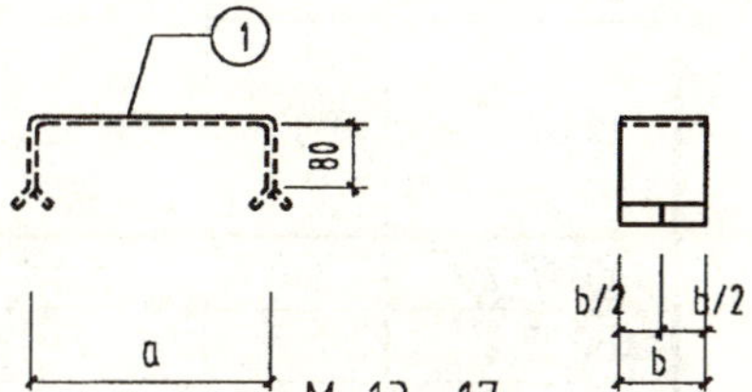

M-13~17

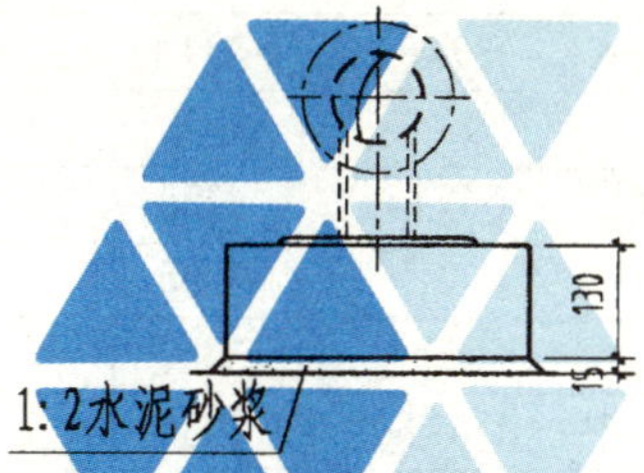

安装示意图

钢材明细表					
构件代号	编号	简图	规格	长度(mm)	数量
HD-1	1	M-12	-40X4	500	1
HD-2	1	M-13	-60X5	400	1
HD-3	1	M-14	-60X5	450	1
	2	370	Φ6	450	6
HD-4	1	M-15	-60X5	550	1
	2	470	Φ6	550	8
HD-5	1	M-16	-80X6	650	1
	2	570	Φ6	650	10
HD-6	1	M-17	-80X6	750	1
	2	670	Φ6	750	12

钢材明细表					
构件号	A	a	b	埋件号	适用管径DN
HD-1	200	200	40	M-12	≤100
HD-2	300	200	60	M-13	125~200
HD-3	400	250	60	M-14	250,300
HD-4	500	350	60	M-15	350,400
HD-5	600	450	80	M-16	500
HD-6	700	550	80	M-17	600

附注:

1. 混凝土采用C25级预制，钢筋保护层厚度20mm。
2. 支墩安装前应将底板清扫干净浇水，安装时用1：2水泥砂浆找平并调整标高。
3. 当管道代用时应按实际使用管径选用支墩。
4. 外露铁件一律涂防锈漆两道。

混凝土支墩 HD-1~6 详图及选用表								图集号	03R411-1
审核	徐洪球	[签名]	校对	张鸣侠	[签名]	设计	张群仲	[签名]	页	123

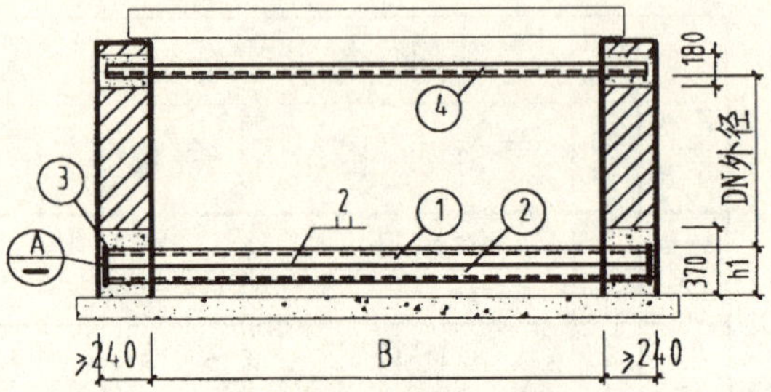

不通行地沟固定支架图

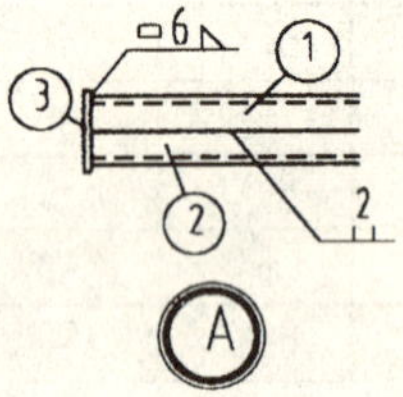

DN(mm)	h1(mm)
≤150	250
200 400	300

支架代号	沟宽B	最大管径	管道数量	零件编号	规格	长度	数量
BGJ3-1	300		1	1	[10	600	1
BGJ4-1	400		1	1	[10	700	1
BGJ5-1	500	200	1	1	[12.6	800	1
BGJ5-2	500	≤150	1	1	[10	800	1
BGJ6-1	600	300	1	1,2,4	[10	1000	3
				3	-130X6	130	2
BGJ6-2	600	250	1	1	[16a	1000	1
BGJ6-3	600	≤150	1	1	[10	1000	1
BGJ7-1	700	350	1	1,2	[12.6	1100	2
				3	-140X6	160	2
				4	[12.6	1100	1
BGJ7-2	700	200	1	1	[16	1100	1
BGJ7-3	700	≤125	1,2	1	[10	1100	1
BGJ8-1	800	400 300	1 1	1,2	[14a	1200	2
				3	-150X6	170	2
				4	[14a	1200	1
BGJ8-2	800	250	1	1,2	[10	1200	2
				3	-130X6	130	2
BGJ8-3	800	150	2	1	[14a	1200	1
BGJ8-4	800	125	2	1	[12.6	1200	1
BGJ8-5	800	≤100	2,3	1	[10	1200	1
BGJ9-1	900	400	1	1,2	[18a	1300	2
				3	-170X6	210	2
				4	[20a	1300	1

附注:

1. 沟壁厚度在支架前后各1米范围内不小于240(mm)。
2. 沟壁预留洞沿沟道方向为370(mm)，支架安装就位后用C20细石混凝土灌填密实。
3. 当沟壁材料为素混凝土时，沟壁厚度在支架前后各1米范围内不小于200(mm)。零件①②④锚入沟壁内长度均为150(mm)，表中构件长度做相应调整。
4. 双沟分别按各自沟宽及布管情况选用。
5. 表中长度及管径、零件尺寸单位均为mm。

方形补偿器 不通行地沟固定支架选用表(一)								图集号	03R411-1
审核	徐洪球	(签名)	校对	张鸣侠	(签名)	设计	张群仲	页	124

支架代号	沟宽 B	最大管径	管道数量	零件编号	规格	长度	数量
BGJ9-2	900	350	1	1,2	[16a	1300	2
				3	-160X6	190	2
				4	[16	1300	1
BGJ9-3	900	150	2	1	[16a	1300	1
BGJ9-4	900	125	2	1	[14a	1300	1
BGJ9-5	900	≤100	2,3	1	[10	1300	1
BGJ10-1	1000	200	2	1,2	[10	1400	2
				3	-130X6	130	2
BGJ10-2	1000	125	2,3	1	[14a	1400	1
BGJ10-3	1000	100	2,3	1	[12.6	1400	1
BGJ10-4	1000	≤80	3	1	[10	1400	1
BGJ11-1	1100	300	2	1,2	[14b	1500	2
				3	-150X6	170	2
				4	[16a	1500	1
BGJ11-2	1100	250	2	1,2	[12.6	1500	2
				3	-140X6	160	2
BGJ11-3	1100	200	2	1,2	[10	1500	2
				3	-130X6	130	2
BGJ11-4	1100	150	2,3	1	[16a	1500	1
BGJ11-5	1100	125	2,3	1	[14a	1500	1
BGJ11-6	1100	100,80	3	1	[12.6	1500	1
BGJ11-7	1100	≤65	3	1	[10	1500	1

支架代号	沟宽 B	最大管径	管道数量	零件编号	规格	长度	数量
BGJ12-1	1200	350	2	1,2	[18a	1600	2
				3	-170X6	210	2
				4	[20a	1600	1
BGJ12-2	1200	250	2	1,2	[12.6	1600	2
				3	-140X6	160	2
BGJ12-3	1200	200	2	1,2	[10	1600	2
				3	-130X6	130	2
BGJ12-4	1200	125	3	1	[16a	1600	1
BGJ12-5	1200	100	3	1	[14a	1600	1
BGJ12-6	1200	≤50	4	1	[10	1600	1
BGJ13-1	1300	400	2	1,2,4	[22a	1700	3
				3	-190X6	250	2
BGJ13-2	1300	300	2	1,2	[16	1700	2
				3	-160X6	190	2
				4	[18a	1700	1
BGJ13-3	1300	250	2	1,2	[12.6	1700	2
				3	-140X6	160	2
BGJ13-4	1300	200 150 125	2,3	1,2	[10	1700	2
				3	-130X6	130	2
BGJ13-5	1300	100	3,4	1	[16a	1700	1
BGJ13-6	1300	80	4	1	[14a	1700	1

附注：表中长度及管径、零件尺寸单位均为mm。

方形补偿器 不通行地沟固定支架选用表（二）						图集号	03R411-1
审核	徐洪球	校对	张鸣侠	设计	张群仲	页	125

方形补偿器
不通行地沟固定支架选用表（三）

支架代号	沟宽B	最大管径	管道数量	零件编号	规格	长度	数量
BGJ14-1	1400	400	2	1,2	[22a	1800	2
				3	-190X6	250	2
				4	[22a	1800	1
BGJ14-2	1400	350	2	1,2	[20a	1800	2
				3	-180X6	230	2
				4	[22a	1800	1
BGJ14-3	1400	300	2	1,2	[16	1800	2
				3	-160X6	190	2
				4	[18a	1800	1
BGJ14-4	1400	250	2	1,2	[14a	1800	2
				3	-150X6	170	2
BGJ14-5	1400	200 150	2,3	1,2	[10	1800	2
				3	-130X6	130	2
BGJ14-6	1400	100	4	1	[16a	1800	1
BGJ14-7	1400	65	4	1	[12.6	1800	1

附注：表中长度及管径、零件尺寸单位均为mm。

方形补偿器 不通行地沟固定支架选用表（三）									图集号	03R411-1
审核	徐洪球	徐洪球	校对	张鸣侠	张鸣侠	设计	张群仲	张群仲	页	126

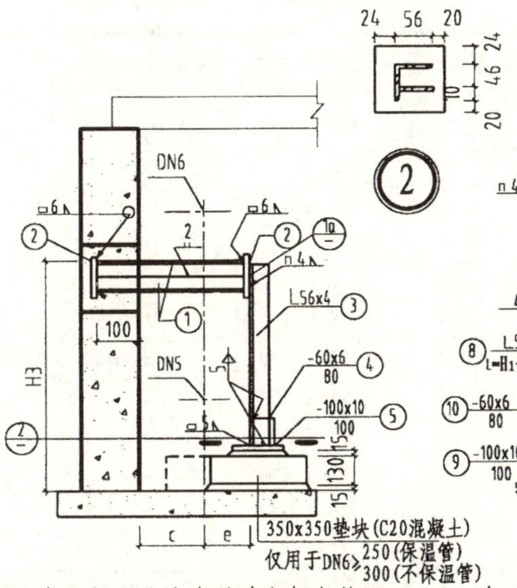

半通行素混凝土壁地沟滑动支架安装图（二）

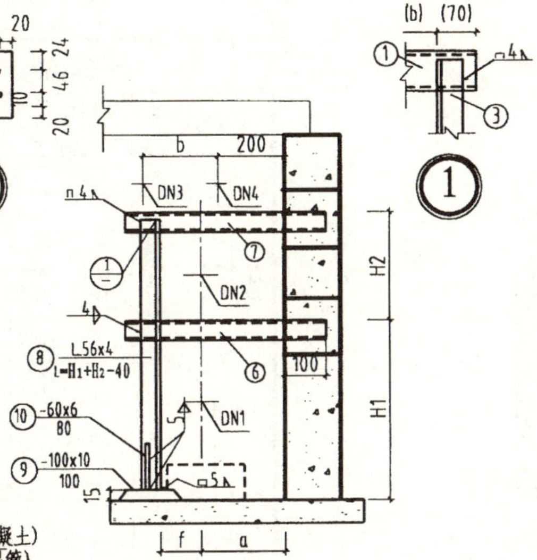

半通行素混凝土壁地沟滑动支架安装图（一）

半通行素混凝土壁地沟滑动支架选用表（二）

DN5 保温	DN6 保温	DN6 不保温	c	e	H3	① 规格	① 长度	① 数量	② 规格	② 长度	② 数量	③ 长度	③ 数量	④ 数量	⑤ 数量
250 (300)		150	400 (450)	290	800 (850)	[5	860 (910)	1				(800) 850	1	1	1
	125	200				[8	860 (910)	1					1	1	1
	150					[10	860 (910)	1					1	1	1
	200	250				[5	780 (830)	2	-80x6	110	2		1	1	1
		300				[6.3	780 (830)	2	-95x6	110	2	(640) 690	1	1	1
	250 (300)					[8	780 (830)	2	-110x6	120	2		1	1	1
350 (400)	125	200	450 (500)	350	(900) 1000	[10	970 (1020)	1				(900) 1000	1	1	1
	150					[5	890 (940)	2	-80x6	110	2		1	1	1
	200	250				[6.3	890 (940)	2	-95x6	110	2		1	1	1
		300				[8	890 (940)	2	-110x6	120	2	(740) 840	1	1	1

半通行素混凝土壁地沟滑动支架选用表（一）

布管形式	DN1 保温	a	f	DN2.3 保温	DN2.3 不保温	⑥ 规格	⑥ 长度	⑥ 数量
DN2 DN3 ⑥ f a (一根管)	100 (125)	300 (350)	200	≤100	≤150	[5	670(720)	1
					200	[6.3	670(720)	1
				(125)		[6.3	(720)	1
	150 (200)	350 (400)	240	≤100	≤150	[5	760(810)	1
				125	200	[6.3	760(810)	1
				150	250	[8	760(810)	1
				(200)		[10	(810)	1

布管形式											
b 200 DN3 DN4 [5 ⑦ 长度见右表 (二根管)	DN3 保温			65	80	65	100			80	100
	DN3 不保温	80	100					125	150		
	DN4 不保温	80	100	80	80	150	80	125	150	150	150
	DN1 \ b	200	250	280	300	310	300	300	300	350	350
	100 ⑦长度	670			700		720		750		770
	125 ⑦长度	720			720						
	150 ⑦长度	760			760		760		760		
	200 ⑦长度	810			810		810		810		810

DN1 (保温)	80	100	125	150	200
H1	550	550.600	600	650	720

DN2 (保温)		80	100	125	150	200
H2	DN3 保温	400	450	450.500	550	
	DN3 不保温	450	500	550	550.600	600

附注：1. 沟壁预留孔200x200，支架安装就位后用C25细石混凝土灌注密实。

2. 当 ①为单个槽钢时，按㊀施工。

3. DN1, DN5之支墩与支架位置可错开。

4. ⑧⑨⑩未列统计表，⑧长度按实际情况定。

5. 表中长度及管径、零件尺寸单位均为mm。

方形补偿器 半通行素混凝土壁地沟滑动支架安装图、材料及选用表						图集号	03R411-1
审核	徐洪球	校对	张鸣侠	设计	张群仲	页	127

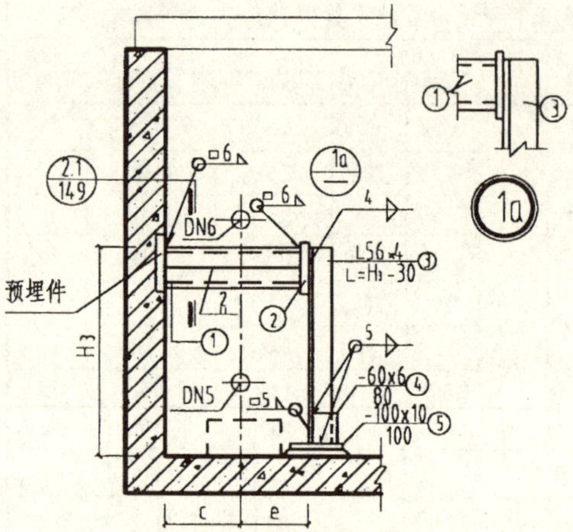

半通行钢筋混凝土地沟滑动支架安装图(二)

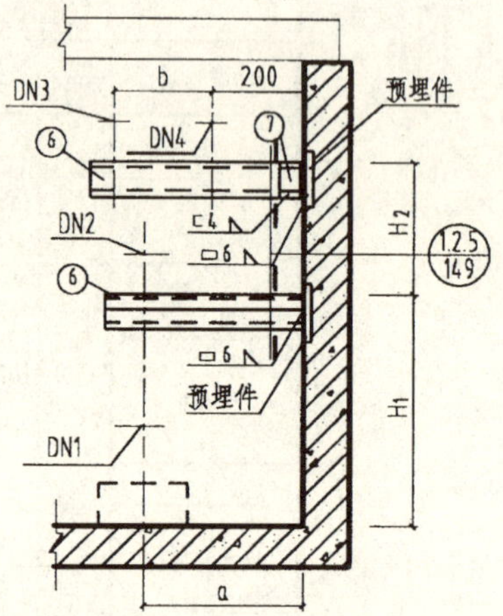

半通行钢筋混凝土地沟滑动支架安装图(一)

半通行钢筋混凝土地沟滑动支架选用表(二)

DN5	DN6		c	e	H3	①			②			预埋件号
保温	保温	不保温				规格	长度	数量	规格	长度	数量	
250 (300)		150	400 (450)	290	800 (850)	⊏5	760 (810)	1	—			M-1
	125	200				⊏8	760 (810)	1	—			M-1
	150					⊏10	760 (810)	1	—			M-1
	200	250				⊏5	680 (730)	2	-80x6	110	1	M-3
		300				⊏6.3	680 (730)	2	-95x6	110	1	M-3
	250 (300)					⊏8	680 (730)	2	-110x6	120	1	M-3
350 (400)	125	200	450 (500)	350	900 (1000)	⊏10	610 (920)	1	—			M-1
	150					⊏5	790 (840)	2	-80x6	110	1	M-3
	200	250				⊏6.3	790 (840)	2	-95x6	110	1	M-3
		300				⊏8	790 (840)	2	-110x6	120	1	M-3

半通行钢筋混凝土地沟滑动支架选用表(一)

布管形式	DN2或DN3		DN4	a或b	⑥		⑦	预埋件号
	保温	不保温	不保温		规格	长度	规格/长度	
DN1.DN2 ⑥ a (一根管)		100		300 (350)	⊏5	410 (460)	L63x4/50	M-1
		100		400	⊏5	510	L63x4/50	M-1
	80-100	125-150		300 (350)	⊏6.3	420 (470)	L63x4/63	M-1
	80-100	125 (200)		400 (300)	⊏6.3	520 (470)	L63x4/63	M-1
		150 (200)		400 (350)	⊏8	520	L63x4/80	M-3
		200		400	⊏10	550	L63x4/100	M-3
	125			350 (400)	⊏⊐5	470 (520)		M-1
	150			350 (400)	⊏⊐6.3	500 (550)		M-1
	200			400	[ ]8	580		M-3
DN3 DN4 ⑥ b 200 (二根管)		80	80	200	⊏5	500	L63x4/50	M-1
	65	(100)	80 (100)	280 (250)	⊏6.3	570	L63x4/63	M-1
	65 (80)		150 (80)	310 (300)	⊏8	600	L63x4/80	M-3
	100	(125)	80 (125)	300	⊏8	620	L63x4/80	M-3
	80	(150)	150	350 (300)	⊏10	650	L63x4/100	M-3
	100		150	350	⊏10	670	L63x4/100	M-3

DN1(保温)		80	100	125	150	200
H1		550	550.600	600	650	720
DN2(保温)		80	100	125	150	200
H2	DN3(保温)	400	450	450.500	550	
	DN3(不保温)	450	500	550	550.600	600

附注:

1. 预埋件详图见149页,当①为单槽钢时,按①施工.
2. 当⑥为双槽钢时,截面形式见选用表,两槽钢间用对接焊缝连接,与沟壁连接焊缝厚度为槽钢肢厚的1.5倍.
3. 当①为两根⊏8时,截面形式为[ ]
4. 表中长度及管径、零件尺寸单位均为mm。

方形补偿器 半通行钢筋混凝土地沟滑动支架安装图、材料及选用表						图集号	03R411-1
审核	徐洪球	校对	张鸣侠	设计	张群仲	页	128

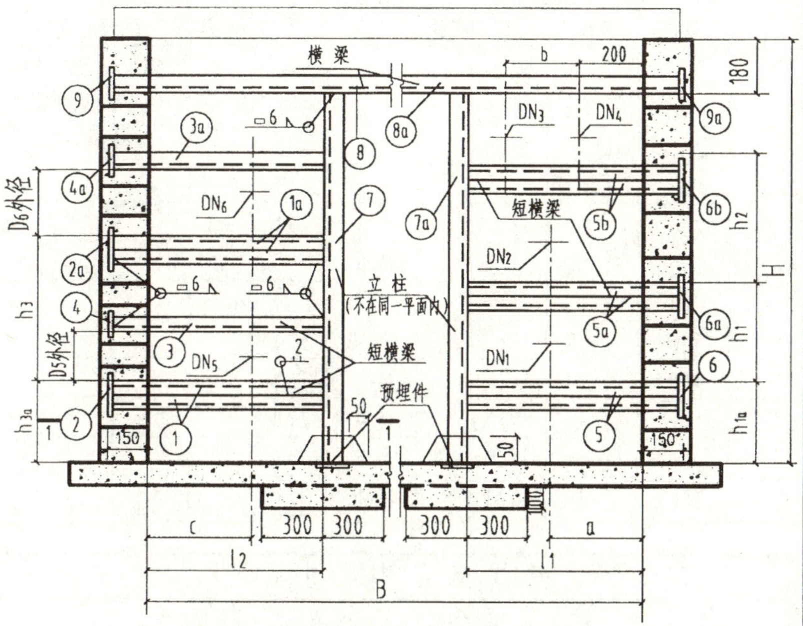

半通行地沟素混凝土壁固定支架安装图

半通行素混凝土壁地沟固定支架短横梁选用表（一）

布管型式	a(b)	l1	DN1,DN2,DN3 保温	DN1,DN2,DN3 不保温	DN4 不保温	⑤⑤a⑤b 规格	⑤⑤a⑤b 长度	⑤⑤a⑤b 数量	⑥⑥a⑥b 规格	⑥⑥a⑥b 长度
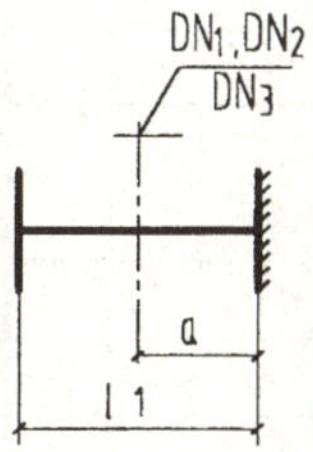	350	550	80-125	100-200		[5	700	2	-80x6	110
	(200-250)			80-100	80-100					
	350	590	80-150	100-200		[5	740	2	-80x6	110
	(200-300)			80-150	80-150					
	400	640	80-150	100-200		[5	790	2	-80x6	110
	(200-300)			80-150	80-150					
	400		200			[6.3	790	2	-95x6	110
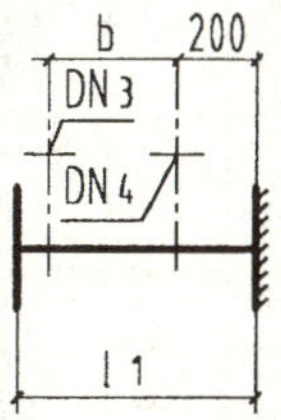	350 400	650	80-125	100-150		[5	800	2	-80x6	110
	350 400		150	200		[6.3	800	2	-95x6	110
	(280-310)		65		80-150	[5	800	2	-80x6	110
	300		80-100		80					
	400		200			[6.3	800	2	-95x6	110
	350	700	80-125	100-150		[5	850	2	-80x6	110
	400		80-150	100-150						
	(300-350)		80-100		100-150					
	400		200			[6.3	850	2	-95x6	110
	350 400		150	200						

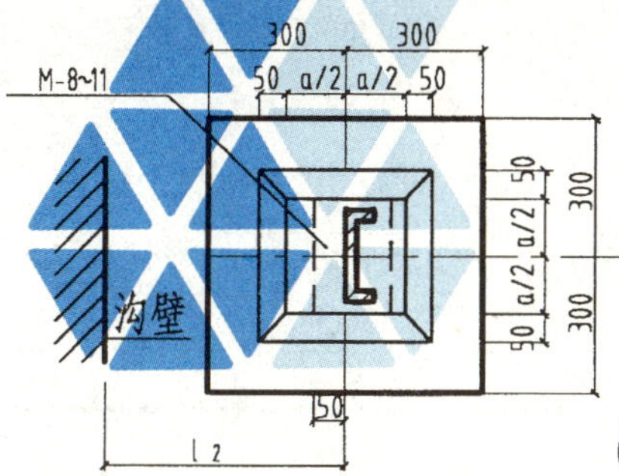

1－1

(a为预埋件长边尺寸)

附 注 1. 沟壁预留安装孔250x200（宽x高），支架安装就位后用C25细石混凝土灌注密实。支架施工完毕后立柱底端用C25细石混凝土包脚，如图。

2. 双侧布管固定支架应分侧错开布置，以利通行。

3. 沟壁厚度在支架前后各1米的范围内不小于200，横梁锚入壁内150。

4. 预埋件详见第149页。

5. 表中长度及管径、零件尺寸单位均为mm。

方形补偿器 半通行素混凝土壁地沟固定支架安装图、材料及选用表（一）						图集号	03R411-1
审核	徐洪球	校对	张鸣侠	设计	张群仲	页	129

半通行钢筋混凝土地沟固定支架短横梁选用表（二）

l_2	C	DN_5 保温	DN_6 不保温	①①a 规格	①①a 长度	①①a 数量	②②a 规格	②②a 长度	②②a 数量	③③a 规格	③③a 长度	④④a 规格	④④a 长度
690	400	125 150	150 200	[5	840	2	——			-80x6	110		
		200	250	[6.3	840	2	——			-95x6	110		
		250		[8	840	2	——			-110x6	120		
740	450	125	150	[6.3	890	2	——			-95x6	110		
		150	200	[8	890	2	——			-110x6	120		
		200	250	[10	890	2	——			-130x6	130		
		250		[12.6	890	2	——			-140x6	160		
			300	[10	890	2	[10	890	1	-130x6	130	-80x6	130
		300		[12.6	890	2	[12.6	890	1	-140x6	160	-85x6	160
850 (800)	500 (450)	125		[6.3	1000 (950)	2	——			-95x6	110		
		150		[8	1000 (950)	2	——			-110x6	120		
		200	200 250	[10	1000 (950)	2	——			-130x6	130		
			300	[10	1000 (950)	2	[12.6	1000 (950)	1	-130x6	130	-85x6	160
		350		[14a	1000 (950)	2	[16a	1000 (950)	1	-150x6	170	-95x6	190
850	500	400		[16a	1000	2	[18a	1000	1	-150x6	190	-100x6	210

立 柱 选 用 表

沟高 H	最大管径 DN	⑦⑦a 规格	⑦⑦a 长度	⑦⑦a 数量	预埋件号
1300	150	[6.3	1120	1	M-8
1400	150	[6.3	1220	1	M-8
	200	[8	1220	1	M-8
1500	150	[6.3	1320	1	M-8
	200	[8	1320	1	M-8
	250	[10	1320	1	M-8
	300	[18a	1320	1	M-10
	350	[20a	1320	1	M-10
	400	[22a	1320	1	M-10
1600	150	[6.3	1420	1	M-8
	200	[8	1420	1	M-8
	300-400	[22a	1420	1	M-10

立柱安装尺寸表

DN_1 DN_5	DN_3 保温	DN_3 不保温	DN_4 不保温	l_1 l_2
125		100	100	550
150		150	150	590
200				640
≤200	65		150	650
≤200	100		80	650
	100		150	700
250				690
300				740
350				800
400				850

短 横 梁 安 装 尺 寸 表

DN_1 DN_5	DN_2 DN_6	h_{1a} h_{3a}	h_1 h_3
80	80	150	400
100	80,100	150	400,450
125	80-125	150	450
150	80-125(150)	250	470(500)
200	80-125(150,200)	250	450(550)
250	80-125	250	600,550
	150-125		650,600
300	150-250(300)	300	700(750)
350	150-250(300)	300	750(800)
400	150-250	300	800

DN_2	DN_3	h_2
80	保温	400
	不保温	450
100	保温	450
	不保温	500
125	保温	450
	不保温	550
150	保温	450
	不保温	500,450
200	保温	500
	不保温	500

横 梁 选 用 表

沟宽 B	沟高 H	最大管径 DN	⑧⑧a 规格	⑧⑧a 长度	⑧⑧a 数量	⑨⑨a 规格	⑨⑨a 长度	⑨⑨a 数量
1200	1300-1600	150	[6.3	1500	1	-70x6	95	2
		200	[8	1500	1	-75x6	110	2
1700	1500	150	[6.3	2000	1	-70x6	95	2
		250	[10	2000	1	-80x6	130	2
1800	1500-1600	200	[8	2100	1	-75x6	110	2
	1500	300	[18a	2100	1	-100x6	210	2
	1500	350	[20a	2100	1	-105x6	230	2
	1600	300-350	[22a	2100	1	-110x6	250	2
2000	1500-1600	200	[8	2300	1	-75x6	110	2
		400	[22a	2300	1	-110x6	230	2

附注

表中长度及管径、零件尺寸单位均为mm。

方形补偿器 半通行素混凝土地沟固定支架材料及选用表（二）						图集号	03R411-1
审核	徐洪球	校对	张鸣侠	设计	张群仲	页	130

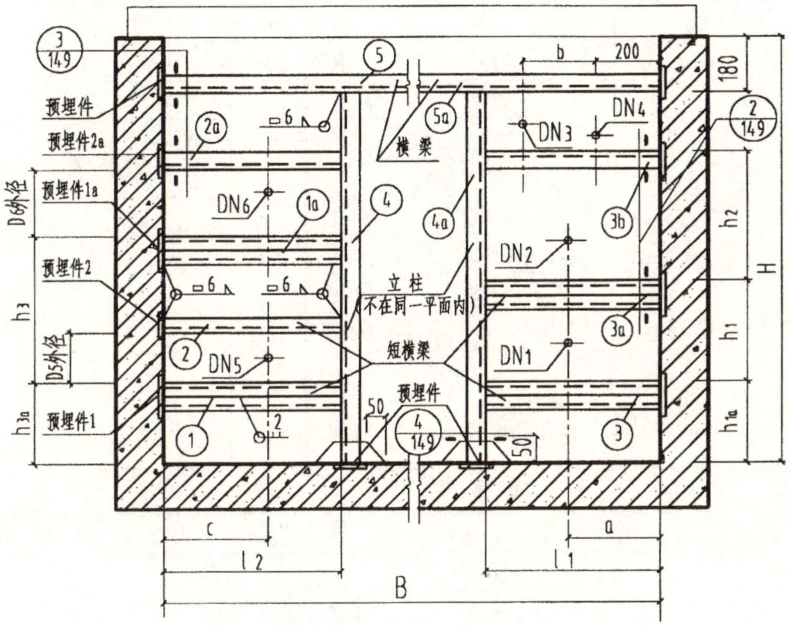

半通行钢筋混凝土地沟固定支架安装图

附 注

1. 双侧布管时，固定支架应分侧错开布置，以利通行。
2. 预埋件详图见149页。
3. 表中长度及管径、零件尺寸单位均为mm。
4. 支架施工完毕后立柱底端用C25细石混凝土包脚，如图。

半通行钢筋混凝土壁地沟固定支架短横梁选用表（一）

布管型式	l_1	a(b)	DN_1, DN_2, DN_3 保温	DN_1, DN_2, DN_3 不保温	DN_4 不保温	③③a③b 规格	③③a③b 长度	③③a③b 数量	预埋件号
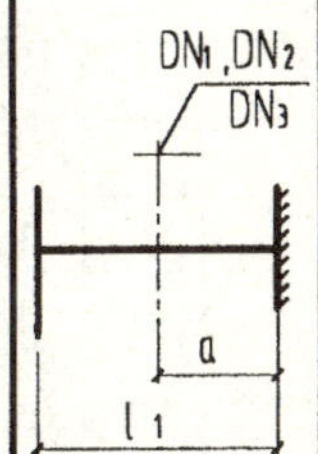	550	350	80-125	100-200		[5	550	2	M-3
		(200-250)		80-100	80-100				
	590	350	80-150	100-200		[5	590	2	M-3
		(200-300)		80-150	80-150				
	640	400	80-150	100-200		[5	640	2	M-3
		(200-300)		80-150	80-150				
		400	200			[6.3	640	2	M-3
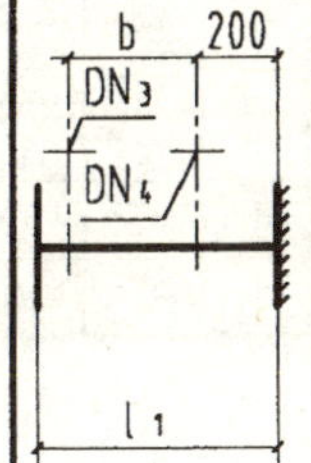	650	350 400	80-125	100-150		[5	650	2	M-3
		350 400	150	200		[6.3	650	2	M-3
		(280-310)	65		80-150	[5	650	2	M-3
		(300)	80-100		80				
		400	200			[6.3	650	2	M-3
	700	350	80-125	100-150		[5	700	2	M-3
		400	80-125	100-150					
		(300-350)	80-100		100-150				
		400	200			[6.3	700	2	M-3
		350 400	150	200					

方形补偿器 半通行钢筋混凝土地沟固定支架安装图、材料及选用表（一）							图集号	03R411-1
审核	徐洪球	徐洪球	校对	张鸣侠	张鸣侠	设计	张群仲	页 131

半通行钢筋混凝土地沟固定支架短横梁选用表（二）

l_2	C	DN_5 保温	DN_6 不保温	①①a 规格	①①a 长度	①①a 数量	②②a 规格	②②a 长度	②②a 数量	预埋件1.1a 件号	预埋件1.1a 数量	预埋件2.2a 件号	预埋件2.2a 数量
690	400	125 150	150 200	[5	690	2	—			M-3	1	—	
		200	250	[6.3	690	2	—			M-3	1	—	
		250		[8	690	2	—			M-3	1	—	
740	450	125	150	[6.3	740	2	—			M-3	1	—	
		150	200	[8	740	2	—			M-3	1	—	
		200	250	[10	740	2	—			M-3	1	—	
		250		[12.6	740	2	—			M-4	1	—	
			300	[10	740	2	[10	740	1	M-3	1	M-1	1
		300		[12.6	740	2	[12.6	740	1	M-4	1	M-2	1
850 (800)	500 (450)	125		[6.3	850 (800)	2	—			M-3	1	—	
		150		[8	850 (800)	2	—			M-3	1	—	
		200	200 250	[10	850 (800)	2	—			M-3	1	—	
			300	[10	850 (800)	2	[12.6	850 (800)	1	M-3	1	M-2	1
		350		[14a	850 (800)	2	[16a	850 (800)	1	M-4	1	M-2	1
850	500	400		[16a	850	2	[18a	850	1	M-4	1	M-5	1

立 柱 选 用 表

沟高 H	最大管径 DN	④④a 规格	④④a 长度	④④a 数量	预埋件号
1300	150	[6.3	1120	1	M-8
1400	150	[6.3	1220	1	M-8
	200	[8	1220	1	M-8
1500	150	[6.3	1320	1	M-8
	200	[8	1320	1	M-8
	250	[10	1320	1	M-8
	300	[18a	1320	1	M-10
	350	[20a	1320	1	M-10
	400	[22a	1320	1	M-10
1600	150	[6.3	1420	1	M-8
	200	[8	1420	1	M-8
	300-400	[22a	1420	1	M-10

立柱安装尺寸表

DN_1 DN_5	DN_3 保温	DN_3 不保温	DN_4 不保温	$l_1.l_2$
125		100	100	550
150		150	150	590
200				640
≤200	65		150	650
≤200	100		80	650
	100		150	700
250				690
300				740
350				800
400				850

横 梁 选 用 表

沟宽 B	沟高 H	最大管径 DN	⑤⑤a 规格	⑤⑤a 长度	⑤⑤a 数量	预埋件 埋件号	预埋件 数量
1200	1300-1600	150	[6.3	1200	1	M-1	2
		200	[8	1200	1	M-1	2
1700	1500	150	[6.3	1700	1	M-1	2
		250	[10	1700	1	M-1	2
1800	1500-1600	200	[8	1800	1	M-1	2
	1500	300	[18a	1800	1	M-5	2
	1500	350	[20a	1800	1	M-5	2
	1600	300-350	[22a	1800	1	M-5	2
2000	1500-1600	200	[8	2000	1	M-1	2
		400	[22a	2000	1	M-5	2

附注

表中长度及管径、零件尺寸单位均为mm。

短 横 梁 安 装 尺 寸 表

DN_1 DN_5	DN_2 DN_6	h_{1a}. h_{3a}	h_1. h_3
80	80	150	400
100	80,100	150	400,450
125	80-125	150	450
150	80-125(150)	250	470(500)
200	80-125(150,200)	250	450(550)
250	80-125	250	600,550
	150-125	250	650,600
300	150-250(300)	300	700(750)
350	150-250(300)	300	750(800)
400	150-250	300	800

DN_2	DN_3	h_2
80	保温	400
	不保温	450
100	保温	450
	不保温	500
125	保温	450
	不保温	550
150	保温	450
	不保温	500,450
200	保温	500
	不保温	500

方形补偿器 半通行钢筋混凝土地沟固定支架材料及选用表（二）						图集号	03R411-1
审核	徐洪球	校对	张鸣侠	设计	张群仲	页	132

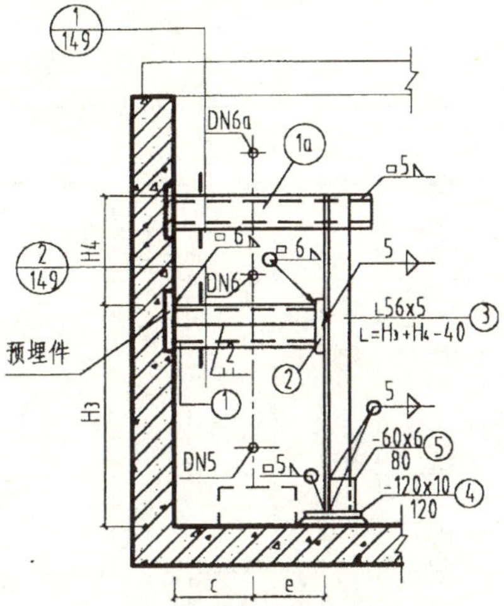

通行地沟滑动支架安装图(二)

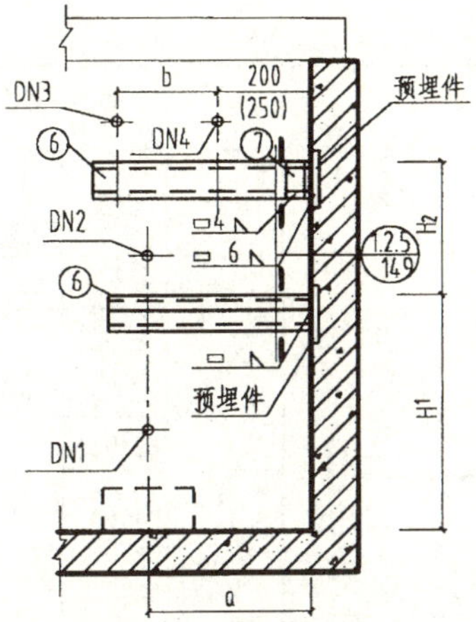

通行地沟滑动支架安装图(一)

(DN4≥200时用括号内尺寸)

通行地沟滑动支架选用表(二)

DN5 保温	DN6 DN6a 保温	DN6 DN6a 不保温	c	e	①①a 规格	①①a 长度	①①a 数量	② 规格	② 长度	② 数量	预埋件号
300		150	450	290	[5	810	1				M-1
	125	200			[8	810	1				M-1
	150				[10	810	1				M-1
	200	250			[5	730	2	-80x6	110	1	M-3
		300			[6.3	730	2	-95x6	110	1	M-3
(250) 300	250		(400) 450	290	[8	(680) 730	2	-110x6	120	1	M-3
300	300		450	290	[8	730	2	-110x6	120	1	M-3
350 (400)	125	200	450 (500)	350	[10	870 (920)	1				M-1
	150				[5	790 (840)	2	-80x6	110	1	M-3
	200	250			[6.3	790 (840)	2	-95x6	110	1	M-3
	250	300			[8	790 (840)	2	-110x6	120	1	M-3
	300 350				[10	790 (840)	2	-130x6	130	1	M-3
400	400		500	350	[12.6	840	2	-140x6	160	1	M-4

通行地沟滑动支架选用表(一)

布管形式	DN2或DN3 保温	DN2或DN3 不保温	DN4 不保温	a或b	⑥ 规格	⑥ 长度	⑦ 规格/长度	预埋件号
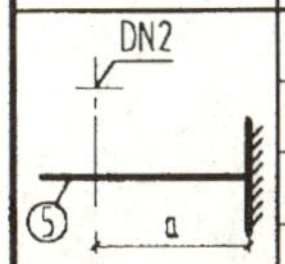		200		400 (350)	[10	530 (480)	L63x4/100	M-3
	125			400 (350)	][5	530 (480)		M-1
	150	250		400 (350)	][6.3	560 (510)		M-1
	200	300		400	[]8	570		M-3
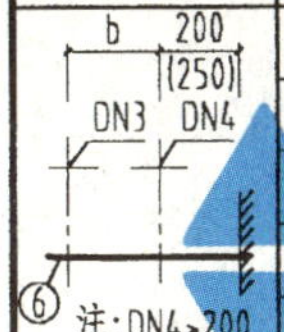 注:DN4≥200时用括号内数字	65	(125)	150 (125)	310 (300)	[8	600	L63x4/80	M-3
	80-100	(150)	150	350 (300)	[10	670 (610)	L63x4/100	M-3
	65-80		200	350	][5	700		M-1
	100		200	360	][5	730		M-1
	125	(200)	150 (200)	350	][6.3	670 (750)		M-1
	125		200	380	[]8	750		M-3

支架高度选用表

DN1,DN5 保温管	H1,H3 DN2, DN6保温	
150	700	
200	750	
250	800	
300	900	
350 400	1000	
DN2,DN6 保温	H2.H4 DN3 DN6a 保温	DN3 DN6a 不保温
125	500	600
150	550	650
200	600	700

附注:

1. 当①为单槽钢时,安装与图中①a同。当为双槽钢时凡大于或等于[8者,断面均为[],当⑥为双槽钢时与沟壁连接焊缝厚度为槽钢肢厚的1.5倍。
2. 预埋件详图见149页。
3. 当没有DN6a时,③长度L=H3
4. 当DN2≥250或DN1≥300时按选用表(二)选(配合安装图(二))。
5. 表中长度及管径、零件尺寸单位均为mm。

方形补偿器 通行地沟滑动支架安装图、材料及选用表						图集号	03R411-1
审核	徐洪球	校对	张鸣侠	设计	张群仲	页	133

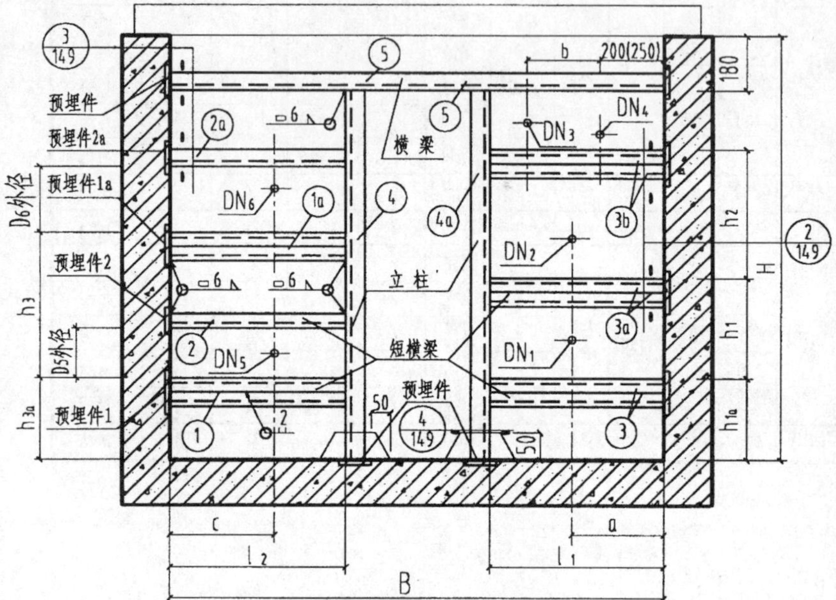

通行地沟固定支架安装图

(DN$_4$≥200用括号内尺寸)

附 注

1. 预埋件详图见149页。
2. 表中长度及管径、零件尺寸单位均为mm。
3. 支架施工完毕后立柱底端用C25细石混凝土包脚，如图。

通行地沟固定支架短横梁选用表（一）

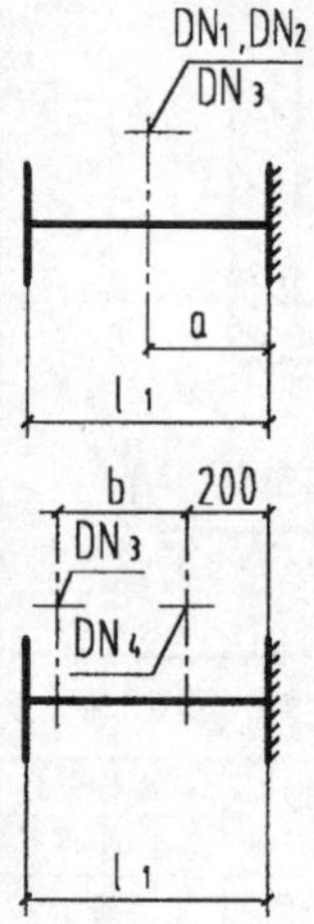

布管型式	l_1	a(b)	DN$_1$,DN$_2$,DN$_3$ 保温	DN$_1$,DN$_2$,DN$_3$ 不保温	DN$_4$ 不保温	③③a③b 规格	③③a③b 长度	③③a③b 数量	预埋件号
	590	350	125,150	≤250 (300)		[5 ([8)	590	2	M-3
		(300)		125 150	125 150				
	640	400	125,150 (200)	≤250 (300)		[5 ([8)	640	2	M-3
		(300)		125 150	125 150				
	690	400	125 150	150 200		[5	690	2	M-3
		(300)		125 150	125 150				
		400	200	250		[6.3	690	2	M-3
			250	300		[8	690	2	M-3
	700	400 350	125 150	150 200		[5	700	2	M-3
		(310)	65		150				
		(350)	80-125		150				
		400	200	250*		[6.3	700	2	M-3
		400	250	300		[8	700	2	M-3
注：当DN4≥200时用括号内数字	780	400 350	125 150	150		[5	780	2	M-3
		400	200	200*		[6.3	780	2	M-3
		(340-380)	65-125	200	200				
		400 350		250		[8	780	2	M-3
		400	250	300		[10	780	2	M-3

*安装尺寸a亦可为350。

方形补偿器

通行地沟固定支架安装图、材料及选用表（一）

审核	徐洪球	徐洪球	校对	张鸣侠	张鸣侠	设计	张群仲	张群仲	图集号	03R411-1
									页	134

通行地沟固定支架短横梁选用表（二）

l_2	C	DN_5 保温	DN_6 不保温	①①a 规格	①①a 长度	①①a 数量	②②a 规格	②②a 长度	②②a 数量	预埋件1 件号	预埋件1 数量	预埋件2 件号	预埋件2 数量
740	450	125	150	[6.3	740	2	—			M-3	1	—	
		150	200	[8	740	2	—			M-3	1	—	
		200	250	[10	740	2	—			M-3	1	—	
		250		[12.6	740	2	—			M-4	1	—	
			300	[10	740	2	[10	740	1	M-3	1	M-1	1
		300		[12.6	740	2	[12.6	740	1	M-4	1	M-2	1
850 (800)	500 (450)	125		[6.3	850 (800)	2	—			M-3	1	—	
		150		[8	850 (800)	2	—			M-3	1	—	
		200	200 250	[10	850 (800)	2	—			M-3	1	—	
		250		[14a	850 (800)	2	—			M-4	1	—	
			300	[10	850 (800)	2	[12.6	850 (800)	1	M-3	1	M-2	1
		300		[12.6	850 (800)	2	[14a	850 (800)	1	M-4	1	M-2	1
		350		[14a	850 (800)	2	[16a	850 (800)	1	M-4	1	M-2	1
850	500	400		[16a	850	2	[18a	850	1	M-4	1	M-5	1

立 柱 选 用 表

沟高 H	最大管径 DN	④④a 规格	④④a 长度	④④a 数量	预埋件号
1800	150	[8	1620	1	M-8
	200	[10	1620	1	M-8
	250	[12.6	1620	1	M-9
	300	[22a	1620	1	M-10
	350 400	[25a	1620	1	M-11
2000	200	[10	1820	1	M-8
	250	[12.6	1820	1	M-9
	300	[25a	1820	1	M-11
	350	[28a	1820	1	M-11
	400	[28b	1820	1	M-11

立柱安装尺寸表

DN_1 DN_5	DN_3 保温	DN_3 不保温	DN_4 不保温	l_1 l_2
150		150	150	590
200				640
250				690
≤250	65-125		150	700
	65-125		200	780
300				740
350				800
400				850

短 横 梁 安 装 尺 寸 表

DN_1, DN_5	DN_2, DN_6	h_{1a}, h_{3a}	h_1, h_3	DN_2	DN_3	h_2
150	80-125	250	500	125	保温	450
	150		550		不保温	550
200	80-125	250	550	150	保温	450
	150,200		600		不保温	550
250	80-125	250	600	200	保温	500
	150-250		650		不保温	600
300	150-250	300	700			
	300		750			
350	150-250(300-350)	300	750(800)			
400	150-250	300	800			
	300-400		850			

横 梁 选 用 表

沟宽 B	沟高 H	最大管径 DN	⑤ 规格	⑤ 长度	⑤ 数量	预埋件 件号	预埋件 数量
1300	1800	150	[8	1300	1	M-1	2
	1800-2000	200	[10	1300	1	M-1	2
1400	1800-2000	200	[10	1400	1	M-1	2
		250	[12.6	1400	1	M-2	2
2100	1800-2000	300	[25a	2100	1	M-6	2
		350	[28a	2100	1	M-6	2
	1800	400					
	2000	400	[32a	2100	1	M-7	2
2200	1800	400	[28a	2200	1	M-6	2
	2000	400	[32a	2200	1	M-7	2

附注

表中长度及管径、零件尺寸单位均为mm。

方形补偿器 通行地沟固定支架材料及选用表（二）						图集号	03R411-1
审核	徐洪球	校对	张鸣侠	设计	张群仲	页	135

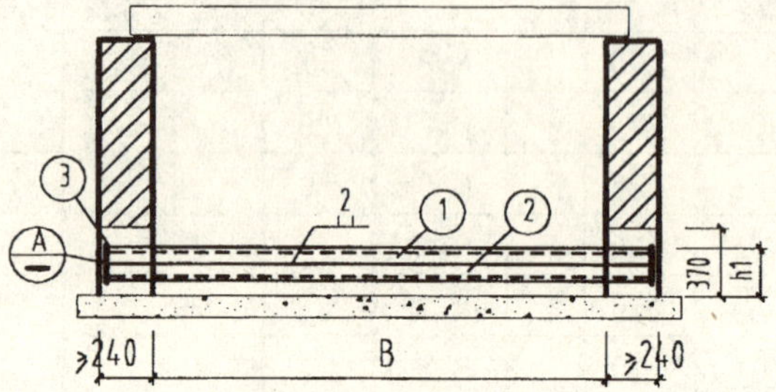

不通行地沟固定支架图

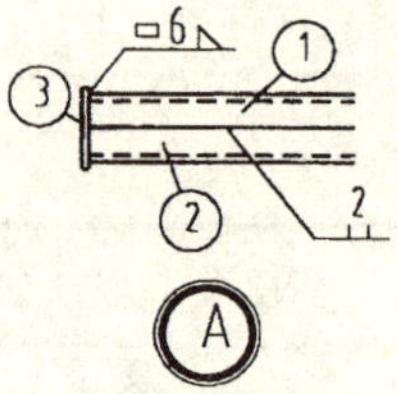

DN	h1
≤150	250

沟宽 B	最大管径	管道数量	压力等级	支架代号	构件编号	规格	长度	数量
300	50	1	1.2MPa	BJ3-1	1	[10	600	1
			0.6MPa					
400	150	1	1.2MPa	BJ4-1	1	[10	700	1
			0.6MPa					
500	100	1	1.2MPa	BJ5-1	1	[10	800	1
			0.6MPa					
600	150	1	1.2MPa	BJ6-1	1,2	[12.6	1000	2
					3	-140X6	160	2
			0.6MPa	BJ6-2	1	[16a	1000	1
	50	2	1.2MPa	BJ6-3	1	[10	1000	1
			0.6MPa					
700	100	2	1.2MPa	BJ7-1	1	[10	1100	1
			0.6MPa					
800	125	2	1.2MPa	BJ8-1	1,2	[12.6	1200	2
			0.6MPa		3	-140X6	160	2
	150	2	1.2MPa	BJ8-1	1,2	[12.6	1200	2
			0.6MPa		3	-140X6	160	2
	100	2	1.2MPa	BJ8-2	1	[14a	1200	1
			0.6MPa					

附注:

1. 沟壁厚度在支架前后各1米范围内不小于240。
2. 沟壁预留洞沿沟道方向为370，支架安装就位后用C25细石混凝土灌填密实。
3. 当沟壁材料为素混凝土时，沟壁厚度在支架前后各1米范围内不小于200。构件①②④锚入沟壁内长度均为150，表中构件长度做相应调整。
4. 双沟分别按各自沟宽及布管情况选用。
5. 表中长度及管径、零件尺寸单位均为mm。

轴向型波纹补偿器 不通行地沟固定支架选用表（一）						图集号	03R411-1
审核	徐洪球	校对	张鸣侠	设计	张群仲	页	136

沟宽 B	最大管径	管道数量	压力等级	支架代号	构件编号	规格	长度	数量
900	150	2	1.2MPa	BJ9-1	1,2	[16a	1300	2
			0.6MPa		3	-160X6	190	2
	125	2	1.2MPa	BJ9-2	1	[16a	1300	1
			0.6MPa					
	100	2	1.2MPa	BJ9-2	1	[16a	1300	1
			0.6MPa					
	80	2	1.2MPa	BJ9-3	1	[14a	1300	1
			0.6MPa					
1000	125	2	1.2MPa	BJ10-1	1,2	[14a	1400	2
			0.6MPa		3	-150X6	170	2
1100	150	2	1.2MPa	BJ11-1	1,2	[18a	1500	2
			0.6MPa		3	-170X6	210	2
	125	2	1.2MPa	BJ11-2	1,2	[16a	1500	2
			0.6MPa		3	-160X6	190	2

附注：表中长度及管径、零件尺寸单位均为mm。

轴向型波纹补偿器 不通行地沟固定支架选用表（二）	图集号	03R411-1
审核 徐洪球 校对 张鸣侠 设计 张群仲	页	137

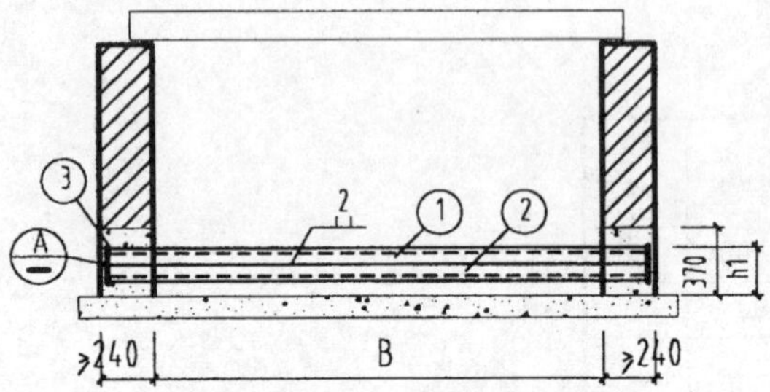

不通行地沟固定支架图

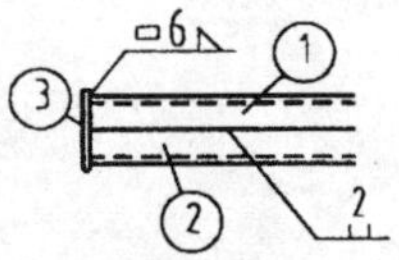

DN	h1
≤150	250

Ⓐ

沟宽 B	最大管径	管道数量	压力等级	支架代号	构件编号	规格	长度	数量
300	50	1	1.2MPa 0.6MPa	TJ3-1	1	[10	600	1
400	150	1	1.2MPa 0.6MPa	TJ4-1	1	[10	700	1
500	100	1	1.2MPa 0.6MPa	TJ5-1	1	[10	800	1
600	150	1	1.2MPa 0.6MPa	TJ6-1	1	[16a	1000	1
	50	2	1.2MPa 0.6MPa	TJ6-2	1	[10	1000	1
700	100	2	1.2MPa 0.6MPa	TJ7-1	1	[10	1100	1
800	125	2	1.2MPa 0.6MPa	TJ8-1	1,2	[12.6	1200	2
					3	-140X6	160	2
	150	2	1.2MPa 0.6MPa	TJ8-1	1,2	[12.6	1200	2
					3	-140X6	160	2
	100	2	1.2MPa 0.6MPa	TJ8-2	1	[14a	1200	1

附注:

1. 沟壁厚度在支架前后各1米范围内不小于240mm。
2. 沟壁预留洞沿沟道方向为370mm，支架安装就位后用C25细石混凝土灌填密实。
3. 当沟壁材料为素混凝土时，沟壁厚度在支架前后各1米范围内不小于200mm。构件①②④锚入沟壁内长度均为150mm，表中构件长度做相应调整。
4. 双沟分别按各自沟宽及布管情况选用。
5. 表中长度及管径、零件尺寸单位均为mm。

普通型套筒补偿器 不通行地沟固定支架选用表（一）						图集号	03R411-1
审核 徐洪球	徐洪球	校对 张鸣侠	张鸣侠	设计 张群仲	张群仲	页	138

沟宽 B	最大管径	管道数量	压力等级	支架代号	构件编号	规格	长度	数量
900	150	2	1.2MPa	TJ9-1	1,2	[14a	1300	2
			0.6MPa		3	-150X6	170	2
	125	2	1.2MPa	TJ9-2	1	[16a	1300	1
			0.6MPa					
	100	2	1.2MPa	TJ9-2	1	[16a	1300	1
			0.6MPa					
	80	2	1.2MPa	TJ9-4	1	[12.6	1300	1
			0.6MPa					
1000	125	2	1.2MPa	TJ10-3	1,2	[12.6	1400	2
			0.6MPa		3	-140X6	160	2
1100	150	2	1.2MPa	TJ11-2	1,2	[18a	1500	2
			0.6MPa		3	-170X6	210	2
	125	2	1.2MPa	TJ11-3	1,2	[14a	1500	2
					3	-150X6	170	2
			0.6MPa	TJ11-4	1,2	[12.6	1500	2
					3	-140X6	160	2

附注：表中长度及管径、零件尺寸单位均为mm。

普通型套筒补偿器 不通行地沟固定支架选用表（二）						图集号	03R411-1
审核	徐洪球	校对	张鸣侠	设计	张群仲	页	139

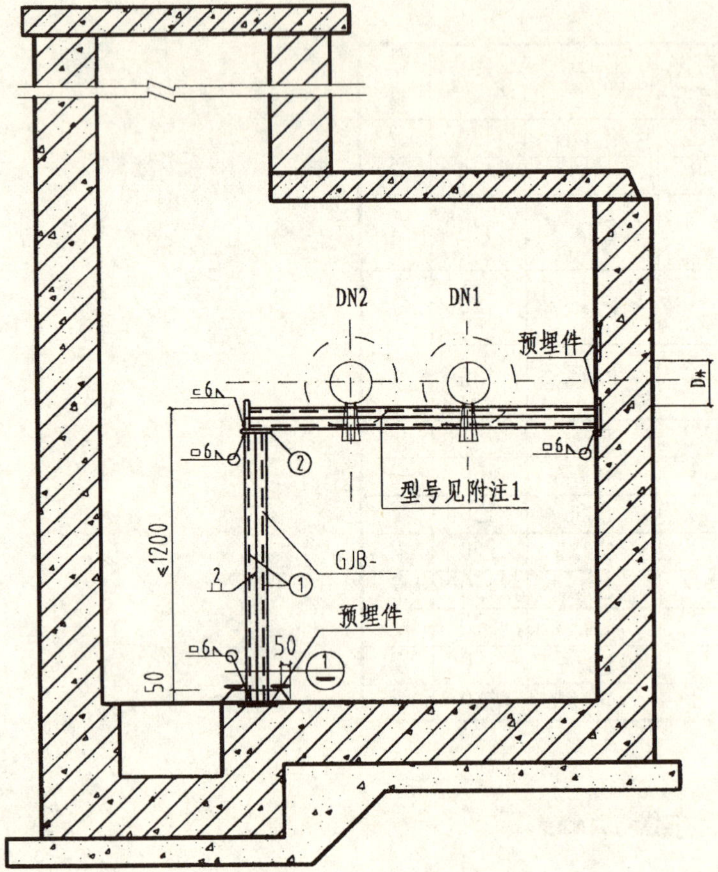

检查井固定支架表

支架号	支架部位	布管数量	①	②	DN1	DN2
GJB-1-1	中间	单管	[16a	-150x10 l=200	≤150	—
GJB-1-2	中间	双管	[16a	-150x10 l=200	≤150	≤150
GJB-2-1	端部	单管	[20a	-200x10 l=250	≤150	—
GJB-2-2	端部	双管	[25a	-200x10 l=300	≤150	≤150

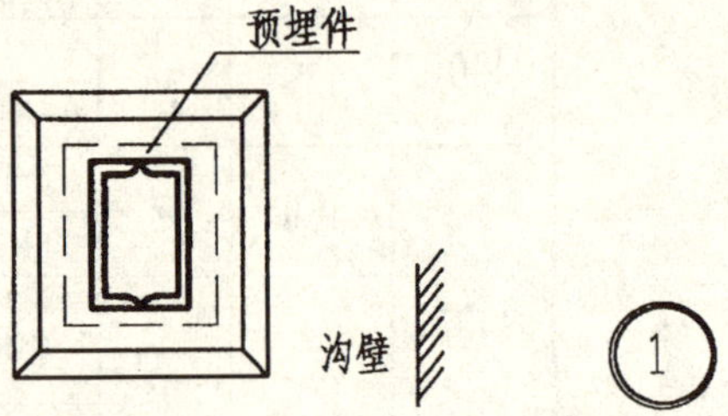

附注:

1. 支架横梁型号：当地沟宽度B≤800时，采用2[16a，B>800采用2[20a。
2. 支架安装尺寸配合动力管道布置施工。
3. 预埋件详图见第150页。
4. 表中长度及管径、零件尺寸单位均为mm。
5. 支架施工完毕后立柱底端用C25细石混凝土包脚，如图。

轴向型波纹补偿器 检查井内管道支架详图						图集号	03R411-1
审核 徐洪球	徐洪球	校对 张鸣侠	张鸣侠	设计 张群仲	张群仲	页	140

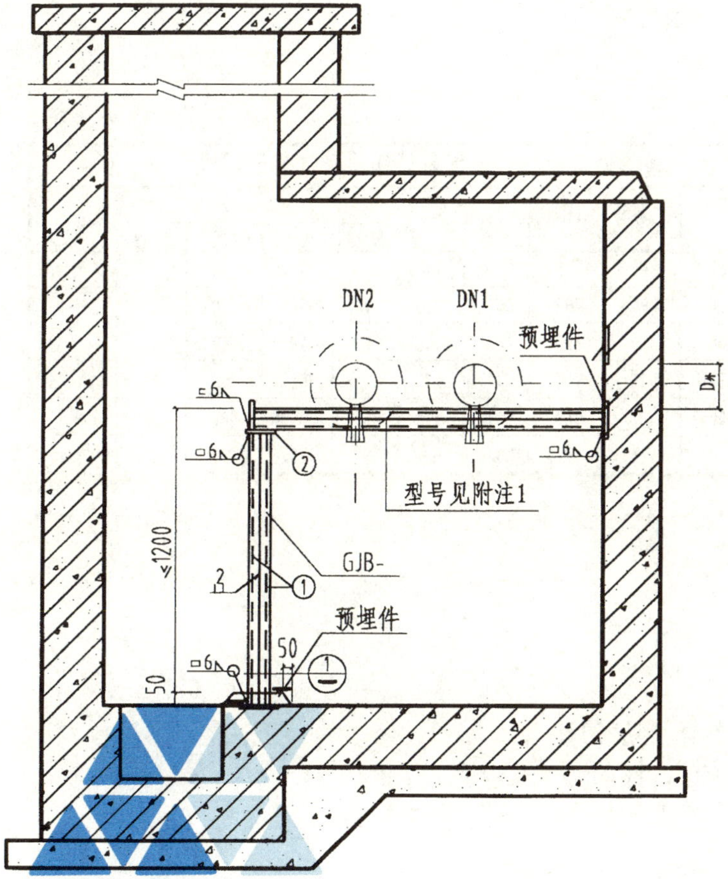

检查井固定支架表

支架号	支架部位	布管数量	①	②	DN1	DN2
GJT-1-1	中间	单管	⊏16a	-150x10 l=200	≤150	—
GJT-1-2	中间	双管	⊏16a	-150x10 l=200	≤150	≤150
GJT-2-1	端部	单管	⊏18a	-180x10 l=220	≤150	—
GJT-2-2	端部	双管	⊏22a	-200x10 l=260	≤150	≤150

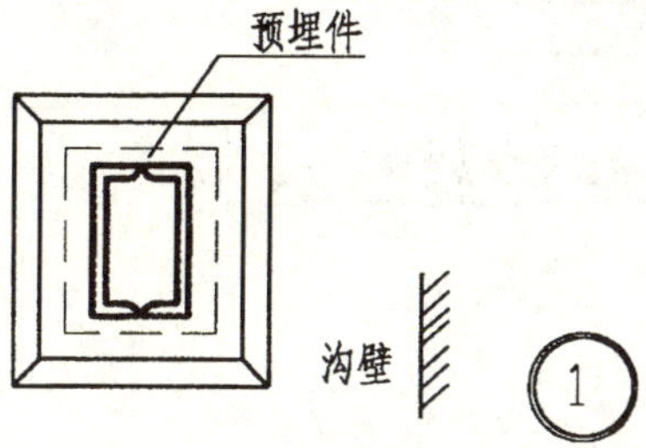

附注:

1. 支架横梁型号：地沟宽度B<800时采用2⊏16a，地沟宽度B>800时采用2⊏20a。
2. 支架安装尺寸配合动力管道布置施工。
3. 预埋件详图见第150页。
4. 表中长度及管径、零件尺寸单位均为mm。
5. 支架施工完毕后立柱底端用C25细石混凝土包脚，如图。

普通型套筒补偿器 检查井内管道支架详图						图集号	03R411-1
审核	徐洪球	校对	张鸣侠	设计	张群仲	页	141

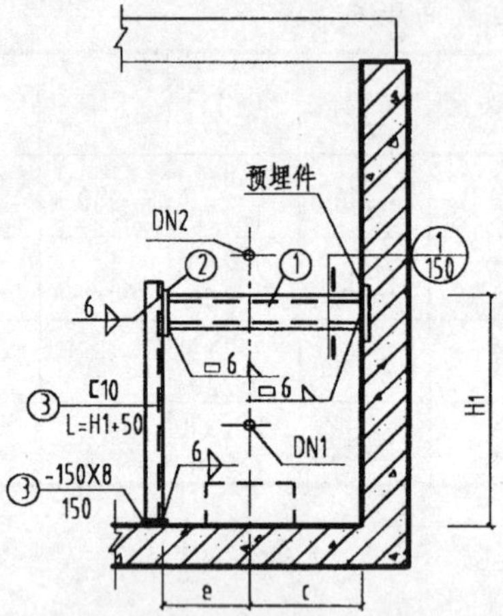

通行地沟波纹、套筒补偿器滑动支架安装图

通行地沟波纹、套筒补偿器滑动支架选用表

DN1	DN2	c	e	H1	①			②			预埋件号
					规格	长度	数量	规格	长度	数量	
200~300	≤300	420	290	710	⊏⊐10	700	1	-130x6	130	1	M-3
350	≤350	450	290	765	⊏⊐10	730	1	-130x6	130	1	M-3
400	≤400	500	350	850	⊏⊐12.6	840	1	-140x6	160	1	M-4
450	≤450	550	400	905	⊏⊐12.6	940	1	-140x6	160	1	M-4
500	≤500	600	400	960	⊏⊐14a	990	1	-160x6	180	1	M-4
600	≤600	650	450	1060	⊏⊐16a	1090	1	-170x6	200	1	M-4

附注:

1. 预埋件详图见150页。
2. 当没有DN2时，不设滑动支架，仅有支墩。
3. 表中长度及管径、零件尺寸单位均为mm。

平衡式波纹、套筒补偿器 通行地沟滑动支架安装图、材料及选用表							图集号	03R411-1
审核	徐洪球	[签名]	校对	张鸣侠	[签名]	设计 张群仲 [签名]	页	142

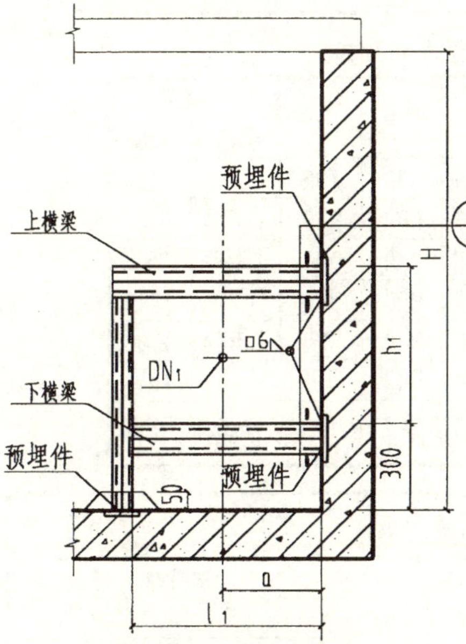

单管固定支架安装图

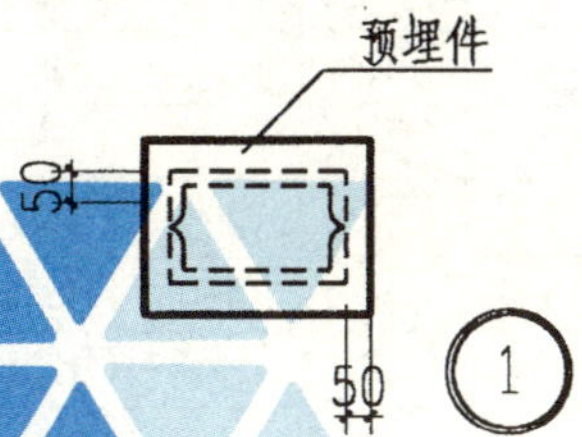

单管端固定支架横梁选用表

DN1	l_1	a	h_1	下横梁		上横梁	
				规格	长度	规格	长度
200~300	745	420	630	[14a	810	⊔14a	810
350	800	450	680	[16a	865	⊔16a	865
400	870	510	770	[18a	950	⊔16a	950
450	920	540	830	[22a	1005	[16a	1005
500	970	570	880	[25a	1060	[16a	1060
600	1070	620	980	[28a	1160	[18a	1160

单管中间固定支架横梁选用表

DN1	l_1	a	h_1	下横梁				上横梁	
				1.25MPa		0.6MPa		规格	长度
				规格	长度	规格	长度		
200~300	745	420	630	[12.6	810	[ ]10	810	⊔10	810
350	800	450	680	[12.6	865	[ ]12.6	865	⊔10	865
400	870	510	770	[14a	950	[ ]14a	950	⊔12.6	950
450	920	540	830	[16a	1005	[ ]16a	1005	[12.6	1005
500	970	570	880	[18a	1060	[ ]18a	1060	[14a	1060
600	1070	620	980	[22a	1160	[ ]20a	1160	[14a	1160

附注

1. 支架立柱选用见第145，页预埋件详图见第150页。
2. 表中长度及管径、零件尺寸单位均为mm。
3. 支架施工完毕后立柱底端用C25细石混凝土包脚，如图。

平衡式波纹补偿器 通行地沟固定支架安装图、材料及选用表（一）	图集号	03R411-1
审核 徐洪球 校对 张鸣侠 设计 张群仲	页	143

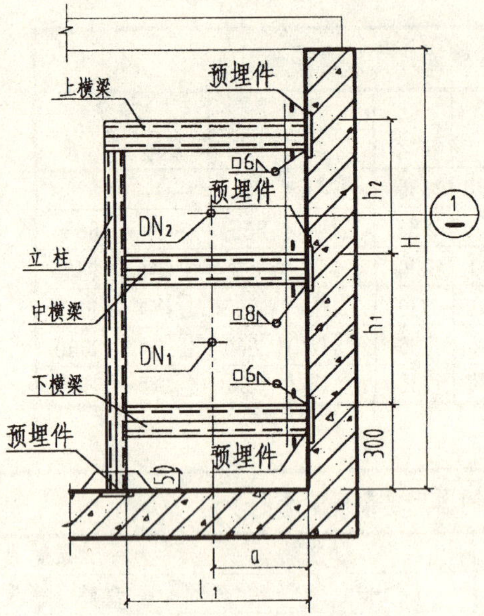

双管固定支架安装图

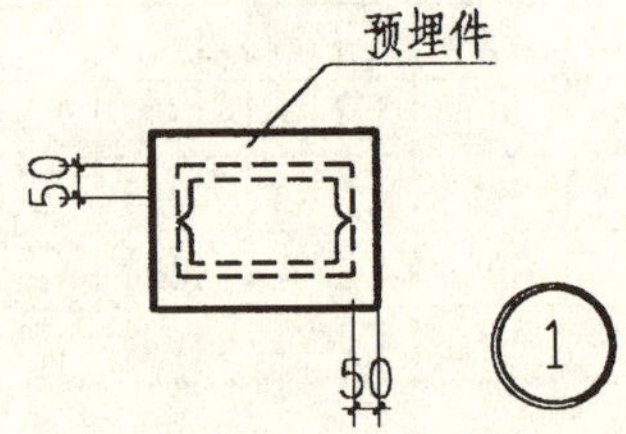

双管端固定支架横梁选用表

DN1	DN2	l_1	a	h_1	h_2	中横梁	
						规格	长度
200~300	≤300	745	420	630	780	⊏16a	810
350	≤350	800	450	680	830	⊏20a	865
400	≤400	870	510	770	920	⊏20a	950
450	≤450	920	540	830	980	⊏25a	1005
500	≤500	970	570	880	1030	⊏28a	1060
600	≤600	1070	620	980	1130	⊏32a	1160

注：上、下横梁同单管端固定支架上、下横梁

双管中间固定支架横梁选用表

DN1	DN2	l_1	a	h_1	h_2	中横梁			
						1.25MPa		0.6MPa	
						规格	长度	规格	长度
200~300	≤300	745	420	630	780	⊏12.6	810	[]12.6	810
350	≤350	800	450	680	830	⊏14a	865	[]16a	865
400	≤400	870	510	770	920	⊏16a	950	[]18a	950
450	≤450	920	540	830	980	⊏18a	1005	[]18a	1005
500	≤500	970	570	880	1030	⊏20a	1060	[]22a	1060
600	≤600	1070	620	980	1130	⊏25a	1160	[]25a	1160

注：上、下横梁同单管中间固定支架上、下横梁

附 注

1. 支架立柱选用见第145，页预埋件详图见第150页。
2. 表中长度及管径、零件尺寸单位均为mm。
3. 支架施工完毕后立柱底端用C25细石混凝土包脚，如图。

平衡式波纹补偿器 通行地沟固定支架安装图、材料及选用表（二）						图集号	03R411-1
审核	徐洪球	校对	张鸣侠	设计	张群仲	页	144

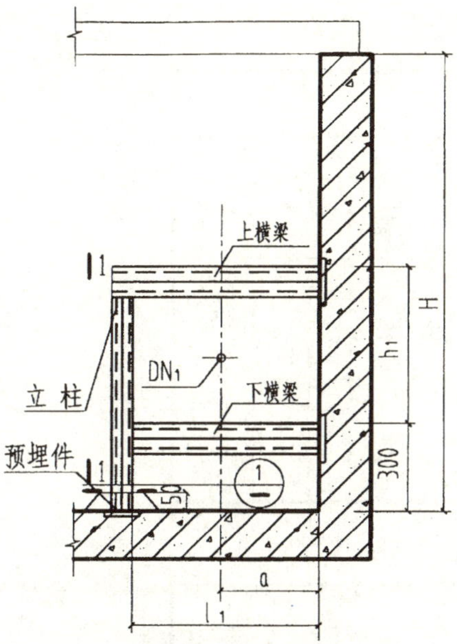

单管固定支架安装图

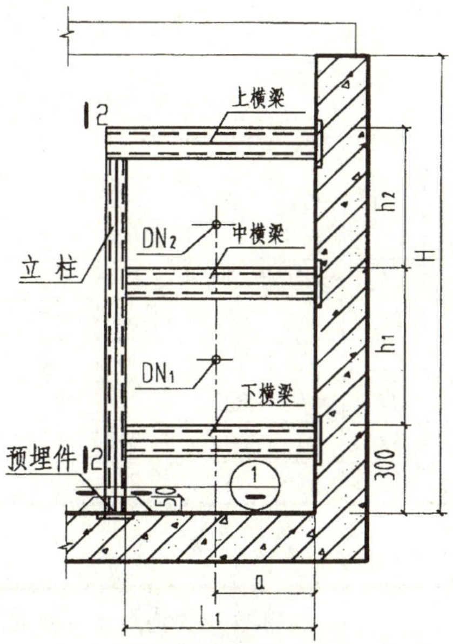

双管固定支架安装图

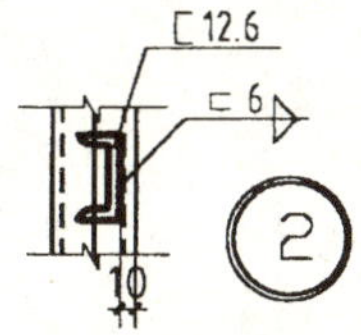

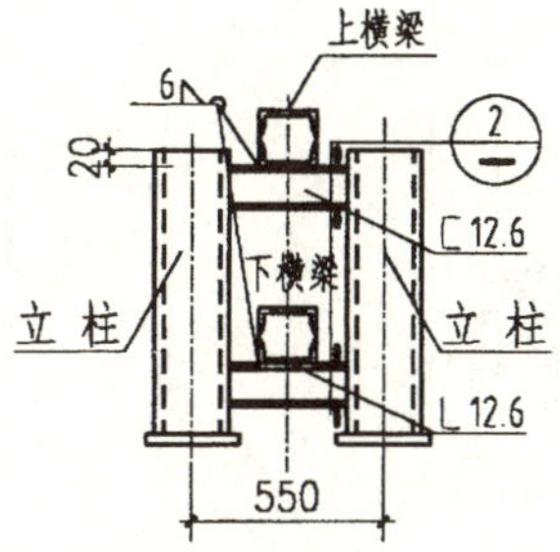

1-1

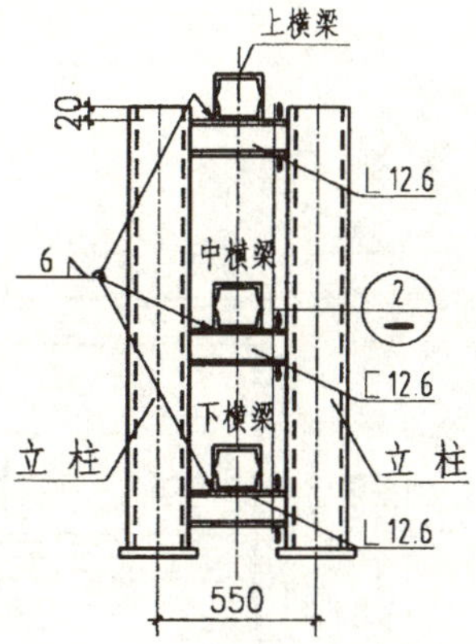

2-2

单管固定支架立柱选用表				
DN1	端支架		中间支架	
	规格	数量	规格	数量
200~300,350,400	[ ]12.6	2	[ ]10	2
450,500,600	[ ]14a	2	[ ]12.6	2

双管固定支架立柱选用表					
DN1	DN2	端支架		中间支架	
		规格	数量	规格	数量
200~300,350,400	≤300,350,400	[ ]16a	2	[ ]12.6	2
450,500,600	≤450,500,600	[ ]20a	2	[ ]14a	2

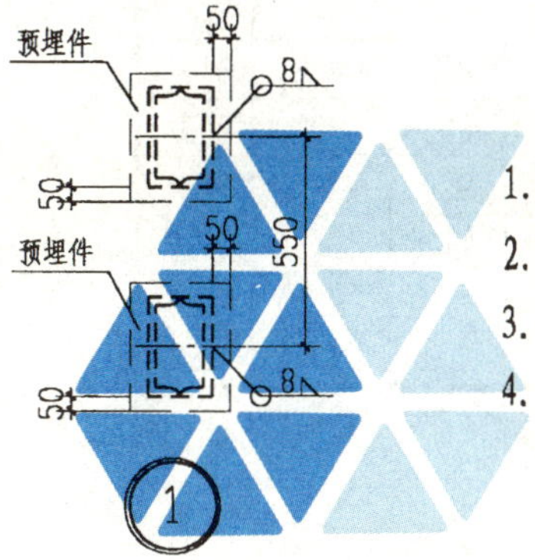

附 注

1. 预埋件详图见第150页。
2. 支架立柱高度根据实际布管情况确定。
3. 表中长度及管径、零件尺寸单位均为mm。
4. 支架施工完毕后立柱底端用C25细石混凝土包脚，如图。

平衡式波纹补偿器 通行地沟固定支架安装图、材料及选用表（三）							图集号	03R411-1
审核	徐洪球	校对	张鸣侠	设计	张群仲		页	145

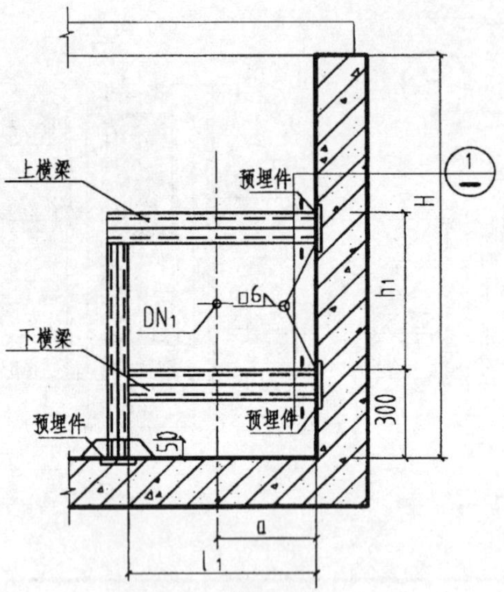

单管固定支架安装图

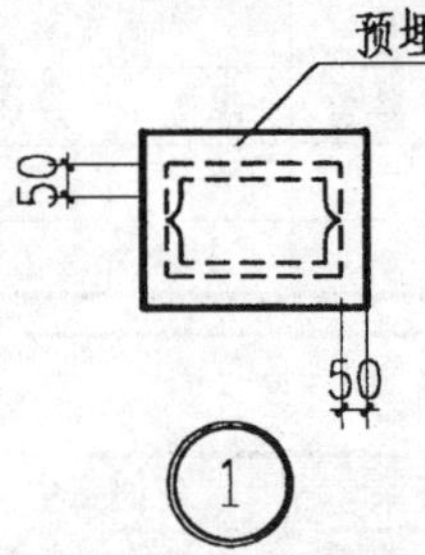

附 注

1. 支架立柱选用见第148页，预埋件详图见第150页。
2. 表中长度及管径、零件尺寸单位均为mm。
3. 支架施工完毕后立柱底端用C25细石混凝土包脚，如图。

单管端固定支架横梁选用表

DN1	l_1	a	h_1	下横梁				上横梁	
				1.25MPa		0.6MPa		规格	长度
				规格	长度	规格	长度		
200~300	745	420	630	□12.6	810	[]12.6	810	⊔12.6	810
350	800	450	680	□14a	865	[]14a	865	⊔12.6	865
400	870	510	770	□16a	950	[]16a	950	⊔14a	950
450	920	540	830	□20a	1005	[]18a	1005	□16a	1005
500	970	570	880	□22a	1060	[]20a	1060	□16a	1060
600	1070	620	980	□25a	1160	[]22a	1160	□18a	1160

单管中间固定支架横梁选用表

DN1	l_1	a	h_1	下横梁				上横梁	
				1.25MPa		0.6MPa		规格	长度
				规格	长度	规格	长度		
200~300	745	420	630	□10	810	[]10	810	⊔10	810
350	800	450	680	□10	865	[]10	865	⊔10	865
400	870	510	770	□12.6	950	[]12.6	950	⊔10	950
450	920	540	830	□14a	1005	[]14a	1005	□12.6	1005
500	970	570	880	□16a	1060	[]14a	1060	□12.6	1060
600	1070	620	980	□18a	1160	[]16a	1160	□14a	1160

平衡式套筒补偿器 通行地沟固定支架安装图、材料及选用表（一）						图集号	03R411-1
审核	徐洪球	校对	张鸣侠	设计	张群仲	页	146

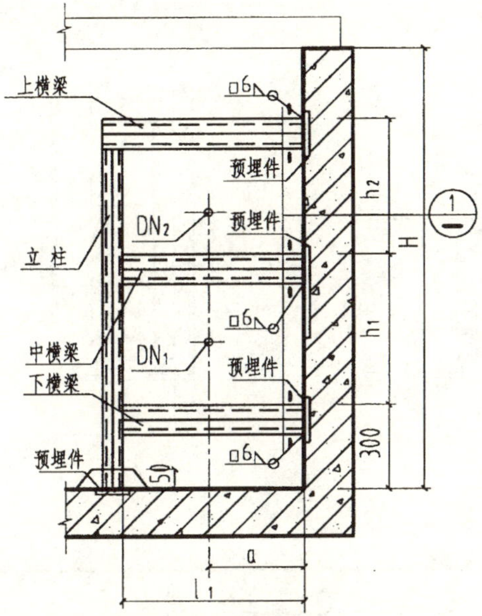

双管固定支架安装图

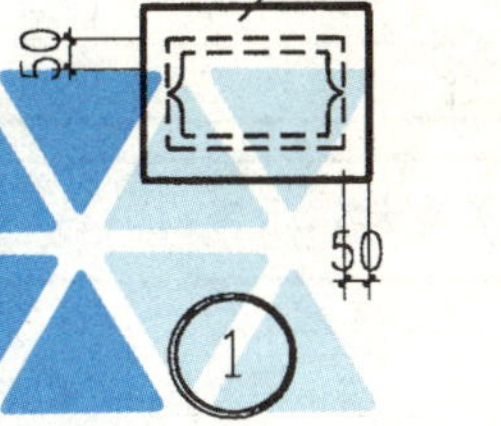

附 注 1. 支架立柱选用见第148页，预埋件详图见第150页。
2. 表中长度及管径、零件尺寸单位均为mm。
3. 支架施工完毕后立柱底端用C25细石混凝土包脚，如图。

双管端固定支架横梁选用表

DN1	DN2	l_1	a	h_1	h_2	中横梁			
						1.25MPa		0.6MPa	
						规格	长度	规格	长度
200~300	≤300	745	420	630	780	⊏16a	810	⊏16a	810
350	≤350	800	450	680	830	⊏18a	865	⊏18a	865
400	≤400	870	510	770	920	⊏20a	950	[]22a	950
450	≤450	920	540	830	980	⊏22a	1005	[]25a	1005
500	≤500	970	570	880	1030	⊏25a	1060	[]28a	1060
600	≤600	1070	620	980	1130	⊏28a	1160	[]32a	1160

注：上、下横梁同单管端固定支架上、下横梁

双管中间固定支架横梁选用表

DN1	DN2	l_1	a	h_1	h_2	中横梁			
						1.25MPa		0.6MPa	
						规格	长度	规格	长度
200~300	≤300	745	420	630	780	⊏12.6	810	[]12.6	810
350	≤350	800	450	680	830	⊏14a	865	[]14a	865
400	≤400	870	510	770	920	⊏16a	950	[]14a	950
450	≤450	920	540	830	980	⊏18a	1005	[]16a	1005
500	≤500	970	570	880	1030	[]20a	1060	[]18a	1060
600	≤600	1070	620	980	1130	[]22a	1160	[]18a	1160

注：上、下横梁同单管中间固定支架上、下横梁

平衡式套筒补偿器 通行地沟固定支架安装图、材料及选用表（二）							图集号	03R411-1
审核	徐洪球	徐洪球	校对	张鸣侠	张鸣侠	设计 张群仲 张群仲	页	147

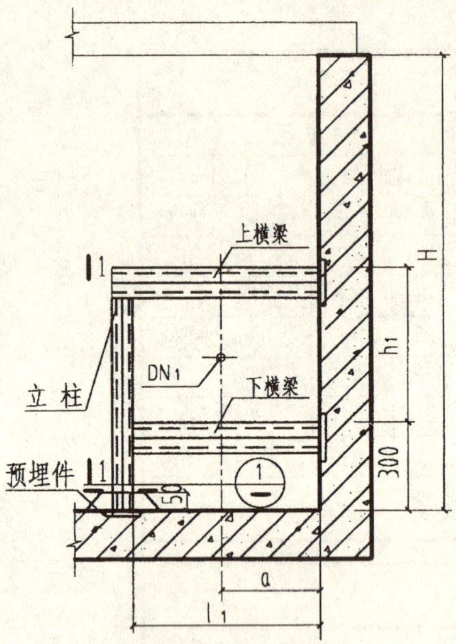

单管固定支架安装图

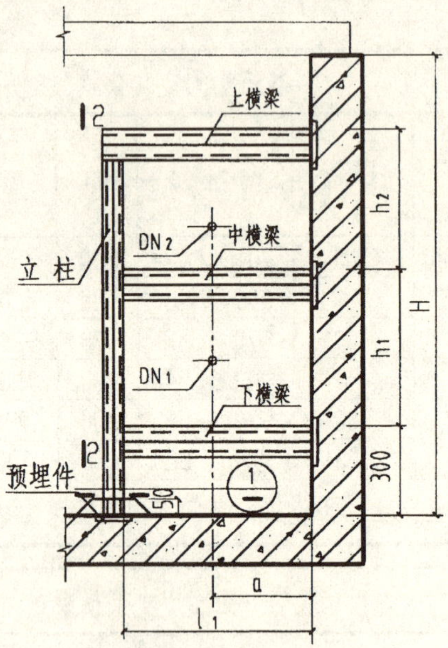

双管固定支架安装图

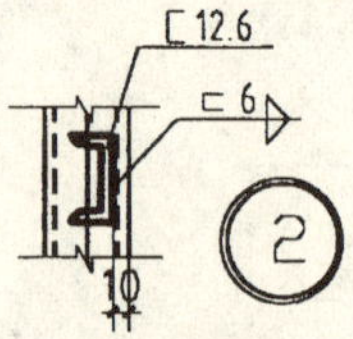

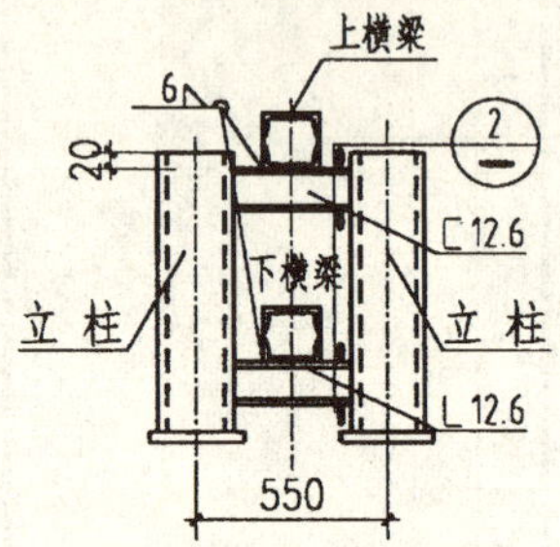

1-1

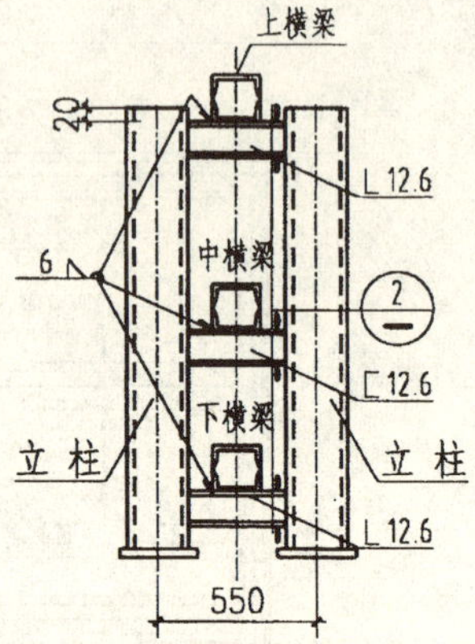

2-2

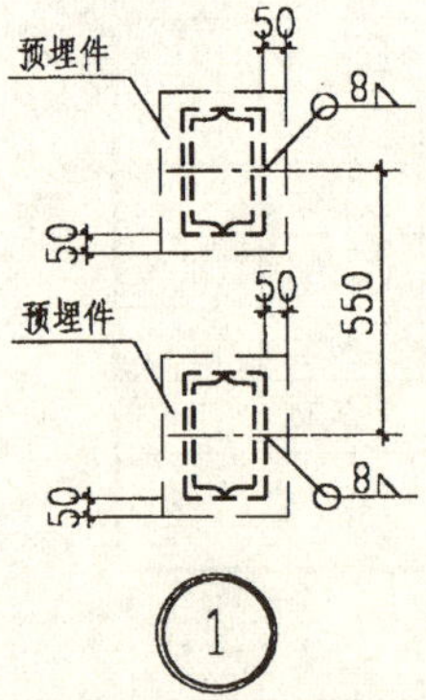

附 注

1. 预埋件详图见第150页。
2. 支架立柱高度根据实际布管情况确定。
3. 表中长度及管径、零件尺寸单位均为mm。
4. 支架施工完毕后立柱底端用C25细石混凝土包脚，如图。

单管固定支架立柱选用表

DN1	端支架		中间支架	
	规格	数量	规格	数量
200~300,350,400	[]10	2	[]10	2
450,500,600	[]12.6	2	[]10	2

双管固定支架立柱选用表

DN1	DN2	端支架		中间支架	
		规格	数量	规格	数量
200~300,350,400	≤300,350,400	[]12.6	2	[]10	2
450,500,600	≤450,500,600	[]14a	2	[]12.6	2

平衡式套筒补偿器 通行地沟固定支架安装图、材料及选用表（三）	图集号	03R411-1
审核 徐洪球 校对 张鸣侠 设计 张群仲	页	148

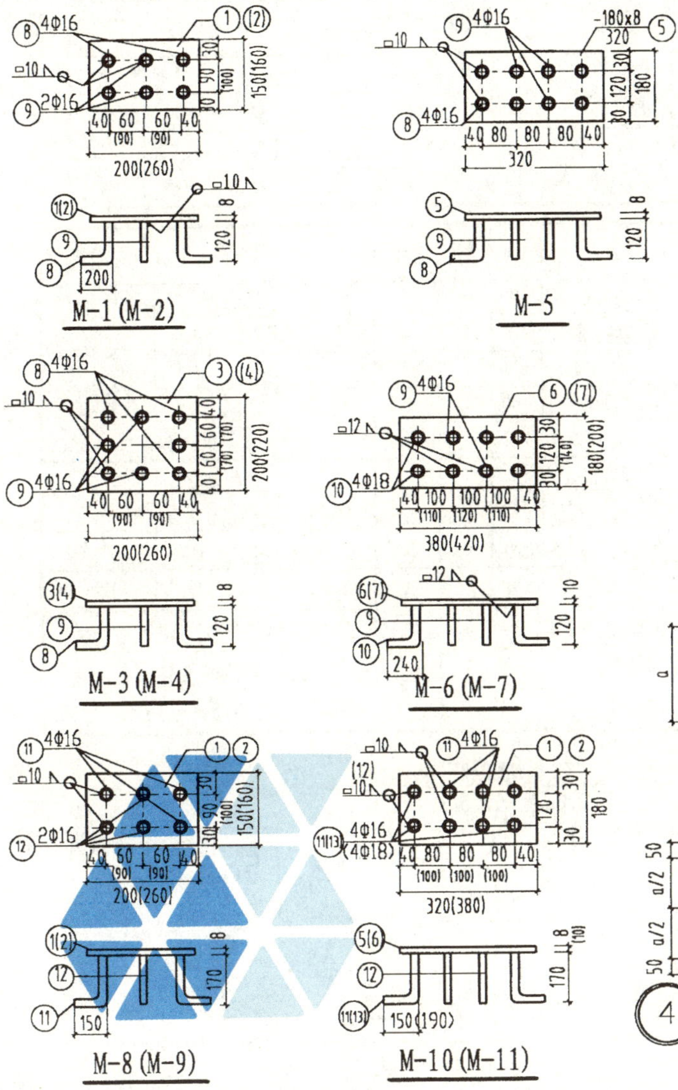

埋件号	编号	规格		长度	数量
M-1	1	-150x8		200	1
	8	120└200	Φ16	320	4
	9	120	Φ16	120	2
M-2	2	-160x8		260	1
	⑧ ⑨同M-1				
M-3	3	-200x8		200	1
	8	同M-1	Φ16	320	4
	9	同M-1	Φ16	120	4
M-4	4	-220x8		260	1
	⑧ ⑨同M-3				
M-5	5	-180x8		320	1
	⑧ ⑨同M-3				
M-6	6	-180x10		380	1
	9	同M-1	Φ16	120	4

埋件号	编号	规格		长度	数量
M-6	10	120└240	Φ18	360	4
M-7	7	-200x10		420	1
	⑨ ⑩ 同M-6				
M-8	1	-150x8		200	1
	11	170└150	Φ16	320	4
	12	170	Φ16	170	2
M-9	2	-160x8		260	1
	⑪ ⑫ 同M-8				
M-10	5	-180x10		320	1
	11	同M-8	Φ16	320	4
	12	同M-8	Φ16	170	4
M-11	6	-180x10		380	1
	12	同M-8	Φ16	170	4
	13	170└190	Φ18	360	4

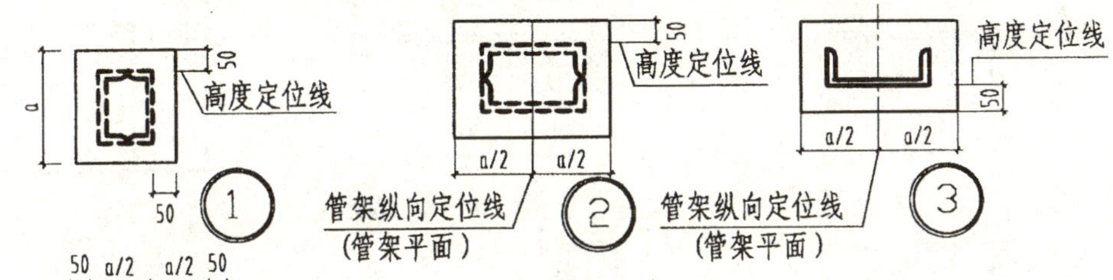

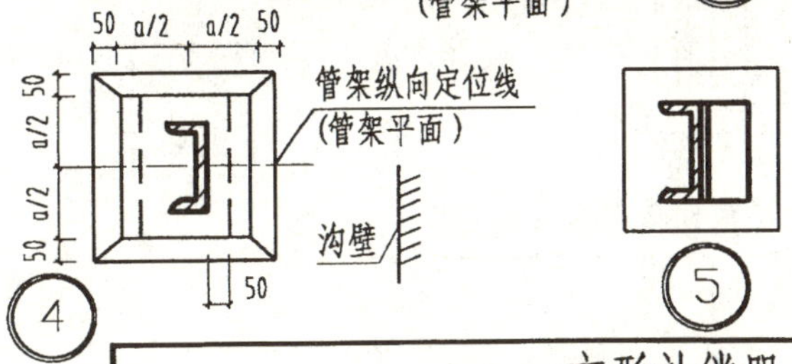

附注：

1. 大样图中，a为预埋件长边尺寸。
2. 外露铁件一律涂防锈漆两道。
3. 表中长度、零件尺寸单位均为mm。

方形补偿器 管道支架预埋件详图及埋置大样						图集号	03R411-1
审核 徐洪球	徐洪球	校对 张鸣侠	张鸣侠	设计 张群仲	张群仲	页	149

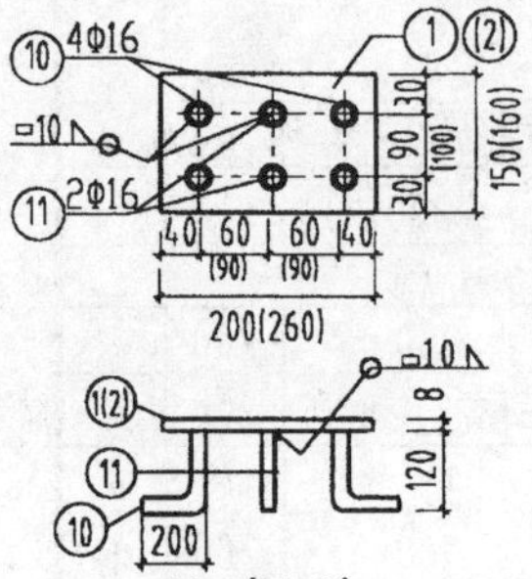

M-1(M-2)

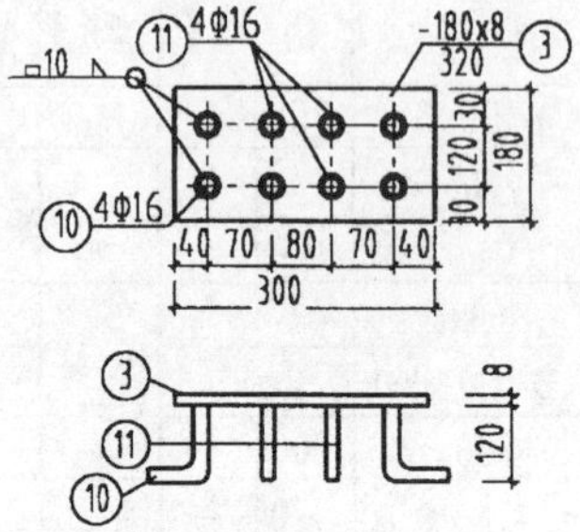

M-3

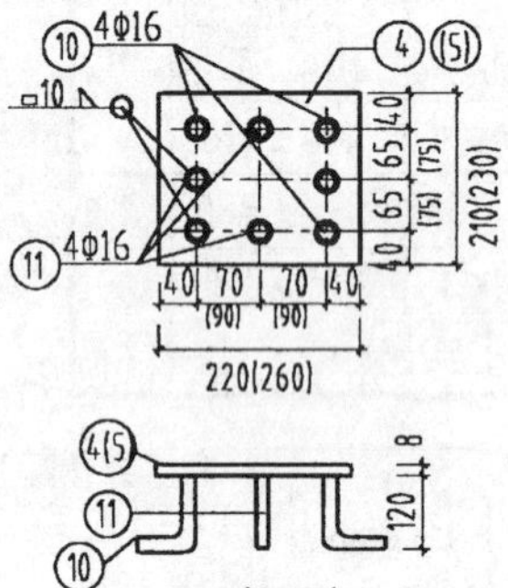

M-4(M-5)

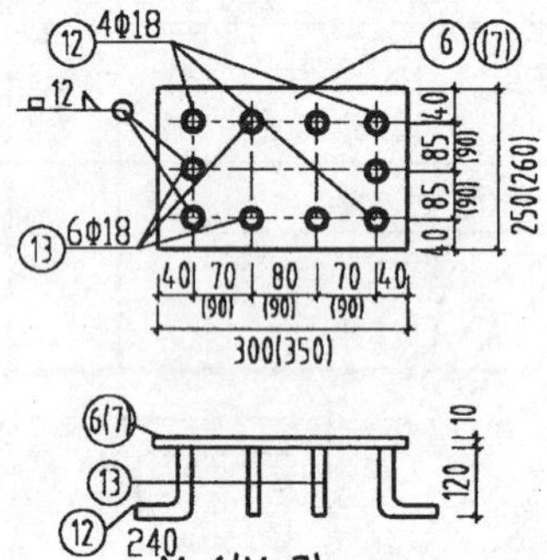

M-6(M-7)

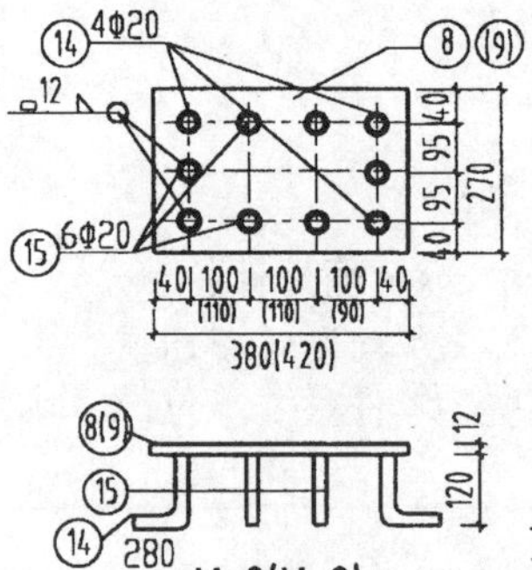

M-8(M-9)

埋件号选取表

构件型号	[10	[12.6	[14a	[16a	[18a	[20a	2[ ]10	2[ ]12.6
埋件号	M1	M1	M2	M2	M3	M3	M4	M4
构件型号	2[ ]14a	2[ ]16a	2[ ]18a	2[ ]20a	2[ ]22a	2[ ]25a	2[ ]28a	2[ ]32a
埋件号	M5	M5	M6	M6	M7	M7	M8	M9

埋件号	编号	规格	长度	数量	埋件号	编号	规格	长度	数量
M-1	1	-150x8	200	1	M-6	6	-250x10	300	1
	10	120 └200 Φ16	320	4		12	120 └240 Φ18	320	4
	11	120 Φ16	120	2		13	120 Φ18	120	6
M-2	2	-160x8	260	1	M-7	7	-260x10	350	1
	⑩ ⑪ 同M-1					⑫ ⑬ 同M-6			
M-3	3	-180x8	300	1	M-8	8	-270x12	380	1
	10	同M-1 Φ16	320	4		14	120 └280 Φ20	320	4
	11	同M-1 Φ16	120	4		15	120 Φ20	120	6
M-4	4	-210x8	220	1	M-9	9	-270x12	420	1
	⑩ ⑪ 同M-3					⑭ ⑮ 同M-8			
M-5	5	-230x8	260	1	注：检查井内立柱下预埋件锚筋长度120改为170，200改为150				
	⑩ ⑪ 同M-3								

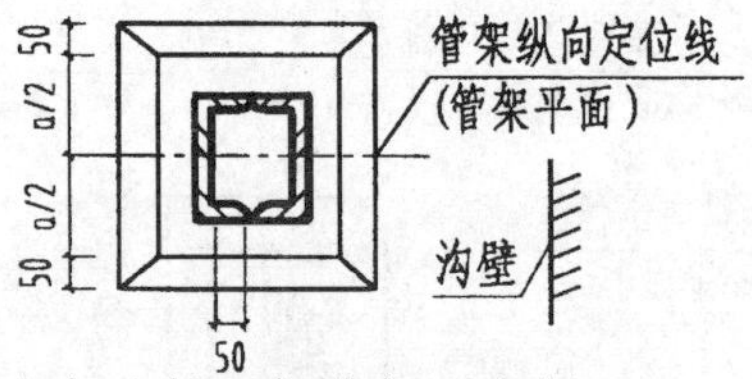

支架立柱预埋件埋置大样图

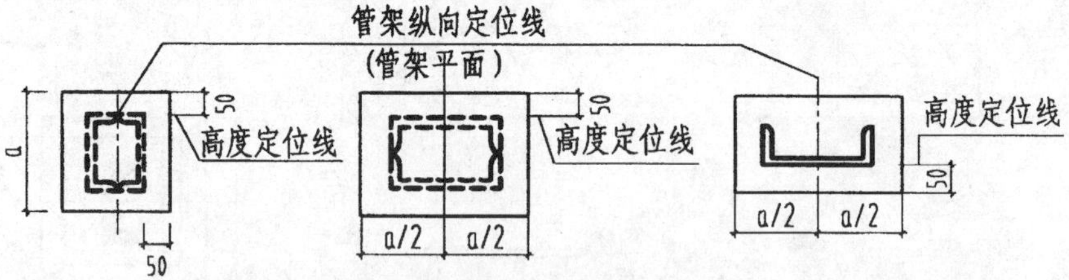

支架横梁预埋件埋置大样图

附注：

1. 大样图中，a为预埋件长边尺寸。
2. 外露铁件一律涂防锈漆两道。

波纹、套筒补偿器 管道支架预埋件详图及埋置大样						图集号	03R411-1
审核	徐洪球	校对	张鸣侠	设计	张群仲	页	150

主编单位、协编单位、主管单位、联系人及电话

主编单位　北京中铁工建筑工程设计院　牛进才　010-51822222-351

以下企业作为本图集的协编单位，在本图集的编制过程中，提供了相关的技术资料，对图集的编制工作给予了很大的支持，特表示感谢。

沈阳弗莱希波·泰格金属波纹管有限公司　024-25810275

开封柳园热能设备有限公司　0378-2945529

主管单位、联系人及电话

中国建筑标准设计研究院　王淑敏　010-88361155-272

国家建筑标准设计图集 03R411-2

GUOJIAJIANZHUBIAOZHUNSHEJI 03R411-2

室外热力管道地沟

中国建筑标准设计研究院

关于批准《蒸压加气混凝土砌块建筑构造》等三十三项国家建筑标准设计的通知

建质[2003]211号

各省、自治区建设厅，直辖市建委，国务院各有关部门，解放军总后营房部，新疆生产建设兵团建设局：

经审查，批准由北京市建筑设计研究院、北京国电华北电力工程有限公司等二十三个单位编制的《蒸压加气混凝土砌块建筑构造》、《钢筋混凝土雨篷建筑构造》等三十三项标准设计为国家建筑标准设计。该三十三项标准设计自2003年12月1日起执行。原《加气混凝土墙建筑构造》（87SJ139）、《钢筋混凝土雨篷》（98SG372）、《管道和设备保温》（87S159）、《IS离心水泵基础及安装》（90T911〈一〉）、《R型离心热水泵基础及安装》（90T911〈二〉）、《室外热力管道安装（地沟敷设）》（87SR416-1）、《室外热力管道地沟》（87SR416-2）等七项标准设计同时废止。

中华人民共和国建设部

二00三年十月二十四日

附件：国家建筑标准设计名称及编号表

序号	图集号	序号	图集号	序号	图集号	序号	图集号	序号	图集号	序号	图集号	序号	图集号
1	03J104	2	03J501-2	3～5	03J502-1～3	6	03J922-1	7	03G102	8	03G372	9	03SG435-1
10	03SG435-2	11	03SG520-1	12	03SG520-2	13	03SG615	14	03S401	15	03SS408	16	03K132
17	03K202	18	03K501-1	19	03R102	20	03R411-1	21	03R411-2	22	03R420	23	03R421
24	03D103	25	03D602	26	03D603	27	03D702-3	28	03D704-1	29	03D705-1	30	03X101-4
31	03X102	32	03X502	33	03X602								

室外热力管道地沟

批准部门	中华人民共和国建设部	批准文号	建质[2003]211号
主编单位	北京中铁工建筑工程设计院	统一编号	GJBT-667
实行日期	二00三年十二月一日	图集号	03R411-2

主编单位负责人
主编单位技术负责人
技术审定人
设计负责人

目　　录

目录						图集号	03R411-2
审核	张群仲	校对	张鸣侠	设计	徐洪球	页	2

目　　录							图集号	03R411-2
审核	张群仲	张群仲	校对	张鸣侠	张鸣侠	设计	徐洪球	徐洪球	页	3

总 说 明

一、本图集《室外热力管道地沟（03R411-2）》为土建分册，配合《室外热力管道安装·地沟敷设（03R411-1）》使用，亦可单独使用。

二、适用范围：

1. 本图集适用于一般工业及民用建筑工程中室外热力管道地沟工程。
2. 本图集适用于地下水位较低且无侵蚀性的地区。当地下水位较高而又采用本图时，由设计选用人经抗浮验算后采用，但最高地下水位一般不得超过盖板底面下300毫米。
3. 本图集适用于一般砂土、粘性土地区及Ⅲ级以下湿陷性黄土地区。当用于Ⅲ级及Ⅲ级以上湿陷性黄土地区时，选用者应根据有关规范进行地基处理；当用于膨胀性土地区或寒冷地区冰冻线以上时，选用者应根据当地建筑经验采取适当措施。
4. 本图集适用于非抗震设防地区及抗震设防烈度不高于8度的地区。
5. 本图集砌体材料采用烧结普通砖，当工程所在地禁止使用实心粘土砖，或者由于别的原因而采用其它砌体材料时，应由选用人根据有关规范、规程采取相应措施后选用。
6. 本图集适用环境按二类环境设计，设计使用年限为50年。结构混凝土耐久性的基本要求：最大水灰比0.55，最大水泥用量 $275kg/m^3$，最大氯离子含量0.2%，最大碱含量 $3.0kg/m^3$，二a类环境最低砼强度等级C25，二b类环境最低砼强度等级C30。当环境类别为三类或四、五类时，混凝土耐久性要求应符合有关标准的规定。

三、主要设计依据：

混凝土结构设计规范（GB 50010-2002）
砌体结构设计规范（GB 50003-2001）
建筑地基基础设计规范（GB 50007-2002）
建筑结构荷载规范（GB 50009-2001）
钢结构设计规范（GB 50017-2003）
厂矿道路设计规范（GBJ22-87）
地下工程防水技术规范（GB 50108-2001）
公路桥涵设计通用规范（TJ021-89）
铁路桥涵设计基本规范（TB10002.1-99）
建筑地基基础工程施工质量验收规范（GB 50202-2002）
砌体工程施工质量验收规范（GB 50203-2002）
混凝土结构工程施工质量验收规范（GB 50205-2002）
地下防水工程质量验收规范（GB 50208-2002）

四、编制内容：

1. 本图集包括地沟、方形补偿器地沟、穿铁路地沟、检查井、安装孔、人孔、通风洞和地沟过梁、地沟盖板等内容。
2. 地沟按断面大小，在使用上分不通行地沟、半通行地沟和通行地沟，其中不通行地沟又有一种两沟并行的情况（称为双沟）。根据不同结构材料又分为砖壁地沟、素混凝土壁地沟和钢筋混凝土地沟。它们各有不同的防水构造型号。详细分类和使用限制见表一。

地沟防水型号及使用限制一览表

表一

通行情况	沟型	断面尺寸范围 B*	H	沟壁材料	防水类别型号 一般地沟	防潮地沟	半防水地沟	全防水地沟
不通行地沟	双沟	700~1400	450~950	砖砌体或素混凝土地沟	Ⅱ	Ⅴ	Ⅷ	Ⅺ
不通行地沟	单沟	300~1400	320~950	砖砌体或素混凝土地沟	Ⅰ	Ⅳ	Ⅶ	Ⅹ
半通行地沟	单沟	1000~2000	1200~1600	砖砌体或素混凝土地沟；钢筋混凝土	Ⅰ；Ⅲ	Ⅳ；Ⅵ	Ⅶ；Ⅸ	Ⅹ；Ⅻ
通行地沟	单沟	1300~2200	1800~2500	钢筋混凝土	Ⅲ	Ⅵ	Ⅸ	Ⅻ
使用限制					地下水位较低，土层较干燥。	常年静止水位及丰水期水位在沟底以下，土层较潮湿。	常年静止水位及丰水期水位在沟盖板底300以下。	只允许特殊情况下局部使用。最高地下水位一般不宜高于地沟顶面。

* 双沟且有两个不相同的宽度时分别为B1，B2。

总 说 明						图集号	03R411-2
审核	张群仲	校对	张鸣侠	设计	徐洪球	页	4

五、构件代号说明及选用索引：

1. 本图集各类构件中，由动力工种确定规格者，如地沟断面、方形补偿器地沟、检查井等，其代号由两部分组成，前半部为与《03R411-1》图集相统一的代号，后半部分为土建特征号（如沟壁厚度、配筋号、防水型号等等），见表2；其余构件如地沟过梁、地沟盖板等代号见表3。
2. 本图集内容较多，选用方法各不相同，均按各项详图及选用表选用。

构件代号说明及选用索引表（一）　表2

构件名称	构件代号示例及说明		选用索引
	统一代号	土建特征号	
砖（素混凝土）壁地沟	G 39 — 39—地沟断面号 G—地沟代号	240 I I—防水型号 240—沟壁厚度	砖（素混凝土）壁地沟壁厚选用表见第16~31页。
	G BXH — BXH—地沟宽X高 （当无断面号时）	370 I I—防水型号 370—沟壁厚度	砖（素混凝土）壁防水地沟底板详见第32~35页。
钢筋混凝土地沟	G 99 — 99—地沟断面号	3 III III—防水型号 3—钢筋混凝土地沟配筋号	选用表见第36~43页，断面图及钢筋表见第44~59页 防水做法见10~12页
	G 99 —	3F IX IX—防水型号 3F—防水钢筋混凝土地沟配筋号	
方形补偿器地沟	W 81 — 81—方形补偿器编号 W—方形补偿器代号	1Z Z—构造型号，Z为砖壁结构 H为钢筋混凝土结构	选用表见第62~69页 平面及断面图见70~73页
检查井	J-9 — 9—井平面号 J—井代号	1800 1800—Hj为钢筋混凝土检查井井高（mm）	第86~92页

构件代号说明及选用索引表（二）　表3

构件名称	构件代号示例及说明	选用索引
穿铁路地沟	TZG — 1 TZG—砖沟壁代号；1—序号	第74页
	THG — 1 THG—钢筋混凝土沟壁代号；1—序号	第75页
地沟盖板	GB 10 — 1 10—沟宽代号；GB—地沟盖板代号；1—荷载号	选用表见第76页 详图见第77~80页
地沟过梁	GL 10 — 1 10—沟宽代号；GL—地沟过梁代号；1—荷载号	选用表见第81页 详图及钢筋表见第82~85页
检查井梁	JL 7 — 1 7—检查井号；JL—检查井梁代号；1—荷载号	布置图及选用表见第86.87页，详图见93页
检查井开孔板	KB 14 — 1 14—板净跨代号；KB—检查井开孔板代号；1—荷载号	布置图及选用表见第86.87页，详图见94页
人孔盖板（检查井）	RB — 1 RB—人孔盖板代号；1—材料号：1.钢筋混凝土 2.铸铁	第95.96页
人孔盖板座（检查井）	BZ — 1 BZ—人孔盖板座代号；1—材料号：同人孔盖板	第95.96页
安装孔	AK — 1 AK—安装孔代号；1—序号或型号	第97.98页
人　孔	RK — 1 RK—人孔代号；1—序号或型号	第99.100页
通风洞	TD — 1 TD—通风洞代号；1—序号或型号	第101页

总　说　明						图集号	03R411-2
审核	张群仲	校对	张鸣侠	设计	徐洪球	页	5

3. 为方便选用和施工，地沟断面号与地沟断面尺寸对照表见第9页，对于砖（素混凝土）壁地沟，可选用无断面编号的地沟（代号标法见表2）。

4. 对于与车行道平行的地沟，按六.10.b的规定在个体设计中说明或另行绘制。

六、设计计算与选用说明：

1. 地面荷载：

地面均布活载：按10kN/m^2或20kN/m^2计算，当地面均布活载超过此值时，可将超出部分（q1）化为等效覆土厚度(q1/覆土容重）后选用。

车行道荷载：按汽-15级或汽-20级汽车荷载计算，土中扩散角取30°。

火车荷载：按中-22级普通活荷载计算，土中扩散角取30°。

以上三项互不同时考虑。

2. 覆土荷载：取土容量γ=18KN/m^3，覆土厚度（从设计地面至地沟盖板底的距离）一般不大于1.5m（车行道和铁路下尚应不小于0.5m）。

3. 地下水荷载：考虑地下水压的地沟，按地下水位在地沟盖板底处算地下水对地沟壁的侧压力。但考虑一般水位升降和盖板缝漏水等因素，要求最高水位低于盖板底面300mm，特殊情况（并采用X、XI、XII 型防水作法）最高地下水位一般也不宜高于地沟盖板顶面。

4. 地沟壁上的土压力按库仑理论主动土压力计算。土的力学特性由选用者根据岩土工程勘察报告选取。对处于地下水位以下者，应按饱和状态下土体的力学特性选用。对处于已受扰动、填土区域或开挖较大时，均不能按原状土选用。

5. 地沟盖板荷载按盖板以上土柱计算，对属于上埋式地沟（如在填土区域或开挖很宽且覆土厚与沟宽之比较大时），土体荷载将增大，应由选用人加以考虑。

6. 考虑施工及将来检修的情况，地沟沟壁强度计算不由偏心受压控制，而由抗剪（砖壁、素混凝土壁地沟）、抗弯（钢筋混凝土地沟）控制。

7. 地沟未进行纵向计算。在地基显著不均匀或地面荷载变异很大的区域，由个体设计考虑。

8. 当地下水位较高时，需由选用人进行抗浮计算，并采取相应措施。

9. 地沟纵向坡度由动力设计定。地沟中安全照明及电器插座等由个体设计定。

10. 车行道下地沟结构选型说明：

a. 当地沟与车行道相交，在车行道下（车行道宽+2m）的范围内按车行道选地沟及盖板。

b. 当地沟与车行道平行，且L<0.6（hf+$\frac{H}{2}$）时（图一），对砖壁地沟，沟壁厚d′₁按车行道选（图一）；对钢筋混凝土壁地沟，靠近车行道一侧的沟壁中，③′ 钢筋与车行道下地沟同，增加 ①′ 钢筋，使①+②+ ①′ 钢筋总面积与车行道下地沟同（图二）。其余均不按车行道考虑。

c. 车行道下地沟盖板底面到路面的距离不得小于500，如不能满足，则盖板（及盖板下可能有的过梁）应由选用者自行设计。

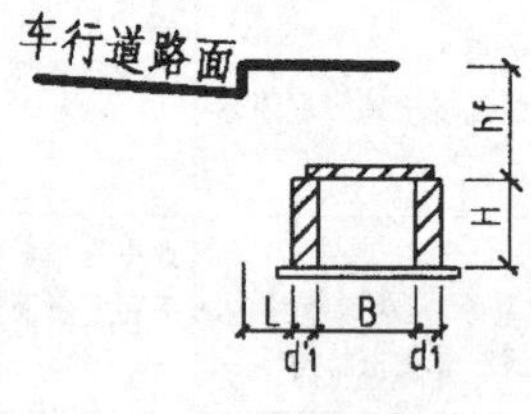

图 一

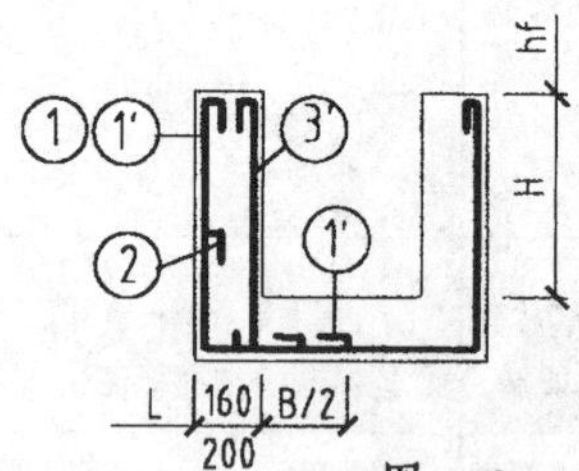

图 二

总 说 明								图集号	03R411-2
审核	张群仲	张群仲	校对	张鸣侠	张鸣侠	设计	徐洪球	页	6

11. 检查井未考虑置于车行道下。检查井的高度（Hj）在个体设计时由动力工种确定，但入口地沟顶至检查井顶板底的距离应满足本图集的要求。

12. 安装孔、人孔、通风洞等根据动力平面布置确定。

七、 采用材料：

1. 混凝土强度等级：垫层C10，素混凝土地沟C20，钢筋混凝土地沟C25（个体设计根据所处环境类别提高混凝土强度等级者除外）。
2. 防水混凝土地沟的抗渗等级不低于0.6MPa。
3. 钢筋：Φ：HPB235钢筋，Φ：HRB335钢筋。
4. 砖：≥Mu10；砂浆：≥M7.5，并在个体设计中根据环境条件确定。
5. 钢材：Q235B。

八、 钢筋保护层厚度：见表。对于预制构件钢筋保护层厚度可取表中数值减5mm。

钢筋保护层厚度表（mm）

构 件	地沟外侧	地沟内侧
地沟底板	40	20
地沟侧壁	25	20
地沟盖板	25	20
地沟过梁	35	30

九、 防水及变形缝：

1. 防水型式的选用，要考虑经济、合理、施工简便、防水可靠的原则。
2. 地沟延伸很长，局部进水甚难避免，为保证安全和正常使用，避免积水，设计时应考虑以排为主、防排结合的原则；排水时应尽量利用地形自然排水，亦可选择抽水器或其它机械排水方法相配合；还应建立定期检查制度。
3. 地沟防水的可靠性极大地依赖于整个工程的施工质量和方法，不能疏漏。必须保证砌体、混凝土、防水构造等的施工质量，加强质量检查，严格满足相应的施工规范或操作规程的要求。
4. 必须作好地面排水，以防止地面积水渗入沟内或使局部地下水位升高造成沟内进水。
5. 变形缝设置原则：
   地沟与检查井连接处、穿铁路地沟两端应设变形缝；
   砖壁地沟：每40m设一伸缩缝；
   素混凝土地沟每20m设一伸缩缝；
   钢筋混凝土地沟每30m设一伸缩缝；
   当有可靠依据或实践经验时，可不受此限制。

十、 施工说明：

1. 本图集包括工种种类较多，各类工程均应符合各自的施工质量验收规范。
2. 地沟等垫层一般应坐落在原状土层；在湿陷性黄土地区应按《湿陷性黄土地区建筑规范》进行地基处理；软弱地基应采取加固措施，如填碎石夯实或加砂垫层等，由选用人确定。
3. 当地下水位高于基槽、基坑底面或在饱和状态下的软弱地基上施工时，应采取排水或降低地下水位的措施，使基槽、基坑保持无积水的状态。
4. 砖砌体平竖缝砂浆都必须饱满，无粉刷部分原浆勾平缝。
5. 混凝土施工必须振捣密实，严格控制水灰比和水泥用量，加强养

总 说 明						图集号	03R411-2
审核	张群仲	校对	张鸣侠	设计	徐洪球	页	7

护，尽量减少混凝土的收缩裂缝和孔隙。

6. 混凝土及砌体中的氯化物掺入量必须严格控制，以免腐蚀沟内管道。

7. 盖板、过梁等预制构件运输、安装时，强度不应低于设计强度的70%。

8. 地沟盖板安装时，必须座20mm厚1: 2水泥软砂浆；地沟盖板板缝、板端均用1: 2水泥砂浆灌封，并在整个顶面浇热沥青一道。

9. 地沟盖板支承长度不应小于80，一般为100，过梁支承长度一般为200，不应小于150。

10. 卷材防水层的基层必须平整，并且必须待基层干燥后方可进行粘贴。变形缝处26号镀锌铁皮须双面预刷热沥青一道。油毡搭接宽度不小于100-150mm，上下搭接位置应错开。

11. 防水层采用的沥青油膏，软化点应≥40℃。夏季施工时，可用10号石油沥青，春秋季施工时，可采用30号或60号石油沥青。油毡可采用400-500g/m^{2}的石油沥青油毡。

12. 防水层的施工，应在气温≥5℃时进行，地下水位应降到施工面以下500mm，并保持到回填土完毕。

13. 沟槽回填土应在盖板安装完毕之后进行，否则须设临时支撑，回填土应待沟壁达到设计强度后两侧同时进行。回填土应采用接近最佳含水量之好土（如有必要也可用2:8灰土），寒冷地区应采用非冻胀性材料，要求分层夯实，不得虚填，填土的压实系数不小于0.94，以免地表水易于侵入而影响使用。

14. 对处于地下水位线以下的地沟，施工时应注意采取措施，防止地沟被浮起。

15. 地沟施工必须与动力安装等有关工种密切配合，沟内管道支架安装用的预埋件，预留洞，沟底，沟壁局部加厚（见《03R411-1》图集），其它电器，照明插座，爬梯，排水设施等等，不得遗漏。

16. 对所有外露铁件，一律涂防锈漆两道。

17. 地沟揭盖检修，须在沟壁顶部设临时支撑。

18. 各类工程的质量标准和验收要求分别按现行各类工程施工质量验收规范执行。

十一、本图集尺寸单位未注明者均以毫米计。

总　说　明								图集号	03R411-2
审核	张群仲	[签名]	校对	张鸣侠	[签名]	设计	徐洪球 [签名]	页	8

不通行地沟（单沟）

沟高H(mm)	沟宽B(mm) 300	400	500	600	700	800	900	1000	1100	1200	1300	1400
320	G1	G2										
380		G3										
450		G8	G4	G17	G32	G44	G48			G56		
510			G9		G18	G33	G34	G45	G49	G53	G55	G57
570			G10	G5		G19	G35	G36	G37	G50	G51	G54
630				G11	G6	G20	G21		G38		G46	G52
700					G12	G7		G22	G23	G39	G40	G47
760						G13			G24	G25	G41	G42
820						G14			G26		G27	G43
880							G15			G28		G29
950							G16				G30	G31

不通行地沟（双沟）

沟高H(mm)	沟宽(B1+B2)/断面号			
450	800+700/G85			
510	900+800/G86	1000+900/G87		
570	800+800/G71	800+1100/G72	1000+800/G88	1100+1100/G89
630	800+1100/G73	900+1100/G74	1100+1100/G90	1300+1100/G91
700	700+900/G61	700+1100/G62	1000+1300/G75	1100+1300/G76
	1300+1300/G92	1400+1300/G93		
760	1100+1400/G77	1200+1400/G78	1300+1400/G94	1400+1400/G95
820	800+800/G58	800+1100/G63	800+1200/G64	800+1300/G65
	1100+1400/G79	1300+1400/G80		

（双沟）续

沟高H(mm)	沟宽(B1+B2)/断面号			
880	900+900/G59	900+1200/G66	900+1300/G67	900+1400/G68
	1200+1400/G81	1400+1400/G82		
950	900+900/G60	900+1300/G69	900+1400/G70	1300+1400/G83
	1400+1400/G84			

半通行地沟

沟高H(mm)	沟宽B(mm) 1000	1100	1200	1300	1400	1500	1600	1700	1800	2000
1200	G103	G104	G105	G106	G107	G108	G109			
1300			G96	G110	G111					
1400			G97	G112	G113					
1500			G98	G114	G115			G100	G116	G117
1600			G99	G118	G119			G120	G101	G102

通行地沟

沟高H(mm)	沟宽B(mm) 1300	1400	1500	1600	1700	1800	1900	2100	2200	
1800	G121	G125						G126	G127	
1900			G129							
2000	G128	G122						G123	G124	
2100				G130						
2200					G131					
2300						G132				
2500							G133			

附注：断面号G96以后地沟为钢筋混凝土地沟。

地沟断面号与断面尺寸对照表						图集号	03R411-2
审核	徐洪球	校对	张鸣侠	设计	张群仲	页	9

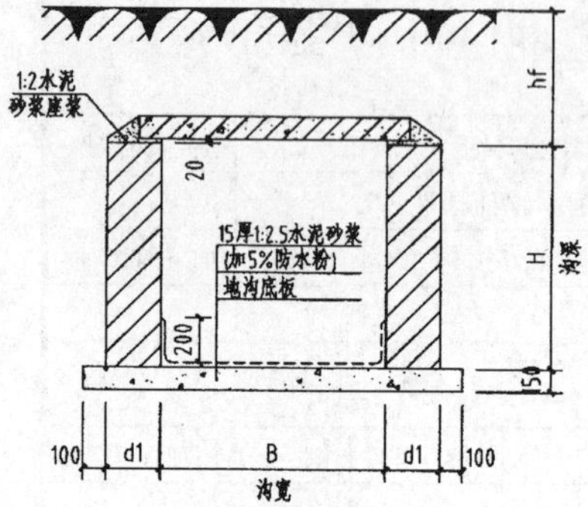

Ⅰ型(一般地沟)

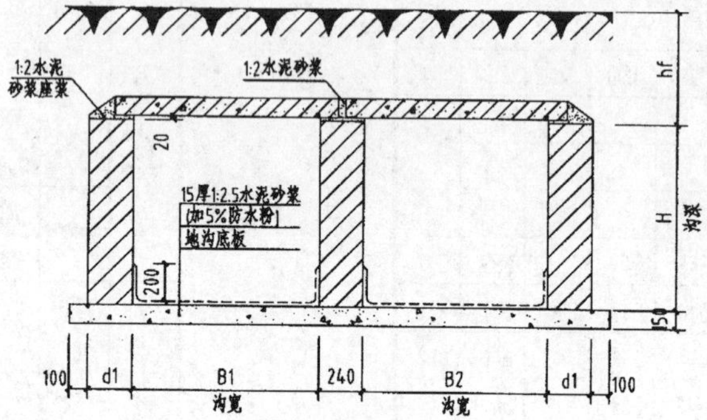

Ⅱ型(一般地沟)

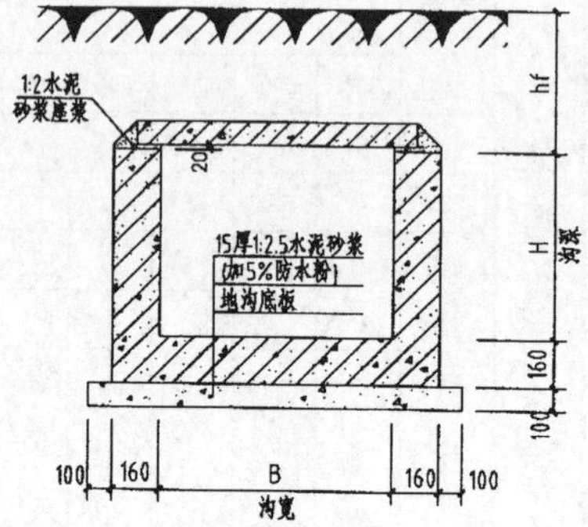

Ⅲ型(一般地沟)

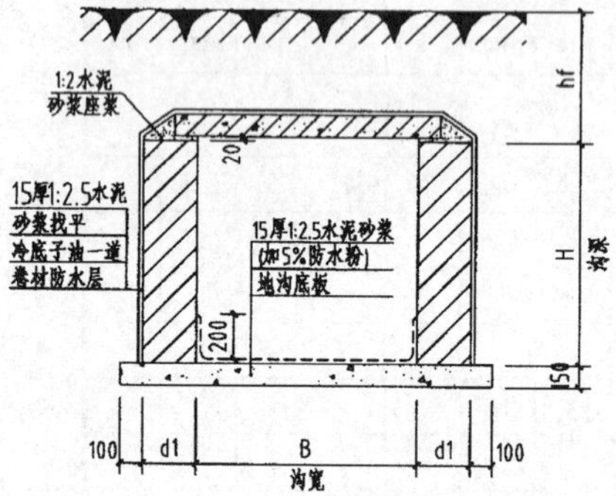

Ⅳ型(防潮地沟)

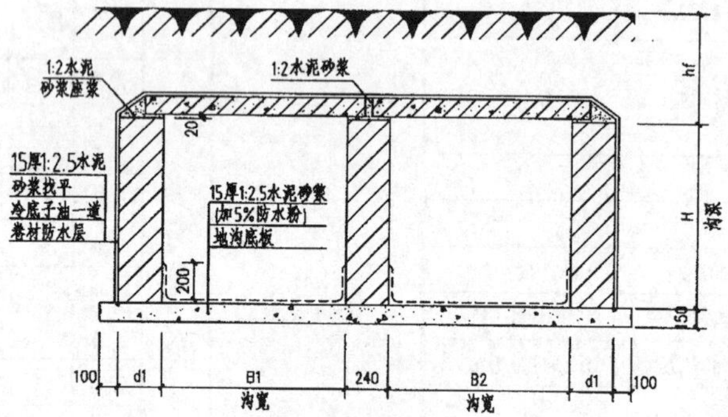

Ⅴ型(防潮地沟)

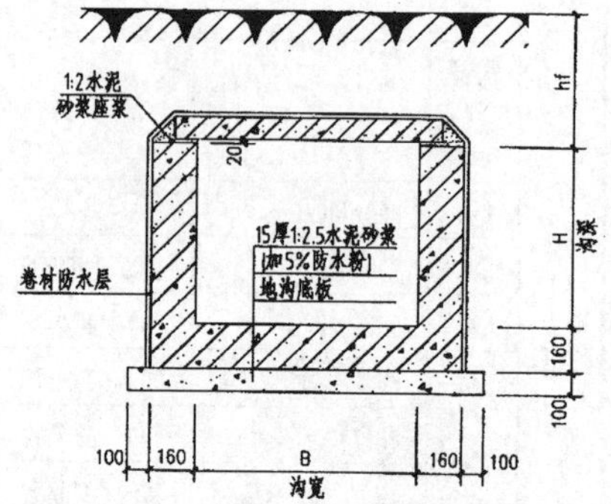

Ⅵ型(防潮地沟)

附注：1.Ⅰ.Ⅱ.Ⅳ.Ⅴ型地沟底板内侧水泥砂浆抹面仅用于湿陷性黄土地区，其它地区可取消.

2.Ⅰ.Ⅱ.Ⅳ.Ⅴ型砖沟壁厚d_1按第16~22页按无地下水压的荷载情况选取，底板不配筋.

3.Ⅲ.Ⅵ 型钢筋混凝土地沟详见36~39页.

Ⅰ型~Ⅵ型(一般地沟及防潮地沟)详图								图集号	03R411-2
审核	徐洪球	(签名)	校对	孙长惠	(签名)	设计	李朴	页	10

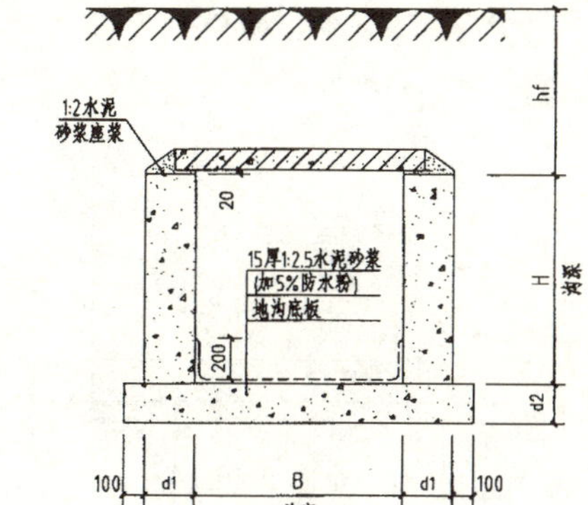

I 型(一般地沟)

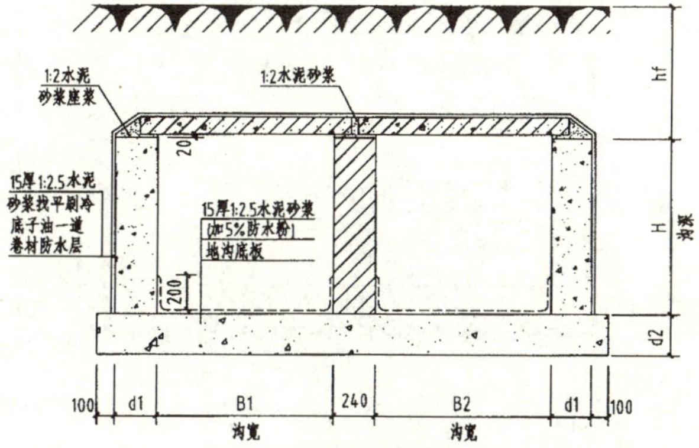

V 型(防潮地沟)

(注:一般地沟取消外侧砂浆找平及防水层)

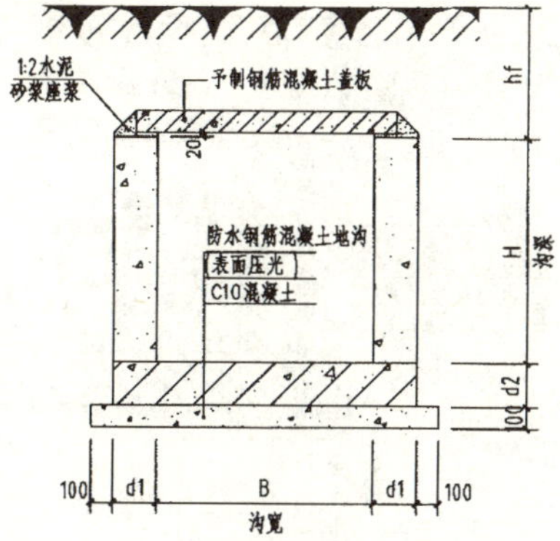

IX 型(半防水地沟)

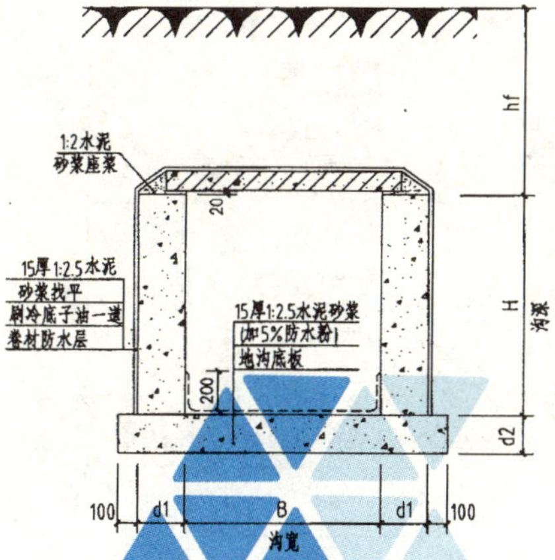

IV型(防潮地沟)

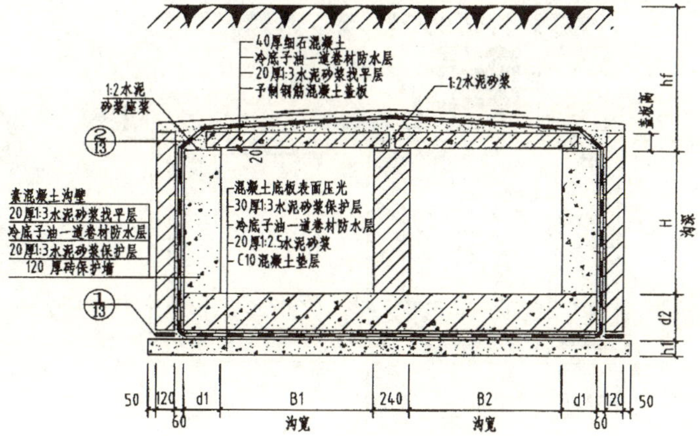

XI 型(全防水地沟)

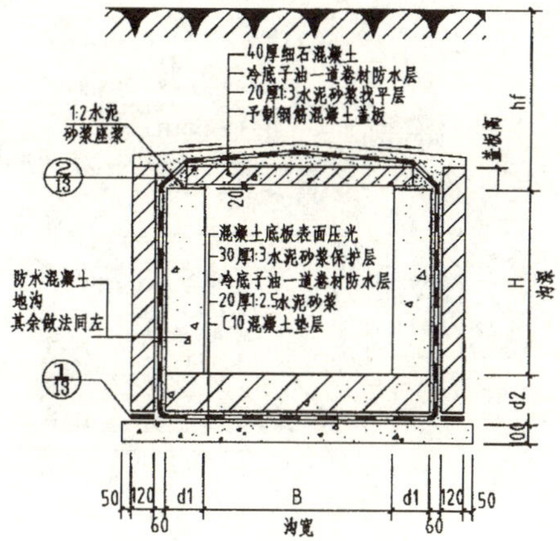

XII 型(全防水地沟)

附注:

1. I. IV. V 型地沟底板内侧水泥砂浆抹面仅用于湿陷性黄土地区,其它地区可取消.
2. I. IV. V 型混凝土沟壁厚 d_1 由24~31页按无地下水压的荷载情况选取,底板不配筋.

I. IV. V. IX. XI. XII 型地沟详图						图集号	03R411-2
审核	徐洪球	校对	孙长惠	设计	李 朴	页	11

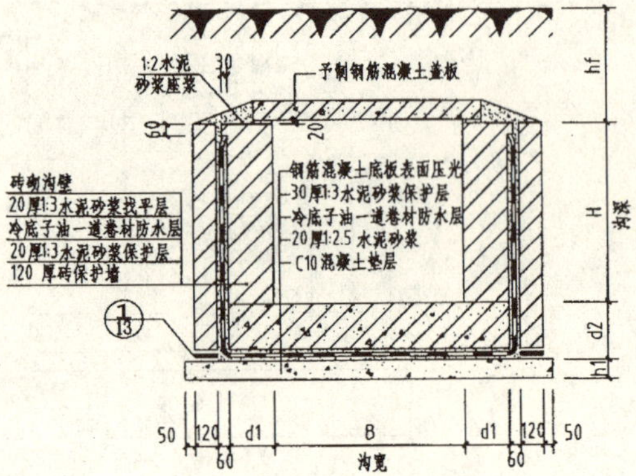

VII型(半防水地沟)

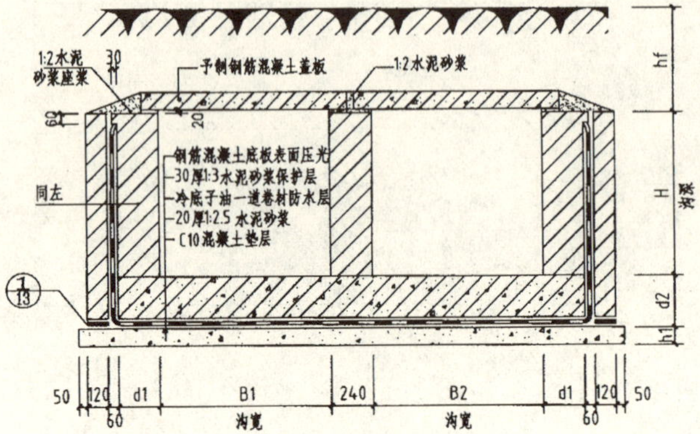

VII型(半防水地沟)

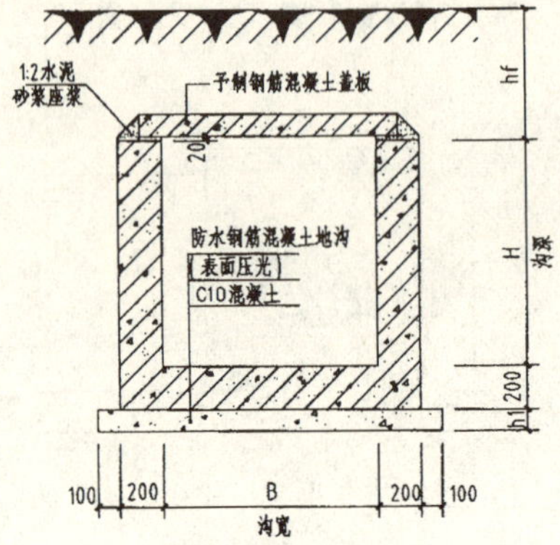

IX型(半防水地沟)

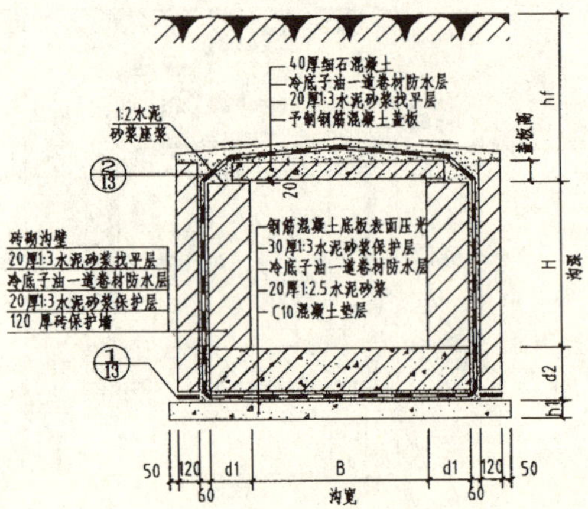

X 型(全防水地沟)

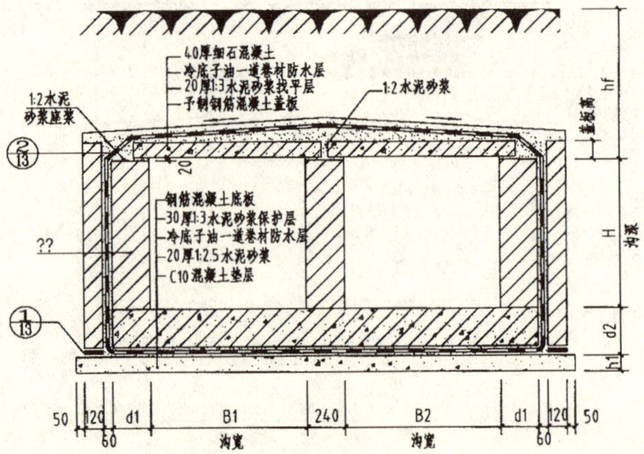

XI型(全防水地沟)

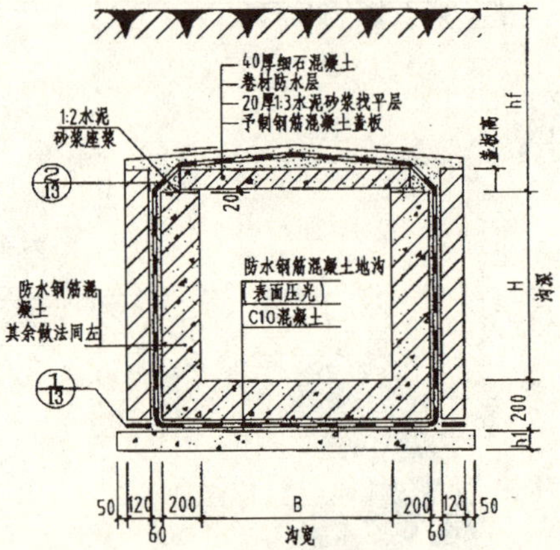

XII型(全防水地沟)

附注：1.VII.VIII.X.XI 型砖沟壁厚d1 由表16~23页按有地下水压的荷载情况选取，底板厚及配筋按32~35页选取.

2.IX.XII 型防水钢筋混凝土地沟由37~43页按有地下水压的荷载情况选取.

VII 型～XII 型(半防水地沟及全防水地沟)详图						图集号	03R411-2
审核	徐洪球	校对	孙长惠	设计	李 朴	页	12

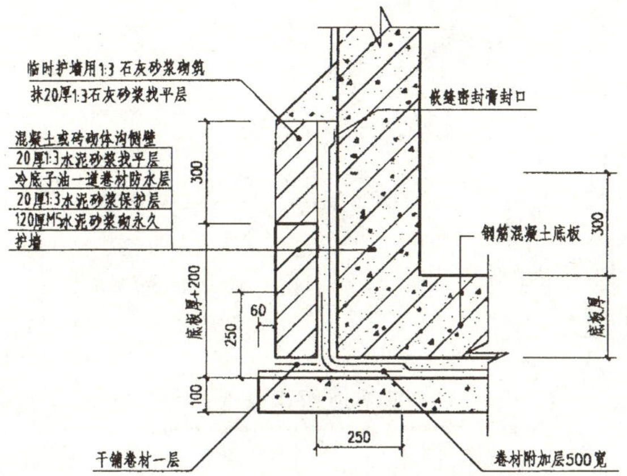

① 防水层转角构造

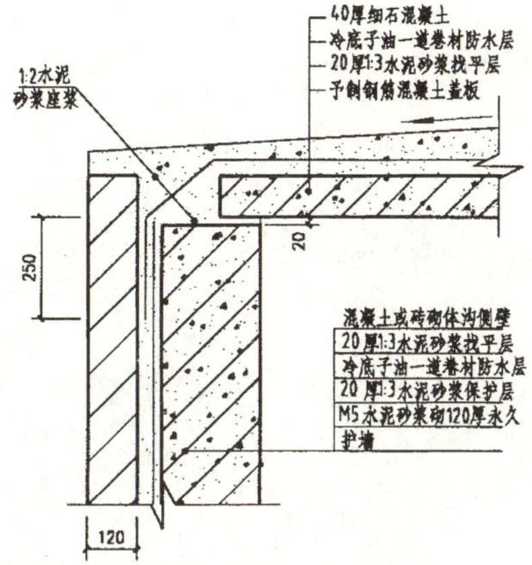

② 防水层转角构造2

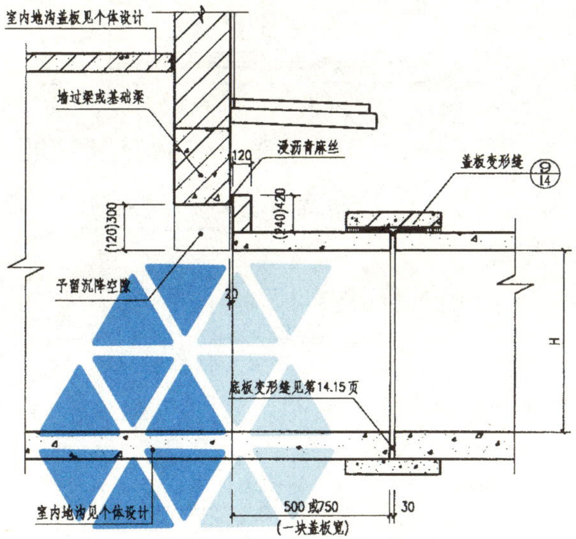

④ 地沟进室内穿墙节点

(括号内用于湿陷性黄土地区)

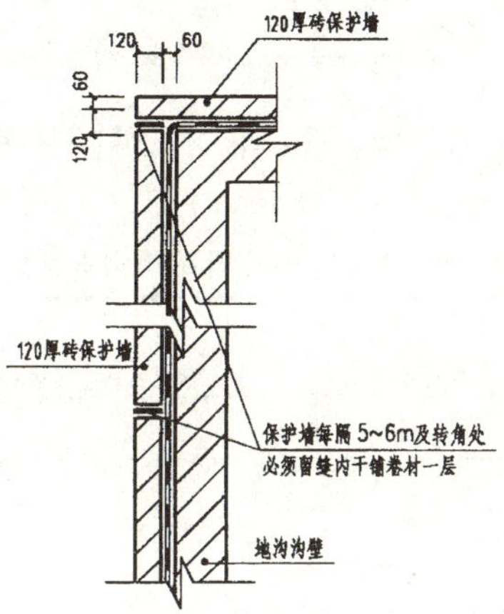

③ 保护墙留缝做法示意

附注：卷材防水层说明：

1. 设计要求：

1.1 卷材防水层适用于防水型号VII ~XII型地沟，应铺设在结构主体的迎水面．在回填土前必须将地下水位保持在地沟基槽底面以下，使基槽无积水。

1.2 卷材防水层为一至二层．高聚物改性沥青卷材厚度单层使用时厚度不应<4mm,双层使用时厚度不应<6mm;合成高分子卷材单层使用时厚度不应<1.5mm,双层使用时厚度不应<2.4mm.

1.3 阴阳角处应做成圆弧或45°(135°)折角，其尺寸视卷材品质确定．在转角阴阳角等特殊部位增贴1~2层相同的卷材，宽度不宜<500mm．

2. 材料选用：

卷材防水层可选用高聚物改性沥青类．合成高分子类防水卷材，其技术性能指标应符合《地下工程防水技术规范》(GB50108-2001)的规定要求．选用其它种类的防水卷材时，技术性能应符合相应的国家标准．

3. 卷材粘贴法：

第一步：120厚护墙下部高300内用1:3水泥砂浆砌筑，上部高300内用1:3石灰砂浆砌临时护墙，内侧分别用水泥砂浆和石灰砂浆找平，然后将水平防水层留出的接头用内贴法贴于护墙找平层上．

第二步：当地沟沟壁施工完毕后用外贴法做垂直防水层时，拆除临时护墙，将防水层粘贴在沟壁外侧找平层上，随即砌筑上部永久护墙，在回填土前必须将地下水位保持在基槽底面以下，使基槽无积水。同时将护墙与防水层之间的空隙用1:3水泥砂浆随砌随填满．

4. 卷材防水层施工详见总说明．

卷材防水层转角构造、地沟进室内穿墙构造								图集号	03R411-2
审核	徐洪球	徐洪球	校对	孙长惠	孙长惠	设计	李 朴	李朴	页	13

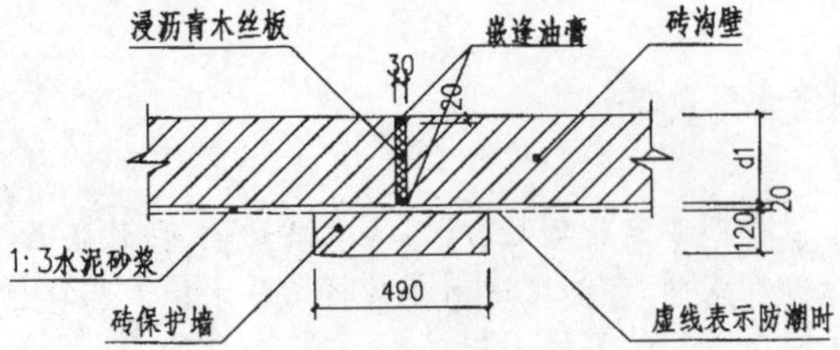

① Ⅰ.Ⅱ.Ⅳ.Ⅴ型地沟沟壁变形缝

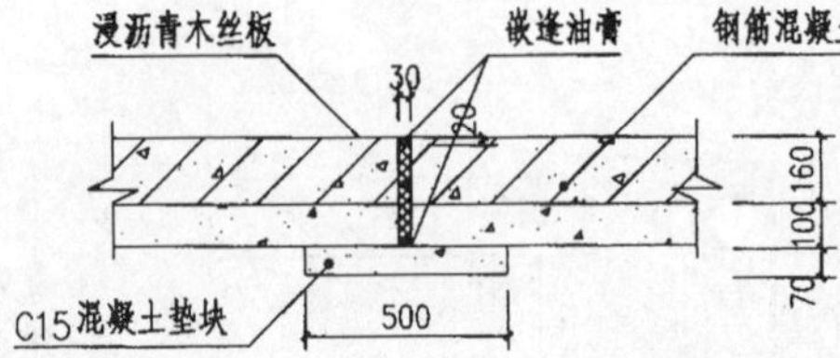

④ Ⅲ.Ⅵ型地沟底板变形缝

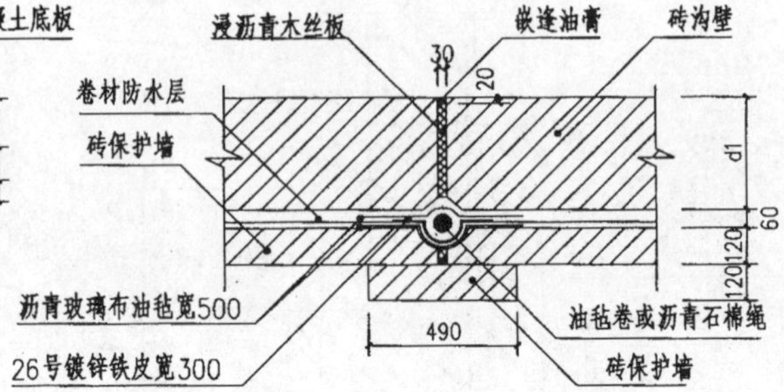

⑦ Ⅶ.Ⅷ型地沟沟壁变形缝

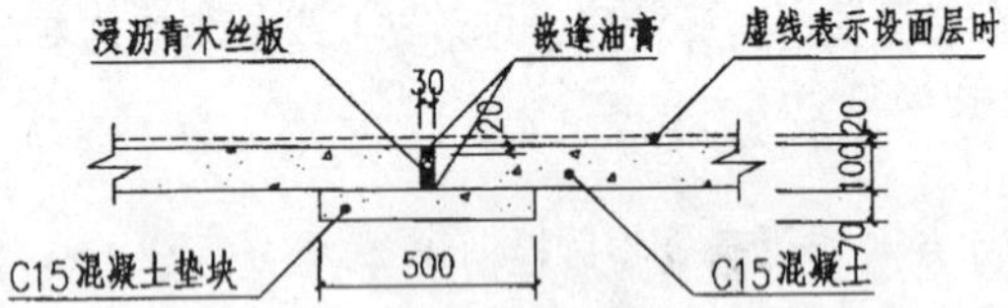

② Ⅰ.Ⅱ.Ⅳ.Ⅴ型地沟底板变形缝

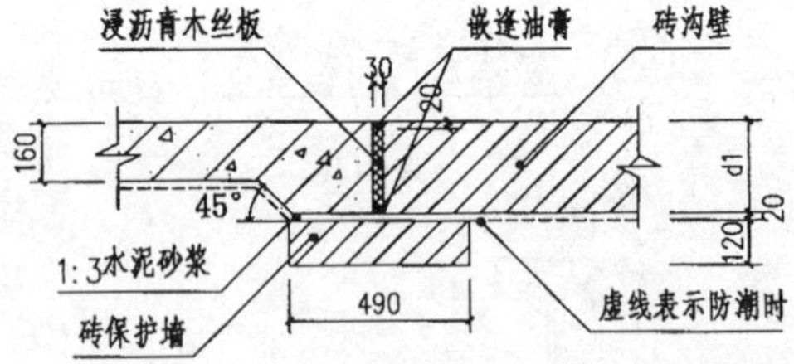

⑤ Ⅰ.Ⅳ型地沟与Ⅲ.Ⅵ型地沟沟壁连接

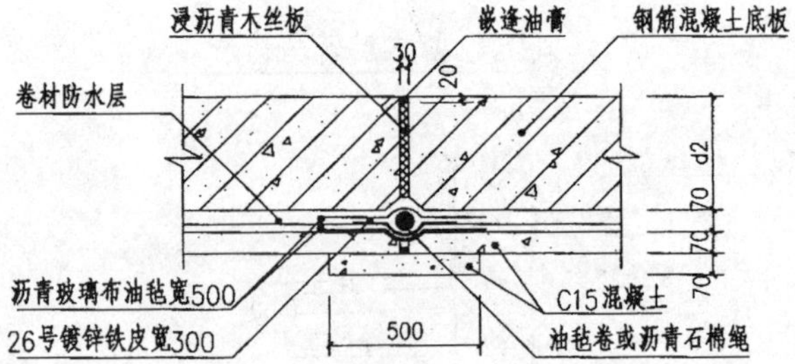

⑧ Ⅶ.Ⅷ型地沟底板变形缝

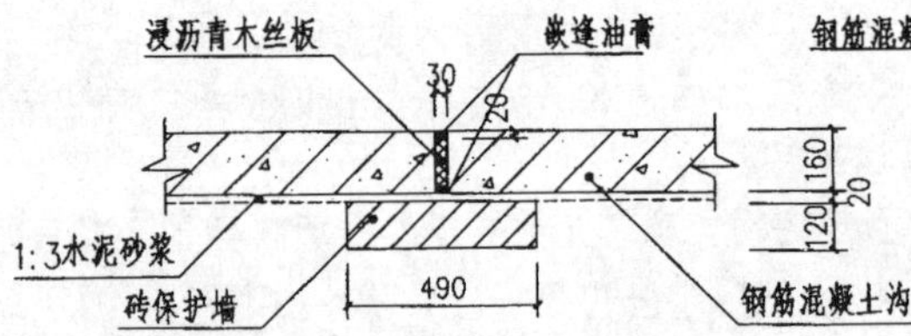

③ Ⅲ.Ⅵ型地沟沟壁变形缝

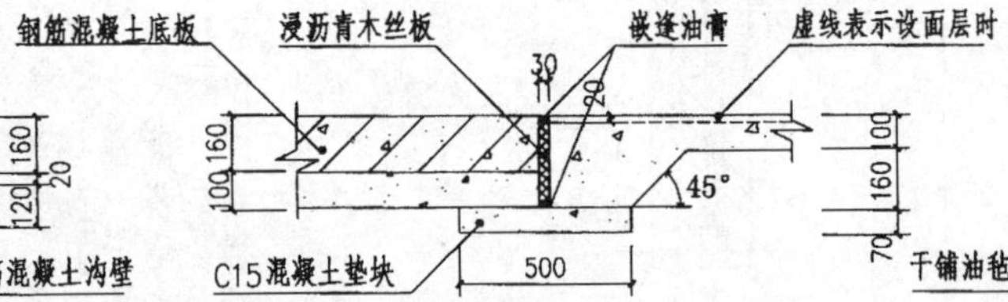

⑥ Ⅰ.Ⅳ型地沟与Ⅲ.Ⅵ型地沟底板连接

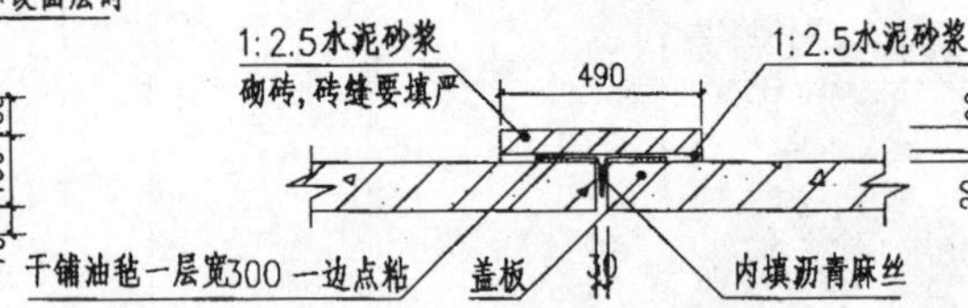

⑨ 地沟盖板变形缝

变形缝构造(一)						图集号	03R411-2
审核	徐洪球	校对	孙长惠	设计	李朴	页	14

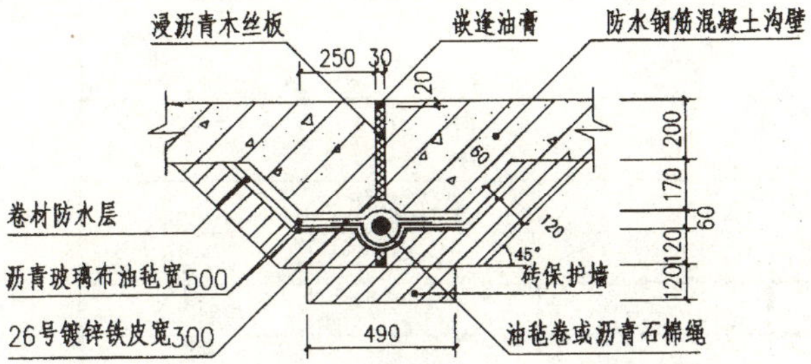

① IX型地沟沟壁变形缝之一

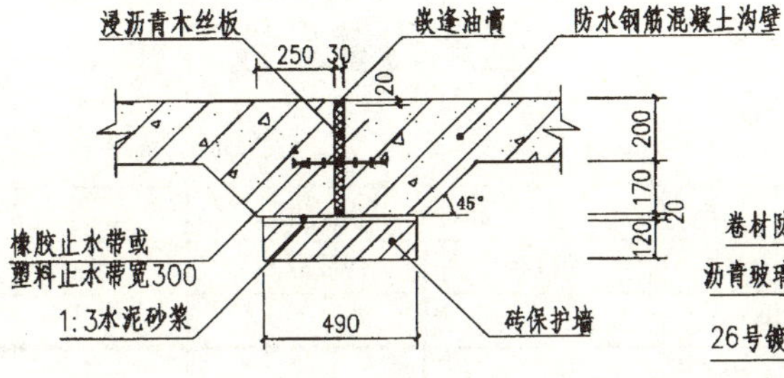

③ IX型地沟沟壁变形缝之二

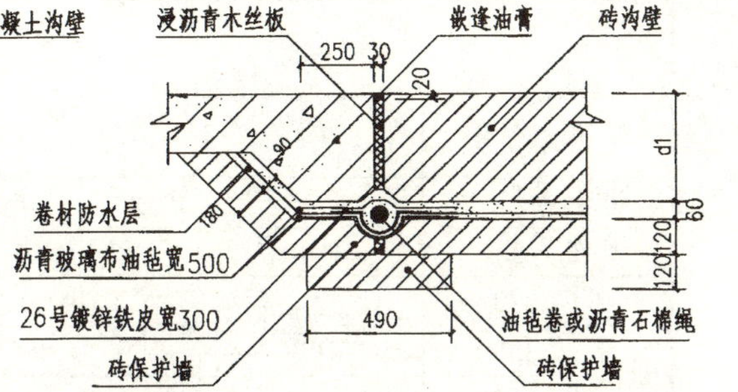

⑤ VII. IX型与型地沟沟壁连接

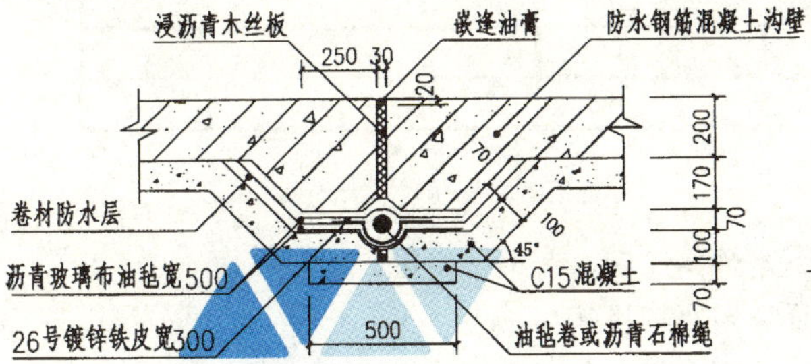

② IX型地沟底板变形缝之一

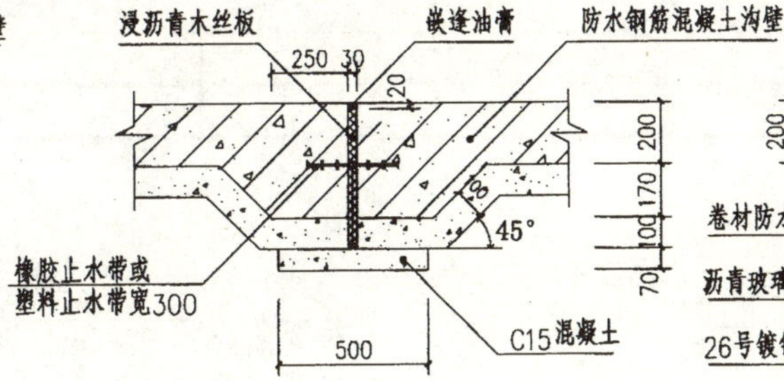

④ IX型地沟底板变形缝之二

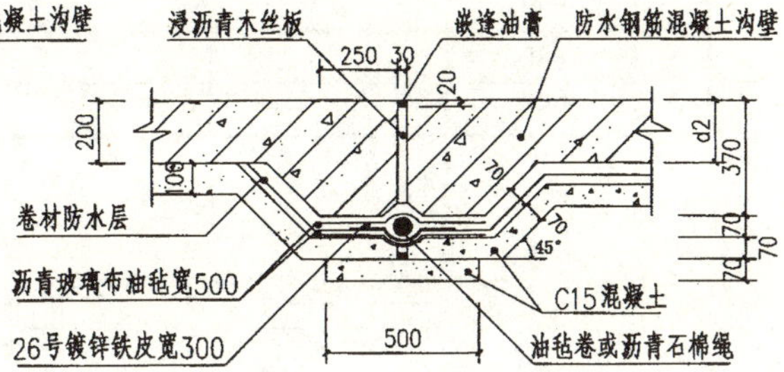

⑥ VII. IX型与型地沟底板连接

变形缝构造(二)						图集号	03R411-2
审核	徐洪球	校对	孙长惠	设计	李朴	页	15

砖壁地沟壁厚选用表（φ=15°）

地下水情况		无地下水压							
覆土厚度hf		hf ≤0.5m		0.5m<hf ≤1.0m		1.0m<hf ≤1.5m		车行道（0.5m<hf≤2.0m）	
地面荷载		10kN/m²	20kN/m²	10kN/m²	20kN/m²	10kN/m²	20kN/m²	汽-15	汽-20
地沟高度H(mm)	320	壁厚d1=120mm							
	380								
	450					壁厚d1=240mm			
	510								
	570								
	630								
	700								
	760						壁厚d1=370mm		
	820								
	880								
	950								

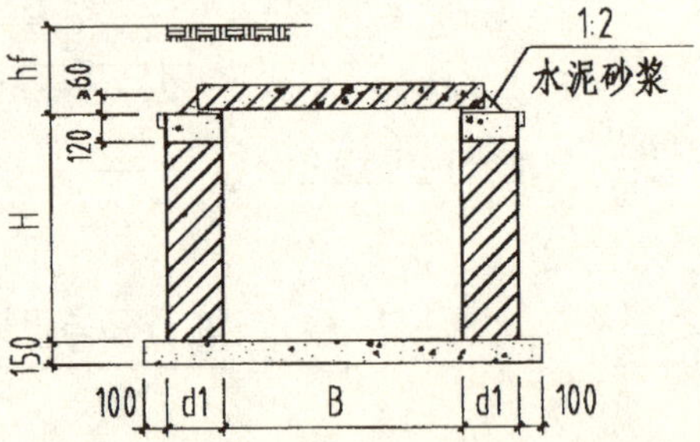

附注:

1. 本图地沟底板按无地下水地沟绘制，有地下水时，底板厚度及配筋见第 32~35 页详图及选用表。
2. 地沟宽度详见第 9 页地沟断面编号与断面尺寸对照表，也可按无断面编号地沟的实际宽度。
3. 凡壁厚d1=120mm 之地沟，在固定支架两边各1000mm的范围内，壁厚改为 240mm 。

砖壁地沟壁厚选用表（ 无地下水压 φ=15°）						图集号	03R411-2
审核	徐洪球	校对	张鸣侠	设计	张群仲	页	16

砖壁地沟壁厚选用表（φ=15°）

地下水情况		有地下水压							
覆土厚度hf		hf ≤0.5m		0.5m<hf ≤1.0m		1.0m<hf ≤1.5m		车行道（0.5m<hf ≤2.0m）	
地面荷载		10kN/m²	20kN/m²	10kN/m²	20kN/m²	10kN/m²	20kN/m²	汽-15	汽-20
地沟高度H（mm）	320								
	380	壁厚d1=120mm							
	450								
	510				壁厚d1=240mm				
	570								
	630								
	700								
	760					壁厚d1=370mm			
	820								
	880								
	950								

附注：同第16页。

砖壁地沟壁厚选用表（有地下水压 φ=15°）						图集号	03R411-2
审核	徐洪球	校对	张鸣侠	设计	张群仲	页	17

砖壁地沟壁厚选用表（φ=20°）

地下水情况		无地下水压							
覆土厚度hf		hf≤0.5m		0.5m<hf≤1.0m		1.0m<hf≤1.5m		车行道（0.5m<hf≤2.0m）	
地面荷载		10kN/m²	20kN/m²	10kN/m²	20kN/m²	10kN/m²	20kN/m²	汽-15	汽-20
地沟高度H(mm)	320	壁厚d1=120mm							
	380								
	450								
	510								
	570				壁厚d1=240mm				
	630								
	700								
	760								
	820								
	880						壁厚d1=370mm		
	950								

附注：同第16页。

砖壁地沟壁厚选用表（无地下水压 φ=20°）						图集号	03R411-2
审核	徐洪球	校对	张鸣侠	设计	张群仲	页	18

砖壁地沟壁厚选用表（φ=20°）

地下水情况		有地下水压							
覆土厚度hf		hf ≤0.5m		0.5m<hf ≤1.0m		1.0m<hf ≤1.5m		车行道（0.5m<hf ≤2.0m）	
地面荷载		10kN/m²	20kN/m²	10kN/m²	20kN/m²	10kN/m²	20kN/m²	汽-15	汽-20
地沟高度H（mm）	320	壁厚d1=120mm	壁厚d1=120mm	壁厚d1=120mm	壁厚d1=120mm	壁厚d1=120mm	壁厚d1=240mm	壁厚d1=240mm	壁厚d1=240mm
	380	壁厚d1=120mm	壁厚d1=120mm	壁厚d1=120mm	壁厚d1=120mm	壁厚d1=120mm	壁厚d1=240mm	壁厚d1=240mm	壁厚d1=240mm
	450	壁厚d1=120mm	壁厚d1=120mm	壁厚d1=120mm	壁厚d1=240mm	壁厚d1=240mm	壁厚d1=240mm	壁厚d1=240mm	壁厚d1=240mm
	510	壁厚d1=240mm	壁厚d1=240mm	壁厚d1=240mm	壁厚d1=240mm	壁厚d1=240mm	壁厚d1=240mm	壁厚d1=240mm	壁厚d1=240mm
	570	壁厚d1=240mm	壁厚d1=240mm	壁厚d1=240mm	壁厚d1=240mm	壁厚d1=240mm	壁厚d1=240mm	壁厚d1=240mm	壁厚d1=370mm
	630	壁厚d1=240mm	壁厚d1=240mm	壁厚d1=240mm	壁厚d1=240mm	壁厚d1=240mm	壁厚d1=370mm	壁厚d1=370mm	壁厚d1=370mm
	700	壁厚d1=240mm	壁厚d1=240mm	壁厚d1=240mm	壁厚d1=370mm	壁厚d1=370mm	壁厚d1=370mm	壁厚d1=370mm	壁厚d1=370mm
	760	壁厚d1=240mm	壁厚d1=370mm	壁厚d1=370mm	壁厚d1=370mm	壁厚d1=370mm	壁厚d1=370mm	壁厚d1=370mm	壁厚d1=370mm
	820	壁厚d1=370mm	壁厚d1=370mm	壁厚d1=370mm	壁厚d1=370mm	壁厚d1=370mm	壁厚d1=370mm	壁厚d1=370mm	壁厚d1=370mm
	880	壁厚d1=370mm	壁厚d1=370mm	壁厚d1=370mm	壁厚d1=370mm	壁厚d1=370mm			
	950	壁厚d1=370mm	壁厚d1=370mm	壁厚d1=370mm					

附注：同第16页。

砖壁地沟壁厚选用表（有地下水压 φ=20°）						图集号	03R411-2
审核	徐洪球	校对	张鸣侠	设计	张群仲	页	19

砖壁地沟壁厚选用表（φ=25°）

地下水情况	无地下水压							
覆土厚度hf	hf≤0.5m		0.5m<hf≤1.0m		1.0m<hf≤1.5m		车行道(0.5m<hf≤2.0m)	
地面荷载	10kN/m²	20kN/m²	10kN/m²	20kN/m²	10kN/m²	20kN/m²	汽-15	汽-20
地沟高度H(mm) 320	壁厚d1=120mm	壁厚d1=120mm	壁厚d1=120mm	壁厚d1=120mm	壁厚d1=120mm	壁厚d1=240mm	壁厚d1=240mm	壁厚d1=240mm
380	壁厚d1=120mm	壁厚d1=120mm	壁厚d1=120mm	壁厚d1=120mm	壁厚d1=120mm	壁厚d1=240mm	壁厚d1=240mm	壁厚d1=240mm
450	壁厚d1=120mm	壁厚d1=120mm	壁厚d1=120mm	壁厚d1=120mm	壁厚d1=120mm	壁厚d1=240mm	壁厚d1=240mm	壁厚d1=240mm
510	壁厚d1=120mm	壁厚d1=120mm	壁厚d1=120mm	壁厚d1=240mm	壁厚d1=240mm	壁厚d1=240mm	壁厚d1=240mm	壁厚d1=240mm
570	壁厚d1=120mm	壁厚d1=240mm	壁厚d1=240mm	壁厚d1=240mm	壁厚d1=240mm	壁厚d1=240mm	壁厚d1=240mm	壁厚d1=240mm
630	壁厚d1=240mm	壁厚d1=240mm	壁厚d1=240mm	壁厚d1=240mm	壁厚d1=240mm	壁厚d1=240mm	壁厚d1=240mm	壁厚d1=240mm
700	壁厚d1=240mm	壁厚d1=240mm	壁厚d1=240mm	壁厚d1=240mm	壁厚d1=240mm	壁厚d1=240mm	壁厚d1=240mm	壁厚d1=240mm
760	壁厚d1=240mm	壁厚d1=240mm	壁厚d1=240mm	壁厚d1=240mm	壁厚d1=240mm	壁厚d1=240mm	壁厚d1=240mm	壁厚d1=370mm
820	壁厚d1=240mm	壁厚d1=240mm	壁厚d1=240mm	壁厚d1=240mm	壁厚d1=240mm	壁厚d1=370mm	壁厚d1=370mm	壁厚d1=370mm
880	壁厚d1=240mm	壁厚d1=240mm	壁厚d1=240mm	壁厚d1=370mm	壁厚d1=370mm	壁厚d1=370mm	壁厚d1=370mm	壁厚d1=370mm
950	壁厚d1=240mm	壁厚d1=370mm	壁厚d1=370mm	壁厚d1=370mm	壁厚d1=370mm	壁厚d1=370mm	壁厚d1=370mm	

附注：同第16页。

砖壁地沟壁厚选用表（无地下水压 φ=25°）							图集号	03R411-2
审核	徐洪球	徐洪球	校对	张鸣侠	张鸣侠	设计 张群仲 张群仲	页	20

砖壁地沟壁厚选用表（$\phi=25°$）

地下水情况		有地下水压							
覆土厚度hf		hf ≤0.5m		0.5m<hf ≤1.0m		1.0m<hf ≤1.5m		车行道（0.5m<hf ≤2.0m）	
地面荷载		10kN/m²	20kN/m²	10kN/m²	20kN/m²	10kN/m²	20kN/m²	汽-15	汽-20
地沟高度H（mm）	320								
	380		壁厚d1=120mm						
	450								
	510								
	570								
	630					壁厚d1=240mm			
	700								
	760								
	820						壁厚d1=370mm		
	880								
	950								

附注：同第16页。

砖壁地沟壁厚选用表（有地下水压 $\phi=25°$）						图集号	03R411-2
审核	徐洪球	校对	张鸣侠	设计	张群仲	页	21

砖壁地沟壁厚选用表（φ=30°）

地下水情况		无地下水压							
覆土厚度hf		hf ≤0.5m		0.5m<hf ≤1.0m		1.0m<hf ≤1.5m		车行道(0.5m<hf ≤2.0m)	
地面荷载		10kN/m²	20kN/m²	10kN/m²	20kN/m²	10kN/m²	20kN/m²	汽-15	汽-20
地沟高度H (mm)	320								
	380		壁厚d1=120mm						
	450								
	510								
	570								
	630								
	700				壁厚d1=240mm				
	760								
	820								
	880						壁厚d1=370mm		
	950								

附注：同第16页。

砖壁地沟壁厚选用表（无地下水压 φ=30°）							图集号	03R411-2
审核	徐洪球	徐洪球	校对	张鸣侠	张鸣侠	设计	张群仲	页 22

砖壁地沟壁厚选用表（$\phi=30°$）

地下水情况		有地下水压							
覆土厚度hf		hf≤0.5m		0.5m<hf≤1.0m		1.0m<hf≤1.5m		车行道（0.5m<hf≤2.0m）	
地面荷载		10kN/m²	20kN/m²	10kN/m²	20kN/m²	10kN/m²	20kN/m²	汽-15	汽-20
地沟高度H（mm）	320								
	380		壁厚d1=120mm						
	450								
	510								
	570								
	630				壁厚d1=240mm				
	700								
	760								
	820						壁厚d1=370mm		
	880								
	950								

附注：同第16页。

砖壁地沟壁厚选用表（有地下水压 $\Phi=30°$）						图集号	03R411-2
审核	徐洪球	校对	张鸣侠	设计	张群仲	页	23

素混凝土壁地沟壁厚选用表（φ=15°）

地下水情况	无地下水压							
覆土厚度hf	hf ≤0.5m		0.5m<hf ≤1.0m		1.0m<hf ≤1.5m		车行道（0.5m<hf ≤2.0m）	
地面荷载	10kN/m²	20kN/m²	10kN/m²	20kN/m²	10kN/m²	20kN/m²	汽-15	汽-20
地沟高度H（mm）510	壁厚 d1=150mm	壁厚 d1=150mm	壁厚 d1=150mm	壁厚 d1=150mm	壁厚 d1=150mm	壁厚 d1=150mm	壁厚 d1=150mm	壁厚 d1=150mm
570	壁厚 d1=150mm	壁厚 d1=150mm	壁厚 d1=150mm	壁厚 d1=150mm	壁厚 d1=150mm	壁厚 d1=150mm	壁厚 d1=150mm	壁厚 d1=150mm
630	壁厚 d1=150mm	壁厚 d1=150mm	壁厚 d1=150mm	壁厚 d1=150mm	壁厚 d1=150mm	壁厚 d1=150mm	壁厚 d1=150mm	壁厚 d1=200mm
700	壁厚 d1=150mm	壁厚 d1=150mm	壁厚 d1=150mm	壁厚 d1=150mm	壁厚 d1=150mm	壁厚 d1=200mm	壁厚 d1=200mm	壁厚 d1=200mm
760	壁厚 d1=150mm	壁厚 d1=150mm	壁厚 d1=150mm	壁厚 d1=200mm	壁厚 d1=200mm	壁厚 d1=200mm	壁厚 d1=200mm	壁厚 d1=200mm
820	壁厚 d1=150mm	壁厚 d1=200mm	壁厚 d1=200mm	壁厚 d1=200mm	壁厚 d1=200mm	壁厚 d1=200mm	壁厚 d1=200mm	壁厚 d1=200mm
880	壁厚 d1=200mm	壁厚 d1=200mm	壁厚 d1=200mm	壁厚 d1=200mm	壁厚 d1=200mm	壁厚 d1=200mm	壁厚 d1=200mm	壁厚 d1=200mm
950	壁厚 d1=200mm	壁厚 d1=200mm	壁厚 d1=200mm	壁厚 d1=200mm	壁厚 d1=200mm	壁厚 d1=200mm	壁厚 d1=200mm	壁厚 d1=200mm
1200	壁厚 d1=200mm	壁厚 d1=200mm	壁厚 d1=200mm	壁厚 d1=200mm	壁厚 d1=200mm	壁厚 d1=200mm	壁厚 d1=250mm	壁厚 d1=250mm
1300	壁厚 d1=200mm	壁厚 d1=200mm	壁厚 d1=200mm	壁厚 d1=250mm	壁厚 d1=250mm	壁厚 d1=250mm	壁厚 d1=250mm	壁厚 d1=250mm
1400	壁厚 d1=200mm	壁厚 d1=250mm	壁厚 d1=250mm	壁厚 d1=250mm	壁厚 d1=250mm	壁厚 d1=250mm	壁厚 d1=250mm	壁厚 d1=250mm
1500	壁厚 d1=200mm	壁厚 d1=250mm	壁厚 d1=250mm	壁厚 d1=250mm	壁厚 d1=250mm	壁厚 d1=250mm	壁厚 d1=250mm	壁厚 d1=250mm
1600	壁厚 d1=250mm	壁厚 d1=250mm	壁厚 d1=250mm	壁厚 d1=250mm	壁厚 d1=250mm	壁厚 d1=250mm	壁厚 d1=250mm	壁厚 d1=250mm

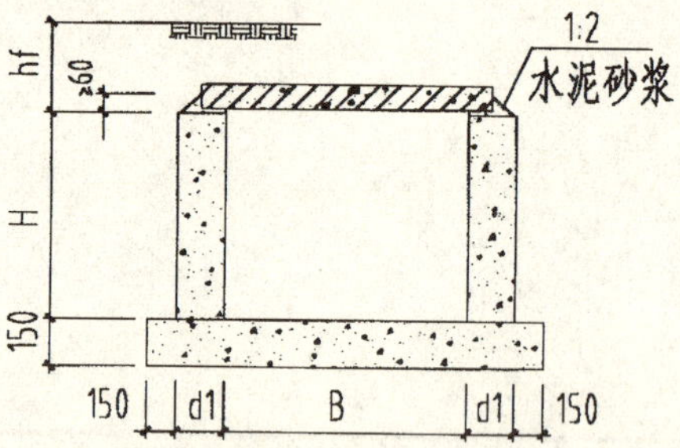

附注：

1. 本图地沟底板按无地下水绘制，有地下水时，底板厚度及配筋见第 32~35 页详图及选用表。
2. 地沟宽度详见第 9 页地沟断面编号及断面尺寸对照表，也可按无断面编号地沟的实际宽度。
3. 凡壁厚 d1=150mm 之地沟，在固定支架两边各1000mm范围内，壁厚改为200mm。

素混凝土壁地沟壁厚选用表（无地下水压 φ=15°）						图集号	03R411-2
审核	徐洪球	校对	张鸣侠	设计	张群仲	页	24

素混凝土壁地沟壁厚选用表（φ=15°）

地下水情况		有地下水压							
覆土厚度hf		hf ≤0.5m		0.5m<hf ≤1.0m		1.0m<hf ≤1.5m		车行道（0.5m<hf ≤2.0m）	
地面荷载		10kN/m²	20kN/m²	10kN/m²	20kN/m²	10kN/m²	20kN/m²	汽-15	汽-20
地沟高度H（mm）	510								
	570		壁 厚 d1=150mm						
	630								
	700								
	760								
	820					壁 厚 d1=200mm			
	880								
	950								
	1200								
	1300								
	1400					壁 厚 d1=250mm			
	1500								
	1600								

附注：同24页。

素混凝土壁地沟壁厚选用表（有地下水压 φ=15°）							图集号	03R411-2
审核	徐洪球	徐洪球	校对	张鸣侠	张鸣侠	设计 张群仲	页	25

素混凝土壁地沟壁厚选用表（$\phi=20°$）

地下水情况		无地下水压							
覆土厚度hf		hf ≤0.5m		0.5m<hf ≤1.0m		1.0m<hf ≤1.5m		车行道（0.5m<hf ≤2.0m）	
地面荷载		10kN/m²	20kN/m²	10kN/m²	20kN/m²	10kN/m²	20kN/m²	汽-15	汽-20
地沟高度H (mm)	510								
	570								
	630			壁 厚 d1=150mm					
	700								
	760								
	820								
	880								
	950					壁 厚 d1=200mm			
	1200								
	1300								
	1400								
	1500						壁 厚 d1=250mm		
	1600								

附注：同24页。

素混凝土壁地沟壁厚选用表（无地下水压 $\phi=20°$）						图集号	03R411-2
审核	徐洪球 [signature]	校对	张鸣侠 [signature]	设计	张群仲 [signature]	页	26

素混凝土壁地沟壁厚选用表（φ=20°）

地下水情况		有地下水压							
覆土厚度hf		hf ≤0.5m		0.5m<hf ≤1.0m		1.0m<hf ≤1.5m		车行道（0.5m<hf ≤2.0m）	
地面荷载		10kN/m²	20kN/m²	10kN/m²	20kN/m²	10kN/m²	20kN/m²	汽-15	汽-20
地沟高度 H (mm)	510								
	570		壁厚 d1=150mm						
	630								
	700								
	760								
	820					壁厚 d1=200mm			
	880								
	950								
	1200								
	1300								
	1400					壁厚 d1=250mm			
	1500								
	1600								

附注：同24页。

素混凝土壁地沟壁厚选用表（$\phi=25^\circ$）

地下水情况	无地下水压							
覆土厚度 hf	hf ≤0.5m		0.5m<hf ≤1.0m		1.0m<hf ≤1.5m		车行道（0.5m<hf ≤2.0m）	
地面荷载	10kN/m²	20kN/m²	10kN/m²	20kN/m²	10kN/m²	20kN/m²	汽-15	汽-20
地沟高度 H (mm) 510								
570								
630			壁厚 d1=150mm					
700								
760								
820								
880								
950								
1200					壁厚 d1=200mm			
1300								
1400								
1500							壁厚 d1=250mm	
1600								

附注：同 24 页。

素混凝土壁地沟壁厚选用表（无地下水压 $\phi=25^\circ$）							图集号	03R411-2
审核	徐洪球	徐洪球	校对	张鸣侠	张鸣侠	设计	张群仲	张群仲	页	28

素混凝土壁地沟壁厚选用表（φ=25°）

地下水情况		有地下水压							
覆土厚度hf		hf ≤0.5m		0.5m<hf ≤1.0m		1.0m<hf ≤1.5m		车行道（0.5m<hf ≤2.0m）	
地面荷载		10kN/m²	20kN/m²	10kN/m²	20kN/m²	10kN/m²	20kN/m²	汽-15	汽-20
地沟高度H（mm）	510								
	570								
	630								
	700		壁厚 d1=150mm						
	760								
	820								
	880								
	950					壁厚 d1=200mm			
	1200								
	1300								
	1400								
	1500					壁厚 d1=250mm			
	1600								

附注：同24页。

素混凝土壁地沟壁厚选用表（有地下水压 φ=25°）							图集号	03R411-2
审核	徐洪球	徐洪球	校对	张鸣侠	张鸣侠	设计 张群仲	页	29

素混凝土壁地沟壁厚选用表（φ=30°）

地下水情况		无地下水压							
覆土厚度hf		hf ≤0.5m		0.5m<hf ≤1.0m		1.0m<hf ≤1.5m		车行道（0.5m<hf ≤2.0m）	
地面荷载		10kN/m²	20kN/m²	10kN/m²	20kN/m²	10kN/m²	20kN/m²	汽-15	汽-20
地沟高度H（mm）	510								
	570								
	630								
	700			壁厚 d1=150mm					
	760								
	820								
	880								
	950								
	1200								
	1300					壁厚 d1=200mm			
	1400								
	1500							壁厚 d1=250mm	
	1600								

附注：同24页。

素混凝土壁地沟壁厚选用表（无地下水压 φ=30°）								图集号	03R411-2
审核	徐洪球	徐洪球	校对	张鸣侠	张鸣侠	设计	张群仲	页	30

素混凝土壁地沟壁厚选用表（φ=30°）

地下水情况		有地下水压							
覆土厚度hf		hf ≤0.5m		0.5m<hf ≤1.0m		1.0m<hf ≤1.5m		车行道（0.5m<hf ≤2.0m）	
地面荷载		10kN/m²	20kN/m²	10kN/m²	20kN/m²	10kN/m²	20kN/m²	汽-15	汽-20
地沟高度H（mm）	510								
	570								
	630								
	700		壁厚 d1=150mm						
	760								
	820								
	880								
	950								
	1200					壁厚 d1=200mm			
	1300								
	1400								
	1500							壁厚 d1=250mm	
	1600								

附注：同24页。

素混凝土壁地沟壁厚选用表（有地下水压 φ=30°）						图集号	03R411-2
审核 徐洪球	徐洪球	校对 张鸣侠	张鸣侠	设计 张群仲	张群仲	页	31

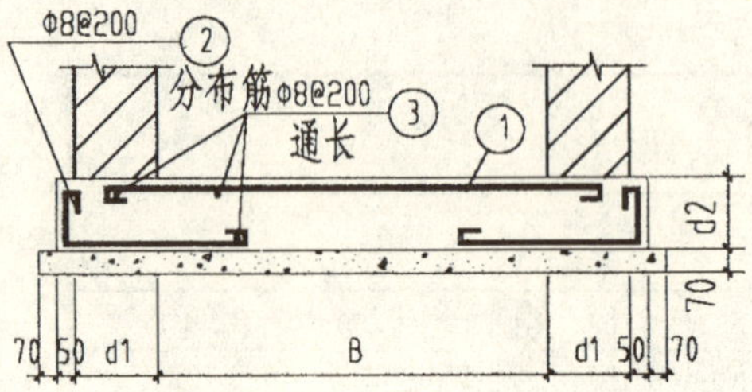

砖（素混凝土）壁防水地沟底板图

（单沟）

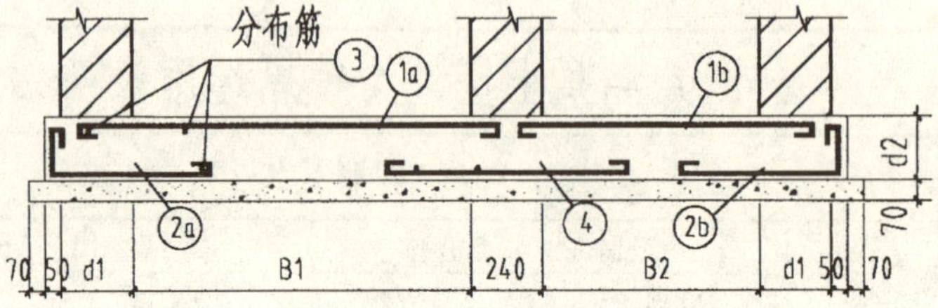

砖（素混凝土）壁防水地沟底板图

（双沟）

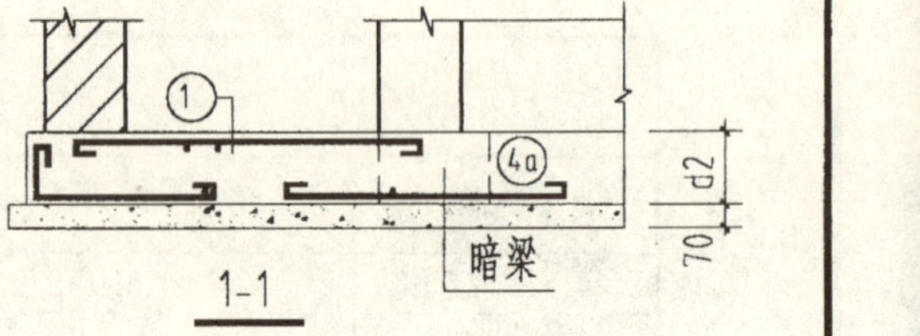

1-1

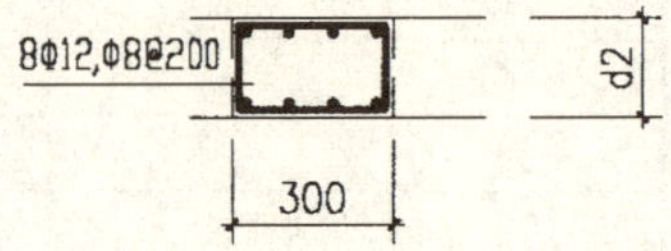

暗梁详图

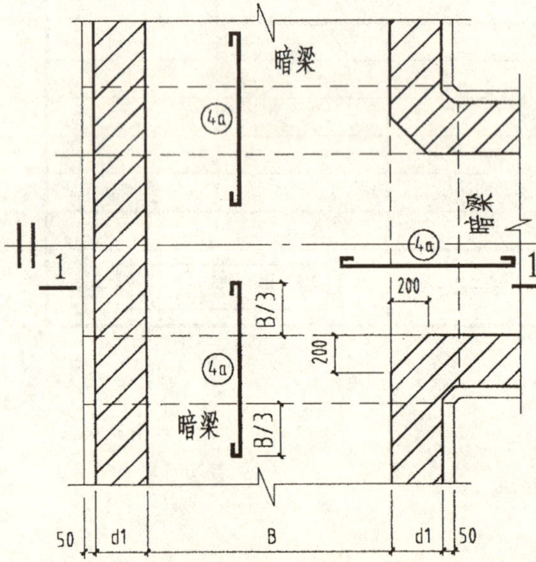

砖（素混凝土）壁防水地沟

T形接头底板图

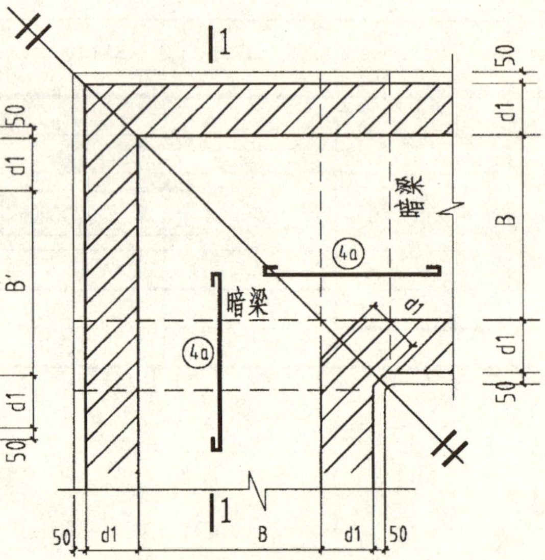

砖（素混凝土）壁防水地沟

转角底板图

附 注

1. 钢筋混凝土强度等级为C25级，垫层为C10混凝土。
2. 双沟底板厚度d2 按较大沟宽选取，钢筋除④外按单沟沟宽选取。④筋伸入两边沟内，长度相等。
3. 部分变形缝处底板局部加厚见第15页，不另加钢筋。
4. 地沟底板暗梁纵筋锚入沟壁内长度35d。
5. 双沟底板中钢筋 ⓵a ⓵b ⓶a ⓶b 分别同相应单沟中钢筋 ① ② 。
6. 当T形接头或转角处，底板不在同一标高时按相应直地沟配筋。
7. 当T形接头④a钢筋每边伸出暗梁长度取B或B′中较大者的1/3，直径间距同④。
8. 底板厚度（d2）及配筋选用表见第 33~35 页。

砖（素混凝土）壁防水地沟底板详图						图集号	03R411-2
审核	徐洪球	校对	张鸣侠	设计	张群仲	页	32

砖（素混凝土）壁防水地沟底板钢筋选用表

沟宽 B	hf ≤0.5m						0.5m<hf ≤1.0m					
	10kN/m^2			20kN/m^2			10kN/m^2			20kN/m^2		
	底板厚d2	① 简 图	直径、间距	底板厚d2	① 简 图	直径、间距	底板厚d2	① 简 图	直径、间距	底板厚d2	① 简 图	直径、间距
300	150	540 l=640	Φ8@200	150	540 l=640	Φ8@200	150	540 l=640	Φ8@200	150	540 l=640	Φ8@200
400	150	640 l=740	Φ8@200	150	640 l=740	Φ8@200	150	640 l=740	Φ8@200	150	640 l=740	Φ8@200
500	150	740 l=840	Φ8@200	150	740 l=840	Φ8@200	150	740 l=840	Φ8@200	150	740 l=840	Φ8@200
600	150	840 l=940	Φ8@200	150	840 l=940	Φ8@200	150	840 l=940	Φ8@200	150	840 l=940	Φ8@200
700	150	940 l=1040	Φ8@200	150	940 l=1040	Φ8@200	150	940 l=1040	Φ8@200	150	940 l=1040	Φ8@200
800	150	1040 l=1140	Φ8@200	150	1040 l=1140	Φ8@200	150	1040 l=1140	Φ8@200	150	1040 l=1140	Φ8@200
900	150	1140 l=1240	Φ8@200	150	1140 l=1240	Φ8@200	150	1140 l=1240	Φ8@200	150	1140 l=1240	Φ8@200
1000	150	1240 l=1340	Φ8@200	150	1240 l=1340	Φ8@200	150	1240 l=1340	Φ8@200	150	1240 l=1340	Φ8@200
1100	150	1340 l=1440	Φ8@200	150	1340 l=1440	Φ8@180	150	1340 l=1440	Φ8@200	150	1340 l=1440	Φ8@180
1200	150	1440 l=1540	Φ8@200	150	1440 l=1540	Φ8@160	150	1440 l=1540	Φ8@170	150	1440 l=1540	Φ8@160
1300	150	1540 l=1640	Φ8@200	150	1540 l=1640	Φ8@130	150	1540 l=1640	Φ8@150	200	1540 l=1640	Φ8@130
1400	150	1640 l=1740	Φ8@180	150	1640 l=1740	Φ8@120	150	1640 l=1740	Φ8@125	200	1640 l=1740	Φ8@120
1500	150	1740 l=1840	Φ8@160	150	1800 l=1930	Φ10@160	150	1740 l=1840	Φ8@110	200	1800 l=1930	Φ10@160
1600	150	1840 l=1940	Φ8@140	150	1900 l=2030	Φ10@140	150	1900 l=2030	Φ10@150	200	1900 l=2030	Φ10@140
1700	150	1940 l=2040	Φ8@125	150	2000 l=2130	Φ10@125	150	2000 l=2130	Φ10@130	200	2000 l=2130	Φ10@125
1800	150	2100 l=2230	Φ10@180	200	2100 l=2230	Φ10@160	200	2100 l=2230	Φ10@180	200	2100 l=2230	Φ10@160
2000	200	2300 l=2430	Φ10@200	200	2300 l=2430	Φ10@120	200	2300 l=2430	Φ10@140	200	2300 l=2430	Φ10@120

砖（素混凝土）壁防水地沟底板板厚及配筋选用表（一）								图集号	03R411-2
审核	徐洪球	徐洪球	校对	张鸣侠	张鸣侠	设计	张群仲	页	33

砖（素混凝土）壁防水地沟底板钢筋选用表

沟宽 B	1.0m<hf ≤1.5m						车行道 (0.5m<hf ≤2.0m)					
	10kN/m²			20kN/m²			汽-15			汽-20		
	底板厚d2	① 简图	直径、间距	底板厚d2	① 简图	直径、间距	底板厚d2	① 简图	直径、间距	底板厚d2	① 简图	直径、间距
300	150	540 l=640	Φ8@200	150	540 l=640	Φ8@200	150	540 l=640	Φ8@200	150	540 l=640	Φ8@200
400	150	640 l=740	Φ8@200	150	640 l=740	Φ8@200	150	640 l=740	Φ8@200	150	640 l=740	Φ8@200
500	150	740 l=840	Φ8@200	150	740 l=840	Φ8@200	150	740 l=840	Φ8@200	150	740 l=840	Φ8@200
600	150	840 l=940	Φ8@200	150	840 l=940	Φ8@200	150	840 l=940	Φ8@200	150	840 l=940	Φ8@200
700	150	940 l=1040	Φ8@200	150	940 l=1040	Φ8@200	150	940 l=1040	Φ8@170	150	940 l=1040	Φ8@140
800	150	1040 l=1140	Φ8@200	150	1040 l=1140	Φ8@200	150	1040 l=1140	Φ8@130	150	1040 l=1140	Φ8@110
900	150	1140 l=1240	Φ8@200	150	1140 l=1240	Φ8@190	150	1140 l=1240	Φ10@160	150	1140 l=1240	Φ10@130
1000	150	1240 l=1340	Φ8@200	150	1240 l=1340	Φ8@150	200	1240 l=1340	Φ8@150	200	1240 l=1340	Φ8@125
1100	150	1340 l=1440	Φ8@160	150	1340 l=1440	Φ8@125	200	1340 l=1440	Φ8@130	200	1340 l=1440	Φ8@110
1200	150	1440 l=1540	Φ8@130	200	1440 l=1540	Φ8@150	200	1440 l=1540	Φ8@120	200	1440 l=1540	Φ8@100
1300	150	1540 l=1640	Φ8@110	200	1540 l=1640	Φ8@125	200	1540 l=1640	Φ8@110	200	1600 l=1730	Φ10@140
1400	200	1640 l=1740	Φ8@140	200	1640 l=1740	Φ8@110	200	1700 l=1830	Φ10@150	200	1700 l=1830	Φ10@130
1500	200	1740 l=1840	Φ8@125	200	1800 l=1930	Φ10@150	200	1800 l=1930	Φ10@130	200	1800 l=1930	Φ10@110
1600	200	1840 l=1940	Φ8@110	200	1900 l=2030	Φ10@130	200	1900 l=2030	Φ10@110	200	1900 l=2030	Φ10@100
1700	200	2000 L=2130	Φ10@150	200	2000 l=2130	Φ10@110	200	2000 l=2130	Φ10@100	200	2060 l=2060	Φ12@170
1800	200	2100 l=2230	Φ10@130	200	2160 l=2160	Φ12@200	200	l=2160 l=2160	Φ12@160	200	l=2160 l=2160	Φ12@150
2000	200	2300 l=2430	Φ10@110	200	2360 l=2360	Φ12@160	200	2360 l=2360	Φ12@150	200	2360 l=2360	Φ12@125

砖（素混凝土）壁防水地沟底板板厚及配筋选用表（二）							图集号	03R411-2
审核	徐洪球	校对	张鸣侠	设计	张群仲		页	34

砖（素混凝土）壁防水地沟底板钢筋选用表

沟宽 B	构造钢筋 ②简图	构造钢筋 直径、间距	构造钢筋 ③简图	构造钢筋 直径、间距	较大沟宽 B1	双沟底板附加钢筋 ④简图	双沟底板附加钢筋 直径、间距	备注
300	d2-55 300+2d1 d2-55	底板厚度d2为150mm时为Φ8@200，底板厚度d2为200mm时为Φ8@150.	通长	底板厚度d2为150mm时为Φ8@200，底板厚度d2为200mm时为Φ8@150.	800	780 l=880	底板厚度d2为150mm时为Φ8@200，底板厚度d2为200mm时为Φ8@150.	
400	d2-55 400+2d1 d2-55		通长		900	840 l=940		
500	d2-55 400+2d1 d2-55		通长		1000	920 l=1020		
600	d2-55 d1+200		通长		1100	980 l=1080		
700	d2-55 d1+240		通长		1200	1040 l=1140		
800	d2-55 d1+270		通长		1300	1120 l=1220		
900	d2-55 d1+300		通长		1400	1180 l=1280		
1000	d2-55 d1+340		通长					
1100	d2-55 d1+370		通长					
1200	d2-55 d1+400		通长					
1300	d2-55 d1+440		通长					
1400	d2-55 d1+470		通长					
1500	d2-55 d1+500		通长					
1600	d2-55 d1+540		通长					
1700	d2-55 d1+570		通长					
1800	d2-55 d1+600		通长					
2000	d2-55 d1+670		通长					

砖（素混凝土）壁防水地沟底板板厚及配筋选用表（三）						图集号	03R411-2
审核	徐洪球	校对	张鸣侠	设计	张群仲	页	35

钢筋混凝土地沟选用表（φ=15°）

地沟断面号	沟宽 B	沟高 H	无地下水压							
			hf ≤0.5m		0.5m<hf ≤1.0m		1.0m<hf ≤1.5m		车行道（0.5m<hf ≤2.0m）	
			10kN/m²	20kN/m²	10kN/m²	20kN/m²	10kN/m²	20kN/m²	汽-15	汽-20
G96	1200	1300	G96-1	G96-1	G96-1	G96-1	G96-1	G96-1	G96-1	G96-1
G97	1200	1400	G97-1	G97-1	G97-1	G97-1	G97-1	G97-1	G97-1	G97-1
G98	1200	1500	G98-1	G98-1	G98-1	G98-1	G98-1	G98-2	G98-2	G98-3
G99	1200	1600	G99-1	G99-1	G99-1	G99-2	G99-2	G99-3	G99-3	G99-4
G100	1700	1500	G100-1	G100-1	G100-1	G100-2	G100-2	G100-3	G100-3	G100-4
G101	1800	1600	G101-1	G101-1	G101-1	G101-2	G101-2	G101-3	G101-3	G101-4
G102	2000	1600	G102-1	G102-1	G102-1	G102-2	G102-2	G102-3	G102-3	G102-4
G103	1000	1200	G103-1	G103-1	G103-1	G103-2	G103-2	G103-3	G103-3	G103-4
G104	1100	1200	G104-1	G104-1	G104-1	G104-2	G104-2	G104-3	G104-3	G104-4
G105	1200	1200	G105-1	G105-1	G105-1	G105-1	G105-1	G105-1	G105-1	G105-1
G106	1300	1200	G106-1	G106-1	G106-1	G106-1	G106-1	G106-1	G106-1	G106-1
G107	1400	1200	G107-1	G107-1	G107-1	G107-1	G107-1	G107-1	G107-1	G107-1
G108	1500	1200	G108-1	G108-1	G108-1	G108-1	G108-1	G108-1	G108-1	G108-1
G109	1600	1200	G109-1	G109-1	G109-1	G109-1	G109-1	G109-1	G109-1	G109-1
G110	1300	1300	G110-1	G110-1	G110-1	G110-1	G110-1	G110-1	G110-1	G110-1
G111	1400	1300	G111-1	G111-1	G111-1	G111-1	G111-1	G111-1	G111-1	G111-1
G112	1300	1400	G112-1	G112-1	G112-1	G112-1	G112-1	G112-2	G112-2	G112-3
G113	1400	1400	G113-1	G113-1	G113-1	G113-1	G113-1	G113-2	G113-2	G113-3
G114	1300	1500	G114-1	G114-1	G114-1	G114-1	G114-1	G114-2	G114-2	G114-3
G115	1400	1500	G115-1	G115-1	G115-1	G115-2	G115-2	G115-3	G115-3	G115-4

钢筋混凝土地沟选用表（一）（无地下水压 φ=15°）							图集号	03R411-2
审核	徐洪球	徐洪球	校对	张鸣侠	张鸣侠	设计	张群仲 张群仲	页 36

钢筋混凝土地沟选用表（$\phi=15°$）

地沟断面号	沟宽 B	沟高 H	无地下水压							
			hf ≤0.5m		0.5m<hf ≤1.0m		1.0m<hf ≤1.5m		车行道（0.5m<hf ≤2.0m）	
			10kN/m²	20kN/m²	10kN/m²	20kN/m²	10kN/m²	20kN/m²	汽-15	汽-20
G116	1800	1500	G116-1	G116-1	G116-1	G116-2	G116-2	G116-3	G116-3	G116-4
G117	2000	1500	G117-1	G117-1	G117-1	G117-2	G117-2	G117-3	G117-3	G117-4
G118	1300	1600	G118-1	G118-1	G118-1	G118-2	G118-2	G118-3	G118-3	G118-4
G119	1400	1600	G119-1	G119-1	G119-1	G119-2	G119-2	G119-3	G119-3	G119-4
G120	1700	1600	G120-1	G120-1	G120-1	G120-2	G120-2	G120-3	G120-3	G120-4
G121	1300	1800	G121-1	G121-1	G121-1	G121-2	G121-2	G121-3	G121-3	G121-4
G122	1400	2000	G122-2	G122-3	G122-3	G122-4	G122-4	G122-5	G122-5	G122-6
G123	2100	2000	G123-2	G123-3	G123-3	G123-4	G123-4	G123-5	G123-5	G123-6
G124	2200	2000	G124-2	G124-3	G124-3	G124-4	G124-4	G124-5	G124-5	G124-6
G125	1400	1800	G125-1	G125-1	G125-1	G125-2	G125-2	G125-3	G125-3	G125-4
G126	2100	1800	G126-1	G126-2	G126-2	G126-3	G126-3	G126-4	G126-4	G126-5
G127	2200	1800	G127-1	G127-1	G127-1	G127-2	G127-2	G127-3	G127-3	G127-4
G128	1300	2000	G128-2	G128-3	G128-3	G128-4	G128-4	G128-5	G128-5	G128-6
G129	1500	1900	G129-2	G129-3	G129-3	G129-4	G129-4	G129-5	G129-5	G129-6
G130	1600	2100	G130-2	G130-3	G130-3	G130-4	G130-4	G130-5	G130-5	G130-6
G131	1700	2200	G131-2	G131-3	G131-3	G131-4	G131-4	G131-5	G131-5	G131-6
G132	1800	2300	G132-2	G132-3	G132-3	G132-4	G132-4	G132-5	G132-5	G132-6
G133	1900	2500	G133-2	G133-3	G133-3	G133-4	G133-4	G133-5	G133-5	G133-6

钢筋混凝土地沟选用表（二）（无地下水压 $\phi=15°$）									图集号	03R411-2
审核	徐洪球	徐洪球	校对	张鸣侠	张鸣侠	设计	张群仲	张群仲	页	37

钢筋混凝土地沟选用表（φ=25°）

地沟断面号	沟宽 B	沟高 H	无地下水压							
			hf≤0.5m		0.5m<hf≤1.0m		1.0m<hf≤1.5m		车行道(0.5m<hf≤2.0m)	
			10kN/m²	20kN/m²	10kN/m²	20kN/m²	10kN/m²	20kN/m²	汽-15	汽-20
G96	1200	1300	G96-1	G96-1	G96-1	G96-1	G96-1	G96-1	G96-1	G96-1
G97	1200	1400	G97-1	G97-1	G97-1	G97-1	G97-1	G97-1	G97-1	G97-1
G98	1200	1500	G98-1	G98-1	G98-1	G98-1	G98-1	G98-1	G98-1	G98-2
G99	1200	1600	G99-1	G99-1	G99-1	G99-1	G99-1	G99-2	G99-2	G99-3
G100	1700	1500	G100-1	G100-1	G100-1	G100-1	G100-1	G100-1	G100-1	G100-1
G101	1800	1600	G101-1	G101-1	G101-1	G101-1	G101-1	G101-1	G101-1	G101-1
G102	2000	1600	G102-1	G102-1	G102-1	G102-1	G102-1	G102-1	G102-1	G102-1
G103	1000	1200	G103-1	G103-1	G103-1	G103-1	G103-1	G103-1	G103-1	G103-1
G104	1100	1200	G104-1	G104-1	G104-1	G104-1	G104-1	G104-1	G104-1	G104-1
G105	1200	1200	G105-1	G105-1	G105-1	G105-1	G105-1	G105-1	G105-1	G105-1
G106	1300	1200	G106-1	G106-1	G106-1	G106-1	G106-1	G106-1	G106-1	G106-1
G107	1400	1200	G107-1	G107-1	G107-1	G107-1	G107-1	G107-1	G107-1	G107-1
G108	1500	1200	G108-1	G108-1	G108-1	G108-1	G108-1	G108-1	G108-1	G108-1
G109	1600	1200	G109-1	G109-1	G109-1	G109-1	G109-1	G109-1	G109-1	G109-1
G110	1300	1300	G110-1	G110-1	G110-1	G110-1	G110-1	G110-1	G110-1	G110-1
G111	1400	1300	G111-1	G111-1	G111-1	G111-1	G111-1	G111-1	G111-1	G111-1
G112	1300	1400	G112-1	G112-1	G112-1	G112-1	G112-1	G112-1	G112-1	G112-2
G113	1400	1400	G113-1	G113-1	G113-1	G113-1	G113-1	G113-1	G113-1	G113-2
G114	1300	1500	G114-1	G114-1	G114-1	G114-1	G114-1	G114-1	G114-1	G114-2
G115	1400	1500	G115-1	G115-1	G115-1	G115-1	G115-1	G115-2	G115-2	G115-3

钢筋混凝土地沟选用表（三）（无地下水压 φ=25°）							图集号	03R411-2
审核	徐洪球	校对	张鸣侠		设计	张群仲	页	38

钢筋混凝土地沟选用表（φ=25°）

地沟断面号	沟宽 B	沟高 H	无地下水压							
			hf ≤0.5m		0.5m<hf ≤1.0m		1.0m<hf ≤1.5m		车行道（0.5m<hf ≤2.0m）	
			10kN/m²	20kN/m²	10kN/m²	20kN/m²	10kN/m²	20kN/m²	汽-15	汽-20
G116	1800	1500	G116-1	G116-1	G116-1	G116-1	G116-1	G116-2	G116-2	G116-3
G117	2000	1500	G117-1	G117-1	G117-1	G117-1	G117-1	G117-2	G117-2	G117-3
G118	1300	1600	G118-1	G118-1	G118-1	G118-1	G118-1	G118-2	G118-2	G118-3
G119	1400	1600	G119-1	G119-1	G119-1	G119-1	G119-1	G119-2	G119-2	G119-3
G120	1700	1600	G120-1	G120-1	G120-1	G120-1	G120-1	G120-2	G120-2	G120-3
G121	1300	1800	G121-1	G121-1	G121-1	G121-1	G121-1	G121-1	G121-2	G121-3
G122	1400	2000	G122-1	G122-1	G122-1	G122-1	G122-1	G122-2	G122-2	G122-3
G123	2100	2000	G123-1	G123-1	G123-1	G123-2	G123-2	G123-4	G123-4	G123-5
G124	2200	2000	G124-1	G124-1	G124-1	G124-2	G124-2	G124-4	G124-4	G124-5
G125	1400	1800	G125-1	G125-1	G125-1	G125-1	G125-1	G125-1	G125-2	G125-3
G126	2100	1800	G126-1	G126-1	G126-1	G126-1	G126-1	G126-3	G126-3	G126-3
G127	2200	1800	G127-1	G127-1	G127-1	G127-1	G127-1	G127-3	G127-3	G127-4
G128	1300	2000	G128-1	G128-1	G128-1	G128-1	G128-1	G128-2	G128-2	G128-3
G129	1500	1900	G129-1	G129-1	G129-1	G129-1	G129-1	G129-2	G129-2	G129-3
G130	1600	2100	G130-1	G130-1	G130-1	G130-1	G130-1	G130-2	G130-2	G130-3
G131	1700	2200	G131-1	G131-1	G131-1	G131-1	G131-1	G131-2	G131-2	G131-3
G132	1800	2300	G132-1	G132-1	G132-1	G132-1	G132-1	G132-2	G132-2	G132-3
G133	1900	2500	G133-1	G133-1	G133-1	G133-1	G133-1	G133-2	G133-2	G133-3

钢筋混凝土地沟选用表（φ=15°）

地沟断面号	沟宽 B	沟高 H	有地下水压							
			hf ≤0.5m		0.5m<hf ≤1.0m		1.0m<hf ≤1.5m		车行道（0.5m<hf ≤2.0m）	
			10kN/m²	20kN/m²	10kN/m²	20kN/m²	10kN/m²	20kN/m²	汽-15	汽-20
G96	1200	1300	G96-1F	G96-1F	G96-1F	G96-1F	G96-1F	G96-1F	G96-1F	G96-1F
G97	1200	1400	G97-1F	G97-1F	G97-1F	G97-1F	G97-1F	G97-1F	G97-1F	G97-1F
G98	1200	1500	G98-1F	G98-1F	G98-1F	G98-1F	G98-1F	G98-1F	G98-1F	G98-1F
G99	1200	1600	G99-1F	G99-1F	G99-1F	G99-1F	G99-1F	G99-2F	G99-2F	G99-3F
G100	1700	1500	G100-1F	G100-1F	G100-1F	G100-1F	G100-1F	G100-1F	G100-1F	G100-1F
G101	1800	1600	G101-1F	G101-1F	G101-1F	G101-1F	G101-1F	G101-2F	G101-2F	G101-3F
G102	2000	1600	G102-1F	G102-1F	G102-1F	G102-1F	G102-1F	G102-2F	G102-2F	G102-3F
G103	1000	1200	G103-1F	G103-1F	G103-1F	G103-1F	G103-1F	G103-1F	G103-1F	G103-1F
G104	1100	1200	G104-1F	G104-1F	G104-1F	G104-1F	G104-1F	G104-1F	G104-1F	G104-1F
G105	1200	1200	G105-1F	G105-1F	G105-1F	G105-1F	G105-1F	G105-1F	G105-1F	G105-1F
G106	1300	1200	G106-1F	G106-1F	G106-1F	G106-1F	G106-1F	G106-1F	G106-1F	G106-1F
G107	1400	1200	G107-1F	G107-1F	G107-1F	G107-1F	G107-1F	G107-1F	G107-1F	G107-1F
G108	1500	1200	G108-1F	G108-1F	G108-1F	G108-1F	G108-1F	G108-1F	G108-1F	G108-1F
G109	1600	1200	G109-1F	G109-1F	G109-1F	G109-1F	G109-1F	G109-1F	G109-1F	G109-1F
G110	1300	1300	G110-1F	G110-1F	G110-1F	G110-1F	G110-1F	G110-1F	G110-1F	G110-1F
G111	1400	1300	G111-1F	G111-1F	G111-1F	G111-1F	G111-1F	G111-2F	G111-2F	G111-2F
G112	1300	1400	G112-1F	G112-1F	G112-1F	G112-1F	G112-1F	G112-1F	G112-1F	G112-1F
G113	1400	1400	G113-1F	G113-1F	G113-1F	G113-1F	G113-1F	G113-1F	G113-1F	G113-1F
G114	1300	1500	G114-1F	G114-1F	G114-1F	G114-1F	G114-1F	G114-1F	G114-1F	G114-1F
G115	1400	1500	G115-1F	G115-1F	G115-1F	G115-1F	G115-1F	G115-1F	G115-1F	G115-1F

钢筋混凝土地沟选用表（五）（有地下水压 φ=15°）							图集号	03R411-2
审核	徐洪球	[signature]	校对	张鸣侠	[signature]	设计 张群仲 [signature]	页	40

钢筋混凝土地沟选用表（ϕ=15°）

地沟断面号	沟宽 B	沟高 H	有地下水压							
			hf ≤0.5m		0.5m<hf ≤1.0m		1.0m<hf ≤1.5m		车行道（0.5m<hf ≤2.0m）	
			10kN/m²	20kN/m²	10kN/m²	20kN/m²	10kN/m²	20kN/m²	汽-15	汽-20
G116	1800	1500	G116-1F	G116-1F	G116-1F	G116-1F	G116-1F	G116-1F	G116-1F	G116-1F
G117	2000	1500	G117-1F	G117-1F	G117-1F	G117-1F	G117-1F	G117-2F	G117-2F	G117-2F
G118	1300	1600	G118-1F	G118-1F	G118-1F	G118-1F	G118-1F	G118-2F	G118-2F	G118-3F
G119	1400	1600	G119-1F	G119-1F	G119-1F	G119-1F	G119-1F	G119-2F	G119-2F	G119-3F
G120	1700	1600	G120-1F	G120-1F	G120-1F	G120-1F	G120-1F	G120-2F	G120-2F	G120-3F
G121	1300	1800	G121-1F	G121-1F	G121-1F	G121-1F	G121-2F	G121-2F	G121-3F	G121-3F
G122	1400	2000	G122-1F	G122-1F	G122-1F	G122-2F	G122-3F	G122-3F	G122-4F	G122-4F
G123	2100	2000	G123-1F	G123-2F	G123-3F	G123-3F	G123-4F	G123-4F	G123-5F	G123-5F
G124	2200	2000	G124-1F	G124-2F	G124-2F	G124-3F	G124-3F	G124-3F	G124-4F	G124-4F
G125	1400	1800	G125-1F	G125-1F	G125-1F	G125-2F	G125-2F	G125-3F	G125-3F	G125-3F
G126	2100	1800	G126-1F	G126-1F	G126-1F	G126-2F	G126-2F	G126-3F	G126-3F	G126-4F
G127	2200	1800	G127-1F	G127-2F	G127-2F	G127-3F	G127-3F	G127-4F	G127-5F	G127-5F
G128	1300	2000	G128-1F	G128-1F	G128-1F	G128-2F	G122-3F	G128-3F	G128-4F	G128-4F
G129	1500	1900	G129-1F	G129-1F	G129-1F	G129-2F	G129-2F	G129-3F	G129-3F	G129-3F
G130	1600	2100	G130-1F	G130-1F	G130-1F	G130-2F	G130-3F	G130-3F	G130-4F	G130-4F
G131	1700	2200	G131-1F	G131-2F	G131-3F	G131-3F	G131-4F	G131-4F	G131-5F	G131-5F
G132	1800	2300	G132-2F	G132-3F	G132-3F	G132-4F	G132-4F	G132-5F	G132-5F	G132-6F
G133	1900	2500	G133-2F	G133-3F	G133-3F	G133-4F	G133-4F	G133-5F	G133-5F	G133-6F

钢筋混凝土地沟选用表（六）（有地下水压 ϕ=15°）	图集号	03R411-2
审核 徐洪球 校对 张鸣侠 设计 张群仲	页	41

钢筋混凝土地沟选用表（φ=25°）

地沟断面号	沟宽 B	沟高 H	有地下水压							
			hf≤0.5m		0.5m<hf≤1.0m		1.0m<hf≤1.5m		车行道（0.5m<hf≤2.0m）	
			10kN/m²	20kN/m²	10kN/m²	20kN/m²	10kN/m²	20kN/m²	汽-15	汽-20
G96	1200	1300	G96-1F	G96-1F	G96-1F	G96-1F	G96-1F	G96-1F	G96-1F	G96-1F
G97	1200	1400	G97-1F	G97-1F	G97-1F	G97-1F	G97-1F	G97-1F	G97-1F	G97-1F
G98	1200	1500	G98-1F	G98-1F	G98-1F	G98-1F	G98-1F	G98-1F	G98-1F	G98-1F
G99	1200	1600	G99-1F	G99-1F	G99-1F	G99-1F	G99-1F	G99-1F	G99-2F	G99-2F
G100	1700	1500	G100-1F	G100-1F	G100-1F	G100-1F	G100-1F	G100-1F	G100-1F	G100-1F
G101	1800	1600	G101-1F	G101-1F	G101-1F	G101-1F	G101-1F	G101-2F	G101-2F	G101-3F
G102	2000	1600	G102-1F	G102-1F	G102-1F	G102-1F	G102-1F	G102-2F	G102-2F	G102-3F
G103	1000	1200	G103-1F	G103-1F	G103-1F	G103-1F	G103-1F	G103-1F	G103-1F	G103-1F
G104	1100	1200	G104-1F	G104-1F	G104-1F	G104-1F	G104-1F	G104-1F	G104-1F	G104-1F
G105	1200	1200	G105-1F	G105-1F	G105-1F	G105-1F	G105-1F	G105-1F	G105-1F	G105-1F
G106	1300	1200	G106-1F	G106-1F	G106-1F	G106-1F	G106-1F	G106-1F	G106-1F	G106-1F
G107	1400	1200	G107-1F	G107-1F	G107-1F	G107-1F	G107-1F	G107-1F	G107-1F	G107-1F
G108	1500	1200	G108-1F	G108-1F	G108-1F	G108-1F	G108-1F	G108-1F	G108-1F	G108-1F
G109	1600	1200	G109-1F	G109-1F	G109-1F	G109-1F	G109-1F	G109-1F	G109-1F	G109-1F
G110	1300	1300	G110-1F	G110-1F	G110-1F	G110-1F	G110-1F	G110-1F	G110-1F	G110-1F
G111	1400	1300	G111-1F	G111-1F	G111-1F	G111-1F	G111-1F	G111-1F	G111-2F	G111-2F
G112	1300	1400	G112-1F	G112-1F	G112-1F	G112-1F	G112-1F	G112-1F	G112-1F	G112-1F
G113	1400	1400	G113-1F	G113-1F	G113-1F	G113-1F	G113-1F	G113-1F	G113-1F	G113-1F
G114	1300	1500	G114-1F	G114-1F	G114-1F	G114-1F	G114-1F	G114-1F	G114-1F	G114-1F
G115	1400	1500	G115-1F	G115-1F	G115-1F	G115-1F	G115-1F	G115-1F	G115-1F	G115-1F

钢筋混凝土地沟选用表（七）（有地下水压 φ=25°）							图集号	03R411-2
审核	徐洪球	校对	张鸣侠	设计	张群仲		页	42

钢筋混凝土地沟选用表（$\phi=25°$）

地沟断面号	沟宽 B	沟高 H	有地下水压							
			hf ≤0.5m		0.5m<hf ≤1.0m		1.0m<hf ≤1.5m		车行道（0.5m<hf ≤2.0m）	
			10kN/m²	20kN/m²	10kN/m²	20kN/m²	10kN/m²	20kN/m²	汽-15	汽-20
G116	1800	1500	G116-1F	G116-1F	G116-1F	G116-1F	G116-1F	G116-1F	G116-1F	G116-1F
G117	2000	1500	G117-1F	G117-1F	G117-1F	G117-1F	G117-1F	G117-1F	G117-2F	G117-2F
G118	1300	1600	G118-1F	G11B-1F	G118-1F	G118-1F	G118-1F	G118-1F	G118-2F	G118-3F
G119	1400	1600	G119-1F	G119-1F	G119-1F	G119-1F	G119-1F	G119-1F	G119-2F	G119-3F
G120	1700	1600	G120-1F	G120-1F	G120-1F	G120-1F	G120-1F	G120-1F	G120-2F	G120-3F
G121	1300	1800	G121-1F	G121-1F	G121-1F	G121-1F	G121-1F	G121-2F	G121-2F	G121-3F
G122	1400	2000	G122-1F	G122-1F	G122-1F	G122-2F	G122-2F	G122-3F	G122-3F	G122-4F
G123	2100	2000	G123-1F	G123-1F	G123-2F	G123-2F	G123-3F	G123-3F	G123-4F	G123-5F
G124	2200	2000	G124-1F	G124-1F	G124-1F	G124-2F	G124-2F	G124-3F	G124-3F	G124-4F
G125	1400	1800	G125-1F	G125-1F	G125-1F	G125-1F	G125-1F	G125-2F	G125-3F	G125-3F
G126	2100	1800	G126-1F	G126-1F	G126-1F	G126-1F	G126-1F	G126-2F	G126-3F	G126-4F
G127	2200	1800	G127-1F	G127-1F	G127-1F	G127-1F	G127-1F	G127-2F	G127-3F	G127-4F
G128	1300	2000	G128-1F	G128-1F	G128-1F	G128-2F	G128-2F	G128-3F	G128-3F	G128-4F
G129	1500	1900	G129-1F	G129-1F	G129-1F	G129-2F	G129-2F	G129-2F	G129-3F	G129-3F
G130	1600	2100	G130-1F	G130-1F	G130-1F	G130-2F	G130-2F	G130-3F	G130-3F	G130-4F
G131	1700	2200	G131-1F	G131-1F	G131-2F	G131-2F	G131-3F	G131-3F	G131-4F	G131-5F
G132	1800	2300	G132-1F	G132-2F	G132-2F	G132-3F	G132-3F	G132-4F	G132-5F	G132-5F
G133	1900	2500	G133-1F	G133-2F	G133-2F	G133-3F	G133-3F	G133-4F	G133-5F	G133-5F

钢筋混凝土地沟选用表（八）（有地下水压 $\phi=25°$）						图集号	03R411-2
审核	徐洪球	校对	张鸣侠	设计	张群仲	页	43

地沟配筋号	沟宽 B	沟高 H	钢筋表 ①		②		③		④		⑤	⑥	⑦	经济指标 混凝土 (m³/m)
G96-1	1200	1300	1405 1470 l=4280	Φ8@200	770 535 l=1405	2Φ8@200	1405 l=1535	2Φ10@180	1470 l=1570	Φ8@200	13Φ6	42Φ8	4Φ10	0.6592 / 0.14
G97-1	1200	1400	1505 1470 l=4480	Φ8@200	870 535 l=1505	2Φ8@200	1505 l=1635	2Φ10@180	1470 l=1570	Φ8@200	14Φ6	44Φ8	4Φ10	0.6912 / 0.14
G98-1	1200	1500	1605 1470 l=4780	Φ8@200	870 535 l=1505	2Φ8@200	1605 l=1735	2Φ10@180	1470 l=1570	Φ8@200	14Φ6	48Φ8	4Φ10	
G98-2	1200	1500	1605 1470 l=4810	Φ10@260	870 535 l=1505	2Φ8@260	1605 l=1735	2Φ10@180	1470 l=1570	Φ8@200	14Φ6	48Φ8	4Φ10	0.7232 / 0.14
G98-3	1200	1500	1605 1470 l=4810	Φ10@250	870 535 l=1505	2Φ8@250	1605 l=1735	2Φ10@180	1470 l=1570	Φ8@200	14Φ6	48Φ8	4Φ10	
G99-1	1200	1600	1705 1470 l=4880	Φ8@200	920 535 l=1555	2Φ8@200	1705 l=1835	2Φ10@180	1470 l=1570	Φ8@200	15Φ6	50Φ8	4Φ10	
G99-2	1200	1600	1705 1470 l=4910	Φ10@260	920 535 l=1555	2Φ8@260	1705 l=1835	2Φ10@180	1470 l=1570	Φ8@200	15Φ6	50Φ8	4Φ10	0.7552 / 0.14
G99-3	1200	1600	1705 1470 l=4910	Φ10@240	920 535 l=1555	2Φ8@240	1705 l=1835	2Φ10@180	1470 l=1570	Φ8@200	15Φ6	50Φ8	4Φ10	

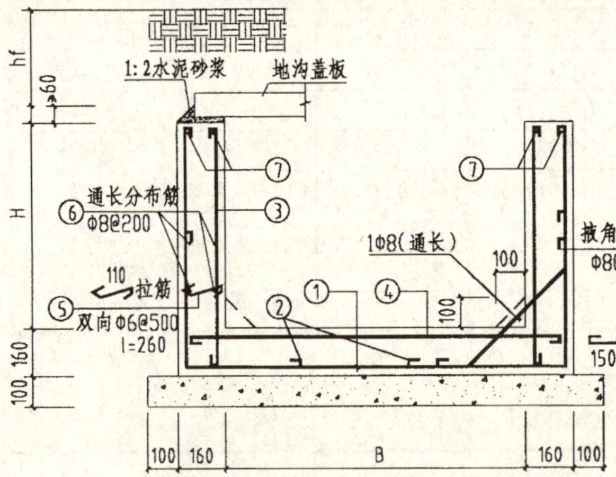

钢筋混凝土地沟（不防水）断面图

附注:

1. 混凝土强度等级为C25，垫层C10。
2. 当B>1700或H>1600时，沟底两侧做掖角，如图示；在与砖壁地沟连接处局部加厚见第15页，不另加钢筋。
3. 安装管道支架处，应设预埋件，详见《03R411-1》图集管道支架图，电器插座、铁梯等预埋件详见各自详图或个体设计；施工时应与安装工种密切配合。
4. 经济指标混凝土体积一栏，横线上面为地沟本体混凝土体积，下面为垫层混凝土体积，钢筋表中⑤筋数量为每米的根数。
5. 其他施工要求等见总说明。

钢筋混凝土地沟（不防水）详图及钢筋材料表（一）						图集号	03R411-2
审核	徐洪球	校对	张鸣侠	设计	张群仲	页	44

地沟配筋号	沟宽 B	沟高 H	钢筋表 ①		②		③		④		⑤	⑥	⑦	经济指标 混凝土 (m³/m)
G99-4	1200	1600	1705, 1470, l=4910	Φ10@220	920, 535, l=1555	2Φ8@220	1705, l=1835	2Φ10@180	1470, l=1570	Φ8@200	15Φ6	50Φ8	4Φ10	0.7552 / 0.14
G100-1	1700	1500	1605, 1970, l=5280	Φ8@200	870, 700, l=1670	2Φ8@200	1605, l=1735	2Φ10@180	1970, l=2070	Φ8@200	14Φ6	52Φ8	4Φ10	0.8032 / 0.19
G100-2	1700	1500	1605, 1970, l=5310	Φ10@300	870, 700, l=1670	2Φ8@300	1605, l=1735	2Φ10@180	1980, l=2080	Φ8@200	14Φ6	52Φ8	4Φ10	
G100-3	1700	1500	1605, 1970, l=5310	Φ10@280	870, 700, l=1670	2Φ8@280	1605, l=1735	2Φ10@180	1980, l=2080	Φ8@180	14Φ6	52Φ8	4Φ10	
G100-4	1700	1500	1605, 1970, l=5310	Φ10@260	870, 700, l=1670	2Φ8@260	1605, l=1735	2Φ10@180	1980, l=2080	Φ8@180	14Φ6	52Φ8	4Φ10	
G101-1	1800	1600	1705, 2070, l=5610	Φ10@300	920, 735, l=1755	2Φ8@300	1705, l=1835	2Φ10@180	2070, l=2170	Φ8@200	15Φ6	56Φ8	4Φ10	0.8512 / 0.2
G101-2	1800	1600	1705, 2070, l=5610	Φ10@260	920, 735, l=1755	2Φ8@260	1705, l=1835	2Φ10@180	2070, l=2170	Φ8@200	15Φ6	56Φ8	4Φ10	
G101-3	1800	1600	1705, 2070, l=5610	Φ10@220	920, 735, l=1755	2Φ8@220	1705, l=1835	2Φ10@180	2070, l=2170	Φ8@160	15Φ6	56Φ8	4Φ10	
G101-4	1800	1600	1705, 2070, l=5610	Φ10@200	920, 735, l=1755	2Φ8@200	1705, l=1835	2Φ10@180	2070, l=2170	Φ8@160	15Φ6	56Φ8	4Φ10	
G102-1	2000	1600	1705, 2270, l=5780	Φ8@200	920, 800, l=1720	2Φ8@200	1705, l=1835	2Φ10@180	2280, l=2380	Φ8@200	15Φ6	58Φ8	4Φ10	0.8832 / 0.22
G102-2	2000	1600	1705, 2270, l=5810	Φ10@280	920, 800, l=1720	2Φ8@280	1705, l=1835	2Φ10@180	2280, l=2380	Φ8@160	15Φ6	58Φ8	4Φ10	
G102-3	2000	1600	1705, 2270, l=5810	Φ10@240	920, 800, l=1720	2Φ8@240	1705, l=1835	2Φ10@180	2280, l=2380	Φ8@130	15Φ6	58Φ8	4Φ10	
G102-4	2000	1600	1705, 2270, l=5810	Φ10@220	920, 800, l=1720	2Φ8@220	1705, l=1835	2Φ10@180	2280, l=2380	Φ8@130	15Φ6	58Φ8	4Φ10	
G103-1	1000	1200	1305, 1270, l=3980	Φ8@200	720, 460, l=1280	2Φ8@200	1305, l=1435	2Φ10@180	1270, l=1370	Φ8@200	12Φ6	40Φ8	4Φ10	0.5952 / 0.12
G104-1	1100	1200	1305, 1370, l=4080	Φ8@200	720, 500, l=1320	2Φ8@200	1305, l=1435	2Φ10@180	1370, l=1470	Φ8@200	12Φ6	40Φ8	4Φ10	0.6112 / 0.13
G105-1	1200	1200	1305, 1470, l=4180	Φ8@200	720, 535, l=1355	2Φ8@200	1305, l=1435	2Φ10@180	1470, l=1570	Φ8@200	12Φ6	42Φ8	4Φ10	0.6272 / 0.14

附注：同第44页。

钢筋混凝土地沟（不防水）钢筋材料表（二）

图集号	03R411-2
审核 徐洪球　校对 张鸣侠　设计 张群仲	页 45

地沟配筋号	沟宽 B	沟高 H	钢筋表 ①		②		③		④		⑤	⑥	⑦	经济指标 混凝土 (m³/m)
G106-1	1300	1200	1305 1570 l=4280	Φ8@200	720 570 l=1390	2Φ8@200	1305 l=1435	2Φ10@180	1570 l=1670	Φ8@200	12Φ6	42Φ8	4Φ10	0.6432 0.15
G107-1	1400	1200	1305 1670 l=4380	Φ8@200	720 600 l=1420	2Φ8@200	1305 l=1435	2Φ10@180	1670 l=1770	Φ8@200	12Φ6	44Φ8	4Φ10	0.6592 0.16
G108-1	1500	1200	1305 1770 l=4480	Φ8@200	720 635 l=1455	2Φ8@200	1330 l=1430	2Φ10@180	1780 l=1880	Φ8@200	12Φ6	44Φ8	4Φ10	0.6752 0.17
G109-1	1600	1200	1305 1870 l=4580	Φ8@200	720 670 l=1490	2Φ8@200	1430 l=1530	2Φ10@180	1880 l=1980	Φ8@200	12Φ6	46Φ8	4Φ10	0.6912 0.18
G110-1	1300	1300	1405 1570 l=4480	Φ8@200	770 570 l=1440	2Φ8@200	1405 l=1535	2Φ10@180	1570 l=1670	Φ8@200	13Φ6	44Φ8	4Φ10	0.6752 0.15
G111-1	1400	1300	1405 1670 l=4610	Φ8@200	770 600 l=1470	2Φ8@200	1405 l=1535	2Φ10@180	1670 l=1770	Φ8@200	13Φ6	46Φ8	4Φ10	0.6912 0.16
G112-1	1300	1400	1505 1570 l=4680	Φ8@200	820 570 l=1470	2Φ8@200	1505 l=1635	2Φ10@180	1570 l=1670	Φ8@200	14Φ6	46Φ8	4Φ10	
G112-2	1300	1400	1505 1570 l=4710	Φ10@300	820 570 l=1470	2Φ8@300	1505 l=1635	2Φ10@180	1570 l=1670	Φ8@200	14Φ6	46Φ8	4Φ10	0.7072 0.15
G112-3	1300	1400	1505 1570 l=4710	Φ10@280	820 570 l=1470	2Φ8@280	1505 l=1635	2Φ10@180	1570 l=1670	Φ8@200	14Φ6	46Φ8	4Φ10	
G113-1	1400	1400	1505 1670 l=4780	Φ8@200	820 600 l=1420	2Φ8@200	1505 l=1635	2Φ10@180	1670 l=1770	Φ8@200	14Φ6	48Φ8	4Φ10	
G113-2	1400	1400	1505 1670 l=4810	Φ10@300	820 600 l=1420	2Φ8@300	1505 l=1635	2Φ10@180	1670 l=1770	Φ8@200	14Φ6	48Φ8	4Φ10	0.7232 0.16
G113-3	1400	1400	1505 1670 l=4810	Φ10@280	820 600 l=1420	2Φ8@280	1505 l=1635	2Φ10@180	1670 l=1770	Φ8@200	14Φ6	48Φ8	4Φ10	
G114-1	1300	1500	1605 1570 l=4880	Φ8@200	870 570 l=1540	2Φ8@200	1605 l=1735	2Φ10@180	1570 l=1670	Φ8@200	14Φ6	48Φ8	4Φ10	
G114-2	1300	1500	1605 1570 l=4910	Φ10@260	870 570 l=1540	2Φ8@260	1605 l=1735	2Φ10@180	1570 l=1670	Φ8@200	14Φ6	48Φ8	4Φ10	0.7392 0.15
G114-3	1300	1500	1605 1570 l=4910	Φ10@250	870 570 l=1540	2Φ8@250	1605 l=1735	2Φ10@180	1570 l=1670	Φ8@200	14Φ6	48Φ8	4Φ10	
G115-1	1400	1500	1605 1670 l=4980	Φ8@200	870 600 l=1570	2Φ8@200	1605 l=1735	2Φ10@180	1670 l=1770	Φ8@200	14Φ6	50Φ8	4Φ10	0.7552 0.16

附注：同第44页。

钢筋混凝土地沟（不防水）钢筋材料表（三）						图集号	03R411-2
审核	徐洪球	校对	张鸣侠	设计	张群仲	页	46

地沟配筋号	沟宽 B	沟高 H	钢筋表 ①		②		③		④		⑤	⑥	⑦	经济指标 混凝土 (m³/m)
G115-2	1400	1500	1605 1670 l=5010	Φ10@300	870 600 l=1570	2Φ8@300	1605 l=1735	2Φ10@180	1670 l=1770	Φ8@200	14Φ6	50Φ8	4Φ10	0.7552/0.16
G115-3	1400	1500	1605 1670 l=5010	Φ10@280	870 600 l=1570	2Φ8@280	1605 l=1735	2Φ10@180	1670 l=1770	Φ8@190	14Φ6	50Φ8	4Φ10	
G115-4	1400	1500	1605 1670 l=5010	Φ10@260	870 600 l=1570	2Φ8@260	1605 l=1735	2Φ10@180	1670 l=1770	Φ8@180	14Φ6	50Φ8	4Φ10	
G116-1	1800	1500	1605 2070 l=5380	Φ8@200	870 635 l=1520	2Φ8@200	1605 l=1735	2Φ10@180	2070 l=2170	Φ8@200	14Φ6	54Φ8	4Φ10	0.8192/0.20
G116-2	1800	1500	1605 2070 l=5410	Φ10@300	870 635 l=1520	2Φ8@300	1605 l=1735	2Φ10@180	2070 l=2170	Φ8@200	14Φ6	54Φ8	4Φ10	
G116-3	1800	1500	1605 2070 l=5410	Φ10@260	870 635 l=1520	2Φ8@260	1605 l=1735	2Φ10@180	2070 l=2170	Φ8@170	14Φ6	54Φ8	4Φ10	
G116-4	1800	1500	1605 2070 l=5410	Φ10@250	870 635 l=1520	2Φ8@250	1605 l=1735	2Φ10@180	2070 l=2170	Φ8@160	14Φ6	54Φ8	4Φ10	
G117-1	2000	1500	1605 2270 l=5580	Φ8@200	870 800 l=1770	2Φ8@200	1605 l=1735	2Φ10@180	2270 l=2370	Φ8@200	14Φ6	56Φ8	4Φ10	0.8512/0.22
G117-2	2000	1500	1605 2270 l=5610	Φ10@300	870 800 l=1770	2Φ8@300	1605 l=1735	2Φ10@180	2270 l=2370	Φ8@160	14Φ6	56Φ8	4Φ10	
G117-3	2000	1500	1605 2270 l=5610	Φ10@260	870 800 l=1770	2Φ8@260	1605 l=1735	2Φ10@180	2270 l=2370	Φ8@130	14Φ6	56Φ8	4Φ10	
G117-4	2000	1500	1605 2270 l=5610	Φ10@250	870 800 l=1770	2Φ8@250	1605 l=1735	2Φ10@180	2270 l=2370	Φ8@130	14Φ6	56Φ8	4Φ10	
G118-1	1300	1600	1705 1570 l=5080	Φ8@200	920 570 l=1590	2Φ8@200	1705 l=1835	2Φ10@180	1570 l=1670	Φ8@200	15Φ6	50Φ8	4Φ10	0.7712/0.15
G118-2	1300	1600	1705 1570 l=5110	Φ10@260	920 570 l=1590	2Φ8@260	1705 l=1835	2Φ10@180	1570 l=1670	Φ8@200	15Φ6	50Φ8	4Φ10	
G118-3	1300	1600	1705 1570 l=5110	Φ10@230	920 570 l=1590	2Φ8@230	1705 l=1835	2Φ10@180	1570 l=1670	Φ8@200	15Φ6	50Φ8	4Φ10	
G118-4	1300	1600	1705 1570 l=5110	Φ10@220	920 570 l=1590	2Φ8@220	1705 l=1835	2Φ10@180	1570 l=1670	Φ8@200	15Φ6	50Φ8	4Φ10	
G119-1	1400	1600	1705 1670 l=5180	Φ8@200	920 600 l=1620	2Φ8@200	1705 l=1835	2Φ10@180	1670 l=1770	Φ8@200	15Φ6	52Φ8	4Φ10	0.7872/0.16

附注：同第44页。

钢筋混凝土地沟（不防水）钢筋材料表（四）						图集号	03R411-2
审核 徐洪球	徐洪球	校对	张鸣侠	张鸣侠	设计 张群仲 张群仲	页	47

地沟配筋号	沟宽 B	沟高 H	钢筋表											经济指标
			①		②		③		④		⑤	⑥	⑦	混凝土 (m³/m)
G119-2	1400	1600	1705 1670 l=5210	Φ10@260	920 600 l=1620	2Φ8@260	1705 l=1835	2Φ10@180	1670 l=1770	Φ8@200	15Φ6	52Φ8	4Φ10	
G119-3	1400	1600	1705 1670 l=5210	Φ10@230	920 600 l=1620	2Φ8@230	1705 l=1835	2Φ10@180	1670 l=1770	Φ8@200	15Φ6	52Φ8	4Φ10	0.7872/0.16
G119-4	1400	1600	1705 1670 l=5210	Φ10@220	920 600 l=1620	2Φ8@220	1705 l=1835	2Φ10@180	1670 l=1770	Φ8@200	15Φ6	52Φ8	4Φ10	
G120-1	1700	1600	1705 1970 l=5480	Φ8@200	920 700 l=1720	2Φ8@200	1705 l=1835	2Φ10@180	1970 l=2070	Φ8@200	15Φ6	54Φ8	4Φ10	
G120-2	1700	1600	1705 1970 l=5510	Φ10@260	920 700 l=1720	2Φ8@260	1705 l=1835	2Φ10@180	1970 l=2070	Φ8@200	15Φ6	54Φ8	4Φ10	0.8352/0.19
G120-3	1700	1600	1705 1970 l=5510	Φ10@230	920 700 l=1720	2Φ8@230	1705 l=1835	2Φ10@180	1970 l=2070	Φ8@180	15Φ6	54Φ8	4Φ10	
G120-4	1700	1600	1705 1970 l=5510	Φ10@220	920 700 l=1720	2Φ8@220	1705 l=1835	2Φ10@180	1970 l=2070	Φ8@180	15Φ6	54Φ8	4Φ10	
G121-1	1300	1800	1905 1570 l=5480	Φ8@200	1020 570 l=1690	2Φ8@200	1905 l=2035	2Φ10@180	1570 l=1670	Φ8@200	17Φ6	54Φ8	4Φ12	
G121-2	1300	1800	1905 1570 l=5540	Φ10@260	1020 570 l=1690	2Φ8@260	1905 l=2035	2Φ10@180	1570 l=1670	Φ8@200	17Φ6	54Φ8	4Φ12	0.8352/0.15
G121-3	1300	1800	1905 1570 l=5540	Φ10@220	1020 570 l=1690	2Φ8@220	1905 l=2035	2Φ10@180	1570 l=1670	Φ8@200	17Φ6	54Φ8	4Φ12	
G121-4	1300	1800	1905 1570 l=5510	Φ10@200	1020 570 l=1690	2Φ8@200	1905 l=2035	2Φ10@180	1570 l=1670	Φ8@200	17Φ6	54Φ8	4Φ12	
G122-1	1400	2000	2105 1670 l=6010	Φ10@220	1120 600 l=1820	2Φ8@220	2105 l=2235	2Φ10@180	1670 l=1770	Φ8@180	18Φ6	60Φ8	4Φ12	
G122-2	1400	2000	2105 1670 l=6010	Φ10@200	1120 600 l=1820	2Φ8@200	2105 l=2235	2Φ10@180	1670 l=1770	Φ8@200	18Φ6	60Φ8	4Φ12	
G122-3	1400	2000	2105 1670 l=6010	Φ10@180	1120 600 l=1820	2Φ8@180	2105 l=2235	2Φ10@180	1670 l=1770	Φ8@200	18Φ6	60Φ8	4Φ12	0.9152/0.16
G122-4	1400	2000	2105 1670 l=6010	Φ10@160	1120 600 l=1820	2Φ8@160	2105 l=2235	2Φ10@180	1670 l=1770	Φ8@200	18Φ6	60Φ8	4Φ12	
G122-5	1400	2000	2105 1670 l=5880	Φ12@280	1120 600 l=1720	2Φ10@280	2105 l=2235	2Φ10@170	1670 l=1770	Φ8@200	18Φ6	60Φ8	4Φ12	

附注：同第44页。

钢筋混凝土地沟（不防水）钢筋材料表（五）						图集号	03R411-2
审核	徐洪球	校对	张鸣侠	设计	张群仲	页	48

地沟配筋号	沟宽B	沟高H	钢筋表 ①		②		③		④		⑤	⑥	⑦	经济指标 混凝土 (m³/m)
G122-6	1400	2000	2105 1670 l=5880	Φ12@260	1120 600 l=1720	2Φ10@260	2105 l=2235	2Φ10@160	1670 l=1770	Φ8@200	18Φ6	60Φ8	4Φ12	0.9152/0.16
G123-1	2100	2000	2105 2370 l=6710	Φ10@220	1120 835 l=2055	2Φ8@220	2105 l=2235	2Φ10@180	2370 l=2470	Φ8@200	18Φ6	66Φ8	4Φ12	1.0272/0.23
G123-2	2100	2000	2105 2370 l=6710	Φ10@200	1120 835 l=2055	2Φ8@200	2105 l=2235	2Φ10@180	2370 l=2470	Φ8@180	18Φ6	66Φ8	4Φ12	
G123-3	2100	2000	2105 2370 l=6710	Φ10@180	1120 835 l=2055	2Φ8@180	2105 l=2235	2Φ10@180	2370 l=2470	Φ8@150	18Φ6	66Φ8	4Φ12	
G123-4	2100	2000	2105 2370 l=6710	Φ10@160	1120 835 l=2055	2Φ8@160	2105 l=2235	2Φ10@180	2370 l=2500	Φ10@200	18Φ6	66Φ8	4Φ12	
G123-5	2100	2000	2105 2370 l=6580	Φ12@280	1120 835 l=1955	2Φ10@280	2105 l=2235	2Φ10@170	2370 l=2500	Φ10@180	18Φ6	66Φ8	4Φ12	
G123-6	2100	2000	2105 2370 l=6580	Φ12@260	1120 835 l=1955	2Φ10@260	2105 l=2235	2Φ10@160	2370 l=2500	Φ10@160	18Φ6	66Φ8	4Φ12	
G124-1	2200	2000	2105 2470 l=6810	Φ10@220	1120 870 l=2090	2Φ8@220	2130 l=2230	2Φ10@180	2480 l=2580	Φ8@200	18Φ6	68Φ8	4Φ12	1.0432/0.24
G124-2	2200	2000	2105 2470 l=6810	Φ10@200	1120 870 l=2090	2Φ8@200	2130 l=2230	2Φ10@180	2480 l=2580	Φ8@180	18Φ6	68Φ8	4Φ12	
G124-3	2200	2000	2105 2470 l=6810	Φ10@180	1120 870 l=2090	2Φ8@180	2130 l=2230	2Φ10@180	2480 l=2580	Φ8@150	18Φ6	68Φ8	4Φ12	
G124-4	2200	2000	2105 2470 l=6810	Φ10@160	1120 870 l=2090	2Φ8@160	2105 l=2235	2Φ10@180	2470 l=2600	Φ10@200	18Φ6	68Φ8	4Φ12	
G124-5	2200	2000	2105 2370 l=6580	Φ12@280	1120 870 l=1990	2Φ10@280	2105 l=2235	2Φ10@170	2470 l=2600	Φ10@170	18Φ6	68Φ8	4Φ12	
G124-6	2200	2000	2105 2370 l=6580	Φ12@260	1120 870 l=1990	2Φ10@260	2105 l=2235	2Φ10@160	2470 l=2600	Φ10@150	18Φ6	68Φ8	4Φ12	
G125-1	1400	1800	1905 1670 l=5580	Φ8@200	1020 600 l=1720	2Φ8@200	1905 l=2035	2Φ10@180	1670 l=1770	Φ8@200	17Φ6	56Φ8	4Φ12	0.8512/0.16
G125-2	1400	1800	1905 1670 l=5610	Φ10@260	1020 600 l=1720	2Φ8@260	1905 l=2035	2Φ10@180	1670 l=1770	Φ8@200	17Φ6	56Φ8	4Φ12	
G125-3	1400	1800	1905 1670 l=5610	Φ10@220	1020 600 l=1720	2Φ8@220	1905 l=2035	2Φ10@180	1670 l=1770	Φ8@200	17Φ6	56Φ8	4Φ12	

附注：同第44页。

钢筋混凝土地沟（不防水）钢筋材料表（六）							图集号	03R411-2
审核	徐洪球	校对	张鸣侠	设计	张群仲		页	49

地沟配筋号	沟宽 B	沟高 H	钢筋表								⑤	⑥	⑦	经济指标 混凝土 (m³/m)
			①		②		③		④		⑤	⑥	⑦	
G125-4	1400	1800	1905 1670 l=5610	Φ10@200	1020 600 l=1720	2Φ8@200	1905 l=2035	2Φ10@180	1670 l=1770	Φ8@200	17Φ6	56Φ8	4Φ12	0.8512/0.16
G126-1	2100	1800	1905 2370 l=6280	Φ8@200	1020 835 l=1955	2Φ8@200	1905 l=2035	2Φ10@180	2370 l=2470	Φ8@200	17Φ6	62Φ8	4Φ12	
G126-2	2100	1800	1905 2370 l=6280	Φ8@200	1020 835 l=1955	2Φ8@200	1905 l=2035	2Φ10@180	2370 l=2470	Φ8@180	17Φ6	62Φ8	4Φ12	
G126-3	2100	1800	1905 2370 l=6310	Φ10@260	1020 835 l=1955	2Φ8@260	1905 l=2035	2Φ10@180	2370 l=2470	Φ8@150	17Φ6	62Φ8	4Φ12	0.9632/0.23
G126-4	2100	1800	1905 2370 l=6310	Φ10@220	1020 835 l=1955	2Φ8@220	1905 l=2035	2Φ10@180	2370 l=2500	Φ10@200	17Φ6	62Φ8	4Φ12	
G126-5	2100	1800	1905 2370 l=6310	Φ10@200	1020 835 l=1955	2Φ8@200	1905 l=2035	2Φ10@180	2370 l=2500	Φ10@180	17Φ6	62Φ8	4Φ12	
G127-1	2200	1800	1905 2470 l=6380	Φ8@200	1020 870 l=1990	2Φ8@200	1905 l=2035	2Φ10@180	2470 l=2570	Φ8@200	17Φ6	64Φ8	4Φ12	
G127-2	2200	1800	1905 2470 l=6410	Φ10@260	1020 870 l=1990	2Φ8@260	1905 l=2035	2Φ10@180	2470 l=2600	Φ10@200	17Φ6	64Φ8	4Φ12	0.9792/0.24
G127-3	2200	1800	1905 2470 l=6410	Φ10@220	1020 870 l=1990	2Φ8@220	1905 l=2035	2Φ10@180	2470 l=2600	Φ10@170	17Φ6	64Φ8	4Φ12	
G127-4	2200	1800	1905 2470 l=6410	Φ10@200	1020 870 l=1990	2Φ8@200	1905 l=2035	2Φ10@180	2470 l=2600	Φ10@160	17Φ6	64Φ8	4Φ12	
G128-1	1300	2000	2105 1570 l=5910	Φ10@220	1120 570 l=1790	2Φ8@220	2105 l=2235	2Φ10@180	1570 l=1670	Φ8@200	18Φ6	58Φ8	4Φ12	
G128-2	1300	2000	2105 1570 l=5910	Φ10@200	1120 570 l=1790	2Φ8@200	2105 l=2235	2Φ10@180	1570 l=1670	Φ8@200	18Φ6	58Φ8	4Φ12	
G128-3	1300	2000	2105 1570 l=5910	Φ10@180	1120 570 l=1790	2Φ8@180	2105 l=2235	2Φ10@180	1570 l=1670	Φ8@200	18Φ6	58Φ8	4Φ12	0.8992/0.15
G128-4	1300	2000	2105 1570 l=5910	Φ10@160	1120 570 l=1790	2Φ8@160	2105 l=2235	2Φ10@180	1570 l=1670	Φ8@200	18Φ6	58Φ8	4Φ12	
G128-5	1300	2000	2105 1570 l=5780	Φ12@280	1120 570 l=1690	2Φ10@280	2105 l=2235	2Φ10@170	1570 l=1670	Φ8@200	18Φ6	58Φ8	4Φ12	
G128-6	1300	2000	2105 1570 l=5780	Φ12@260	1120 570 l=1690	2Φ10@260	2105 l=2235	2Φ10@160	1570 l=1670	Φ8@200	18Φ6	58Φ8	4Φ12	

附注：同第44页。

钢筋混凝土地沟（不防水）钢筋材料表（七）						图集号	03R411-2
审核	徐洪球	校对	张鸣侠	设计	张群仲	页	50

地沟配筋号	沟宽 B	沟高 H	钢筋表											经济指标
			①		②		③		④		⑤	⑥	⑦	混凝土 (m³/m)
G129-1	1500	1900	2005, 1770, l=5910	Φ10@250	1070, 635, l=1805	2Φ8@250	2005, l=2135	2Φ10@180	1770, l=1870	Φ8@200	18Φ6	58Φ8	4Φ12	0.8992/0.17
G129-2	1500	1900	2005, 1770, l=5910	Φ10@200	1070, 635, l=1805	2Φ8@200	2005, l=2135	2Φ10@180	1770, l=1870	Φ8@200	18Φ6	58Φ8	4Φ12	
G129-3	1500	1900	2005, 1770, l=5910	Φ10@180	1070, 635, l=1805	2Φ8@180	2005, l=2135	2Φ10@180	1770, l=1870	Φ8@200	18Φ6	58Φ8	4Φ12	
G129-4	1500	1900	2005, 1770, l=5910	Φ10@160	1070, 635, l=1805	2Φ8@160	2005, l=2135	2Φ10@180	1770, l=1870	Φ8@200	18Φ6	58Φ8	4Φ12	
G129-5	1500	1900	2005, 1770, l=5780	Φ12@280	1070, 635, l=1705	2Φ10@280	2005, l=2135	2Φ10@170	1770, l=1870	Φ8@200	18Φ6	58Φ8	4Φ12	
G129-6	1500	1900	2005, 1770, l=5780	Φ12@260	1070, 635, l=1705	2Φ10@260	2005, l=2135	2Φ10@160	1770, l=1870	Φ8@200	18Φ6	58Φ8	4Φ12	
G130-1	1600	2100	2205, 1870, l=6410	Φ10@200	1170, 670, l=1940	2Φ8@200	2205, l=2335	2Φ10@180	1570, l=1670	Φ8@200	19Φ6	64Φ8	4Φ12	0.9792/0.18
G130-2	1600	2100	2205, 1870, l=6410	Φ10@160	1170, 670, l=1940	2Φ8@160	2205, l=2335	2Φ10@180	1570, l=1670	Φ8@200	19Φ6	64Φ8	4Φ12	
G130-3	1600	2100	2205, 1870, l=6410	Φ10@150	1170, 670, l=1940	2Φ8@150	2205, l=2335	2Φ10@180	1570, l=1670	Φ8@200	19Φ6	64Φ8	4Φ12	
G130-4	1600	2100	2205, 1870, l=6280	Φ12@280	1170, 670, l=1840	2Φ10@280	2205, l=2335	2Φ10@160	1570, l=1670	Φ8@200	19Φ6	64Φ8	4Φ12	
G130-5	1600	2100	2205, 1870, l=6280	Φ12@250	1170, 670, l=1840	2Φ10@250	2205, l=2335	2Φ10@150	1570, l=1670	Φ8@180	19Φ6	64Φ8	4Φ12	
G130-6	1600	2100	2205, 1870, l=6280	Φ12@220	1170, 670, l=1840	2Φ10@220	2205, l=2335	2Φ10@140	1570, l=1670	Φ8@160	19Φ6	64Φ8	4Φ12	
G131-1	1700	2200	2305, 1970, l=6710	Φ10@180	1270, 700, l=1870	2Φ8@180	2305, l=2435	2Φ10@180	1970, l=2070	Φ8@200	20Φ6	66Φ8	4Φ12	1.0272/0.19
G131-2	1700	2200	2305, 1970, l=6710	Φ10@150	1270, 700, l=1870	2Φ8@150	2305, l=2435	2Φ10@180	1970, l=2070	Φ8@200	20Φ6	66Φ8	4Φ12	
G131-3	1700	2200	2305, 1970, l=6580	Φ12@280	1270, 700, l=1870	2Φ10@280	2305, l=2435	2Φ10@180	1970, l=2070	Φ8@200	20Φ6	66Φ8	4Φ12	
G131-4	1700	2200	2305, 1970, l=6580	Φ12@260	1270, 700, l=1870	2Φ10@260	2305, l=2435	2Φ10@160	1970, l=2070	Φ8@180	20Φ6	66Φ8	4Φ12	

附注：同第44页。

钢筋混凝土地沟（不防水）钢筋材料表（八）						图集号	03R411-2
审核	徐洪球	校对	张鸣侠	设计	张群仲	页	51

地沟配筋号	沟宽 B	沟高 H	钢筋表											经济指标
			①		②		③		④		⑤	⑥	⑦	混凝土 (m^3/m)
G131-5	1700	2200	2305 1970 l=6580	Φ12@220	1270 700 l=1920	2Φ10@220	2305 l=2435	2Φ10@130	1970 l=2070	Φ8@160	2Φ6	66Φ8	4Φ12	1.0272/0.19
G131-6	1700	2200	2305 1970 l=6580	Φ12@200	1270 700 l=1920	2Φ10@200	2305 l=2435	2Φ10@120	1970 l=2070	Φ8@150	2Φ6	66Φ8	4Φ12	
G132-1	1800	2300	2405 2070 l=7010	Φ10@200	1270 735 l=2135	2Φ10@200	2405 l=2535	2Φ10@180	2070 l=2170	Φ8@200	2Φ6	70Φ8	4Φ12	1.0752/0.20
G132-2	1800	2300	2405 2070 l=6880	Φ12@280	1270 735 l=2005	2Φ10@280	2405 l=2535	2Φ10@170	2070 l=2170	Φ8@200	2Φ6	70Φ8	4Φ12	
G132-3	1800	2300	2405 2070 l=6880	Φ12@260	1270 735 l=2005	2Φ10@260	2405 l=2535	2Φ10@160	2070 l=2170	Φ8@180	2Φ6	70Φ8	4Φ12	
G132-4	1800	2300	2405 2070 l=6880	Φ12@220	1270 735 l=2005	2Φ10@220	2405 l=2535	2Φ10@140	2070 l=2170	Φ8@160	2Φ6	70Φ8	4Φ12	
G132-5	1800	2300	2405 2070 l=6880	Φ12@200	1270 735 l=2005	2Φ10@200	2405 l=2535	2Φ10@120	2070 l=2170	Φ8@150	2Φ6	70Φ8	4Φ12	
G132-6	1800	2300	2405 2070 l=6880	Φ12@180	1270 735 l=2005	2Φ10@180	2405 l=2535	2Φ10@120	2070 l=2100	Φ10@200	2Φ6	70Φ8	4Φ12	
G133-1	1900	2500	2605 2170 l=7380	Φ12@280	1370 770 l=2140	2Φ10@280	2605 l=2735	2Φ10@180	2170 l=2270	Φ8@200	22Φ6	74Φ8	4Φ12	1.1552/0.21
G133-2	1900	2500	2605 2170 l=7380	Φ12@240	1370 770 l=2140	2Φ10@240	2605 l=2735	2Φ10@150	2170 l=2270	Φ8@160	22Φ6	74Φ8	4Φ12	
G133-3	1900	2500	2605 2170 l=7380	Φ12@220	1370 770 l=2140	2Φ10@220	2605 l=2735	2Φ10@130	2170 l=2270	Φ8@150	22Φ6	74Φ8	4Φ12	
G133-4	1900	2500	2605 2170 l=7380	Φ12@180	1370 770 l=2140	2Φ10@180	2605 2605	2Φ10@160	2170 l=2300	Φ10@200	22Φ6	74Φ8	4Φ12	
G133-5	1900	2500	2605 2170 l=7380	Φ14@220	1370 770 l=2140	2Φ12@220	2605 2605	2Φ12@200	2170 l=2300	Φ10@180	22Φ6	74Φ8	4Φ12	
G133-6	1900	2500	2605 2170 l=7380	Φ14@200	1370 770 l=2140	2Φ12@200	2605 2605	2Φ12@180	2170 l=2300	Φ10@150	22Φ6	74Φ8	4Φ12	

附注：同第44页。

钢筋混凝土地沟（不防水）钢筋材料表（九）						图集号	03R411-2
审核	徐洪球	校对	张鸣侠	设计	张群仲	页	52

地沟代号	沟宽 B	沟高 H	钢筋表											经济指标
			①		②		③		④		⑤	⑥	⑦	混凝土 (m³/m)
G96-1F	1200	1300	1445 [1550] l=4570	Φ10@200	810 [575 l=1485	2Φ8@200	1445 l=1575	2Φ10@150	1550 l=1650	Φ8@150	13Φ6	58Φ8	4Φ10	0.84 / 0.14
G97-1F	1200	1400	1545 [1550] l=4770	Φ10@200	860 [575 l=1535	2Φ8@200	1545 l=1675	2Φ10@150	1550 l=1650	Φ8@150	14Φ6	60Φ8	4Φ10	0.88 / 0.14
G98-1F	1200	1500	1645 [1550] l=4970	Φ10@200	910 [575 l=1585	2Φ8@200	1645 l=1775	2Φ10@150	1550 l=1650	Φ8@150	14Φ6	64Φ8	4Φ10	0.92 / 0.14
G99-1F	1200	1600	1745 [1550] l=5170	Φ10@200	960 [575 l=1635	2Φ8@200	1745 l=1875	2Φ10@150	1550 l=1650	Φ8@150	15Φ6	66Φ8	4Φ10	0.96 / 0.14
G99-2F	1200	1600	1745 [1550] l=5170	Φ10@190	960 [575 l=1635	2Φ8@190	1745 l=1875	2Φ10@150	1550 l=1650	Φ8@150	15Φ6	66Φ8	4Φ10	
G99-3F	1200	1600	1745 [1550] l=5170	Φ10@180	960 [575 l=1635	2Φ8@180	1745 l=1875	2Φ10@150	1550 l=1650	Φ8@150	15Φ6	66Φ8	4Φ10	
G100-1F	1700	1500	1645 [2050] l=5470	Φ10@200	910 [740 l=1750	2Φ8@200	1645 l=1775	2Φ10@150	2050 l=2150	Φ8@150	14Φ6	70Φ8	4Φ10	1.02 / 0.19

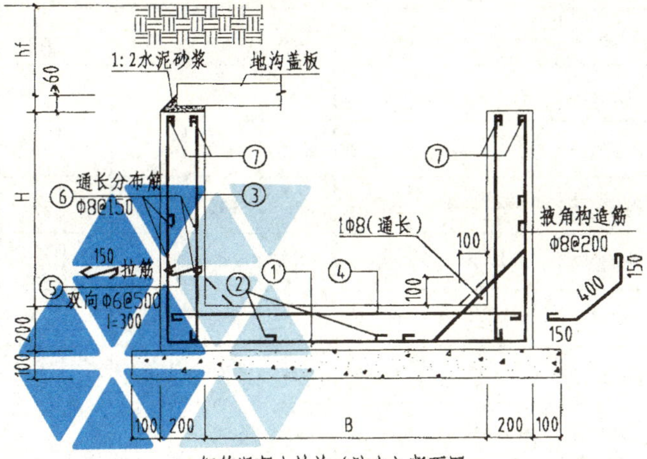

钢筋混凝土地沟（防水）断面图

附注:

1. 地沟采用C25级防水混凝土，抗渗等级不低于S6，垫层采用C10级混凝土。
2. 当B>2000或H>1800时，沟底两侧做掖角，如图示；在与砖壁地沟连接处局部加厚见第15页，不另加钢筋。
3. 安装管道支架处，应设预埋件，详见《03R411-1》图集管道支架图，电器插座、铁梯等预埋件详见各自详图或个体设计；施工时应与安装工种密切配合。
4. 经济指标混凝土体积一栏，横线上面为地沟本体混凝土体积，下面为垫层混凝土体积，钢筋表中⑤筋为每米的根数。
5. 其他施工要求等见总说明。

钢筋混凝土地沟（防水）详图及钢筋材料表（一）							图集号	03R411-2
审核	徐洪球	徐洪球	校对	张鸣侠	张鸣侠	设计 张群仲	页	53

地沟代号	沟宽 B	沟高 H	钢筋表 ①		②		③		④		⑤	⑥	⑦	经济指标 混凝土 (m³/m)
G101-1F	1800	1600	1745 2150 l=5770	Φ10@200	960 775 l=1835	2Φ8@200	1745 l=1875	2Φ10@150	2150 l=2250	Φ8@150	15Φ6	74Φ8	4Φ10	
G101-2F	1800	1600	1745 2150 l=5770	Φ10@190	960 775 l=1835	2Φ8@190	1745 l=1875	2Φ10@150	2150 l=2250	Φ8@150	15Φ6	74Φ8	4Φ10	1.08 / 0.20
G101-3F	1800	1600	1745 2150 l=5770	Φ10@180	960 775 l=1835	2Φ8@180	1745 l=1875	2Φ10@150	2150 l=2250	Φ8@150	15Φ6	74Φ8	4Φ10	
G102-1F	2000	1600	1745 2350 l=5970	Φ10@200	960 840 l=1900	2Φ8@200	1745 l=1875	2Φ10@150	2350 l=2450	Φ8@150	15Φ6	102Φ8	4Φ10	
G102-2F	2000	1600	1745 2350 l=5970	Φ10@190	960 840 l=1900	2Φ8@190	1745 l=1875	2Φ10@150	2280 l=2380	Φ8@130	15Φ6	102Φ8	4Φ10	1.12 / 0.22
G102-3F	2000	1600	1745 2350 l=5970	Φ10@180	960 840 l=1900	2Φ8@180	1745 l=1875	2Φ10@150	2280 l=2380	Φ8@130	15Φ6	102Φ8	4Φ10	
G103-1F	1000	1200	1345 1350 l=4170	Φ10@200	760 510 l=1370	2Φ8@200	1345 l=1475	2Φ10@150	1350 l=1450	Φ8@150	12Φ6	52Φ8	4Φ10	0.76 / 0.12
G104-1F	1100	1200	1345 1450 l=4270	Φ10@200	760 540 l=1400	2Φ8@200	1345 l=1475	2Φ10@150	1450 l=1550	Φ8@150	12Φ6	54Φ8	4Φ10	0.78 / 0.13
G105-1F	1200	1200	1345 1550 l=4370	Φ10@200	760 575 l=1435	2Φ8@200	1345 l=1475	2Φ8@200	1550 l=1650	Φ8@150	12Φ6	56Φ8	4Φ10	0.80 / 0.14
G106-1F	1300	1200	1345 1650 l=4470	Φ10@200	760 610 l=1570	2Φ8@200	1345 l=1475	2Φ8@200	1650 l=1750	Φ8@150	12Φ6	56Φ8	4Φ10	0.82 / 0.15
G107-1F	1400	1200	1345 1750 l=4570	Φ10@200	760 640 l=1500	Φ8@200	1345 l=1475	2Φ10@150	1750 l=1850	Φ8@150	12Φ6	58Φ8	4Φ10	0.84 / 0.16
G108-1F	1500	1200	1345 1850 l=4670	Φ10@200	760 675 l=1535	Φ8@200	1345 l=1475	2Φ10@150	1850 l=1950	Φ8@150	12Φ6	60Φ8	4Φ10	0.86 / 0.17
G109-1F	1600	1200	1345 1950 l=4770	Φ10@200	760 710 l=1570	Φ8@200	1345 l=1475	2Φ10@150	1950 l=2050	Φ8@150	12Φ6	60Φ8	4Φ10	0.88 / 0.18
G110-1F	1300	1300	1445 1650 l=4670	Φ10@200	810 610 l=1520	Φ8@200	1445 l=1575	2Φ10@150	1650 l=1750	Φ8@150	13Φ6	60Φ8	4Φ10	0.86 / 0.15
G111-1F	1400	1300	1445 1750 l=4770	Φ10@200	810 640 l=1550	Φ8@200	1445 l=1575	2Φ10@150	1750 l=1850	Φ8@150	13Φ6	60Φ8	4Φ10	0.88 / 0.16
G111-2F	1400	1300	1445 1750 l=4770	Φ10@200	810 640 l=1550	2Φ8@200	1445 l=1575	2Φ10@150	1750 l=1850	Φ8@150	13Φ6	60Φ8	4Φ10	

附注：同第53页。

钢筋混凝土地沟（防水）钢筋材料表（二）						图集号	03R411-2
审核	徐洪球	校对	张鸣侠	设计	张群仲	页	54

地沟代号	沟宽 B	沟高 H	钢筋表 ①		②		③		④		⑤	⑥	⑦	经济指标 混凝土 (m³/m)
G112-1F	1300	1400	1545, 1650, l=4870	Φ10@200	860, 610, l=1570	2Φ8@200	1545, l=1675	2Φ10@150	1650, l=1750	Φ8@150	14Φ6	62Φ8	4Φ10	0.90/0.15
G113-1F	1400	1400	1545, 1750, l=4970	Φ10@200	860, 640, l=1600	2Φ8@200	1545, l=1675	2Φ8@200	1750, l=1850	Φ8@200	14Φ6	64Φ8	4Φ10	0.92/0.16
G114-1F	1300	1500	1645, 1650, l=5070	Φ10@200	910, 610, l=1620	2Φ8@200	1645, l=1775	2Φ8@200	1650, l=1750	Φ8@200	14Φ6	64Φ8	4Φ10	0.94/0.15
G115-1F	1400	1500	1645, 1750, l=5170	Φ10@200	910, 640, l=1650	2Φ8@200	1645, l=1775	2Φ8@200	1750, l=1850	Φ8@200	14Φ6	66Φ8	4Φ10	0.96/0.16
G116-4F	1800	1500	1645, 2150, l=5570	Φ10@200	910, 775, l=1785	2Φ8@200	1645, l=1775	2Φ10@150	2150, l=2250	Φ8@150	14Φ6	72Φ8	4Φ10	1.04/0.20
G117-1F	2000	1500	1645, 2350, l=5770	Φ10@200	910, 840, l=1850	2Φ8@200	1645, l=1775	2Φ10@150	2350, l=2450	Φ8@150	14Φ6	74Φ8	4Φ10	1.08/0.22
G117-2F	2000	1500	1645, 2350, l=5770	Φ10@200	910, 840, l=1850	2Φ8@200	1645, l=1775	2Φ10@150	2350, l=2450	Φ8@130	14Φ6	74Φ8	4Φ10	
G118-1F	1300	1600	1745, 1650, l=5270	Φ10@200	960, 610, l=1670	2Φ8@200	1745, l=1875	2Φ10@150	1650, l=1750	Φ8@150	15Φ6	68Φ8	4Φ10	0.98/0.15
G118-2F	1300	1600	1745, 1650, l=5270	Φ10@190	960, 610, l=1670	2Φ8@190	1745, l=1875	2Φ10@150	1650, l=1750	Φ8@150	15Φ6	68Φ8	4Φ10	
G118-3F	1300	1600	1745, 1650, l=5270	Φ10@180	960, 610, l=1670	2Φ8@180	1745, l=1875	2Φ10@150	1650, l=1750	Φ8@150	15Φ6	68Φ8	4Φ10	
G119-1F	1400	1600	1745, 1750, l=5370	Φ10@200	960, 640, l=1700	2Φ8@200	1745, l=1875	2Φ10@150	1750, l=1850	Φ8@150	15Φ6	70Φ8	4Φ10	1.00/0.16
G119-2F	1400	1600	1745, 1750, l=5370	Φ10@190	960, 640, l=1700	2Φ8@190	1745, l=1875	2Φ10@150	1750, l=1850	Φ8@150	15Φ6	70Φ8	4Φ10	
G119-3F	1400	1600	1745, 1750, l=5370	Φ10@180	960, 640, l=1700	2Φ8@180	1745, l=1875	2Φ10@150	1750, l=1850	Φ8@150	15Φ6	70Φ8	4Φ10	
G120-1F	1700	1600	1745, 2050, l=5670	Φ10@200	960, 740, l=1800	2Φ8@200	1745, l=1875	2Φ10@150	2050, l=2150	Φ8@150	15Φ6	72Φ8	4Φ10	1.06/0.19
G120-2F	1700	1600	1745, 2050, l=5670	Φ10@190	960, 740, l=1800	2Φ8@190	1745, l=1875	2Φ10@150	2050, l=2150	Φ8@150	15Φ6	72Φ8	4Φ10	

附注：同第53页。

钢筋混凝土地沟（防水）钢筋材料表（三）						图集号	03R411-2
审核	徐洪球	校对	张鸣侠	设计	张群仲	页	55

地沟代号	沟宽 B	沟高 H	钢筋表 ① 形状	① 规格	② 形状	② 规格	③ 形状	③ 规格	④ 形状	④ 规格	⑤	⑥	⑦	经济指标 混凝土 (m³/m)
G120-3F	1700	1600	1745 2050 l=5670	Φ10@180	960 740 l=1800	2Φ8@180	1745 l=1875	2Φ10@150	2050 l=2150	Φ8@150	15Φ6	72Φ8	4Φ10	1.06 / 0.19
G121-1F	1300	1800	1945 1650 l=5670	Φ10@200	1060 610 l=1770	2Φ8@200	1945 l=2075	2Φ10@150	1650 l=1750	Φ8@150	17Φ6	72Φ8	4Φ12	
G121-2F	1300	1800	1945 1650 l=5540	Φ12@280	1060 610 l=1670	2Φ10@280	1945 l=2075	2Φ10@150	1650 l=1750	Φ8@150	17Φ6	72Φ8	4Φ12	1.06 / 0.15
G121-3F	1300	1800	1945 1650 l=5540	Φ12@260	1060 610 l=1670	2Φ10@260	1945 l=2075	2Φ10@150	1650 l=1750	Φ8@150	17Φ6	72Φ8	4Φ12	
G122-1F	1400	2000	2145 1750 l=6170	Φ10@200	1160 640 l=1900	2Φ8@200	2145 l=2275	2Φ10@150	1750 l=1850	Φ8@150	18Φ6	80Φ8	4Φ12	
G122-2F	1400	2000	2145 1750 l=6170	Φ10@180	1160 640 l=1900	2Φ8@180	2145 l=2275	2Φ10@150	1750 l=1850	Φ8@150	18Φ6	80Φ8	4Φ12	
G122-3F	1400	2000	2145 1750 l=6040	Φ12@220	1160 640 l=1800	2Φ10@220	2145 l=2275	2Φ10@125	1750 l=1850	Φ8@150	18Φ6	80Φ8	4Φ12	1.16 / 0.16
G122-4F	1400	2000	2145 1750 l=6040	Φ12@200	1160 640 l=1800	2Φ10@200	2145 l=2275	2Φ10@120	1750 l=1850	Φ8@150	18Φ6	80Φ8	4Φ12	
G123-1F	2100	2000	2145 2450 l=6870	Φ10@300	1160 875 l=2135	2Φ8@300	2145 l=2175	2Φ8@180	2450 l=2550	Φ8@200	18Φ6	88Φ8	4Φ12	
G123-2F	2100	2000	2145 2450 l=6870	Φ10@200	1160 875 l=2135	2Φ8@200	2145 l=2175	2Φ10@150	2450 l=2550	Φ8@150	18Φ6	88Φ8	4Φ12	
G123-3F	2100	2000	2145 2450 l=6870	Φ10@180	1160 875 l=2135	2Φ8@180	2145 l=2175	2Φ10@180	2450 l=2580	Φ10@200	18Φ6	88Φ8	4Φ12	1.30 / 0.23
G123-4F	2100	2000	2145 2450 l=6740	Φ12@220	1160 875 l=2035	2Φ10@220	2145 l=2175	2Φ10@125	2450 l=2580	Φ10@180	18Φ6	88Φ8	4Φ12	
G123-5F	2100	2000	2145 2450 l=6740	Φ12@200	1160 875 l=2035	2Φ10@200	2145 l=2175	2Φ10@120	2450 l=2580	Φ10@160	18Φ6	88Φ8	4Φ12	
G124-1F	2200	2000	2145 2550 l=6970	Φ10@200	1160 910 l=2170	2Φ8@200	2145 l=2275	2Φ10@150	2550 l=2650	Φ8@150	18Φ6	90Φ8	4Φ12	
G124-2F	2200	2000	2145 2550 l=6970	Φ10@180	1160 910 l=2170	2Φ8@180	2145 l=2275	2Φ10@150	2550 l=2680	Φ10@200	18Φ6	90Φ8	4Φ12	1.32 / 0.24
G124-3F	2200	2000	2145 2550 l=6840	Φ12@220	1160 910 l=2070	2Φ10@220	2145 l=2275	2Φ10@125	2550 l=2680	Φ10@170	18Φ6	90Φ8	4Φ12	

附注：同第53页。

钢筋混凝土地沟（防水）钢筋材料表（四）						图集号	03R411-2
审核	徐洪球	校对	张鸣侠	设计	张群仲	页	56

地沟代号	沟宽 B	沟高 H	钢筋表 ① 形状	①	② 形状	②	③ 形状	③	④ 形状	④	⑤	⑥	⑦	经济指标 混凝土 (m³/m)
G124-4F	2200	2000	2145 2550 l=6840	Φ12@200	1160 910 l=2070	2Φ10@200	2145 l=2275	2Φ10@120	2550 l=2680	Φ10@150	18Φ6	90Φ8	4Φ12	1.32/0.24
G125-1F	1400	1800	1945 1750 l=5770	Φ10@200	1060 640 l=1800	2Φ8@200	1945 l=2075	2Φ10@150	1750 l=1850	Φ8@150	17Φ6	74Φ8	4Φ12	1.08/0.16
G125-2F	1400	1800	1945 1750 l=5640	Φ12@280	1060 640 l=1700	2Φ10@280	1945 l=2075	2Φ10@150	1750 l=1850	Φ8@150	17Φ6	74Φ8	4Φ12	
G125-3F	1400	1800	1945 1750 l=5640	Φ12@260	1060 640 l=1700	2Φ10@260	1945 l=2075	2Φ10@150	1750 l=1850	Φ8@150	17Φ6	74Φ8	4Φ12	
G126-1F	2100	1800	1945 2450 l=6470	Φ10@200	1060 875 l=2035	2Φ8@200	1945 l=2075	2Φ10@150	2450 l=2550	Φ8@150	17Φ6	84Φ8	4Φ12	1.22/0.23
G126-2F	2100	1800	1945 2450 l=6470	Φ10@200	1060 875 l=2035	2Φ8@200	1945 l=2075	2Φ10@150	2450 l=2580	Φ10@200	17Φ6	84Φ8	4Φ12	
G126-3F	2100	1800	1945 2450 l=6340	Φ12@280	1060 875 l=1935	2Φ10@280	1945 l=2075	2Φ10@150	2450 l=2580	Φ10@180	17Φ6	84Φ8	4Φ12	
G126-4F	2100	1800	1945 2450 l=6340	Φ12@260	1060 875 l=1935	2Φ10@260	1945 l=2075	2Φ10@150	2450 l=2580	Φ10@170	17Φ6	84Φ8	4Φ12	
G127-1F	2200	1800	1945 2550 l=6570	Φ10@200	1060 910 l=2070	2Φ8@200	1945 l=2075	2Φ10@150	2550 l=2650	Φ8@150	17Φ6	84Φ8	4Φ12	1.24/0.24
G127-2F	2200	1800	1945 2550 l=6570	Φ10@200	1060 910 l=2070	2Φ8@200	1945 l=2075	2Φ10@150	2550 l=2680	Φ10@200	17Φ6	84Φ8	4Φ12	
G127-3F	2200	1800	1945 2550 l=6570	Φ10@200	1060 910 l=2070	2Φ8@200	1945 l=2075	2Φ10@150	2550 l=2680	Φ10@170	17Φ6	84Φ8	4Φ12	
G127-4F	2200	1800	1945 2550 l=6440	Φ12@280	1060 910 l=1970	2Φ10@280	1945 l=2075	2Φ10@150	2550 l=2680	Φ10@160	17Φ6	84Φ8	4Φ12	
G127-5F	2200	1800	1945 2550 l=6440	Φ12@260	1060 910 l=1970	2Φ10@260	1945 l=2075	2Φ10@150	2550 l=2680	Φ10@150	17Φ6	84Φ8	4Φ12	
G128-1F	1300	2000	2145 1650 l=6070	Φ10@200	1160 610 l=1870	2Φ8@200	2145 l=2275	2Φ10@150	1650 l=1750	Φ8@150	18Φ6	78Φ8	4Φ12	1.14/0.15
G128-2F	1300	2000	2145 1650 l=6070	Φ10@180	1160 610 l=1870	2Φ8@180	2145 l=2275	2Φ10@150	1650 l=1750	Φ8@150	18Φ6	78Φ8	4Φ12	
G128-3F	1300	2000	2145 1650 l=5940	Φ12@220	1160 610 l=1770	2Φ10@220	2145 l=2275	2Φ10@125	1650 l=1750	Φ8@150	18Φ6	78Φ8	4Φ12	

附注：同第53页。

钢筋混凝土地沟（防水）钢筋材料表（五）							图集号	03R411-2
审核	徐洪球	徐洪球	校对	张鸣侠	张鸣侠	设计 张群仲	页	57

地沟代号	沟宽 B	沟高 H	钢筋表 ①		②		③		④		⑤	⑥	⑦	经济指标 混凝土 (m^3/m)
G128-4F	1300	2000	2145 1650 l=5940	Φ12@200	1160 610 l=1770	2Φ10@200	2145 l=2275	2Φ10@120	1650 l=1750	Φ8@150	18Φ6	78Φ8	4Φ12	1.14/0.15
G129-1F	1500	1900	2045 1850 l=6070	Φ10@200	1110 675 l=1885	2Φ8@200	2045 l=2075	2Φ10@150	1850 l=1950	Φ8@150	18Φ6	78Φ8	4Φ12	1.14/0.17
G129-2F	1500	1900	2045 1850 l=5940	Φ12@300	1110 675 l=1915	2Φ10@300	2045 l=2075	2Φ10@150	1850 l=1950	Φ8@150	18Φ6	78Φ8	4Φ12	
G129-3F	1500	1900	2045 1850 l=5940	Φ12@280	1110 675 l=1915	2Φ10@280	2045 l=2075	2Φ10@150	1850 l=1950	Φ8@150	18Φ6	78Φ8	4Φ12	
G130-1F	1600	2100	2245 1950 l=6570	Φ10@200	1210 710 l=2020	2Φ8@200	2245 l=2375	2Φ10@150	1950 l=2050	Φ8@150	19Φ6	86Φ8	4Φ12	1.24/0.18
G130-2F	1600	2100	2245 1950 l=6570	Φ10@180	1210 710 l=2020	2Φ8@180	2245 l=2375	2Φ10@150	1950 l=2050	Φ8@180	19Φ6	86Φ8	4Φ12	
G130-3F	1600	2100	2245 1950 l=6440	Φ12@220	1210 710 l=1920	2Φ10@220	2245 l=2375	2Φ10@140	1950 l=2050	Φ8@160	19Φ6	86Φ8	4Φ12	
G130-4F	1600	2100	2245 1950 l=6440	Φ12@200	1210 710 l=1920	2Φ10@200	2245 l=2375	2Φ10@130	1950 l=2050	Φ8@150	19Φ6	86Φ8	4Φ12	
G131-1F	1700	2200	2345 2050 l=6870	Φ10@200	1260 740 l=2100	2Φ8@200	2345 l=2475	2Φ10@150	2050 l=2150	Φ8@150	20Φ6	88Φ8	4Φ12	1.30/0.19
G131-2F	1700	2200	2345 2050 l=6870	Φ10@180	1260 740 l=2100	2Φ8@180	2345 l=2475	2Φ10@150	2050 l=2150	Φ8@150	20Φ6	88Φ8	4Φ12	
G131-3F	1700	2200	2345 2050 l=6870	Φ10@160	1260 740 l=2100	2Φ8@160	2345 l=2475	2Φ10@150	2050 l=2150	Φ8@150	20Φ6	88Φ8	4Φ12	
G131-4F	1700	2200	2345 2050 l=6740	Φ12@200	1260 740 l=2000	2Φ10@200	2345 l=2475	2Φ10@150	2050 l=2180	Φ10@200	20Φ6	88Φ8	4Φ12	
G131-5F	1700	2200	2345 2050 l=6740	Φ12@180	1260 740 l=2000	2Φ10@180	2345 l=2475	2Φ10@150	2050 l=2180	Φ10@180	20Φ6	88Φ8	4Φ12	
G132-1F	1800	2300	2445 2150 l=7170	Φ10@200	1310 775 l=2185	2Φ8@200	2445 l=2475	2Φ10@150	2150 l=2250	Φ8@150	20Φ6	92Φ8	4Φ12	1.36/0.20
G132-2F	1800	2300	2445 2150 l=7170	Φ10@180	1310 775 l=2185	2Φ8@180	2445 l=2475	2Φ10@150	2150 l=2250	Φ8@150	20Φ6	92Φ8	4Φ12	
G132-3F	1800	2300	2445 2150 l=7170	Φ10@150	1310 775 l=2185	2Φ8@150	2445 l=2475	2Φ10@150	2150 l=2250	Φ8@150	20Φ6	92Φ8	4Φ12	

附注：同第53页。

钢筋混凝土地沟（防水）钢筋材料表（六）						图集号	03R411-2
审核	徐洪球	校对	张鸣侠	设计	张群仲	页	58

地沟代号	沟宽 B	沟高 H	钢筋表											经济指标
			①		②		③		④		⑤	⑥	⑦	混凝土 (m^3/m)
G132-4F	1800	2300	2445 2150 l=7040	Φ12@280	1310 775 l=1910	2Φ10@280	2445 l=2475	2Φ10@150	2150 l=2280	Φ10@200	20Φ6	92Φ8	4Φ12	
G132-5F	1800	2300	2445 2150 l=7040	Φ12@180	1310 775 l=1960	2Φ10@180	2445 l=2475	2Φ10@120	2150 l=2280	Φ10@180	20Φ6	92Φ8	4Φ12	1.36 / 0.20
G132-6F	1800	2300	2445 2150 l=7040	Φ12@160	1310 775 l=1960	2Φ10@160	2445 l=2475	2Φ10@120	2150 l=2280	Φ10@180	20Φ6	92Φ8	4Φ12	
G133-1F	1900	2500	2645 2250 l=7670	Φ10@200	1410 810 l=2320	2Φ8@200	2645 l=2775	2Φ10@150	2250 l=2350	Φ8@150	22Φ6	100Φ8	4Φ12	
G133-2F	1900	2500	2645 2250 l=7540	Φ12@280	1410 810 l=2220	2Φ10@280	2645 l=2775	2Φ10@150	2250 l=2350	Φ8@150	22Φ6	100Φ8	4Φ12	
G133-3F	1900	2500	2645 2250 l=7540	Φ12@250	1410 810 l=2220	2Φ10@250	2645 l=2775	2Φ10@150	2250 l=2350	Φ8@150	22Φ6	100Φ8	4Φ12	1.46 / 0.21
G133-4F	1900	2500	2645 2250 l=7540	Φ12@220	1410 810 l=2220	2Φ10@220	2645 l=2775	2Φ10@130	2250 l=2380	Φ10@200	22Φ6	100Φ8	4Φ12	
G133-5F	1900	2500	2645 2250 l=7540	Φ14@180	1410 810 l=2220	2Φ12@180	2645 l=2645	2Φ12@170	2250 l=2380	Φ10@180	22Φ6	100Φ8	4Φ12	
G133-6F	1900	2500	2645 2250 l=7540	Φ14@160	1410 810 l=2220	2Φ12@160	2645 l=2645	2Φ12@160	2250 l=2380	Φ10@150	22Φ6	100Φ8	4Φ12	

附注：同第53页。

钢筋混凝土地沟（防水）钢筋材料表（七）						图集号	03R411-2
审核	徐洪球	校对	张鸣侠	设计	张群仲	页	59

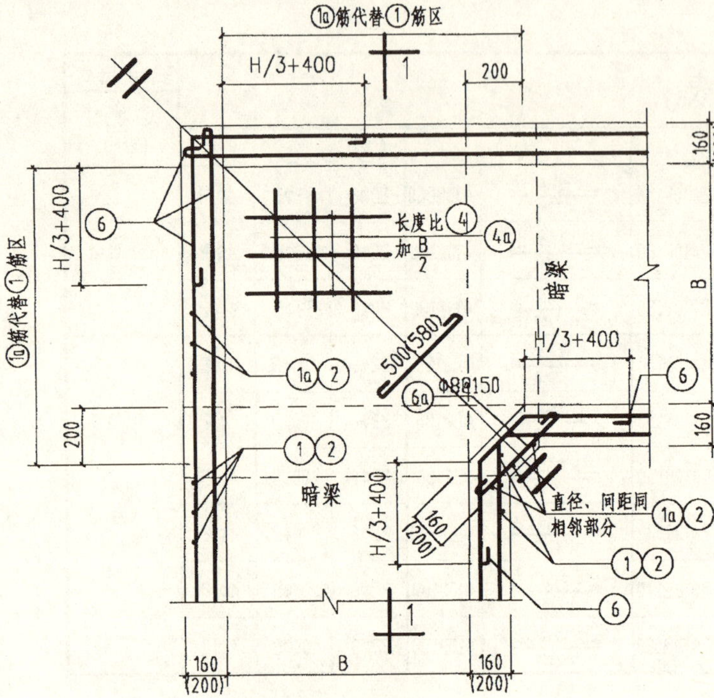

地沟转角示意图

(括号内数字用于防水地沟)

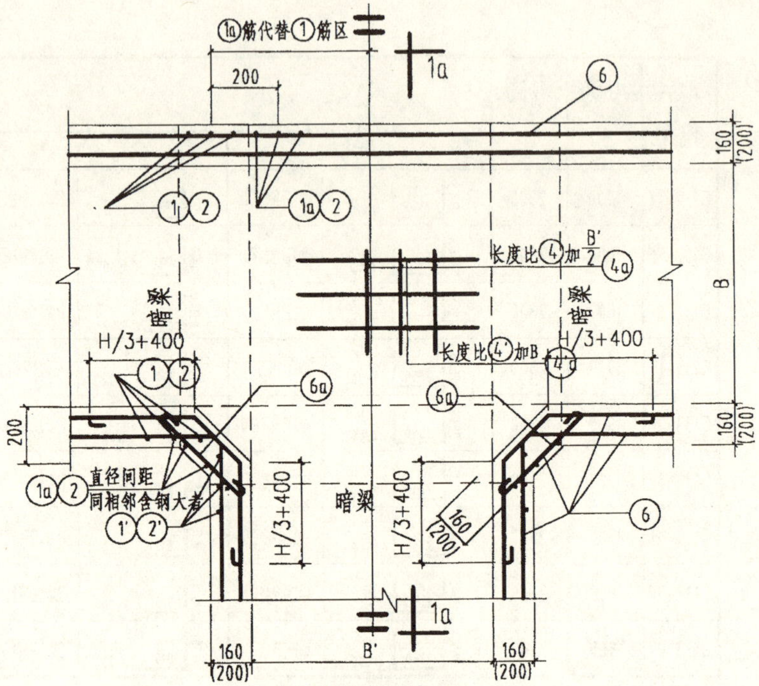

地沟T形接头示意图

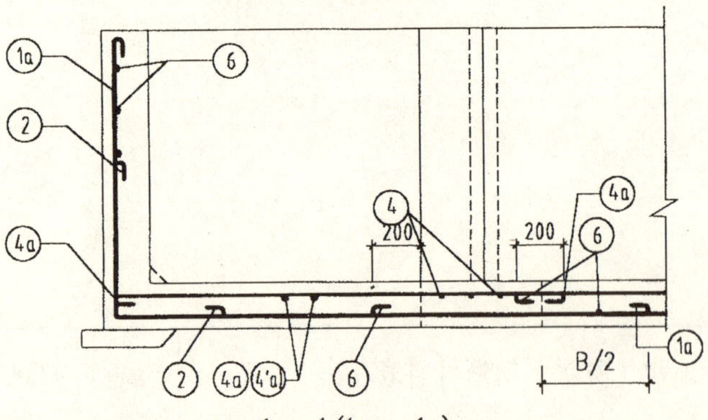

1 - 1(1a - 1a)

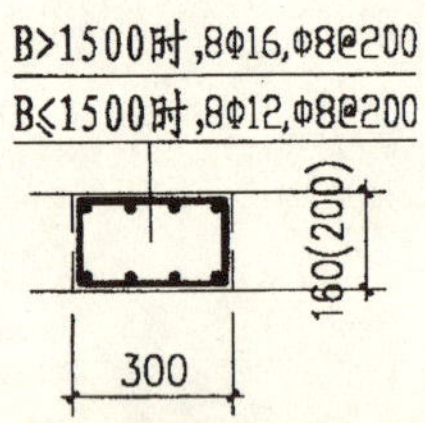

暗梁详图

附 注

1. 图中凡未绘出或未注明部分均与相应直地沟同。
2. ①a ④a 筋的直径、间距与① ④ 筋相同;
   ④'a 筋与④或④'中单位长度内配筋大者同。
3. 图中B或B'为地沟净宽度。
4. 沟壁切角处底板钢筋长度④和④'应适当加长0～200mm。
5. 地沟底板暗梁纵筋锚入沟壁内长度35d。

钢筋混凝土地沟转角、T形接头配筋详图						图集号	03R411-2
审核	徐洪球	校对	张鸣侠	设计	张群仲	页	60

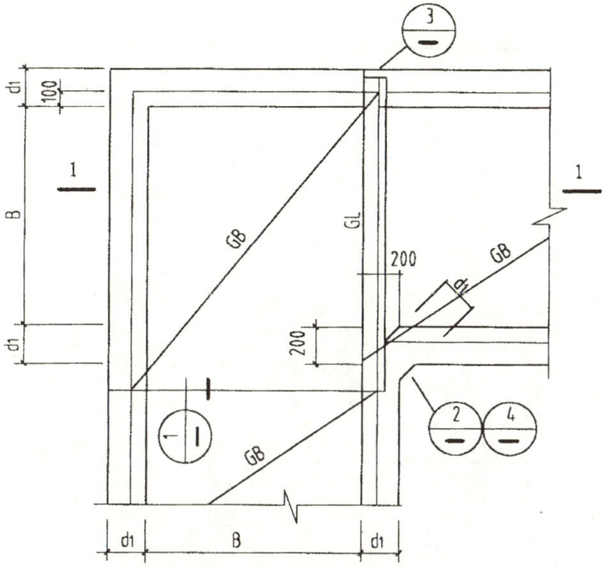

地沟转角及梁板布置示意图

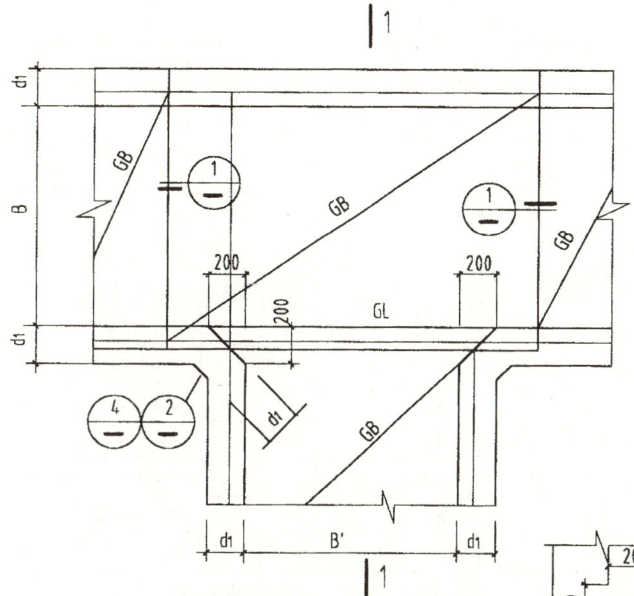

地沟T形接头及梁板布置示意图

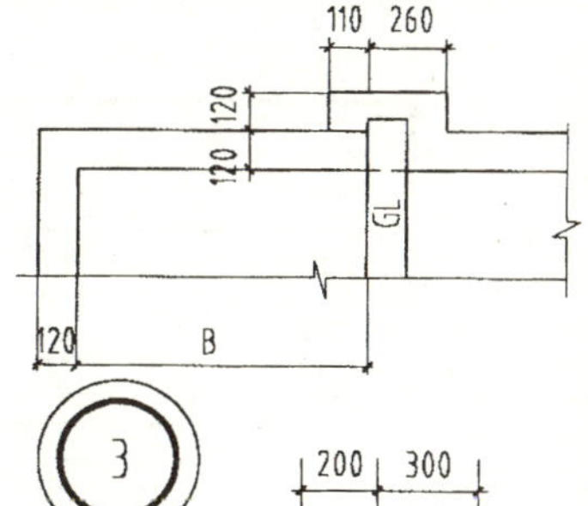

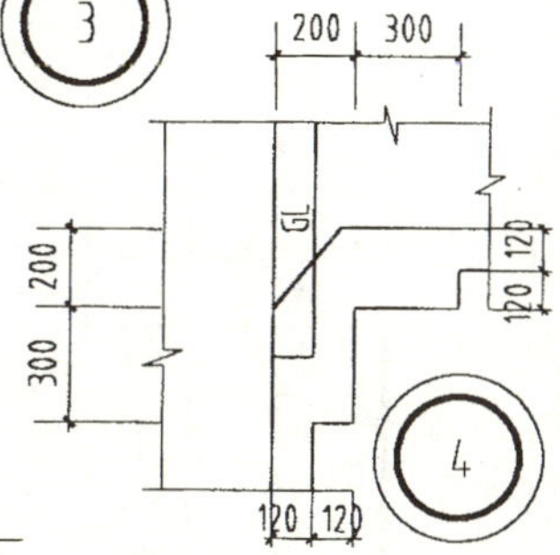

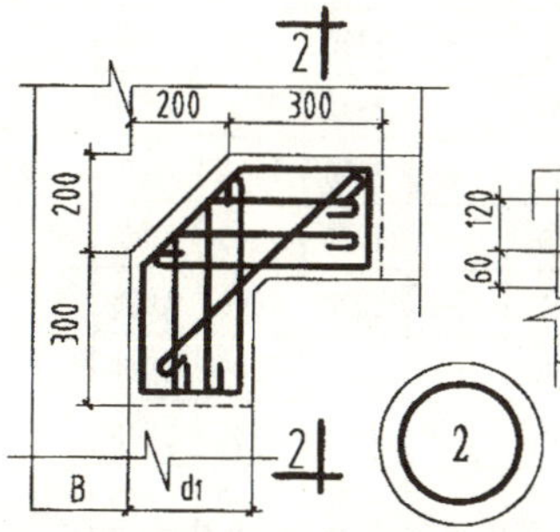

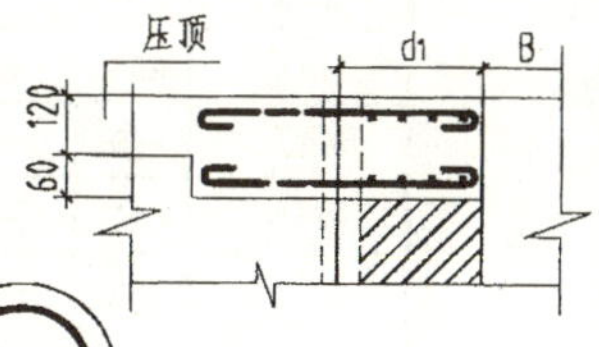

2-2

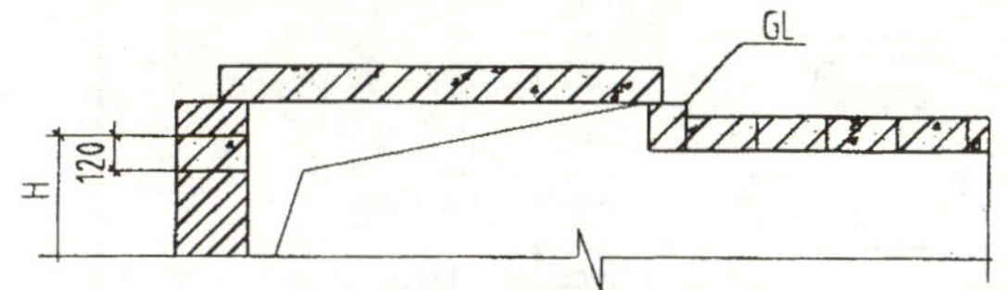

1-1

仅用于砖壁地沟

1-1

仅用于钢筋混凝土地沟

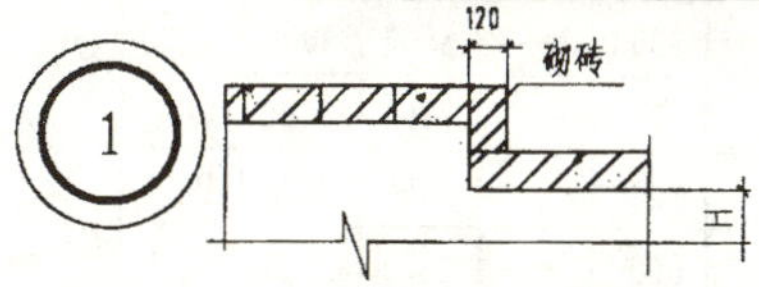

附注：1. 钢筋混凝土地沟转角、T形接头配筋见第60页，Ⅶ、Ⅹ 型等防水地沟底板及配筋见第32、33页，图中未绘出的部分见相应地沟。

2. 过梁选用：转角处过梁按沟宽B选用，T形接头处过梁按沟宽B或B′+200中较大者选用。

3. 过梁、盖板安装及板缝处理见总说明。

4. ②为砖壁地沟转角、T形接头内阳角处压顶加厚图，加厚部分如图配双层双向 ϕ8@80 构造钢筋网。③④ 仅用于壁厚为120的砖壁地沟。

5. 双沟转角梁板布置可参照第70页3Z型方形补偿器地沟处理。

地沟转角、T形接头及梁板布置示意图						图集号	03R411-2
审核	徐洪球	校对	张鸣侠	设计	张群仲	页	61

方形补偿器地沟选型表

方形补偿器编号	地沟宽度		L_k	L	L_o	方形补偿器地沟型号	方形补偿器编号	地沟宽度		L_k	L	L_o	方形补偿器地沟型号	方形补偿器编号	地沟宽度		L_k	L	L_o	方形补偿器地沟型号
	B1	B2						B1	B2						B1	B2				
W1	300	—	1200	900	600	1Z	W23	500	—	2100	1600	1100	1Z	W45	700	—	5700	4000	4300	1Z
W2	400	—	1600	1200	800		W24	500	—	2200	1700	1200		W46	800	—	5800	4500	4200	
W3	300	—	1400	1100	800		W25	600	—	2500	1900	1300		W47	700	—	5700	4700	4300	
W4	400	—	1900	1500	1100		W26	600	—	2700	2100	1500		W48	800	—	5800	5200	4200	
W5	400	—	2200	1800	1400		W27	700	—	3500	2800	2100		W49	600	—	1600	800	400	
W6	300	—	1500	1200	900		W28	800	—	3800	3000	2200		W50	700	—	2000	1000	600	
W7	400	—	2100	1700	1300		W29	400	—	1900	1500	1100		W51	600	—	1800	1000	600	
W8	400	—	2500	2100	1700		W30	500	—	2400	1900	1400		W52	700	—	2200	1200	800	
W9	500	—	3300	2800	2300		W31	500	—	2600	2100	1600		W53	800	—	2600	1400	1000	
W10	600	—	3600	3000	2400		W32	600	—	2900	2300	1700		W54	800	—	2640	1500	1040	
W11	400	—	2500	2100	1700		W33	600	—	3100	2500	1900		W55	600	—	1900	1100	700	
W12	400	—	2900	2500	2100		W34	700	—	5200	3000	3800		W56	700	—	2400	1400	1000	
W13	500	—	5000	3000	4000		W35	800	—	5800	3000	4200		W57	800	—	2700	1600	1100	
W14	600	—	5600	3000	4400		W36	500	—	2700	2200	1700		W58	800	—	2840	1700	1240	
W15	400	—	3300	2900	2500		W37	500	—	2900	2400	1900		W59	800	—	3100	1900	1500	
W16	500	—	5500	3500	4500		W38	600	—	3300	2700	2100		W60	900	—	3200	1900	1400	
W17	600	—	6100	3500	4900		W39	600	—	3500	2900	2300		W61	1000	—	3600	2800	1600	
W18	400	—	1300	900	500		W40	700	—	5700	3500	4300		W62	1100	—	3600	2800	1400	
W19	500	—	1600	1100	600		W41	800	—	6300	3500	4700		W63	1100	—	3900	3000	1700	
W20	400	—	1500	1100	700		W42	500	—	3400	2900	2400		W64	1200	—	3900	3000	1500	
W21	500	—	1900	1400	900		W43	600	—	3700	3100	2500		W65	600	—	2100	1300	900	
W22	400	—	1600	1200	800		W44	600	—	4000	3400	2800		W66	700	—	2700	1700	1300	

附注：同69页附注1.2。

方形补偿器地沟选型表（一）						图集号	03R411-2
审核	徐洪球	校对	张鸣侠	设计	张群仲	页	62

方形补偿器地沟选型表

方形补偿器编号	地沟宽度		L_k	L	L_o	方形补偿器地沟型号
	B1	B2				
W67	800	—	3100	1900	1500	1Z
W68	800	—	3240	2100	1640	
W69	800	—	3500	2300	1900	
W70	900	—	3600	2300	1800	
W71	1000	—	5300	3000	3300	
W72	1100	—	5300	3000	3100	
W73	1100	—	5900	3000	3700	
W74	1200	—	5900	3000	3500	
W75	800	—	3300	2200	1700	
W76	800	—	3640	2400	2040	
W77	800	—	3900	2700	2300	
W78	900	—	4000	2700	2200	
W79	1000	—	5800	3500	3800	
W80	1100	—	5800	3500	3600	
W81	1100	—	6400	3500	4200	
W82	1200	—	6400	3500	4000	
W83	800	—	3400	2900	1800	
W84	800	—	3740	3100	2140	
W85	800	—	4100	3400	2500	
W86	900	—	4000	3400	2200	
W87	1000	—	5800	4000	3800	
W88	1100	—	5800	4000	3600	

方形补偿器编号	地沟宽度		L_k	L	L_o	方形补偿器地沟型号
	B1	B2				
W89	1100	—	5900	4500	3700	1Z
W90	1200	—	5900	4500	3500	
W91	1000	—	5800	4700	3800	
W92	1100	—	5800	4700	3600	
W93	1100	—	5900	5200	3700	
W94	1200	—	5900	5200	3500	
W95	700	—	1800	800	400	
W96	800	—	2160	1000	560	
W97	900	—	2400	1100	600	
W98	700	—	2000	1000	600	
W99	800	—	2360	1200	760	
W100	900	—	2700	1400	900	
W101	900	—	2600	1400	800	
W102	900	—	2800	1500	1000	
W103	900	—	2700	1500	900	
W104	1000	—	2900	1600	900	
W105	1100	—	3300	1700	1100	
W106	700	—	2200	1200	800	
W107	800	—	2460	1300	860	
W108	900	—	2900	1600	1100	
W109	900	—	2800	1600	1000	
W110	900	—	3000	1700	1200	

方形补偿器编号	地沟宽度		L_k	L	L_o	方形补偿器地沟型号
	B1	B2				
W111	900	—	2600	1900	800	1Z
W112	1000	—	3000	1900	1000	
W113	1100	—	3500	1900	1300	
W114	900	—	2700	2100	900	
W115	1100	—	3700	2100	1500	
W116	1100	—	3500	2800	1300	
W117	1200	—	3500	2800	1100	
W118	1300	—	4700	2800	2100	
W119	1300	—	3800	3000	1200	
W120	1400	—	5060	3000	2260	
W121	700	—	2400	1400	1000	
W122	800	—	2760	1600	1160	
W123	900	—	3200	1900	1400	
W124	900	—	3000	2000	1200	
W125	900	—	3400	2100	1600	
W126	900	—	3000	2300	1200	
W127	1000	—	3400	2300	1400	
W128	1100	—	3900	2300	1700	
W129	900	—	3100	2500	1300	
W130	1100	—	4100	2500	1900	
W131	1100	—	5200	3000	3000	
W132	1200	—	5200	3000	2800	

附注：同69页附注1.2。

方形补偿器地沟选型表（二）						图集号	03R411-2
审核	徐洪球	校对	张鸣侠	设计	张群仲	页	63

方形补偿器地沟选型表

方形补偿器编号	地沟宽度 B1	地沟宽度 B2	Lk	L	Lo	方形补偿器地沟型号
W133	1300	—	6400	3000	3800	
W134	1300	—	5800	3000	3200	
W135	1400	—	7060	3000	4260	
W136	900	—	3500	2200	1700	
W137	900	—	3100	2400	1300	
W138	900	—	3700	2400	1900	
W139	900	—	3400	2700	1600	
W140	1000	—	3700	2700	1700	
W141	1100	—	4300	2700	2100	
W142	900	—	3500	2900	1700	
W143	1100	—	4500	2900	2300	1Z
W144	1100	—	5700	3500	3500	
W145	1200	—	5700	3500	3300	
W146	1300	—	6900	3500	4300	
W147	1300	—	6300	3500	3700	
W148	1400	—	7560	3500	4760	
W149	900	—	3600	2900	1800	
W150	900	—	4200	2900	2400	
W151	900	—	3800	3100	2000	
W152	1000	—	3700	3100	1700	
W153	1100	—	4700	3100	2500	
W154	900	—	4100	3400	2300	

方形补偿器编号	地沟宽度 B1	地沟宽度 B2	Lk	L	Lo	方形补偿器地沟型号
W155	1100	—	5000	3400	2800	
W156	1100	—	5700	4000	3500	
W157	1200	—	5700	4000	3300	
W158	1300	—	6900	4000	4300	
W159	1300	—	5600	4500	3000	
W160	1400	—	7060	4500	4260	
W161	1100	—	5700	4700	3500	
W162	1200	—	5700	4700	3300	
W163	1300	—	6900	4700	4300	
W164	1300	—	5600	5200	3000	
W165	1400	—	7060	5200	4260	1Z
W166	800	—	2000	900	400	
W167	900	—	2500	1100	700	
W168	1000	—	2700	1200	700	
W169	1000	—	2900	1300	900	
W170	1100	—	3100	1400	900	
W171	800	—	2000	1100	400	
W172	900	—	2500	1300	700	
W173	1000	—	2700	1400	700	
W174	1000	—	2900	1500	900	
W175	1100	—	3100	1700	900	
W176	1100	—	3100	2000	900	

方形补偿器编号	地沟宽度 B1	地沟宽度 B2	Lk	L	Lo	方形补偿器地沟型号
W177	1300	—	4100	2000	1500	
W178	1300	—	3500	2800	900	
W179	1400	—	3500	2800	700	
W180	800	—	2100	1500	500	
W181	900	—	2500	1800	700	
W182	1000	—	2700	1800	700	
W183	1000	—	2900	2000	900	
W184	1100	—	3100	2300	900	
W185	1100	—	3100	2500	900	
W186	1300	—	4100	2700	1500	
W187	1300	—	5200	3000	2600	1Z
W188	1400	—	5200	3000	2400	
W189	1000	—	2800	2200	800	
W190	1000	—	3000	2400	1000	
W191	1100	—	3400	2700	1200	
W192	1100	—	3500	2900	1300	
W193	1300	—	4100	3300	1500	
W194	1300	—	6200	3500	3600	
W195	1400	—	6200	3500	3600	
W196	1000	—	3400	2900	1400	
W197	1100	—	3700	3100	1500	
W198	1100	—	4000	3400	1800	

附注：同69页附注1.2。

方形补偿器地沟选型表（三）						图集号	03R411-2
审核 徐洪球	徐洪球	校对 张鸣侠	张鸣侠	设计 张群仲	张群仲	页	64

方形补偿器地沟选型表

方形补偿器编号	地沟宽度 B1	地沟宽度 B2	L_k	L	L_o	方形补偿器地沟型号
W199	1300	—	4000	3400	1400	1Z
W200	1300	—	5700	4000	3100	
W201	1400	—	5700	4000	2900	
W202	1300	—	5700	4700	3100	
W203	1400	—	5700	4700	2900	
W204	900	—	2400	1000	600	
W205	1000	—	2600	1100	600	
W206	1100	—	3000	1300	800	
W207	1100	—	3000	1400	800	
W208	1200	—	3200	1400	800	
W209	1200	—	3200	1600	800	
W210	1300	—	3600	1600	1000	
W211	900	—	2500	1200	700	
W212	1000	—	2700	1300	700	
W213	1100	—	3100	1500	900	
W214	1100	—	3100	1600	900	
W215	1200	—	3300	1600	900	
W216	1200	—	3300	1800	900	
W217	1300	—	3800	1800	1200	
W218	1300	—	3440	2000	840	
W219	1400	—	3600	2000	800	
W220	1400	—	3500	2800	700	

方形补偿器编号	地沟宽度 B1	地沟宽度 B2	L_k	L	L_o	方形补偿器地沟型号
W221	900	—	2700	1500	900	1Z
W222	1000	—	2900	1600	900	
W223	1100	—	3400	1800	1200	
W224	1100	—	3400	2000	1200	
W225	1200	—	3700	2000	1300	
W226	1200	—	3600	2200	1200	
W227	1300	—	4200	2200	1600	
W228	1300	—	3840	2400	1240	
W229	1400	—	4000	2400	1200	
W230	1400	—	5200	3000	2400	
W231	1100	—	3800	2400	1600	
W232	1200	—	3900	2400	1500	
W233	1200	—	3900	2600	1500	
W234	1300	—	4400	2600	1800	
W235	1300	—	4140	2800	1540	
W236	1400	—	4300	2800	1500	
W237	1400	—	5700	3500	2900	
W238	1100	—	3500	2900	1300	
W239	1200	—	4300	2900	1900	
W240	1200	—	3700	3100	1300	
W241	1300	—	4600	3100	2000	
W242	1300	—	4940	3400	2340	

方形补偿器编号	地沟宽度 B1	地沟宽度 B2	L_k	L	L_o	方形补偿器地沟型号
W243	1400	—	5000	3400	2200	1Z
W244	1400	—	5700	4000	2900	
W245	1400	—	5700	4700	2900	
W246	1100	—	3000	1200	800	
W247	1200	—	3300	1400	900	
W248	1300	—	3600	1500	1000	
W249	1400	—	4000	1700	1200	
W250	1100	—	3100	1300	900	
W251	1200	—	3500	1600	1100	
W252	1300	—	3800	1700	1200	
W253	1400	—	4000	1900	1200	
W254	1100	—	3400	1600	1200	
W255	1200	—	3800	1900	1400	
W256	1300	—	4200	2100	1600	
W257	1400	—	4400	2300	1600	
W258	1200	—	4100	2200	1700	
W259	1300	—	4500	2400	1900	
W260	1400	—	4800	2700	2000	
W261	1300	—	5000	2900	2400	
W262	1400	—	5100	3100	2300	
W263	1200	—	2900	1000	500	
W264	1300	—	3300	1200	700	

附注：同69页附注1.2。

方形补偿器地沟选型表（四）						图集号	03R411-2
审核	徐洪球	校对	张鸣侠	设计	张群仲	页	65

方形补偿器地沟选型表

方形补偿器编号	地沟宽度 B1	地沟宽度 B2	L_k	L	L_o	方形补偿器地沟型号
W265	1300	—	3100	1300	500	1Z
W266	1400	—	3500	1300	700	
W267	1200	—	2900	1200	500	
W268	1300	—	3300	1400	700	
W269	1300	—	3100	1500	500	
W270	1400	—	3500	1500	700	
W271	1200	—	3000	1400	600	
W272	1300	—	3500	1800	900	
W273	1300	—	3100	2000	500	
W274	1400	—	3700	2000	900	
W275	1300	—	3700	2000	1100	
W276	1300	—	3100	2400	500	
W277	1400	—	3800	2400	1000	
W278	1300	—	4000	2700	1400	
W279	1400	—	4200	2900	1400	
W280	1200	—	3000	1000	600	
W281	1300	—	3200	1100	600	
W282	1400	—	3500	1200	700	
W283	1200	—	3200	1200	800	
W284	1300	—	3400	1300	800	
W285	1400	—	3700	1400	900	
W286	1200	—	3400	1400	1000	

方形补偿器编号	地沟宽度 B1	地沟宽度 B2	L_k	L	L_o	方形补偿器地沟型号
W287	1300	—	3600	1500	1000	1Z
W288	1400	—	4000	1700	1200	
W289	1300	—	3800	1700	1200	
W290	1400	—	4200	1900	1400	
W291	700	900	7480	1500	3800	3Z
W292	700	1100	7580	2000	3500	
W293	700	900	7480	2000	3800	
W294	700	1100	7580	2700	3500	
W295	700	900	7480	2700	3800	
W296	700	1100	7580	3400	3500	
W297	700	900	7480	3000	3800	
W298	700	1100	7580	4000	3500	
W299	700	900	7480	3500	3800	
W300	700	1100	7580	4700	3500	
W301	800	900	5080	1700	1200	
W302	800	1100	5580	1900	1300	
W303	800	1100	5780	2100	1500	
W304	900	1100	5980	2100	1500	
W305	1000	1300	7180	2800	2100	
W306	1100	1300	7380	2800	2100	
W307	1100	1400	7740	3000	2260	
W308	1200	1400	7940	3000	2260	

方形补偿器编号	地沟宽度 B1	地沟宽度 B2	L_k	L	L_o	方形补偿器地沟型号
W309	800	900	5480	2100	1600	3Z
W310	800	1100	5980	2300	1700	
W311	800	1100	6180	2500	1900	
W312	900	1100	6380	2500	1900	
W313	1000	1300	8880	3000	3800	
W314	1100	1300	9080	3000	3800	
W315	1100	1400	9740	3000	4260	
W316	1200	1400	9940	3000	4260	
W317	800	900	5780	2400	1900	
W318	800	1100	6380	2700	2100	
W319	800	1100	6580	2900	2300	
W320	900	1100	6780	2900	2300	
W321	1000	1300	9380	3500	4300	
W322	1100	1300	9580	3500	4300	
W323	1100	1400	10240	3500	4760	
W324	1200	1400	10440	3500	4760	
W325	800	900	6280	2900	2400	
W326	800	1100	6780	3100	2500	
W327	800	1100	7080	3400	2800	
W328	900	1100	7280	3400	2800	
W329	1000	1300	9380	4000	4300	
W330	1100	1300	9580	4000	4300	

附注：同69页附注1.2。

方形补偿器地沟选型表（五）						图集号	03R411-2
审核	徐洪球	校对	张鸣侠	设计	张群仲	页	66

方形补偿器地沟选型表

方形补偿器编号	地沟宽度 B1	地沟宽度 B2	L_k	L	L_o	方形补偿器地沟型号
W331	1100	1400	9740	4500	4260	3Z
W332	1200	1400	9940	4500	4260	
W333	1000	1300	9380	4700	4300	
W334	1100	1300	9580	4700	4300	
W335	1100	1400	9740	5200	4260	
W336	1200	1400	9940	5200	4260	
W337	800	700	4080	1000	600	
W338	900	800	4640	1200	760	
W339	1000	900	5180	1400	900	
W340	1000	900	5280	1500	1000	
W341	1100	1100	5980	1700	1100	
W342	800	700	4280	1200	800	
W343	900	800	4740	1300	860	
W344	1000	900	5380	1600	1100	
W345	1000	900	5480	1700	1200	
W346	1100	1100	6180	1900	1300	
W347	1100	1100	6380	2100	1500	
W348	1300	1100	9680	1500	4400	
W349	1300	1300	9980	2000	4300	
W350	1400	1300	10180	2000	4300	
W351	1300	1400	10140	2200	4260	
W352	1400	1400	10340	2200	4260	

方形补偿器编号	地沟宽度 B1	地沟宽度 B2	L_k	L	L_o	方形补偿器地沟型号
W353	800	700	4480	1400	1000	3Z
W354	900	800	5040	1600	1160	
W355	1000	900	5680	1900	1400	
W356	1000	900	5880	2100	1600	
W357	1100	1100	6580	2300	1700	
W358	1100	1100	6780	2500	1900	
W359	1300	1100	9680	2000	4400	
W360	1300	1300	9980	2700	4300	
W361	1400	1300	10180	2700	4300	
W362	1300	1400	10140	3000	4260	
W363	1400	1400	10340	3000	4260	
W364	1000	900	5980	2300	1800	
W365	1100	1100	6880	2600	2000	
W366	1100	1100	7080	2800	2200	
W367	1300	1100	9680	2800	4400	
W368	1300	1300	9980	3200	4300	
W369	1400	1300	10180	3200	4300	
W370	1300	1400	10140	3700	4260	
W371	1400	1400	10340	3700	4260	
W372	1000	900	6680	2900	2400	
W373	1100	1100	7380	3100	2500	
W374	1100	1100	7680	3400	2800	

方形补偿器编号	地沟宽度 B1	地沟宽度 B2	L_k	L	L_o	方形补偿器地沟型号
W375	1300	1100	9680	3400	4400	3Z
W376	1300	1300	9980	4000	4300	
W377	1400	1300	10180	4000	4300	
W378	1300	1400	10140	4500	4260	
W379	1400	1400	10340	4500	4260	
W380	1300	1300	9980	4700	4300	
W381	1400	1300	10180	4700	4300	
W382	1300	1400	10140	5200	4260	
W383	1400	1400	10340	5200	4260	
W384	1200	—	2770	1100	370	2Z或2H
W385	1200	—	2770	1300	370	
W386	1200	—	2770	1400	370	
W387	1200	—	2770	1900	370	
W388	1200	—	2900	2100	500	
W389	1200	—	3600	2800	1200	1Z或1H
W390	1200	—	3600	2800	1200	
W391	1200	—	3600	2800	1200	
W392	1200	—	2770	1900	370	2Z或2H
W393	1200	—	3000	2300	600	
W394	1200	—	3300	2500	900	1Z或1H
W395	1200	—	5300	3000	2900	
W396	1200	—	5300	3000	2900	

附注：同69页附注1.2.3。

方形补偿器地沟选型表（六）						图集号	03R411-2
审核	徐洪球	校对	张鸣侠	设计	张群仲	页	67

方形补偿器地沟选型表

方形补偿器编号	地沟宽度 B1	地沟宽度 B2	L_k	L	L_o	方形补偿器地沟型号	方形补偿器编号	地沟宽度 B1	地沟宽度 B2	L_k	L	L_o	方形补偿器地沟型号	方形补偿器编号	地沟宽度 B1	地沟宽度 B2	L_k	L	L_o	方形补偿器地沟型号
W397	1200	—	5300	3000	2900	1Z 或 1H	W419	1200	—	3400	2700	1000	1Z 或 1H	W441	1300	—	5800	3100	3200	4H
W398	1200	—	3400	2700	1000		W420	1200	—	3700	2900	1300		W442	1400	—	5900	4000	3100	
W399	1200	—	3700	2900	1300		W421	1200	—	3800	3100	1400		W443	1400	—	5900	4700	3100	
W400	1200	—	5800	3500	3400		W422	1200	—	4200	3400	1800		W444	2100	—	5900	2590	1700	3H
W401	1200	—	5800	3500	3400		W423	1700	—	5400	2000	2000		W445	2100	—	4800	2590	600	
W402	1200	—	5800	3500	3400		W424	1700	—	5400	2000	2000		W446	2100	—	4800	2590	600	
W403	1200	—	3800	3100	1400		W425	1700	—	5400	2500	2000		W447	2200	—	5900	2690	1500	
W404	1200	—	4200	3400	1800		W426	1700	—	5400	2500	2000		W448	2100	—	4800	2590	600	
W405	1200	—	5800	4000	3400		W427	1700	—	5900	3000	2500		W449	2100	—	4800	2590	600	
W406	1200	—	5800	4000	3400		W428	1700	—	5900	3000	2500		W450	2100	—	5900	3000	1700	
W407	1200	—	5800	4000	3400		W429	1700	—	6900	3500	3500		W451	2100	—	5800	2700	1600	
W408	1200	—	5800	4700	3400		W430	1700	—	6900	3500	3500		W452	2100	—	5800	2700	1600	
W409	1200	—	5800	4700	3400		W431	1700	—	5900	4500	2500		W453	2200	—	5900	3000	1500	
W410	1200	—	5800	4700	3400		W432	1700	—	5900	4500	2500		W454	2100	—	5800	2700	1600	
W411	1200	—	2770	1100	370	2Z 或 2H	W433	1700	—	5900	5200	2500		W455	2100	—	5800	2700	1600	
W412	1200	—	2770	1300	370		W434	1700	—	5900	5200	2500		W456	2100	—	5900	3900	1700	4H
W413	1200	—	2770	1400	370		W435	1300	—	5800	1790	3200	3H	W457	2100	—	5800	3400	1600	
W414	1200	—	2770	1900	370		W436	1400	—	5900	2000	3100		W458	2100	—	5800	3400	1600	
W415	1200	—	2900	2100	500		W437	1300	—	5800	2000	3200		W459	2200	—	5900	3900	1500	
W416	1200	—	2770	1900	370		W438	1400	—	5900	2700	3100	4H	W460	2100	—	5800	3400	1600	
W417	1200	—	3000	2300	600		W439	1300	—	5800	2700	3200		W461	2100	—	5800	3400	1600	
W418	1200	—	3300	2500	900	1Z 或 1H	W440	1400	—	5900	3400	3100		W462	2100	—	5900	4500	1700	

附注：同69页附注1.2.3。

方形补偿器地沟选型表（七）						图集号	03R411-2
审核	徐洪球	校对	张鸣侠	设计	张群仲	页	68

方形补偿器地沟选型表

方形补偿器编号	地沟宽度 B1	地沟宽度 B2	L_k	L	L_0	方形补偿器地沟型号
W463	2200	—	5800	4000	1600	4H
W464	2100	—	5800	4000	1600	
W465	2200	—	5900	4500	1500	
W466	2100	—	5800	4000	1600	
W467	2100	—	5800	4000	1600	
W468	2100	—	5900	5200	1700	
W469	2100	—	5800	4700	1600	
W470	2100	—	5800	4700	1600	
W471	2200	—	5900	5200	1500	
W472	2100	—	5800	4700	1600	
W473	2100	—	5800	4700	1600	
W474	1400	—	3840	3000	1040	
W475	1400	—	4740	2600	1940	
W476	1500	—	4100	3200	1100	

方形补偿器编号	地沟宽度 B1	地沟宽度 B2	L_k	L	L_0	方形补偿器地沟型号
W477	1500	—	4400	3000	1400	4H
W478	1600	—	4420	3400	1220	
W479	1600	—	5820	3200	2620	
W480	1400	—	4640	3800	1840	
W481	1400	—	5940	3400	3140	
W482	1500	—	4900	4000	1900	
W483	1500	—	6300	3600	3300	
W484	1600	—	5220	4200	2020	
W485	1600	—	6720	3800	3520	
W486	1400	—	5040	4200	2240	
W487	1400	—	6540	3800	3740	
W488	1500	—	5500	4600	2500	
W489	1500	—	6900	4000	3900	
W490	1600	—	6020	5000	2820	

方形补偿器编号	地沟宽度 B1	地沟宽度 B2	L_k	L	L_0	方形补偿器地沟型号
W491	1600	—	7320	4200	4120	4H
W492	1400	—	5840	5000	3040	
W493	1400	—	7740	4600	4940	
W494	1500	—	6100	5200	3100	
W495	1500	—	8100	4800	5100	
W496	1600	—	6420	5400	3220	
W497	1600	—	8520	5000	5320	
W498	1400	—	6440	5600	3640	
W499	1400	—	8790	5300	5990	
W500	1500	—	6700	5800	3700	
W501	1500	—	9000	5400	7500	
W502	1600	—	7220	6200	4020	
W503	1600	—	9720	5800	6520	

附注:

1. 方形补偿器编号引自<<03R411-1>>图集，方形补偿器地沟标注法见总说明。
2. 表中若地沟宽度栏仅B_1项有数字时，此即普通单沟的地沟宽度。
3. 在方形补偿器地沟型号栏有两个可供选用的型号时，当与其相连接为砖（素混凝土）壁地沟时，应选用Z型，当与其相连接为钢筋混凝土地沟时则应选H型。

方形补偿器地沟选型表（八）						图集号	03R411-2
审核	徐洪球	校对	张鸣侠	设计	张群仲	页	69

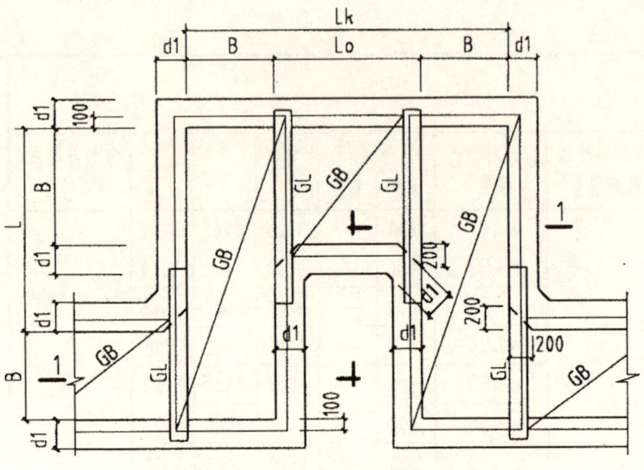

1Z.1H型方形补偿器地沟平面图

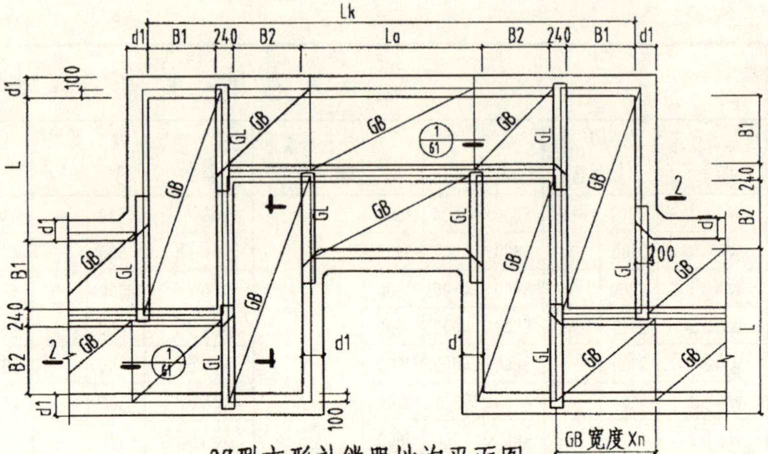

3Z型方形补偿器地沟平面图

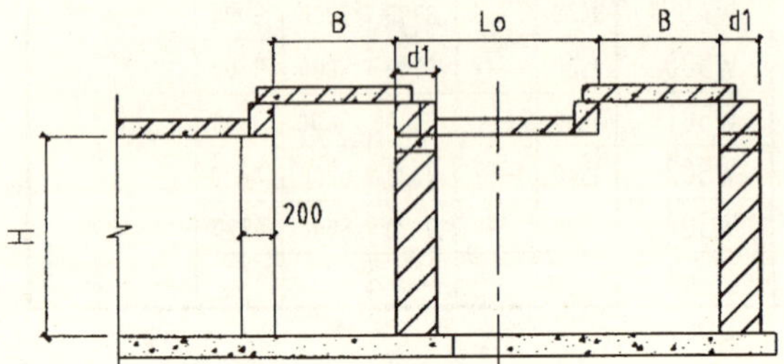

1-1(1Z型)

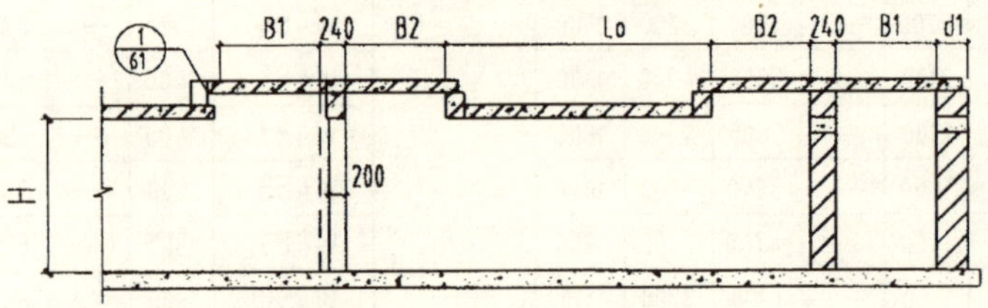

2—2

附注：1. 方形补偿器地沟宽度B（B1、B2），高度H，地沟结构、盖板、过梁的选用，防水构造类型等及本图未绘出部分，均与相连接的地沟相同。

2. 1Z、3Z型方形补偿器沟壁折角处压顶加厚及局部配筋见第61页②，当此地沟壁厚d1=120时，搁置过梁处应按第61页③④局部加厚。

3. 当地沟防水型号为Ⅶ、Ⅹ且1Z型方形补偿器的Lo又较小时，为便于防水层施工，可改按2Z型施工。

4. 当地沟防水型号为Ⅶ、Ⅷ、Ⅹ、Ⅺ时，1Z、3Z方形补偿器钢筋混凝土底板按第32页多个转角处理，此时如Lo或L较小，板面①筋可拉通。

5. 1H型方形补偿器地沟配筋按多个转角处理。

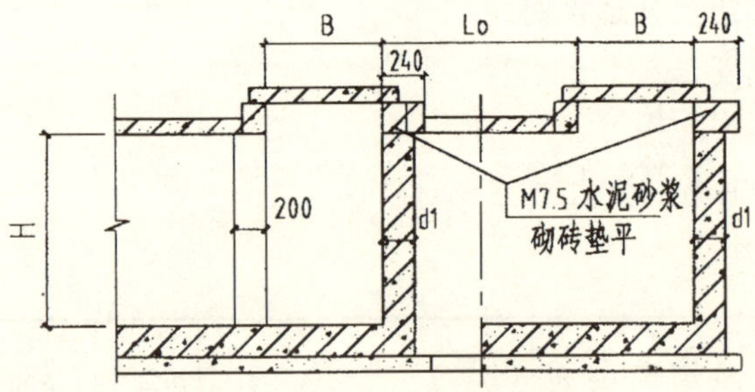

1-1(1H型)

1Z、1H、3Z型方形补偿器地沟详图						图集号	03R411-2
审核	徐洪球	校对	张鸣侠	设计	张群仲	页	70

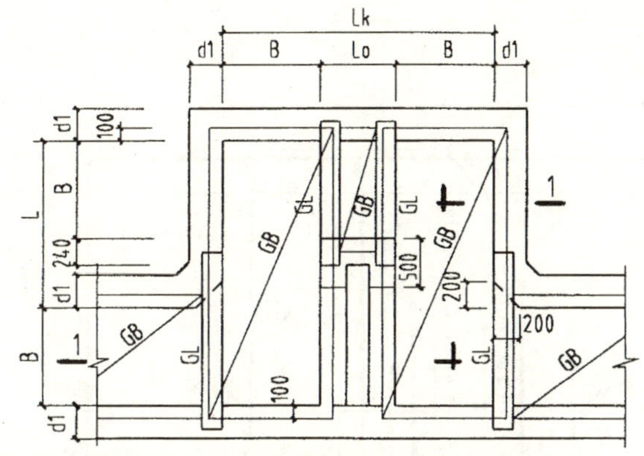

2Z型方形补偿器地沟平面图

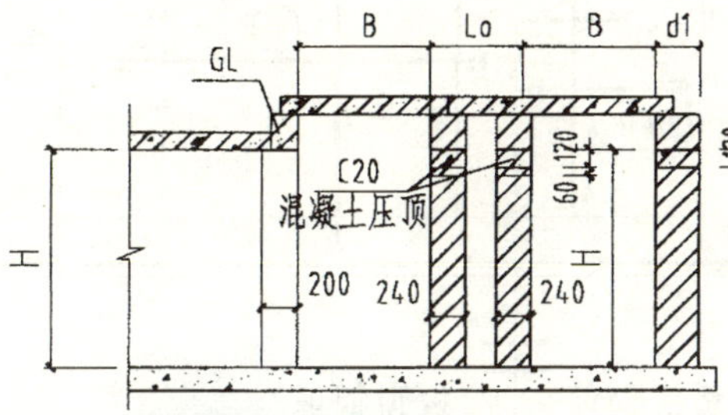

1-1

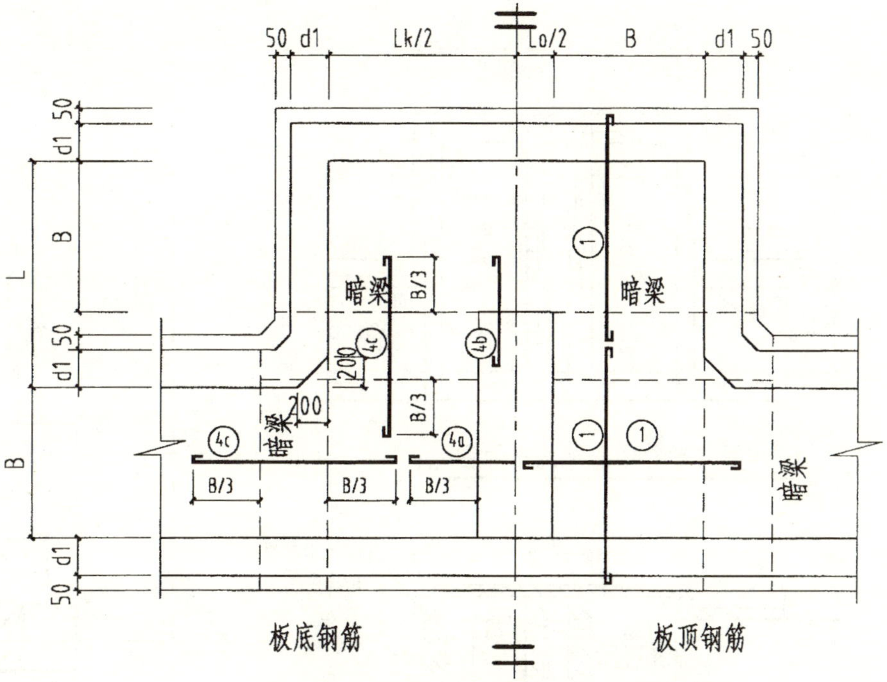

2Z 型方形补偿器地沟底板配筋图

附注

1. 2Z型方形补偿器地沟配筋底板仅用于防水型号为VII、X时，底板厚及图中未绘出部分均同第32～34页相应直地沟底板。沟壁内阳角的压顶在支承过梁处可参照第61页砖壁地沟转角加厚，配双层双向 φ8@80 钢筋网。
2. 图中 ①a ①b ①c 直径同 ① 筋，无特别注明者间距也同，形状尺寸如图，④a ④b ④c 筋直径与防水双沟底板 ④ 筋同。
3. 分布筋 φ8@200 ，本图未绘出。
4. 地沟底板暗梁详图见第32页，暗梁纵筋锚入沟壁内长度35d。

2Z 型方形补偿器地沟详图						图集号	03R411-2
审核	徐洪球	校对	张鸣侠	设计	张群仲	页	71

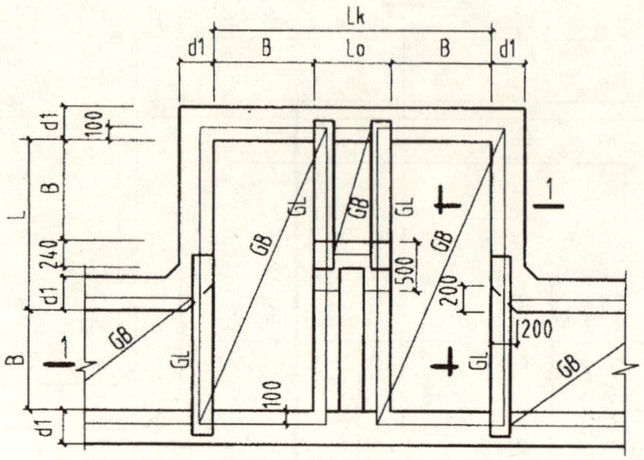

2H型方形补偿器地沟平面图

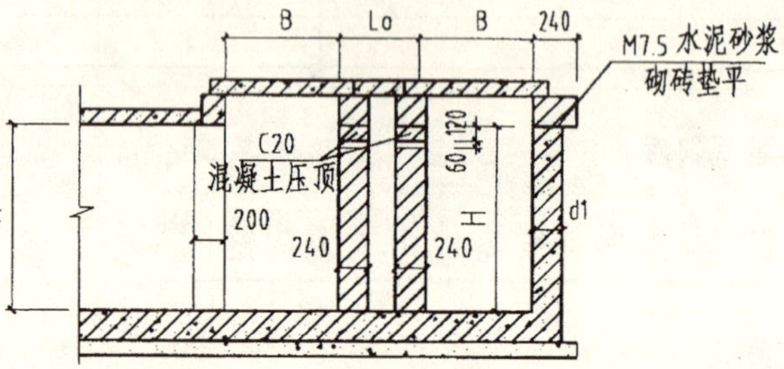

1-1

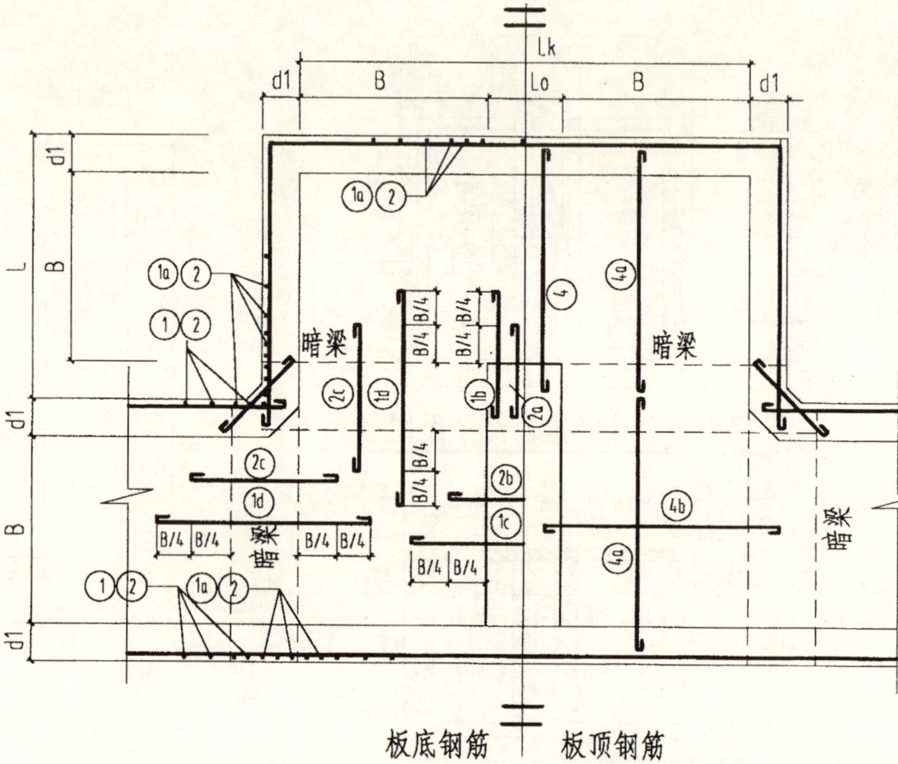

2H 型方形补偿器地沟配筋图

附注:

1. 方形补偿器地沟宽度B，高度H，地沟结构、盖板、过梁的选用，防水构造类型等及凡本图未绘出部分，均与相连接的直地沟相同。芯部240砖墙的压顶在支承过梁处可参照第61页砖壁地沟转角加厚，配双层双向 φ8@80 钢筋网。
2. 配筋图中，钢筋①a同第60页的①a，①b ①c ①d 钢筋直径、间距同①筋。②a ②b ②c 直径、间距同②筋。④a ④b 筋直径、间距同相应地沟的④钢筋。
3. 分布筋直径、间距同相应地沟，本图未绘出。
4. 地沟底板暗梁详图见第60页，暗梁纵筋锚入沟壁内长度35d。

2H型方形补偿器地沟详图						图集号	03R411-2
审核	徐洪球	校对	张鸣侠	设计	张群仲	页	72

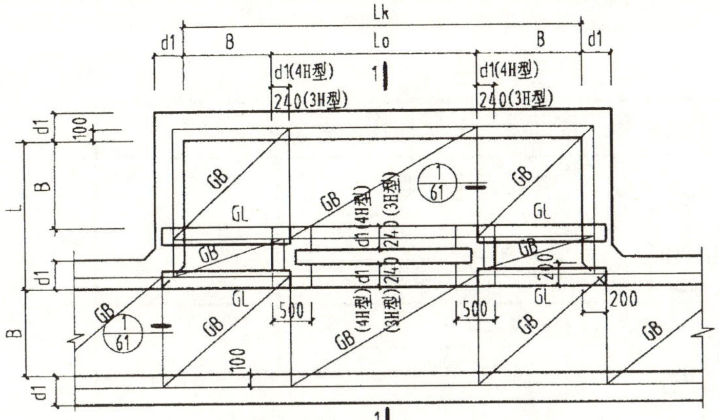

3H.4H型方形补偿器地沟平面图

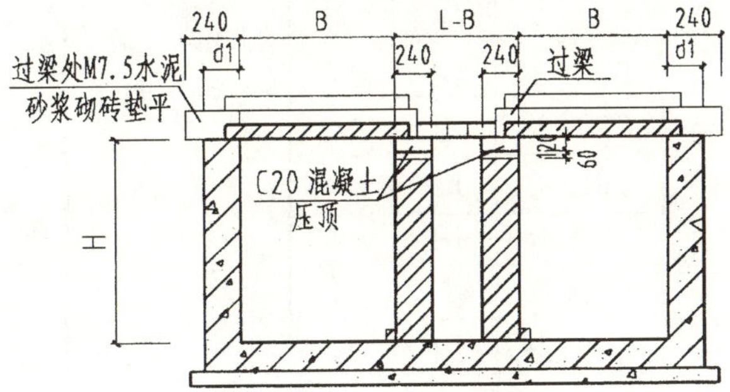

1-1(3H型)

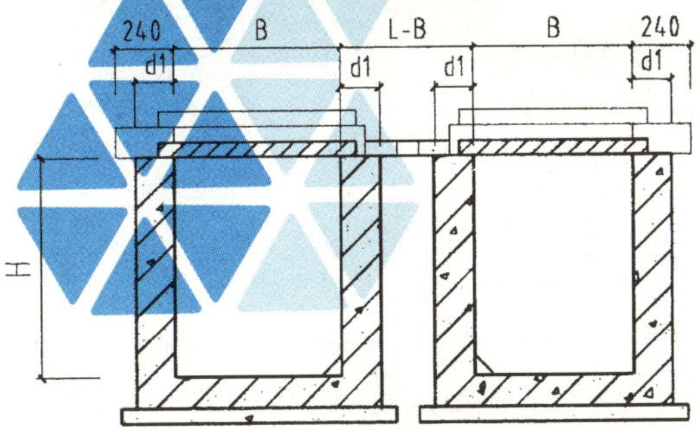

1-1(4H型)

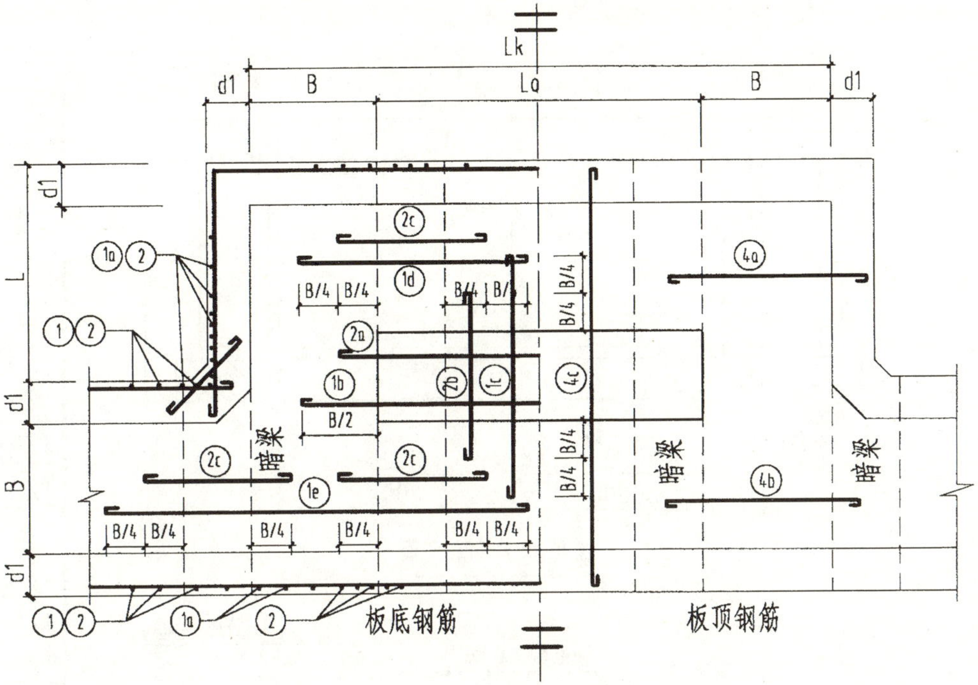

3H 型方形补偿器地沟配筋图

附注：1.方形补偿器地沟宽度B，高度H，地沟结构、盖板、过梁的选用，防水构造类型等及本图未绘出部分，均与相连接的地沟相同。芯部240砖墙的压顶在支承过梁处参照第61页砖壁地沟转角加厚，配双层双向 φ8@80 钢筋网。

2.配筋图中，钢筋(1a)同第60页的(1a)，(1b)(1c)(1d)(1e)钢筋直径、间距同(1)筋。(2a)(2b)(2c)直径、间距同(2)筋。(4a)(4b)(4c)筋直径、间距同相应地沟的(4)钢筋。

3.分布筋直径、间距同相应地沟，本图未绘出。

4.地沟底板暗梁详图见第60页，暗梁纵筋锚入沟壁内长度35d。

3H、4H型方形补偿器地沟详图						图集号	03R411-2
审核	徐洪球	校对	张鸣侠	设计	张群仲	页	73

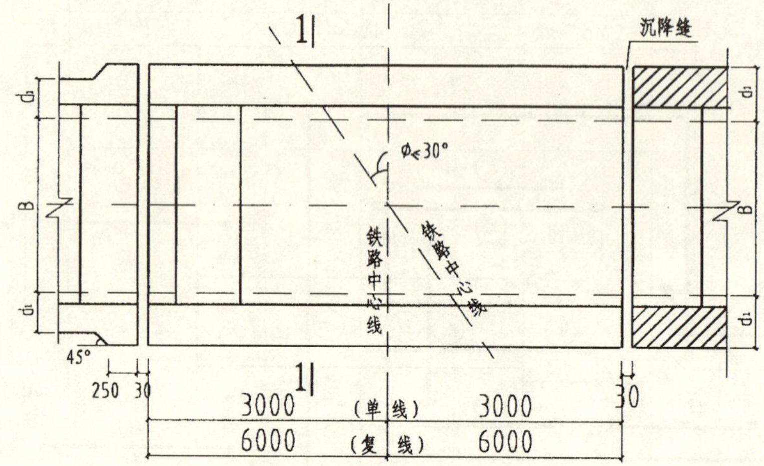

穿铁路地沟TZG平面

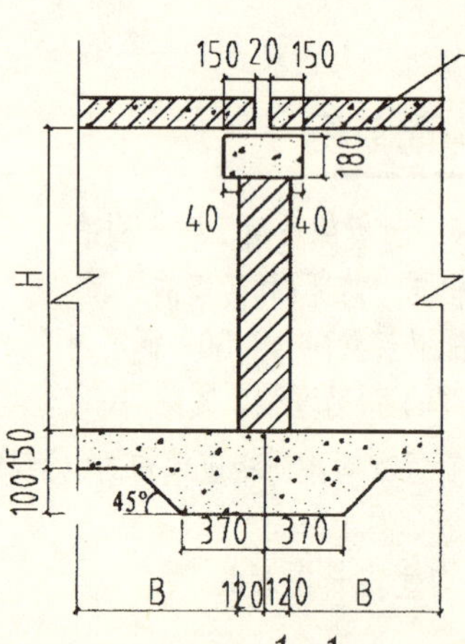

1-1

(双沟剖面示意)

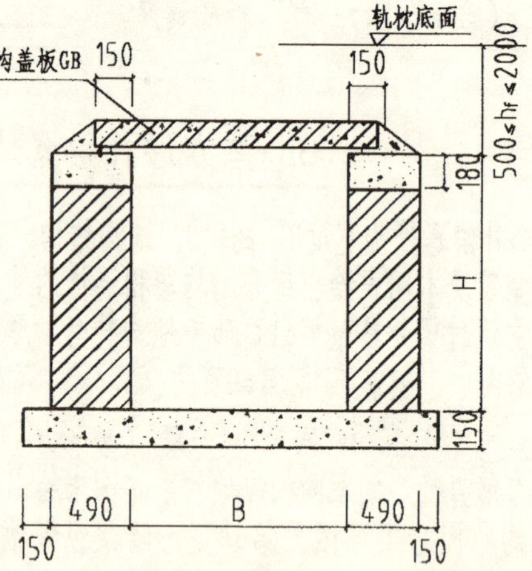

1-1

(单沟剖面示意)

穿铁路砖（素混凝土）壁地沟、盖板选用表

构件号	沟宽 B B1或B2 (mm)	沟高 H (mm)	盖板型号、数量			备注
			盖板型号	数量		
				单线	复线	
TZG-1	300	320≤H≤950	GB3-2	12	24	沟壁顶增设C20混凝土压顶，详本图剖面。当双沟时，盖板数量仅为一边数量。
TZG-2	400		GB4-2	12	24	
TZG-3	500		GB5-2	12	24	
TZG-4	600		GB6-3	12	24	
TZG-5	700		GB7-3	12	24	
TZG-6	800		GB8-3	12	24	
TZG-7	900		GB9-3	12	24	
TZG-8	1000		GB10-3	12	24	
TZG-9	1100		GB11-3	12	24	
TZG-10	1200		GB12-3	12	24	
TZG-11	1300		GB13-5	12	24	
TZG-12	1400		GB14-5	12	24	

附注:

1. 地沟高度H与所连接之地沟同。
2. 双沟除图示局部外均同单沟。
3. 当需防水时，采用钢筋混凝土底板见32、33页，板厚增加50，配筋按车行道选。
4. 防水类型与作法同相连接地沟，沉降缝作法参见第14、15页。
5. 当夹角>30°时，可将地沟适当加长，由个体设计定。

穿铁路砖壁地沟 TZG-1~12 详图及选用表						图集号	03R411-2
审核	徐洪球	校对	张鸣侠	设计	张群仲	页	74

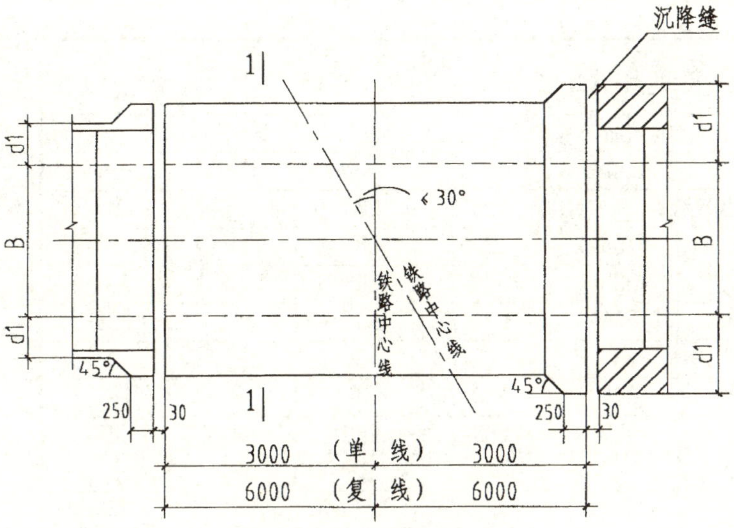

穿铁路地沟THG平面图

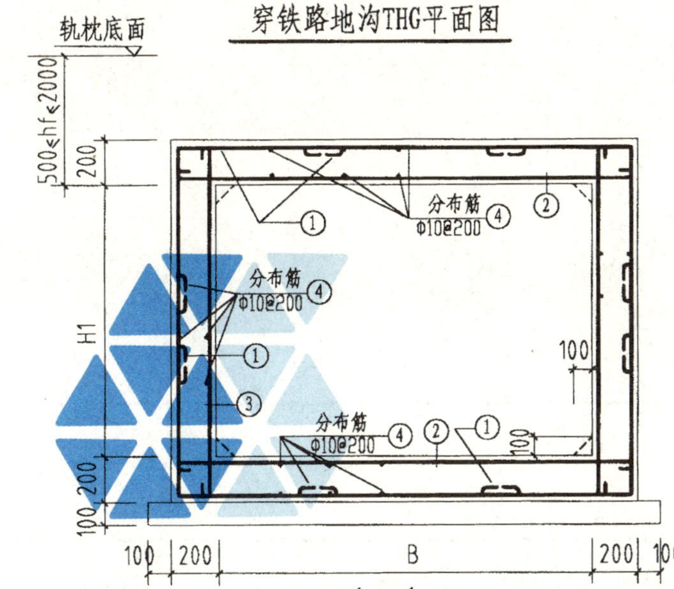

1 - 1

构件号	沟宽 B	沟高 H1	钢筋表 ①		② B+370		③ H+370		④ 分布筋		经济指标 混凝土 (m³/m)
THG-1	1000	1400	L=1230	Φ10 @150	L=1500	Φ10 @150	L=1900	Φ10 @150	按实际	Φ10 @200	1.120
THG-2	1100	1400	1230	Φ10 @150	1600	Φ10 @150	1900	Φ10 @150	按实际	Φ10 @200	1.160
THG-3(4)	1200	1400 (1500)	1230 (1280)	Φ10 @150	1700	Φ10 @150	1900 (2000)	Φ10 @150	按实际	Φ10 @200	1.200 (1.240)
THG-5	1200	1600	1330	Φ10 @150	1700	Φ10 @150	2100	Φ10 @150	按实际	Φ10 @200	1.280
THG-6	1300	1400	1230	Φ10 @150	1830	Φ10 @150	1900	Φ10 @150	按实际	Φ10 @200	1.240
THG-7(8)	1300	1500 (1600)	1280 (1330)	Φ10 @150	1800	Φ10 @150	2000 (2100)	Φ10 @150	按实际	Φ10 @200	1.280 (1.320)
THG-9(10)	1300	1800 (2000)	1300 (1400)	Φ12 @200	1800	Φ10 @150	2300 (2500)	Φ10 @150	按实际	Φ10 @200	1.400 (1.480)
THG-11	1400	1400	1230	Φ10 @150	1900	Φ10 @150	1900	Φ10 @150	按实际	Φ10 @200	1.280
THG-12(3)	1400	1500 (1600)	1280 (1330)	Φ10 @150	1900	Φ10 @150	2000 (2100)	Φ10 @150	按实际	Φ10 @200	1.320 (1.360)
THG-14(15)	1400	1800 (2000)	1300 (1400)	Φ12 @200	1900	Φ10 @150	2300 (2500)	Φ10 @150	按实际	Φ10 @200	1.440 (1.520)
THG-16	1500	1400	1150	Φ12 @200	2000	Φ10 @150	1900	Φ10 @150	按实际	Φ10 @200	1.320
THG-17	1600	1400	1200	Φ12 @200	2100	Φ10 @150	1900	Φ10 @150	按实际	Φ10 @200	1.360
THG-18(19)	1700	1500 (1600)	1250	Φ12 @200	2200	Φ10 @150	2000 (2100)	Φ10 @150	按实际	Φ10 @200	1.440 (1.480)
THG-20(21)	1800	1500 (1600)	1300	Φ12 @180	2300	Φ10 @150	2000 (2100)	Φ10 @150	按实际	Φ10 @200	1.480 (1.520)
THG-22(23)	2000	1500 (1600)	1400	Φ12 @150	2370	Φ12 @200	2000 (2100)	Φ10 @150	按实际	Φ10 @200	1.560 (1.600)
THG-24(25)	2100	1800 (2000)	1450	Φ12 @140	2470	Φ12 @200	2300 (2500)	Φ10 @150	按实际	Φ10 @200	1.720 (1.800)
THG-26(28)	2200	1800 (2000)	1500	Φ12 @130	2570	Φ12 @200	2300 (2500)	Φ10 @150	按实际	Φ10 @200	1.760 (1.840)

附注：1. 地沟采用C25级（当考虑地下水时，用S6防水混凝土）混凝土、垫层为C10混凝土。

2. 当相连接地沟高度H≥1400mm时，H1与H同；当H<1400mm时，如能保证hf≥500mm，H1=1400（沟底应相平顺坡，此时连接处盖板缝参照第61页⑪处理），如不能保证hf≥500mm，H1=H，此时配筋量与H1=1400mm者同，其中③钢筋长度相应减短。

3. 钢筋表中凡I级钢筋均应弯钩，表中长度已包括，①钢筋弯折两边长度相等，④分布筋与受力钢筋搭接长度为200mm；混凝土数量未包括垫层混凝土。

4. 平面图中两端分别表示穿铁路地沟与砖壁地沟或混凝土地沟连接示意。连接处沉降缝及地沟局部构造详见第14、15页。本地沟防水类别与相连接地沟同。

5. 图中四角虚线掖角仅用于THG-10、15、22 - 27，构造配筋同需加掖角的防水地沟。

穿铁路钢筋混凝土地沟 THG-1~27 详图及钢筋材料表						图集号	03R411-2
审核	徐洪球	校对	张鸣侠	设计	张群仲	页	75

地沟盖板编号及选用表

沟宽 B	板长 L	标志板宽	hf≤0.5m		0.5m<hf≤1.0m		1.0m<hf≤1.5m		1.5m<hf≤2.0m		车行道(0.5m≤hf≤2.0m)	
			10kN/m²	20kN/m²	10kN/m²	20kN/m²	10kN/m²	20kN/m²	10kN/m²	20kN/m²	汽-15	汽-20
300	500	500	GB3-1	GB3-1	GB3-1	GB3-1	GB3-1	GB3-1	GB3-1	GB3-1	GB3-2	GB3-2
400	600	500	GB4-1	GB4-1	GB4-1	GB4-1	GB4-1	GB4-1	GB4-1	GB4-1	GB4-2	GB4-2
500	700	500	GB5-1	GB5-1	GB5-1	GB5-1	GB5-1	GB5-1	GB5-1	GB5-1	GB5-2	GB5-2
600	800	500	GB6-1	GB6-1	GB6-1	GB6-1	GB6-1	GB6-2	GB6-2	GB6-2	GB6-3	GB6-3
700	900	500	GB7-1	GB7-1	GB7-1	GB7-1	GB7-1	GB7-2	GB7-2	GB7-2	GB7-3	GB7-3
800	1000	500	GB8-1	GB8-1	GB8-1	GB8-1	GB8-1	GB8-2	GB8-2	GB8-2	GB8-3	GB8-3
900	1100	500	GB9-1	GB9-1	GB9-1	GB9-1	GB9-1	GB9-2	GB9-2	GB9-2	GB9-3	GB9-3
1000	1200	500	GB10-1	GB10-1	GB10-1	GB10-1	GB10-1	GB10-2	GB10-2	GB10-2	GB10-3	GB10-3
1100	1300	750	GB11-1	GB11-1	GB11-1	GB11-1	GB11-1	GB11-2	GB11-2	GB11-2	GB11-3	GB11-3
1200	1400	750	GB12-1	GB12-1	GB12-1	GB12-1	GB12-1	GB12-2	GB12-2	GB12-2	GB12-3	GB12-3
1300	1500	750	GB13-1	GB13-2	GB13-2	GB13-2	GB13-2	GB13-3	GB13-3	GB13-3	GB13-4	GB13-5
1400	1600	750	GB14-1	GB14-2	GB14-2	GB14-2	GB14-2	GB14-3	GB14-3	GB14-3	GB14-4	GB14-5
1500	1700	750	GB15-1	GB15-2	GB15-2	GB15-2	GB15-2	GB15-3	GB15-3	GB15-3	GB15-4	GB15-5
1600	1800	750	GB16-1	GB16-2	GB16-2	GB16-3	GB16-3	GB16-3	GB16-3	GB16-4	GB16-5	GB16-6
1700	1900	750	GB17-1	GB17-2	GB17-2	GB17-3	GB17-3	GB17-3	GB17-3	GB17-4	GB17-5	GB17-6
1800	2000	750	GB18-1	GB18-2	GB18-2	GB18-2	GB18-2	GB18-3	GB18-3	GB18-4	GB18-5	GB18-6
1900	2100	750	GB19-1	GB19-2	GB19-2	GB19-2	GB19-2	GB19-3	GB19-3	GB19-4	GB19-5	GB19-6
2000	2200	750	GB20-1	GB20-2	GB20-2	GB20-2	GB20-2	GB20-3	GB20-3	GB20-4	GB20-5	GB20-6
2100	2300	750	GB21-1	GB21-2	GB21-2	GB21-2	GB21-2	GB21-3	GB21-3	GB21-4	GB21-5	GB21-6
2200	2400	750	GB22-1	GB22-2	GB22-2	GB22-2	GB22-2	GB22-3	GB22-3	GB22-4	GB22-5	GB22-6

附注:

1. 穿铁路地沟盖板(砖或素混凝土壁时)型号按第74页选用。
2. 当根据现场排板需要留设板缝时，板缝采用与盖板相同强度等级的混凝土现浇，内配钢筋直径同①，间距不大于①间距。

地沟盖板编号及选用表						图集号	03R411-2
审核 徐洪球	徐洪球	校对 张鸣侠	张鸣侠	设计 张群仲	张群仲	页	76

构件号	沟宽 B	板长 L	板厚 t	钢筋表				混凝土 m³	构件号	沟宽 B	板长 L	板厚 t	钢筋表				混凝土 (m³)
				①			②						①			②	
				直径	长度	数量	数量						直径	长度	数量	数量	
GB3-1	300	500	80	Φ8	570	4	4	0.0192	GB8-3	800	1000	100	Φ10	1100	5	7	0.0480
GB3-2	300	500	100	Φ8	570	4	4	0.0240	GB9-1	900	1100	100	Φ8	1170	4	7	0.0528
GB4-1	400	600	80	Φ8	670	4	4	0.0230	GB9-2	900	1100	100	Φ8	1170	5	7	0.0528
GB4-2	400	600	100	Φ8	670	4	4	0.0288	GB9-3	900	1100	150	Φ10	1200	5	8	0.0792
GB5-1	500	700	80	Φ8	770	4	5	0.0269	GB10-1	1000	1200	100	Φ8	1270	4	7	0.0576
GB5-2	500	700	100	Φ8	770	5	5	0.0336	GB10-2	1000	1200	100	Φ8	1270	5	7	0.0576
GB6-1	600	800	80	Φ8	870	4	5	0.0307	GB10-3	1000	1200	150	Φ10	1300	6	9	0.0864
GB6-2	600	800	100	Φ8	870	4	5	0.0384	GB11-1	1100	1300	100	Φ8	1370	5	8	0.0624
GB6-3	600	800	100	Φ8	870	5	5	0.0384	GB11-2	1000	1300	100	Φ8	1370	6	8	0.0624
GB7-1	700	900	80	Φ8	970	4	6	0.0346	GB11-3	1000	1300	150	Φ10	1400	6	9	0.0936
GB7-2	700	900	100	Φ8	970	4	6	0.0432	GB12-1	1200	1400	100	Φ8	1470	5	8	0.0672
GB7-3	700	900	100	Φ8	970	6	6	0.0432	GB12-2	1200	1400	100	Φ10	1500	5	8	0.0672
GB8-1	800	1000	80	Φ8	1070	4	6	0.0384	GB12-3	1200	1400	150	Φ10	1500	6	9	0.1008
GB8-2	800	1000	100	Φ8	1070	5	6	0.0480									

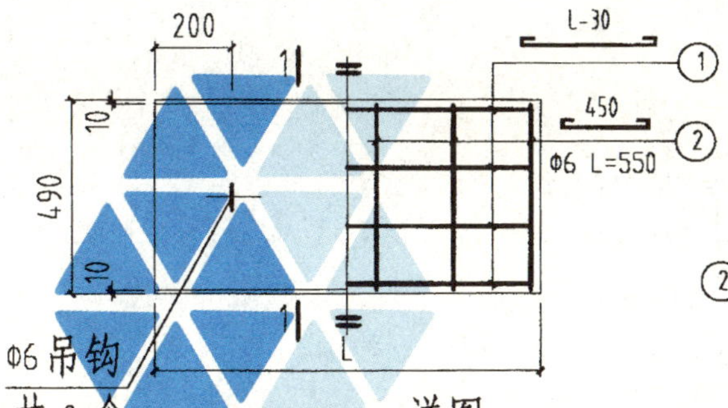

GB3 ~12-* 详图

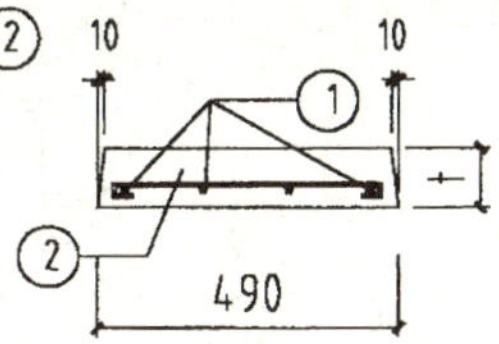

1-1

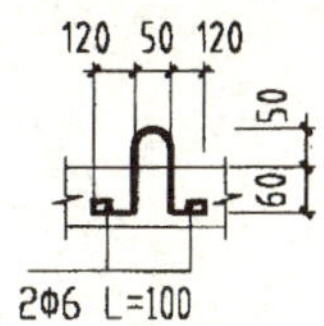

吊钩详图

附注:

1. 盖板选用表见第76页。
2. 混凝土采用C25级。
3. 吊钩严禁采用冷加工钢筋。

地沟盖板GB3～12-*详图及材料表						图集号	03R411-2
审核	徐洪球	校对	张鸣侠	设计	张群仲	页	77

构件号	沟宽 B	板长 L	板厚 t	钢筋表 ① 直径	① 长度	① 数量	② 数量	混凝土 m³
GB13-1	1300	1600	100	Φ8	1670	5	9	0.0768
GB13-2	1300	1600	150	Φ8	1670	5	9	0.1152
GB13-3	1300	1600	200	Φ10	1700	4	9	0.1536
GB13-4	1300	1600	200	Φ10	1700	5	11	0.1536
GB13-5	1300	1600	200	Φ10	1700	6	11	0.1536
GB14-1	1400	1700	100	Φ8	1770	5	9	0.0816
GB14-2	1400	1700	150	Φ8	1770	6	9	0.1224
GB14-3	1400	1700	200	Φ10	1800	4	9	0.1632
GB14-4	1400	1700	200	Φ10	1800	6	12	0.1632
GB14-5	1400	1700	200	Φ12	1670	4	12	0.1632
GB15-1	1500	1800	100	Φ8	1870	6	10	0.0864
GB15-2	1500	1800	150	Φ10	1900	4	10	0.1296
GB15-3	1500	1800	200	Φ10	1900	4	10	0.1728
GB15-4	1500	1800	200	Φ10	1900	6	12	0.1728

构件号	沟宽 B	板长 L	板厚 t	钢筋表 ① 直径	① 长度	① 数量	② 数量	混凝土 (m³)
GB15-5	1500	1800	200	Φ12	1770	4	12	0.1728
GB16-1	1600	1900	100	Φ10	2000	4	10	0.0912
GB16-2	1600	1900	150	Φ10	2000	4	10	0.1368
GB16-3	1600	1900	200	Φ10	2000	4	10	0.1824
GB16-4	1600	1900	200	Φ10	2000	5	10	0.1824
GB16-5	1600	1900	200	Φ12	1870	4	13	0.1824
GB16-6	1600	1900	200	Φ12	1870	5	13	0.1824
GB17-1	1700	2000	150	Φ10	2100	4	11	0.1440
GB17-2	1700	2000	150	Φ10	2100	5	11	0.1440
GB17-3	1700	2000	200	Φ10	2100	5	11	0.1920
GB17-4	1700	2000	200	Φ12	1970	4	11	0.1920
GB17-5	1700	2000	200	Φ12	1970	5	14	0.1920
GB17-6	1700	2000	200	Φ12	1970	6	14	0.1920

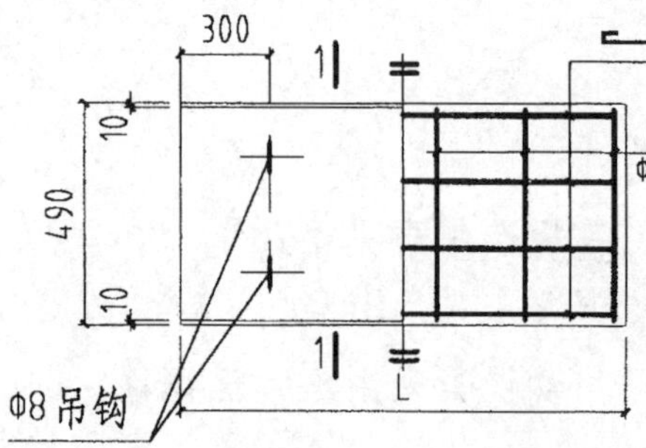

GB13～17－*详图

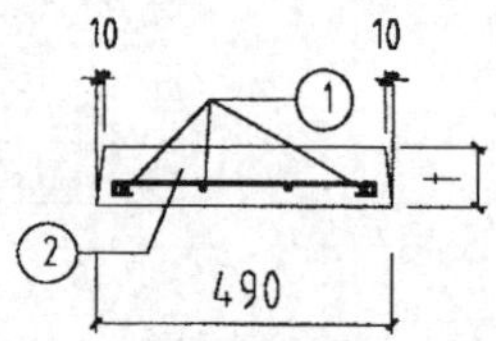

1-1

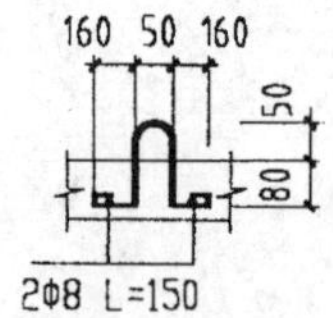

吊钩详图

附注： 同第77页。

地沟盖板GB13～17-*详图及材料表						图集号	03R411-2
审核	徐洪球	校对	张鸣侠	设计	张群仲	页	78

构件号	沟宽 B	板长 L	板厚 t	钢筋表								混凝土 (m³)
				①			②	③			④	
				直径	长度	数量	数量	直径	长度	数量	数量	
GB18-1	1800	2100	150	Φ10	2200	4	12					0.1512
GB18-2	1800	2100	200	Φ10	2200	6	12					0.2016
GB18-3	1800	2100	200	Φ12	2070	4	12					0.2016
GB18-4	1800	2100	200	Φ12	2070	4	12					0.2016
GB18-5	1800	2100	200	Φ12	2070	5		Φ8	2160	4	24	0.2016
GB18-6	1800	2100	200	Φ12	2070	6		Φ8	2160	4	24	0.2016
GB19-1	1900	2200	150	Φ10	2300	4	12					0.1584
GB19-2	1900	2200	200	Φ10	2300	6	12					0.2112
GB19-3	1900	2200	250	Φ10	2300	5	12					0.2640
GB19-4	1900	2200	250	Φ10	2300	6	12					0.2640
GB19-5	1900	2200	250	Φ12	2170	5		Φ8	2260	4	24	0.2640
GB19-6	1900	2200	250	Φ12	2170	6		Φ8	2260	4	24	0.2640
GB20-1	2000	2300	150	Φ10	2400	5	13					0.1656
GB20-2	2000	2300	200	Φ10	2400	6	13					0.2208
GB20-3	2000	2300	250	Φ10	2400	6	13					0.2760
GB20-4	2000	2300	250	Φ12	2270	4	13					0.2760
GB20-5	2000	2300	250	Φ12	2270	5		Φ8	2360	4	26	0.2760
GB20-6	2000	2300	250	Φ12	2270	6		Φ8	2360	4	26	0.2760

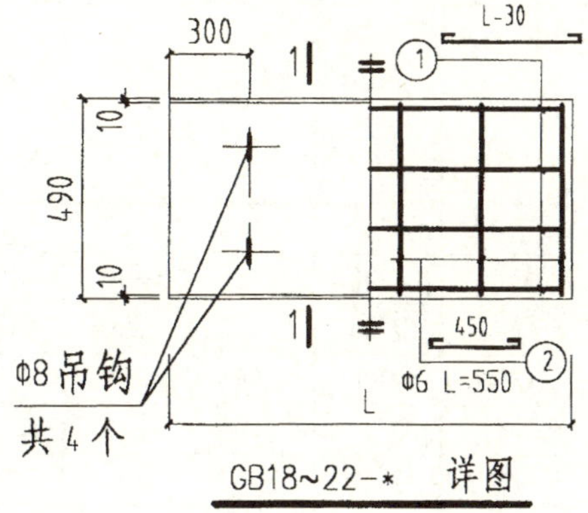

GB18~22-* 详图

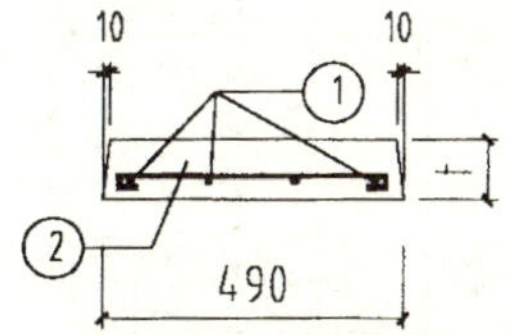

1-1

用于GB*-1~4

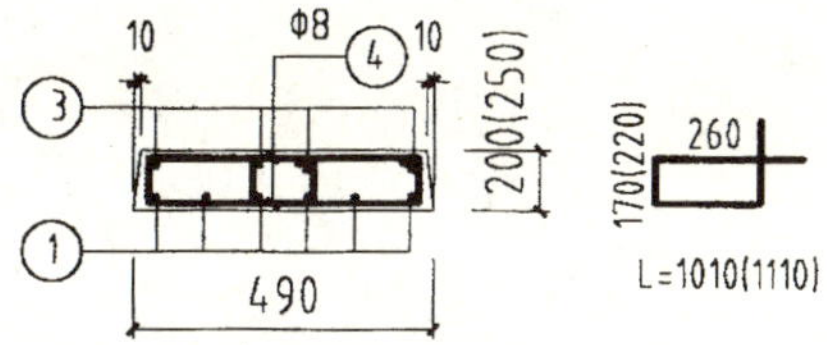

1-1

用于GB*-5.6

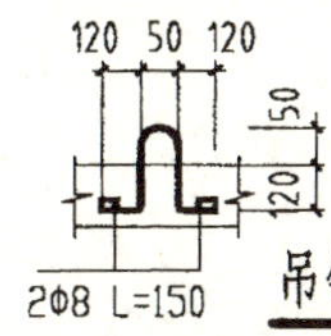

吊钩详图

附注： 同第77页。

地沟盖板GB18～20-*详图及材料表						图集号	03R411-2
审核	徐洪球	校对	张鸣侠	设计	张群仲	页	79

构件号	沟宽 B	板长 L	板厚 t	钢筋表								混凝土 (m³)
				①			②	③			④	
				直径	长度	数量	数量	直径	长度	数量	数量	
GB21-1	2100	2400	150	Φ10	2490	5	13					0.1728
GB21-2	2100	2400	200	Φ10	2490	6	13					0.2304
GB21-3	2100	2400	250	Φ12	2360	4	13					0.2880
GB21-4	2100	2400	250	Φ12	2360	5	13					0.2880
GB21-5	2100	2400	250	Φ12	2360	6		Φ8	2360	4	26	0.2880
GB21-6	2100	2400	250	Φ14	2360	5		Φ8	2360	4	26	0.2880
GB22-1	2200	2500	150	Φ10	2590	6	14					0.1800
GB22-2	2200	2500	200	Φ10	2590	6	14					0.2400
GB22-3	2200	2500	250	Φ12	2460	4	14					0.3000
GB22-4	2200	2500	250	Φ12	2460	5	14					0.3000
GB22-5	2200	2500	250	Φ12	2460	6		Φ8	2360	4	26	0.3000
GB22-6	2200	2500	250	Φ14	2460	6		Φ8	2360	4	26	0.3000

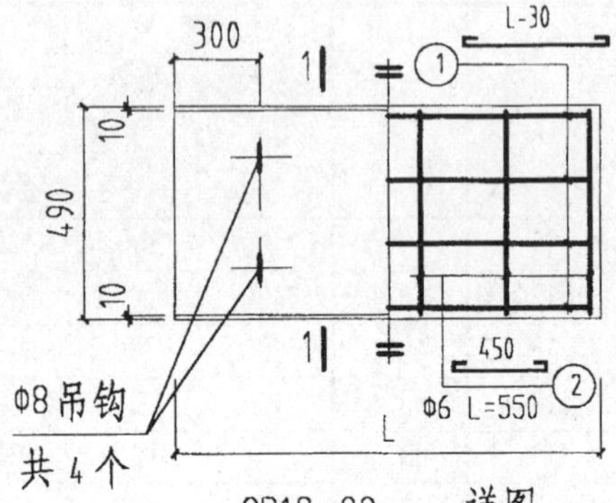

GB18~22-* 详图

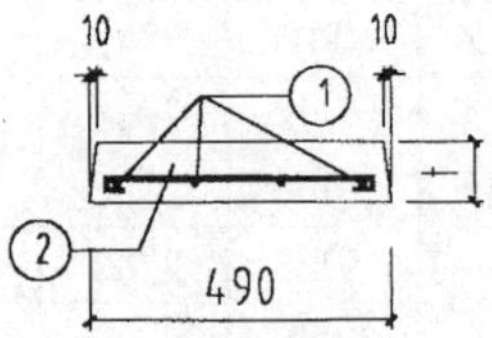

1-1

用于GB*-1~4

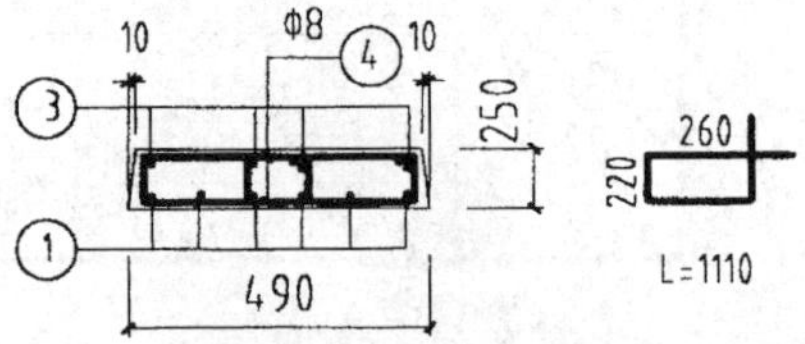

1-1

用于GB*-5.6

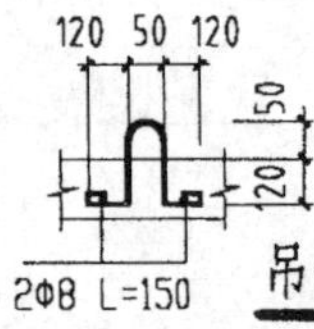

吊钩详图

附注： 同第77页。

地沟盖板GB21～22-*详图及材料表						图集号	03R411-2
审核	徐洪球	校对	张鸣侠	设计	张群仲	页	80

地沟过梁编号及选用表

沟宽 B	梁长 L	hf ≤0.5m		0.5m<hf ≤1.0m		1.0m<hf ≤1.5m		1.5m<hf ≤2.0m		车行道 (0.5m≤hf ≤2.0m)	
		10kN/m²	20kN/m²	10kN/m²	20kN/m²	10kN/m²	20kN/m²	10kN/m²	20kN/m²	汽-15	汽-20
300	600	GL3-1	GL3-1	GL3-1	GL3-1	GL3-1	GL3-1	GL3-1	GL3-1	GL3-1	GL3-1
400	700	GL4-1	GL4-1	GL4-1	GL4-1	GL4-1	GL4-1	GL4-1	GL4-1	GL4-1	GL4-1
500	800	GL5-1	GL5-1	GL5-1	GL5-1	GL5-1	GL5-1	GL5-1	GL5-1	GL5-1	GL5-1
600	900	GL6-1	GL6-1	GL6-1	GL6-1	GL6-1	GL6-1	GL6-1	GL6-1	GL6-1	GL6-1
700	1000	GL7-1	GL7-1	GL7-1	GL7-1	GL7-1	GL7-1	GL7-1	GL7-1	GL7-2	GL7-2
800	1200	GL8-1	GL8-1	GL8-1	GL8-1	GL8-1	GL8-1	GL8-1	GL8-2	GL8-3	GL8-3
900	1300	GL9-1	GL9-1	GL9-1	GL9-1	GL9-1	GL9-2	GL9-2	GL9-2	GL9-3	GL9-4
1000	1400	GL10-1	GL10-1	GL10-1	GL10-1	GL10-1	GL10-2	GL10-2	GL10-2	GL10-3	GL10-4
1100	1500	GL11-1	GL11-1	GL11-1	GL11-1	GL11-1	GL11-2	GL11-2	GL11-3	GL11-4	GL11-5
1200	1600	GL12-1	GL12-2	GL12-2	GL12-2	GL12-2	GL12-3	GL12-3	GL12-3	GL12-4	GL12-5
1300	1700	GL13-1	GL13-2	GL13-2	GL13-2	GL13-2	GL13-3	GL13-3	GL13-3	GL13-4	GL13-5
1400	1800	GL14-1	GL14-2	GL14-2	GL14-2	GL14-2	GL14-3	GL14-3	GL14-3	GL14-4	GL14-5
1500	1900	GL15-1	GL15-1	GL15-1	GL15-2	GL15-2	GL15-3	GL15-3	GL15-3	GL15-4	GL15-5
1600	2000	GL16-1	GL16-1	GL16-1	GL16-2	GL16-2	GL16-3	GL16-3	GL16-3	GL16-4	GL16-5
1700	2100	GL17-1	GL17-1	GL17-1	GL17-2	GL17-2	GL17-3	GL17-3	GL17-3	GL17-4	GL17-5
1800	2300	GL18-1	GL18-2	GL18-2	GL18-2	GL18-2	GL18-3	GL18-3	GL18-3	GL18-4	GL18-5
1900	2400	GL19-1	GL19-2	GL19-2	GL19-2	GL19-2	GL19-3	GL19-3	GL19-3	GL19-4	GL19-5
2000	2500	GL20-1	GL20-1	GL20-1	GL20-2	GL20-2	GL20-3	GL20-3	GL20-3	GL20-4	GL20-5
2100	2600	GL21-1	GL21-1	GL21-1	GL21-2	GL21-2	GL21-3	GL21-3	GL21-3	GL21-4	GL21-5
2200	2700	GL22-1	GL22-2	GL22-2	GL22-2	GL22-2	GL22-3	GL22-3	GL22-3	GL22-4	GL22-5

构件号	沟宽 B	梁长 L	梁宽 b	梁高 h	钢筋表						混凝土 (m³)
					① L-50		② L-50		③ h-40 b-40		
					长度	数量直径	长度	数量直径	长度	数量直径	
GL3-1	300	600	150	150	650	2Φ8	650	2Φ8	590	6Φ8	0.0135
GL4-1	400	700	150	150	750	2Φ8	750	2Φ8	590	6Φ8	0.0158
GL5-1	500	800	150	150	850	2Φ8	850	2Φ8	590	7Φ8	0.0180
GL6-1	600	900	150	150	950	2Φ8	950	2Φ8	590	8Φ8	0.0202
GL7-1	700	1000	150	150	1050	2Φ8	1050	2Φ8	590	8Φ8	0.0225
GL7-2	700	1000	150	150	1080	2Φ10	1050	2Φ8	590	8Φ8	0.0225
GL8-1	800	1200	150	150	1250	2Φ8	1250	2Φ8	590	9Φ8	0.0270
GL8-2	800	1200	150	150	1280	2Φ10	1250	2Φ8	590	9Φ8	0.0270
GL8-3	800	1200	150	150	1300	2Φ12	1250	2Φ8	590	9Φ8	0.0270
GL9-1	900	1300	150	150	1350	2Φ8	1350	2Φ8	590	9Φ8	0.0292
GL9-2	900	1300	150	150	1380	2Φ10	1350	2Φ8	590	9Φ8	0.0292
GL9-3	900	1300	150	200	1380	2Φ10	1350	2Φ8	690	9Φ8	0.0390
GL9-4	900	1300	150	200	1400	2Φ12	1350	2Φ8	690	9Φ8	0.0390

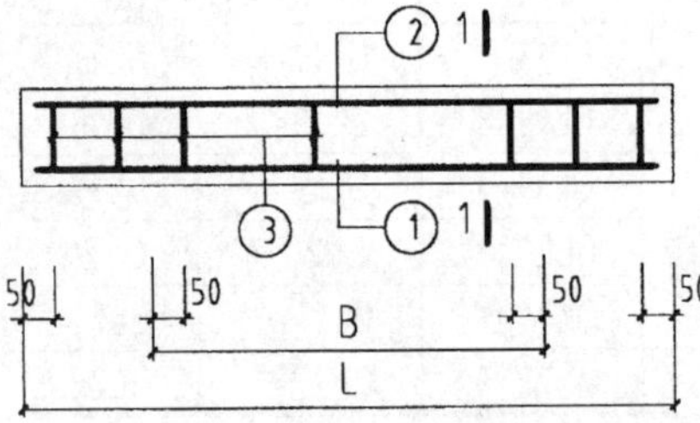

GL3～22- 详图

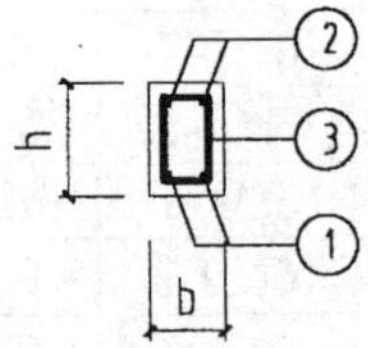

1-1

附注:

1. 混凝土强度等级为C25。
2. 当①筋为HPB235级钢筋时简图为 L-50 ；当其为HRB335级钢筋且直径≥Φ12 时简图为 100 L-50 100，钢筋表中钢筋弯钩增加的长度均已包括。
3. 梁制作后须注明正反，避免倒置。
4. 箍筋除两端外等间距放置。

地沟过梁 GL3～22-* 详图及材料表（一）						图集号	03R411-2
审核	徐洪球	校对	张鸣侠	设计	张群仲	页	82

构件号	沟宽 B	梁长 L	梁宽 b	梁高 h	钢筋表						混凝土 (m³)
					① L-50		② L-50		③ h-40 b-40		
					长 度	数量直径	长 度	数量直径	长 度	数量直径	
GL10-1	1000	1400	150	150	1480	2Φ10	1450	2Φ8	590	10Φ8	0.0315
GL10-2	1000	1400	150	150	1500	2Φ12	1450	2Φ8	590	10Φ8	0.0315
GL10-3	1000	1400	150	200	1500	2Φ12	1450	2Φ8	690	10Φ8	0.0420
GL10-4	1000	1400	150	200	1350	2Φ12	1450	2Φ8	690	10Φ8	0.0420
GL11-1	1100	1500	150	150	1600	2Φ12	1550	2Φ8	590	10Φ8	0.0338
GL11-2	1100	1500	150	200	1580	2Φ10	1550	2Φ8	690	10Φ8	0.0450
GL11-3	1100	1500	150	200	1600	2Φ12	1550	2Φ8	690	10Φ8	0.0450
GL11-4	1100	1500	150	200	1450	2Φ12	1450	2Φ8	690	10Φ8	0.0450
GL11-5	1100	1500	150	200	1450	2Φ14	1450	2Φ8	690	10Φ8	0.0450
GL12-1	1200	1600	150	150	1680	2Φ10	1650	2Φ8	590	11Φ8	0.0360
GL12-2	1200	1600	150	200	1550	2Φ10	1650	2Φ8	690	11Φ8	0.0480
GL12-3	1200	1600	150	200	1550	2Φ12	1650	2Φ8	690	11Φ8	0.0480
GL12-4	1200	1600	150	250	1550	2Φ12	1650	2Φ8	790	11Φ8	0.0600
GL12-5	1200	1600	150	250	1550	2Φ14	1650	2Φ8	790	11Φ8	0.0600
GL13-1	1300	1700	150	150	1780	2Φ10	1650	2Φ8	590	11Φ8	0.0382
GL13-2	1300	1700	150	200	1650	2Φ10	1750	2Φ8	690	11Φ8	0.0510
GL13-3	1300	1700	150	200	1650	2Φ12	1750	2Φ8	690	11Φ8	0.0510
GL13-4	1300	1700	150	250	1650	2Φ14	1750	2Φ8	790	11Φ8	0.0638
GL13-5	1300	1700	150	250	1650	2Φ16	1750	2Φ8	790	11Φ8	0.0638
GL14-1	1400	1800	150	150	1900	2Φ12	1850	2Φ8	590	12Φ8	0.0405
GL14-2	1400	1800	150	200	1750	2Φ12	1850	2Φ8	690	12Φ8	0.0540
GL14-3	1400	1800	150	200	1750	2Φ14	1850	2Φ8	690	12Φ8	0.0540

附注：同第82页。

地沟过梁GL3～22-* 材料表（二）							图集号	03R411-2
审核	徐洪球	校对	张鸣侠	设计	张群仲		页	83

构件号	沟宽 B	梁长 L	梁宽 b	梁高 h	钢筋表						混凝土 (m^3)
					① L-50		② L-50		③ h-40 b-40		
					长 度	数量直径	长 度	数量直径	长 度	数量直径	
GL14-4	1400	1800	150	250	1750	2Φ14	1850	2Φ8	790	12Φ8	0.0675
GL14-5	1400	1800	150	250	1750	2Φ16	1850	2Φ8	790	12Φ8	0.0675
GL15-1	1500	1900	150	200	1850	2Φ12	1950	2Φ8	690	12Φ8	0.0570
GL15-2	1500	1900	150	200	1850	2Φ14	1950	2Φ8	690	12Φ8	0.0570
GL15-3	1500	1900	150	250	1850	2Φ14	1950	2Φ8	790	12Φ8	0.0712
GL15-4	1500	1900	150	300	1850	2Φ14	1980	2Φ10	890	12Φ8	0.0855
GL15-5	1500	1900	150	300	1850	2Φ16	1980	2Φ10	890	12Φ8	0.0855
GL16-1	1600	2000	150	200	1950	2Φ12	2050	2Φ8	690	13Φ8	0.0600
GL16-2	1600	2000	150	200	1950	2Φ14	2050	2Φ8	690	13Φ8	0.0600
GL16-3	1600	2000	150	250	1950	2Φ14	2050	2Φ8	790	13Φ8	0.0750
GL16-4	1600	2000	150	300	1950	2Φ16	2080	2Φ10	890	13Φ8	0.0900
GL16-5	1600	2000	150	300	1950	2Φ18	2080	2Φ10	890	13Φ8	0.0900
GL17-1	1700	2100	150	200	2050	2Φ14	2150	2Φ8	690	14Φ8	0.0630
GL17-2	1700	2100	150	200	2050	2Φ16	2150	2Φ8	690	14Φ8	0.0630
GL17-3	1700	2100	150	250	2050	2Φ16	2150	2Φ8	790	14Φ8	0.0788
GL17-4	1700	2100	150	300	2050	2Φ18	2180	2Φ10	890	14Φ8	0.0945
GL17-5	1700	2100	150	300	2050	2Φ20	2180	2Φ10	890	14Φ8	0.0945
GL18-1	1800	2300	150	200	2250	2Φ12	2350	2Φ8	690	15Φ8	0.0690
GL18-2	1800	2300	150	250	2250	2Φ16	2350	2Φ8	790	15Φ8	0.0862
GL18-3	1800	2300	150	300	2250	2Φ16	2380	2Φ10	890	15Φ8	0.1035
GL18-4	1800	2300	200	350	2250	3Φ14	2380	2Φ10	1090	15Φ8	0.1610
GL18-5	1800	2300	200	350	2250	3Φ16	2380	2Φ10	1090	15Φ8	0.1610

附注：同第82页。

地沟过梁GL3~22-* 材料表（三）						图集号	03R411-2
审核	徐洪球	校对	张鸣侠	设计	张群仲	页	84

构件号	沟宽 B	梁长 L	梁宽 b	梁高 h	钢筋表 ① L-50		② L-50		③ b-40 h-40		混凝土 (m^3)
					长度	数量直径	长度	数量直径	长度	数量直径	
GL19-1	1900	2400	150	200	2350	2Φ14	2450	2Φ8	690	15Φ8	0.0720
GL19-2	1900	2400	150	250	2350	2Φ16	2450	2Φ8	790	15Φ8	0.0900
GL19-3	1900	2400	150	300	2350	2Φ18	2480	2Φ10	890	15Φ8	0.1080
GL19-4	1900	2400	200	350	2350	3Φ16	2480	2Φ10	1090	15Φ8	0.1680
GL19-5	1900	2400	200	350	2350	3Φ18	2480	2Φ10	1090	15Φ8	0.1680
GL20-1	2000	2500	150	250	2450	2Φ16	2550	2Φ8	790	16Φ8	0.0938
GL20-2	2000	2500	150	250	2450	2Φ18	2550	2Φ8	790	16Φ8	0.0938
GL20-3	2000	2500	150	300	2450	2Φ20	2580	2Φ10	890	16Φ8	0.1125
GL20-4	2000	2500	200	350	2450	3Φ18	2580	2Φ10	1090	16Φ8	0.1750
GL20-5	2000	2500	200	350	2450	3Φ20	2580	2Φ10	1090	16Φ8	0.1750
GL21-1	2100	2600	150	250	2550	2Φ18	2650	2Φ8	790	16Φ8	0.0975
GL21-2	2100	2600	150	300	2550	2Φ18	2680	2Φ10	890	16Φ8	0.1170
GL21-3	2100	2600	200	350	2550	3Φ14	2680	2Φ10	1090	16Φ8	0.1820
GL21-4	2100	2600	200	350	2550	3Φ18	2680	2Φ10	1090	16Φ8	0.1820
GL21-5	2100	2600	200	350	2550	3Φ22	2680	2Φ10	1090	16Φ8	0.1820
GL22-1	2200	2700	150	250	2650	2Φ14	2750	2Φ8	790	17Φ8	0.1012
GL22-2	2200	2700	150	300	2650	2Φ18	2780	2Φ10	890	17Φ8	0.1215
GL22-3	2200	2700	200	350	2650	3Φ16	2780	2Φ10	1090	17Φ8	0.1890
GL22-4	2200	2700	200	350	2650	3Φ20	2780	2Φ10	1090	17Φ8	0.1890
GL22-5	2200	2700	200	350	2650	4Φ20	2780	2Φ12	1090	17Φ8	0.1890

附注：同第82页。

地沟过梁 GL3~22-* 材料表（四）						图集号	03R411-2
审核	徐洪球	校对	张鸣侠	设计	张群仲	页	85

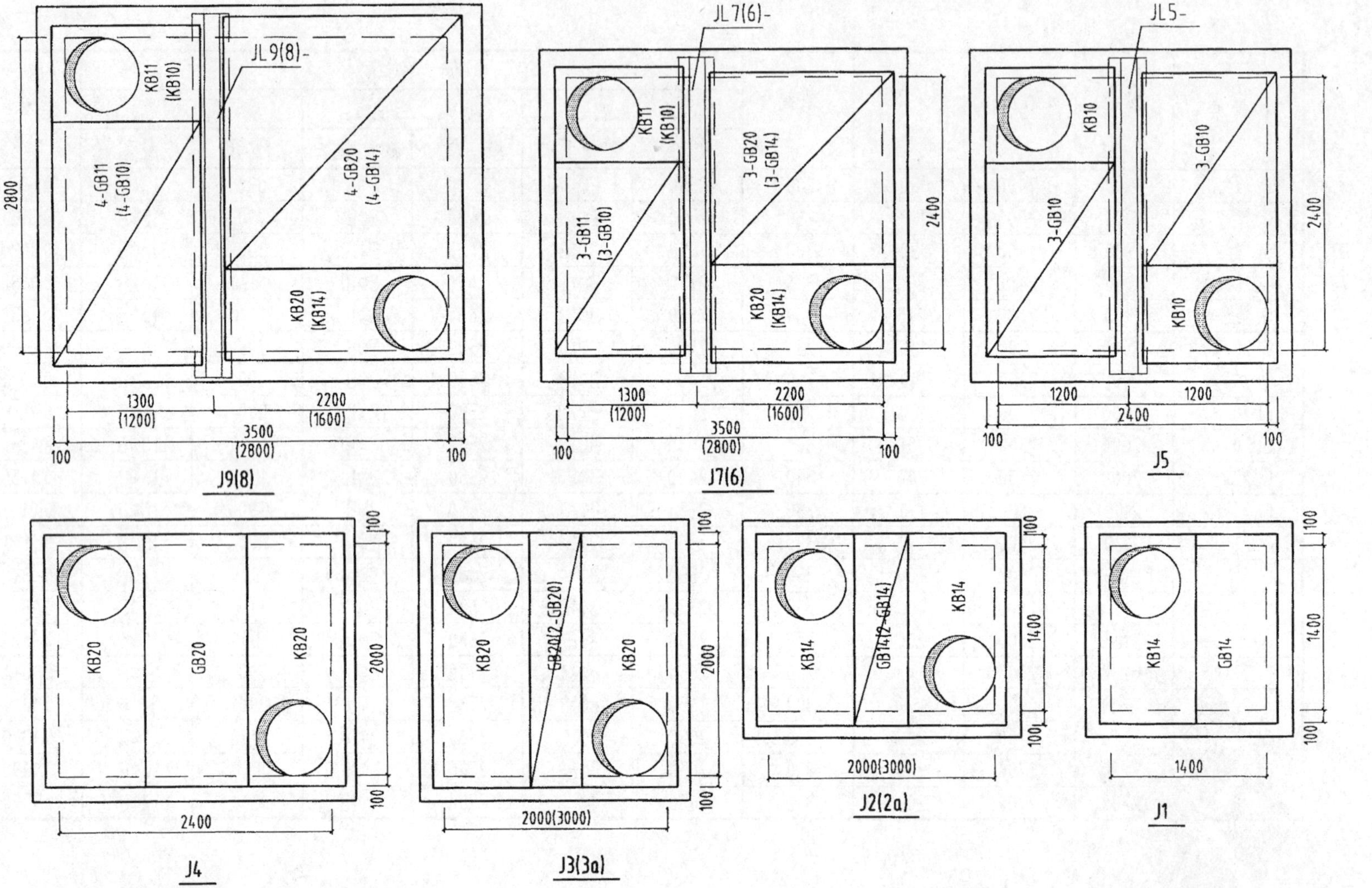

附注：1. 检查井梁应尽量避免置于地沟入口中间。

2. 集水坑、人孔位置及爬梯的设置方向均由动力布置确定。

3. KB-*见第94页。

检查井及梁、板平面布置图						图集号	03R411-2
审核	徐洪球	校对	张鸣侠	设计	张群仲	页	86

检 查 井 及 梁 、板 选 用 表

检查井编号	检查井平面净空尺寸(mm) F 短边	检查井平面净空尺寸(mm) E 长边	井高 Hj (mm)	覆土厚 hf (mm)	人孔个数	梁 编号	梁 梁高h (mm)	梁 数量	一般地沟盖板 编号	一般地沟盖板 数量	开孔板 编号	开孔板 数量	人孔盖板 编号	人孔盖板 数量	人孔盖板座 编号	人孔盖板座 数量	备注
J1	1400	1400	具体尺寸由个体设计定 1800≤Hj≤3000	具体尺寸由个体设计定 hf≤1500	1	—			GB14-1/2/3	1	KB14-1/2/3	1	RB-1或RB-2	1	BZ-1或BZ-2	1	1、每个人孔均设铁爬梯 2、编号中-1/2/3分别表示覆土厚为0.5m、1.0m 1.5m构件的荷载号 3、未考虑车行道
J2(2a)	1400	2000 (3000)			2	—			GB14-1/2/3	1(3)	KB14-1/2/3	2	RB-1或RB-2	2	BZ-1或BZ-2	2	
J3(3a)	2000	2000 (3000)			2	—			GB20-1/2/3	1(3)	KB20-1/2/3	2	RB-1或RB-2	2	BZ-1或BZ-2	2	
J4	2000	2400			2	—			GB20-1/2/3	2	KB20-1/2/3	2	RB-1或RB-2	2	BZ-1或BZ-2	2	
J5	2400	2400			2	JL5-1/2/3	300/300/350	1	GB10-1/2/3	6	KB10-1/2/3	2	RB-1或RB-2	2	BZ-1或BZ-2	2	
J6	2400	2800			2	JL6-1/2/3	300/300/350	1	GB14-、GB10-1/2/3	各3	KB14、KB10-1/2/3	各1	RB-1或RB-2	2	BZ-1或BZ-2	2	
J7	2400	3500			2	JL7-1/2/3	350/350/400	1	GB20、GB11-1/2/3	各3	KB20、KB11-1/2/3	各1	RB-1或RB-2	2	BZ-1或BZ-2	2	
J8	2800	2800			2	JL8-1/2/3	350/350/400	1	GB14、GB10-1/2/3	各4	KB14、KB10-1/2/3	各1	RB-1或RB-2	2	BZ-1或BZ-2	2	
J9	2800	3500			2	JL9-1/2/3	350/400/450	1	GB20、GB11-1/2/3	各4	KB20、KB11-1/2/3	各1	RB-1或RB-2	2	BZ-1或BZ-2	2	

附注：1、构件编号说明示例：JL 7 — 1（JL—检查井梁代号，7—检查井号，1—荷载号）

GB-地沟盖板代号，KB-开孔板代号。

2、检查井代号标注见总说明。

检查井及梁、板选用表						图集号	03R411-2
审核	徐洪球	校对	张鸣侠	设计	张群仲	页	87

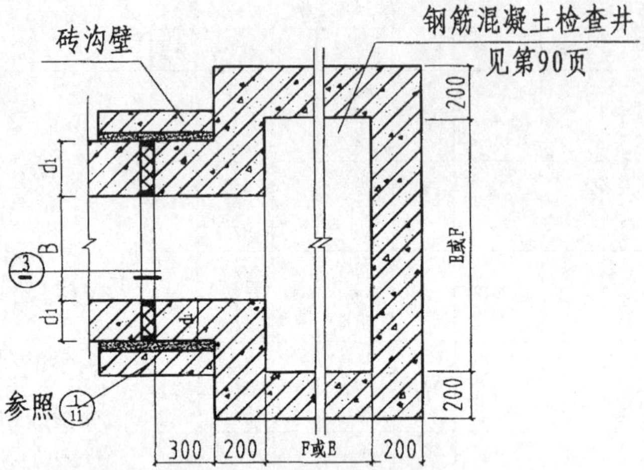

① Ⅰ、Ⅱ、Ⅳ、Ⅴ 型地沟与钢筋混凝土检查井的连接

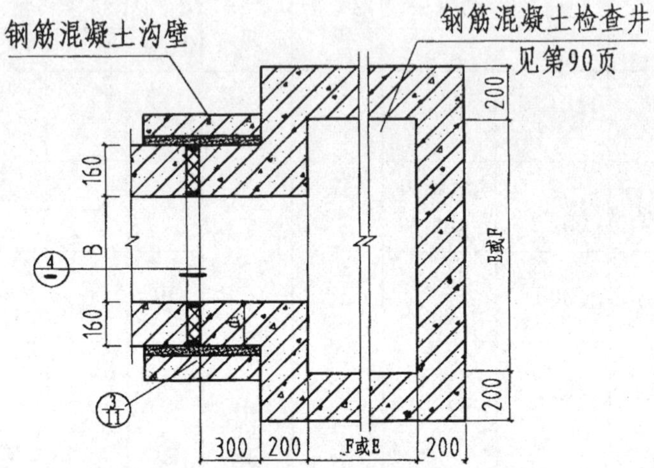

② Ⅲ、Ⅵ 型地沟与检查井的连接

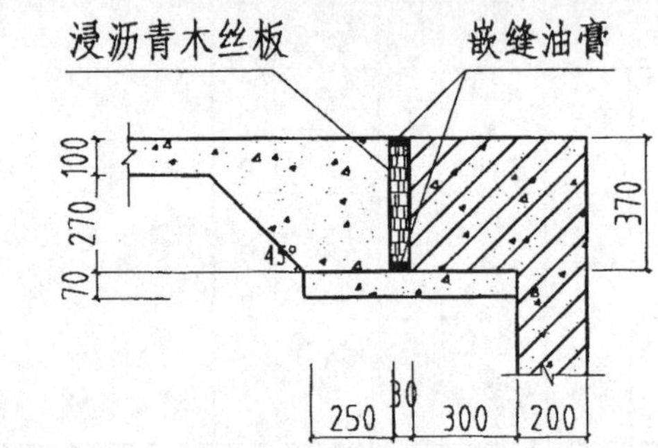

③

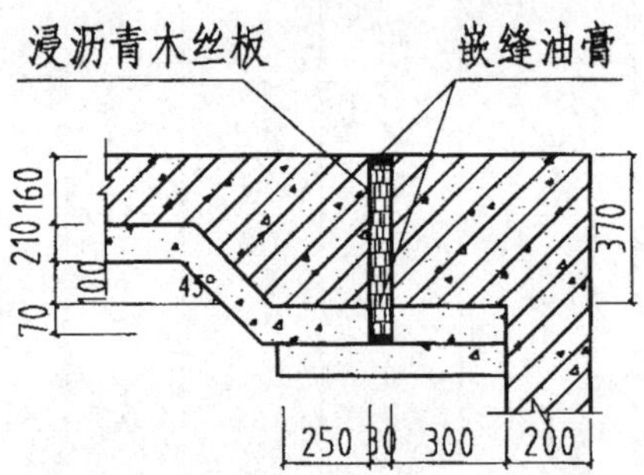

④

附注：当相连接的地沟为双沟时，图中B=B₁+B₂+240

地沟与检查井连接大样（一）									图集号	03R411-2
审核	徐洪球	徐洪球	校对	张鸣侠	张鸣侠	设计	张群仲	张群仲	页	88

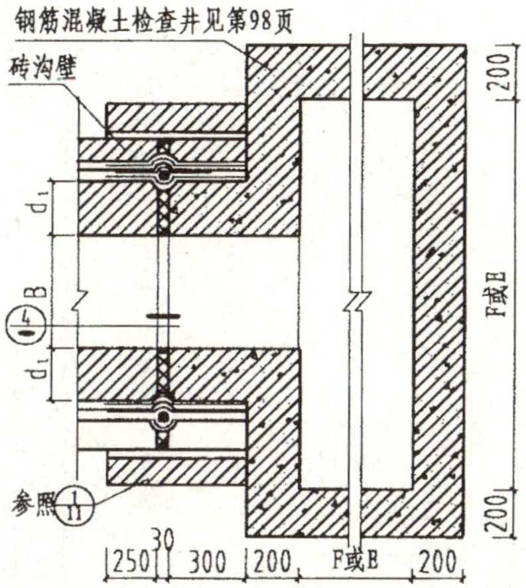

① Ⅶ、Ⅷ 型地沟与钢筋混凝土检查井的连接

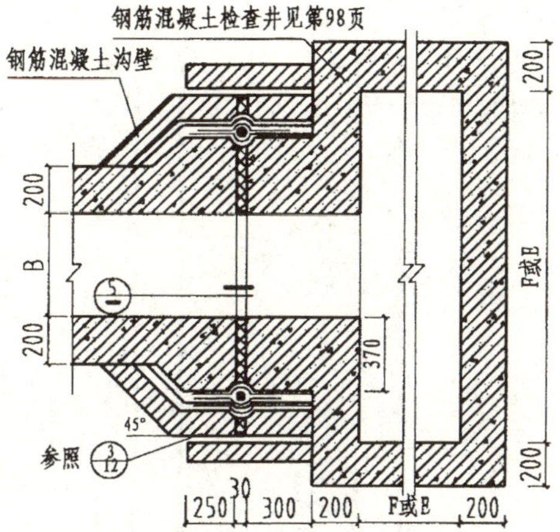

② Ⅸ型地沟与检查井的连接之一

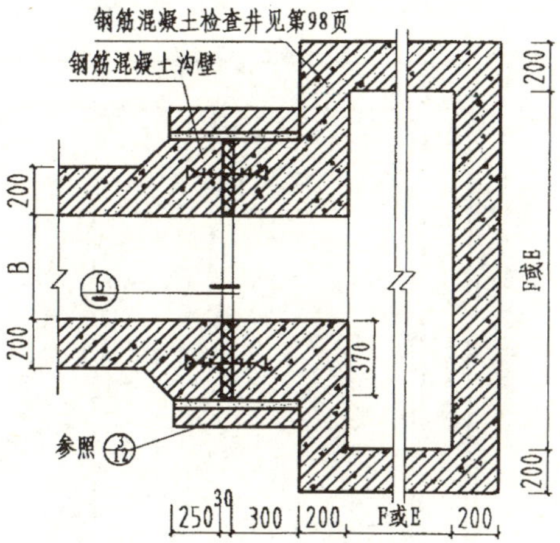

③ Ⅸ型地沟与检查井的连接之二

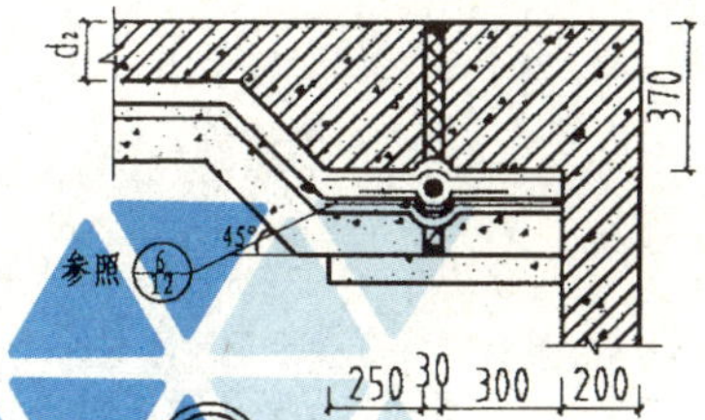

④

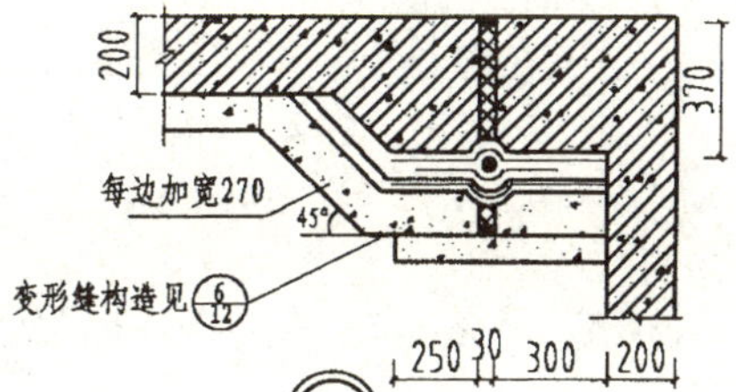

⑤

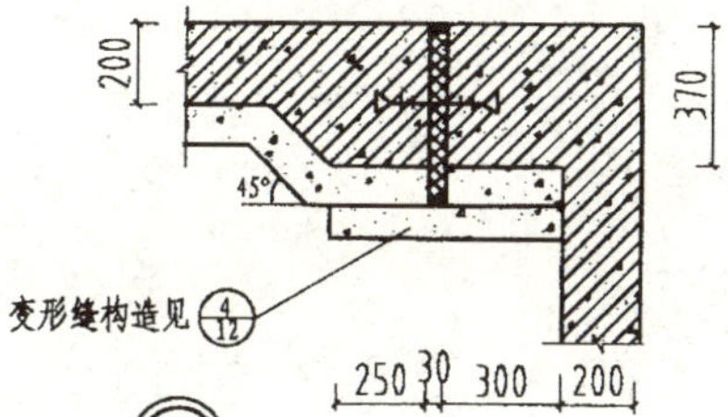

⑥

附注：1、连接处地沟垫层应加宽。
2、当连接的地沟为双沟时，图中$B=B_1+B_2+240$

地沟与检查井连接大样(二)							图集号	03R411-2
审核	徐洪球	[signature]	校对	张鸣侠	[signature]	设计	张群仲	[signature]	页	89

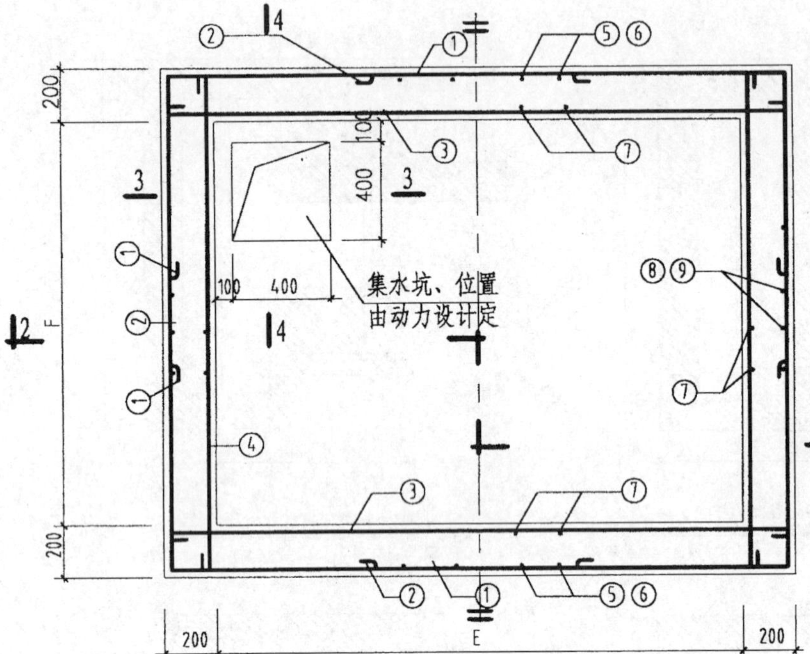

J1~9-Hj平面图(1-1)

（代号中Hj注井高毫米数）

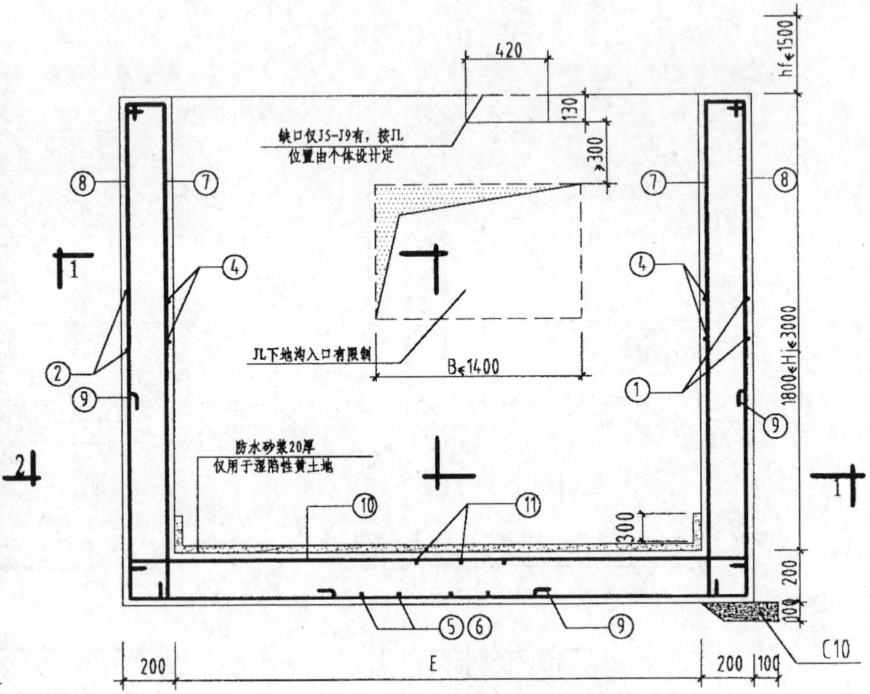

附注

1. 混凝土强度等级为C25级，当需要防水时应采用防水混凝土，抗渗等级不小于S6.
2. 钢筋表见第92页.
3. 梁板平面布置见第86页；人孔构造、爬梯位置参见第91页.
4. 地沟接口仅示意，具体位置由动力设计定，接口处构造详见第91页.
5. 地沟入口应尽量避免在检查井梁下，如不可避免时，应满足图中要求，且入口宽 度（地沟宽度）B≥1400，否则应增加钢筋或增加地沟顶面到检查井顶面间的距离.
6. 检查井梁安放处应座1:2水泥砂浆并充填密实，以防渗漏.
7. 人孔盖板、盖板座有钢筋混凝土和铸铁的两种，由个体设计选用.
8. 梁板、平面布置图详第86页，构件统计表详第87页，本图仅示意.

检查井详图（一）						图集号	03R411-2
审核	徐洪球	校对	张鸣侠	设计	张群仲	页	90

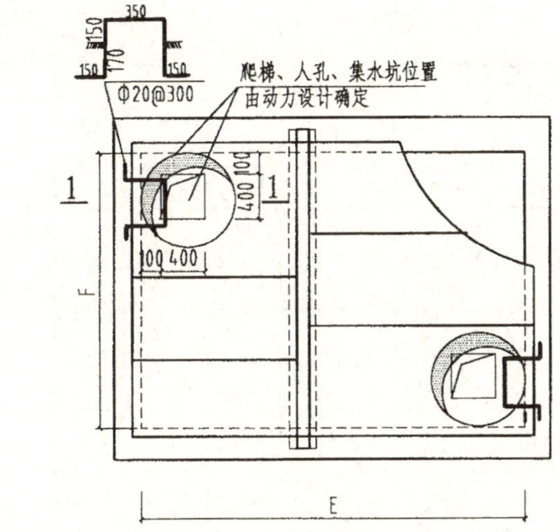

J1~9—Hj人孔平面图

（代号中Hj注井高毫米数）

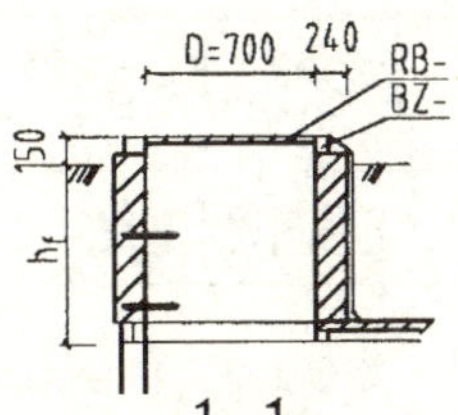

1-1

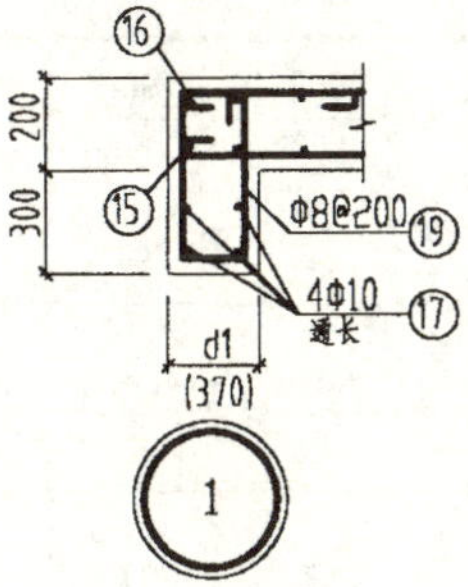

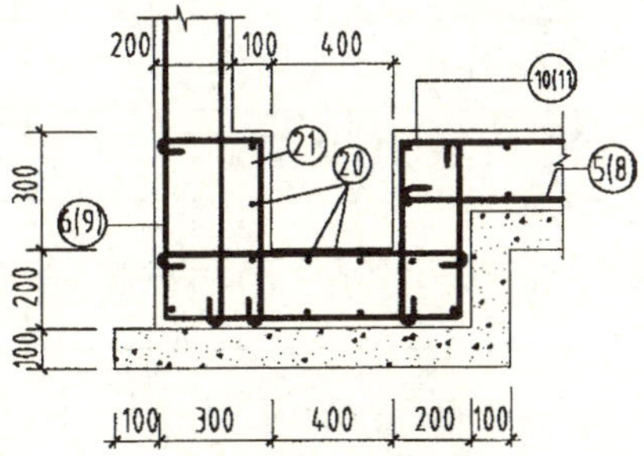

3 - 3（4 - 4）

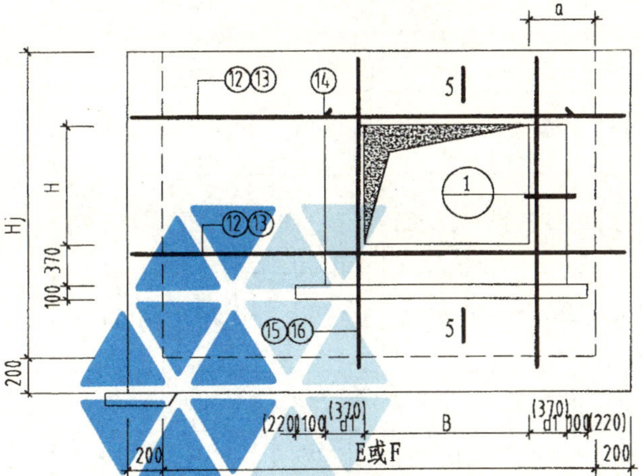

地沟接口示意图

（括号内尺寸用于Ⅶ、Ⅷ、Ⅸ型地沟接口）

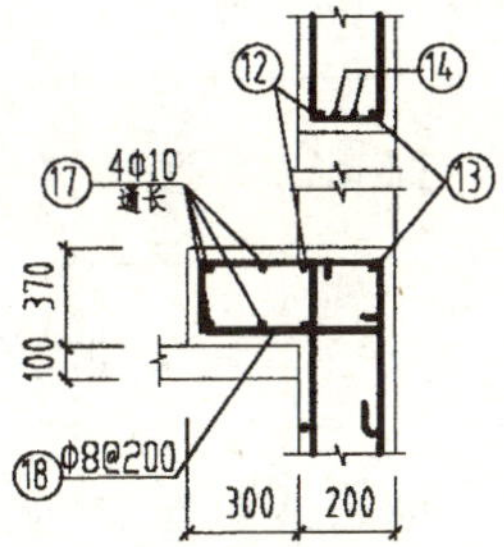

5 - 5

地沟接口、集水坑钢筋表

构件名称	编号	简图	直径	数量间距
地沟接口	12	500 B+340或F+340 500	Φ16	2
	13	B+370或F+370	Φ16	2
	14	B+500	Φ16	2
	15	Hj+160 500	Φ16	2
	16	Hj+170	Φ16	2
	17	通长	Φ10	4
	18	500 440 310 460	Φ8	@200
	19	500 440 d1-60 460	Φ8	@200
集水坑	20	820	Φ10	10
	21	250 440	Φ10	4

附注：

1. 同第90页。
2. 检查井的长度（E）不小于宽度（F）。
3. 检查井高度Hj=1800mm～3000mm，具体由个体设计确定。
4. 钢筋长度根据检查井具体尺寸确定。

检查井详图（二）						图集号	03R411-2
审核	徐洪球	校对	张鸣侠	设计	张群仲	页	91

钢筋编号	钢筋简图	J-1 $\frac{1400}{1400}$	J-2 $\frac{2000}{1400}$	J-2a $\frac{3000}{1400}$	J-3 $\frac{2000}{2000}$	J-3a $\frac{3000}{2000}$	J-4 $\frac{2400}{2000}$	J-5 $\frac{2400}{2400}$	J-6 $\frac{2800}{2400}$	J-7 $\frac{3500}{2400}$	J-8 $\frac{2800}{2800}$	J-9 $\frac{3500}{2800}$
		直径间距	直径间距	直径间距	直径间距	直径间距	直径间距	直径间距	直径间距	直径间距	直径间距	直径间距
1	$\frac{F}{4}+175$ E+350 $\frac{F}{4}+175$	Φ10@150	Φ10@150	Φ10@150	Φ10@150	Φ10@150	Φ10@150	Φ10@150	Φ10@150	Φ12@200	Φ12@200	Φ12@200
2	$\frac{E}{4}+175$ F+350 $\frac{E}{4}+175$	Φ10@150	Φ10@150	Φ10@150	Φ10@150	Φ10@150	Φ10@150	Φ10@150	Φ10@150	Φ10@150	Φ10@150	Φ10@150
3	E+350	Φ10@150	Φ10@150	Φ10@150	Φ10@150	Φ10@150	Φ10@150	Φ10@150	Φ10@150	Φ10@150	Φ10@150	Φ10@150
4	F+350	Φ10@150	Φ10@150	Φ10@150	Φ10@150	Φ10@150	Φ10@150	Φ10@150	Φ10@150	Φ10@150	Φ10@150	Φ10@150
5	Hj-65 F+350 Hj-65	Φ10@150	Φ10@150	Φ10@150	Φ10@150	Φ12@200	Φ12@200	Φ12@200	Φ12@170	Φ12@160	Φ12@180	Φ14@180
6	Hj/2 $\frac{F}{4}+175$	Φ10@150	Φ10@150	Φ10@150	Φ12@200	Φ12@200	Φ12@200	Φ12@200	Φ14@170	Φ14@160	Φ14@180	Φ16@180
7	160 Hj+450	Φ10@150	Φ10@150	Φ10@150	Φ10@150	Φ10@150	Φ10@150	Φ10@150	Φ10@150	Φ10@150	Φ10@150	Φ10@150
8	Hj-65 E+350 Hj-65	Φ10@150	Φ10@150	Φ10@150	Φ10@150	Φ12@200	Φ12@200	Φ12@200	Φ12@200	Φ12@200	Φ12@180	Φ14@200
9	Hj/2 $\frac{E}{4}+175$	Φ10@150	Φ10@150	Φ10@150	Φ12@200	Φ12@200	Φ12@200	Φ12@200	Φ12@200	Φ12@200	Φ14@180	Φ16@200
10	E+350	Φ10@150	Φ10@150	Φ10@150	Φ10@150	Φ10@150	Φ10@150	Φ10@130	Φ10@140	Φ10@150	Φ12@180	Φ12@125
11	F+350	Φ10@150	Φ10@150	Φ10@150	Φ10@150	Φ12@200	Φ10@140	Φ10@130	Φ10@100	Φ12@150	Φ12@180	Φ12@125

附注：1. 同第91页附注2～4。

2. 当为HRB335级钢筋时，钢筋简图取消弯钩。

检查井钢筋表						图集号	03R411-2
审核	徐洪球	校对	张鸣侠	设计	张群仲	页	92

构件号	梁净跨 L0	梁长 L	梁高 h	钢筋表 ① L-50 长度	① 数量直径	② L-50 长度	② 数量直径	③ L-50 长度	③ 数量直径	④ 130 h-50 长度	④ 直径间距	⑤ 105 370 105 长度	⑤ 直径间距	经济指标 混凝土 (m^3)
JL5-1	2400	2800	300	2750	2Φ16	2850	2Φ8	2830	2Φ6	910	Φ6@200	580	Φ8@200	0.233
JL5-2	2400	2800	300	2750	3Φ16	2850	2Φ8	2830	2Φ6	910	Φ6@200	580	Φ8@200	
JL5-3	2400	2800	350	2750	3Φ16	2850	2Φ8	2830	2Φ6	1010	Φ6@200	580	Φ8@200	0.259
JL6-1	2400	2800	300	2750	3Φ14	2850	2Φ8	2830	2Φ6	910	Φ6@200	580	Φ8@200	0.233
JL6-2	2400	2800	350	2750	3Φ16	2850	2Φ8	2830	2Φ6	1010	Φ6@200	580	Φ8@200	0.259
JL6-3	2400	2800	350	2750	2Φ20	2850	2Φ8	2830	2Φ6	1040	Φ8@200	580	Φ8@200	
JL7-1	2400	2800	300	2750	3Φ18	2850	2Φ8	2830	2Φ6	940	Φ6@200	580	Φ8@200	0.233
JL7-2	2400	2800	350	2750	3Φ18	2850	2Φ8	2830	2Φ6	1040	Φ8@200	580	Φ8@200	0.259
JL7-3	2400	2800	400	2750	3Φ18	2850	2Φ8	2830	2Φ6	1140	Φ8@200	580	Φ8@200	0.285
JL8-1	2800	3200	350	3150	3Φ16	3250	2Φ8	3230	2Φ6	1040	Φ8@200	580	Φ8@200	0.295
JL8-2	2800	3200	350	3150	3Φ18	3250	2Φ8	3230	2Φ6	1040	Φ8@200	580	Φ8@200	
JL8-3	2800	3200	400	3150	3Φ18	3250	2Φ8	3230	2Φ6	1140	Φ8@180	580	Φ8@200	0.325
JL9-1	2800	3200	350	3150	3Φ18	3250	2Φ8	3230	2Φ6	1010	Φ8@200	580	Φ8@200	0.295
JL9-2	2800	3200	400	3150	2Φ18+1Φ20	3250	2Φ8	3230	2Φ6	1140	Φ8@200	580	Φ8@200	0.325
JL8-3	2800	3200	450	3150	2Φ18+1Φ20	3250	2Φ8	3230	2Φ6	1240	Φ8@180	580	Φ8@200	0.354

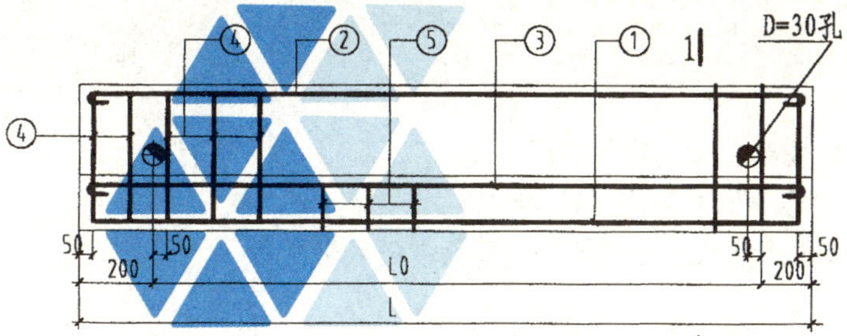

JL5～9-*详图

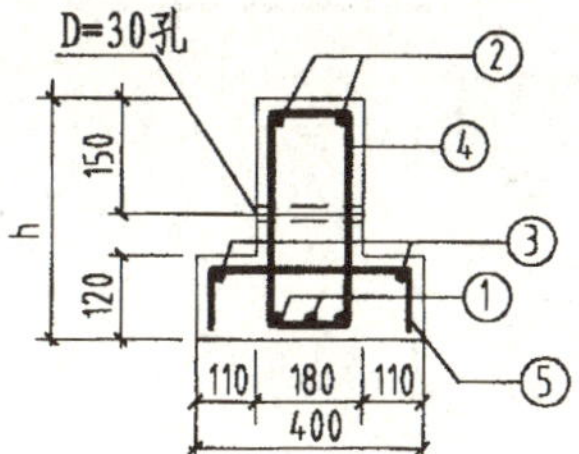

1 - 1

附注:

混凝土强度等级采用C25。

检查井梁JL5～9-*详图及钢筋材料表						图集号	03R411-2
审核	徐洪球	校对	张鸣侠	设计	张群仲	页	93

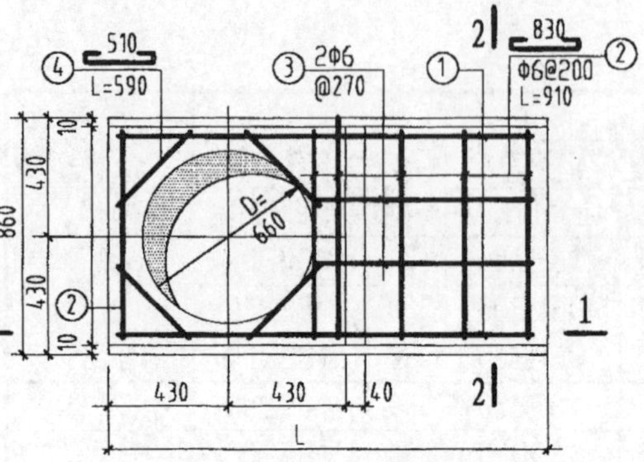

KB10、11、12-*详图

构件号	钢筋表										经济指标
	①	② 800 90(160)		③ 800(1400) 110(160)		④	⑤	⑥	⑦		混凝土 (m³)
	数量直径	长度	数量直径	长度	数量直径	数量直径	数量直径	数量直径	数量直径		
KB14-1	2Φ12	1130	4Φ6	1100	3Φ6	2Φ6	3Φ8	6Φ6	4Φ8		0.1343
KB14-2	2Φ14	1130	4Φ6	1100	3Φ6	2Φ6	3Φ8	8Φ6	4Φ8		
KB14-3	2Φ16	1130	4Φ6	1100	3Φ6	2Φ6	3Φ8	8Φ6	4Φ8		
KB20-1	2Φ14	1230	7Φ6	1800	3Φ6	2Φ6	3Φ8	6Φ6	4Φ8		0.2056
KB20-2	2Φ16	1230	9Φ6	1800	3Φ6	2Φ6	3Φ8	8Φ6	4Φ8		
KB20-3	2Φ18	1230	7Φ8	1800	3Φ6	2Φ6	3Φ8	8Φ6	4Φ8		

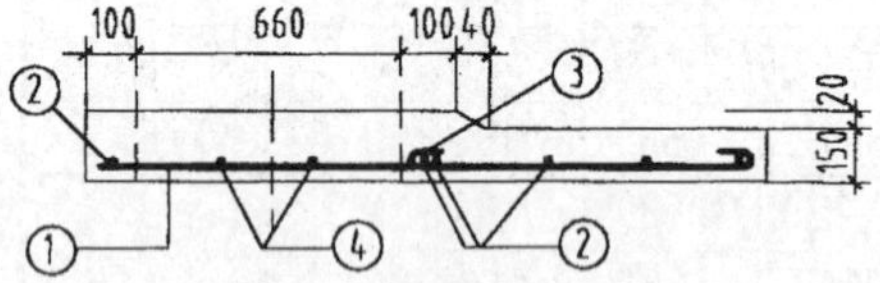

1 - 1

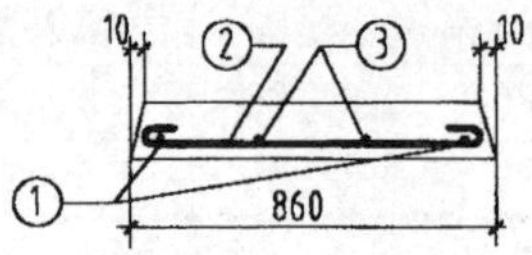

2 - 2

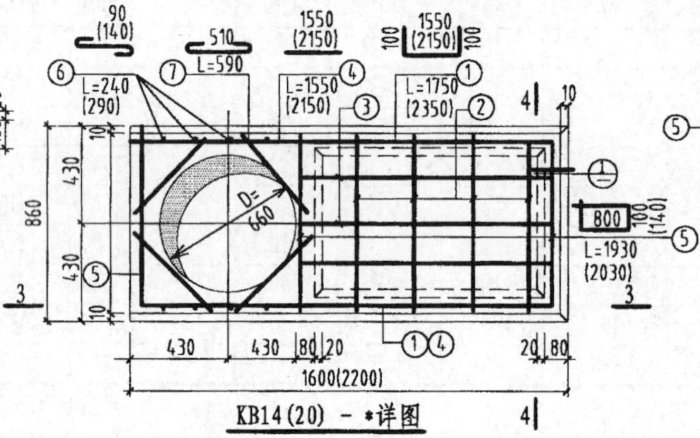

KB14(20) - *详图

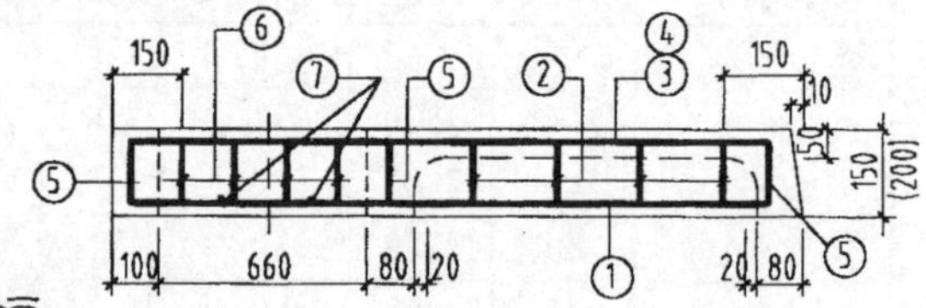

3 - 3

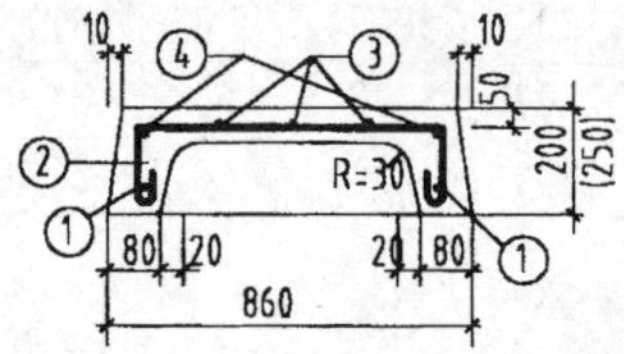

4 - 4

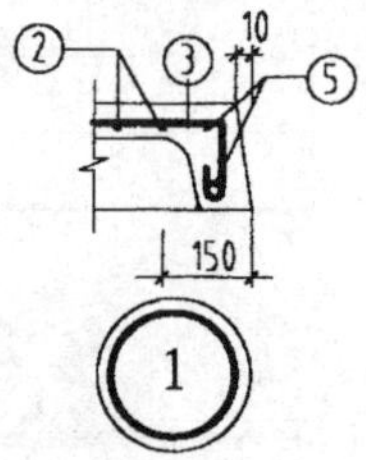

构件号	板长 L	钢筋表						经济指标
		① 100 L-50 100		②	③ L-780		④	混凝土 (m³)
		长度	数量直径	数量直径	长度	数量直径	数量直径	
KB10-1~3	1200	1350	2Φ14	5Φ6	500	2Φ6	4Φ8	0.1109
KB11-1.2	1300	1450	2Φ14	5Φ6	600	2Φ6	4Φ8	0.1237
KB11-3	1300	1450	2Φ16	5Φ6	600	2Φ6	4Φ8	
KB12-1.2	1400	1550	2Φ14	6Φ6	700	2Φ6	4Φ8	0.1364
KB12-3	1400	1550	2Φ16	6Φ6	700	2Φ6	4Φ8	

附注：1. 混凝土强度等级为C25。
2. 括号中数字用于KB20-*。
3. KB14、20- * 的②⑥筋长度按箍筋计算。

检查井开孔板KB10～12-*、KB14、20-*详图及钢筋材料表						图集号	03R411-2
审核	徐洪球	校对	张鸣侠	设计	张群仲	页	94

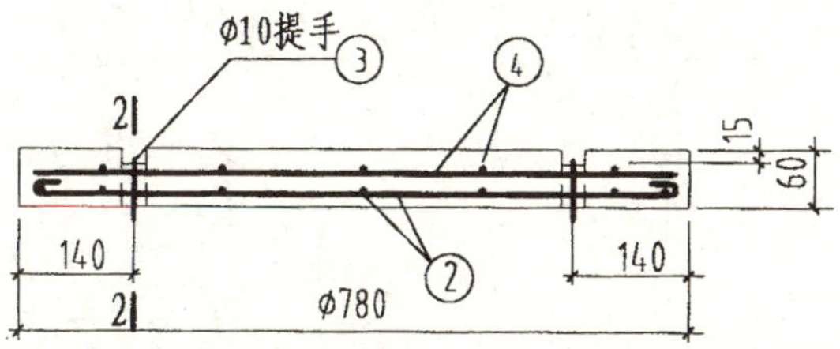

1－1

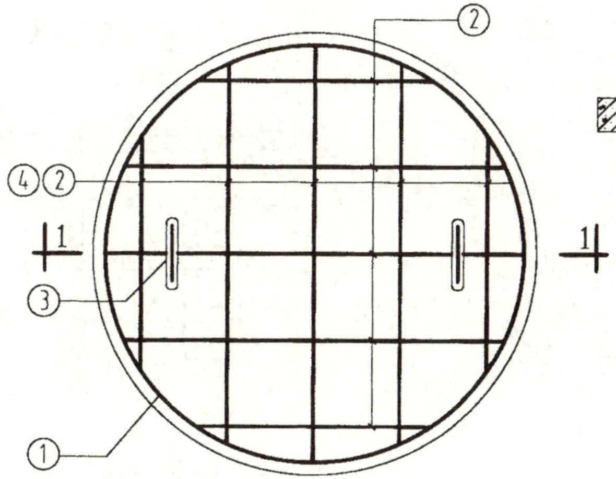

人孔盖板RB-1平面图

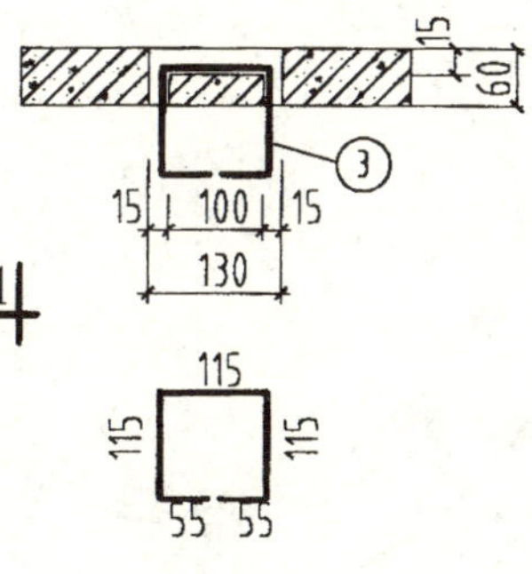

2－2

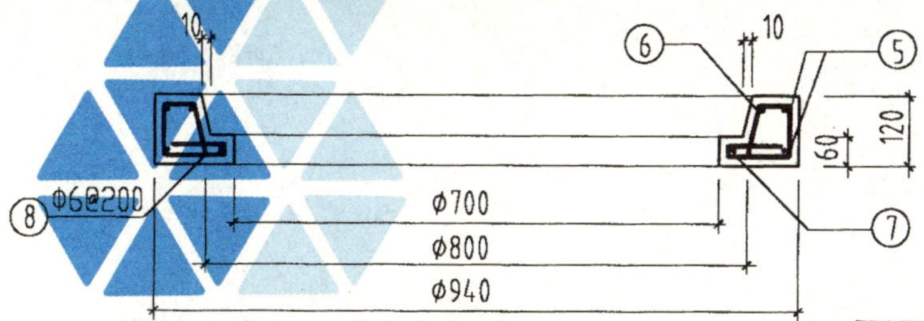

人孔盖板座BZ-1平面图

材料明细表

构件号	钢筋号	简图	直径(mm)	长度(mm)	数量	经济指标 混凝土(m³)
RB-1	1	150 D=730	Φ10	2570	1	0.03
	2	440~740	Φ10	平均720	10	
	3	115 150 55 55	Φ6	455	2	
	4	440 740	Φ10	平均590	10	
BZ-1	5	150 D=890	Φ6	3030	2	0.03
	6	150 D=840	Φ6	2870	1	
	7	150 D=740	Φ6	2560	1	
	8	30 90 90 100 30 90	Φ6	430	16	

附注:

混凝土强度等级为C25。

人孔盖板RB-1及盖板座BZ-1详图及材料表						图集号	03R411-2
审核	徐洪球	校对	张鸣侠	设计	张群仲	页	95

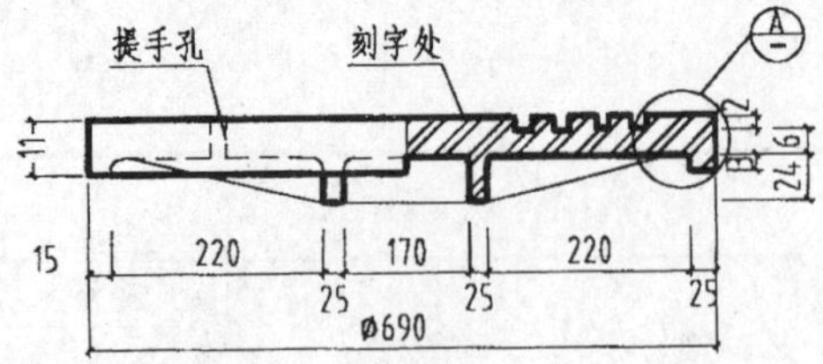

1-1

2-2

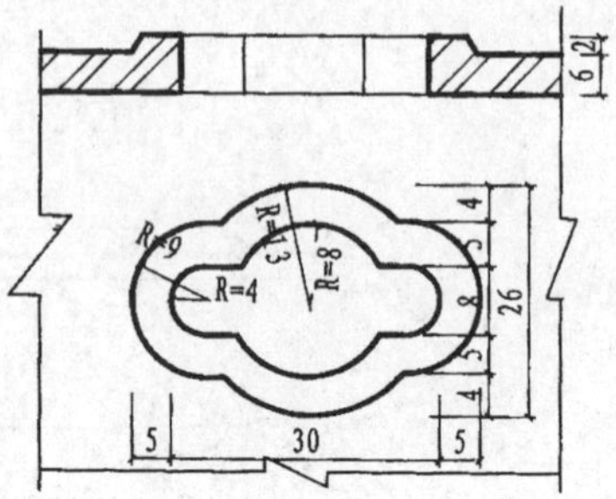

井盖提手孔大样图

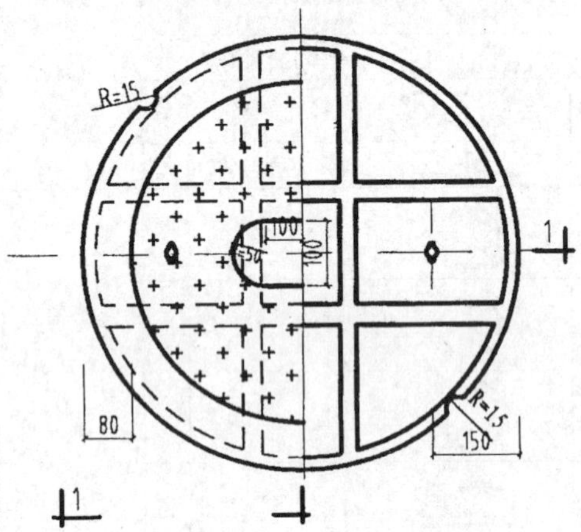

铸铁人孔盖板座RB-2平面图

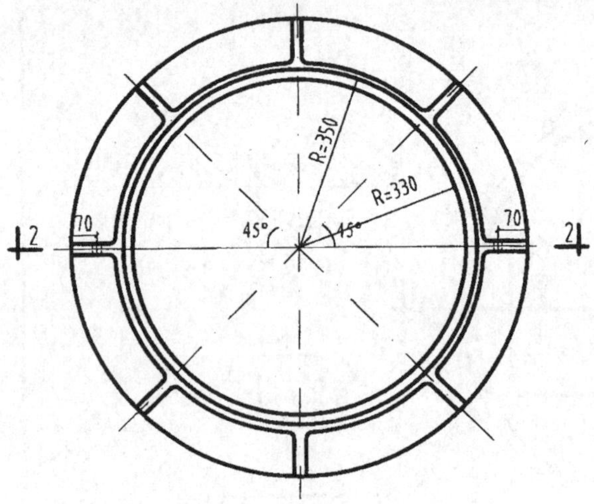

铸铁人孔盖板座BZ-2平面图

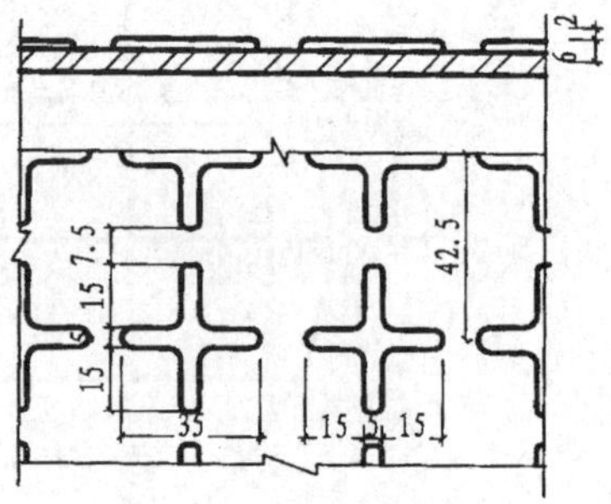

井盖十字花纹详图

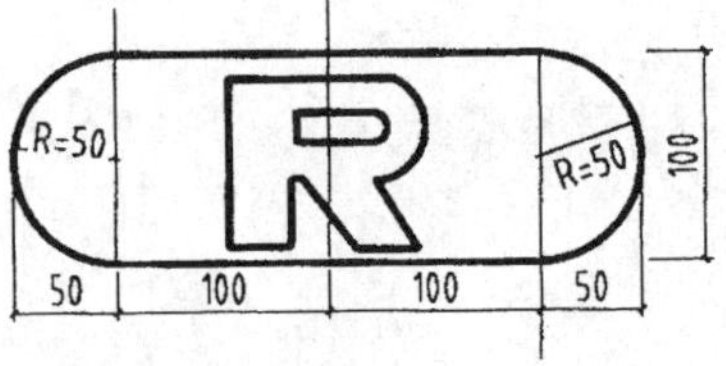

字大样

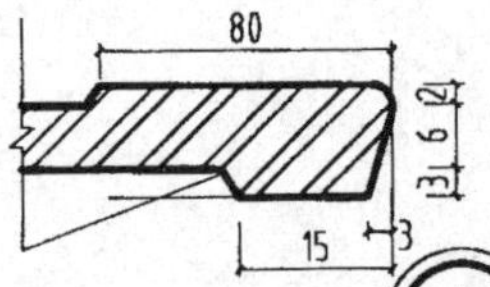

A

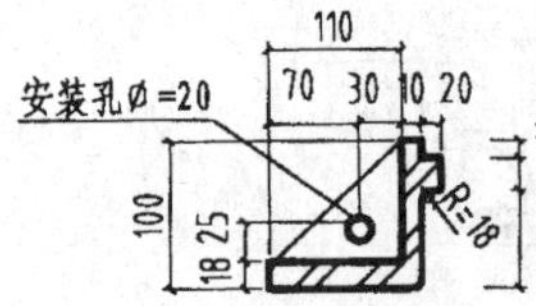

B

附注：1、材料：灰口铸铁HT200

2、盖板中间填写"R"字样，表示热力管道用。

铸铁人孔盖板RB-2及盖板座BZ-2详图						图集号	03R411-2
审核	徐洪球	校对	张鸣侠	设计	张群仲	页	96

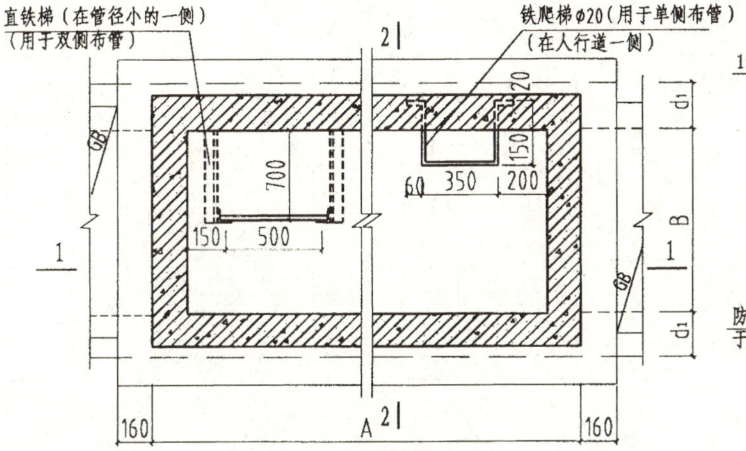

直铁梯上部立面

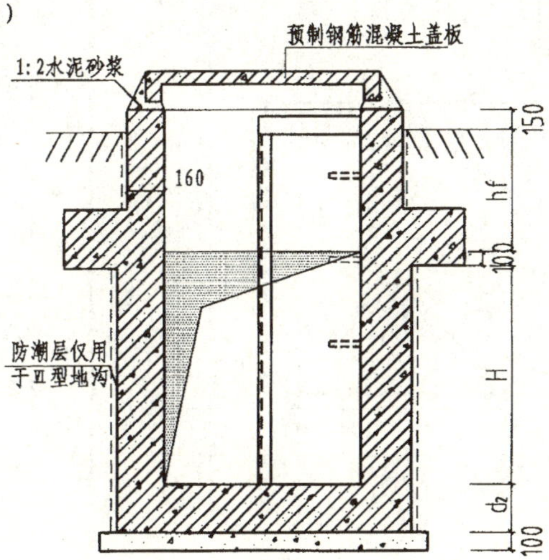

2-2

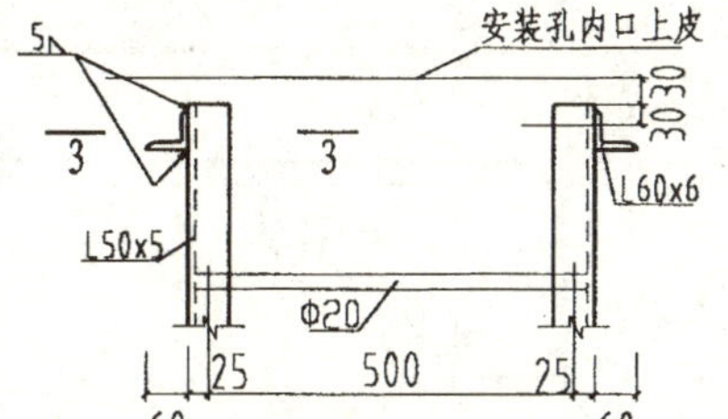

直铁梯上部立面

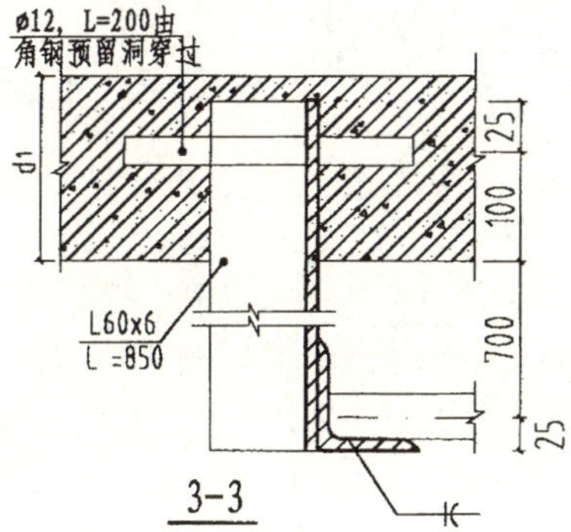

3-3

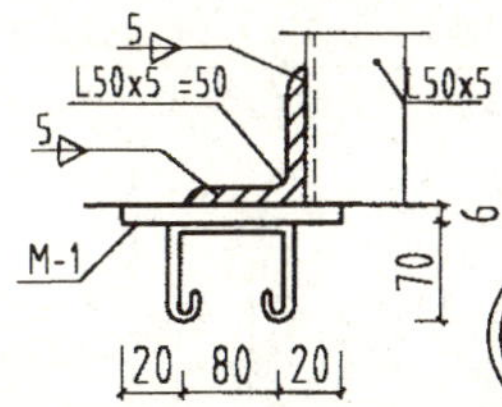

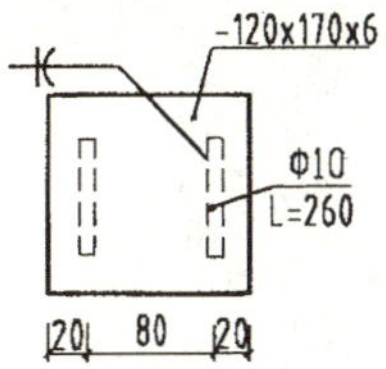

M-1

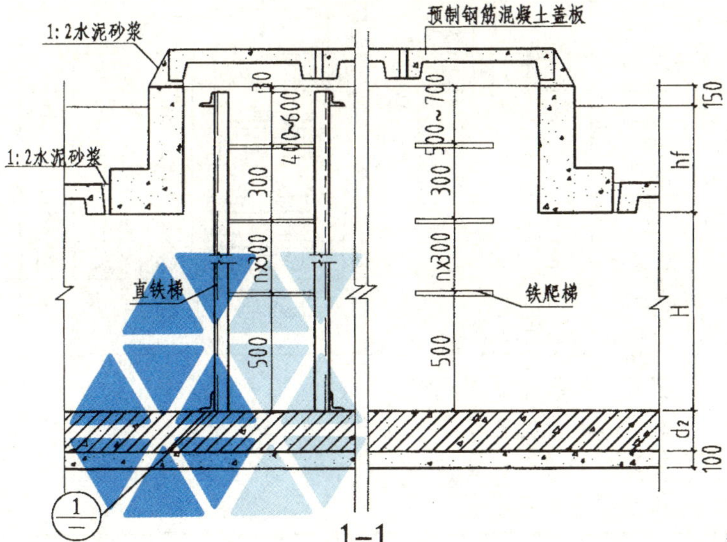

1-1

附注：

1、安装孔铁爬梯：用于管道单侧布管。

   安装孔直铁梯：用于管道双侧布管。

2、安装孔平面长度A与覆土厚度hf有关，

   当 hf≤500时，A=6000

   500<hf≤1000时，A=6750

   1000<hf≤1500时，A=7500 。

3、盖板按沟宽选用GB**-1盖板。

通行地沟安装孔						图集号	03R411-2
审核	徐洪球	校对	张鸣侠	设计	张群仲	页	97

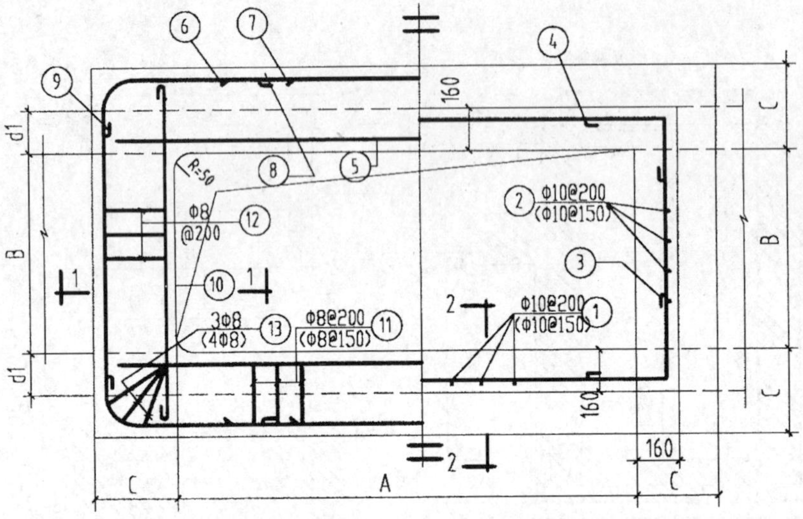

安装孔（AK-1、2、3）模板配筋平面图

(括号内数字仅用于AK-3)

埋深	安装孔代号	A	C	D
hf≤500	AK-1	6000	350	200
500≤hf<1000	AK-2	6750	500	220
1000≤hf<1500	AK-3	7500	650	250

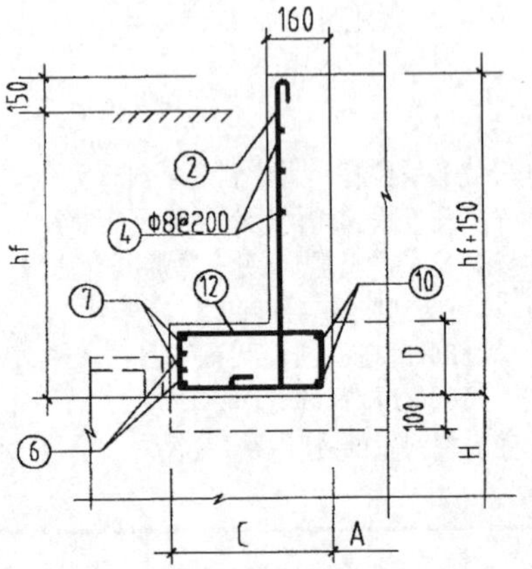

1 - 1

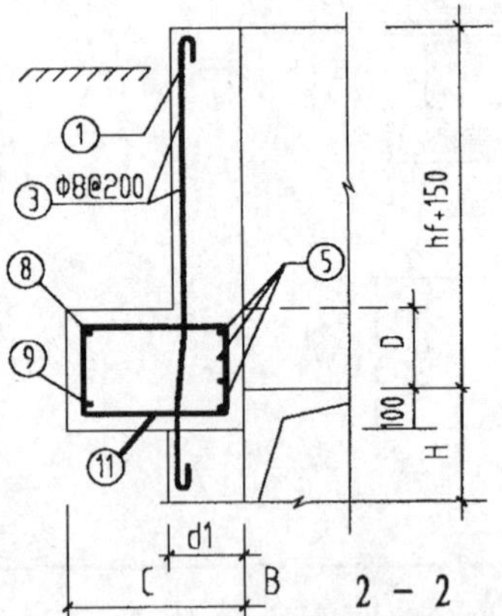

2 - 2

钢　筋　简　表

安装孔代号	编号	简图	直径	长度	数量	安装孔代号	编号	简图	直径	长度	数量
AK-1	1	hf+500	Φ10	hf+600	64	AK-2	8	3150	Φ10	3280	2
	2	hf+120, 100	Φ10	hf+320	按实际		9	R=300, 7090, 140, 470	Φ10	8440	2
	3	6650, 400	Φ8	7550	按实际		10	B+300	Φ10	B+430	4
	4	B+650, 400	Φ8	B+1550	按实际		11	440, 260	Φ8	1550	68
	5	6400	Φ18	6400	6		12	440, 160	Φ8	1350	按实际
	6	R=200, B+240, 1400, 315	Φ18	B+3670	2		13	440-500, 260	Φ8	平均 1610	12
	7	R=200, B+240, 2000, 315	Φ18	B+4870	4	AK-3	1	hf+1000	Φ10	hf+1100	104
	8	2900	Φ10	3130	2		2	hf+220, 100	Φ10	hf+420	按实际
	9	R=200, 6240, 120, 315	Φ10	7140	2		3	8750, 800	Φ8	10450	按实际
	10	B+300	Φ10	B+430	4		4	B+1250, 800	Φ8	2950	按实际
	11	290, 240	Φ8	1210	62		5	8160	Φ22	8160	8
	12	290, 140	Φ8	1010	按实际		6	1800, R=400, B+440, 630	Φ25	B+5300	4
	13	290-340, 240	Φ8	平均 1260	12		7	2500, R=400, B+440, 630	Φ22	B+6700	4
AK-2	1	hf+700	Φ10	hf+800	72		8	3600	Φ10	3730	2
	2	hf+190, 100	Φ10	hf+390	按实际		9	R=400, 7940, 190, 630	Φ10	9710	2
	3	7700, 600	Φ8	9000	按实际		10	B+300	Φ10	B+430	4
	4	B+950, 600	Φ8	B+2250	按实际		11	590, 290	Φ8	1910	102
	5	7200	Φ18	7200	8		12	590, 190	Φ8	1710	按实际
	6	1650, R=300, B+340, 470	Φ18	B+4580	4		13	590-470, 290	Φ8	平均 1990	16
	7	2300, R=300, B+340, 470	Φ18	B+5880	4						

附注：1. 混凝土强度等级同地沟。

2. 圆角钢筋圆弧长度与直段长度分开标注。

3. 应按第97页预埋铁梯。

4. 地沟部分配筋不变。

通行地沟安装孔AK-1、2、3模板、配筋图						图集号	03R411-2
审核	徐洪球	校对	张鸣侠	设计	张群仲	页	98

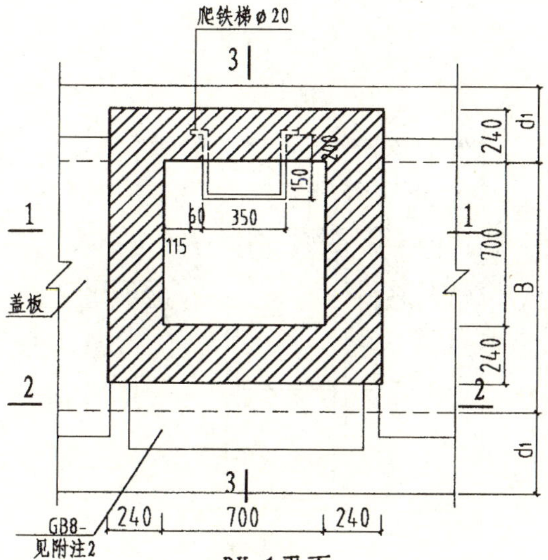

RK-1平面

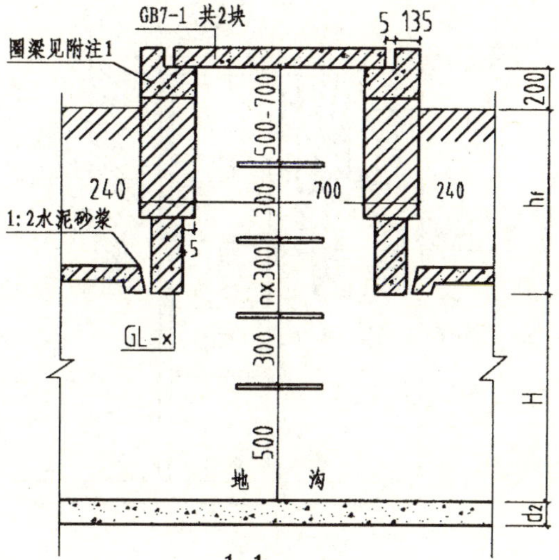

1-1

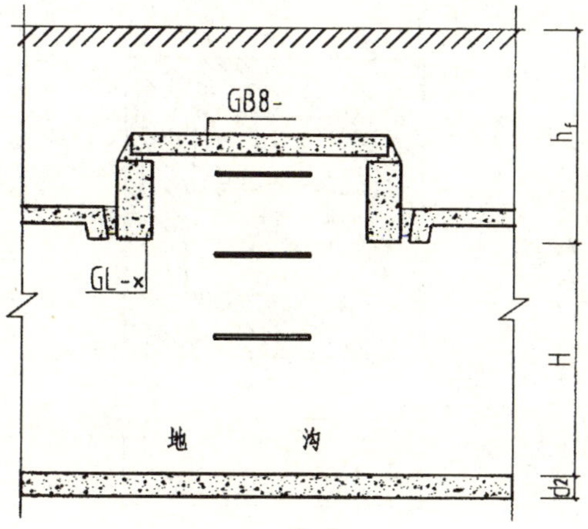

2-2

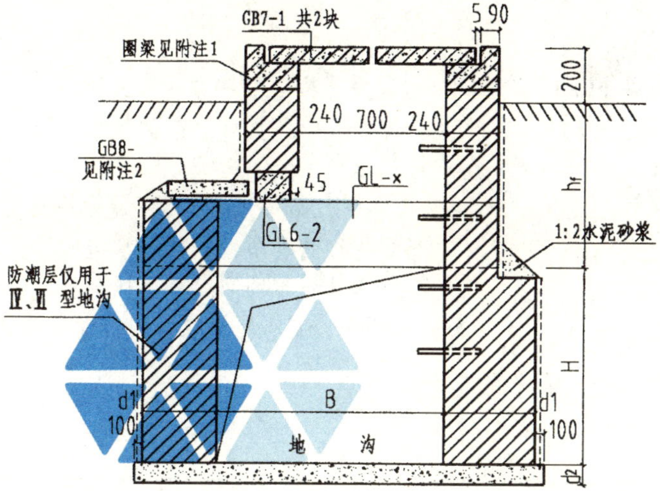

3-3

附注:

1、圈梁构造如图示，混凝土C25级。

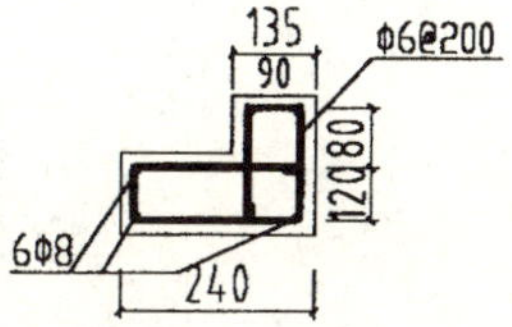

2、图中盖板GB8-*的选用：
盖板的荷载号与相连接的地沟同，可根据现场实际情况布板，或采用现浇板调整尺寸。

3、过梁及盖板编号和数量未注明者见个体设计，此页GL-*按荷载号提高一级选用。

4、本页人孔适用于半通行、通行并单侧布置的地沟类型，下部地沟结构、构造和相连接地沟同，本图仅示意。

半通行及通行地沟(单侧布管)人孔RK-1						图集号	03R411-2
审核	徐洪球	校对	张鸣侠	设计	张群仲	页	99

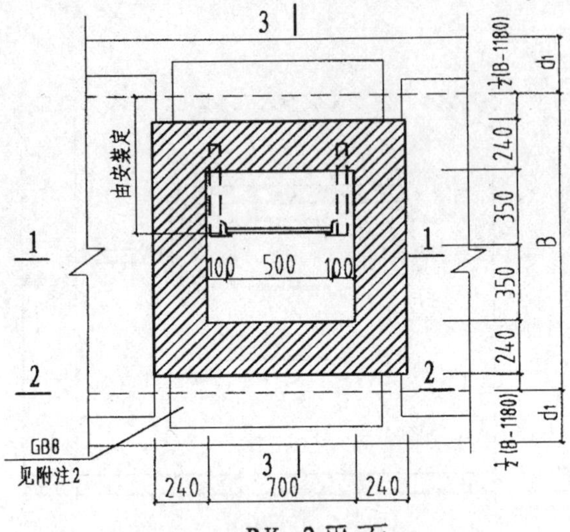

RK-2平面

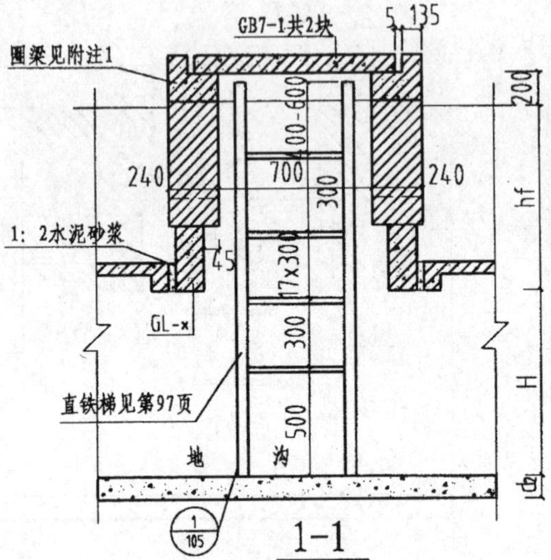

1-1

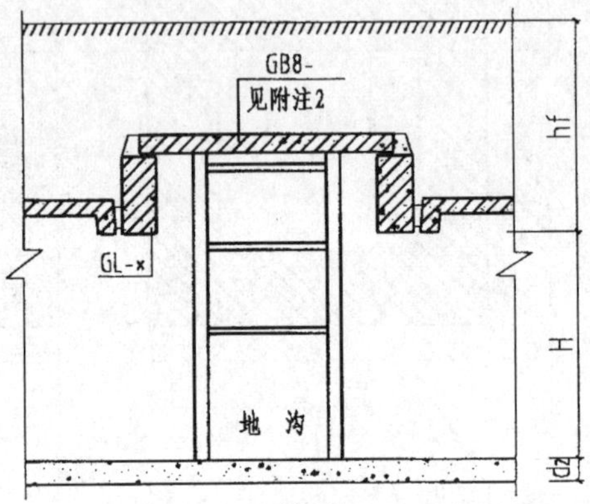

2-2

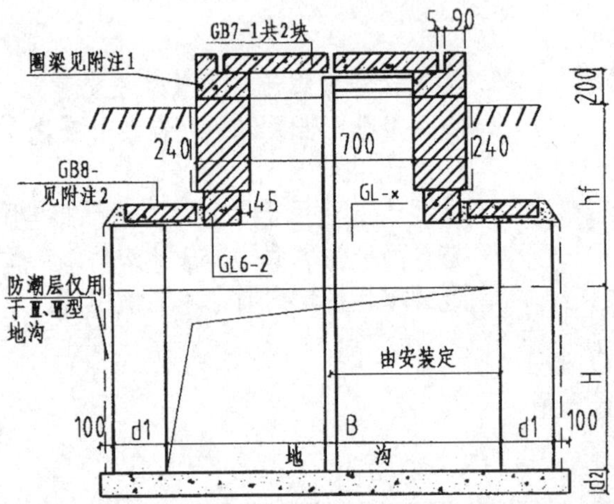

3-3

附注:

1、圈梁构造如图示,混凝土C25级。

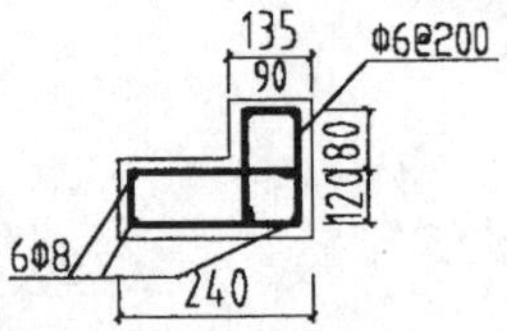

2、图中盖板GB8的选用:
盖板的荷载号与相连接的地沟同,可根据现场实际情况布板,或采用现浇板调整尺寸。

3、过梁及盖板编号和数量未注明者见个体设计,此页GL-*按荷载号提高一级选用。

4、本页人孔适用于半通行、通行并双侧布置的地沟类型,下部地沟结构、构造和相连接地沟同,本图仅示意。

5. 人孔横向位置也可按个体设计需要调整。

半通行及通行地沟(双侧布管)人孔RK-2						图集号	03R411-2
审核	徐洪球	校对	张鸣侠	设计	张群仲	页	100

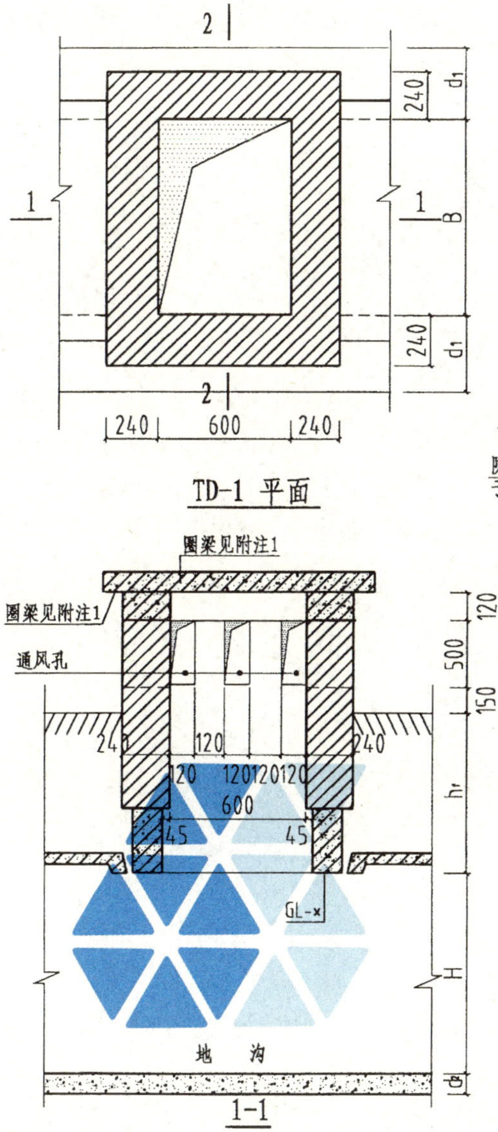

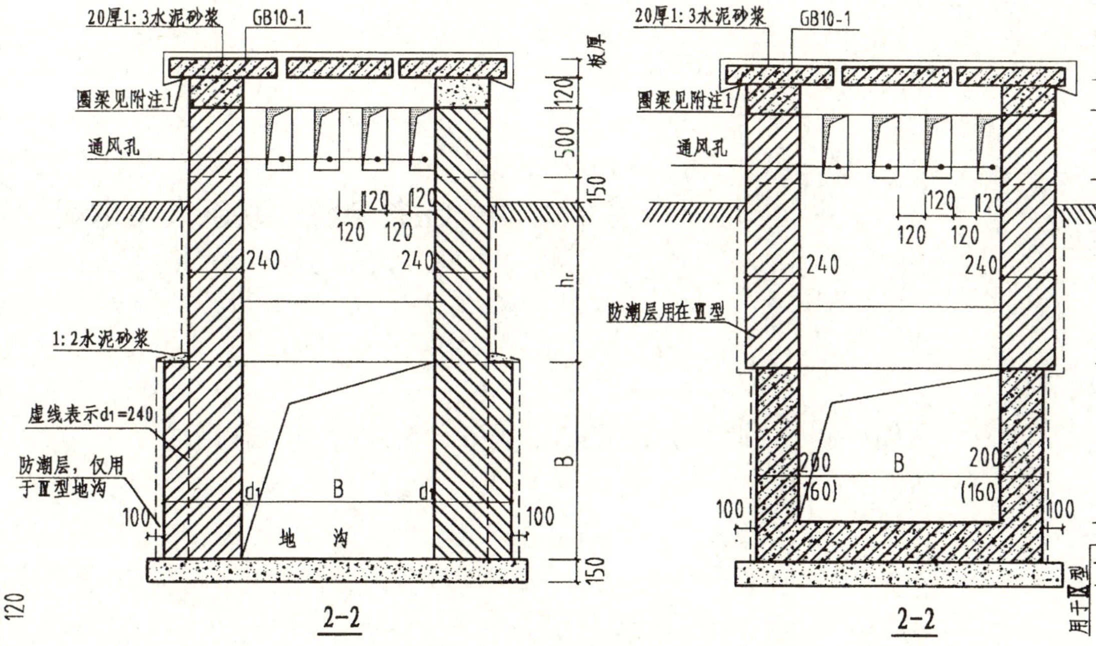

附注：1、圈梁构造如图示，混凝土采用C25级。

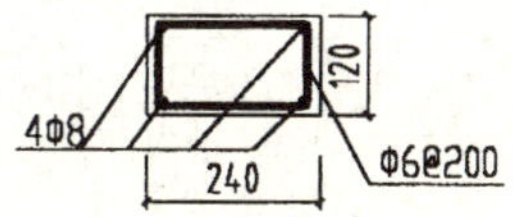

2、过梁、盖板编号及数量未注明者见个体设计，此页GL-按GB-20选。

3、半通行及通行地沟通风洞适用于各种构造类型地沟，地沟构造与选型同。

4、地沟部分结构和相连接的地沟同，仅盖板底面以上部分构造按本图。

半通行及通行地沟通风洞TD-1							图集号	03R411-2
审核	徐洪球		校对	张鸣侠		设计	张群仲		页	101

主编单位、主管单位、联系人及电话

主编单位　　北京中铁工建筑工程设计院　　　　　徐洪球　　010-63983424

图集主审人：　姜学诗

主管单位、联系人及电话

中国建筑标准设计研究院　　　　　王淑敏　　010-88361155-272

GUOJIAJIANZHUBIAOZHUNSHEJI 97R412

国家建筑标准设计图集 97R412

室外热力管道支座

中国建筑标准设计研究院

说　　明

根据建设部原勘察设计司《关于同意国家建筑标准设计图集调整方案的复函》（[2000]建设技字第23号)，中国建筑标准设计研究所对归口管理的国家建筑标准设计图集进行了清理和调整。按照新的分类、编号原则，原图集《 室外热力管道支座》的图集号 97R403 改为 97R412 。

本图集对原图集的封面、目录首页及每页图集号进行了修改，增加批文页；同时，由于图集中所引用或涉及的其他图集号发生变化，本图集也对此进行了相应的修改，增加本说明后重新印刷，原图集号停止使用。

关于批准《道路》等188项国家建筑标准设计图集改号的通知

建质［2002］48号

各省、自治区建设厅，直辖市建委，国务院各有关部门，大型企业集团，中国建筑设计研究院：

为适应市场经济发展的需要，加强对国家建筑标准设计工作的管理，中国建筑标准设计研究所对归口管理的国家建筑标准设计图集进行了清理和调整。按照新的图集分类、编号原则，部分图集需要改号。经审查，现批准《道路》等188 项国家建筑标准设计图集采用新图集号，并自本文发布之日起执行。

中华人民共和国建设部

二00二年三月一日

原图集《室外热力管道支座》的图集号 97R403 改为 97R412。

室外热力管道支座

批准部门 中华人民共和国建设部　　批准文号 建质[2002]48 号

主编单位 铁道部专业设计院　　统一编号 GJBT-440

实行日期 二00二年三月一日　　图集号 97R412

主编单位负责人

主编单位技术负责人

技术审定人

技术负责人

目录

目录	图集号	97R412
审核 校对 设计	页	1

总 说 明

1. 本标准图用于室外热力管道（亦适用于凝结水管道、压缩空气管道）支座的设计、加工及安装。

2. 本标准图用于以下范围：

介质参数	公称直径
热水蒸气温度≤350°C	DN20~600
支座名称	应用范围
滑动支座	△x=50,100,200,300mm H=2,3,50,100,150mm
固定支座	推力(kN(t))≤49,98,196,294(5,10,20,30)
背管结构	H(mm)=100,150

3. 滑动支座的允许热位移量，按支座实长减去50mm得出，所以在施工时，支座必须进行偏心安装，偏心尺寸为支座前进边缘（靠伸缩节的一方）与支承板中心线相距50mm。

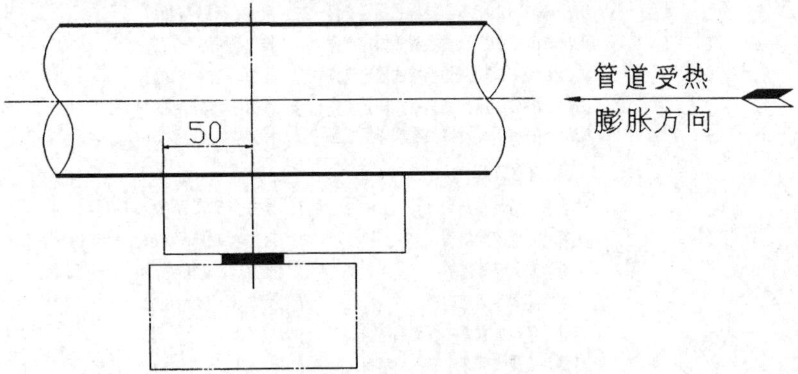

大管背小管时小管支座安装还应考虑大管位移方向和位移量。

4. 滑动支座（97R412.001~016图）与支承板焊死时，亦可作固定支座使用，但推力不应大于设计所规定的数据，如使用于较大的推力，焊缝及钢板要重新验算。

5. 双挡板以上固定支座的每一块挡板，均需与固定物紧贴以避免挡板因受力不均而受到破坏。

6. 背管结构自然补偿段图上的允许横向热位移值为160mm，若热位移较大而荷重不超过图内数据时，可将横梁角钢改大（例如将∠50X5 改为 ∠60X5）加长，即可满足热位移的要求。

7. 背管结构中大管管壁小于5mm时，管壁应进行验算。

8. 应根据保温层的厚度和管道热位移量选用支座的高度和长度。

9. 应根据管道的推力来选用固定支座。

10. 埋于土建结构上的支承板的材料，采用扁钢或圆钢均可，支承板的长度是根据管道横向位移决定，但一般不少于200mm，扁钢的宽度或圆钢的直径可由土建人员决定（本标准图不出支承板材料）。

总说明						图集号	97R412
审核	张仁文	校对	[illegible]	设计	[illegible]	页	2

支座本体组装技术条件

一. 材料:

1. 制作支座及零件的材料按本设计的规定选用:

(1)丁字托支座用丁字钢 GB704-88(可用钢板代替);

(2)支座用钢板 GB711-88;

(3)支座用扁钢 GB704-88;

(4)支座用等边角钢 GB9787-88;

(5)支座用不等边角钢 GB9788-88。

2. 所用材料应有供货厂家质量保证书,如缺乏证明时,由制作单位根据规定对材料进行检验,按其结果决定是否采用。

3. 焊接支座采用E4303型焊条(GB5117-85),应有供货厂家质量证明书。

二. 制造:

4. 零件的毛坯可用机械方法或烧割方法切割,但要将毛刺打磨干净。

5. 需要焊接的零件要预先清除铁锈和油污物。

6. 焊接前装配支座组件采用的工具,应能准确的保证各焊件相互位置。

7. 焊接可参照《钢结构工程施工及验收规范》。

三. 验收:

8. 对制造完成的支座按下列手续进行验收:

(1)检查材料是否符合技术条件的要求;

(2)检查支座零件尺寸;

(3)检查电焊条的机械性能及化学成分;

(4)从外部检查焊缝;

(5)检查支座的装配质量及完整性;

(6)检查支座标号是否恰当(见四);

(7)检查支座发货前的准备情况(涂漆、包装和有无说明书)。

9. 在每个支座本体或单独零件标号旁边,应有经过技术检查或验收完毕的标记。

四. 标记和文件(此项为支座工厂化生产时之用):

10. 支座在发货前应涂抹防锈漆。

11. 在每个支座干净地方注上标号包括:

(1)使用管径;

(2)支座类型(固定支座、滑动支座);

(3)H(高度)、L(长度)、推力;

(4)验收人。

支座本体组装技术条件						图集号	97R412
审核		校对		设计		页	3

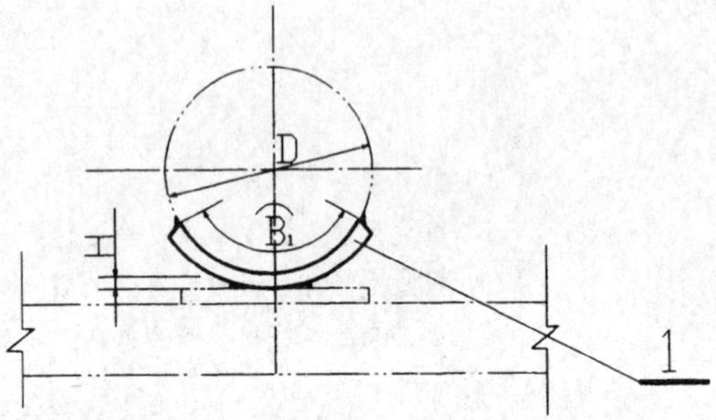

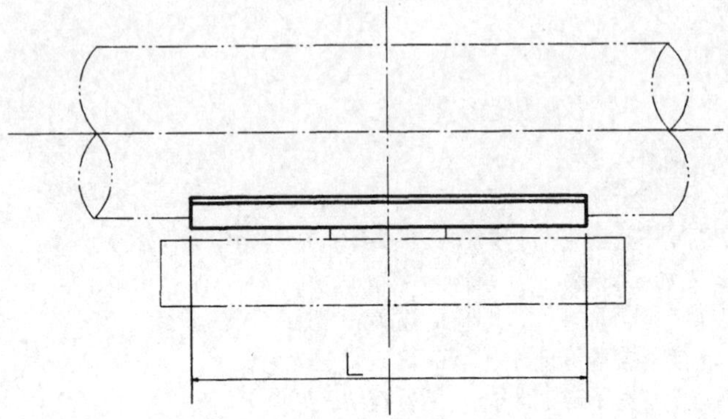

弧形板滑动支座材料表

零件号	1				零件号	1			
名　称	弧形板				名　称	弧形板			
数　量	1				数　量	1			
材　料	Q235-A				材　料	Q235-A			
管子外径 D mm	尺寸(mm) $\widehat{B}_1$	H	规　格 mm	重　量 kg	管子外径 D mm	尺寸(mm) $\widehat{B}_1$	H	规　格 mm	重　量 kg
25	27	2	钢板200X2	0.085	219	180	3	钢板200X3	0.85
32	33	2	钢板200X2	0.104	273	200	3	钢板200X3	0.94
38	38	2	钢板200X2	0.120	325	250	3	钢板200X3	1.18
45	43	2	钢板200X2	0.135	377	270	3	钢板200X3	1.27
57	53	2	钢板200X2	0.166	426	330	3	钢板200X3	1.56
73	65	2	钢板200X2	0.204	478	350	3	钢板200X3	1.65
89	78	2	钢板200X2	0.245	529	390	3	钢板200X3	1.84
108	93	3	钢板200X3	0.440	630	430	3	钢板200X3	2.02
133	112	3	钢板200X3	0.527					
159	140	3	钢板200X3	0.660					

注：

1. 焊条按 GB5117-85 规定的 E4303。
2. 焊缝高度与被焊件较小厚度相同。
3. 支座本体组装技术条件见第 3 页。
4. d≤108 管子亦可用平板代替弧形板，宽度亦可缩小。

DN 20~600 弧形板滑动支座 <L=200 H=2 H=3>						图集号	97R412
审核	张松立	校对	[illegible]	设计	[illegible]	页	4

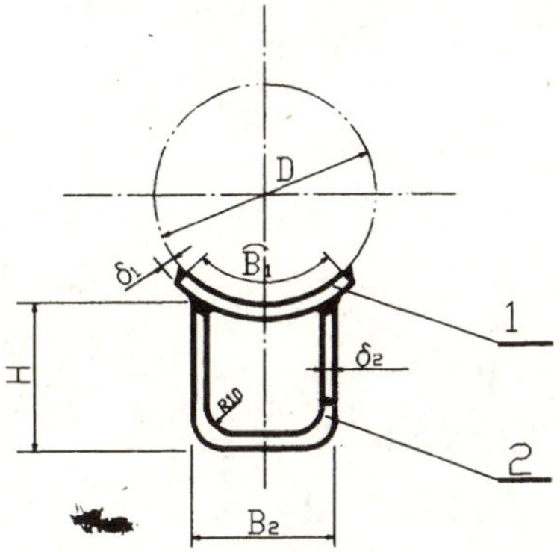

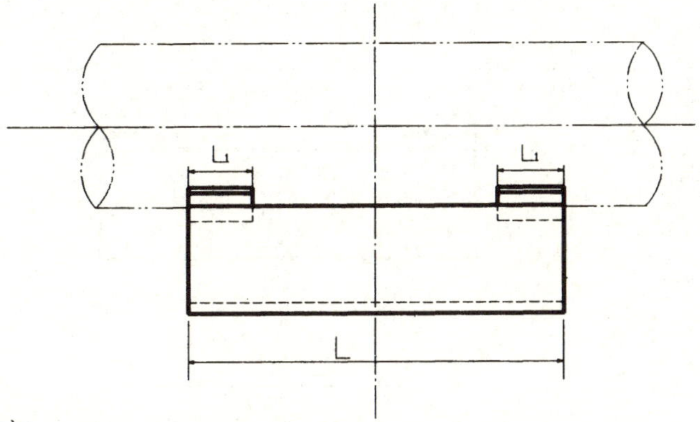

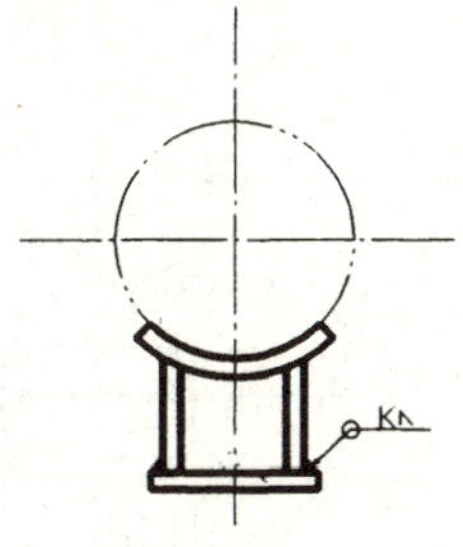

〈附图〉

曲面槽滑动支座材料表

零件号	1				2						重量 kg
名 称	弧形板				曲面槽						
数 量	2				1						
材 料	Q235-A				Q235-A						
管子外径	尺寸	规 格	重 量 kg		尺 寸 mm			规 格	重 量 kg		
D mm	$\widehat{B_1}$ mm	$L_1 \times \delta_1$ mm	单重	共重	B_2	δ_2	展开长	$L \times \delta_2$ mm	单重	共重	
159	140	扁钢 50X4	0.22	0.44	108	4	220	扁钢 200X4	1.38	1.38	1.82
219	180	扁钢 50X4	0.28	0.56	128	4	240	扁钢 200X4	1.51	1.51	2.07
273	200	扁钢 50X4	0.31	0.62	152	6	264	扁钢 200X6	2.49	2.49	3.11
325	250	扁钢 50X4	0.39	0.78	192	6	320	扁钢 200X6	3.02	3.02	3.80
377	270	扁钢 50X4	0.42	0.84	202	6	328	扁钢 200X6	3.09	3.09	3.93
426	330	扁钢 50X4	0.52	1.04	232	6	365	扁钢 200X6	3.44	3.44	4.48
478	350	扁钢 50X4	0.55	1.10	252	6	389	扁钢 200X6	3.66	3.66	4.76
529	390	扁钢 50X4	0.61	1.22	276	8	413	扁钢 200X8	5.20	5.20	6.42
630	430	扁钢 50X4	0.68	1.36	316	8	458	扁钢 200X8	5.76	5.76	7.12

注:

1. 焊条按 GB5117-85 规定的 $E4303_c$
2. 焊缝高度与被焊件较小厚度相同。
3. 支座本体组装技术条件见第 3 页。
4. 曲面槽亦可用焊接代替煨弯〈见附图〉。
5. 尺寸 "A" 应根据管道保温厚度决定。

DN150~600 曲面槽滑动支座 〈L=200 H=50〉	图集号	97R412
审核 张松云 校对 高大学 设计 [illegible]	页	5

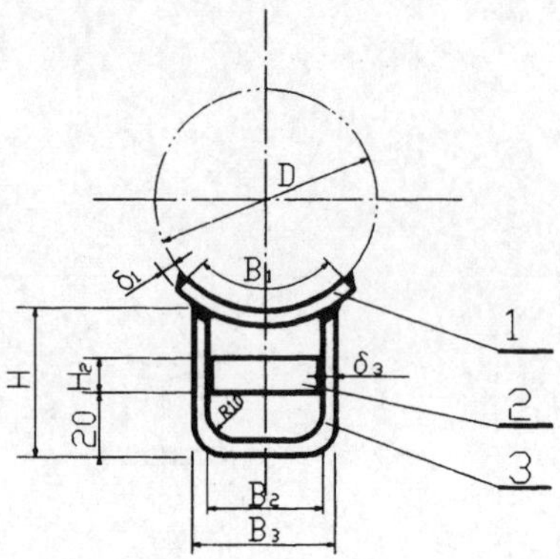

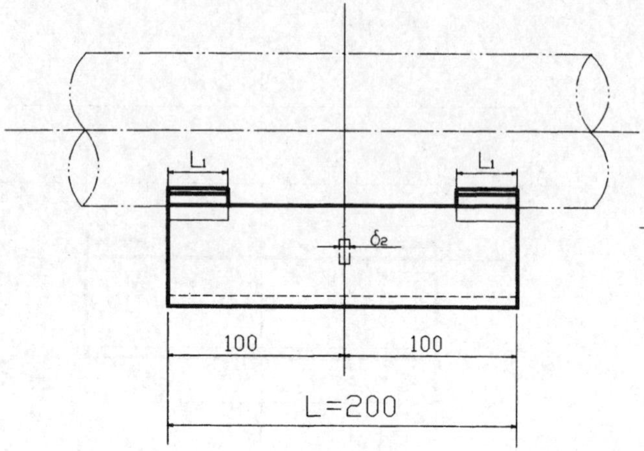

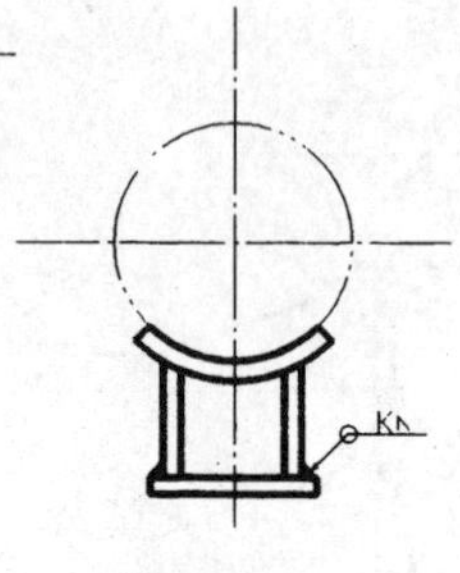

〈附图〉

注：

1. 焊条按 GB5117-85 规定的 E4303。
2. 焊缝高度与被焊件较小厚度相同。
3. 支座本体组装技术条件见第 3 页。
4. 曲面槽亦可用焊接代替煨弯〈见附图〉。

零件号	1					2					3					重量 kg
名称	弧形板					肋板					曲面槽					
数量	2					1					1					
材料	Q235-A					Q235-A					Q235-A					
管子外径	尺寸(mm)		规格	重量 kg		尺寸(mm)		规格	重量 kg		尺寸(mm)		规格	重量 kg		
D mm	B_1	L_1	$L_1\times\delta_1$ mm	单重	共重	B_2	H_2	$H_2\times\delta_2$ mm	单重	共重	B_3	展开长	$L\times\delta_3$ mm	单重	共重	
159	140	50	扁钢 50X4	0.22	0.44	100	60	扁钢 60X4	0.19	0.19	108	320	扁钢 200X4	2.01	2.01	2.64
219	180	50	扁钢 50X4	0.28	0.56	120	60	扁钢 60X4	0.23	0.23	128	340	扁钢 200X4	2.14	2.14	2.93
273	200	60	扁钢 60X4	0.38	0.76	140	60	扁钢 60X6	0.40	0.40	152	364	扁钢 200X6	3.43	3.43	4.59
325	250	60	扁钢 60X4	0.47	0.94	180	60	扁钢 60X6	0.51	0.51	192	420	扁钢 200X6	3.96	3.96	5.41
377	270	80	扁钢 80X4	0.68	1.36	190	60	扁钢 60X6	0.54	0.54	202	428	扁钢 200X6	4.03	4.03	5.93
426	330	80	扁钢 80X4	0.83	1.66	220	60	扁钢 60X6	0.62	0.62	232	465	扁钢 200X6	4.38	4.38	6.66
478	350	80	扁钢 80X4	0.88	1.76	240	60	扁钢 60X6	0.68	0.68	252	489	扁钢 200X6	4.61	4.61	7.05
529	390	80	扁钢 80X4	0.98	1.96	260	60	扁钢 60X8	0.98	0.98	276	513	扁钢 200X8	6.44	6.44	9.38
630	430	80	扁钢 80X6	1.62	3.24	300	60	扁钢 60X8	1.13	1.13	316	558	扁钢 200X8	7.02	7.02	11.39

DN150~600 曲面槽滑动支座 〈L=200 H=100〉	图集号	97R412
审核 张松云 校对 … 设计 …	页	6

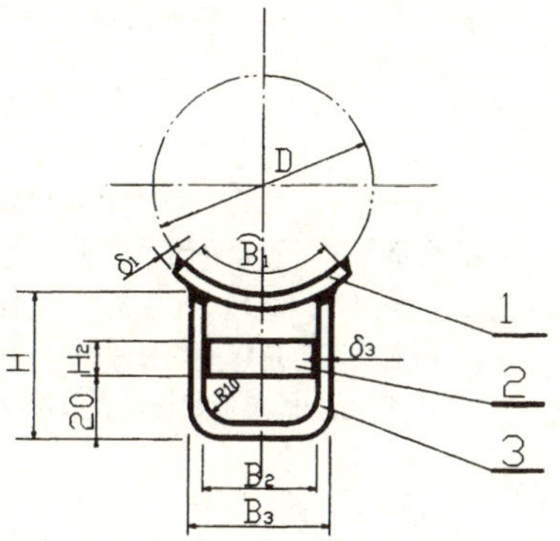

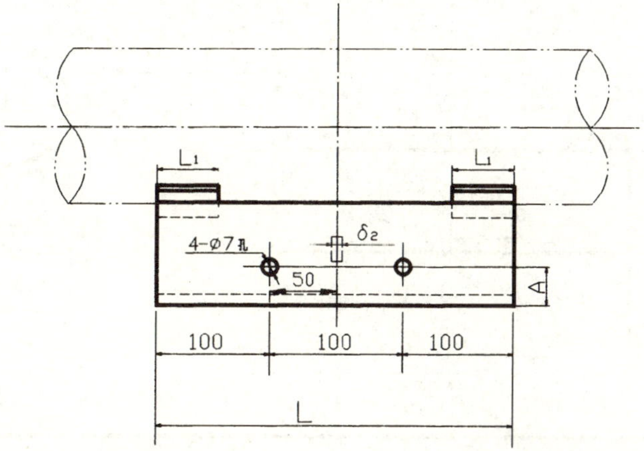

注：

1. 焊条按 GB5117-85 规定的 E4303。
2. 焊缝高度与被焊件较小厚度相同。
3. 支座本体组装技术条件见第 3 页。
4. 曲面槽亦可用焊接代替煨弯〈见附图〉。
5. 尺寸 "A" 应根据管道保温厚度决定。

零件号	1					2					3					重量 kg
名 称	弧形板					肋板					曲面槽					
数 量	2					1					1					
材 料	Q235-A					Q235-A					Q235-A					
管子外径	尺寸(mm)		规 格	重量kg		尺寸(mm)		规 格	重量kg		尺寸(mm)		规 格	重量kg		
D mm	$\widehat{B_1}$	L_1	$L_1 \times \delta_1$ mm	单重	共重	B_2	H_2	$H_2 \times \delta_2$ mm	单重	共重	B_3	展开长	$L \times \delta_3$ mm	单重	共重	
159	140	50	扁钢50X4	0.22	0.44	100	60	扁钢60X4	0.19	0.19	108	320	钢板300X4	3.02	3.02	3.65
219	180	50	扁钢50X4	0.28	0.56	120	60	扁钢60X4	0.23	0.23	128	340	钢板300X4	3.20	3.20	3.99
273	200	60	扁钢60X4	0.38	0.76	140	60	扁钢60X6	0.40	0.40	152	364	钢板300X6	5.15	5.15	6.31
325	250	60	扁钢60X4	0.47	0.94	180	60	扁钢60X6	0.51	0.51	192	420	钢板300X6	5.94	5.94	7.39
377	270	80	扁钢80X4	0.68	1.36	190	60	扁钢60X6	0.54	0.54	202	428	钢板300X6	6.05	6.05	7.95
426	330	80	扁钢80X4	0.83	1.66	220	60	扁钢60X6	0.62	0.62	232	465	钢板300X6	6.57	6.57	8.85
478	350	80	扁钢80X4	0.88	1.76	240	60	扁钢60X6	0.68	0.68	252	489	钢板300X6	6.91	6.91	9.35
529	390	80	扁钢80X4	0.98	1.96	260	60	扁钢60X8	0.98	0.98	276	513	钢板300X8	9.67	9.67	12.61
630	430	80	扁钢80X6	1.62	3.24	300	60	扁钢60X8	1.13	1.13	316	558	钢板300X8	10.53	10.53	14.90

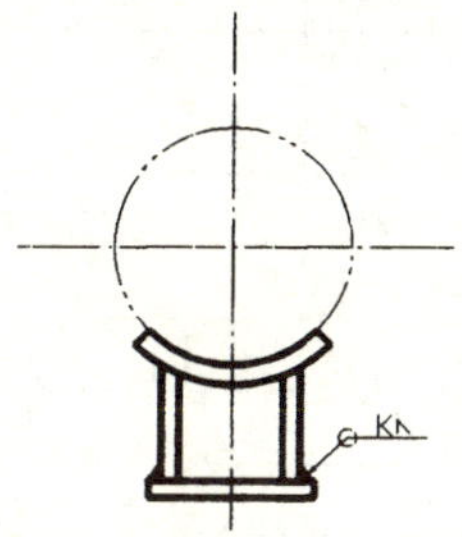

〈附图〉

DN150~600 曲面槽滑动支座 〈L=300 H=100〉						图集号	97R412
审核	张松文	校对	高大华	设计	薛旭	页	7

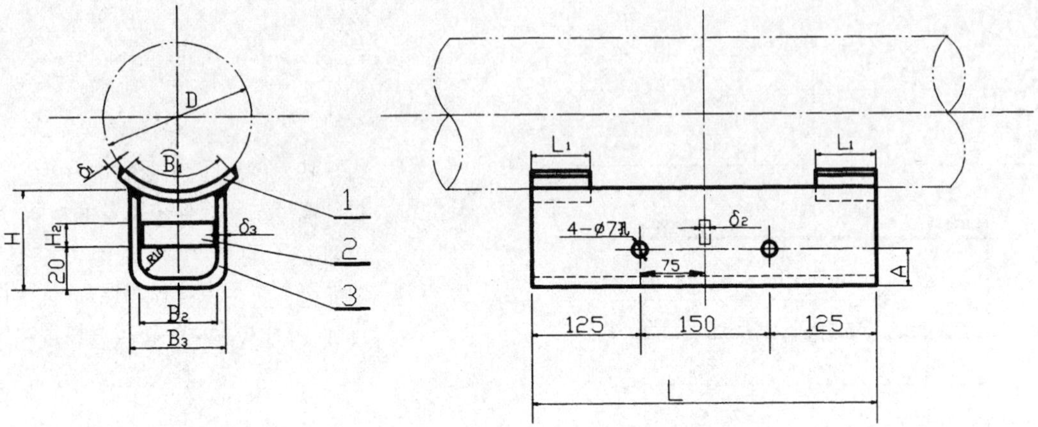

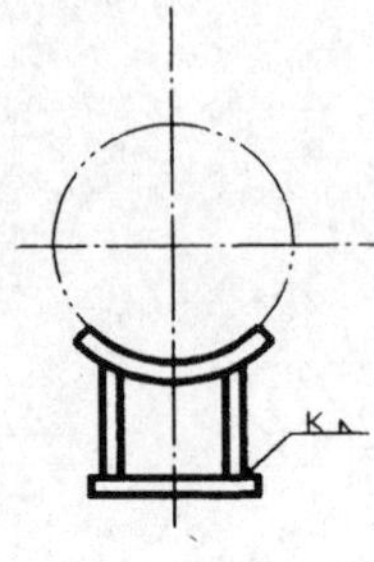

〈附图〉

注:

1. 焊条按 GB5117-85 规定的 E4303。
2. 焊缝高度与被焊件较小厚度相同。
3. 支座本体组装技术条件见第 3 页。
4. 曲面槽亦可用焊接代替煨弯〈见附图〉。
5. 尺寸 "A" 应根据管道保温厚度决定。

零件号	1					2					3					重量 kg
名称	弧形板					肋板					曲面槽					
数量	2					1					1					
材料	Q235-A					Q235-A					Q235-A					
管子外径	尺寸(mm)		规格	重量 kg		尺寸(mm)		规格	重量 kg		尺寸(mm)		规格	重量 kg		
D mm	$\widehat{B_1}$	L_1	$L_1 \times \delta_1$ mm	单重	共重	B_2	H_2	$H_2 \times \delta_2$ mm	单重	共重	B_3	展开长	$L \times \delta_3$ mm	单重	共重	
159	140	50	扁钢50X4	0.22	0.44	100	60	扁钢60X4	0.19	0.19	108	320	钢板 400X4	4.02	4.02	4.65
219	180	50	扁钢50X4	0.28	0.56	120	60	扁钢60X4	0.23	0.23	128	340	钢板 400X4	4.27	4.27	5.06
273	200	60	扁钢60X4	0.38	0.76	140	60	扁钢60X6	0.40	0.40	152	364	钢板 400X6	6.87	6.87	8.03
325	250	60	扁钢60X4	0.47	0.94	180	60	扁钢60X6	0.51	0.51	192	420	钢板 400X6	7.92	7.92	9.37
377	270	80	扁钢80X4	0.68	1.36	190	60	扁钢60X6	0.54	0.54	202	428	钢板 400X6	8.07	8.07	9.97
426	330	80	扁钢80X4	0.83	1.66	220	60	扁钢60X6	0.62	0.62	232	465	钢板 400X6	8.78	8.78	11.04
478	350	80	扁钢80X4	0.88	1.76	240	60	扁钢60X6	0.68	0.68	252	489	钢板 400X6	9.22	9.22	11.66
529	390	80	扁钢80X4	0.98	1.96	260	60	扁钢60X8	0.98	0.98	276	513	钢板 400X8	12.88	12.88	15.82
630	430	100	扁钢100X6	2.03	4.06	300	60	扁钢60X8	1.13	1.13	316	558	钢板 400X8	14.04	14.04	19.23

DN150~600 曲面槽滑动支座 〈L=400 H=100〉						图集号	97R412
审核	张松云	校对	[illegible]	设计	[illegible]	页	8

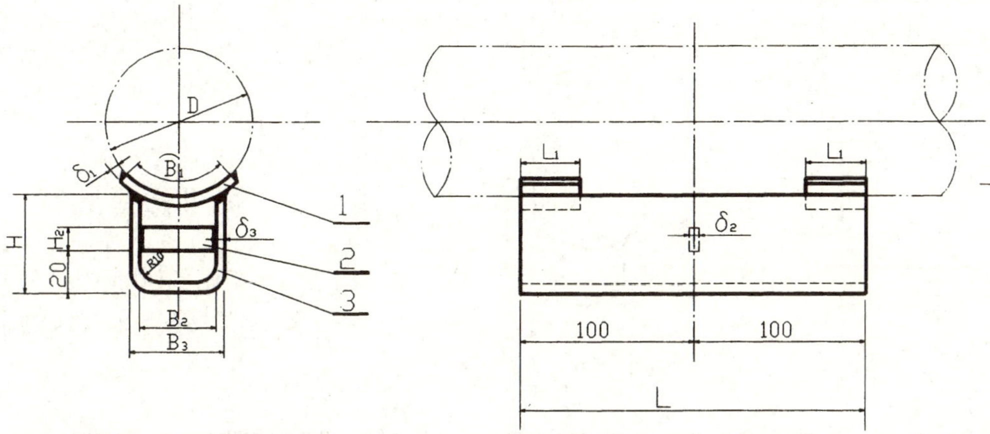

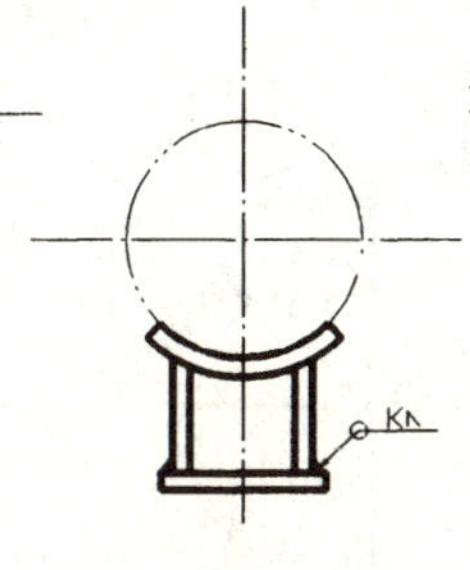

〈附图〉

注:

1. 焊条按 GB5117-85 规定的 E4303。
2. 焊缝高度与被焊件较小厚度相同。
3. 支座本体组装技术条件见第 3 页。
4. 曲面槽亦可用焊接代替煨弯〈见附图〉。

零件号	1					2					3					重量 kg
名称	弧形板					肋板					曲面槽					
数量	2					1					1					
材料	Q235-A					Q235-A					Q235-A					
管子外径	尺寸(mm)		规格	重量kg		尺寸(mm)		规格	重量kg		尺寸(mm)		规格	重量kg		
D mm	$\widehat{B_1}$	L_1	$L_1 \times \delta_1$ mm	单重	共重	B_2	H_2	$H_2 \times \delta_2$ mm	单重	共重	B_3	展开长	$L \times \delta_3$ mm	单重	共重	
159	140	50	扁钢50X4	0.22	0.44	100	100	扁钢100X6	0.47	0.47	112	421	扁钢200X6	3.96	3.96	4.87
219	180	50	扁钢50X4	0.28	0.56	120	100	扁钢100X6	0.57	0.57	132	441	扁钢200X6	4.15	4.15	5.28
273	200	60	扁钢60X4	0.38	0.76	140	100	扁钢100X8	0.88	0.88	156	464	扁钢200X8	5.38	5.38	7.47
325	250	60	扁钢60X4	0.47	0.94	180	100	扁钢100X8	1.13	1.13	196	520	扁钢200X8	6.55	6.55	8.62
377	270	80	扁钢80X4	0.68	1.36	190	100	扁钢100X8	1.19	1.19	206	526	扁钢200X8	6.60	6.60	9.15
426	330	80	扁钢80X4	0.83	1.66	220	100	扁钢100X8	1.38	1.38	236	564	扁钢200X8	7.10	7.10	10.14
478	350	80	扁钢80X4	0.88	1.76	240	100	扁钢100X8	1.51	1.51	256	590	扁钢200X8	7.40	7.40	10.67
529	390	80	扁钢80X4	0.98	1.96	260	100	扁钢100X10	2.04	2.04	280	613	扁钢200X10	9.65	9.65	13.65
630	430	80	扁钢80X6	1.62	3.24	300	100	扁钢100X10	2.36	2.36	320	669	扁钢200X10	10.35	10.35	15.95

DN150~600 曲面槽滑动支座 〈L=200 H=150〉	图集号	97R412
审核 孙松云 校对 设计	页	9

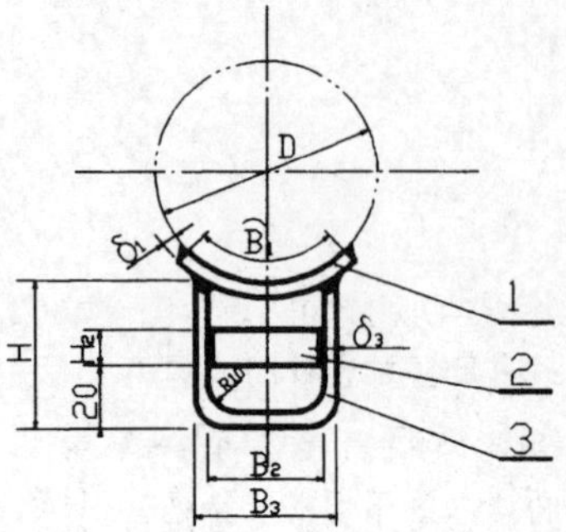

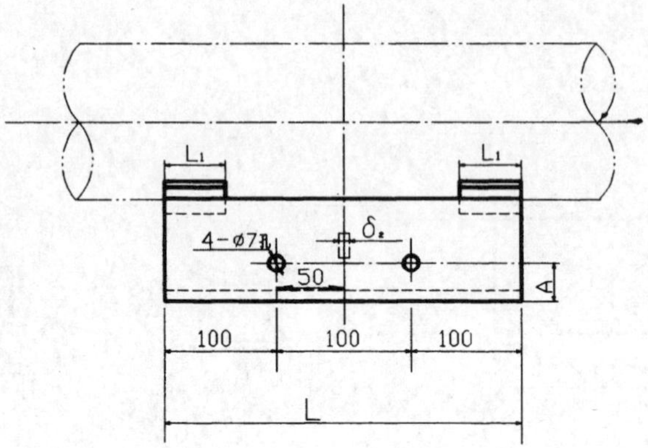

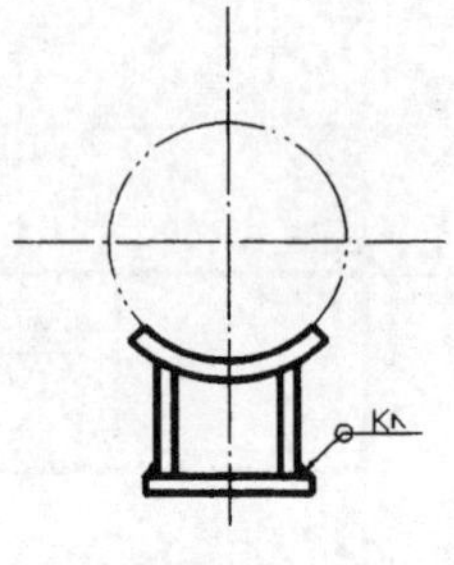

〈附图〉

注:

1. 焊条按 GB5117-85 规定的 E4303。
2. 焊缝高度与被焊件较小厚度相同。
3. 支座本体组装技术条件见第 3 页。
4. 曲面槽亦可用焊接代替煨弯〈见附图〉。
5. 尺寸 "A" 应根据管道保温厚度决定。

零件号	1					2					3					重量 kg
名称	弧形板					肋板					曲面槽					
数量	2					1					1					
材料	Q235-A					Q235-A					Q235-A					
管子外径	尺寸(mm)		规格	重量 kg		尺寸(mm)		规格	重量 kg		尺寸(mm)		规格	重量 kg		
D mm	B_1	L_1	$L_1 \times \delta_1$ mm	单重	共重	B_2	H_2	$H_2 \times \delta_2$ mm	单重	共重	B_3	展开长	$L \times \delta_3$ mm	单重	共重	
159	140	50	扁钢 50X4	0.22	0.44	100	100	扁钢 100X6	0.47	0.47	112	421	钢板 300X6	5.95	5.95	6.86
219	180	50	扁钢 50X4	0.28	0.56	120	100	扁钢 100X6	0.57	0.57	132	441	钢板 300X6	6.23	6.23	7.36
273	200	60	扁钢 60X4	0.38	0.76	140	100	扁钢 100X8	0.88	0.88	156	464	钢板 300X8	8.74	8.74	10.38
325	250	60	扁钢 60X4	0.47	0.94	180	100	扁钢 100X8	1.13	1.13	196	520	钢板 300X8	9.78	9.78	11.85
377	270	80	扁钢 80X4	0.68	1.36	190	100	扁钢 100X8	1.19	1.19	206	526	钢板 300X8	9.90	9.90	12.45
426	330	80	扁钢 80X4	0.83	1.66	220	100	扁钢 100X8	1.38	1.38	236	564	钢板 300X8	10.60	10.60	13.64
478	350	80	扁钢 80X4	0.88	1.76	240	100	扁钢 100X8	1.51	1.51	256	590	钢板 300X8	11.10	11.10	14.37
529	390	80	扁钢 80X4	0.98	1.96	260	100	扁钢 100X10	2.04	2.04	280	613	钢板 300X10	14.40	14.40	18.40
630	430	100	扁钢 100X6	2.03	4.06	300	100	扁钢 100X10	2.36	2.36	320	659	钢板 300X10	15.50	15.50	21.92

DN150~600 曲面槽滑动支座 〈L=300 H=150〉	图集号	97R412
审核 张松云 校对 高学 设计 郭旭	页	10

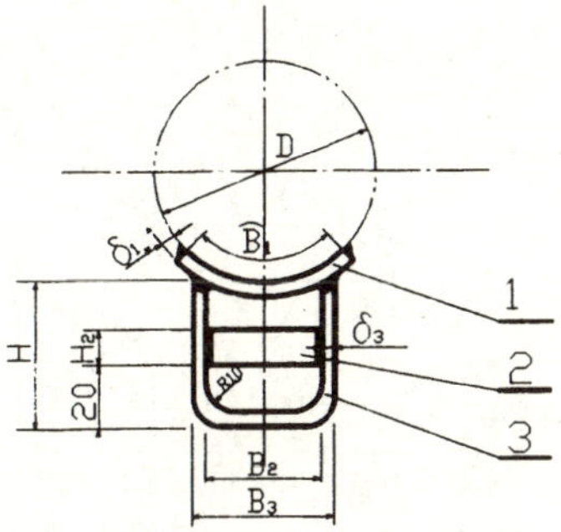

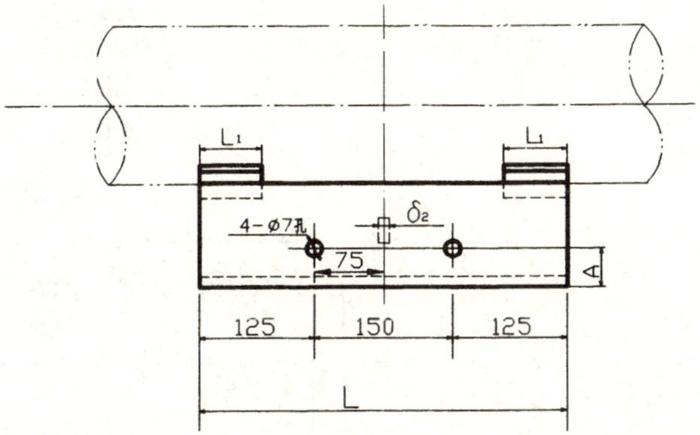

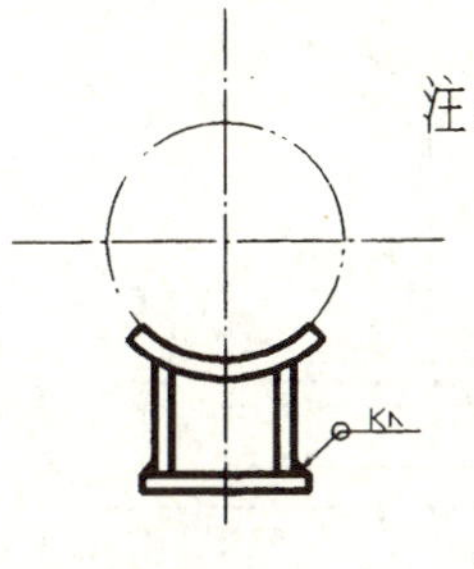

<附图>

注:

1. 焊条按 GB5117-85 规定的 E4303。
2. 焊缝高度与被焊件较小厚度相同。
3. 支座本体组装技术条件见第 3 页。
4. 曲面槽亦可用焊接代替煨弯<见附图>。
5. 尺寸 "A" 应根据管道保温厚度决定。

零件号	1					2					3					重量 kg
名称	弧形板					肋板					曲面槽					
数量	2					1					1					
材料	Q235-A					Q235-A					Q235-A					
管子外径	尺寸(mm)		规格	重量kg		尺寸(mm)		规格	重量kg		尺寸(mm)		规格	重量kg		
D mm	$\widehat{B_1}$	L_1	$L_1 \times \delta_1$ mm	单重	共重	B_2	H_2	$H_2 \times \delta_2$ mm	单重	共重	B_3	展开长	$L \times \delta_3$ mm	单重	共重	kg
159	140	50	扁钢50X4	0.22	0 44	100	100	扁钢 100X6	0.47	0.47	112	421	钢板400X6	7.92	7.92	8.83
219	180	50	扁钢50X4	0.28	0.56	120	100	扁钢 100X6	0.57	0.57	132	441	钢板400X6	8.30	8.30	9.43
273	200	60	扁钢60X4	0 38	0.76	140	100	扁钢 100X8	0.88	0.88	156	464	钢板400X8	11.65	11.65	13.29
325	250	60	扁钢60X4	0.47	0.94	180	100	扁钢 100X8	1.13	1.13	196	520	钢板400X8	13.10	13.10	15.17
377	270	80	扁钢80X4	0.68	1.36	190	100	扁钢 100X8	1.19	1.19	206	526	钢板400X8	13.20	13.20	15.75
426	330	80	扁钢80X4	0.83	1.66	220	100	扁钢 100X8	1.38	1.38	236	564	钢板400X8	14.20	14.20	17.24
478	350	80	扁钢80X4	0 88	1.76	240	100	扁钢 100X8	1.51	1.51	256	590	钢板400X8	14.8	14.8	18.07
529	390	80	扁钢80X4	0.98	1.96	260	100	扁钢 100X10	2.04	2.04	280	613	钢板400X10	19.30	19.30	23.30
630	430	100	扁钢100X6	2.03	4.06	300	100	扁钢 100X10	2.36	2.36	320	659	钢板400X10	20.70	20.70	27.12

DN150~600 曲面槽滑动支座 <L=400 H=150>			图集号	97R412
审核 张松云	校对 [illegible]	设计 范旭	页	11

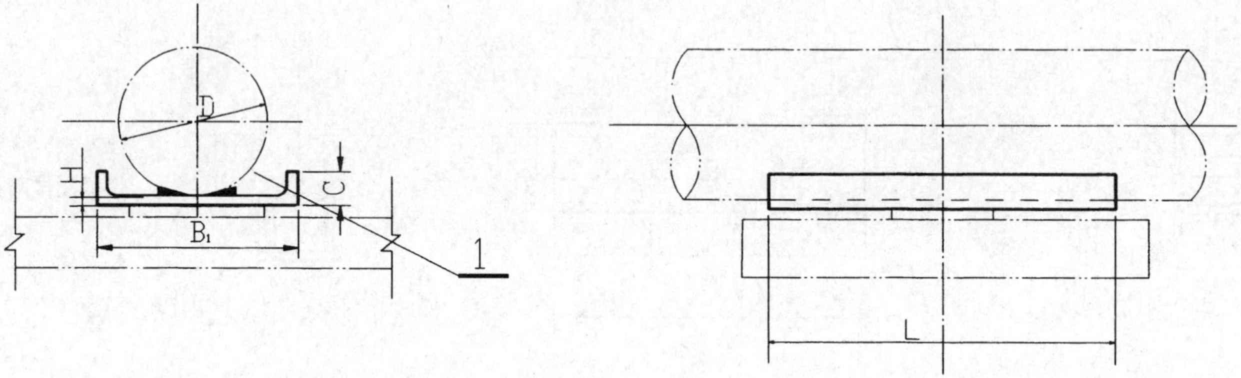

导向板滑动支座材料表

零件号	1				零件号	1			
名 称	导向板				名 称	导向板			
数 量	1				数 量	1			
材 料	Q235-A				材 料	Q235-A			
管子外径	尺寸(mm)		规 格	重 量	管子外径	尺寸(mm)		规 格	重 量
D mm	B_1	H	mm	kg	D mm	B_1	H	mm	kg
25	65	2	钢板200X2	0.331	219	269	3	钢板200X3	1.51
32	72	2	钢板200X2	0.353	273	323	3	钢板200X3	1.76
38	78	2	钢板200X2	0.371	325	375	3	钢板200X3	2.01
45	85	2	钢板200X2	0.394	377	437	3	钢板200X3	2.35
57	97	2	钢板200X2	0.431	426	486	3	钢板200X3	2.58
73	113	2	钢板200X2	0.482	478	538	3	钢板200X3	2.83
89	129	2	钢板200X2	0.532	529	589	3	钢板200X3	3.07
108	148	3	钢板200X3	0.592	630	690	3	钢板200X3	3.54
133	183	3	钢板200X3	1.100					
159	190	3	钢板200X3	1.223					

注：

1. 焊条按 GB5117-85 规定的 E4303。
2. 焊缝高度与被焊件较小厚度相同。
3. 支座本体组装技术条件见第 3 页。

DN 20~600 导向板滑动支座 < L=200 H=2 H=3 >	图集号	97R412
审核 张松玄 校对 马六华 设计 范鸣	页	12

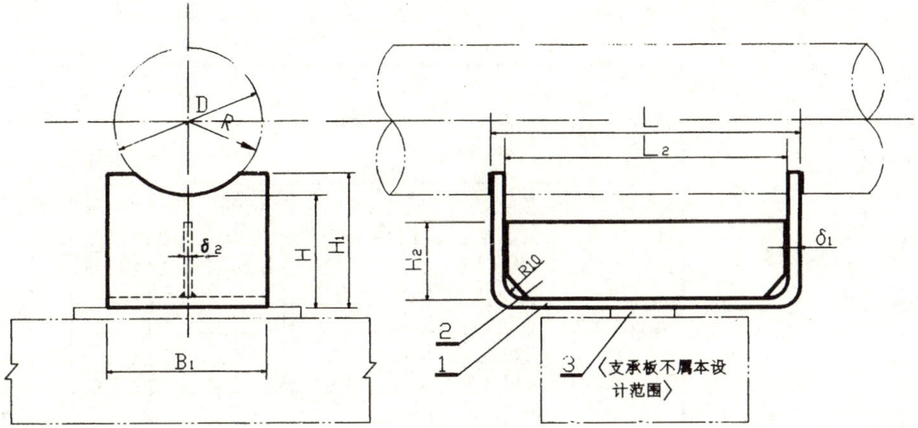

H=100 材料表

零件号			1						2					总重 kg
名称			曲面槽						肋板					
数量			1						1					
材料			Q235-A						Q235-A					
管子外径	管子半径	H	尺寸 mm				规格	单重	尺寸 mm			规格	单重	
D mm	R mm	mm	H_1	B_1	δ_1	展开长	mm	kg	H_2	L_2	δ_2	mm	kg	
25	13	100	105	30	4	342	扁钢30X4	0.33	85	140	4	扁钢85X4	0.37	0.70
32	16		105	40	〃	342	〃 40X4	0.43	〃	〃	〃	〃	〃	0.80
38	19		110	40	〃	352	〃 40X4	0.45	〃	〃	〃	〃	〃	0.82
45	23		110	50	〃	352	〃 50X4	0.56	〃	〃	〃	〃	〃	0.93
57	29		110	50	〃	352	〃 50X4	0.56	〃	〃	〃	〃	〃	0.93
73	37		115	70	〃	362	〃 70X4	0.80	〃	〃	〃	〃	〃	1.17
89	45		115	80	〃	362	〃 80X4	0.92	〃	〃	〃	〃	〃	1.29
108	54		120	90	〃	372	〃 90X4	1.06	〃	〃	〃	〃	〃	1.43
133	67		125	100	〃	382	〃 100X4	1.21	〃	〃	〃	〃	〃	1.58
159	80		130	110	〃	392	〃 110X4	1.36	〃	〃	〃	〃	〃	1.73

H=50 材料表

零件号			1						2					总重 kg
名称			曲面槽						肋板					
数量			1						1					
材料			Q235-A						Q235-A					
管子外径	管子半径	H	尺寸 mm				规格	单重	尺寸 mm			规格	单重	
D mm	R mm	mm	H_1	B_1	δ_1	展开长	mm	kg	H_2	L_2	δ_2	mm	kg	
25	13	50	55	30	4	242	扁钢30X4	0.23	35	140	4	扁钢35X4	0.15	0.38
32	16		55	40	〃	242	〃 40X4	0.31	〃	〃	〃	〃	〃	0.46
38	19		60	40	〃	252	〃 40X4	0.32	〃	〃	〃	〃	〃	0.47
45	23		60	50	〃	252	〃 50X4	0.40	〃	〃	〃	〃	〃	0.55
57	29		60	50	〃	252	〃 50X4	0.40	〃	〃	〃	〃	〃	0.55
73	37		65	70	〃	262	〃 65X4	0.58	〃	〃	〃	〃	〃	0.73
89	45		65	80	〃	262	〃 65X4	0.67	〃	〃	〃	〃	〃	0.82
108	54		70	90	〃	272	〃 70X4	0.78	〃	〃	〃	〃	〃	0.93
133	67		75	100	〃	282	〃 75X4	0.89	〃	〃	〃	〃	〃	1.04
159	80		80	110	〃	292	〃 80X4	1.01	〃	〃	〃	〃	〃	1.16

注：

1. 焊条按 GB5117-85 规定的 E4303。
2. 焊缝高度与被焊件较小厚度相同。
3. 支座本体组装技术条件见第 3 页。
4. 本支座与零件 3 焊死即可作固定支座使用，但应符合下列条件：

支座高度 H mm	焊缝尺寸 mm 总长度	焊缝尺寸 mm 高度	支承板宽度 mm	允许最大推力 N
50	100	4	50	3923
100	100	4	50	2108

DN 20~150 煨弯座板式滑动支座 〈L=150,H=50,H=100〉	图集号	97R412
审核 张松云 校对 聂小华 设计 范忠	页	13

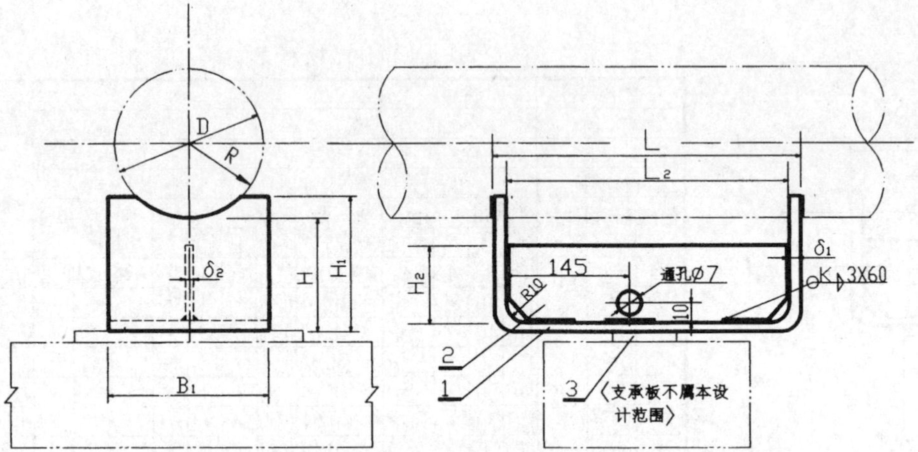

H=100 材料表

零件号			1						2					总重 kg
名称			曲面槽						肋板					
数量			1						1					
材料			Q235-A						Q235-A					
管子外径	管子半径	H	尺寸 mm				规格	单重	尺寸 mm			规格	单重	
D_{mm}	R_{mm}	mm	H_1	B_1	δ_1	展开长	mm	kg	H_2	L_2	δ_2	mm	kg	
25	13	100	105	30	4	492	扁钢30X4	0.47	85	290	4	扁钢85X4	0.78	1.25
32	16		105	40	〃	492	〃 40X4	0.62	〃	〃	〃	〃	〃	1.40
38	19		110	40	〃	502	〃 40X4	0.64	〃	〃	〃	〃	〃	1.42
45	23		110	50	〃	502	〃 50X4	0.79	〃	〃	〃	〃	〃	1.57
57	29		110	50	〃	502	〃 50X4	0.79	〃	〃	〃	〃	〃	1.57
73	37		115	70	〃	512	〃 70X4	1.13	〃	〃	〃	〃	〃	1.91
89	45		115	80	〃	512	〃 80X4	1.29	〃	〃	〃	〃	〃	2.07
108	54		120	90	〃	522	〃 90X4	1.48	〃	〃	〃	〃	〃	2.26
133	67		125	100	〃	532	〃 100X4	1.68	〃	〃	〃	〃	〃	2.46
159	80		130	110	〃	542	〃 110X4	1.88	〃	〃	〃	〃	〃	2.66

H=50 材料表

零件号			1						2					总重 kg
名称			曲面槽						肋板					
数量			1						1					
材料			Q235-A						Q235-A					
管子外径	管子半径	H	尺寸 mm				规格	单重	尺寸 mm			规格	单重	
D_{mm}	R_{mm}	mm	H_1	B_1	δ_1	展开长	mm	kg	H_2	L_2	δ_2	mm	kg	
25	13	50	55	30	4	392	扁钢30X4	0.37	36	290	4	扁钢36X4	0.32	0.69
32	16		55	40	〃	392	〃 40X4	0.50	〃	〃	〃	〃	〃	0.82
38	19		60	40	〃	402	〃 40X4	0.51	〃	〃	〃	〃	〃	0.83
45	23		60	50	〃	402	〃 50X4	0.64	〃	〃	〃	〃	〃	0.96
57	29		60	50	〃	402	〃 50X4	0.64	〃	〃	〃	〃	〃	0.96
73	37		65	70	〃	412	〃 65X4	0.91	〃	〃	〃	〃	〃	1.23
89	45		65	80	〃	412	〃 65X4	1.04	〃	〃	〃	〃	〃	1.36
108	54		70	90	〃	422	〃 70X4	1.20	〃	〃	〃	〃	〃	1.52
133	67		75	100	〃	432	〃 75X4	1.36	〃	〃	〃	〃	〃	1.68
159	80		80	110	〃	442	〃 80X4	1.54	〃	〃	〃	〃	〃	1.86

注:

1. 焊条按 GB5117-85 规定的 E4303。
2. 焊缝高度与被焊件较小厚度相同。
3. 支座本体组装技术条件见第3页。
4. 本支座与零件 3 焊死即可作固定支座使用,但应符合下列条件:

支座高度 H mm	焊缝尺寸 mm 总长度	焊缝尺寸 mm 高度	支承板宽度 mm	允许最大推力 N
50	100	4	50	3923
100	100	4	50	2108

DN 20~150 煨弯座板式滑动支座 〈L=300,H=50,H=100〉	图集号	97R412
审核 张松云 校对 高大华 设计 范[illegible]	页	14

用丁字钢

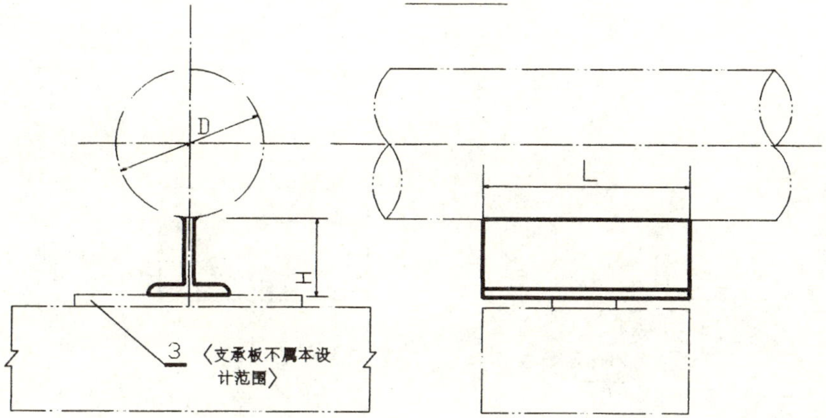

用钢板焊接

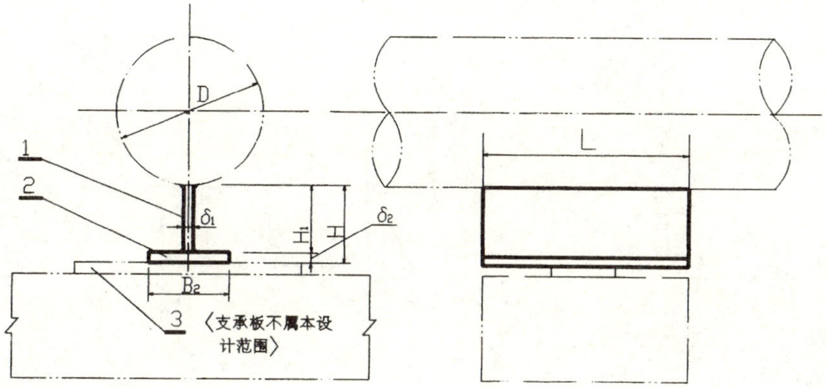

使用方案				丁字钢			钢板焊接										总重 kg
零件号							1					2					
名称				丁字钢			顶板					底板					
数量				1			1					1					
材料				Q235-A			Q235-A					Q235-A					
应用范围				L	规格	重量	尺寸 mm			规格	重量	尺寸 mm			规格	重量	
管子外径D mm	最大热位移 mm	H mm	最大垂直荷重 N	mm	mm	kg	H_1	L	δ_1	mm	kg	B_2	L	δ_2	mm	kg	
25			1176	150	50X50X8	0.87	46	150	4	扁钢150X4	0.22	60	150	4	扁钢60X4	0.28	0.50
32			1176	〃	〃	〃	46	〃	〃	〃	0.22	60	〃	〃	〃	〃	0.50
38			1176	〃	〃	〃	46	〃	〃	〃	0.22	60	〃	〃	〃	〃	0.50
45			1764	〃	〃	〃	46	〃	〃	〃	0.22	60	〃	〃	〃	〃	0.50
57	100	50	1764	〃	〃	〃	46	〃	〃	〃	0.22	60	〃	〃	〃	〃	0.50
73			1764	〃	〃	〃	46	〃	〃	〃	0.22	80	〃	〃	扁钢80X4	0.38	0.60
89			1764	〃	〃	〃	46	〃	〃	〃	0.22	80	〃	〃	〃	〃	0.60
108			3920	〃	〃	〃	44	〃	6	扁钢150X6	0.31	100	〃	6	扁钢100X6	0.71	1.02
133			3920	〃	〃	〃	44	〃	〃	〃	0.31	100	〃	〃	〃	〃	1.02
159			3920	〃	〃	〃	44	〃	〃	〃	0.31	100	〃	〃	〃	〃	1.02

注:

1. 焊条按 GB5117-85 规定的 E4303。
2. 焊缝高度与被焊件较小厚度相同。
3. 支座本体组装技术条件见第 3 页。
4. 本支座与零件 3 焊死即可作固定支座使用,但应符合下列条件：

使用管径 D mm	焊缝尺寸 mm 总长度	焊缝尺寸 mm 高度	支承板宽度 mm	允许最大推力 N(kg)
89以下	100	4	50	3920(400)
108以上	100	4	50	4900(500)

5. 采用何种施工方案,可由施工部门决定。

DN 20~150 丁字托滑动支座 〈L=150,H=50〉	图集号	97R412
审核 张松云 校对 马一中 设计 范旭	页	15

用丁字钢

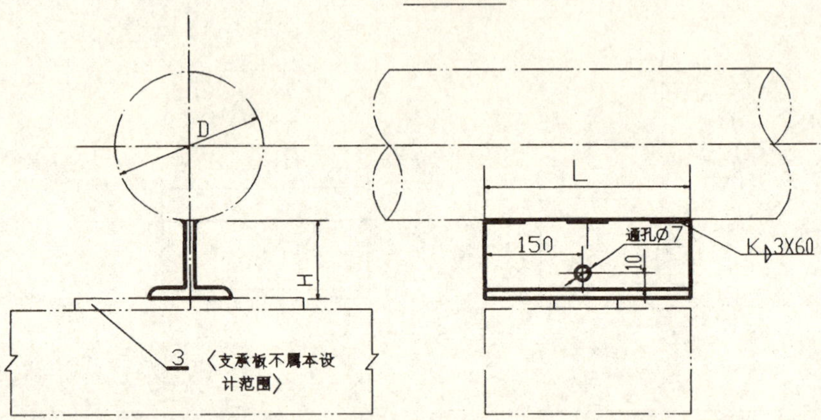

用钢板焊接

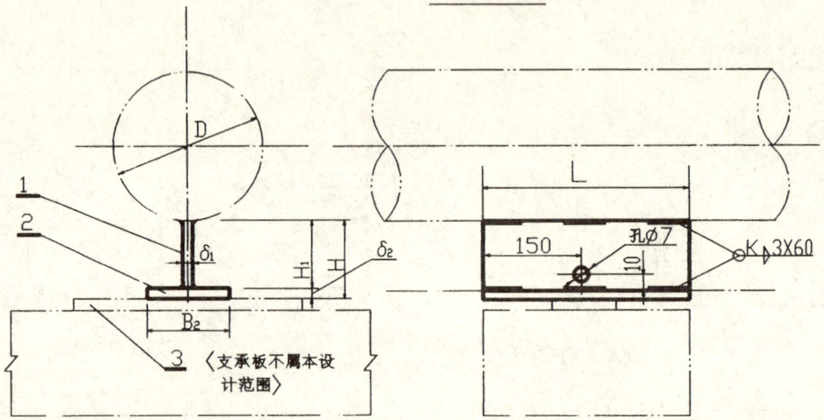

使用方案				丁字钢			钢板焊接										总重
零件号							1					2					
名称				丁字钢			顶板					底板					
数量				1			1					1					
材料				Q235-A			Q235-A					Q235-A					
应用范围				L	规格	重量	尺寸 mm			规格	重量	尺寸 mm			规格	重量	
管子外径 D mm	最大热位移 mm	H mm	最大垂直荷重 N	mm	mm	kg	H_1	L	δ_1	mm	kg	B_2	L	δ_2	mm	kg	kg
25			1176	300	50X50X8	1.74	46	300	4	钢板300X4	0.43	60	300	4	扁钢60X4	0.57	1.00
32			1176	″	″	″	46	″	″	″	0.43	60	″	″	″	″	1.00
38			1176	″	″	″	46	″	″	″	0.43	60	″	″	″	″	1.00
45			1764	″	″	″	46	″	″	″	0.43	60	″	″	″	″	1.00
57	250	50	1764	″	″	″	46	″	″	″	0.43	60	″	″	″	″	1.00
73			1764	″	″	″	46	″	″	″	0.43	80	″	″	扁钢80X4	0.75	1.18
89			1764	″	″	″	46	″	″	″	0.43	80	″	″	″	″	1.18
108			3920	″	″	″	44	″	6	钢板300X6	0.62	100	″	6	扁钢100X6	1.42	2.04
133			3920	″	″	″	44	″	″	″	0.62	100	″	″	″	″	2.04
159			3920	″	″	″	44	″	″	″	0.62	100	″	″	″	″	2.04

注：

1. 焊条按 GB5117-85 规定的 E4303。
2. 焊缝高度与被焊件较小厚度相同。
3. 支座本体组装技术条件见第 3 页。
4. 本支座与零件 3 焊死即可作固定支座使用，但应符合下列条件：

使用管径 D mm	焊缝尺寸 mm 总长度	焊缝尺寸 mm 高度	支承板宽度 mm	允许最大推力 N(kg)
89以下	100	4	50	3920(400)
108以上	100	4	50	4900(500)

5. 采用何种施工方案，可由施工部门决定。

DN 20~150 丁字托滑动支座 〈L=300,H=50〉						图集号	97R412
审核	张松云	校对	高士华	设计	苏旭	页	16

用丁字钢

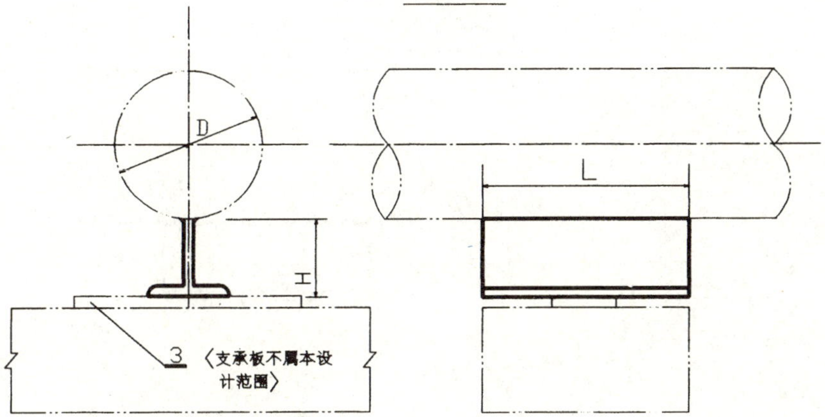

用钢板焊接

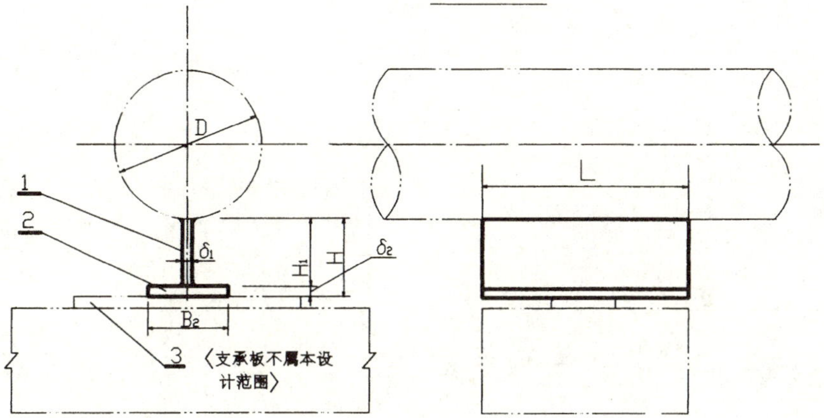

使用方案				丁字钢			钢板焊接										
零件号							1					2					总重 kg
名称				丁字钢			顶板					底板					
数量				1			1					1					
材料				Q235-A			Q235-A					Q235-A					
应用范围				L	规格	重量	尺寸 mm			规格	重量	尺寸 mm			规格	重量	
管子外径D mm	最大热位移 mm	H mm	最大垂直荷重 N	mm	mm	kg	H_1	L	δ_1	mm	kg	B_2	L	δ_2	mm	kg	
25	100	100	588	150	100X125X12.5	3.13	96	150	4	扁钢150X4	0.45	60	150	4	扁钢60X4	0.28	0.73
32			588	〃	〃	〃	96	〃	〃	〃	0.45	60	〃	〃	〃	〃	0.73
38			588	〃	〃	〃	96	〃	〃	〃	0.45	60	〃	〃	〃	〃	0.73
45			882	〃	〃	〃	96	〃	〃	〃	0.45	60	〃	〃	〃	〃	0.73
57			882	〃	〃	〃	96	〃	〃	〃	0.45	60	〃	〃	〃	〃	0.73
73			1960	〃	〃	〃	94	〃	6	扁钢150X6	0.67	80	〃	6	扁钢80X6	0.57	1.24
89			1960	〃	〃	〃	94	〃	6	〃	0.67	80	〃	6	〃	〃	1.24
108			1960	〃	〃	〃	94	〃	6	〃	0.67	100	〃	6	扁钢100X6	0.71	1.38
133			3430	〃	〃	〃	92	〃	8	扁钢150X8	0.87	100	〃	8	扁钢100X8	0.94	1.81
159			3430	〃	〃	〃	92	〃	8	〃	0.87	100	〃	8	〃	〃	1.81

注:

1. 焊条按 GB5117-85 规定的 E4303。
2. 焊缝高度与被焊件较小厚度相同。
3. 支座本体组装技术条件见第 3 页。
4. 本支座与零件 3 焊死即可作固定支座使用,但应符合下列条件:

使用管径 D mm	焊缝尺寸 mm 总长度	焊缝尺寸 mm 高度	支承板宽度 mm	允许最大推力 N(kg)
57以下	100	4	50	2107(215)
73以上	100	4	50	2646(270)

5. 采用何种施工方案,可由施工部门决定。

DN 20~150 丁字托滑动支座 〈L=150,H=100〉			图集号	97R412
审核 张松云	校对 高大华	设计 范旭	页	17

用丁字钢

用钢板焊接

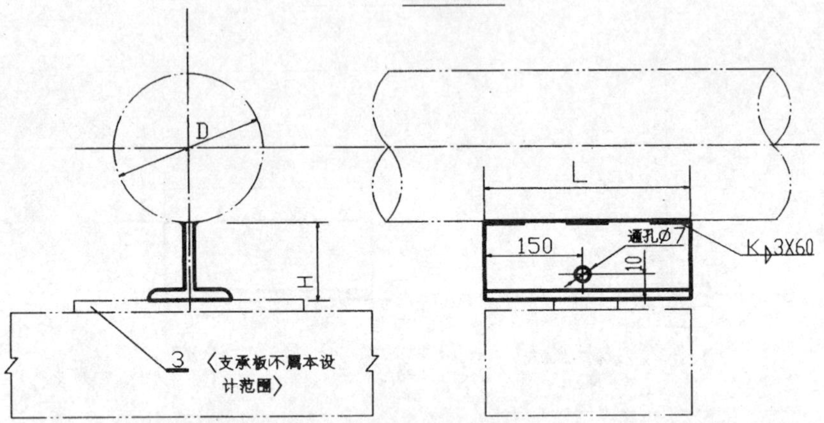

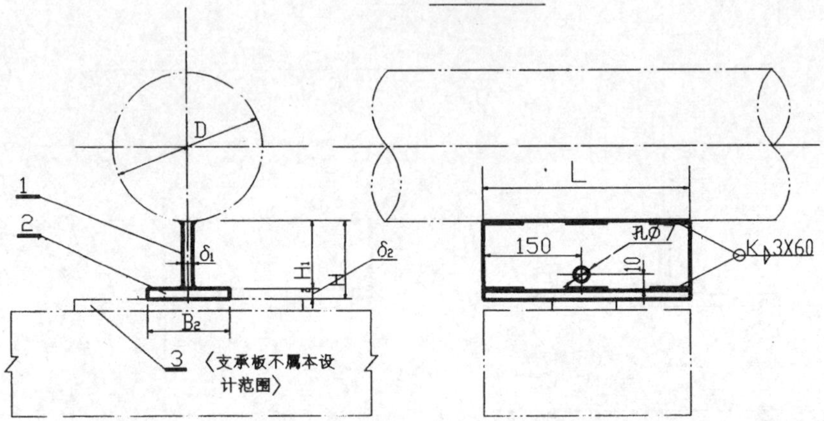

使用方案				丁字钢			钢板焊接										总重 kg
零件号							1					2					
名称				丁字钢			顶板					底板					
数量				1			1					1					
材料				Q235-A			Q235-A					Q235-A					
应用范围				L	规格	重量	尺寸 mm			规格	重量	尺寸 mm			规格	重量	
管子外径D mm	最大热位移 mm	H mm	最大垂直荷载 N	mm	mm	kg	H_1	L	δ_1	mm	kg	B_2	L	δ_2	mm	kg	
25	250	100	588	300	100X125X12.5	6.26	96	300	4	钢板300X4	0.91	60	300	4	扁钢60X4	0.57	1.48
32			588	〃	〃	〃	96	〃	〃	〃	0.91	60	〃	〃	〃	〃	1.48
38			588	〃	〃	〃	96	〃	〃	〃	0.91	60	〃	〃	〃	〃	1.48
45			882	〃	〃	〃	96	〃	〃	〃	0.91	60	〃	〃	〃	〃	1.48
57			882	〃	〃	〃	96	〃	〃	〃	0.91	60	〃	〃	〃	〃	1.48
73			1960	〃	〃	〃	94	〃	6	钢板300X6	1.33	80	〃	6	扁钢80X6	1.13	2.46
89			1960	〃	〃	〃	94	〃	6	〃	1.33	80	〃	6	〃	〃	2.46
108			1960	〃	〃	〃	94	〃	6	〃	1.33	100	〃	6	扁钢100X6	1.42	2.75
133			3430	〃	〃	〃	92	〃	8	钢板300X8	1.73	100	〃	8	扁钢100X8	1.89	3.62
159			3430	〃	〃	〃	92	〃	8	〃	1.73	100	〃	8	〃	〃	3.62

注:

1. 焊条按 GB5117-85 规定的 E4303。
2. 焊缝高度与被焊件较小厚度相同。
3. 支座本体组装技术条件见第 3 页。
4. 本支座与零件 3 焊死即可作固定支座使用,但应符合下列条件:

使用管径 D mm	焊缝尺寸 mm 总长度	焊缝尺寸 mm 高度	支承板宽度 mm	允许最大推力 N(kg)
57以下	100	4	50	2107(215)
73以上	100	4	50	2646(270)

5. 采用何种施工方案,可由施工部门决定。

DN 20~150 丁字托滑动支座 〈L=300,H=100〉			图集号	97R412
审核 张松云	校对 高大华	设计 范兰	页	18

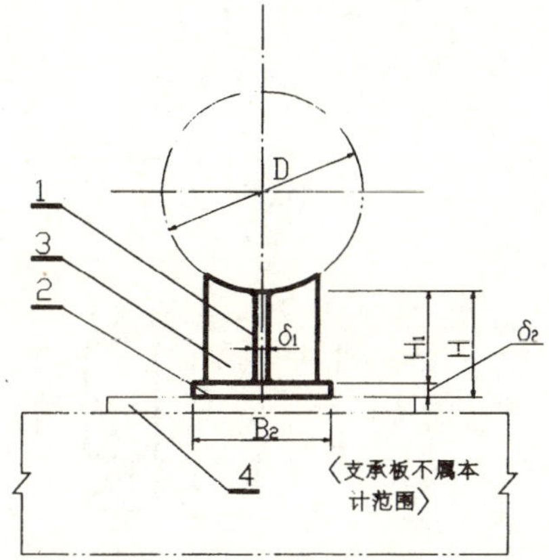

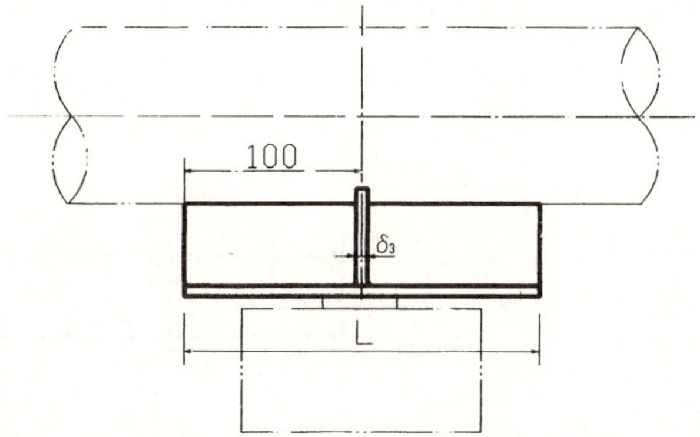

零件3

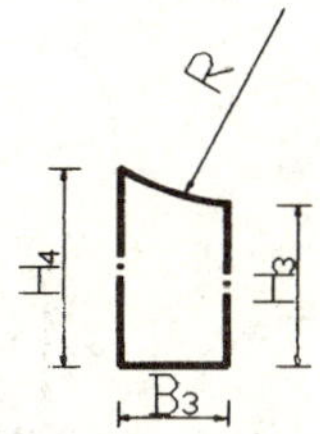

零件号		1						2						3								总重 kg
名称		顶板						底板						侧板								
数量		1						1						2								
材料		Q235-A						Q235-A						Q235-A								
管子外径	H	尺寸 mm			规格	重量kg		尺寸 mm			规格	重量kg		尺寸 mm					规格	重量kg		
Dmm	mm	L	H_1	δ_1	mm	单重	共重	L	B_2	δ_2	mm	单重	共重	R	H_3	H_4	B_3	δ_3	mm	单重	共重	
219	50	200	44	6	扁钢200X6	0.40	0.40	200	120	8	扁钢120X8	1.51	1.51	110	42	54	50	6	扁钢50X6	0.13	0.26	2.17
273		200	44	6	〃	0.40	0.40	200	140	8	〃 140X8	1.76	1.76	137	42	55	60	6	〃 60X6	0.16	0.32	2.48
325		200	44	6	〃	0.40	0.40	200	160	8	〃 160X8	2.01	2.01	163	42	57	70	6	〃 70X6	0.19	0.38	2.79
219	100	200	92	8	扁钢200X8	1.16	1.16	200	120	8	扁钢120X8	1.51	1.51	110	92	104	50	8	〃 50X8	0.33	0.66	3.33
273		200	92	8	〃	1.16	1.16	200	140	8	〃 140X8	1.76	1.76	137	92	105	60	8	〃 60X8	0.40	0.80	3.72
325		200	92	8	〃	1.16	1.16	200	160	8	〃 160X8	2.01	2.01	163	92	107	70	8	〃 70X8	0.47	0.94	4.11
219	150	200	142	8	〃	1.79	1.79	200	120	8	扁钢120X8	1.51	1.51	110	142	154	50	8	〃 50X8	0.48	0.96	4.26
273		200	142	8	〃	1.79	1.79	200	140	8	〃 140X8	1.76	1.76	137	142	155	60	8	〃 60X8	0.59	1.18	4.73
325		200	142	8	〃	1.79	1.79	200	160	8	〃 160X8	2.01	2.01	163	142	157	70	8	〃 70X8	0.69	1.38	5.18

注：

1. 焊条按 GB5117-85 规定的 E4303。
2. 焊缝高度与被焊件较小厚度相同。
3. 支座本体组装技术条件见第 3 页。
4. 最大热位移 155mm。
5. 本支座与零件 4 焊死即可作固定支座使用，但应符合下列条件：

H mm	焊缝尺寸 mm		支承板宽度 mm	允许最大推力 kN(kg)
	总长度	高度		
50	200	8	100	27.44(2800)
100	300	8	150	32.93(3360)
150	400	8	200	39.89(4070)

DN200~300 丁字托加侧板滑动支座〈L=200,H=50;H=100;H=150〉						图集号	97R412
审核	张松云	校对	高下华	设计	苏旭	页	19

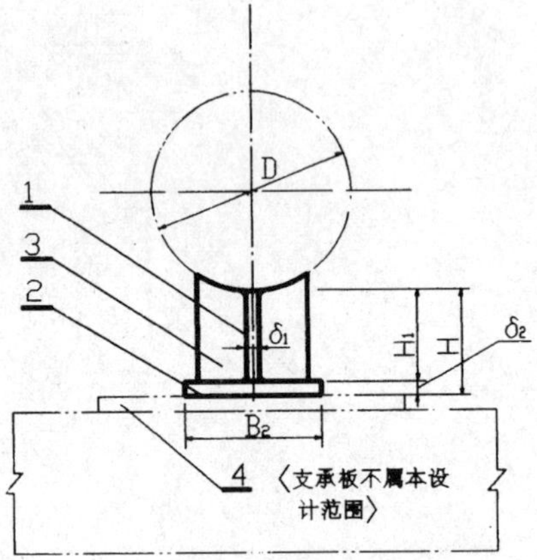

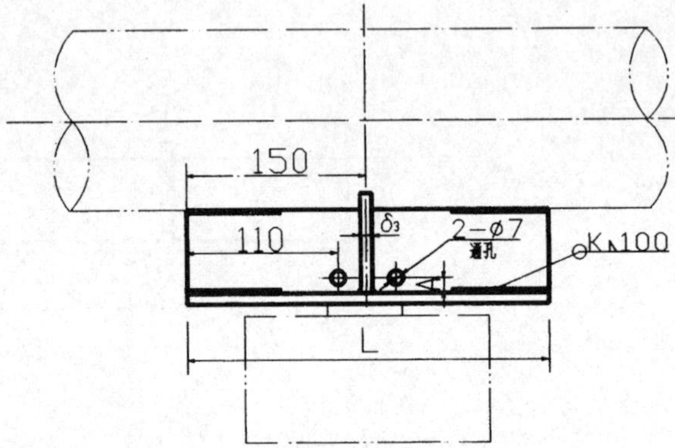

零件3

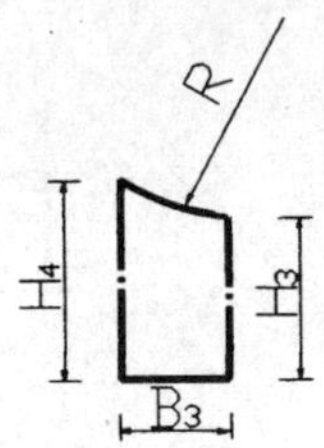

零件号		1					2					3										总
名称		顶板					底板					侧板										
数量		1					1					2										
材料		Q235-A					Q235-A					Q235-A										重
管子外径	H	尺寸mm			规格	重量kg		尺寸mm			规格	重量kg		尺寸mm					规格	重量kg		
Dmm	mm	L	H_1	δ_1	mm	单重	共重	L	B_2	δ_2	mm	单重	共重	R	H_3	H_4	B_3	δ_3	mm	单重	共重	kg
219	100	300	92	8	钢板300X8	1.74	1.74	300	120	8	扁钢120X8	2.26	2.26	110	92	104	50	8	扁钢50X8	0.33	0.66	4.66
273		300	92	8	〃	1.74	1.74	300	140	8	〃 140X8	2.64	2.64	137	92	105	60	8	〃 60X8	0.40	0.80	5.18
325		300	92	8	〃	1.74	1.74	300	160	8	〃 160X8	3.02	3.02	163	92	107	70	8	〃 70X8	0.47	0.94	5.70
219	150	300	142	8	〃	2.68	2.68	300	120	8	扁钢120X8	2.26	2.26	110	142	154	50	8	〃 50X8	0.48	0.96	5.90
273		300	142	8	〃	2.68	2.68	300	140	8	〃 140X8	2.64	2.64	137	142	155	60	8	〃 60X8	0.59	1.18	6.50
325		300	142	8	〃	2.68	2.68	300	160	8	〃 160X8	3.02	3.02	163	142	157	70	8	〃 70X8	0.69	1.38	7.08

注：

1. 焊条按 GB5117-85 规定的 E4303。
2. 焊缝高度与被焊件较小厚度相同。
3. 支座本体组装技术条件见第 3 页。
4. 尺寸"A"应根据管道保温厚度决定。
5. 本支座与零件 4 焊死即可作固定支座使用，但应符合下列条件：

H mm	焊缝尺寸mm 总长度	焊缝尺寸mm 高度	支承板宽度 mm	允许最大推力 kN(kg)
100	300	8	150	32.9(3360)
150	400	8	200	39.9(4070)

DN200~300 丁字托加侧板滑动支座 〈L=300,H=100;H=150〉	图集号	97R412
审核 [signature] 校对 [signature] 设计 [signature]	页	20

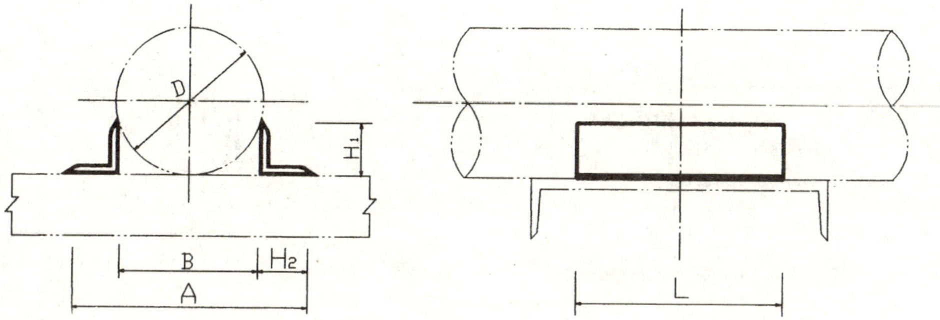

零件名称		角钢							
数量		2							
材料		Q235-A							
应用范围		主要尺寸 mm					规格 mm	重量kg	
管子外径 D mm	最大轴向推力 kN(kg)	A	B	L	H_1	H_2		单重	共重
25	22(2240)	65	25	100	20	20	∠20X20X4	0.115	0.23
32	22(2240)	72	32	100	20	20	∠20X20X4	0.115	0.23
38	22(2240)	78	38	100	20	20	∠20X20X4	0.115	0.23
45	27.4(2800)	83	43	100	20	20	∠20X20X4	0.115	0.23
57	27.4(2800)	117	57	100	30	30	∠30X30X4	0.178	0.36
73	35.3(3600)	143	73	100	36	36	∠36X36X4	0.216	0.43
89	35.3(3600)	158	88	100	36	36	∠36X36X4	0.216	0.43
108	43.8(4470)	172	102	100	36	36	∠36X36X4	0.216	0.43
133	43.8(4470)	188	118	100	36	36	∠36X36X4	0.216	0.43
159	49.4(5040)	212	148	100	50	32	∠50X32X4	0.249	0.50
219	54.9(5600)	306	206	100	75	50	∠75X50X5	0.479	0.96
273	54.9(5600)	386	260	100	100	63	∠100X63X6	0.753	1.51
273	109.8(11200)	386	260	200	100	63	∠100X63X6	1.510	3.02
325	54.9(5600)	424	298	100	100	63	∠100X63X6	0.753	1.51
325	109.8(11200)	424	298	200	100	63	∠100X63X6	1.510	3.02
377	65.9(6720)	510	350	100	125	80	∠125X80X7	1.104	2.21
377	131.7(13440)	510	350	200	125	80	∠125X80X7	2.210	4.42
426	65.9(6720)	544	384	100	125	80	∠125X80X7	1.104	2.21
426	131.7(13440)	544	384	200	125	80	∠125X80X7	2.210	4.42

注：

1. 焊条按 GB5117-85 规定的 E4303。
2. 焊缝高度与被焊件较小厚度相同。
3. 支座本体组装技术条件见第 3 页。
4. 亦可采用附图焊接方式代替。

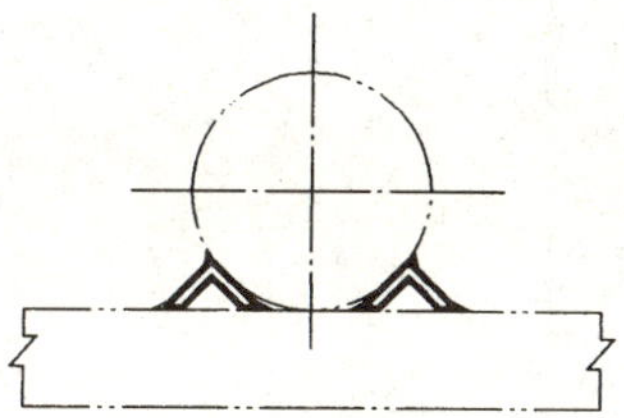

（附 图）

DN20~400 焊接角钢固定支座 <L= 100, 200; H=0>						图集号	97R412
审核	张松文	校对	聂永华	设计	范旭	页	21

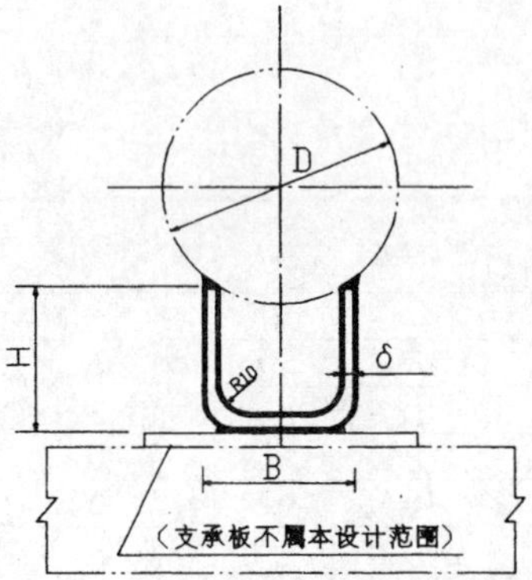

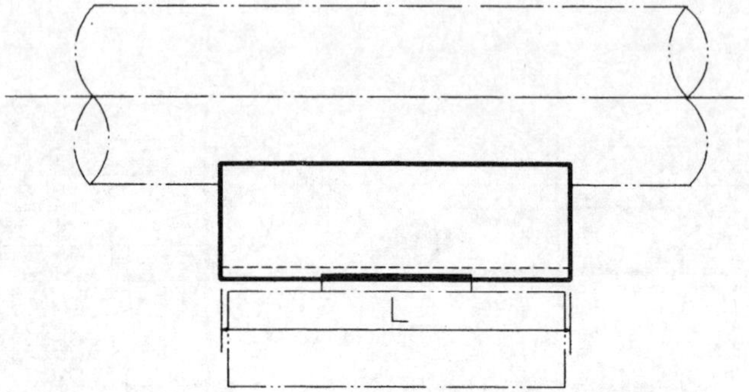

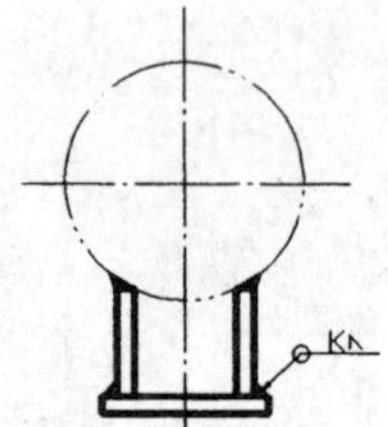

〈附图〉

零件名称		曲面槽				
数量		1				
材料		Q235-A				
管道外径	允许最大推力	尺寸 mm			规格	重量
Dmm	kN(kg)	B	δ	展开长	L x δ mm	kg
159	13.7(1400)	108	4	228	扁钢200X4	1.43
219	13.7(1400)	128	4	248	扁钢200X4	1.56
273	20.6(2100)	152	6	272	扁钢200X6	2.56
325	20.6(2100)	192	6	328	扁钢200X6	3.09
377	20.6(2100)	202	6	336	扁钢200X6	3.16
426	20.6(2100)	232	6	373	扁钢200X6	3.51
478	20.6(2100)	252	6	397	扁钢200X6	3.74
529	27.3(2800)	276	8	421	扁钢200X8	5.28
630	27.3(2800)	316	8	470	扁钢200X8	5.90

注:

1. 焊条按 GB5117-85 规定的 E4303。
2. 焊缝高度与被焊件较小厚度相同。
3. 支座本体组装技术条件见第 3 页。
4. 曲面槽亦可用焊接代替煨弯〈见附图〉。
5. 支座与支承板焊接时应符合下列条件：

使用管径	焊缝尺寸 mm		支承板宽度
D mm	总长度	高度	mm
159~219	200	4	100
273~478	200	6	100
529~630	200	8	100

DN150~600 曲面槽固定支座 〈L=200,H=50〉						图集号	97R412
审核	张x云	校对	马x华	设计	黄x	页	22

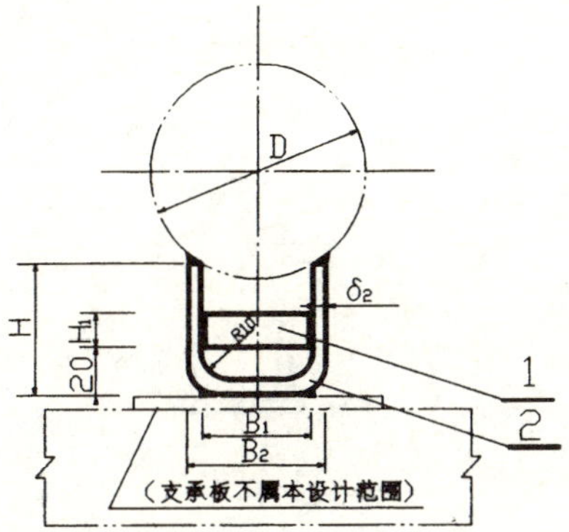

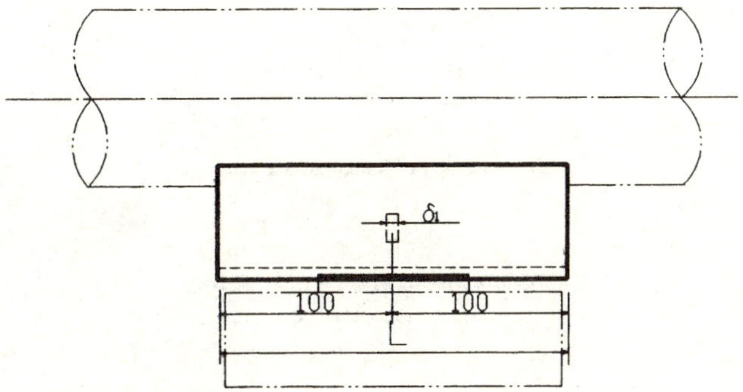

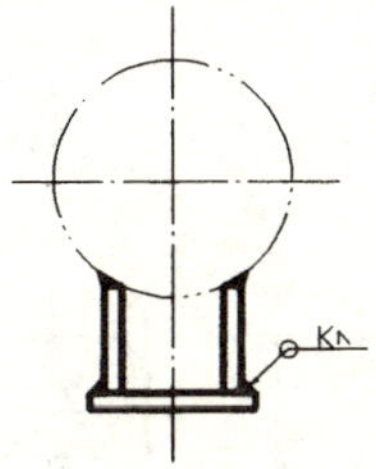

〈附图〉

零件号		1				2				总重 kg
名称		肋板				曲面槽				
数量		1				1				
材料		Q235-A				Q235-A				
管道外径	允许最大推力	尺寸 mm		规格	重量	尺寸 mm		规格	重量	
Dmm	kN(kg)	B_1	H_1	$H_1 \times \delta_1$ mm	kg	展开长	B_2	$L \times \delta_2$ mm	kg	
159	16.7(1700)	100	60	扁钢60X4	0.19	328	108	扁钢200X4	2.06	2.25
219	16.7(1700)	120	60	扁钢60X4	0.23	348	128	扁钢200X4	2.19	2.42
273	24.5(2500)	140	60	扁钢60X6	0.40	372	152	扁钢200X6	3.51	3.91
325	24.5(2500)	180	60	扁钢60X6	0.51	428	192	扁钢200X6	4.03	4.54
377	24.5(2500)	190	60	扁钢60X6	0.54	436	202	扁钢200X6	4.11	4.65
426	24.5(2500)	220	60	扁钢60X6	0.62	473	232	扁钢200X6	4.46	5.08
478	24.5(2500)	240	60	扁钢60X6	0.68	497	252	扁钢200X6	4.68	5.36
529	32.3(3300)	260	60	扁钢60X8	0.98	521	276	扁钢200X8	6.54	7.52
630	32.3(3300)	300	60	扁钢60X8	1.13	570	316	扁钢200X8	7.16	8.29

注：

1. 焊条按 GB5117-85 规定的 E4303。
2. 焊缝高度与被焊件较小厚度相同。
3. 支座本体组装技术条件见第 3 页。
4. 曲面槽亦可用焊接代替煨弯〈见附图〉。
5. 支座与支承板焊接时应符合下列条件：

使用管径 D mm	焊缝尺寸 mm 总长度	焊缝尺寸 mm 高度	支承板宽度 mm
159~219	300	4	150
273~478	300	6	150
529~630	300	8	150

DN150~600 曲面槽固定支座 〈L=200,H=100〉	图集号	97R412
审核 校对 设计	页	23

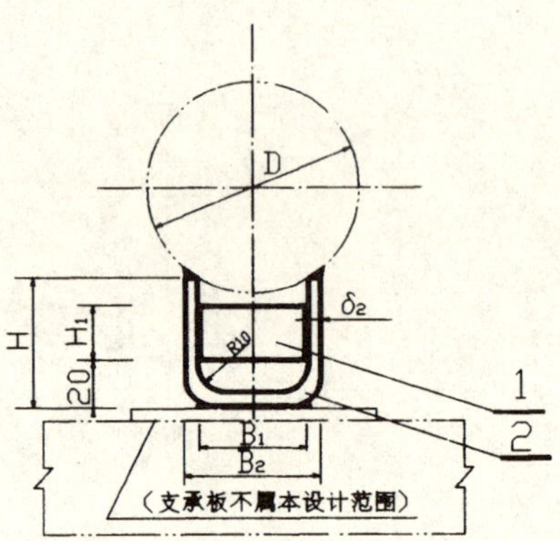

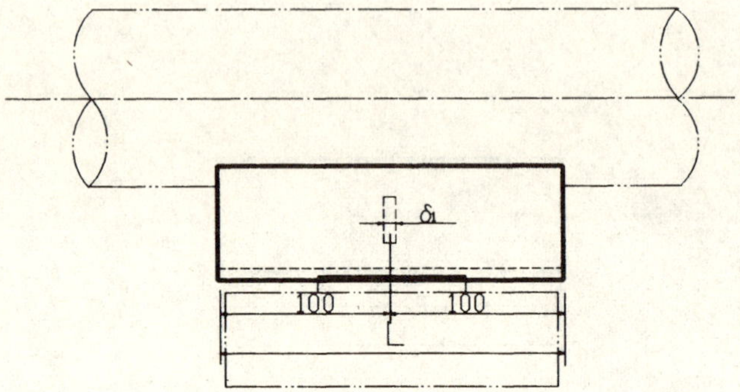

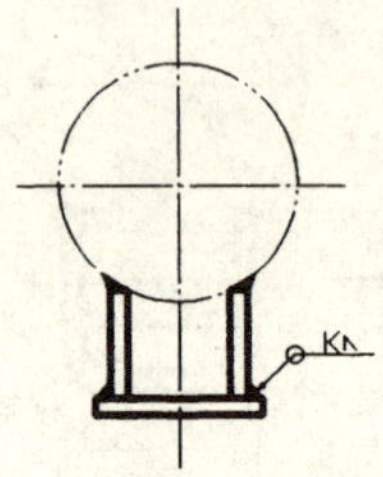

〈附图〉

零件号		1				2				总重 kg
名称		肋板				曲面槽				
数量		1				1				
材料		Q235-A				Q235-A				
管道外径	允许最大推力	尺寸 mm		规格	重量	尺寸 mm		规格	重量	
Dmm	kN(kg)	B_1	d_1	$H_1 \times \delta_1$ mm	kg	展开长	B_2	$L \times \delta_2$ mm	kg	
159	29.4(3000)	100	6	扁钢100X6	0.47	429	112	扁钢200X6	4.05	4.52
219	29.4(3000)	120	6	扁钢100X6	0.57	449	132	扁钢200X6	4.23	4.80
273	39.2(4000)	140	8	扁钢100X8	0.88	472	156	扁钢200X8	5.92	6.80
325	39.2(4000)	180	8	扁钢100X8	1.13	528	196	扁钢200X8	6.64	7.77
377	39.2(4000)	190	8	扁钢100X8	1.19	534	206	扁钢200X8	6.70	7.89
426	39.2(4000)	220	8	扁钢100X8	1.38	572	236	扁钢200X8	7.18	8.56
478	39.2(4000)	240	8	扁钢100X8	1.51	598	256	扁钢200X8	7.50	9.01
529	50.0(5100)	260	10	扁钢100X10	2.04	621	280	扁钢200X10	9.75	11.79
630	50.0(5100)	300	10	扁钢100X10	2.36	667	320	扁钢200X10	10.50	12.86

注:

1. 焊条按 GB5117-85 规定的 E4303。
2. 焊缝高度与被焊件较小厚度相同。
3. 支座本体组装技术条件见第 3 页。
4. 曲面槽亦可用焊接代替煨弯〈见附图〉。
5. 支座与支承板焊接时应符合下列条件：

使用管径	焊缝尺寸 mm		支承板宽度
D mm	总长度	高度	mm
159~219	400	6	200
273~478	400	8	200
529~630	400	10	200

DN150~600 曲面槽固定支座 〈L=200,H=150〉			图集号	97R412
审核	校对	设计	页	24

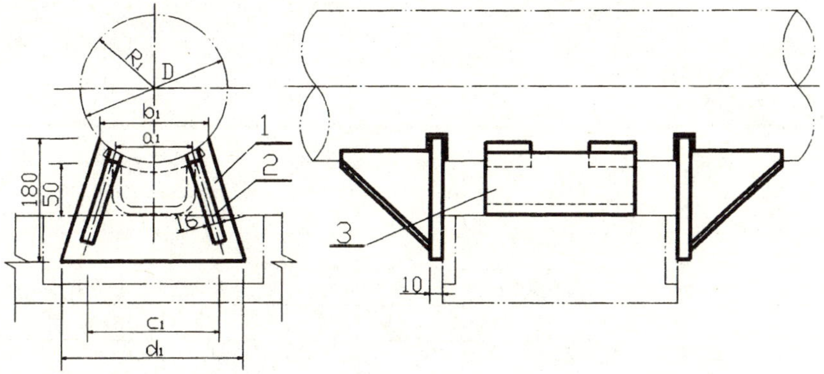

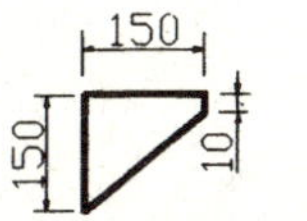

零件2

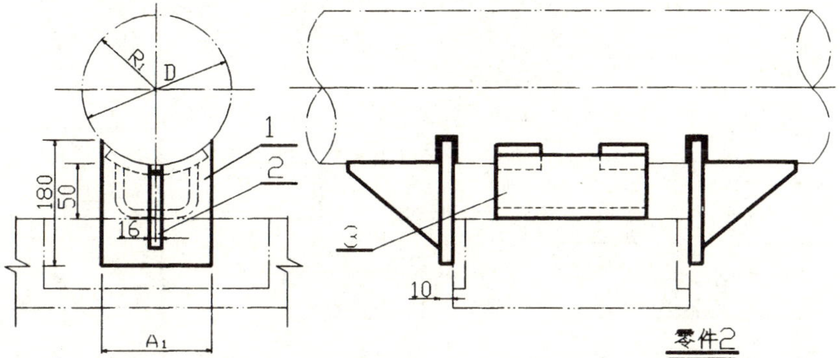

注:

1. 焊条按 GB5117-85 规定的 E4303。
2. 焊缝高度与被焊件较小厚度相同。
3. 支座本体组装技术条件见第 3 页。
4. 支承支座 (零件 3) 见 第 5 页 。

零件2

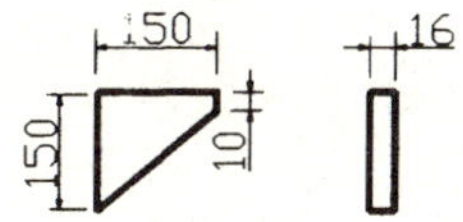

注:

1. 焊条按 GB5117-85 规定的 E4303。
2. 焊缝高度与被焊件较小厚度相同。
3. 支座本体组装技术条件见第 3 页
4. 支承支座 (零件 3) 见 第 5 页

固定支座(推力≤49kN(5t))

零件号	1					2			3		总重 kg
名称	挡板					肋板			支承支座		
数量	2					2			1		
材料	Q235-A					Q235-A			Q235-A		
管子外径	尺寸 mm		规格	重量 kg		规格	重量 kg		重量 kg		
D mm	R_1	A_1	mm	单重	共重	mm	单重	共重	单重	共重	
159	80	80	扁钢180X10	1.13	2.26	扁钢150X16	1.51	3.02	1.82	1.82	7.10
219	110	100	扁钢180X10	1.41	2.82	扁钢150X16	1.51	3.02	2.07	2.07	7.91
273	137	100	扁钢180X10	1.41	2.82	扁钢150X16	1.51	3.02	3.11	3.11	8.95
325	163	100	扁钢180X10	1.41	2.82	扁钢150X16	1.51	3.02	3.80	3.80	9.64
377	189	120	扁钢180X10	1.69	3.38	扁钢150X16	1.51	3.02	3.93	3.93	10.33
426	213	120	扁钢180X10	1.69	3.38	扁钢150X16	1.51	3.02	4.49	4.49	10.89
478	239	120	扁钢180X10	1.69	3.38	扁钢150X16	1.51	3.02	4.76	4.76	11.16
529	265	140	扁钢180X10	1.975	3.95	扁钢150X16	1.51	3.02	6.42	6.42	13.39
630	315	140	扁钢180X10	1.975	3.95	扁钢150X16	1.51	3.02	7.12	7.12	14.09

固定支座(推力≤98kN(10t))

零件号	1								2			3		总重 kg
名称	挡板								肋板			支承支座		
数量	2								4			1		
材料	Q235-A								Q235-A			Q235-A		
管子外径	尺寸 mm					规格	重量 kg		规格	重量 kg		重量 kg		
D mm	R_1	a_1	b_1	c_1	d_1	mm	单重	共重	mm	单重	共重	单重	共重	
273	137	70	130	110	180	扁钢180X10	2.19	4.38	扁钢150X16	1.51	6.04	3.11	3.11	13.53
325	163	70	130	110	180	扁钢180X10	2.19	4.38	扁钢150X16	1.51	6.04	3.80	3.80	14.22
377	189	100	160	140	210	钢板210X10	2.62	5.24	扁钢150X16	1.51	6.04	3.93	3.93	15.21
426	213	100	160	140	210	钢板210X10	2.62	5.24	扁钢150X16	1.51	6.04	4.49	4.49	15.77
478	239	130	200	170	260	钢板260X10	3.26	6.52	扁钢150X16	1.51	6.04	4.76	4.76	17.32
529	265	130	200	170	260	钢板260X10	3.26	6.52	扁钢150X16	1.51	6.04	6.42	6.42	18.98
630	315	130	200	170	260	钢板260X10	3.26	6.52	扁钢150X16	1.51	6.04	7.12	7.12	19.68

DN150~600单面挡板式固定支座 (推力≤49kN(5t)) DN250~600单面挡板式固定支座 (推力≤98kN(10t))	图集号	97R412
审核 [illegible] 校对 [illegible] 设计 [illegible]	页	25

固定方式之一

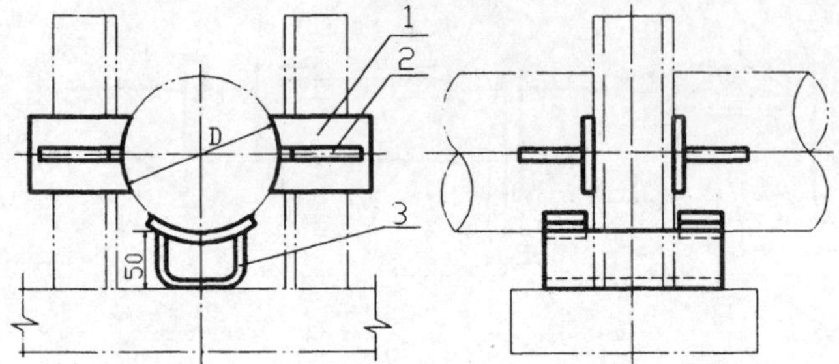

固定方式之二

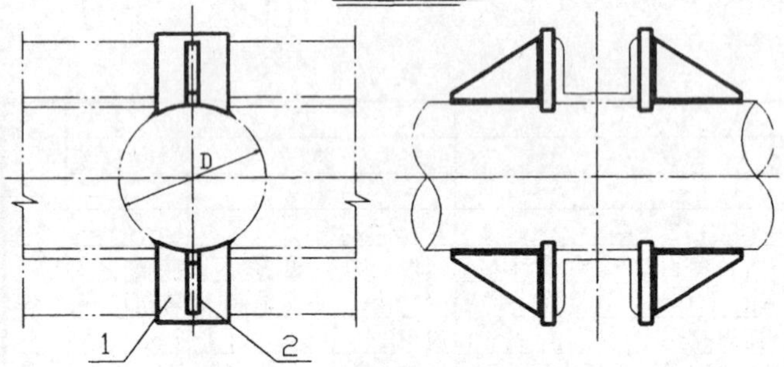

零件号	1							2							总重 kg
名　称	挡板							肋板							
数　量	4							4							
材　料	Q235-A							Q235-A							
管子外径	尺寸 mm				规　格	重量 kg		尺寸 mm				规　格	重量 kg		
D mm	R	B_1	H_1	δ_1	mm	单重	共重	H_2	H_3	L_2	δ_2	mm	单重	共重	
159	80	60	100	10	扁钢60X10	0.47	1.88	80	10	100	12	扁钢90X12	0.43	1.72	3.60
219	110	80	100	10	扁钢80X10	0.63	2.52	80	10	100	12	扁钢90X12	0.43	1.72	4.24
273	137	80	100	10	扁钢80X10	0.63	2.52	80	10	100	12	扁钢90X12	0.43	1.72	4.24
325	163	80	100	10	扁钢80X10	0.63	2.52	80	10	100	12	扁钢90X12	0.43	1.72	4.24
377	189	100	100	10	扁钢100X10	0.79	3.16	80	10	100	12	扁钢90X12	0.43	1.72	4.88
426	213	100	100	10	扁钢100X10	0.79	3.16	80	10	100	12	扁钢90X12	0.43	1.72	4.88
478	239	100	100	10	扁钢100X10	0.79	3.16	80	10	100	12	扁钢90X12	0.43	1.72	4.88
529	265	120	100	10	扁钢120X10	0.94	3.76	80	10	100	12	扁钢90X12	0.43	1.72	5.48
630	315	120	100	10	扁钢120X10	0.94	3.76	80	10	100	12	扁钢90X12	0.43	1.72	5.48

注：

1. 焊条按 GB5117-85 规定的 E4303。
2. 焊缝高度与被焊件较小厚度相同。
3. 支座本体组装技术条件见第 3 页。
4. 零件 3 的结构见 第 5 页 。
5. 总重不包括零件 3 的重量。

零件1

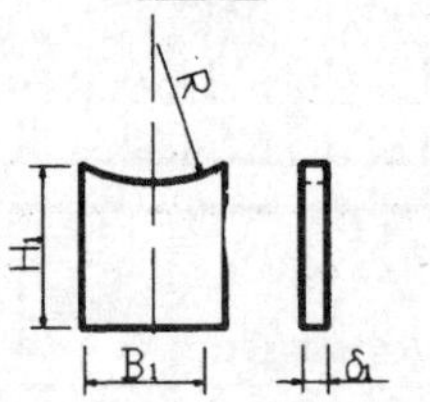

零件2

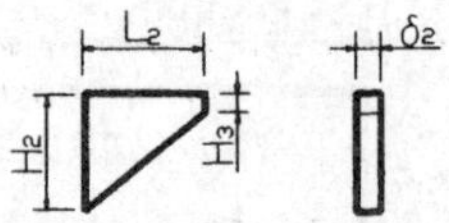

*DN150~600*双面挡板式固定支座（推力≤49kN(5t)）						图集号	97R412
审核	张松文	校对	[illegible]	设计	[illegible]	页	26

固定方式之一

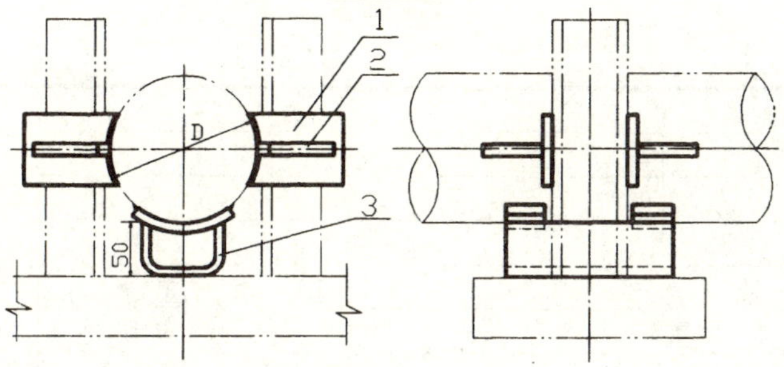

零件号	1							2							总
名称	挡板							肋板							
数量	4							4							
材料	Q235-A							Q235-A							
管子外径	尺寸 mm				规格	重量 kg		尺寸 mm				规格	重量 kg		重
D mm	R	B_1	H_1	δ_1	mm	单重	共重	H_2	H_3	L_2	δ_2	mm	单重	共重	kg
219	110	80	100	10	扁钢80X10	0.63	2.52	80	10	150	12	扁钢90X12	0.64	2.56	5.08
273	137	80	100	10	扁钢80X10	0.63	2.52	80	10	150	12	扁钢90X12	0.64	2.56	5.08
325	163	80	100	10	扁钢80X10	0.63	2.52	80	10	150	12	扁钢90X12	0.64	2.56	5.08
377	189	100	100	10	扁钢100X10	0.79	3.16	80	10	150	12	扁钢90X12	0.64	2.56	5.72
426	213	100	100	10	扁钢100X10	0.79	3.16	80	10	150	12	扁钢90X12	0.64	2.56	5.72
478	239	100	100	10	扁钢100X10	0.79	3.16	80	10	150	12	扁钢90X12	0.64	2.56	5.72
529	265	120	100	10	扁钢120X10	0.94	3.76	80	10	150	12	扁钢90X12	0.64	2.56	6.32
630	315	120	100	10	扁钢120X10	0.94	3.76	80	10	150	12	扁钢90X12	0.64	2.56	6.32

固定方式之二

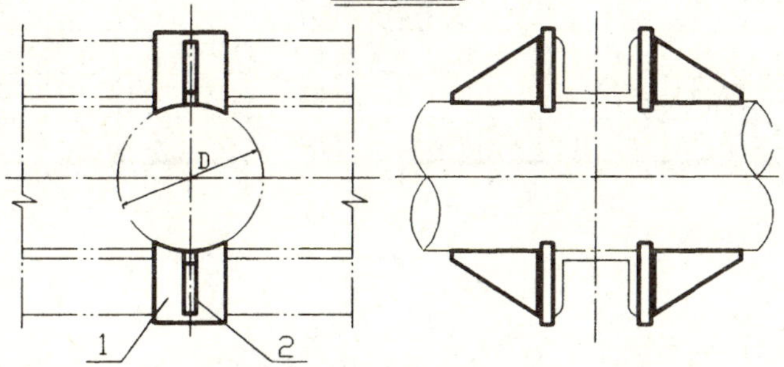

注：

1. 焊条按 GB5117-85 规定的 E4303。
2. 焊缝高度与被焊件较小厚度相同。
3. 支座本体组装技术条件见第 3 页。
4. 零件 3 的结构见 第 5 页 。
5. 总重不包括零件 3 的重量。

零件1

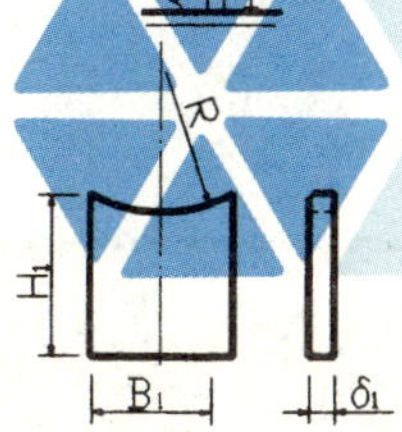

零件2

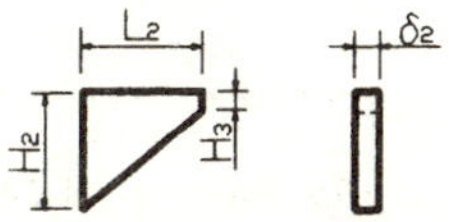

*DN*200~600 双面挡板式固定支座(推力≤98kN(10t))	图集号	97R412
审核 张松云 校对 [illegible] 设计 [illegible]	页	27

固定方式之一

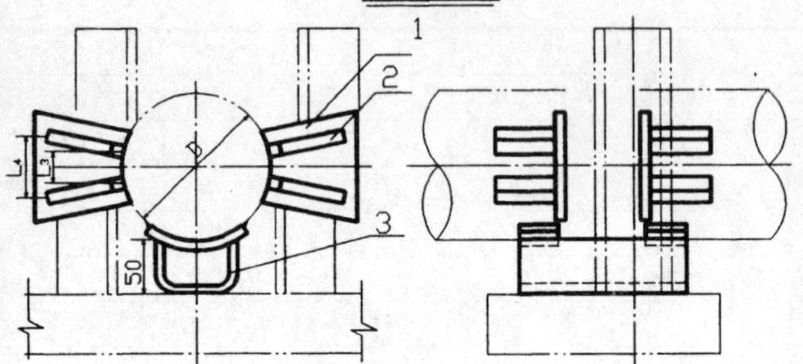

固定方式之二

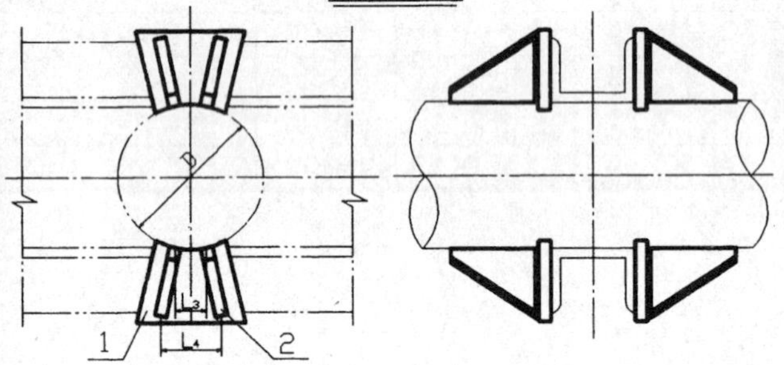

零件号	1							2								总
名称	挡板							肋板								
数量	4							8								
材料	Q235-A							Q235-A								
管子外径	尺寸 mm				规格	重量 kg		尺寸 mm					规格	重量 kg		重
D mm	R	B_1	B_2	H_1	mm	单重	共重	H_2	H_3	L_2	L_3	L_4	mm	单重	共重	kg
325	163	180	130	100	扁钢100X10	1.22	4.88	80	10	150	90	110	扁钢90X12	0.64	5.12	10.00
377	189	210	160	100	扁钢100X10	1.45	5.80	80	10	150	100	140	扁钢90X12	0.64	5.12	10.92
426	213	210	160	100	扁钢100X10	1.45	5.80	80	10	150	100	140	扁钢90X12	0.64	5.12	10.92
478	239	210	160	100	扁钢100X10	1.45	5.80	80	10	150	100	140	扁钢90X12	0.64	5.12	10.92
529	265	260	200	100	扁钢100X10	1.81	7.24	80	10	150	100	140	扁钢90X12	0.64	5.12	10.92
630	315	260	200	100	扁钢100X10	1.81	7.24	80	10	150	100	140	扁钢90X12	0.64	5.12	10.92

注：

1. 焊条按 GB5117-85 规定的 E4303。
2. 焊缝高度与被焊件较小厚度相同。
3. 支座本体组装技术条件见第 3 页。
4. 零件 3 的结构见 第 5 页 。
5. 总重不包括零件 3 的重量。

零件1

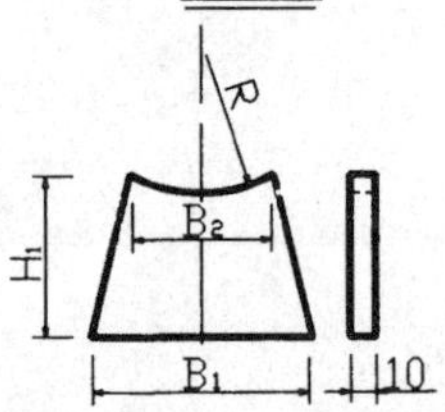

零件2

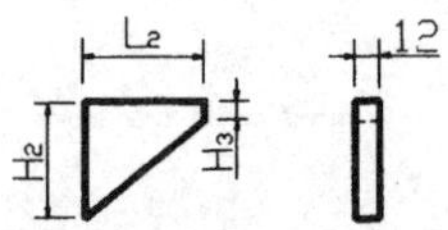

*DN*300~600双面挡板式固定支座(推力≤196kN(20t))						图集号	97R412
审核	张松云	校对		设计		页	28

固定方式之一

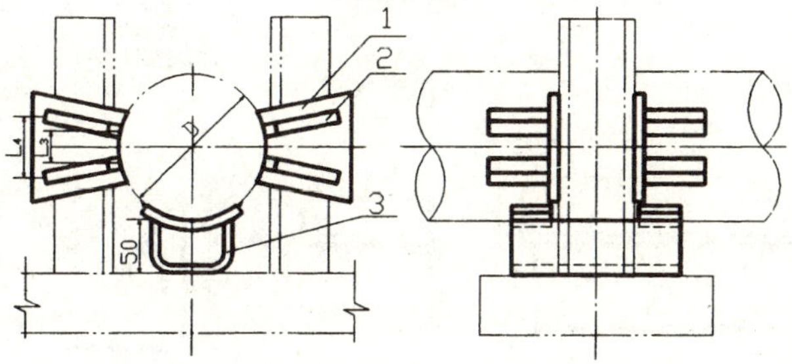

固定方式之二

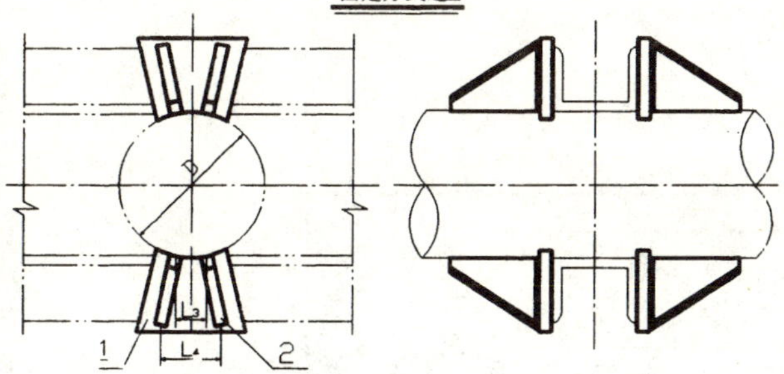

零件号	1							2								总重 kg
名称	挡板							肋板								
数量	4							8								
材料	Q235-A							Q235-A								
管子外径	尺寸 mm				规格	重量 kg		尺寸 mm					规格	重量 kg		
D mm	R	B_1	B_2	H_1	mm	单重	共重	H_2	H_3	L_2	L_3	L_4	mm	单重	共重	
377	189	210	160	100	扁钢100X10	1.45	5.80	80	10	200	100	140	扁钢90X16	1.13	9.04	14.84
426	213	210	160	100	扁钢100X10	1.45	5.80	80	10	200	100	140	扁钢90X16	1.13	9.04	14.84
478	239	210	160	100	扁钢100X10	1.45	5.80	80	10	200	100	140	扁钢90X16	1.13	9.04	14.84
529	265	260	200	100	扁钢100X10	1.81	7.24	80	10	200	100	140	扁钢90X16	1.13	9.04	14.84
630	315	260	200	100	扁钢100X10	1.81	7.24	80	10	200	100	140	扁钢90X16	1.13	9.04	14.84

注：

1. 焊条按 GB5117-85 规定的 E4303。
2. 焊缝高度与被焊件较小厚度相同。
3. 支座本体组装技术条件见第 3 页。
4. 零件 3 的结构见第 5 页。
5. 总重不包括零件 3 的重量。

零件1

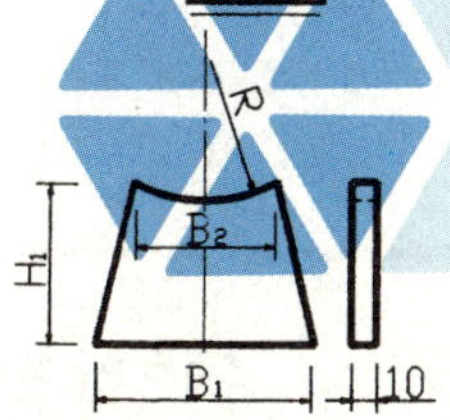

零件2

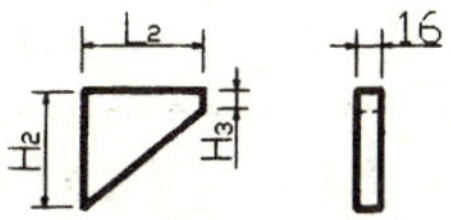

DN350~600双面挡板式固定支座(推力≤294kN(30t))	图集号	97R412
审核	校对	设计	页	29

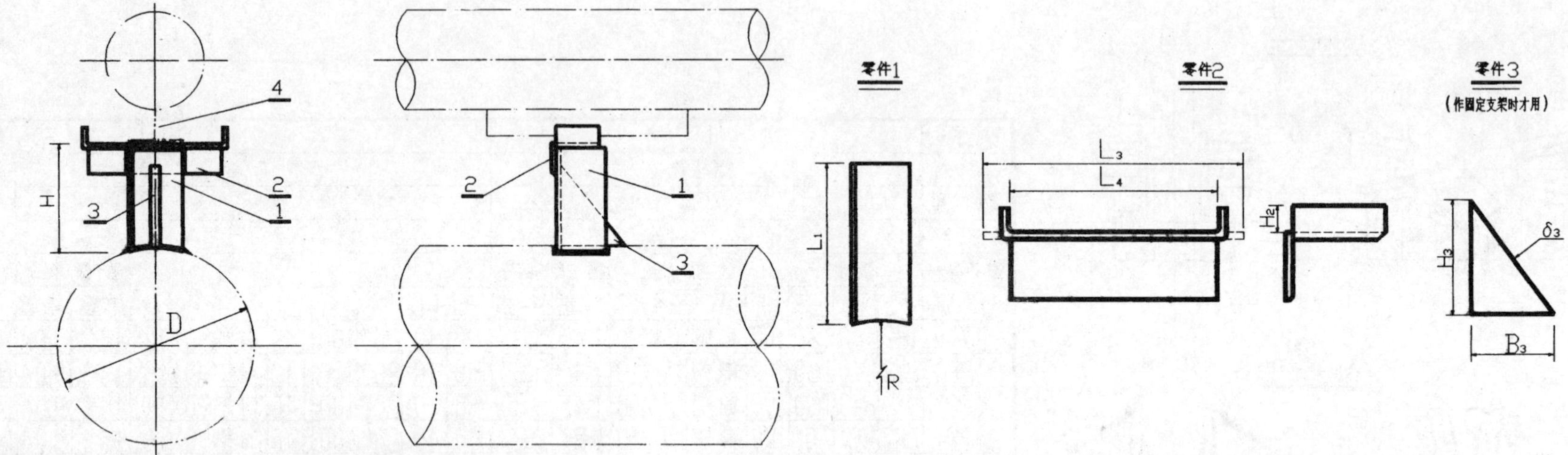

零件号			1				2					3					总重（作滑动支架）	总重（作固定支架）
名称			支柱				横梁					肋板						
数量			1				1					1						
材料			Q235-A				Q235-A					Q235-A						
应用范围			尺寸 mm		规格	重量	尺寸 mm			规格	重量	尺寸 mm			规格	重量		
管子外径D mm	允许最大垂直荷重 kN	允许最大推力 kN	R	L_1	mm	kg	L_2	L_3	H_2	mm	kg	H_3	B_3	δ_3	mm	kg	kg	kg
D	1.960	3.92	D/2	98	∠60X5,L=98	0.45	280	240	20	∠60X5,L=280	1.28	80	70	6	扁钢80X6	0.13	1.73	1.86

注：

1. 焊条按 GB5117-85 规定的 E4303。
2. 焊缝高度与被焊件较小厚度相同。
3. 支座本体组装技术条件见第 3 页。
4. 本结构作固定支架使用时，应加焊零件 3，并将零件 2，零件 4 接触处满焊。
5. 零件 4 见图97R412.12-18 页。

大管背小管支架结构 （推力≤3.92kN(0.4t) H=100）						图集号	97R412
审核	张松云	校对	高大华	设计	范旭	页	30

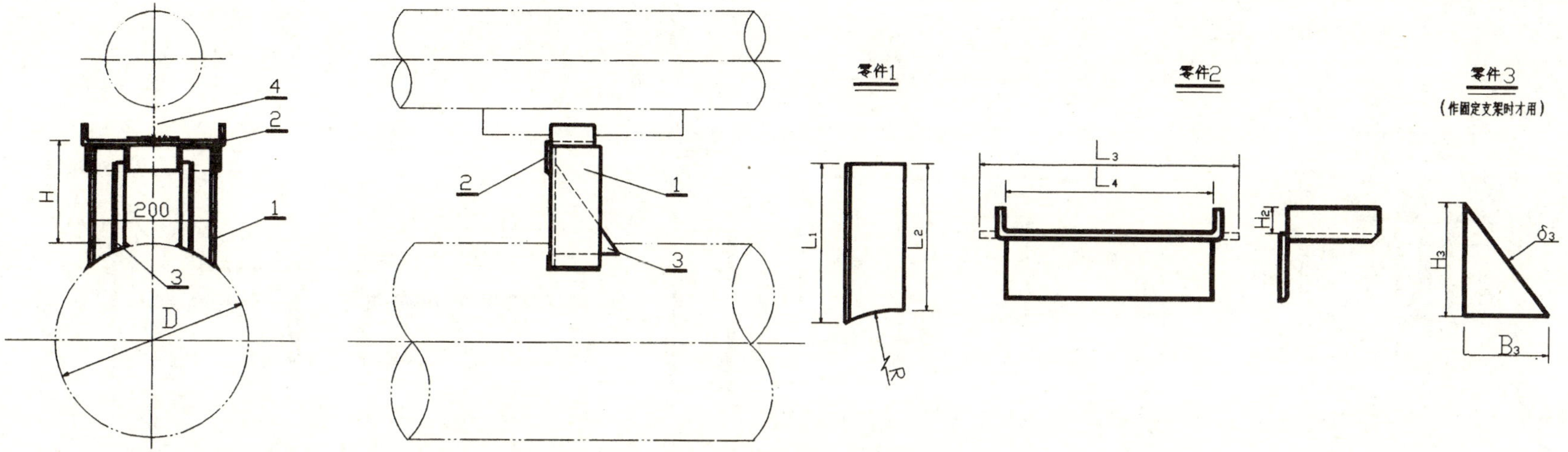

零件号			1						2					3						总重（作滑动支架）	总重（作固定支架）
名称			支柱						横梁					肋板							
数量			2						1					2							
材料			Q235-A						Q235-A					Q235-A							
应用范围			尺寸 mm			规格	重量 kg		尺寸 mm			规格	重量	尺寸 mm			规格	重量 kg			
管子外径D mm	允许最大垂直荷重 kN	允许最大推力 kN	R	L_1	L_2	mm	单重	总重	L_3	L_4	H_2	mm	kg	H_3	B_3	δ_3	mm	单重	总重	kg	kg
219	5.39	4.9	110	158	107	∠50X5,L=158	0.60	1.20	280	240	20	∠50X5,L=280	1.06	80	70	6	扁钢80X6	0.13	0.26	2.26	2.52
273			137	138	104	∠50X5,L=138	0.52	1.04	280	240	20	∠50X5,L=280	1.06	80	70	6	扁钢80X6	0.13	0.26	2.10	2.36
325			163	130	103	∠50X5,L=130	0.49	0.98	280	240	20	∠50X5,L=280	1.06	80	70	6	扁钢80X6	0.13	0.26	2.04	2.30
377			189	122	102	∠50X5,L=122	0.46	0.92	280	240	20	∠50X5,L=280	1.06	80	70	6	扁钢80X6	0.13	0.26	1.98	2.24
426			213	120	102	∠50X5,L=120	0.46	0.92	280	240	20	∠50X5,L=280	1.06	80	70	6	扁钢80X6	0.13	0.26	1.98	2.24

注：

1. 焊条按 GB5117-85 规定的 E4303。
2. 焊缝高度与被焊件较小厚度相同。
3. 支座本体组装技术条件见第 3 页。
4. 本结构作固定支架使用时，应加焊零件 3，并将零件 2，零件 4 接触处满焊。
5. 零件 4 见图97R412.12-18 页。

大管背小管支架结构 （推力≤4.9kN(0.5t) H=100）	图集号	97R412
审核 张松玄 校对 [illegible] 设计 范旭	页	31

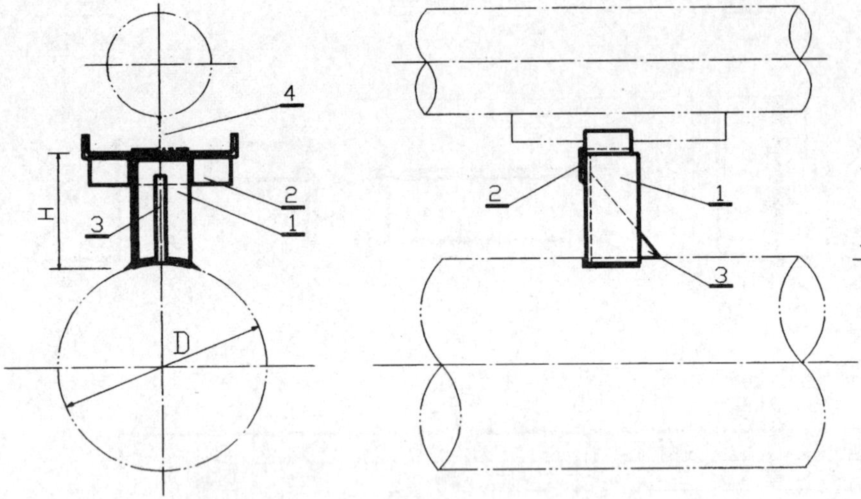

零件1

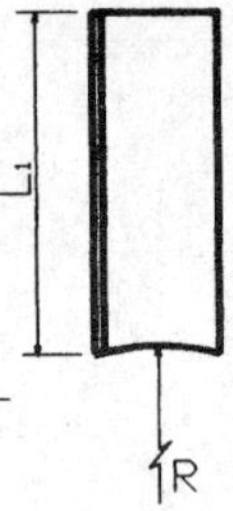

零件2

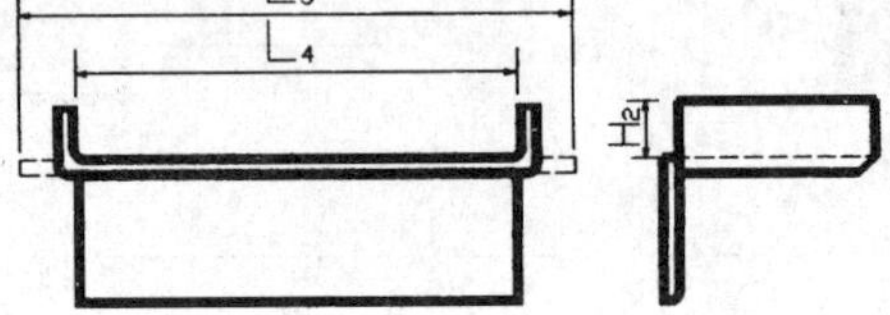

零件3

（作固定支架时才用）

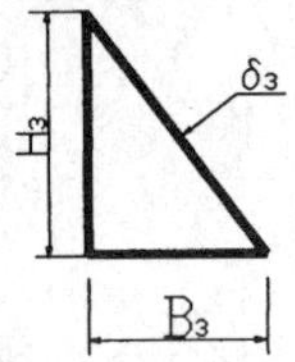

零件号			1				2					3					总重（作滑动支架）	总重（作固定支架）
名称			支柱				横梁					肋板						
数量			1				1					1						
材料			Q235-A				Q235-A					Q235-A						
应用范围			尺寸 mm		规格	重量	尺寸 mm			规格	重量	尺寸 mm			规格	重量		
管子外径D mm	允许最大垂直荷重 kN	允许最大推力 kN	R	L_1	mm	kg	L_2	L_3	H_2	mm	kg	H_3	B_3	δ_3	mm	kg	kg	kg
D	1.96	3.92	D/2	148	∠60X5,L=148	0.68	280	240	20	∠60X5,L=280	1.28	130	100	6	扁钢130X6	0.31	1.96	2.27

注：

1. 焊条按 GB5117-85 规定的 E4303。
2. 焊缝高度与被焊件较小厚度相同。
3. 支座本体组装技术条件见第 3 页。
4. 本结构作固定支架使用时，应加焊零件 3，并将零件 2，零件 4 接触处满焊。
5. 零件 4 见图 97R412.12-18 页。

大管背小管支架结构 （推力≤3.92kN（0.4t）H=150）						图集号	97R412
审核	孙松云	校对	马卡宁	设计	郭旭	页	32

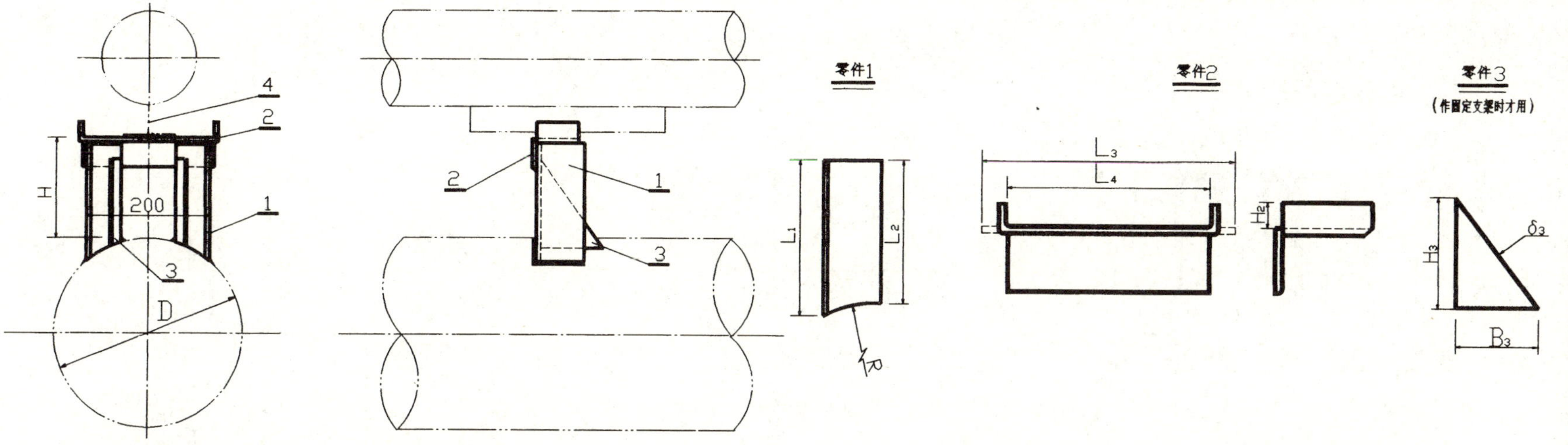

零件号			1						2					3						总重(作滑动支架) kg	总重(作固定支架) kg
名称			支柱						横梁					肋板							
数量			2						1					2							
材料			Q235-A						Q235-A					Q235-A							
应用范围			尺寸 mm			规格 mm	重量 kg		尺寸 mm			规格 mm	重量 kg	尺寸 mm			规格 mm	重量 kg			
管子外径D mm	允许最大垂直荷重 kN	允许最大推力 kN	R	L_1	L_2		单重	总重	L_2	L_3	H_2			H_3	B_3	δ_3		单重	总重		
219	5.39	4.9	110	208	157	∠50X5,L=208	0.79	1.58	280	240	20	∠50X5,L=280	1.06	130	100	6	扁钢130X6	0.31	0.62	2.64	3.26
273			137	188	154	∠50X5,L=188	0.71	1.42	280	240	20	∠50X5,L=280	1.06	130	100	6	扁钢130X6	0.31	0.62	2.48	3.10
325			163	180	153	∠50X5,L=180	0.68	1.36	280	240	20	∠50X5,L=280	1.06	130	100	6	扁钢130X6	0.31	0.62	2.42	3.04
377			189	172	152	∠50X5,L=172	0.65	1.30	280	240	20	∠50X5,L=280	1.06	130	100	6	扁钢130X6	0.31	0.62	2.36	2.98
426			213	170	152	∠50X5,L=170	0.64	1.28	280	240	20	∠50X5,L=280	1.06	130	100	6	扁钢130X6	0.31	0.62	2.34	2.96

注：

1. 焊条按 GB5117-85 规定的 E4303。
2. 焊缝高度与被焊件较小厚度相同。
3. 支座本体组装技术条件见第 3 页。
4. 本结构作固定支架使用时，应加焊零件 3，并将零件 2，零件 4 接触处满焊。
5. 零件 4 见图97R412.12-18 页。

大管背小管支架结构 (推力≤4.9kN(0.5t) H=150)						图集号	97R412
审核	孙松云	校对	马大华	设计	[illegible]	页	33

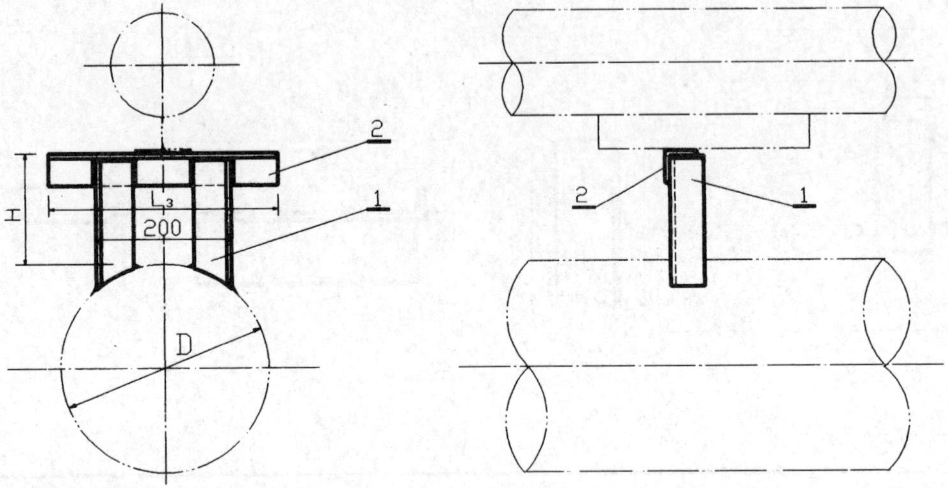

零件1

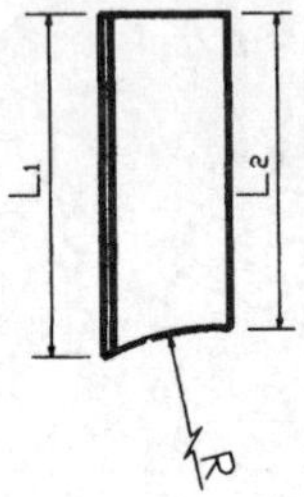

零件号			1					2			总重 kg
名称			支柱					横梁			
数量			2					1			
材料			Q235-A					Q235-A			
应用范围			尺寸 mm			规格 mm	重量 kg		L_3 mm	规格 mm	重量 kg	
管子外径D mm	允许最大垂直荷重 kN	允许最大横向滑动位移 mm	R	L_1	L_2		单重	总重				
219	5.39	160	110	158	107	∠50X5,L=158	0.60	1.20	380	∠50X5,L=380	1.44	2.64
273			137	138	104	∠50X5,L=138	0.52	1.04	380	∠50X5,L=380	1.44	2.48
325			163	130	103	∠50X5,L=130	0.49	0.98	380	∠50X5,L=380	1.44	2.42
377			189	122	102	∠50X5,L=122	0.46	0.92	380	∠50X5,L=380	1.44	2.36
426			213	120	102	∠50X5,L=120	0.46	0.92	380	∠50X5,L=380	1.44	2.36

注:

1. 焊条按 GB5117-85 规定的 E4303。
2. 焊缝高度与被焊件较小厚度相同。
3. 支座本体组装技术条件见第 3 页。

自然补偿段大管背小管支架结构（H=100）						图集号	97R412
审核	张松云	校对	[illegible]	设计	[illegible]	页	34

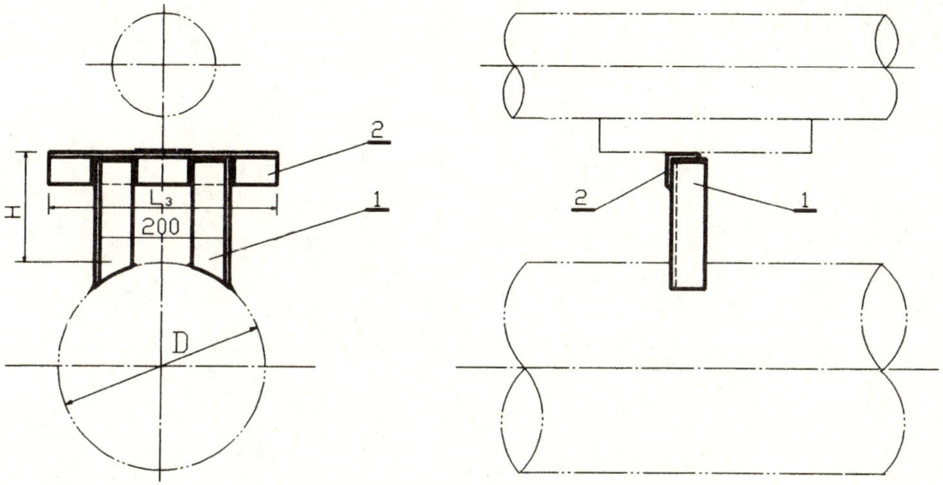

零件1

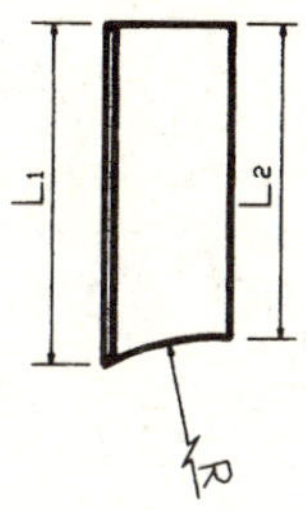

零件号			1						2			总重 kg
名称			支柱						横梁			
数量			2						1			
材料			Q235-A						Q235-A			
应用范围			尺寸 mm			规格 mm	重量 kg		L_3 mm	规格 mm	重量 kg	
管子外径D mm	允许最大垂直荷重 kg	允许最大横向位移 mm	R	L_1	L_2		单重	总重				
219	550	160	110	208	157	∠50X5,L=208	0.79	1.58	380	∠50X5,L=380	1.44	3.02
273			137	188	154	∠50X5,L=188	0.71	1.42	380	∠50X5,L=380	1.44	2.86
325			163	180	153	∠50X5,L=180	0.68	1.36	380	∠50X5,L=380	1.44	2.80
377			189	172	152	∠50X5,L=172	0.65	1.30	380	∠50X5,L=380	1.44	2.74
426			213	170	152	∠50X5,L=170	0.64	1.28	380	∠50X5,L=380	1.44	2.72

注:

1. 焊条按 GB5117-85 规定的 E4303。
2. 焊缝高度与被焊件较小厚度相同。
3. 支座本体组装技术条件见第 3 页。

自然补偿段大管背小管支架结构（H=150）				图集号	97R412
审核	校对		设计	页	35

国家建筑标准设计图集 01R413

GUOJIAJIANZHUBIAOZHUNSHEJI 01R413

室外热力管道安装

(架空敷设)

中国建筑标准设计研究院

关于批准《瓷面纤维增强水泥墙板建筑构造》等十五项国家建筑标准设计图集的通知

建质［2001］248号

各省、自治区建设厅、直辖市建委，国务院各有关部门，
中国建筑设计研究院：

经审查，批准由中国建筑标准设计研究所、中国航空工业规划设计研究院等十单位编制的《瓷面纤维增强水泥墙板建筑构造》、《坡屋面建筑构造（二）》、《楼地面建筑构造》等十五项图集为国家建筑标准设计图集。图集自本文印发之日起执行。

中华人民共和国建设部
二00一年十二月五日

附件：国家建筑标准设计图集名称及编号表

序号	图集号	序号	图集号	序号	图集号	序号	图集号	序号	图集号	序号	图集号	序号	图集号
1	01J110-1	2	01J202-2	3	01J304	4	01J925-1	5	01SS126	6	01R405	7	01R406
8	01R409	9	01R413	10	01R414	11	01R415	12	01R416	13	01D203-2	14	01D302-3
15	01D303-3												

室外热力管道安装－架空敷设

批准单位	中华人民共和国建设部	批准文号:建质[2001]248号	主编单位负责人
主编单位	北京中铁工建筑工程设计院	统一编号:GJBT-558	主编单位技术负责人
实行日期	二〇〇一年十二月五日	图集号 01R413	技术审定人
			设计负责人

目录		图集号	01R413
审核	校对	设计	页 1

目录			图集号	01R413
审核	校对	设计	页	2

目录		图集号	01R413
审核 [signature] 校对 [signature] 设计 [signature]		页	3

目录						图集号	01R413
审核		校对		设计		页	4

总 说 明

1、本图册适用于工业及民用建筑。

2、适用范围：

2.1 管径 DN300 以下。

2.2 介质（代号）及参数：(s)蒸汽管压力1.25MPa，温度 250 ℃以下；(H) 采暖供水管；(C) 凝结水管压力1.0MPa，温度130°C；(HR) 采暖回水管；(A)压缩空气管常温。

3、管道敷设形式：地形起伏时有坡敷设。地形平坦时无坡敷设。

4、本设计采用支架处管道加强法以增大较小管径支架的跨距。

5、本图册不包含大跨距的钢桁架或拱形管架设计。

6、保温材料的选用，密度应小于250kg/m^3

常用保温材密度如下：微孔硅酸钙	220~240kg/m^3
岩棉管壳	130~150kg/m^3
玻璃棉管壳	40~60kg/m^3
硅酸铝管壳	130~160kg/m^3
硅酸镁（海泡石）	150~240kg/m^3
稀土	160~30kg/m^3

7、管道支座与支架摩擦系数的采用：

DN≤150 取0.3（钢对钢）；

DN200~300 取0.1（钢对聚四氟乙烯）

8、根据管道根数、管径、介质及管间距确定管架横梁宽度，本图册列出同一宽度的几种布管形式，作为受力计算选用支架土建图的依据，因所列不全，设计者亦可按布管原则自行排列，并选用与图中受力相近的支架基础土建图。

布管原则：（一）高低温管线对称间隔排列。（二）轻重管线对称间隔排列。（三）支架若为单柱，重的高温管线布置在中间，重的低温管线对称地放在最外边，双柱则相反布管。

9、支架

9.1 支架分钢管支架与钢筋混凝土支架。

9.2 支架形式均为单层横梁布管。

9.3 支架分活动与固定（中间及尽端）支架，支架柱子与基础连接采用刚性连接。

9.4 钢管柱支架：高度2.5m、4m。宽度分300mm、500mm、700mm、900mm四种。

9.5 钢筋混凝土支架设计有四种高度，七种横梁宽度。支架编号见第10页表六

总 说 明						图集号	01R413
审核		校对		设计		页	5

支架选用标注形式：

NX~H/B~n

N　钢筋混凝土支架

X　支架编号、见第10页表六

H　支架高度（支架顶离地面高度）

B　支架横梁长度

n　横梁顶部布管型号见第10页表六

例:N10—2—2500/1200—10

如设计者自行布管与10相近，则标10'；以便选用土建支架与基础标高使支架受力相近。

9.6 土建支架编号细节见01R414架空支架

10、如管道敷设于地震基本烈度高于7度地区时，结合地区实际情况为防止管道地震时侧向甩落，支架横梁两端，按本图集设计图加焊挡杆.

11、图集内容分为六部分：

11.1、目录、总说明

表：一、管道垂直荷载，水平推力综合一览表

二、双管保温、双管不保温管中心距表

三、单管保温与单管不保温管中心距表

四、管中心至支架横梁边缘距离表

五、各类补偿器补偿量表

六、钢筋混凝土支架编号表

11.2、支架形式与布管受力表

11.3、补偿器制作与安装

11.4、支座制作与安装

11.5、管道放水、疏水、放汽装置

11.6、其它

12、编制依据及规范：

12.1、城市热力网设计规范CJJ34-90

12.2、锅炉房设计规范GB50041-92

12.3、城市供热管网工程施工及验收规范CJJ28-89

12.4、室内热力管道支吊架95R417-1（原95R402）

12.5、室外热力管道支座97R412（原97R403）

12.6、工业金属管道施工及验收标准GB50235-97

12.7、供热工程制图标准CJJ/T 78-87

管道垂直荷载水平推力综合一览表

表一

类别			公称直径(DN)mm / 外径x壁厚(mm)	50 57x3.5	65 73x4	80 89x4	100 108x4	125 133x4	150 159x4.5	200 219x6	250 273x7	300 325x8
管道重（热水）			N/m	135	179	219	292	375	488	854	1240	1681
管道重（蒸汽）			N/m	115	146	168	214	253	312	518	712	931
管道重（汽体）			N/m	50	75	94	114	146	198	366	538	737
管道断面积			cm^2	19.63	33.15	51	78	122.71	176	336	526.9	749.9
波纹管有效面积			cm^2	37	65	86	124	183	257	463	706	970
支座与支架摩擦系数				0.3	0.3	0.3	0.3	0.3	0.3	0.1	0.1	0.1
活动支架	(热水)垂直荷载		kN	0.8	1.3	1.7	2.5	3.4	5.0	10.3	17.1	25.2
活动支架	(热水)轴向推力		kN	0.2	0.4	0.5	0.7	1.0	1.5	1.0	1.7	2.5
活动支架	(蒸汽)垂直荷载		kN	0.6	1.0	1.3	1.8	2.4	3.4	7.2	11.1	16.8
活动支架	(蒸汽)轴向推力		kN	0.2	0.3	0.4	0.5	0.7	1.1	0.7	1.1	1.7
活动支架	(气体)垂直荷载		kN	0.4	0.8	1.1	1.4	1.8	2.1	5.1	7.4	11.1
尽端固定支架	垂直荷载		kN	同活动支架								
尽端固定支架	轴向推力 波纹管补偿器	送水	kN	6.9	12.2	16.2	25.4	34.4	49.6	67	106.4	145.1
尽端固定支架	轴向推力 波纹管补偿器	回水	kN	4.9	8.5	12	16.3	23	31.4	36.5	66.3	89.2
尽端固定支架	轴向推力 波纹管补偿器	蒸汽	kN	7.8	14.2	18	25.9	36.4	49.2	78.7	123.7	158.6
尽端固定支架	轴向推力 套筒补偿器	送水	kN	8.1	11.3	14.8	25.7	35.1	46.8	59.2	91.6	126.7
尽端固定支架	轴向推力 套筒补偿器	回水	kN	6.5	8.9	11.4	19.9	26.6	35.1	37.7	56.6	81.2
尽端固定支架	轴向推力 套筒补偿器	蒸汽	kN	6.5	9.2	12.3	20.3	28.4	37.9	61.1	92.9	133.6

总说明	图集号	01R413
审核 校对 设计	页	7

续表一

类别				公称直径(DN)mm	50	65	80	100	125	150	200	250	300
				外径X壁厚(mm)	57x3.5	73x4	89x4	108x4	133x4	159x4.5	219x6	273x7	325x8
尽端固定支架	轴向推力	球形补偿器	送回水	kN	12.8	17.5	21.4	29.2	38.8	52	38.6	60.7	89.4
			蒸汽	kN	10.6	13.7	15.8	20.5	24.9	31.5	21.3	31.3	44.4
		方形补偿器	送回水	kN	1.8	2.6	3.2	4.7	6	8.3	14.5	24.4	38.9
			蒸汽	kN	1.6	2.3	2.7	3.8	4.7	6.5	13.3	22.5	36.3
	横向力	送水		kN	0.15	0.2	0.26	0.37	0.51	0.8	1.2	2.4	4.5
		回水		kN	0.14	0.18	0.23	0.32	0.42	0.6	0.7	1.2	2.2
		蒸汽		kN	0.14	0.19	0.24	0.36	0.51	0.8	2.0	4.3	8.0
中间固定支架	垂直荷载			kN	同滑动支架								
	轴向推力	波纹管补偿器	送水	kN	1.0	1.7	2.3	3.9	4.8	7.2	6.2	10.7	14.4
			回水	kN	0.9	1.6	2.3	3.0	4.1	7.1	4.0	9.3	12.2
			蒸汽	kN	0.9	1.7	2.0	2.9	3.7	4.7	5.4	9.6	9.7
		套筒补偿器	送水	kN	3.1	4.0	4.9	9.0	11.4	14.6	12.8	18.5	25.9
			回水	kN	2.8	3.6	4.4	8.0	10.2	13.2	10.5	15.2	21.9
			蒸汽	kN	2.0	2.5	2.9	5.1	6.2	7.5	8.7	12.2	18.1
		球形补偿器	送回水	kN	3.7	5.0	6.0	8.1	10.5	13.8	8.7	13.1	18.2
			蒸汽	kN	3.1	4.0	4.6	5.9	7.1	8.8	5.3	7.6	10.3
		方形补偿器	送回水	kN	0.5	0.8	1.0	1.4	1.8	2.5	4.4	7.3	11.7
			蒸汽	kN	0.5	0.7	0.8	1.1	1.4	2.0	4.0	6.8	10.9

双管无保温管、双管保温中心距表 (mm)

表二

DN1		DN2	50	65	80	100	125	150	200	250	300
50	无	无	210	215	225	235	245	260	280	310	340
	保	保	330	345	360	375	385	400	430	470	490
65	无	无		220	230	240	250	265	295	325	350
	保	保		365	370	380	405	415	455	485	510
80	无	无			240	250	260	275	305	335	360
	保	保			380	390	410	430	460	495	540
100	无	无				260	270	285	315	340	370
	保	保				400	420	435	480	520	560
125	无	无					285	300	325	355	380
	保	保					445	455	495	525	550
150	无	无						310	340	360	390
	保	保						510	540	570	610
200	无	无							370	390	420
	保	保							580	620	640
250	无	无								415	450
	保	保								640	700
300	无	无									475
	保	保									720

单管无保温管与单管保温中心距表 (mm)

表三

DN1		DN2	50	65	80	100	125	150	200	250	300
50	无	无	265	285	295	305	325	340	375	405	430
	保	保	265	275	285	295	305	330	345	380	410
65	无	无		295	300	310	330	345	385	415	435
	保	保		295	300	310	325	335	365	395	420
80	无	无			310	320	340	355	390	430	450
	保	保			310	320	335	345	375	410	430
100	无	无				330	350	365	400	440	460
	保	保				330	340	355	385	415	440
125	无	无					365	375	420	445	470
	保	保					365	375	410	435	460
150	无	无						390	425	460	510
	保	保						390	420	450	475
200	无	无							455	490	540
	保	保							455	480	510
250	无	无								520	570
	保	保								520	550
300	无	无									590
	保	保									590

说明：表二、三中数据为推荐值，可根据排列适当变动。

各类补偿器补偿量表(mm)

表五

项目 \ 补偿器名称	方形	套筒	球型	波纹管 单复式	波纹管 无约束	波纹管 补偿弯头	波纹管 补偿弯头Z型	波纹管 补偿单元角向型
有无预拉伸	有		有	有		无	有	有
有无预压缩		无			无			
补偿量	≤240	200~350	≤1200	172~259	300	238	511	720
滑动支座长度	200.400	400.600	200~1400	200.400	200.400	200.400	200.400	200~600
安装见本图册页	99	100	99	99	99	99	99	99

管中心至支架横梁边缘距离表(mm)

表四

DN(mm)	50	65	80	100	125	150	200	250	300
保温管	190	210	215	220	250	260	300	320	350
无保温管	130	135	145	155	165	180	210	235	265

钢筋混凝土支架编号表

表六

横梁长度B(mm)			600			900					1200						1500			
支架编号x		布管型号n	1	2	3	4	5	6	7	8	9	10	11	12	13	14	15	16	17	18
支架形式 高度H(mm)	低支架	700	1~1	2~1	3~1	4~1	5~1	6~1	7~1	8~1	9~1	10~1	11~1	12~1	13~1	14~1	15~1	16~1	17~1	18~1
	中支架	2500	1~2	2~2	3~2	4~2	5~2	6~2	7~2	8~2	9~2	10~2	11~2	12~2	13~2	14~2	15~2	16~2	17~2	18~2
	中支架	4000	1~3	2~3	3~3	4~3	5~3	6~3	7~3	8~3	9~3	10~3	11~3	12~3	13~3	14~3	15~3	16~3	17~3	18~3
	高支架	5500	1~4	2~4	3~4	4~4	5~4	6~4	7~4	8~4	9~4	10~4	11~4	12~4	13~4	14~4	15~4	16~4	17~4	18~4

横梁长度B(mm)			1500		1800					2100					2400					
支架编号x		布管型号n	19	20	21	22	23	24	25	26	27	28	29	30	31	32	33	34	35	
支架形式 高度H(mm)	低支架	700	19~1	20~1	21~1	22~1	23~1	24~1	25~1	26~1	27~1	28~1	29~1	30~1	31~1	32~1	33~1	34~1	35~1	
	中支架	2500	19~2	20~2	21~2	22~2	23~2	24~2	25~2	26~2	27~2	28~2	29~2	30~2	31~2	32~2	33~2	34~2	35~2	
	中支架	4000	19~3	20~3	21~3	22~3	23~3	24~3	25~3	26~3	27~3	28~3	29~3	30~3	31~3	32~3	33~3	34~3	35~3	
	高支架	5500	19~4	20~4	21~4	22~4	23~4	24~4	25~4	26~4	27~4	28~4	29~4	30~4	31~4	32~4	33~4	34~4	35~4	

说明：1. 布管型号见本图集第20页至第26页

2. 表四中数据为推荐值，可根据排列适当改变。

总说明			图集号	01R413
审核	校对	设计	页	10

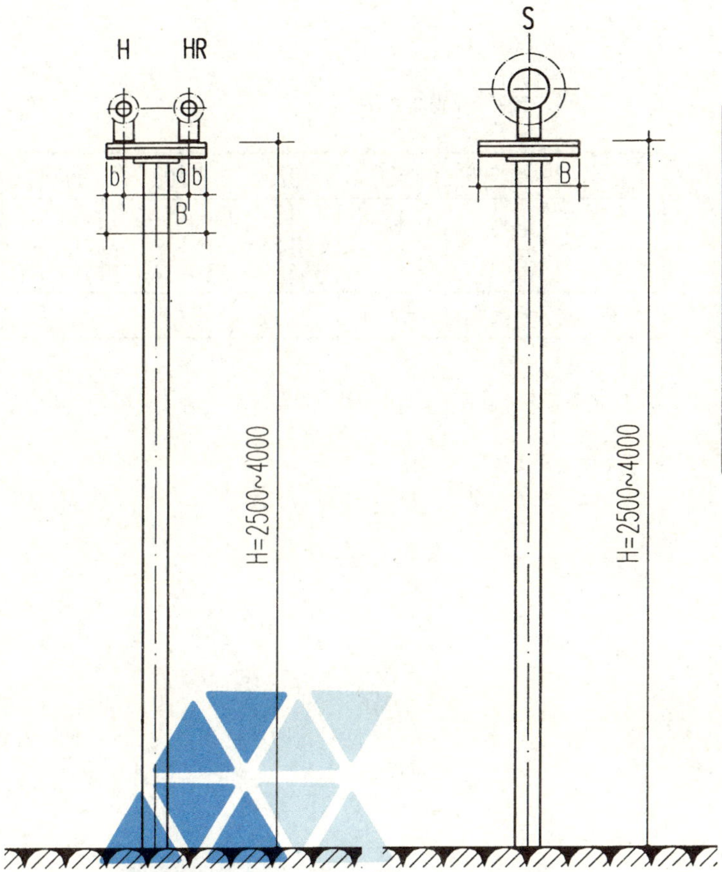

双 管　　　　单 管

支架受力表 (kN)

DN		≤80	≤150	≤200	25	32	40	50	65	80	100	125	150	200
输送介质		S	S	S	H HR	H HR	H HR	H HR	H HR	H HR	H HR	H HR	H HR	H HR
保温层外径(mm)		230	295	400	115	120	150	160	175	190	230	255	280	360
垂直荷载		1.3	2.4	7.2	0.32	0.46	0.6	0.8	1.3	1.7	2.5	3.4	5	12.8
轴向力	活动支架	0.4	0.7	0.7	0.1	0.14	0.18	0.2	0.4	0.5	0.7	1	1.5	1.3
	中间固定支架	0.8	1.6	4	0.3	0.3	0.4	0.5	0.8	1	1.4	1.8	2.5	4.4
	尽端固定支架	2.7	5.5	13.3	0.9	1.1	1.4	1.8	2.6	3.2	4.7	6	8.3	14.5
横向力	尽端固定支架	0.24	0.5	2	0.08	0.1	0.11	0.15	0.2	0.26	0.37	0.51	0.8	1.2

说 明:

1、支架受力按方形补偿器作为管道热补偿计算。

2、支架为刚性支架。

3、H为地面至管架顶高度。根据设计需要，在2500mm至4000mm范围内取值。

b (mm)	-	-	100	90	185	175	165	155	140	225	200	160
a (mm)	-	-	300	320	330	350	370	390	420	450	510	580
DN	≤80	≤200	25	32	40	50	65	80	100	125	150	200
单双管	单		双									
B (mm)	300	500			700					900		

安装尺寸表

钢管柱支架	H=2500~4000mm B=300、500、700、900mm	图集号	01R413
审核 校对 设计		页	11

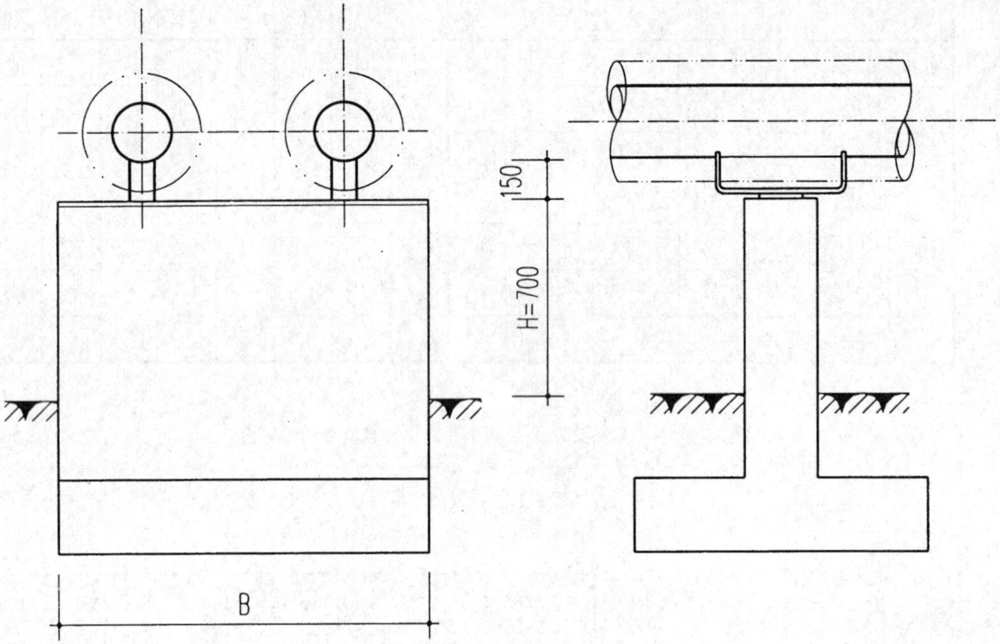

说　明:

1、支架编号、支架顶布置及受力如下表:

B (mm) / H (mm)	600	900	1200	1500
700	1~1、2~1 3~1	4~1、5~1 6~1、7~1 8~1	9~1、10~1 11~1、12~1 13~1、14~1	15~1、16~1 17~1、18~1 19~1、20~1
支架顶布管及受力见	第20页	第21页	第22页	第23页

2、H为支架顶离地面高度，为便于适应地面高差，最小安装高度H为400mm。

3、固定支架形式详见01R414。

低活动支架	H=700mm B=600、900、1200、1500mm	图集号	01R413
审核　校对　设计		页	12

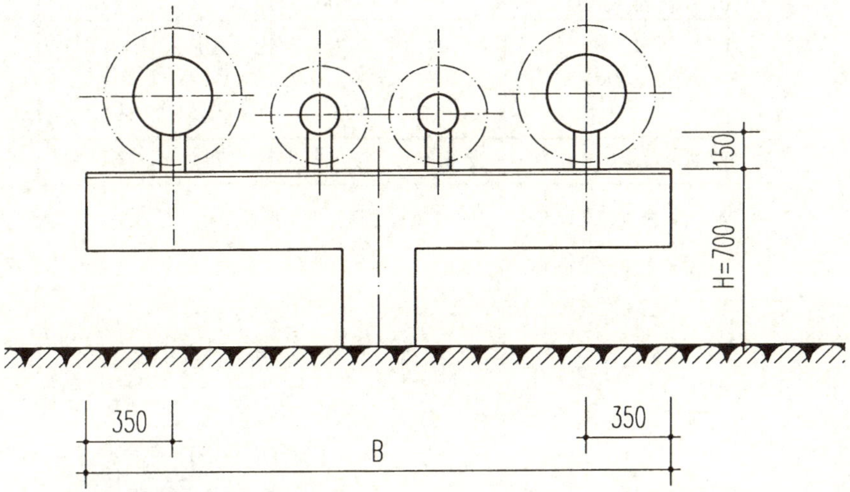

说 明:

1、支架编号、支架顶布置及受力如下表:

H(mm) \ B(mm)	1800	2100	2400
700	21~1、22~1 23~1、24~1 25~1	26~1、27~1 28~1、29~1 30~1	31~1、32~1 33~1、34~1 35~1
支架顶布管及受力见	第24页	第25页	第26页

2、H为支架顶离地面高度，为便于适应地面高差，最小安装高度H为400mm。

3、固定支架形式详见01R414。

低活动支架	H=700mm B=1800、2100、2400mm					图集号	01R413
审核		校对		设计		页	13

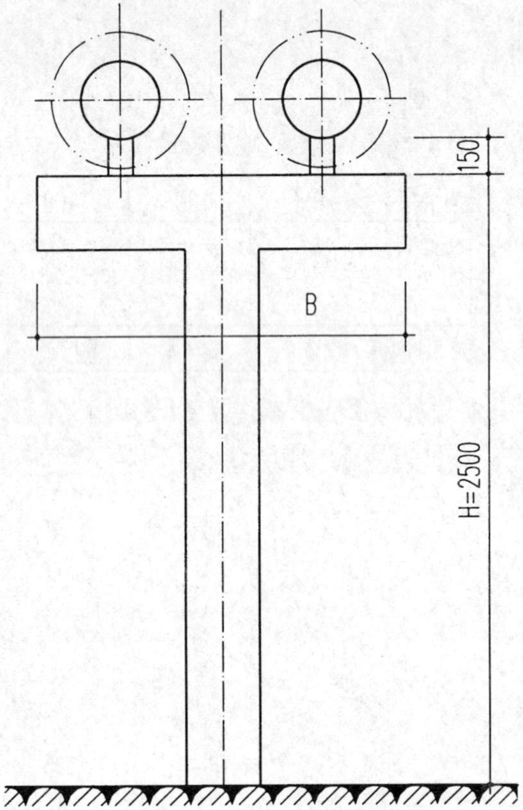

说　明:

1、支架编号、支架顶布置及受力如下表:

H(mm) \ B(mm)	600	900	1200	1500
2500	1~2、2~2 3~2	4~2、5~2 6~2、7~2 8~2	9~2、10~2 11-2、12~2 13~2、14~2	15~2、16~2 17~2、18~2 19~2、20~2
支架顶布管及受力见	第20页	第21页	第22页	第23页

2、H为支架顶离地面高度，为便于适应地面高差，H设计为2200、2500mm 二种

3、固定支架形式详见01R414。

中活动支架 H=2500mm B=600、900 1200、1500mm						图集号	01R413
审核	[signature]	校对	[signature]	设计	[signature]	页	14

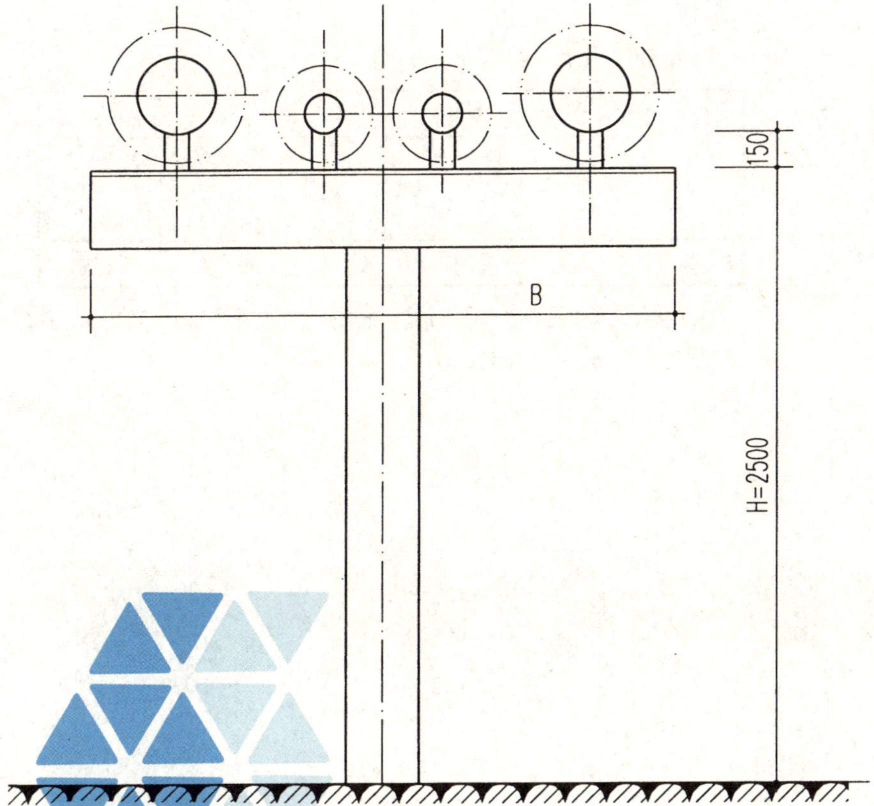

说 明:

1、支架编号、支架顶布置及受力如下表：

B(mm) / H(mm)	1800	2100	2400
2500	21~2、22~2 23~2、24~2 25~2	26~2、27~2 28~2、29~2 30~2	31~2、32~2 33~2、34~2 35~2
支架顶布管及受力见	第24页	第25页	第26页

2、H为支架顶离地面高度，为便于适应地面高差，H设计为H及H-300二种。

3、固定支架形式详见01R414 。

中活动支架	H=2500mm B=1800、2100、2400mm	图集号	01R413
审核 校对 设计		页	15

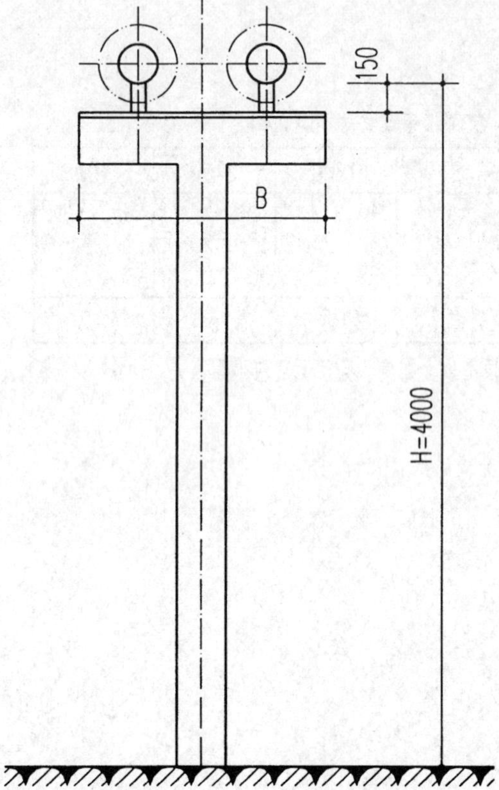

说　明:

1、支架编号、支架顶布管及受力如下表:

H(mm) \ B(mm)	600	900	1200	1500
4000	1~3、2~3 3~3	4~3、5~3 6~3、7~3 8~3	9~3、10~3 11~3、12~3 13~3、14~3	15~3、16~3 17~3、18~3 19~3、20~3
支架顶布管及受力见	第20页	第21页	第22页	第23页

2、H为支架顶离地面高度，为便于适应地面高差，H设计成H及H-300mm二种。

3、固定支架形式详见01R414 。

中活动支架 H=4000mm B=600、900、1200、1500mm						图集号	01R413
审核		校对		设计		页	16

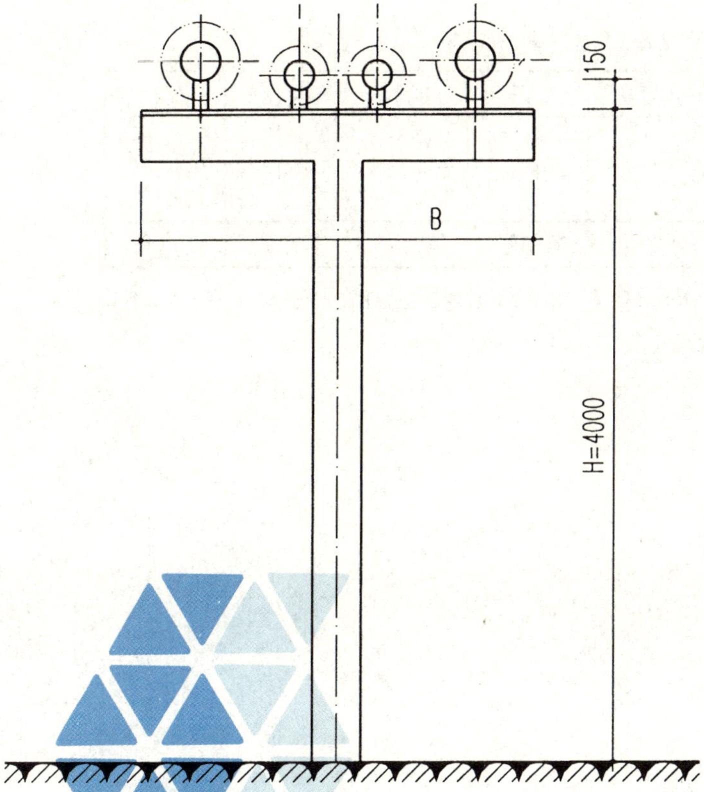

说 明:

1、支架编号、支架顶布管及受力如下表:

H(mm) \ B(mm)	1800	2100	2400
4000	21~3、22~3 23~3、24~3 25~3	26~3、27~3 28~3、29~3 30~3	31~3、32~3 33~3、34~3 35~3
支架顶布管及受力见	第24页	第25页	第26页

2、H为支架顶离地面高度，为便于适应地面高差，H设计成H及H−300mm二种。

3、固定支架形式详见01R414 。

中活动支架	H=4000mm B=1800、2100、2400mm	图集号	01R413
审核	校对	设计	页 17

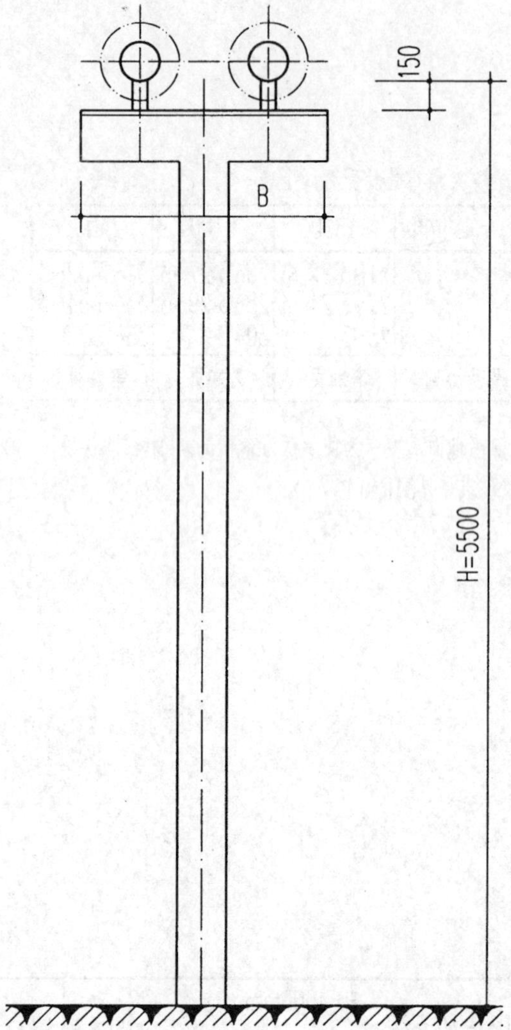

说 明:

1、支架编号、支架顶布管及受力如下表:

H(mm) \ B(mm)	600	900	1200	1500
5500	1~4、2~4 3~4	4~4、5~4 6~4、7~4 8~4	9~4、10~4 11~4、12~4 13~4、14~4	15~4、16~4 17~4、18~4 19~4、20~4
支架顶布管及受力见	第20页	第21页	第22页	第23页

2、H为支架顶离地面高度，为便于适应地面高差，H设计成H及H－300mm二种。

3、固定支架形式详见01R414。

高活动支架	H=5500mm B=600、900、1200、1500mm	图集号	01R413
审核	校对 设计	页	18

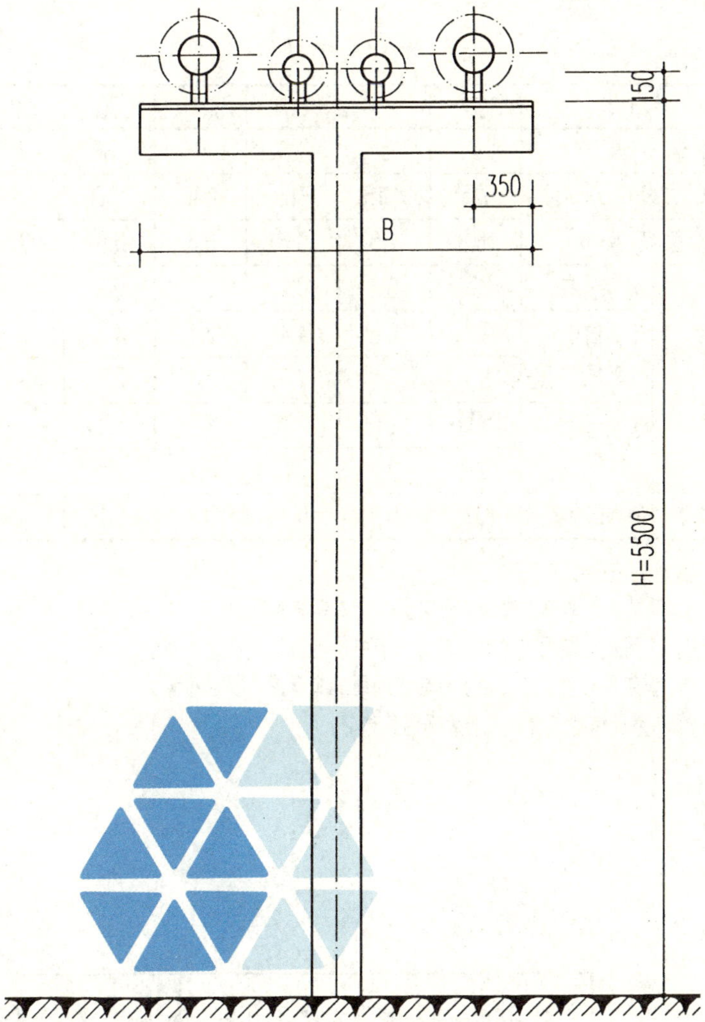

说 明:

1、支架编号、支架顶布管及受力如下表:

H(mm) \ B(mm)	1800	2100	2400
5500	21~4、22~4 23~4、24~4 25~4	26~4、27~4 28~4、29~4 30~4	31~4、32~4 33~4、34~4 35~4
支架顶布管及受力见	第24页	第25页	第26页

2、H为支架顶离地面高度，为便于适应地面高差，H设计成H及H-300mm二种。

3、固定支架形式详见01R414 。

高活动支架	H=5500mm B=1800、2100、2400mm	图集号	01R413
审核 校对 设计		页	19

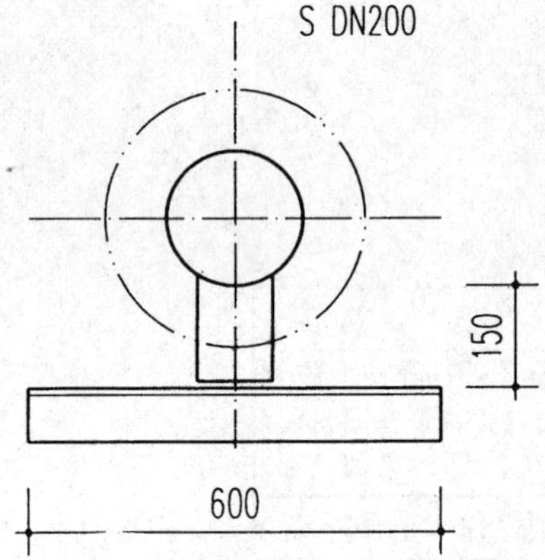

（布管型号、代号n）1 12m（计算跨距）

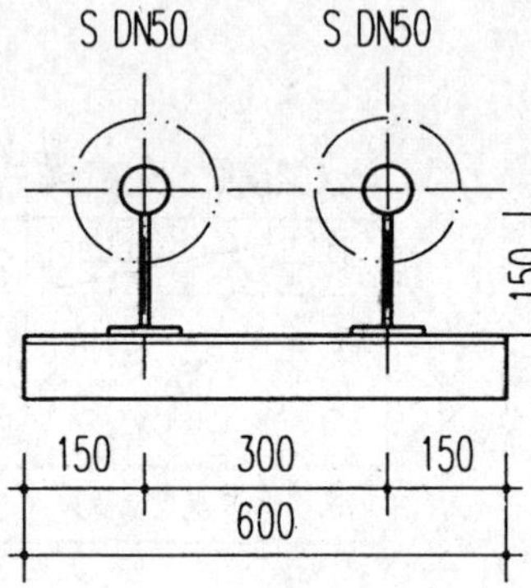

2 8m

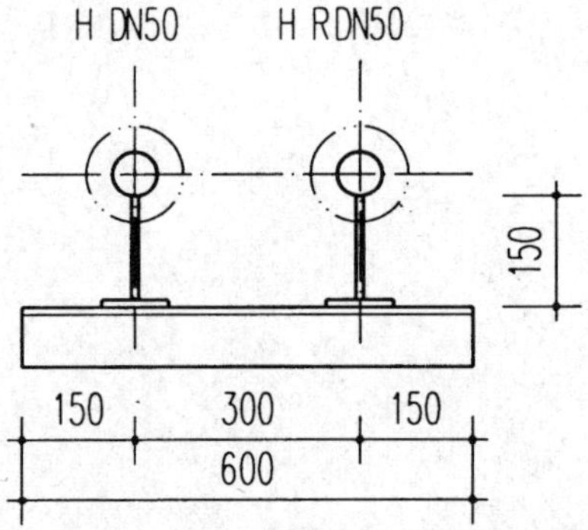

2 8m

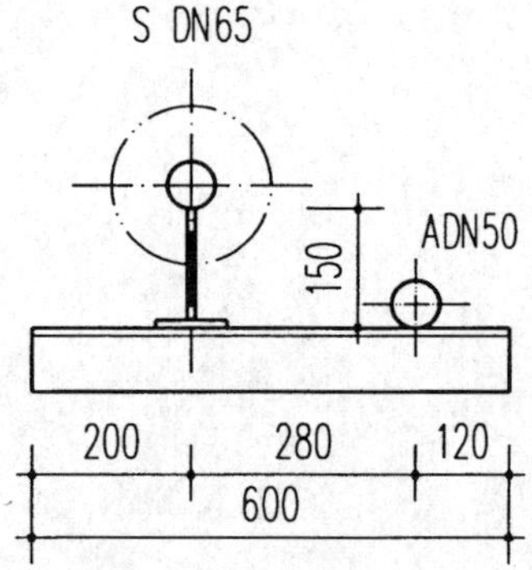

3 8m

支架受力表（kN）

DN		300	65	50	50	50	50
输送介质		s	s	s	H	HR	A
保温层外径（mm）		505	215	180	140	120	–
垂直荷载		16.8	1.0	0.6	0.8	0.8	0.4
轴向力	活动支架	1.7	0.3	0.2	0.2	0.2	–
	中间固定支架	31.4	5.6	4.4	5.1	3.8	–
		18.1	2.5	2.0	3.1	2.8	–
	尽端固定支架	158.6	14.2	10.5	12.3	12.3	–
		62.7	9.2	7.8	8.1	7.6	–
横向力	尽端固定支架	8.0	0.2	0.14	0.2	0.1	–

说 明:

1、活动支架牵制系数为1，固定支架受力牵制系数为1。
2、中间及尽端固定支架轴向力，表中所列为最大值及中间值。
3、管架顶布管，亦可由设计者按间距和布管原则要求布置。
4、A为压缩空气管，代表无保温气体管。

B=600mm布管及支架受力表						图集号	01R413
审核		校对		设计		页	20

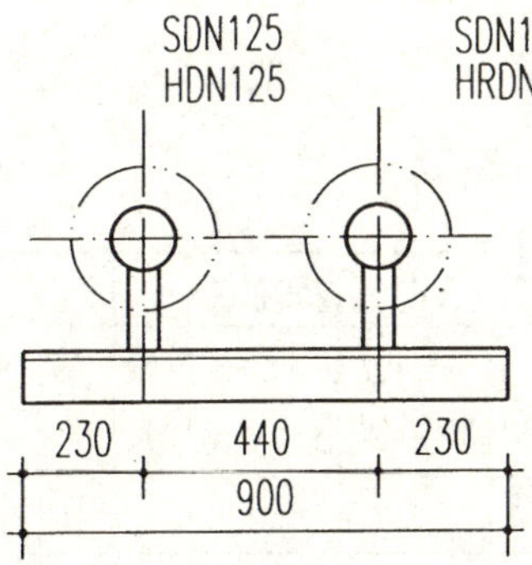

(布管型号、代号n) 4 8m(计算跨距)

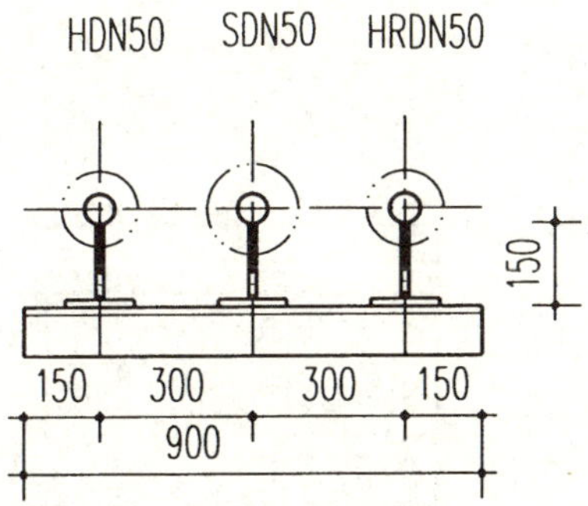

7 8m

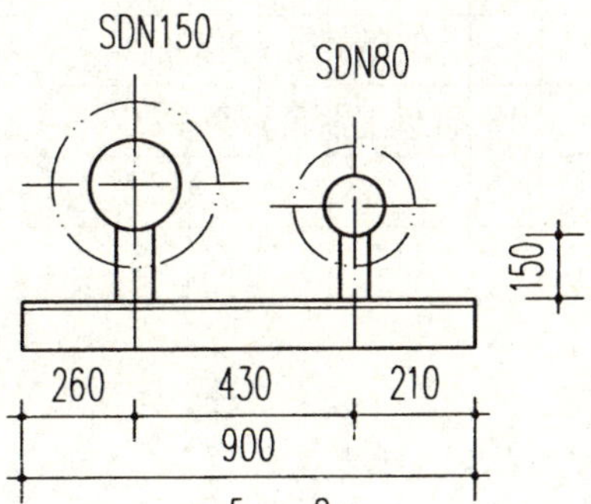

5 8m

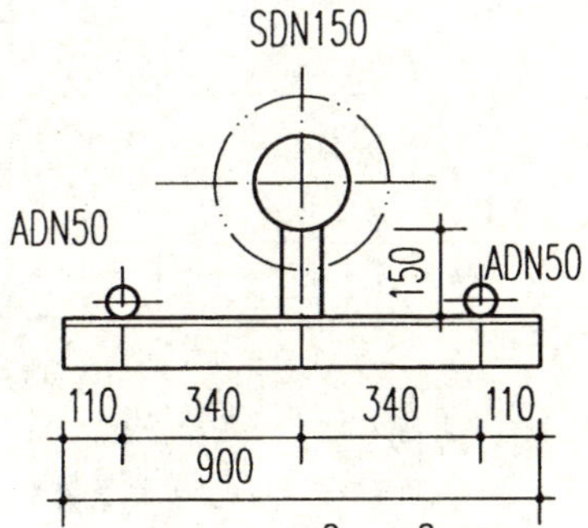

8 8m

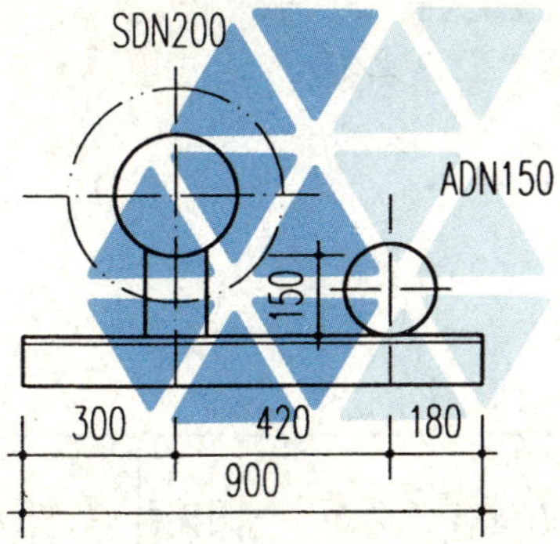

6 10m

支架受力表(kN)

DN		200	150	125	80	50	125	125	50	50	150	50
输送介质		S	S	S	S	S	H	HR	H	HR	A	A
保温层外径(mm)		400	320	295	230	180	235	215	140	120	–	–
垂直荷载		7.2	3.4	2.4	1.3	0.6	3.4	3.4	0.8	0.8	2.1	0.4
轴向力	活动支架	0.7	1.1	0.7	0.4	0.2	1.0	1.0	0.2	0.2	–	–
	中间固定支架	17.6	14.9	12.4	6.8	4.4	16	12.4	5.1	3.8	–	–
		8.7	7.5	6.2	2.9	2.0	4.8	4.1	3.1	2.8	–	–
	尽端固定支架	78.7	49.2	36.4	18	10.5	35.1	35.1	12.3	12.3	–	–
		35.2	29.7	24.7	13.6	7.8	31.9	26.6	8.1	7.6	–	–
横向力	尽端固定支架	2.0	0.8	0.51	0.24	0.14	0.5	0.4	0.2	0.1	–	–

注:上表受力未计入牵制系数。

说明:

1、双管:活动支架牵制系数为1;固定支架受力牵制系数为1。
   三管:活动支架牵制系数为0.67;固定支架受力牵制系数为0.75。
2、中间及尽端固定支架轴向力,表中所列为最大值及中间值。
3、管架顶布管,亦可由设计者按间距和布管原则要求布置。
4、A为压缩空气管,代表无保温气体管。

B=900mm布管及支架受力表						图集号	01R413
审核		校对		设计		页	21

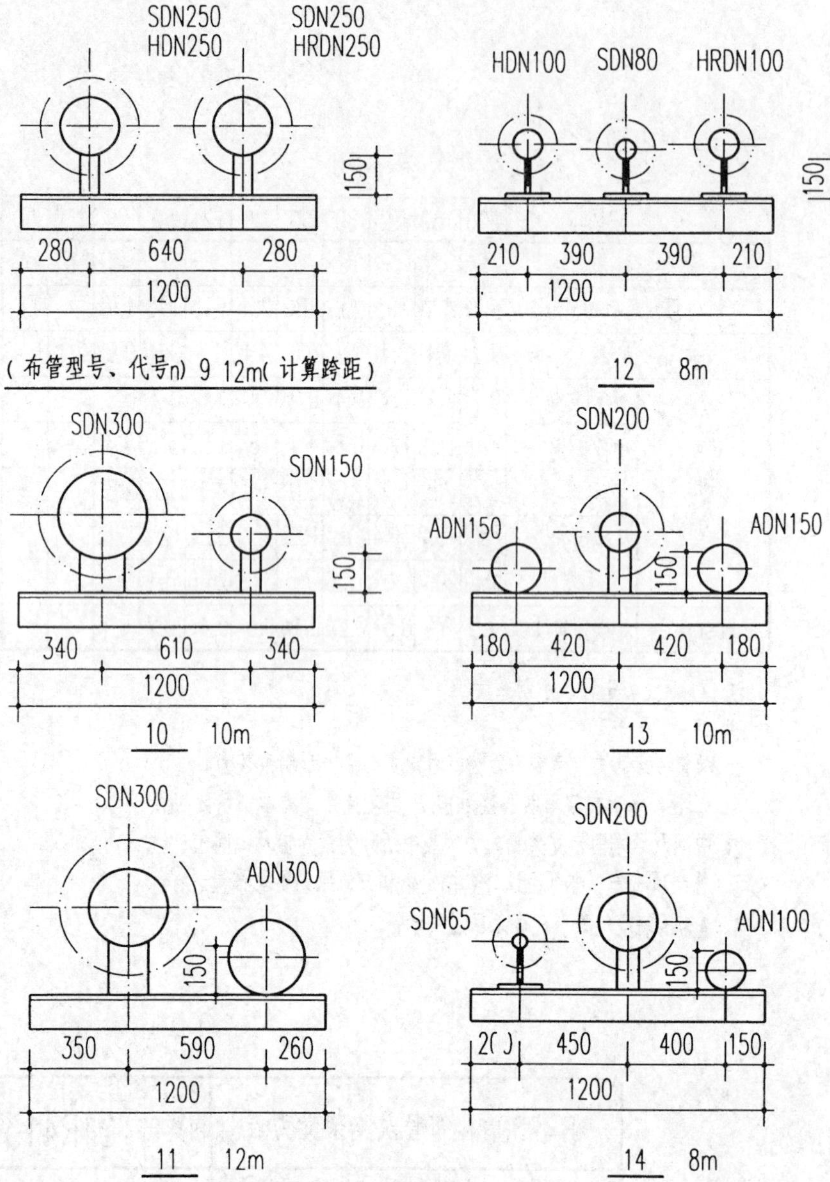

支架受力表(kN)

DN		300	250	200	150	80	65	250	250	100	100	300	150	100
输送介质		S	S	S	S	S	S	H	HR	H	HR	A	A	A
保温层外径 (mm)		505	460	400	320	230	215	400	380	210	190	–	–	–
垂直荷载		16.8	11.1	7.2	3.4	1.3	1.0	17.1	17.1	2.5	2.5	11.1	2.1	1.4
轴向力	活动支架	1.7	1.1	0.7	1.1	0.4	0.3	1.7	1.7	0.7	0.7	–	–	–
	中间固定支架	31.4	26	17.6	14.9	6.8	5.6	29	20.3	12.7	9.8	–	–	–
		18.1	12.2	8.7	7.5	2.9	2.5	13.1	13.1	8.1	8.0	–	–	–
	尽端固定支架	158.6	123.7	78.7	49.2	18	14.2	106.4	66.3	27.0	27.0	–	–	–
		62.7	51.9	35.2	29.7	13.6	9.2	58	43.5	25.4	16.3	–	–	–
横向力	尽端固定支架	8	4.3	2.0	0.8	0.24	0.2	2.4	1.2	0.4	0.3	–	–	–

注：上表受力未计入牵制系数。

说 明：

1、双管：活动支架牵制系数为1；固定支架受力牵制系数为1。
   三管：活动支架牵制系数为0.67；固定支架受力牵制系数为0.75。
2、中间及尽端固定支架轴向力，表中所列为最大值及中间值。
3、管架顶布管，亦可由设计者按间距和布管原则要求布置。
4、A为压缩空气管，代表无保温气体管。

B=1200mm布管及支架受力表						图集号	01R413
审核		校对		设计		页	22

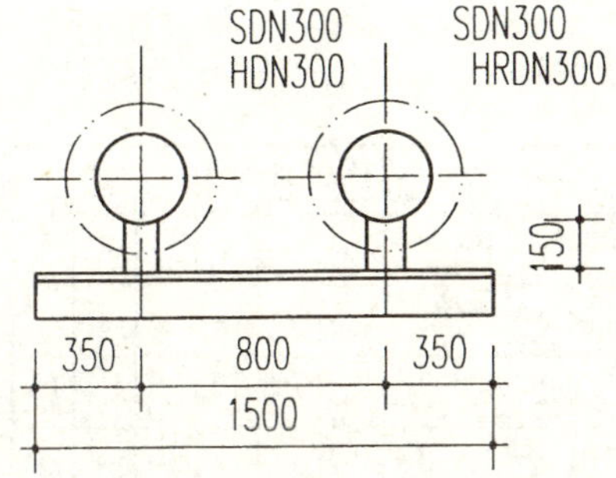

(布管型号、代号n) 15　12m(计算跨距)

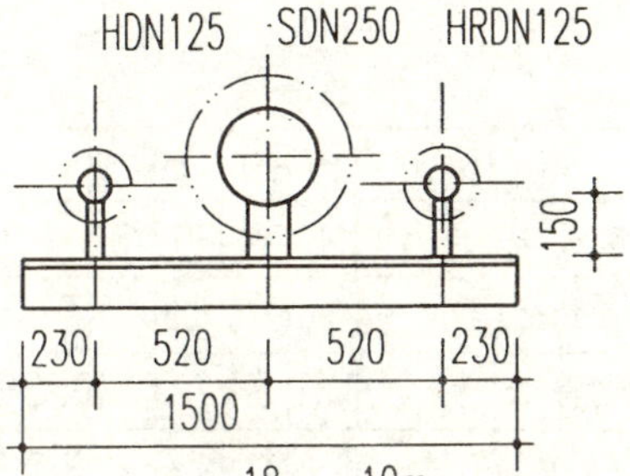

18　10m

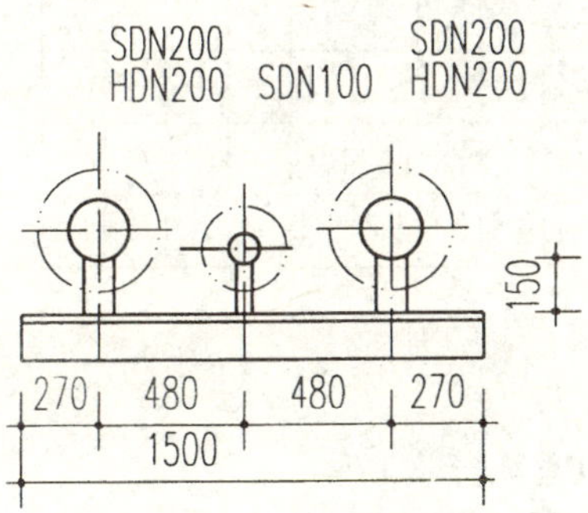

16　10m

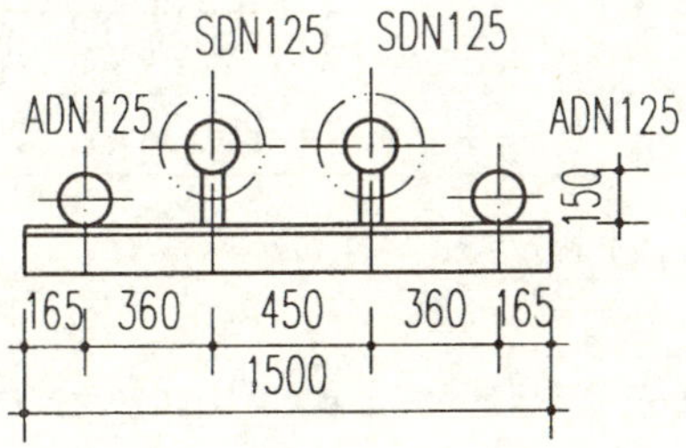

19　8m

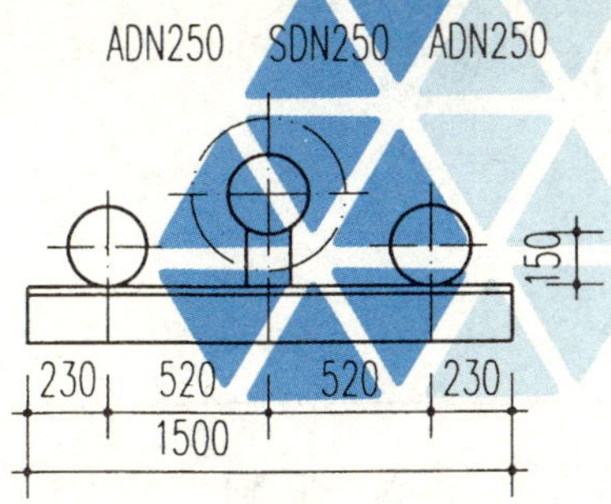

17　12m

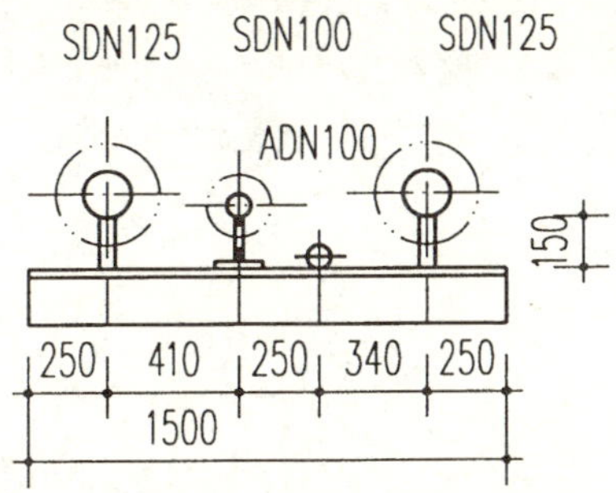

20　8m

支架受力表(kN)

DN		300	250	200	125	100	300	300	200	200	125	125	250	125	100
输送介质		S	S	S	S	S	H	HR	H	HR	H	HR	A	A	A
保温层外径 (mm)		505	460	400	295	250	445	425	340	300	235	215	-	-	-
垂直荷载		16.8	11.1	7.2	2.4	1.8	25.2	25.2	10.3	10.3	3.4	3.4	7.4	1.8	1.4
轴向力	活动支架	1.7	1.1	0.7	0.7	0.5	2.5	2.5	1.0	1.0	1.0	1.0	-	-	-
	中间固定支架	31.4	26	17.6	12.4	10.1	36.5	26.1	18.7	17.7	16	12.4	-	-	-
		18.1	12.2	8.7	6.2	5.1	18.2	12.2	8.7	5.3	4.8	4.1	-	-	-
	尽端固定支架	158.6	123.7	78.7	36.4	25.9	145.1	89.2	67	37.7	35.1	35.1	-	-	-
		62.7	51.9	35.2	24.7	20.2	72.9	52.1	29.1	17.7	31.9	26.6	-	-	-
横向力	尽端固定支架	8	4.3	2.0	0.51	0.4	4.5	2.2	1.2	0.7	0.5	0.4	-	-	-

注：上表受力未计入牵制系数。

说明：

1、双管：活动支架牵制系数为1；固定支架受力牵制系数为1。
　三管：活动支架牵制系数为0.67；固定支架受力牵制系数为0.75。
　四管：活动支架牵制系数为0.5；固定支架受力牵制系数为0.75。

2、中间及尽端固定支架轴向力，表中所列为最大值及中间值。

3、管架顶布管，亦可由设计者按间距和布管原则要求布置。

4、A为压缩空气管，代表无保温气体管。

B=1500mm布管及支架受力表						图集号	01R413
审核	[signature]	校对	[signature]	设计	[signature]	页	23

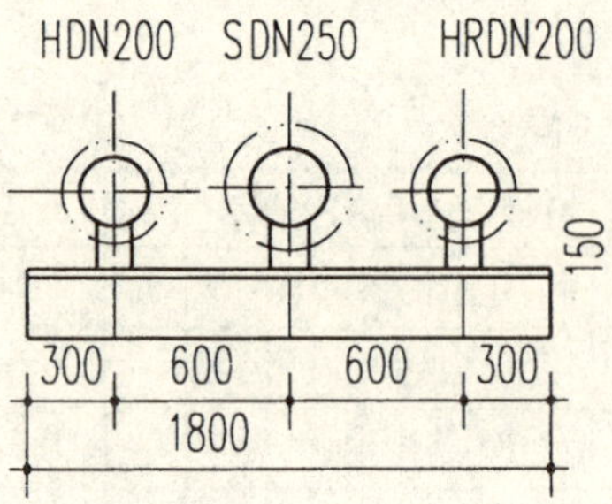

（布管型号、代号n） 21 10m（计算跨距）

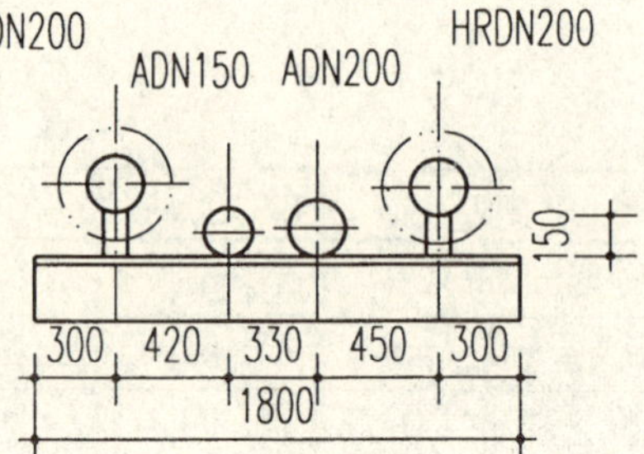

24 10m

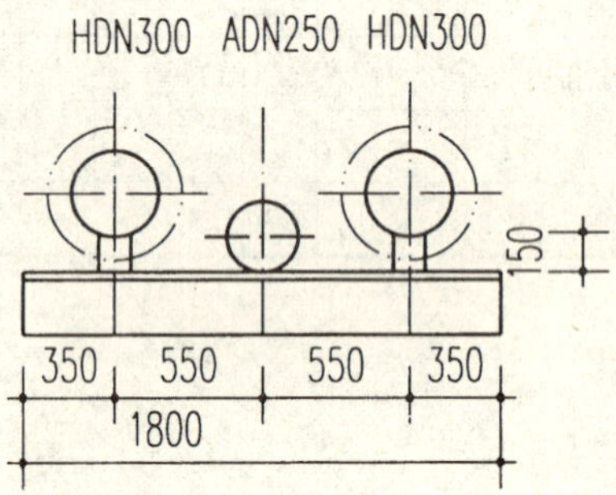

22 12m

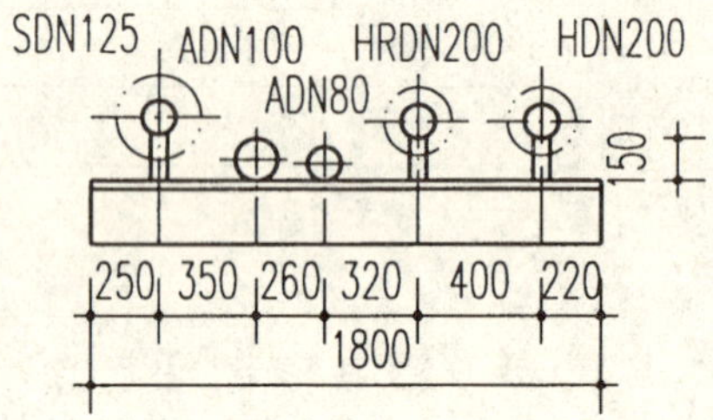

25 8m

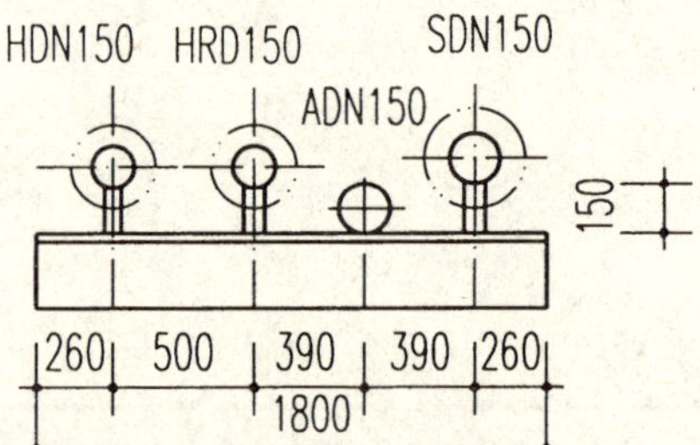

23 8m

支架受力表(kN)

DN		250	150	125	300	300	200	200	150	150	100	100	250	200	150	100	80
输送介质		S	S	S	H	HR	H	HR	H	HR	H	HR	A	A	A	A	A
保温层外径(mm)		460	320	295	445	425	340	300	260	240	210	190	–	–	–	–	–
垂直荷载		11.1	3.4	2.4	25.2	25.2	10.3	10.3	5	5	2.5	2.5	7.4	5.1	2.1	1.4	1.1
轴向力	活动支架	1.1	1.1	0.7	2.5	2.5	1.0	1.0	1.5	1.5	0.7	0.7	–	–	–	–	–
	中间固定支架	2.6	14.9	12.4	36.5	26.1	18.7	17.7	27	22.7	12.7	9.8	–	–	–	–	–
		12.2	7.5	6.2	18.2	12.2	8.7	5.3	13.8	8.8	8.1	8.0	–	–	–	–	–
	尽端固定支架	124	49.2	36.4	145.1	89.2	67	37.7	54	45.3	27	27	–	–	–	–	–
		51.9	29.7	24.7	72.9	52.1	29.1	17.7	46.1	46.1	25.4	16.3	–	–	–	–	–
横向力	尽端固定支架	4.3	0.8	0.51	4.5	2.2	1.2	0.7	0.8	0.6	0.4	0.3	–	–	–	–	–

注：上表受力未计入牵制系数。

说明：

1、三管：活动支架牵制系数为0.67；固定支架受力牵制系数为0.75。
　四管：活动支架牵制系数为0.5；固定支架受力牵制系数为0.75。
　五管：活动支架牵制系数为0.5；固定支架受力牵制系数为0.65。
2、中间及尽端固定支架轴向力，表中所列为最大值及中间值。
3、管架顶布管，亦可由设计者按间距和布管原则要求布置。
4、A为压缩空气管，代表无保温气体管。

B=1800mm布管及支架受力表		图集号	01R413
审核	校对	设计	页	24

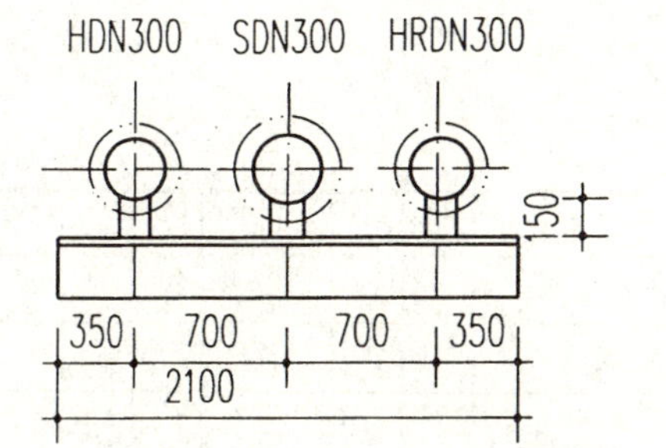

（布管型号、代号n） 26 12m（计算跨距）

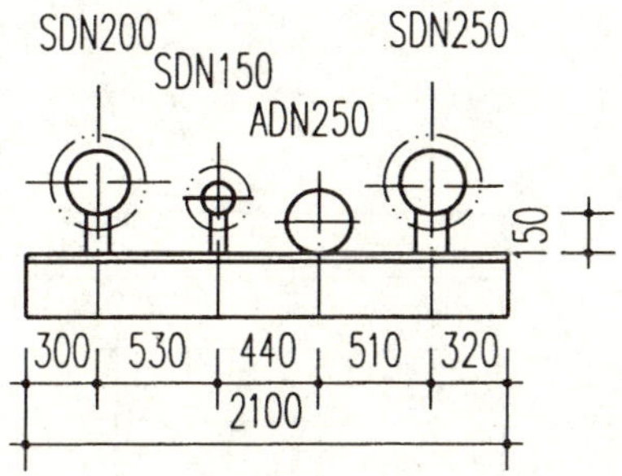

29 10m

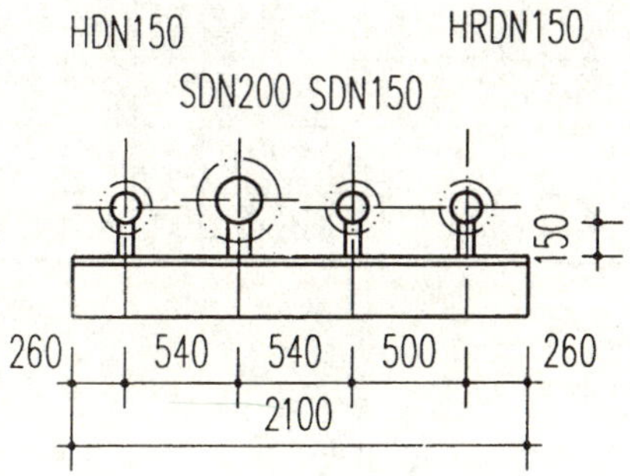

27 8m

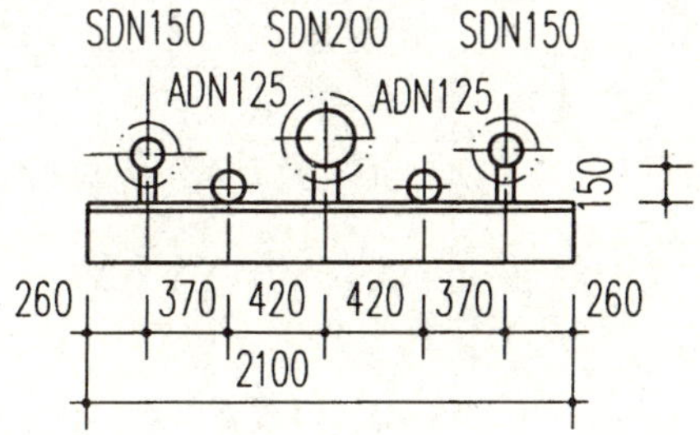

30 8m

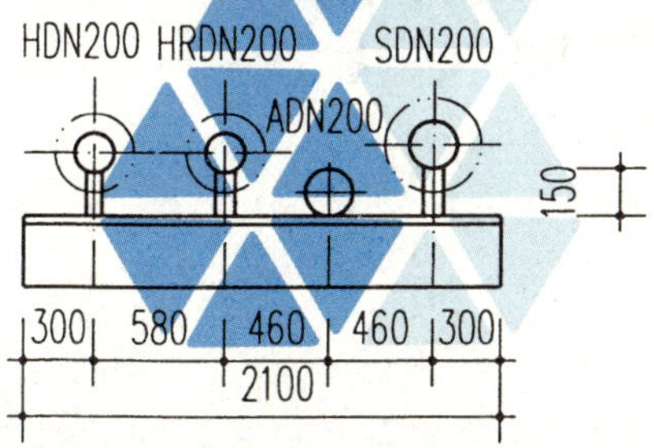

28 10m

支 架 受 力 表(kN)

DN		300	250	200	150	300	300	200	200	150	150	250	200	125
输送介质		S	S	S	S	H	HR	H	HR	H	HR	A	A	A
保温层外径(mm)		505	460	400	320	445	425	340	300	260	240	-	-	-
垂直荷载		16.8	11.1	7.2	3.4	25.2	25.2	10.3	10.3	5	5	7.4	5.1	1.8
轴向力	活动支架	1.7	1.1	0.7	1.1	2.5	2.5	1.0	1.0	1.5	1.5	-	-	-
	中间固定支架	31.4	26	17.6	14.9	36.5	26.1	18.7	17.7	27	22.7	-	-	-
		18.1	12.2	8.7	7.5	18.2	12.2	8.7	5.3	13.8	8.8	-	-	-
	尽端固定支架	158.6	123.7	78.7	49.2	145.1	89.2	67	37.7	54	45.3	-	-	-
		62.7	51.9	35.2	29.7	72.9	52.1	29.1	17.7	46.1	46.1	-	-	-
横向力	尽端固定支架	8	4.3	2.0	0.8	4.5	2.2	1.2	0.7	0.8	0.6	-	-	-

注：上表受力未计入牵制系数。

说 明：

1、三管：活动支架牵制系数为0.67；固定支架受力牵制系数为0.75。
   四管：活动支架牵制系数为0.5；固定支架受力牵制系数为0.75。
   五管：活动支架牵制系数为0.5；固定支架受力牵制系数为0.65。
2、中间及尽端固定支架轴向力，表中所列为最大值及中间值。
3、管架顶布管，亦可由设计者按间距和布管原则要求布置。
4、A为压缩空气管，代表无保温气体管。

B=2100mm布管及支架受力表		图集号	01R413
审核 校对	设计	页	25

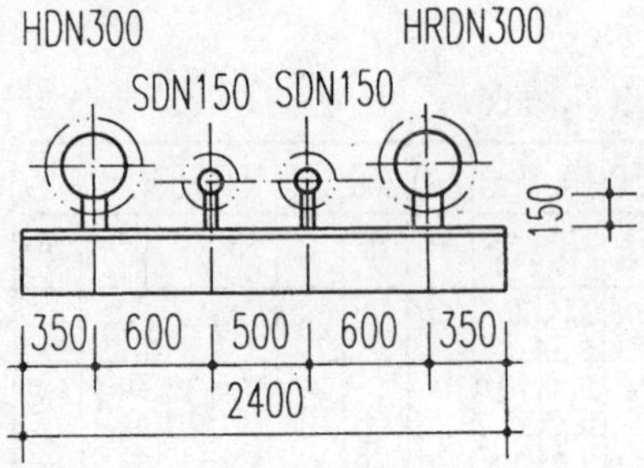

(布管型号、代号n)31 10m

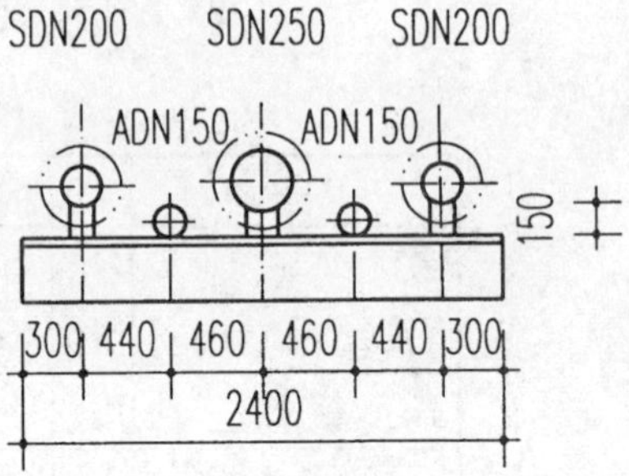

34 10m

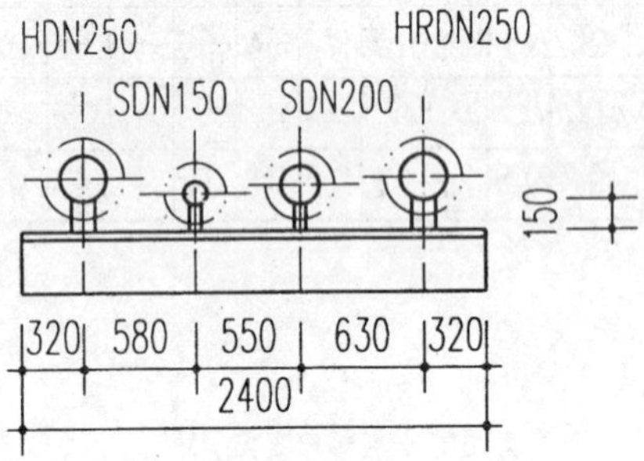

32 10m

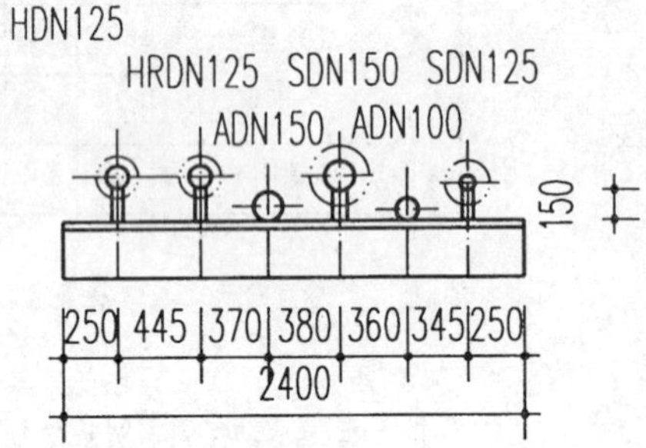

35 8m

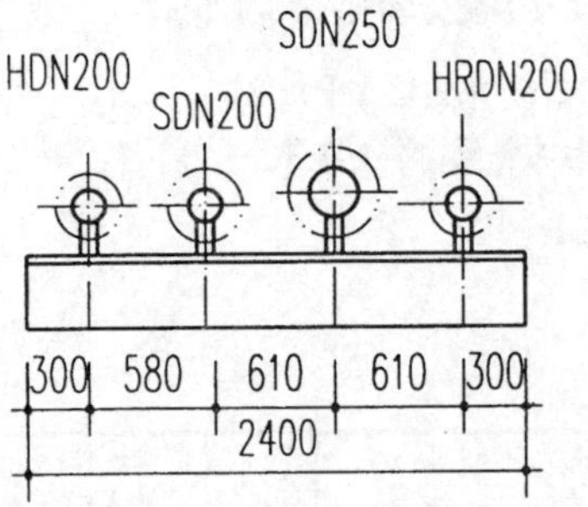

33 10m

支架受力表(kN)

DN		250	200	150	125	300	300	250	250	200	200	125	125	150	100
输送介质		S	S	S	S	H	HR	H	HR	H	HR	H	HR	A	A
保温层外径(mm)		460	400	320	295	445	425	400	380	340	300	235	215	–	–
垂直荷载		11.1	7.2	3.4	2.4	25.2	25.2	17.1	17.1	10.3	10.3	3.4	3.4	2.1	1.4
轴向力	活动支架	1.1	0.7	1.1	0.7	2.5	2.5	1.7	1.7	1.0	1.0	1.0	1.0	–	–
	中间固定支架	26	17.6	14.9	12.4	36.5	26.1	29	20.3	18.7	17.7	16	12.4	–	–
		12.2	8.7	7.5	6.2	18.2	12.2	13.1	13.1	8.7	5.3	4.8	4.1	–	–
	尽端固定支架	123.7	78.7	49.2	36.4	145.1	89.2	106.4	66.3	67	37.7	35.1	35.1	–	–
		51.9	35.2	29.7	24.7	72.9	52.1	58	43.5	29.1	17.7	31.9	26.6	–	–
横向力	尽端固定支架	4.3	2.0	0.8	0.51	4.5	2.2	2.4	1.2	1.2	0.7	0.5	0.4	–	–

注:上表受力未计入牵制系数。

说 明:

1、四管:活动支架牵制系数为0.5;固定支架受力牵制系数为0.75。
   五管:活动支架牵制系数为0.5;固定支架受力牵制系数为0.65。
   六管:活动支架牵制系数为0.5;固定支架受力牵制系数为0.65。

2、中间及尽端固定支架轴向力,表中所列为最大值及中间值。

3、管架顶布管,亦可由设计者按间距和布管原则要求布置。

4、A为压缩空气管,代表无保温气体管。

B=2400mm布管及支架受力表						图集号	01R413
审核	[signature]	校对	[signature]	设计	[signature]	页	26

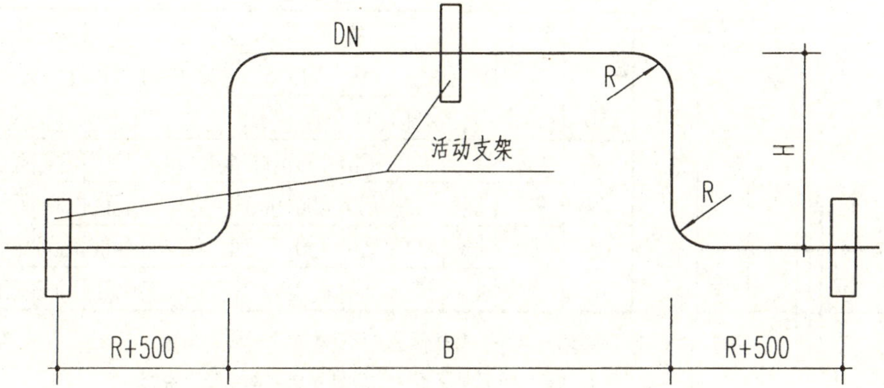

标注示例:FS~XX DN50(170℃) H=900 B=1800

安装图见01R413第27页

说 明:

1、FS~XX FS为方形补偿器代号,XX为设计者在工程项目中所编顺序号。利用标注方法,不出补偿器大样图。制作时管子焊缝位置应在外伸臂H/2处。

2、补偿器外伸臂H值见下表(按固定支架距50m计)

外伸臂H值表(B=2H) 单位:(mm)

介质温度(℃)	热伸长量ΔL(mm)	煨弯弯头								热压弯头	
		DN25	32	40	50	65	80	100	125	150	200
		R150	150	200	200	350	350	500	560	225	300
170	110	700	750	800	900	1000	1200	1400	1700	1900	2250
130	90	650	700	750	800	900	1100	1300	1500	1700	2050
95	64	550	600	650	750	850	1000	1200	1400	1600	1850
70	50	450	500	550	600	800	850	1100	1200	1400	1650

3、DN≤40应在外伸臂外侧第二活动支架上设导向装置。

4、预拉伸留口位置见下图,在固定支架安装完毕后进行预拉伸、预拉伸量(留口间距)$=\frac{\Delta L}{2}-A$,A值见下表

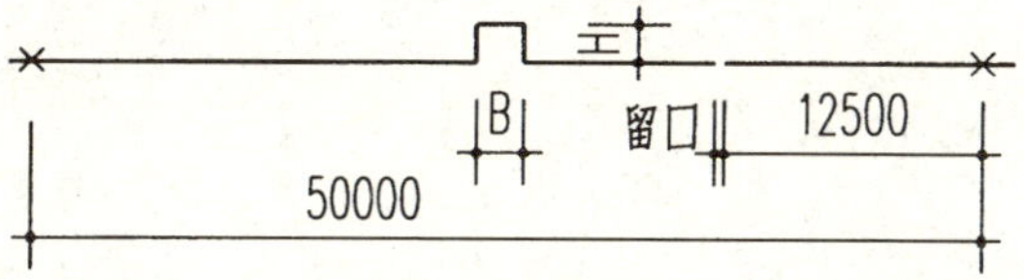

安装温度(℃)	10	15	20	25	30	35
A (mm)	12.5	16	19	22	25	28.5

5、DN50及以上,煨弯头可用热压弯头代替。

6、补偿器应布置在两固定支架距中心,偏离应不超过中心8m。

方形补偿器制作与安装 单管(钢管柱支架)					图集号	01R413
审核		校对		设计	页	27

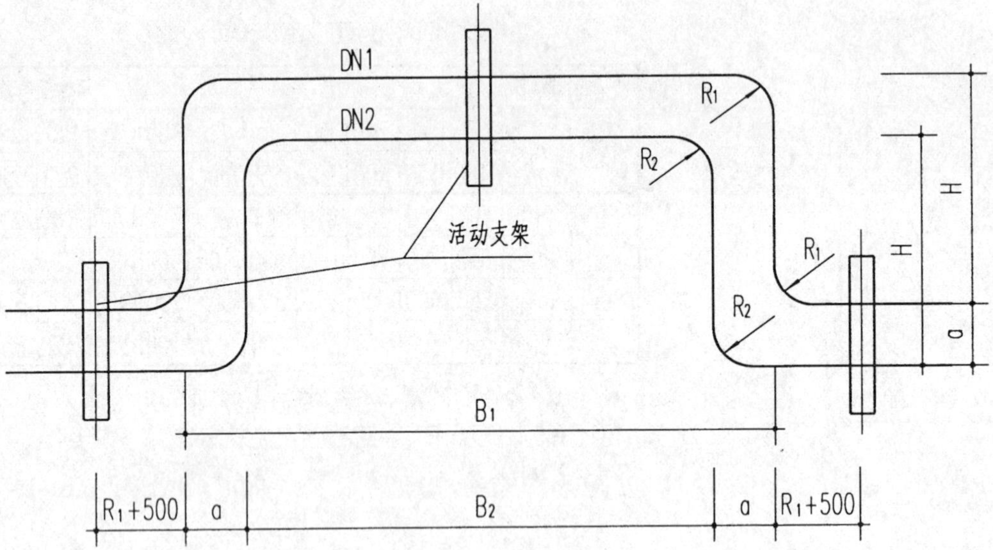

标注示例:FS~XX　DN1 150(170℃)　DN2 150(170℃)　H=1900 B_2=3800 a=510

FS~XX　DN1 150(130℃)　DN2 150(70℃)　H=1700 B_2=3400 a=510

安装图见 01R413第28页

说明：

1、双管介质温度不同时，高温管宜布置在外侧(DN1位置)如二管管径不同，H应选二管中的较大值，B值应满足B=2H的要求。

2、补偿器外伸臂H值见下表（按固定支架距50m计）

外伸臂H值表(B=2H)　单位:(mm)

介质温度(℃)	热伸长量ΔL(mm)	煨弯弯头								热压弯头	
		DN25	32	40	50	65	80	100	125	150	200
		R150	150	200	200	350	350	500	560	225	300
170	110	700	750	800	900	1000	1200	1400	1700	1900	2250
130	90	650	700	750	800	900	1100	1300	1500	1700	2050
95	64	550	600	650	750	850	1000	1200	1400	1600	1850
70	50	450	500	550	600	800	850	1100	1200	1400	1650

3、DN≤40应在外伸臂外侧第二活动支架上设导向装置。

4、预拉伸留口位置见下图，在固定支架安装完毕后进行预拉伸、预拉伸量（留口间距）$=\frac{\Delta L}{2}-A$，A值见下表

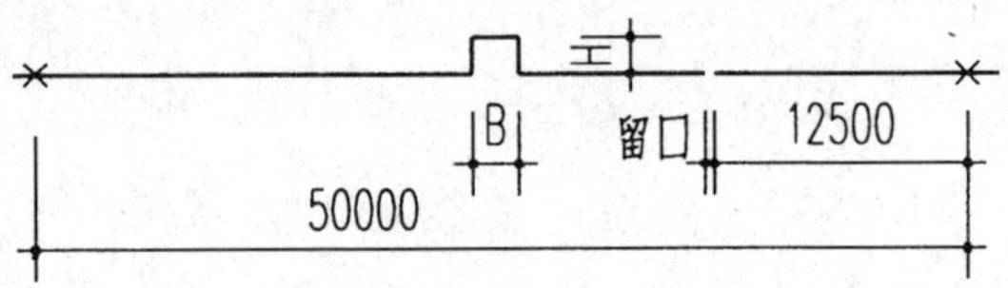

安装温度(℃)	10	15	20	25	30	35
A (mm)	12.5	16	19	22	25	28.5

5、DN50及以上，煨弯头可用热压弯头代替。

6、补偿器应布置在两固定支架距中心，偏离应不超过中心8m。

7、补偿器制作时，当选用煨弯头，管子焊缝位置应在外伸臂H/2处。

方形补偿器制作与安装　双管（钢管柱支架）	图集号	01R413
审核　校对　设计	页	28

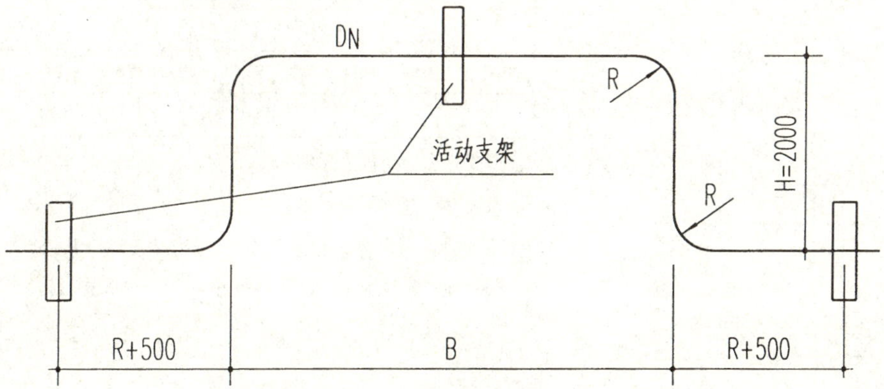

标注示例:FS~XX DN125(250 ℃) H=2000 B=4100

安装图见01R413第29页

说 明:

1、补偿器安装于钢筋混凝土支架上。

2、补偿器制造尺寸直接从下表选用最小B值。

H=2000mm的最小B值表(mm)

介质温度(℃)	热伸长量ΔL(mm)	煨弯弯头					热压弯头			
		DN50	65	80	100	125	150	200	250	300
		R200	R350	R350	R500	R560	R225	R300	R300	R350
250	170	900	1300	2000	2800	4100	5200	7600	11600	14600
200	135	700	1000	1600	2300	3300	4200	6200	9500	12000
170	110	600	800	1300	1800	2700	3400	5100	7800	9900
130	90	600	800	1000	1500	2200	2800	4200	6500	8200

3、煨弯弯头可用热压弯头代替。

4、管道不设导向支座。

5、预拉伸留口位置见下图，在固定支架安装完毕后进行预拉伸、预拉伸量(留口间距)=$\frac{\Delta L}{2}$－A，A值见下表

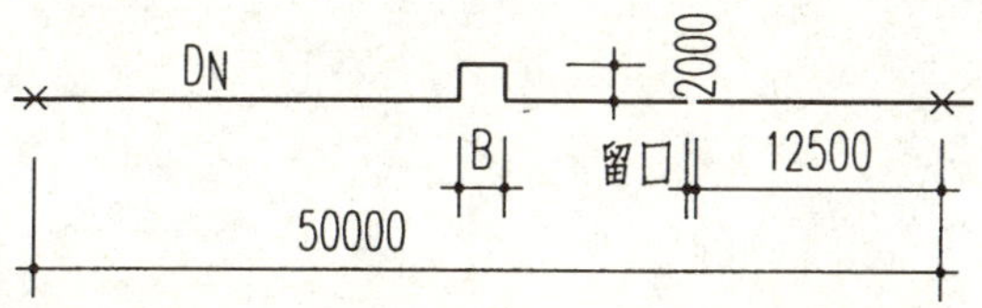

安装温度(℃)	10	15	20	25	30	35
A (mm)	12.5	16	19	22	25	28.5

6、补偿器应布置在两固定支架距中心，偏离应不超过中心8m。

7、补偿器制作时，当选用煨弯头，管子焊缝位置应在外伸臂H/2处。

方形补偿器制作与安装 单管 H=2000固定支架距50m						图集号	01R413
审核		校对		设计		页	29

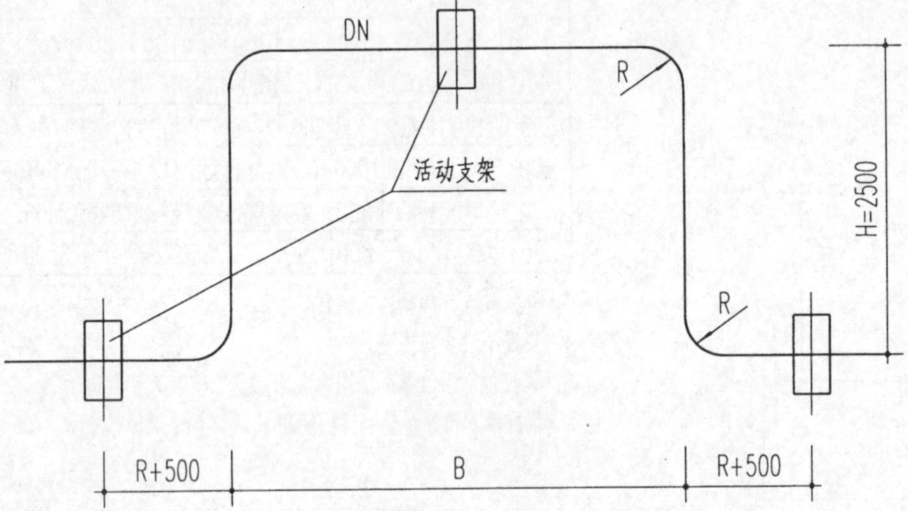

标注示例:FS~XX DN125(250 ℃) H=2500 B=3700

安装图见01R413第30页

说 明:

1、补偿器安装于钢筋混凝土支架上。

2、补偿器制造尺寸直接从下表选用最小B值。

H=2500mm的最小B值表(mm)

介质温度(℃)	热伸长量ΔL(mm)	煨弯弯头					热压弯头			
		DN50	65	80	100	125	150	200	250	300
		R200	R350	R350	R500	R560	R225	R300	R300	R350
250	200	700	1100	1800	2600	3700	4800	7000	10800	13500
200	160	700	800	1400	2000	3000	3900	5700	8900	11200
170	140	700	800	1200	1800	2600	3400	5100	7900	10000
130	106	700	800	1000	1300	2000	2600	3800	6000	7600

3、煨弯弯头可用热压弯头代替。

4、DN≤65在外伸臂外侧第二活动支架上设导向支座,其他管道不设。

5、预拉伸留口位置见下图,在固定支架安装完毕后进行预拉伸、预拉伸量(留口间距)$=\frac{\Delta L}{2}-A$,A值见下表

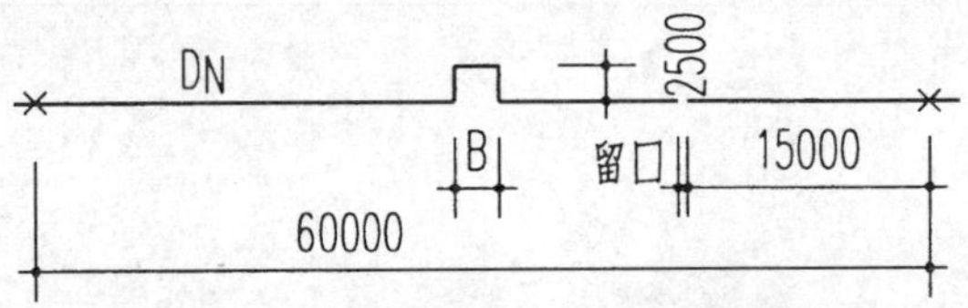

安装温度(℃)	10	15	20	25	30	35
A (mm)	15	19	23	26.5	30	34

6、补偿器应布置在两固定支架中心,偏离应不超过中心10m。

7、补偿器制作时,当选用煨弯头,管子焊缝位置应在外伸臂H/2处。

方形补偿器制作与安装 单管 H=2500mm固定支架距60m	图集号	01R413
审核 校对 设计	页	30

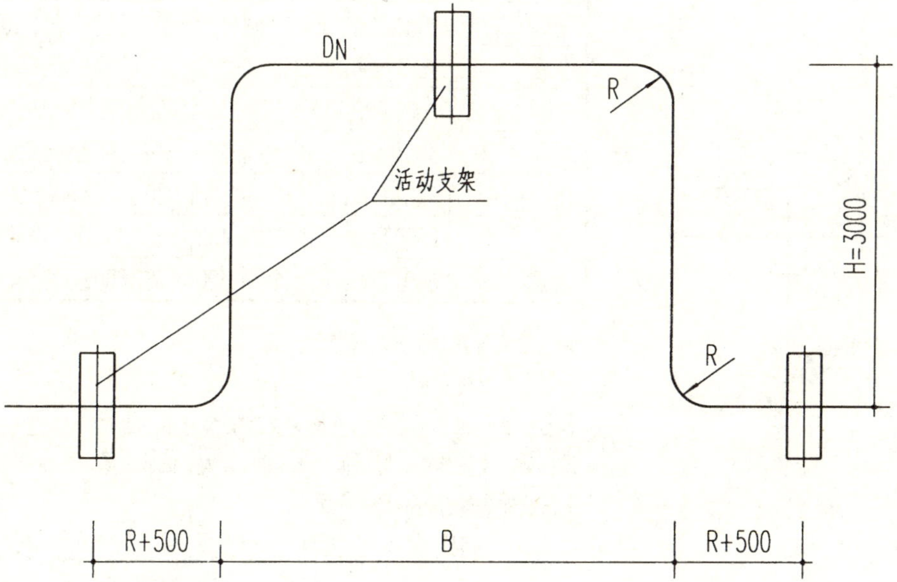

标注示例：FS~XX DN125(250 ℃) H=3000 B=3600

安装图见01R413第31页

说 明：

1、补偿器安装于钢筋混凝土支架上。

2、补偿器制造尺寸直接从下表选用最小B值。

H=3000mm 的最小B值表(mm)

介质温度(℃)	热伸长量ΔL(mm)	煨弯弯头					热压弯头			
		DN50	65	80	100	125	150	200	250	300
		R200	R350	R350	R500	R560	R225	R300	R300	R350
250	240	700	1000	1700	2500	3600	4700	7000	10800	13600
200	190	700	800	1300	1900	2900	3800	5600	8700	11000
170	160	700	800	1100	1600	2400	3200	4800	7400	9400
130	120	700	800	1000	1300	1700	2300	3500	5600	7100

3、煨弯弯头可用热压弯头代替。

4、DN≤100 在外伸臂外侧第二活动支架上设导向支座，其他管道不设。

5、预拉伸留口位置见下图，在固定支架安装完毕后进行预拉伸、预拉伸量（留口间距）$=\frac{\Delta L}{2}-A$，A值见下表

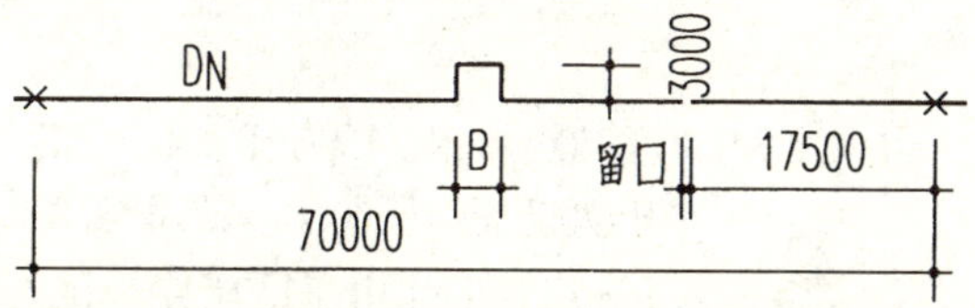

安装温度(℃)	10	15	20	25	30	35
A (mm)	18	22.5	27	31.5	36	41

6、补偿器应布置在两固定支架中心，偏离应不超过中心11.5m。

7、补偿器制作时，当选用煨弯头，管子焊缝位置应在外伸臂H/2处。

方形补偿器制作与安装 单管 H=3000mm固定支架距70m			图集号	01R413
审核	校对	设计	页	31

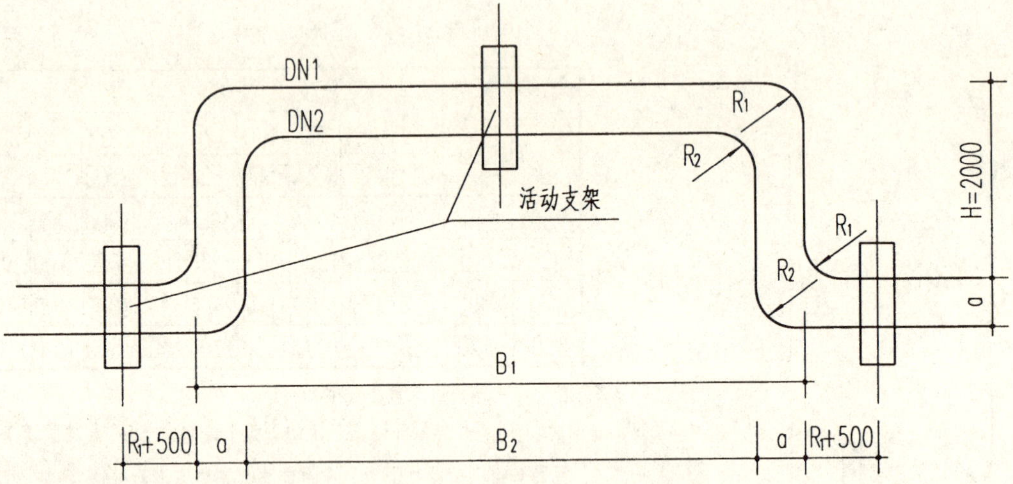

H=2000mm的最小B值表(mm)

介质温度(℃)	热伸长量ΔL(mm)	煨弯弯头					热压弯头			
		DN50	65	80	100	125	150	200	250	300
		R200	R350	R350	R500	R560	R225	R300	R300	R350
250	170	900	1300	2000	2800	4100	5200	7600	11600	14600
200	135	700	1000	1600	2300	3300	4200	6200	9500	12000
170	110	600	800	1300	1800	2700	3400	5100	7800	9900
130	90	600	800	1000	1500	2200	2800	4200	6500	8200
95	64	600	800	900	1200	1500	2000	3000	4600	5800
70	50	600	800	900	1100	1400	1800	2300	3900	4500
常温	36	600	800	900	1100	1300	1300	1600	2600	3300

标注示例：1、FS~XX　DN1 150(250℃)　DN2 150(250℃)　a=510
H=2000　B_2=5200　B_1=6220　安装见01R413第32页
2、FS~XX　DN1 150(130℃)　DN2 150(70℃)　a=510
H=2000　B_2=1800　B_1=2820　安装图见01R413第32页

说明：

1、补偿器安装于钢筋混凝土支架上。
2、补偿器设置，当两管介质温度不同，温度高的布置在外侧(DN1的位置)　先查表，确定B_1，计算$B_2=B_1-2a$，再校核B_2不小于表中数值即可。
3、煨弯弯头可用热压弯头代替。
4、管道不设导向支座。
5、预拉伸留口位置见下图，在固定支架安装完毕后进行预拉伸、预拉伸量(留口间距)=$\frac{\Delta L}{2}-A$，A值见下表
当预拉伸量≤10mm,不进行预拉。

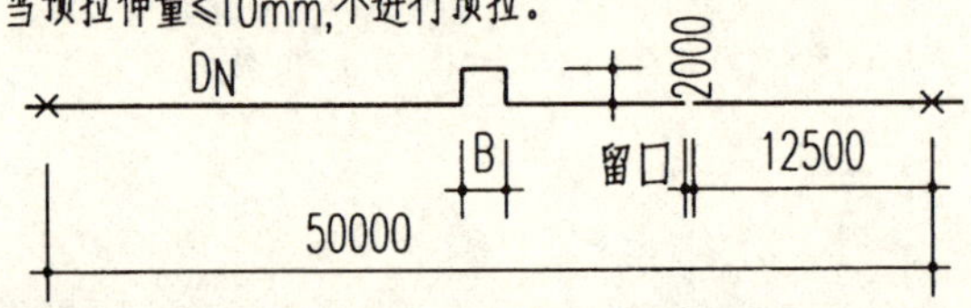

安装温度(℃)	10	15	20	25	30	35
A (mm)	12.5	16	19	22	25	28.5

6、补偿器应布置在两固定支架中心，偏离应不超过中心8m。
7、补偿器制作时，当选用煨弯头，管子焊缝位置应在外伸臂H/2处。

方形补偿器制作与安装　双管 H=2000mm固定支架距50m			图集号	01R413
审核	校对	设计	页	32

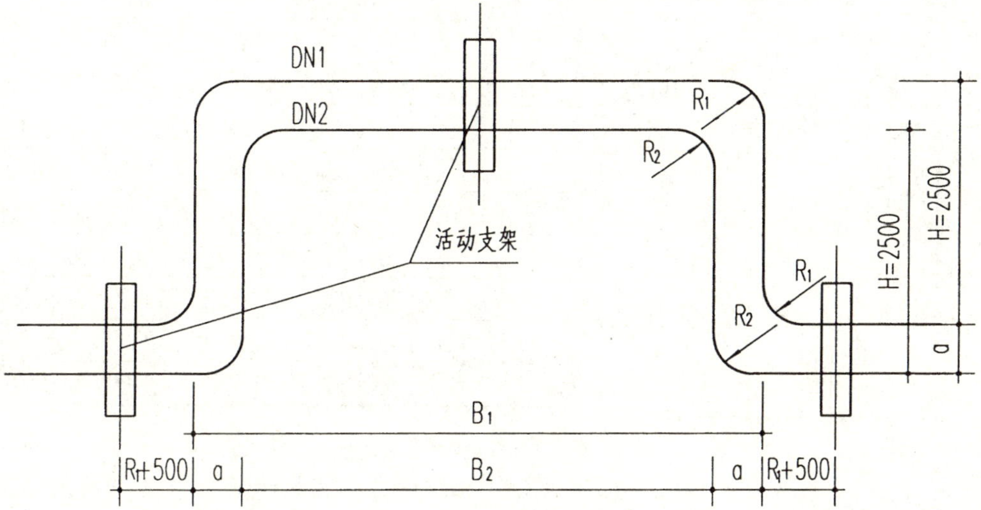

标注示例：1、FS~XX　DN1 150(130℃)　DN2 150(70℃)　a=510

H=2500　B_2=1580　B_1=2600(>1600)安装图见01R413第33页

2、FS~XX　DN1 150(250℃)　DN2 150(250℃)　a=510

H=2500　B_2=4800　B_1=5820　安装图见01R413第33页

说　明：

1、补偿器安装于钢筋混凝土支架上。

2、补偿器设置，当两管介质温度不同，温度高的布置在外侧（DN1的位置）。先查表确定B2，计算B1=B2+2a，再校核B2不小于表中数值即可。

H=2500mm的最小B值表(mm)

介质温度(℃)	热伸长量ΔL(mm)	煨弯弯头					热压弯头			
		DN50	65	80	100	125	150	200	250	300
		R200	R350	R350	R500	R560	R225	R300	R300	R350
250	200	700	1100	1800	2600	3700	4800	7000	10800	13500
200	160	700	800	1400	2000	3000	3900	5700	8900	11200
170	140	700	800	1200	1800	2600	3400	5100	7900	10000
130	106	700	800	1000	1300	2000	2600	3800	6000	7600
95	80	600	800	900	1100	1400	1800	2800	4400	5500
70	60	600	800	900	1100	1300	1600	2000	3200	4000
常温	42	600	800	900	1100	1300	1300	1500	2200	2800

3、煨弯弯头可用热压弯头代替。

4、DN≤65在外伸臂外侧第二活动支架上设导向支座，其他管道不设。

5、预拉伸留口位置见下图，在固定支架安装完毕后进行预拉伸、预拉伸量（留口间距）$=\frac{\Delta L}{2}-A$，A值见下表

当预拉伸量≤10mm，不进行预拉。

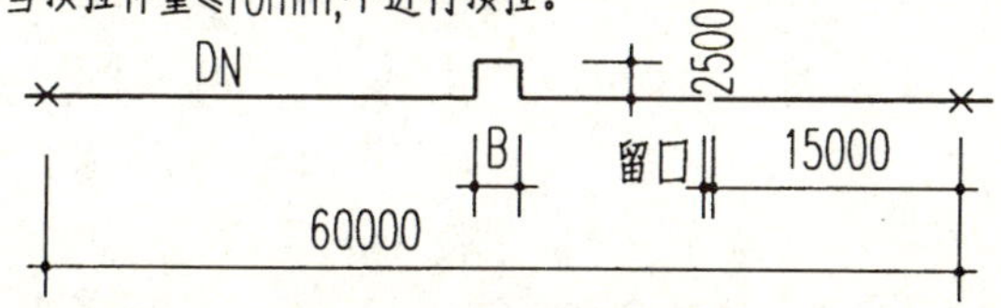

安装温度(℃)	10	15	20	25	30	35
A (mm)	15	19	23	26.5	30	34

6、补偿器应布置在两固定支架中心，偏离应不超过中心10m。

7、补偿器制作时，当选用煨弯头，管子焊缝位置应在外伸臂H/2处。

方形补偿器制作与安装　双管 H=2500mm固定支架距60m						图集号	01R413
审核		校对		设计		页	33

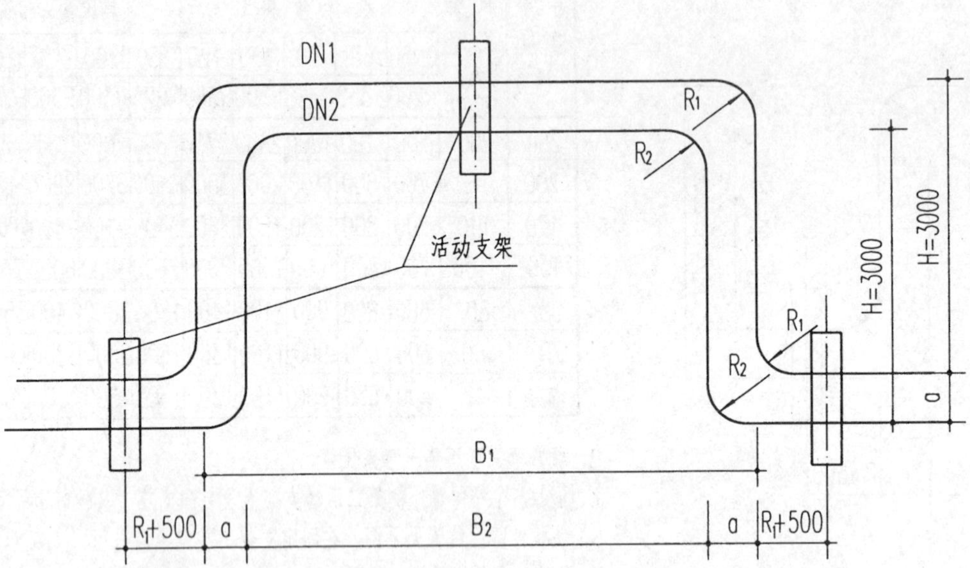

标注示例：1、FS~XX DN1 150(250℃) DN2 150(250℃) a=510

H=3000 B2=4700 B1=5720 安装图见01R413第34页

2、FS~XX DN1 150(130℃) DN2 150(70℃) a=510

H=3000 B1=2520 B2=1500安装图见01R413第34页

说 明：

1、补偿器安装于钢筋混凝土支架上。

2、补偿器设置，当两管介质温度不同，温度高的布置在外侧（DN1的位置）。

先查表确定B2，计算B1=B2+2a，再校核B2不小于表中数值即可。

H=3000mm的最小B值表(mm)

介质温度(℃)	热伸长量ΔL(mm)	煨弯弯头					热压弯头			
		DN50	65	80	100	125	150	200	250	300
		R200	R350	R350	R500	R560	R225	R300	R300	R350
250	240	700	1000	1700	2500	3600	4700	7000	10800	13600
200	190	700	800	1300	1900	2900	3800	5600	8700	11000
170	160	700	800	1100	1600	2400	3200	4800	7400	11000
130	120	700	800	1000	1300	1700	2300	3500	5600	7100
95	90	600	800	900	1100	1600	2200	3400	5500	7000
70	68	600	800	900	1100	1300	1500	2500	4100	5100
常温	50	600	800	900	1100	1300	1400	1700	2900	3800

3、煨弯弯头可用热压弯头代替。

4、DN≤100在外伸臂外侧第二活动支架上设导向支座，其他管道不设。

5、预拉伸留口位置见下图，在固定支架安装完毕后进行预拉伸、预拉伸量（留口间距）$=\frac{\Delta L}{2}-A$，A值见下表

当预拉伸量≤10mm，不进行预拉。

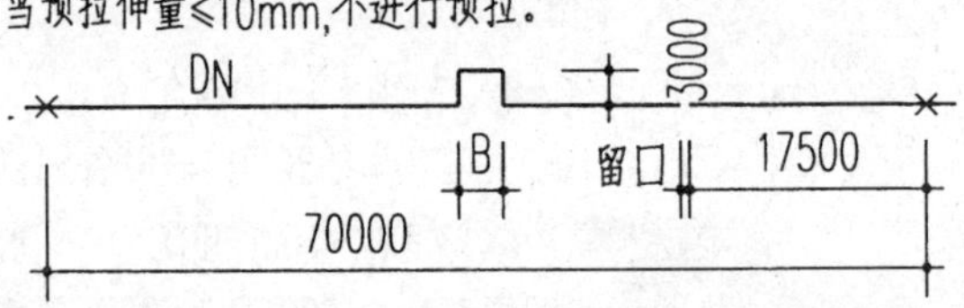

安装温度(℃)	10	15	20	25	30	35
A (mm)	18	22.5	27	31.5	36	41

6、补偿器应布置在两固定支架中心，偏离应不超过中心11.5m。

7、补偿器制作时，当选用煨弯头，管子焊缝位置应在外伸臂H/2处。

方形补偿器制作与安装 双管 H=3000mm固定支架距70m	图集号	01R413
审核 校对 设计	页	34

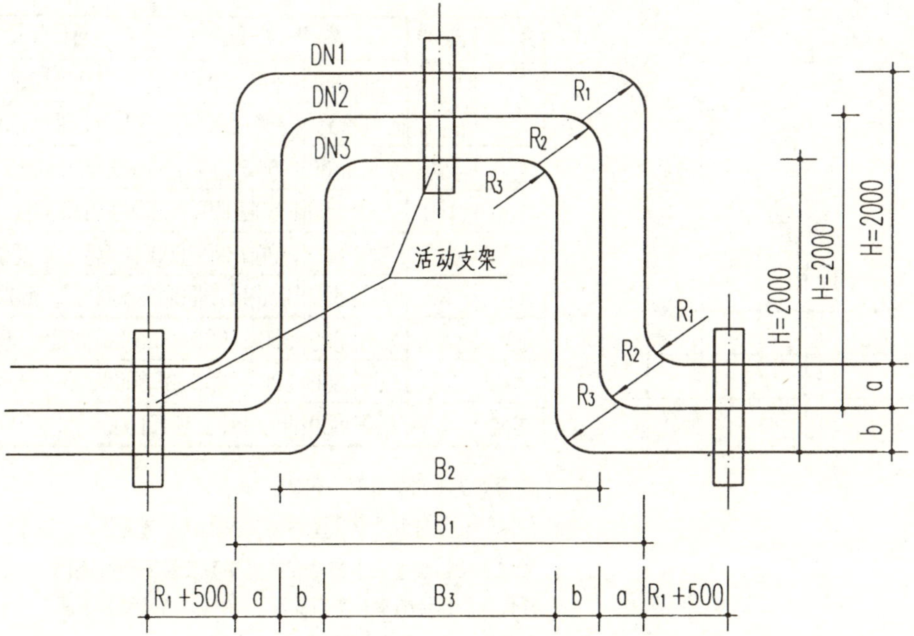

H=2000mm的最小B值表(mm)

介质温度(℃)	热伸长量ΔL(mm)	煨弯弯头					热压弯头			
		DN50	65	80	100	125	150	200	250	300
		R200	R350	R350	R500	R560	R225	R300	R300	R350
250	170	900	1300	2000	2800	4100	5200	7600	11600	14600
200	135	700	1000	1600	2300	3300	4200	6200	9500	12000
170	110	600	800	1300	1800	2700	3400	5100	7800	9900
130	90	600	800	1000	1500	2200	2800	4200	6500	8200
95	64	600	800	900	1200	1500	2000	3000	4600	5800
70	50	600	800	900	1100	1400	1800	2300	3900	4500
常温	36	600	800	900	1100	1300	1300	1600	2600	3300

标注示例: FS~XX DN1 200(130℃) DN2 100(250℃) DN3 200(70℃)
a=480 b=480
H=2000 B_2=3260 B_1=4220 B_3=2300 安装图见01R413第35页

说 明:

1、补偿器安装于钢筋混凝土支架上。

2、补偿器设置，当两管介质温度不同，温度高的布置在外侧(DN1的位置)。先查表确定B3，计算B2=B3+2b、B1=B2+2a，再校核B2、B1不小于表中数值即可。

3、煨弯弯头可用热压弯头代替。

4、管道不设导向支座。

5、预拉伸留口位置见下图，在固定支架安装完毕后进行预拉伸、预拉伸量(留口间距)=$\frac{\Delta L}{2}$－A，A值见下表
当预拉伸量≤10mm，不进行预拉。

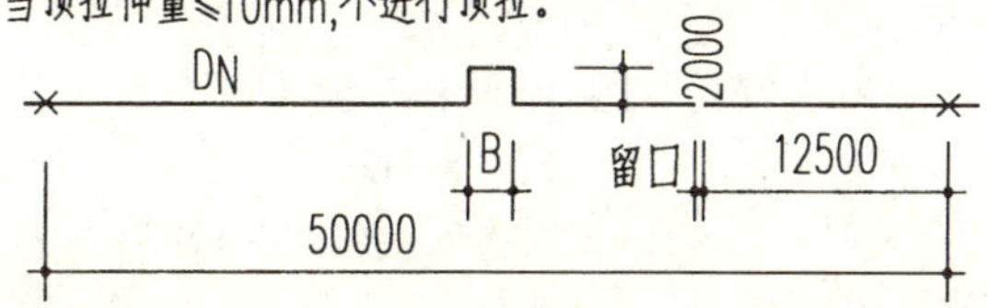

安装温度(℃)	10	15	20	25	30	35
A (mm)	12.5	16	19	22	25	28.5

6、补偿器应布置在两固定支架中心，偏离应不超过中心8m。

7、补偿器制作时，当选用煨弯头，管子焊缝位置应在外伸臂H/2处。

方形补偿器制作与安装 三管H=2000mm 固定支架距50m			图集号	01R413
审核	校对	设计	页	35

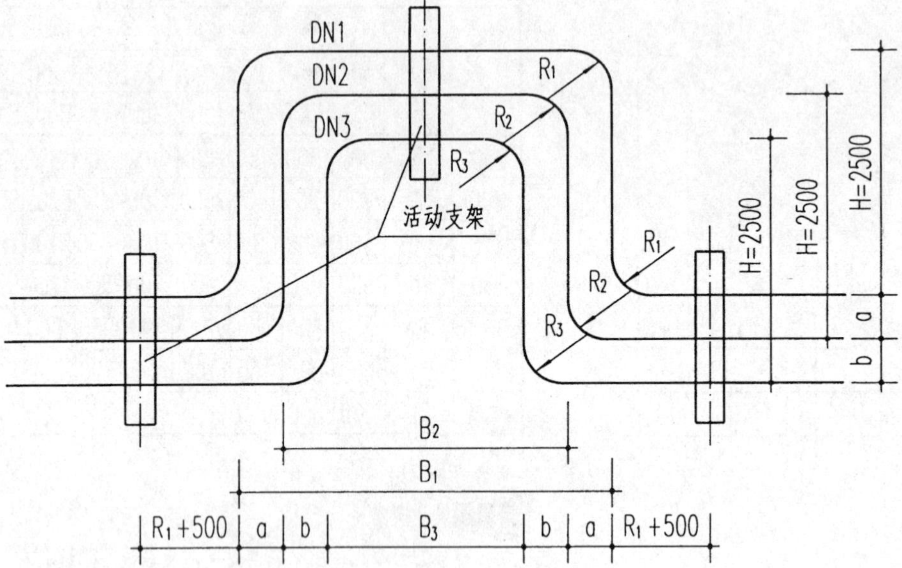

标注示例: FS~XX DN1 200(130℃) DN2 100(250℃) DN3 200(70℃)

a=480 b=480

H=2500 B_2=2960 B_1=3920 B_3=2000 安装图见01R413第36页

H=2500mm的最小B值表(mm)

介质温度(℃)	热伸长量ΔL(mm)	煨弯弯头					热压弯头			
		DN50	65	80	100	125	150	200	250	300
		R200	R350	R350	R500	R560	R225	R300	R300	R350
250	200	700	1100	1800	2600	3700	4800	7000	10800	13500
200	160	700	800	1400	2000	3000	3900	5700	8900	11200
170	140	700	800	1200	1800	2600	3400	5100	7900	10000
130	106	700	800	1000	1300	2000	2600	3800	6000	7600
95	80	600	800	900	1100	1400	1800	2800	4400	5500
70	60	600	800	900	1100	1300	1600	2000	3200	4000
常温	42	600	800	900	1100	1300	1300	1500	2200	2800

说 明:

1、补偿器安装于钢筋混凝土支架上。

2、补偿器设置，当两管介质温度不同，温度高的布置在外侧(DN1的位置)。先查表确定B3，计算B2=B3+2b、B1=B2+2a，再校核B2、B1不小于表中数值即可。

3、煨弯弯头可用热压弯头代替。

4、DN≤65在外伸臂外侧第二活动支架上设导向支座。

5、预拉伸留口位置见下图，在固定支架安装完毕后进行预拉伸、预拉伸量(留口间距)=$\frac{\Delta L}{2}$－A，A值见下表

当预拉伸量≤10mm，不进行预拉。

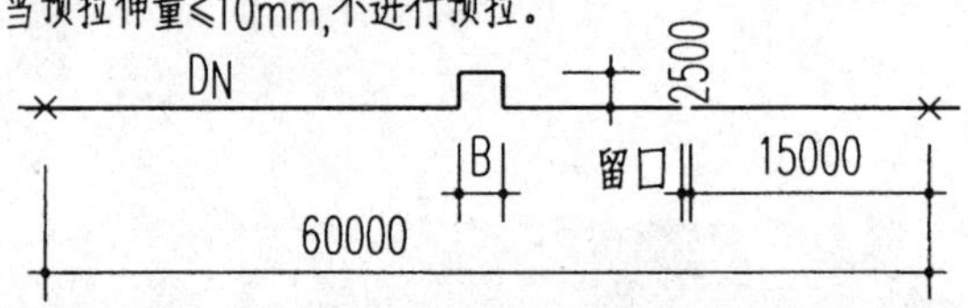

安装温度(℃)	10	15	20	25	30	35
A (mm)	15	19	23	26.5	30	34

6、补偿器应布置在两固定支架中心，偏离应不超过中心10m。

7、补偿器制作时，当选用煨弯头，管子焊缝位置应在外伸臂H/2处。

方形补偿器制作与安装	三管H=2500mm 固定支架距60m	图集号	01R413
审核 校对 设计		页	36

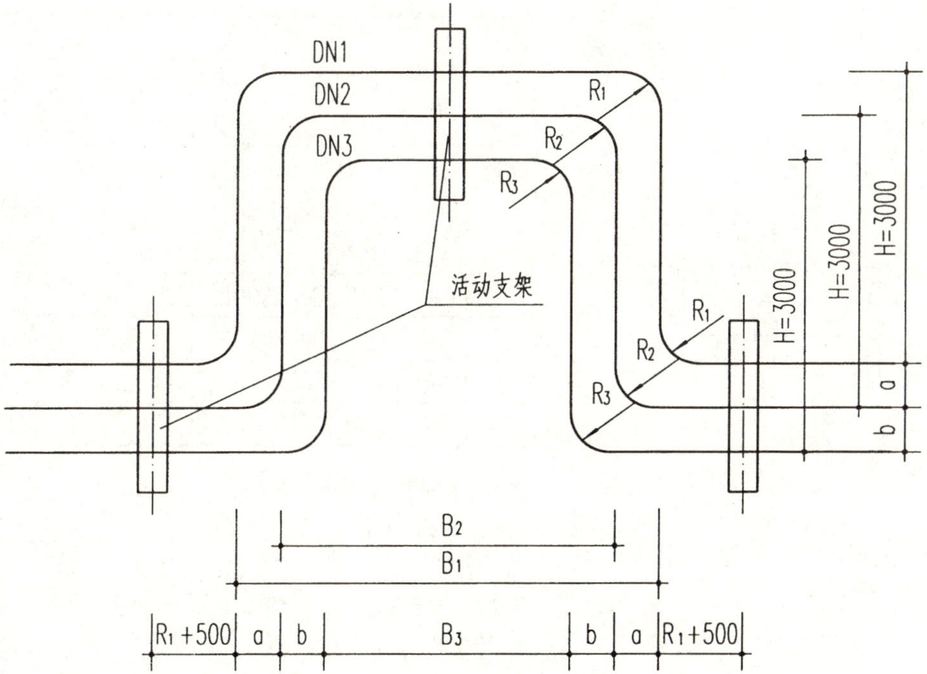

标注示例： FS~XX DN1 200(130℃) DN2 100(250℃) DN3 200(70℃)

a=480 b=480

H=3000 B_2=3460 B_1=4420 B_3=2500 安装见01R413第37页

说 明：

1、补偿器安装于钢筋混凝土支架上。

2、补偿器设置，当两管介质温度不同，温度高的布置在外侧（DN1的位置）。先查表确定B3，计算B2=B3+2b、B1=B2+2a，再校核B2、B1不小于表中数值即可。

H=3000mm的最小B值表(mm)

介质温度(℃)	热伸长量ΔL(mm)	煨弯弯头					热压弯头			
		DN50	65	80	100	125	150	200	250	300
		R200	R350	R350	R500	R560	R225	R300	R300	R350
250	240	700	1000	1700	2500	3600	4700	7000	10800	13600
200	190	700	800	1300	1900	2900	3800	5600	8700	11000
170	160	700	800	1100	1600	2400	3200	4800	7400	9400
130	120	700	800	1000	1300	1700	2300	3500	5600	7100
95	90	600	800	900	1100	1600	2200	3400	5500	7000
70	68	600	800	900	1100	1300	1500	2500	4100	5100
常温	50	600	800	900	1100	1300	1400	1700	2900	3800

3、煨弯弯头可用热压弯头代替。

4、DN≤100在外伸臂外侧第二活动支架上设导向支座。

5、预拉伸留口位置见下图，在固定支架安装完毕后进行预拉伸、预拉伸量（留口间距）$=\frac{\Delta L}{2}-A$，A值见下表当预拉伸量≤10mm，不进行预拉。

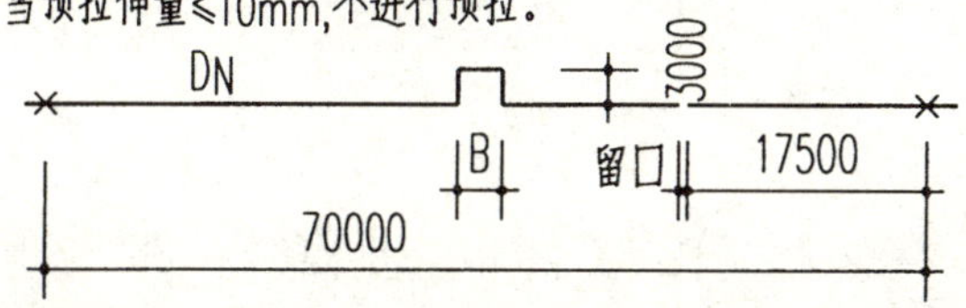

安装温度(℃)	10	15	20	25	30	35
A (mm)	18	22.5	27	31.5	36	41

6、补偿器应布置在两固定支架中心，偏离应不超过中心11.5m。

7、补偿器制作时，当选用煨弯头，管子焊缝位置应在外伸臂H/2处。

方形补偿器制作与安装 三管H=3000mm 固定支架距70m	图集号	01R413
审核 校对 设计	页	37

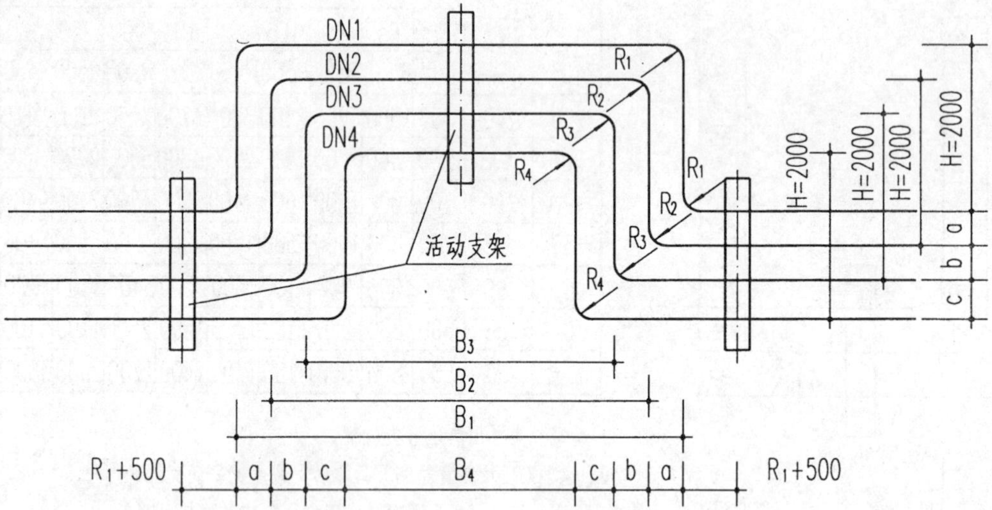

H=2000mm的最小B值表(mm)

介质温度(℃)	热伸长量ΔL(mm)	煨弯弯头					热压弯头			
		DN50	65	80	100	125	150	200	250	300
		R200	R350	R350	R500	R560	R225	R300	R300	R350
250	170	900	1300	2000	2800	4100	5200	7600	11600	14600
200	135	700	1000	1600	2300	3300	4200	6200	9500	12000
170	110	600	800	1300	1800	2700	3400	5100	7800	9900
130	90	600	800	1000	1500	2200	2800	4200	6500	8200
95	64	600	800	900	1200	1500	2000	3000	4600	5800
70	50	600	800	900	1100	1400	1800	2300	3900	4500
常温	36	600	800	900	1100	1300	1300	1600	2600	3300

标注示例：FS~XX DN1 150(250℃) DN2 150(常温) DN3 150(70℃)

DN4 150(130℃) a=480 b=480 c=500

H=2000 B_2=4760 B_1=5720 B_3=3800 B_4=2800

安装图见01R413第38页

说 明：

1、补偿器安装于钢筋混凝土支架上。

2、补偿器设置，当两管介质温度不同，温度高的布置在外侧（DN1的位置）。先查表确定B4，计算B3=B4+2c、B2=B3+2b、B1=B2+2a，再校核B3、B2、B1不小于表中数值即可。

3、煨弯弯头可用热压弯头代替。

4、管道不设导向支座。

5、预拉伸留口位置见下图，在固定支架安装完毕后进行预拉伸、预拉伸量（留口间距）$=\frac{\Delta L}{2}-A$，A值见下表当预拉伸量≤10mm，不进行预拉。

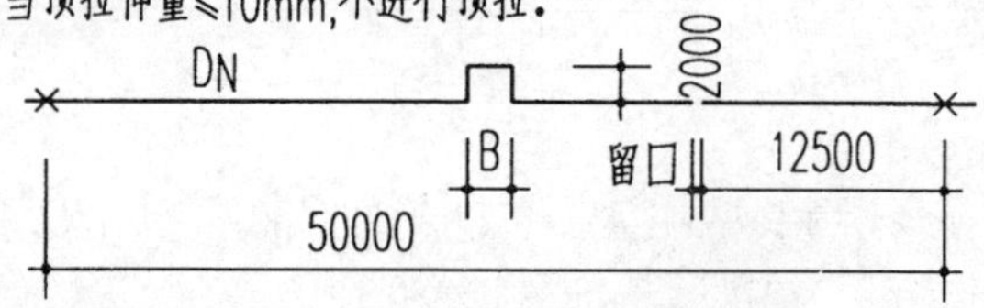

安装温度(℃)	10	15	20	25	30	35
A (mm)	12.5	16	19	22	25	28.5

6、补偿器应布置在两固定支架中心，偏离应不超过中心8m。

7、补偿器制作时，当选用煨弯头，管子焊缝位置应在外伸臂H/2处。

方形补偿器制作与安装	四管H=2000mm 固定支架距50m	图集号	01R413
审核 校对 设计		页	38

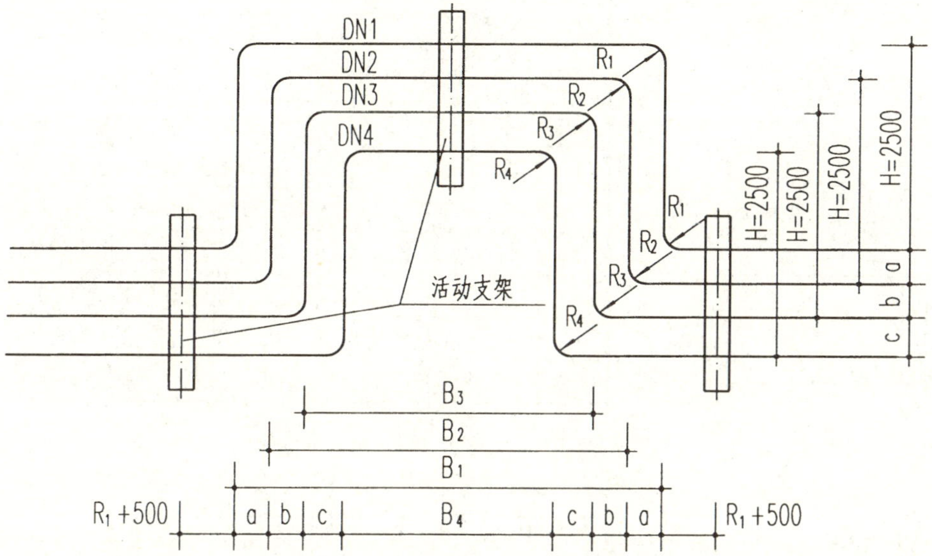

H=2500mm的最小B值表(mm)

介质温度(℃)	热伸长量ΔL(mm)	煨弯弯头					热压弯头			
		DN50	65	80	100	125	150	200	250	300
		R200	R350	R350	R500	R560	R225	R300	R300	R350
250	200	700	1100	1800	2600	3700	4800	7000	10800	13500
200	160	700	800	1400	2000	3000	3900	5700	8900	11200
170	140	700	800	1200	1800	2600	3400	5100	7900	10000
130	106	700	800	1000	1300	2000	2600	3800	6000	7600
95	80	600	800	900	1100	1400	1800	2800	4400	5500
70	60	600	800	900	1100	1300	1600	2000	3200	4000
常温	42	600	800	900	1100	1300	1300	1500	2200	2800

标注示例： FS~XX DN1 150(250℃) DN2 150(常温) DN3 150(70℃)
DN4 150(130℃) a=390 b=390 c=500
H=2500 B_2=4380 B_1=5160 B_3=3600 B_4=2600
安装图见01R413第39页

说 明：

1、补偿器安装于钢筋混凝土支架上。

2、补偿器设置，当两管介质温度不同，温度高的布置在外侧（DN1的位置）。先查表确定B4，计算B3=B4+2c、B2=B3+2b、B1=B2+2a，再校核B3、B2、B1不小于表中数值即可。

3、煨弯弯头可用热压弯头代替。

4、DN≤65在外伸臂外侧第二活动支架上设导向支座。

5、预拉伸留口位置见下图，在固定支架安装完毕后进行预拉伸、预拉伸量（留口间距）$=\frac{\Delta L}{2}-A$，A值见下表当预拉伸量≤10mm，不进行预拉。

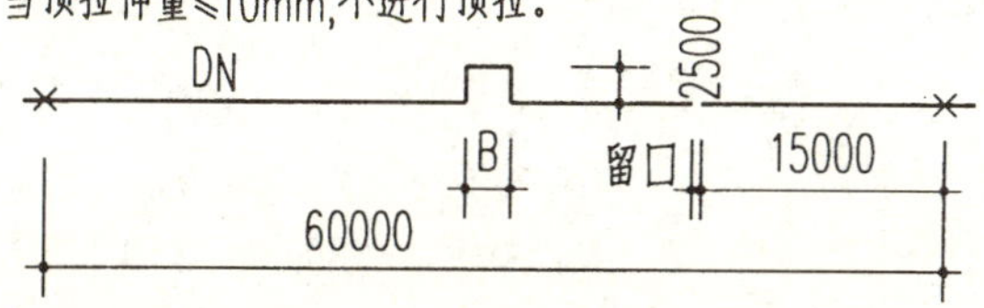

安装温度(℃)	10	15	20	25	30	35
A (mm)	15	19	23	26.5	30	34

6、补偿器应布置在两固定支架中心，偏离应不超过中心10m。

7、补偿器制作时，当选用煨弯头，管子焊缝位置应在外伸臂H/2处。

方形补偿器制作与安装	四管H=2500mm 固定支架距60m	图集号	01R413
审核 校对 设计		页	39

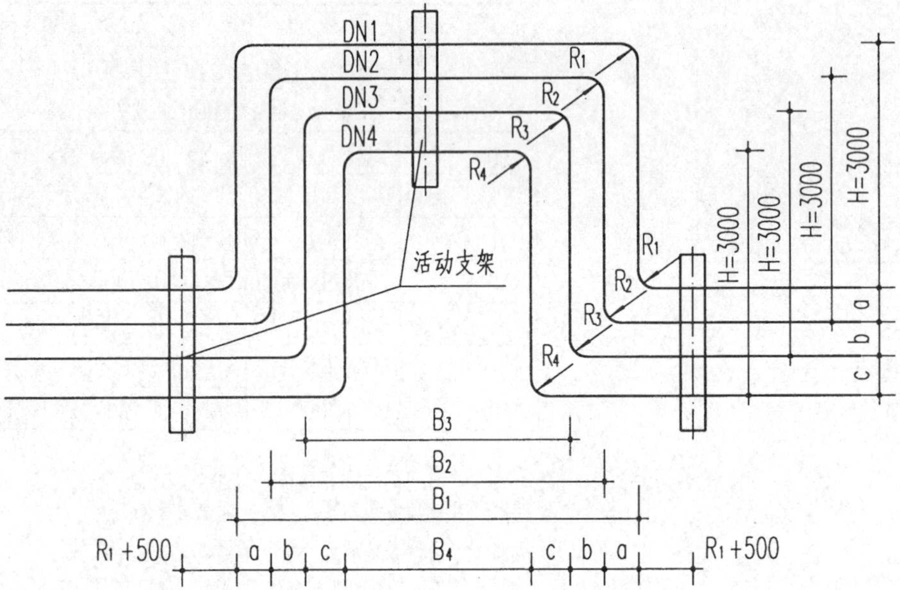

标注示例： FS~XX DN1 150(250℃) DN2 150(常温) DN3 150(70℃)

DN4 150(130℃) a=390 b=390 c=500

H=3000 B_2=4080 B_1=4860 B_3=3300 B_4=2300

安装图见 01R413第40页

说 明：

1、补偿器安装于钢筋混凝土支架上。

2、补偿器设置，当两管介质温度不同，温度高的布置在外侧（DN1的位置）。先查表确定B4，计算B3=B4+2c、B2=B3+2b、B1=B2+2a，再校核B3、B2、B1不小于表中数值即可。

H=3000mm的最小B值表(mm)

介质温度(℃)	热伸长量ΔL (mm)	煨弯弯头					热压弯头			
		DN50	65	80	100	125	150	200	250	300
		R200	R350	R350	R500	R560	R225	R300	R300	R350
250	240	700	1000	1700	2500	3600	4700	7000	10800	13600
200	190	700	800	1300	1900	2900	3800	5600	8700	11000
170	160	700	800	1100	1600	2400	3200	4800	7400	9400
130	120	700	800	1000	1300	1700	2300	3500	5600	7100
95	90	600	800	900	1100	1600	2200	3400	5500	7000
70	68	600	800	900	1100	1300	1500	2500	4100	5100
常温	50	600	800	900	1100	1300	1400	1700	2900	3800

3、煨弯弯头可用热压弯头代替。

4、DN≤100在外伸臂外侧第二活动支架上设导向支座。

5、预拉伸留口位置见下图，在固定支架安装完毕后进行预拉伸、预拉伸量（留口间距）=$\frac{\Delta L}{2}-A$，A值见下表当预拉伸量≤10mm，不进行预拉。

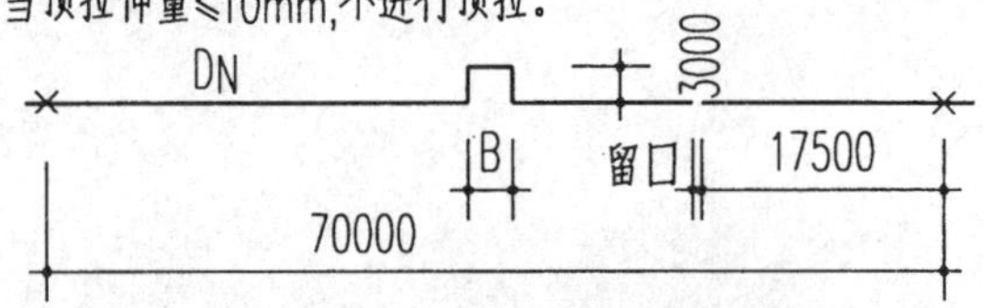

安装温度(℃)	10	15	20	25	30	35
A (mm)	18	22.5	27	31.5	36	41

6、补偿器应布置在两固定支架中心，偏离应不超过中心11.5m。

7、补偿器制作时，当选用煨弯头，管子焊缝位置应在外伸臂H/2处。

方形补偿器制作与安装	四管H=3000mm 固定支架距70m	图集号	01R413
审核 [signature] 校对 [signature] 设计 [signature]		页	40

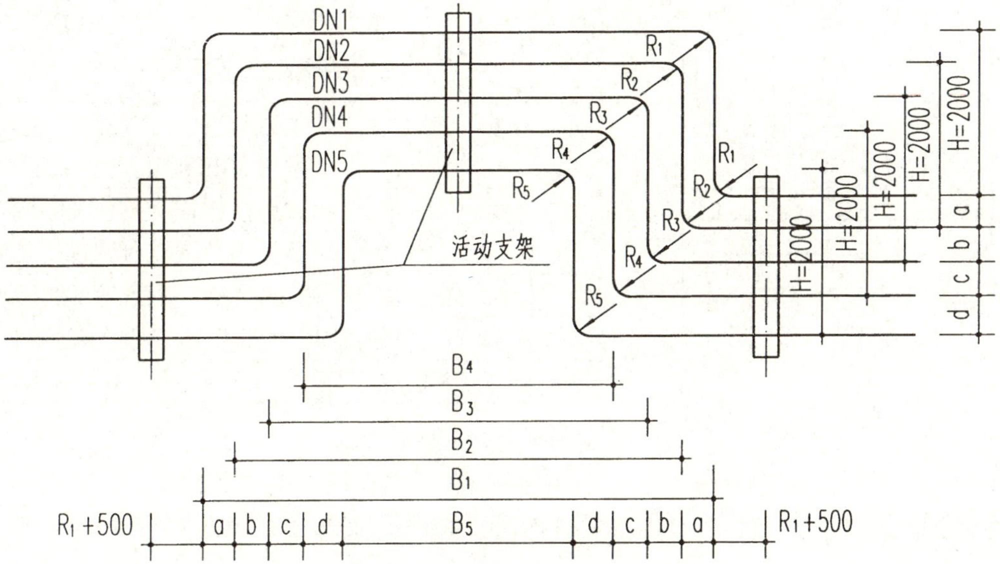

H=2000mm的最小B值表(mm)

介质温度(℃)	热伸长量ΔL(mm)	煨弯弯头					热压弯头			
		DN50	65	80	100	125	150	200	250	300
		R200	R350	R350	R500	R560	R225	R300	R300	R350
250	170	900	1300	2000	2800	4100	5200	7600	11600	14600
200	135	700	1000	1600	2300	3300	4200	6200	9500	12000
170	110	600	800	1300	1800	2700	3400	5100	7800	9900
130	90	600	800	1000	1500	2200	2800	4200	6500	8200
95	64	600	800	900	1200	1500	2000	3000	4600	5800
70	50	600	800	900	1100	1400	1800	2300	3900	4500
常温	36	600	800	900	1100	1300	1300	1600	2600	3300

标注示例： FS~XX DN1 150(170℃) DN2 125(常温) DN3 200(170℃) DN4 150(常温) DN5 150(170℃) a=370 b=420 c=420 d=370 H=2000 B_5=3520 B_4=4260 B_3=5100 B_2=5940 B_1=6680

安装图见01R413第41页

说 明：

1、补偿器安装于钢筋混凝土支架上。

2、补偿器设置，当两管介质温度不同，温度高的布置在外侧（DN1的位置）。先查表确定B5，计算B4=B5+2d、B3=B4+2c、B2=B3+2b、B1=B2+2a，再校核B4、B3、B2、B1不小于表中数值即可。

3、煨弯弯头可用热压弯头代替。

4、管道不设导向支座。

5、预拉伸留口位置见下图，在固定支架安装完毕后进行预拉伸、预拉伸量（留口间距）$=\frac{\Delta L}{2}-A$，A值见下表。当预拉伸量≤10mm，不进行预拉。

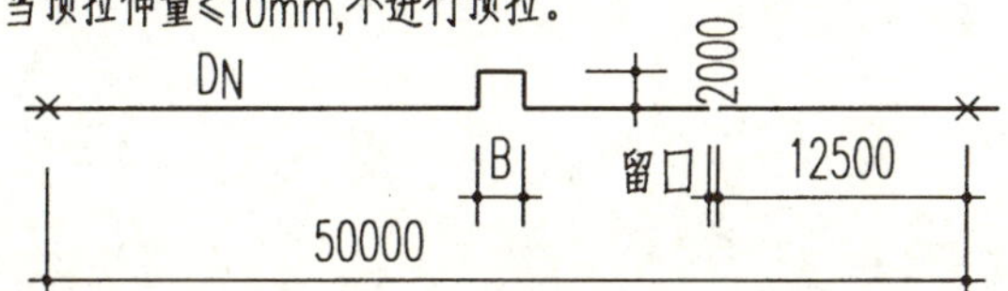

安装温度(℃)	10	15	20	25	30	35
A (mm)	12.5	16	19	22	25	28.5

6、补偿器应布置在两固定支架中心，偏离应不超过中心8m。

7、补偿器制作时，当选用煨弯头，管子焊缝位置应在外伸臂H/2处。

方形补偿器制作与安装 五管H=2000mm 固定支架距50m	图集号	01R413
审核 校对 设计	页	41

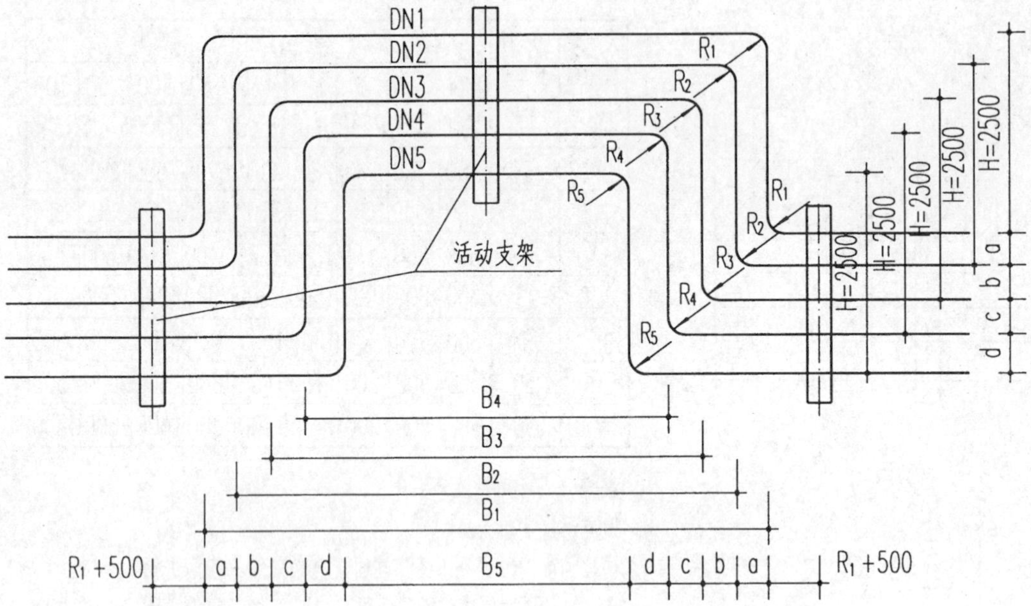

标注示例: FS~XX DN1 150(170℃) DN2 125(常温) DN3 200(170℃) DN4 150(常温) DN5 150(170℃) a=370 b=420 c=420 d=370 H=2500 B_5=3520 B_4=4260 B_3=5100 B_2=5940 B_1=6680 安装作见 01R413第42页

说 明:

1、补偿器安装于钢筋混凝土支架上.

2、补偿器设置，当两管介质温度不同，温度高的布置在外侧(DN1的位置).先查表确定B5，计算B4=B5+2d、B3=B4+2c、B2=B3+2b、B1=B2+2a，再校核B4、B3、B2、B1不小于表中数值即可.

H=2500mm的最小B值表(mm)

介质温度(℃)	热伸长量ΔL(mm)	煨弯弯头					热压弯头			
		DN50	65	80	100	125	150	200	250	300
		R200	R350	R350	R500	R560	R225	R300	R300	R350
250	200	700	1100	1800	2600	3700	4800	7000	10800	13500
200	160	700	800	1400	2000	3000	3900	5700	8900	11200
170	140	700	800	1200	1800	2600	3400	5100	7900	10000
130	106	700	800	1000	1300	2000	2600	3800	6000	7600
95	80	600	800	900	1100	1400	1800	2800	4400	5500
70	60	600	800	900	1100	1300	1600	2000	3200	4000
常温	42	600	800	900	1100	1300	1300	1500	2200	2800

3、煨弯弯头可用热压弯头代替.

4、DN≤65在外伸臂外侧第二活动支架上设导向支座.

5、预拉伸留口位置见下图，在固定支架安装完毕后进行预拉伸、预拉伸量(留口间距)=$\frac{\Delta L}{2}-A$，A值见下表当预拉伸量≤10mm,不进行预拉.

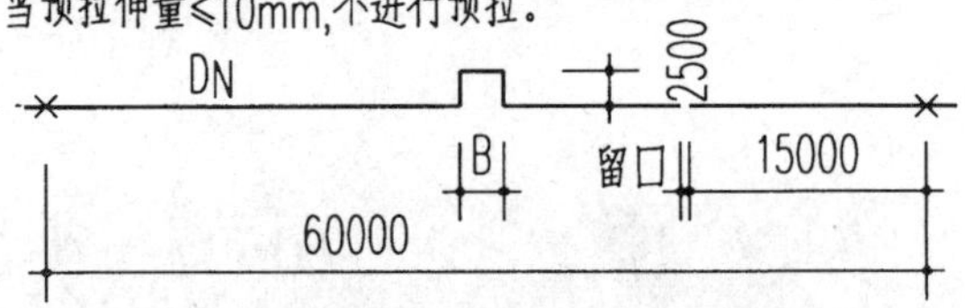

安装温度(℃)	10	15	20	25	30	35
A (mm)	15	19	23	26.5	30	34

6、补偿器应布置在两固定支架中心，偏离应不超过中心10m.

7、补偿器制作时，当选用煨弯头，管子焊缝位置应在外伸臂   处.

方形补偿器制作与安装 五管H=2500mm 固定支架距60m			图集号	01R413
审核	校对	设计	页	42

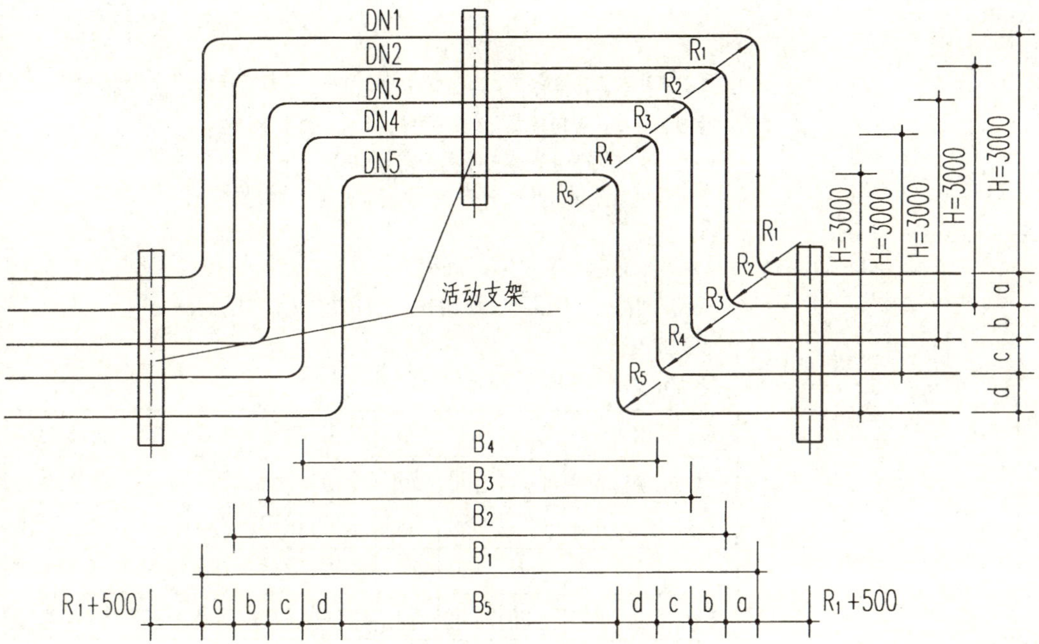

H=3000mm的最小B值表(mm)

介质温度(℃)	热伸长量ΔL(mm)	煨弯弯头					热压弯头			
		DN50	65	80	100	125	150	200	250	300
		R200	R350	R350	R500	R560	R225	R300	R300	R350
250	240	700	1000	1700	2500	3600	4700	7000	10800	13600
200	190	700	800	1300	1900	2900	3800	5600	8700	11000
170	160	700	800	1100	1600	2400	3200	4800	7400	9400
130	120	700	800	1000	1300	1700	2300	3500	5600	7100
95	90	600	800	900	1100	1600	2200	3400	5500	7000
70	68	600	800	900	1100	1300	1500	2500	4100	5100
常温	50	600	800	900	1100	1300	1400	1700	2900	3800

标注示例：FS~XX　DN1 150(170℃)　DN2 125(常温)　DN3 200(170℃)
DN4 150(常温)　DN5 150(170℃)　a=370　b=420　c=420　d=370
H=3000　B5=3220　B4=3960　B3=4800　B2=5640　B1=6380
安装图见01R413第43页

说明：

1、补偿器安装于钢筋混凝土支架上。

2、补偿器设置，当两管介质温度不同，温度高的布置在外侧（DN1的位置）。先查表确定B5，计算B4=B5+2d、B3=B4+2c、B2=B3+2b、B1=B2+2a，再校核B4、B3、B2、B1不小于表中数值即可。

3、煨弯弯头可用热压弯头代替。

4、DN≤100在外伸臂外侧第二活动支架上设导向支座。

5、预拉伸留口位置见下图，在固定支架安装完毕后进行预拉伸、预拉伸量（留口间距）$=\frac{\Delta L}{2}-A$，A值见下表。当预拉伸量≤10mm，不进行预拉。

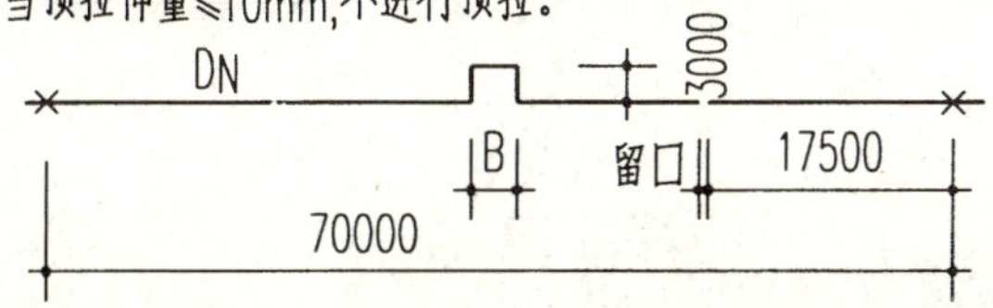

安装温度(℃)	10	15	20	25	30	35
A (mm)	18	22.5	27	31.5	36	41

6、补偿器应布置在两固定支架中心，偏离应不超过中心11.5m。

7、补偿器制作时，当选用煨弯头，管子焊缝位置应在外伸臂H/2处。

方形补偿器制作与安装	五管H=3000mm 固定支架距70m	图集号	01R413
审核	校对　设计	页	43

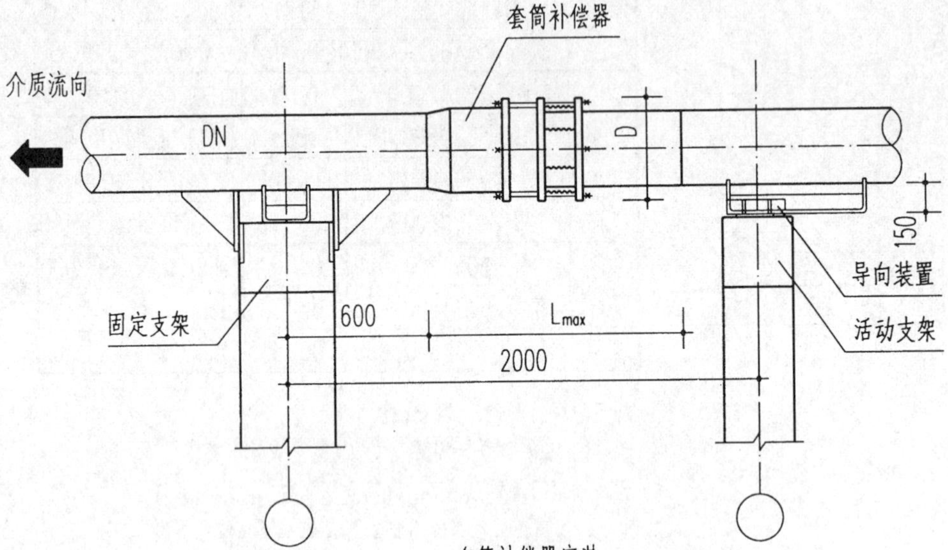

套筒补偿器安装

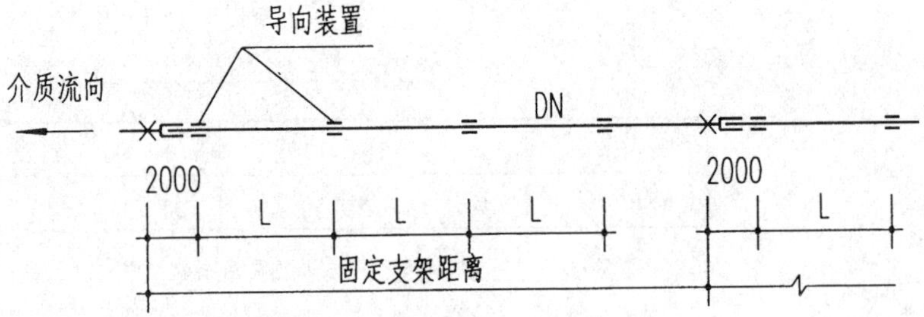

管道系统布置

说 明：

1、与套筒补偿器连接的管道端部应进行坡口加工，然后焊接。
2、待固定支座、导向装置安装完毕后，必须进行水压试验。
试压时均匀预紧压紧螺栓至无泄漏为止。
3、管道安装时应保持在一条中心线上，管道与补偿器应保持同心度。
4、补偿器型号为TTB-B100-Crb-1.6-250
100为DNCrb，伸缩部位为不锈钢，1.6为公称压力(MPa)
250为ΔL

产品规格表

DN	50	65	80	100	125	150	200	250	300
补偿量 ΔL(mm)	200	200	200	250	250	250	300	350	350
安装长度L_{max}(mm)	860	860	860	830	830	830	950	950	1080
D (mm)	150	160	185	205	235	260	335	390	440
重量 (kg)	18.68	24.92	35.46	39.98	53.65	57.3	118.29	149.93	207.27

5、导向装置设于活动支架上，导向装置间距L:DN≤150为7~10m;DN200~300为16~24m。
6、安装时，无需进行预压缩。
7、滑动支座的安装见第100页。

本图按开封市柳园水暖器材厂套筒补偿器技术参数编制。

套筒补偿器安装 单侧 单管 DN50~300			图集号	01R413
审核	校对	设计	页	44

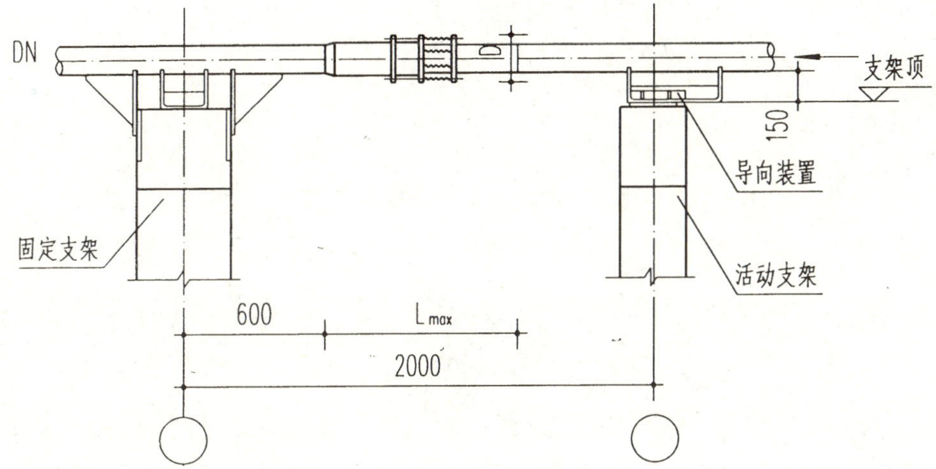

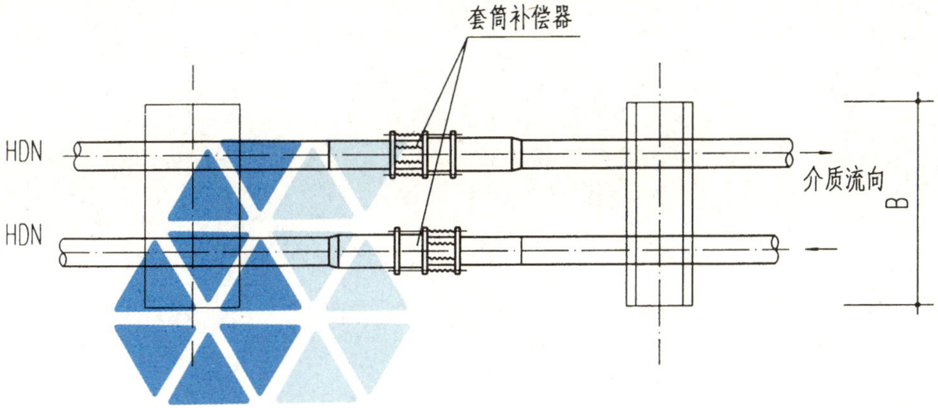

说 明：

1、与套筒补偿器连接的管道端部应进行坡口加工，然后焊接。

2、待固定支座、导向装置安装完毕后，必须进行水压试验。试压时均匀预紧压紧螺栓至无泄漏为止。

3、管道安装时应保持在一条中心线上，管道与补偿器应保持同心度。

4、补偿器型号为TTB-B100-Crb-1.6-250
100为DNCrb，伸缩部位为不锈钢，1.6为公称压力(MPa)，250为ΔL

产品规格表

DN	50	65	80	100	125	150	200	250	300
补偿量 ΔL(mm)	200	200	200	250	250	250	300	350	350
安装长度L_{max}(mm)	860	860	860	830	830	830	950	950	1080
D (mm)	150	160	185	205	235	260	335	390	440
重量 (kg)	18.68	24.92	35.46	39.98	53.65	57.3	118.29	149.93	207.27

5、导向装置设于活动支架上，导向装置间距L:DN≤150时为7~10m;DN200~300时为16~24m。

6、安装时，无需进行预压缩。

7、滑动支座的安装见第100页。

8、二管以上布置参照本图。

本图按开封市柳园水暖器材厂套筒补偿器技术参数编制。

套筒补偿器安装 单侧 双管 DN50~300			图集号	01R413
审核	校对	设计	页	45

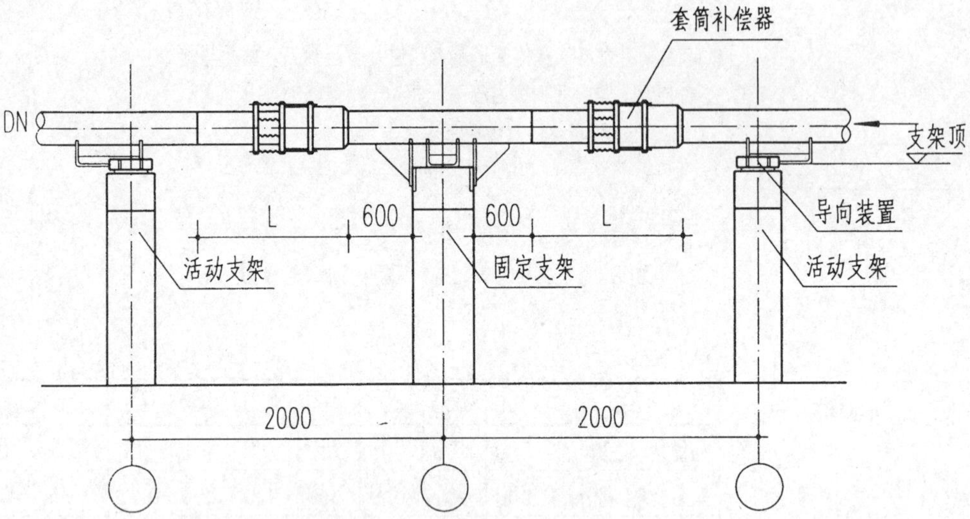

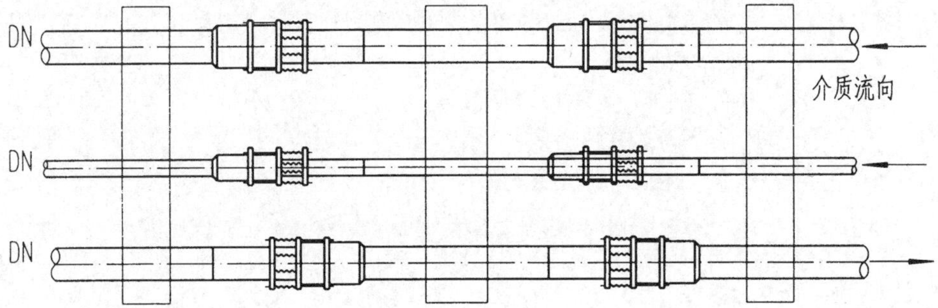

说 明:

1、与套筒补偿器连接的管道端部应进行坡口加工，然后焊接。

2、待固定支座、导向装置安装完毕后，必须进行水压试验。试压时均匀预紧压紧螺栓至无泄漏为止。

3、管道安装时应保持在一条中心线上，管道与补偿器应保持同心度。

4、补偿器型号为TTB-B100-Crb-1.6-250

100为DNCrb，伸缩部位为不锈钢,1.6为公称压力(MPa)，250为ΔL

产品规格表

DN	50	65	80	100	125	150	200	250	300
补偿量 ΔL(mm)	200	200	200	250	250	250	300	350	350
安装长度L_{max}(mm)	860	860	860	830	830	830	950	950	1080
D (mm)	150	160	185	205	235	260	335	390	440
重量 (kg)	18.68	24.92	35.46	39.98	53.65	57.3	118.29	149.93	207.27

5、导向装置设于活动支架上，导向装置间距L:DN≤150为7~10m;DN200~300为16~24m。

6、安装时，无需进行预压缩。

7、滑动支座的安装见第100页。

8、三管以上布置参照本图。

本图按开封市柳园水暖器材厂套筒补偿器技术参数编制。

套筒补偿器安装 双侧 三管 DN50~300	图集号	01R413
审核 校对 设计	页	46

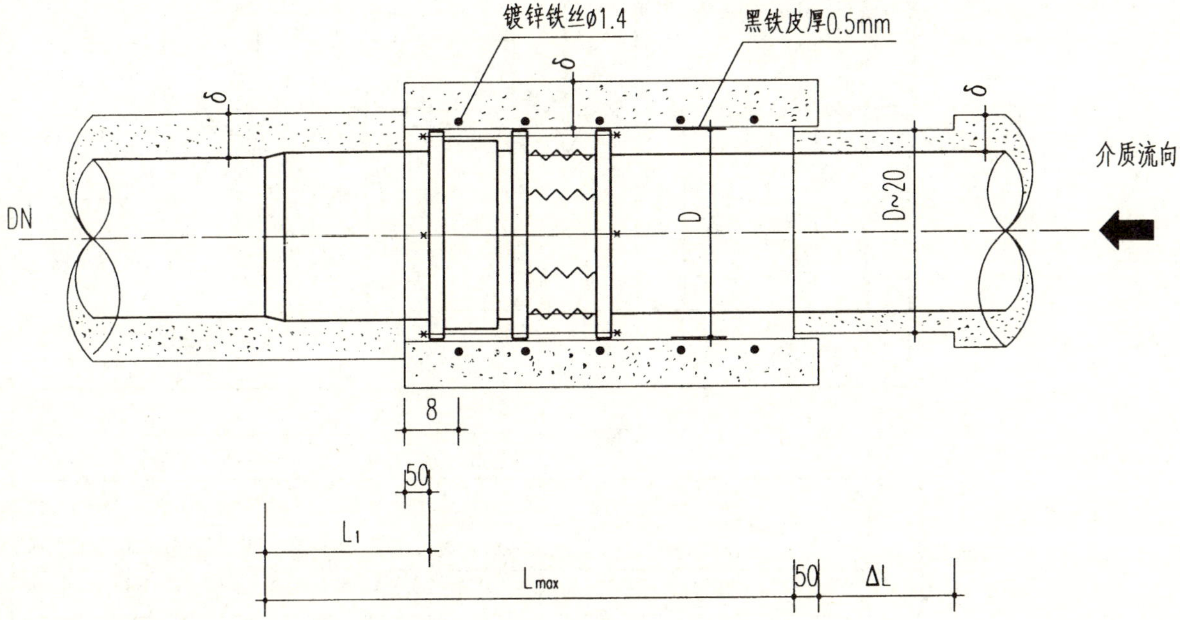

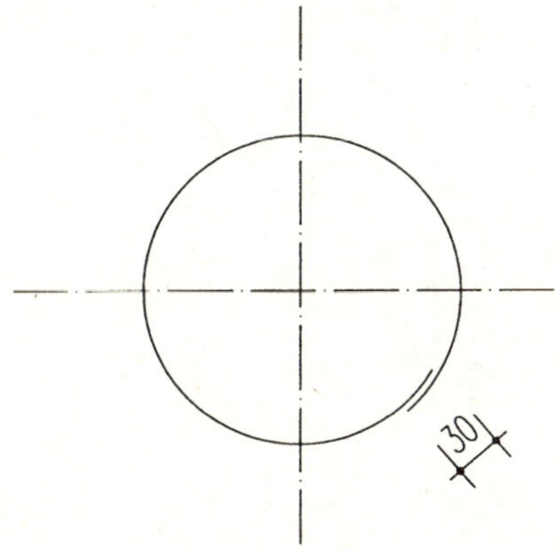

黑铁皮搭接圈

黑 铁 皮 尺 寸 表

DN	50	65	80	100	125	150	200	250	300
安装长度L_{max}(mm)	860	860	860	830	830	830	950	950	1080
D (mm)	150	160	185	205	235	260	335	390	440
黑铁皮宽 (mm)	$L_{max}-L_1+100$								
黑铁皮长 (mm)	501	533	611	674	768	847	1082	1255	1412

注:L1由套筒补偿器实物量得。

说 明:

套筒补偿器两端与管道焊接后，安装固定支座、导向支座然后进行水压试验，同时预紧压紧螺栓至无泄漏。

保温材料、厚度δ同管道保温，先在法兰上包黑铁皮，用镀锌铁丝绑扎，铁丝间距150mm，在黑铁皮外敷设保温材料。

套筒补偿器保温图	图集号	01R413
审核 [signature] 校对 [signature] 设计 [signature]	页	47

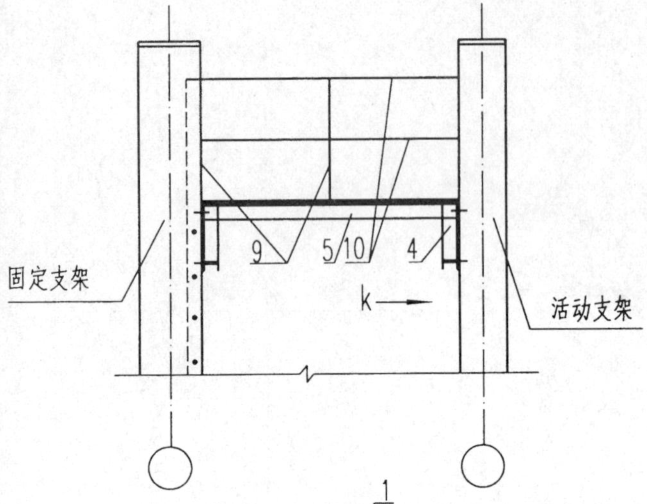

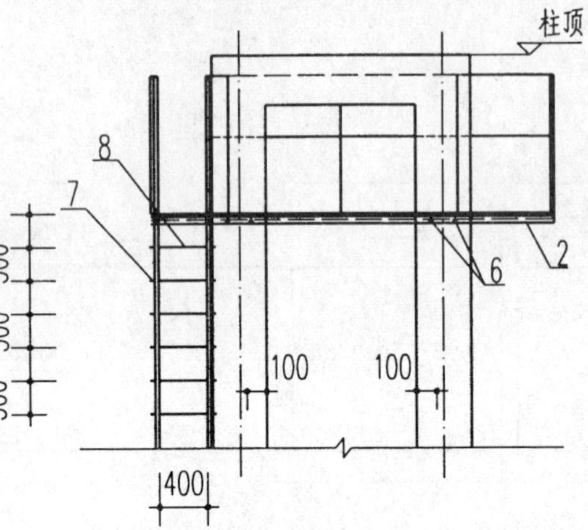

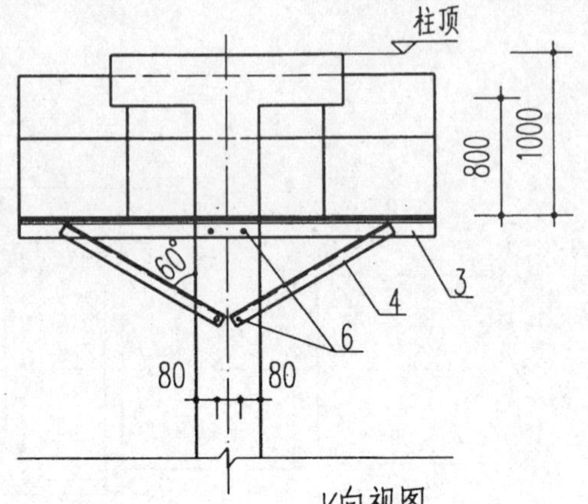

K向视图

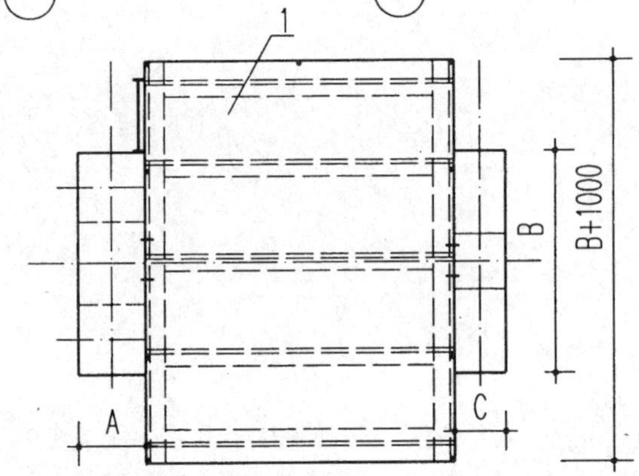

件号	名 称	材 料	支 架 宽B(mm)				
			600	900	1200	1500	1800
1	地板	花纹钢板 厚5mm GB3277~82	1600×1630	1900×1630	2200×1630	240×1630	2800×1630
2	纵梁	角钢75×6	L=2000,1根	2000,1根	2800,1根	2800,1根	2800,1根
3	纵梁	角钢75×6	L=2000,1根	2000,1根	2800,1根	2800,1根	2800,1根
4	斜撑	角钢75×6	L=810,2根	810,2根	1270,2根	1270,2根	1270,2根
5	横梁	角钢50×5	L=1625,4根	1625,4根	1625,5根	1625,5根	1625,5根
6	胀锚螺栓	YG1~16型ø=16	8个	8个	8个	8个	8个
7	梯腿	扁钢60×10	5500×2 (4000×2)	5500×2 (4000×2)	5500×2 (4000×2)	5500×2 (4000×2)	5500×2 (4000×2)
8	梯步	园钢ø18 长430	15根(10根)	15根(10根)	15根(10根)	15根(10根)	15根(10根)
9	栏杆立捍	园钢ø16 长800	10根	10根	10根	10根	10根
10	栏杆横捍	园钢ø16	ρ=6860,2根	6860,2根	8660,2根	8660,2根	8660,2根

说 明:

1、表中尺寸，以A=400,C=300计算，如支架立柱尺寸不同应作修正。
2、表中括号内数字，为支架H=4m数。
3、平台均为焊接制成。
4、梯腿钻孔ø20安装梯步。
5、平台安装完毕后，各构件刷防锈漆二遍，灰色油漆一遍。

单侧套筒补偿器检修平台 单立柱支架、支架高 H=4m、5.5m						图集号	01R413
审核		校对		设计		页	48

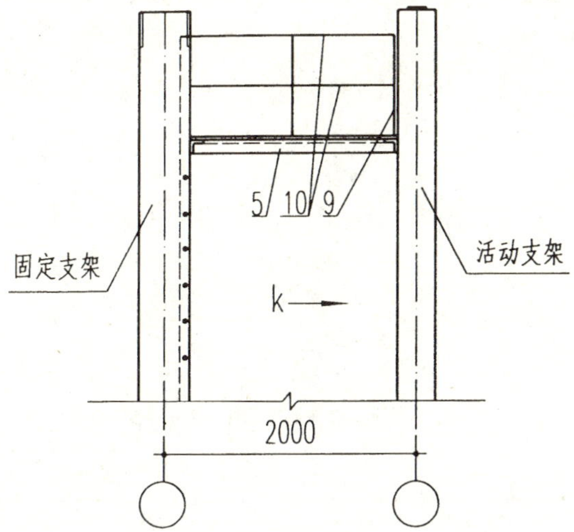

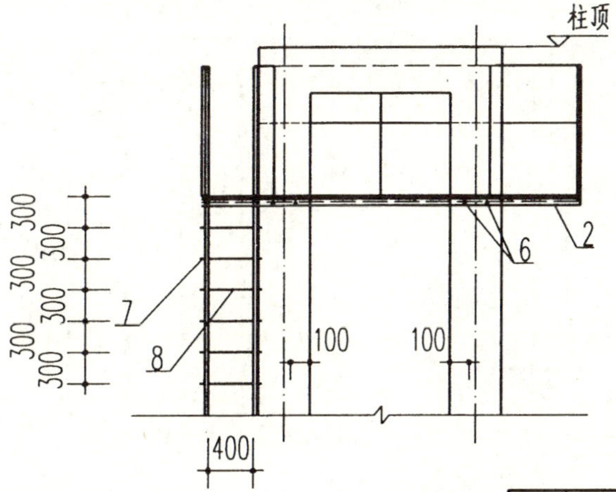

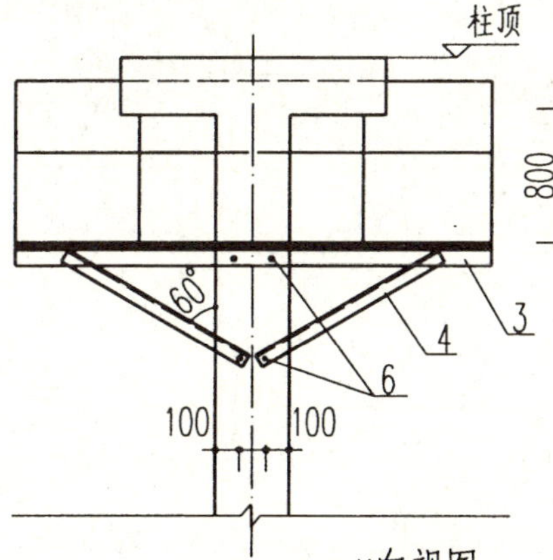

K向视图

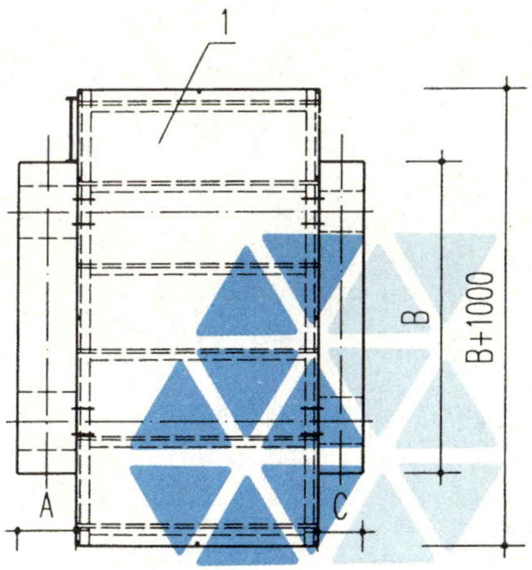

说 明:

1、表中尺寸，以A=400,C=300计算，如支架立柱尺寸不同应作修正。
2、表中括号内数字，为支架H= 4m数。
3、平台均为焊接制成。
4、梯腿钻孔ø20安装梯步。
5、平台安装完毕后，各构件刷防锈漆二遍，灰色。油漆一遍。

件号	名 称	材 料	支 架 宽B(mm)	
			2100	2400
1	地板	花纹钢板 厚5mm GB3277~82	3400x1630	3400x1630
2	纵梁	角钢90×6	L=3400,1根	3400，1根
3	纵梁	角钢90×6	L=3400,1根	3400，1根
4	斜撑	角钢90×6	L=1590，2根	1590，2根
5	横梁	角钢50×5	L=1625，6根	1625，6根
6	胀锚螺栓	YG1~16型ø=16	8个	8个
7	梯腿	扁钢60×10	5500×2 (4000×2)	5500×2 (4000×2)
8	梯步	园钢ø18 长430	15根(10根)	15根(10根)
9	栏杆立捍	园钢ø16 长800	9 根	9 根
10	栏杆横捍	园钢ø16	L=13700，2根	13700，2根

单侧套筒补偿器检修平台 双立柱支架、支架高H=4m、5.5m				图集号	01R413
审核	校对	设计		页	49

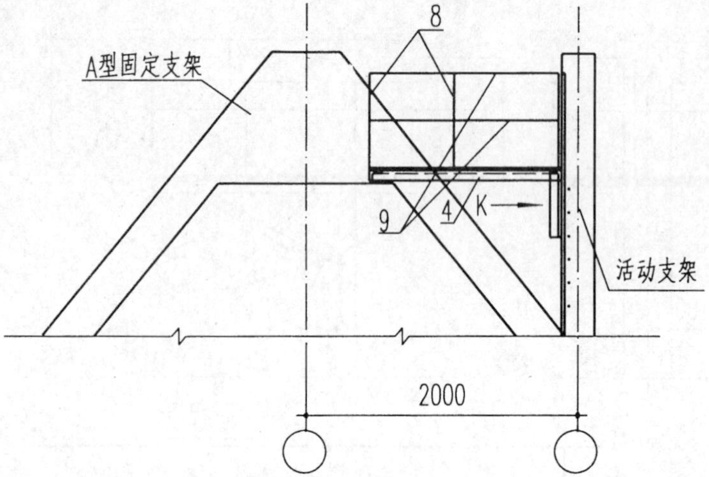

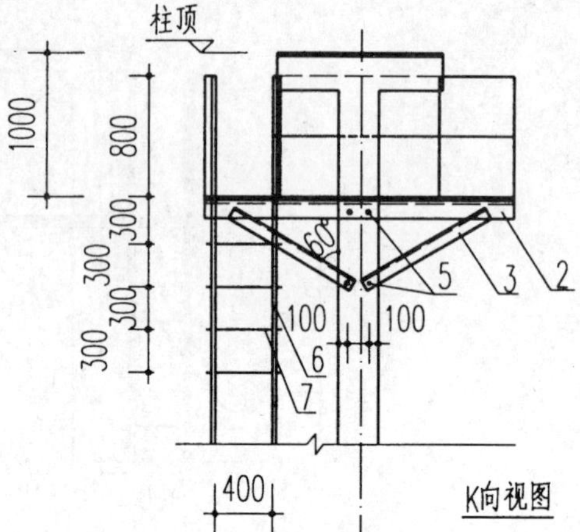

K向视图

说 明:

1、表中括号内数字，为支架H=4m数。
2、平台均为焊接制成。
3、梯腿钻孔ø20安装梯步。
4、平台安装完毕后，各构件刷防锈漆二遍，灰色油漆一遍。
5、固定支架两侧均需设置平台时，按相同做法对称制作即可。
6、当活动支架基础与固定支架基础重叠时，可分别放样，下料，然后整浇混凝土。

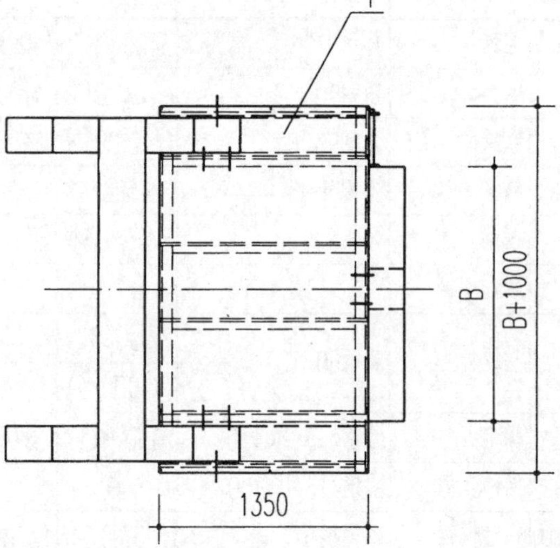

件号	名 称	材 料	支 架 宽B(mm)				
			600	900	1200	1500	1800
1	地板	花纹钢板 厚5mm GB3277~82	1600×1350	1900×1350	2200×1350	2500×1350	2800×1350
2	纵梁	角钢75×6	L=1000,1根 L=2000,1根	1000，1根 2000，1根	1800，1根 2800，1根	1800，1根 2800，1根	1800，1根 2800，1根
3	斜撑	角钢75×6	L=810，2根	810，2根	1270，2根	1270，2根	1270，2根
4	横梁	角钢50×5	L=1335，5根	1335，5根	1335，6根	1335，6根	1335，6根
5	胀锚螺栓	YG1~16型ø=16	12个	12个	12个	12个	12个
6	梯腿	扁钢60×10	5500×2 (4000×2)	5500×2 (4000×2)	5500×2 (4000×2)	5500×2 (4000×2)	5500×2 (4000×2)
7	梯步	园钢ø18 长430	15根(10根)	15根(10根)	15根(10根)	15根(10根)	15根(10根)
8	栏杆立捍	园钢ø16 长800	12根	12根	12根	12根	12根
9	栏杆横捍	园钢ø16	ρ=6500，2根	6500，2根	8100，2根	8100，2根	8100，2根

双侧套筒补偿器检修平台 单立柱支架、支架高 H=4m、5.5m						图集号	01R413
审核		校对		设计		页	50

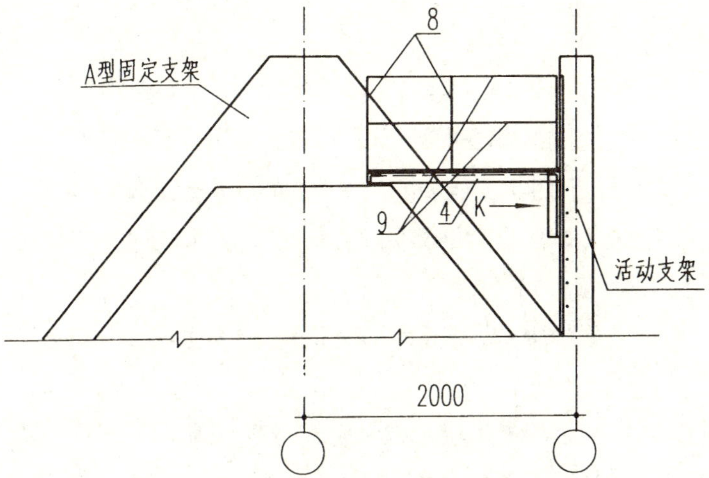

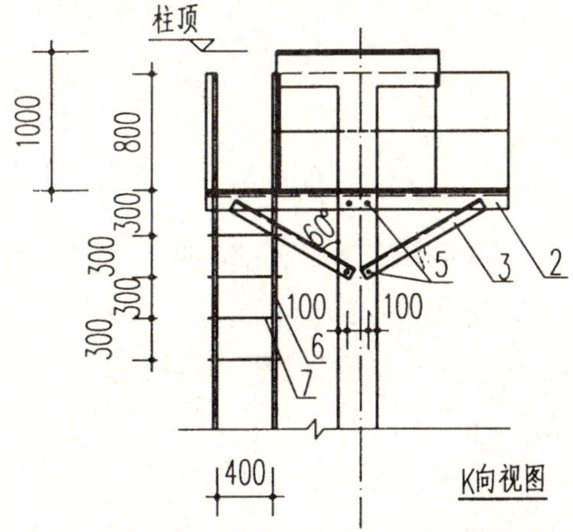

K向视图

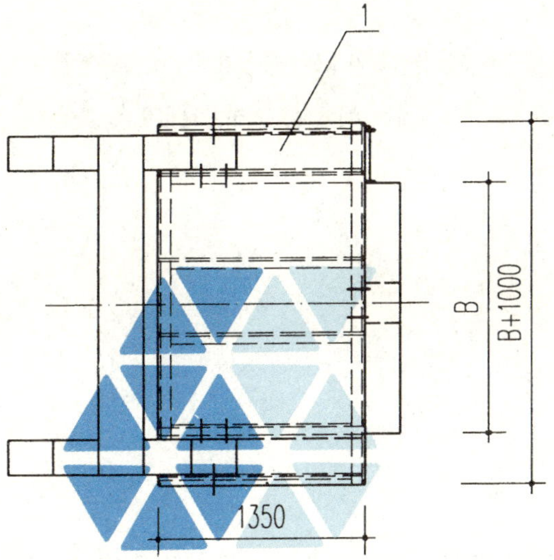

说 明：

1、表中括号内数字，为支架H=4m数。

2、平台均为焊接制成。

3、梯腿钻孔ø20安装梯步。

4、平台安装完毕后，各构件刷防锈漆二遍，灰色油漆一遍。

5、固定支架两侧均需设置平台时，按相同做法对称制作即可。

6、当活动支架基础与固定支架基础重叠时，可分别放样，下料，然后整浇混凝土。

件号	名 称	材 料	支架宽B(mm)	
			2100	2400
1	地板	花纹钢板 厚5mm GB3277~82	3100×1350	3400×1350
2	纵梁	角钢75×6	L=2400，1根	2400 1根
			L=3400，1根	3400 1根
3	斜撑	角钢90×6	L=1590，2根	1590，2根
4	横梁	角钢50×5	L=1335，6根	1335，6根
5	胀锚螺栓	YG1~16型ø=16	12个	12个
6	梯腿	扁钢60×10	5500×2	5500×2
			(4000×2)	(4000×2)
7	梯步	园钢ø18 长430	15根(10根)	15根(10根)
8	栏杆立捍	园钢ø16 长800	12根	12根
9	栏杆横捍	园钢ø16	ρ=9300，2根	9300，2根

双侧套筒补偿器检修平台 单立柱支架、支架高H=4m、5.5m	图集号	01R413
审核 校对 设计	页	51

波纹管补偿器安装图选用说明：

1、本图册选用波纹管补偿器型式有：

1.1单、复式轴向型波纹管补偿器PN分0.6、1.0、1.6MPa

1.2无约束波纹管补偿器PN分0.6、1.0、1.6MPa

1.3波纹补偿弯头分90°、135°、150° 三种PN=1.6MPa

1.4补偿单元PN=1.6MPa

1.5减阻式横向补偿器PN 0.6、1.0、1.6MPa

2、波纹管补偿器，均内带导流管，外有外套筒。导流管克服阻力大和避免产生共振，外套筒则便于保温。

3、管道直线部分布置，可采用单、复式轴向型或无约束式波纹管补偿器二者均给尽端固定支架带来盲板力。因二种型式价格差异大。应作经济比较后选用。

4、工厂总平面图管线布置方案：

4.1、如受厂区管线横向面积限制，可以布置成二种方案。

4.1.1、直线部分用单、复式或无约束型，平面及垂直拐弯用补偿弯头，此时布置自由方便，阻力小，但管道末端有较大的盲板力。

4.1.2、直线部分用三铰点补偿单元（角向型波纹管补偿器）垂直布置与拐弯用补偿弯头相组合，阻力也小管道末端无盲板力，较 为经济。

4.2、如厂区管线横向较宽，管线直线部分可用三铰点补偿单元(角向型波纹管补偿器)平面布置与拐弯用补偿弯头相组合，形成阻力小，经济性好，管道末端又无盲板力的较佳方案。

5、减阻式横向补偿器本图集不布置在垂直管道上，只布置在干、支管道连接点的水平段上。

6、当支管从有较大的伸长量的干管处引出，本图集设计了二个方案，以a较为经济。

a、应用补偿弯头角度的改变来吸收干管热伸长量。

b、应用减阻式横向补偿器（由二个角向组成）的角位移来吸引干管热伸长量。

7、设计者选用波纹管补偿器时，应使工作介质（热水）氯离子含量≤25ppm(25mg/升)。如>25ppm，订货时向制造厂提出要求，改变材质。

波纹管补偿器安装、选用说明						图集号	01R413
审核	[signature]	校对	[signature]	设计	[signature]	页	52

波纹管补偿器施工说明

1、安装前，应对补偿器外观进行认真的检查，并核对产品合格证。

2、安装过程中应清除波纹间异物，防止波纹管部分的任何机械损伤，如磕碰、划伤、凹痕等。

3、起吊时，吊具严禁吊在波纹销轴拉板上。

4、严禁用补偿器变形的办法来调整管道的安装偏差。

5、角向型补偿器只能在单平面内转动。因此，安装时一组中的每个角向型补偿器，其中转平面必须与管段的位移平面相重合。以确保补偿器与支架的安全。

6、焊接操作时，严防焊接飞溅物直接接触波纹管表面。严禁在补偿器任何部位上引弧或搭接地线。

7、安装完毕后，拆除补偿器上的运输装置， 如运输拉杆， 定位板等（补偿器上涂有桔黄色的部件）。保证补偿器所有活动元件不得被外部构件卡死或限制其活动范围，应使各活动部件能正常工作，然后进行预拉。

8、予拉伸量为补偿量的1/3。见第57页数据表。无约束型不须预拉伸。

9、装有补偿器的管系，在固定支座，导向装置，滑动支座等按施工图要求安装完毕之前，不得进行系统试压。

10、装有补偿器的管系，在进行分段试压前，应确保管段两端的固定支架具有足够的强度，以保证管段与补偿器的安全。

11、管系试压应用清洁的水，水的氯离子含量不超过25ppm（25mg/l）。

12、补偿器存放的环境应符合下列条件：环境温度为-35~+40℃ ，相对湿度不大于80%，周围环境及空气介质中不应含有能引起补偿器腐蚀的有害介质。

13、安装完毕，必须进行水压试验。

波纹管补偿器施工说明						图集号	01R413
审核		校对		设计		页	53

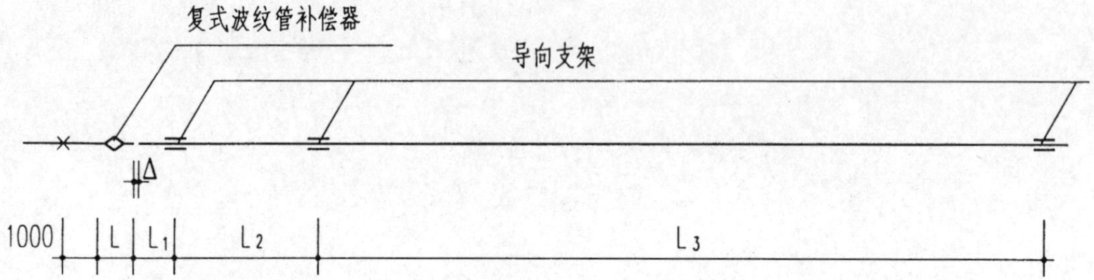

管道系统布置图

说 明:

1、根据下表给出的补偿量确定固定支架距离。
2、补偿器的预拉伸，在两侧固定支架安装完毕后进行,预拉伸量见下表。
3、导向装置结合活动支架位置布置。
4、型号:BF30202　BF为端管接头，有导流管及外套筒的复式波纹管补偿器 ,3为压力等级 ,(0.6MPa),020为此三位数乘以5便是公称直径 ,2为补偿量等级。

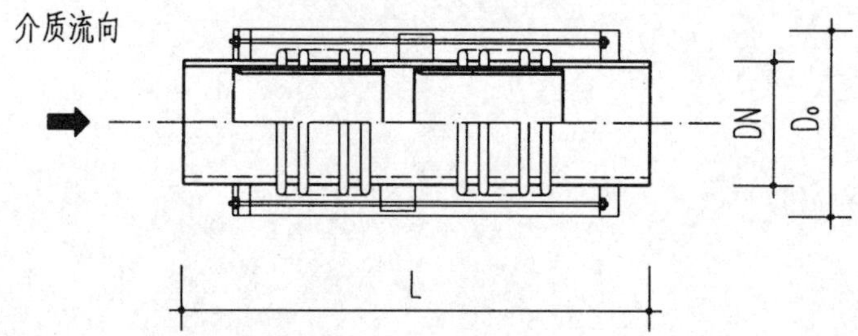

复式波纹管补偿器外型图

轴向型补偿器数据、安装尺寸表

名称 \ DN	50	65	80	100	125	150	200	250	300
型号BF30xxx	102	132	162	202	252	302	402	502	602
补偿量 (mm)	81	108	111	122	150	162	216	260	259
预拉伸量 Δ(mm)	27	36	37	40	50	54	72	86	86
L (mm)	480	540	560	660	700	774	850	1050	1150
D_0 (mm)	157	184	198	216	268	294	396	455	532
重量 (kg)	6	8.5	10.5	14	25	32	58	85	113
L_1 (mm)	200	260	320	400	500	600	800	1000	1200
L_2 (mm)	700	910	1120	1400	1750	2100	2800	3500	4200
L_3 (mm)	4800	5800	6800	7700	8800	11000	15000	20000	24000

复式波纹管补偿器(带导流管、外套筒) 单管布置PN=0.6MPa						图集号	01R413
审核	[signature]	校对	[signature]	设计	[signature]	页	54

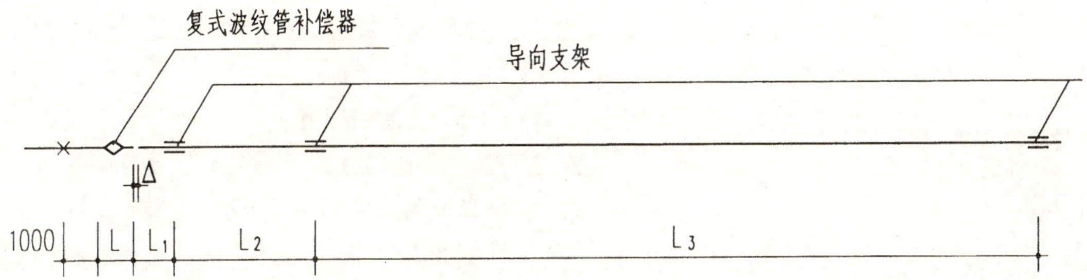

管道系统布置图

说 明：

1、根据下表给出的补偿量确定固定支架距离。
2、补偿器的预拉伸，在两侧固定支架安装完毕后进行，预拉伸量见下表。
3、导向装置结合活动支架位置布置。
4、型号BF40202　BF为端管接头，有导流管及外套筒的复式波纹管补偿器，4为压力等级（1.0MPa），020为此三位数乘以5便是公称直径，2为补偿量等级。

轴向型补偿器数据、安装尺寸表

名称 \ DN	50	65	80	100	125	150	200	250	300
型号BF40xxx	102	132	162	202	252	302	402	502	602
补偿量 (mm)	60	75	108	102	122	124	156	210	221
预拉伸量 Δ(mm)	20	25	36	34	40	41	52	70	73
L (mm)	480	520	608	700	700	850	810	1050	1150
D_0 (mm)	137	184	198	216	268	294	396	455	532
重量 (kg)	6	8.5	10.5	15	26	35	55	86	140
L_1 (mm)	200	260	320	400	500	600	800	1000	1200
L_2 (mm)	700	910	1120	1400	1750	2100	2800	3500	4200
L_3 (mm)	4000	5000	5900	6000	7200	8600	13000	16000	19000

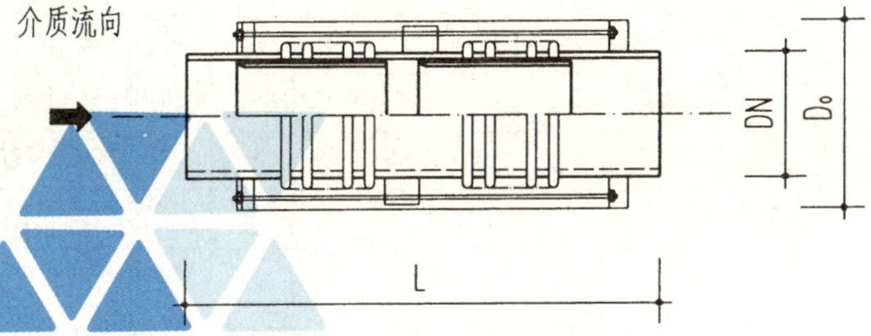

复式波纹管补偿器外型图

复式波纹管补偿器（带导流管、外套筒）单管布置PN=1.0MPa	图集号	01R413
审核　校对　设计	页	55

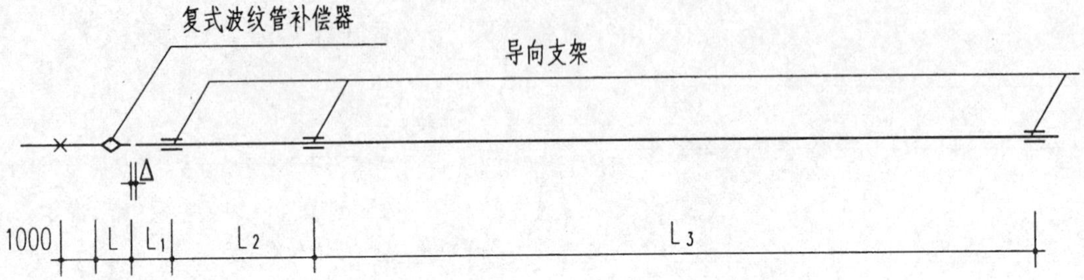

管道系统布置图

说 明:

1、根据下表给出的补偿量确定固定支架距离。

2、补偿器的预拉伸，在两侧固定支架安装完毕后进行，预拉伸量见下表。

3、导向装置结合活动支架位置布置。

4、型号BF50202　BF为端管接头，有导流管及外套筒的复式波纹管补偿器，5为压力等级，(1.6MPa)，020为此三位数乘以5便是公称直径，2为补偿量等级。

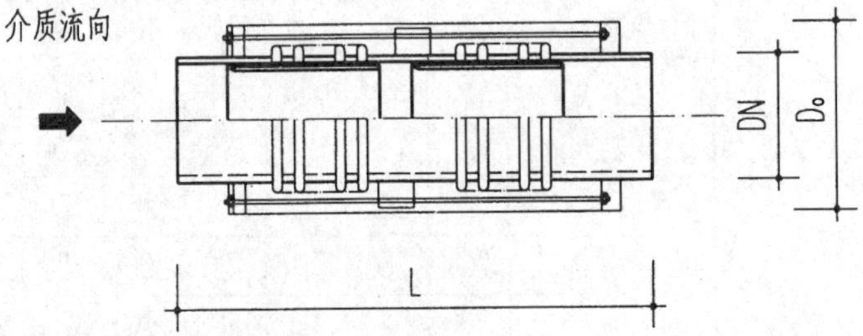

复式波纹管补偿器外型图

轴向型补偿器数据、安装尺寸表

名称 \ DN	50	65	80	100	125	150	200	250	300
型号BF50xxx	102	132	162	202	252	302	402	502	602
补偿量 (mm)	45	68	90	82	102	102	124	172	172
预拉伸量 Δ(mm)	15	22	30	27	34	34	41	52	57
L (mm)	480	520	600	668	700	850	810	1050	1094
D_0 (mm)	157	184	198	216	268	294	396	455	532
重量 (kg)	6	8.5	11	14	26	34	57	47	120
L_1 (mm)	200	260	320	400	500	600	800	1000	1200
L_2 (mm)	700	910	1120	1400	1800	2100	2800	3500	4200
L_3 (mm)	3500	4300	5000	5500	6500	7800	12000	14000	17000

复式波纹管补偿器（带导流管、外套筒）单管布置 P_N=1.6MPa						图集号	01R413
审核		校对		设计		页	56

单、复式轴向型波纹管补偿器数据表

PN MPa	名称 \ DN	50					65					80				
0.6	型号	AF30101	AF30102	AF30103	BF30101	BF30102	AF30131	AF30132	AF30133	BF30131	BF30132	AF30161	AF30162	AF30163	BF30161	BF30162
	补偿量(mm)	27	36	45	65	81	30	42	60	75	108	36	46	62	82	111
	预拉伸(mm)	9	12	15	21	27	10	14	20	25	36	12	16	20	27	37
	总长(mm)	218	234	250	448	480	230	250	280	480	540	242	266	290	512	560
	重量(kg)	2	2	2	5	6	2.5	2.5	3	7	8.5	3	3.5	4	9	10.5
1.0	型号	AF40101	AF40102	AF40103	BF40101	BF40102	AF40131	AF40132	AF40133	BF40131	BF40132	AF40161	AF40162	AF40163	BF40161	BF40162
	补偿量(mm)	19	27	33	48	60	24	30	42	54	75	36	46	60	82	108
	预拉伸(mm)	6	9	11	16	20	8	10	14	18	25	12	16	20	27	36
	总长(mm)	218	234	250	448	480	242	250	270	480	520	242	266	314	512	608
	重量(kg)	2	2	2	5	6	2.5	2.5	3	7	8.5	3	3.5	4	10	10.5
1.6	型号	AF50101	AF50102	AF50103	BF50101	BF50102	AF50131	AF50132	AF50133	BF50131	BF50132	AF50161	AF50162	AF50163	BF50161	BF50162
	补偿量(mm)	15	20	25	36	45	22	27	38	48	68	30	42	50	75	90
	预拉伸(mm)	5	6	8	12	15	7	9	13	16	22	10	14	17	25	30
	总长(mm)	218	234	250	448	480	242	266	270	512	520	254	282	310	544	600
	重量(kg)	2	2	2	5	6	2.5	3	3.5	8	8.5	4	4	4	10	11

PN MPa	名称 \ DN	100					125					150				
0.6	型号	AF30201	AF30202	AF30203	BF30201	BF30202	AF30251	AF30252	AF30253	BF30251	BF30252	AF30301	AF30302	AF30303	BF30301	BF30302
	补偿量(mm)	42	57	68	102	122	45	62	84	111	150	45	66	90	118	162
	预拉伸(mm)	14	19	23	34	40	15	21	28	37	50	15	22	30	39	54
	总长(mm)	284	312	340	604	660	296	328	360	636	700	340	376	412	702	774
	重量(kg)	5	5	6	12	14	8	8	10	21	25	10	11	13	28	32
1.0	型号	AF40201	AF40202	AF40203	BF40201	BF40202	AF40251	AF40252	AF40253	BF40251	BF40252	AF40301	AF40302	AF40303	BF40301	BF40302
	补偿量(mm)	36	42	57	75	102	38	50	68	90	122	46	62	69	111	124
	预拉伸(mm)	12	14	19	25	34	13	17	23	30	40	16	21	23	37	41
	总长(mm)	296	328	360	636	700	296	312	360	604	700	370	390	450	730	850
	重量(kg)	5	6	7	13	15	8	9	10	22	26	11	12	14	30	35
1.6	型号	AF50201	AF50202	AF50203	BF50201	BF50202	AF50251	AF50252	AF50253	BF50251	BF50252	AF50301	AF50302	AF50303	BF50301	BF50302
	补偿量(mm)	26	39	46	70	82	27	42	57	75	102	42	48	57	86	102
	预拉伸(mm)	9	13	16	23	27	9	14	19	25	34	14	16	19	28	34
	总长(mm)	280	312	344	604	668	296	312	360	604	700	370	410	450	770	850
	重量(kg)	5	6	6	13	14	8	9	10	22	26	11	13	14	32	34

PN MPa	名称 \ DN	200					250					300				
0.6	型号	AF30401	AF30402	AF30403	BF30401	BF30402	AF30501	AF30502	AF30503	BF30501	BF30502	AF30601	AF30602	AF30603	BF30601	BF30602
	补偿量(mm)	69	90	120	162	216	90	111	144	200	260	69	120	144	216	259
	预拉伸(mm)	23	30	40	54	72	30	37	48	66	86	23	40	48	72	86
	总长(mm)	370	410	450	770	850	464	512	560	954	1050	508	564	620	1038	1150
	重量(kg)	19	20	24	51	58	29	31	37	73	85	36	40	46	101	113
1.0	型号	AF40401	AF40402	AF40403	BF40401	BF40402	AF40501	AF40502	AF40503	BF40501	BF40502	AF40601	AF40602	AF40603	BF40601	BF40602
	补偿量(mm)	45	62	87	111	156	66	96	120	172	210	69	90	123	162	221
	预拉伸(mm)	15	21	29	37	52	22	32	40	57	70	23	30	41	54	73
	总长(mm)	350	390	430	730	810	464	512	560	954	1050	508	564	620	1038	1150
	重量(kg)	18	19	22	47	55	30	34	38	78	86	43	47	59	114	140
1.6	型号	AF50401	AF50402	AF50403	BF50401	BF50402	AF50501	AF50502	AF50503	BF50501	BF50502	AF50601	AF50602	AF50603	BF50601	BF50602
	补偿量(mm)	36	50	17	90	124	57	75	96	135	172	50	75	96	135	172
	预拉伸(mm)	12	69	23	30	41	19	25	32	45	57	17	25	32	45	57
	总长(mm)	350	390	430	730	810	464	512	560	954	1050	480	536	592	982	1094
	重量(kg)	19	21	23	51	57	31	34	44	80	97	40	44	50	108	120

注：AF为单式轴向型波纹管补偿器（有导流管及外套筒）.BF为复式轴向型波纹管补偿器（有导流管及外套筒）外形图见第54、55、56页。

波纹管补偿器（带导流管、外套筒）多管布置（一）			图集号	01R413
审核	校对	设计	页	57

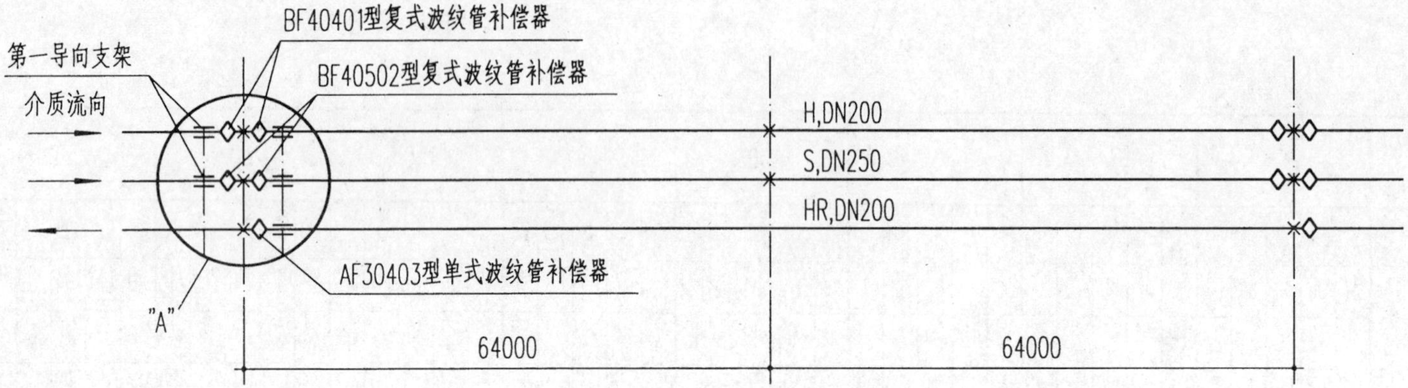

标注示例：

HDN200 PN1.0 t=130℃	64m	安装一个BF40401、补偿量111mm、预拉伸37 mm、总长 730mm、重47kg
SDN250 PN1.0 t=250℃	64m	安装一个BF40502、补偿量210 mm、预拉伸70 mm、总长 1050mm、重86kg
HRDN200 PN0.6 t=70℃	2x64m	安装一个AF30403、补偿量120 mm、预拉伸40 mm、总长 450mm、重 24kg

计算：

1、确定固定支架距，由上页表中PN1.0 DN250 查得BF40502 补偿量为210mm，固定支架距= $\frac{210}{1.31\times2.5}$=64m

2、从固定支架距分别计算H、HR伸长量H伸长量=64x1.24x1.3=103，选用BF40401 补偿量111mm

HR伸长量=2x64x1.2x0.7=108，选用AF30403 补偿量120mm　2x64m 设一个单式波纹管伸缩器。

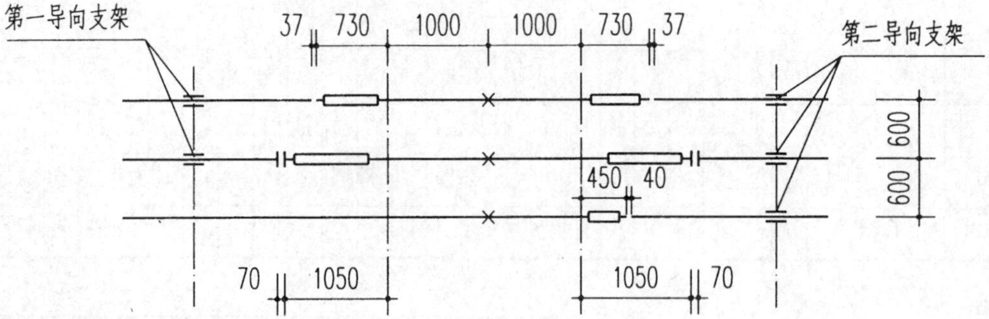

"A"放大图

说　明：

1、第一导向支架设在距固定支架3m的活动支架上，第二导向支架设在相邻的活动支架上。

2、安装时介质流向应与导流管方向一致，不能装反。

波纹管补偿器（带导流管、外套筒）多管布置（二）	图集号	01R413
审核 [signature] 校对 [signature] 设计 [signature]	页	58

无约束波纹管补偿器数据表

PN MPa	名称 \ DN	50				DN65				80				100				125			
0.6	型 号	Wy50~0.6/Δ				Wy65-0.6/Δ				Wy80-0.6/Δ				Wy100~0.6/Δ				Wy125~0.6/Δ			
	补偿量Δ(mm)	36	48	60	72	48	64	76	96	54	72	90	108	60	80	100	120	60	80	100	120
	Dt (mm)	102				127				133				159				194			
	总 长L (mm)	315	365	412	497	348	450	500	550	372	440	528	617	375	442	531	620	368	477	542	607
	重 量 (kg)	5.42	5.62	6.25	7.53	6.78	8.26	8.56	10.5	7.66	8.54	10.7	12.7	10	11.2	13.6	16	13.3	18.3	19.8	21.3
1.0	型 号	Wy50~1.0/Δ				Wy65~1.0/Δ				Wy80~1.0/Δ				Wy100~1.0/Δ				Wy125~1.0/Δ			
	补偿量Δ(mm)	36	48	60	72	48	64	76	96	54	72	90	108	60	80	100	120	60	80	100	120
	Dt (mm)	102				127				133				159				194			
	总 长L (mm)	315	365	431	497	348	450	506	557	372	440	531	617	375	442	531	620	368	477	543	607
	重 量 (kg)	5.7	5.9	6.8	7.9	7.03	8.74	9.98	11.2	8.4	9.5	11.2	13.5	11	12.4	15	17.7	14.5	19.2	21	22.7
1.6	型 号	Wy50~1.6/Δ				Wy65~1.6/Δ				Wy80~1.6/Δ				Wy100~1.6/Δ				Wy125~1.6/Δ			
	补偿量Δ(mm)	36	48	60	72	48	64	76	96	54	72	90	108	60	80	100	120	60	80	100	120
	Dt (mm)	102				127				133				159				194			
	总 长L (mm)	315	365	431	497	348	450	506	557	372	440	531	617	375	442	531	620	368	477	457	607
	重 量 (kg)	6.1	6.4	7.3	8.2	7.36	9.22	10.5	11.8	8.42	9.51	11.8	14.2	11.4	13	16.5	18.8	15.3	20.2	22.1	24

PN MPa	名称 \ DN	150					200				
0.6	型 号	Wy150~0.6/Δ					Wy200~0.6/Δ				
	补偿量Δ(mm)	48	72	96	120	144	60	90	120	150	180
	Dt (mm)	245					325				
	总 长L (mm)	331	410	532	611	690	408	527	685	803	922
	重 量 (kg)	18	21.5	30	33	35.9	37.7	46.1	63.5	70.7	77.9
1.0	型 号	Wy150~1.0/Δ					Wy200~1.0/Δ				
	补偿量Δ(mm)	48	72	96	120	144	60	90	120	150	180
	Dt (mm)	245					325				
	总 长L (mm)	331	410	532	612	690	408	527	685	806	922
	重 量 (kg)	18.8	22.5	31.5	34.7	37.9	39.6	48.4	66.7	74.2	81.8
1.6	型 号	Wy150~1.6/Δ					Wy200~1.6/Δ				
	补偿量Δ(mm)	48	72	96	120	144	60	90	120	150	180
	Dt (mm)	245					325				
	总 长L (mm)	331	410	532	612	690	408	527	685	806	922
	重 量 (kg)	19.5	23.6	33	36.5	40	40.9	50.3	67.1	76.3	85.5

PN MPa	名称 \ DN	250							300							
0.6	型 号	Wy250~0.6/Δ							Wy300~0.6/Δ							
	补偿量Δ(mm)	90	120	150	180	210	240	270	90	120	150	180	210	240	270	300
	Dt (mm)	377							426							
	总 长L (mm)	522	638	755	872	942	1012	1082	537	635	733	845	955	1072	1190	1307
	重 量 (kg)	59.1	71.2	83.3	95.4	100	105	110	69.4	77.7	85.9	102	118	127	137	147
1.0	型 号	Wy250~1.0/Δ							Wy300~1.0/Δ							
	补偿量Δ(mm)	90	120	150	180	210	240	270	90	120	150	180	210	240	270	300
	Dt (mm)	377							426							
	总 长L (mm)	522	640	756	872	942	1012	1082	537	635	733	843	955	1072	1190	1307
	重 量 (kg)	62.1	74.8	87.5	100	105	110	115	72.9	81.5	90.2	107	123	133	143	154
1.6	型 号	Wy250~1.6/Δ							Wy300~1.6/Δ							
	补偿量Δ(mm)	90	120	150	180	210	240	270	90	120	150	180	210	240	270	300
	Dt (mm)	377							426							
	总 长L (mm)	522	640	756	872	942	1012	1082	557	647	733	843	955	1072	1190	1307
	重 量 (kg)	63.8	77:2	90.5	103	109	114	120	77.1	85.5	93.8	111	128	139	150	191

注：1、本波纹管带有导流套、定向保护套与导向圈，外形图见第60页。

2、补偿量Δ、Dt为（保护套外径）。

无约束波纹管补偿器数据表						图集号	01R413
审核		校对		设计		页	59

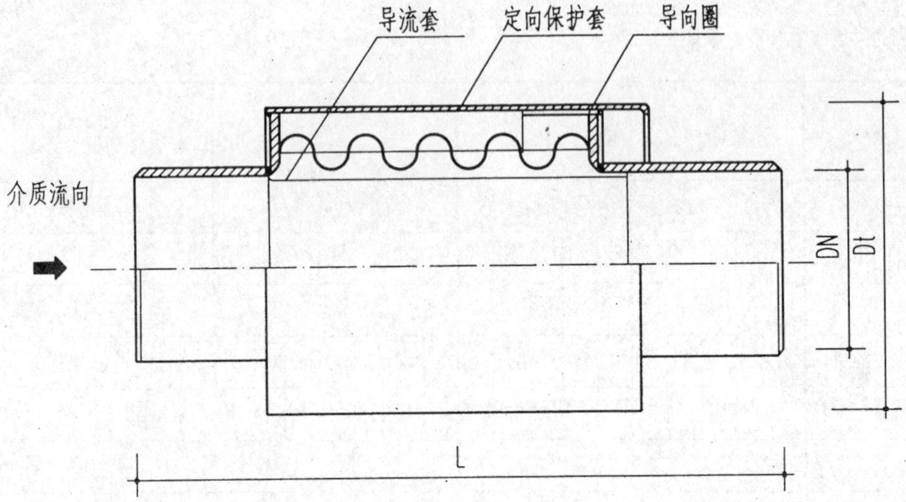

无约束波纹管补偿器外型图

说 明：

1、本型式补偿不需预拉伸。
2、安装时介质流向与导流套方向一致，不得装反。
3、第一导向支架设在距固定支架4m的活动支架上。
4、第二导向装置的位置，可任意设在某一个活动支架顶部。
5、定向保护套不得与硬物碰撞成凹痕，影响定向移动。

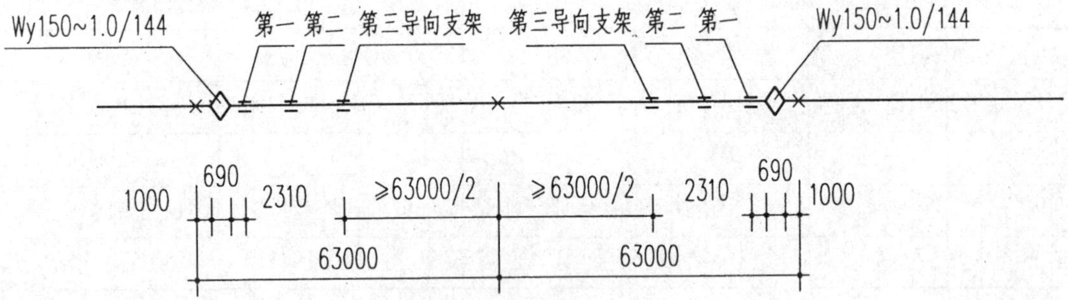

标注示例：DN150 PN1.0 t=170℃ 从第59页表选Wy150~1.0/144

L=690 Dt=245 固定支架间距=144/1.27x1.8=63.0m

无约束波纹管补偿器单管布置				图集号	01R413
审核	校对		设计	页	60

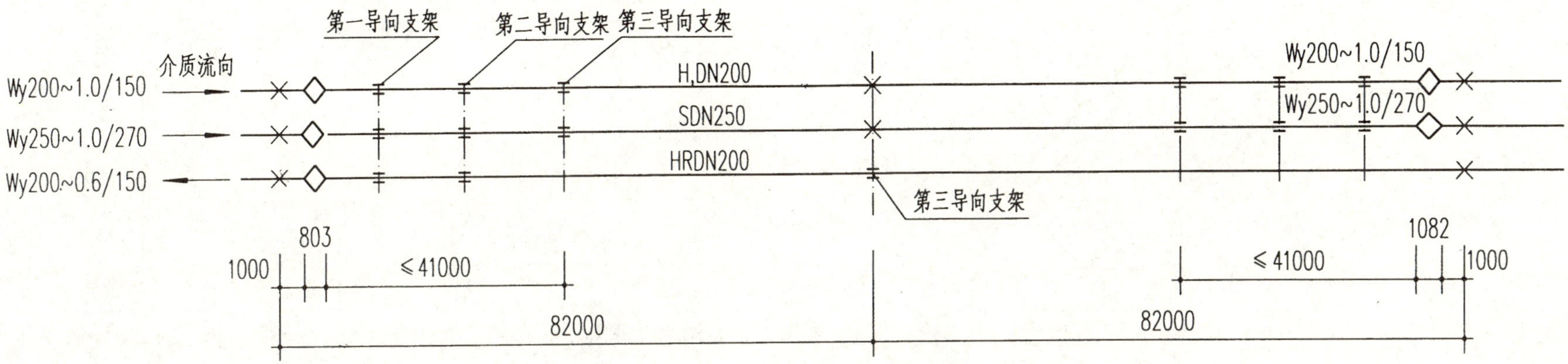

标注示例：

HDN200 PN1.0 t130℃	82m安装一个Wy200~1.0/150补偿量150mm总长806mm重74.2kg。
SDN250 PN1.0 t250℃	82m安装一个Wy250~1.0/270补偿量270mm,总长1082mm, 重115kg。
HRDN200 PN0.6 t70℃	2x82m 安装一个Wy200~0.6/150补偿量150mm总长803mm重70.7kg。

计算：1、确定固定支架距由第59页表中PN1.0 DN250查得Wy250~1.0/270, 补偿量270mm

$$固定支架距=\frac{270}{1.31x2.5}=82m$$

2、由固定支架距H伸长量=82x1.24x1.3=132mm选Wy200~1.0/150

H伸长量=2x82x1.2x0.7=138mm选Wy200~0.6/150

说明：安装要求同第60页单管布置。

无约束波纹管补偿器多管布置						图集号	01R413
审核		校对		设计		页	61

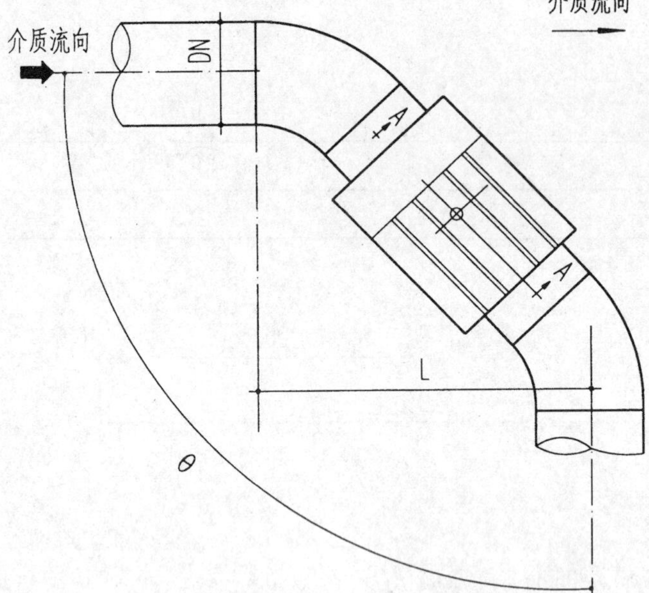

补偿弯头平面布置图

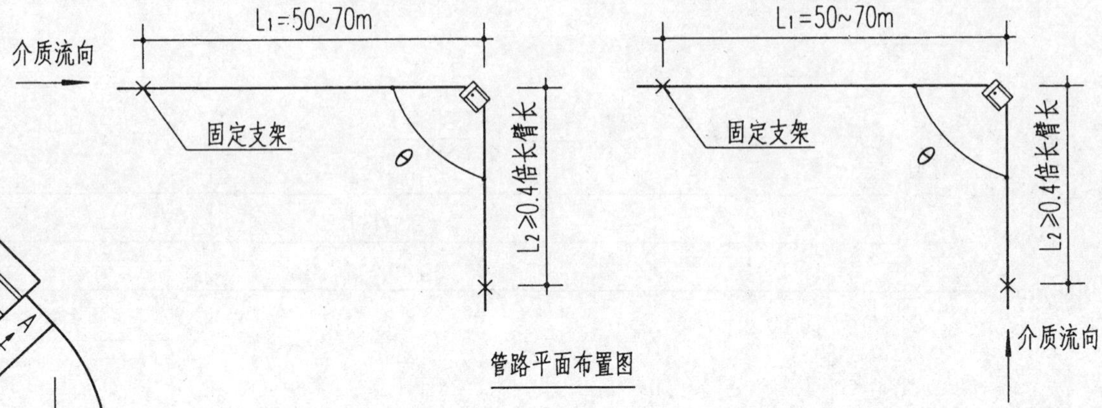

管路平面布置图

标注示例：已知DN200 PN1.0 t=250°C θ=90° L_1=70m L_2=28m选BW200~1.6/5~90

说明：

1、安装角θ可以从82.5°~97.5°选取。
2、补偿弯头安装方向应与图一致，不得装反。
3、必须进行水压试验。
4、型号BW100~1.6/5~θ 100为DN1.6为公称压力MPa 5为变形角度±2.5 θ为安装角。

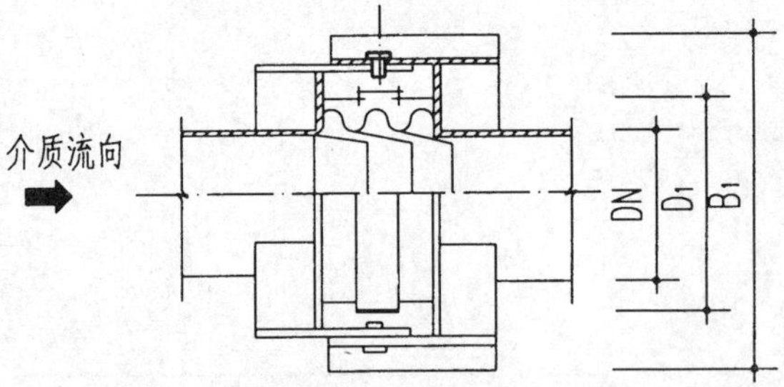

A-A旋转

波纹补偿弯头数据表

名称 \ DN	50	65	80	100	125	150	200	250	300
保温罩外经D_1(mm)	100	120	140	168	195	220	280	330	390
总宽B_1(mm)	210	230	245	320	360	420	500	570	640
长度L(mm)	347	380	399	461	501	553	698	792	874
总重 (Kg)	6	8	10	15	23	31	72	101	130

波纹管补偿弯头(安装角度82.5°~97.5°) 单管布置PN=1.6MPa			图集号	01R413
审核	校对	设计	页	62

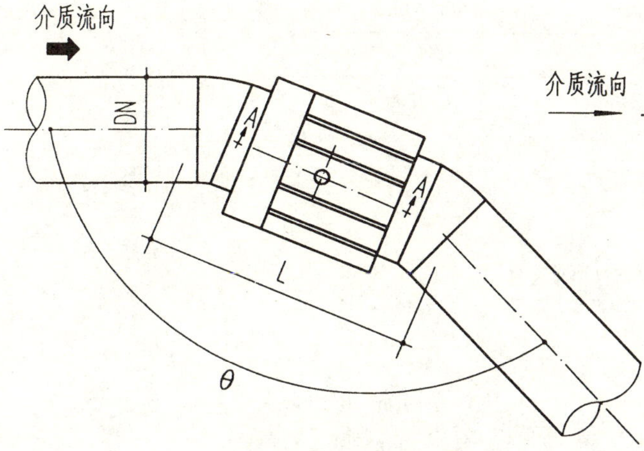

补偿弯头平面布置图

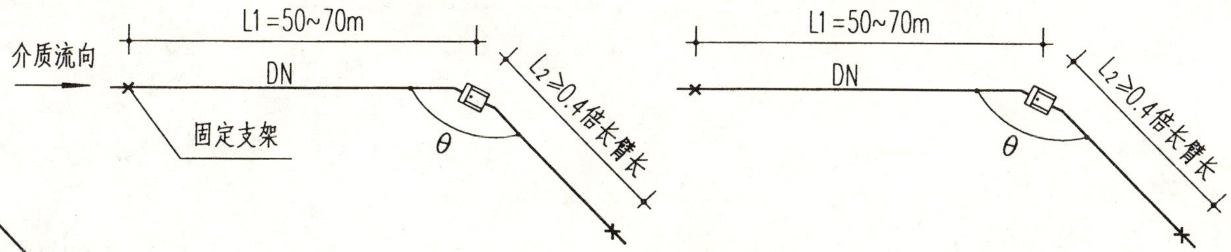

管路平面布置图

标注示例：已知DN200, PN1.0, t=250℃, θ=135°, l_1=70m, l_2=28m选BW200~1.6/5~135

说明：

1、安装角θ可以从127.5°~142.5° 选取。
2、补偿弯头安装方向应与图一致，不得装反。
3、必须进行水压试验。
4、型号BW100~1.6/5~θ 100为DN1.6为公称压力MPa
5为变形角度±2.5 θ为安装角。

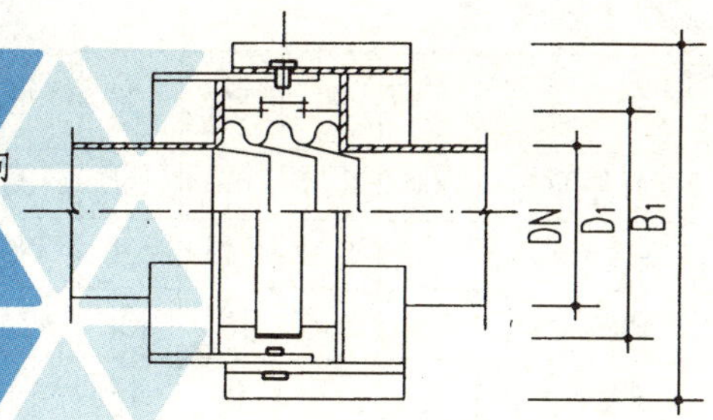

A-A旋转

波纹补偿弯头数据表

名称 \ DN	50	65	80	100	125	150	200	250	300
保温罩外经D1(mm)	100	120	140	168	195	220	280	330	390
总宽B1(mm)	210	230	245	320	360	420	500	570	640
长度L(mm)	445	476	447	564	598	645	803	890	960
总重 (Kg)	6	8	10	14	21	27	64	84	105

波纹管补偿弯头(安装角度127.5°~142.5°) 单管布置PN=1.6MPa						图集号	01R413
审核		校对		设计		页	63

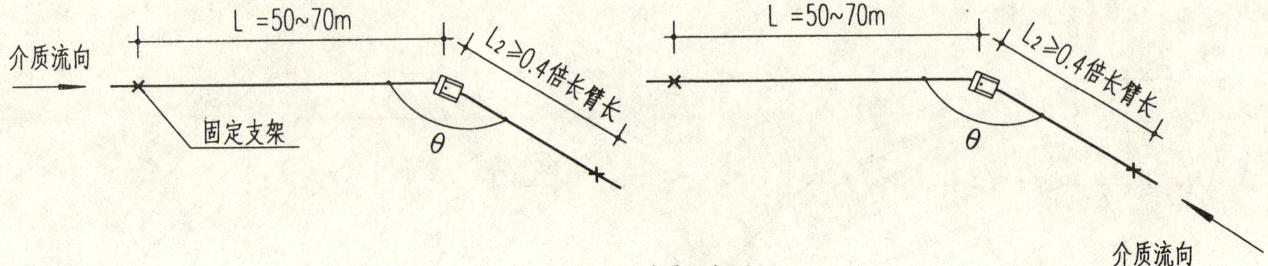

管路平面布置图

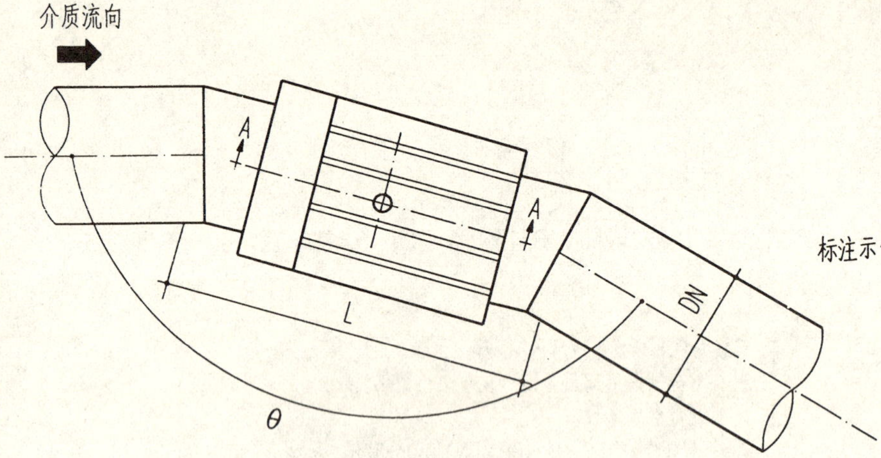

补偿弯头平面布置图

标注示例：已知DN200，PN1.0，t=250°C，θ=150°，l_1=70m，l_2=28m选BW200~1.6/5~150

说明：

1、安装角θ 可以从142.5°~157.5° 选取。
2、补偿弯头安装方向应与图一致，不得装反。
3、安装完毕与管道系统一起进行水压试验。
4、型号BW100~1.6/5~θ 100为DN1.6为公称压力MPa
   5为变形角度±2.5 θ 为安装角。

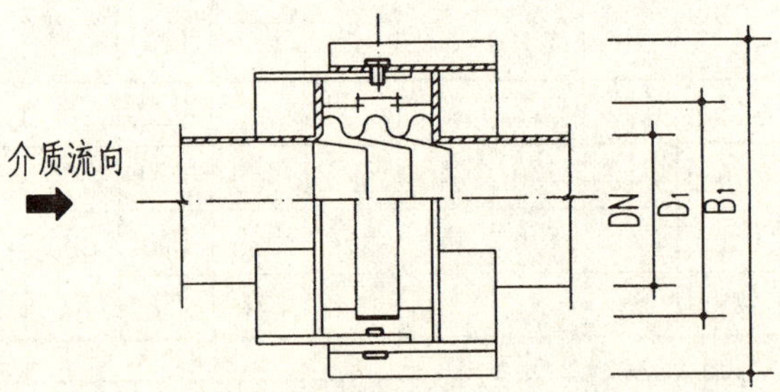

A-A旋转

波纹补偿弯头数据表

名称 \ DN	50	65	80	100	125	150	200	250	300
保温罩外经D_1(mm)	100	120	140	168	195	220	280	330	390
总宽B_1(mm)	210	230	245	320	360	420	500	570	640
长度L(mm)	404	409	414	462	473	504	610	647	653
总重 (Kg)	6	7	9	13	19	24	57	75	84

波纹管补偿弯头(安装角度142.5°~157.5°) 单管布置PN=1.6MPa			图集号	01R413
审核	校对	设计	页	64

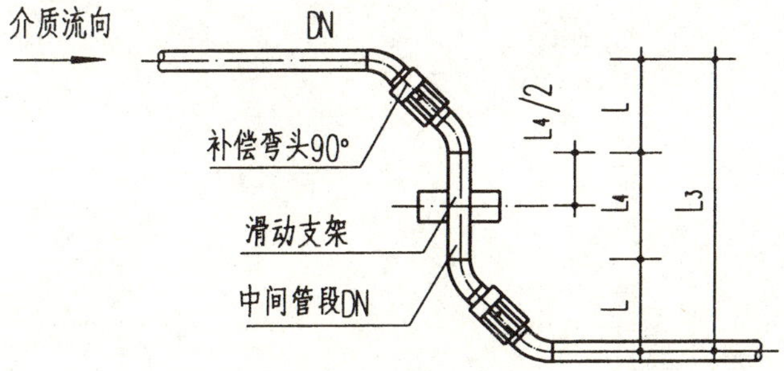

补偿弯头90° 平面安装

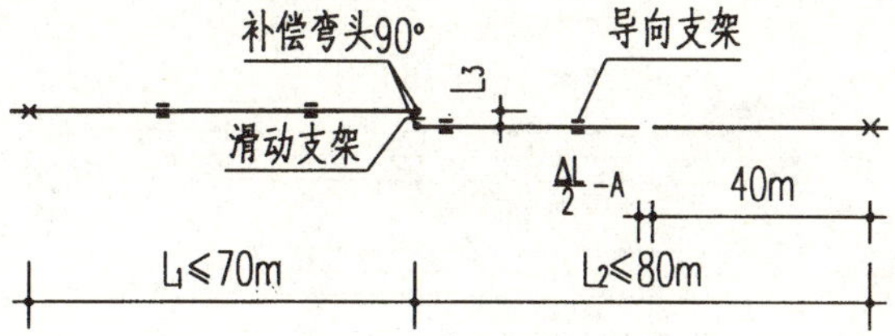

管路平面布置图

说明：1、注意介质流向，补偿弯头不得装反。
2、右下表D1、B1、L、尺寸图见第62页。
3、管道固定后进行预拉伸A值见下表

安装温度(℃)	10	15	20	25	30	35
A(mm)	38	48	58	68	78	88

补偿弯头变形角度θ选择表

介质温度(℃) / ΔL(mm) / L_3(mm)	250	200	170	130	95	70
	511	403	343	260	192	144
1500	–	–	20°	15°	10°	10°
2000	20°	20°	15°	10°	10°	10°
2500	20°	15°	15°	10°	10°	5°
3000	15°	15°	10°	10°	5°	5°
3500	15°	10°	10°	10°	5°	5°
4000	10°	10°	10°	5°	5°	5°
4500	10°	10°	10°	5°	5°	5°
5000	10°	10°	10°	5°	5°	5°

注：L_3=1500mm用于DN≤150，L_3=2000mm，用于DN≤200及以下
L_3=2500~5000mm 用于各种管径

BWDN~1.6/θ~90型补偿弯头数据表

θ / 项目 / DN (mm)	5°(±2.5°)				10°(±5°)				15°(±7.5°)				20°(±10°)			
	D_1 (mm)	B_1 (mm)	L (mm)	重量 (kg)	D_1 (mm)	B_1 (mm)	L (mm)	重量 (kg)	D_1 (mm)	B_1 (mm)	L (mm)	重量 (kg)	D_1 (mm)	B_1 (mm)	L (mm)	重量 (kg)
50	100	210	347	6	100	210	361	7	100	210	368	7	100	210	382	8
65	120	230	380	8	120	230	397	8	120	230	406	9	120	230	423	10
80	140	245	399	10	140	245	419	12	140	245	429	13	140	245	448	14
100	168	320	461	15	168	320	483	16	168	320	494	18	168	320	516	20
125	195	360	501	23	195	360	523	25	195	360	533	27	195	360	556	30
150	220	420	553	31	220	420	588	34	220	420	606	36	220	420	641	39
200	280	500	698	72	280	500	715	79	280	500	733	81	280	500	751	86
250	330	570	792	101	330	570	817	108	330	570	843	114	330	570	868	120
300	390	640	574	130	390	640	902	138	390	640	930	145	390	640	959	155

波纹管补偿弯头90°Z形平面布置 单管PN=1.6MPa	图集号	01R413
审核 校对 设计	页	65

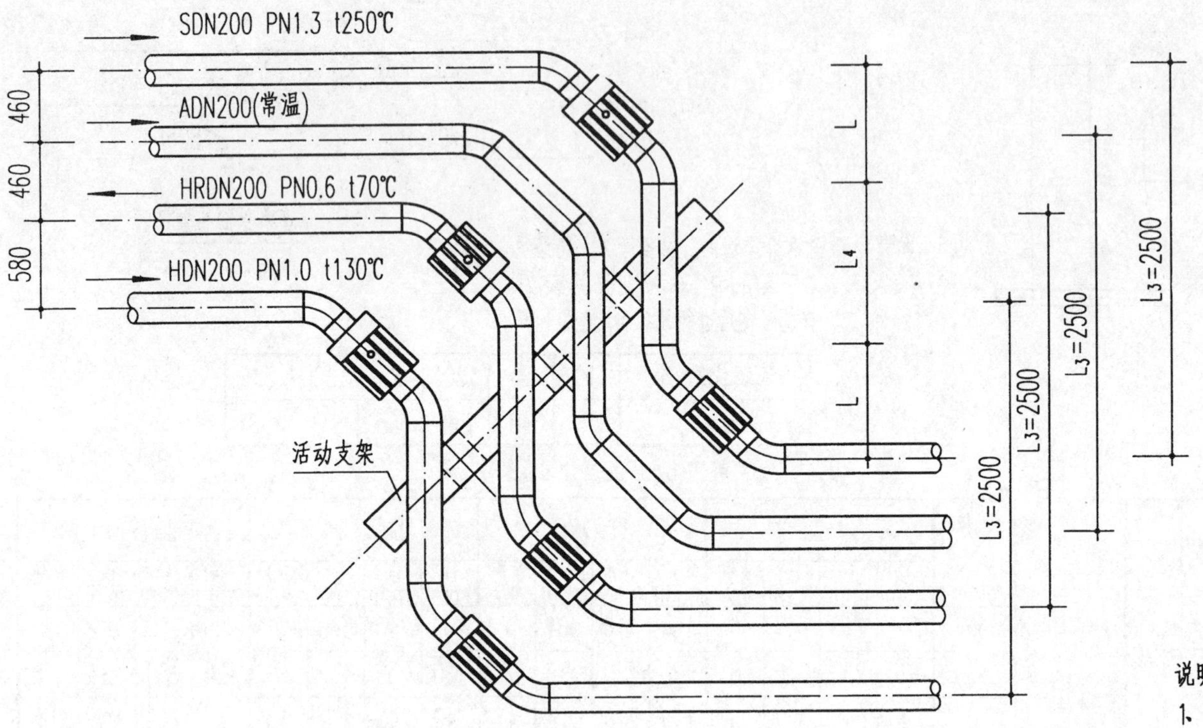

说明：

1、多管Z形布置，可按本图示例标注，不另出图。

2、本图应参照第65页选用与安装。

3、对常温不保温管弯头选用，管径较小的可采用弯曲半径大的弯管，管径较大的，同本图采用45°热压弯头4个，中间加短管制成。

4、活动支架横梁应比管线活动支架横梁长。

标注示例：按01R413第65页二表：设定L_3=2500

SDN200,选BW200~1.6/20~90　2个，ΔL=511mm,L=751mm,L_4=998mm

HRDN200,选BW200~1.6/5~90　2个，ΔL=144mm,L=698mm,L_4=1104mm

H,DN200,选BW200~1.6/10~90　2个，ΔL=260mm,L=715mm,L_4=1070mm

波纹管补偿弯头90°Z形平面布置 多管PN=1.6MPa						图集号	01R413
审核	[signature]	校对	[signature]	设计	[signature]	页	66

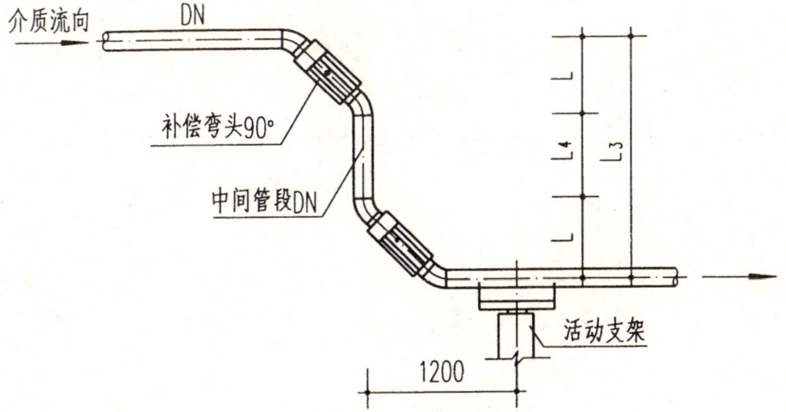

补偿弯头90° 立式安装（一）

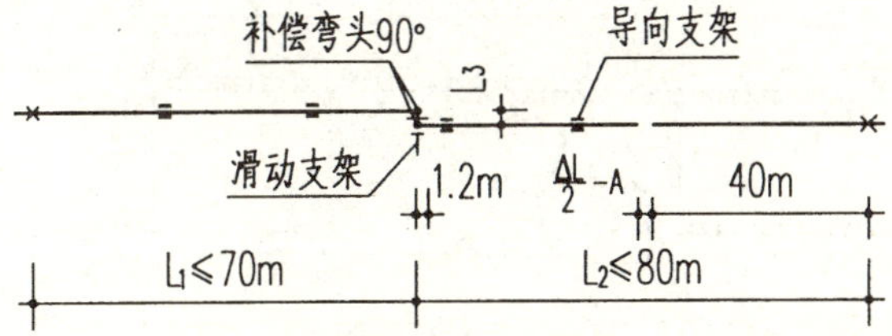

管线纵向立面布置图

标注示例：设定DN200 PN1.0 t=200°C，L_1=70m，L_2=80m，L_3=2.5m
按第65页左下表 选BW200~1.6/15~90，2个，ΔL=403
按第65页右下表L=733，L_4=1034

说明：

1、补偿弯头变形角度θ选择表及BWDN~1.6/θ~90型补偿弯头数据表见第65页。
2、注意介质流向，补偿弯头不得装反。
3、管道固定后进行预拉伸，A值见下表：

安装温度(°C)	10	15	20	25	30	35
A (mm)	38	48	58	68	78	88

4、L_3可从1500~5000选定。
5、多管布置同本图单管布置。

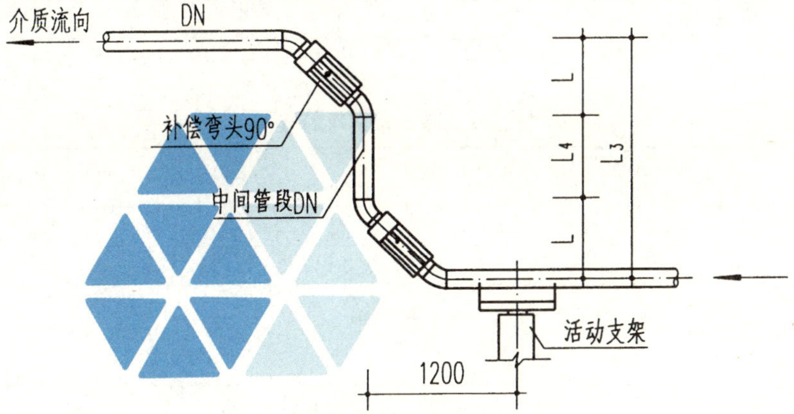

补偿弯头90° 立式安装（二）

波纹管补偿弯头90°Z形立式布置 单管PN=1.6MPa	图集号	01R413
审核 校对 设计	页	67

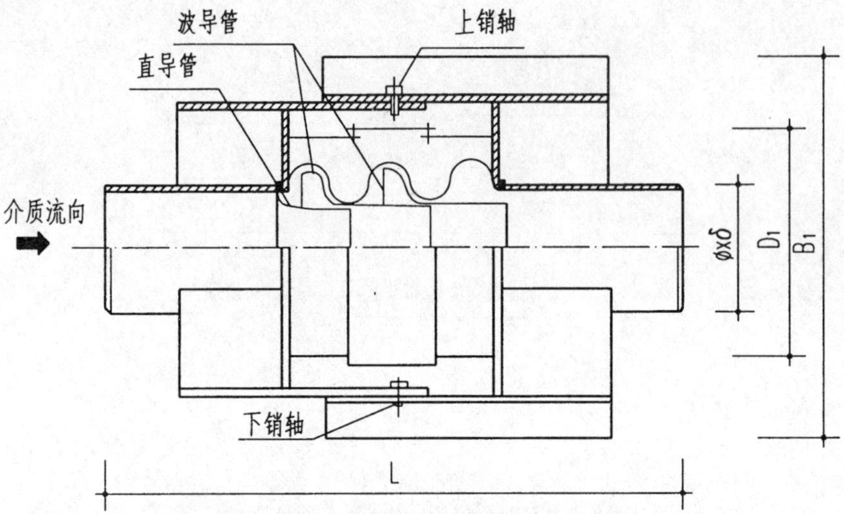

BD(Ⅲ)型补偿单元J_1、J_2外形图

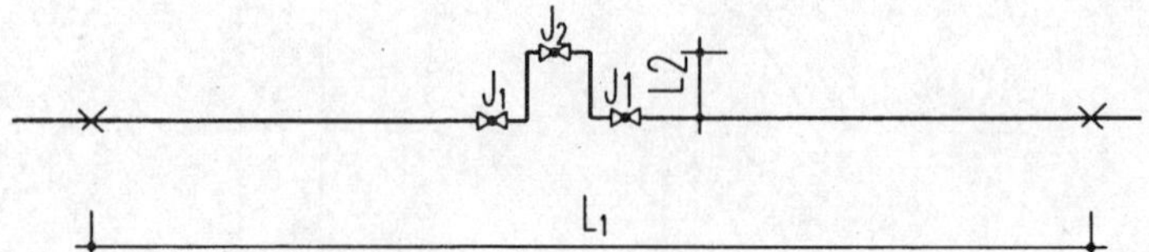

角向型波纹管补偿器(三铰点)管线平面布置

BD(Ⅲ)型补偿单元数据表PN=1.6

名称 / DN	补偿器	øxδ	D_1	B_1	L	重量 (kg)
50	J_1/J_2	57x3.5	100	210	405/425	7/8
65	J_1/J_2	76x4	120	230	414/450	8/9
80	J_1/J_2	89x4.5	140	245	423/465	10/13
100	J_1/J_2	108x4.5	168	320	472/518	14/17
125	J_1/J_2	133x4.5	195	360	472/518	20/23
150	J_1/J_2	159x5	220	420	513/588	27/30
200	J_1/J_2	219x6	280	500	588/638	63/67
250	J_1/J_2	273x7	330	570	626/695	76/85
300	J_1/J_2	325x8	390	640	640/720	87/98

按固定支架距离确定热伸长量ΔL(mm)

L_1(m) / 介质温度(℃)	100	120	140	160	180	200	220
250	325	397	458	524	589	655	720
200		307	358	410	461	512	563
170			302	345	389	432	475
150				300	338	375	413
130						322	355

按热伸长量确定L_2(mm)

ΔL(mm) / 伸缩器弯曲角度	300	350	400	450	500	550	600	650	700
±5°	1720	2010	2290	2580	2870	3160	3450	3730	4020
±8°	1077	1257	1437	1616	1796	1975	2155	2355	2514

注：如场地有位置，弯曲角度宜选用±5°。

角向型波纹管补偿器（三铰点）平面布置	图集号	01R413
审核 校对 设计	页	68

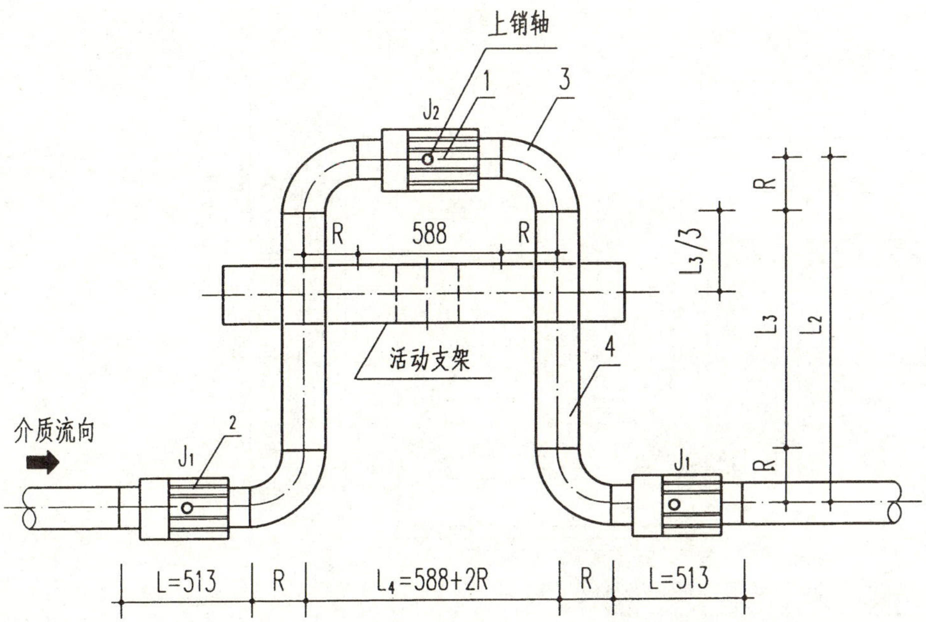

角向型波纹管补偿器平面安装图

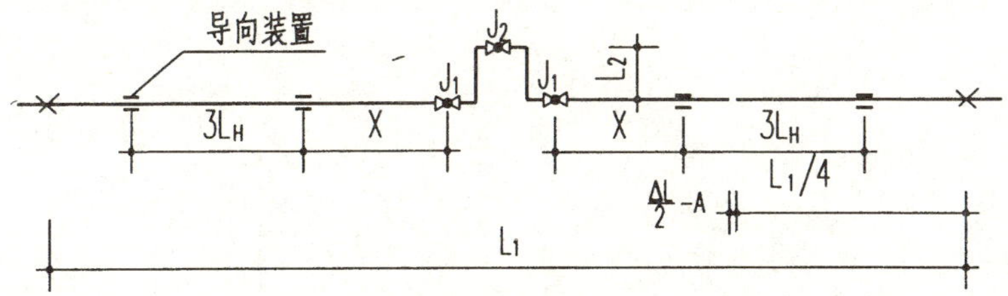

管线平面布置图

说明：

1、安装时注意导流套方向与介质流向一致，不得装反，上销轴应位于图上位置。

2、管道固定后进行预拉伸、预拉伸量= $\frac{\Delta L}{2}-A$，A 值见下表：

安装温度(℃)	10	15	20	25	30	35
A(mm)	43	54	65	75	86	97

3、导向装置于≥X处，X值见下表，LH为活动支架间距。

DN(mm)	50	65	80	100	125	150	200	250	300
X (m)	7	7	8	9	10	11	13	15	17

标注示例：设定DN150，t=170℃，L=180m 查第68页右二表得ΔL=389mm，L2=1437(±8)mm，选BD(Ⅲ)150~1.6/400，J1二个J2一个 J1的L=513mm，J2的L=588mm，R=225，L3=987mm

编号	名称及规格	单位	数量	单重 重量(kg)	总重 重量(kg)	备注
4	中间管 DN50,L987	根	2	16.92	33.85	无缝钢管 ø159X4.5
3	热压弯头DN150, 90°, PN25	个	4			R=1.5DN, HGJ514~87
2	DN150 PN1.6 J1 角向型波纹管补偿器	个	2	27	54	BD(Ⅲ)150~1.6/400~J1
1	DN150 PN1.6 J2 角向型波纹管补偿器	个	1	30	30	BD(Ⅲ)150~1.6/400~J2

明细表

角向型波纹管补偿器(三铰点)平面布置 单管	图集号	01R413
审核 校对 设计	页	69

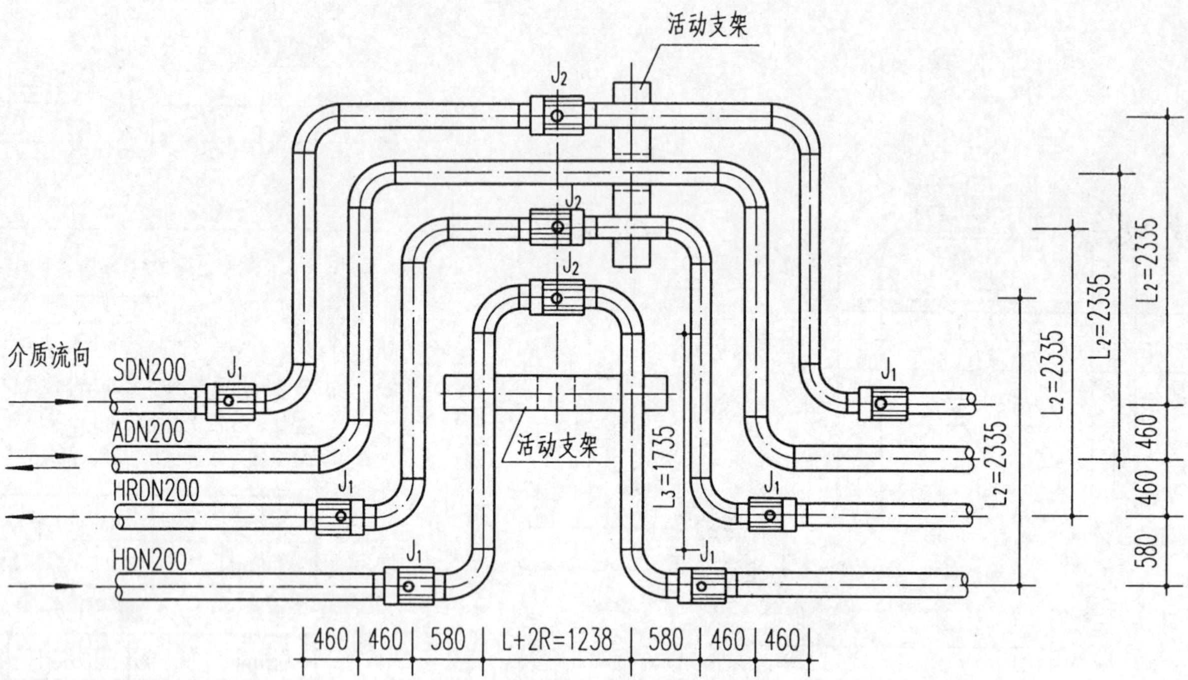

角向型波纹管补偿器平面安装图

标注示例：设定SDN200，PN1.3，t=250°C，L_1=200m，由第68页的表中查得 ΔL=655mm，L_2=2335(±8°)mm

ADN200，PN0.8，t= 常温，L1=200m

HRDN200，PN0.6，t=7°C，L_1=200m， ΔL<300mm，L2=1077(±8°)mm

HDR200，PN1.0，t=130°C，L_1=200m， ΔL=322mm，L2=1257(±8°)mm

选定L_2=2335mm，BD(Ⅲ)200~1.6/650，J1二个，J_2一个，J_1的L=588mm，J_2的L=638mm

BD(Ⅲ)200~1.6/300，J1二个，J_2一个，J_1的L=588mm，J_2的L=638mm

BD(Ⅲ)200~1.6/350，J1二个，J_2一个，J_1的L=588mm，J_2的L=638mm

R=300，L_3=1735mm

说明：

1、多管布置外伸臂L的确定，以多管中介质温度最高的，即热伸长量最大的按第68页右二表确定。
2、活动支架横梁宽度可按需要长度从支架横梁宽度系列中选用。
3、其余如预拉伸，导向装置所在位置等均同第69页，导向装置可共同选在同一的活动支架上。

角向型波纹管补偿器（三铰点）平面布置 多管						图集号	01R413
审核	[signature]	校对	[signature]	设计	[signature]	页	70

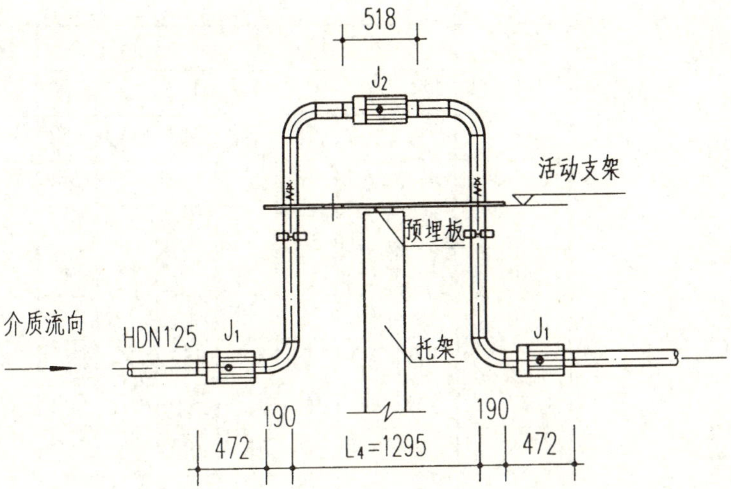

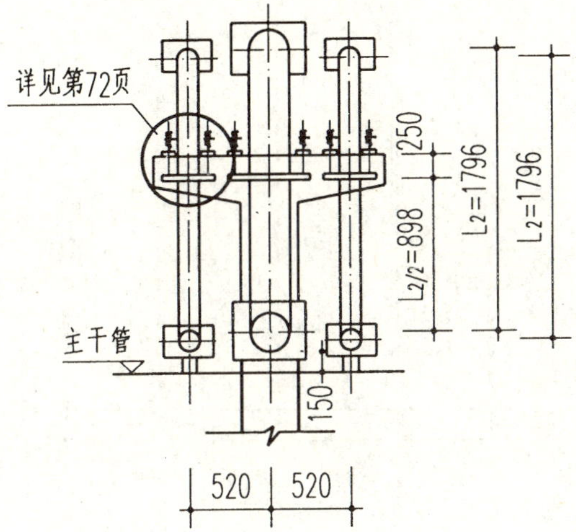

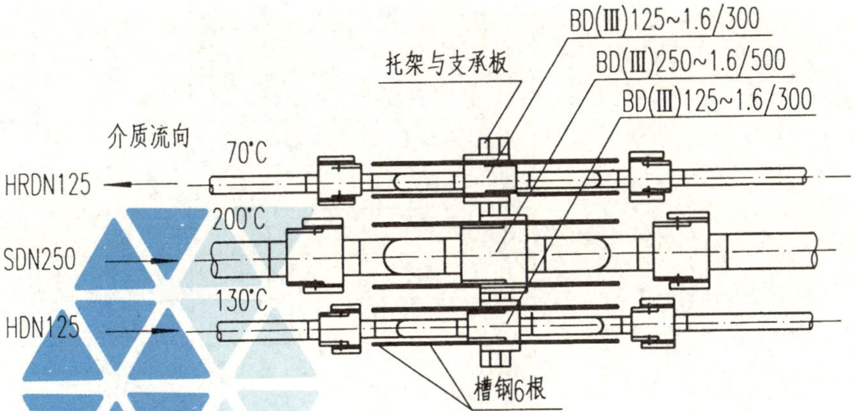

说明:

1、同架敷设数管中，以管径大，介质温度高的为准选出L2及L4其他各管均同此L_2，L_4。
2、槽钢则焊于托架顶预埋板上。
3、因各管管径不同，二槽钢中心距C按第72页尺寸表选用，本示例为390mm。
4、其余如预拉伸，导向装置所在位置等均同第69页。
5、本例固定支架距180m。

角向型波纹管补偿器（三铰点）立面布置 单管或多管（一）						图集号	01R413
审核		校对		设计		页	71

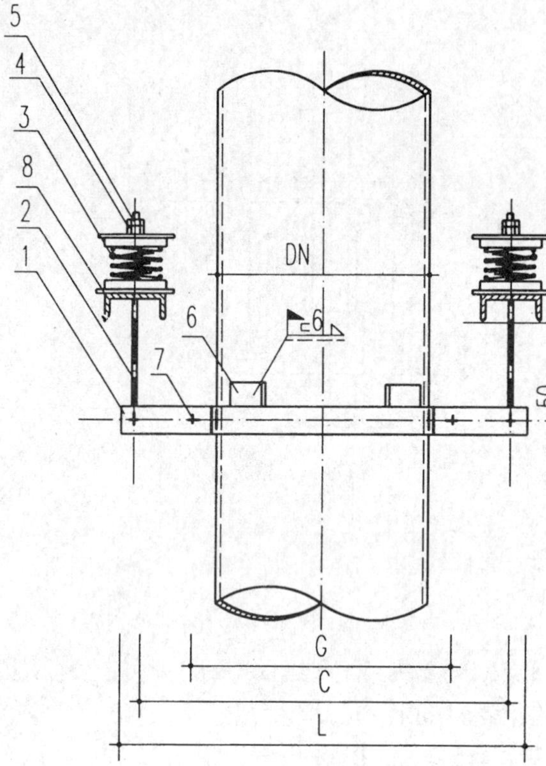

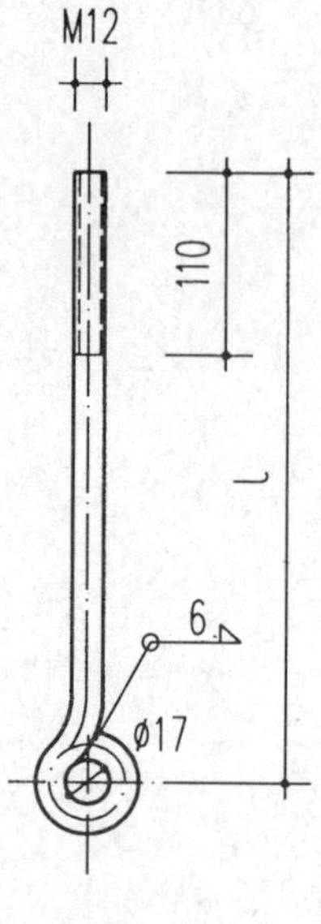

吊杆

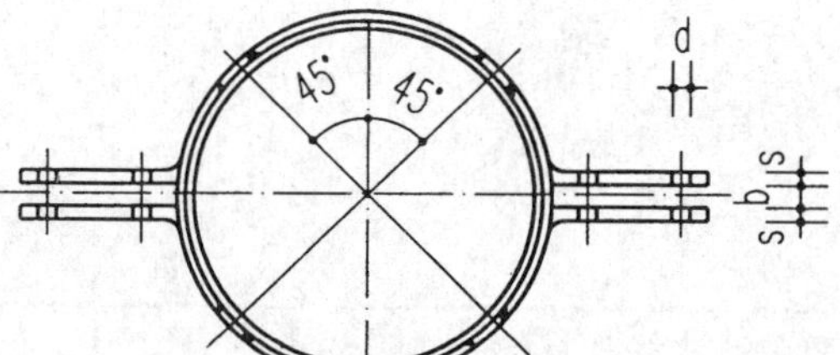

弹簧号	77li~11				77li~12			77li~13	
h安装	104	97	93	84	133	127	106	119	104
l	300	300	300	300	330	330	330	340	340
S	4	6	6	6	6	8	8	10	10
B	25	30	30	30	30	40	40	50	50
d	10	14	14	14	14	18	18	24	24
b	19	19	19	19	19	19	22	26	26
L	355	370	385	405	430	485	550	630	680
C	315	330	345	365	390	435	500	570	620
G	115	130	145	165	190	215	280	350	400
尺寸 / DN	50	65	80	100	125	150	200	250	300

尺寸表

编号	名称及规格	单位	数量	单重(kg)	总重(kg)	备注
8	横梁 槽钢10号	根	6			
7	螺栓（带螺母）	个	24			
6	管托50x80x6	个	24			
5	扁螺母M12	个	12			
4	螺母M12	个	12			
3	上下弹簧	个	12			
2	吊杆M12	个	12			Q235
1	管夹	个	12			

明细表

说明：

1、右表数量按第71页三管布置图计算。

2、弹簧配上下圆板，设计者可根据荷载能力选弹簧号，向弹簧生产厂购买。

角向型波纹管补偿器（三铰点）立面布置 单管或多管（二）		图集号	01R413
审核 校对 设计		页	72

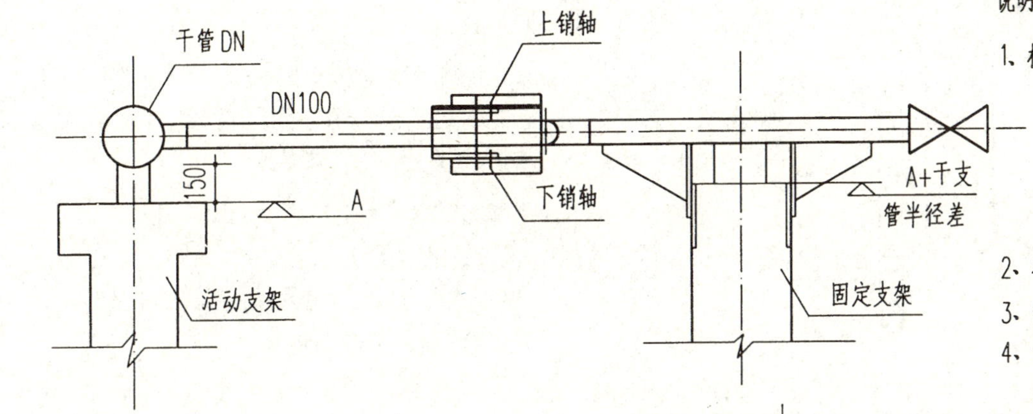

说明：

1、标注示例：设定DN200mm ΔL250mm DN100 PN=1.0MPa
选BW100~1.6/20~95一个,L=516mm,重20kg，由第125页查得 H=217.5mm
BW波纹补偿弯头代号，100为DN,1.6为PN,20为变形角度±10°,95°为安装角度。

2、本图适用于支管引出点远离干管固定支架处。

3、安装时介质流向与波纹管内波导套方向必须一致。

4、安装时上、下销轴处于上、下部位置时，按安装平面图安装，ΔL<250mm，选用本图，以实际ΔL安装。

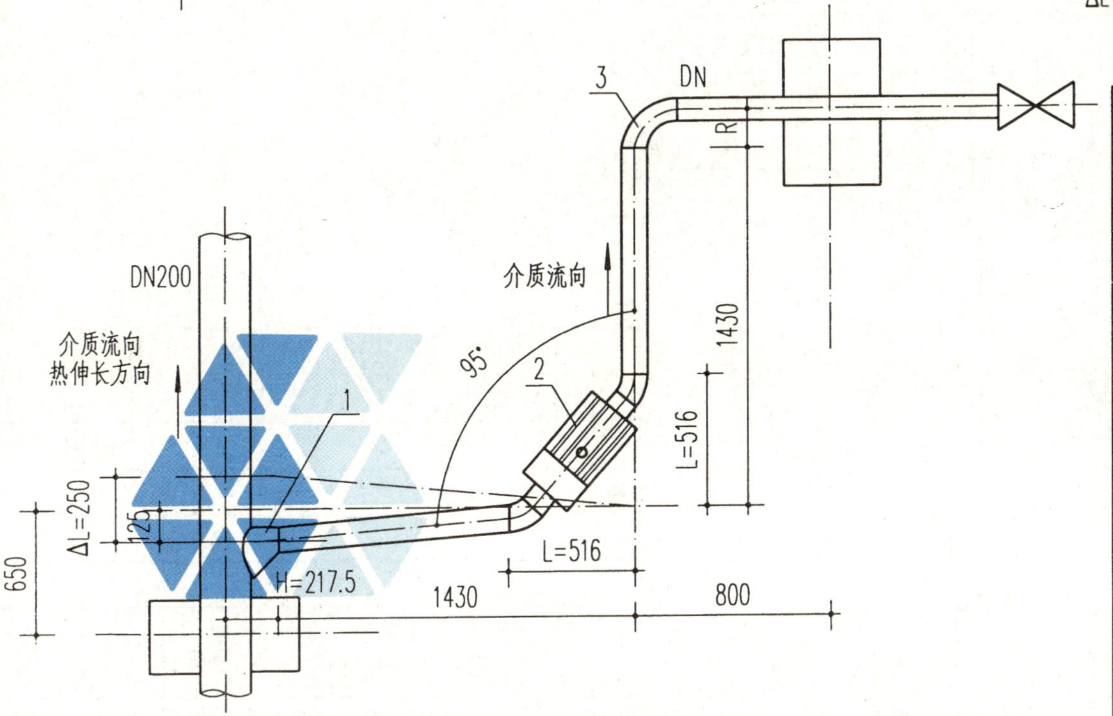

R	75	100	120	150	190	225	300	300
重量(kg)	8	10	14	20	30	39	86	120
L	382	423	448	516	556	641	751	868
DN	50	65	80	100	125	150	200	250

编号	名称及规格	单位	数量	单重(kg)	总重(kg)	备注
3	热压弯头DN100 R=150	个	1			
2	补偿弯头BW100~1.6/20~95	个	1	20	20	
1	分流三通DN200xDN1	个	1			按第125页制造

明细表

干、支管连接点安装图、单管（应用BW型波纹补偿弯头）	图集号	01R413
审核 校对 设计	页	73

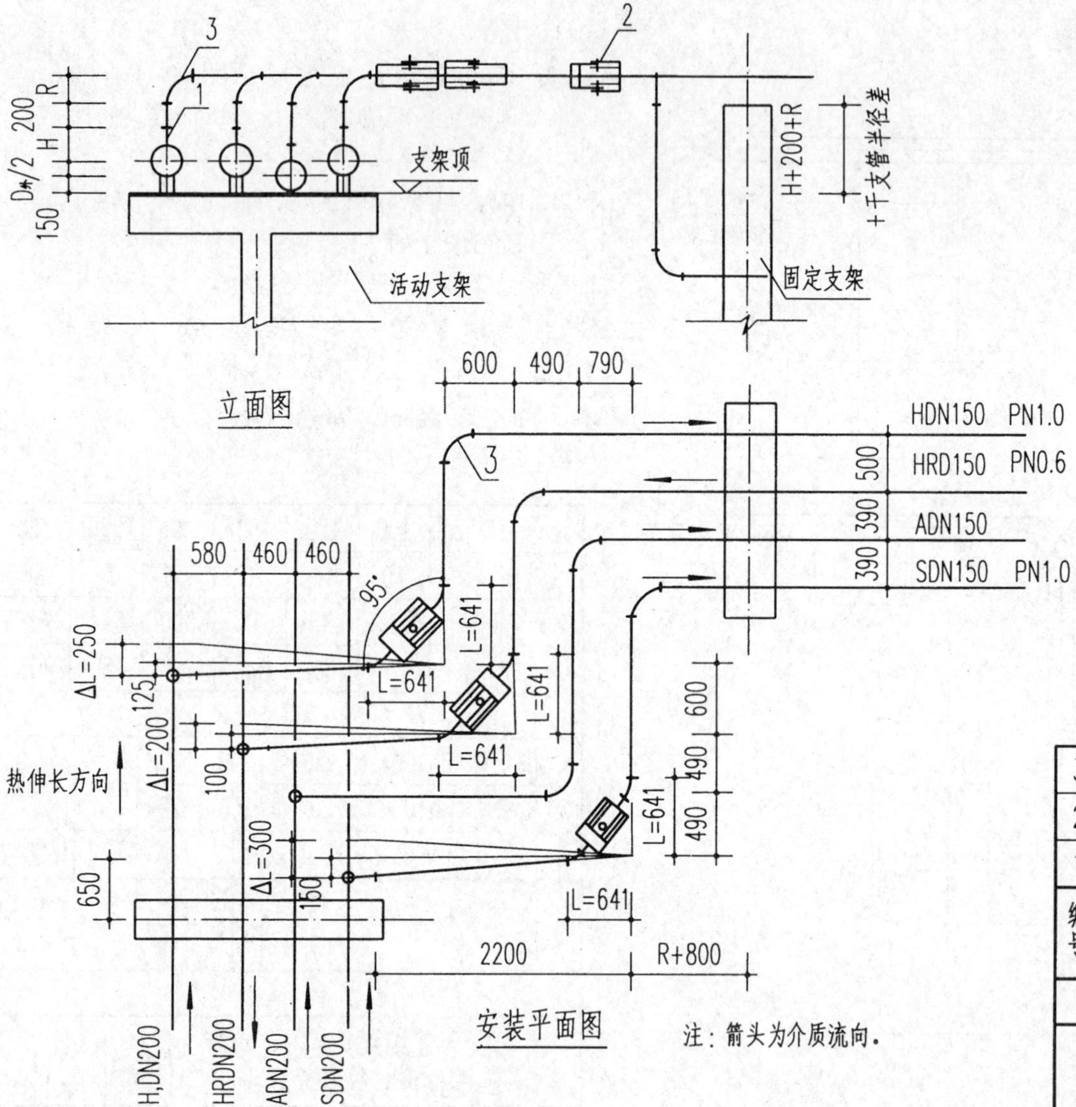

注：箭头为介质流向。

说明：

1、本图为支管支架顶高于干管支架顶布置，如需同一标高或低于干管支架顶，可如图假想线方式敷设，每根支管增加一个热压弯头。

2、其他选用和注意事项，见单管布置（第73页）。

3、分流三通H值见第125页。

4、如各管ΔL≤300mm，本布置均能满足，图中ΔL250、200均可视作ΔL=300mm。

编号	名称及规格	单位	数量	单重量(kg)	总重量(kg)	备注
3	热压弯头DN150 R=225	个	9	6.47	58.23	
2	补偿弯头BW150~1.6/20~95	个	3			
1	分流三通DN200xDN1	个	4			按第125页制造

明细表

干、支管连接点安装图、多管（应用BW型波纹补偿弯头）	图集号	01R413
审核 校对 设计	页	74

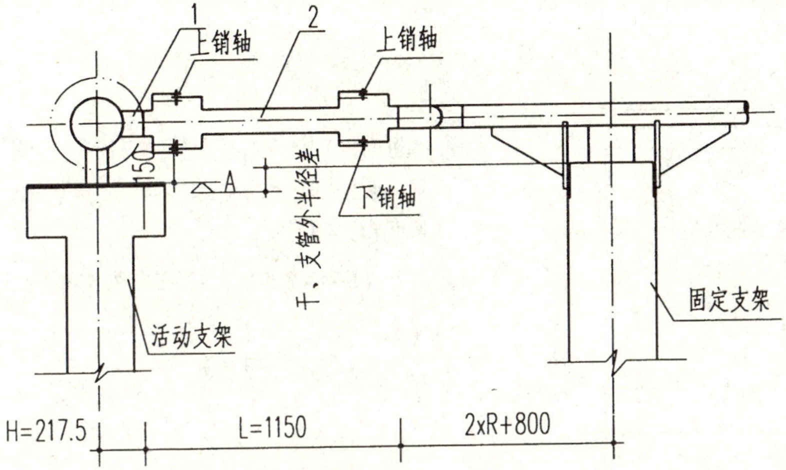

立面图

标注式例：设定DN200，ΔL200,DN100,PN1.0，选JH100~1.0/200，一个L=1150重29kg。

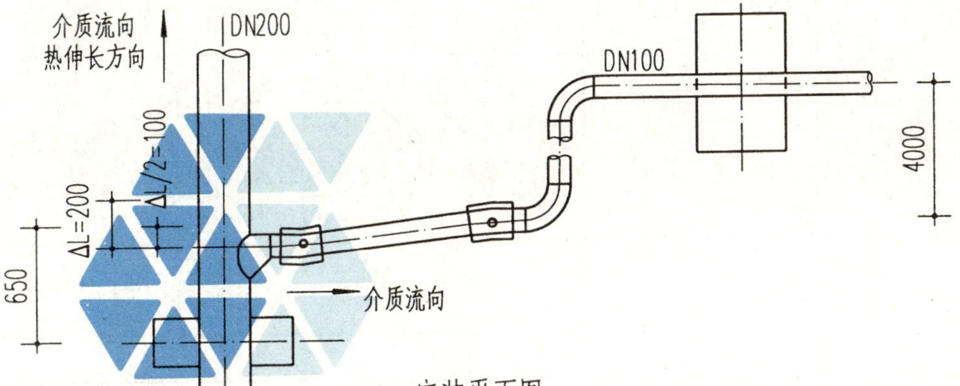

安装平面图

说明：

1、本图适用于支管引出点远离干管固定支架处。

2、JH100~1.0/200 JH 为减阻式横向补偿器。
100为DN1.0为PN200为横向位移ΔL。

3、安装时介质流向与波纹管内波导套方向必须一致。

4、安装时上、下销轴必须处于上部与下部位置。

5、安装时应与安装平面图一致如ΔL<200mm，可选用本图以实际ΔL安装。

ΔL																								
300	15	15	16	21	22	23	24	25	26	34	35	37	46	47	48	54	55	57	118	120	122	161	163	165
	L=1350			L=1380			L=1410			L=1440			L=1550			L=1580			L=1640			L=1790		
250	13	13	14	19	19	19	21	21	22	31	32	33	41	42	43	49	50	51	106	108	110	146	148	150
	L=1200			L=1230			L=1250			L=1280			L=1400			L=1430			L=1460			L=1630		
200	11	11	12	17	17	18	19	19	20	28	29	30	37	38	39	45	46	47						
	L=1050			L=1080			L=1110			L=1150			L=1260			L=1280								
ΔL/PN	0.6	1.0	1.6	0.6	1.0	1.6	0.6	1.0	1.6	0.6	1.0	1.6	0.6	1.0	1.6	0.6	1.0	1.6	0.6	1.0	1.6	0.6	1.0	1.6
DN	50			65			80			100			125			150			200			250		

JH型减阻式横向补偿器数据表 重量(kg)/L(mm)

编号	名称及规格	单位	数量	单重量(kg)	总重量(kg)	备注
2	减阻式横向补偿器DN200PN1.0	个	1	29	29	JH100~1.0/200
1	分流三通DN200xDN1 H=217.5	个	1			见第125页

明细表

干、支管连接点安装图、单管（应用减阻式横向补偿器）		图集号	01R413
审核 [signature] 校对 [signature] 设计 [signature]		页	75

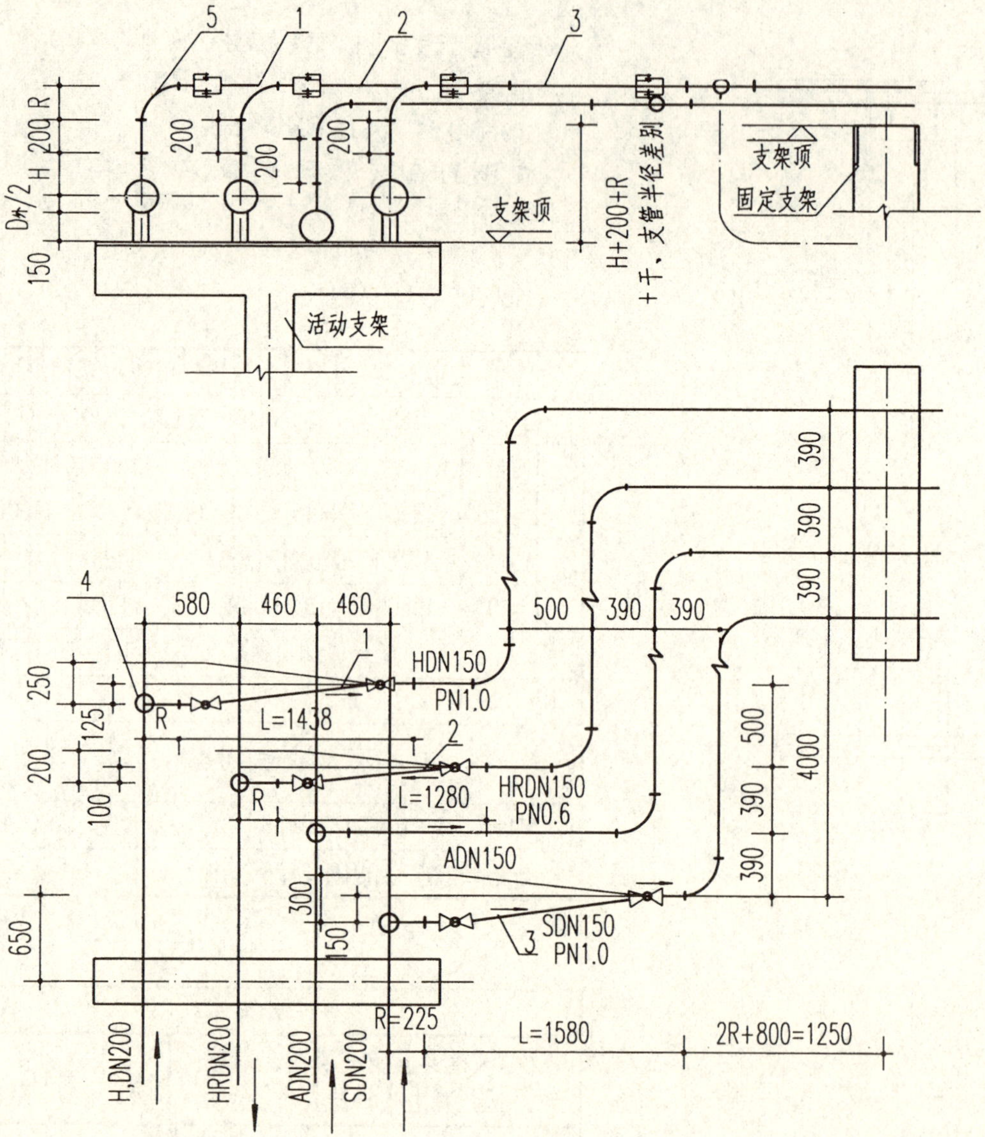

说明：

1、本图为支管支架顶高于干管支架顶布置，如需同一标高或低于干管支架顶，可用二个弯头如图假想线方式敷设。

2、其他选用和注意事项，见单管布置(第75页)。

3、分流三通H值见第125页。

4、图中箭头方向为介质流向。

R	75	100	120	150	190	225	300	300
DN	50	65	80	100	125	150	200	250

编号	名称及规格	单位	数量	单 重量(kg)	总 重量(kg)	备注
5	热压弯头DN150 R=225	个	12	6.47	77.64	
4	分流三通DN200xdN1	个	4			H=268.5
3	减阻式横向补偿器JH150~1.0/300	个	1	55	55	
2	减阻式横向补偿器JH150~0.6/200	个	1	45	45	
1	减阻式横向补偿器JH150~1.0/250	个	1	50	50	

明细表

干、支管连接点安装图、多管（应用减阻式横向补偿器）	图集号	01R413
审核 校对 设计	页	76

球型补偿器选用说明

1、球型补偿器的选用原则，补偿量越大选用越经济，本图集补偿量范围ΔL500~ΔL1200mm，对250℃介质固定支架距离400m左右，对介质温度250℃以下，固定支架距离则大于400m。

2、为解决球型补偿器使用中产生泄露问题，采取：

a、球补与管道及连接管的连接用焊接不用法兰。

b、DN125~300选用QBxxC~HK型，有带压堵漏DN50~300可选用ZQBxx~1.6型，有注入口注入密封剂。

3、球型补偿器PN1.6,t<350℃，均可满足本图集要求范围。

4、折屈角本图集选用18°,可使流体阻力系数减少，同时提高密封性能。

5、厂区管线球型补偿器布置要充分利用地形敷设方案有：

a、对厂区地形平坦时可以利用高、低支架作方形向下、向上布置，平面Z形布置。

b、对厂区地形管道纵向走向有高差时，可以作立式单向双向布置，高的一侧以低支架敷设。

c、对厂区地形管道走向横向有高差时，可以立式立体及倾斜布置，高的一侧以低支架敷设。

6、当支管从有大热伸长量的干管引出时，支管才用球补布置。

施工说明：

1、运输或安装时，应注意保护球体表面和注料口，严禁损伤球面和碰伤注料口，当长期存放时，应在球面处涂以苯甲基或二甲基硅油。

2、不准随意松动可拆注料口和螺塞。

3、安装时，应按设计要求调整球头的初始折曲面。（即安装角）

4、焊接时应注意保护球体的镀铬表面，勿使其受到损伤。

5、球补器装卸要轻放，施工中搬运球补器防止碰撞，不得随意乱扔，消除不必要的碰撞缺陷，防止泥土填入球体表面。

6、球体调整至安装角，可将中法兰螺栓均匀松开，（松螺栓前，可将螺栓位置作上标记，可用涂抹颜色的方法。）将球体搬成所需角度，然后将中法兰螺栓拧紧到原来位置，严禁用猛击的方法去搬动球体角度。

7、当球补器装入管道通入介质后，初始阶段，球补器若有泄漏，是由于温度过低造成的，温度升高，泄漏会自然消失。

球型补偿器选用说明						图集号	01R413
审核		校对		设计		页	77

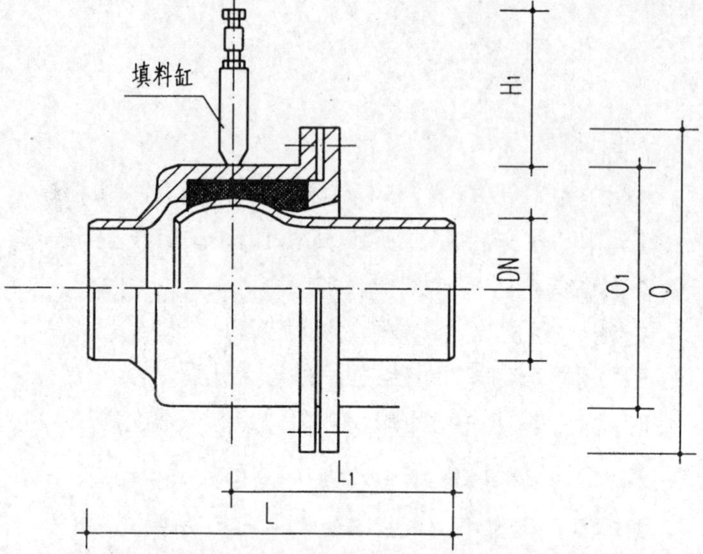

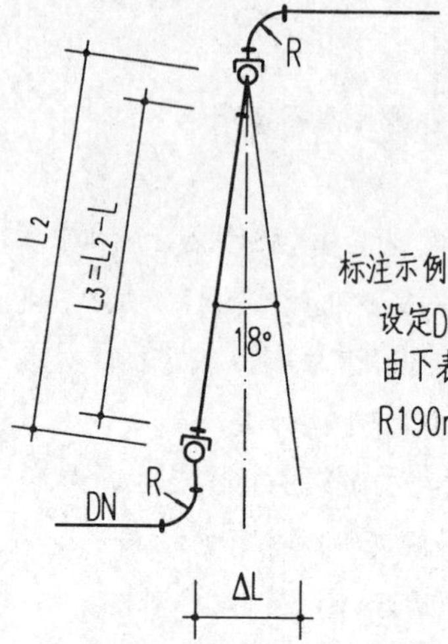

标注示例：

设定DN125, ΔL=700mm

由下表L_2=2240mm, L_3=1890mm

R190mm, QB125C~HK 二个.

带压堵漏球型补偿器数据表　PN≤1.6MPa t≤350℃

DN	型　号	L	L_1	O	O_1	H_1	填料缸个数	重量(Kg)
50	ZQB50~1.6	215	110	–	127	69.5	4	10
80	ZQB80~1.6	265	140		168	70	4	16
100	ZQB100~1.6	300	150		203	72.5	4	25
125	QB125C~HK ZQB125~1.6	350 360	213 180	305 –	227 245	150 78.5	2 6	49 41
150	QB150C~HK ZQB150~1.6	356 340	200 210	335 –	258 273	150 79.5	2 8	54 51
200	QB200C~HK ZQB200~1.6	450	254 225	440 –	344 351	150 75.5	3 8	106 102
250	QB250C~HK ZQB250~1.6	520	294 280	535 –	430 426	150 79	3 12	174 160
300	QB300C~HK ZQB300~1.6	572 585	330 310	610 –	495 500	195 79	4 19	243 330

连接管长L_3(mm)

ΔL(mm)	500	600	700	800	900	1000	1100	1200
球心距L_2	1600	1920	2240	2560	2880	3200	3520	3840
DN50	1385	1705	2025	2345	2665	2985	3305	3625
DN80	1335	1655	1940	2260	2580	2900	3220	3540
DN100	1300	1620	1930	2250	2570	2890	3210	3530
DN125	1250	1570	1890	2210	2530	2850	3170	3490
DN150	1244	1564	1884	2204	2524	2844	3166	3484
DN200	1150	1470	1790	2110	2430	2750	3070	3390
DN250	1080	1400	1720	2040	2360	2680	3000	3320
DN300	1028	1348	1668	1988	2308	2628	2948	3268

说明：1、本图按张家口市第二机床厂QB型球补偿器技术参数编制.

2、QB125C~HK, QB 球型补偿器, 125公称直径, C第C次设计.
H焊接式K,可填注型.

球型补偿器数据表		图集号	01R413
审核	校对	设计	页 78

例：DN150,ΔL=1100mm，L_2=3520mm
由右下表知Y=43mm
X最小=8.7m由左下表查得Z=10m

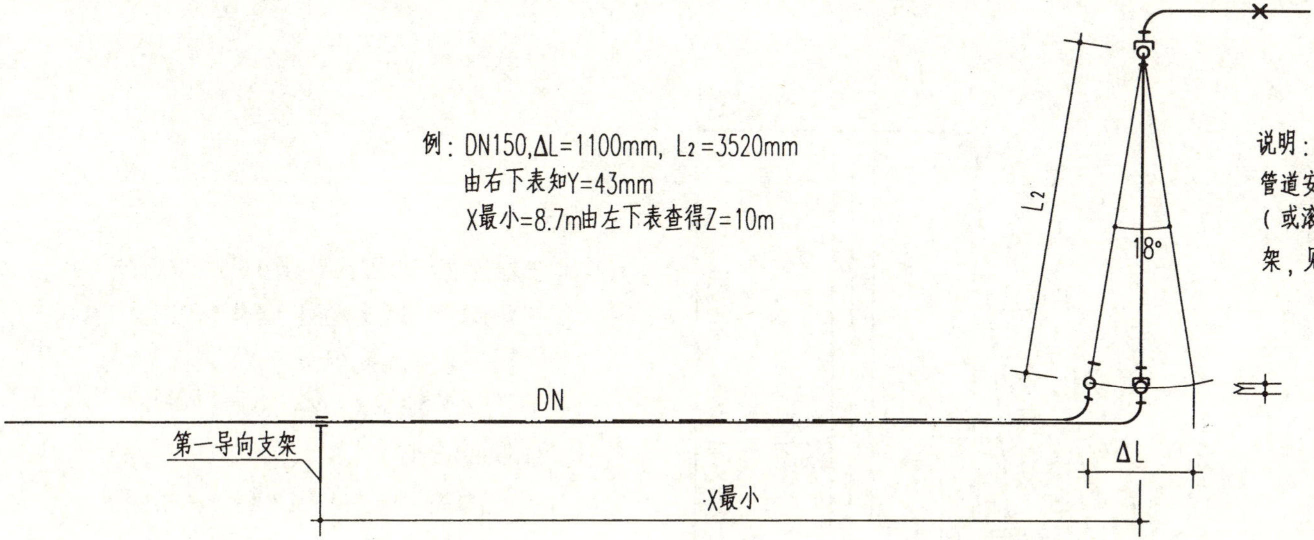

说明：
管道安装完毕，再在管道滑动（或滚动）支座两侧焊导向支架，见第103、104页。

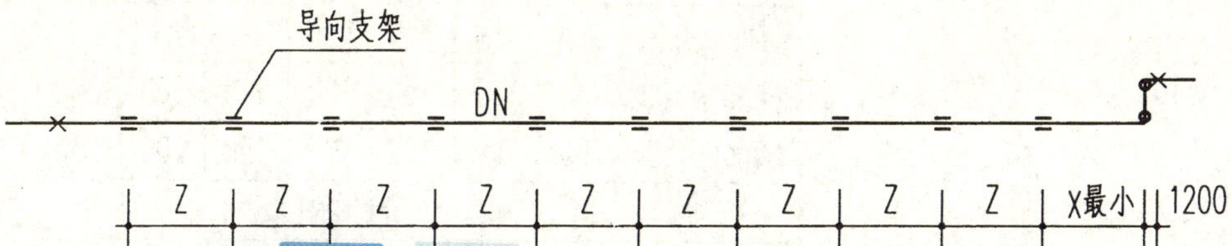

管道直线部分导向支架间距Z

DN	50	65	80	100	125	150	200	250	300
Z(m)	4	5	6	7	8	10	23	28	33

球型补偿器垂直中心至第一个活动支架最小距离 X（m）

ΔL(mm)	Y (mm)	DN								
		50	65	80	100	125	150	200	250	300
500	20	3.5	4.0	4.4	4.9	5.4	5.9	6.9	7.7	8.4
600	24	3.9	4.4	4.9	5.4	5.9	6.5	7.6	8.5	9.3
700	28	4.2	4.7	5.2	5.8	6.4	7.0	8.2	9.2	10
800	31	4.4	5.0	5.5	6.1	6.8	7.4	8.7	9.7	10.6
900	35	4.7	5.3	5.8	6.4	7.1	7.8	9.1	10.2	11.1
1000	39	5.0	5.6	6.2	6.8	7.6	8.3	9.7	10.8	11.8
1100	43	5.2	5.9	6.5	7.1	7.9	8.7	10.2	11.3	12.4
1200	47	5.4	6.1	6.8	7.5	8.3	9.0	10.6	11.9	12.9

导向支架设置距离与安装						图集号	01R413
审核	[signature]	校对	[signature]	设计	[signature]	页	79

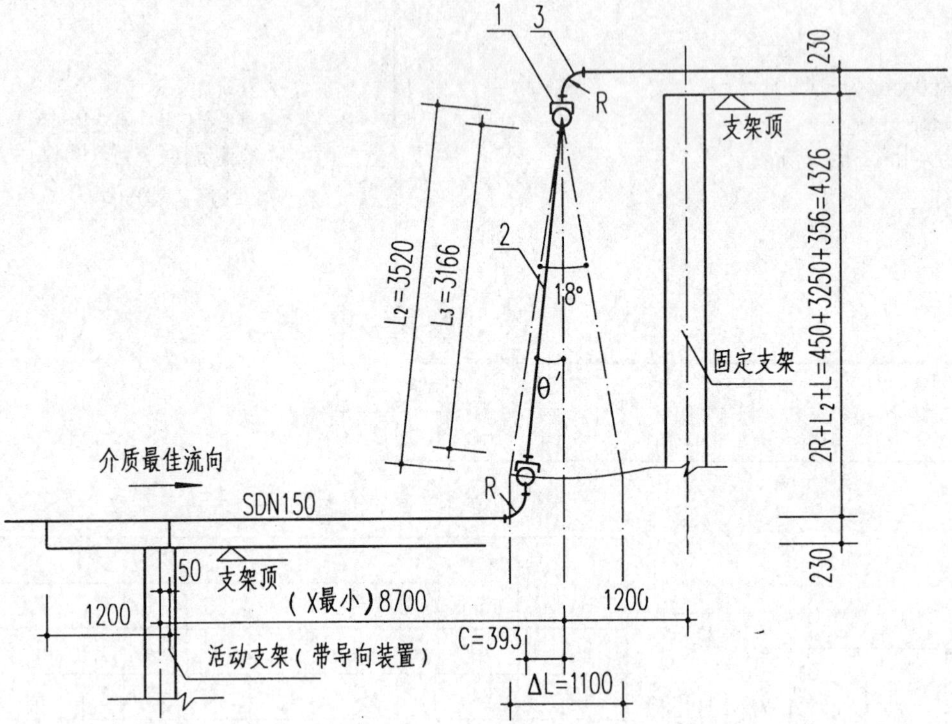

说明：

1、安装时可先与连接管焊好，再如图同管道连接。

2、安装时球型补偿器壳体在上，球体部分在下。

3、X最小可查本图集第79页表。

4、活动支座安装应能满足ΔL=1100mm热伸长量，见第99页左表。

5、管道直线部分导向支架安装距离要求见第79页表。

6、L为球型补偿器的长度。

重量(kg)	0.54	0.89	1.54	2.52	3.99	6.47	12.40	18.61	25.96
R(mm)	75	100	120	150	190	225	300	300	350
DN(mm)	50	65	80	100	125	150	200	250	300

热压弯头数据 PN1.6MPa

编号	名称及规格	单位	数量	单重(kg)	总重(kg)	备注
3	热压弯头DN150 90°	个	2	6.47	12.94	R=225
2	连接管ø159x4.5,L=3166	个	1	54.3	54.3	无缝钢管
1	球型补偿器QB150C~HK型	个	2	54	108	

明细表

标注示例：设定支架距400m,DN150，t_1 介质温度=200℃，t_2=−10℃

t_3=20℃ 计算ΔL=1075，管道安装 $C=\frac{\Delta L}{2}-\left(\frac{t_3-t_2}{t_1-t_2}\right)\times\Delta L=471.4mm$

按第78页选球心距L_2=3520mm（θ=18°），L_3=3166mm QB150C~HK二个

安装角$\theta'=\sin^{-1}\frac{393}{3520}=6.4°$

球型补偿器立式安装（单向）	图集号	01R413
审核 校对 设计	页	80

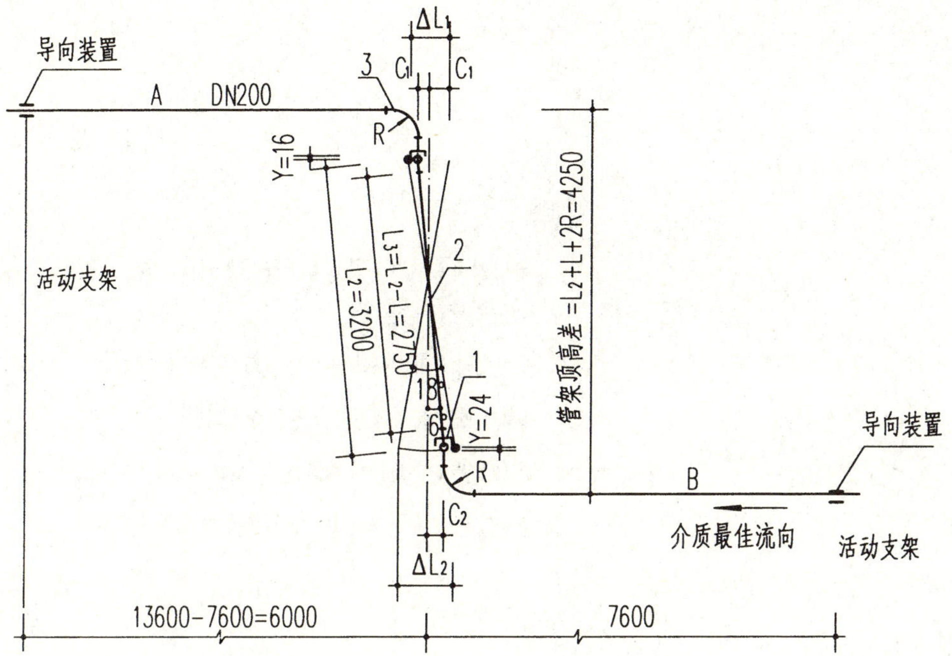

说明：

1、安装时可先与连接管焊好，再如图同管道连接。

2、安装时球型补偿器壳体在上，球体部分在下。

3、X最小可查本图集第79页表，并乘以1.4

4、活动支座安装应能分别满足$\Delta L_1=400mm$及$\Delta L_2=600mm$。

5、管道直线部分导向支架安装距离要求见第79页表。

标注示例：设定DN200，$\Delta L_1=400mm$，$\Delta L_2=600mm$，$\Delta L=\Delta L_1+\Delta L_2=1000mm$

t_1介质200℃，t_2最低-10℃，t_3安装25℃

按第78页选球心距$L_2=3200mm$，（$\theta=18°$），$L_3=2750mm$，QB200C~HK二个

R=300mm，L=450管道，A安装$C_1=133$管道，B安装$C_2=200$

安装角$\theta'=\sin^{-1}\dfrac{200}{1920}=6°$　X最小$=1.4\times9.7=13.6m$

编号	名称及规格	单位	数量	重量(kg) 单	重量(kg) 总	备注
3	热压弯头DN200 90°	个	2	12.4	24.8	R=300
2	连接管DN200 L=2750	个	1	86.68	86.68	
1	球型补偿器QB200C~HK	个	2	106	212	

明细表

球型补偿器立式安装（双向 平面）		图集号	01R413
审核	校对	设计	页 81

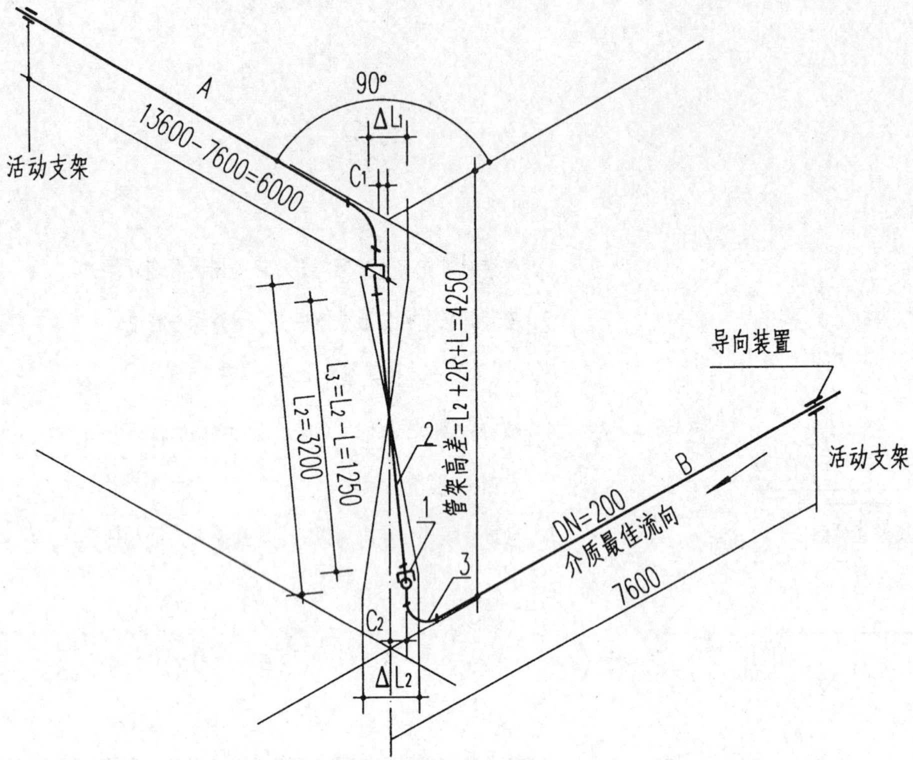

说明：

1、安装时可先将球型补偿器与连接管焊好，再如图同管道连接。

2、安装时球型补偿器壳体在上，球体部分在下。

3、X最小可查本图集第79页表，并乘以1.4

4、活动支座安装应能分别满足$\Delta L_1=400mm$及$\Delta L_2=600mm$。

5、管道直线部分导向支架安装距离要求见第79页表。

标注示例：设定DN200, $\Delta L_1=400mm$, $\Delta L_2=600mm$, $\Delta L=\Delta L_1+\Delta L_2=1000mm$

t_1介质200℃，t_2最低−10℃，t_3安装25℃

按第78页选球心距$L_2=3200mm$,（$\theta=18°$），$L_1=2750mm$, QB200C~HK二个

R=300mm, L=450管道， A安装$C_1=133$管道， B安装$C_2=200$

X最小=1.4x9.7=13.6m （即7.6+6=13.6）。

编号	名称及规格	单位	数量	单重量(kg)	总重量(kg)	备注
3	热压弯头DN200 90°	个	2	12.4	24.8	R=300
2	连接管DN200 L=2750	个	1	86.68	86.68	
1	球型补偿器QB200C~HK	个	2	106	212	

明细表

球型补偿器立式安装（双向 立体）	图集号	01R413
审核 [签名] 校对 [签名] 设计 [签名]	页	82

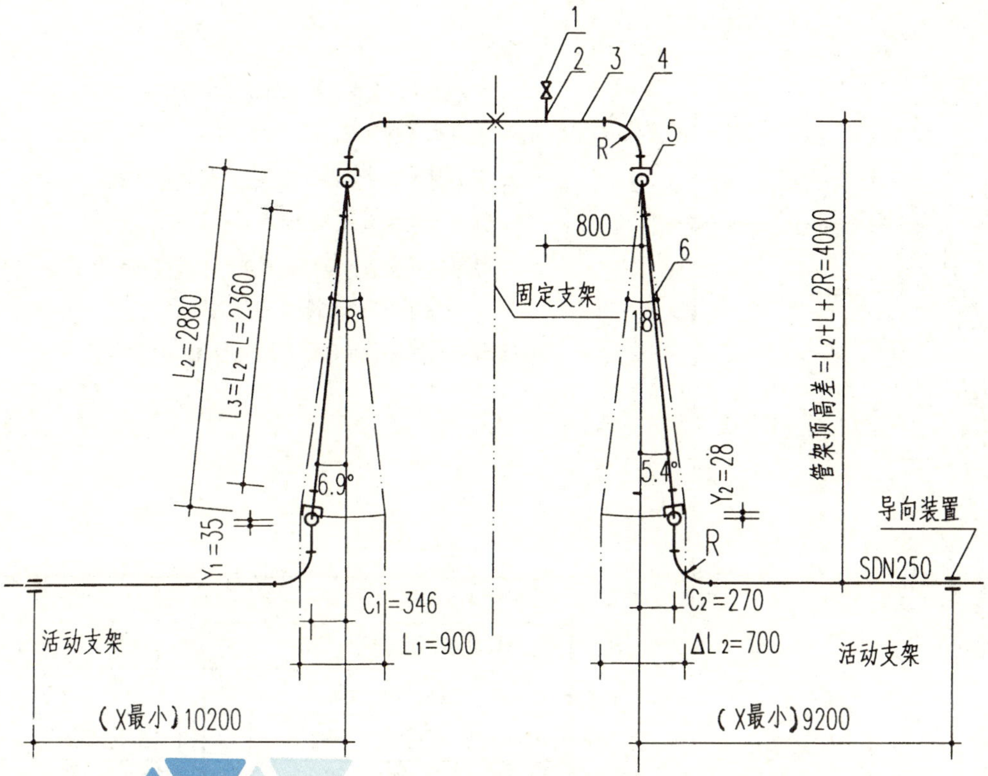

说明：

1、安装时可先将球型补偿器与连接管焊好，再如图同管道连接。
2、安装时球型补偿器壳体在上，球体部分在下。
3、X最小可查本图集第79页表。
4、活动支座安装应能分别满足ΔL_1=900mm及ΔL_2=700mm。
5、球心距按左右二侧较大的ΔL来选取。
6、图中固定支架轴向推力为1.98kN
7、放气管选用及安装参见第120页。
8、本图适用于厂区平坦，且优于方形向下布置，活动2支架可用低支架。
9、介质流动方向任意。

标注示例：设定DN250，ΔL_1=900mm，ΔL_2=700 mm

t_1介质250℃，t_2最低-10℃，t_3安装20℃

球心距按ΔL_1从第78页L_2=2880mm，L_3=2360mm，QB250C~HK（或ZQB250~1.6）4个

从第79页Y_1=35，Y_2=28导向支架间距Z≤28m

计算得C_1=346，C_2=270安装角θ，分别为6.9°与5.4°。

编号	名称及规格	单位	数量	单重(kg)	总重(kg)	备注
6	连接管DN250 L=2360	个	2	108.37	216.74	无缝钢管
5	球型补偿器QB250C-HK	个	4	174	696	L=520
4	热压弯头DN250 90°	个	4	18.61	74.44	R=300
3	水平连管DN250 L=1900	个	1	87.25	87.25	无缝钢管
2	放气管DN20 L=80	个	1	0.13	0.13	焊接钢管
1	柱塞阀DN20 P 1.6	个	1	2.5	2.5	U115~1.6型

明细表

球型补偿器立式安装（方形向上）	图集号	01R413
审核 校对 设计	页	83

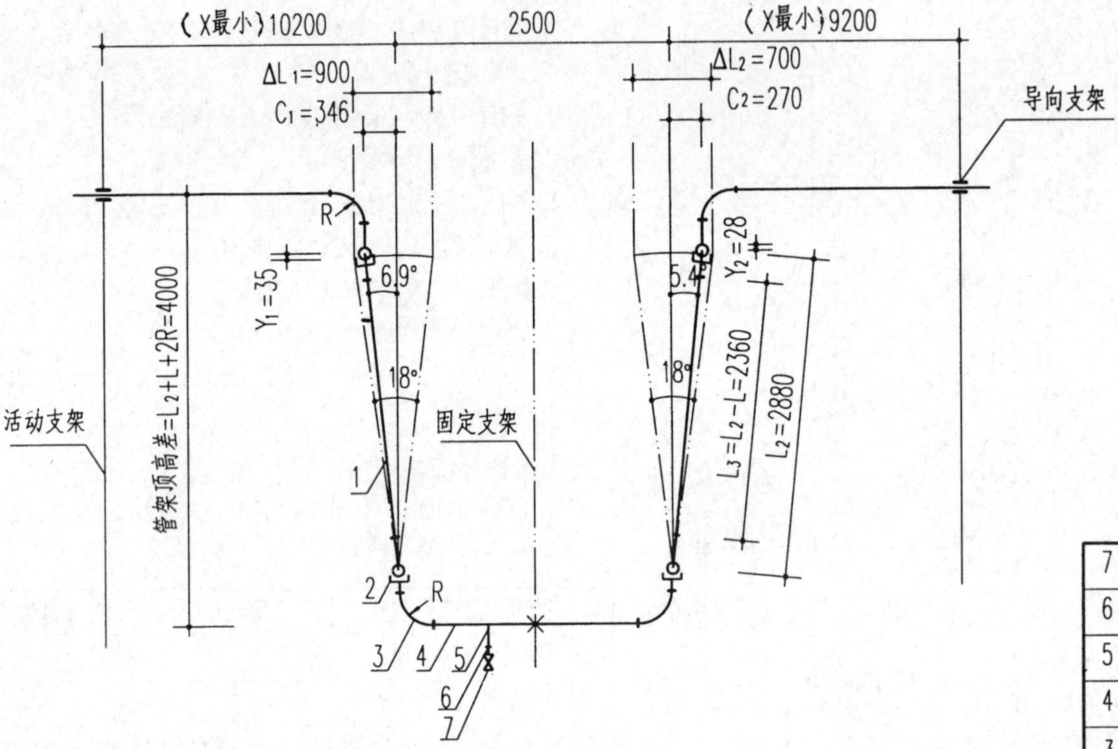

说明：

1. 安装时可先将球型补偿器与连接管焊好，再如图同管道连接。
2. 安装时球型补偿器壳体在上，球体部分在下。
3. X最小可查本图集第79页表。
4. 活动支座安装应能分别满足ΔL_1=900mm及ΔL_2=700mm。
5. 球心距按左右二侧较大的ΔL来选取。
6. 图中固定支架轴向推力为1.98kN.

标注示例：设定DN250，ΔL_1=900mm，ΔL_2=2700mm，过热蒸气 t_1介质250℃，t_2最低−10℃，t_3安装20℃

球心距按ΔL_1从01R413第78页L_2=2880mm，L_3=2360mm，QB250C~HK（或ZQB250~1.6）4个

从第79页Y_1=35mm，Y_2=28mm导向装置间距Z≤28m

计算得C_1=346mm，C_2=270mm安装角θ，分别为6.9°与5.4°。

编号	名称及规格	单位	数量	单重(kg)	总重(kg)	备注
7	闸阀DN40，PN4.0 Z41H~40型	个	1	16.0	16.0	
6	启动放水管DN40，L=100	个	1	0.38	0.38	
5	集水管DN133x4，L=220	个	1	2.8	2.8	无缝钢管
4	水平连管DN250，L=1900	个	1	87.25	87.25	R=300
3	热压弯头DN250，90°	个	4	18.61	74.44	
2	球型补偿器QB250C~HK	个	4	174	696	
1	连接管DN250，L=2360	个	2	108.37	216.74	

明细表

球型补偿器立式安装（方形向下）	图集号	01R413
审核 校对 设计	页	84

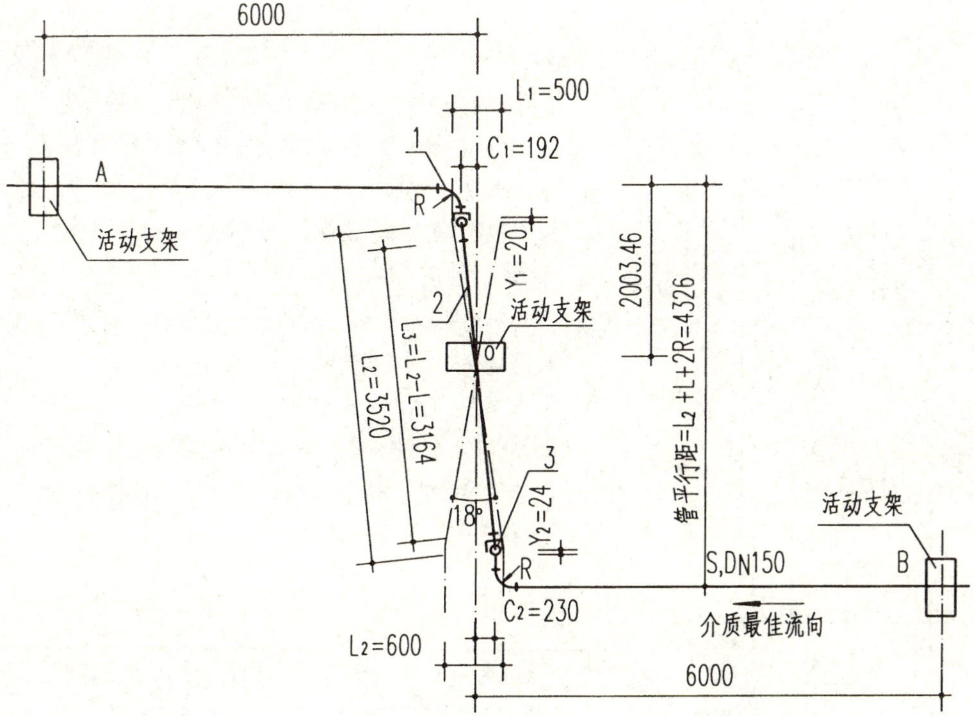

说明：

1、设计时根据设定的管平行距大小，确定ΔL1ΔL2。

2、本布置形式适用于厂区地形平坦，支架用一种高度。

3、0点活动支架，只有DN≥150才设，DN≤125时两侧活动支架距离6000mm改为2000mm。

4、管道纵向不设导向支架。

5、活动支座长度应能分别满足ΔL1=500mmΔL2=600mm

标注示例：设定DN150，$\Delta L_1=500mm$，$\Delta L_2=600mm$，$\Delta L=\Delta L_1+\Delta L_2=1100mm$

t_1介质250℃，t_2最低-10℃，　t_3安装20℃

按第78页选球心距$L_2=3520mm$，$L_3=3164mm$，QB150C~HK 二个R=225mm，L=356mm

不动点0至管A距离$=\dfrac{\Delta L_1/2}{\tan 9^\circ}+L_1+R=1578.4+200+225=2003.4mm$

编号	名称及规格	单位	数量	单重量(kg)	总重量(kg)	备注
3	球型补偿器QB150C~HK	个	2	54	108	
2	连接管φ159x4.5L=3164	个	1	54.56	54.26	无缝钢管
1	热压弯头DN150 90°	个	2	6.47	12.94	R=225

明细表

球型补偿器水平安装 单管（双向）	图集号	01R413
审核 [签名] 校对 [签名] 设计 [签名]	页	85

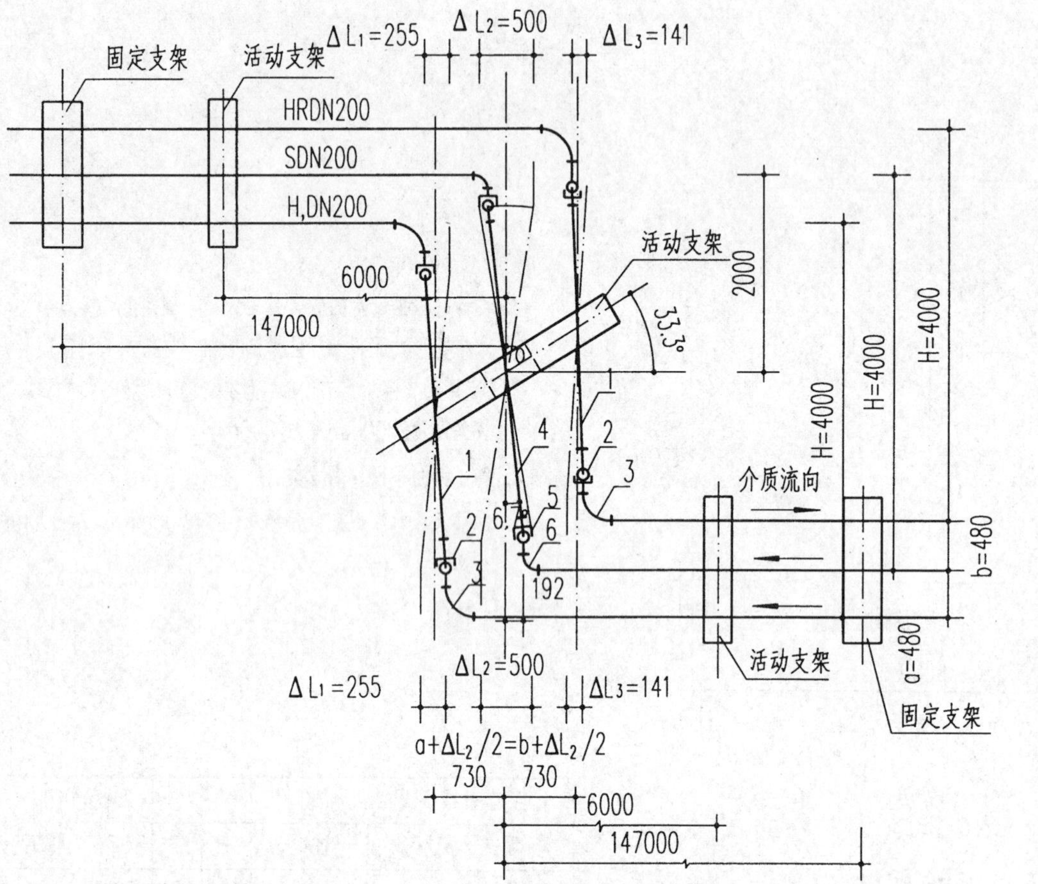

说明：

1、设计时先根据设定的H值，以其中介质温度高的为准求出ΔL，然后确定在左右固定支架间距，再计算介质温度低的ΔL。
2、同架敷设的管道介质温度，不宜相差太大，以利补偿器作用的发挥。
3、本布置形式适用于厂区地形平坦，支架用一种高度。
4、管道纵向不设导向支架。
5、活动支座长度应能满足热伸量ΔL的需要。
6、DN≤125管道共架时，可不设0点活动支架，至活动支架距离6000mm改为2000mm，如与DN≥150管道共架，则利用0点活动支架支承。

编号	名称及规格	单位	数量	单重量(kg)	总重量(kg)	备注
6	热压弯头DN100 90°	个	2	2.52	5.04	R=150
5	球型补偿器ZQB100~1.6型	个	2	25	50	
4	连接管φ108x4 L=3100	个	1	31.81	31.81	无缝钢管
3	热压弯头DN200 90°	个	4	12.40	49.60	R=300
2	球型补偿器QB200C'HK	个	4	106	424	
1	连接管φ219x6 L=2500	个	2	78.8	157.6	无缝钢管

明细表

标注示例：设定 HRDN200，t_1介质70℃；SDN100，t_2介质250℃；HDN200，t_3介质130℃。

H=4000，t_2最低-10℃，t_3安装20℃。

按介质温度高的 R=150mm，L=300mm，$L_2=H-2xR-L=3400$mm，$L_3=L_2-L=3100$mm

从第78页右表知ΔL=1000mm，$2\Delta L_2=1000$mm $\Delta L_2=500$mm 算得固定支架$=\frac{500}{1.31x2.6}=147$m

H管的 $\Delta L_1=147x1.24x1.4=255$mm，HR管的 $\Delta L_3=147x1.2x0.8=141$mm

球型补偿器水平安装 多管（双向）	图集号	01R413
审核 校对 设计	页	86

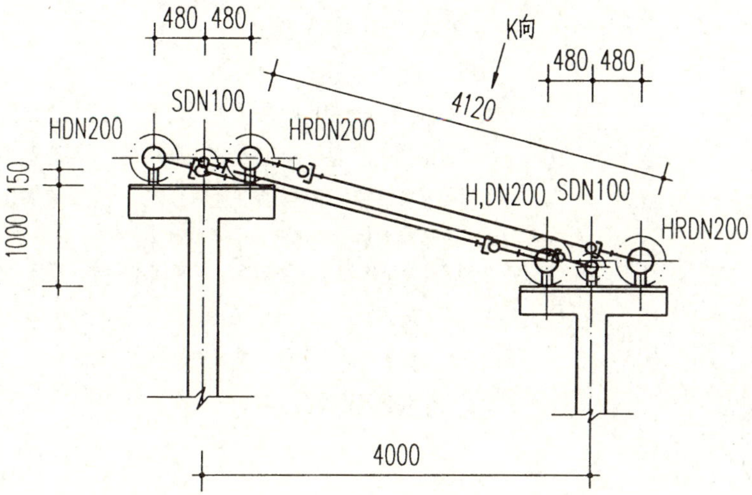

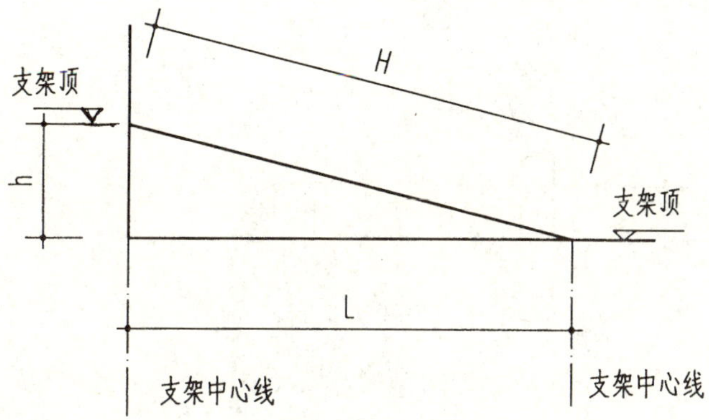

H值 表(mm)

L(mm) / h(mm)	3000	3500	4000	4500	5000
500	3040	3540	4030	4530	5020
1000	3160	3640	4120	4610	5100
1500	3350	3810	4270	4740	5220
2000	3610	4030	4470	4920	5390
2500	3910	4300	4720	5150	5590
3000	4240	4610	5000	5410	5830

标注示例：设定HRDN200,t 介质70℃ ;SDN100,t 介质250℃;HDN200,t 介质130℃。

h=1000mm, L=4000mm ,从右表H=4120mm,t_2最低-10℃, t_3安装20℃

按介质温度高的R=150mm, L=300mm, L_2=H-2xR-L=3520mm, $L_3=L_2-L$=3220mm

从第78页右表知ΔL=1100mm,假定球型补偿器设在二个固定支架中间，ΔL_2=550

固定支架距球补器=$\frac{550}{1.31x2.6}$ =161.5m,H 管的Δl_1=161.5x1.24x1.4=280mm,

HR管ΔL_3=161.5x1.2x0.8=155mm

球型补偿器倾斜安装 多管（双向）（一）						图集号	01R413
审核		校对		设计		页	87

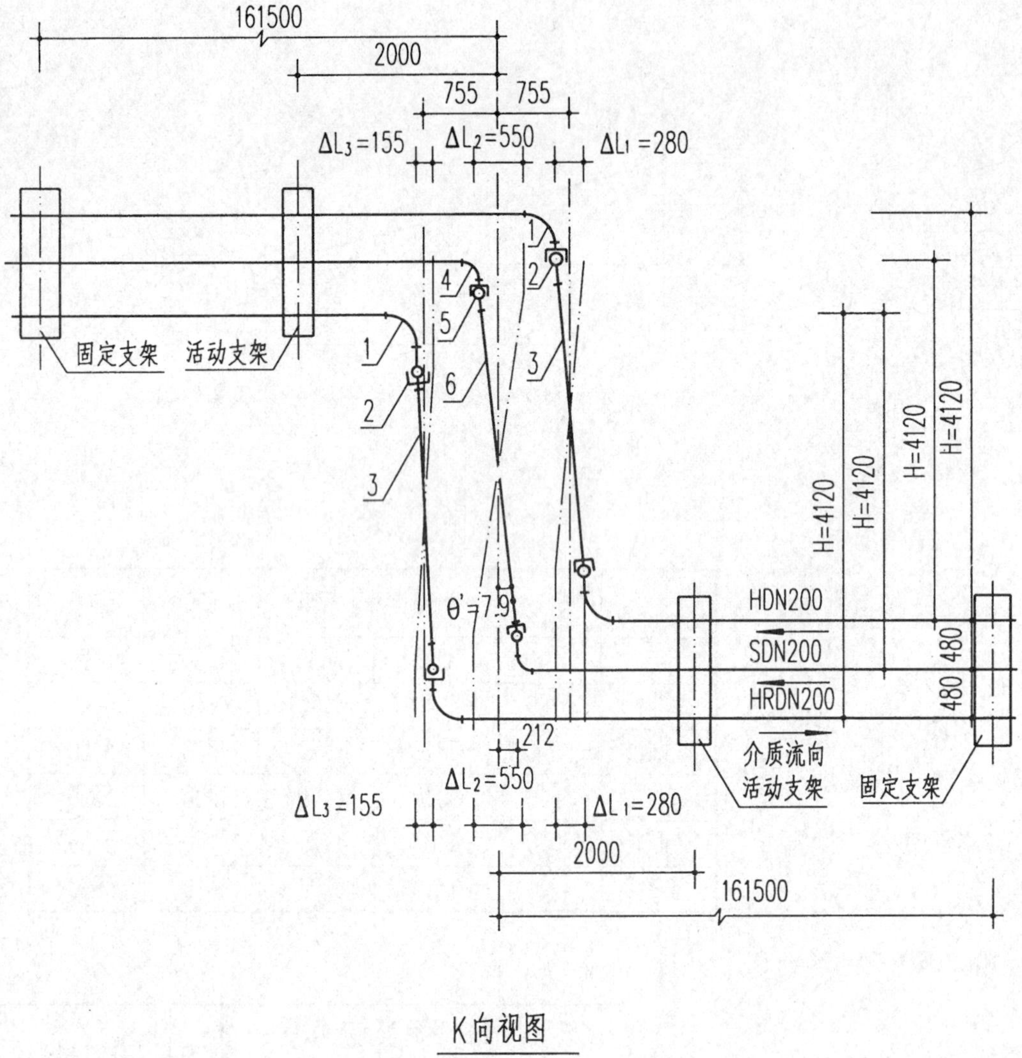

K向视图

说明：

1、设计时根据管架中心距L及地形高差h(或支架顶标高差)按87页查出H值，以H值及数管中介质温度高的查出球心距及补偿量ΔL，确定固定支架最大间距，再计算其他管的热伸长量，球心距L_2连接管长L_3.
2、同架敷设的管道介质温度，不宜相差很大，以利补偿器作用的发挥。
3、本布置形式适用于管线横向地形有高差地区。
4、管线纵向不设导向支架。

编号	名称及规格	单位	数量	单重量(kg)	总重量(kg)	备注
6	连接管 ø108x4 L=3220	个	1	33.04	33.04	无缝钢管
5	球型补偿器ZQB100~1.6	个	2	25	50	
4	热压弯头DN100 90°	个	2	2.52	5.04	R=150
3	连接管 ø219x6 L=2620	个	2	82.58	165.16	无缝钢管
2	球型补偿器QB200C~HK	个	4	106	424	
1	热压弯头DN200 90°	个	4	12.40	49.60	R=300

明细表

球型补偿器倾斜安装 多管（双向）（二）	图集号	01R413
审核 校对 设计	页	88

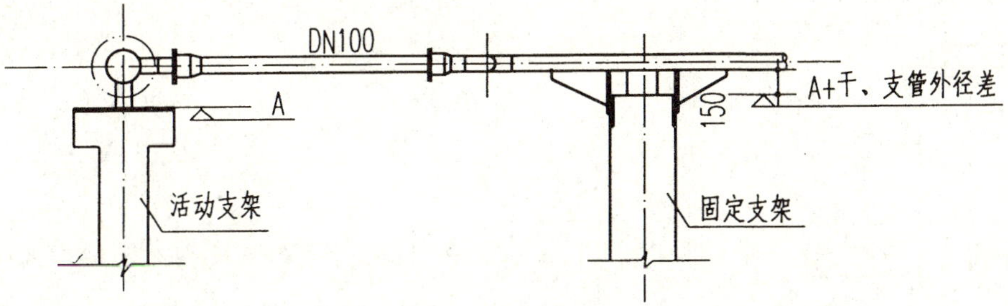

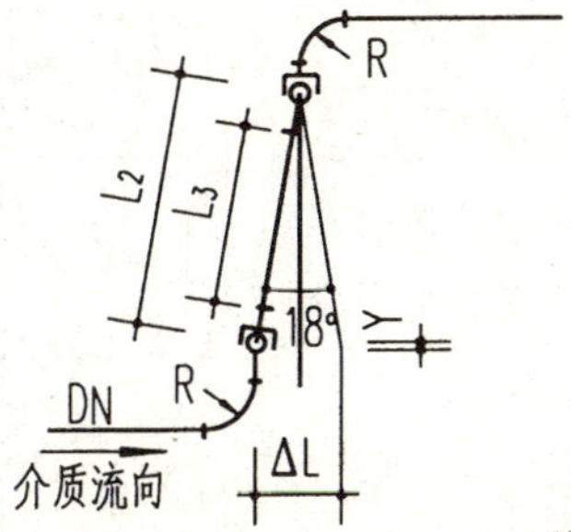

L3值(mm)

ΔL(mm)	L2 (mm)	Y (mm)	DN 50	65	80	100	125	150	200	250
300	960	12	745		695	660	610	604	510	440
400	1280	16	1065		1015	980	930	924	830	760
500	1600	20	1385		1335	1300	1250	1244	1150	1080

说明:

本图适用支管引出点远离固定支架处，干管热伸长量ΔL300~500mm。

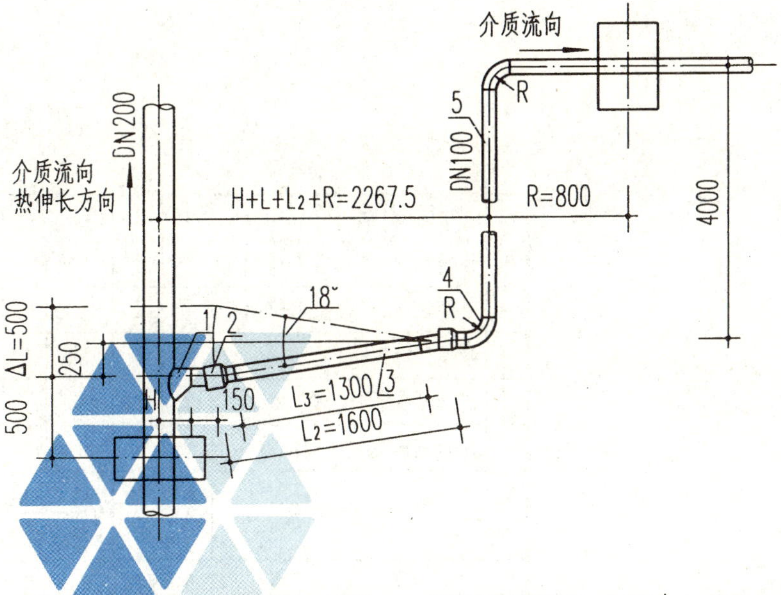

标注示例：设定DN200，ΔL500mm，DN100选ZQB100~1.6二个，L=300

L2=1600mm，L3=1300mm，R=150mm由第125页查得H=217.5

编号	名称及规格	单位	数量	单 重量(kg)	总 重量(kg)	备注
5	连接管 ø108x4，L=3700	个	1	37.96	37.96	无缝钢管
4	热压弯头DN100，90°	个	2	2.52	5.04	R=150
3	连接管 ø108x4，L=1300	个	1	13.34	13.34	无缝钢管
2	球型补偿器ZQB100~1.6型	个	2	25	50	
1	分流三通DN200xd，100	个	1			见第125页

明细表

干、支管连接点安装图 单管（应用球型补偿器）	图集号	01R413
审核 校对 设计	页	89

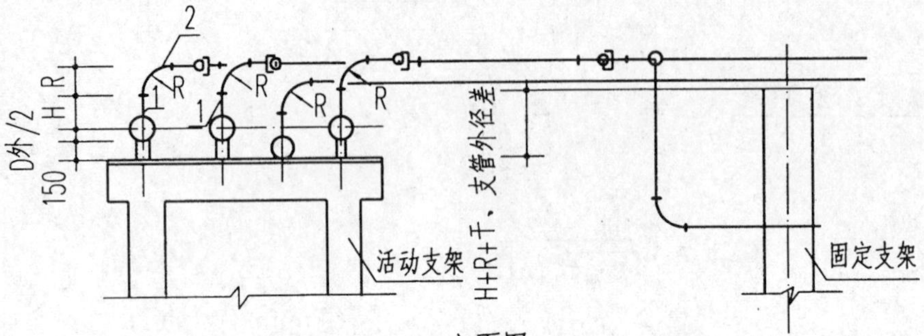

立面图

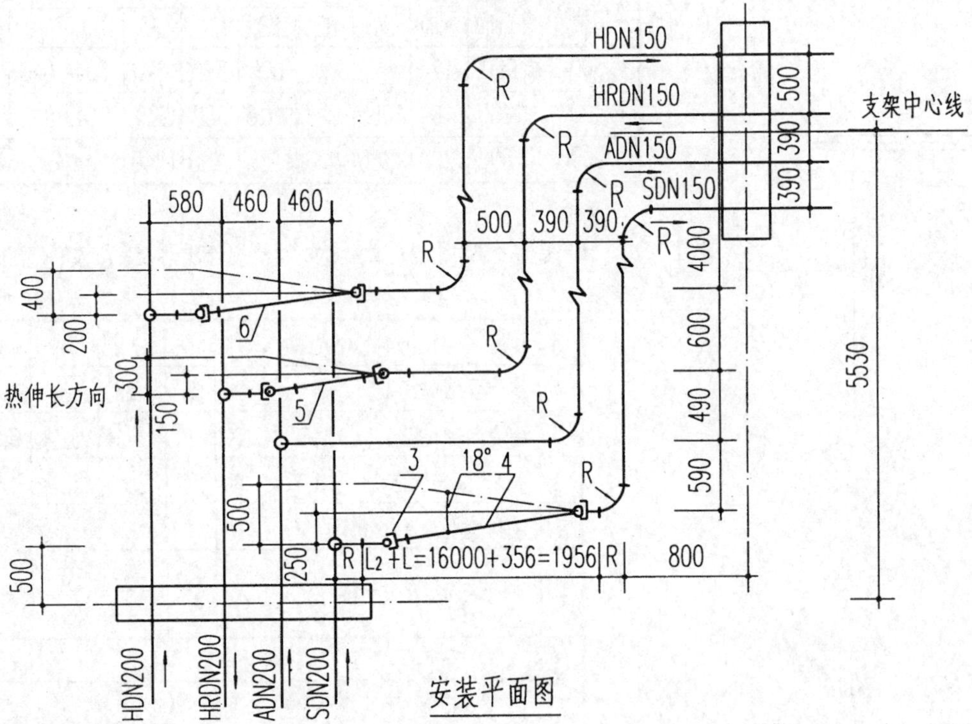

安装平面图

说明：

1、本图为支管支架顶高于干管支架顶标高布置，如需低于干管支架顶，可用二个弯头如图假想线方式敷设。

2、其他选用和注意事项，见单管布置。

3、分流三通H值见第125页。

编号	名称及规格	单位	数量	单重 (kg)	总重 (kg)	备注
6	连接管 ø159x4.5 L=924	个	1	15.85	15.85	无缝钢管
5	连接管 ø159x4.5 L=604	个	1	10.36	10.36	无缝钢管
4	连接管 ø159x4.5 L=1244	个	1	21.33	21.33	无缝钢管
3	球型补偿器QB150C~HK	个	6	54	324	
2	热压弯头DN150 90°	个	12	6.47	77.64	R=225
1	分流三通DN200xDN150	个	4			R=268.5

明细表

干、支管连接点安装图 多管（应用球型补偿器）	图集号	01R413
审核 校对 设计	页	90

支座制作与安装说明：

1、无坡敷设活动支架与固定支架二者顶面标高相同；有坡敷设时二者顶面具有同一坡度高度。

2、无保温管底面与保温管滑动支座共同敷设在固定（或滑动）支架顶面上，即无保温管不设置滑动支座。

3、无保温管道不设弧形板，直接敷设在活动、固定支架上。

4、保温管设H=150滑动支座，支座形式统一，考虑制作、保温、导向诸因素。

5、活动支座长度L，设计有200~1400七种，施工人员可根据a、介质温度 b、该支座距固定支架距离 c、补偿器形式按第99、100页表决定。所设支座至固定支架距离，由安装单位按图中表格确定。

6、滑动支座与活动支架的相对安装位置与设计者选用补偿器形式有关，见本集第99页，安装时注意务必不能装反或居中安装，安装后应有专人予以核对无误，方可投入使用。

7、导向支架（纵向）设置处所，工程项目设计图纸应予标注，该支架不能用于有横向位移的管道。

8、固定支座分：

a、对钢管柱支架，无保温管用角钢焊接于支架顶部，保温管滑动支座直接焊于支架顶部。

b、对钢筋混凝土支架，无保温管利用肋板固定。

c、对钢筋混凝土支架，保温管固定支座按管径大小及轴向推力大小划分，轴向推力为50kN以下，50~100kN，100~200kN三挡，由设计者于工程项目设计中说明选用挡次。

d、在选用滚动支座时，由于管中心距支架顶距离较大，安装时应选用与之配套的固定支座。

9、为了减少管道对支架的摩擦推力，对管径DN200、250、300三种管道设计成二种滑座形式。

a、聚四氟乙烯板。

b、滚动支座（外购件，现场安装）。

由设计者根据于工程设计项目选用。

10、钢管柱支架上架设管道，只考虑选用方形补偿器，D≤40设导向支架。

11、工程项目图纸应注明管道介质压力和温度。

支座制作与安装说明						图集号	01R413
审核	[signature]	校对	[signature]	设计	[signature]	页	91

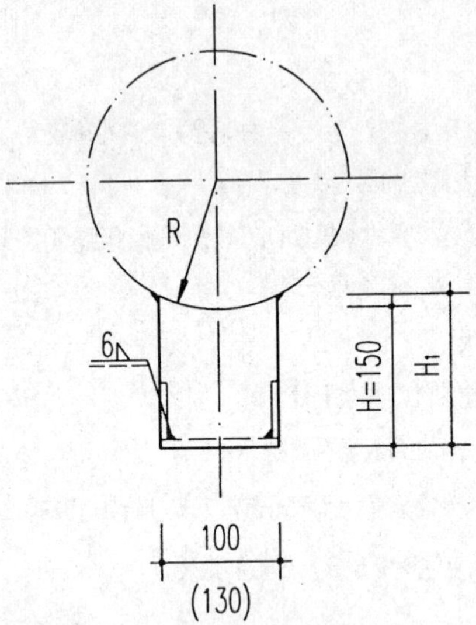

DN00~200
(DN250、DN300)

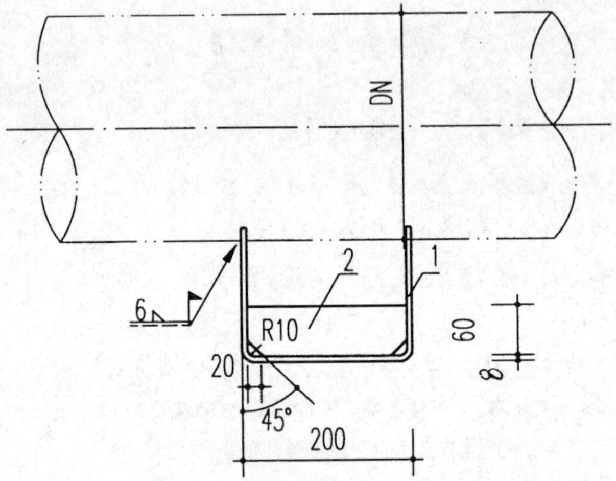

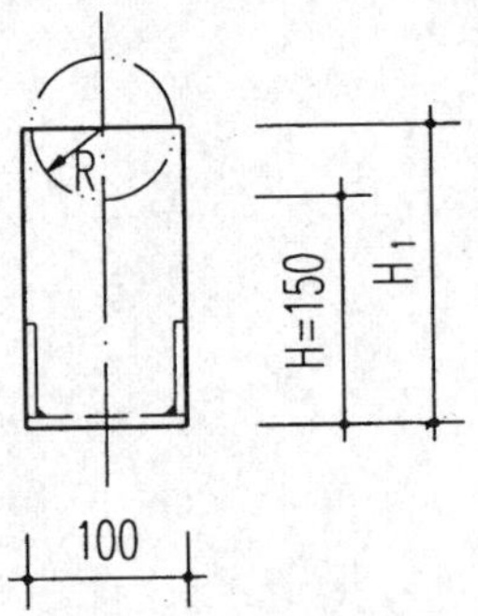

DN50~80

说明：

1、本支座的选用，见第99页。
2、电焊条按GB5117~85选用E4320。
3、件1与件2相焊，焊缝在内侧，外侧保持平整，以利有导向支座时能两平面接触。

件号	DN	50	65	80	100	125	150	200	250	300
1 座 板	H_1(mm)	178.5	186.5	194.5	184	173	168	162	166.4	163.5
	R (mm)	29	37	45	55	67	80	110	137	163
	扁钢100x8(130x8)展开长(mm)	545	561	577	456	534	524	512	508	504
	重量(kg)	3.42	3.52	3.62	3.49	3.35	3.29	3.22	4.15	4.11
2 肋 板	扁钢60x6长(mm)	182	182	182	182	182	182	182	182	182
	二件重量(kg)	1.03	1.03	1.03	1.03	1.03	1.03	1.03	1.03	1.03
总重量(kg)		4.45	4.55	4.65	4.52	4.38	4.32	4.25	5.18	5.14

滑动支座 (DN50~300 H=150mm L=200mm)						图集号	01R413
审核		校对		设计		页	92

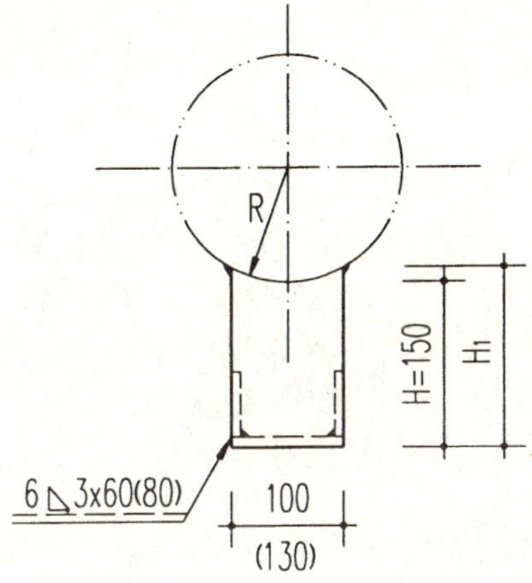

DN100~200
(DN250、DN300)

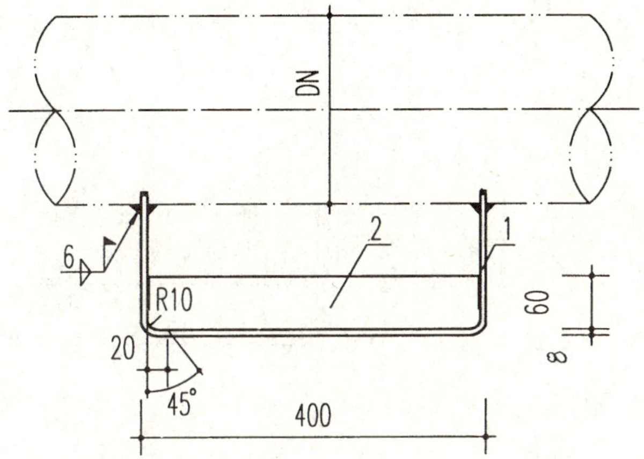

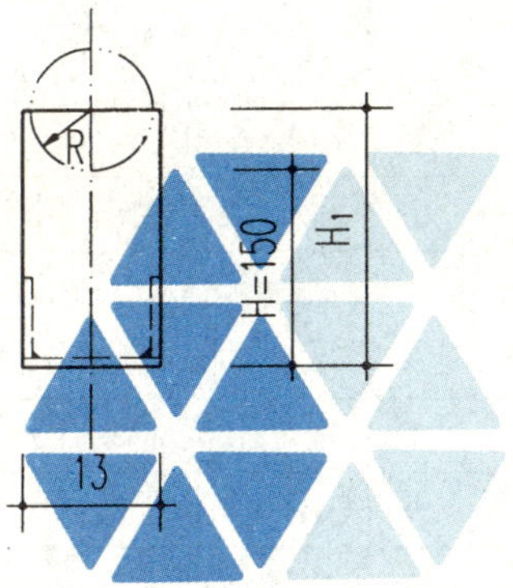

DN50~80

说明：

1、本支座的选用，见第99、100页。

2、电焊条按GB5117~85选用E4320。

3、件1与件2相焊，焊缝在内侧，外侧保持平整，以利有导向支座时能两平面接触。

件号	DN	50	65	80	100	125	150	200	250	300
1 座板	H1(mm)	178.5	186.5	194.5	184	173	168	162	166.4	163.5
	R (mm)	29	37	45	55	67	80	110	137	163
	扁钢100x8(130x8)展开长(mm)	745	761	777	756	734	724	712	708	704
	重量(kg)	4.68	4.78	4.89	4.75	4.61	4.55	4.47	5.78	5.74
2 肋板	扁钢60x6长(mm)	382	382	382	382	382	382	382	382	382
	二件重量(kg)	2.16	2.16	2.16	2.16	2.16	2.16	2.16	2.16	2.16
总重量(kg)		6.84	6.94	7.05	6.91	6.77	6.71	6.63	7.94	7.90

滑动支座 (DN50~300 H=150mm L=400mm)			图集号	01R413
审核	校对	设计	页	93

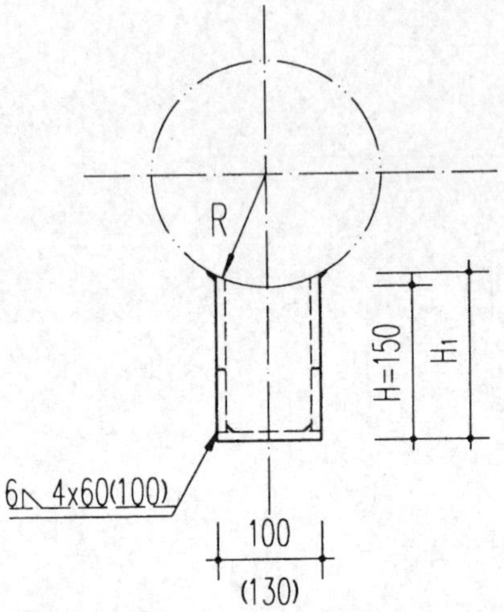

DN100~200
(DN250、DN300)

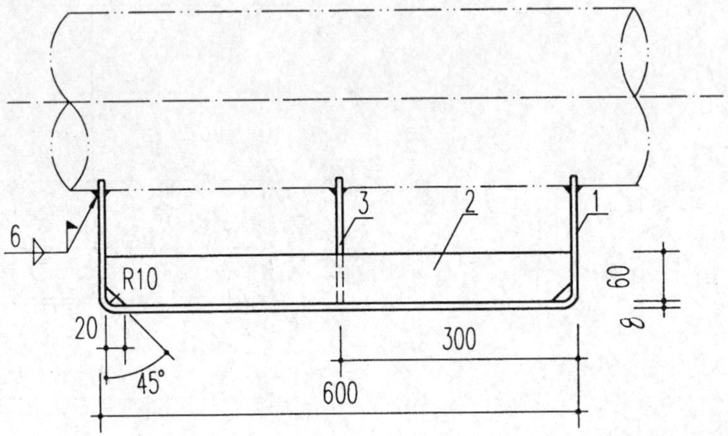

说明：

1、本支座的选用，见第99、100页。

2、电焊条按GB5117~85选用E4320。

3、件1与件2相焊，焊缝在内侧，外侧保持平整，以利有导向支座时能两平面接触。

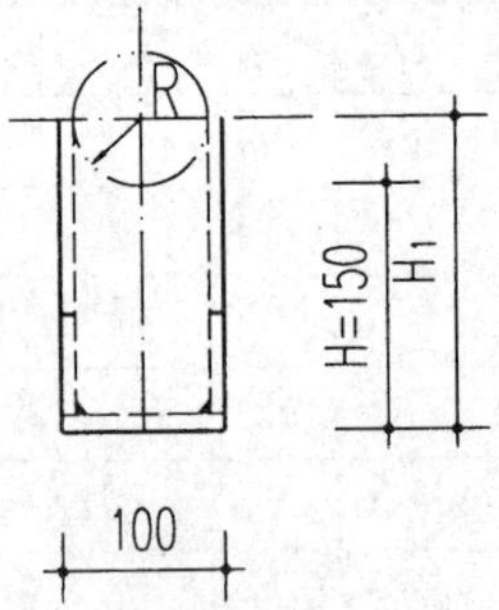

DN50~80

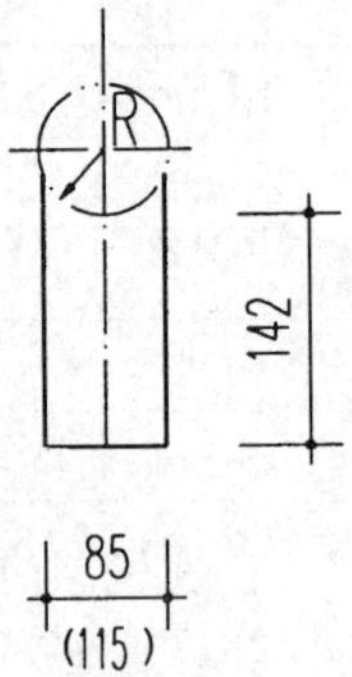

托板

件号	DN	50	65	80	100	125	150	200	250	300
1 座	H1(mm)	178.5	186.5	194.5	184	173	168	162	166.4	163.5
	R (mm)	29	37	45	55	67	80	110	137	163
板	扁钢100x8(130x8) 展开长(mm)	945	961	977	956	934	924	912	908	904
	重量(kg)	5.93	6.04	6.14	6.00	5.74	5.80	5.73	7.4	7.38
2 肋板	扁钢60x6长(mm)	582	582	582	582	582	582	582	582	582
	二件重量(kg)	3.29	3.29	3.29	3.29	3.29	3.29	3.29	3.29	3.29
3 托板	钢板85x6 (115x6) 长(mm)	170	178	186	176	165	160	154	158	155
	重量(kg)	0.68	0.71	0.74	0.70	0.66	0.64	0.62	0.83	0.82
	总重量(kg)	9.9	10.04	10.17	9.99	9.96	9.73	9.64	11.52	11.49

滑动支座 (DN50~300 H=150mm L=600mm)	图集号	01R413
审核 校对 设计	页	94

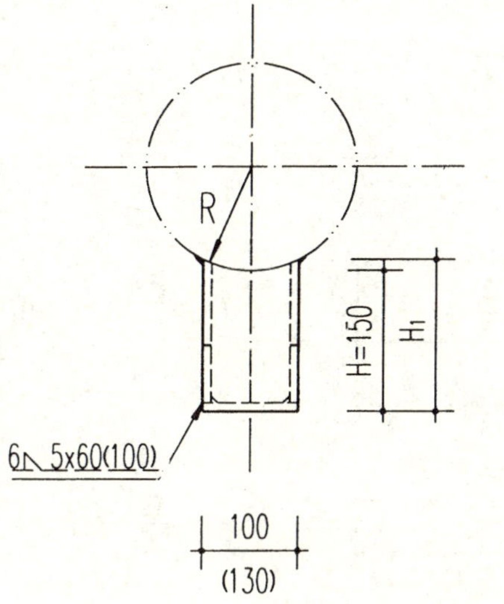

DN100~200
(DN250、DN300)

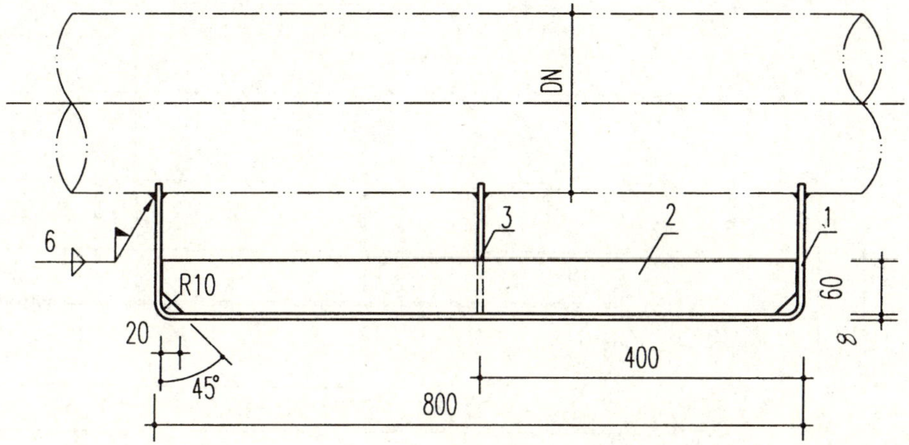

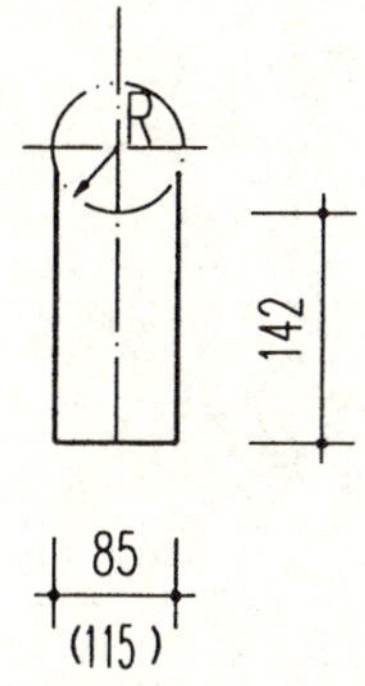

托板

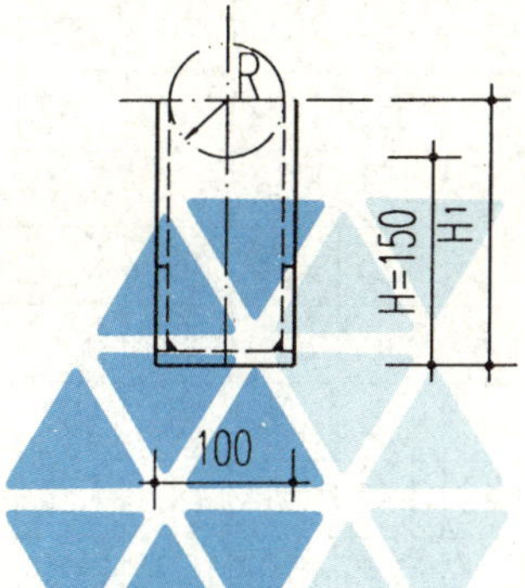

DN50~80

说明：

1、本支座的选用，见第99页。

2、电焊条按GB5117~85选用E4320。

3、件1与件2相焊，焊缝在内侧，外侧保持平整，以利有导向支座时能两平面接触。

件号	DN	50	65	80	100	125	150	200	250	300
1 座板	H_1(mm)	178.5	186.5	194.5	184	173	168	162	166.4	163.5
	R (mm)	29	37	45	55	67	80	110	137	163
	扁钢100x8(130x8) 展开长(mm)	1145	1161	1177	1156	1134	1124	1112	1108	1104
	重量(kg)	7.19	7.29	7.39	7.26	7.12	7.06	6.98	9.04	9.0
2 肋板	扁钢60x6长(mm)	782	782	782	782	782	782	782	782	782
	二件重量(kg)	4.43	4.43	4.43	4.43	4.43	4.43	4.43	4.43	4.43
3 托板	钢板85x6 (115x6) 长(mm)	170	178	186	176	165	160	154	158	155
	重量(kg)	0.68	0.71	0.74	0.70	0.66	0.64	0.62	0.83	0.82
总重量(kg)		12.3	12.43	12.56	12.39	12.21	12.13	12.03	14.3	14.25

滑动支座 (DN50~300 H=150mm L=800mm)	图集号	01R413
审核 校对 设计	页	95

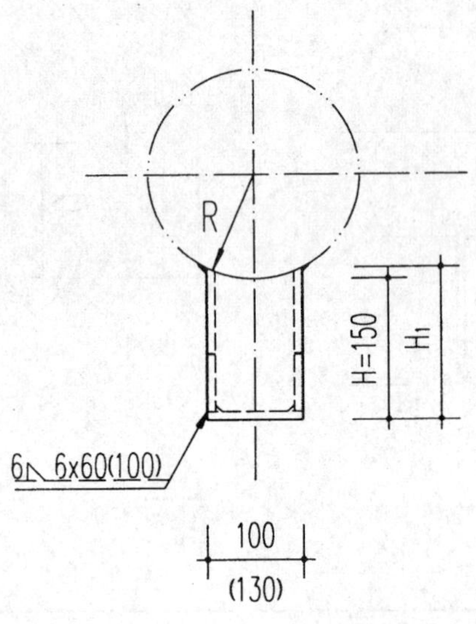

DN100~200
(DN250、DN300)

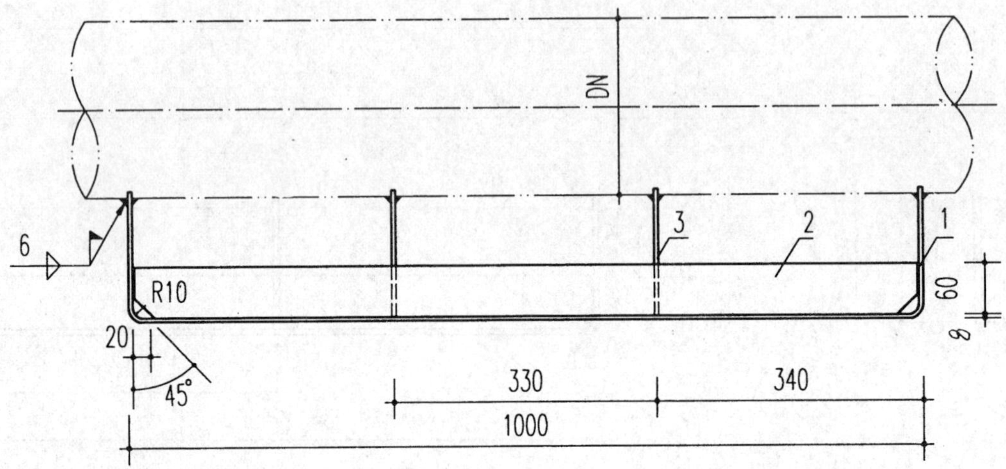

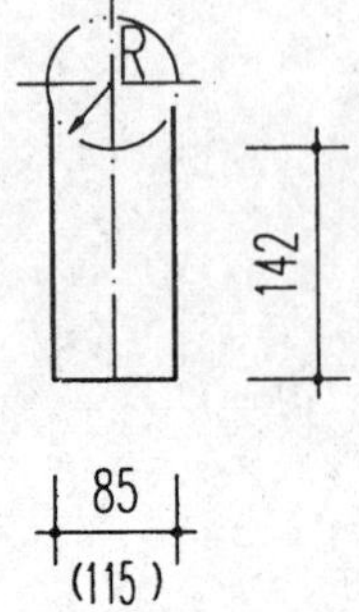

托板2件

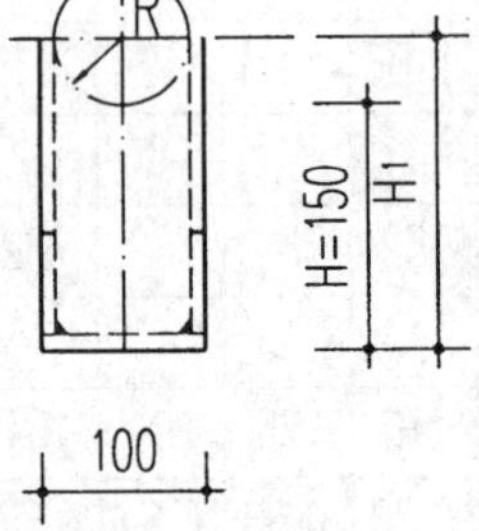

DN50~80

说明：

1、本支座的选用，见第99页。

2、电焊条按GB5117~85选用E4320。

3、件1与件2相焊，焊缝在内侧，外侧保持平整，以利有导向支座时能两平面接触。

件号	DN	50	65	80	100	125	150	200	250	300
1 座	H_1(mm)	178.5	186.5	194.5	184	173	168	162	166.4	163.5
	R (mm)	29	37	45	55	67	80	110	137	163
板	扁钢100x8(130x8) 展开长(mm)	1345	1361	1377	1356	1334	1324	1312	1308	1304
	重量(kg)	8.45	8.55	8.65	8.52	8.38	8.31	8.24	10.6	10.5
2 肋板	扁钢60x6长(mm)	982	982	982	982	982	982	982	982	982
	二件重量(kg)	556	556	556	556	556	556	556	556	556
3 托板	钢板85x6 (115x6) 长(mm)	170	178	186	176	165	160	154	158	155
	二件重量(kg)	1.36	1.42	1.49	1.41	1.32	1.28	1.23	1.66	1.64
	总重量(kg)	15.37	15.53	15.7	15.49	15.26	15.15	15.03	17.82	17.7

滑动支座 (DN50~300 H=150mm L=1000mm)						图集号	01R413
审核		校对		设计		页	96

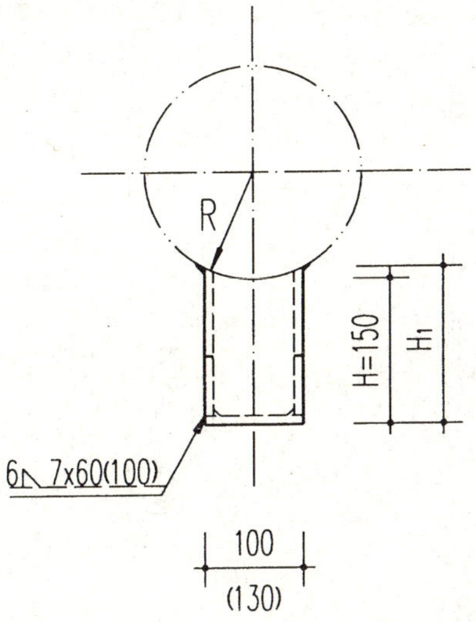

DN100~200
(DN250、DN300)

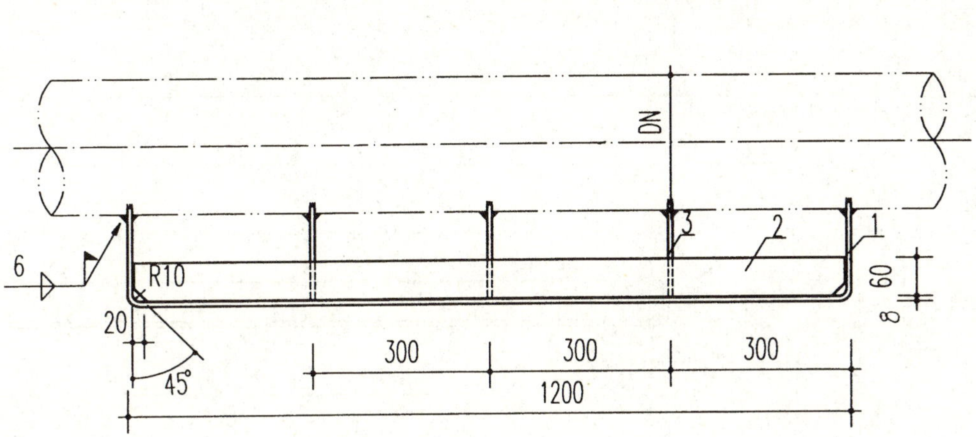

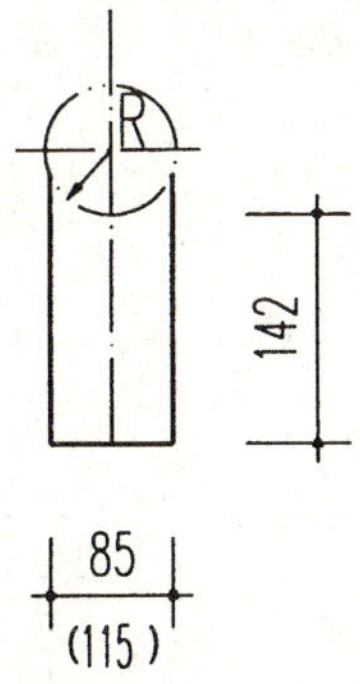

托板

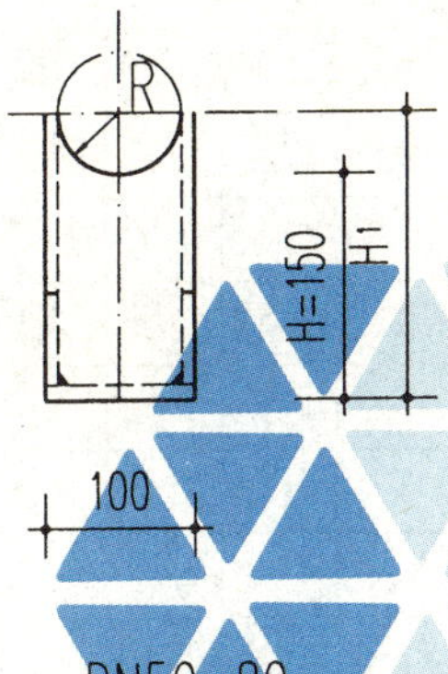

DN50~80

说明：

1、本支座的选用，见第99页。
2、电焊条按GB5117~85选用E4320。
3、件1与件2相焊，焊缝在内侧，外侧保持平整，以利有导向支座时能两平面接触。

件号	DN	50	65	80	100	125	150	200	250	300
1 座板	H1(mm)	178.5	186.5	194.5	184	173	168	162	166.4	163.5
	R (mm)	29	37	45	55	67	80	110	137	163
	扁钢100x8(130x8)展开长(mm)	1545	1561	1577	1556	1534	1524	1512	1508	1504
	重量(kg)	9.7	9.8	9.9	9.77	9.63	9.57	9.5	12.31	12.27
2 肋板	扁钢60x6长(mm)	1182	1182	1182	1182	1182	1182	1182	1182	1182
	二件重量(kg)	6.69	6.69	6.69	6.69	6.69	6.69	6.69	6.69	6.69
3 托板	钢板85x6 (115x6)长(mm)	170	178	186	176	165	160	154	158	155
	三件重量(kg)	2.04	2.13	2.24	2.12	1.98	1.92	1.85	2.49	2.46
	总重量(kg)	18.43	18.62	18.83	18.58	18.3	18.18	18.04	21.49	21.42

滑动支座 (DN50~300 H=150mm L=1200mm)						图集号	01R413
审核		校对		设计		页	97

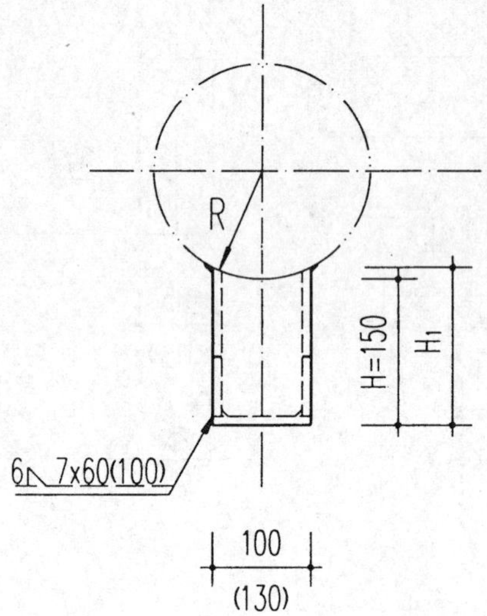

DN100~200
(DN250、DN300)

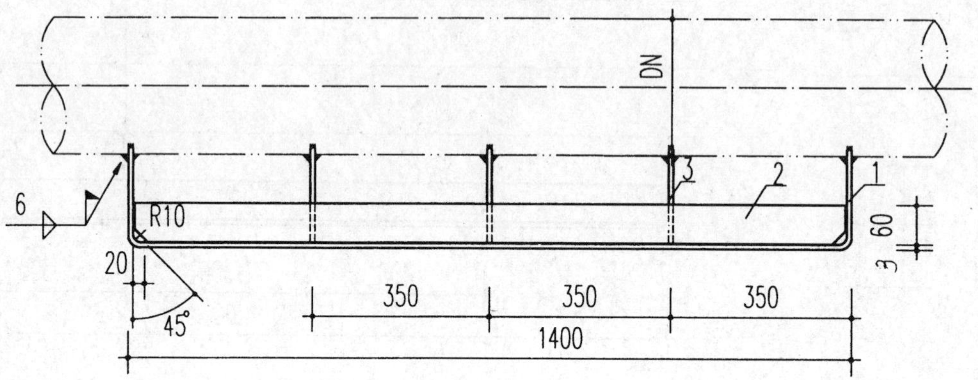

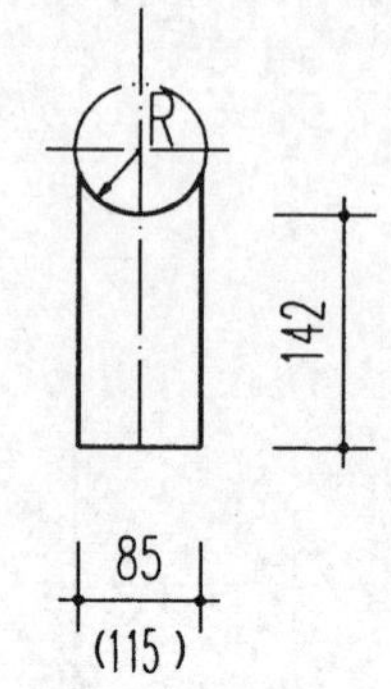

托板

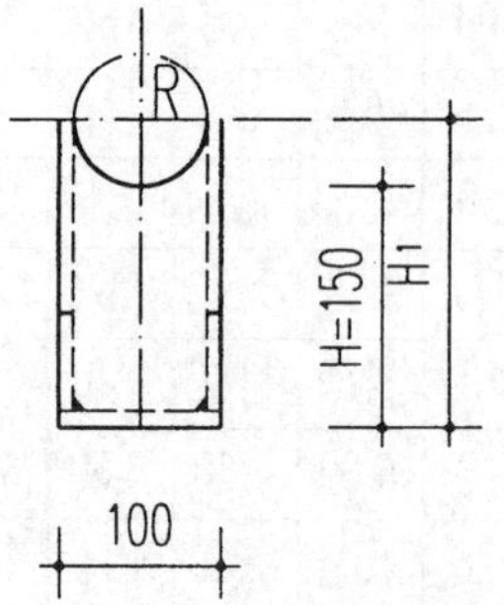

DN50~80

说明：

1、本支座的选用，见第99页。
2、电焊条按GB5117~85选用E4320。
3、件1与件2相焊，焊缝在内侧，外侧保持平整，以利有导向支座时能两平面接触。

件号	DN	50	65	80	100	125	150	200	250	300
1 座板	H_1(mm)	178.5	186.5	194.5	184	173	168	162	166.4	163.5
	R (mm)	29	37	45	55	67	80	110	137	163
	扁钢100x8(130x8)展开长(mm)	1745	1761	1777	1756	1734	1724	1712	1708	1704
	重量(kg)	10.96	11.06	11.16	11.03	10.89	10.83	10.75	13.94	13.9
2 肋板	扁钢60x6长(mm)	1382	1382	1382	1382	1382	1382	1382	1382	1382
	二件重量 (kg)	7.82	7.82	7.82	7.82	7.82	7.82	7.82	7.82	7.82
3 托板	钢板85x6 (115x6)长(mm)	170	178	186	176	165	160	154	158	155
	三件重量 (kg)	2.04	2.13	2.24	2.12	1.98	1.92	1.85	2.49	2.46
	总重量(kg)	20.82	21.01	21.22	20.97	20.69	20.57	20.42	24.25	24.18

滑动支座 (DN50~300 H=150mm L=1400mm)			图集号	01R413
审核	校对	设计	页	98

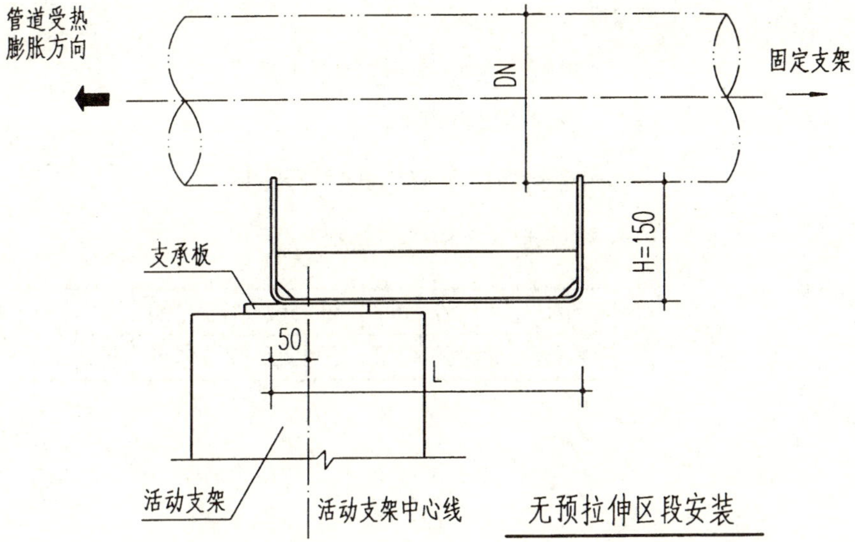

无预拉伸区段安装

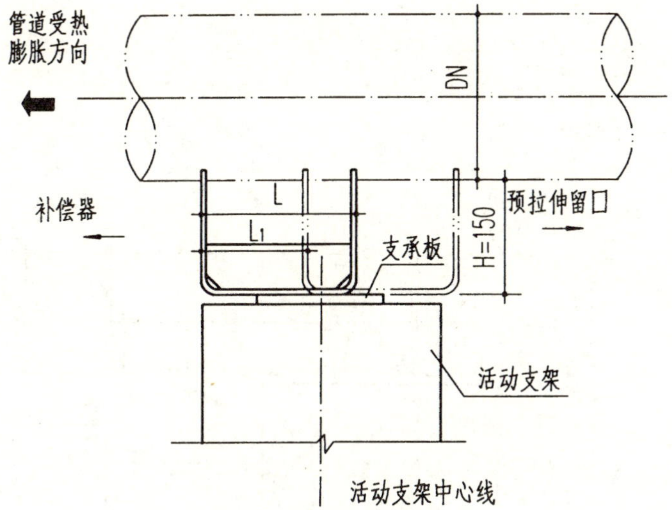

有预拉伸区段安装

说明：图示为支座安装位置（即未进行预拉伸）、
预拉伸后位置为图中假想线所示位置。

无预拉伸区段支座长度选用表

滑动支座长L(mm)	支座最大热位移(mm)	在下列介质温度下，支座距固定支架距离(m)						补偿器种类
		250℃	200℃	170℃	130℃	95℃	70℃	
200	100	≤29	≤37	≤43	≤57	≤78	≤104	各类补偿器（套筒补偿器除外）
400	300	30~88	38~111	11~131	58~172	79~234	105~312	
600	500	89~146	112~186	132~218	173~288	235~390	313~520	球形及角向型补偿器
800	700	147~205	187~260	219~306	289~403	-	-	球形补偿器
1000	900	206~264	261~334	307~393	404~513		-	
1200	1100	265~319	335~407	394~473	-	-	-	
1400	1300	320~377	408~481	474~559	-	-	-	

有预拉伸区段支座长度选用表

滑动支座长L(mm)	L1 (mm)	补偿器种类	安装区段
200	150	方形补偿器	预拉伸留口至补偿器
400	275	波纹补偿弯头Z形平面/立式布置	预拉伸留口至补偿器
600	490	角向型波纹管补偿器	预拉伸留口至补偿器

滑动支座长度选用与安装（方形、波纹管、球型补偿器应用）	图集号	01R413
审核 校对 设计	页	99

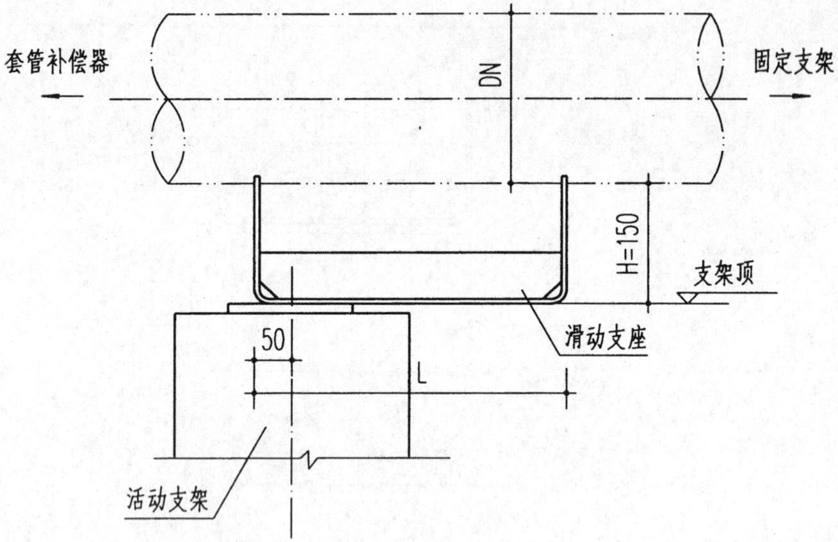

说明：

1、滑动支座的安装，基于套筒补偿器安装时，不进行预压缩的情况。

2、补偿器型号TTB型系列，安装不须预压缩。

3、TTB型系列产品补偿量如下表：

DN	50	65	80	100	125	150	200	250	300
补偿量ΔL(mm)	200	200	200	250	250	250	300	350	350

无预拉伸区段支座长度选用表

滑动支座长 L(mm)	支座最大热位移(mm)	在下列介质温度下，支座距固定支架距离(m)					
		250℃	200℃	170℃	130℃	95℃	70℃
400	200	≤58	≤74	≤87	≤115	≤156	≤208
400	250	58~73	75~93	88~109	116~144	157~195	209~260
400	300	74~88	94~111	110~131	145~172	196~234	261~312
600	350	89~102	112~130	132~153	173~201	235~273	313~364

滑动支座长度选用与安装（套筒补偿器应用）			图集号	01R413
审核	校对	设计	页	100

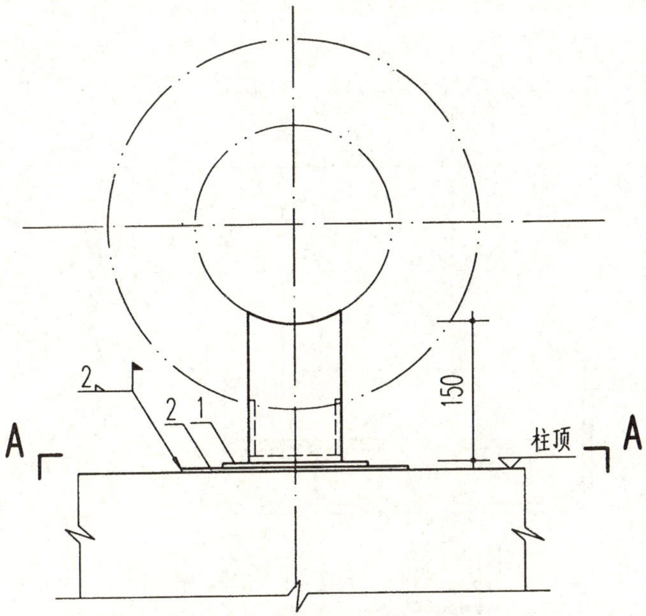

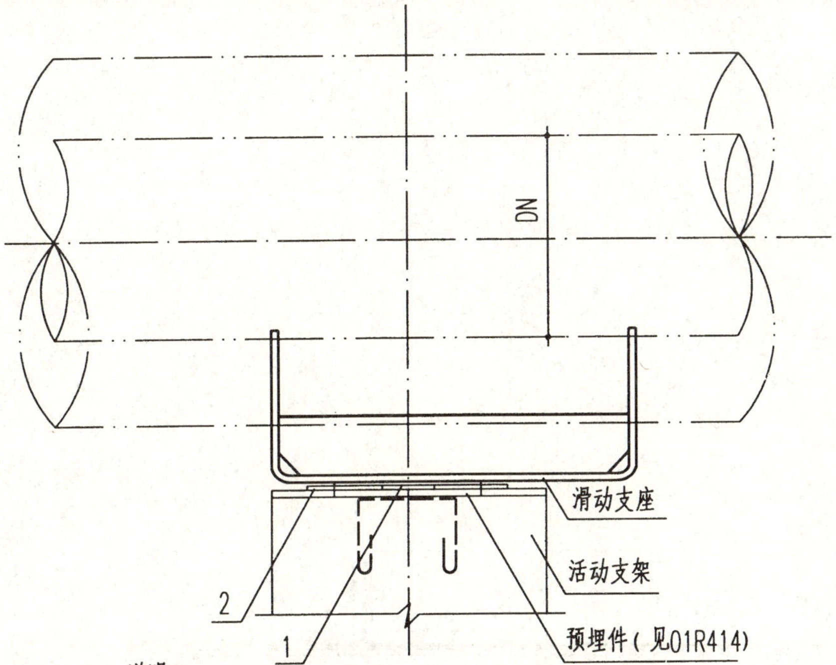

说明：

1. 括号内数字用于有导向支座支架，支座安装见第103~105页。
2. 滑动支座制作及安装见第92~98页。
3. 聚四氟乙烯板厚4mm，现场裁成160x160。安装时粘接在予埋钢板上。

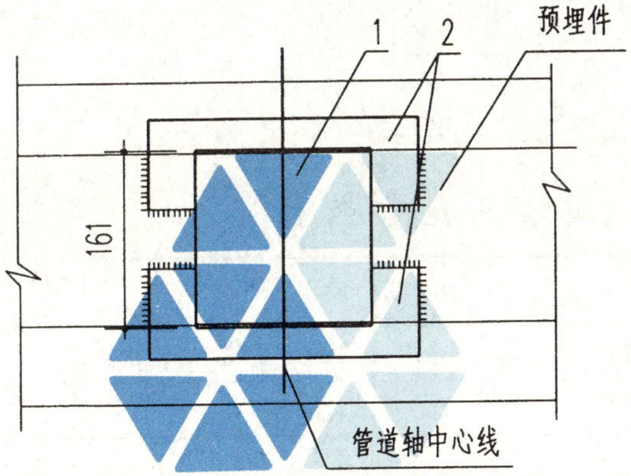

A-A

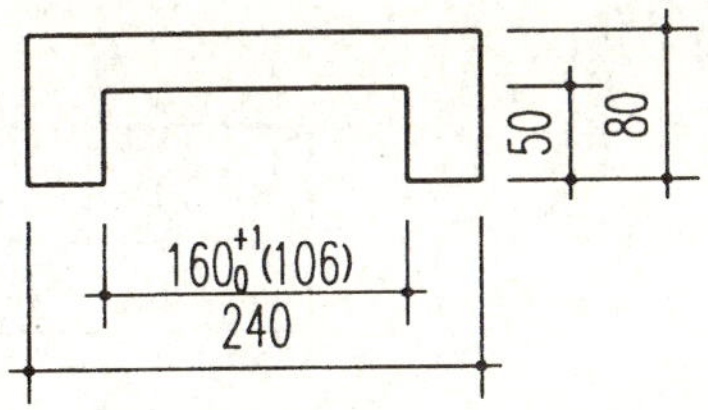

板框

件号	名称	材料	件数	单重(kg)	共重(kg)	备注
1	滑垫	聚四氟乙烯板 160x160(105)x4	1	0.236	0.236	$r=2.3kg/cm^3$
2	板框	钢板2mm	2	0.144	0.288	

聚四氟乙烯滑垫及安装 (DN200~300)	图集号	01R413
审核 校对 设计	页	101

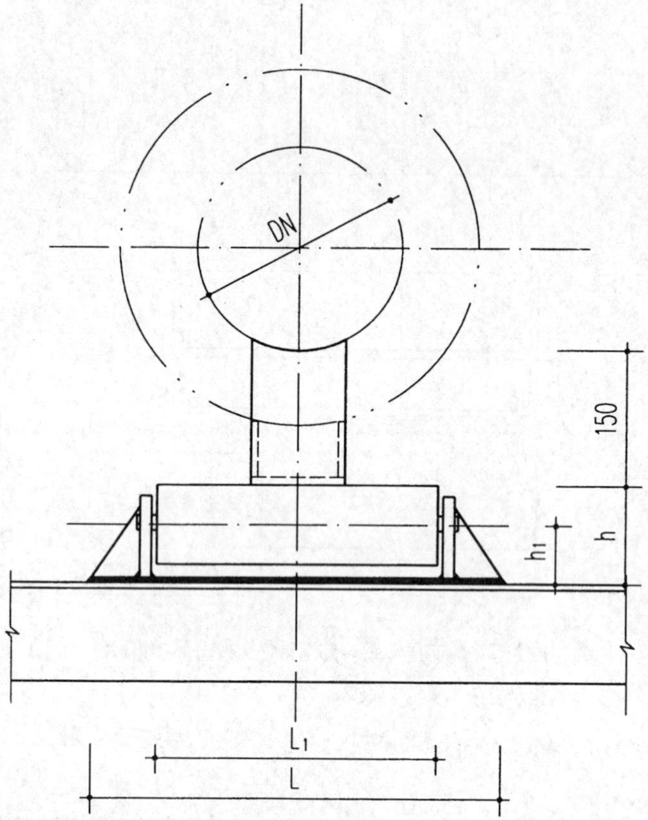

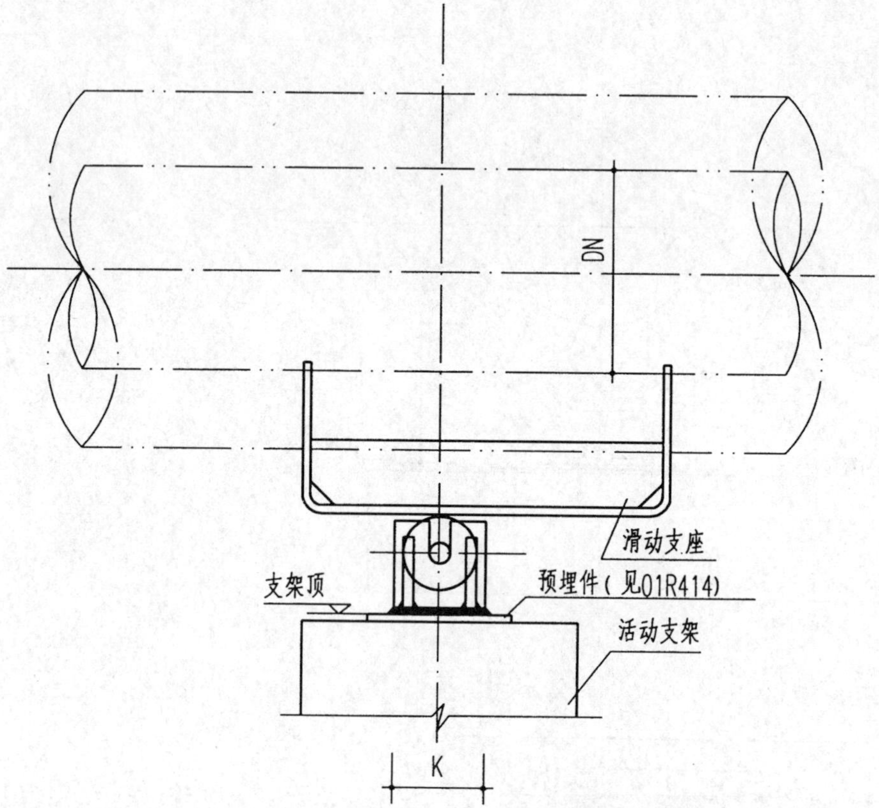

滚动支座数据表

DN	L(mm)	L_1(mm)	h (mm)	h_1(mm)	k (mm)	工作荷载 (kN)	重量 (kg)	备注
200~250	435	300	107	67	100	45	18.5	
300	575	400	129	80	120	50	37.5	

说明：

1、滑动支座见本图册第92~98页。

2、滚动支座与预埋件现场焊接。

3、滚动支座数据按张家口市第二机床厂技术参数编制。

滚动支座安装(DN200~300)						图集号	01R413
审核		校对		设计		页	102

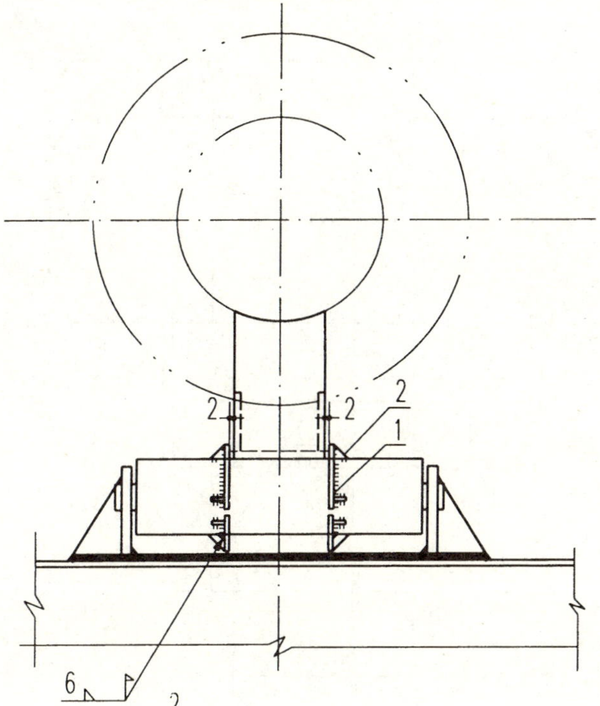

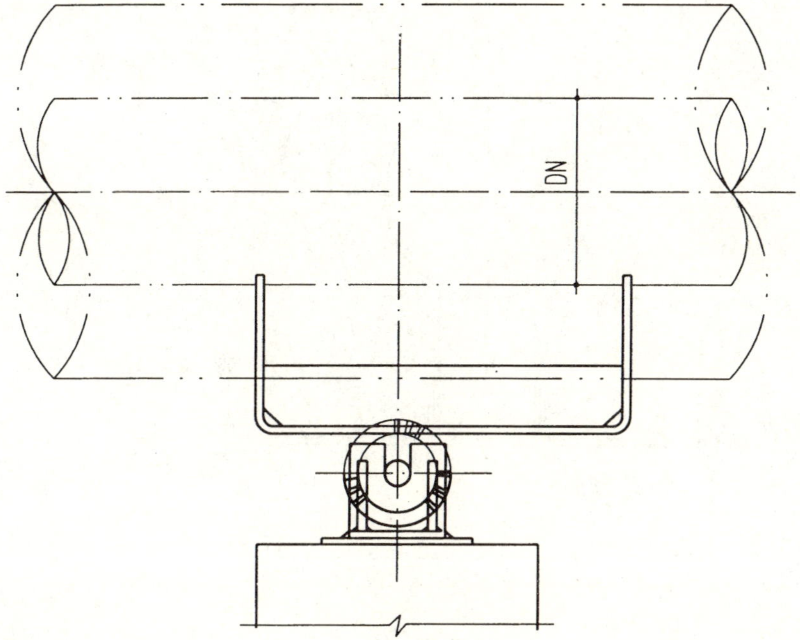

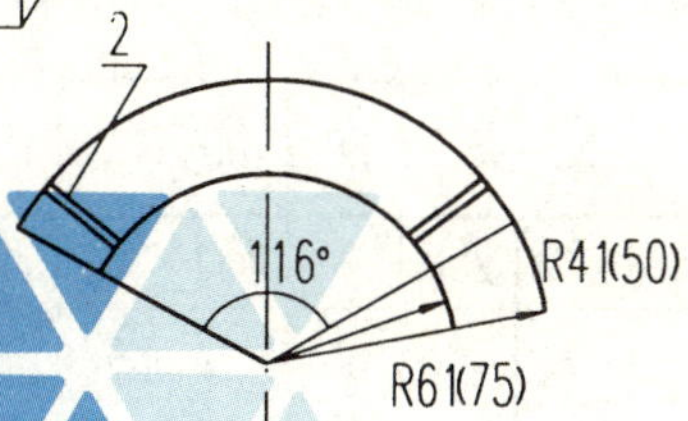

弧形板

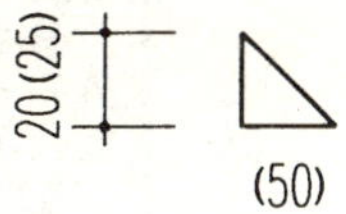

肋板

滚动支座数据表

件号	名称	材料	件数	单量	总重量（kg）		备注
					DN200~250	DN300	
1	弧形板	钢板厚6	6	(0.148) 0.1	0.6	(0.89)	
2	肋板	扁钢 (25)/20 x6	12	(0.012) 0.01	0.12	(0.144)	

说明：

1、图中括号外为DN200、DN250，括号内为DN300。

2、件1与件2预先焊好。

滚动支座导向装置安装 (DN200~300)						图集号	01R413
审核	[signature]	校对	[signature]	设计	[signature]	页	103

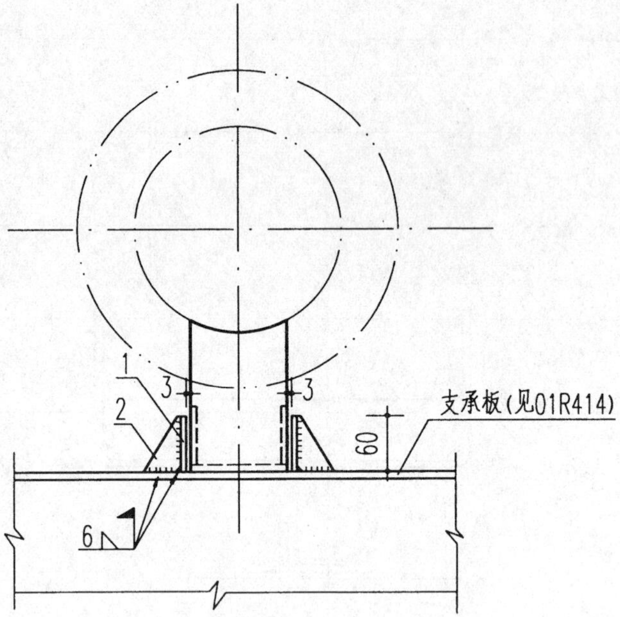

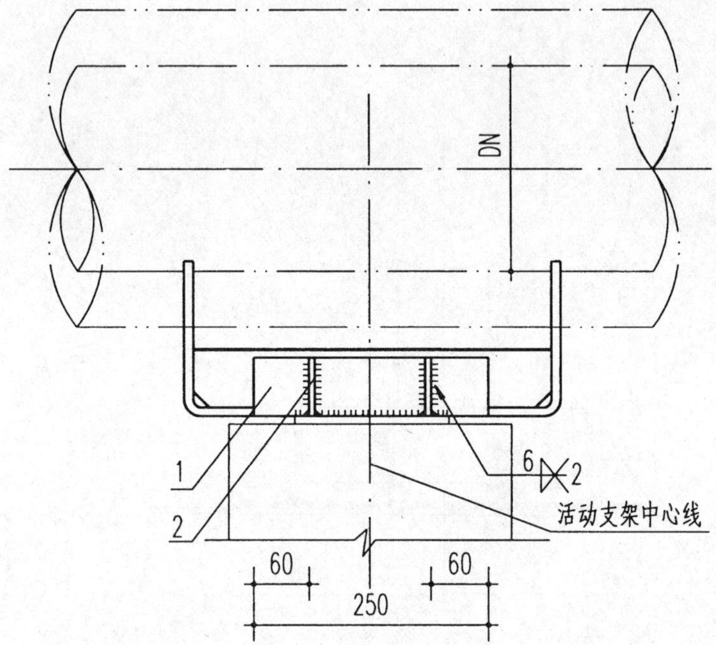

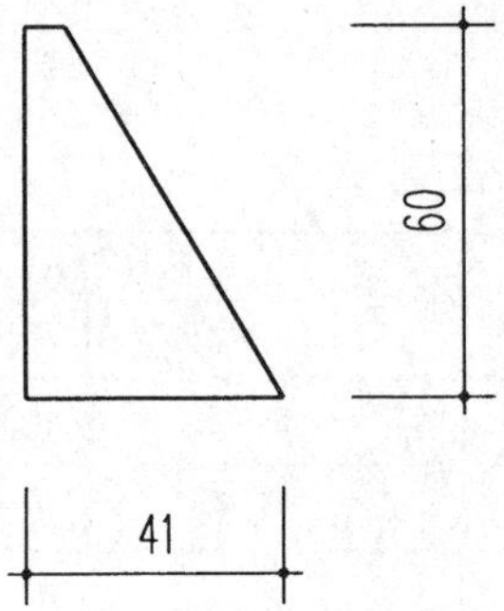

肋板

说明：

1、件1与件2预先焊好等滑动支座安装完毕后，按工程图标示导向支架位置，安装本装置。

2、电焊条按GB5117—85，选用E4320。

件号		DN	50	65	80	100	125	150	200	250	300
1	挡板	扁钢60x6长(mm)	250	250	250	250	250	250	250	250	250
		2块重量(kg)	1.42	1.42	1.42	1.42	1.42	1.42	1.42	1.42	1.42
2	肋板	扁钢60x6 单块重量(kg)	0.07	0.07	0.07	0.07	0.07	0.07	0.07	0.07	0.07
		4块重量(kg)	0.28	0.28	0.28	0.28	0.28	0.28	0.28	0.28	0.28
总重量(kg)			2.70	2.70	2.70	2.70	2.70	2.70	2.70	2.70	2.70

导向装置(DN50~300) 钢筋混凝土支架						图集号	01R413
审核	[signature]	校对	[signature]	设计	[signature]	页	104

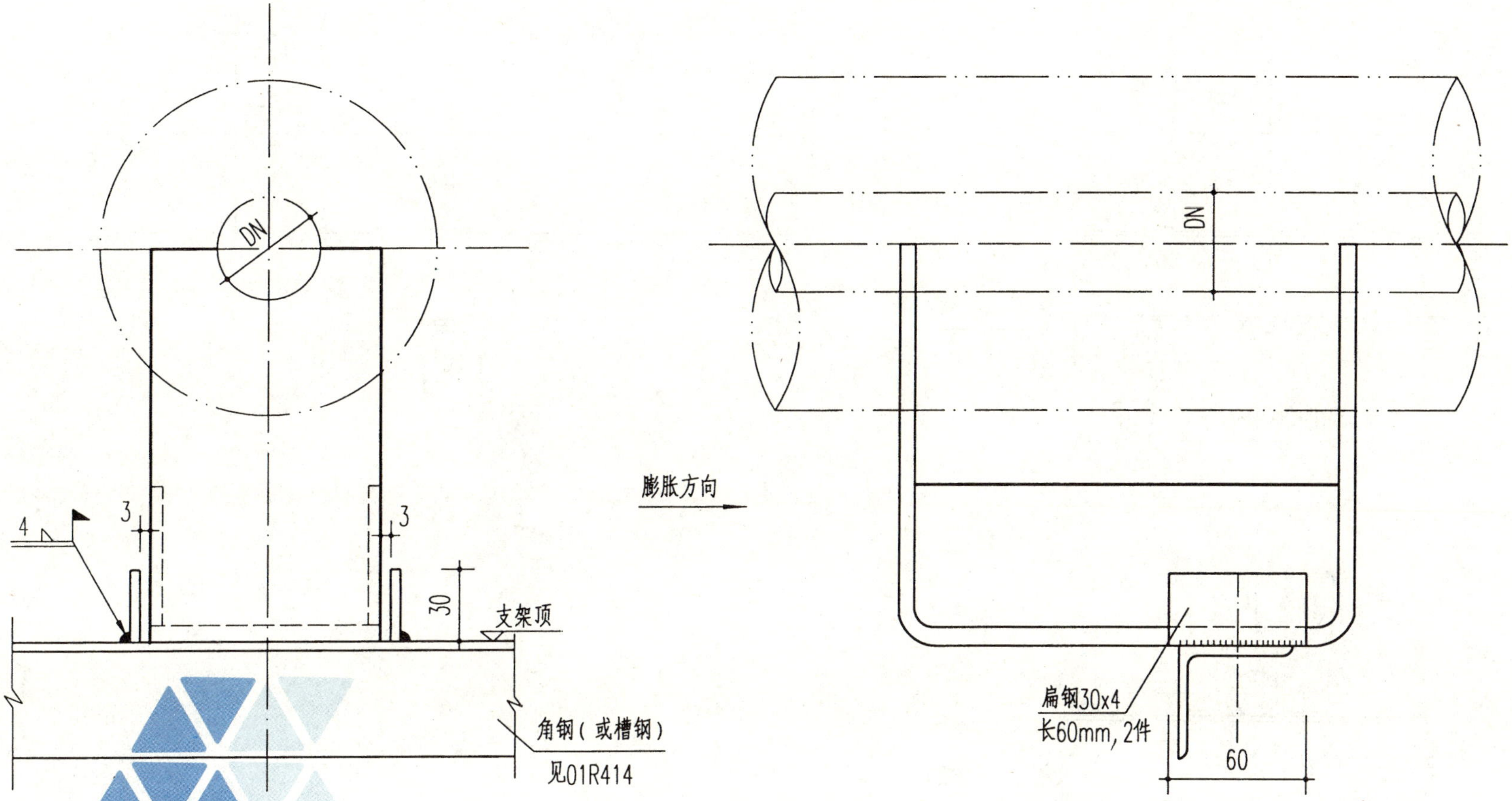

说明：滑动支座安装后，安装导向装置。

导向装置(DN25~40) 钢管柱支架						图集号	01R413
审核		校对		设计		页	105

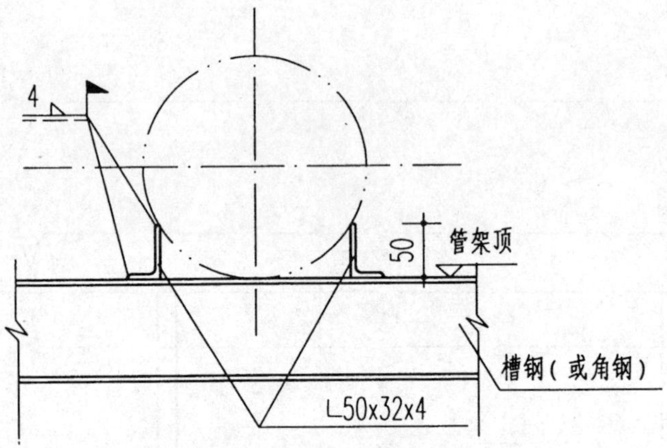

DN100~300

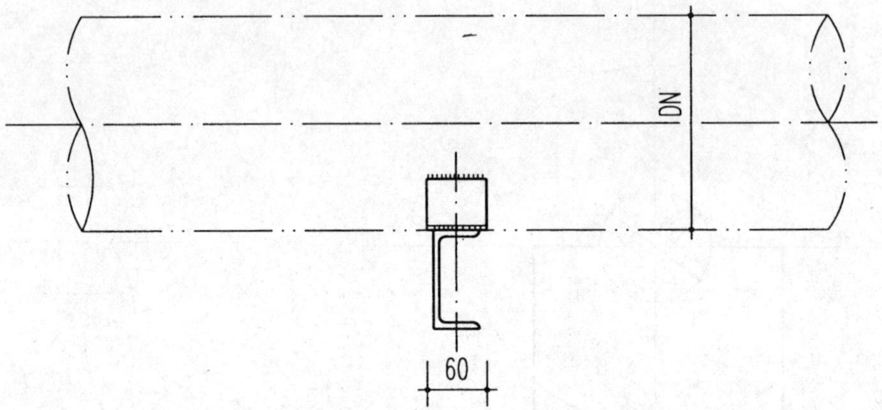

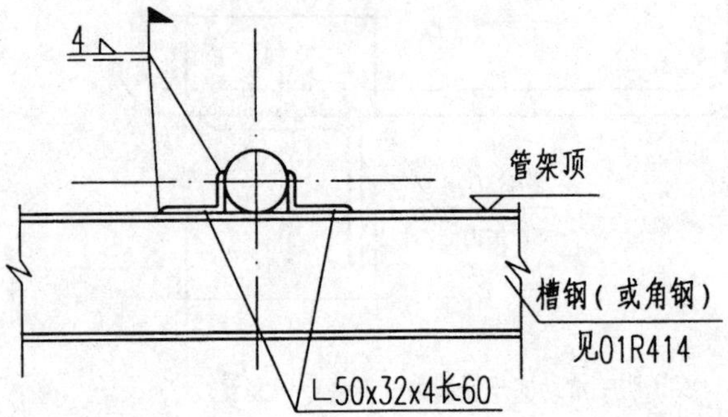

DN25~80

无保温管固定(DN25~300) 钢管柱支架						图集号	01R413
审核	[signature]	校对	[signature]	设计	[signature]	页	106

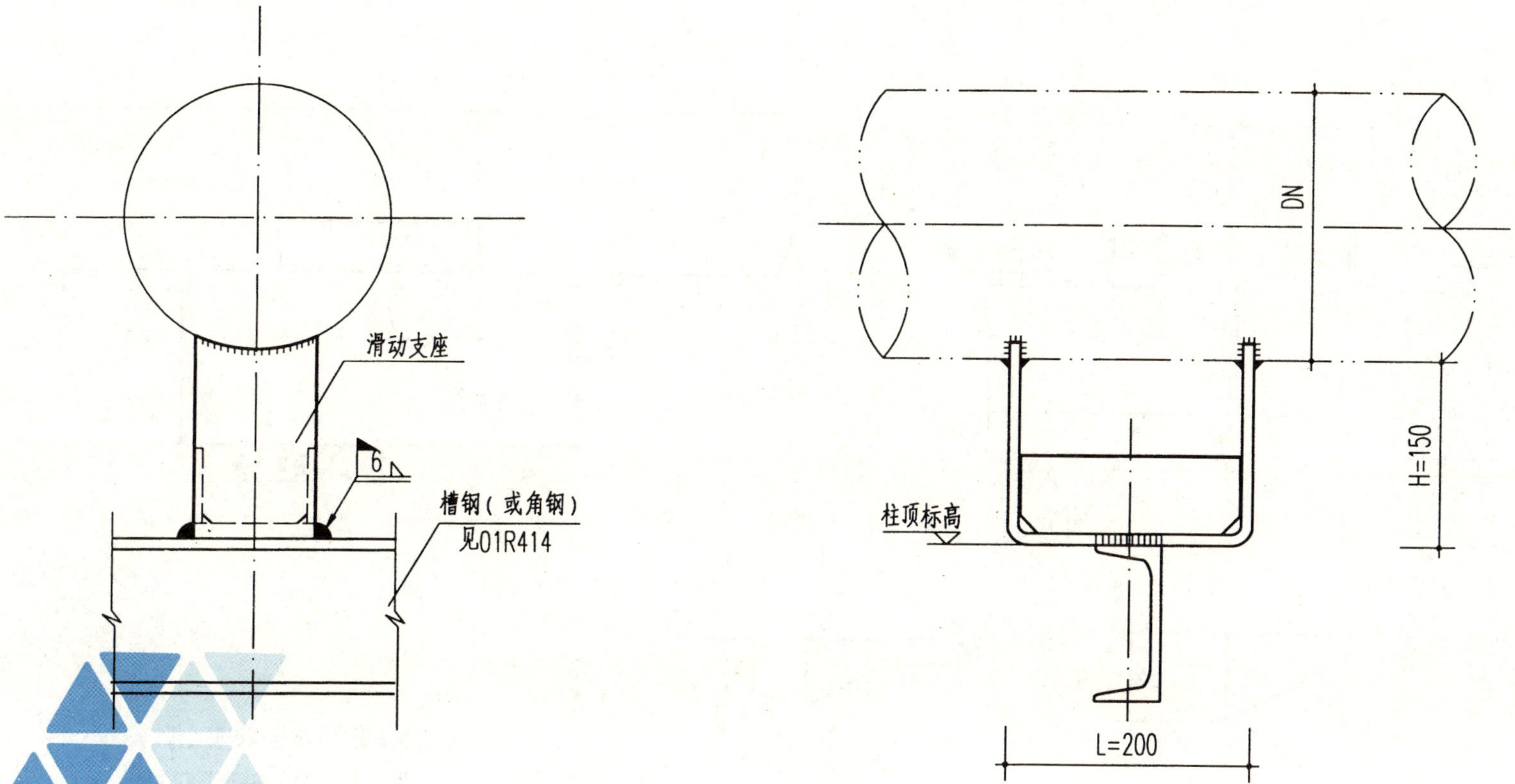

钢管柱支架管道固定(DN25~200) 轴向推力≤15kN						图集号	01R413
审核		校对		设计		页	107

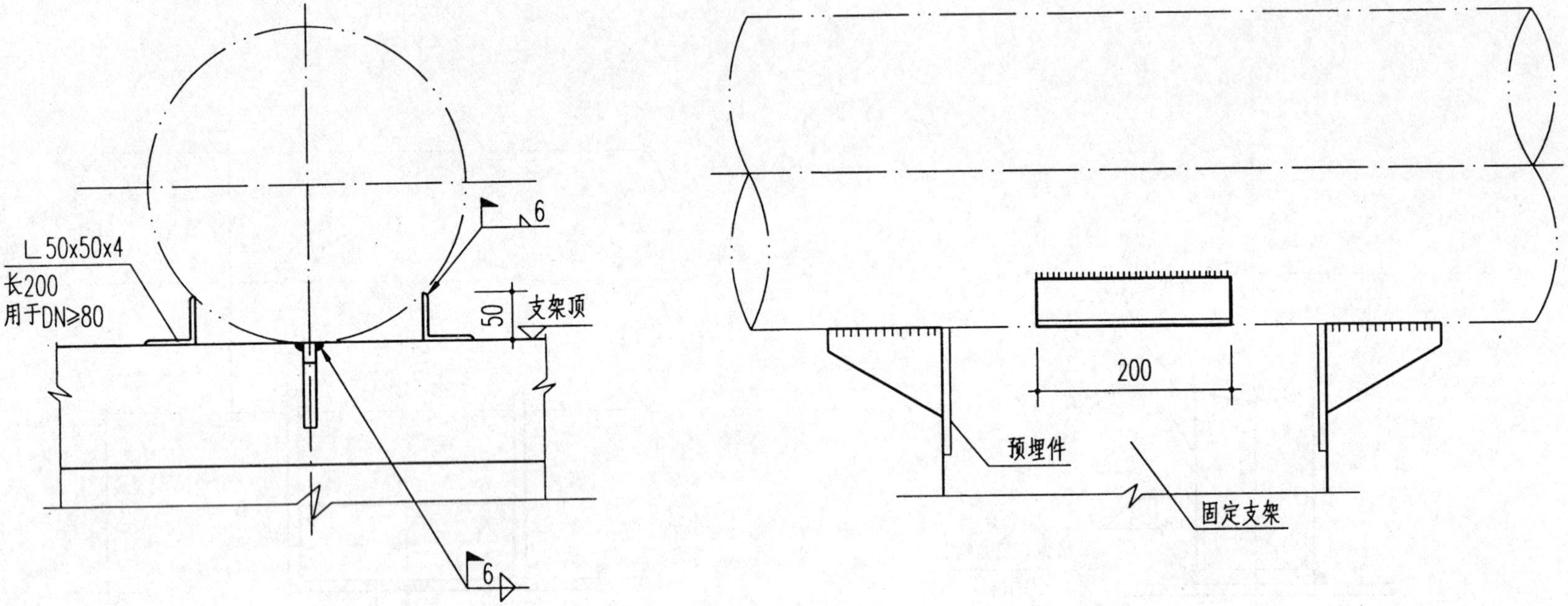

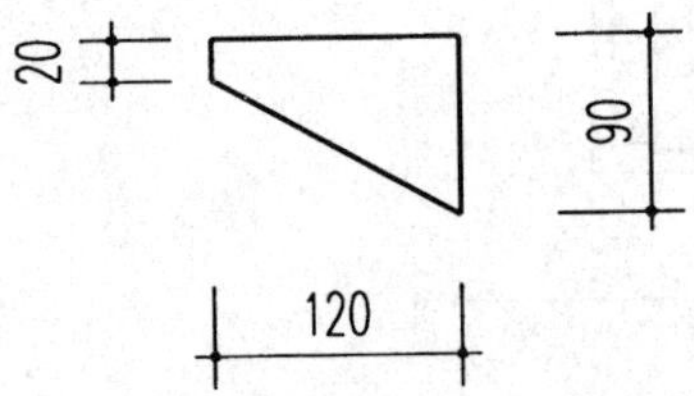

肋板 扁钢120x10 2块
单重0.52kg
DN200~300

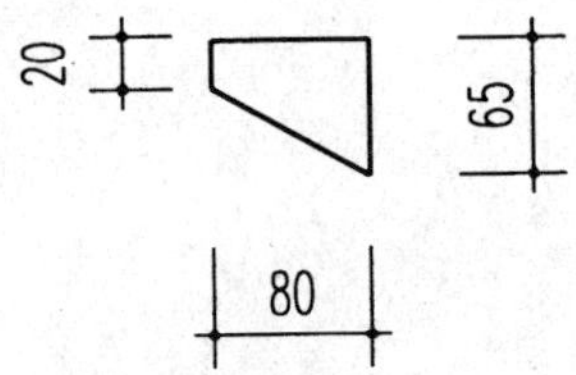

肋板 扁钢80x10,2块
单重0.27kg
DN≤150

说明：

1、肋板与固定支架预埋钢板点焊。

2、电焊条按GB5117—85选用E4320。

无保温管固定支座(DN25~300) 钢筋混凝土支架						图集号	01R413
审核	[签名]	校对	[签名]	设计	[签名]	页	108

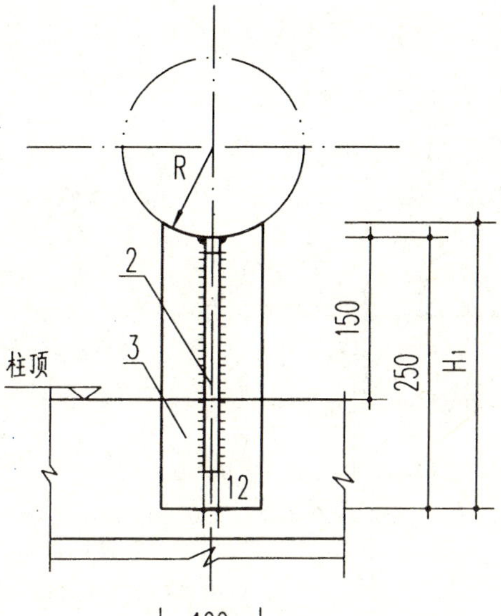

DN100~150

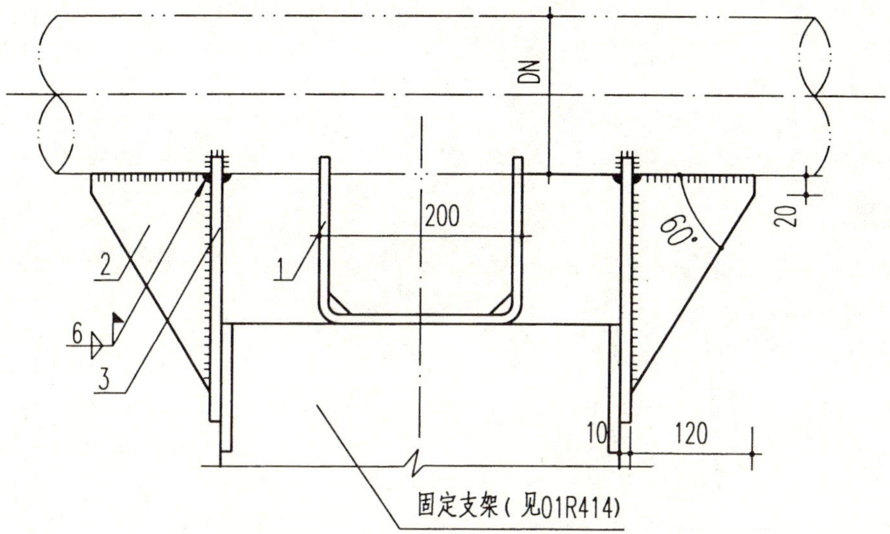

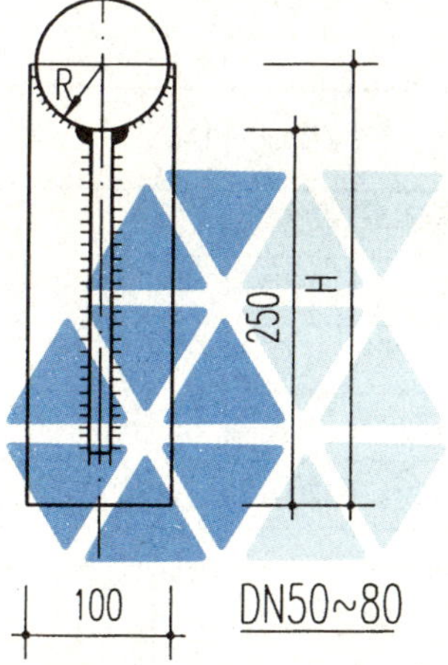

DN50~80

说明：

1、滑动支座见第92页。

2、件2与件3，预先制作好，安装时挡板应紧靠支架边侧。

3、电焊条按GB5117-85选用E4320。

4、件3与固定支架预埋件点焊。

件号	DN	50	65	80	100	125	150	200	250	300
1 滑动支座	L=200，重量(kg)	3.94	4.04	4.14	4.01	3.87	3.81	3.74	3.71	3.69
2 肋板	扁钢 120x12 长(mm)	228	228	228	228	228	228	228	228	228
	2件重量(kg)	5.15	5.15	5.15	5.15	5.15	5.15	5.15	5.15	5.15
3 挡板	扁钢100x10 长(mm)	279	287	295	282	272	268	262	259	258
	H_1 (mm)	278.5	286.5	294.5	284	273	268	262	260	258
	R (mm)	29	37	45	55	67	80	110	137	163
	2件重量(kg)	4.38	4.51	4.63	4.43	4.27	4.21	4.11	4.08	4.05
总重量(kg)		13.47	13.7	13.92	13.59	13.29	13.17	13.0	12.94	12.89

固定支座DN50~300 轴向推力≤50kN	图集号	01R413
审核 校对 设计	页	109

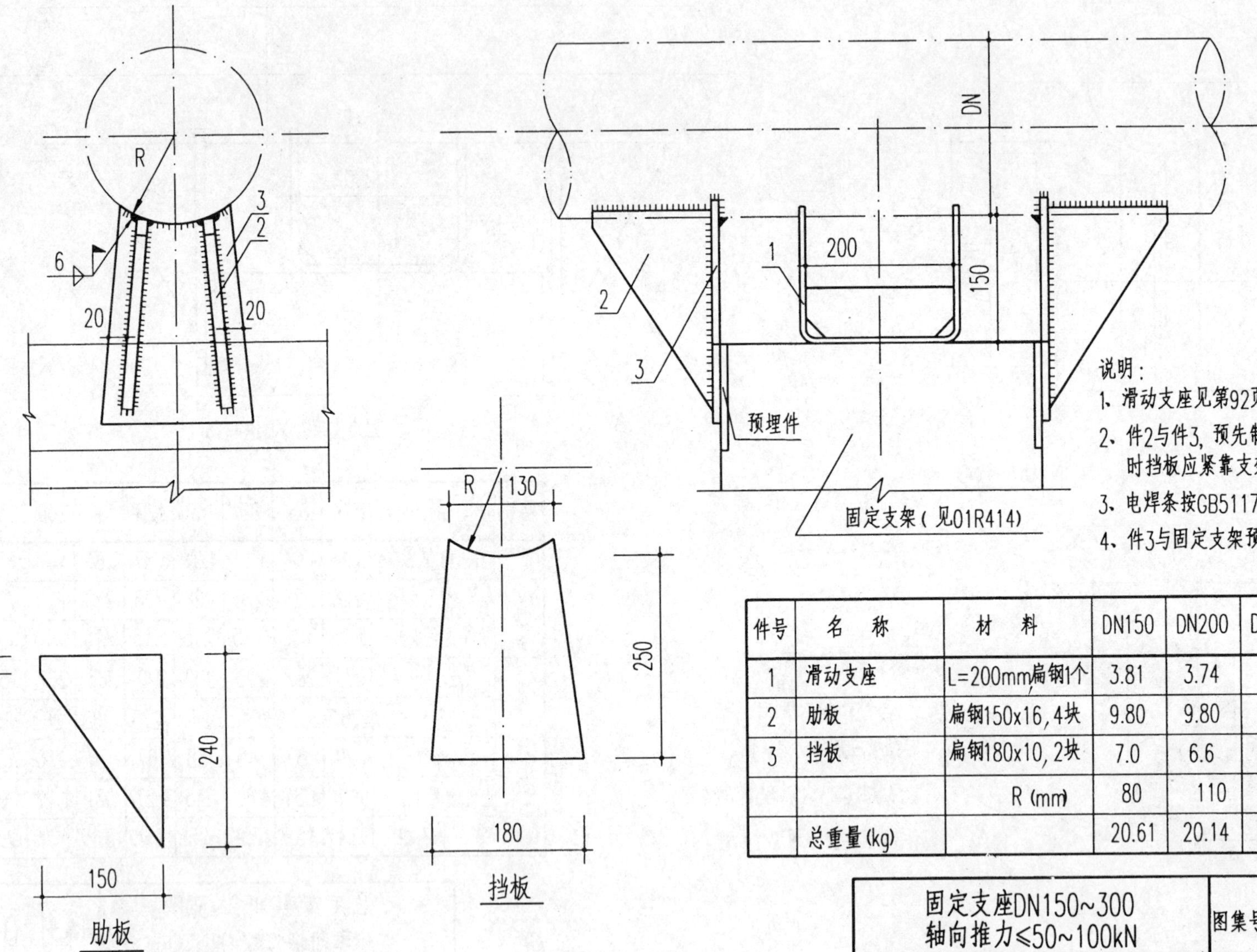

说明：

1、滑动支座见第92页。
2、件2与件3，预先制作好，安装时挡板应紧靠支架边侧。
3、电焊条按GB5117~85选用E4320。
4、件3与固定支架预埋件点焊。

件号	名 称	材 料	DN150	DN200	DN250	DN300
1	滑动支座	L=200mm,扁钢1个	3.81	3.74	3.71	3.69
2	肋板	扁钢150x16，4块	9.80	9.80	9.80	9.80
3	挡板	扁钢180x10，2块	7.0	6.6	6.5	6.4
		R (mm)	80	110	137	163
	总重量(kg)		20.61	20.14	20.01	19.89

固定支座DN150~300 轴向推力≤50~100kN						图集号	01R413
审核	[signature]	校对	[signature]	设计	[signature]	页	110

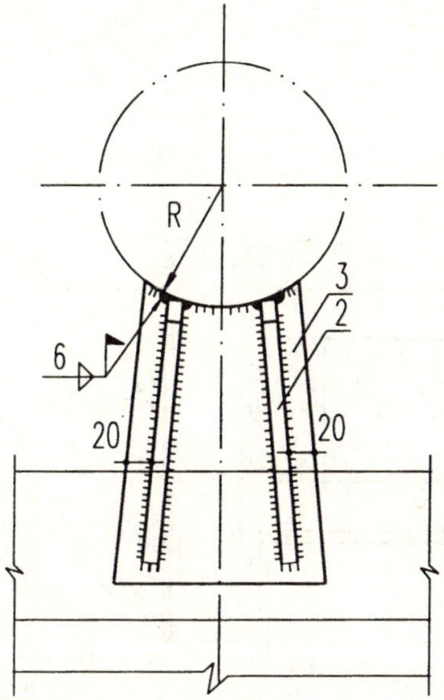

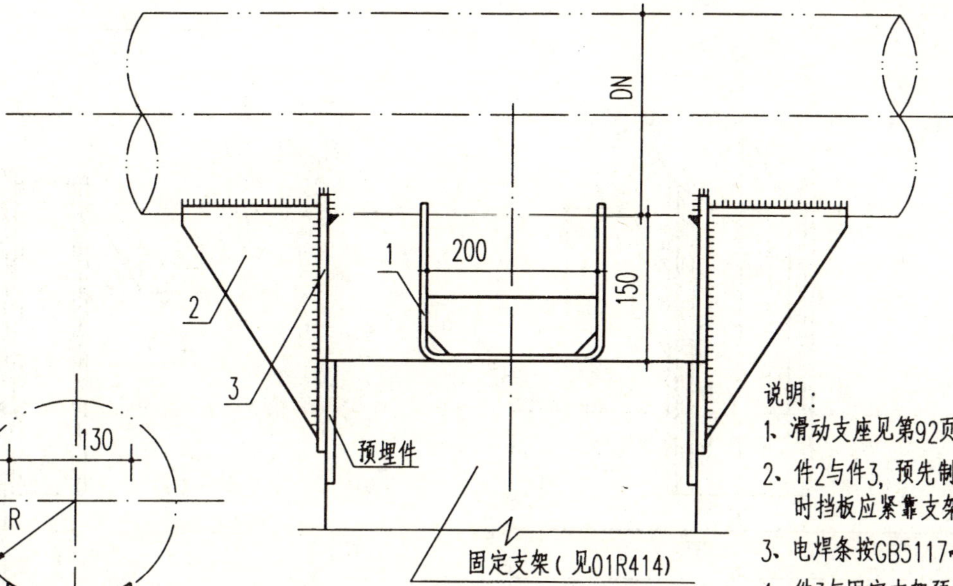

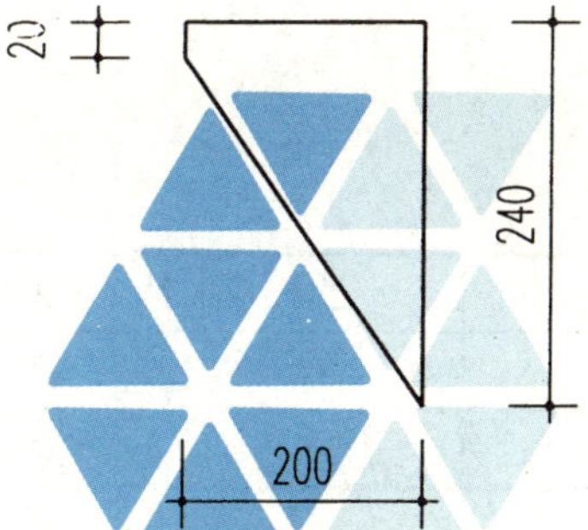

肋板

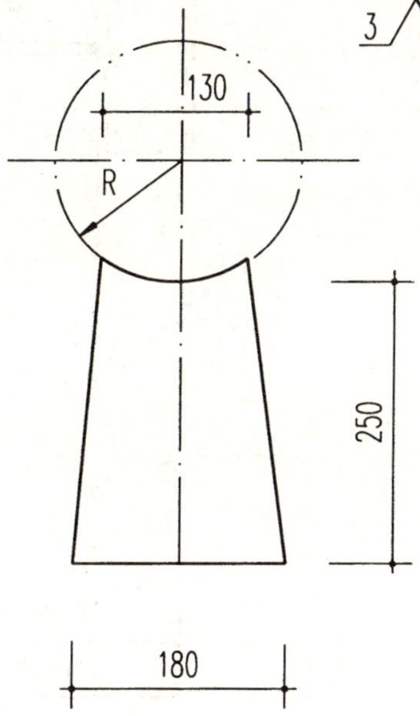

挡板

说明：

1、滑动支座见第92页。

2、件2与件3，预先制作好，安装时挡板应紧靠支架边侧。

3、电焊条按GB5117-85选用E4320。

4、件3与固定支架预埋件点焊。

件号	名　称	材　料	DN250	DN300
1	滑动支座	L=200扁钢1个	3.71	3.69
2	肋板	扁钢200x16，4块	3.27	3.27
3	挡板	扁钢180x16，2块	6.5	6.4
		R(mm)	137	163
	总重量(kg)		13.48	13.36

固定支座DN250~300 轴向推力≤100~200kN	图集号	01R413
审核 [signature] 校对 [signature] 设计 [signature]	页	111

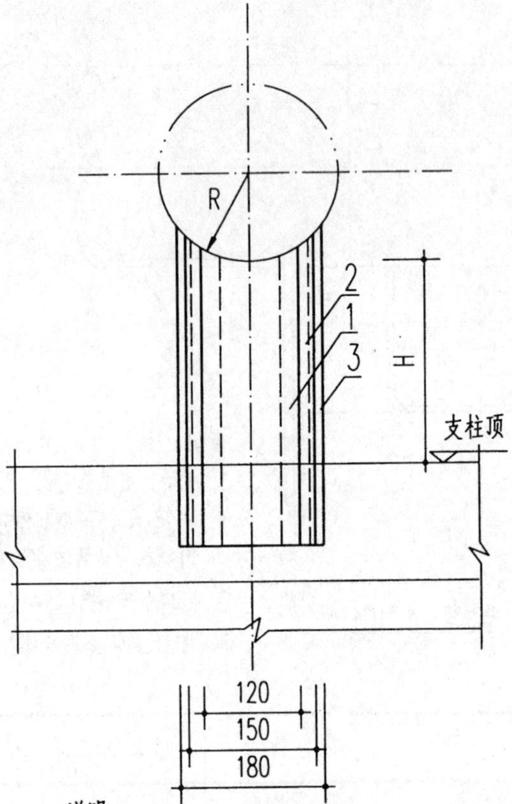

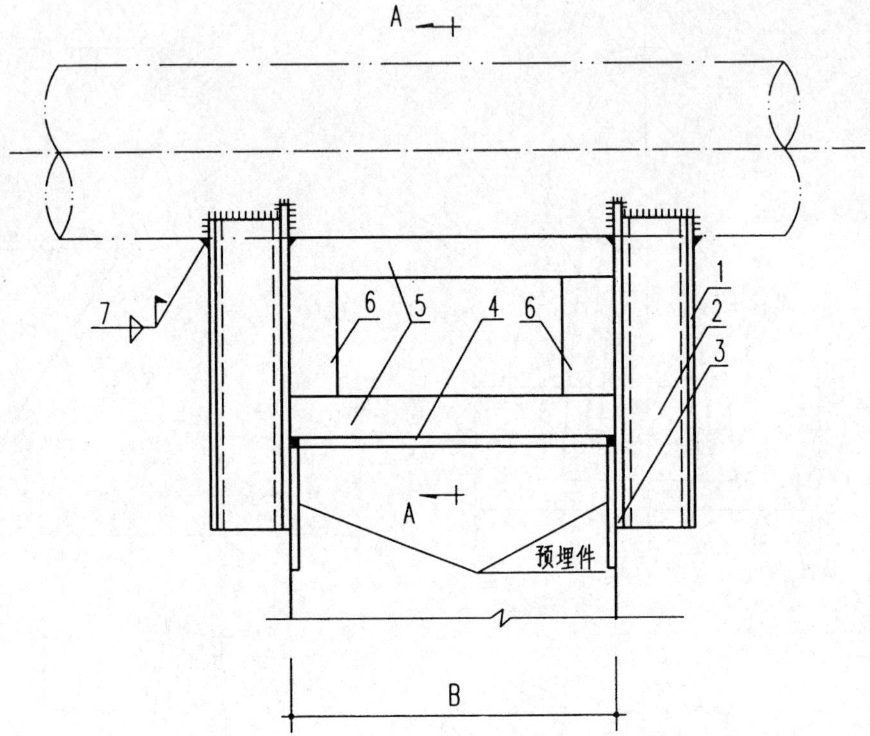

说明：

1、本支座用于装有滚动支座的管道。

2、件4、5、6预先制作好，在现场与支架预埋件焊接件2、3预先制作好，在现场与管道件1焊接，件3应紧靠支架边侧。

3、电焊条按GB5117—85选用E4320。

4、件3与固定支架预埋件点焊。

DN	200	250	300
H(mm)	257	257	279
B(mm)	见01R414	见01R414	见01R414

固定支座（用于有滚动支座） DN200~300轴向推力≤200kN(一)	图集号	01R413
审核 [签名] 校对 [签名] 设计 [签名]	页	112

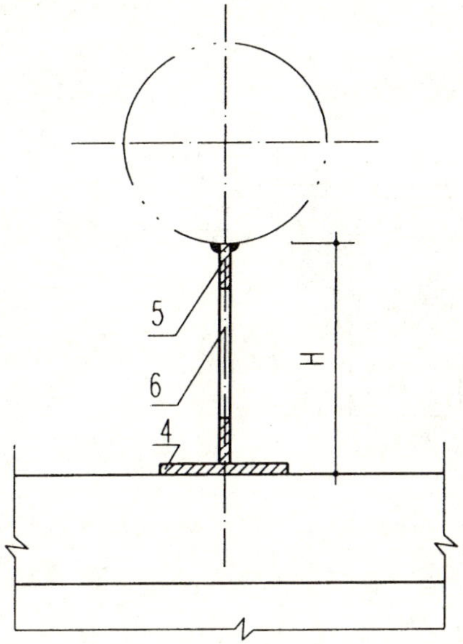

A-A

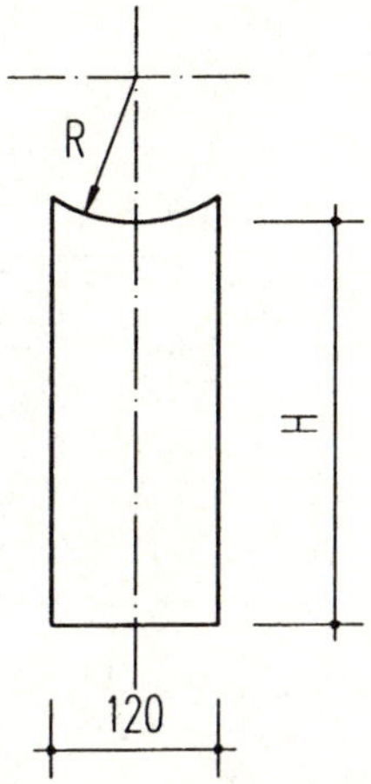

1、肋板 扁钢120x10，2块

DN	R(mm)	H(mm)	单重(kg)
200	110	357	3.47
250	137	357	3.46
300	163	379	3.64

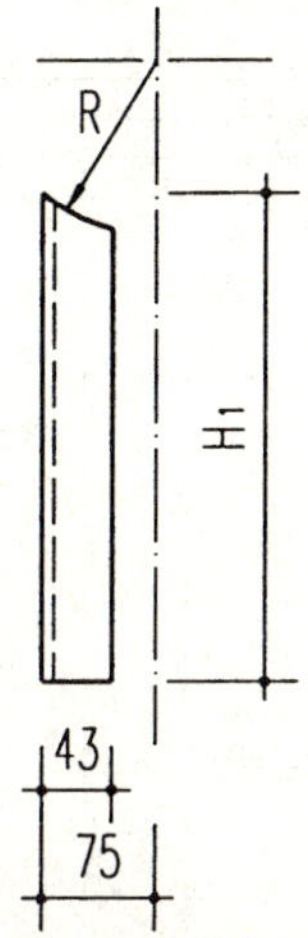

2、加强肋 槽钢80x43x5，4根

DN	R(mm)	H1(mm)	单重(kg)
200	110	386	2.97
250	137	379	2.96
300	163	397	3.13

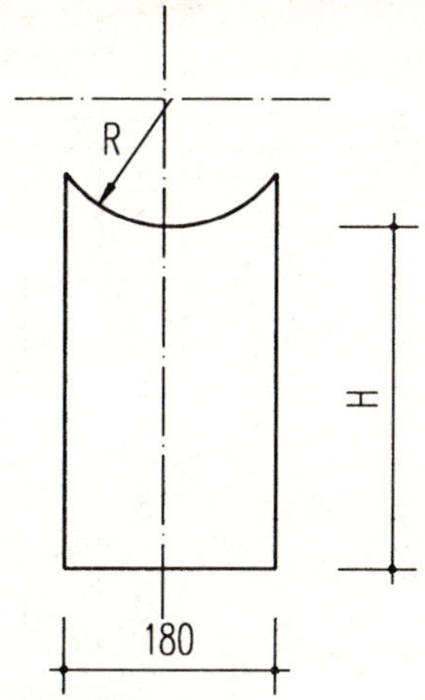

R、H同件号1

3、挡板 扁钢180x10，2块

DN	单重(kg)
200	5.47
250	5.33
300	5.60

件号	名称	材料	件数	DN200	DN250	DN300
1	肋板	扁钢120x10	2	6.94	6.92	7.28
2	加强板	槽钢80x43x5	4	11.88	11.84	12.52
3	挡板	扁钢180x10	2	10.94	10.66	11.20
4	底板	扁钢140x10	1	4.18	4.18	4.18
5	水平肋板	扁钢50x10	2	3.14	3.14	3.14
6	垂直肋板	扁钢60x10	2	1.38	1.38	1.59
	总重量(kg)			38.46	38.12	39.91

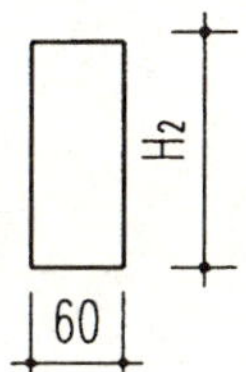

6、垂直肋板
扁钢60x10 2块

DN	H_2(mm)	单重(kg)
200~250	147	0.69
300	169	0.795

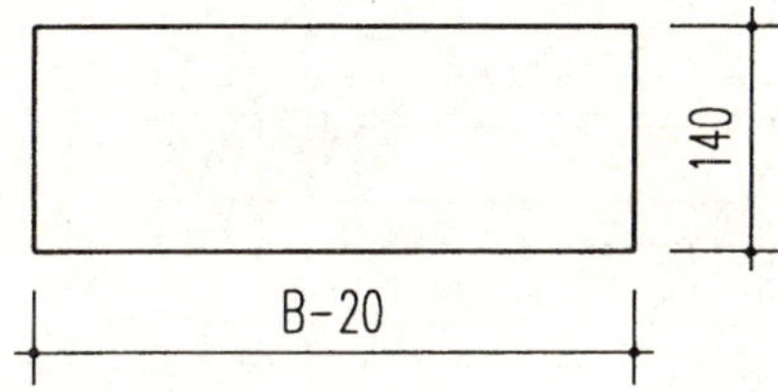

4、底板 扁钢140x10 1块
重量4.18kg(B=400时)

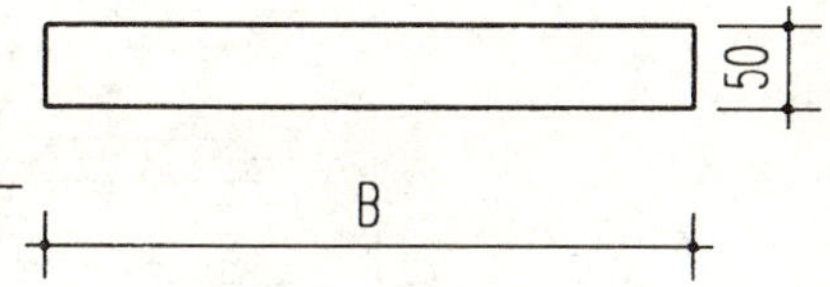

5、水平肋板 扁钢50x10 2块
重量1.57kg(B=400时)

固定支座(用于有滚动支座) DN200~300轴向推力≤200kN(二)	图集号	01R413
审核 校对 设计	页	113

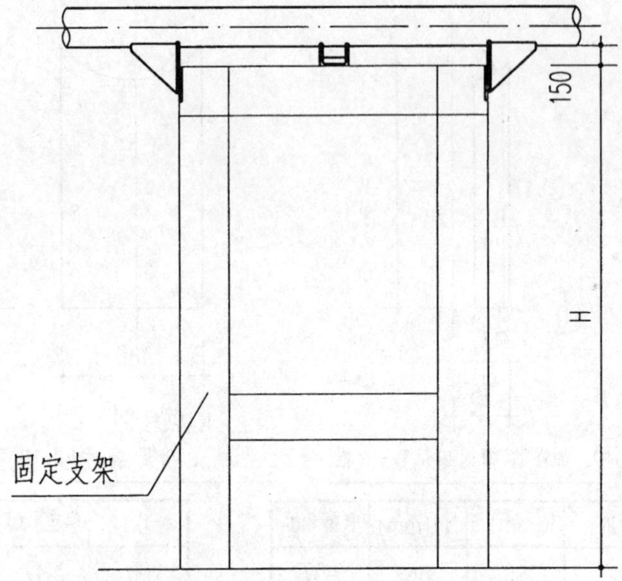

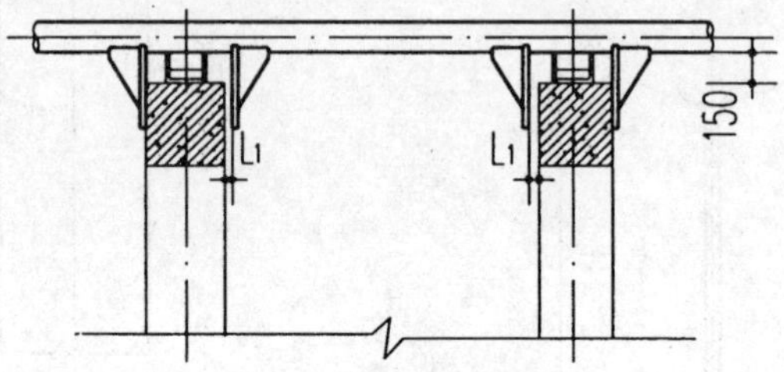

A—A

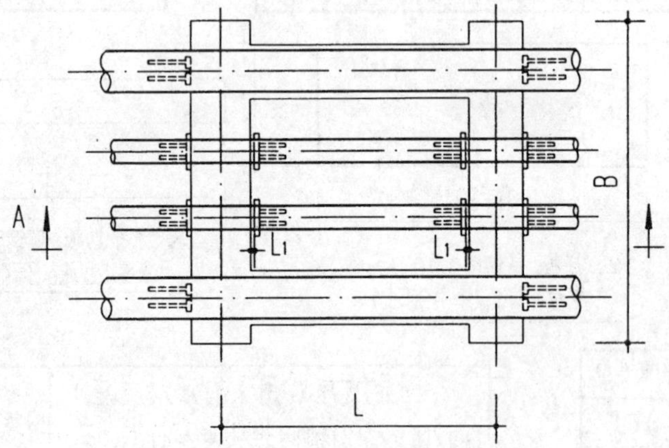

说明：

1、$L_1=\alpha L$（mm）；式中 L（m），α 请按下表选用：

介质温度℃	250	200	170	150	130	95	70
α	3	2.3	1.9	1.63	1.36	0.85	0.6

2、固定支座按管道轴向推力大小选用，见第109~113，固定支架结构图见01R414。

空间刚性固定支架固定支座安装	图集号	01R413
审核 校对 设计	页	114

管道疏水、放气、放水装置安装说明。

1、蒸汽管道疏水、放气、放水。

1.1过热蒸汽管只设启动疏水，管线最低点及每200m长设启动疏水阀，管线最高点设放气阀，管径如下表：

DN	≤100	125	150	200	250、300
启动疏水管管径	25	25	25	32	40
放气管管径	15	15	15	15	20

放气管供安装完毕水压试验时放空气用。（下述放气管作用相同）

1.2饱和蒸汽管，管线最低点及每200m长设经常及启动疏水阀，管线最高点设放气阀，管径为下表：（凝水量按倍率K=4计）

DN	50	65	80	100	125	150	200	250	300
200m长凝水量(kg/h)	100	120	130	140	160	180	200	240	280
经常疏水管管径	15	15	15	15	15	15	15	15	15
启动疏水管管径	25	25	25	25	25	25	32	40	40
放气管管径	15							20	

疏水器的选用，可分为二种情况：（一）凝结水经疏水器流入共架敷设的凝结水管，疏水器选用自由浮球式蒸汽疏水器器体、器盖为铸钢。（二）凝结水经疏水器直接排放，疏水器选用温调式疏水器，疏水温度调至60℃排放。

2、热水管、凝结水管放水、放气。

放水管每1000m长或管线最低点设一个，管线最高点设放气管，放水阀选用单个闸阀，放水、放气管径为下表：

DN	≤65	80	100	125、150	200	250、300
放水管管径	15	20	25	32	50	65
放气管管径	15	15	15	15	15	20

放水管设计成二种形式，（一）放水阀设在干线底部。（二）放水阀设在离地1.5m处，此时放水管设有防冻措施。

3、压缩空气管排油水。

输送饱和压缩空气管道，（已在压缩空气站除水的压缩空气除外），沿途不断有冷凝液析出，在远离空压站处或最低点设一排水装置，选用自由浮球式空气疏水器自动排放管内油水，最高点设放气阀,放气管管径同蒸汽管。

冷凝水量计算按60℃降至30℃计算：（不考虑倍率）

DN	50	65	80	100	125	150	200	250	300
通过压缩空气流量m³/h	100	400	700	1500	2300	3300	5600	10000	15000
冷凝水量kg/h	2.3	4.6	8	17.2	26.3	37.8	64	114.4	171.6

管道疏水、放水、放气装置安装说明	图集号	01R413
审核 校对 设计	页	115

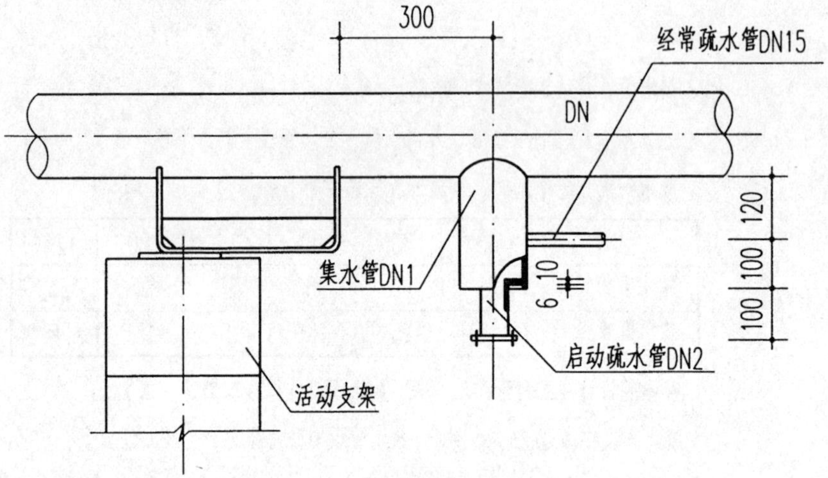

（一）活动支架处

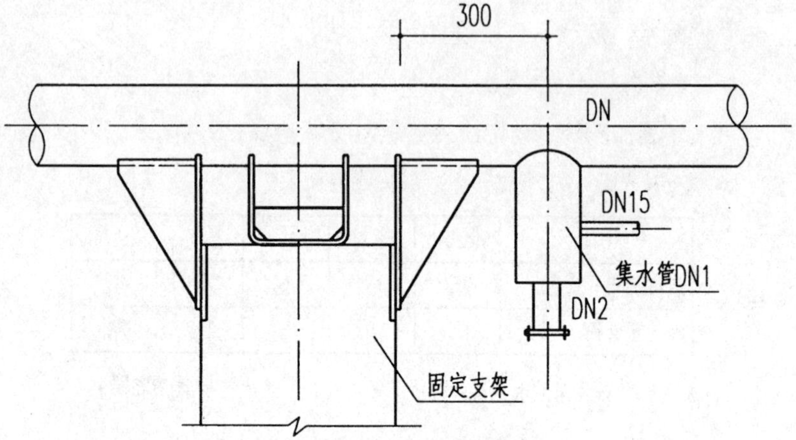

（二）固定支架处

说明：

1、集水管连接经常疏水管的开口方向，应视具体情况而定。

2、立管下部安装的弯管，DN≥150采用热压弯头；DN≤125可用煨弯弯头。

3、高支架敷设蒸汽管，集水管应设置在热伸长量小的区段，以利疏水管的固定。

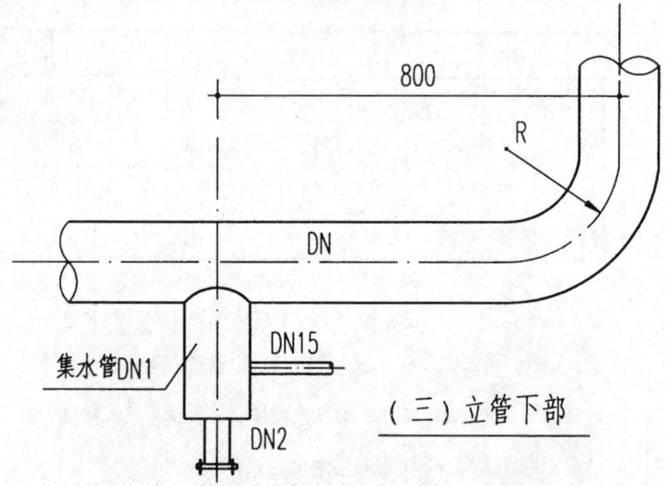

（三）立管下部

集水管、启动疏水管管径表

DN (mm)	25	32	40	50~65	80~125	150	200	250~300
DN1(mm)	25	32	40	50	65	125	125	125
DN2(mm)	25						32	40

集水管制作与安装						图集号	01R413
审核	[signature]	校对	[signature]	设计	[signature]	页	116

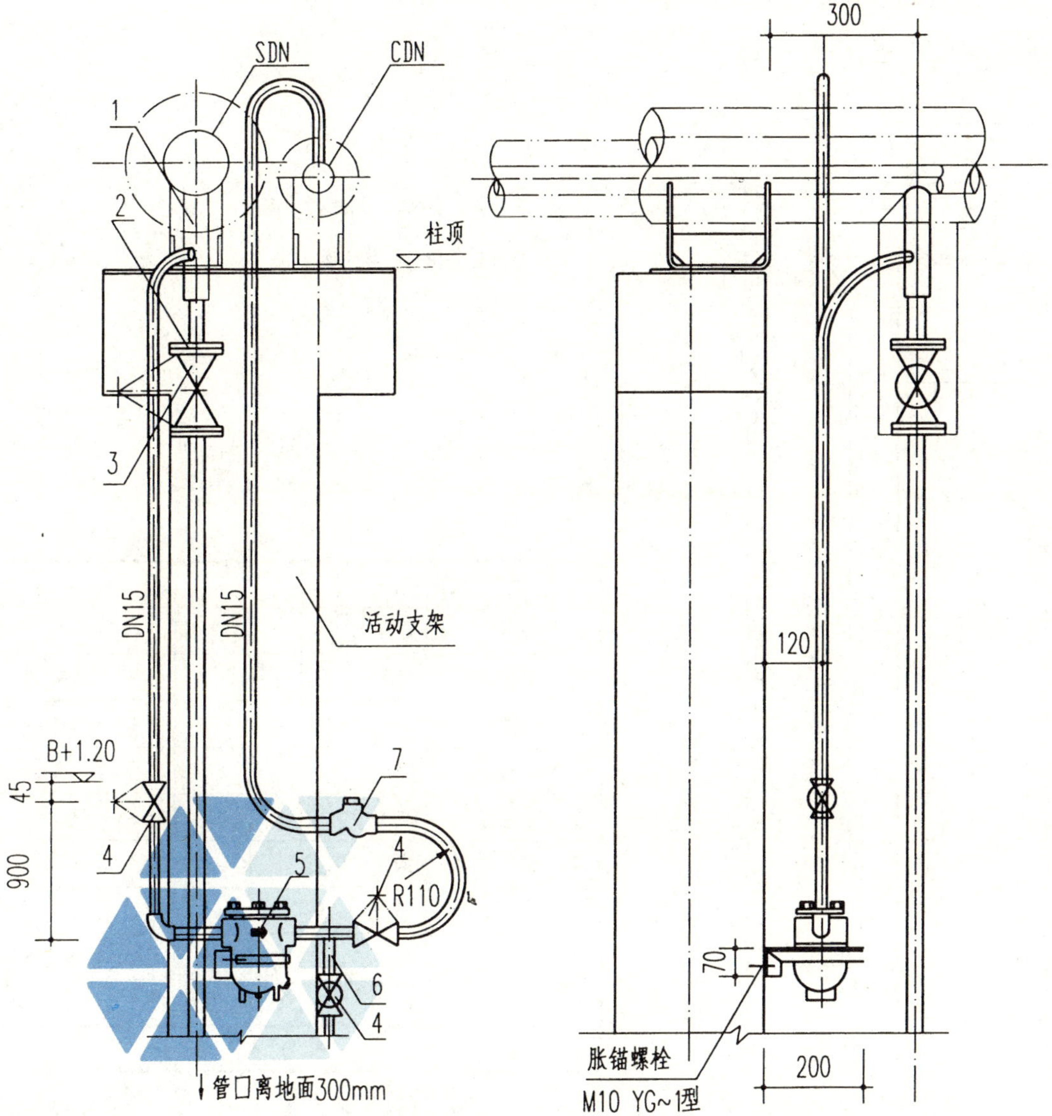

说明：

1、疏水器应水平安装。

2、疏水管及疏水器均保温。

3、支架为∟30x4，长270，上钻孔ø12，套入胀锚螺栓后拧紧螺母。

4、集水管制作与安装见第116页。

5、标高中"B"为地面标高。

件号	名称	规格	件数	单重 (kg)	总重 (kg)	备注
7	止回阀	DN15 PN1.6	1	0.57	0.57	H11T~16型
6	检查管	DN15	1			
5	蒸汽疏水器	DN15 PN1.6	1			15S11H~16A型
4	柱塞阀	DN15 PN1.6	3	1.5	4.5	U11S~1.6型
3	柱塞阀	DN25/32/40 PN1.6	1			U41S~1.6型
2	法兰盘	DN25/32/40 PN1.6	2			JB81~59
1	集水管	DN25~125	1			见第116页

明细表

蒸汽管疏水器安装（用于凝结水回收）	图集号	01R413
审核 校对 设计	页	117

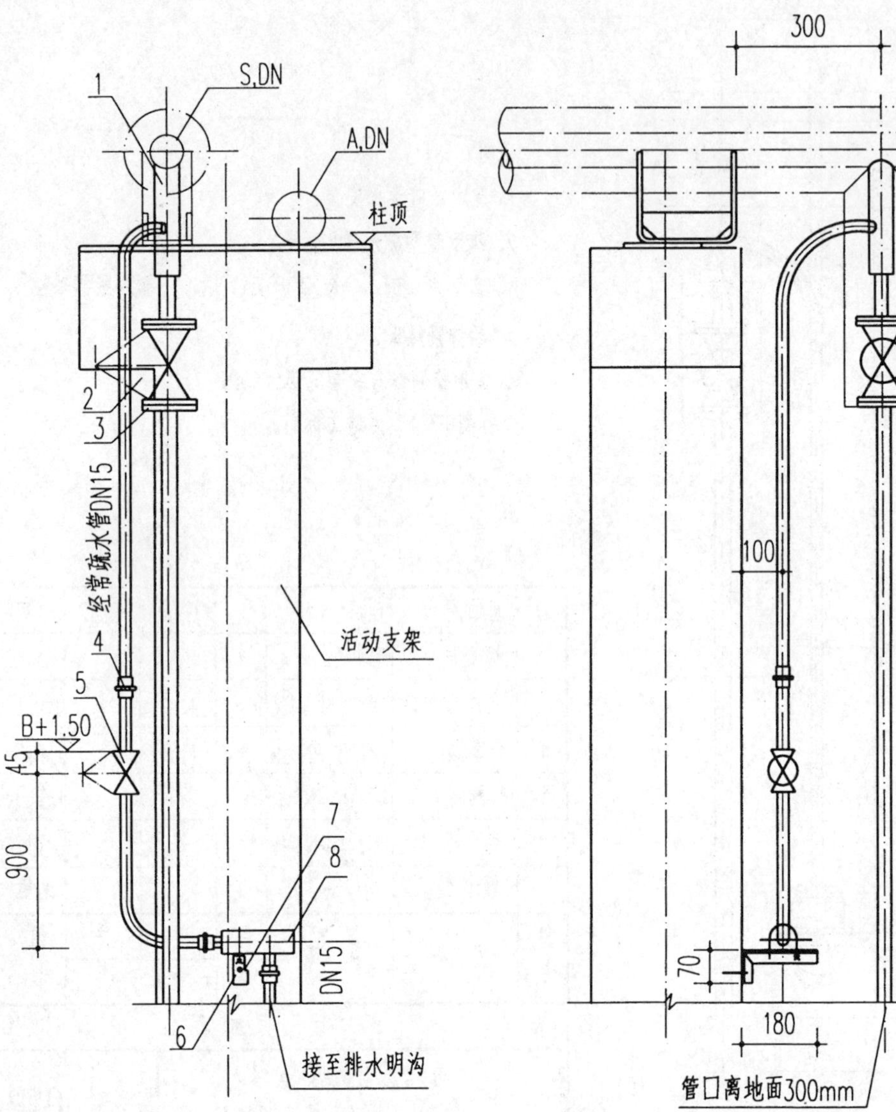

说明：

1、经常疏水管DN15，疏水阀不保温。

2、集水管制作与安装见第116页。

3、标高中"B"为地面标高。

件号	名称	规格	件数	单重 (kg)	总重 (kg)	备注
8	温调式疏水器	DN15，PN1.6	1			
7	支架	角钢 L=250 30x4	1	0.445	0.445	
6	胀锚螺栓	M10	1			YG~1型
5	柱塞阀	DN15，PN1.6	1	1.5	4.5	U11S~1.6型
4	活接头	DN15	3			
3	法兰盘	DN 25/32/40 PN1.6	2			JB81~59
2	柱塞阀	DN 25/32/40 PN1.6	1			U41S~1.6型
1	集水管	DN25~125	1			见第116页

明细表

蒸汽管疏水器安装（用于凝水放水）	图集号	01R413
审核 校对 设计	页	118

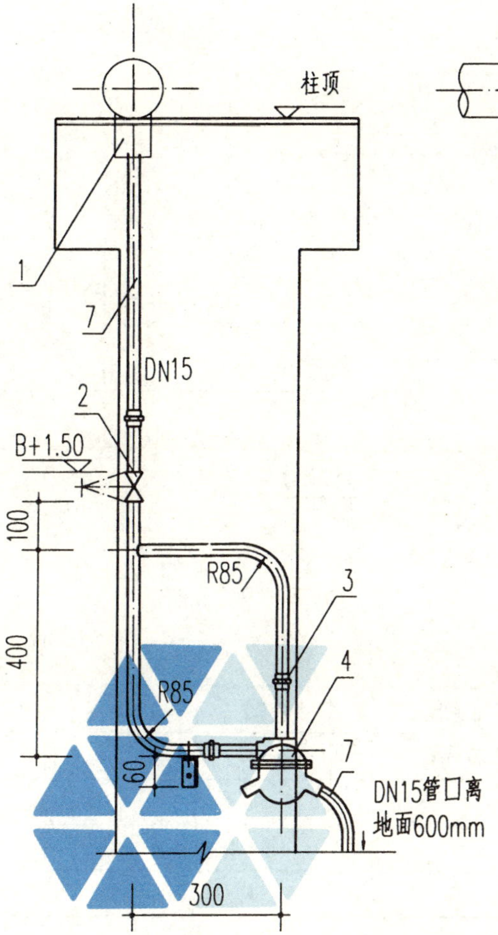

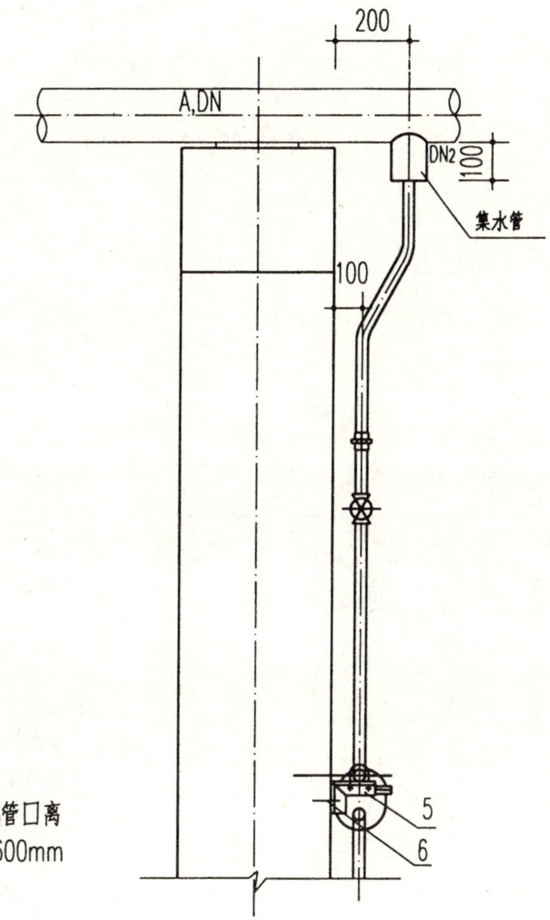

说明：

1、疏水器安装前，应将干管及连接管冲洗干净。

2、疏水器安装应保持水平，不得歪斜，以免影响排水。

3、必要时，疏水管和疏水器应进行保温。

4、排水管安装后刷二遍除锈绿，再刷一遍绿色调合漆，

5、排水管出口下设收集容器。

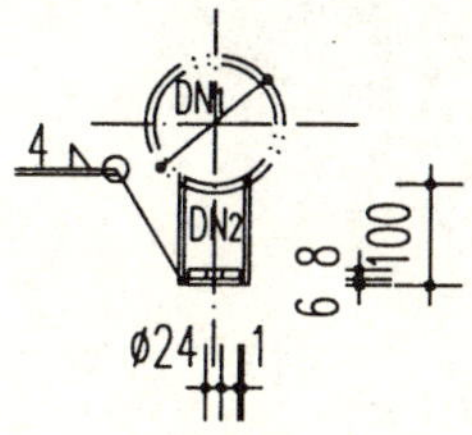

集水管

蒸汽管 DN1	50~65	80~125	150~300
集水管 DN2	50	65	125

件号	名称	规格	件数	单重量(kg)	总重量(kg)	备注
7	排水管	DN15焊接钢管	–			或无缝钢管φ22x3
6	胀锚螺栓	M10	1			YG~1型
5	支架组件	角钢 L=200 30x4	1	0.36	0.36	
4	空气疏水器	DN15, PN1.0				15S11H~16A型
3	活接头	DN15	3			
2	闸阀	DN15, PN1.0	1	0.7	0.7	Z15W~10型
1	集水管		1			见本图

明 细 表

压缩空气干管自动排油水装置						图集号	01R413
审核	[signature]	校对	[signature]	设计	[signature]	页	119

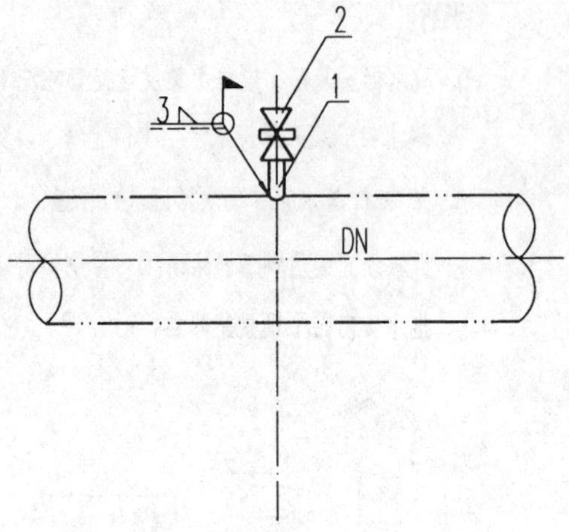

（一）水平管

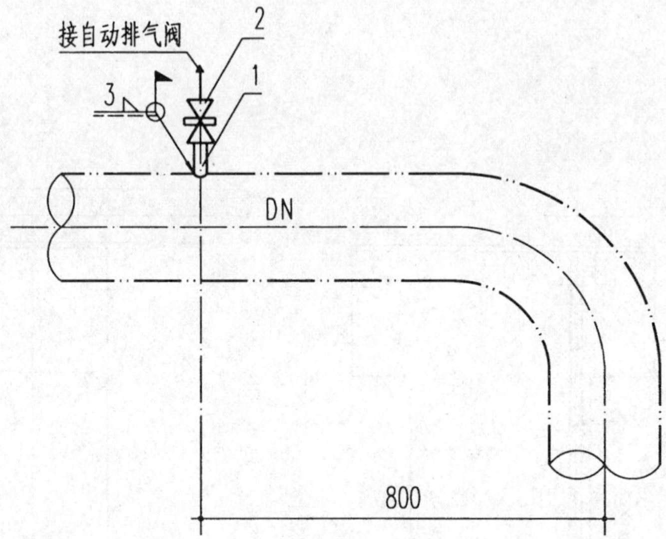

（二）立管上部

放气管管径表(mm)

DN(mm)	≤200	250~300
放气管管径(mm)	15	20

说明：

1、本放气管用于各种介质管道，放气管管径选择见第115页。
2、放气管设于管道最高处。
3、电焊条型号为E4303。
4、弯管：DN≥150及以上用热压弯头，DN≤125及以下可用煨弯弯头。
5、安装应便于检修。

件号	名称	规格	件数	单重 (kg)	总重 (kg)	备注
2	柱塞阀	DN15 DN20 PN1.6	2	1.5 2.5	1.5 2.5	U11S~1.6型
1	放气管	DN15 DN20 L=80(mm)	1	0.1 0.3	0.1 0.3	焊接钢管

明细表

放气管安装	图集号	01R413
审核 校对 设计	页	120

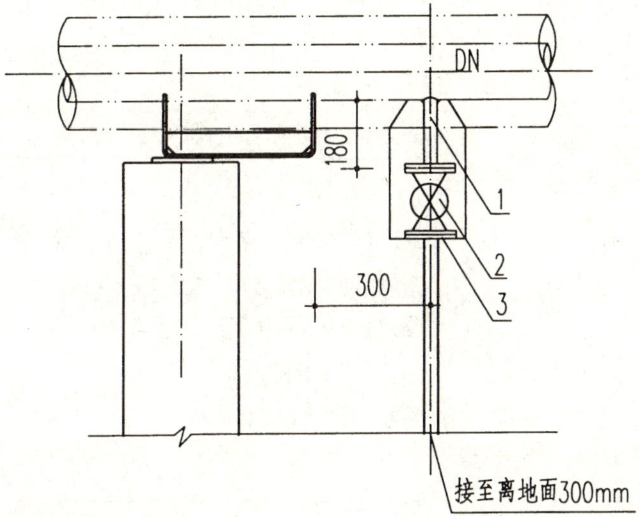

说明：

1、放水管安装于管道最低处。

2、介质工作压力<1.0MPa, 放水阀门选用阀体为铸钢闸阀。

放水管管径表 (mm)

DN(mm)	≤65	80	100	125、150	200	250、300
放水管管径(mm)	15	20	25	32	50	65

件号	名称	规格	件数	单 重量(kg)	总 重量(kg)	备注
3	法兰盘	DN15、20、25 32、50、60,PN1.6	2			JB81—59
2	阀门	DN15、20、25 32、50、60,PN4.0	1	5、8、10 12、29、38	5、8、10 12、29、38	
1	放水管	DN15、20、25、32 50、65	1			L=200(mm)

明细表

热水管、凝结水管、放水管安装(一)	图集号	01R413
审核 校对 设计	页	121

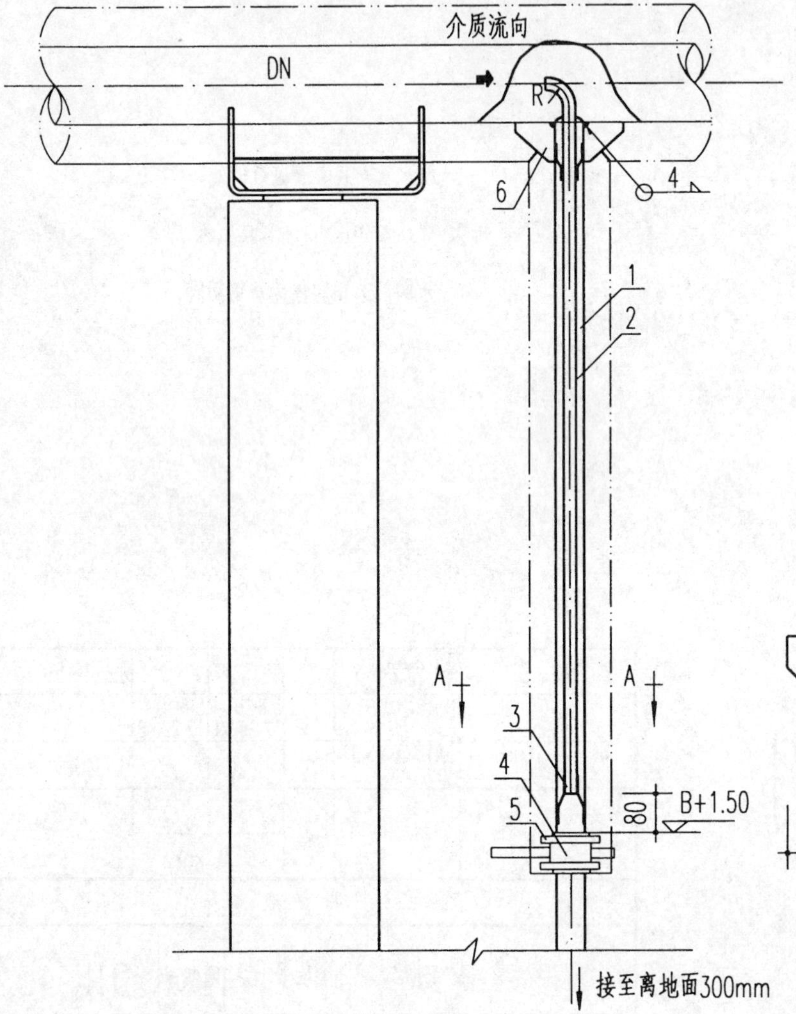

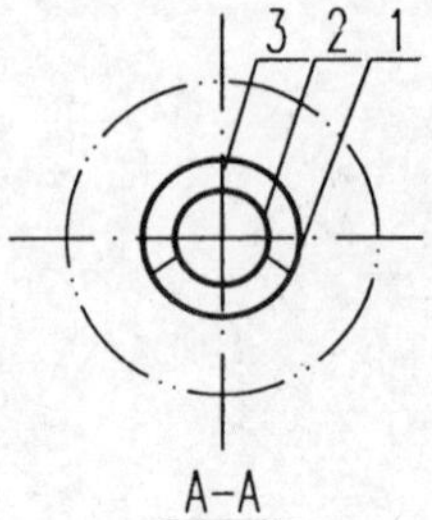

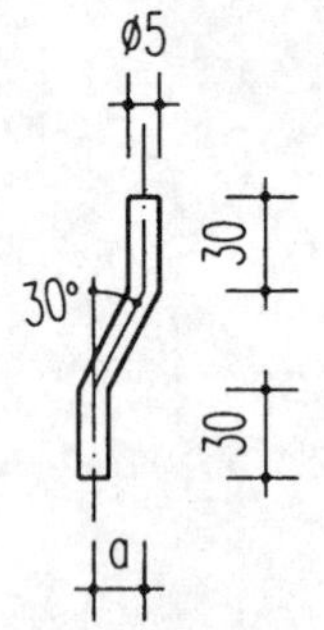

3、固定卡

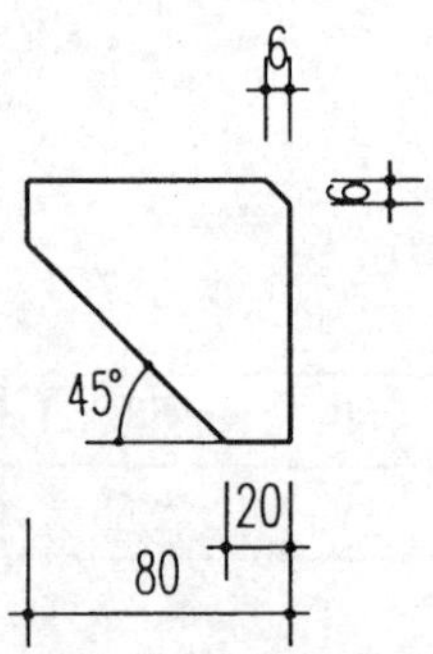

6、加强肋

放水管管径表(mm)

DN(mm)	50~150	200	250	300
放水管管径(mm)	50	65	80	80
循环管	25x2.5	32x2.5	32x2.5	32x2.5
R (mm)	40	50	50	50
固定卡a/展开长	7.5/75	11.5/83	19/98	19/98

说明：

1、放水装置可用于支架高5.5m、4.0m 敷设的热水管、凝结水管最低点放水。

2、固定卡先焊于循环管上，然后与放水管焊接，最后与水平干管焊接。

3、装循环管是为防冻措施。

件号	名称	规格	件数	单重(kg)	总重(kg)	备注
6	加强肋	钢板δ=6	2	0.21	0.42	
5	法兰	DN80、65、50 PN1.0	2			JB81~59
4	蝶阀	DN80、65、50 PN1.0	1	7.5、8.7 9.5	7.5、8.7 9.5	D73F~10型150℃
3	固定卡	园钢 ø5	6			
2	循环管	D32x2.5 D32x2.5	1			
1	放水管	DN80、65、50	1			

明细表

热水管、凝结水管放水管安装(二)	图集号	01R413
审核 [签名] 校对 [签名] 设计 [签名]	页	122

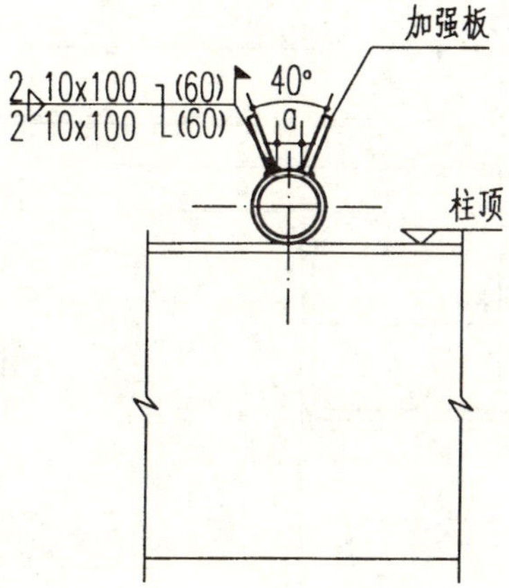

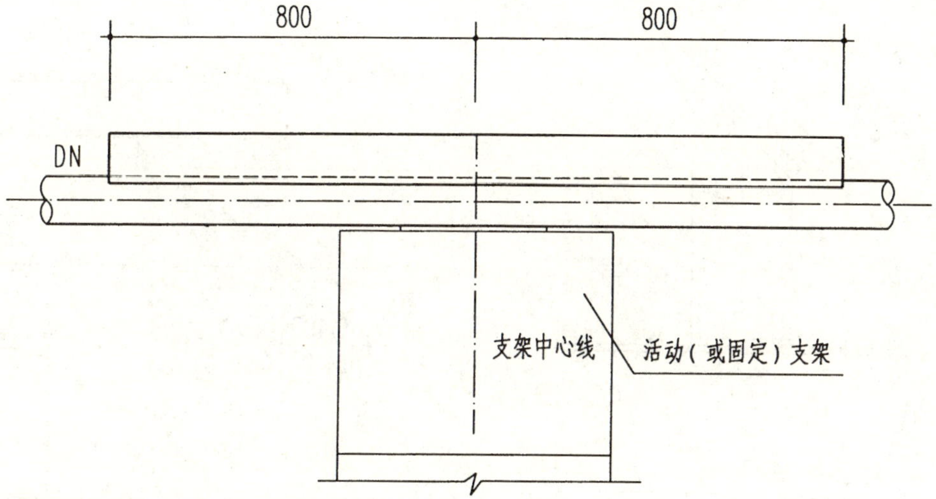

加强板安装尺寸

DN(mm)	25	32	40	50
扁钢	25x4	30x4	40x4	50x4
a	12	14	16	20
二件重量(kg)	2.496	3.008	4.032	5.024

说明：

1、本设计采用支架处管道上部加强形式。
2、经过增加加强板后，跨距可增至8m。
3、加强板刷防锈漆，再刷一层调合漆，颜色与管道同。
4、焊条型号为E4303。

无保温管(DN25~50)加大支架跨距管道加强						图集号	01R413
审核		校对		设计		页	123

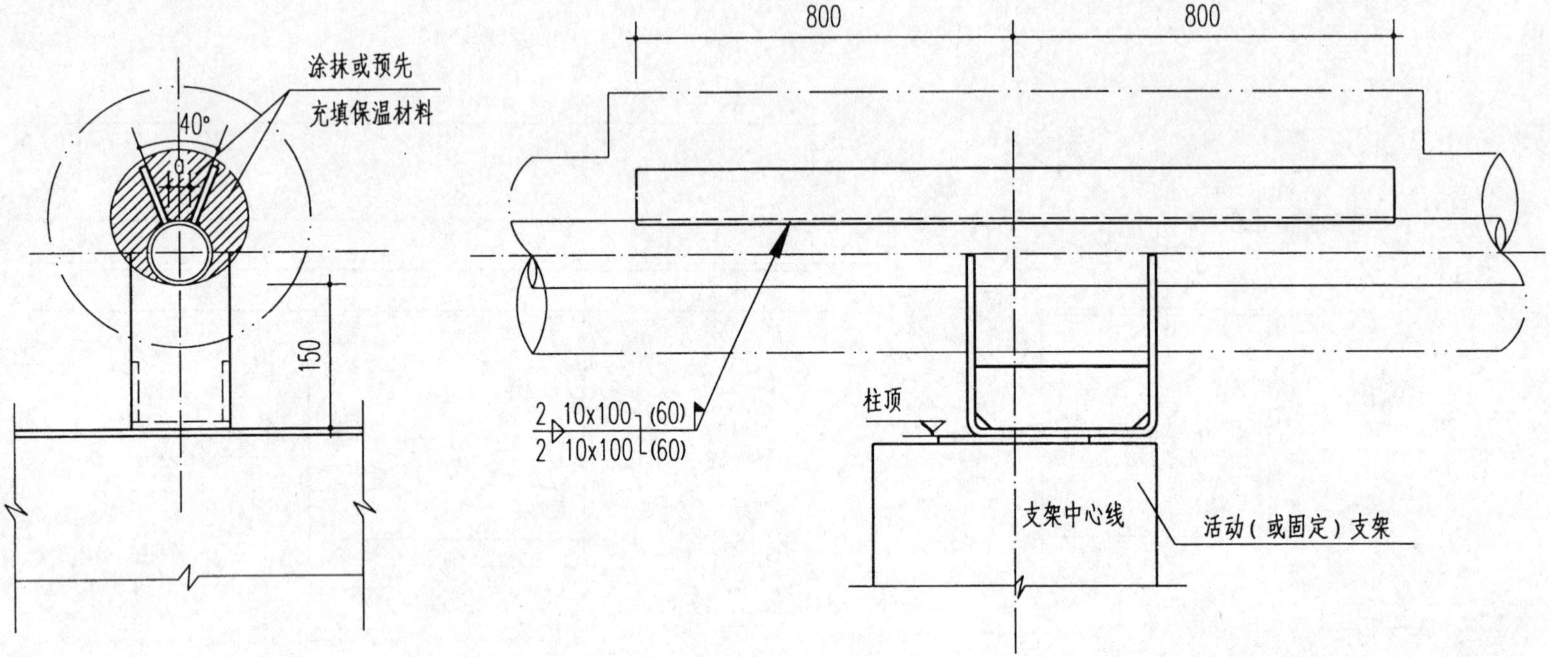

说明：

1、本设计采用支架处管道上部加强形式。

2、经过增加加强板后，跨距可增至8m。

3、加强板不刷防锈漆。

4、焊条型号为E4303。

加强板安装尺寸(mm)

DN(mm)	25	32	40	50	65
扁钢	30x4	30x4	30x4	60x5	60x6
a	12	14	16	20	26
二件重量(kg)	3.0	3.0	6.27	7.65	9.06

保温管(DN25~65)加大支架跨距管道加强	图集号	01R413
审核 校对 设计	页	124

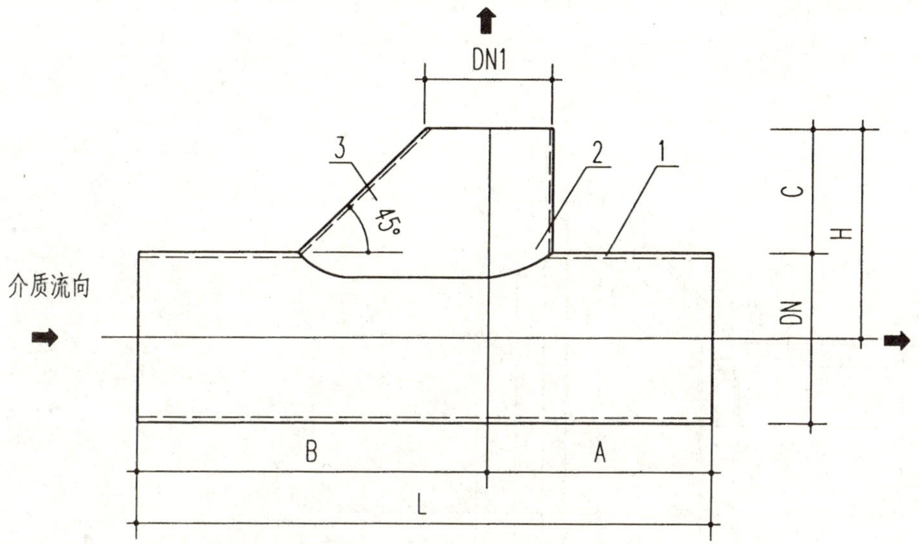

DN	DN1	A	B	L	C	H
100	65	240	310	550	73	127
	80	250	335	585	89	143
125	65	240	310	550	73	139.5
	80	250	335	585	89	155.5
	100	260	365	625	108	174.5
150	80	250	335	585	89	152.5
	100	260	365	625	108	187.5
	125	270	400	670	133	212.5
200	80	250	335	585	89	198.5
	100	260	365	625	108	217.5
	125	270	400	670	133	242.5
	150	280	440	720	159	268.5
250	100	260	365	625	108	244.5
	125	270	400	670	133	269.5
	150	280	440	720	159	295.5
	200	310	530	840	219	355.5

DN	DN1	A	B	L	C	H
300	125	270	400	670	133	295.5
	150	280	440	720	159	321.5
	200	310	530	840	219	381.5
	250	340	610	950	273	435.5

工作压力与试验压力　　单位：MPa

公称压力	工作压力(≤200℃)	工作压力(250℃)	试验压力
1.6	1.3	1.3	2.4
1.0	1.0	0.92	1.5
0.6	0.6	0.55	0.9

说明：

1、采用手工电弧焊。

2、分流三通与管道安装后一起试压。

件号	名称	规格	件数	单重(kg)	总重(kg)	备注
3	支管B	钢板	1			Q235~B
2	支管A	DN1无缝钢管	1			
1	主干管	DN无缝钢管	1			

明细表

分流三通(一)	图集号	01R413
审核 校对 设计	页	125

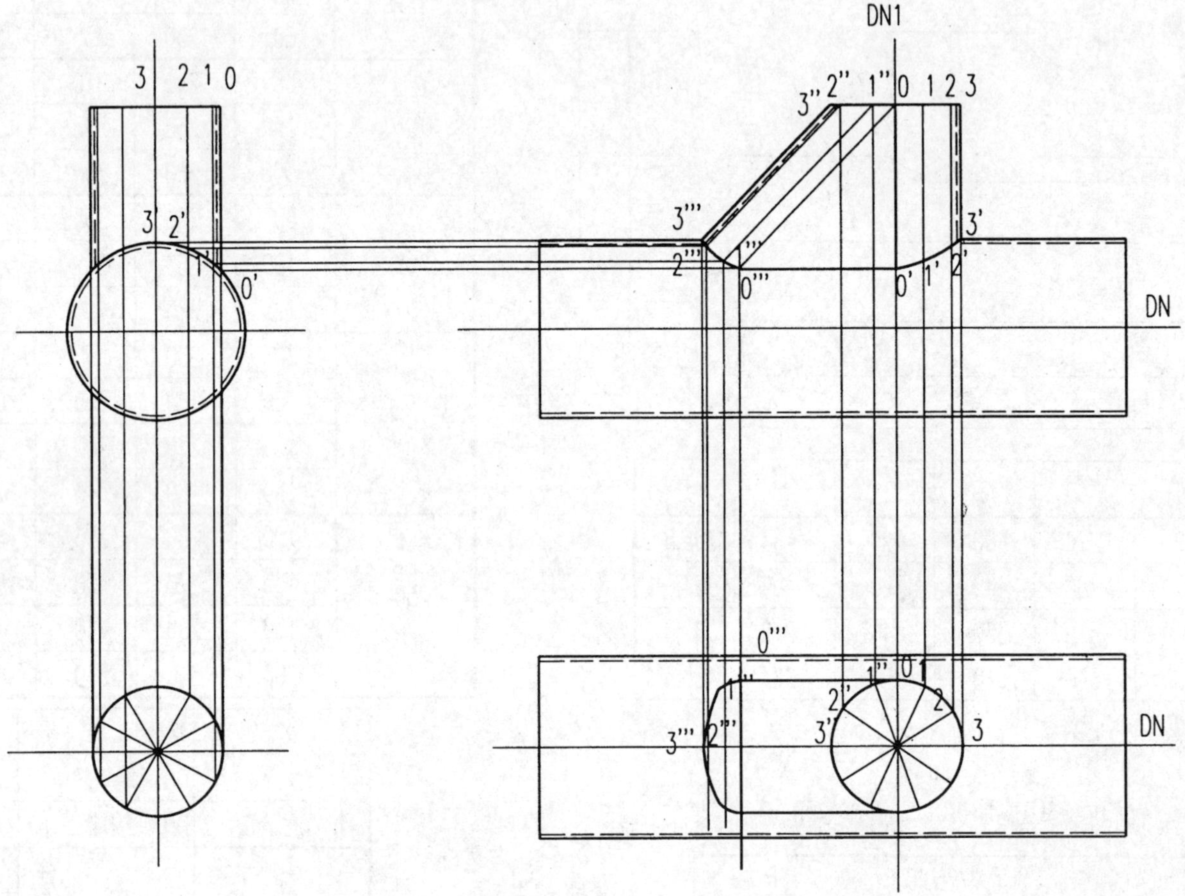

分流三通(二)			图集号	01R413
审核	校对	设计	页	126

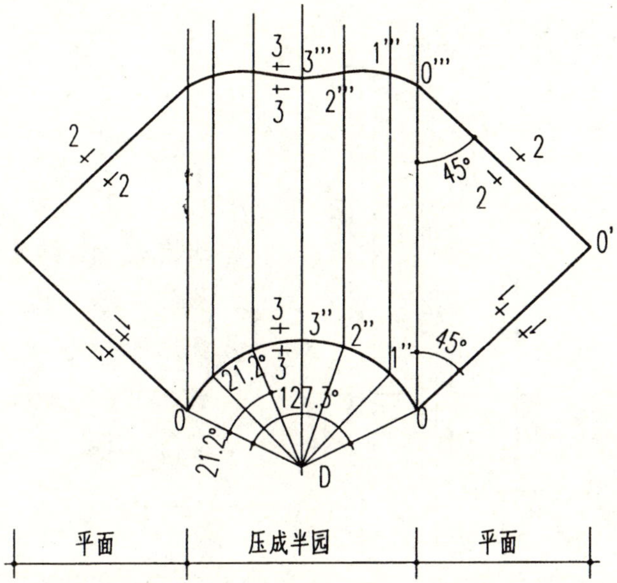

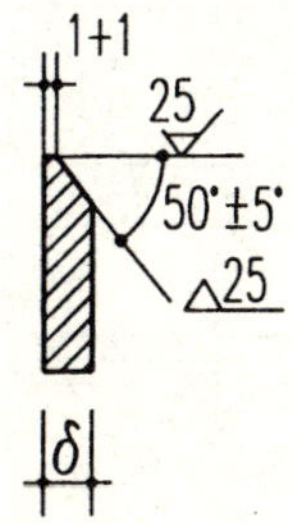

3-3

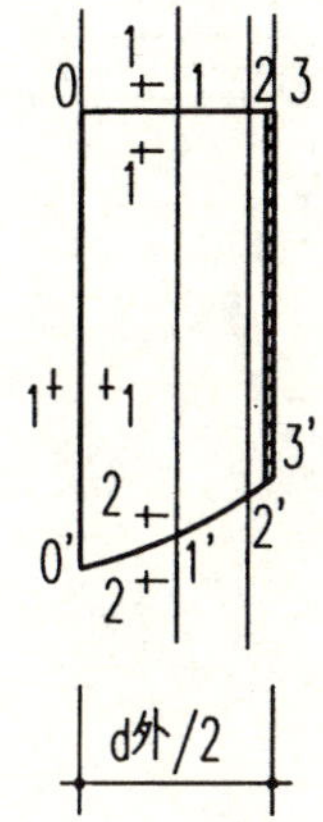

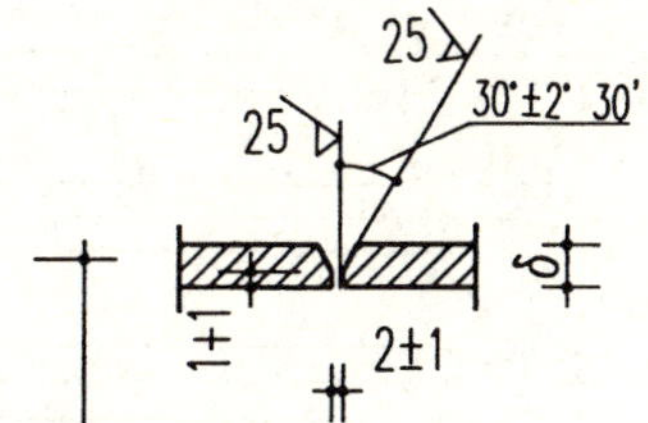

1-1

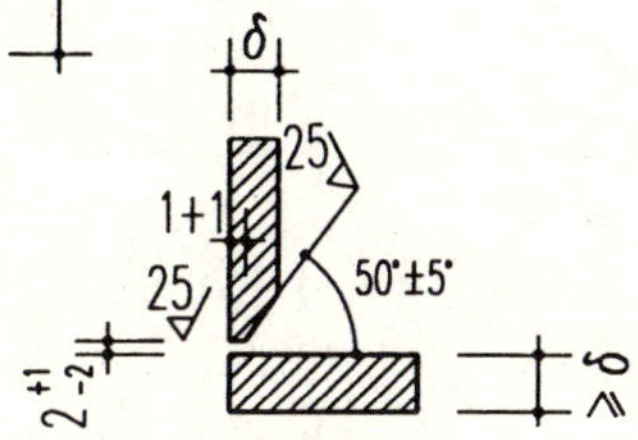

2-2

3、支管B展开图　钢板Q235~A，用于PN≤1.0

钢板Q235~B，用于PN=1.3

2、支管A（钢管DN一半）

尺寸从第126页图查得

D~0	$\frac{d_{外}}{x} \times \sqrt{2}$
3''~3'''	$C \times \sqrt{2}$

dN	65~125	150	200	250
钢板厚	4	4.5	6	7

分流三通（三）	图集号	01R413
审核 校对 设计	页	127

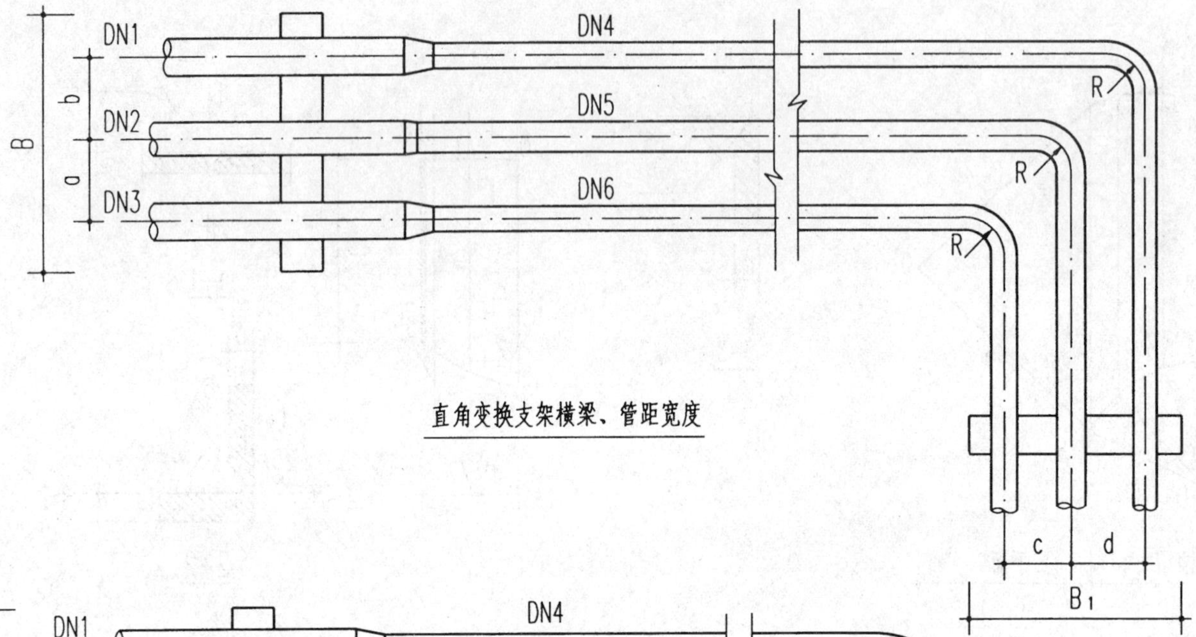

直角变换支架横梁、管距宽度

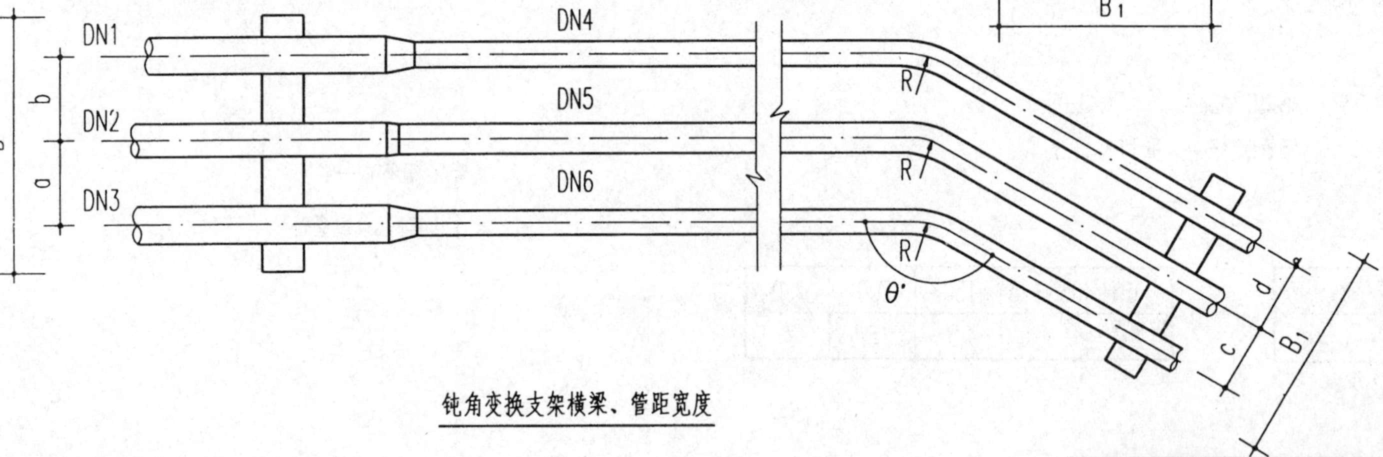

钝角变换支架横梁、管距宽度

说明：

1、利用管道直角拐弯或钝角拐弯改变管道变径后支架横梁、管距宽度

2、拐弯处可设置90°、135°、150°波纹管补偿弯头来吸收拐弯两侧管道的补偿量。

3、R=4 DN

变换支架横梁、管距宽度						图集号	01R413
审核	刘明	校对	[illegible]	设计	[illegible]	页	128

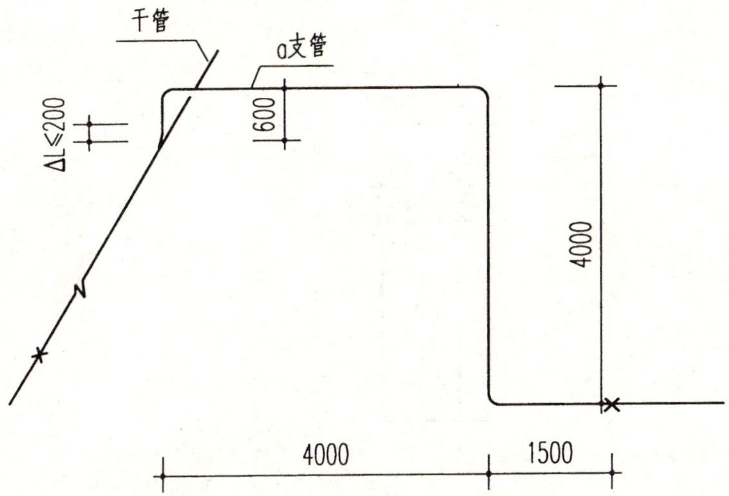

(一)a支管从干管热伸长量≤200mm处连接

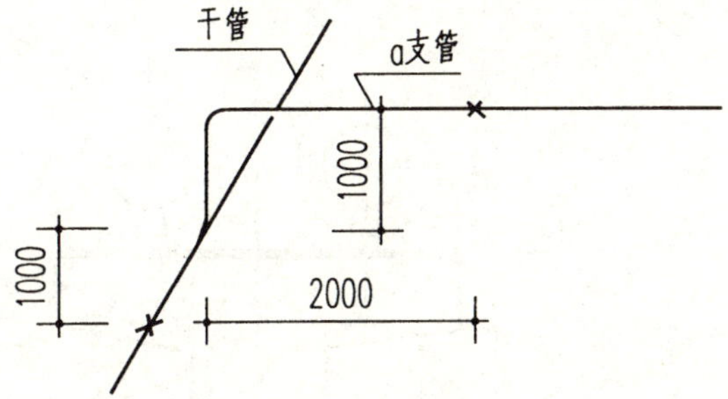

(二)a支管从干管固定支架附近连接

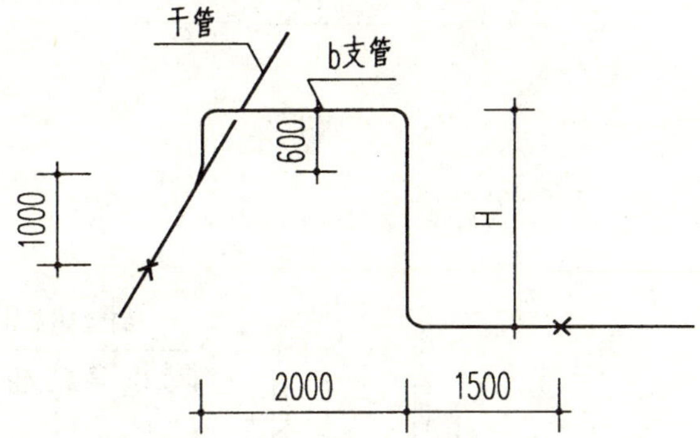

(二)b支管从干管固定支架附近连接

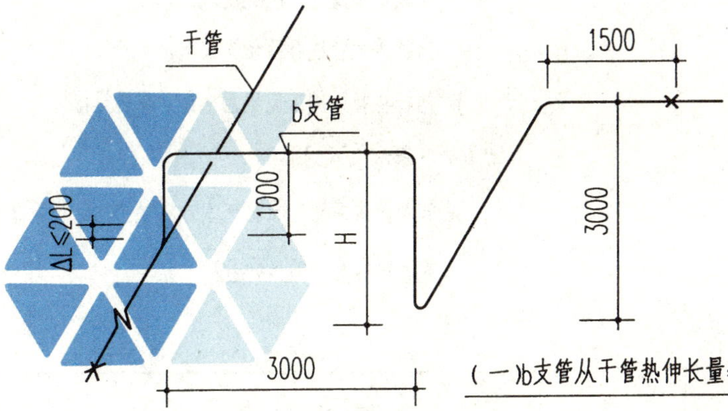

(一)b支管从干管热伸长量≤200mm处连接

说明：

1. 弯头用热压弯头、小管亦可用煨弯弯头。
2. 支管通过分流三通与干管连接。
3. H值自定。

干、支管连接点安装						图集号	01R413
审核		校对		设计		页	129

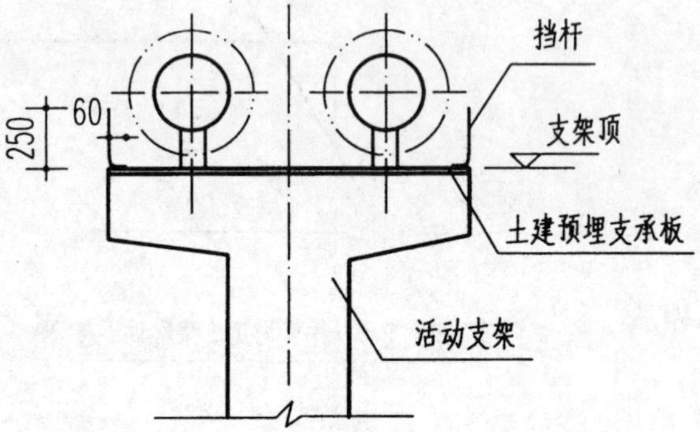

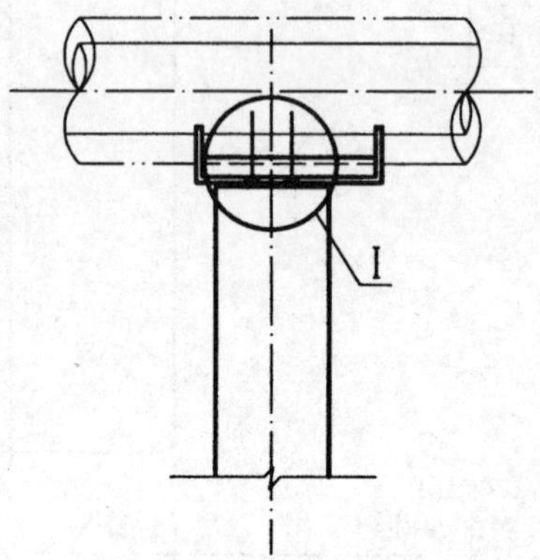

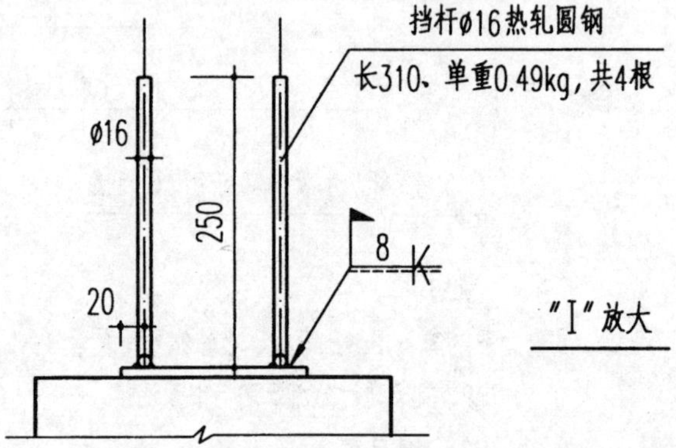

"I"放大

说明：

1、防止管道地震时侧向甩落的措施，适用于管道敷设于地震裂度为7度至9度地区。

2、挡杆焊于管线各活动支架上。

3、挡杆在管线施工完毕后，最后现场焊接。

4、焊条采用E4303。

5、管道防震装置，根据"室外煤气热力工程设施抗震鉴定标准"GBJ44-82。

管道防震落装置						图集号	01R413
审核		校对		设计		页	130

以下企业在图集的编制过程中，提供了相关技术资料，对图集的编制工作给予了很大支持，特表示感谢。

开封市柳园水暖器材厂	(0378)2945529
张家口市第二机床厂	(0313)8053223
弗莱希波泰格金属波纹管有限公司(中美合资)	(024)25810212

GUOJIAJIANZHUBIAOZHUNSHEJI 01R413

国家建筑标准设计图集 01R413

01（03）R413

室外热力管道安装

（架空敷设）

（含2003年局部修改版）

中国建筑标准设计研究院

室外热力管道安装 — 架空敷设

2003年局部修改版

批准部门	中华人民共和国建设部	批准文号	建质 [2003] 32 号
主编单位	北京中铁工建筑工程设计院	统一编号	GJBT-558(03)
实行日期	二00三年三月一日	图集号	01(03)R413

主编单位负责人

主编单位技术负责人

技术审定人

设计负责人

目录

修改说明

1. 原01R413图集的总说明中第9.6条改为：土建支架编号细节见01R414架空支架及01(03)R414局部修改版。
2. 其它同原图集。

目录及修改说明						图集号	01(03)R413
审核		校对		设计		页	1

国家建筑标准设计图集 01R414

GUOJIAJIANZHUBIAOZHUNSHEJI 01R414

室外热力管道安装

(架空支架)

中国建筑标准设计研究院

关于批准《瓷面纤维增强水泥墙板建筑构造》等十五项国家建筑标准设计图集的通知

建质［2001］248号

各省、自治区建设厅、直辖市建委，国务院各有关部门，
中国建筑设计研究院：

经审查，批准由中国建筑标准设计研究所、中国航空工业规划设计研究院等十单位编制的《瓷面纤维增强水泥墙板建筑构造》、《坡屋面建筑构造（二）》、《楼地面建筑构造》等十五项图集为国家建筑标准设计图集。图集自本文印发之日起执行。

中华人民共和国建设部

二00一年十二月五日

附件：国家建筑标准设计图集名称及编号表

序号	图集号	序号	图集号	序号	图集号	序号	图集号	序号	图集号	序号	图集号	序号	图集号
1	01J110-1	2	01J202-2	3	01J304	4	01J925-1	5	01SS126	6	01R405	7	01R406
8	01R409	9	01R413	10	01R414	11	01R415	12	01R416	13	01D203-2	14	01D302-3
15	01D303-3												

室外热力管道安装　架空支架结构

批准部门	中华人民共和国建设部	批准文号	建质[2001]248号
主编单位	北京中铁工建筑工程设计院	统一编号	GJBT-559
实行日期	二00一年十二月五日	图集号	01R414

主编单位负责人 [签名]
主编单位技术负责人 [签名]
技术审定人 [签名]
设计负责人 [签名]

目　录

图名	页次

首页 目录						图集号	01R414
审核	[签名]	校对	[签名]	设计	[签名]	页	1

目　录

目　录						图集号	01R414
审核	徐兴斌	校对	孙靖	设计	黄文蔚	页	2

目　　录

目　录						图集号	01R414
审核	[signature]	校对	[signature]	设计	[signature]	页	3

目 录

目 录						图集号	01R414
审核	徐世斌	校对	王倩	设计	黄宇	页	4

总 说 明

1. 本图集《室外热力管道安装(二)·架空管架结构》可配合《室外热力管道安装(一)·架空敷设》使用。在使用环境和受力条件相当时，也可单独使用。

2. 适用范围

2.1. 一般工业与民用建筑工程的室外热力管道支架工程。

2.2. 非抗震设防地区及抗震设防烈度不高于8度的地区。

2.3. 基本风压不大于0.7kN/m²地区。

2.4. 地基承载力标准值不小于80kPa的一般砂粘性土地区。

2.5. 室外正常大气环境及地下水对混凝土无侵蚀性的地区。

2.6. 遇有下列情况时，选用者应根据具体情况采取适当措施或进行验算并加强后，方可使用。

1) 修建在湿陷性黄土、冻土、膨胀土地区等特殊地基上工程

2) 常年非常潮湿或大气含氯离子较多、酸雨较多地区。

3) 地下水对混凝土有侵蚀性地区。

4) 在抗震设防烈度高于8度地区使用时，应对管架进行抗震验算与加强。

3. 主要设计依据

建筑结构荷载规范(GBJ9-87)

混凝土结构设计规范(GBJ10-89)及修订

钢结构设计规范(GBJ17-88)

建筑地基基础设计规范(GBJ7-89)

建筑抗震设计规范(GBJ11-89)及修订

混凝土结构工程施工及验收规范(GB50204-92)

钢结构工程施工及验收规范(GB50205-95)

构筑物抗震设计规范(GB50191-93)

4. 编制内容

本图集包括钢筋混凝土刚性活动管架、钢筋混凝土固定管架、钢管管架（包括活动管架及固定管架)及与上述支架配套的基础等，其中钢管管架仅用于架空管道直径不大于200，根数不多于2根时的情况。

5. 构件代号说明及选用索引

本图集各类构件代号说明见下表，选用方法见各构件选用说明和选用表

表1

构件名称	构件代号示例及说明	选用索引
钢筋混凝土活动管架	HJ x x - x - x 序号 管架标志高度代号 管架横梁长度 活动管架	选用说明在第8页，选用表在第13~15页
钢筋混凝土活动管架基础	HJJ x - x 序号 管架柱截面尺寸代号 活动管架基础	选用说明在第8页，选用表在第16~21页
钢筋混凝土固定管架	GJ x - x - x 序号 管架标志高度代号 管架横梁长度代号 固定管架	选用说明及选用表在第22,23页
钢筋混凝土固定管架基础	GJJ x - x - x 序号 管架柱脚尺寸代号 管架横梁长度代号 固定管架基础	选用说明及选用表在第22,24,25页

总 说 明	图集号	01R414
审核 [signature] 校对 [signature] 设计 [signature]	页	5

续表1

构件名称	构件代号示例及说明	选用索引
钢管管架	GGJ × - × × — 序号 × — 管架横梁长度代号 GGJ — 钢管管架	选用说明及选用表在第26,27页
钢管管架基础	GGJJ × - × × — 序号 × — 管架柱柱脚型号 GGJJ — 钢管管架基础	选用说明在第26页,选用表在第28~31页

6. 设计原则

6.1. 设计计算系数

1) 抗震等级：固定管架为三级，活动管架为四级。

2) 构件的安全等级为二级，结构重要性系数γ_0=1.0。

3) 荷载分项系数：永久荷载1.2，可变荷载1.4。

4) 荷载组合值系数：沿管道纵向水平推力与侧向风荷载效应组合时，组合值系数取0.6。其余组合值系数取1.0。

6.2. 荷载标准值

1) 管道自重按工艺提供数值采用。

2) 管道保温层厚度按工艺提供数值采用，保温层重度取为2kN/m³。

3) 管内介质，当为液体时容重取为10kN/m³，当为气体时忽略不计。但为考虑适当增加通用性，钢筋混凝土活动管架荷载计算时只分冷管和热管，不论管内介质，按不利情况计算。

4) 土重度取为18kN/m³，土与基础加权重度取为20kN/m³，地下水位以下，土与基础有效重度取为10kN/m³。

5) 低支架D=300的管道上考虑行人荷载1kN/m，当有若干管道并列时仅考虑一根管道上有，此项活荷载不与风载同时作用。

6) 风荷载的基本风压值考虑0.4kN/m²和0.7kN/m²两种情况。

7) 活动支架与管托间为钢—钢接触时，摩擦系数取为0.3，当为钢—聚四氟乙烯接触时，取为0.1。

6.3. 地基承载力标准值考虑80kPa和120kPa两种情况。

6.4. 结构形式：本图集活动管架按刚性管道支架进行设计。

钢筋混凝土T形和较高的Π形管架采用预制装配式结构，较低的Π形管架和四柱钢筋混凝土管架因数量有限，采用现浇式结构，基础均采用现浇钢筋混凝土结构。

6.5. 计算要点：

1) T形管架横梁按垂直荷载与水平推力组合的双向弯曲计算。

2) T形管架的钢筋混凝土柱，按沿管道方向的水平推力和侧向风荷载组合的斜弯曲计算，并验算因T形横梁两侧推力不同步时的半边推力弯扭效应，此时不考虑侧向风荷载的作用。

3) T形管架的钢管柱按沿管道方向的水平推力和侧向风载组合的受弯计算，同时控制长细比不大于150。

4) T形管架未考虑一边管道升温另一边管道降温的工况。如实际存在上述工况时，选用者应对立柱进行抗扭验算或改变管道排列。

5) 固定管架的管道水平推力因伸缩器类型或所处位置不同及管内介质压力大小，相差很大，荷载组合十分烦复且不便应用。本图集根据可能的推力大小，分成若干档次进行设计。由选用人自行组合选取。

6) 双柱或四斜柱的固定管架，侧向形成框架体系，风荷载作用显著减小，予以忽略。基础设计时侧向水平力按管道纵向水平推力的1/10考虑。

7) 基础底面考虑双向偏心，控制条件为在荷载组合标准值作用下基底零应力区面积不大于基底面积的25%，在荷载组合设计值作用下基底最大应力不大于1.1×1.2倍的地基承载力标准值。

总说明	图集号	01R414
审核 校对 设计	页	6

7. 在抗震设防烈度8度地区使用时，应对管架采取以下措施:

7.1. 钢筋混凝土活动管架柱在基础杯口以上高500mm范围内，箍筋间距按100.

7.2. 钢筋混凝土固定T型П型管架柱在基础杯口以上高600mm并不少于柱截面高度的范围内，箍筋间距按100

7.3. 钢筋混凝土四柱固定管架柱在上下两端各600mm范围内，箍筋间距按100。

7.4. 钢筋混凝土固定П型管架柱，四柱固定支架柱，其净高与截面边长之比小于4时，沿柱全高箍筋间距为100mm 。

8. 采用材料:

8.1. 混凝土

管架混凝土强度等级为C30 ，基础混凝土强度等级为C20

基础垫层混凝土强度等级为C10

8.2. 钢筋

Φ Ⅰ级钢筋 ， Φ Ⅱ级钢筋

8.3. 钢材 Q235

8.4. 焊条 E43xx

9. 生产制作、堆放、施工安装等

9.1. 制作、施工安装应执行现行各相关工程施工验收规范

9.2. 生产施工所用各种材料应符合现行各类材料标准。

9.3. 钢筋混凝土支架

1) 钢筋采用绑扎骨架，钢筋保护层厚度：预制支架为30mm，现浇固定支架为35mm，基础为35mm，箍筋均作135°弯钩，横梁的第一个箍筋距柱边50mm，柱节点区箍筋间距100mm。

2) 混凝土中不得掺加氯化物等对钢筋有锈蚀作用的添加剂。

3) 预制T形支架堆放和运输需三点支承，П形支架当横梁长度B>1000mm时需四点支承，迭放不多于四层，支承点应对齐平稳。四点支承时，四点需在同一平面内，支承位置见右图

4) 预制钢筋混凝土支架转角部宜作R10－20的圆角或15×15截角。

5) 预制管架运输或安装时，其强度不得低于设计强度的70%。

6). 预制管架柱脚安装详图见右图二。管架基础杯口底标高的测定，以保证柱在安装后柱顶标高的准确性。

应根据柱的实际长度调整垫层厚度，

9.4. 钢管架的管柱与底板的对接焊缝质量不应低于二级，焊缝形式尺寸应符合现行焊缝标准。主要角焊缝的外观质量要求为二级，次要角焊缝要求为三级。

9.5. 钢管架表面处理后防腐封装要求由选用者根据所处环境由个体设计定。

9.6. 钢筋混凝土活动管架上，当有DN>200的热管时，则凡DN>200的热管管座均应粘贴聚四氟乙烯板以减少推力；当仅有DN=200的热管布置时，管座是否粘贴聚四氟乙烯板，按选选用者确定。

9.7. 钢管活动管架上，凡DN=200的热管的管座均应粘贴聚四氟乙烯板。

9.8. 管架基础的地基持力层必须可靠。分离式A形钢筋混凝土固定支架基础之间宜保留原状土，否则宜用3:7灰土或其它好土分层夯实。

9.9. 地基承载力标准值低于100kPa的固定支架基础，基础混凝土垫层下加100厚碎卵石垫层。

10. 验收与检验

10.1. 按现行各相应工程施工验收规范验收。

10.2. 质量检验按现行各相应工程质量检验评定标准进行。

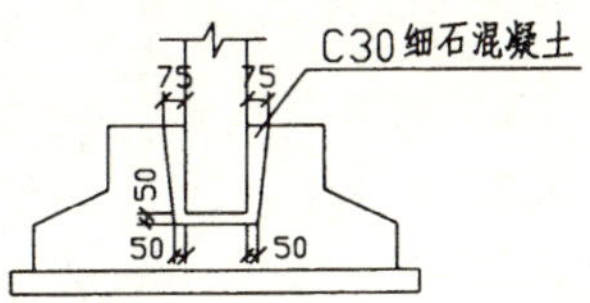

柱脚安装详图

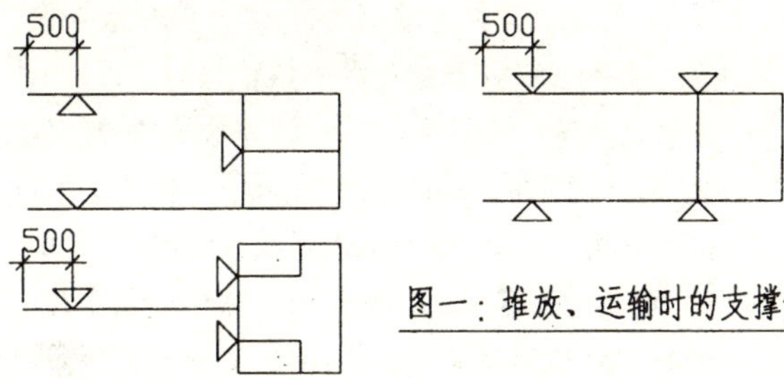

图一：堆放、运输时的支撑位置

总说明						图集号	01R414
审核	徐兴林	校对	骁永良	设计	黄瑞璜	页	7

活动管架选用说明

1. 活动管架及基础的选型必须根据管架横梁长度，布管型号，管架间距，管座材料，管架高度等由工艺决定的参数以及所处地区的基本风压值，地基承载力标准值，地下水埋深等由选用表选取.
2. 当管道参数排列和安装尺寸等与动力标准图<<00R4B-1>>上的一致时，即可由本图9~12页布管类型一览表直接确定布管型号. 在决定布管型号时，可以不用区分管内输送介质是液体或气体，但要区分是高温或常温. 当布管情况与图集不一致时，则可根据热管布置情况确定布置号型号，或者核算沿管道方向的推力和侧向风荷载后确定布管型号.
3. 当管架上布置有DN>200热管时，则凡 DN≥200的热管的管座材料均按聚四氟乙烯板考虑. 当管架上仅布置 DN=200热管时，选用者可按材料供应情况分别选聚四氟乙烯管座或钢板管座. 所选管座材料应在个体设计中说明.
4. 管架标志高度为设定±0.00至管架顶面的高度，考虑到地形起伏及管道敷设的坡度，从实际地面至管架顶的高度将有所调整. 因活动管架为预制构件，其长度一般不便变动，因此高度的调整一般由基础埋深来调整.
5. 活动管架基础设计考虑了两种地基承载力和地下水埋深情况. 基础埋深按1.0m考虑，当地下水位在基底以下时，按无地下水情况选取，当地下水埋藏较浅时，按有地下水情况选取. 当基础埋深为1.0米时，地下水位埋深不应少于500，设计时实际地面到管架顶的高度，基础埋深及最高地下水位埋深之间存在一定的相关关系. 也可根据高度／埋深／地下水位埋深按以下关系图调整：

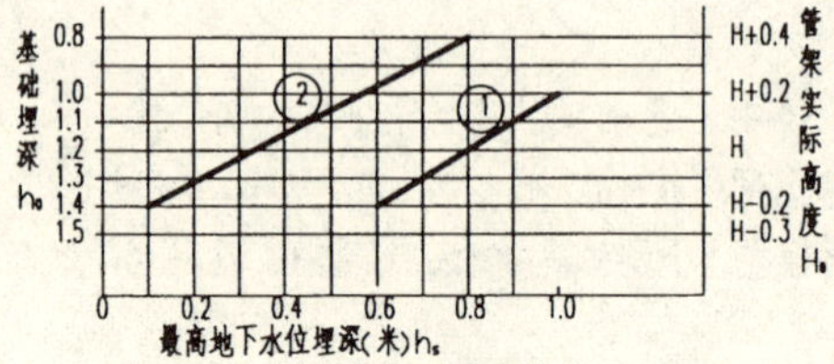

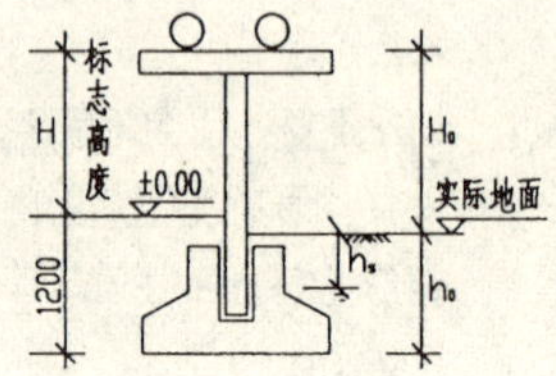

基础埋深与允许最高地下水埋深关系

（① 无地下水 ② 有地下水）

6. 受双向推力的活动管架情况比较复杂，参加组合比较困难本图未包含，使用时可按以下原则对单向推力管架及基础进行修改。

6.1 当所选管架及基础沿管道侧向的柱承载力及基础底边尺寸较大时，则均无需修改，如图

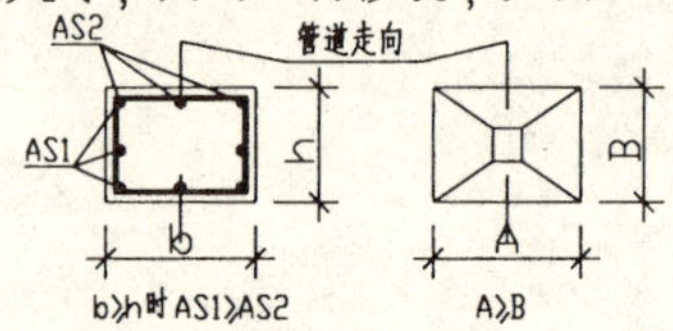

6.2 当所选管架柱沿侧向承载力较小时，将侧向截面，配筋改为与沿管道方向相同。

6.3 当所选管架基础沿侧向尺寸小于沿轴向尺寸时，将侧向尺寸改与沿轴的尺寸同，基础底配筋相应改动。

6.4 当管架柱截面按6.2项改动时，所用配套基础的杯口尺寸亦应改动与之适应。

7. 因构件序号与承载力之间不相关，构件选型时当需要对构件参数进行调整时，需核对各参数本身选取构件序号，并请注意柱截面与基础杯口尺寸相适应。

活动管架选用说明						图集号	01R414
审核	徐兴述	校对	[illegible]	设计	[illegible]	页	8

横梁长度	600			900	
布管型号	1	2	3	4	5
简图及安装尺寸	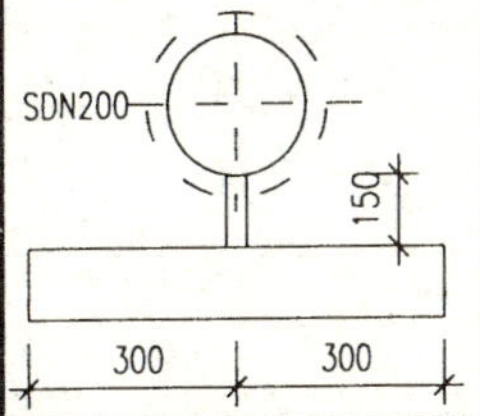	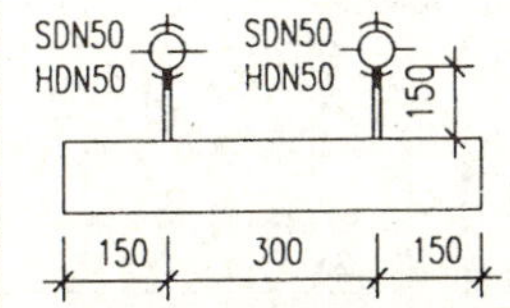	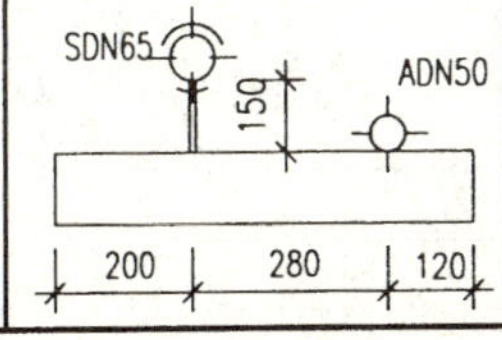	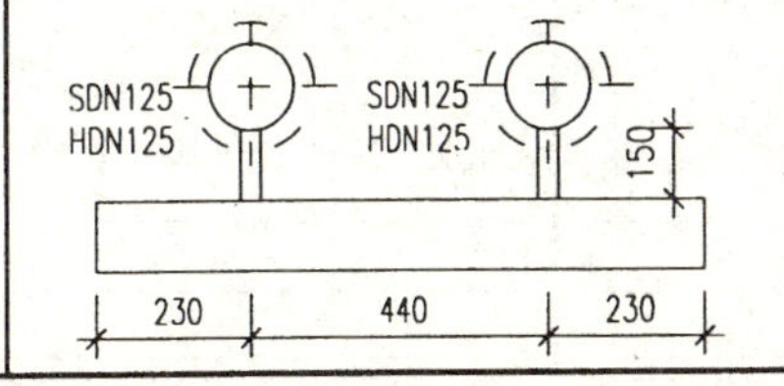	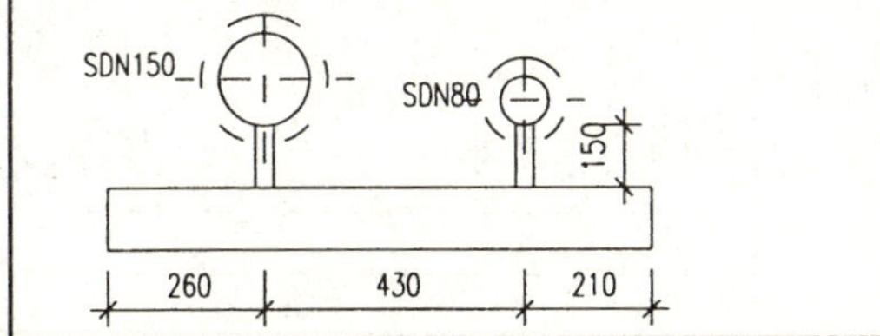

横梁长度	900			1200
布管型号	6	7	8	9
简图及安装尺寸	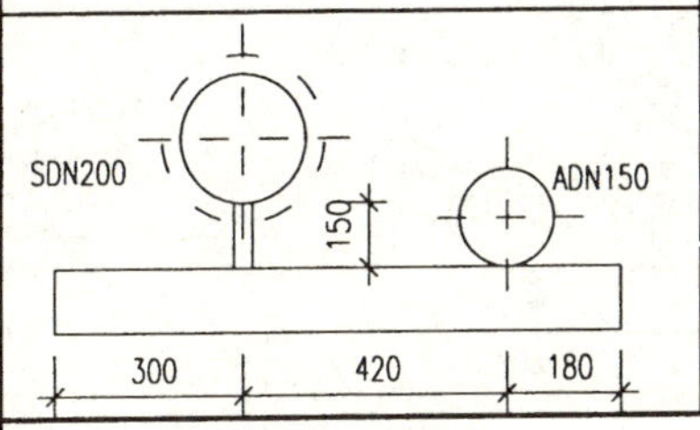	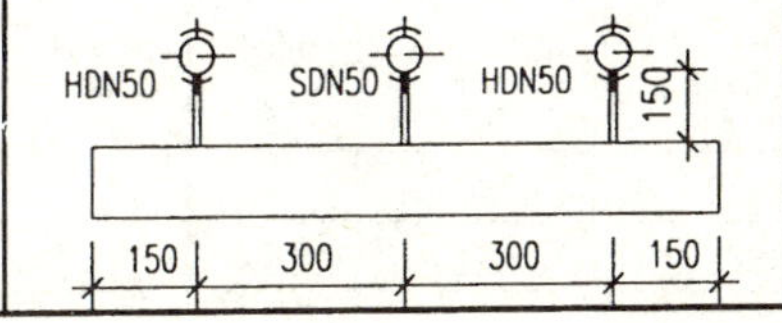	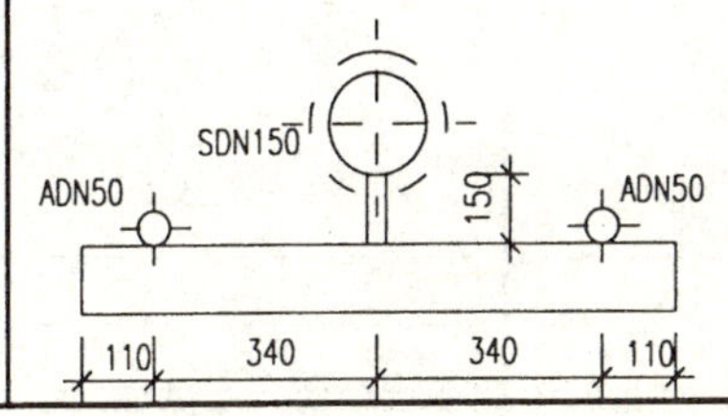	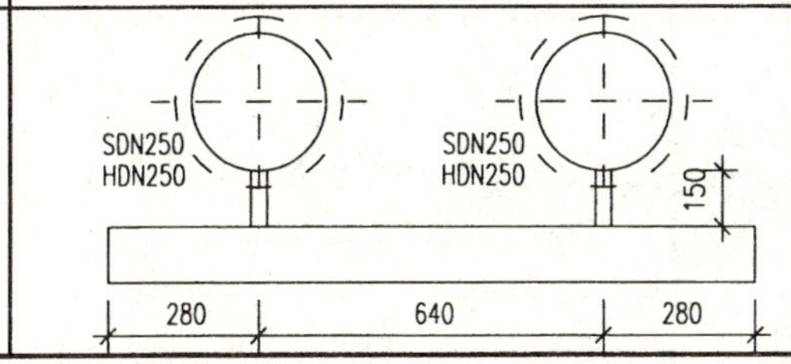

横梁长度	1200		
布管型号	10	11	12
简图及安装尺寸	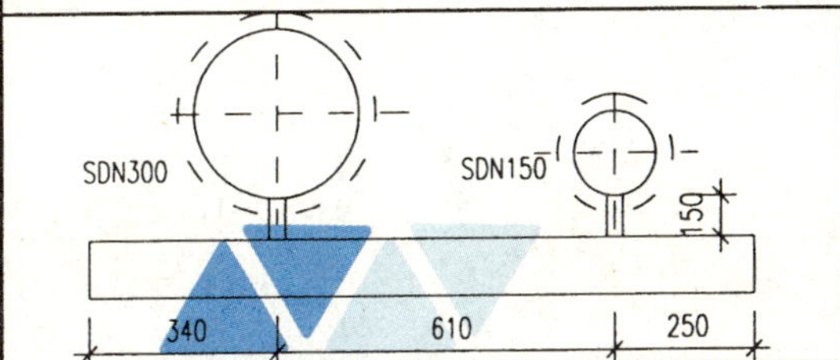	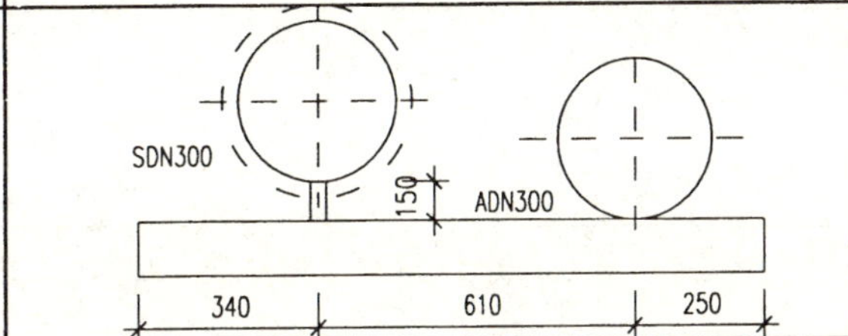	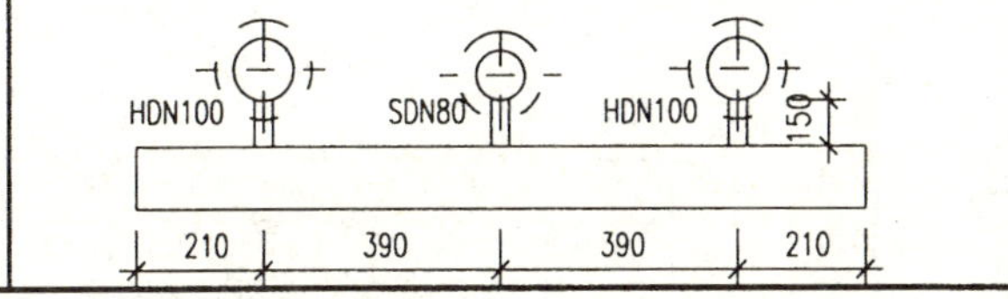

横梁长度	1200	
布管型号	13	14
简图及安装尺寸	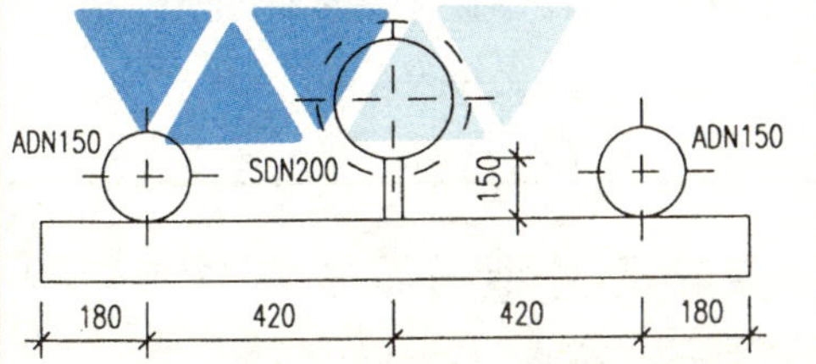	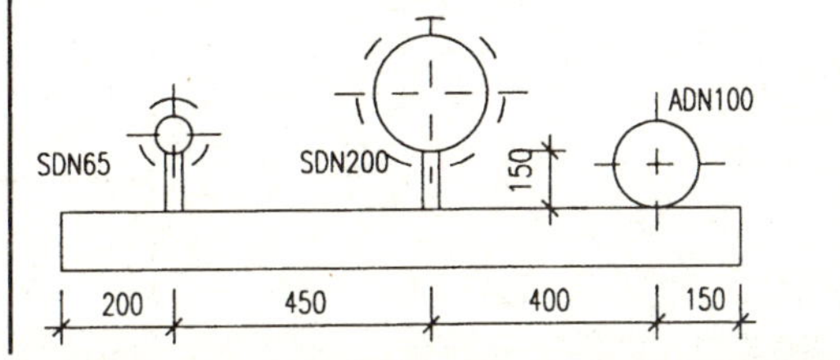

S－蒸汽管

H－采暖热水管

A－压缩空气管

活动管架布管类型一览表一						图集号	01R414
审核	[signature]	校对	[signature]	设计	[signature]	页	9

横梁长度	1500		
布管型号	15	16	17
简图及安装尺寸	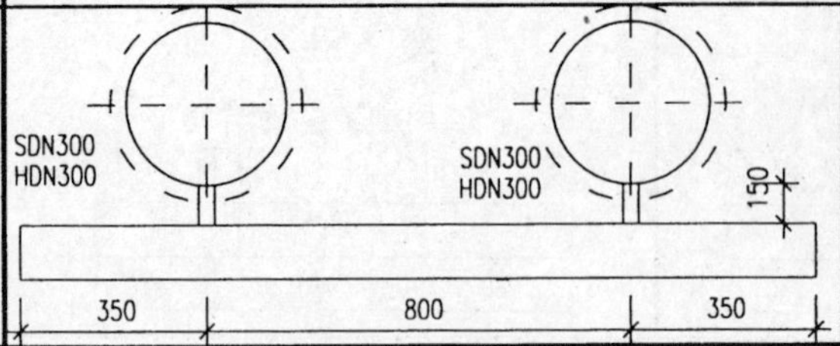	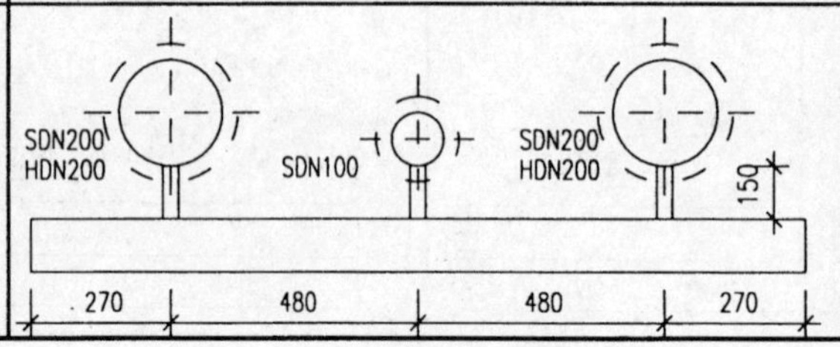	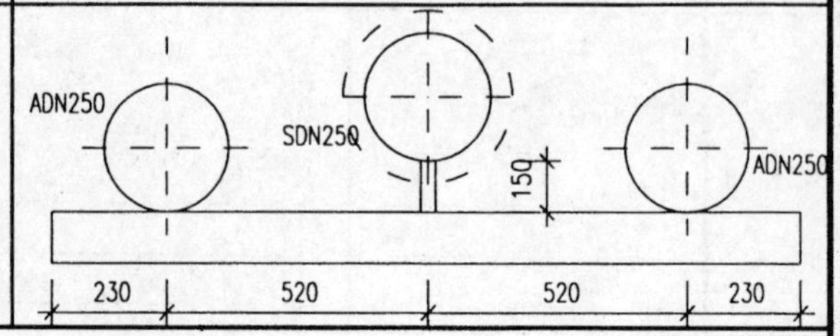

横梁长度	1500		
布管型号	18	19	20
简图及安装尺寸	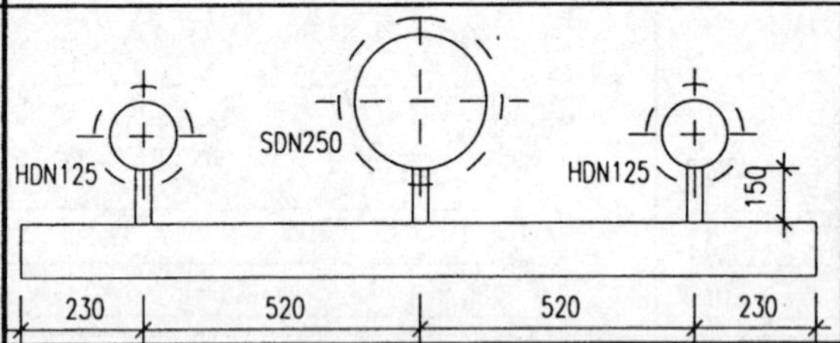	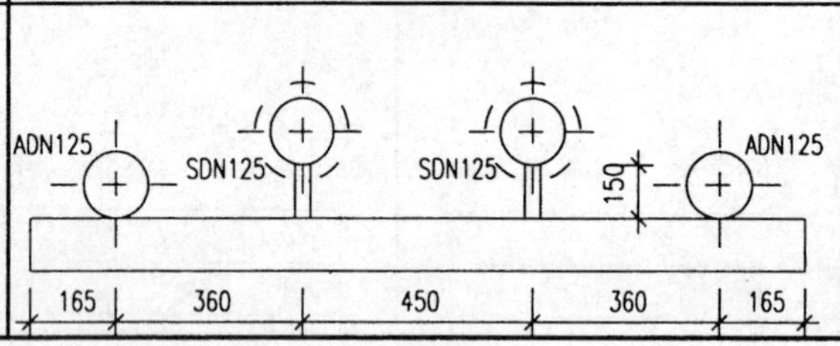	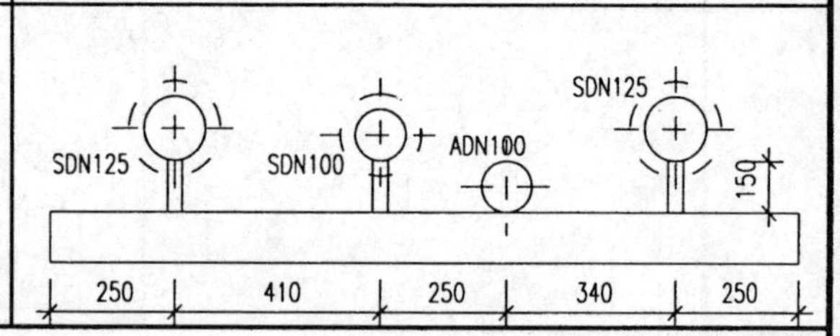

横梁长度	1800	
布管型号	21	22
简图及安装尺寸	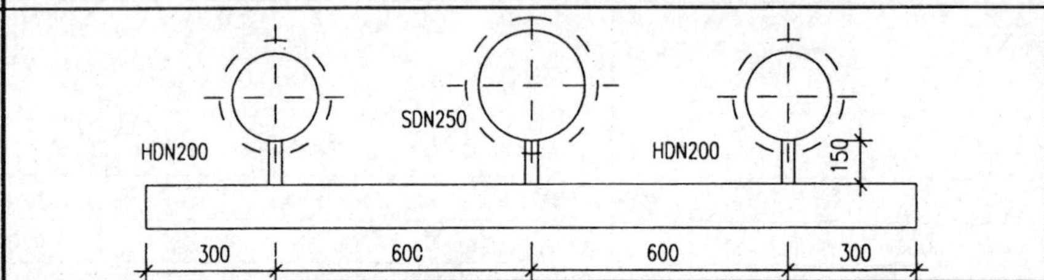	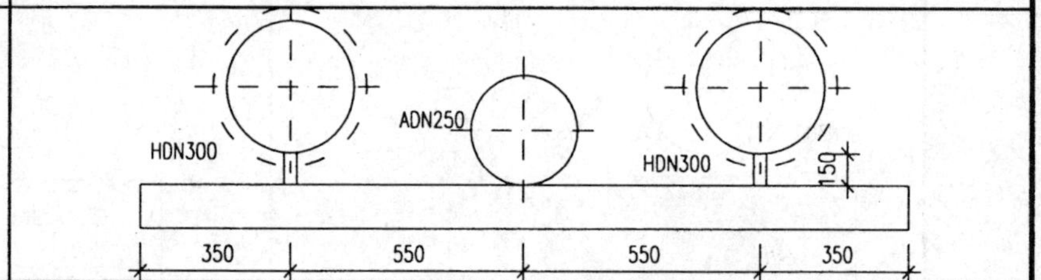

横梁长度	1800
布管型号	23
简图及安装尺寸	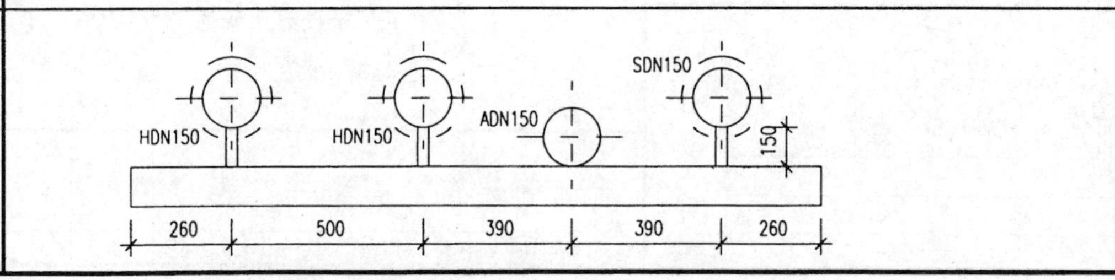

S－蒸汽管

H－采暖热水管

A－压缩空气管

活动管架布管类型一览表二						图集号	01R414
审核	纪成	校对	[illegible]	设计	[illegible]	页	10

横梁长度	1800	
布管型号	24	25

简图及安装尺寸

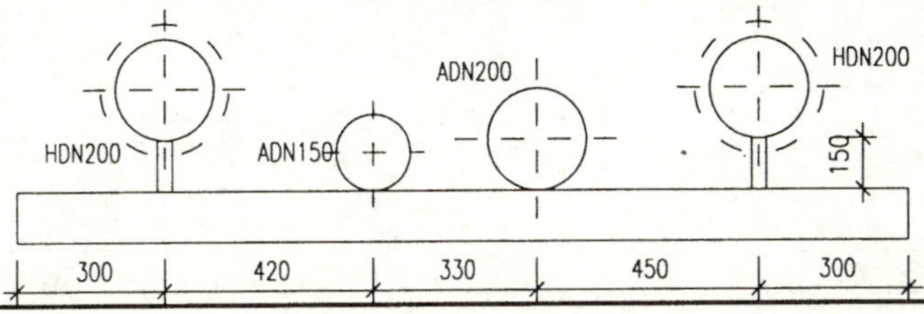

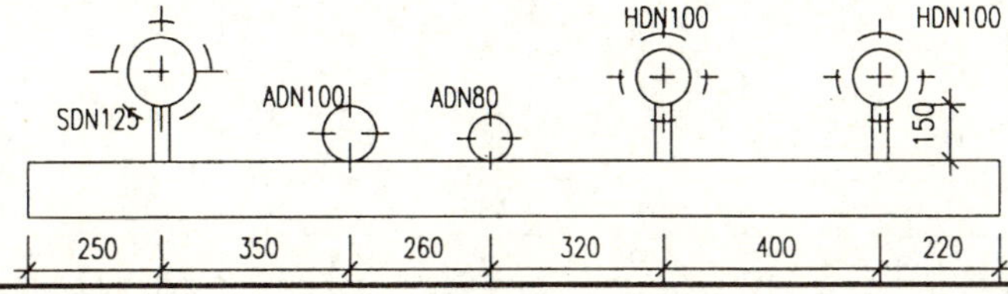

横梁长度	2100	
布管型号	26	27

简图及安装尺寸

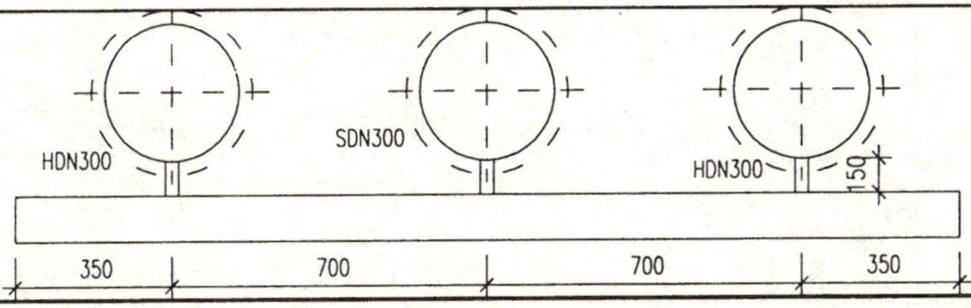

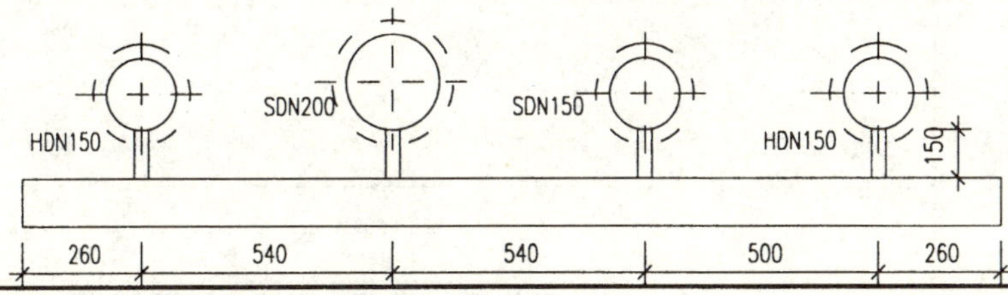

横梁长度	2100	
布管型号	28	29

简图及安装尺寸

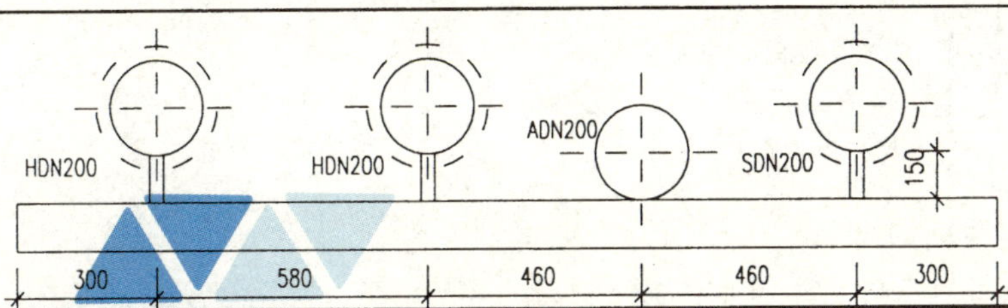

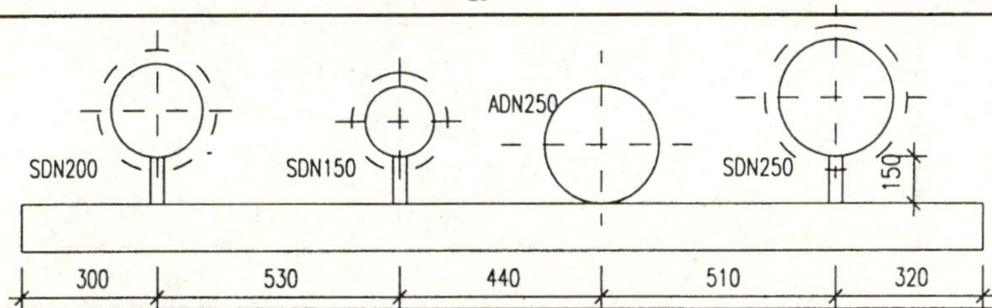

横梁长度	2100
布管型号	30

简图及安装尺寸

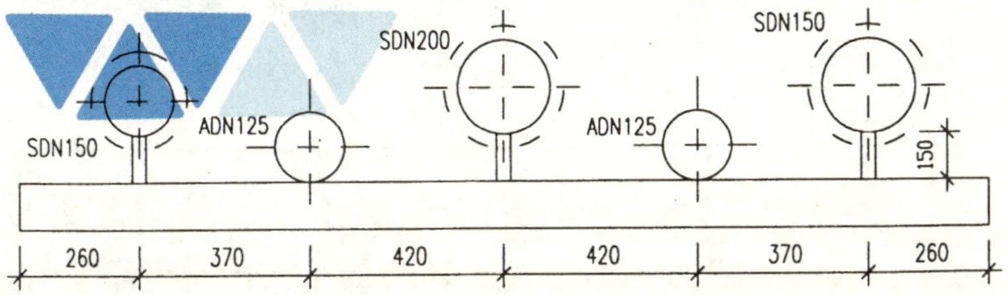

S－蒸汽管
H－采暖热水管
A－压缩空气管

活动管架布管类型一览表三						图集号	01R414
审核	徐岱斌	校对	胡骥	设计	姜福学	页	11

横梁长度	2400	
布管型号	31	32
简图及安装尺寸	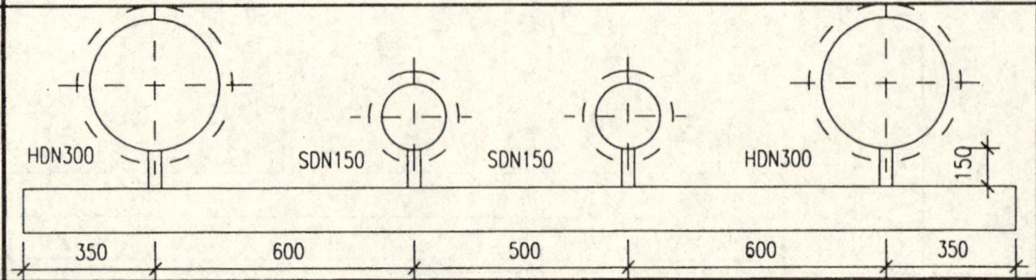	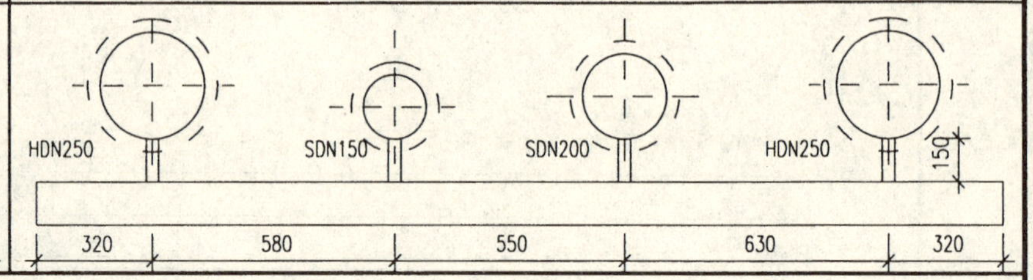

横梁长度	2400	
布管型号	33	34
简图及安装尺寸	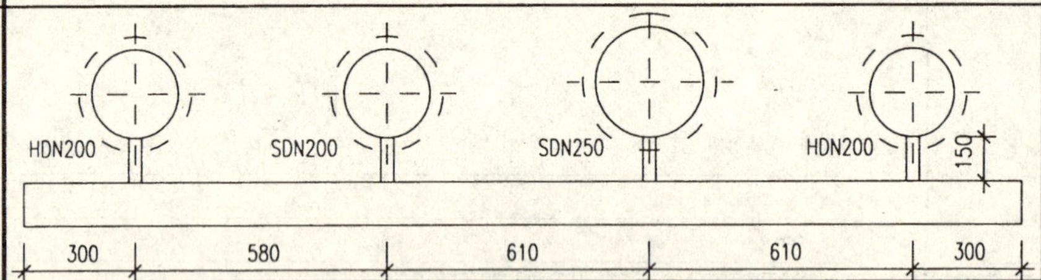	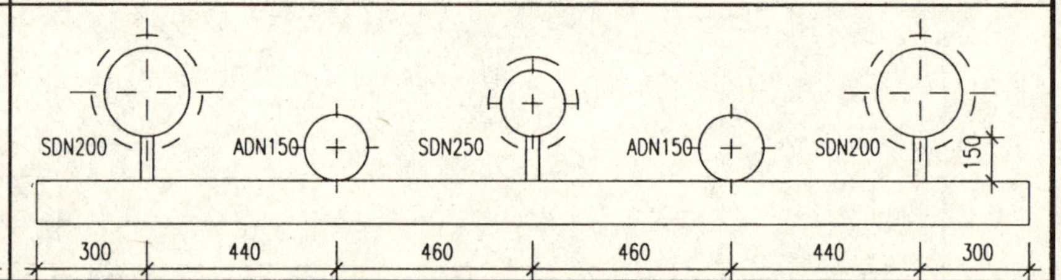

横梁长度	2400
布管型号	35
简图及安装尺寸	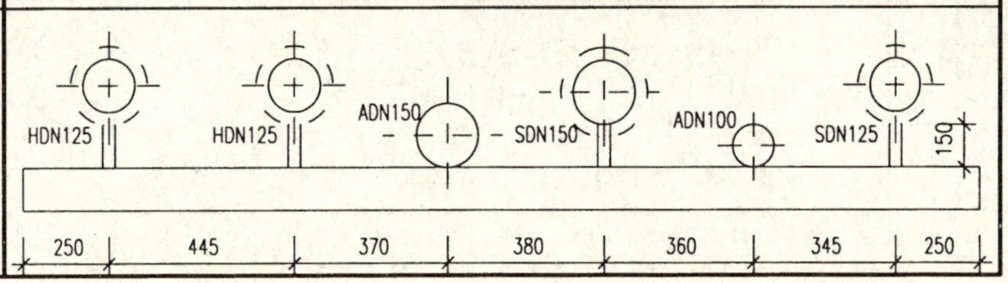

S－蒸汽管
H－采暖热水管
A－压缩空气管

活动管架布管类型一览表四						图集号	01R414
审核	[illegible]	校对	[illegible]	设计	[illegible]	页	12

横梁长度				600				900					
布管型号				1	1	2	3	4	5	6	6	7	8
管架间距(m)				12	12	8	8	8	8	10	10	8	8
管座材料				钢板	聚四氟乙烯	钢板	钢板	钢板	钢板	钢板	聚四氟乙烯	钢板	钢板
基本风压 $\frac{kN}{m^2}$	0.4	标志高度 (m)	0.7	HJ06-1-1	HJ06-1-1	HJ06-1-1	HJ06-1-1	HJ09-1-1	HJ09-1-1	HJ09-1-1	HJ09-1-1	HJ09-1-1	HJ09-1-1
			2.5	HJ06-2-1	HJ06-2-1	HJ06-2-1	HJ06-2-1	HJ09-2-1	HJ09-2-1	HJ09-2-1	HJ09-2-1	HJ09-2-1	HJ09-2-1
			4.0	HJ06-3-3	HJ06-3-1	HJ06-3-1	HJ06-3-1	HJ09-3-1	HJ09-3-1	HJ09-3-3	HJ09-3-1	HJ09-3-1	HJ09-3-1
			5.5	HJ06-4-4	HJ06-4-2	HJ06-4-1	HJ06-4-1	HJ09-4-2	HJ09-4-2	HJ09-4-3	HJ09-4-2	HJ09-4-1	HJ09-4-1
	0.7		0.7	HJ06-1-1	HJ06-1-1	HJ06-1-1	HJ06-1-1	HJ09-1-1	HJ09-1-1	HJ09-1-1	HJ09-1-1	HJ09-1-1	HJ09-1-1
			2.5	HJ06-2-2	HJ06-2-1	HJ06-2-1	HJ06-2-1	HJ09-2-1	HJ09-2-1	HJ09-2-2	HJ09-2-1	HJ09-2-1	HJ09-2-1
			4.0	HJ06-3-4	HJ06-3-2	HJ06-3-1	HJ06-3-1	HJ09-3-2	HJ09-3-2	HJ09-3-3	HJ09-3-2	HJ09-3-1	HJ09-3-1
			5.5	HJ06-4-5	HJ06-4-3	HJ06-4-1	HJ06-4-1	HJ09-4-3	HJ09-4-3	HJ09-4-4	HJ09-4-2	HJ09-4-1	HJ09-4-2

横梁长度				1200								1500	
布管型号				9	10	11	12	13	13	14	14	15	16
管架间距(m)				12	10	12	8	10	10	8	8	12	10
管座材料				聚四氟乙烯	聚四氟乙烯	聚四氟乙烯	钢板	钢板	聚四氟乙烯	钢板	聚四氟乙烯	聚四氟乙烯	钢板
基本风压 $\frac{kN}{m^2}$	0.4	标志高度 (m)	0.7	HJ12-1-2	HJ12-1-4	HJ12-1-3	HJ12-1-1	HJ12-1-1	HJ12-1-1	HJ12-1-1	HJ12-1-1	HJ15-1-3	HJ15-1-2
			2.5	HJ12-2-3	HJ12-2-4	HJ12-2-3	HJ12-2-1	HJ12-2-2	HJ12-2-1	HJ12-2-1	HJ12-2-1	HJ15-2-6	HJ15-2-4
			4.0	HJ12-3-4	HJ12-3-5	HJ12-3-4	HJ12-3-1	HJ12-3-3	HJ12-3-1	HJ12-3-2	HJ12-3-1	HJ15-3-8	HJ15-3-6
			5.5	HJ12-4-6	HJ12-4-6	HJ12-4-4	HJ12-4-1	HJ12-4-3	HJ12-4-2	HJ12-4-3	HJ12-4-1	HJ15-4-8	HJ15-4-6
	0.7		0.7	HJ12-1-2	HJ12-1-4	HJ12-1-3	HJ12-1-1	HJ12-1-1	HJ12-1-1	HJ12-1-1	HJ12-1-1	HJ15-1-3	HJ15-1-2
			2.5	HJ12-2-4	HJ12-2-5	HJ12-2-4	HJ12-2-1	HJ12-2-2	HJ12-2-1	HJ12-2-2	HJ12-2-1	HJ15-2-7	HJ15-2-5
			4.0	HJ12-3-5	HJ12-3-6	HJ12-3-5	HJ12-3-1	HJ12-3-5	HJ12-3-2	HJ12-3-3	HJ12-3-2	HJ15-3-8	HJ15-3-7
			5.5	HJ12-4-7	HJ12-4-8	HJ12-4-7	HJ12-4-2	HJ12-4-5	HJ12-4-3	HJ12-4-5	HJ12-4-2	HJ15-4-9	HJ15-4-7

附注: 1.管座材料采用聚四氟乙烯者系指管架上DN≥200的所有热管管托座板的材料.

2.布管型号以工艺图为准,主要由其中的若干根主要热管介质管径所控制,次要管道不计.

活动管架选用表一						图集号	01R414
审核	[signature]	校对	[signature]	设计	[signature]	页	13

横梁长度			1500					1800				
布管型号			16	17	18	19	20	21	22	23	24	24
管架间距(m)			10	12	10	8	8	10	12	8	10	10
管座材料			聚四氟乙烯	聚四氟乙烯	聚四氟乙烯	钢板	钢板	聚四氟乙烯	聚四氟乙烯	钢板	钢板	聚四氟乙烯
基本风压 kN/m²	0.4	标志高度(m) 0.7	HJ15-1-2	HJ15-1-2	HJ15-1-1	HJ15-1-1	HJ15-1-1	HJ18-1-1	HJ18-1-3	HJ18-1-1	HJ18-1-2	HJ18-1-1
		2.5	HJ15-2-2	HJ15-2-4	HJ15-2-1	HJ15-2-1	HJ15-2-1	HJ18-2-1	HJ18-2-5	HJ18-2-1	HJ18-2-3	HJ18-2-1
		4.0	HJ15-3-3	HJ15-3-5	HJ15-3-2	HJ15-3-1	HJ15-3-1	HJ18-3-2	HJ18-3-5	HJ18-3-2	HJ18-3-4	HJ18-3-2
		5.5	HJ15-4-3	HJ15-4-4	HJ15-4-2	HJ15-4-1	HJ15-4-1	HJ18-4-2	HJ18-4-6	HJ18-4-1	HJ18-4-4	HJ18-4-1
	0.7	0.7	HJ15-1-2	HJ15-1-2	HJ15-1-1	HJ15-1-1	HJ15-1-1	HJ18-1-1	HJ18-1-3	HJ18-1-1	HJ18-1-2	HJ18-1-1
		2.5	HJ15-2-2	HJ15-2-5	HJ15-2-3	HJ15-2-1	HJ15-2-1	HJ18-2-2	HJ18-2-6	HJ18-2-1	HJ18-2-4	HJ18-2-2
		4.0	HJ15-3-5	HJ15-3-6	HJ15-3-4	HJ15-3-2	HJ15-3-1	HJ18-3-3	HJ18-3-6	HJ18-3-2	HJ18-3-4	HJ18-3-3
		5.5	HJ15-4-4	HJ15-4-7	HJ15-4-5	HJ15-4-2	HJ15-4-2	HJ18-4-3	HJ18-4-7	HJ18-4-2	HJ18-4-5	HJ18-4-3

横梁长度			1800	2100								2400
布管型号			25	26	27	27	28	28	29	30	30	31
管架间距(m)			8	12	8	8	10	10	10	8	8	10
管座材料			钢板	聚四氟乙烯	钢板	聚四氟乙烯	钢板	聚四氟乙烯	聚四氟乙烯	钢板	聚四氟乙烯	聚四氟乙烯
基本风压 kN/m²	0.4	标志高度(m) 0.7	HJ18-1-1	HJ21-1-5	HJ21-1-3	HJ21-1-1	HJ21-1-4	HJ21-1-2	HJ21-1-4	HJ21-1-1	HJ21-1-1	HJ24-1-4
		2.5	HJ18-2-1	HJ21-2-8	HJ21-2-5	HJ21-2-1	HJ21-2-7	HJ21-2-2	HJ21-2-7	HJ21-2-3	HJ21-2-1	HJ24-2-6
		4.0	HJ18-3-1	HJ21-3-8	HJ21-3-6	HJ21-3-1	HJ21-3-7	HJ21-3-2	HJ21-3-7	HJ21-3-3	HJ21-3-1	HJ24-3-5
		5.5	HJ18-4-1	HJ21-4-7	HJ21-4-5	HJ21-4-1	HJ21-4-9	HJ21-4-2	HJ21-4-6	HJ21-4-1	HJ21-4-1	HJ24-4-7
	0.7	0.7	HJ18-1-1	HJ21-1-5	HJ21-1-3	HJ21-1-1	HJ21-1-4	HJ21-1-2	HJ21-1-4	HJ21-1-1	HJ21-1-1	HJ24-1-4
		2.5	HJ18-2-1	HJ21-2-8	HJ21-2-6	HJ21-2-3	HJ21-2-7	HJ21-2-4	HJ21-2-7	HJ21-2-3	HJ21-2-3	HJ24-2-6
		4.0	HJ18-3-2	HJ21-3-9	HJ21-3-6	HJ21-3-3	HJ21-3-7	HJ21-3-4	HJ21-3-7	HJ21-3-5	HJ21-3-3	HJ24-3-5
		5.5	HJ18-4-2	HJ21-4-11	HJ21-4-8	HJ21-4-3	HJ21-4-10	HJ21-4-4	HJ21-4-9	HJ21-4-3	HJ21-4-3	HJ24-4-10

附注：1. 管座材料采用聚四氟乙烯者系指管架上DN≥200的所有热管管托座板的材料.

2. 布管型号以工艺图为准，主要由其中的若干根主要热管介质管径所控制，次要管道不计.

活动管架选用表二						图集号	01R414
审核	[signature]	校对	[signature]	设计	[signature]	页	14

横梁长度				2400									
布管型号				32	33	34	35						
管架间距(m)				10	10	10	8						
管座材料				聚四氟乙烯	聚四氟乙烯	聚四氟乙烯	钢板						
基本风压 kN/m²	0.4	标志高度(m)	0.7	HJ24-1-3	HJ24-1-3	HJ24-1-2	HJ24-1-1						
			2.5	HJ24-2-3	HJ24-2-3	HJ24-2-2	HJ24-2-1						
			4.0	HJ24-3-3	HJ24-3-3	HJ24-3-2	HJ24-3-1						
			5.5	HJ24-4-5	HJ24-4-3	HJ24-4-4	HJ24-4-1						
	0.7		0.7	HJ24-1-3	HJ24-1-3	HJ24-1-2	HJ24-1-1						
			2.5	HJ24-2-5	HJ24-2-5	HJ24-2-4	HJ24-2-1						
			4.0	HJ24-3-4	HJ24-3-3	HJ24-3-2	HJ24-3-1						
			5.5	HJ24-4-9	HJ24-4-6	HJ24-4-8	HJ24-4-2						

横梁长度													
布管型号													
管架间距(m)													
管座材料													
基本风压 kN/m²	0.4	标志高度(m)	0.7										
			2.5										
			4.0										
			5.5										
	0.7		0.7										
			2.5										
			4.0										
			5.5										

附注：1.管座材料采用聚四氟乙烯者系指管架上DN≥200的所有热管管托座板的材料.

2.布管型号以工艺图为准,主要由其中的若干根主要热管介质管径所控制,次要管道不计.

活动管架选用表三						图集号	01R414
审核	徐鸣涛	校对	王倩	设计	黄瑞瑞	页	15

布管型号				1		1		2		3		4		5		6		6		7		8	
管架间距(m)				12		12		8		8		8		8		10		10		8		8	
管座材料				钢板		聚四氟乙烯		钢板		钢板		钢板		钢板		钢板		聚四氟乙烯		钢板		钢板	
地基承载力(kPa)				120	80	120	80	120	80	120	80	120	80	120	80	120	80	120	80	120	80	120	80
基本风压 $\frac{kN}{m^2}$	0.4	标志高度(m)	0.7	HJJ1-1	HJJ1-3a	HJJ1-1	HJJ1-1	HJJ1-1	HJJ1-1	HJJ1-1	HJJ1-1	HJJ1-1	HJJ1-1	HJJ1-1	HJJ1-1	HJJ1-1	HJJ1-3a	HJJ1-1	HJJ1-1	HJJ1-1	HJJ1-1	HJJ1-1	HJJ1-1
			2.5	HJJ1-5a	HJJ1-7a	HJJ1-1	HJJ1-2	HJJ1-1	HJJ1-1	HJJ1-1	HJJ1-1	HJJ1-2a	HJJ1-4a	HJJ1-2a	HJJ1-4a	HJJ1-4a	HJJ1-6a	HJJ1-1	HJJ1-3	HJJ1-1	HJJ1-1	HJJ1-1	HJJ1-2a
			4.0	HJJ3-6a	HJJ3-14a	HJJ3-1	HJJ3-3	HJJ3-1	HJJ3-1	HJJ3-1	HJJ3-1	HJJ3-2a	HJJ3-4a	HJJ3-2a	HJJ3-4a	HJJ3-5a	HJJ3-14a	HJJ3-1	HJJ3-3	HJJ3-1	HJJ3-1	HJJ3-1	HJJ3-2a
			5.5	HJJ3-14a	HJJ3-21a	HJJ3-2	HJJ3-5	HJJ3-2	HJJ3-2	HJJ3-2	HJJ3-2	HJJ3-3a	HJJ3-6a	HJJ3-3a	HJJ3-6a	HJJ3-5a	HJJ3-14a	HJJ3-2	HJJ3-5	HJJ3-2	HJJ3-2	HJJ3-2	HJJ3-4a
	0.7		0.7	HJJ1-2a	HJJ1-4a	HJJ1-1	HJJ1-1	HJJ1-1	HJJ1-1	HJJ1-1	HJJ1-1	HJJ1-1	HJJ1-1	HJJ1-1	HJJ1-1	HJJ1-1	HJJ1-2a	HJJ1-1	HJJ1-1	HJJ1-1	HJJ1-1	HJJ1-1	HJJ1-1
			2.5	HJJ1-5a	HJJ1-13a	HJJ1-3	HJJ1-5	HJJ1-1	HJJ1-1	HJJ1-1	HJJ1-1	HJJ1-3a	HJJ1-5a	HJJ1-2a	HJJ1-9a	HJJ1-4a	HJJ1-17a	HJJ1-2	HJJ1-5	HJJ1-1	HJJ1-1	HJJ1-2	HJJ1-3
			4.0	HJJ3-7a	HJJ3-20a	HJJ3-3	HJJ3-5	HJJ3-1	HJJ3-1	HJJ3-1	HJJ3-1	HJJ3-3a	HJJ3-5a	HJJ3-2a	HJJ3-11a	HJJ3-5a	HJJ3-19a	HJJ3-3	HJJ3-5	HJJ3-1	HJJ3-1	HJJ3-2	HJJ3-4
			5.5	HJJ3-19a	HJJ3-32a	HJJ3-5	HJJ3-13	HJJ3-2	HJJ3-2	HJJ3-2	HJJ3-2	HJJ3-4a	HJJ3-18a	HJJ3-22	HJJ3-29	HJJ3-22	HJJ3-34	HJJ3-5	HJJ3-13	HJJ3-2	HJJ3-8	HJJ3-4	HJJ3-7

布管型号				9		10		11		12		13		13		14		14		15		16	
管架间距(m)				12		10		12		8		10		10		8		8		12		10	
管座材料				聚四氟乙烯		聚四氟乙烯		聚四氟乙烯		钢板		钢板		聚四氟乙烯		钢板		聚四氟乙烯		聚四氟乙烯		钢板	
地基承载力(KPa)				120	80	120	80	120	80	120	80	120	80	120	80	120	80	120	80	120	80	120	80
基本风压 $\frac{kN}{m^2}$	0.4	标志高度(m)	0.7	HJJ1-2a	HJJ1-5a	HJJ1-17a	HJJ1-17a	HJJ1-10	HJJ1-24	HJJ1-1	HJJ1-1	HJJ1-1	HJJ1-3a	HJJ1-1	HJJ1-1	HJJ1-1	HJJ1-3a	HJJ1-1	HJJ1-1	HJJ1-13a	HJJ1-21a	HJJ1-2a	HJJ1-5a
			2.5	HJJ1-5a	HJJ1-7a	HJJ1-10a	HJJ1-18a	HJJ1-9	HJJ1-23	HJJ1-1	HJJ1-2a	HJJ1-4a	HJJ1-6a	HJJ1-1	HJJ1-4	HJJ1-4a	HJJ1-6a	HJJ1-1	HJJ1-2	HJJ1-6a	HJJ1-21a	HJJ1-5a	HJJ1-7a
			4.0	HJJ3-5a	HJJ3-20a	HJJ3-6a	HJJ3-20a	HJJ3-15	HJJ3-29	HJJ3-1	HJJ3-2a	HJJ3-5a	HJJ3-14a	HJJ3-1	HJJ3-4	HJJ3-5a	HJJ3-14a	HJJ3-1	HJJ3-2	HJJ3-14a	HJJ3-28a	HJJ3-6a	HJJ3-20a
			5.5	HJJ3-6a	HJJ3-21a	HJJ3-18a	HJJ3-27a	HJJ3-16	HJJ3-31	HJJ3-1	HJJ3-8	HJJ3-5a	HJJ3-14a	HJJ3-2	HJJ3-5	HJJ3-5a	HJJ3-14a	HJJ3-1	HJJ3-4	HJJ3-20a	HJJ3-33a	HJJ3-7a	HJJ3-21a
	0.7		0.7	HJJ1-1	HJJ1-15	HJJ1-17a	HJJ1-17a	HJJ1-10	HJJ1-24	HJJ1-1	HJJ1-1	HJJ1-1	HJJ1-2a	HJJ1-1	HJJ1-2	HJJ1-1	HJJ1-2a	HJJ1-1	HJJ1-1	HJJ1-13a	HJJ1-21a	HJJ1-3a	HJJ1-5a
			2.5	HJJ1-10a	HJJ1-24a	HJJ1-17	HJJ1-25	HJJ1-6	HJJ1-14	HJJ1-1	HJJ1-3	HJJ1-9a	HJJ1-17a	HJJ1-3	HJJ1-5	HJJ1-3a	HJJ1-17a	HJJ1-3	HJJ1-5	HJJ1-17a	HJJ1-31a	HJJ1-6a	HJJ1-14a
			4.0	HJJ3-11a	HJJ3-25a	HJJ3-29	HJJ3-34	HJJ3-6	HJJ3-21	HJJ3-1	HJJ3-3	HJJ3-11a	HJJ3-18a	HJJ3-3	HJJ3-6	HJJ3-5a	HJJ3-19a	HJJ3-3	HJJ3-5	HJJ3-19a	HJJ3-32a	HJJ3-14a	HJJ3-21a
			5.5	HJJ3-23	HJJ3-36	HJJ4-1	HJJ4-2	HJJ3-14	HJJ3-28	HJJ3-2	HJJ3-5	HJJ3-23	HJJ3-35	HJJ3-5	HJJ3-14	HJJ3-22	HJJ3-30a	HJJ3-4	HJJ3-7	HJJ6-3	HJJ6-6	HJJ3-19a	HJJ3-32a

活动管架基础选用表一 无地下水	图集号	01R414
审核 [签名] 校对 [签名] 设计 [签名]	页	16

布管型号				16		17		18		19		20		21		22		23		24		24	
管架间距(m)				10		12		10		8		8		10		12		8		10		10	
管座材料				聚四氟乙烯		聚四氟乙烯		聚四氟乙烯		钢板		钢板		聚四氟乙烯		聚四氟乙烯		钢板		钢板		聚四氟乙烯	
地基承载力(kPa)				120	80	120	80	120	80	120	80	120	80	120	80	120	80	120	80	120	80	120	80
基本风压 kN/m²	0.4	标志高度(m)	0.7	HJJ1-1	HJJ1-1	HJJ1-2	HJJ1-4	HJJ1-1	HJJ1-2a	HJJ1-1	HJJ1-1	HJJ1-1	HJJ1-1	HJJ1-1	HJJ1-3a	HJJ1-21	HJJ1-28	HJJ1-1	HJJ1-1	HJJ1-2a	HJJ1-5a	HJJ1-1	HJJ1-4
			2.5	HJJ1-1	HJJ1-8	HJJ1-3	HJJ1-17	HJJ1-3a	HJJ1-5a	HJJ1-1	HJJ1-1	HJJ1-1	HJJ1-3a	HJJ1-2a	HJJ1-10a	HJJ1-16	HJJ1-30	HJJ1-2a	HJJ1-4a	HJJ1-5a	HJJ1-7a	HJJ1-2	HJJ1-5
			4.0	HJJ3-1	HJJ3-15	HJJ3-3	HJJ3-12	HJJ3-3a	HJJ3-6a	HJJ3-1	HJJ3-8	HJJ3-1	HJJ3-3a	HJJ3-2a	HJJ3-12a	HJJ3-15	HJJ3-34	HJJ3-2a	HJJ3-4a	HJJ3-5a	HJJ3-20a	HJJ3-2	HJJ3-6
			5.5	HJJ3-2	HJJ3-11	HJJ3-4	HJJ3-20	HJJ3-3a	HJJ3-17a	HJJ3-1	HJJ3-3	HJJ3-1	HJJ3-9a	HJJ3-9a	HJJ3-23a	HJJ6-1	HJJ6-5	HJJ3-8	HJJ3-11a	HJJ3-6a	HJJ3-20a	HJJ3-3	HJJ3-7
	0.7		0.7	HJJ1-1	HJJ1-3	HJJ1-3	HJJ1-6	HJJ1-1	HJJ1-3	HJJ1-1	HJJ1-1	HJJ1-1	HJJ1-1	HJJ1-1	HJJ1-4	HJJ1-21	HJJ1-28	HJJ1-1	HJJ1-2	HJJ1-1	HJJ1-15	HJJ1-1	HJJ1-5
			2.5	HJJ1-4	HJJ1-6	HJJ1-5	HJJ1-14	HJJ1-3	HJJ1-11	HJJ1-2	HJJ1-5	HJJ1-1	HJJ1-3	HJJ1-4	HJJ1-12	HJJ1-13	HJJ1-27	HJJ1-2	HJJ1-10	HJJ1-15	HJJ1-23a	HJJ1-4	HJJ1-7
			4.0	HJJ3-4	HJJ3-6	HJJ3-6	HJJ3-21	HJJ3-4	HJJ3-12	HJJ3-2	HJJ3-5	HJJ3-2	HJJ3-4	HJJ3-4	HJJ3-13	HJJ3-12	HJJ3-27	HJJ3-3	HJJ3-11	HJJ3-17a	HJJ3-25a	HJJ3-4	HJJ3-14
			5.5	HJJ3-5	HJJ3-20	HJJ3-14	HJJ3-28	HJJ3-6	HJJ3-20	HJJ3-3	HJJ3-6	HJJ3-3	HJJ3-6	HJJ3-6	HJJ3-21	HJJ7-2	HJJ7-6	HJJ3-4	HJJ3-13	HJJ6-1	HJJ6-4	HJJ3-6	HJJ3-20

布管型号				25		26		27		27		28		28		29		30		30		31	
管架间距(m)				8		12		8		8		10		10		10		8		8		10	
管座材料				钢板		聚四氟乙烯		钢板		聚四氟乙烯		钢板		聚四氟乙烯		聚四氟乙烯		钢板		聚四氟乙烯		聚四氟乙烯	
地基承载力(KPa)				120	80	120	80	120	80	120	80	120	80	120	80	120	80	120	80	120	80	120	80
基本风压 kN/m²	0.4	标志高度(m)	0.7	HJJ1-1	HJJ1-1	HJJ1-28	HJJ1-33	HJJ1-1	HJJ1-4a	HJJ1-1	HJJ1-1	HJJ1-3a	HJJ1-6a	HJJ1-1	HJJ1-4	HJJ1-4	HJJ1-7	HJJ1-1	HJJ1-4a	HJJ1-1	HJJ1-2a	HJJ2-7	HJJ2-7
			2.5	HJJ1-1	HJJ1-2	HJJ2-2	HJJ2-8	HJJ1-5a	HJJ1-7a	HJJ1-2a	HJJ1-9a	HJJ1-6a	HJJ1-14a	HJJ1-2	HJJ1-10	HJJ1-5	HJJ1-14	HJJ1-4a	HJJ1-6a	HJJ1-2a	HJJ1-4a	HJJ2-1	HJJ2-4
			4.0	HJJ3-1	HJJ3-3	HJJ3-7a	HJJ3-21a	HJJ3-5a	HJJ3-20a	HJJ3-2a	HJJ3-11a	HJJ3-6a	HJJ3-21a	HJJ3-2	HJJ3-11	HJJ3-5	HJJ3-25	HJJ3-5a	HJJ3-14a	HJJ3-2a	HJJ3-5a	HJJ3-6a	HJJ3-25a
			5.5	HJJ3-2	HJJ3-5	HJJ5-2a	HJJ5-5a	HJJ3-6a	HJJ3-20a	HJJ3-8	HJJ3-22	HJJ3-7a	HJJ3-28a	HJJ3-3	HJJ3-13	HJJ3-12	HJJ3-27	HJJ3-5a	HJJ3-20a	HJJ3-8	HJJ3-22	HJJ5-1a	HJJ5-6a
	0.7		0.7	HJJ1-1	HJJ1-2	HJJ1-28	HJJ1-33	HJJ1-1	HJJ1-9a	HJJ1-1	HJJ1-4	HJJ1-2a	HJJ1-16a	HJJ1-2	HJJ1-5	HJJ1-4	HJJ1-7	HJJ1-1	HJJ1-2a	HJJ1-1	HJJ1-3	HJJ2-7	HJJ2-7
			2.5	HJJ1-3	HJJ1-5	HJJ2-5	HJJ2-9	HJJ1-10a	HJJ1-24a	HJJ1-4	HJJ1-12	HJJ1-11a	HJJ1-25a	HJJ1-5	HJJ1-7	HJJ1-6	HJJ1-21	HJJ1-9a	HJJ1-17a	HJJ1-3	HJJ1-11	HJJ2-3	HJJ2-6
			4.0	HJJ3-4	HJJ3-6	HJJ3-23	HJJ3-35	HJJ3-12a	HJJ3-25a	HJJ3-4	HJJ3-13	HJJ3-13a	HJJ3-27a	HJJ3-5	HJJ3-14	HJJ3-13	HJJ3-20	HJJ3-11a	HJJ3-19a	HJJ3-3	HJJ3-12	HJJ3-11	HJJ3-26
			5.5	HJJ3-5	HJJ3-14	HJJ7-3	HJJ7-5	HJJ3-29	HJJ3-37	HJJ3-6	HJJ3-20	HJJ6-2a	HJJ6-5a	HJJ3-6	HJJ3-20	HJJ3-14	HJJ3-28	HJJ3-22	HJJ3-34	HJJ3-5	HJJ3-20	HJJ7-1	HJJ7-4

活动管架基础选用表二 无地下水		图集号	01R414
审核	校对	设计	页 17

布管型号				32		33		34		35	
管架间距(m)				10		10		10		8	
管座材料				聚四氟乙烯		聚四氟乙烯		聚四氟乙烯		钢板	
地基承载力(kPa)				120	80	120	80	120	80	120	80
基本风压 $\frac{kN}{m^2}$	0.4	标志高度(m)	0.7	HJJ1-1	HJJ1-15	HJJ1-2	HJJ1-10	HJJ1-1	HJJ1-9	HJJ1-1	HJJ1-1
			2.5	HJJ1-3a	HJJ1-23a	HJJ1-8	HJJ1-22	HJJ1-2	HJJ1-22	HJJ1-2a	HJJ1-3a
			4.0	HJJ3-4a	HJJ3-19a	HJJ3-3a	HJJ3-25a	HJJ3-15	HJJ3-29	HJJ3-2a	HJJ3-5a
			5.5	HJJ3-16a	HJJ3-34	HJJ3-10	HJJ3-30	HJJ3-11	HJJ3-25	HJJ3-8	HJJ3-22
	0.7		0.7	HJJ1-3	HJJ1-6	HJJ1-3	HJJ1-6	HJJ1-3	HJJ1-6	HJJ1-1	HJJ1-3
			2.5	HJJ1-5	HJJ1-19	HJJ1-5	HJJ1-14	HJJ1-5	HJJ1-14	HJJ1-3	HJJ1-5
			4.0	HJJ3-6	HJJ3-20	HJJ3-5	HJJ3-20	HJJ3-6	HJJ3-20	HJJ3-3	HJJ3-6
			5.5	HJJ5-3	HJJ5-4	HJJ5-2	HJJ5-4	HJJ3-14	HJJ3-28	HJJ3-5	HJJ3-20
布管型号											
管架间距(m)											
管座材料											
地基承载力(KPa)											
基本风压 $\frac{kN}{m^2}$	0.4	标志高度(m)	0.7								
			2.5								
			4.0								
			5.5								
	0.7		0.7								
			2.5								
			4.0								
			5.5								

活动管架基础选用表三 无地下水	图集号	01R414
审核 校对 设计	页	18

布管型号				1		1		2		3		4		5		6		6		7		8	
管架间距(m)				12		12		8		8		8		8		10		10		8		8	
管座材料				钢板		聚四氟乙烯		钢板		钢板		钢板		钢板		钢板		聚四氟乙烯		钢板		钢板	
地基承载力(kPa)				120	80	120	80	120	80	120	80	120	80	120	80	120	80	120	80	120	80	120	80
基本风压 kN/m²	0.4	标志高度(m)	0.7	HJJ1-2a	HJJ1-3a	HJJ1-1	HJJ1-1	HJJ1-1	HJJ1-1	HJJ1-1	HJJ1-1	HJJ1-1	HJJ1-1	HJJ1-1	HJJ1-1	HJJ1-1	HJJ1-3a	HJJ1-1	HJJ1-1	HJJ1-1	HJJ1-1	HJJ1-1	HJJ1-1
			2.5	HJJ1-5a	HJJ1-7a	HJJ1-1	HJJ1-2	HJJ1-1	HJJ1-1	HJJ1-1	HJJ1-1	HJJ1-3a	HJJ1-4a	HJJ1-3a	HJJ1-4a	HJJ1-4a	HJJ1-6a	HJJ1-1	HJJ1-3	HJJ1-1	HJJ1-1	HJJ1-1	HJJ1-2a
			4.0	HJJ3-6a	HJJ3-14a	HJJ3-1	HJJ3-3	HJJ3-1	HJJ3-1	HJJ3-1	HJJ3-1	HJJ3-3a	HJJ3-4a	HJJ3-3a	HJJ3-5a	HJJ3-5a	HJJ3-14a	HJJ3-1	HJJ3-3	HJJ3-1	HJJ3-1	HJJ3-1	HJJ3-3a
			5.5	HJJ3-14a	HJJ3-21a	HJJ3-2	HJJ3-5	HJJ3-2	HJJ3-2	HJJ3-2	HJJ3-2	HJJ3-4a	HJJ3-6a	HJJ3-4a	HJJ3-6a	HJJ3-6a	HJJ3-14a	HJJ3-2	HJJ3-5	HJJ3-2	HJJ3-2	HJJ3-2	HJJ3-4a
	0.7		0.7	HJJ1-2a	HJJ1-4a	HJJ1-1	HJJ1-1	HJJ1-1	HJJ1-1	HJJ1-1	HJJ1-1	HJJ1-1	HJJ1-1	HJJ1-1	HJJ1-1	HJJ1-1	HJJ1-2a	HJJ1-1	HJJ1-1	HJJ1-1	HJJ1-1	HJJ1-1	HJJ1-1
			2.5	HJJ1-6a	HJJ1-13a	HJJ1-3	HJJ1-5	HJJ1-1	HJJ1-1	HJJ1-1	HJJ1-1	HJJ1-3a	HJJ1-5a	HJJ1-2a	HJJ1-9a	HJJ1-4a	HJJ1-17a	HJJ1-2	HJJ1-5	HJJ1-1	HJJ1-1	HJJ1-2	HJJ1-3
			4.0	HJJ3-14a	HJJ3-20a	HJJ3-3	HJJ3-5	HJJ3-1	HJJ3-1	HJJ3-1	HJJ3-1	HJJ3-4a	HJJ3-5a	HJJ3-4a	HJJ3-11a	HJJ3-5a	HJJ3-19a	HJJ3-3	HJJ3-5	HJJ3-1	HJJ3-1	HJJ3-3	HJJ3-4
			5.5	HJJ3-25a	HJJ3-32a	HJJ3-6	HJJ3-13	HJJ3-2	HJJ3-2	HJJ3-2	HJJ3-2	HJJ3-5a	HJJ3-18a	HJJ3-22	HJJ3-29	HJJ3-23a	HJJ3-34	HJJ3-6	HJJ3-13	HJJ3-2	HJJ3-8	HJJ3-5	HJJ3-7

布管型号				9		10		11		12		13		13		14		14		15		16	
管架间距(m)				12		10		12		8		10		10		8		8		12		10	
管座材料				聚四氟乙烯		聚四氟乙烯		聚四氟乙烯		钢板		钢板		聚四氟乙烯		钢板		聚四氟乙烯		聚四氟乙烯		钢板	
地基承载力(KPa)				120	80	120	80	120	80	120	80	120	80	120	80	120	80	120	80	120	80	120	80
基本风压 kN/m²	0.4	标志高度(m)	0.7	HJJ1-1	HJJ1-5a	HJJ1-24a	HJJ1-24a	HJJ1-17	HJJ1-24	HJJ1-1	HJJ1-1	HJJ1-1	HJJ1-3a	HJJ1-1	HJJ1-1	HJJ1-1	HJJ1-3a	HJJ1-1	HJJ1-1	HJJ1-21a	HJJ1-21a	HJJ1-2a	HJJ1-5a
			2.5	HJJ1-5a	HJJ1-7a	HJJ1-11a	HJJ1-18a	HJJ1-9	HJJ1-17	HJJ1-1	HJJ1-2a	HJJ1-4a	HJJ1-6a	HJJ1-1	HJJ1-4	HJJ1-5a	HJJ1-6a	HJJ1-1	HJJ1-2	HJJ1-6a	HJJ1-21a	HJJ1-6a	HJJ1-7a
			4.0	HJJ3-5a	HJJ3-20a	HJJ3-7a	HJJ3-20a	HJJ3-15	HJJ3-29	HJJ3-1	HJJ3-2a	HJJ3-5a	HJJ3-14a	HJJ3-1	HJJ3-4	HJJ3-5a	HJJ3-14a	HJJ3-1	HJJ3-2	HJJ3-14a	HJJ3-28a	HJJ3-6a	HJJ3-20a
			5.5	HJJ3-6a	HJJ3-21a	HJJ3-19a	HJJ3-27a	HJJ3-16	HJJ3-31	HJJ3-1	HJJ3-8	HJJ3-6a	HJJ3-14a	HJJ3-2	HJJ3-5	HJJ3-5a	HJJ3-14a	HJJ3-1	HJJ3-4	HJJ3-20a	HJJ3-33a	HJJ3-14a	HJJ3-21a
	0.7		0.7	HJJ1-1	HJJ1-9a	HJJ1-24a	HJJ1-24a	HJJ1-17	HJJ1-24	HJJ1-1	HJJ1-1	HJJ1-1	HJJ1-2a	HJJ1-1	HJJ1-2	HJJ1-1	HJJ1-2a	HJJ1-1	HJJ1-1	HJJ1-21a	HJJ1-21a	HJJ1-3a	HJJ1-5a
			2.5	HJJ1-10a	HJJ1-24a	HJJ1-17	HJJ1-25	HJJ1-6	HJJ1-14	HJJ1-1	HJJ1-3	HJJ1-9a	HJJ1-17a	HJJ1-3	HJJ1-5	HJJ1-10a	HJJ1-17a	HJJ1-3	HJJ1-5	HJJ1-17a	HJJ1-31a	HJJ1-6a	HJJ1-14a
			4.0	HJJ3-11a	HJJ3-25a	HJJ3-24	HJJ3-34	HJJ3-6	HJJ3-21	HJJ3-2	HJJ3-3	HJJ3-11a	HJJ3-18a	HJJ3-3	HJJ3-6	HJJ3-11a	HJJ3-19a	HJJ3-3	HJJ3-5	HJJ3-19a	HJJ3-32a	HJJ3-14a	HJJ3-21a
			5.5	HJJ3-24	HJJ3-36	HJJ4-1	HJJ4-2	HJJ3-14	HJJ3-28	HJJ3-3	HJJ3-5	HJJ3-23	HJJ3-35	HJJ3-5	HJJ3-14	HJJ3-23a	HJJ3-34	HJJ3-4	HJJ3-7	HJJ6-3	HJJ6-6	HJJ3-25a	HJJ3-32a

活动管架基础选用表四 有地下水	图集号	01R414
审核 [签名] 校对 [签名] 设计 [签名]	页	19

布管型号		16		17		18		19		20		21		22		23		24		24	
管架间距(m)		10		12		10		8		8		10		12		8		10		10	
管座材料		聚四氟乙烯		聚四氟乙烯		聚四氟乙烯		钢板		钢板		聚四氟乙烯		聚四氟乙烯		钢板		钢板		聚四氟乙烯	
地基承载力(kPa)		120	80	120	80	120	80	120	80	120	80	120	80	120	80	120	80	120	80	120	80
基本风压 0.4 kN/m²	标志高度 0.7 (m)	HJJ1-1	HJJ1-1	HJJ1-1	HJJ1-4	HJJ1-1	HJJ1-2a	HJJ1-1	HJJ1-1	HJJ1-1	HJJ1-1	HJJ1-1	HJJ1-2a	HJJ1-29	HJJ1-29	HJJ1-1	HJJ1-1	HJJ1-1	HJJ1-5a	HJJ1-1	HJJ1-3
	2.5	HJJ1-1	HJJ1-8	HJJ1-3	HJJ1-17	HJJ1-3a	HJJ1-5a	HJJ1-1	HJJ1-1	HJJ1-1	HJJ1-3a	HJJ1-2a	HJJ1-10a	HJJ1-16	HJJ1-30	HJJ1-2a	HJJ1-4a	HJJ1-5a	HJJ1-7a	HJJ1-2	HJJ1-5
	4.0	HJJ3-1	HJJ3-15	HJJ3-3	HJJ3-12	HJJ3-3a	HJJ3-6a	HJJ3-1	HJJ3-8	HJJ3-1	HJJ3-3a	HJJ3-2a	HJJ3-12a	HJJ3-15	HJJ3-34	HJJ3-2a	HJJ3-4a	HJJ3-5a	HJJ3-20a	HJJ3-2	HJJ3-6
	5.5	HJJ3-2	HJJ3-11	HJJ3-4	HJJ3-20	HJJ3-3a	HJJ3-17a	HJJ3-1	HJJ3-3	HJJ3-1	HJJ3-9a	HJJ3-9a	HJJ3-23a	HJJ6-1	HJJ6-5	HJJ3-8	HJJ3-11a	HJJ3-6a	HJJ3-20a	HJJ3-3	HJJ3-7
0.7	0.7	HJJ1-1	HJJ1-3	HJJ1-3	HJJ1-6	HJJ1-1	HJJ1-3	HJJ1-1	HJJ1-1	HJJ1-1	HJJ1-1	HJJ1-1	HJJ1-4	HJJ1-29	HJJ1-29	HJJ1-1	HJJ1-2	HJJ1-1	HJJ1-15	HJJ1-1	HJJ1-4
	2.5	HJJ1-4	HJJ1-6	HJJ1-5	HJJ1-14	HJJ1-3	HJJ1-11	HJJ1-2	HJJ1-5	HJJ1-2	HJJ1-3	HJJ1-4	HJJ1-12	HJJ1-13	HJJ1-27	HJJ1-2	HJJ1-10	HJJ1-15	HJJ1-23a	HJJ1-4	HJJ1-7
	4.0	HJJ3-4	HJJ3-6	HJJ3-6	HJJ3-21	HJJ3-4	HJJ3-12	HJJ3-2	HJJ3-5	HJJ3-2	HJJ3-4	HJJ3-4	HJJ3-13	HJJ3-12	HJJ3-27	HJJ3-3	HJJ3-11	HJJ3-17a	HJJ3-25a	HJJ3-4	HJJ3-14
	5.5	HJJ3-5	HJJ3-20	HJJ3-14	HJJ3-28	HJJ3-6	HJJ3-20	HJJ3-4	HJJ3-6	HJJ3-3	HJJ3-6	HJJ3-6	HJJ3-21	HJJ7-2	HJJ7-6	HJJ3-4	HJJ3-13	HJJ6-1	HJJ6-4	HJJ3-6	HJJ3-20
布管型号		25		26		27		27		28		28		29		30		30		31	
管架间距(m)		8		12		8		8		10		10		10		8		8		10	
管座材料		钢板		聚四氟乙烯		钢板		聚四氟乙烯		钢板		聚四氟乙烯		聚四氟乙烯		钢板		聚四氟乙烯		聚四氟乙烯	
地基承载力(KPa)		120	80	120	80	120	80	120	80	120	80	120	80	120	80	120	80	120	80	120	80
基本风压 0.4 kN/m²	标志高度 0.7 (m)	HJJ1-1	HJJ1-1	HJJ1-32	HJJ1-33	HJJ1-1	HJJ1-4a	HJJ1-1	HJJ1-1	HJJ1-2a	HJJ1-6a	HJJ1-1	HJJ1-3	HJJ1-4	HJJ1-7	HJJ1-1	HJJ1-3a	HJJ1-1	HJJ1-1	HJJ2-10	HJJ2-10
	2.5	HJJ1-1	HJJ1-2	HJJ2-2	HJJ2-8	HJJ1-5a	HJJ1-7a	HJJ1-2a	HJJ1-9a	HJJ1-6a	HJJ1-14a	HJJ1-2	HJJ1-10	HJJ1-5	HJJ1-14	HJJ1-4a	HJJ1-6a	HJJ1-2a	HJJ1-4a	HJJ2-1	HJJ2-4
	4.0	HJJ3-1	HJJ3-3	HJJ3-7a	HJJ3-21a	HJJ3-6a	HJJ3-20a	HJJ3-2a	HJJ3-11a	HJJ3-6a	HJJ3-21a	HJJ3-2	HJJ3-11	HJJ3-5	HJJ3-25	HJJ3-5a	HJJ3-14a	HJJ3-2a	HJJ3-5a	HJJ3-6a	HJJ3-25a
	5.5	HJJ3-2	HJJ3-5	HJJ5-2a	HJJ5-5a	HJJ3-7a	HJJ3-20a	HJJ3-8	HJJ3-22	HJJ3-7a	HJJ3-28a	HJJ3-3	HJJ3-13	HJJ3-12	HJJ3-27	HJJ3-5a	HJJ3-20a	HJJ3-8	HJJ3-22	HJJ5-1a	HJJ5-6a
0.7	0.7	HJJ1-1	HJJ1-2	HJJ1-32	HJJ1-33	HJJ1-1	HJJ1-8	HJJ1-1	HJJ1-4	HJJ1-2a	HJJ1-10a	HJJ1-1	HJJ1-5	HJJ1-4	HJJ1-7	HJJ1-1	HJJ1-3	HJJ1-1	HJJ1-2a	HJJ2-10	HJJ2-10
	2.5	HJJ1-3	HJJ1-5	HJJ2-5	HJJ2-9	HJJ1-10a	HJJ1-24a	HJJ1-4	HJJ1-12	HJJ1-11a	HJJ1-25a	HJJ1-5	HJJ1-7	HJJ1-6	HJJ1-21	HJJ1-9a	HJJ1-17a	HJJ1-3	HJJ1-11	HJJ2-3	HJJ2-6
	4.0	HJJ3-4	HJJ3-6	HJJ3-23	HJJ3-35	HJJ3-12a	HJJ3-25a	HJJ3-5	HJJ3-13	HJJ3-13a	HJJ3-27a	HJJ3-5	HJJ3-14	HJJ3-13	HJJ3-20	HJJ3-11a	HJJ3-19a	HJJ3-3	HJJ3-12	HJJ3-11	HJJ3-26
	5.5	HJJ3-5	HJJ3-14	HJJ7-3	HJJ7-5	HJJ3-29	HJJ3-37	HJJ3-6	HJJ3-20	HJJ6-2a	HJJ6-5a	HJJ3-6	HJJ3-20	HJJ3-14	HJJ3-28	HJJ3-23	HJJ3-34	HJJ3-6	HJJ3-20	HJJ7-1	HJJ7-4

活动管架基础选用表五 有地下水	图集号	01R414
审核 [签名] 校对 [签名] 设计 [签名]	页	20

布管型号			32		33		34		35	
管架间距(m)			10		10		10		8	
管座材料			聚四氟乙烯		聚四氟乙烯		聚四氟乙烯		钢板	
地基承载力(kPa)			120	80	120	80	120	80	120	80
基本风压 $\frac{kN}{m^2}$	0.4	标志高度(m) 0.7	HJJ1-1	HJJ1-15	HJJ1-1	HJJ1-4	HJJ1-1	HJJ1-9	HJJ1-1	HJJ1-1
		2.5	HJJ1-3a	HJJ1-23a	HJJ1-8	HJJ1-22	HJJ1-2	HJJ1-22	HJJ1-2a	HJJ1-3a
		4.0	HJJ3-4a	HJJ3-19a	HJJ3-3a	HJJ3-25a	HJJ3-15	HJJ3-29	HJJ3-2a	HJJ3-5a
		5.5	HJJ3-16a	HJJ3-34	HJJ3-10	HJJ3-30	HJJ3-11	HJJ3-25	HJJ3-8	HJJ3-22
	0.7	0.7	HJJ1-3	HJJ1-6	HJJ1-3	HJJ1-6	HJJ1-2	HJJ1-6	HJJ1-1	HJJ1-3
		2.5	HJJ1-5	HJJ1-19	HJJ1-5	HJJ1-14	HJJ1-5	HJJ1-14	HJJ1-3	HJJ1-5
		4.0	HJJ3-6	HJJ3-20	HJJ3-5	HJJ3-20	HJJ3-6	HJJ3-20	HJJ3-3	HJJ3-6
		5.5	HJJ5-3	HJJ5-4	HJJ5-2	HJJ5-4	HJJ3-14	HJJ3-28	HJJ3-5	HJJ3-20

布管型号			
管架间距(m)			
管座材料			
地基承载力(KPa)			
基本风压 $\frac{kN}{m^2}$	0.4	标志高度(m) 0.7	
		2.5	
		4.0	
		5.5	
	0.7	0.7	
		2.5	
		4.0	
		5.5	

活动管架基础选用表六 有地下水	图集号	01R414
审核 [signature] 校对 王倩 [signature] 设计 [signature]	页	21

固定管架选用说明

1. 固定管架及基础的选型必须根据管架横梁长度,管道水平推力,管架标志高度等由工艺决定的参数以及所处地区的地基承载力标准值,地下水埋深等由选用表选取.

2. 影响固定管架推力的因素很多，管架按组合内力设计比较困难。因此按分档推力设计。选用者需根据管架所处位置、伸缩器类型等诸多因素进行预组合后按适当推力档次进行选用。

3. 管架横梁长度比照活动管架进行了合并。梁长600管架除了最小推力档次(5t)仍按梁长600T型管架设计外，其余梁长600、900管架合并为梁长1000。梁长1200、1500、1800合并设计为梁长1800。梁长2100，2400合并设计为梁长2400。固定管架梁长选用按上述原则。

4. 管架标志高度为设定±0.000至管架顶面的高度,考虑到地形起伏及管道敷设的坡度,从实际地面至管架顶的高度将有所调整。高度的调整一般由基础埋深来调整.

5. 固定管架基础设计考虑了地基承载力和地下水埋深两种情况,当地下水位在基底以下时,按无地下水情况选取,当地下水位在基底以上时,按有地下水考虑。设计时，实际地面到管架顶高度、基础埋深及最高地下水埋深之间存在一定的相关关系，也可根据高度、埋深、地下水埋深按以下关系图调整。

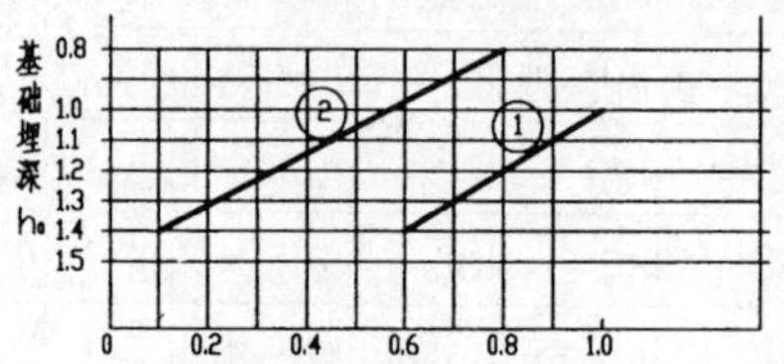

基础埋深与允许最高地下水埋深关系

① 无地下水

② 有地下水

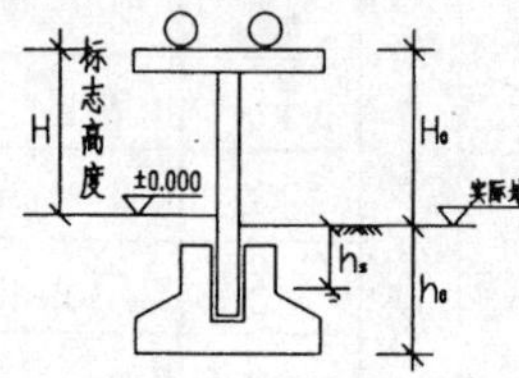

固定管架选用说明						图集号	01R414
审核	徐洪涛	校对	张永良	设计	黄福强	页	22

固 定 管 道 支 架 选 用 表

横梁长度(mm)	标志高度(m) \ 管道水平推力(kN)	5	10	20	30	50	80	130	190	250	340	430
600	0.7	GJ1-1-1										
	2.5	GJ1-2-1										
	4.0	GJ1-3-1										
	5.5	GJ1-4-1										
1000	0.7		GJ1-1-2	GJ1-1-3	GJ1-1-4	GJ1-1-5	GJ1-1-6					
	2.5		GJ1-2-2	GJ1-2-3	GJ1-2-4	GJ1-2-5	GJ1-2-6					
	4.0		GJ1-3-2	GJ1-3-3	GJ1-3-4	GJ1-3-5	GJ1-3-6					
	5.5		GJ1-4-2	GJ1-4-3	GJ1-4-4	GJ1-4-5	GJ1-4-6					
1800	0.7			GJ2-1-1	GJ2-1-2	GJ2-1-3	GJ2-1-4	GJ2-1-5	GJ2-1-6	GJ2-1-7	GJ2-1-8	
	2.5			GJ2-2-1	GJ2-2-2	GJ2-2-3	GJ2-2-4	GJ2-2-5	GJ2-2-6	GJ2-2-7	GJ2-2-8	
	4.0			GJ2-3-1	GJ2-3-2	GJ2-3-3	GJ2-3-4	GJ2-3-5	GJ2-3-6	GJ2-3-7	GJ2-3-8	
	5.5			GJ2-4-1	GJ2-4-2	GJ2-4-3	GJ2-4-4	GJ2-4-5	GJ2-4-6	GJ2-4-7	GJ2-4-8	
2400	0.7				GJ3-1-1	GJ3-1-2	GJ3-1-3	GJ3-1-4	GJ3-1-5	GJ3-1-6	GJ3-1-7	GJ3-1-8
	2.5				GJ3-2-1	GJ3-2-2	GJ3-2-3	GJ3-2-4	GJ3-2-5	GJ3-2-6	GJ3-2-7	GJ3-2-8
	4.0				GJ3-3-1	GJ3-3-2	GJ3-3-3	GJ3-3-4	GJ3-3-5	GJ3-3-6	GJ3-3-7	GJ3-3-8
	5.5				GJ3-4-1	GJ3-4-2	GJ3-4-3	GJ3-4-4	GJ3-4-5	GJ3-4-6	GJ3-4-7	GJ3-4-8

固定管架选用表						图集号	01R414
审核	[signature]	校对	[signature]	设计	[signature]	页	23

固 定 管 道 支 架 基 础 选 用 表

固定支架编号		GJ1-1-1	GJ1-1-2	GJ1-1-3	GJ1-1-4	GJ1-1-5	GJ1-1-6	GJ1-2-1	GJ1-2-2	GJ1-2-3	GJ1-2-4	GJ1-2-5
地基承载力(kpa) 80	地下水 无	GJJ1-1-2	GJJ1-1-11	GJJ1-1-16	GJJ1-2-20	GJJ1-1-29	GJJ1-1-34	GJJ1-1-4	GJJ1-1-15	GJJ1-1-23	GJJ1-1-29	GJJ1-1-36
80	有	GJJ1-1-3	GJJ1-1-13	GJJ1-1-19	GJJ1-1-23	GJJ1-1-31	GJJ1-1-37	GJJ1-1-5	GJJ1-1-17	GJJ1-1-25	GJJ1-2-32	GJJ1-1-38
120	无	GJJ1-1-1	GJJ1-1-10.	GJJ1-1-16	GJJ1-2-20	GJJ1-1-27	GJJ1-1-34	GJJ1-1-3	GJJ1-1-14	GJJ1-1-22	GJJ1-1-29	GJJ1-1-35
120	有	GJJ1-1-3	GJJ1-1-12	GJJ1-1-19	GJJ1-1-23	GJJ1-1-31	GJJ1-1-37	GJJ1-1-5	GJJ1-1-17	GJJ1-1-25	GJJ1-2-32	GJJ1-1-38
固定支架编号		GJ1-2-6	GJ1-3-1	GJ1-3-2	GJ1-3-3	GJ1-3-4	GJ1-3-5	GJ1-3-6	GJ1-4-1	GJ1-4-2	GJ1-4-3	GJ1-4-4
地基承载力(kpa) 80	地下水 无	GJJ1-1-45	GJJ1-1-7	GJJ1-2-17	GJJ1-1-26	GJJ1-1-33	GJJ1-1-43	GJJ1-1-47	GJJ1-2-8	GJJ1-1-20	GJJ1-2-30	GJJ1-1-40
80	有	GJJ1-1-46	GJJ1-1-8	GJJ1-1-19	GJJ1-1-30	GJJ1-1-36	GJJ1-1-45	GJJ1-1-50	GJJ1-1-9	GJJ1-1-21	GJJ1-1-32	GJJ1-1-41
120	无	GJJ1-1-45	GJJ1-1-6	GJJ1-1-16	GJJ1-1-24	GJJ1-1-32	GJJ1-1-42	GJJ1-2-46	GJJ1-2-7	GJJ1-1-18	GJJ1-1-28	GJJ1-1-39
120	有	GJJ1-1-46	GJJ1-1-8	GJJ1-1-19	GJJ1-1-30	GJJ1-1-36	GJJ1-1-45	GJJ1-1-50	GJJ1-1-9	GJJ1-1-20	GJJ1-1-32	GJJ1-1-41
固定支架编号		GJ1-4-5	GJ1-4-6	GJ2-1-1	GJ2-1-2	GJ2-1-3	GJ2-1-4	GJ2-1-5	GJ2-1-6	GJ2-1-7	GJ2-1-8	GJ2-2-1
地基承载力(kpa) 80	地下水 无	GJJ1-2-45	GJJ1-1-49	GJJ2-1-2	GJJ2-1-4	GJJ2-1-10	GJJ2-1-22	GJJ2-2-26	GJJ2A-1-1	GJJ2A-2-2	GJJ2A-1-4	GJJ2-1-6
80	有	GJJ1-2-46	GJJ1-1-51	GJJ2-1-3	GJJ2-1-7	GJJ2-1-14	GJJ2-1-23	GJJ2-1-29	GJJ2A-1-2	GJJ2A-1-3	GJJ2A-1-5	GJJ2-1-8
120	无	GJJ1-1-44	GJJ1-1-48	GJJ2-1-1	GJJ2-1-4	GJJ2-1-10	GJJ2-1-21	GJJ2-2-26	GJJ2A-1-1	GJJ2A-2-2	GJJ2A-1-4	GJJ2-1-5
120	有	GJJ1--2-46	GJJ1-1-51	GJJ2-1-3	GJJ2-1-7	GJJ2-1-14	GJJ2-1-23	GJJ2-1-29	GJJ2A-1-2	GJJ2A-1-3	GJJ2A-1-5	GJJ2-1-8
固定支架编号		GJ2-2-2	GJ2-2-3	GJ2-2-4	GJ2-2-5	GJ2-2-6	GJ2-2-7	GJ2-2-8	GJ2-3-1	GJ2-3-2	GJ2-3-3	GJ2-3-4
地基承载力(kpa) 80	地下水 无	GJJ2-1-12	GJJ2-2-19	GJJ2-1-27	GJJ2-1-33	GJJ2B-1-4	GJJ2B-1-6	GJJ2B-1-9	GJJ2-1-9	GJJ2-1-16	GJJ2-1-25	GJJ2-1-31
80	有	GJJ2-1-15	GJJ2-2-20	GJJ2-2-30	GJJ2-1-37	GJJ2B-1-3	GJJ2B-1-6	GJJ2B-1-9	GJJ2-1-12	GJJ2-1-18	GJJ2-1-27	GJJ2-1-35
120	无	GJJ2-2-11	GJJ2-1-18	GJJ2-1-27	GJJ2-1-33	GJJ2B-1-1	GJJ2B-1-2	GJJ2B-1-4	GJJ2-2-8	GJJ2-2-14	GJJ2-1-24	GJJ2-1-30
120	有	GJJ2-1-15	GJJ2-2-20	GJJ2-2-30	GJJ2-1-37	GJJ2B-1-1	GJJ2B-1-2	GJJ2B-1-4	GJJ2-1-12	GJJ2-1-18	GJJ2-1-27	GJJ2-1-35

附注：

1. 表中地基承载力为标准值

固定管架基础选用表一		图集号	01R414
审核 徐鸿琮	校对 张永良 设计 黄红薇	页	24

固定管道支架基础选用表

固定支架编号				GJ2-3-5	GJ2-3-6	GJ2-3-7	GJ2-3-8	GJ2-4-1	GJ2-4-2	GJ2-4-3	GJ2-4-4	GJ2-4-5	GJ2-4-6	GJ2-4-7
地基承载力(kpa)	80	地下水	无	GJJ2-1-38	GJJ2B-1-5	GJJ2B-1-7	GJJ2B-1-10	GJJ2-1-13	GJJ2-1-19	GJJ2-1-28	GJJ2-1-34	GJJ2B-3-3	GJJ2B-2-6	GJJ2B-1-8
			有	GJJ2-1-39	GJJ2B-1-5	GJJ2B-1-7	GJJ2B-1-10	GJJ2-1-16	GJJ2-1-20	GJJ2-1-30	GJJ2-1-36	GJJ2B-3-3	GJJ2B-2-6	GJJ2B-1-8
	120		无	GJJ2-2-37	GJJ2B-2-2	GJJ2B-2-3	GJJ2B-1-5	GJJ2-1-11	GJJ2-1-17	GJJ2-1-26	GJJ2-1-32	GJJ2B-2-1	GJJ2B-3-2	GJJ2B-3-3
			有	GJJ2-1-39	GJJ2B-2-2	GJJ2B-2-3	GJJ2B-1-5	GJJ2-1-16	GJJ2-1-20	GJJ2-1-30	GJJ2-1-36	GJJ2B-2-1	GJJ2B-3-2	GJJ2B-3-3
固定支架编号				GJ2-4-8	GJ3-1-1	GJ3-1-2	GJ3-1-3	GJ3-1-4	GJ3-1-5	GJ3-1-6	GJ3-1-7	GJ3-1-8	GJ3-2-1	GJ3-2-2
地基承载力(kpa)	80	地下水	无	GJJ2B-1-11	GJJ3-1-1	GJJ3-1-3	GJJ3-2-7	GJJ3-1-12	GJJ3A-1-1	GJJ3A-2-2	GJJ3A-1-4	GJJ3A-1-5	GJJ3-1-4	GJJ3-1-8
			有	GJJ2B-2-10	GJJ3-1-2	GJJ3-1-5	GJJ3-2-10	GJJ3-1-14	GJJ3A-1-2	GJJ3A-1-3	GJJ3A-1-5	GJJ3A-1-6	GJJ3-1-5	GJJ3-1-11
	120		无	GJJ2B-2-6	GJJ3-1-1	GJJ3-1-3	GJJ3-2-7	GJJ3-1-12	GJJ3A-1-1	GJJ3A-2-2	GJJ3A-1-4	GJJ3A-1-5	GJJ3-1-4	GJJ3-1-8
			有	GJJ2B-2-6	GJJ3-1-2	GJJ3-1-5	GJJ3-2-10	GJJ3-1-14	GJJ3A-1-2	GJJ3A-1-3	GJJ3A-1-5	GJJ3A-1-6	GJJ3-1-5	GJJ3-1-11
固定支架编号				GJ3-2-3	GJ3-2-4	GJ3-2-5	GJ3-2-6	GJ3-2-7	GJ3-2-8	GJ3-3-1	GJ3-3-2	GJ3-3-3	GJ3-3-4	GJ3-3-5
地基承载力(kpa)	80	地下水	无	GJJ3-1-13	GJJ3-1-19	GJJ3B-1-4	GJJ3B-1-6	GJJ3B-1-9	GJJ3B-1-12	GJJ3-1-6	GJJ3-2-11	GJJ3-1-16	GJJ3-1-22	GJJ3B-1-5
			有	GJJ3-1-15	GJJ3-1-20	GJJ3B-1-3	GJJ3B-1-6	GJJ3B-1-9	GJJ3B-2-11	GJJ3-1-8	GJJ3-1-13	GJJ3-1-17	GJJ3-1-23	GJJ3B-1-5
	120		无	GJJ3-1-13	GJJ3-1-18	GJJ3B-1-1	GJJ3B-1-2	GJJ3B-1-4	GJJ3B-3-6	GJJ3-2-5	GJJ3-2-11	GJJ3-2-15	GJJ3-1-21	GJJ3B-2-2
			有	GJJ3-1-15	GJJ3-1-20	GJJ3B-1-1	GJJ3B-1-2	GJJ3B-1-4	GJJ3B-3-6	GJJ3-1-8	GJJ3-1-13	GJJ3-1-17	GJJ3-1-23	GJJ3B-2-2
固定支架编号				GJ3-3-6	GJ3-3-7	GJ3-3-8	GJ3-4-1	GJ3-4-2	GJ3-4-3	GJ3-4-4	GJ3-4-5	GJ3-4-6	GJ3-4-7	GJ3-4-8
地基承载力(kpa)	80	地下水	无	GJJ3B-1-7	GJJ3B-1-10	GJJ3B-1-13	GJJ3-1-9	GJJ3-2-13	GJJ3-2-19	GJJ3B-3-3	GJJ3B-2-6	GJJ3B-1-8	GJJ3B-1-11	GJJ3B-1-14
			有	GJJ3B-1-7	GJJ3B-1-10	GJJ3B-1-13	GJJ3-1-10	GJJ3-2-15	GJJ3-2-20	GJJ3B-3-3	GJJ3B-2-6	GJJ3B-1-8	GJJ3B-2-10	GJJ3B-1-14
	120		无	GJJ3B-2-3	GJJ3B-1-5	GJJ3B-4-6	GJJ3-1-7	GJJ3-2-12	GJJ3-2-18	GJJ3B-2-1	GJJ3B-3-2	GJJ3B-3-3	GJJ3B-2-6	GJJ3B-2-8
			有	GJJ3B-2-3	GJJ3B-1-5	GJJ3B-4-6	GJJ3-1-10	GJJ3-2-15	GJJ3-2-20	GJJ3B-2-1	GJJ3B-3-2	GJJ3B-3-3	GJJ3B-2-6	GJJ3B-2-8

附注：

1. 表中地基承载力为标准值

固定管架基础选用表二			图集号	01R414
审核 [签名]	校对 张永良	设计 [签名]	页	25

钢管管架选用说明.

1.钢管管架及基础的选型必须根据管架所布管径,管架高度以及所处地区的基本风压值,地基承载力标准值,地下水埋深等由选用表选取.

2.当管架上布置有DN=200 蒸汽管时管座材料应用聚四氟乙烯板,在个体设计中应予说明.

3.管架高度为所在地面至管架顶面的高度,考虑到地形起伏及管道坡度等的高度调整宜由管架本身调整,个体设计中应注明各管架高度.

4.钢管管架基础设计考虑了两种地基承载力和地下水埋深情况.基础埋深按1.0m考虑,当地下水位在基底以下时,按无地下水情况选取,当地下水位在基底以上,但不小于0.5米时,按有地下水情况选取;当地下水埋深小于0.5米时,可增加埋深解决.此时选用者应修改基础图(增加基础短柱长度),并且基础选型时的管架高度应取基底到管顶的高度减1.0取用.

5.受双向推力的钢管管架基础应按下述原则修改:

5.1 当所选管架基础沿管道方向基底尺寸较小时,可直接使用,无须修改.

5.2 当所选管架基础沿管道方向基底尺寸较大时,则将横向基底尺寸加大至与管道方向相同,基底钢筋相应改动.

支架受力表及安装尺寸表

			(1)	(2)	(3)	(4)	(5)	(6)	(7)	(8)	(9)	(10)	(11)	(12)
布管类型			(1)	(2)	(3)	(4)	(5)	(6)	(7)	(8)	(9)	(10)	(11)	(12)
DN (mm)			<80	100~125	150~200	32	40	50	65	80	100	125	150	200
输送介质			Z	Z	Z	R	R	R	R	R	R	R	R	R
保温层外径 (mm)			230	300	400	120	150	160	175	190	230	255	280	360
支架受力表(kN)	垂直荷载		1.3	2.6	7.2	0.46	0.6	0.8	1.3	1.7	2.5	3.4	5	12.8
	轴向力	活动支架	0.4	0.78	1.0	0.14	0.18	0.2	0.4	0.5	0.7	1.0	1.5	1.3
		中间固定支架	0.8	1.6	4.0	0.3	0.4	0.5	0.8	1.0	1.4	1.8	2.5	4.4
		尽端固定支架	2.7	5.5	13.3	1.1	1.4	1.8	2.6	3.2	4.7	6.0	8.3	14.5
	横向力	尽端固定支架	0.24	0.5	2.0	0.1	0.11	0.15	0.2	0.26	0.37	0.51	0.8	1.2
安装尺寸表	B (mm)		300	500			700					900		
	单双管		单管			双管								
	a (mm)		--	--	--	320	330	350	370	390	420	450	510	580
	b (mm)		--	--	--	90	185	175	165	155	140	225	180	160
	支架间距(m)		8	10	12	5	5	8	7.6	7.7	8.5	9	10	12

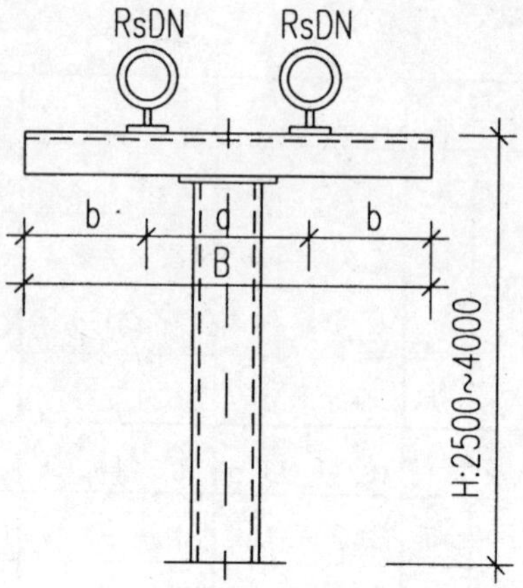

双管

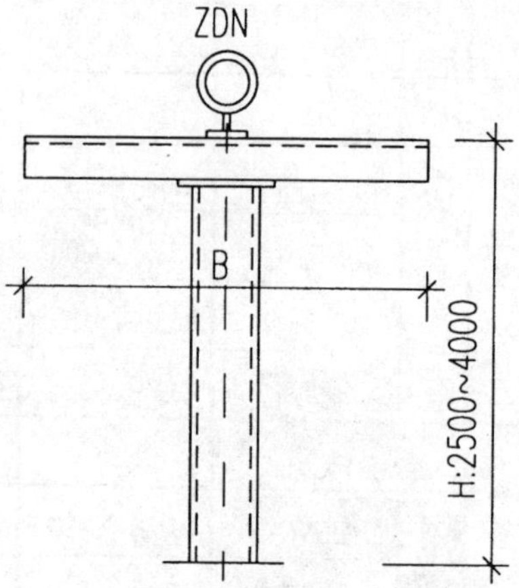

单管

钢管管架选用说明	图集号	01R414
审核 校对 设计	页	26

管架种类	风荷载 (kN/m²)	管架高度 H	钢管管架布管类型 (1)	(2)	(3)	(4)	(5)	(6)	(7)	(8)	(9)	(10)	(11)	(12)
滑动管架	0.4	H≤2500	GGJ 1-1	GGJ 2-1	GGJ 2-3	GGJ 2-1	GGJ 3-1	GGJ 3-1	GGJ 3-1	GGJ 3-2	GGJ 3-5	GGJ 4-1	GGJ 4-9	GGJ 4-21
		2500<H≤3000	GGJ 1-2	GGJ 2-2	GGJ 2-4	GGJ 2-2	GGJ 3-3	GGJ 3-3	GGJ 3-3	GGJ 3-3	GGJ 3-6	GGJ 4-2	GGJ 4-11	GGJ 4-22
		3000<H≤3500	GGJ 1-3	GGJ 2-4	GGJ 2-5	GGJ 2-4	GGJ 3-5	GGJ 3-5	GGJ 3-5	GGJ 3-5	GGJ 3-7	GGJ 4-3	GGJ 4-12	GGJ 4-23
		3500<H≤4000	GGJ 1-4	GGJ 2-7	GGJ 2-7	GGJ 2-7	GGJ 3-8	GGJ 3-8	GGJ 3-8	GGJ 3-8	GGJ 3-8	GGJ 4-4	GGJ 4-13	GGJ 4-25
	0.7	H≤2500	GGJ 1-1	GGJ 2-3	GGJ 2-6	GGJ 2-1	GGJ 3-1	GGJ 3-1	GGJ 3-2	GGJ 3-3	GGJ 3-5	GGJ 4-1	GGJ 4-10	GGJ 4-21
		2500<H≤3000	GGJ 1-2	GGJ 2-4	GGJ 2-8	GGJ 2-2	GGJ 3-3	GGJ 3-3	GGJ 3-3	GGJ 3-4	GGJ 3-6	GGJ 4-3	GGJ 4-11	GGJ 4-23
		3000<H≤3500	GGJ 1-3	GGJ 2-5	GGJ 2-8	GGJ 2-4	GGJ 3-5	GGJ 3-5	GGJ 3-5	GGJ 3-5	GGJ 3-8	GGJ 4-4	GGJ 4-12	GGJ 4-24
		3500<H≤4000	GGJ 1-4	GGJ 2-7	GGJ 2-9	GGJ 2-7	GGJ 3-8	GGJ 3-8	GGJ 3-8	GGJ 3-8	GGJ 3-9	GGJ 4-5	GGJ 4-14	GGJ 4-26
中间固定管架	0.4	H≤2500	GGJ 1-1	GGJ 2-4	GGJ 2-10	GGJ 2-1	GGJ 3-1	GGJ 3-2	GGJ 3-5	GGJ 3-7	GGJ 3-9	GGJ 4-5	GGJ 4-13	GGJ 4-27
		2500<H≤3000	GGJ 1-2	GGJ 2-5	GGJ 2-11	GGJ 2-2	GGJ 3-3	GGJ 3-3	GGJ 3-6	GGJ 3-8	GGJ 3-10	GGJ 4-6	GGJ 4-15	GGJ 4-28
		3000<H≤3500	GGJ 1-3	GGJ 2-7	GGJ 2-12	GGJ 2-4	GGJ 3-5	GGJ 3-5	GGJ 3-8	GGJ 3-9	GGJ 3-12	GGJ 4-7	GGJ 4-16	GGJ 4-29
		3500<H≤4000	GGJ 1-4	GGJ 2-8	GGJ 2-13	GGJ 2-7	GGJ 3-8	GGJ 3-8	GGJ 3-9	GGJ 3-10	GGJ 3-13	GGJ 4-8	GGJ 4-17	GGJ 4-30
	0.7	H≤2500	GGJ 1-1	GGJ 2-4	GGJ 2-10	GGJ 2-1	GGJ 3-1	GGJ 3-2	GGJ 3-5	GGJ 3-7	GGJ 3-9	GGJ 4-5	GGJ 4-14	GGJ 4-27
		2500<H≤3000	GGJ 1-2	GGJ 2-6	GGJ 2-11	GGJ 2-2	GGJ 3-3	GGJ 3-3	GGJ 3-7	GGJ 3-8	GGJ 3-10	GGJ 4-6	GGJ 4-15	GGJ 4-28
		3000<H≤3500	GGJ 1-3	GGJ 2-7	GGJ 2-12	GGJ 2-4	GGJ 3-5	GGJ 3-5	GGJ 3-8	GGJ 3-9	GGJ 3-12	GGJ 4-7	GGJ 4-16	GGJ 4-29
		3500<H≤4000	GGJ 1-4	GGJ 2-8	GGJ 2-13	GGJ 2-7	GGJ 3-8	GGJ 3-8	GGJ 3-9	GGJ 3-10	GGJ 3-13	GGJ 4-8	GGJ 4-17	GGJ 4-30
尽端固定管架	0.4	H≤2500	GGJ 1-5	GGJ 2-12	GGJ 2-16	GGJ 2-6	GGJ 3-9	GGJ 3-11	GGJ 3-14	GGJ 3-16	GGJ 3-19	GGJ 4-18	GGJ 4-20	GGJ 4-33
		2500<H≤3000	GGJ 1-6	GGJ 2-13	GGJ 2-17	GGJ 2-8	GGJ 3-10	GGJ 3-13	GGJ 3-16	GGJ 3-17	GGJ 3-21	GGJ 4-19	GGJ 4-20	GGJ 4-34
		3000<H≤3500	GGJ 1-7	GGJ 2-14	GGJ 2-18	GGJ 2-9	GGJ 3-12	GGJ 3-14	GGJ 3-17	GGJ 3-18	GGJ 3-22	GGJ 4-20	GGJ 4-31	GGJ 4-35
		3500<H≤4000	GGJ 1-8	GGJ 2-15	GGJ 2-19	GGJ 2-10	GGJ 3-13	GGJ 3-15	GGJ 3-17	GGJ 3-20	GGJ 3-23	GGJ 4-20	GGJ 4-32	GGJ 4-36
	0.7	H≤2500	GGJ 1-5	GGJ 2-12	GGJ 2-16	GGJ 2-6	GGJ 3-9	GGJ 3-11	GGJ 3-14	GGJ 3-16	GGJ 3-19	GGJ 4-18	GGJ 4-20	GGJ 4-33
		2500<H≤3000	GGJ 1-6	GGJ 2-13	GGJ 2-17	GGJ 2-8	GGJ 3-10	GGJ 3-13	GGJ 3-16	GGJ 3-17	GGJ 3-21	GGJ 4-19	GGJ 4-20	GGJ 4-34
		3000<H≤3500	GGJ 1-7	GGJ 2-14	GGJ 2-18	GGJ 2-9	GGJ 3-12	GGJ 3-14	GGJ 3-17	GGJ 3-18	GGJ 3-22	GGJ 4-20	GGJ 4-31	GGJ 4-35
		3500<H≤4000	GGJ 1-8	GGJ 2-15	GGJ 2-19	GGJ 2-10	GGJ 3-13	GGJ 3-15	GGJ 3-17	GGJ 3-20	GGJ 3-23	GGJ 4-20	GGJ 4-32	GGJ 4-36

钢管管架选用表		图集号	01R414
审核 校对 设计		页	27

管架种类	风荷载 (kN/m²)	管架高度 H	钢管管架基础类型 (1)	(2)	(3)	(4)	(5)	(6)	(7)	(8)	(9)	(10)	(11)	(12)
滑动管架	0.4	H≤2500	GGJJ1-10	GGJJ1-36	GGJJ1-31	GGJJ1-1	GGJJ1-8	GGJJ1-15	GGJJ1-42	GGJJ1-62	GGJJ1-69	GGJJ2-36	GGJJ2-51	GGJJ2-42
		2500<H≤3000	GGJJ1-14	GGJJ1-45	GGJJ1-39	GGJJ1-13	GGJJ1-13	GGJJ1-16	GGJJ1-48	GGJJ1-62	GGJJ2-32	GGJJ2-43	GGJJ3-10	GGJJ2-47
		3000<H≤3500	GGJJ1-22	GGJJ1-50	GGJJ2-12	GGJJ1-22	GGJJ1-22	GGJJ1-24	GGJJ1-49	GGJJ1-63	GGJJ2-36	GGJJ2-48	GGJJ3-12	GGJJ3-5
		3500<H≤4000	GGJJ2-3	GGJJ2-15	GGJJ2-16	GGJJ2-3	GGJJ2-3	GGJJ2-3	GGJJ2-14	GGJJ2-24	GGJJ2-37	GGJJ2-54	GGJJ3-15	GGJJ3-9
	0.7	H≤2500	GGJJ1-6	GGJJ1-21	GGJJ2-1	GGJJ1-4	GGJJ1-3	GGJJ1-7	GGJJ1-30	GGJJ1-45	GGJJ1-67	GGJJ2-33	GGJJ2-52	GGJJ2-29
		2500<H≤3000	GGJJ1-18	GGJJ1-28	GGJJ2-8	GGJJ1-15	GGJJ1-14	GGJJ1-19	GGJJ1-38	GGJJ1-51	GGJJ2-30	GGJJ2-44	GGJJ3-12	GGJJ3-1
		3000<H≤3500	GGJJ1-26	GGJJ2-1	GGJJ2-9	GGJJ1-23	GGJJ1-22	GGJJ1-26	GGJJ1-46	GGJJ1-61	GGJJ2-33	GGJJ2-49	GGJJ3-14	GGJJ3-2
		3500<H≤4000	GGJJ2-5	GGJJ2-7	GGJJ2-13	GGJJ2-3	GGJJ2-3	GGJJ2-6	GGJJ2-11	GGJJ2-25	GGJJ2-39	GGJJ3-7	GGJJ4-1	GGJJ3-3
中间固定管架	0.4	H≤2500	GGJJ1-55	GGJJ1-72	GGJJ3-15	GGJJ1-33	GGJJ1-54	GGJJ1-62	GGJJ1-72	GGJJ2-42	GGJJ2-52	GGJJ3-13	GGJJ3-19	GGJJ4-10
		2500<H≤3000	GGJJ1-56	GGJJ2-42	GGJJ3-18	GGJJ1-34	GGJJ1-48	GGJJ1-65	GGJJ2-36	GGJJ2-47	GGJJ2-58	GGJJ3-15	GGJJ4-5	GGJJ5-1
		3000<H≤3500	GGJJ1-57	GGJJ2-47	GGJJ4-5	GGJJ1-35	GGJJ1-57	GGJJ1-70	GGJJ2-43	GGJJ2-52	GGJJ3-14	GGJJ4-2	GGJJ4-8	GGJJ5-3
		3500<H≤4000	GGJJ2-20	GGJJ2-51	GGJJ4-7	GGJJ2-3	GGJJ2-20	GGJJ2-26	GGJJ2-48	GGJJ2-54	GGJJ3-15	GGJJ4-5	GGJJ4-10	GGJJ5-6
	0.7	H≤2500	GGJJ1-37	GGJJ1-71	GGJJ3-15	GGJJ1-34	GGJJ1-55	GGJJ1-58	GGJJ1-75	GGJJ2-43	GGJJ2-54	GGJJ3-14	GGJJ4-3	GGJJ4-10
		2500<H≤3000	GGJJ1-51	GGJJ2-34	GGJJ3-19	GGJJ1-43	GGJJ1-56	GGJJ1-63	GGJJ2-42	GGJJ2-47	GGJJ2-58	GGJJ3-18	GGJJ4-6	GGJJ5-2
		3000<H≤3500	GGJJ1-51	GGJJ2-40	GGJJ4-5	GGJJ1-44	GGJJ1-57	GGJJ1-67	GGJJ2-47	GGJJ2-54	GGJJ3-14	GGJJ4-4	GGJJ4-8	GGJJ5-4
		3500<H≤4000	GGJJ2-21	GGJJ2-46	GGJJ4-8	GGJJ2-10	GGJJ2-20	GGJJ2-27	GGJJ2-52	GGJJ2-58	GGJJ3-18	GGJJ4-5	GGJJ4-11	GGJJ5-7
尽端固定管架	0.4	H≤2500	GGJJ2-55	GGJJ4-8	GGJJ5-16	GGJJ2-51	GGJJ2-58	GGJJ3-15	GGJJ4-7	GGJJ4-11	GGJJ4-21	GGJJ5-12	GGJJ6-3	GGJJ6-18
		2500<H≤3000	GGJJ2-59	GGJJ4-11	GGJJ5-20	GGJJ2-54	GGJJ2-60	GGJJ3-19	GGJJ4-10	GGJJ4-14	GGJJ5-10	GGJJ5-16	GGJJ6-7	GGJJ7-1
		3000<H≤3500	GGJJ3-15	GGJJ4-13	GGJJ6-6	GGJJ2-58	GGJJ3-15	GGJJ4-5	GGJJ4-12	GGJJ4-17	GGJJ5-13	GGJJ6-1	GGJJ6-12	GGJJ7-5
		3500<H≤4000	GGJJ3-18	GGJJ4-17	GGJJ6-9	GGJJ3-14	GGJJ3-19	GGJJ4-7	GGJJ4-16	GGJJ5-6	GGJJ5-16	GGJJ6-5	GGJJ6-15	GGJJ7-8
	0.7	H≤2500	GGJJ2-58	GGJJ4-9	GGJJ5-17	GGJJ2-53	GGJJ2-58	GGJJ3-18	GGJJ4-7	GGJJ4-11	GGJJ4-21	GGJJ5-12	GGJJ6-3	GGJJ6-18
		2500<H≤3000	GGJJ2-60	GGJJ4-12	GGJJ5-20	GGJJ2-54	GGJJ2-60	GGJJ3-19	GGJJ4-10	GGJJ4-15	GGJJ5-10	GGJJ5-17	GGJJ6-7	GGJJ7-2
		3000<H≤3500	GGJJ3-15	GGJJ4-15	GGJJ6-6	GGJJ2-58	GGJJ3-15	GGJJ4-5	GGJJ4-13	GGJJ4-18	GGJJ5-13	GGJJ6-2	GGJJ6-12	GGJJ7-5
		3500<H≤4000	GGJJ3-19	GGJJ4-17	GGJJ6-10	GGJJ3-14	GGJJ3-19	GGJJ4-8	GGJJ4-16	GGJJ5-7	GGJJ5-16	GGJJ6-5	GGJJ6-15	GGJJ7-8

钢管管架基础选用表一 $f_k=120kP_a$ 无地下水	图集号	01R414
审核 校对 设计	页	28

管架种类	风荷载 (kN/m²)	管架高度 H	钢管管架基础类型											
			(1)	(2)	(3)	(4)	(5)	(6)	(7)	(8)	(9)	(10)	(11)	(12)
滑动管架	0.4	H≤2500	GGJJ1-14	GGJJ1-45	GGJJ1-47	GGJJ1-2	GGJJ1-9	GGJJ1-16	GGJJ1-49	GGJJ1-65	GGJJ1-73	GGJJ2-47	GGJJ2-58	GGJJ2-58
		2500<H≤3000	GGJJ1-15	GGJJ1-51	GGJJ1-53	GGJJ1-13	GGJJ1-13	GGJJ1-25	GGJJ1-57	GGJJ1-70	GGJJ2-36	GGJJ2-52	GGJJ3-14	GGJJ2-59
		3000<H≤3500	GGJJ1-23	GGJJ1-60	GGJJ2-22	GGJJ1-22	GGJJ1-22	GGJJ1-25	GGJJ1-63	GGJJ1-72	GGJJ2-43	GGJJ2-54	GGJJ3-15	GGJJ3-15
		3500<H≤4000	GGJJ2-3	GGJJ2-21	GGJJ2-22	GGJJ2-3	GGJJ2-3	GGJJ2-4	GGJJ2-24	GGJJ2-30	GGJJ2-48	GGJJ2-58	GGJJ3-19	GGJJ3-18
	0.7	H≤2500	GGJJ1-12	GGJJ1-28	GGJJ2-9	GGJJ1-5	GGJJ1-11	GGJJ1-20	GGJJ1-38	GGJJ1-60	GGJJ1-74	GGJJ2-45	GGJJ2-60	GGJJ2-41
		2500<H≤3000	GGJJ1-19	GGJJ1-32	GGJJ2-13	GGJJ1-15	GGJJ1-15	GGJJ1-20	GGJJ1-46	GGJJ1-61	GGJJ2-38	GGJJ2-50	GGJJ3-17	GGJJ3-8
		3000<H≤3500	GGJJ1-26	GGJJ2-2	GGJJ2-19	GGJJ1-23	GGJJ1-23	GGJJ1-27	GGJJ1-47	GGJJ1-64	GGJJ2-44	GGJJ2-56	GGJJ3-19	GGJJ3-11
		3500<H≤4000	GGJJ2-6	GGJJ2-9	GGJJ2-19	GGJJ2-3	GGJJ2-3	GGJJ2-6	GGJJ2-16	GGJJ2-28	GGJJ2-49	GGJJ3-18	GGJJ4-5	GGJJ3-11
中间固定管架	0.4	H≤2500	GGJJ1-55	GGJJ1-75	GGJJ3-18	GGJJ1-41	GGJJ1-55	GGJJ1-65	GGJJ1-75	GGJJ2-47	GGJJ2-54	GGJJ3-15	GGJJ3-21	GGJJ4-16
		2500<H≤3000	GGJJ1-62	GGJJ2-47	GGJJ3-20	GGJJ1-42	GGJJ1-56	GGJJ1-70	GGJJ2-43	GGJJ2-52	GGJJ2-59	GGJJ3-18	GGJJ4-7	GGJJ5-5
		3000<H≤3500	GGJJ1-63	GGJJ2-51	GGJJ4-7	GGJJ1-43	GGJJ1-63	GGJJ1-73	GGJJ2-47	GGJJ2-54	GGJJ3-15	GGJJ4-5	GGJJ4-10	GGJJ5-8
		3500<H≤4000	GGJJ2-24	GGJJ2-54	GGJJ4-9	GGJJ2-10	GGJJ2-20	GGJJ2-30	GGJJ2-52	GGJJ2-58	GGJJ3-18	GGJJ4-7	GGJJ4-12	GGJJ5-10
	0.7	H≤2500	GGJJ1-45	GGJJ1-74	GGJJ3-20	GGJJ1-35	GGJJ1-62	GGJJ1-59	GGJJ1-76	GGJJ2-47	GGJJ2-58	GGJJ3-18	GGJJ4-7	GGJJ4-17
		2500<H≤3000	GGJJ1-51	GGJJ2-40	GGJJ3-21	GGJJ1-43	GGJJ1-62	GGJJ1-67	GGJJ2-47	GGJJ2-54	GGJJ2-60	GGJJ3-20	GGJJ4-9	GGJJ5-7
		3000<H≤3500	GGJJ1-61	GGJJ2-46	GGJJ4-9	GGJJ1-50	GGJJ1-63	GGJJ1-68	GGJJ2-52	GGJJ2-58	GGJJ3-18	GGJJ4-6	GGJJ4-11	GGJJ5-10
		3500<H≤4000	GGJJ2-25	GGJJ2-50	GGJJ4-11	GGJJ2-14	GGJJ2-24	GGJJ2-31	GGJJ2-54	GGJJ2-59	GGJJ3-19	GGJJ4-8	GGJJ4-13	GGJJ5-12
尽端固定管架	0.4	H≤2500	GGJJ2-58	GGJJ4-10	GGJJ5-18	GGJJ2-52	GGJJ2-58	GGJJ3-18	GGJJ4-8	GGJJ4-12	GGJJ4-21	GGJJ5-13	GGJJ6-4	GGJJ6-19
		2500<H≤3000	GGJJ2-60	GGJJ4-12	GGJJ5-21	GGJJ2-54	GGJJ2-60	GGJJ3-20	GGJJ4-10	GGJJ4-16	GGJJ5-10	GGJJ5-17	GGJJ6-9	GGJJ7-3
		3000<H≤3500	GGJJ3-17	GGJJ4-16	GGJJ6-7	GGJJ2-58	GGJJ3-18	GGJJ4-6	GGJJ4-13	GGJJ4-18	GGJJ5-13	GGJJ6-3	GGJJ6-13	GGJJ7-6
		3500<H≤4000	GGJJ3-19	GGJJ4-18	GGJJ6-11	GGJJ3-14	GGJJ3-19	GGJJ4-8	GGJJ4-16	GGJJ5-7	GGJJ5-17	GGJJ6-6	GGJJ6-17	GGJJ7-9
	0.7	H≤2500	GGJJ2-58	GGJJ4-10	GGJJ5-19	GGJJ2-52	GGJJ2-58	GGJJ3-18	GGJJ4-8	GGJJ4-12	GGJJ4-21	GGJJ5-14	GGJJ6-5	GGJJ6-19
		2500<H≤3000	GGJJ2-62	GGJJ4-13	GGJJ5-21	GGJJ2-58	GGJJ2-62	GGJJ3-20	GGJJ4-11	GGJJ4-16	GGJJ5-11	GGJJ5-18	GGJJ6-10	GGJJ7-4
		3000<H≤3500	GGJJ3-18	GGJJ4-16	GGJJ6-8	GGJJ2-59	GGJJ3-18	GGJJ4-7	GGJJ4-13	GGJJ4-19	GGJJ5-15	GGJJ6-3	GGJJ6-14	GGJJ7-7
		3500<H≤4000	GGJJ3-20	GGJJ4-19	GGJJ6-12	GGJJ3-15	GGJJ3-19	GGJJ4-8	GGJJ4-17	GGJJ5-7	GGJJ5-17	GGJJ6-6	GGJJ6-17	GGJJ7-9

钢管管架基础选用表二 $f_k=80kPa$ 无地下水	图集号	01R414
审核 校对 设计	页	29

管架种类	风荷载 (kN/m²)	管架高度 H	钢管管架基础类型 (1)	(2)	(3)	(4)	(5)	(6)	(7)	(8)	(9)	(10)	(11)	(12)
滑动管架	0.4	H≤2500	GGJJ1-15	GGJJ1-50	GGJJ1-39	GGJJ1-3	GGJJ1-13	GGJJ1-24	GGJJ1-57	GGJJ1-69	GGJJ1-75	GGJJ2-52	GGJJ2-60	GGJJ2-42
		2500<H≤3000	GGJJ1-24	GGJJ1-60	GGJJ1-47	GGJJ1-14	GGJJ1-22	GGJJ1-25	GGJJ1-63	GGJJ1-72	GGJJ2-47	GGJJ2-54	GGJJ3-18	GGJJ2-47
		3000<H≤3500	GGJJ1-30	GGJJ1-61	GGJJ2-17	GGJJ1-22	GGJJ1-29	GGJJ1-31	GGJJ1-66	GGJJ1-75	GGJJ2-52	GGJJ2-59	GGJJ3-20	GGJJ3-6
		3500<H≤4000	GGJJ2-3	GGJJ2-25	GGJJ2-22	GGJJ2-3	GGJJ2-3	GGJJ2-6	GGJJ2-26	GGJJ2-33	GGJJ2-54	GGJJ2-62	GGJJ3-21	GGJJ3-10
	0.7	H≤2500	GGJJ1-20	GGJJ1-32	GGJJ2-13	GGJJ1-6	GGJJ1-12	GGJJ1-21	GGJJ1-39	GGJJ1-61	GGJJ1-74	GGJJ2-45	GGJJ2-60	GGJJ2-35
		2500<H≤3000	GGJJ1-21	GGJJ1-40	GGJJ2-18	GGJJ1-17	GGJJ1-16	GGJJ1-21	GGJJ1-47	GGJJ1-64	GGJJ2-39	GGJJ2-56	GGJJ3-18	GGJJ3-2
		3000<H≤3500	GGJJ1-28	GGJJ2-9	GGJJ2-19	GGJJ1-25	GGJJ1-25	GGJJ1-28	GGJJ1-53	GGJJ1-74	GGJJ2-49	GGJJ2-56	GGJJ3-20	GGJJ3-3
		3500<H≤4000	GGJJ2-7	GGJJ2-13	GGJJ2-23	GGJJ2-4	GGJJ2-4	GGJJ2-7	GGJJ2-22	GGJJ2-35	GGJJ2-56	GGJJ3-16	GGJJ4-7	GGJJ3-4
中间固定管架	0.4	H≤2500	GGJJ1-65	GGJJ1-78	GGJJ3-21	GGJJ1-55	GGJJ1-65	GGJJ1-72	GGJJ1-78	GGJJ2-54	GGJJ2-62	GGJJ3-21	GGJJ3-22	GGJJ4-19
		2500<H≤3000	GGJJ1-69	GGJJ2-54	GGJJ3-22	GGJJ1-56	GGJJ1-70	GGJJ1-75	GGJJ2-54	GGJJ2-59	GGJJ2-63	GGJJ3-22	GGJJ4-13	GGJJ5-9
		3000<H≤3500	GGJJ1-70	GGJJ2-58	GGJJ4-12	GGJJ1-57	GGJJ1-70	GGJJ1-76	GGJJ2-58	GGJJ2-62	GGJJ3-21	GGJJ4-10	GGJJ4-17	GGJJ5-13
		3500<H≤4000	GGJJ2-30	GGJJ2-60	GGJJ4-16	GGJJ2-20	GGJJ2-30	GGJJ2-43	GGJJ2-60	GGJJ2-63	GGJJ3-22	GGJJ4-13	GGJJ4-20	GGJJ5-17
	0.7	H≤2500	GGJJ1-52	GGJJ1-77	GGJJ3-21	GGJJ1-44	GGJJ1-65	GGJJ1-68	GGJJ1-78	GGJJ2-54	GGJJ2-62	GGJJ3-21	GGJJ4-10	GGJJ4-19
		2500<H≤3000	GGJJ1-61	GGJJ2-50	GGJJ3-22	GGJJ1-58	GGJJ1-70	GGJJ1-71	GGJJ2-54	GGJJ2-59	GGJJ2-63	GGJJ3-22	GGJJ4-13	GGJJ5-9
		3000<H≤3500	GGJJ1-64	GGJJ2-56	GGJJ4-12	GGJJ1-59	GGJJ1-70	GGJJ1-74	GGJJ2-58	GGJJ2-62	GGJJ3-21	GGJJ4-10	GGJJ4-17	GGJJ5-13
		3500<H≤4000	GGJJ2-29	GGJJ2-57	GGJJ4-16	GGJJ2-24	GGJJ2-30	GGJJ2-40	GGJJ2-60	GGJJ2-63	GGJJ3-22	GGJJ4-13	GGJJ4-20	GGJJ5-17
尽端固定管架	0.4	H≤2500	GGJJ2-63	GGJJ4-17	GGJJ5-23	GGJJ2-60	GGJJ2-63	GGJJ3-22	GGJJ4-16	GGJJ4-21	GGJJ4-24	GGJJ5-22	GGJJ6-16	GGJJ6-22
		2500<H≤3000	GGJJ2-64	GGJJ4-21	GGJJ5-24	GGJJ2-63	GGJJ2-64	GGJJ3-22	GGJJ4-19	GGJJ4-22	GGJJ5-20	GGJJ5-23	GGJJ6-18	GGJJ7-10
		3000<H≤3500	GGJJ3-22	GGJJ4-22	GGJJ6-18	GGJJ2-63	GGJJ3-22	GGJJ4-13	GGJJ4-22	GGJJ4-23	GGJJ5-22	GGJJ6-15	GGJJ6-20	GGJJ7-11
		3500<H≤4000	GGJJ3-22	GGJJ4-23	GGJJ6-19	GGJJ3-21	GGJJ3-22	GGJJ4-16	GGJJ4-22	GGJJ5-17	GGJJ5-23	GGJJ6-18	GGJJ6-21	GGJJ7-12
	0.7	H≤2500	GGJJ2-63	GGJJ4-17	GGJJ5-23	GGJJ2-60	GGJJ2-63	GGJJ3-22	GGJJ4-16	GGJJ4-21	GGJJ4-24	GGJJ5-22	GGJJ6-16	GGJJ6-22
		2500<H≤3000	GGJJ2-64	GGJJ4-21	GGJJ5-24	GGJJ2-63	GGJJ2-64	GGJJ3-22	GGJJ4-19	GGJJ4-22	GGJJ5-20	GGJJ5-23	GGJJ6-18	GGJJ7-10
		3000<H≤3500	GGJJ3-22	GGJJ4-22	GGJJ6-18	GGJJ2-63	GGJJ3-22	GGJJ4-13	GGJJ4-22	GGJJ4-23	GGJJ5-22	GGJJ6-15	GGJJ6-20	GGJJ7-11
		3500<H≤4000	GGJJ3-22	GGJJ4-23	GGJJ6-19	GGJJ3-21	GGJJ3-22	GGJJ4-16	GGJJ4-22	GGJJ5-17	GGJJ5-23	GGJJ6-18	GGJJ6-21	GGJJ7-12

钢管管架基础选用表三 $f_k=120kPa$ 有地下水	图集号	01R414
审核 校对 设计	页	30

管架种类	风荷载 (kN/m²)	管架高度 H	钢管管架基础类型 (1)	(2)	(3)	(4)	(5)	(6)	(7)	(8)	(9)	(10)	(11)	(12)
滑动管架	0.4	H≤2500	GGJJ1-15	GGJJ1-50	GGJJ1-47	GGJJ1-3	GGJJ1-13	GGJJ1-24	GGJJ1-57	GGJJ1-69	GGJJ1-75	GGJJ2-52	GGJJ2-60	GGJJ2-55
		2500<H≤3000	GGJJ1-24	GGJJ1-60	GGJJ1-53	GGJJ1-14	GGJJ1-22	GGJJ1-25	GGJJ1-63	GGJJ1-72	GGJJ2-47	GGJJ2-54	GGJJ3-18	GGJJ2-59
		3000<H≤3500	GGJJ1-30	GGJJ1-61	GGJJ2-22	GGJJ2-22	GGJJ1-29	GGJJ1-31	GGJJ1-66	GGJJ1-75	GGJJ2-52	GGJJ2-59	GGJJ3-20	GGJJ3-15
		3500<H≤4000	GGJJ2-3	GGJJ2-25	GGJJ2-29	GGJJ2-3	GGJJ2-3	GGJJ2-6	GGJJ2-26	GGJJ2-33	GGJJ2-54	GGJJ2-62	GGJJ3-21	GGJJ3-18
	0.7	H≤2500	GGJJ1-20	GGJJ1-32	GGJJ2-13	GGJJ1-6	GGJJ1-12	GGJJ1-21	GGJJ1-39	GGJJ1-61	GGJJ1-74	GGJJ2-49	GGJJ2-62	GGJJ2-41
		2500<H≤3000	GGJJ1-21	GGJJ1-40	GGJJ2-18	GGJJ1-17	GGJJ1-16	GGJJ1-21	GGJJ1-47	GGJJ1-64	GGJJ2-44	GGJJ2-56	GGJJ3-18	GGJJ3-8
		3000<H≤3500	GGJJ1-28	GGJJ2-9	GGJJ2-19	GGJJ1-25	GGJJ1-25	GGJJ1-28	GGJJ1-53	GGJJ1-74	GGJJ2-49	GGJJ2-61	GGJJ3-21	GGJJ3-11
		3500<H≤4000	GGJJ2-7	GGJJ2-13	GGJJ2-23	GGJJ2-4	GGJJ2-4	GGJJ2-7	GGJJ2-22	GGJJ2-35	GGJJ2-56	GGJJ3-16	GGJJ4-7	GGJJ3-11
中间固定管架	0.4	H≤2500	GGJJ1-65	GGJJ1-78	GGJJ3-21	GGJJ1-55	GGJJ1-65	GGJJ1-72	GGJJ1-78	GGJJ2-54	GGJJ2-62	GGJJ3-21	GGJJ3-22	GGJJ4-19
		2500<H≤3000	GGJJ1-69	GGJJ2-54	GGJJ3-22	GGJJ1-56	GGJJ1-70	GGJJ1-75	GGJJ2-54	GGJJ2-59	GGJJ2-63	GGJJ3-22	GGJJ4-13	GGJJ5-9
		3000<H≤3500	GGJJ1-70	GGJJ2-58	GGJJ4-12	GGJJ1-57	GGJJ1-70	GGJJ1-76	GGJJ2-58	GGJJ2-62	GGJJ3-21	GGJJ4-10	GGJJ4-17	GGJJ5-13
		3500<H≤4000	GGJJ2-30	GGJJ2-60	GGJJ4-16	GGJJ2-20	GGJJ2-30	GGJJ2-43	GGJJ2-60	GGJJ2-63	GGJJ3-22	GGJJ4-13	GGJJ4-20	GGJJ5-17
	0.7	H≤2500	GGJJ1-52	GGJJ1-77	GGJJ3-21	GGJJ1-44	GGJJ1-65	GGJJ1-68	GGJJ1-78	GGJJ2-54	GGJJ2-62	GGJJ3-21	GGJJ4-10	GGJJ4-19
		2500<H≤3000	GGJJ1-61	GGJJ2-50	GGJJ3-22	GGJJ1-58	GGJJ1-70	GGJJ1-71	GGJJ2-54	GGJJ2-59	GGJJ2-63	GGJJ3-22	GGJJ4-13	GGJJ5-9
		3000<H≤3500	GGJJ1-64	GGJJ2-56	GGJJ4-12	GGJJ1-59	GGJJ1-70	GGJJ1-74	GGJJ2-58	GGJJ2-62	GGJJ3-21	GGJJ4-10	GGJJ4-17	GGJJ5-13
		3500<H≤4000	GGJJ2-29	GGJJ2-57	GGJJ4-16	GGJJ2-24	GGJJ2-30	GGJJ2-40	GGJJ2-60	GGJJ2-63	GGJJ3-22	GGJJ4-13	GGJJ4-20	GGJJ5-17
尽端固定管架	0.4	H≤2500	GGJJ2-63	GGJJ4-17	GGJJ5-23	GGJJ2-60	GGJJ2-63	GGJJ3-22	GGJJ4-16	GGJJ4-21	GGJJ4-24	GGJJ5-22	GGJJ6-16	GGJJ6-22
		2500<H≤3000	GGJJ2-64	GGJJ4-21	GGJJ5-24	GGJJ2-63	GGJJ2-64	GGJJ3-22	GGJJ4-19	GGJJ4-22	GGJJ5-20	GGJJ5-23	GGJJ6-18	GGJJ7-10
		3000<H≤3500	GGJJ3-22	GGJJ4-22	GGJJ6-18	GGJJ2-63	GGJJ3-22	GGJJ4-13	GGJJ4-22	GGJJ4-23	GGJJ5-22	GGJJ6-15	GGJJ6-20	GGJJ7-11
		3500<H≤4000	GGJJ3-22	GGJJ4-23	GGJJ6-19	GGJJ3-21	GGJJ3-22	GGJJ4-16	GGJJ4-22	GGJJ5-17	GGJJ5-23	GGJJ6-18	GGJJ6-21	GGJJ7-12
	0.7	H≤2500	GGJJ2-63	GGJJ4-17	GGJJ5-23	GGJJ2-60	GGJJ2-63	GGJJ3-22	GGJJ4-16	GGJJ4-21	GGJJ4-24	GGJJ5-22	GGJJ6-16	GGJJ6-22
		2500<H≤3000	GGJJ2-64	GGJJ4-21	GGJJ5-24	GGJJ2-63	GGJJ2-64	GGJJ3-22	GGJJ4-19	GGJJ4-22	GGJJ5-20	GGJJ5-23	GGJJ6-18	GGJJ7-10
		3000<H≤3500	GGJJ3-22	GGJJ4-22	GGJJ6-18	GGJJ2-63	GGJJ3-22	GGJJ4-13	GGJJ4-22	GGJJ4-23	GGJJ5-22	GGJJ6-15	GGJJ6-20	GGJJ7-11
		3500<H≤4000	GGJJ3-22	GGJJ4-23	GGJJ6-19	GGJJ3-21	GGJJ3-22	GGJJ4-16	GGJJ4-22	GGJJ5-17	GGJJ5-23	GGJJ6-18	GGJJ6-21	GGJJ7-12

钢管管架基础选用表四 $f_k=80kPa$ 有地下水	图集号	01R414
审核 校对 设计	页	31

尺 寸 配 筋 表

管架代号	H/h	截面尺寸 b1	截面尺寸 h1	截面尺寸 b2	截面尺寸 h2	① 简图	① 直径数量	② 简图	② 直径数量	③ 简图	③ 直径数量	④ 简图	④ 直径数量	⑤ 简图	⑤ 直径数量
HJ06-1-1	1700/500	200	200	250	250	530; 300 300; 130 130; L=1520	2Φ10	130 130; L=680	Φ6 @100	1640; 100 100; L=1840	4Φ12	180 180; L=880	Φ6 @150		
HJ06-2-1	3500/500	200	200	250	250	530; 300 300; 130 130; L=1520	2Φ10	130 130; L=680	Φ6 @100	3440; 100 100; L=3640	4Φ12	180 180; L=880	Φ6 @150		
HJ06-2-2	3500/500	200	200	250	250	530; 300 300; 130 130; L=1520	2Φ10	130 130; L=680	Φ6 @100	3440; 100 100; L=3640	4Φ14	180 180; L=880	Φ6 @150		
HJ06-3-1	5000/500	200	200	300	300	530; 300 300; 130 130; L=1520	2Φ10	130 130; L=680	Φ6 @100	4940; 100 100; L=5140	4Φ12	230 230; L=1080	Φ6 @150		
HJ06-3-2	5000/500	200	200	300	300	530; 300 300; 130 130; L=1520	2Φ10	130 130; L=680	Φ6 @100	4940; 100 100; L=5140	4Φ14	230 230; L=1080	Φ6 @150		
HJ06-3-3	5000/500	200	200	300	300	530; 300 300; 130 130; L=1520	2Φ10	130 130; L=680	Φ6 @100	4940; 100 100; L=5140	4Φ16	230 230; L=1080	Φ6 @150		
HJ06-3-4	5000/500	200	200	300	300	530; 300 300; 130 130; L=1520	2Φ10	130 130; L=680	Φ6 @100	4940; 100 100; L=5140	4Φ18	230 230; L=1080	Φ6 @150		
HJ06-4-1	6500/500	200	200	300	300	530; 300 300; 130 130; L=1520	2Φ10	130 130; L=680	Φ6 @100	6440; 100 100; L=6640	4Φ12	230 230; L=1080	Φ6 @150		
HJ06-4-2	6500/500	200	200	300	300	530; 300 300; 130 130; L=1520	2Φ10	130 130; L=680	Φ6 @100	6440; 100 100; L=6640	4Φ14	230 230; L=1080	Φ6 @150		
HJ06-4-3	6500/500	200	200	300	300	530; 300 300; 130 130; L=1520	2Φ10	130 130; L=680	Φ6 @100	6440; 100 100; L=6640	4Φ16	230 230; L=1080	Φ6 @150		
HJ06-4-4	6500/500	200	200	300	300	530; 300 300; 130 130; L=1520	2Φ10	130 130; L=680	Φ6 @100	6440; 100 100; L=6640	4Φ18	230 230; L=1080	Φ6 @150		
HJ06-4-5	6500/500	200	200	300	300	530; 300 300; 130 130; L=1520	2Φ10	130 130; L=680	Φ6 @100	6440; 100 100; L=6640	4Φ20	230 230; L=1080	Φ6 @150		

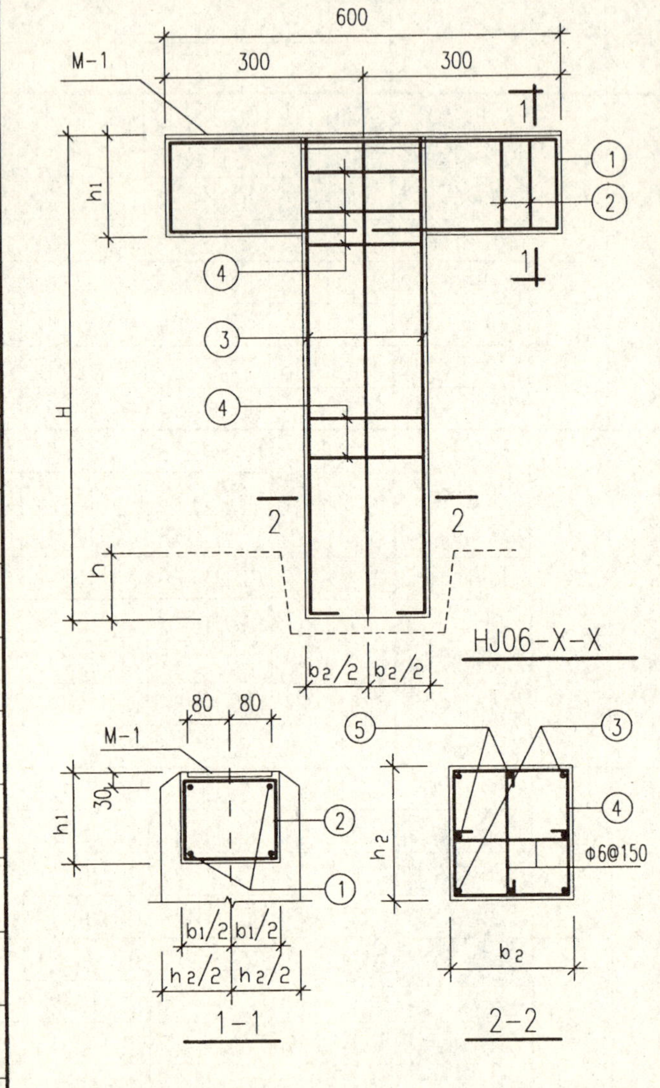

HJ06-X-X 详图及尺寸配筋表	图集号	01R414
审核 [签名] 校对 [签名] 设计 [签名]	页	32

尺 寸 配 筋 表

管架代号	H/h	截面尺寸 b1	截面尺寸 h1	截面尺寸 b2	截面尺寸 h2	① 简图	① 直径数量	② 简图	② 直径数量	③ 简图	③ 直径数量	④ 简图	④ 直径数量	⑤ 简图	⑤ 直径数量
HJ09-1-1	1700/500	200	200	250	250	830; 130 450 450 130; L=2120	2Φ10	130, 130; L=680	Φ6 @100	100, 1640, 100; L=1840	4Φ12	180, 180; L=880	Φ6 @150		
HJ09-2-1	3500/500	200	200	250	250	830; 130 450 450 130; L=2120	2Φ10	130, 130; L=680	Φ6 @100	100, 3440, 100; L=3640	4Φ12	180, 180; L=880	Φ6 @150		
HJ09-2-2	3500/500	200	200	250	250	830; 130 450 450 130; L=2120	2Φ10	130, 130; L=680	Φ6 @100	100, 3440, 100; L=3640	4Φ14	180, 180; L=880	Φ6 @150		
HJ09-3-1	5000/500	200	200	300	300	830; 130 450 450 130; L=2120	2Φ10	130, 130; L=680	Φ6 @100	100, 4940, 100; L=5140	4Φ12	230, 230; L=1080	Φ6 @150		
HJ09-3-2	5000/500	200	200	300	300	830; 130 450 450 130; L=2120	2Φ10	130, 130; L=680	Φ6 @100	100, 4940, 100; L=5140	4Φ14	230, 230; L=1080	Φ6 @150		
HJ09-3-3	5000/500	200	200	300	300	830; 130 450 450 130; L=2120	2Φ10	130, 130; L=680	Φ6 @100	100, 4940, 100; L=5140	4Φ16	230, 230; L=1080	Φ6 @150		
HJ09-4-1	6500/500	200	200	300	300	830; 130 450 450 130; L=2120	2Φ10	130, 130; L=680	Φ6 @100	100, 6440, 100; L=6640	4Φ12	230, 230; L=1080	Φ6 @150		
HJ09-4-2	6500/500	200	200	300	300	830; 130 450 450 130; L=2120	2Φ10	130, 130; L=680	Φ6 @100	100, 6440, 100; L=6640	4Φ14	230, 230; L=1080	Φ6 @150		
HJ09-4-3	6500/500	200	200	300	300	830; 130 450 450 130; L=2120	2Φ10	130, 130; L=680	Φ6 @100	100, 6440, 100; L=6640	4Φ16	230, 230; L=1080	Φ6 @150		
HJ09-4-4	6500/500	200	200	300	300	830; 130 450 450 130; L=2120	2Φ10	130, 130; L=680	Φ6 @100	100, 6440, 100; L=6640	4Φ18	230, 230; L=1080	Φ6 @150		

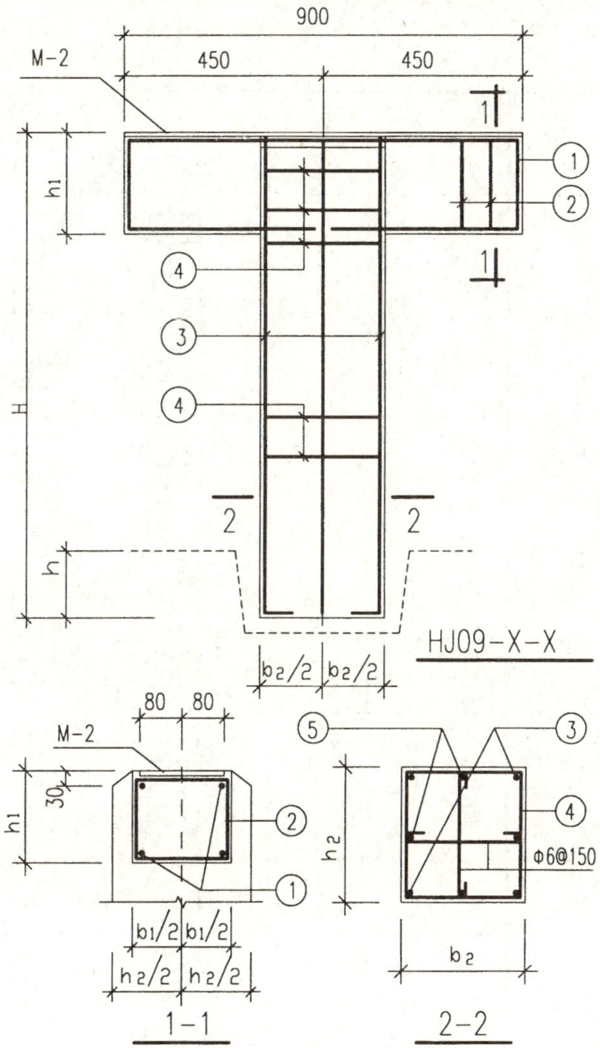

HJ09-X-X 详图及尺寸配筋表

图集号 01R414

页 33

审核 校对 设计

尺 寸 配 筋 表

管架代号	H/h	截面尺寸 b1	截面尺寸 h1	截面尺寸 b2	截面尺寸 h2	① 简图	① 直径数量	② 简图	② 直径数量	③ 简图	③ 直径数量	④ 简图	④ 直径数量	⑤ 简图	⑤ 直径数量
HJ12-1-1	1700/500	200	200	250	250	1130; 130 600 600 130; L=2590	2Φ10	130, 130; L=680	Φ6 @100	100, 1640, 100; L=1840	4Φ12	180, 180; L=880	Φ6 @150		
HJ12-1-2	1700/500	200	200	250	250	1130; 130 600 600 130; L=2590	2Φ12	130, 130; L=680	Φ6 @100	100, 1640, 100; L=1840	4Φ12	180, 180; L=880	Φ6 @150		
HJ12-1-3	1700/500	200	250	250	250	1130; 180 600 600 180; L=2690	2Φ14	130, 180; L=780	Φ6 @100	100, 1640, 100; L=1840	4Φ12	180, 180; L=880	Φ6 @150		
HJ12-1-4	1700/500	200	250	250	250	1130; 180 600 600 180; L=2690	2Φ14	130, 180; L=780	Φ6 @100	100, 1640, 100; L=1840	4Φ14	180, 180; L=880	Φ6 @150		
HJ12-2-1	3500/500	200	200	250	250	1130; 130 600 600 130; L=2590	2Φ10	130, 130; L=680	Φ6 @100	100, 3440, 100; L=3640	4Φ12	180, 180; L=880	Φ6 @150		
HJ12-2-2	3500/500	200	200	250	250	1130; 130 600 600 130; L=2590	2Φ10	130, 130; L=680	Φ6 @100	100, 3440, 100; L=3640	4Φ14	180, 180; L=880	Φ6 @150		
HJ12-2-3	3500/500	200	200	250	250	1130; 130 600 600 130; L=2590	2Φ12	130, 130; L=680	Φ6 @100	100, 3440, 100; L=3640	4Φ14	180, 180; L=880	Φ6 @150		
HJ12-2-4	3500/500	200	200	250	250	1130; 130 600 600 130; L=2590	2Φ12	130, 130; L=680	Φ6 @100	100, 3440, 100; L=3640	4Φ16	180, 180; L=880	Φ6 @150		
HJ12-2-5	3500/500	200	200	250	250	1130; 130 600 600 130; L=2590	2Φ12	130, 130; L=680	Φ6 @100	100, 3440, 100; L=3640	4Φ18	180, 180; L=880	Φ6 @150		
HJ12-3-1	5000/500	200	200	300	300	1130; 130 600 600 130; L=2590	2Φ10	130, 130; L=680	Φ6 @100	100, 4940, 100; L=5140	4Φ12	230, 230; L=1080	Φ6 @150		
HJ12-3-2	5000/500	200	200	300	300	1130; 130 600 600 130; L=2590	2Φ10	130, 130; L=680	Φ6 @100	100, 4940, 100; L=5140	4Φ14	230, 230; L=1080	Φ6 @150		
HJ12-3-3	5000/500	200	200	300	300	1130; 130 600 600 130; L=2590	2Φ10	130, 130; L=680	Φ6 @100	100, 4940, 100; L=5140	4Φ16	230, 230; L=1080	Φ6 @150		
HJ12-3-4	5000/500	200	200	300	300	1130; 130 600 600 130; L=2590	2Φ12	130, 130; L=680	Φ6 @100	100, 4940, 100; L=5140	4Φ16	230, 230; L=1080	Φ6 @150		
HJ12-3-5	5000/500	200	200	300	300	1130; 130 600 600 130; L=2590	2Φ12	130, 130; L=680	Φ6 @100	100, 4940, 100; L=5140	4Φ18	230, 230; L=1080	Φ6 @150		

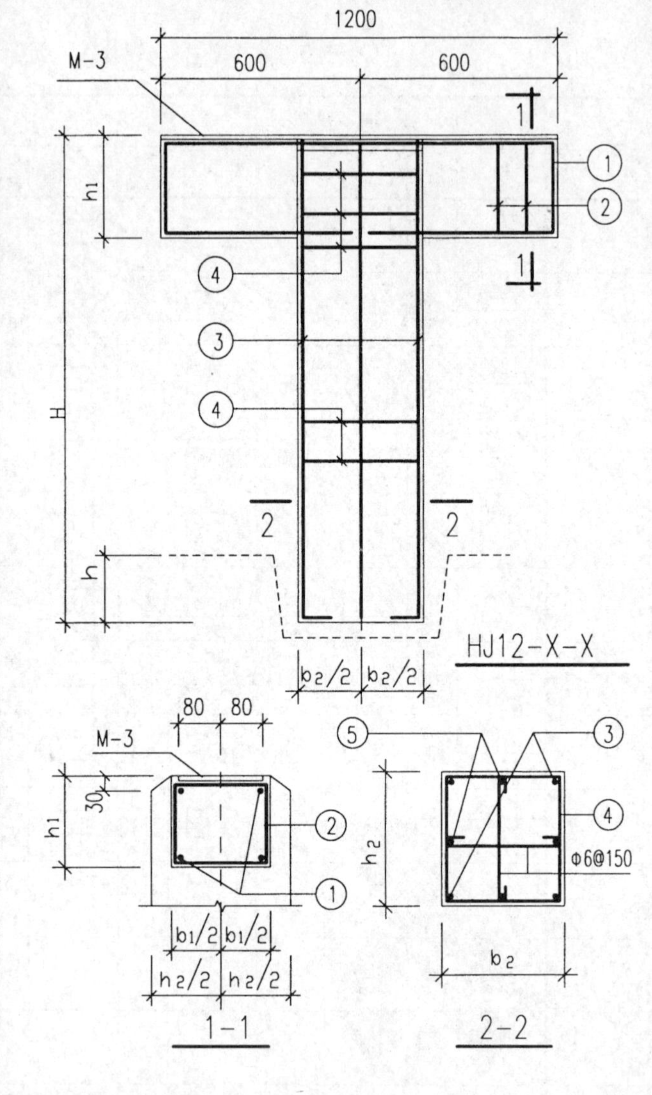

HJ12-X-X 详图及尺寸配筋表一	图集号	01R414
审核 [签名] 校对 [签名] 设计 [签名]	页	34

尺 寸 配 筋 表

管架代号	H/h	截面尺寸 b1	截面尺寸 h1	截面尺寸 b2	截面尺寸 h2	① 简图	① 直径数量	② 简图	② 直径数量	③ 简图	③ 直径数量	④ 简图	④ 直径数量	⑤ 简图	⑤ 直径数量
HJ12-3-6	5000/500	200	200	300	300	1130; 130 500 600 130; L=2590	2Φ12	130 130; L=680	Φ6 @100	100 4940 L=5140 100	4Φ20	230 230; L=1080	Φ6 @150		
HJ12-4-1	6500/500	200	200	300	300	1130; 130 500 600 130; L=2590	2Φ10	130 130; L=680	Φ6 @100	100 6440 L=6640 100	4Φ12	230 230; L=1080	Φ6 @150		
HJ12-4-2	6500/500	200	200	300	300	1130; 130 500 600 130; L=2590	2Φ10	130 130; L=680	Φ6 @100	100 6440 L=6640 100	4Φ14	230 230; L=1080	Φ6 @150		
HJ12-4-3	6500/500	200	200	300	300	1130; 130 500 600 130; L=2590	2Φ10	130 130; L=680	Φ6 @100	100 6440 L=6640 100	4Φ16	230 230; L=1080	Φ6 @150		
HJ12-4-4	6500/500	200	200	300	300	1130; 130 500 600 130; L=2590	2Φ12	130 130; L=680	Φ6 @100	100 6440 L=6640 100	4Φ16	230 230; L=1080	Φ6 @150		
HJ12-4-5	6500/500	200	200	300	300	1130; 130 500 600 130; L=2590	2Φ10	130 130; L=680	Φ6 @100	100 6440 L=6640 100	4Φ18	230 230; L=1080	Φ6 @150		
HJ12-4-6	6500/500	200	200	300	300	1130; 130 500 600 130; L=2590	2Φ12	130 130; L=680	Φ6 @100	100 6440 L=6640 100	4Φ18	230 230; L=1080	Φ6 @150		
HJ12-4-7	6500/500	200	200	300	300	1130; 130 500 600 130; L=2590	2Φ12	130 130; L=680	Φ6 @100	100 6440 L=6640 100	4Φ20	230 230; L=1080	Φ6 @150		
HJ12-4-8	6500/500	200	200	300	350	1130; 130 500 600 130; L=2590	2Φ12	130 130; L=680	Φ6 @100	100 6440 L=6640 100	4Φ20	230 280; L=1180	Φ6 @150		

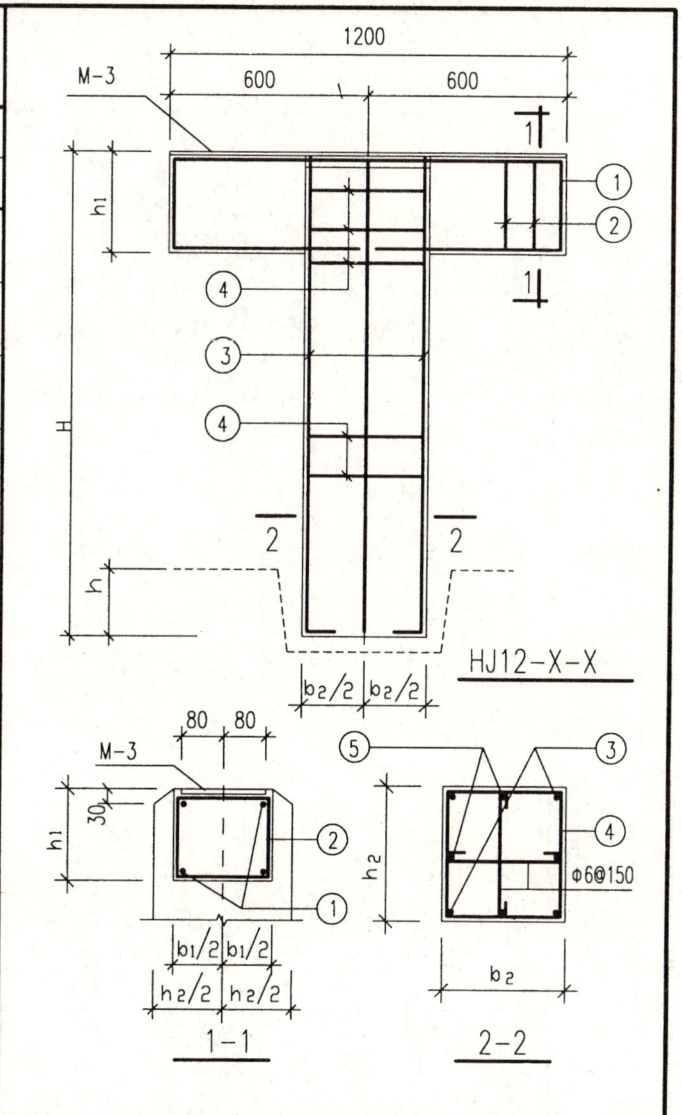

HJ12-X-X详图及尺寸配筋表二	图集号	01R414
审核 校对 设计	页	35

尺 寸 配 筋 表

管架代号	H/h	截面尺寸				①		②		③		④		⑤	
		b1	h1	b2	h2	简图	直径数量	简图	直径数量	简图	直径数量	简图	直径数量	简图	直径数量
HJ15-1-1	1700/500	200	200	250	250	1430; 130 750 750 130; L=3190	2Φ10	130 130; L=680	Φ6@100	1640 100 100; L=1840	4Φ12	180 180; L=880	Φ6@150		
HJ15-1-2	1700/500	200	200	250	250	1430; 130 750 750 130; L=3190	2Φ12	130 130; L=680	Φ6@100	1640 100 100; L=1840	4Φ12	180 180; L=880	Φ6@150		
HJ15-1-3	1700/500	200	250	250	250	1430; 180 750 750 180; L=3290	2Φ16	130 180; L=780	Φ6@100	1640 100 100; L=1840	4Φ16	180 180; L=880	Φ6@150		
HJ15-2-1	3500/500	200	200	250	250	1430; 130 750 750 130; L=3190	2Φ10	130 130; L=680	Φ6@100	3440 100 100; L=3640	4Φ12	180 180; L=880	Φ6@150		
HJ15-2-2	3500/500	200	200	250	250	1430; 130 750 750 130; L=3190	2Φ12	130 130; L=680	Φ6@100	3440 100 100; L=3640	4Φ12	180 180; L=880	Φ6@150		
HJ15-2-3	3500/500	200	200	250	250	1430; 130 750 750 130; L=3190	2Φ10	130 130; L=680	Φ6@100	3440 100 100; L=3640	4Φ14	180 180; L=880	Φ6@150		
HJ15-2-4	3500/500	200	200	250	250	1430; 130 750 750 130; L=3190	2Φ12	130 130; L=680	Φ6@100	3440 100 100; L=3640	4Φ14	180 180; L=880	Φ6@150		
HJ15-2-5	3500/500	200	200	250	250	1430; 130 750 750 130; L=3190	2Φ12	130 130; L=680	Φ6@100	3440 100 100; L=3640	4Φ16	180 180; L=880	Φ6@150		
HJ15-2-6	3500/500	200	250	250	250	1430; 180 750 750 180; L=3290	2Φ12	130 180; L=780	Φ6@100	3440 100 100; L=3640	4Φ16	180 180; L=880	Φ6@150		
HJ15-2-7	3500/500	200	250	250	250	1430; 180 750 750 180; L=3290	2Φ12	130 180; L=780	Φ6@100	3440 100 100; L=3640	4Φ18	180 180; L=880	Φ6@150		
HJ15-3-1	5000/500	200	200	300	300	1430; 130 750 750 130; L=3190	2Φ10	130 130; L=680	Φ6@100	4940 100 100; L=5140	4Φ12	230 230; L=1080	Φ6@150		
HJ15-3-2	5000/500	200	200	300	300	1430; 130 750 750 130; L=3190	2Φ10	130 130; L=680	Φ6@100	4940 100 100; L=5140	4Φ14	230 230; L=1080	Φ6@150		
HJ15-3-3	5000/500	200	200	300	300	1430; 130 750 750 130; L=3190	2Φ12	130 130; L=680	Φ6@100	4940 100 100; L=5140	4Φ14	230 230; L=1080	Φ6@150		
HJ15-3-4	5000/500	200	200	300	300	1430; 130 750 750 130; L=3190	2Φ10	130 130; L=680	Φ6@100	4940 100 100; L=5140	4Φ16	230 230; L=1080	Φ6@150		

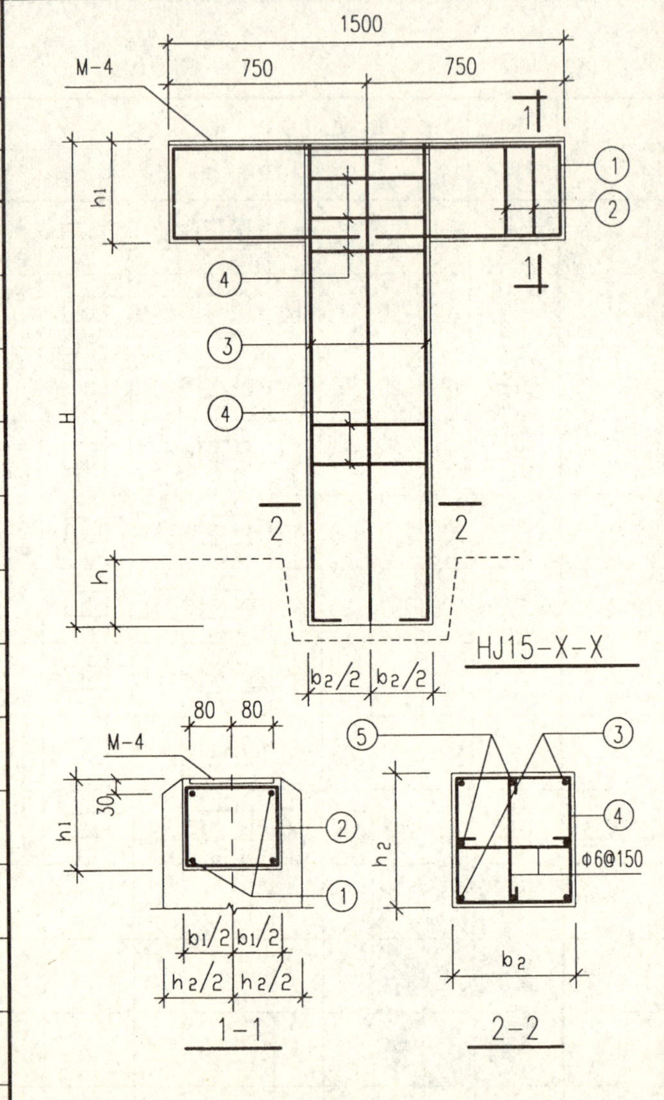

HJ15-X-X详图及尺寸配筋表一	图集号	01R414
审核 校对 设计	页	36

尺寸配筋表

管架代号	H/h	截面尺寸 b1	截面尺寸 h1	截面尺寸 b2	截面尺寸 h2	① 简图	① 直径数量	② 简图	② 直径数量	③ 简图	③ 直径数量	④ 简图	④ 直径数量	⑤ 简图	⑤ 直径数量
HJ15-3-5	5000/500	200	200	300	300	1430; 130 750 750 130; L=3190	2Φ12	130; 130; L=680	Φ6 @100	100; 4940; 100; L=5140	4Φ16	230; 230; L=1080	Φ6 @150		
HJ15-3-6	5000/500	200	200	300	300	1430; 130 750 750 130; L=3190	2Φ12	130; 130; L=680	Φ6 @100	100; 4940; 100; L=5140	4Φ18	230; 230; L=1080	Φ6 @150		
HJ15-3-7	5000/500	200	200	300	300	1430; 130 750 750 130; L=3190	2Φ12	130; 130; L=680	Φ6 @100	100; 4940; 100; L=5140	4Φ20	230; 230; L=1080	Φ6 @150		
HJ15-3-8	5000/500	200	250	300	300	1430; 180 750 750 180; L=3290	2Φ12	130; 180; L=780	Φ6 @100	100; 4940; 100; L=5140	4Φ20	230; 230; L=1080	Φ6 @150		
HJ15-4-1	6500/500	200	200	300	300	1430; 130 750 750 130; L=3190	2Φ10	130; 130; L=780	Φ6 @100	100; 6440; 100; L=6640	4Φ12	230; 230; L=1080	Φ6 @150		
HJ15-4-2	6500/500	200	200	300	300	1430; 130 750 750 130; L=3190	2Φ10	130; 130; L=780	Φ6 @100	100; 6440; 100; L=6640	4Φ14	230; 230; L=1080	Φ6 @150		
HJ15-4-3	6500/500	200	200	300	300	1430; 130 750 750 130; L=3190	2Φ12	130; 130; L=780	Φ6 @100	100; 6440; 100; L=6640	4Φ14	230; 230; L=1080	Φ6 @150		
HJ15-4-4	6500/500	200	200	300	300	1430; 130 750 750 130; L=3190	2Φ12	130; 130; L=780	Φ6 @100	100; 6440; 100; L=6640	4Φ16	230; 230; L=1080	Φ6 @150		
HJ15-4-5	6500/500	200	200	300	300	1430; 130 750 750 130; L=3190	2Φ10	130; 130; L=780	Φ6 @100	100; 6440; 100; L=6640	4Φ18	230; 230; L=1080	Φ6 @150		
HJ15-4-6	6500/500	200	200	300	300	1430; 130 750 750 130; L=3190	2Φ12	130; 130; L=780	Φ6 @100	100; 6440; 100; L=6640	4Φ18	230; 230; L=1080	Φ6 @150		
HJ15-4-7	6500/500	200	200	300	300	1430; 130 750 750 130; L=3190	2Φ12	130; 130; L=780	Φ6 @100	100; 6440; 100; L=6640	4Φ20	230; 230; L=1080	Φ6 @150		
HJ15-4-8	6500/500	200	250	300	300	1430; 180 750 750 180; L=3290	2Φ12	130; 180; L=880	Φ6 @100	100; 6440; 100; L=6640	4Φ20	230; 230; L=1080	Φ6 @150		
HJ15-4-9	6500/500	200	250	350	350	1430; 180 750 750 180; L=3290	2Φ12	130; 180; L=880	Φ6 @100	100; 6440; 100; L=6640	4Φ20	280; 280; L=1280	Φ6 @150		

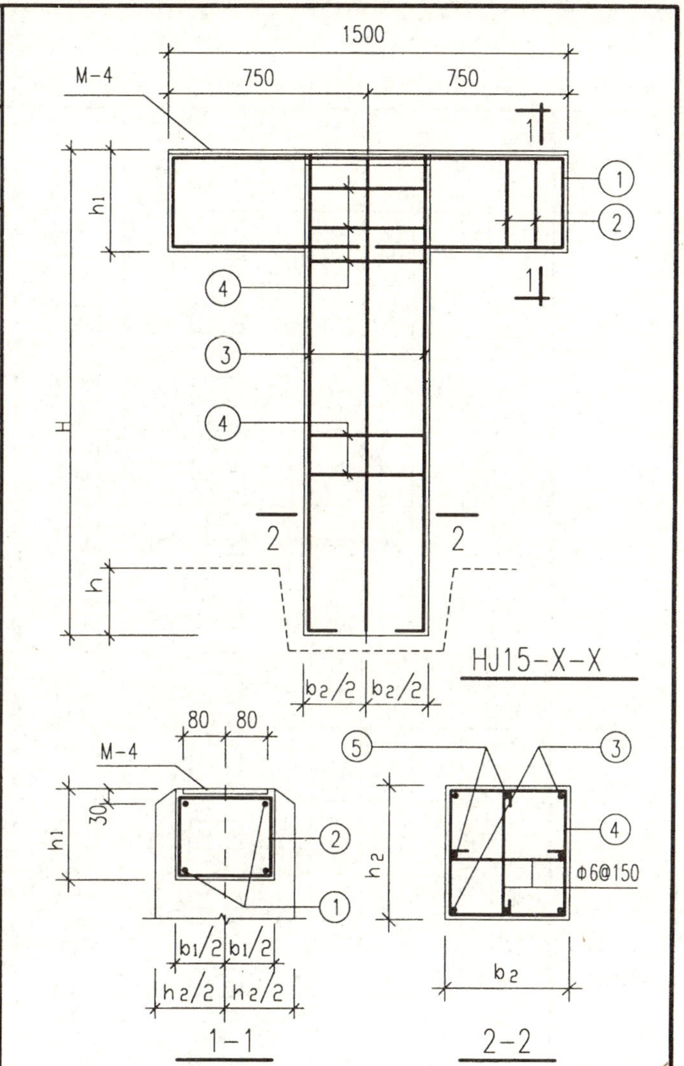

HJ15-X-X详图及尺寸配筋表二	图集号	01R414
审核 徐世琳 校对 黄瑞祥 设计 王倩	页	37

尺寸配筋表

管架代号	H/h	截面尺寸 b1	h1	b2	h2	① 简图	① 直径数量	② 简图	② 直径数量	③ 简图	③ 直径数量	④ 简图	④ 直径数量	⑤ 简图	⑤ 直径数量
HJ18-1-1	1700/500	200	200	250	250	1730; 130 900 900 130; L=3790	2Φ12	130 130; L=680	φ6 @100	100 1640 100; L=1840	4Φ12	180 180; L=880	φ6 @150		
HJ18-1-2	1700/500	200	200	250	250	1730; 130 900 900 130; L=3790	2Φ14	130 130; L=680	φ6 @100	100 1640 100; L=1840	4Φ12	180 180; L=880	φ6 @150		
HJ18-1-3	1700/500	200	250	250	250	1730; 180 900 900 180; L=3890	2Φ20	130 180; L=780	φ6 @100	100 1640 100; L=1840	4Φ16	180 180; L=880	φ6 @150		
HJ18-2-1	3500/500	200	200	250	250	1730; 130 900 900 130; L=3790	2Φ12	130 130; L=680	φ6 @100	100 3440 100; L=3640	4Φ12	180 180; L=880	φ6 @150		
HJ18-2-2	3500/500	200	200	250	250	1730; 130 900 900 130; L=3790	2Φ12	130 130; L=680	φ6 @100	100 3440 100; L=3640	4Φ14	180 180; L=880	φ6 @150		
HJ18-2-3	3500/500	200	200	250	250	1730; 130 900 900 130; L=3790	2Φ14	130 130; L=680	φ6 @100	100 3440 100; L=3640	4Φ14	180 180; L=880	φ6 @150		
HJ18-2-4	3500/500	200	200	250	250	1730; 130 900 900 130; L=3790	2Φ14	130 130; L=680	φ6 @100	100 3440 100; L=3640	4Φ16	180 180; L=880	φ6 @150		
HJ18-2-5	3500/500	200	250	250	250	1730; 180 900 900 180; L=3890	2Φ16	130 180; L=780	φ6 @100	100 3440 100; L=3640	4Φ16	180 180; L=880	φ6 @150		
HJ18-2-6	3500/500	200	250	250	250	1730; 180 900 900 180; L=3890	2Φ16	130 180; L=780	φ6 @100	100 3440 100; L=3640	4Φ18	180 180; L=880	φ6 @150		
HJ18-3-1	5000/500	200	200	300	300	1730; 130 900 900 130; L=3790	2Φ12	130 130; L=680	φ6 @100	100 4940 100; L=5140	4Φ12	230 230; L=1080	φ6 @150		
HJ18-3-2	5000/500	200	200	300	300	1730; 130 900 900 130; L=3790	2Φ12	130 130; L=680	φ6 @100	100 4940 100; L=5140	4Φ14	230 230; L=1080	φ6 @150		
HJ18-3-3	5000/500	200	200	300	300	1730; 130 900 900 130; L=3790	2Φ12	130 130; L=680	φ6 @100	100 4940 100; L=5140	4Φ16	230 230; L=1080	φ6 @150		
HJ18-3-4	5000/500	200	200	300	300	1730; 130 900 900 130; L=3790	2Φ14	130 130; L=680	φ6 @100	100 4940 100; L=5140	4Φ18	230 230; L=1080	φ6 @150		
HJ18-3-5	5000/500	200	250	300	300	1730; 180 900 900 180; L=3890	2Φ16	130 180; L=780	φ6 @100	100 4940 100; L=5140	4Φ18	230 230; L=1080	φ6 @150		

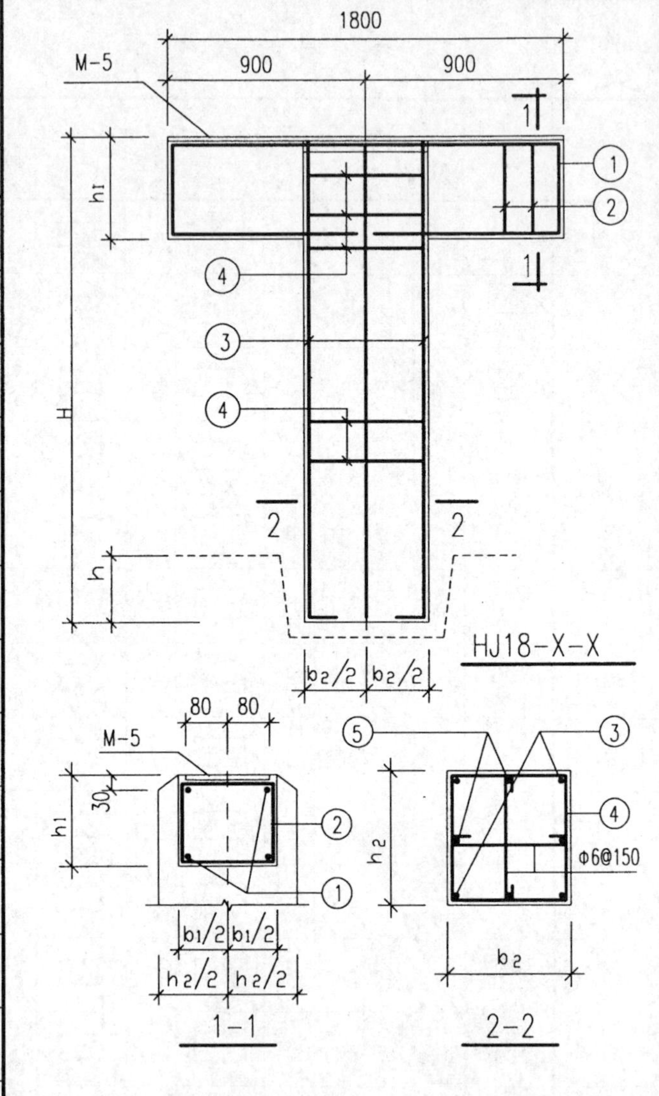

HJ18-X-X详图及尺寸配筋表一	图集号	01R414
审核 校对 设计	页	38

尺 寸 配 筋 表

管架代号	H/h	截面尺寸 b1	截面尺寸 h1	截面尺寸 b2	截面尺寸 h2	① 简图	① 直径数量	② 简图	② 直径数量	③ 简图	③ 直径数量	④ 简图	④ 直径数量	⑤ 简图	⑤ 直径数量
HJ18-3-6	5000/500	200	250	300	300	1730; 180 900 900 180; L=3890	2Φ16	130; 180; L=780	Φ6@100	100; 4940; L=5140; 100	4Φ20	230; 230; L=1080	Φ6@150		
HJ18-4-1	6500/500	200	200	300	300	1730; 130 900 900 130; L=3790	2Φ12	130; 130; L=680	Φ6@100	100; 6440; L=6640; 100	4Φ14	230; 230; L=1080	Φ6@150		
HJ18-4-2	6500/500	200	200	300	300	1730; 130 900 900 130; L=3790	2Φ12	130; 130; L=680	Φ6@100	100; 6440; L=6640; 100	4Φ16	230; 230; L=1080	Φ6@150		
HJ18-4-3	6500/500	200	200	300	300	1730; 130 900 900 130; L=3790	2Φ12	130; 130; L=680	Φ6@100	100; 6440; L=6640; 100	4Φ18	230; 230; L=1080	Φ6@150		
HJ18-4-4	6500/500	200	200	300	300	1730; 130 900 900 130; L=3790	2Φ14	130; 130; L=680	Φ6@100	100; 6440; L=6640; 100	4Φ18	230; 230; L=1080	Φ6@150		
HJ18-4-5	6500/500	200	200	350	350	1730; 130 900 900 130; L=3790	2Φ14	130; 130; L=680	Φ6@100	100; 6440; L=6640; 100	4Φ18	280; 280; L=1280	Φ6@150		
HJ18-4-6	6500/500	200	250	350	350	1730; 180 900 900 180; L=3890	2Φ16	130; 180; L=780	Φ6@100	100; 6440; L=6640; 100	4Φ18	280; 280; L=1280	Φ6@150		
HJ18-4-7	6500/500	200	250	400	400	1730; 180 900 900 180; L=3890	2Φ16	130; 180; L=780	Φ6@100	100; 6440; L=6640; 100	4Φ20	330; 330; L=1480	Φ6@150	100; 6440; L=6640; 100	4Φ14

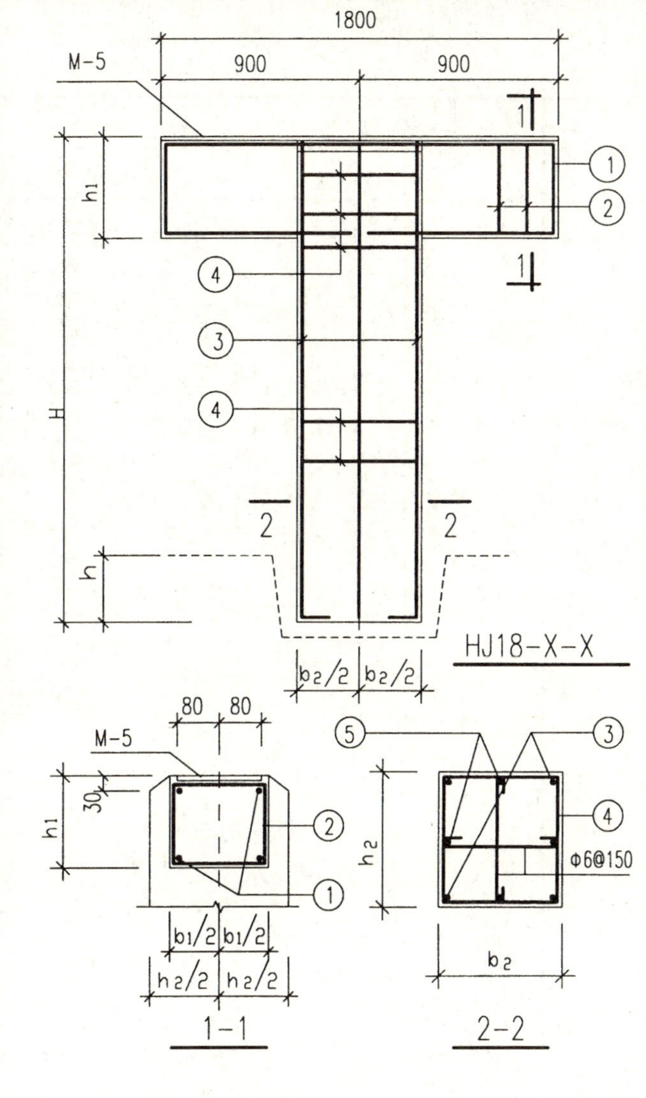

HJ18-X-X详图及尺寸配筋表二	图集号	01R414
审核 校对 设计	页	39

尺 寸 配 筋 表

管架代号	H/h	截面尺寸 b1	h1	b2	h2	① 简图	① 直径数量	② 简图	② 直径数量	③ 简图	③ 直径数量	④ 简图	④ 直径数量	⑤ 简图	⑤ 直径数量
HJ21-1-1	1700/500	200	200	250	250	2030 130 1050 1050 130 L=4390	2Φ12	130 130 L=680	Φ6 @100	100 1640 100 L=1840	4Φ12	180 180 L=880	Φ6 @150		
HJ21-1-2	1700/500	200	250	250	250	2030 180 1050 1050 180 L=4490	2Φ12	130 180 L=780	Φ6 @100	100 1640 100 L=1840	4Φ12	180 180 L=880	Φ6 @150		
HJ21-1-3	1700/500	200	200	250	250	2030 130 1050 1050 130 L=4390	2Φ14	130 130 L=680	Φ6 @100	100 1640 100 L=1840	4Φ12	180 180 L=880	Φ6 @150		
HJ21-1-4	1700/500	200	250	250	250	2030 180 1050 1050 180 L=4490	2Φ16	130 180 L=780	Φ6 @100	100 1640 100 L=1840	4Φ12	180 180 L=880	Φ6 @150		
HJ21-1-5	1700/500	200	300	250	250	2030 230 1050 1050 230 L=4590	2Φ20	130 230 L=880	Φ6 @100	100 1640 100 L=1840	4Φ18	180 180 L=880	Φ6 @150		
HJ21-2-1	3500/500	200	200	250	250	2030 130 1050 1050 130 L=4390	2Φ12	130 130 L=680	Φ6 @100	100 3440 100 L=3640	4Φ12	180 180 L=880	Φ6 @150		
HJ21-2-2	3500/500	200	250	250	250	2030 180 1050 1050 180 L=4490	2Φ12	130 180 L=780	Φ6 @100	100 3440 100 L=3640	4Φ12	180 180 L=880	Φ6 @150		
HJ21-2-3	3500/500	200	200	250	250	2030 130 1050 1050 130 L=4390	2Φ12	130 130 L=680	Φ6 @100	100 3440 100 L=3640	4Φ14	180 180 L=880	Φ6 @150		
HJ21-2-4	3500/500	200	250	250	250	2030 180 1050 1050 180 L=4490	2Φ12	130 180 L=780	Φ6 @100	100 3440 100 L=3640	4Φ14	180 180 L=880	Φ6 @150		
HJ21-2-5	3500/500	200	200	250	250	2030 130 1050 1050 130 L=4390	2Φ14	130 130 L=680	Φ6 @100	100 3440 100 L=3640	4Φ14	180 180 L=880	Φ6 @150		
HJ21-2-6	3500/500	200	200	250	250	2030 130 1050 1050 130 L=4390	2Φ14	130 130 L=680	Φ6 @100	100 3440 100 L=3640	4Φ16	180 180 L=880	Φ6 @150		
HJ21-2-7	3500/500	200	250	250	250	2030 180 1050 1050 180 L=4490	2Φ16	130 180 L=780	Φ6 @100	100 3440 100 L=3640	4Φ16	180 180 L=880	Φ6 @150		
HJ21-2-8	3500/500	200	300	300	250	2030 230 1050 1050 230 L=4590	2Φ16	130 230 L=880	Φ6 @100	100 3440 100 L=3640	4Φ16	230 180 L=980	Φ6 @150		
HJ21-3-1	5000/500	200	200	300	300	2030 130 1050 1050 130 L=4390	2Φ12	130 130 L=680	Φ6 @100	100 4940 100 L=5140	4Φ14	230 230 L=1080	Φ6 @150		

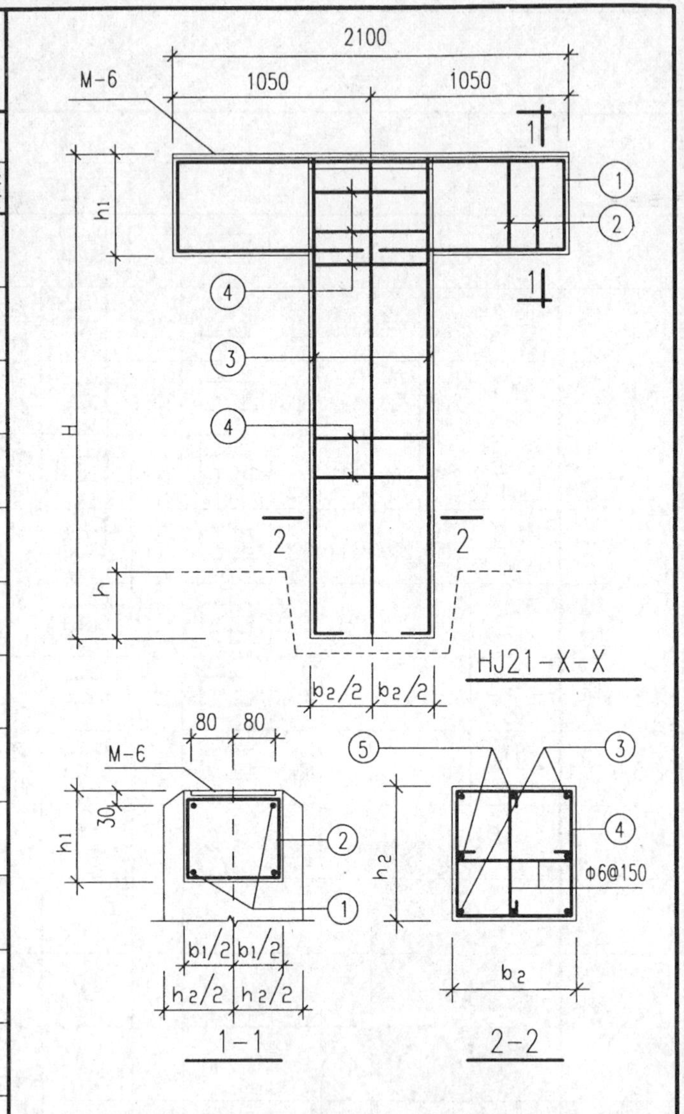

HJ21-X-X详图及尺寸配筋表一	图集号	01R414
审核 纟多陶球 校对 黄嵩莹 设计 王侑曦	页	40

尺　寸　配　筋　表

管架代号	H/h	截面尺寸 b1	截面尺寸 h1	截面尺寸 b2	截面尺寸 h2	① 简图	① 直径数量	② 简图	② 直径数量	③ 简图	③ 直径数量	④ 简图	④ 直径数量	⑤ 简图	⑤ 直径数量
HJ21-3-2	5000/500	200	250	300	300	2030; 180 1050 1050 180; L=4490	2Φ12	130 180; L=780	φ6 @100	100 4940 L=5140 100	4Φ14	230 230; L=1080	φ @150		
HJ21-3-3	5000/500	200	200	300	300	2030; 130 1050 1050 130; L=4390	2Φ12	130 130; L=680	φ6 @100	100 4940 L=5140 100	4Φ16	230 230; L=1080	φ6 @150		
HJ21-3-4	5000/500	200	250	300	300	2030; 180 1050 1050 180; L=4490	2Φ12	130 180; L=780	φ6 @100	100 4940 L=5140 100	4Φ16	230 230; L=1080	φ6 @150		
HJ21-3-5	5000/500	200	200	300	300	2030; 130 1050 1050 130; L=4390	2Φ12	130 130; L=680	φ6 @100	100 4940 L=5140 100	4Φ18	230 230; L=1080	φ6 @150		
HJ21-3-6	5000/500	200	200	300	300	2030; 130 1050 1050 130; L=4390	2Φ14	130 130; L=680	φ6 @100	100 4940 L=5140 100	4Φ18	230 230; L=1080	φ6 @150		
HJ21-3-7	5000/500	200	250	300	300	2030; 180 1050 1050 180; L=4490	2Φ16	130 180; L=780	φ6 @100	100 4940 L=5140 100	4Φ18	230 230; L=1080	φ6 @150		
HJ21-3-8	5000/500	200	300	300	300	2030; 230 1050 1050 230; L=4590	2Φ16	130 230; L=880	φ6 @100	100 4940 L=5140 100	4Φ18	230 230; L=1080	φ6 @150		
HJ21-3-9	5000/500	200	300	300	300	2030; 230 1050 1050 230; L=4590	2Φ16	130 230; L=880	φ6 @100	100 4940 L=5140 100	4Φ20	230 230; L=1080	φ6 @150		
HJ21-4-1	6500/500	200	200	300	300	2030; 130 1050 1050 130; L=4390	2Φ12	130 130; L=680	φ6 @100	100 6440 L=6640 100	4Φ16	230 230; L=1080	φ6 @150		
HJ21-4-2	6500/500	200	250	300	300	2030; 180 1050 1050 180; L=4490	2Φ12	130 180; L=780	φ6 @100	100 6440 L=6640 100	4Φ16	230 230; L=1080	φ6 @150		
HJ21-4-3	6500/500	200	200	300	300	2030; 130 1050 1050 130; L=4390	2Φ12	130 130; L=680	φ6 @100	100 6440 L=6640 100	4Φ18	230 230; L=1080	φ6 @150		
HJ21-4-4	6500/500	200	250	300	300	2030; 180 1050 1050 180; L=4490	2Φ12	130 180; L=780	φ5 @100	100 6440 L=6640 100	4Φ18	230 230; L=1080	φ6 @150		
HJ21-4-5	6500/500	200	200	300	300	2030; 130 1050 1050 130; L=4390	2Φ14	130 130; L=680	φ6 @100	100 6440 L=6640 100	4Φ18	230 230; L=1080	φ6 @150		
HJ21-4-6	6500/500	200	250	300	300	2030; 180 1050 1050 180; L=4490	2Φ16	130 180; L=780	φ6 @100	100 6440 L=6640 100	4Φ18	230 230; L=1080	φ6 @150		

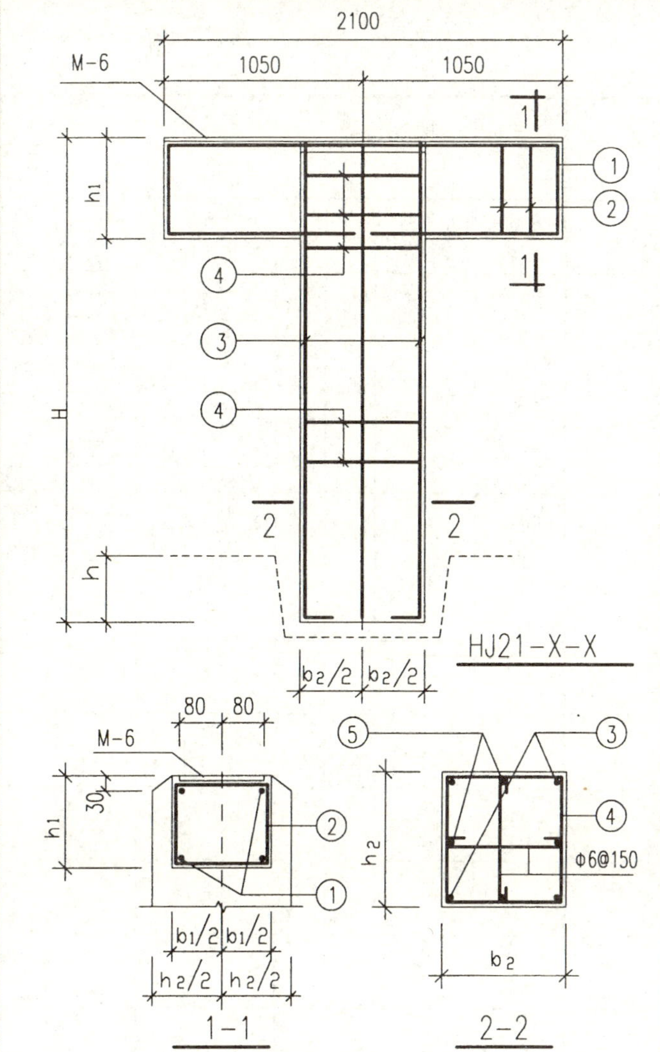

HJ21-X-X详图及尺寸配筋表二	图集号	01R414
审核 [signature] 校对 [signature] 设计 [signature]	页	41

尺 寸 配 筋 表

管架代号	H/h	截面尺寸 b1	h1	b2	h2	① 简图	① 直径数量	② 简图	② 直径数量	③ 简图	③ 直径数量	④ 简图	④ 直径数量	⑤ 简图	⑤ 直径数量
HJ21-4-7	6500/500	200	300	350	300	2030; 230; 1050 1050; 230; L=4590	2Φ16	130; 230; L=880	Φ6 @100	100; 6440; L=6640; 100	4Φ18	280; 230; L=1180	Φ6 @150		
HJ21-4-8	6500/500	200	200	300	300	2030; 130; 1050 1050; 130; L=4390	2Φ14	130; 130; L=680	Φ6 @100	100; 6440; L=6640; 100	4Φ20	230; 230; L=1080	Φ6 @150		
HJ21-4-9	6500/500	200	250	300	300	2030; 180; 1050 1050; 180; L=4490	2Φ16	130; 180; L=780	Φ6 @100	100; 6440; L=6640; 100	4Φ20	230; 230; L=1080	Φ6 @150		
HJ21-4-10	6500/500	200	250	350	350	2030; 180; 1050 1050; 180; L=4490	2Φ16	130; 180; L=780	Φ6 @100	100; 6440; L=6640; 100	4Φ20	280; 280; L=1280	Φ6 @150		
HJ21-4-11	6500/500	200	300	400	400	2030; 230; 1050 1050; 230; L=4590	2Φ16	130; 230; L=880	Φ6 @100	100; 6440; L=6640; 100	4Φ20	330; 330; L=1480	Φ6 @150	100; 6440; L=6640; 100	4Φ14

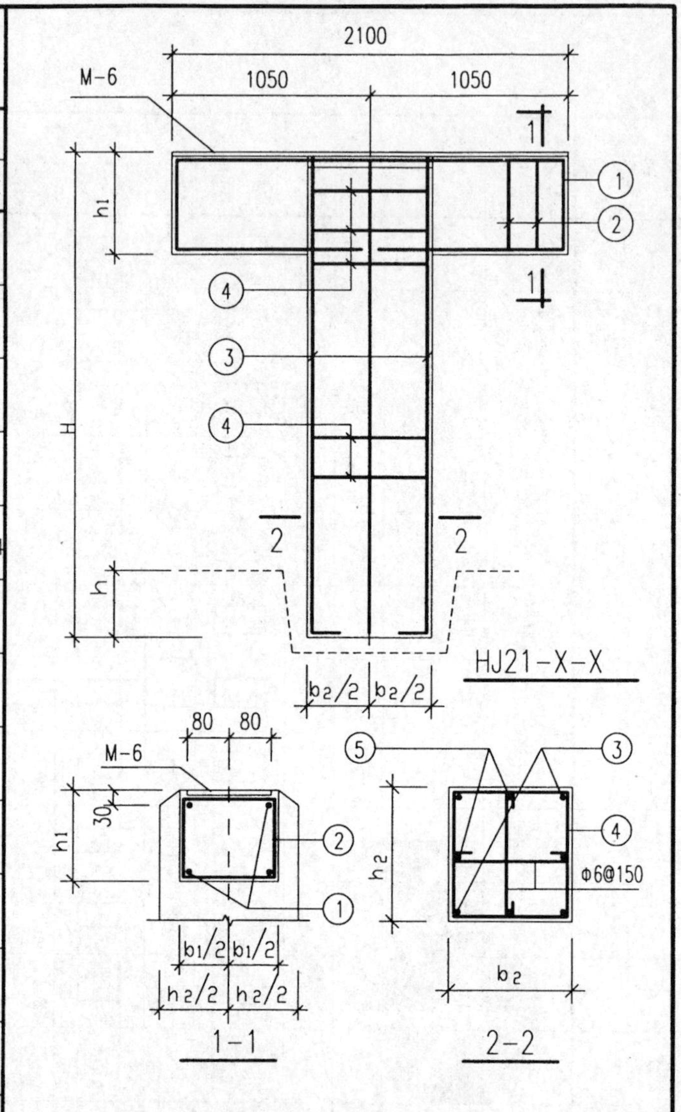

HJ21-X-X详图及尺寸配筋表三	图集号	01R414
审核 [signature] 校对 [signature] 设计 [signature]	页	42

尺寸配筋表

管架代号	H/h	截面尺寸				①		②		③		④		⑤	
		b_1	h_1	b_2	h_2	简图	直径数量	简图	直径数量	简图	直径数量	简图	直径数量	简图	直径数量
HJ24-1-1	1700/500	200	200	250	250	2330; 130 200 1200 130; L=4990	2Φ14	130 130; L=680	φ6 @100	100 1640 100; L=1840	4Φ12	180 180; L=880	φ6 @150		
HJ24-1-2	1700/500	200	250	250	250	2330; 180 200 1200 180; L=5090	2Φ14	130 180; L=780	φ6 @100	100 1640 100; L=1840	4Φ12	180 180; L=880	φ6 @150		
HJ24-1-3	1700/500	200	250	250	250	2330; 180 200 1200 180; L=5090	2Φ16	130 180; L=780	φ6 @100	100 1640 100; L=1840	4Φ12	180 180; L=880	φ6 @150		
HJ24-1-4	1700/500	200	300	300	250	2330; 230 200 1200 230; L=5190	2Φ20	130 230; L=880	φ6 @100	100 1640 100; L=1840	4Φ16	230 180; L=980	φ6 @150		
HJ24-2-1	3500/500	200	200	250	250	2330; 130 200 1200 130; L=4990	2Φ14	130 130; L=680	φ6 @100	100 3440 100; L=3640	4Φ12	180 180; L=880	φ6 @150		
HJ24-2-2	3500/500	200	250	250	250	2330; 180 200 1200 180; L=5090	2Φ14	130 180; L=780	φ6 @100	100 3440 100; L=3640	4Φ14	180 180; L=880	φ6 @150		
HJ24-2-3	3500/500	200	250	250	250	2330; 180 200 1200 180; L=5090	2Φ16	130 180; L=780	φ6 @100	100 3440 100; L=3640	4Φ14	180 180; L=880	φ6 @150		
HJ24-2-4	3500/500	200	250	250	250	2330; 180 200 1200 180; L=5090	2Φ14	130 180; L=780	φ6 @100	100 3440 100; L=3640	4Φ16	180 180; L=880	φ6 @150		
HJ24-2-5	3500/500	200	250	250	250	2330; 180 200 1200 180; L=5090	2Φ16	130 180; L=780	φ6 @100	100 3440 100; L=3640	4Φ16	180 180; L=880	φ6 @150		
HJ24-2-6	3500/500	200	300	300	250	2330; 230 200 1200 230; L=5190	2Φ16	130 230; L=880	φ6 @100	100 3440 100; L=3640	4Φ16	230 180; L=980	φ6 @150		
HJ24-3-1	5000/500	200	200	300	300	2330; 130 200 1200 130; L=4990	2Φ14	130 130; L=680	φ6 @100	100 4940 100; L=5140	4Φ14	230 230; L=1080	φ6 @150		
HJ24-3-2	5000/500	200	250	300	300	2330; 180 200 1200 180; L=5090	2Φ14	130 180; L=780	φ6 @100	100 4940 100; L=5140	4Φ16	230 230; L=1080	φ6 @150		
HJ24-3-3	5000/500	200	250	300	300	2330; 180 200 1200 180; L=5090	2Φ16	130 180; L=780	φ6 @100	100 4940 100; L=5140	4Φ16	230 230; L=1080	φ6 @150		
HJ24-3-4	5000/500	200	250	300	300	2330; 180 200 1200 180; L=5090	2Φ16	130 180; L=780	φ6 @100	100 4940 100; L=5140	4Φ18	230 230; L=1080	φ6 @150		

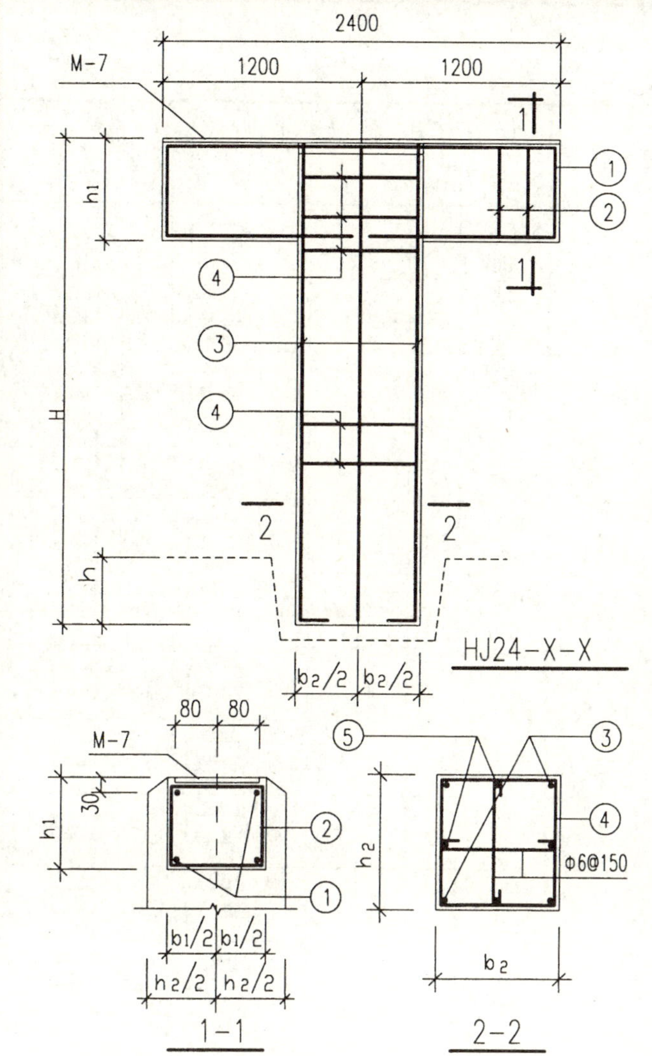

HJ24-X-X 详图及尺寸配筋表一	图集号	01R414
审核 校对 设计	页	43

尺 寸 配 筋 表

管架代号	H/h	截面尺寸 b1	h1	b2	h2	① 简图	① 直径数量	② 简图	② 直径数量	③ 简图	③ 直径数量	④ 简图	④ 直径数量	⑤ 简图	⑤ 直径数量
HJ24-3-5	5000/500	200	300	300	300	2330; 230 200 1200 230; L=5190	2Φ16	130, 230; L=880	Φ6 @100	4940, 100, 100; L=5140	4Φ18	230, 230; L=1080	Φ6 @150		
HJ24-4-1	6500/500	200	200	300	300	2330; 130 200 1200 130; L=4990	2Φ14	130, 130; L=680	Φ6 @100	6440, 100, 100; L=6640	4Φ14	230, 230; L=1080	Φ6 @150		
HJ24-4-2	6500/500	200	200	300	300	2330; 130 200 1200 130; L=4990	2Φ14	130, 130; L=680	Φ6 @100	6440, 100, 100; L=6640	4Φ16	230, 230; L=1080	Φ6 @150		
HJ24-4-3	6500/500	200	250	300	300	2330; 180 200 1200 180; L=5090	2Φ16	130, 180; L=780	Φ6 @100	6440, 100, 100; L=6640	4Φ16	230, 230; L=1080	Φ6 @150		
HJ24-4-4	6500/500	200	250	300	300	2330; 180 200 1200 180; L=5090	2Φ14	130, 180; L=780	Φ6 @100	6440, 100, 100; L=6640	4Φ18	230, 230; L=1080	Φ6 @150		
HJ24-4-5	6500/500	200	250	300	300	2330; 180 200 1200 180; L=5090	2Φ16	130, 180; L=780	Φ6 @100	6440, 100, 100; L=6640	4Φ18	230, 230; L=1080	Φ6 @150		
HJ24-4-6	6500/500	200	250	350	300	2330; 180 200 1200 180; L=5090	2Φ16	130, 180; L=780	Φ6 @100	6440, 100, 100; L=6640	4Φ18	280, 230; L=1180	Φ6 @150		
HJ24-4-7	6500/500	200	300	350	300	2330; 230 200 1200 230; L=5190	2Φ16	130, 230; L=880	Φ6 @100	6440, 100, 100; L=6640	4Φ18	280, 230; L=1180	Φ6 @150		
HJ24-4-8	6500/500	200	250	300	300	2330; 180 200 1200 180; L=5090	2Φ14	130, 180; L=780	Φ6 @100	6440, 100, 100; L=6640	4Φ20	230, 230; L=1080	Φ6 @150		
HJ24-4-9	6500/500	200	250	350	300	2330; 180 200 1200 180; L=5090	2Φ16	130, 180; L=780	Φ6 @100	6440, 100, 100; L=6640	4Φ20	280, 230; L=1180	Φ6 @150		
HJ24-4-10	6500/500	200	300	400	400	2330; 230 200 1200 230; L=5190	2Φ16	130, 230; L=880	Φ6 @100	6440, 100, 100; L=6640	4Φ20	330, 330; L=1480	Φ6 @150	6440, 100, 100; L=6640	4Φ14

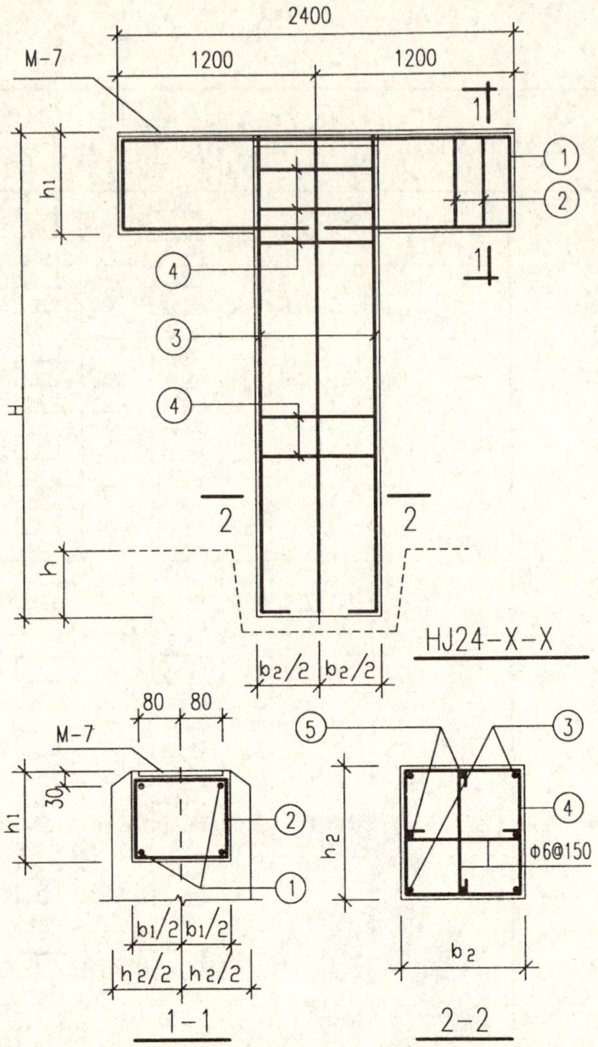

HJ24-X-X详图及尺寸配筋表二			图集号	01R414
审核	校对	设计	页	44

尺寸配筋表

基础代号	尺寸							①		②	
	AxB	a	a_1	a_2	b	b_1	b_2	简图	直径数量	简图	直径数量
HJJ 1-1	1000X1000	75	400	0	75	400	0		—		—
HJJ 1-2	1000X1100	75	400	0	125	350	50		—		—
HJJ 1-2a	1100X1000	125	350	50	75	400	0		—		—
HJJ 1-3	1000X1200	75	400	0	175	350	50		—		—
HJJ 1-3a	1200X1000	175	350	50	75	400	0		—		—
HJJ 1-4	1000X1300	75	400	0	225	300	100		—		—
HJJ 1-4a	1300X1000	225	300	100	75	400	0		—		—
HJJ 1-5	1000X1400	75	400	0	275	300	100		—		—
HJJ 1-5a	1400X1000	275	300	100	75	400	0		—		—
HJJ 1-6	1000X1500	75	400	0	325	250	150		—		—
HJJ 1-6a	1500X1000	325	250	150	75	400	0		—		—
HJJ 1-7	1000X1600	75	400	0	375	250	150		—		—
HJJ 1-7a	1600X1000	375	250	150	75	400	0		—		—
HJJ 1-8	1100X1100	125	350	50	125	350	50		—		—

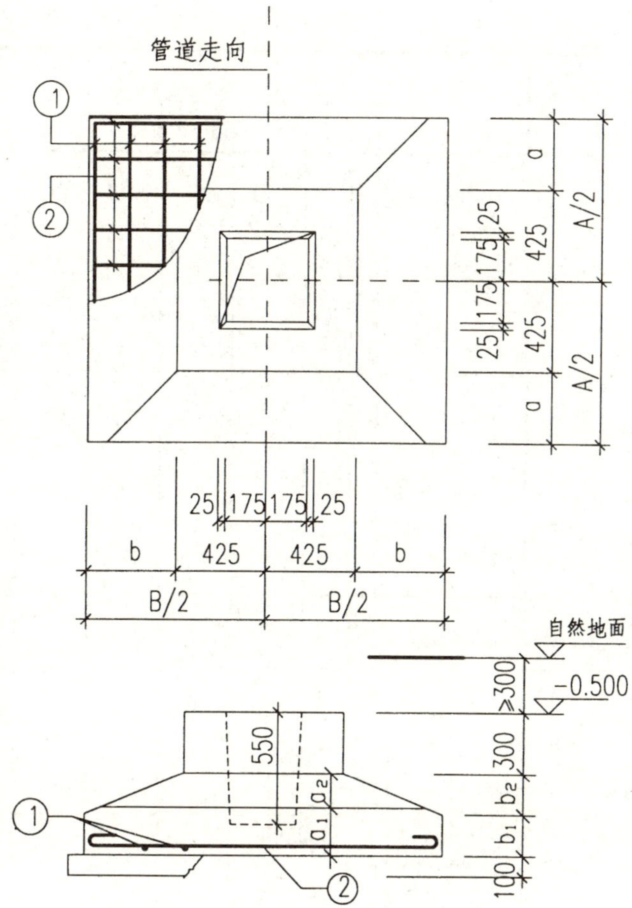

附注：1. 垫层用C10级混凝土,每边比基础大100.
2. 基础用C20级混凝土,钢筋保护层厚35.
3. 基础长向钢筋放下排.

HJJ1-X详图及尺寸配筋表一	图集号	01R414
审核 校对 设计	页	45

尺寸配筋表

基础代号	尺寸							①		②	
	AxB	a	a_1	a_2	b	b_1	b_2	简图	直径数量	简图	直径数量
HJJ 1-9	1100X1200	125	350	50	175	350	50		—		—
HJJ 1-9a	1200X1100	175	350	50	125	350	50		—		—
HJJ 1-10	1100X1300	125	350	50	225	300	100		—		—
HJJ 1-10a	1300X1100	225	300	100	125	350	50		—		—
HJJ 1-11	1100X1400	125	350	50	275	300	100		—		—
HJJ 1-11a	1400X1100	275	300	100	125	350	50		—		—
HJJ 1-12	1100X1500	125	350	50	325	250	150		—		—
HJJ 1-13	1100X1600	125	350	50	375	250	150		—		—
HJJ 1-13a	1600X1100	375	250	150	125	350	50		—		—
HJJ 1-14	1100X1700	125	350	50	425	250	150	1030 L=1110	7ϕ6 @300	1630 L=1730	7ϕ8 @200
HJJ 1-14a	1700X1100	425	250	150	125	350	50	1630 L=1730	7ϕ8 @200	1030 L=1110	7ϕ6 @300
HJJ 1-15	1200X1200	175	350	50	175	350	50		—		—
HJJ 1-16	1200X1300	175	350	50	225	300	100		—		—
HJJ 1-16a	1300X1200	225	300	100	175	350	50		—		—

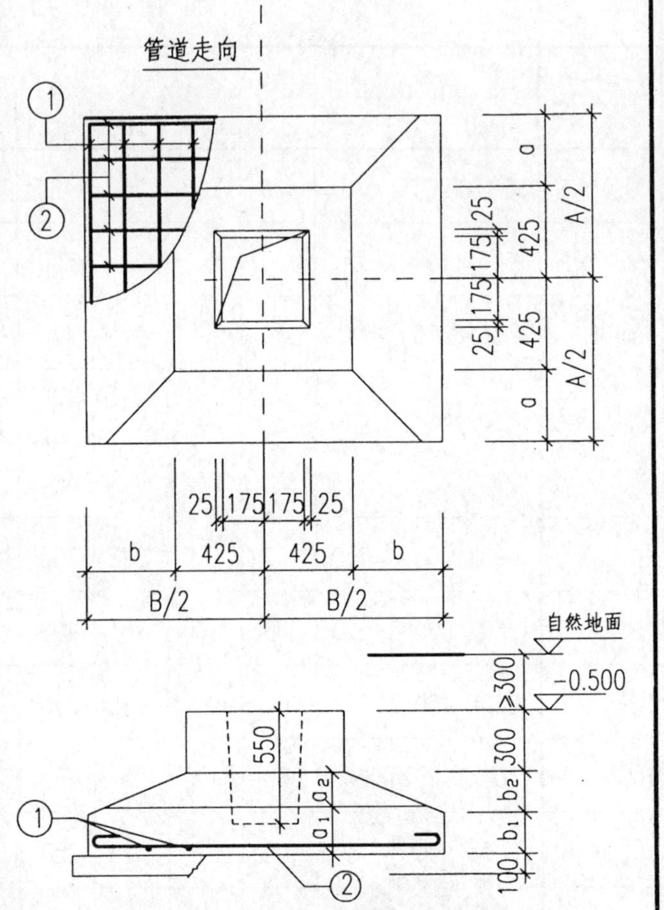

附注：1. 垫层用C10级混凝土,每边比基础大100.
2. 基础用C20级混凝土,钢筋保护层厚35.
3. 基础长向钢筋放下排.

HJJ1-X详图及尺寸配筋表二	图集号	01R414
审核 [签名] 校对 [签名] 设计 [签名]	页	46

尺寸配筋表

基础代号	尺寸							①		②	
	AxB	a	a_1	a_2	b	b_1	b_2	简图	直径数量	简图	直径数量
HJJ 1-17	1200X1400	175	350	50	275	300	100		—		—
HJJ 1-17a	1400X1200	275	300	100	175	350	50		—		—
HJJ 1-18a	1500X1200	325	250	150	175	350	50		—		—
HJJ 1-19	1200X1600	175	350	50	375	250	150		—		—
HJJ 1-21	1200X1800	175	350	50	475	200	200	1130 L=1210	7φ6 @300	1730 L=1830	7φ8 @200
HJJ 1-21a	1800X1200	475	200	200	175	350	50	1730 L=1830	7φ8 @200	1130 L=1210	7φ6 @300
HJJ 1-22	1300X1300	225	300	100	225	300	100		—		—
HJJ 1-23	1300X1400	225	300	100	275	300	100		—		—
HJJ 1-23a	1400X1300	275	300	100	225	300	100		—		—
HJJ 1-24	1300X1500	225	300	100	325	250	150		—		—
HJJ 1-24a	1500X1300	325	250	150	225	300	100		—		—
HJJ 1-25	1300X1600	225	300	100	375	250	150		—		—
HJJ 1-25a	1600X1300	375	250	150	225	300	100		—		—
HJJ 1-27	1300X1800	225	300	100	475	200	200	1230 L=1310	7φ6 @300	1730 L=1830	8φ8 @200

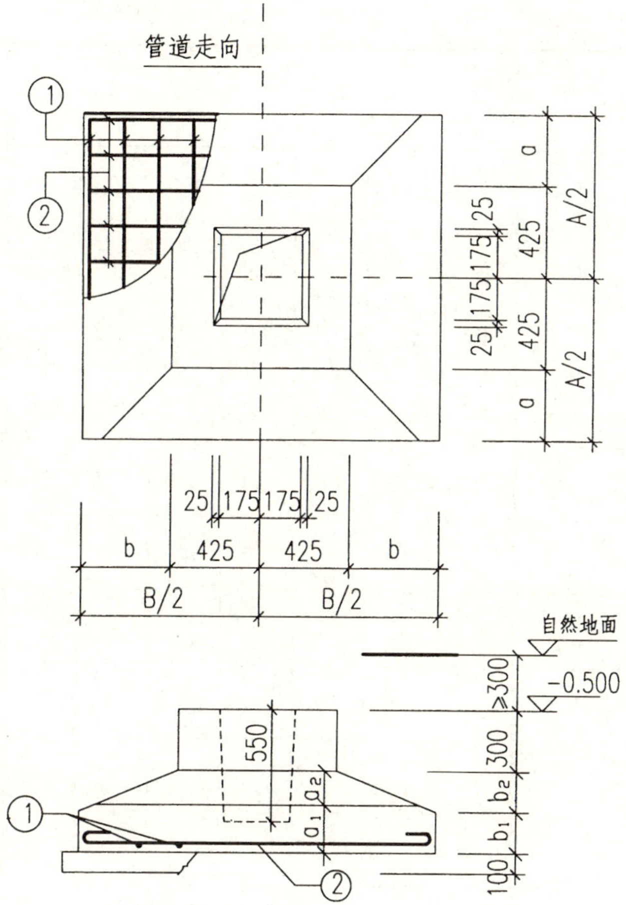

附注：1. 垫层用 C10级混凝土，每边比基础大100 .
2. 基础用 C20级混凝土，钢筋保护层厚35 .
3. 基础长向钢筋放下排.

HJJ1—X详图及尺寸配筋表三	图集号	01R414
审核 校对 设计	页	47

尺寸配筋表

基础代号	尺寸 AxB	a	a_1	a_2	b	b_1	b_2	① 简图	① 直径数量	② 简图	② 直径数量
HJJ 1-28	1300X1900	225	300	100	525	200	200	1230 L=1310	8Φ6 @300	1830 L=1930	8Φ8 @200
HJJ 1-29	1300X2000	225	300	100	575	200	200	1230 L=1310	8Φ6 @300	1930 L=2030	8Φ10 @200
HJJ 1-30	1400x1600	275	300	100	375	250	150	—	—	—	—
HJJ 1-31a	1700x1400	425	250	150	275	300	100	1630 L=1730	8Φ8 @200	1330 L=1410	7Φ6 @300
HJJ 1-32	1400x2000	275	300	100	575	200	200	1330 L=1410	8Φ6 @300	1930 L=2030	8Φ10 @200
HJJ 1-33	1400x2100	275	300	100	625	200	200	1330 L=1410	8Φ6 @300	2030 L=2130	8Φ10 @200

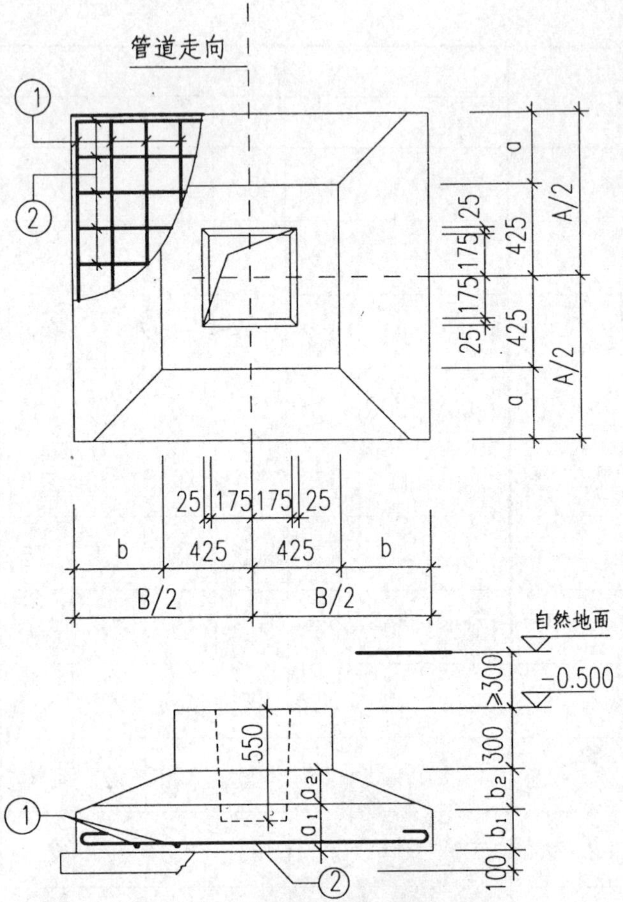

附注：1. 垫层用C10级混凝土,每边比基础大100.
2. 基础用C20级混凝土,钢筋保护层厚35.
3. 基础长向钢筋放下排.

HJJ1-X详图及尺寸配筋表四	图集号	01R414
审核 [签名] 校对 [签名] 设计 [签名]	页	48

尺 寸 配 筋 表

基础代号	尺寸							①		②	
	AxB	a	a_1	a_2	b	b_1	b_2	简图	直径数量	简图	直径数量
HJJ 2-1	1300X1000	225	300	100	50	400	0		—		—
HJJ 2-2	1500X1000	325	250	150	50	400	0		—		—
HJJ 2-3	1100X1400	125	350	50	250	300	100		—		—
HJJ 2-4	1600X1200	375	250	150	150	350	50		—		—
HJJ 2-5	1300X1400	225	300	100	250	300	100		—		—
HJJ 2-6	1300X1700	225	300	100	400	250	150	1230 L=1310	7Φ6 @300	1730 L=1830	8Φ8 @200
HJJ 2-7	1300X1900	225	300	100	500	200	200	1230 L=1310	8Φ6 @300	1830 L=1930	8Φ8 @200
HJJ 2-8	1900X1300	525	200	200	200	300	100	1830 L=1930	8Φ8 @200	1230 L=1310	8Φ6 @300
HJJ 2-9	1500X1600	325	250	150	350	250	150		—		—
HJJ 2-10	1400X2100	275	300	100	600	200	200	1330 L=1410	8Φ6 @300	2030 L=2130	8Φ10 @200

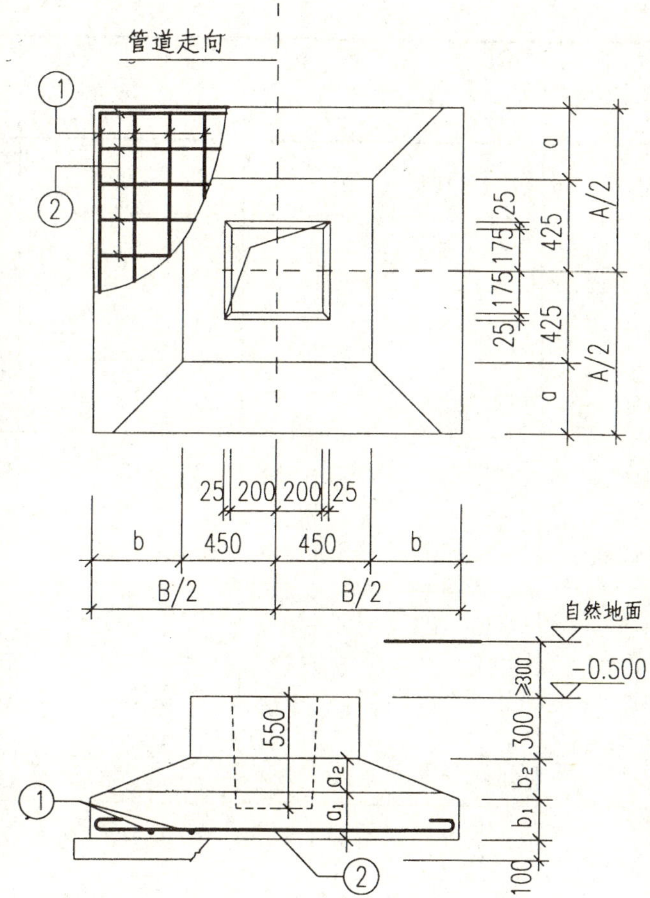

附注：1. 垫层用 C10级混凝土，每边比基础大100 .
2. 基础用 C20级混凝土，钢筋保护层厚35 .
3. 基础长向钢筋放下排.

HJJ2-X详图及尺寸配筋表	图集号	01R414
审核 校对 设计	页	49

尺寸配筋表

基础代号	尺寸							①		②	
	AxB	a	a_1	a_2	b	b_1	b_2	简图	直径数量	简图	直径数量
HJJ 3-1	1100X1100	100	350	50	100	350	50		—		—
HJJ 3-2	1100X1200	100	350	50	150	350	50		—		—
HJJ 3-2a	1200X1100	150	350	50	100	350	50		—		—
HJJ 3-3	1100X1300	100	350	50	200	350	50		—		—
HJJ 3-3a	1300X1100	200	350	50	100	350	50		—		—
HJJ 3-4	1100X1400	100	350	50	250	300	100		—		—
HJJ 3-4a	1400X1100	250	300	100	100	350	50		—		—
HJJ 3-5	1100X1500	100	350	50	300	300	100		—		—
HJJ 3-5a	1500X1100	300	300	100	100	350	50		—		—
HJJ 3-6	1100X1600	100	350	50	350	300	100		—		—
HJJ 3-6a	1600X1100	350	300	100	100	350	50		—		—
HJJ 3-7	1100X1700	100	350	50	400	250	150	1030 L=1110	7Φ6 @300	1630 L=1730	7Φ8 @200
HJJ 3-7a	1700X1100	400	250	150	100	350	50	1630 L=1730	7Φ8 @200	1030 L=1110	7Φ6 @300
HJJ 3-8	1200X1200	150	350	50	150	350	50		—		—

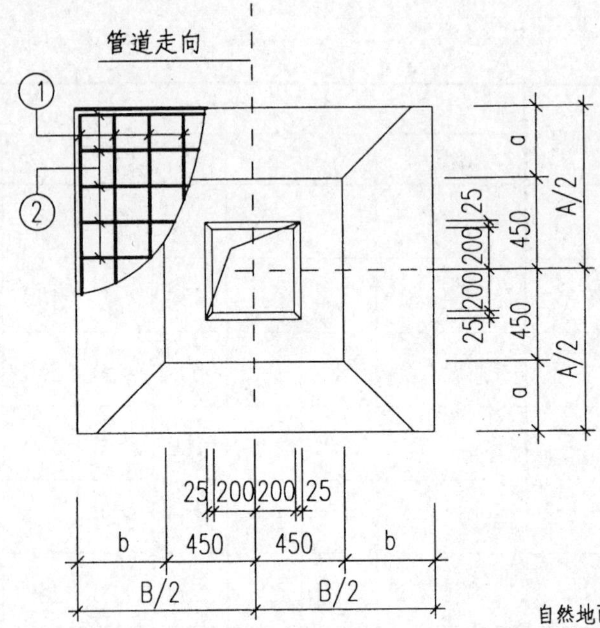

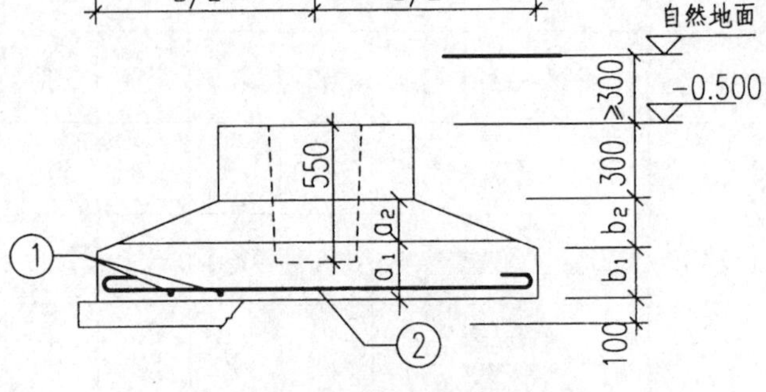

附注：1. 垫层用C10级混凝土,每边比基础大100.
2. 基础用C20级混凝土,钢筋保护层厚35.
3. 基础长向钢筋放下排.

HJJ3－X详图及尺寸配筋表一			图集号	01R414
审核	校对	设计	页	50

尺 寸 配 筋 表

基础代号	尺寸							①		②	
	AxB	a	a1	a2	b	b1	b2	简图	直径数量	简图	直径数量
HJJ 3-9a	1300X1200	200	350	50	150	350	50		—		—
HJJ 3-10	1200X1400	150	350	50	250	300	100		—		—
HJJ 3-11	1200X1500	150	350	50	300	300	100		—		—
HJJ 3-11a	1500X1200	300	300	100	150	350	50		—		—
HJJ 3-12	1200X1600	150	350	50	350	300	100		—		—
HJJ 3-12a	1600X1200	350	300	100	150	350	50		—		—
HJJ 3-13	1200X1700	150	350	50	400	250	150	1130 L=1210	7Φ6 @300	1630 L=1730	7Φ8 @200
HJJ 3-13a	1700X1200	400	250	150	150	350	50	1630 L=1730	7Φ8 @200	1130 L=1210	7Φ6 @300
HJJ 3-14	1200X1800	150	350	50	450	250	150	1130 L=1210	7Φ6 @300	1730 L=1830	7Φ8 @200
HJJ 3-14a	1800X1200	450	250	150	150	350	50	1730 L=1830	7Φ8 @200	1130 L=1210	7Φ6 @300
HJJ 3-15	1300X1300	200	350	50	200	350	50		—		—
HJJ 3-16	1300X1400	200	350	50	250	300	100		—		—
HJJ 3-16a	1400X1300	250	300	100	200	350	50		—		—
HJJ 3-17a	1500X1300	300	300	100	200	350	50		—		—

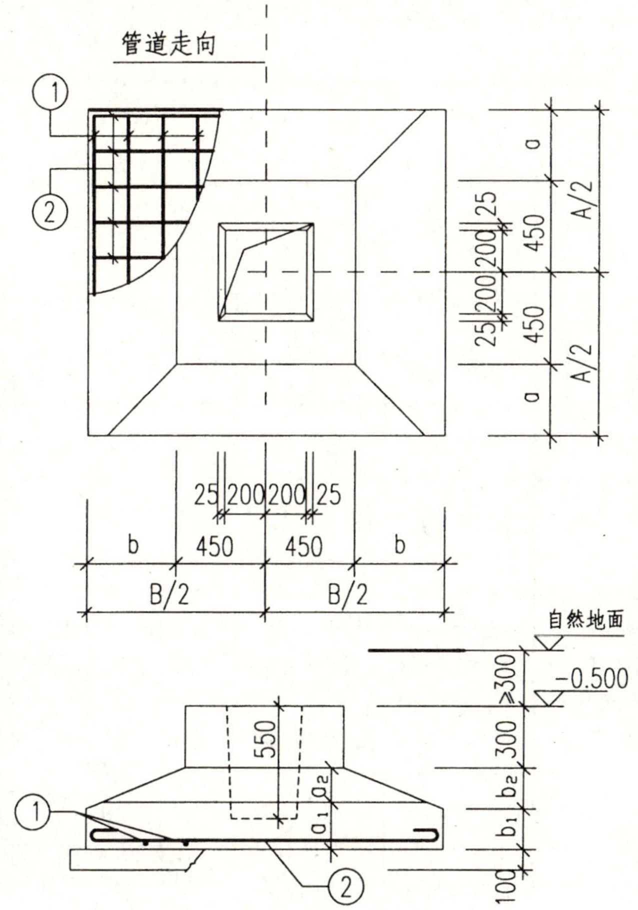

附注：1. 垫层用 C10级混凝土，每边比基础大100 .
2. 基础用 C20级混凝土，钢筋保护层厚35 .
3. 基础长向钢筋放下排.

HJJ3－X详图及尺寸配筋表二	图集号	01R414
审核 校对 设计	页	51

尺寸配筋表

基础代号	尺寸							①		②	
	AxB	a	a1	a2	b	b1	b2	简图	直径数量	简图	直径数量
HJJ 3-18a	1600X1300	350	300	100	200	350	50		—		—
HJJ 3-19a	1700X1300	400	250	150	200	350	50	1630 L=1730	8Φ8 @200	1230 L=1310	7Φ6 @300
HJJ 3-20	1300X1900	200	350	50	500	200	200	1230 L=1310	8Φ6 @300	1830 L=1930	8Φ8 @200
HJJ 3-20a	1900X1300	500	200	200	200	350	50	1830 L=1930	8Φ8 @200	1230 L=1310	8Φ6 @300
HJJ 3-21	1300X2000	200	350	50	550	200	200	1230 L=1310	8Φ6 @300	1930 L=2030	8Φ10 @200
HJJ 3-21a	2000X1300	550	200	200	200	350	50	1930 L=2030	8Φ10 @200	1230 L=1310	8Φ6 @300
HJJ 3-22	1400X1400	250	300	100	250	300	100		—		—
HJJ 3-23	1400X1500	250	300	100	300	300	100		—		—
HJJ 3-23a	1500X1400	300	300	100	250	300	100		—		—
HJJ 3-24	1400X1600	250	300	100	350	300	100		—		—
HJJ 3-25	1400X1700	250	300	100	400	250	150	1330 L=1410	7Φ6 @300	1630 L=1730	8Φ8 @200
HJJ 3-25a	1700X1400	400	250	150	250	300	100	1630 L=1730	8Φ8 @200	1330 L=1410	7Φ6 @300
HJJ 3-26	1400X1800	250	300	100	450	250	150	1330 L=1410	7Φ6 @300	1730 L=1830	8Φ8 @200
HJJ 3-27	1400X1900	250	300	100	500	200	200	1330 L=1410	8Φ6 @300	1830 L=1930	8Φ8 @200

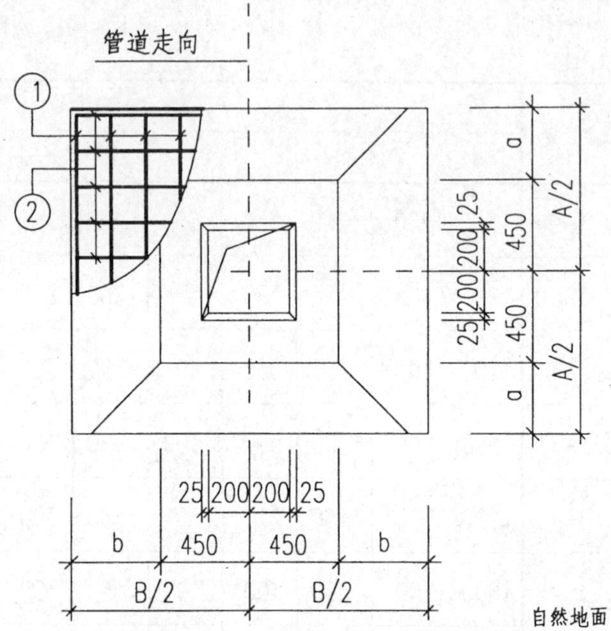

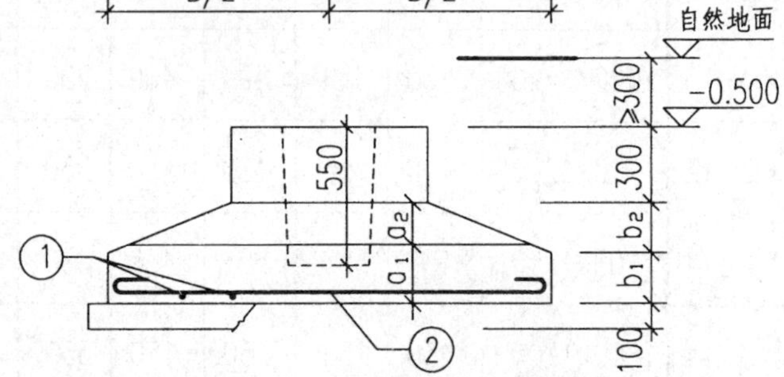

附注：1. 垫层用 C10级混凝土,每边比基础大100 .
2. 基础用 C20级混凝土,钢筋保护层厚35 .
3. 基础长向钢筋放下排.

HJJ3-X详图及尺寸配筋表三	图集号	01R414
审核 校对 设计	页	52

尺寸配筋表

基础代号	尺寸							①		②	
	AxB	a	a_1	a_2	b	b_1	b_2	简图	直径数量	简图	直径数量
HJJ 3-27a	1900X1400	500	200	200	250	300	100	1830 L=1930	8φ8 @200	1330 L=1410	8φ6 @300
HJJ 3-28	1400X2100	250	300	100	600	200	200	1330 L=1410	8φ6 @300	2030 L=2130	8φ10 @200
HJJ 3-28a	2100X1400	600	200	200	250	300	100	2030 L=2130	8φ10 @200	1330 L=1410	8φ6 @300
HJJ 3-29	1500X1500	300	300	100	300	300	100		—		—
HJJ 3-30	1500X1600	300	300	100	350	300	100		—		—
HJJ 3-30a	1600X1500	350	300	100	300	300	100		—		—
HJJ 3-31	1500X1700	300	300	100	400	250	150	1430 L=1510	7φ6 @300	1630 L=1730	9φ8 @200
HJJ 3-32a	1900X1500	500	200	200	300	300	100	1830 L=1930	9φ8 @200	1430 L=1510	8φ6 @300
HJJ 3-33a	2200X1500	650	200	200	300	300	100	2130 L=2230	9φ10 @200	1430 L=1510	9φ6 @300
HJJ 3-34	1600X1600	350	300	100	350	300	100		—		—
HJJ 3-35	1600X1700	350	300	100	400	250	150	1530 L=1610	7φ6 @300	1630 L=1730	9φ8 @200
HJJ 3-35a	1700X1600	400	250	150	350	300	100	1630 L=1730	9φ8 @200	1530 L=1610	7φ6 @300
HJJ 3-36	1600X1800	350	300	100	450	250	150	1530 L=1610	7φ6 @300	1730 L=1830	9φ8 @200
HJJ 3-37	1700X1700	400	250	150	400	250	150	1630 L=1730	10φ8 @200	1630 L=1730	10φ8 @200

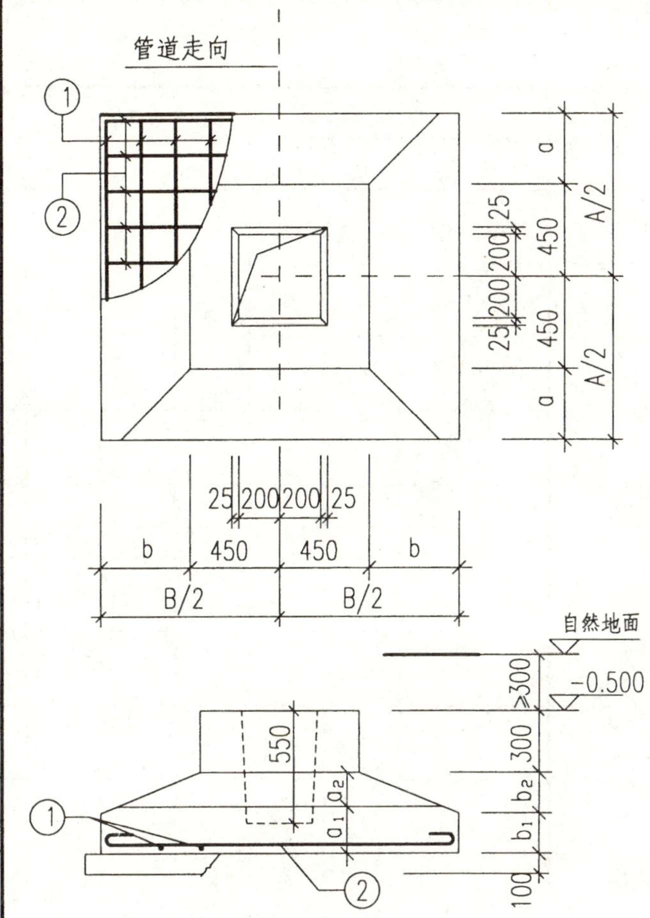

附注：1. 垫层用C10级混凝土，每边比基础大100.
2. 基础用C20级混凝土，钢筋保护层厚35.
3. 基础长向钢筋放下排.

HJJ3-X详图及尺寸配筋表四	图集号	01R414
审核 [签名] 校对 [签名] 设计 [签名]	页	53

尺寸配筋表

基础代号	尺寸							①		②	
	AxB	a	a_1	a_2	b	b_1	b_2	简图	直径数量	简图	直径数量
HJJ 4-1	1500X1600	275	300	100	350	300	100	—		—	
HJJ 4-2	1600X1800	325	300	100	450	250	150	1530 L=1610	7Φ6 @300	1730 L=1830	9Φ8 @200

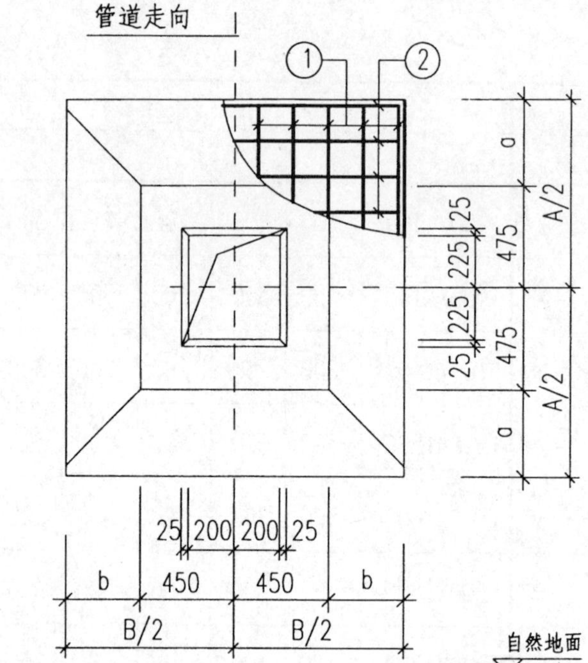

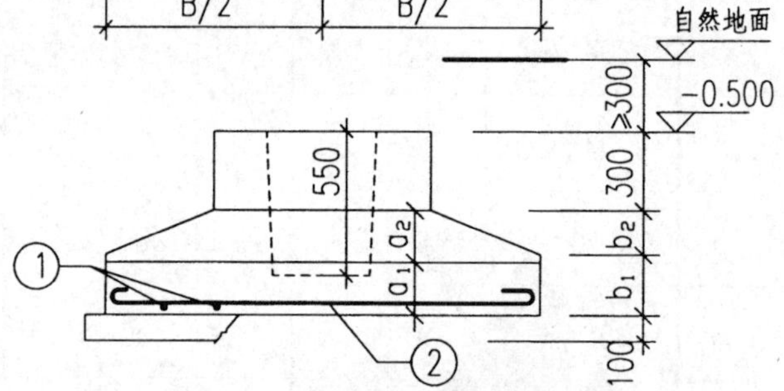

附注：1. 垫层用C10级混凝土,每边比基础大100.
2. 基础用C20级混凝土,钢筋保护层厚35.
3. 基础长向钢筋放下排.

HJJ4−X详图及尺寸配筋表						图集号	01R414
审核	[signature]	校对	[signature]	设计	[signature]	页	54

尺寸配筋表

基础代号	尺寸							①		②	
	AxB	a	a1	a2	b	b1	b2	简图	直径数量	简图	直径数量
HJJ 5-1a	1500X1300	300	300	100	175	350	50		—		—
HJJ 5-2	1300X1700	200	350	50	375	250	150	1230 L=1310	7φ6 @300	1630 L=1730	8φ8 @200
HJJ 5-2a	1700X1300	400	250	150	175	350	50	1630 L=1730	8φ8 @200	1230 L=1310	7φ6 @300
HJJ 5-3	1300X1800	200	350	50	425	200	200	1230 L=1310	7φ6 @300	1730 L=1830	8φ8 @200
HJJ 5-4	1400X2100	250	300	100	575	200	200	1330 L=1410	8φ6 @300	2030 L=2130	8φ10 @200
HJJ 5-5a	2000X1500	550	200	200	275	300	100	1930 L=2030	9φ10 @200	1430 L=1510	8φ6 @300
HJJ 5-6a	1700X1600	400	250	150	325	300	100	1630 L=1730	9φ8 @200	1530 L=1610	7φ6 @300

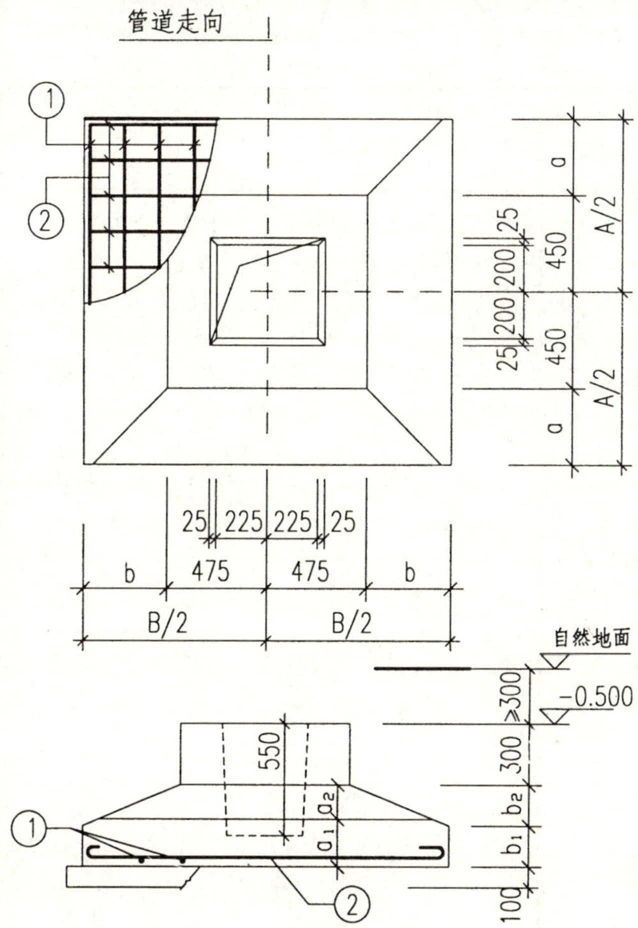

附注：1. 垫层用C10级混凝土，每边比基础大100.
2. 基础用C20级混凝土，钢筋保护层厚35.
3. 基础长向钢筋放下排.

HJJ5-X详图及尺寸配筋表	图集号	01R414
审核 校对 设计	页	55

尺寸配筋表

基础代号	尺寸 AxB	a	a_1	a_2	b	b_1	b_2	① 简图	① 直径数量	② 简图	② 直径数量
HJJ 6-1	1400X1500	225	300	100	275	300	100		—		—
HJJ 6-2a	1600X1500	325	300	100	275	300	100		—		—
HJJ 6-3	1600X1600	325	300	100	325	300	100		—		—
HJJ 6-4	1600X1800	325	300	100	425	250	150	1530 L=1610	7Φ6 @300	1730 L=1830	9Φ8 @200
HJJ 6-5	1700X1800	375	250	150	425	250	150	1630 L=1730	10Φ8 @200	1730 L=1830	10Φ8 @200
HJJ 6-5a	1800X1700	425	250	150	375	250	150	1730 L=1830	10Φ8 @200	1630 L=1730	10Φ8 @200
HJJ 6-6	1900X1900	475	200	200	475	200	200	1830 L=1930	11Φ8 @200	1830 L=1930	11Φ8 @200

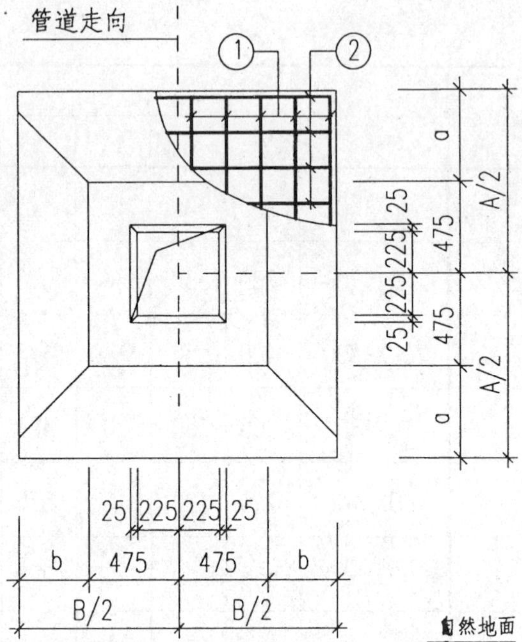

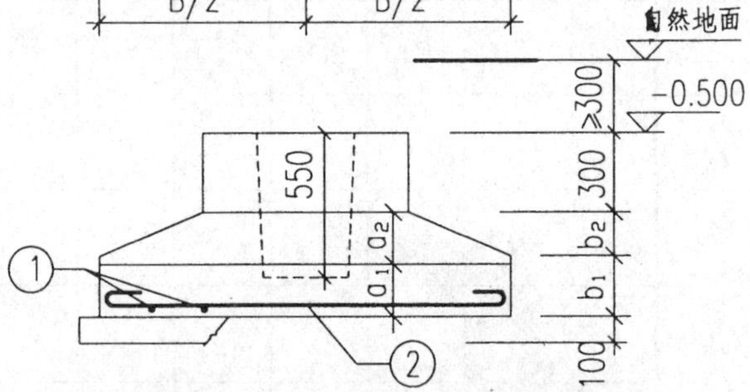

附注：1. 垫层用C10级混凝土,每边比基础大100 .
2. 基础用C20级混凝土,钢筋保护层厚35 .
3. 基础长向钢筋放下排.

HJJ6－X详图及尺寸配筋表	图集号	01R414
审核 [签名] 校对 [签名] 设计 [签名]	页	56

尺寸配筋表

基础代号	尺寸 AxB	a	a1	a2	b	b1	b2	① 简图	① 直径数量	② 简图	② 直径数量
HJJ 7-1	1400X1900	200	300	100	450	200	200	1330 L=1410	8φ6 @300	1830 L=1930	8φ8 @200
HJJ 7-2	1400X2000	200	300	100	500	200	200	1330 L=1410	8φ6 @300	1930 L=2030	8φ10 @200
HJJ 7-3	1500X1800	250	300	100	400	250	150	1430 L=1510	7φ6 @300	1730 L=1830	9φ8 @200
HJJ 7-4	1500X2200	250	300	100	600	200	200	1430 L=1510	9φ6 @300	2130 L=2230	9φ10 @200
HJJ 7-5	1600X2100	300	300	100	550	200	200	1530 L=1610	8φ6 @300	2030 L=2130	9φ10 @200
HJJ 7-6	1800X2300	400	250	150	650	200	200	1730 L=1830	13φ8 @200	2230 L=2330	10φ10 @200

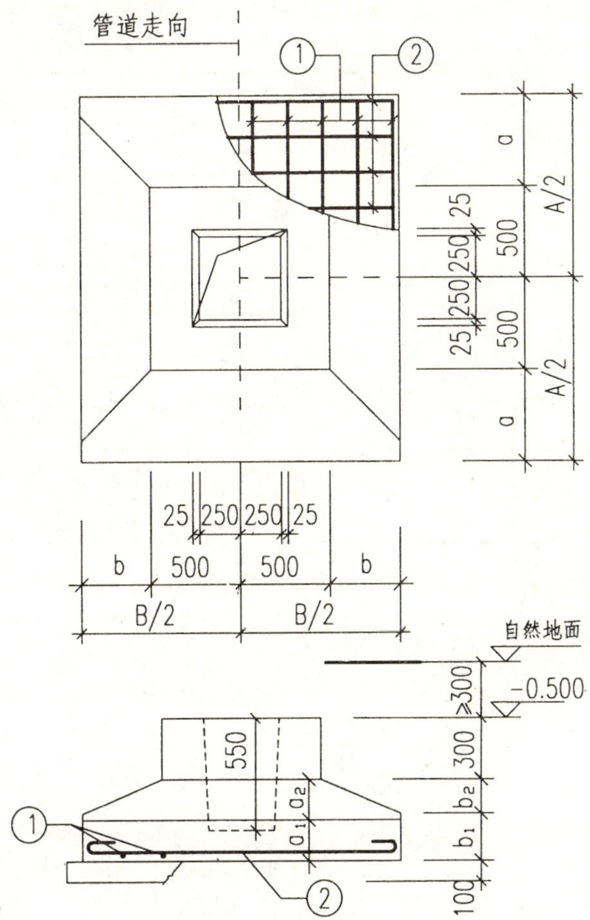

附注：1. 垫层用 C10级混凝土，每边比基础大100 .
2. 基础用 C20级混凝土，钢筋保护层厚35 .
3. 基础长向钢筋放下排.

HJJ7-X详图及尺寸配筋表	图集号	01R414
审核 校对 设计	页	57

尺寸配筋表

支架代号	H/h	截面尺寸 b2	截面尺寸 h2	① 简图	① 直径数量	② 简图	② 直径数量	③ 简图	③ 直径数量	④ 简图	④ 直径数量	⑤ 简图	⑤ 直径数量
GJ 1-1-1	1700/500	300	300	530 340 130 l=1470	2Φ10	130 130 l=680	4Φ6 @100	100 1630 l=1730 0	4Φ12	230 230 l=1130	14Φ8 @150		
GJ 1-2-1	3500/500	300	300	530 340 130 l=1470	2Φ10	130 130 l=680	4Φ6 @100	150 3430 l=3680 100	4Φ16	230 230 l=1130	26Φ8 @150		
GJ 1-3-1	5000/500	300	300	530 340 130 l=1470	2Φ10	130 130 l=680	4Φ6 @100	200 4930 l=5230 100	4Φ18	230 230 l=1130	37Φ8 @150		
GJ 1-4-1	6500/500	300	400	530 340 130 l=1470	2Φ10	130 130 l=680	4Φ6 @80	200 6430 l=6730 100	4Φ18	230 330 l=1330	45Φ8 @150	6430 l=6430 0	4Φ12

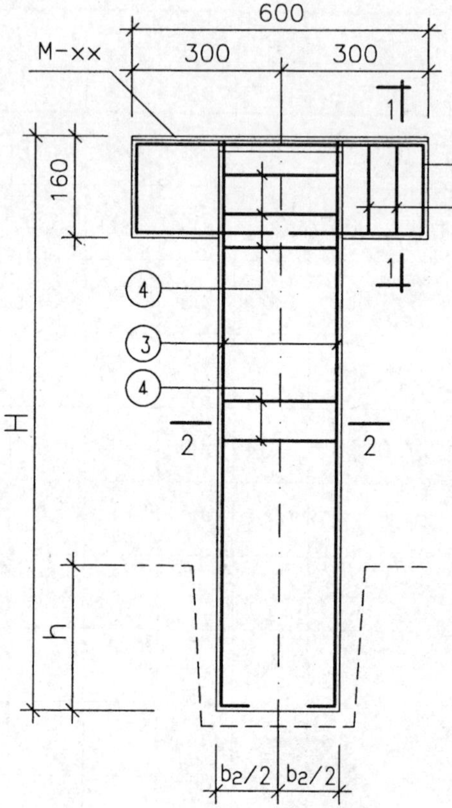

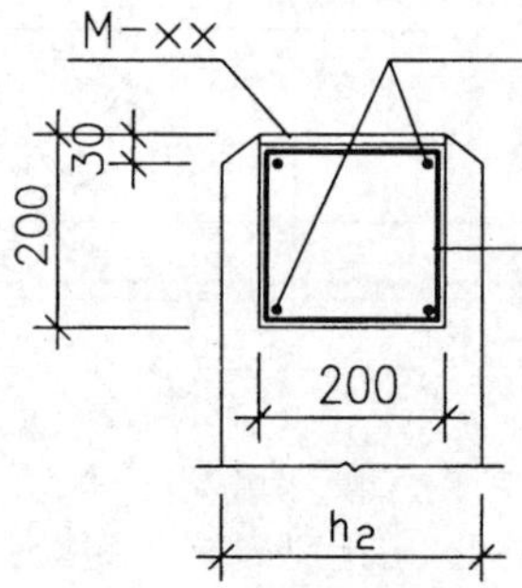

1-1

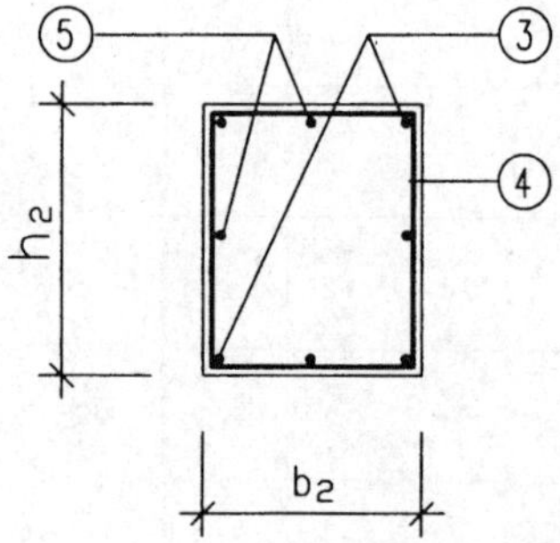

2-2

附注：

1. 钢筋的数量为整个支架的总数．
2. 埋件M-XX详见第127,128页.

GJ1-1,2,3,4-1 详图及尺寸配筋表	图集号	01R414
审核 校对 设计	页	58

尺寸配筋表

支架代号	H/h	截面尺寸 b1	h1	h2	① 简图	① 直径数量	② 简图	② 直径数量	③ 简图	③ 直径数量	④ 简图	④ 直径数量	⑤ 简图	⑤ 直径数量
GJ 1-1-2	1700/500	200	200	300	930 150 l=1230	4Φ14	130 130 l=730	5Φ8 @80	100 1650 l=1750 0	8Φ12	230 230 l=1130	44Φ8 @100		
GJ 1-1-3	1700/500	250	200	300	930 150 l=1230	4Φ12	180 130 l=830	5Φ8 @80	150 1630 l=1880 100	8Φ16	230 230 l=1130	44Φ8 @100		
GJ 1-1-4	1700/500	250	300	300	930 150 l=1230	4Φ14	180 230 l=1030	5Φ8 @80	200 1630 l=1980 150	8Φ18	230 230 l=1130	44Φ8 @100		
GJ 1-1-5	1700/500	300	300	350	930 200 l=1330	4Φ16	230 230 l=1130	5Φ8 @80	200 1630 l=1980 150	12Φ18	230 280 l=1230	44Φ8 @100		
GJ 1-1-6	1700/500	350	350	400	930 300 l=1530	4Φ20	280 280 l=1380	5Φ10 @80	200 1630 l=2030 200	12Φ20	230 330 l=1330	44Φ8 @100	1630 l=1630	4Φ12
GJ 1-2-2	3500/500	200	200	300	930 150 l=1230	4Φ14	130 130 l=730	5Φ8 @80	150 3430 l=3680 100	8Φ16	230 230 l=1130	54Φ8 @150		
GJ 1-2-3	3500/500	250	200	300	930 150 l=1230	4Φ12	180 130 l=830	5Φ8 @80	200 3430 l=3780 150	8Φ18	230 230 l=1130	54Φ8 @150		
GJ 1-2-4	3500/500	300	250	350	930 150 l=1230	4Φ14	230 180 l=1030	5Φ8 @80	200 3430 l=3830 200	12Φ20	230 280 l=1230	54Φ8 @150		
GJ 1-2-5	3500/500	350	300	450	930 200 l=1330	4Φ16	280 230 l=1230	5Φ8 @80	200 3430 l=3880 250	12Φ22	230 380 l=1430	54Φ8 @150	3430 l=3430	4Φ12
GJ 1-2-6	3650/650	400	350	550	930 300 l=1530	4Φ20	330 280 l=1480	4Φ10 @100	200 3580 l=4030 250	16Φ22	230 480 l=1630	56Φ8 @150	3580 l=3580	4Φ12

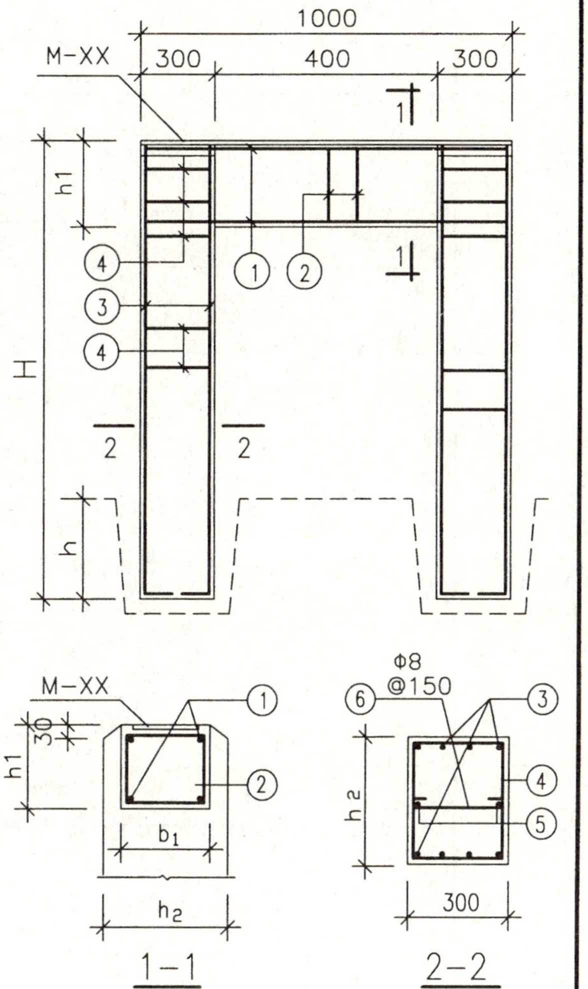

附注：

1. 钢筋的数量为整个支架的总数.
2. 埋件M-XX详见第127,128页.

GJ1-$\frac{1}{2}$-2~6 详图及尺寸配筋表	图集号	01R414
审核 校对 设计	页	59

尺寸配筋表

支架代号	H/h	截面尺寸 b1	截面尺寸 b2	截面尺寸 h2	① 简图	① 直径数量	② 简图	② 直径数量	③ 简图	③ 直径数量	④ 简图	④ 直径数量	⑤ 简图	⑤ 直径数量
GJ 1-3-2	5000/500	200	200	300	930, 150, l=1230	4Φ14	130, 130, l=730	5Φ8 @80	4930, 200, 150, l=5280	8Φ18	230, 230, l=1130	74Φ8 @150		
GJ 1-3-3	5000/500	250	200	350	930, 150, l=1230	4Φ14	180, 130, l=830	5Φ8 @80	4930, 200, 200, l=5330	12Φ20	230, 280, l=1230	74Φ8 @150		
GJ 1-3-4	5000/500	300	250	450	930, 150, l=1230	4Φ14	230, 180, l=1030	5Φ8 @80	4930, 200, 200, l=5330	12Φ20	230, 380, l=1430	74Φ8 @150	4930	4Φ12
GJ 1-3-5	5150/650	350	300	550	930, 200, l=1330	4Φ16	280, 230, l=1230	5Φ8 @80	5080, 200, 200, l=5480	16Φ20	230, 480, l=1630	76Φ8 @150	5080	4Φ12
GJ 1-3-6	5150/650	400	350	650	930, 300, l=1530	4Φ20	330, 280, l=1480	4Φ10 @100	5080, 200, 300, l=5580	16Φ25	230, 580, l=1830	76Φ8 @150	5080	4Φ12
GJ 1-4-2	6500/500	200	200	400	930, 150, l=1230	4Φ14	130, 130, l=730	5Φ8 @80	6430, 200, 150, l=6780	8Φ18	230, 330, l=1330	94Φ8 @150	6430	4Φ12
GJ 1-4-3	6500/500	250	200	450	930, 150, l=1230	4Φ14	180, 130, l=830	5Φ8 @80	6430, 200, 200, l=6830	12Φ20	230, 380, l=1430	94Φ8 @150	6430	4Φ12
GJ 1-4-4	6650/650	300	250	500	930, 150, l=1230	4Φ14	230, 180, l=1030	5Φ8 @80	6580, 200, 250, l=7030	12Φ22	230, 430, l=1530	96Φ8 @150	6580	4Φ12
GJ 1-4-5	6650/650	350	300	650	930, 200, l=1330	4Φ16	280, 230, l=1230	5Φ8 @80	6580, 200, 250, l=7030	16Φ22	230, 580, l=1830	96Φ8 @150	6580	4Φ12
GJ 1-4-6	6800/800	450	350	800	930, 300, l=1530	4Φ20	330, 280, l=1480	4Φ10 @100	6730, 200, 300, l=7230	16Φ25	230, 730, l=2130	98Φ8 @150	6730	8Φ12

钢筋号	简图	直径	长度	数量	备注
⑥	930, 150	Φ10	1230	4	各型号支架均相同
⑦	130, 130	Φ6 @100	680	3	各型号支架均相同
⑧	230	Φ8 @150	440	78	用于GJ1-3-6
⑧	230	Φ8 @150	440	198	用于GJ1-4-6

钢筋号	简图	直径	长度	数量	备注
⑧	230	Φ8 @150	440	96	用于GJ1-4-5

附注：

1. 钢筋的数量为整个支架的总数．
2. 埋件M－XX详见第127，128页．

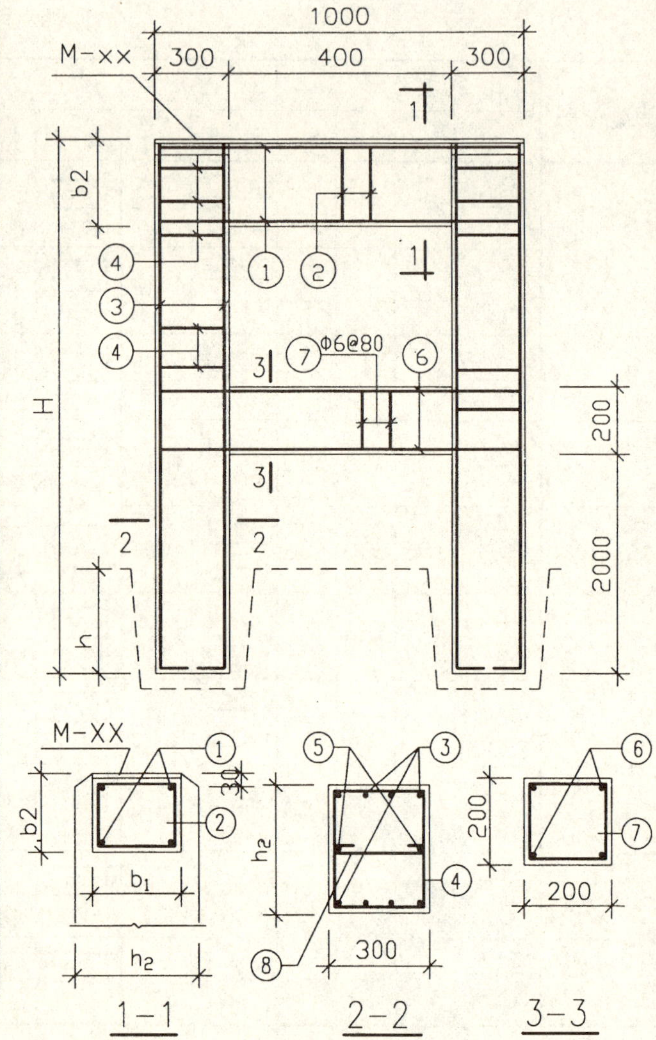

GJ1－$\frac{3}{4}$－2~6 详图及尺寸配筋表	图集号	01R414
审核 [签名] 校对 [签名] 设计 [签名]	页	60

尺寸配筋表

支架代号	H/h	截面尺寸 b1	截面尺寸 b2	截面尺寸 h2	① 简图	① 直径数量	② 简图	② 直径数量	③ 简图	③ 直径数量	④ 简图	④ 直径数量	⑤ 简图	⑤ 直径数量
GJ 2-1-1	1700/500	250	200	300	1730, 150, l=2030	4Φ14	180, 130, l=830	15Φ8 @80	1630, 150, l=1880, 100	8Φ16	230, 230, l=1130	44Φ8 @100		
GJ 2-1-2	1700/500	250	300	300	1730, 150, l=2030	4Φ14	180, 230, l=1030	15Φ8 @80	1630, 200, l=1980, 150	8Φ18	230, 230, l=1130	44Φ8 @100		
GJ 2-1-3	1700/500	300	350	350	1730, 250, l=2230	4Φ18	230, 280, l=1230	15Φ8 @80	1630, 200, l=1980, 150	12Φ18	230, 280, l=1230	44Φ8 @100		
GJ 2-1-4	1850/650	400	350	450	1730, 300, l=2330	4Φ20	330, 280, l=1480	12Φ10 @100	1780, 200, l=2180, 200	12Φ20	230, 380, l=1430	48Φ8 @100	1780, l=1780	4Φ12
GJ 2-1-5	1850/650	500	400	550	1730, 350, l=2430	4Φ22	430, 330, l=1730	15Φ10 @80	1780, 200, l=2180, 200	16Φ20	230, 480, l=1630	48Φ8 @100	1780, l=1780	4Φ12
GJ 2-2-1	3500/500	250	200	300	1730, 150, l=2030	4Φ14	180, 130, l=830	15Φ8 @80	3430, 200, l=3780, 150	12Φ18	230, 230, l=1130	54Φ8 @150		
GJ 2-2-2	3500/500	300	250	350	1730, 150, l=2030	4Φ14	230, 180, l=1030	15Φ8 @80	3430, 200, l=3830, 200	12Φ20	230, 280, l=1230	54Φ8 @150		
GJ 2-2-3	3650/650	350	300	450	1730, 250, l=2230	4Φ18	280, 230, l=1230	15Φ8 @80	3580, 200, l=4030, 250	12Φ22	230, 380, l=1430	56Φ8 @150	3580, l=3580	4Φ12
GJ 2-2-4	3650/650	400	350	550	1730, 300, l=2330	4Φ20	330, 280, l=1480	12Φ10 @100	3580, 200, l=4030, 250	16Φ22	230, 480, l=1630	56Φ8 @150	3580, l=3580	4Φ12
GJ 2-2-5	3800/800	500	400	650	1730, 350, l=2430	4Φ22	430, 330, l=1780	12Φ10 @100	3730, 200, l=4230, 300	16Φ25	230, 580, l=1830	58Φ8 @150	3730, l=3730	4Φ12

钢筋号	简图	直径	长度	数量	备注
⑥	230	Φ8 @150	440	58	仅用于GJ2-2-5

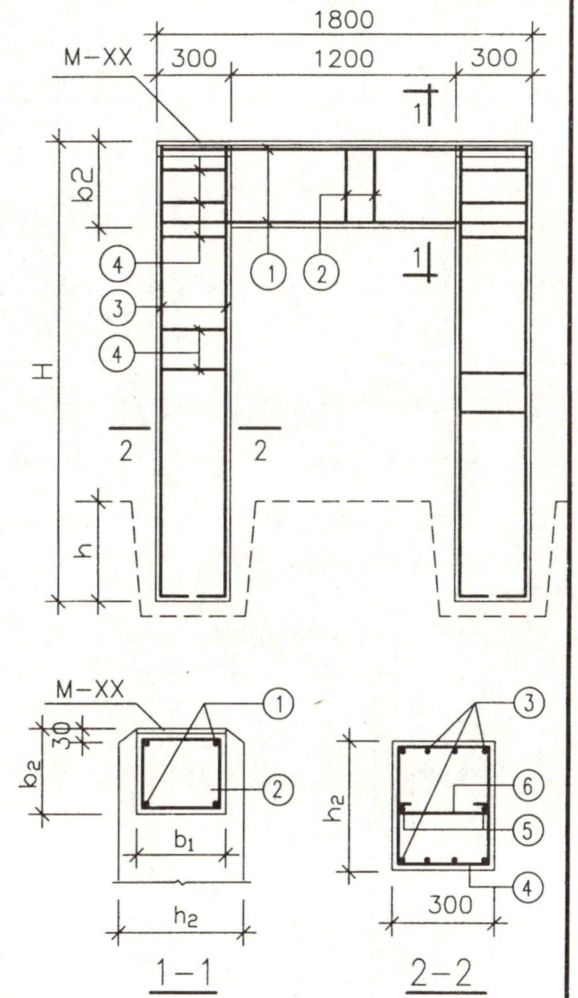

附注：

1. 钢筋的数量为整个支架的总数．
2. 埋件M-XX详见第127,128页．

GJ2-$\frac{1}{2}$-1~5 详图及尺寸配筋表	图集号	01R414
审核 徐兴斌 校对 黄福隆 设计 张永良	页	61

尺寸配筋表

支架代号	截面尺寸 b1	截面尺寸 h1	① 简图	① 直径数量	② 简图	② 直径数量	③ 简图	③ 直径数量	④ 简图	④ 直径数量	⑥ 简图	⑥ 直径数量	⑦ 简图	⑦ 直径数量	⑨ 简图	⑨ 直径数量	⑩ 简图	⑩ 直径数量
GJ 2-2-6	500	350	2330 250 l=2830	16Φ20	430 280 l=1680	36Φ10 @100	550 2455 5490 4910 l=11530	6Φ20	1870 150 l=2020	6Φ16	150 2420 5410 4840 l=5560	12Φ20	230 280 l=1230	108Φ8 @150	230 l=390	18Φ6 @300		
GJ 2-2-7	500	400	2330 250 l=2830	16Φ20	430 280 l=1680	36Φ10 @100	550 2455 5490 4910 l=11530	6Φ22	1870 150 l=2020	6Φ16	150 2420 5410 4840 l=5560	12Φ22	230 330 l=1330	108Φ8 @150	230 l=390	18Φ6 @300		
GJ 2-2-8	550	450	2330 250 l=2830	16Φ20	480 280 l=1780	36Φ10 @100	550 2455 5490 4910 l=11530	6Φ25	1870 150 l=2020	6Φ16	150 2420 5410 4840 l=5560	12Φ25	230 380 l=1430	108Φ8 @150	230 l=390	18Φ6 @300	5490 l=5490	8Φ12

钢筋号	简图	直径间距	a	长度	数量	a	长度	数量	备注
⑤	a 230	Φ8@100	150	l=970	4	950	l=2570	4	各型号支架均相同
			350	l=1370	4	1150	l=2970	4	
			550	l=1770	4	1280	l=3230	12	
			750	l=2170	4				

钢筋号	简图	直径	a	长度	数量	备注
⑧	a	Φ14	830	l=830	4	各型号支架均相同
			1170	l=1170	4	
			1510	l=1510	4	

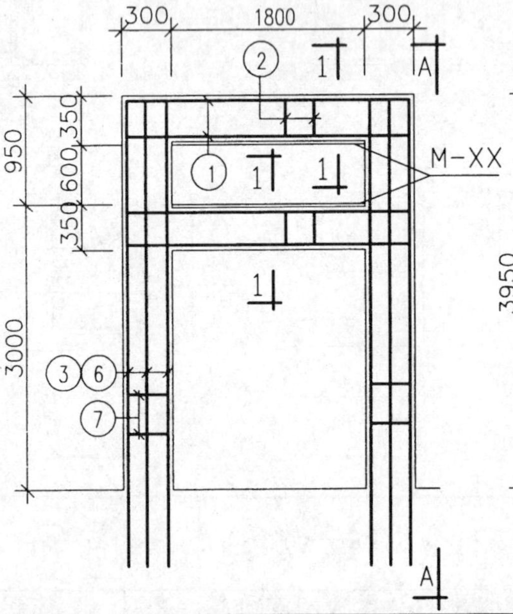

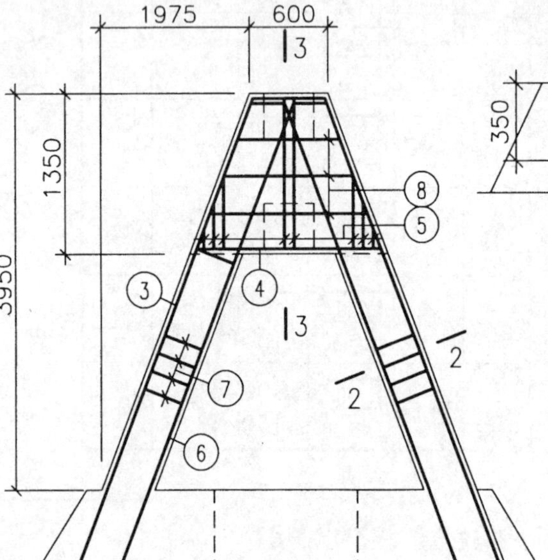

A-A

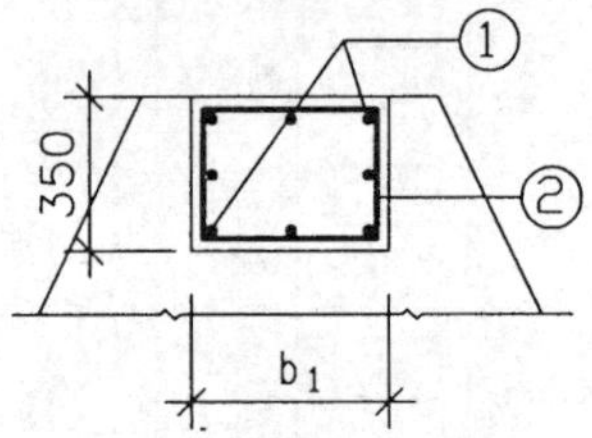

1-1

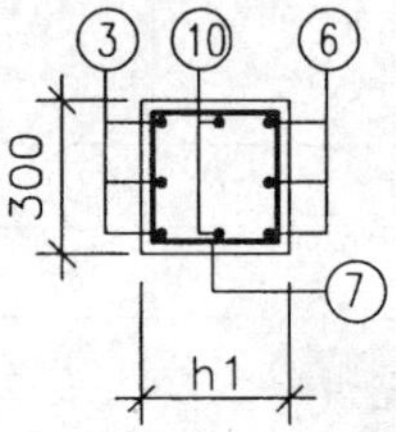

2-2

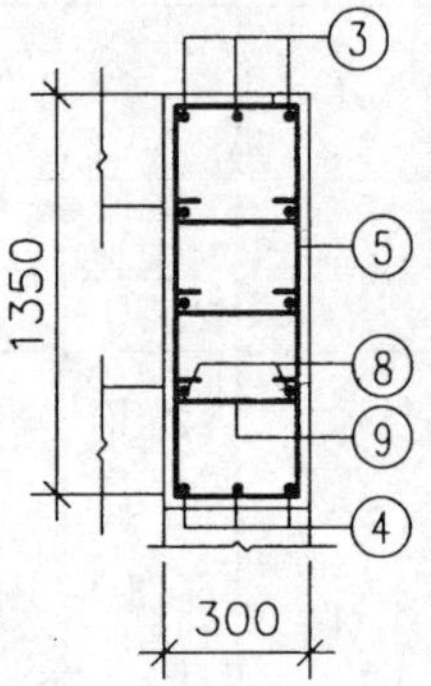

3-3

附注：

1. 钢筋的数量为整个支架的数量。
2. 埋件M-XX详见第127,128页.

GJ2-2-6~8 详图及尺寸配筋表	图集号	01R414
审核 徐世斌 校对 黄炳瑞 设计 张永良	页	62

尺寸配筋表

支架代号	H / h	截面尺寸 b1	截面尺寸 b2	截面尺寸 h2	① 简图	① 直径数量	② 简图	② 直径数量	③ 简图	③ 直径数量	④ 简图	④ 直径数量	⑤
GJ 2-3-1	5000 / 500	250	200	350	1730 150 l=2030	4Φ14	180 130 l=830	15Φ8 @80	200 4930 l=5330 200	12Φ20	230 280 l=1230	74Φ8 @150	
GJ 2-3-2	5000 / 500	300	250	450	1730 150 l=2030	4Φ14	230 180 l=1030	15Φ8 @80	200 4930 l=5330 200	12Φ20	230 380 l=1430	74Φ8 @150	4930 4Φ12
GJ 2-3-3	5150 / 650	350	300	550	1730 200 l=2130	4Φ16	280 230 l=1230	15Φ8 @80	200 5080 l=5480 200	16Φ20	230 480 l=1630	78Φ8 @150	5080 4Φ12
GJ 2-3-4	5300 / 800	400	350	650	1730 300 l=2330	4Φ20	330 280 l=1480	12Φ10 @100	200 5230 l=5730 300	16Φ25	230 580 l=1830	80Φ8 @150	5230 4Φ12
GJ 2-3-5	5300 / 800	500	400	900	1730 350 l=2430	4Φ22	430 330 l=1780	12Φ10 @100	200 5230 l=5730 300	16Φ25	230 830 l=2330	80Φ8 @150	5230 8Φ12
GJ 2-4-1	6500 / 500	250	200	450	1730 150 l=2030	4Φ14	180 130 l=830	15Φ8 @80	200 6430 l=6830 200	12Φ20	230 380 l=1430	94Φ8 @150	6430 4Φ12
GJ 2-4-2	6500 / 500	300	250	500	1730 150 l=2030	4Φ14	230 180 l=1030	15Φ8 @80	200 6430 l=6880 250	12Φ22	230 430 l=1530	94Φ8 @150	6430 4Φ12
GJ 2-4-3	6700 / 700	350	300	650	1730 250 l=2230	4Φ18	280 230 l=1230	15Φ8 @80	200 6630 l=7080 250	16Φ22	230 580 l=1830	96Φ8 @150	6630 4Φ12
GJ 2-4-4	6800 / 800	400	350	800	1730 300 l=2330	4Φ20	330 280 l=1480	12Φ10 @100	200 6730 l=7230 300	16Φ25	230 730 l=2130	98Φ8 @150	6730 8Φ12

钢筋号	简图	直径	长度	数量	备注
⑥	1730 150	Φ12	2030	4	各型号支架均相同
⑦	180 180	Φ6@150	880	9	
⑧	230	Φ8@150	440	78	用于GJ 2-3-4
		Φ8@150	440	160	用于GJ 2-3-5
		Φ8@150	440	198	用于GJ 2-4-4
		Φ8@150	440	96	用于GJ 2-4-3

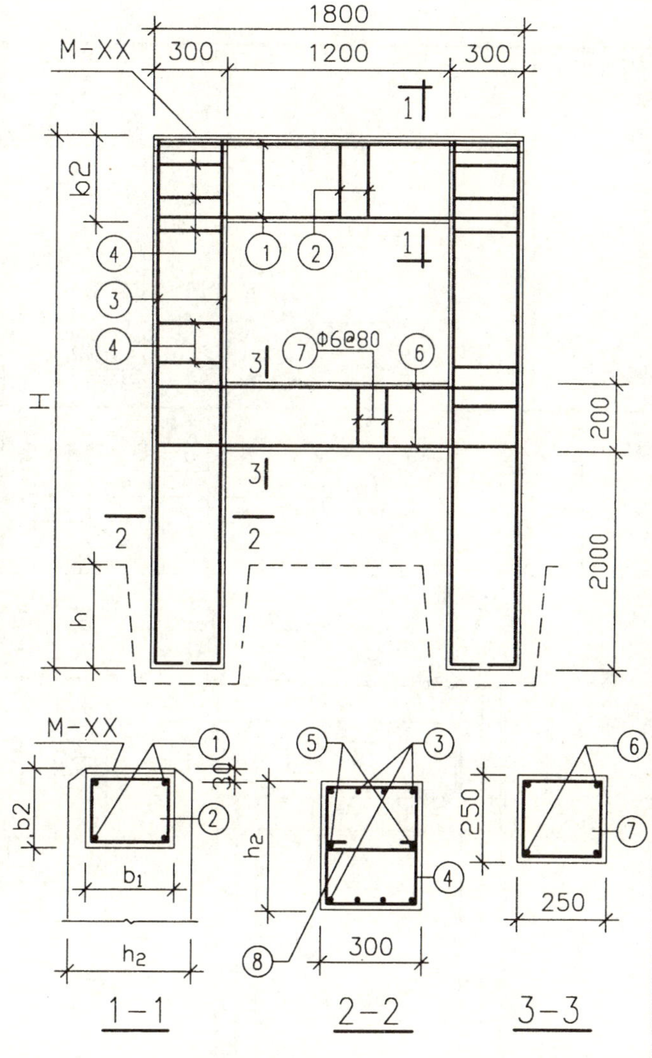

附注：

1. 钢筋的数量为整个支架的总数．
2. 埋件M-XX详见第127，128页．

GJ2-3-1~5 GJ2-4-1~4 详图及尺寸配筋表	图集号	01R414
审核 校对 设计	页	63

尺寸配筋表

支架代号	截面尺寸 b₁	截面尺寸 h₁	① 简图	① 直径数量	② 简图	② 直径数量	③ 简图	③ 直径数量	④ 简图	④ 直径数量	⑥ 简图	⑥ 直径数量	⑦ 简图	⑦ 直径数量	⑨ 简图	⑨ 直径数量	⑩ 简图	⑩ 直径数量
GJ 2-3-6	500	350	2330 250 l=2830	16Φ20	430 280 l=1680	36Φ10 @100	550 3205 7170 6410 l=14890	6Φ20	1870 150 l=2020	6Φ16	7090 150 3170 6340 l=7240	12Φ20	230 280 l=1230	140Φ8 @150	230 l=390	18Φ6 @300		
GJ 2-3-7	500	400	2330 250 l=2830	16Φ20	430 280 l=1680	36Φ10 @100	550 3205 7170 6410 l=14890	6Φ22	1870 150 l=2020	6Φ16	7090 150 3170 6340 l=7240	12Φ22	230 330 l=1330	140Φ8 @150	230 l=390	18Φ6 @300		
GJ 2-3-8	550	450	2330 250 l=2830	16Φ20	480 280 l=1780	36Φ10 @100	550 3205 7170 6410 l=14890	6Φ25	1870 150 l=2020	6Φ16	7090 150 3170 6340 l=7240	12Φ25	230 380 l=1430	140Φ8 @150	230 l=390	18Φ6 @300	7170 l=7170	8Φ12

钢筋号	简图	直径间距	a	长度	数量	a	长度	数量	备注
⑤	a 230	Φ8@100	150	l=970	4	950	l=2570	4	各型号支架均相同
			350	l=1370	4	1150	l=2970	4	
			550	l=1770	4	1280	l=3230	12	
			750	l=2170	4				

钢筋号	简图	直径	a	长度	数量	备注
⑧	a	Φ14	830	l=830	4	各型号支架均相同
			1170	l=1170	4	
			1510	l=1510	4	

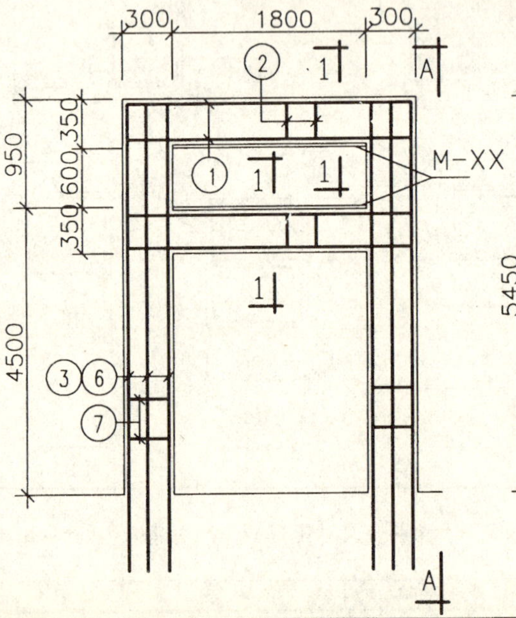

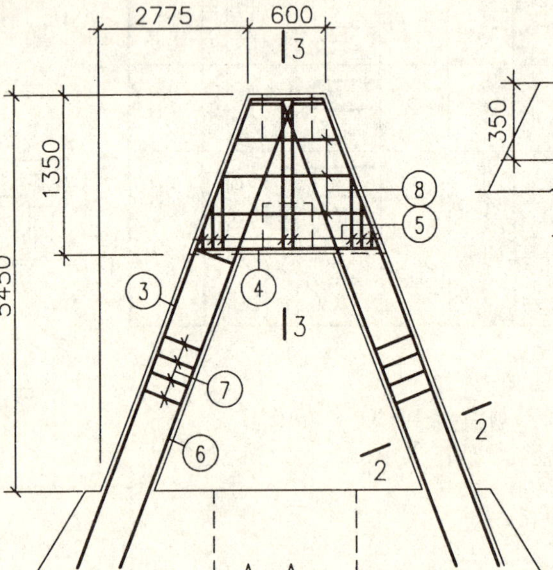

A—A

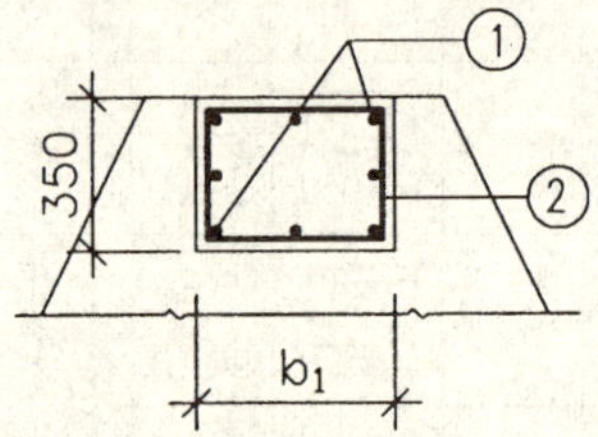

1—1

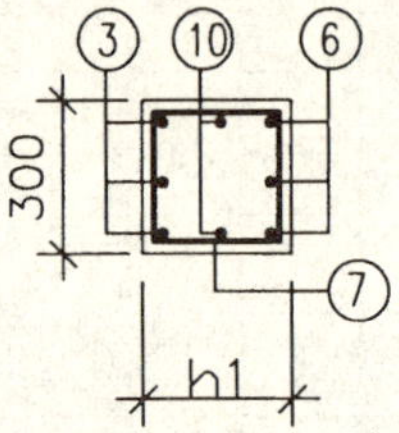

2—2

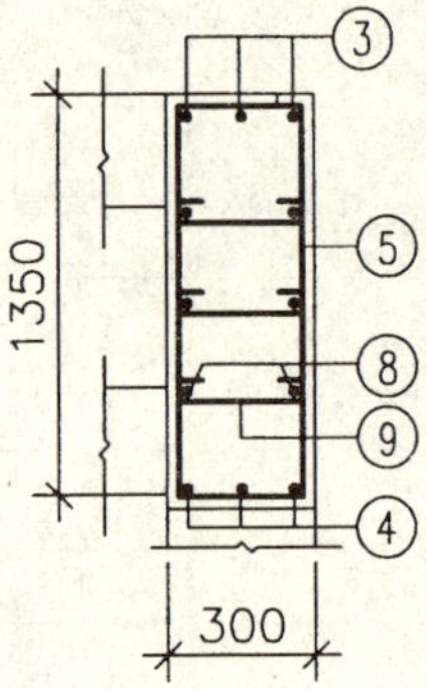

3—3

附注：

1. 钢筋的数量为整个支架的数量.
2. 埋件M—XX详见第127,128页.

GJ2-3-6~8 详图及尺寸配筋表			图集号	01R414
审核 徐世斌	校对 黄福隆	设计 张永良	页	64

尺寸配筋表

支架代号	截面尺寸		①		②		③		④		⑥		⑦		⑨		⑩	
	b1	h1	简图	直径数量	简图	直径数量	简图	直径数量	简图	直径数量	简图	直径数量	简图	直径数量	简图	直径数量	简图	直径数量
GJ 2-4-5	500	300	2330 250 l=2830	16Φ20	430 280 l=1680	36Φ10 @100	550 3955 8840 7910 l=18230	6Φ20	1870 150 l=2020	6Φ16	150 3920 8760 7840 l=8910	12Φ20	230 230 l=1080	180Φ8 @150	230 l=390	18Φ6 @300	130 180 l=780	158Φ6 @80
GJ 2-4-6	500	350	2330 250 l=2830	16Φ20	430 280 l=1680	36Φ10 @100	550 3955 8840 7910 l=18230	6Φ22	1870 150 l=2020	6Φ16	150 3920 8760 7840 l=8910	12Φ22	230 280 l=1180	180Φ8 @150	230 l=390	18Φ6 @300	130 180 l=780	158Φ6 @80
GJ 2-4-7	500	400	2330 250 l=2830	16Φ20	430 280 l=1680	36Φ10 @100	550 3955 8840 7910 l=18230	6Φ22	1870 150 l=2020	6Φ16	150 3920 8760 7840 l=8910	12Φ22	230 330 l=1330	180Φ8 @150	230 l=390	18Φ6 @300	130 180 l=780	158Φ6 @80

钢筋号	简图	直径间距	长度数量					
			a	长度	数量	a	长度	数量
⑤	a 230	Φ8@100	150	l=970	4	950	l=2570	4
			350	l=1370	4	1150	l=2970	4
			550	l=1770	4	1280	l=3230	12
			750	l=2170	4			

钢筋号	简图	直径	长度数量		
			a	长度	数量
⑧	a	Φ14	830	l=830	4
			1170	l=1170	4
			1510	l=1510	4

钢筋号	简图	直径数量	钢筋号	简图	直径数量
⑪	4450 l=4750 150	4Φ12	⑫	2330 l=2630 150	8Φ12
	4620 l=4920 150	4Φ12			

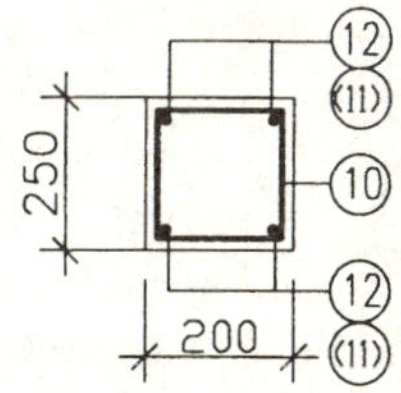

4-4

(5-5)

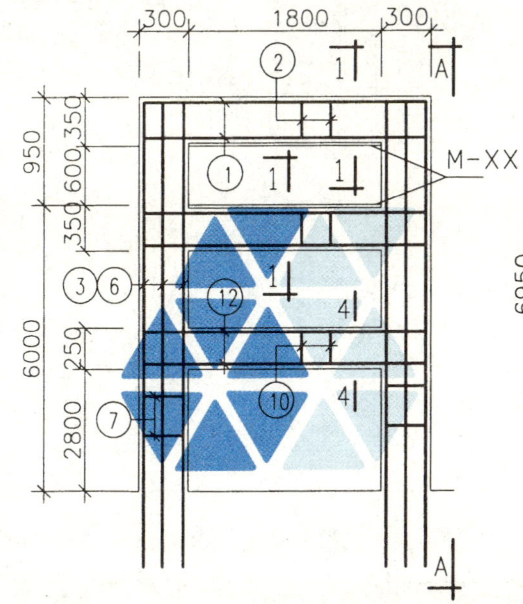

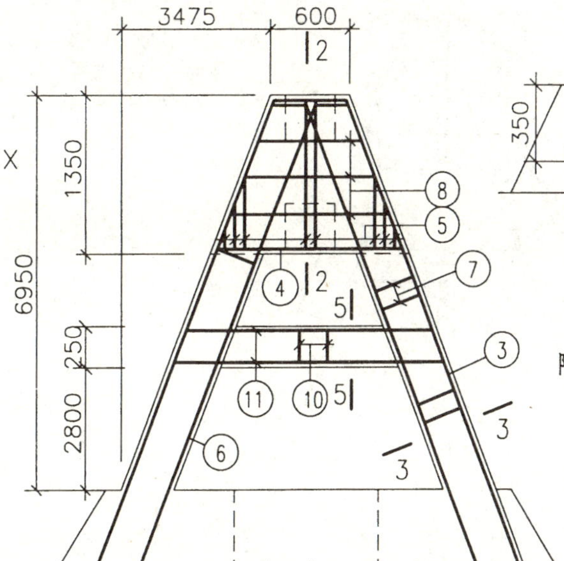

A-A

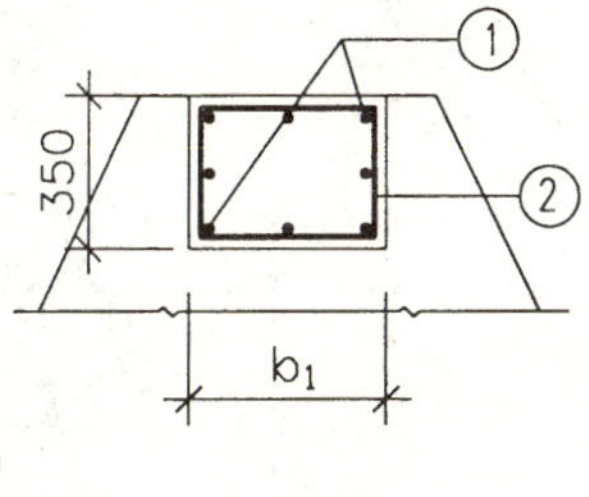

1-1

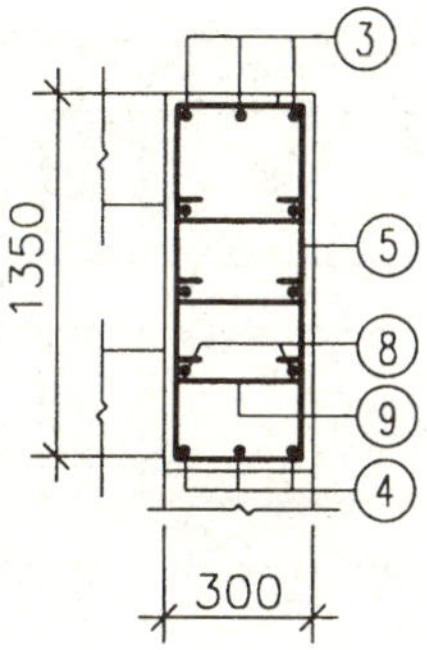

2-2

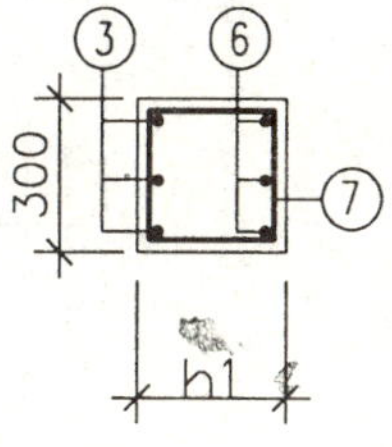

3-3

附注：

1. 钢筋的数量为整个支架的数量.
2. 本图各管架中 ⑤⑧⑪⑫ 数量均相同
3. 埋件M-XX详见第127,128页.

GJ2-4-5~7详图及尺寸配筋表	图集号	01R414
审核 徐世忠 校对 黄瑞璜 设计 张永良	页	65

尺寸配筋表

支架代号	截面尺寸		①		②		③		④		⑥		⑦		⑨		⑩	
	b_1	h_1	简图	直径数量	简图	直径数量	简图	直径数量	简图	直径数量	简图	直径数量	简图	直径数量	简图	直径数量	简图	直径数量
GJ 2-4-8	550	450	2330, 250, l=2830	16Φ20	480, 280, l=1780	36Φ10 @100	8840, 550, 3955, 7910, l=18230	6Φ25	1870, 150, l=2020	6Φ16	8760, 150, 3920, 7840, l=8910	12Φ25	230, 380, l=1430	180Φ8 @150	230, l=390	18Φ6 @300	130, 180, l=780	158Φ6 @80

钢筋号	简图	直径间距	长度 数量					
			a	长度	数量	a	长度	数量
⑤	a, 230	Φ8@100	150	l=970	4	950	l=2570	4
			350	l=1370	4	1150	l=2970	4
			550	l=1770	4	1280	l=3230	12
			750	l=2170	4			

钢筋号	简图	直径	长度 数量		
			a	长度	数量
⑧	a	Φ14	830	l=830	4
			1170	l=1170	4
			1510	l=1510	4

钢筋号	简图	直径数量
⑪	4450, 150, l=4750	4Φ12
	4620, 150, l=4920	4Φ12
⑫	2330, 150, l=2630	8Φ12
⑬	8840, l=8840	8Φ12

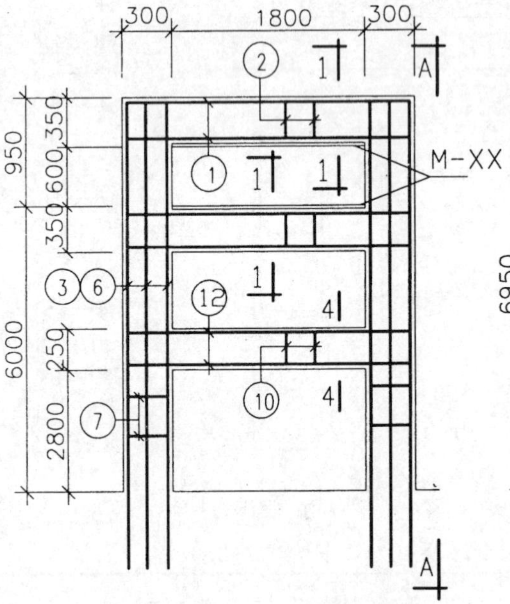

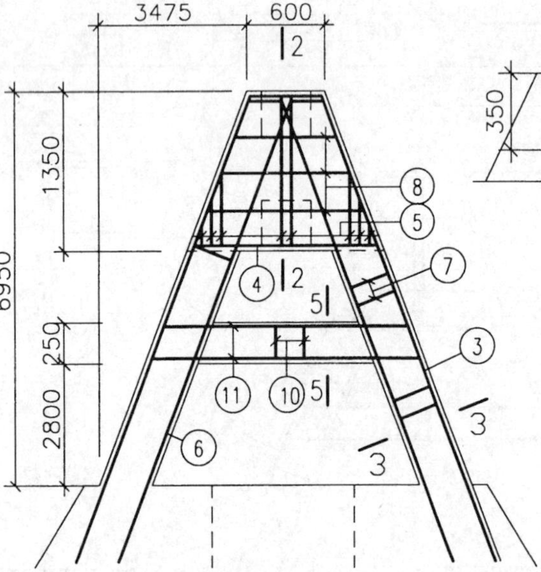

A-A

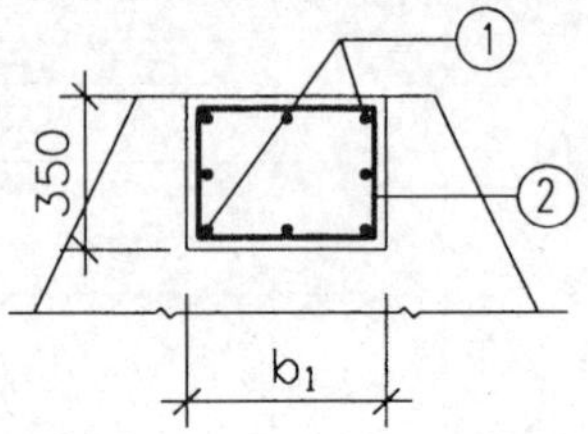

1-1

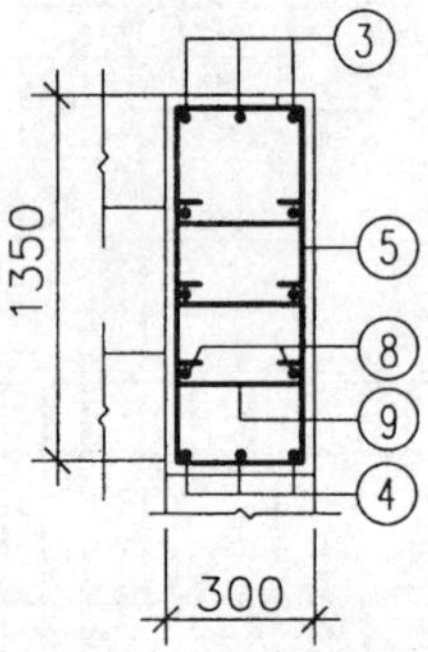

2-2

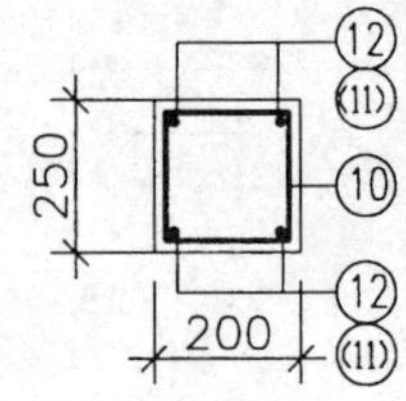

4-4

(5-5)

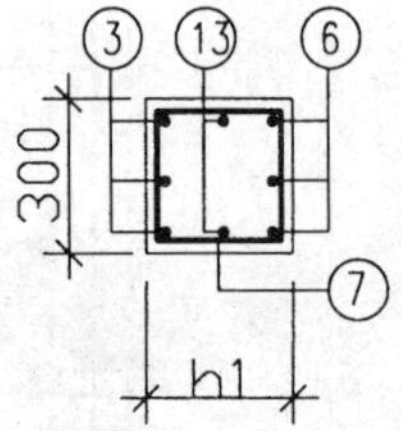

3-3

附注：

1. 钢筋的数量为整个支架的数量．
2. 埋件M-XX详见第127,128页.

GJ2-4-8 详图及尺寸配筋表	图集号	01R414
审核 [illegible] 校对 [illegible] 设计 [illegible]	页	66

尺寸配筋表

支架代号	H/h	截面尺寸 b1	b2	h2	① 简图	① 直径数量	② 简图	② 直径数量	③ 简图	③ 直径数量	④ 简图	④ 直径数量	⑤ 简图	⑤ 直径数量
GJ 3-1-1	1700/500	250	300	300	2330 200 l=2730	4Φ16	180 230 l=1030	23Φ8 @80	200 1630 l=1980 150	8Φ18	230 230 l=1130	44Φ8 @100		
GJ 3-1-2	1700/500	300	350	350	2330 250 l=2830	4Φ18	230 280 l=1230	23Φ8 @80	200 1630 l=1980 150	12Φ18	230 280 l=1230	44Φ8 @100		
GJ 3-1-3	1700/500	400	350	450	2330 250 l=2830	6Φ18	330 280 l=1480	18Φ10 @100	200 1630 l=2030 200	12Φ20	230 380 l=1430	44Φ8 @100	1630 l=1630	4Φ12
GJ 3-1-4	1850/650	500	400	550	2330 300 l=2930	6Φ20	430 330 l=1780	23Φ10 @80	200 1780 l=2180 200	16Φ20	230 480 l=1630	48Φ8 @100	1780 l=1780	4Φ12
GJ 3-2-1	3500/500	300	250	350	2330 200 l=2730	4Φ16	230 180 l=1030	23Φ8 @80	200 3430 l=3830 200	12Φ20	230 280 l=1230	54Φ8 @150		
GJ 3-2-2	3500/500	350	300	450	2330 250 l=2830	4Φ18	280 230 l=1230	23Φ8 @80	200 3430 l=3880 250	12Φ22	230 380 l=1430	54Φ8 @150	3430 l=3430	4Φ12
GJ 3-2-3	3650/650	400	350	550	2330 250 l=2830	6Φ18	330 280 l=1480	18Φ10 @100	200 3580 l=4030 250	16Φ22	230 480 l=1630	56Φ8 @150	3580 l=3580	4Φ12
GJ 3-2-4	3900/900	500	400	650	2330 300 l=2930	6Φ20	430 330 l=1780	18Φ10 @100	200 3830 l=4330 300	16Φ25	230 580 l=1830	58Φ8 @150	3830 l=3830	4Φ12

钢筋号	简图	直径	长度	数量	备注
⑥	230	Φ8 @150	440	58	仅用于GJ3-2-4

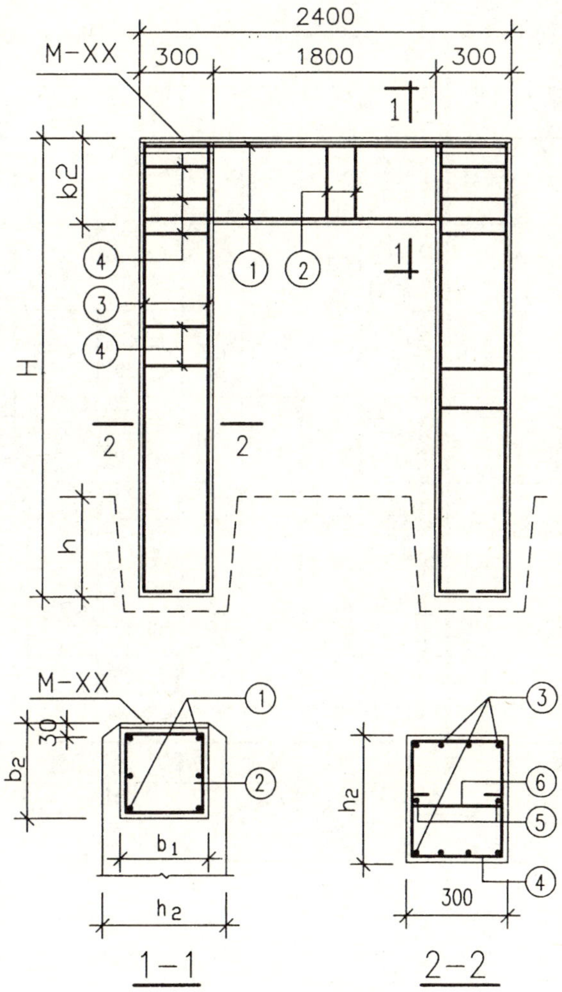

附注：

1. 钢筋的数量为整个支架的总数．
2. 埋件M－XX详见第127,128页．

GJ3-$\frac{1}{2}$-1～4 详图及尺寸配筋表	图集号	01R414
审核 徐出斌 校对 黄瑞隆 设计 张永良	页	67

尺 寸 配 筋 表

支架代号	L / L1	截面尺寸 b1	b2	h2	① 简图	① 直径数量	② 简图	② 直径数量	③ 简图	③ 直径数量	④ 简图	④ 直径数量	⑤ 简图	⑤ 直径数量
GJ 2-1-6	2400 / 1800	500	350	650	2330, 250, l=2830	16Φ20	430, 280, l=1680	18Φ10 @100	200, 3110, l=3310	16Φ20	230, 580, l=1830	54Φ8 @100	250, 3180, l=3430	4Φ12
GJ 2-1-7	2400 / 1800	500	350	700	2330, 250, l=2830	16Φ20	430, 280, l=1680	18Φ10 @100	200, 3110, l=3310	16Φ22	230, 630, l=1930	54Φ8 @100	250, 3180, l=3430	4Φ12
GJ 2-1-8	2400 / 1800	550	350	900	2330, 250, l=2830	16Φ20	480, 280, l=1780	18Φ10 @100	200, 3110, l=3310	16Φ25	230, 830, l=2330	54Φ8 @100	250, 3180, l=3430	8Φ12
GJ 3-1-5	3000 / 2400	500	350	650	2930, 300, l=3530	16Φ22	430, 280, l=1680	24Φ10 @100	200, 3060, l=3260	16Φ20	230, 580, l=1830	54Φ8 @100	250, 3180, l=3430	4Φ12
GJ 3-1-6	3000 / 2400	500	350	700	2930, 300, l=3530	16Φ22	430, 280, l=1680	24Φ10 @100	200, 3060, l=3260	16Φ22	230, 630, l=1930	54Φ8 @100	250, 3180, l=3430	4Φ12
GJ 3-1-7	3000 / 2400	550	350	900	2930, 300, l=3530	16Φ22	480, 280, l=1780	24Φ10 @100	200, 3110, l=3310	16Φ25	230, 830, l=2330	54Φ8 @100	250, 3180, l=3430	8Φ12
GJ 3-1-8	3000 / 2400	600	400	900	2930, 300, l=3530	16Φ22	530, 330, l=1980	24Φ10 @100	200, 3160, l=3360	16Φ25	230, 930, l=2530	54Φ8 @100	250, 3230, l=3480	8Φ12

钢筋号	简图	直径	长度	数量	备注
⑥	230	Φ8 @150	440	72	用于h2=900
⑥	230	Φ6 @150	390	36	用于h2≠900

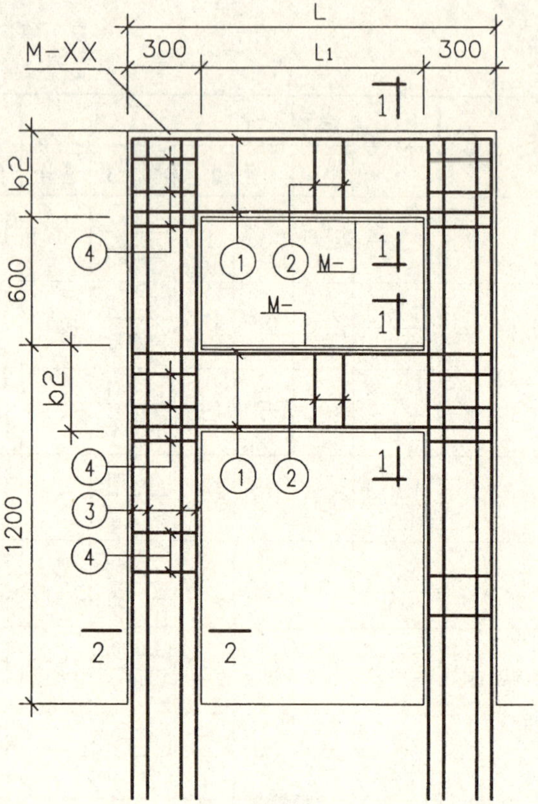

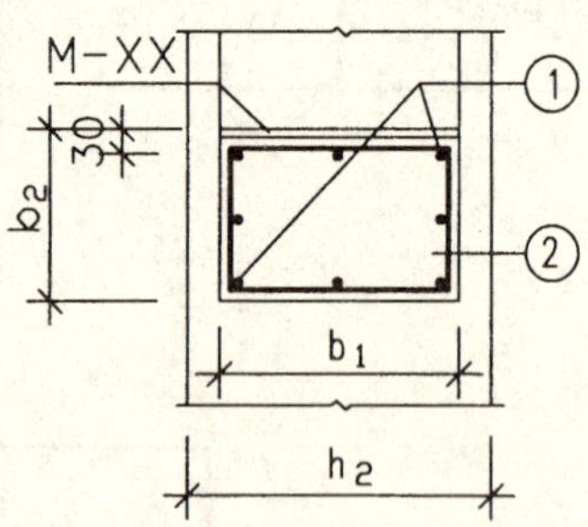

1-1

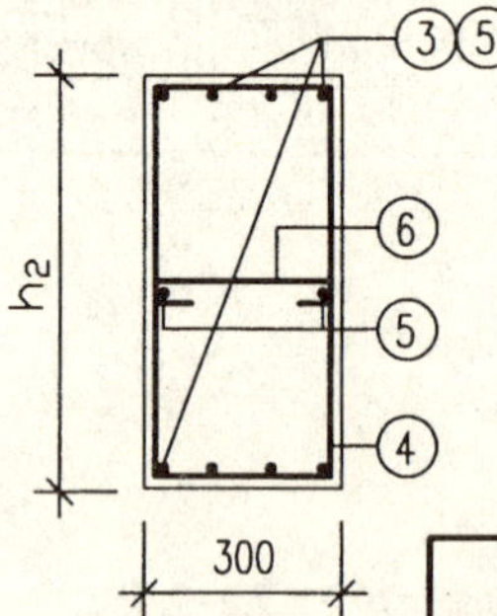

2-2

附注：

1. 钢筋的数量为整个支架的总数．
2. 埋件M-XX详见第127,128页.

GJ2-1-6~8 GJ3-1-5~8 详图及尺寸配筋表	图集号	01R414
审核 校对 设计	页	68

尺寸配筋表

支架代号	截面尺寸 b1	截面尺寸 h1	① 简图	① 直径数量	② 简图	② 直径数量	③ 简图	③ 直径数量	④ 简图	④ 直径数量	⑥ 简图	⑥ 直径数量	⑦ 简图	⑦ 直径数量	⑨ 简图	⑨ 直径数量	⑩ 简图	⑩ 直径数量
GJ 3-2-5	500	350	2930 300 l=3530	16Φ22	430 280 l=1680	48Φ10 @100	550 2455 5490 4910 l=11530	6Φ20	1870 150 l=2020	6Φ16	150 2420 5410 4840 l=5560	12Φ20	230 280 l=1230	108Φ8 @150	230 l=390	18Φ6 @300		
GJ 3-2-6	500	400	2930 300 l=3530	16Φ22	430 280 l=1680	48Φ10 @100	550 2455 5490 4910 l=11530	6Φ22	1870 150 l=2020	6Φ16	150 2420 5410 4840 l=5560	12Φ22	230 330 l=1330	108Φ8 @150	230 l=390	18Φ6 @300		
GJ 3-2-7	550	450	2930 300 l=3530	16Φ22	480 280 l=1780	48Φ10 @100	550 2455 5490 4910 l=11530	6Φ25	1870 150 l=2020	6Φ16	150 2420 5410 4840 l=5560	12Φ25	230 380 l=1430	108Φ8 @150	230 l=390	18Φ6 @300	5490 l=5490	8Φ12

钢筋号	简图	直径间距	长度 数量 a	长度	数量	a	长度	数量	备注	钢筋号	简图	直径	长度 数量 a	长度	数量	备注
⑤	a 230	Φ8@100	150	l=970	4	950	l=2570	4	各型号支架均相同	⑧	a	Φ14	830	l=830	4	各型号支架均相同
			350	l=1370	4	1150	l=2970	4					1170	l=1170	4	
			550	l=1770	4	1280	l=3230	12					1510	l=1510	4	
			750	l=2170	4											

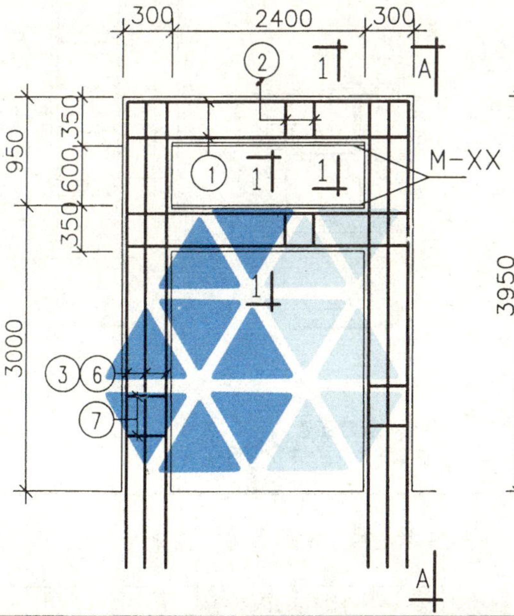

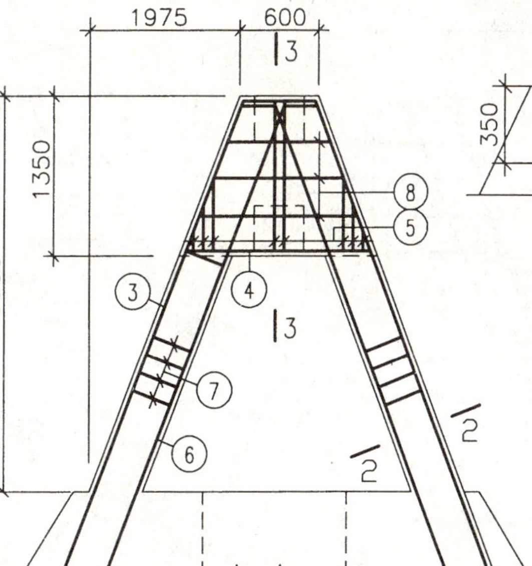

A-A

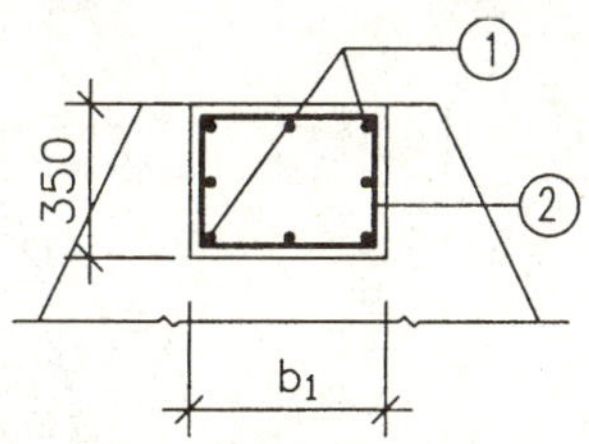

1-1

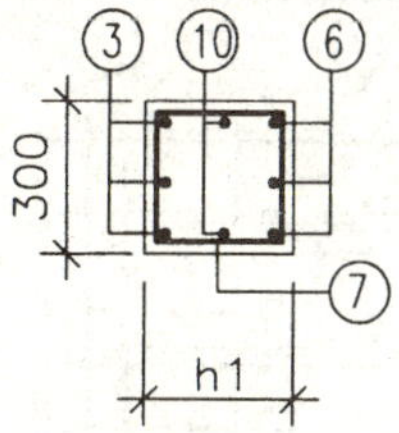

2-2

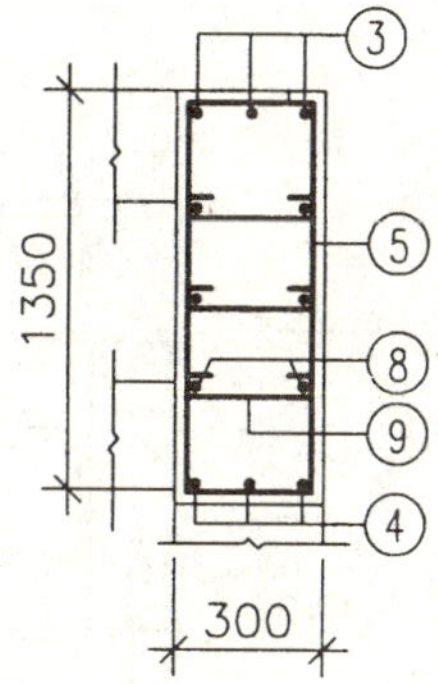

3-3

附注：

1. 钢筋的数量为整个支架的数量.
2. 埋件M-XX详见第127,128页.

GJ3-2-5~7 详图及尺寸配筋表	图集号	01R414
审核 校对 设计 张永良	页	69

尺寸配筋表

支架代号	截面尺寸		①		②		③		④		⑥		⑦		⑨		⑩	
	b_1	h_1	简图	直径数量	简图	直径数量	简图	直径数量	简图	直径数量	简图	直径数量	简图	直径数量	简图	直径数量	简图	直径数量
GJ 3-2-8	600	500	2930 300 l=3530	24Φ22	530 330 l=1980	48Φ10 @100	600 2480 5550 4960 l=11700	6Φ25	1970 150 l=2270	6Φ16	150 2450 5470 4900 l=5620	12Φ25	230 430 l=1530	92Φ8 @150	230 l=390	22Φ6 @300	5550 l=5550	8Φ12

钢筋号	简图	直径间距	a	长度	数量	a	长度	数量	备注	钢筋号	简图	直径	a	长度	数量	备注
⑤	a 230	Φ8@100	150	l=970	4	950	l=2570	4		⑧	a	Φ14	940	l=940	4	
			350	l=1370	4	1150	l=2970	4					1280	l=1280	4	
			550	l=1770	4	1380	l=3430	16					1630	l=1630	4	
			750	l=2170	4											

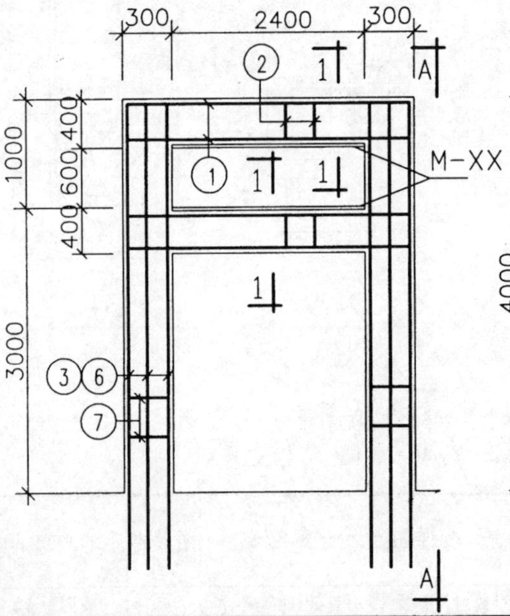

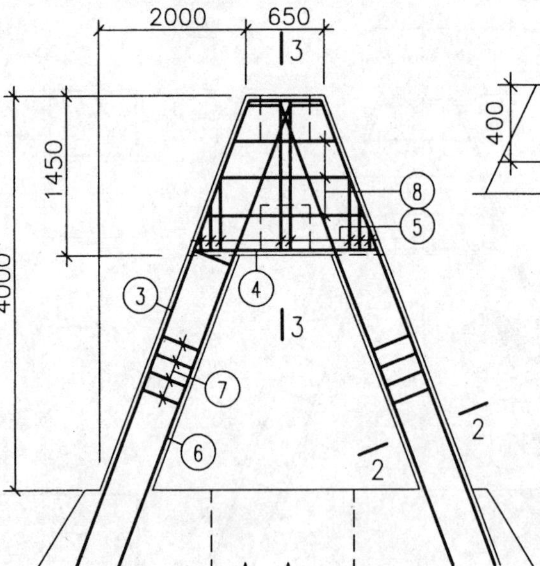

A-A

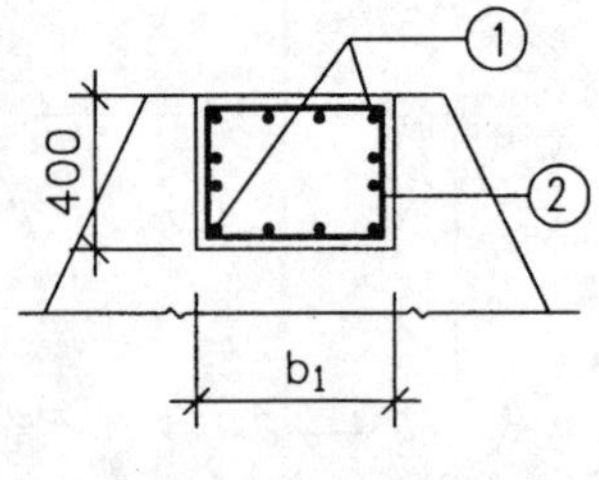

1-1

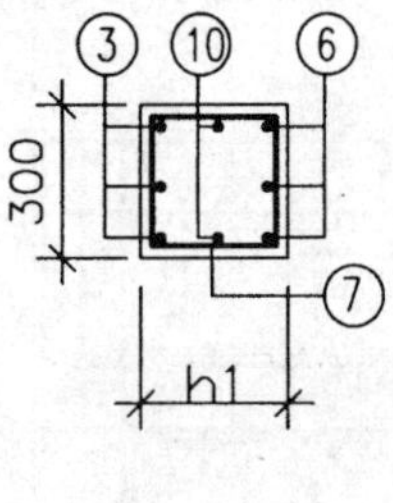

2-2

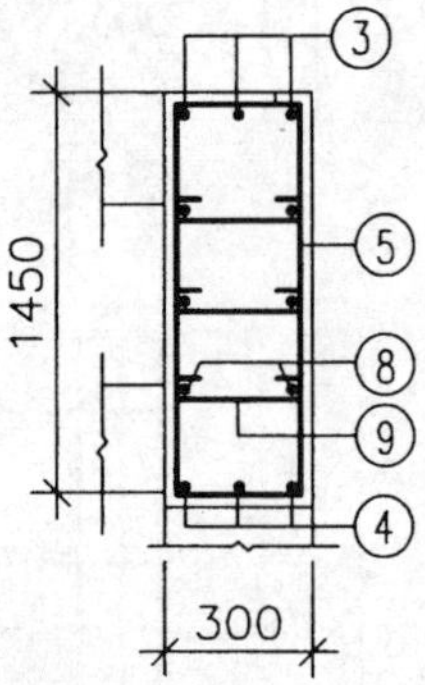

3-3

附注：

1. 钢筋的数量为整个支架的数量．
2. 埋件M-XX详见第127,128页．

GJ3-2-8 详图及尺寸配筋表						图集号	01R414
审核	徐	校对	黄	设计	张永良	页	70

尺寸配筋表

支架代号	H / h	截面尺寸 b₁	b₂	h₂	① 简图	① 直径数量	② 简图	② 直径数量	③ 简图	③ 直径数量	④ 简图	④ 直径数量	⑤ 简图	⑤ 直径数量
GJ 3-3-1	5000 / 500	300	250	450	2330, 150, l=2630	4Φ14	230, 180, l=1030	23Φ8 @80	4930, 200, l=5330, 200	12Φ20	230, 380, l=1430	74Φ8 @150	4930	4Φ12
GJ 3-3-2	5150 / 650	350	300	550	2330, 150, l=2630	4Φ16	280, 230, l=1230	23Φ8 @80	5030, 200, l=5480, 200	16Φ20	230, 480, l=1630	76Φ8 @150	5080	4Φ12
GJ 3-3-3	5150 / 650	400	350	650	2330, 250, l=2830	6Φ18	330, 280, l=1480	18Φ10 @100	5080, 200, l=5580, 300	16Φ25	230, 580, l=1830	76Φ8 @150	5080	4Φ12
GJ 3-3-4	5400 / 900	500	400	900	2330, 300, l=2930	6Φ20	430, 330, l=1780	18Φ10 @100	5330, 200, l=5830, 300	16Φ25	230, 830, l=2330	80Φ8 @150	5330	8Φ12
GJ 3-4-1	6500 / 500	300	250	500	2330, 150, l=2630	4Φ14	230, 180, l=1080	23Φ10 @80	6430, 200, l=6880, 250	12Φ22	230, 430, l=1530	94Φ8 @150	6430	4Φ12
GJ 3-4-2	6650 / 650	350	300	650	2330, 150, l=2630	4Φ16	280, 230, l=1280	23Φ10 @80	6580, 200, l=7030, 250	16Φ22	230, 580, l=1830	96Φ8 @150	6580	4Φ12
GJ 3-4-3	6900 / 900	400	350	800	2330, 250, l=2830	6Φ18	330, 280, l=1480	18Φ10 @100	6830, 200, l=7330, 300	16Φ25	230, 730, l=2130	98Φ8 @150	6830	8Φ12

钢筋号	简图	直径	长度	数量	备注
⑥	2330, 150	Φ12	2630	4	各型号支架均相同
⑦	180, 230	Φ6 @150	980	13	各型号支架均相同
⑧	230	Φ8 @150	440	78	用于 GJ 3-3-3
⑧	230	Φ8 @150	440	160	用于 GJ 3-3-4
⑧	230	Φ8 @150	440	198	用于 GJ 3-4-3
⑧	230	Φ8 @150	440	96	用于 GJ 3-4-2

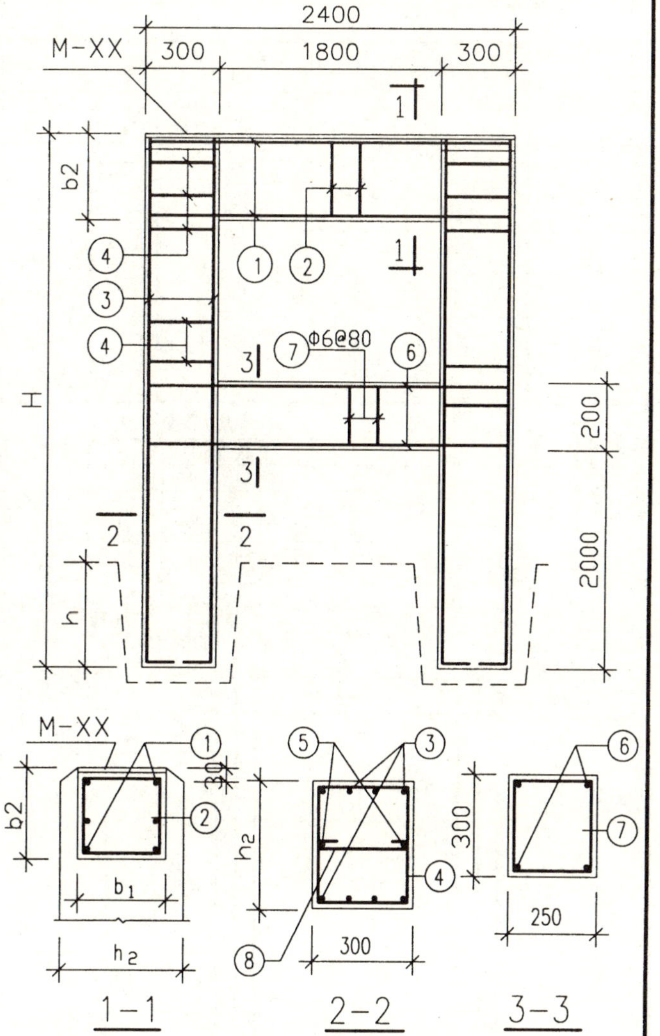

附注：

1. 钢筋的数量为整个支架的总数．
2. 埋件M-XX详见第127,128页.

GJ3-3-1～4 GJ3-4-1～3 详图及尺寸配筋表	图集号	01R414
审核 校对 设计	页	71

尺寸配筋表

支架代号	截面尺寸 b1	截面尺寸 h1	① 简图	① 直径数量	② 简图	② 直径数量	③ 简图	③ 直径数量	④ 简图	④ 直径数量	⑥ 简图	⑥ 直径数量	⑦ 简图	⑦ 直径数量	⑨ 简图	⑨ 直径数量	⑩ 简图	⑩ 直径数量
GJ 3-3-5	500	350	2930, 300, l=3530	16Φ22	430, 280, l=1680	48Φ10 @100	7170, 550, 3205, 6410, l=14890	6Φ20	1870, 150, l=2020	6Φ16	7090, 150, 3170, 6340, l=7240	12Φ20	230, 280, l=1230	140Φ8 @150	230, l=390	18Φ6 @300		
GJ 3-3-6	500	400	2930, 300, l=3530	16Φ22	430, 280, l=1680	48Φ10 @100	7170, 550, 3205, 6410, l=14890	6Φ22	1870, 150, l=2020	6Φ16	7090, 150, 3170, 6340, l=7240	12Φ22	230, 330, l=1330	140Φ8 @150	230, l=390	18Φ6 @300		
GJ 3-3-7	550	450	2930, 300, l=3530	16Φ22	480, 280, l=1780	48Φ10 @100	7170, 550, 3205, 6410, l=14890	6Φ25	1870, 150, l=2020	6Φ16	7090, 150, 3170, 6340, l=7240	12Φ25	230, 380, l=1430	140Φ8 @150	230, l=390	18Φ6 @300	7170, l=7170	8Φ12

钢筋号	简图	直径间距	a	长度	数量	a	长度	数量	备注
⑤	a, 230	Φ8@100	150	l=970	4	950	l=2570	4	各型号支架均相同
			350	l=1370	4	1150	l=2970	4	
			550	l=1770	4	1280	l=3230	12	
			750	l=2170	4				

钢筋号	简图	直径	a	长度	数量	备注
⑧	a	Φ14	830	l=830	4	各型号支架均相同
			1170	l=1170	4	
			1510	l=1510	4	

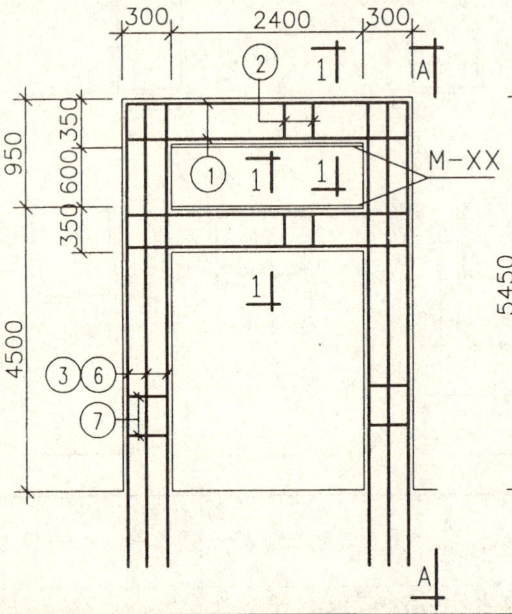

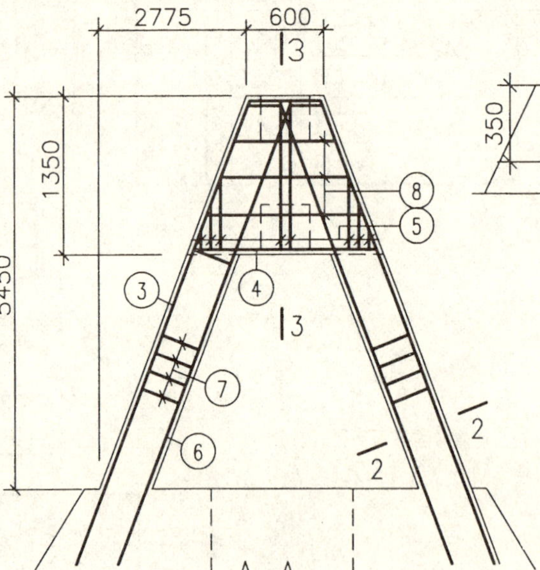

A-A

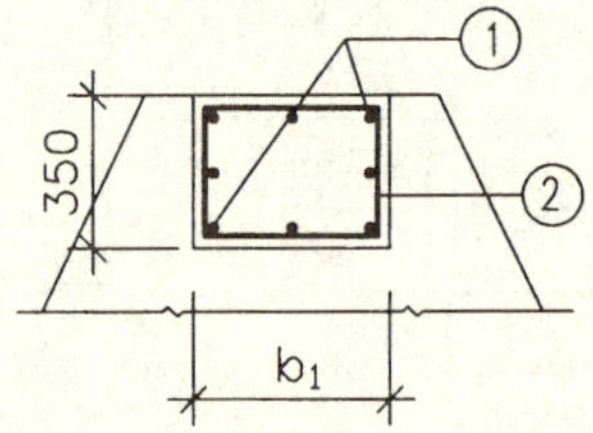

1-1

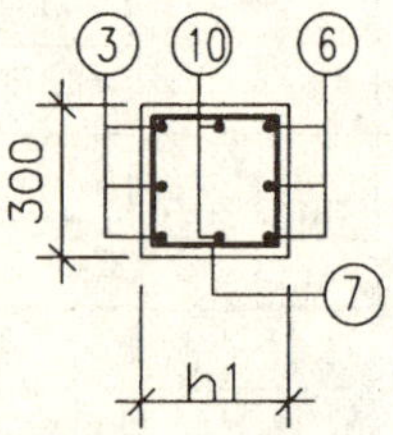

2-2

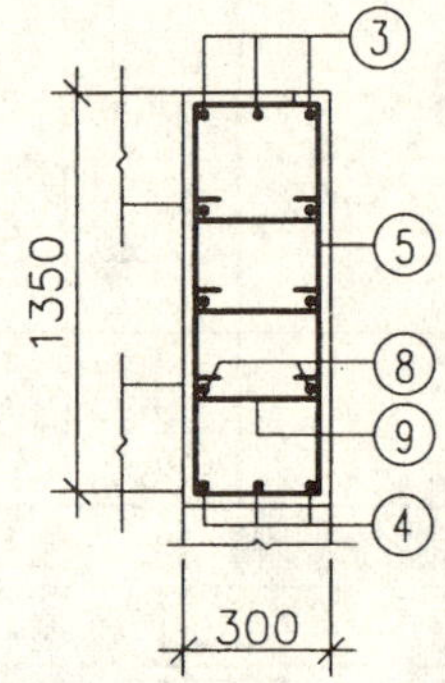

3-3

附注：

1. 钢筋的数量为整个支架的数量．
2. 埋件M－XX详见第127,128页．

GJ3－3－5~7 详图及尺寸配筋表	图集号	01R414
审核 [签名] 校对 [签名] 设计 [签名]	页	72

尺寸配筋表

支架代号	截面尺寸		①		②		③		④		⑥		⑦		⑨		⑩	
	b_1	h_1	简图	直径数量	简图	直径数量	简图	直径数量	简图	直径数量	简图	直径数量	简图	直径数量	简图	直径数量	简图	直径数量
GJ 3-3-8	600	500	2930 300 l=3530	24Φ22	530 330 l=1980	48Φ10 @100	7230 600 3230 6460 l=15060	6Φ25	1970 150 l=2270	6Φ16	7150 150 3200 6400 l=7300	12Φ25	230 430 l=1530	140Φ8 @150	230 l=390	22Φ6 @300	7230 l=7230	8Φ12

钢筋号	简图	直径间距	长度 数量						备注	钢筋号	简图	直径	长度 数量			备注
			a	长度	数量	a	长度	数量					a	长度	数量	
⑤	a 230	Φ8@100	150	l=970	4	950	l=2570	4		⑧	a	Φ14	940	l=940	4	
			350	l=1370	4	1150	l=2970	4					1280	l=1280	4	
			550	l=1770	4	1380	l=3430	16					1630	l=1630	4	
			750	l=2170	4											

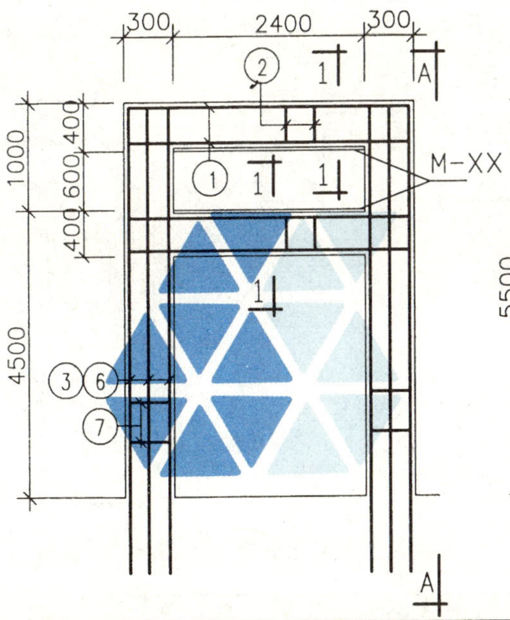

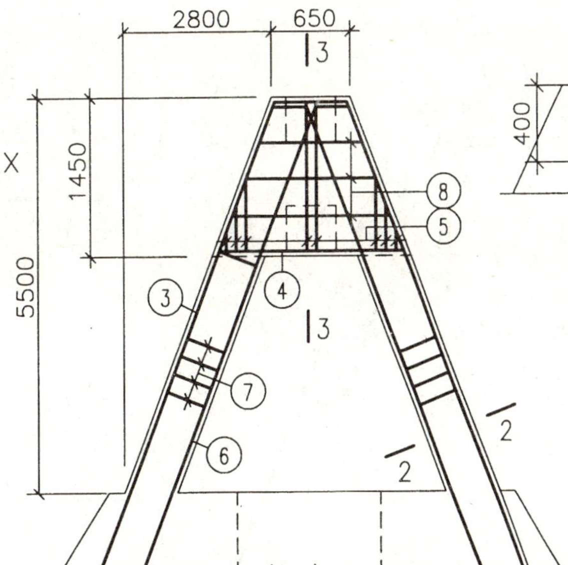

A-A

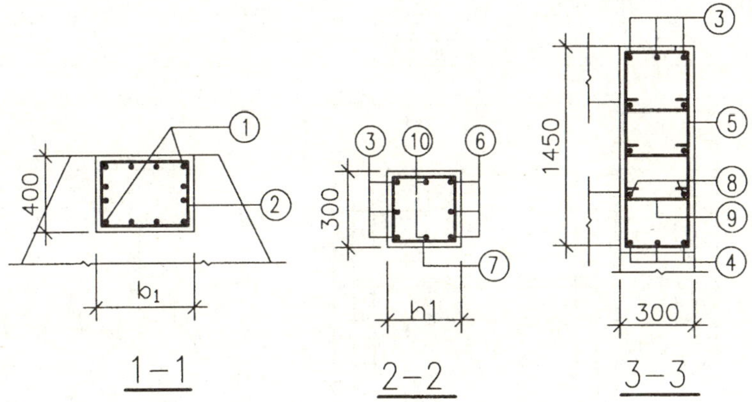

附注：

1. 钢筋的数量为整个支架的数量.
2. 埋件M-XX详见第127,128页.

GJ3-3-8 详图及尺寸配筋表	图集号	01R414
审核 校对 设计	页	73

尺寸配筋表

支架代号	截面尺寸 b1	截面尺寸 h1	① 简图	① 直径数量	② 简图	② 直径数量	③ 简图	③ 直径数量	④ 简图	④ 直径数量	⑥ 简图	⑥ 直径数量	⑦ 简图	⑦ 直径数量	⑨ 简图	⑨ 直径数量	⑩ 简图	⑩ 直径数量
GJ 3-4-4	500	300	2930 300 l=3530	16Φ22	330 280 l=1480	48Φ10 @100	550 3955 8840 7910 l=18230	6Φ20	1870 150 l=2020	6Φ16	150 3920 8760 7840 l=8910	12Φ20	230 230 l=1130	180Φ8 @150	230 l=390	18Φ6 @300	130 180 l=780	172Φ6 @80
GJ 3-4-5	500	350	2930 300 l=3530	16Φ22	430 280 l=1680	48Φ10 @100	550 3955 8840 7910 l=18230	6Φ22	1870 150 l=2020	6Φ16	150 3920 8760 7840 l=8910	12Φ22	230 280 l=1230	180Φ8 @150	230 l=390	18Φ6 @300	130 180 l=780	172Φ6 @80
GJ 3-4-6	500	400	2930 300 l=3530	16Φ22	430 280 l=1680	48Φ10 @100	550 3955 8840 7910 l=18230	6Φ22	1870 150 l=2020	6Φ16	150 3920 8760 7840 l=8910	12Φ22	230 330 l=1330	180Φ8 @150	230 l=390	18Φ6 @300	130 180 l=780	172Φ6 @80

钢筋号	简图	直径间距	长度数量 a	长度	数量	a	长度	数量	钢筋号	简图	直径	长度数量 a	长度	数量	钢筋号	简图	直径数量	钢筋号	简图	直径数量
⑤	a 230	Φ8@100	150	l=970	4	950	l=2570	4	⑧	a	Φ14	830	l=830	4	⑪	4450 l=4750 150	4Φ12	⑫	2930 l=3230 150	8Φ12
			350	l=1370	4	1150	l=2970	4				1170	l=1170	4		4620 l=4920 150	4Φ12			
			550	l=1770	4	1280	l=3230	12				1510	l=1510	4						
			750	l=2170	4															

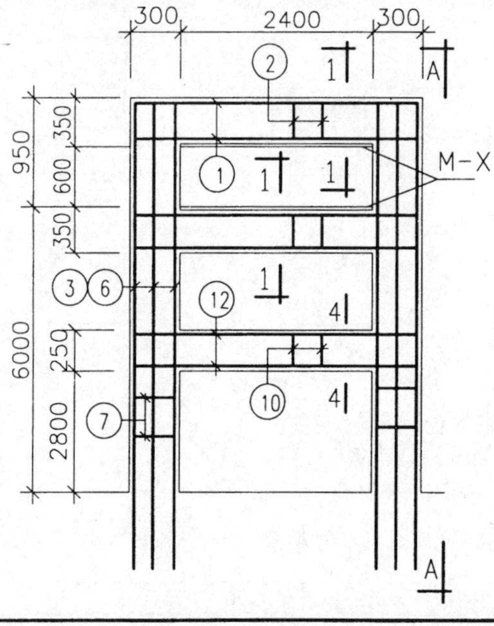

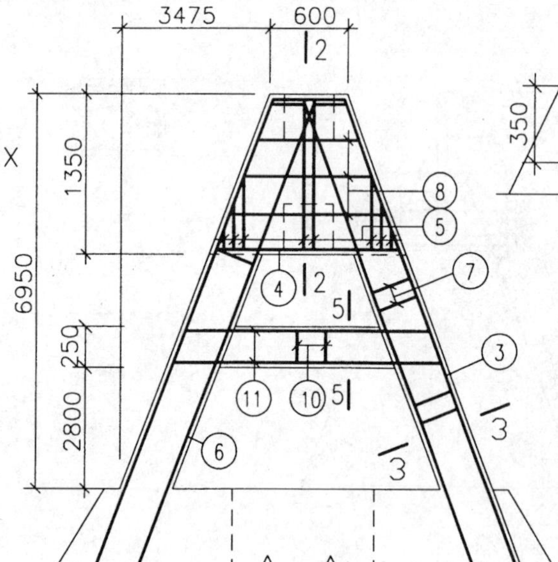

A-A

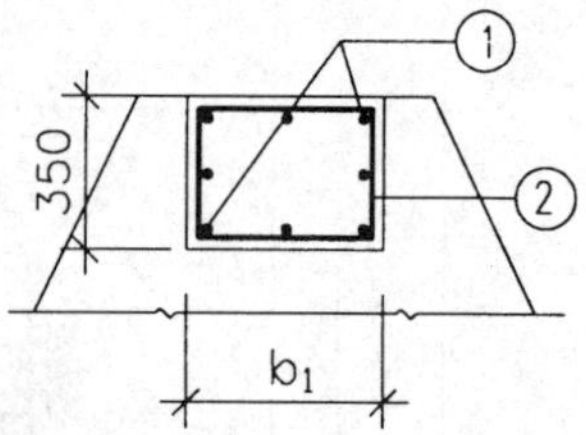

1-1

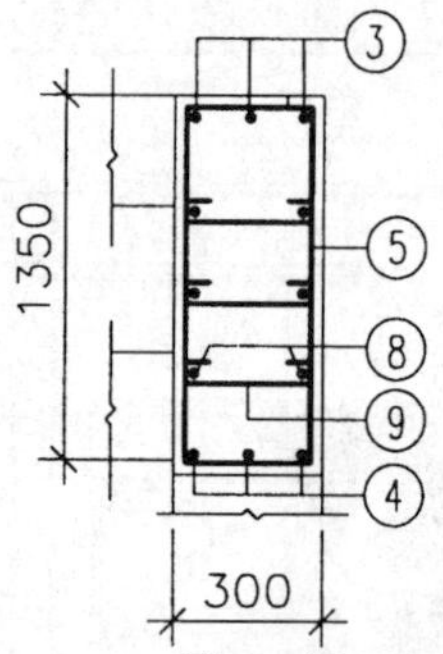

2-2

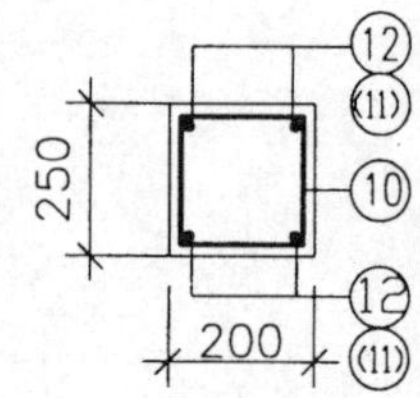

4-4
(5-5)

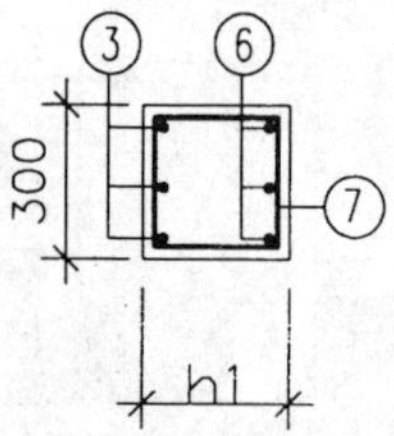

3-3

附注：

1. 钢筋的数量为整个支架的数量.
2. 本图各管架中 ⑤⑧⑪⑫ 数量均相同
3. 埋件M-XX详见第127,128页.

GJ3-4-4~6详图及尺寸配筋表	图集号	01R414
审核 校对 设计	页	74

尺寸配筋表

支架代号	截面尺寸		①		②		③		④		⑥		⑦		⑨		⑩	
	b1	h1	简图	直径数量	简图	直径数量	简图	直径数量	简图	直径数量	简图	直径数量	简图	直径数量	简图	直径数量	简图	直径数量
GJ 3-4-7	550	450	2930, 300, l=3530	16Φ22	480, 280, l=1780	48Φ10@100	8840, 550, 3955, 7910, l=18230	6Φ25	1870, 150, l=2020	6Φ16	8760, 150, 3920, 7840, l=8910	12Φ25	230, 380, l=1430	180Φ8@150	230, l=390	18Φ6@300	130, 180, l=780	172Φ6@80

钢筋号	简图	直径间距	a	长度	数量	a	长度	数量
⑤	a, 230	Φ8@100	150	l=970	4	950	l=2570	4
			350	l=1370	4	1150	l=2970	4
			550	l=1770	4	1280	l=3230	12
			750	l=2170	4			

钢筋号	简图	直径	a	长度	数量
⑧	a	Φ14	830	l=830	4
			1170	l=1170	4
			1510	l=1510	4

钢筋号	简图	直径数量
⑪	4450, l=4750, 150	4Φ12
	4620, l=4920, 150	4Φ12
⑫	2930, l=3230, 150	8Φ12
⑬	8840, l=8840	8Φ12

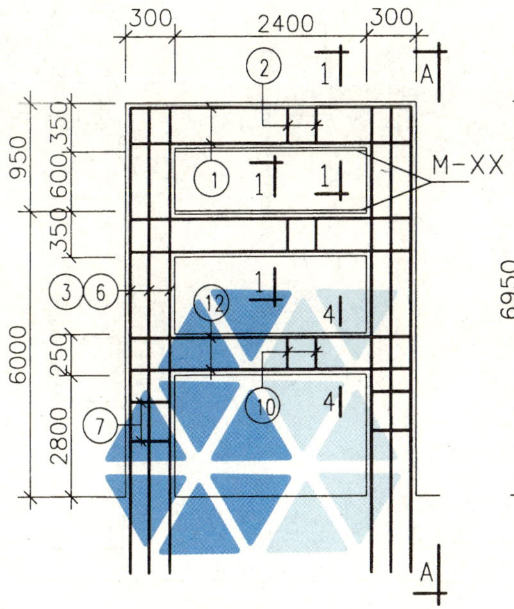

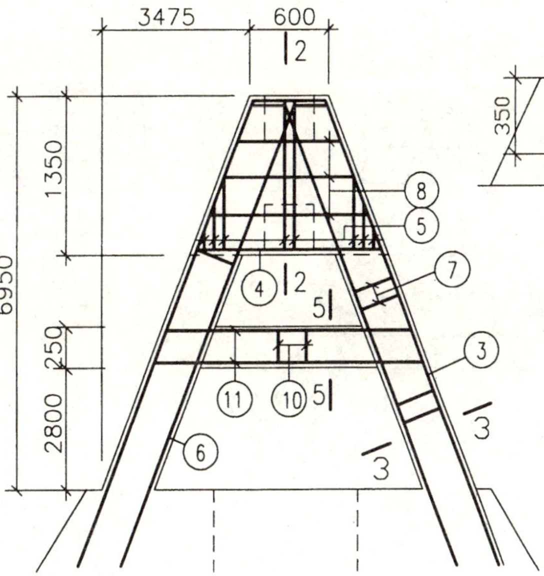

A—A

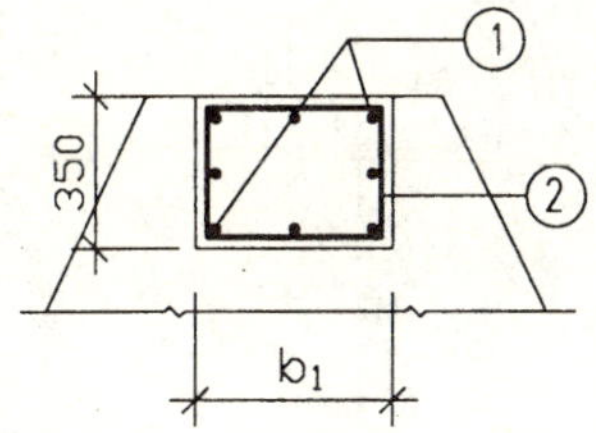

1—1

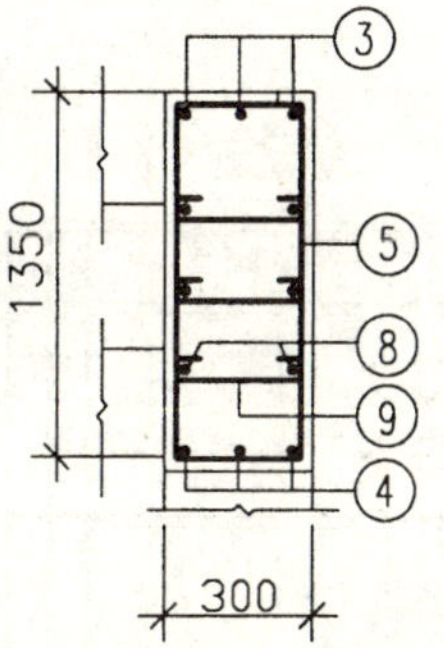

2—2

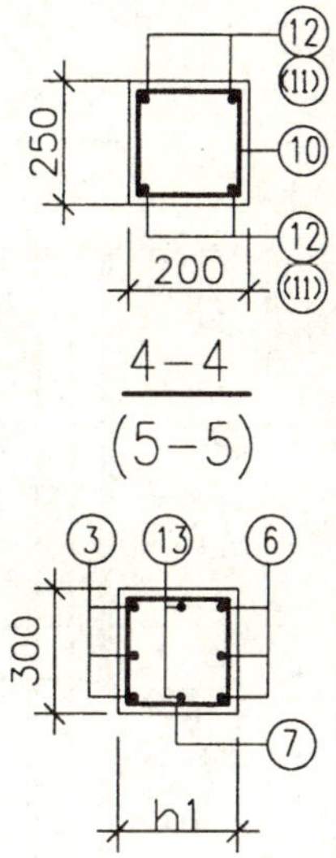

4—4 (5—5)

3—3

附注：

1. 钢筋的数量为整个支架的数量．
2. 埋件M—XX详见第127，128页．

GJ3—4—7 详图及尺寸配筋表	图集号	01R414
审核 校对 设计	页	75

尺寸配筋表

支架代号	截面尺寸		①		②		③		④		⑥		⑦		⑨		⑩	
	b_1	h_1	简图	直径数量	简图	直径数量	简图	直径数量	简图	直径数量	简图	直径数量	简图	直径数量	简图	直径数量	简图	直径数量
GJ 3-4-8	600	500	2930 300 l=3530	16Φ22	530 430 l=2180	48Φ10@100	600 3980 8900 7960 l=18400	6Φ25	1970 150 l=2270	6Φ16	150 3950 8830 7900 l=8980	12Φ25	230 430 l=1530	180Φ8@150	230 l=390	22Φ6@300	130 180 l=780	158Φ6@80

钢筋号	简图	直径间距	长度 数量						钢筋号	简图	直径	长度 数量			钢筋号	简图	直径数量	钢筋号	简图	直径数量	钢筋号	简图	直径数量
			a	长度	数量	a	长度	数量				a	长度	数量									
⑤	a 230	Φ8@100	150	l=970	4	950	l=2570	4	⑧	a	Φ14	940	l=940	4	⑪	4550 l=4850 150	4Φ12	⑫	2930 l=3230 150	8Φ12	⑬	8900 l=8900	8Φ12
			350	l=1370	4	1150	l=2970	4				1280	l=1280	4									
			550	l=1770	4	1380	l=3430	16				1630	l=1630	4		4720 l=5020 150	4Φ12						
			750	l=2170	4																		

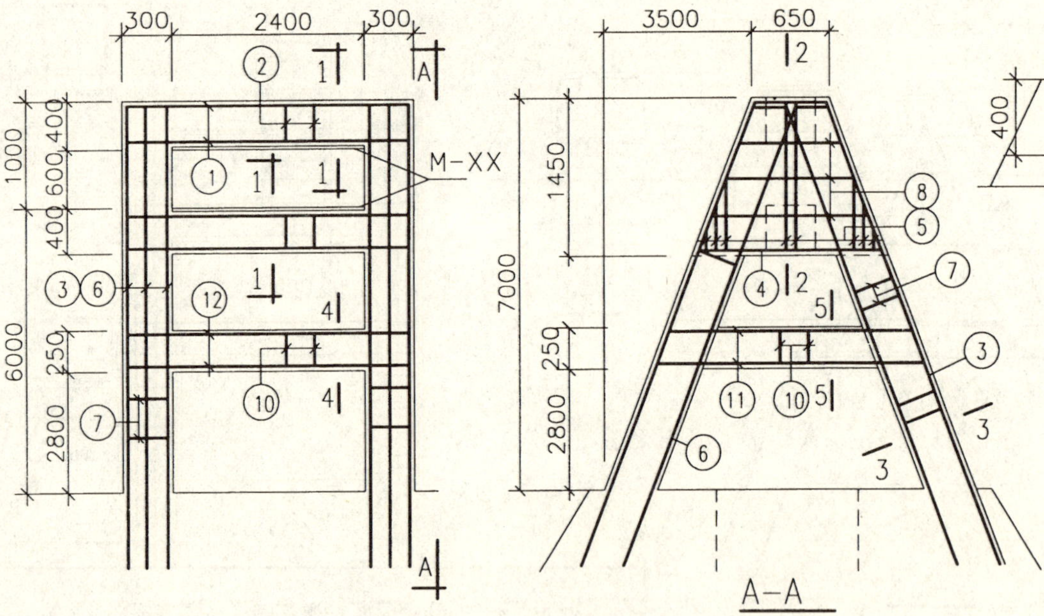

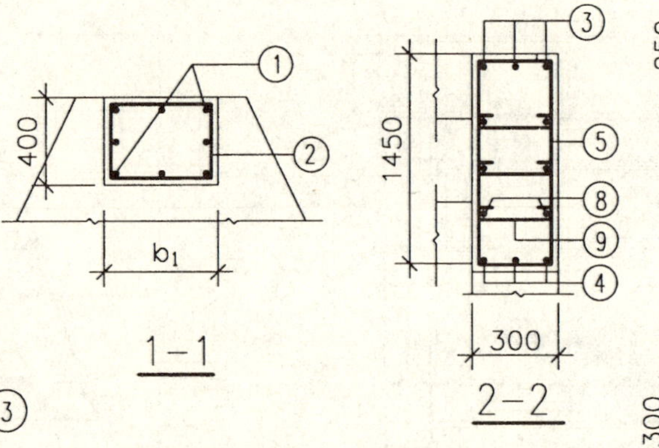

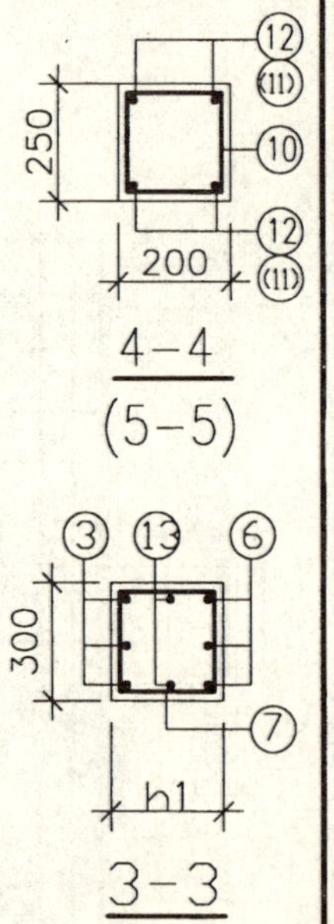

附注：

1. 钢筋的数量为整个支架的数量．
2. 埋件M-XX详见第127，128页．

GJ3-4-8 详图及尺寸配筋表	图集号	01R414
审核 校对 设计	页	76

尺寸配筋表

基础代号	尺寸							①		②	
	A×B	a	a_1	a_2	b	b_1	b_2	简图	直径数量	简图	直径数量
GJJ 1-1-1	1350x1200	400	900	350	400	900	350	1280 l=1380	7Φ8 @200	1130 l=1230	8Φ8 @200
GJJ 1-1-2	1500x1200	400	900	350	400	900	300	1430 l=1530	7Φ8 @200	1130 l=1230	9Φ8 @200
GJJ 1-1-3	1750x1200	400	900	350	400	900	250	1680 l=1780	9Φ8 @150	1130 l=1230	10Φ8 @200
GJJ 1-1-4	1850x1200	400	900	350	400	900	250	1780 l=1780	9Φ8 @150	1130 l=1230	11Φ8 @200
GJJ 1-1-5	1950x1250	400	900	350	400	900	250	1880 l=1880	12Φ8 @120	1180 l=1280	11Φ8 @200
GJJ 1-1-6	2000x1250	400	900	350	400	900	250	1930 l=2030	12Φ8 @120	1180 l=1280	11Φ8 @200
GJJ 1-1-7	2050x1300	400	900	350	400	900	250	1980 l=2080	12Φ8 @120	1230 l=1330	12Φ8 @200
GJJ 1-2-7	2050x1300	500	1000	350	400	900	250	1980 l=2080	12Φ8 @120	1230 l=1330	12Φ8 @200
GJJ 1-1-8	2150x1350	400	900	350	400	900	200	2080 l=2180	15Φ8 @100	1280 l=1380	12Φ8 @200
GJJ 1-2-8	2150x1350	500	1000	350	400	900	200	2080 l=2180	15Φ8 @100	1280 l=1380	12Φ8 @200
GJJ 1-1-9	2300x1450	500	1000	350	400	900	200	2230 l=2330	16Φ8 @100	1380 l=1480	13Φ8 @200

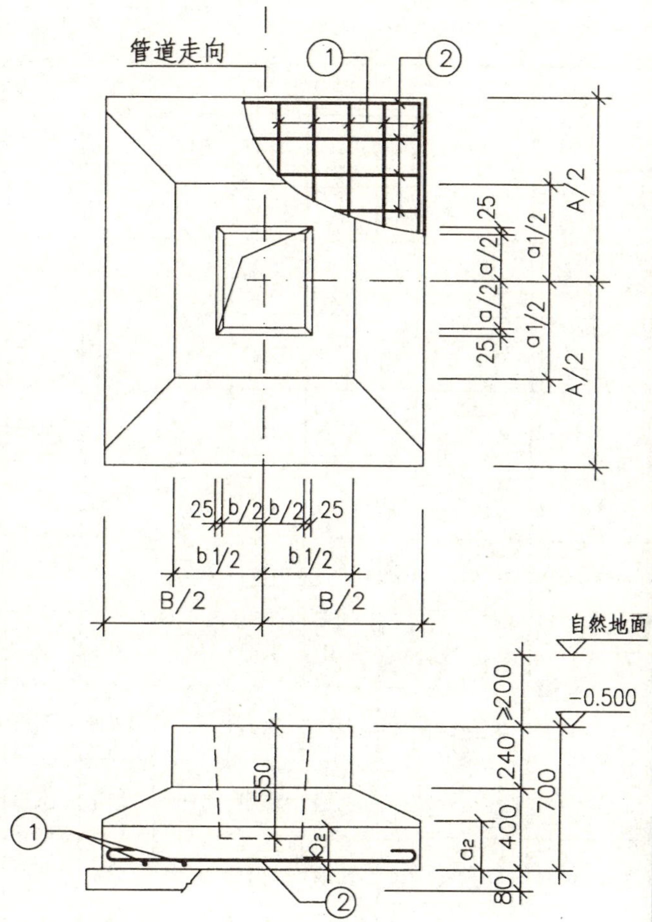

附注：

1. 垫层用 C10级混凝土，每边比基础大100 .
2. 基础用 C20级混凝土，钢筋保护层厚35 .

GJJ1-X-1~9 详图及尺寸配筋表	图集号	01R414
审核 校对 设计	页	77

尺寸配筋表

基础代号	尺寸							①		②	
	A×B	a	a_1	a_2	b_2	h_1	h_2	简图	直径数量	简图	直径数量
GJJ 1-1-10	1600x1600			—	300	300	400	1530 l=1630	9Φ8 @200	1530 l=1630	9Φ8 @200
GJJ 1-1-11	1650x1600	400	900	—	300	300	400	1580 l=1680	9Φ8 @200	1530 l=1630	10Φ8 @200
GJJ 1-1-12	1900x1600	400	900	—	250	300	400	1830 l=1930	12Φ8 @150	1530 l=1630	11Φ8 @200
GJJ 1-1-13	2150x1600	400	900	—	200	300	400	2080 l=2180	17Φ8 @100	1530 l=1630	12Φ8 @200
GJJ 1-1-14	2200x1600	400	900	—	200	300	400	2130 l=2230	17Φ8 @100	1530 l=1630	12Φ8 @200
GJJ 1-1-15	2300x1600	400	900	—	200	300	400	2230 l=2360	15Φ10 @120	1530 l=1630	13Φ8 @200
GJJ 1-1-16	2400x1600	400	900	—	200	300	400	2330 l=2460	15Φ10 @120	1530 l=1630	13Φ8 @200
GJJ 1-1-17	2600x1600	400	900	—	200	300	400	2530 l=2660	17Φ10 @100	1530 l=1630	14Φ8 @200
GJJ 1-2-17	2600x1600	400	900	—	200	300	400	2530 l=2660	17Φ10 @100	1530 l=1630	14Φ8 @200
GJJ 1-1-18	2650x1700	500	1000	400	200	300	400	2580 l=2710	18Φ10 @100	1630 l=1730	15Φ8 @200
GJJ 1-1-19	2750x1700	400	900	400	200	300	400	2680 l=2680	16Φ10 @120	1630 l=1730	16Φ8 @200
GJJ 1-1-20	2850x1800	500	1000	400	200	300	400	2780 l=2780	16Φ10 @120	1730 l=1830	16Φ8 @200
GJJ 1-2-20	2850x1800	400	900	400	200	300	400	2780 l=2780	16Φ10 @120	1730 l=1830	16Φ8 @200
GJJ 1-1-21	2900x1850	500	1000	400	200	300	400	2830 l=2830	17Φ10 @120	1780 l=1880	16Φ8 @200

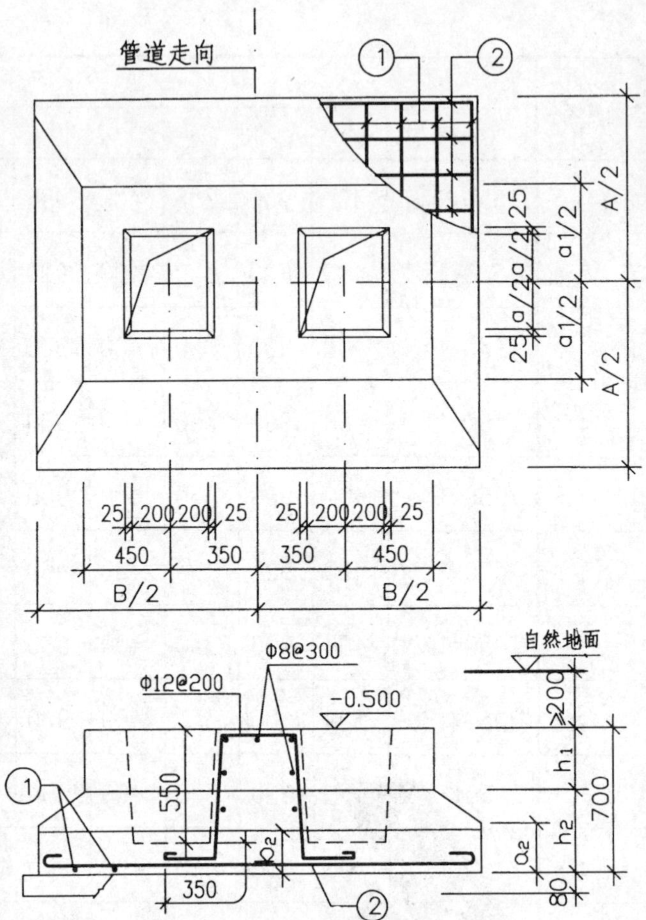

附注：

1. 垫层用C10级混凝土，每边比基础大100．
2. 基础用C20级混凝土，钢筋保护层厚35．

GJJ1-X-10~21 详图及尺寸配筋表	图集号	01R414
审核 [signature] 校对 [signature] 设计 [signature]	页	78

尺寸配筋表

基础代号	尺寸							①		②	
	A×B	a	a_1	a_2	b_2	h_1	h_2	简图	直径数量	简图	直径数量
GJJ 1-1-22	2950x1850	400	900	400	200	300	400	2880 l=2880	20Φ10 @100	1780 l=1880	16Φ8 @200
GJJ 1-1-23	3100x1950	400	900	400	200	300	400	2730 l=2730	21Φ10 @100	1880 l=1980	17Φ8 @200
GJJ 1-1-24	3150x1950	450	950	400	200	300	400	2770 l=2770	21Φ10 @100	1880 l=1980	17Φ8 @200
GJJ 1-1-25	3250x2000	400	900	350	200	300	400	2860 l=2860	15Φ12 @150	1930 l=2030	18Φ8 @200
GJJ 1-1-26	3250x2050	450	950	350	200	300	400	2860 l=2860	15Φ12 @150	1980 l=2080	18Φ8 @200
GJJ 1-1-27	3300x2050	450	950	350	200	300	400	2910 l=2910	15Φ12 @150	1980 l=2080	18Φ8 @200
GJJ 1-1-28	3300x2100	550	1050	350	200	300	400	2910 l=2910	15Φ12 @150	2030 l=2130	18Φ8 @200
GJJ 1-1-29	3400x2150	450	950	350	200	300	400	3000 l=3000	16Φ12 @150	2080 l=2180	18Φ8 @200
GJJ 1-1-30	3500x2200	450	950	300	200	300	400	3100 l=3100	20Φ12 @120	2130 l=2230	19Φ8 @200
GJJ 1-2-30	3500x2200	550	1050	300	200	300	400	3100 l=3100	20Φ12 @120	2130 l=2230	19Φ8 @200

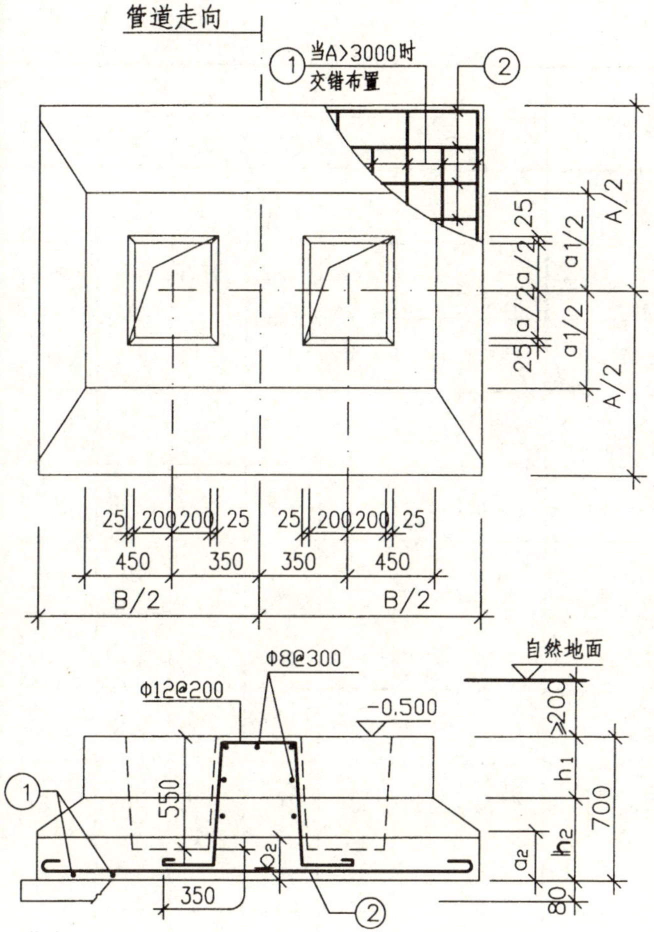

附注：

1. 垫层用 C10级混凝土，每边比基础大100 .
2. 基础用 C20级混凝土，钢筋保护层厚35 .

GJJ1-X-22~30 详图及尺寸配筋表	图集号	01R414
审核 [signature] 校对 [signature] 设计 张永良	页	79

尺寸配筋表

基础代号	尺寸							①		②	
	A×B	a	a_1	a_2	b_2	h_1	h_2	简图	直径数量	简图	直径数量
GJJ 1-1-31	3600x2250	450	950	300	200	300	400	3180 l=3180	20Φ12 @120	2180 l=2280	19Φ8 @200
GJJ 1-1-32	3650x2300	550	1050	300	200	300	400	3250 l=3250	24Φ12 @100	2230 l=2330	20Φ8 @200
GJJ 1-2-32	3650x2300	450	950	300	200	300	400	3250 l=3250	24Φ12 @100	2230 l=2330	20Φ8 @200
GJJ 1-1-33	3800x2350	550	1050	300	200	300	400	3360 l=3360	25Φ12 @100	2280 l=2380	20Φ8 @200
GJJ 1-1-34	3900x2450	500	1000	300	200	300	400	3450 l=3450	22Φ14 @120	2380 l=2480	27Φ8 @150
GJJ 1-1-35	3950x2450	550	1050	300	200	300	400	3500 l=3500	22Φ14 @120	2380 l=2480	28Φ8 @150
GJJ 1-1-36	3950x2500	550	1050	250	200	300	400	3500 l=3500	22Φ14 @120	2430 l=2530	28Φ8 @150
GJJ 1-1-37	4250x2650	500	1000	250	200	300	400	3760 l=3760	28Φ14 @100	2580 l=2680	37Φ8 @120
GJJ 1-1-38	4350x2800	550	1050	250	200	300	400	3850 l=3850	29Φ14 @100	2730 l=2830	38Φ8 @120

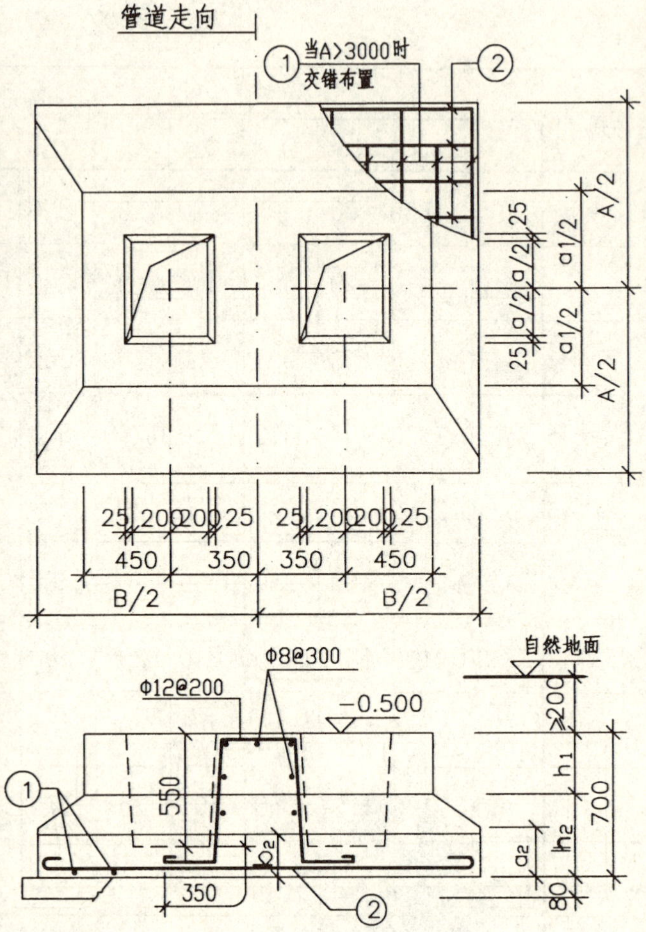

附注：

1. 垫层用C10级混凝土,每边比基础大100.
2. 基础用C20级混凝土,钢筋保护层厚35.

GJJ1-X-31~38 详图及尺寸配筋表	图集号	01R414
审核 [signature] 校对 [signature] 设计 [signature]	页	80

尺寸配筋表

基础代号	尺寸							①		②	
	A×B	a	a_1	a_2	b_2	h_1	h_2	简图	直径数量	简图	直径数量
GJJ 1-1-39	4050x2500	600	1100	450	250	300	600	3580 l=3580	22Φ12 @120	2430 l=2530	22Φ8 @200
GJJ 1-1-40	4100x2550	600	1100	450	250	300	600	3630 l=3630	22Φ12 @120	2480 l=2580	22Φ8 @200
GJJ 1-1-41	4300x2650	600	1100	450	250	300	600	3810 l=3810	28Φ12 @100	2580 l=2680	30Φ8 @150
GJJ 1-1-42	4300x2700	650	1150	450	250	300	600	3810 l=3810	28Φ12 @100	2630 l=2730	30Φ8 @150
GJJ 1-1-43	4450x2800	650	1150	400	250	300	600	3950 l=3950	29Φ12 @100	2730 l=2830	31Φ8 @150
GJJ 1-1-44	4550x2850	750	1250	400	250	300	600	4050 l=4050	30Φ12 @100	2780 l=2880	39Φ8 @120
GJJ 1-1-45	4800x3000	650	1150	400	250	300	600	4300 l=4300	26Φ14 @120	2930 l=3030	41Φ8 @120
GJJ 1-2-45	4800x3000	750	1250	400	250	300	600	4300 l=4300	26Φ14 @120	2930 l=3030	41Φ8 @120
GJJ 1-1-46	5050x3150	650	1150	350	250	300	600	4500 l=4500	33Φ14 @100	3080 l=3080	27Φ10 @200
GJJ 1-2-46	5050x3150	750	1250	350	250	300	600	4500 l=4500	33Φ14 @100	3080 l=3080	27Φ10 @200
GJJ 1-1-47	5250x3300	750	1250	350	250	300	600	4700 l=4700	34Φ14 @100	3230 l=3230	28Φ10 @200
GJJ 1-1-50	5600x3500	750	1250	300	250	300	600	5000 l=5000	36Φ16 @100	3430 l=3430	39Φ10 @150

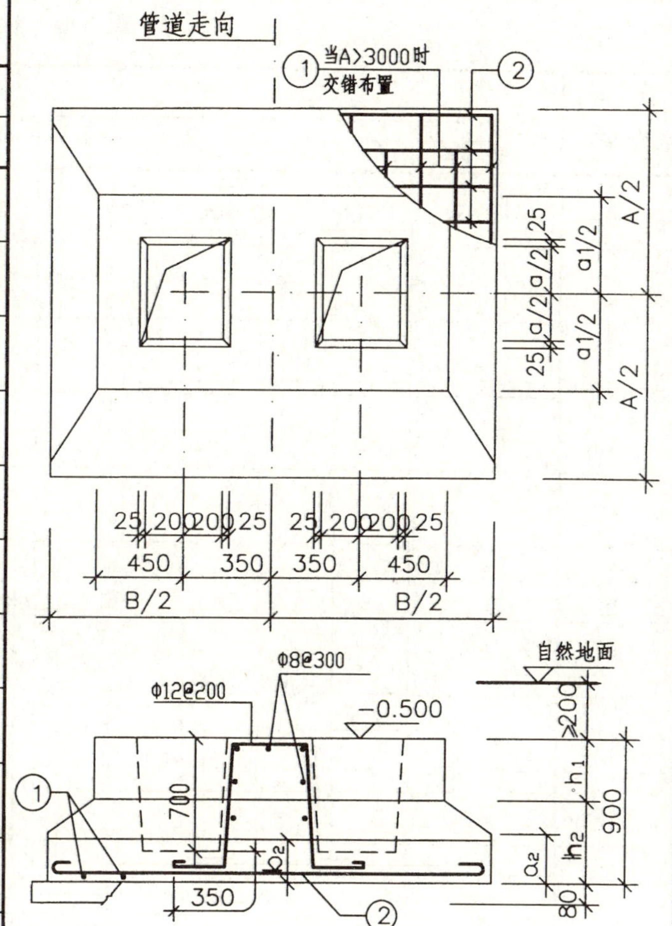

附注：

1. 垫层用C10级混凝土，每边比基础大100．
2. 基础用C20级混凝土，钢筋保护层厚35．

GJJ1-X-39~47,50详图及尺寸配筋表	图集号	01R414
审核 校对 设计	页	81

尺寸配筋表

基础代号	尺寸 A×B	a	a_1	a_2	b_2	h_1	h_2	① 简图	① 直径数量	② 简图	② 直径数量
GJJ 1-1-48	5400x3400	900	1550	400	250	350	700	4800 l=4800	30Φ14 @120	3330 l=3430	28Φ10 @200
GJJ 1-1-49	5500x3450	900	1550	400	250	350	700	4900 l=4900	30Φ14 @120	3380 l=3480	29Φ10 @200
GJJ 1-1-51	5900x3700	900	1550	400	250	350	700	5300 l=5300	38Φ14 @100	3630 l=3630	41Φ10 @150

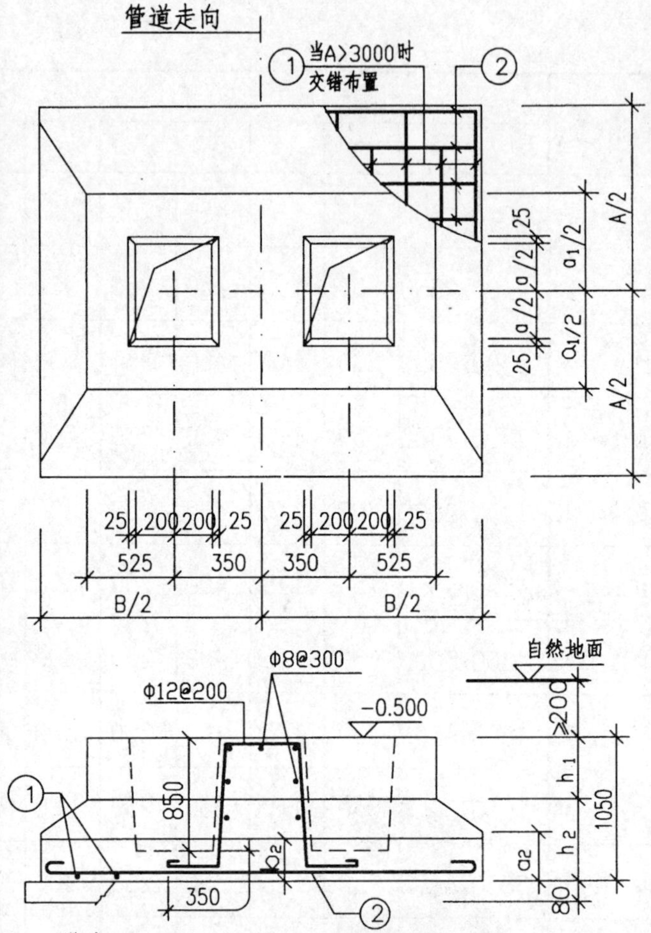

附注：

1. 垫层用C10级混凝土,每边比基础大100.
2. 基础用C20级混凝土,钢筋保护层厚35.

GJJ1-1-48,49,51详图及尺寸配筋表	图集号	01R414
审核 校对 设计	页	82

尺 寸 配 筋 表

基础代号	尺寸 A×B	a	a_1	a_2	b_2	h_1	h_2	① 简图	① 直径数量	② 简图	② 直径数量
GJJ 2-1-1	1850x2400	400	900	—	250	300	400	1780 l=1880	17Φ8 @150	2330 l=2430	11Φ8 @200
GJJ 2-1-2	2100x2400	400	900	—	200	300	400	2030 l=2130	25Φ8 @100	2330 l=2430	12Φ8 @200
GJJ 2-1-3	2300x2400	400	900	—	200	300	400	2230 l=2360	21Φ10 @120	2330 l=2430	13Φ8 @200
GJJ 2-1-4	2450x2400	400	900	—	200	300	400	2380 l=2510	21Φ10 @120	2330 l=2430	14Φ8 @200
GJJ 2-1-5	2500x2400	400	900	—	200	300	400	2430 l=2560	21Φ10 @120	2330 l=2430	14Φ8 @200
GJJ 2-1-6	2600x2400	400	900	—	200	300	400	2530 l=2660	25Φ10 @100	2330 l=2430	14Φ8 @200
GJJ 2-1-7	2800x2400	400	900	—	200	300	400	2730 l=2730	21Φ10 @120	2330 l=2430	15Φ8 @200
GJJ 2-1-8	2850x2400	400	900	—	200	300	400	2780 l=2780	21Φ10 @120	2330 l=2430	16Φ8 @200
GJJ 2-2-8	2850x2400	450	950	—	200	300	400	2780 l=2780	21Φ10 @120	2330 l=2430	16Φ8 @200
GJJ 2-1-9	2950x2400	450	950	—	200	300	400	2880 l=2880	21Φ10 @120	2330 l=2430	16Φ8 @200
GJJ 2-1-10	3050x2400	450	950	—	200	300	400	2980 l=2980	25Φ10 @100	2330 l=2430	17Φ8 @200
GJJ 2-1-11	3100x2400	550	1050	—	200	300	400	2750 l=2750	25Φ10 @100	2330 l=2430	17Φ8 @200
GJJ 2-2-11	3100x2400	450	950	—	200	300	400	2750 l=2750	25Φ10 @100	2330 l=2430	17Φ8 @200
GJJ 2-1-12	3200x2400	450	950	—	200	300	400	2850 l=2850	17Φ12 @150	2330 l=2430	17Φ8 @200

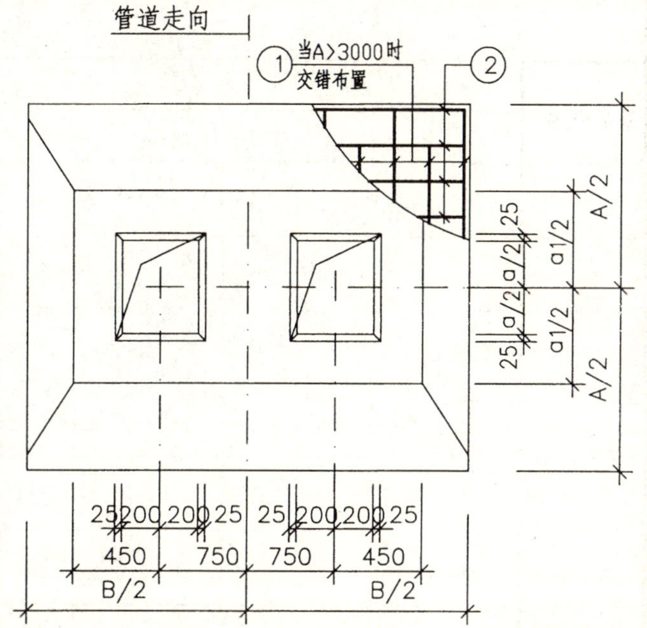

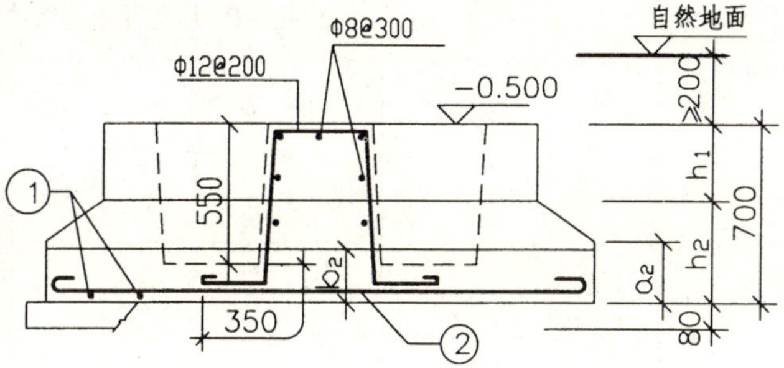

附注：

1. 垫层用 C10级混凝土，每边比基础大100 .
2. 基础用 C20级混凝土，钢筋保护层厚35 .

GJJ2-X-1~12 详图及尺寸配筋表	图集号	01R414
审核 校对 设计	页	83

尺寸配筋表

基础代号	尺寸 A×B	a	a_1	a_2	b_2	h_1	h_2	① 简图	① 直径数量	② 简图	② 直径数量
GJJ 2-1-13	3350x2400	550	1050	—	200	300	400	2950 l=2950	17Φ12 @150	2330 l=2430	18Φ8 @200
GJJ 2-1-14	3500x2400	450	950	—	200	300	400	3100 l=3100	21Φ12 @120	2330 l=2430	19Φ8 @200
GJJ 2-2-14	3500x2400	550	1050	—	200	300	400	3100 l=3100	21Φ12 @120	2330 l=2430	19Φ8 @200
GJJ 2-1-15	3550x2400	450	950	—	200	300	400	3150 l=3150	21Φ12 @120	2330 l=2430	19Φ8 @200
GJJ 2-1-16	3600x2400	550	1050	—	200	300	400	3200 l=3200	21Φ12 @120	2330 l=2430	19Φ8 @200
GJJ 2-1-17	3850x2400	600	1100	—	200	300	400	3400 l=3400	25Φ12 @100	2330 l=2430	21Φ8 @200
GJJ 2-1-18	3950x2500	550	1050	400	200	300	400	3500 l=3500	22Φ14 @120	2430 l=2530	21Φ8 @200
GJJ 2-1-19	4000x2500	600	1100	400	200	300	400	3550 l=3550	22Φ14 @120	2430 l=2530	21Φ8 @200
GJJ 2-2-19	4000x2500	550	1050	400	200	300	400	3550 l=3550	22Φ14 @120	2430 l=2530	21Φ8 @200
GJJ 2-1-20	4250x2650	600	1100	400	200	300	400	3800 l=3800	24Φ14 @120	2580 l=2680	23Φ8 @200
GJJ 2-2-20	4400x2750	550	1050	400	200	300	400	3900 l=3900	29Φ14 @100	2680 l=2780	23Φ8 @200

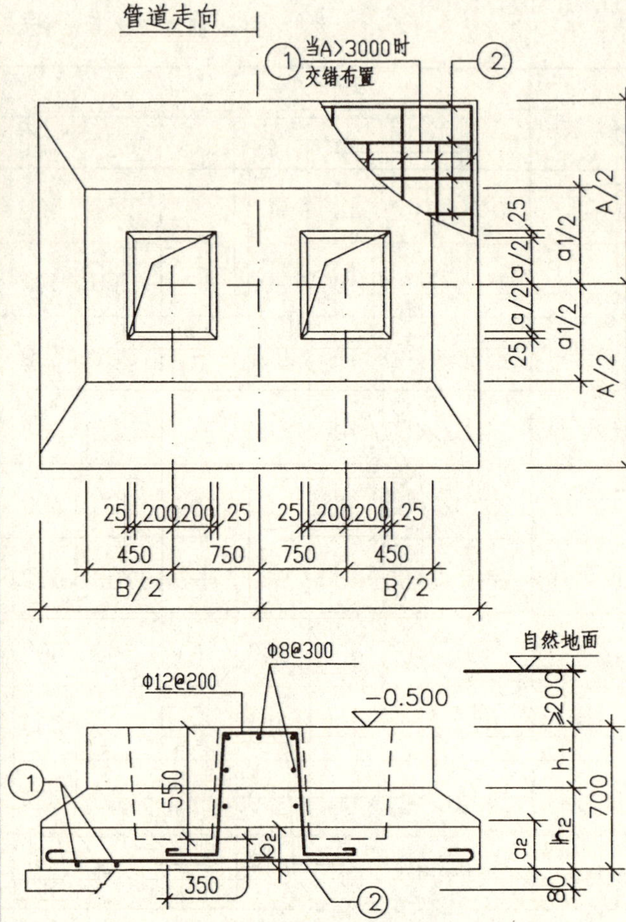

附注：

1. 垫层用C10级混凝土，每边比基础大100．
2. 基础用C20级混凝土，钢筋保护层厚35．

GJJ2-X-13~20详图及尺寸配筋表	图集号	01R414
审核 校对 设计	页	84

尺寸配筋表

基础代号	尺寸							①		②	
	A×B	a	a_1	a_2	b_2	h_1	h_2	简图	直径数量	简图	直径数量
GJJ 2-1-21	3850x2400	550	1050	—	250	300	600	3400 l=3400	21Φ12 @120	2330 l=2430	21Φ8 @200
GJJ 2-1-22	3900x2500	550	1050	600	250	300	600	3450 l=3450	22Φ12 @120	2430 l=2530	21Φ8 @200
GJJ 2-1-23	4250x2700	550	1050	550	250	300	600	3800 l=3800	28Φ12 @100	2630 l=2730	23Φ8 @200
GJJ 2-1-24	4300x2700	650	1150	550	250	300	600	3850 l=3850	28Φ12 @100	2630 l=2730	23Φ8 @200
GJJ 2-1-25	4400x2750	650	1150	550	250	300	600	3900 l=3900	29Φ12 @100	2680 l=2780	23Φ8 @200
GJJ 2-1-26	4550x2850	750	1250	550	250	300	600	4050 l=4050	30Φ12 @100	2780 l=2880	24Φ8 @200
GJJ 2-2-26	4550x2850	650	1150	550	250	300	600	4050 l=4050	30Φ12 @100	2780 l=2880	24Φ8 @200
GJJ 2-1-27	4700x2900	650	1150	550	250	300	600	4200 l=4200	26Φ14 @120	2830 l=2930	25Φ8 @200
GJJ 2-1-28	4750x3000	750	1250	500	250	300	600	4250 l=4250	26Φ14 @120	2930 l=3030	25Φ8 @200
GJJ 2-1-29	5000x3150	650	1150	500	250	300	600	4450 l=4450	33Φ14 @100	3080 l=3180	26Φ8 @200
GJJ 2-2-30	5050x3200	650	1150	500	250	300	600	4500 l=4500	33Φ14 @100	3180 l=3280	27Φ8 @200

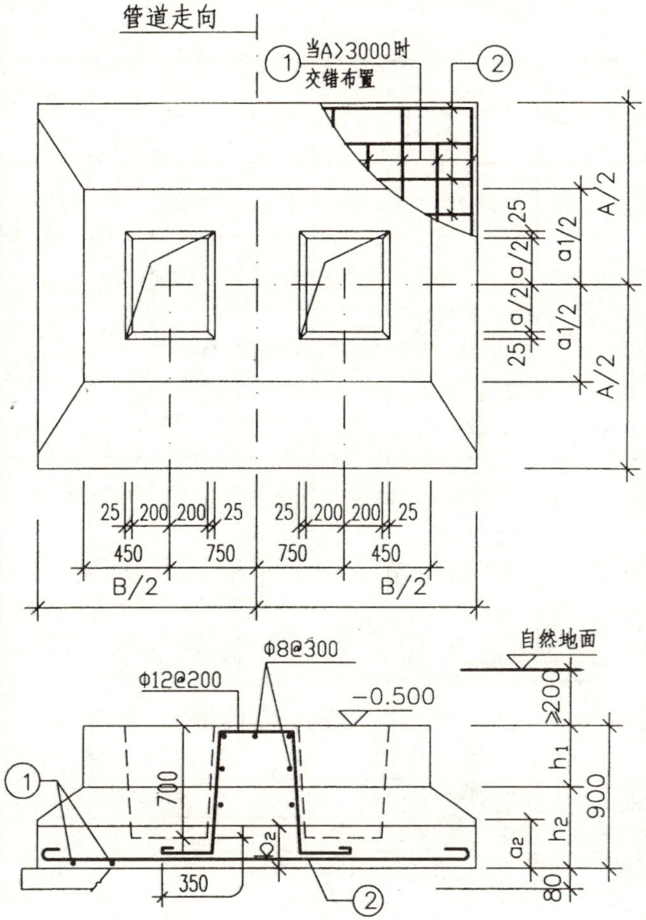

附注：

1. 垫层用C10级混凝土,每边比基础大100 .
2. 基础用C20级混凝土,钢筋保护层厚35 .

GJJ2-X-21~30详图及尺寸配筋表	图集号	01R414
审核 校对 设计	页	85

尺寸配筋表

基础代号	尺寸 A×B	a	a_1	a_2	b_2	h_1	h_2	① 简图	① 直径数量	② 简图	② 直径数量
GJJ 2-1-30	5050x3200	750	1400	550	250	350	700	4500 l=4500	26Φ14 @130	3130 l=3260	27Φ10 @200
GJJ 2-1-31	5150x3200	750	1400	550	250	350	700	4600 l=4600	28Φ14 @120	3130 l=3260	27Φ10 @200
GJJ 2-1-32	5400x3400	900	1550	550	250	350	700	4800 l=4800	30Φ14 @120	3330 l=3460	28Φ10 @200
GJJ 2-1-33	5500x3400	750	1400	550	250	350	700	4900 l=4900	35Φ14 @100	3330 l=3460	29Φ10 @200
GJJ 2-1-34	5500x3500	900	1550	500	250	350	700	4900 l=4900	33Φ14 @110	3430 l=3560	29Φ10 @200
GJJ 2-1-35	5600x3500	750	1400	500	250	350	700	5000 l=5000	36Φ14 @100	3430 l=3560	29Φ10 @200
GJJ 2-1-36	5900x3700	900	1550	500	250	350	700	5250 l=5250	38Φ14 @100	3630 l=3760	31Φ10 @200
GJJ 2-1-37	6000x3750	750	1400	500	250	350	700	5350 l=5350	33Φ16 @120	3680 l=3810	31Φ10 @200
GJJ 2-2-37	6000x3750	1000	1650	500	250	400	750	5350 l=5350	33Φ16 @120	3680 l=3810	31Φ10 @200
GJJ 2-1-38	6050x3800	1000	1650	500	250	400	750	5400 l=5400	33Φ16 @120	3730 l=3860	32Φ10 @200
GJJ 2-1-39	6600x4100	1000	1650	550	250	400	800	5900 l=5900	42Φ16 @100	4030 l=4160	34Φ10 @200

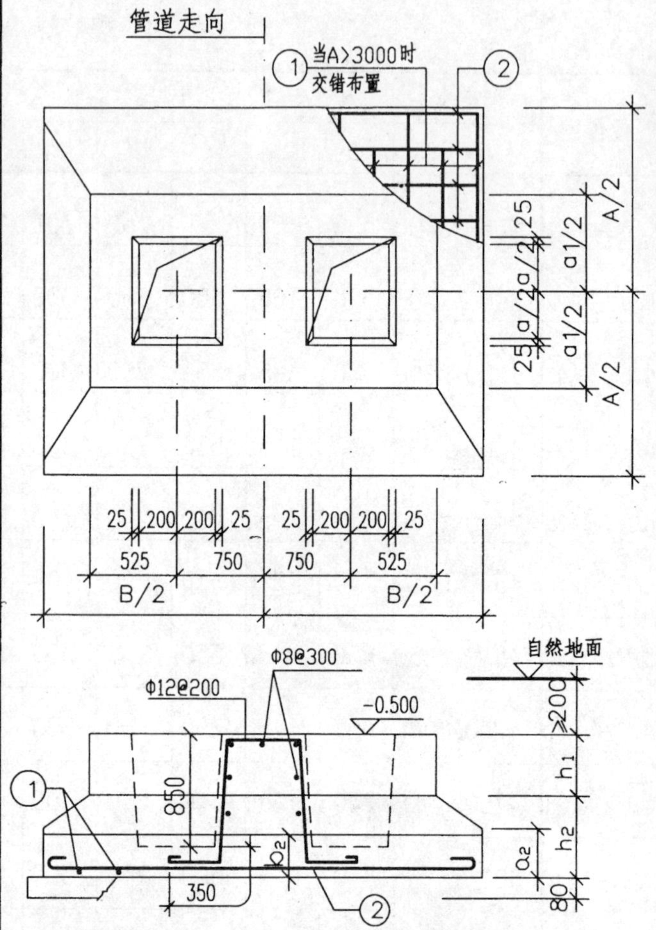

附注：

1. 垫层用C10级混凝土,每边比基础大100。
2. 基础用C20级混凝土,钢筋保护层厚35。

GJJ2-X-30~39 详图及尺寸配筋表	图集号	01R414
审核 徐兰斌 校对 姜福增 设计 张永良	页	86

尺寸配筋表

基础代号	尺寸							①		②	
	A×B	a	a_1	a_2	b_2	h_1	h_2	简图	直径数量	简图	直径数量
GJJ 3-1-1	2100x3000	400	900	—	250	300	400	2030 l=2130	26φ8 @120	2930 l=3030	12φ8 @200
GJJ 3-1-2	2400x3000	400	900	—	200	300	400	2330 l=2460	26φ10 @120	2930 l=3030	13φ8 @200
GJJ 3-1-3	2700x3000	450	950	—	200	300	400	2630 l=2760	31φ10 @100	2930 l=3030	15φ8 @200
GJJ 3-1-4	2800x3000	450	950	—	200	300	400	2730 l=2730	26φ10 @120	2930 l=3030	15φ8 @200
GJJ 3-1-5	3150x3000	450	950	—	200	300	400	2800 l=2800	31φ10 @100	2930 l=3030	17φ8 @200
GJJ 3-2-5	3150x3000	550	1050	—	200	300	400	2800 l=2800	31φ10 @100	2930 l=3030	17φ8 @200
GJJ 3-1-6	3350x3000	550	1050	—	200	300	400	2950 l=2950	21φ12 @150	2930 l=3030	18φ8 @200
GJJ 3-1-7	3450x3000	600	1100	—	200	300	400	3050 l=3050	21φ12 @150	2930 l=3030	19φ8 @200
GJJ 3-2-7	3450x3000	550	1050	—	200	300	400	3050 l=3050	21φ12 @150	2930 l=3030	19φ8 @200
GJJ 3-1-8	3600x3000	550	1050	—	200	300	400	3200 l=3200	26φ12 @120	2930 l=3030	19φ8 @200
GJJ 3-1-9	3750x3000	600	1100	—	200	300	400	3350 l=3350	31φ12 @100	2930 l=3030	20φ8 @200
GJJ 3-1-10	3950x3000	600	1100	—	200	300	400	3500 l=3500	31φ12 @100	2930 l=3030	21φ8 @200
GJJ 3-2-10	3950x3000	550	1050	—	200	300	400	3500 l=3500	31φ12 @100	2930 l=3030	21φ8 @200
GJJ 3-1-11	4100x3000	550	1050	—	250	300	600	3650 l=3650	26φ14 @120	2930 l=3030	22φ8 @200

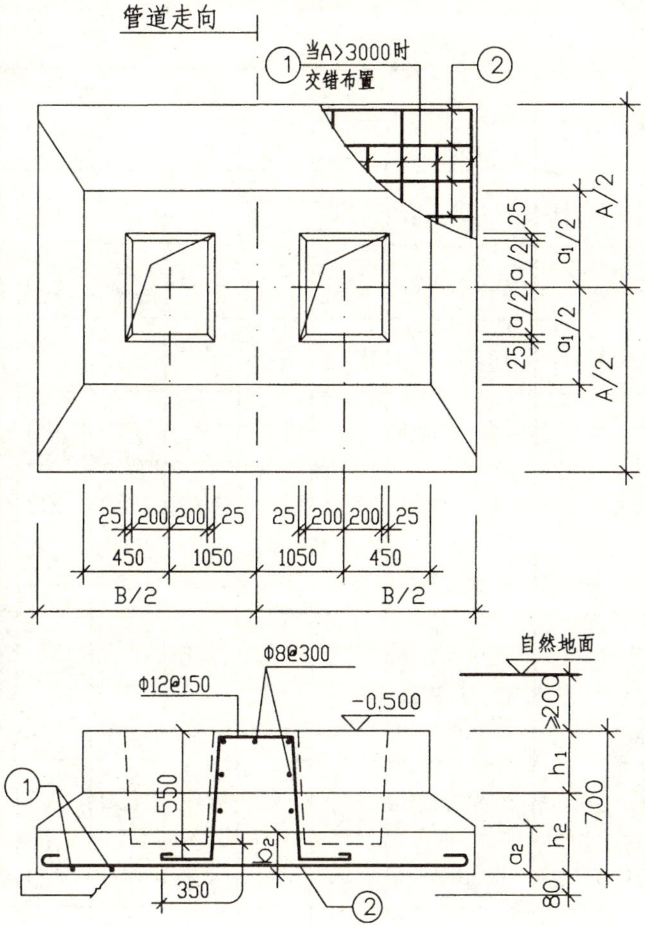

附注：

1. 垫层用C10级混凝土,每边比基础大100.
2. 基础用C20级混凝土,钢筋保护层厚35.

GJJ3-X-1~11 详图及尺寸配筋表	图集号	01R414
审核 [签名] 校对 [签名] 设计 [签名]	页	87

尺寸配筋表

基础代号	尺寸							①		②	
	A×B	a	a_1	a_2	b_2	h_1	h_2	简图	直径数量	简图	直径数量
GJJ 3-2-11	4100x3000	650	1150	—	250	300	600	3650 l=3650	26Φ12 @120	2930 l=3030	22Φ8 @200
GJJ 3-1-12	4400x3000	650	1150	—	250	300	600	3900 l=3900	31Φ12 @100	2930 l=3030	23Φ8 @200
GJJ 3-2-12	4400x3000	750	1250	—	250	300	600	3900 l=3900	31Φ12 @100	2930 l=3030	23Φ8 @200
GJJ 3-1-13	4650x3000	650	1150	—	250	300	600	4150 l=4150	26Φ14 @120	2930 l=3030	25Φ8 @200
GJJ 3-2-13	4650x3000	750	1250	—	250	300	600	4150 l=4150	26Φ14 @120	2930 l=3030	25Φ8 @200
GJJ 3-1-14	4950x3150	650	1150	600	250	300	600	4400 l=4400	30Φ14 @110	3080 l=3180	26Φ8 @200
GJJ 3-1-15	5050x3150	650	1150	600	250	300	600	4500 l=4500	32Φ14 @100	3080 l=3180	27Φ8 @200
GJJ 3-2-15	5050x3150	750	1250	600	250	300	600	4500 l=4500	32Φ14 @100	3080 l=3180	27Φ8 @200
GJJ 3-1-16	5150x3200	750	1250	600	250	300	600	4600 l=4600	33Φ14 @100	3130 l=3230	27Φ8 @200
GJJ 3-1-17	5550x3450	750	1250	550	250	300	600	4950 l=4950	36Φ16 @100	3380 l=3510	29Φ10 @200

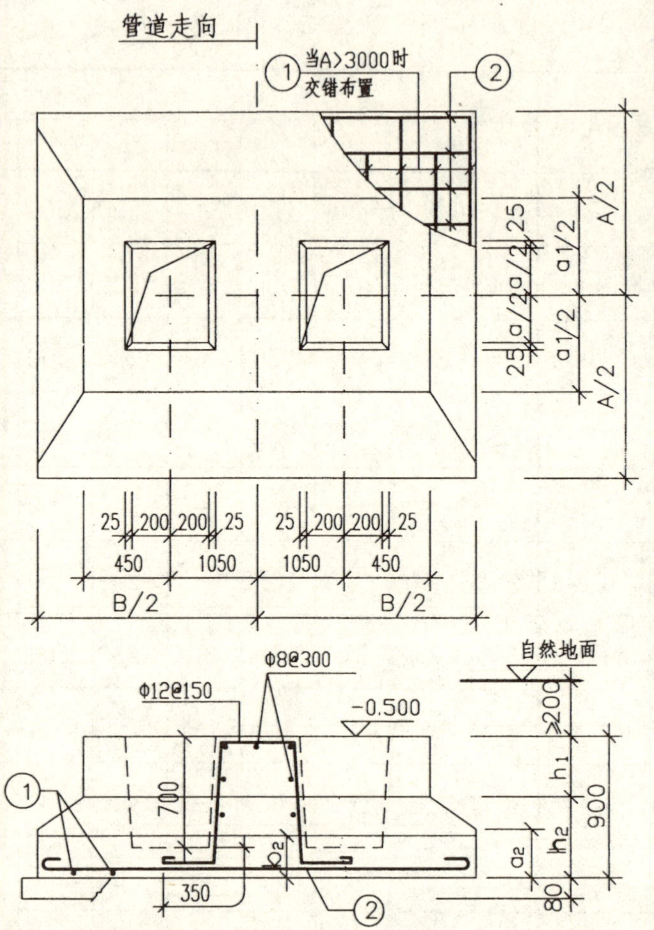

附注：

1. 垫层用C10级混凝土，每边比基础大100 .
2. 基础用C20级混凝土，钢筋保护层厚35 .

GJJ3-X-11～17 详图及尺寸配筋表						图集号	01R414
审核	徐兰时	校对	黄文德	设计	张永良	页	88

尺寸配筋表

基础代号	尺寸							①		②	
	A×B	a	a_1	a_2	b_2	h_1	h_2	简图	直径数量	简图	直径数量
GJJ 3-1-18	5400x3350	750	1250	650	250	350	700	4800 l=4800	29Φ14 @120	3280 l=3410	28Φ10 @200
GJJ 3-2-18	5400x3350	900	1550	650	250	350	700	4800 l=4800	29Φ14 @120	3280 l=3380	28Φ8 @200
GJJ 3-1-19	5450x3450	750	1250	650	250	350	700	4850 l=4850	30Φ14 @120	3380 l=3510	29Φ10 @200
GJJ 3-2-19	5450x3450	900	1550	650	250	350	700	4850 l=4850	30Φ14 @120	3380 l=3480	29Φ8 @200
GJJ 3-1-20	5950x3700	750	1400	600	250	350	700	5300 l=5300	38Φ14 @100	3630 l=3760	31Φ10 @200
GJJ 3-2-20	5950x3700	900	1550	600	250	350	700	5300 l=5300	38Φ14 @100	3630 l=3760	31Φ10 @200
GJJ 3-1-21	6000x3750	1000	1650	650	250	400	750	5350 l=5350	39Φ14 @100	3680 l=3810	31Φ10 @200
GJJ 3-1-22	6050x3800	1000	1650	650	250	400	750	5400 l=5400	39Φ14 @100	3730 l=3860	32Φ10 @200
GJJ 3-1-23	6550x4100	1000	1650	650	250	400	800	5850 l=5850	42Φ16 @100	4030 l=4160	34Φ10 @200

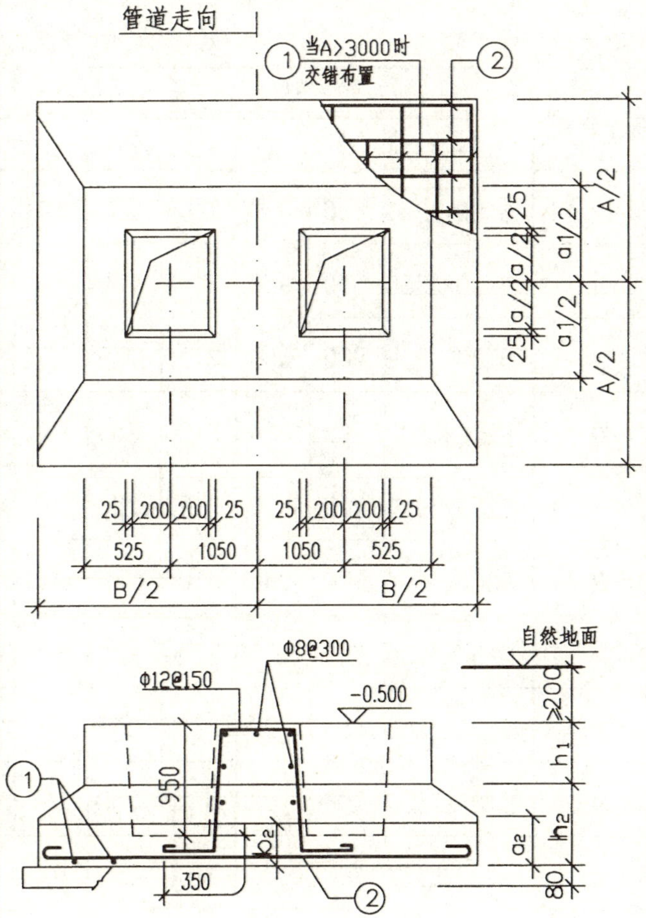

附注：

1. 垫层用C10级混凝土，每边比基础大100.
2. 基础用C20级混凝土，钢筋保护层厚35.

GJJ3-X-18~23详图及尺寸配筋表	图集号	01R414
审核 徐华 校对 设计 张永良	页	89

尺寸配筋表

基础代号	尺寸							①		②	
	A×B	a	a_2	b_1	b_2	h_1	h_2	简图	直径数量	简图	直径数量
GJJ 2A-1-1	5150x3250	650	950	2100	250	0	1050	4600 l=4600	28Φ14 @120	3180 l=3280	27Φ8 @200
GJJ 2A-1-2	5700x3550	650	950	2100	250	0	1050	5100 l=5100	37Φ14 @100	3480 l=3580	30Φ8 @200
GJJ 2A-2-2	5700x3550	700	850	2100	250	0	1050	5100 l=5100	37Φ14 @100	3480 l=3580	30Φ8 @200
GJJ 2A-1-3	6200x3900	700	850	2100	250	100	1050	5600 l=5600	40Φ14 @100	3830 l=3930	32Φ8 @200
GJJ 2A-1-4	6250x3900	900	850	2100	250	100	1050	5650 l=5650	40Φ14 @100	3830 l=3930	33Φ8 @200
GJJ 2A-1-5	6900x4300	900	850	2100	250	100	1150	6150 l=6150	40Φ16 @110	4230 l=4360	36Φ10 @200
GJJ 3A-1-1	5150x3250	650	1050	2700	250	0	1050	4600 l=4600	28Φ14 @120	3180 l=3280	27Φ8 @200
GJJ 3A-1-2	5700x3550	650	1000	2700	250	0	1050	5100 l=5100	37Φ14 @100	3480 l=3580	30Φ8 @200
GJJ 3A-2-2	5700x3550	700	1000	2700	250	0	1050	5100 l=5100	37Φ14 @100	3480 l=3580	30Φ8 @200
GJJ 3A-1-3	6200x3900	700	900	2700	250	100	1050	5600 l=5600	40Φ14 @100	3830 l=3930	32Φ8 @200
GJJ 3A-1-4	6250x3900	900	900	2700	250	100	1050	5650 l=5650	40Φ14 @100	3830 l=3930	33Φ8 @200
GJJ 3A-1-5	6900x4300	900	900	2700	250	100	1150	6150 l=6150	40Φ16 @110	4230 l=4360	36Φ10 @200
GJJ 3A-1-6	7450x4650	900	1000	2700	250	100	1250	6650 l=6650	48Φ16 @100	4580 l=4710	39Φ10 @200

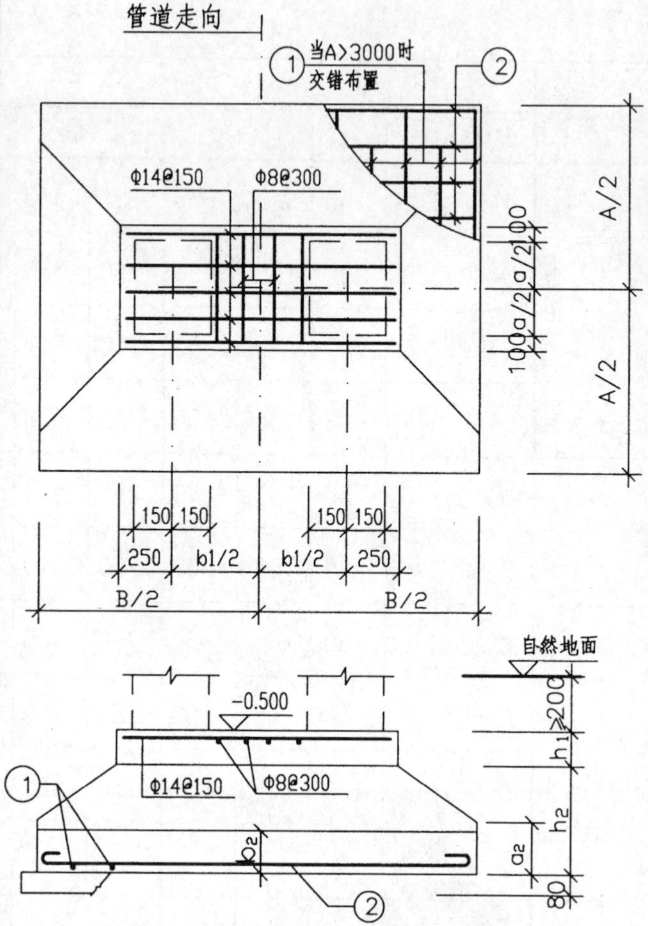

附注：

1. 垫层用C10级混凝土,每边比基础大100.
2. 基础用C20级混凝土,钢筋保护层厚35.

GJJ2A-X-1~5 GJJ3A-X-1~6	详图及尺寸配筋表	图集号	01R414
审核 [签名] 校对 [签名] 设计 [签名]		页	90

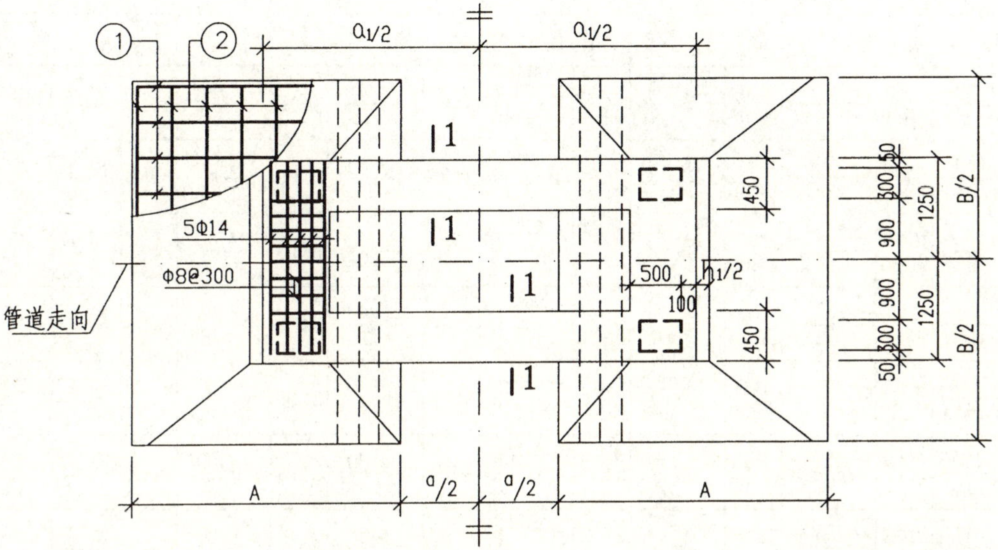

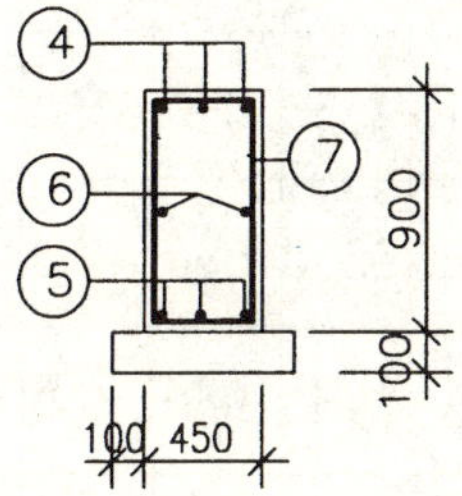

1-1

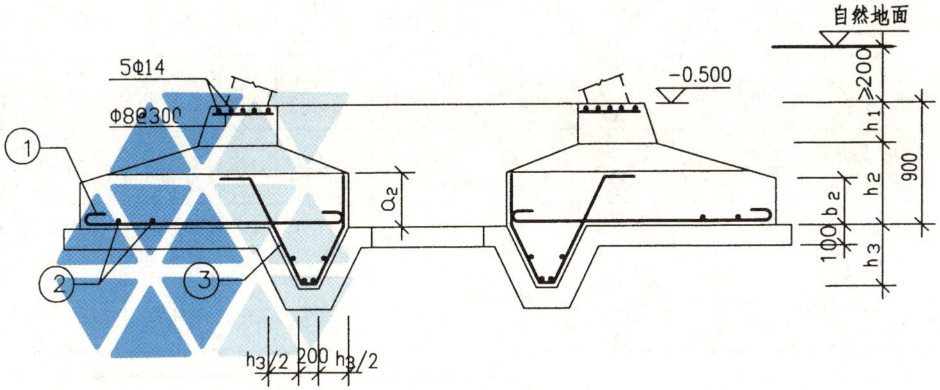

附注：

1. 垫层用 C10级混凝土,每边比基础大100 .
2. 基础用 C20级混凝土,钢筋保护层厚35 .

GJJ2B-X-X详图						图集号	01R414
审核	[signature]	校对	[signature]	设计	[signature]	页	91

尺寸配筋表

基础代号	尺寸								①		②		③		④		⑤		⑥		⑦	
	A×B	a	a_1	a_2	b_2	h_1	h_2	h_3	简图	直径数量	简图	直径数量	简图	直径数量	简图	直径数量	简图	直径数量	简图	直径数量	简图	直径数量
GJJ 2B-1-1	1300x2900	3430	4850	550	400	300	600	400	1230 l=1330	16Φ8 @200	2830 l=2930	10Φ8 @200	100 850 390 410 150	16Φ8 @200	4780 830 830 l=6440	3Φ18	4780 l=4780	3Φ18	4780 l=4780	2Φ12	830 380 l=2630	26Φ8 @200
GJJ 2B-2-1	1300x2900	6170	7750	550	400	300	600	400	1230 l=1330	16Φ8 @200	2830 l=2930	10Φ8 @200	100 850 390 410 150	16Φ8 @200	7680 830 830 l=9340	3Φ20	7680 l=7680	3Φ20	7680 l=7680	2Φ12	830 380 l=2630	40Φ8 @200
GJJ 2B-1-2	1600x2900	3110	4850	550	350	300	600	400	1530 l=1630	16Φ8 @200	2830 l=2930	11Φ8 @200	100 850 390 410 150	16Φ8 @200	4780 830 830 l=6440	3Φ18	4780 l=4780	3Φ18	4780 l=4780	2Φ12	830 380 l=2630	26Φ8 @200
GJJ 2B-2-2	1600x2900	4560	6350	550	350	300	600	400	1530 l=1630	16Φ8 @200	2830 l=2930	11Φ8 @200	100 850 390 410 150	16Φ8 @200	6280 830 830 l=7940	3Φ20	6280 l=6280	3Φ20	6280 l=6280	2Φ12	830 380 l=2630	33Φ8 @200
GJJ 2B-3-2	1600x2900	5880	7750	550	350	300	600	400	1530 l=1630	16Φ8 @200	2830 l=2930	11Φ8 @200	100 850 390 410 150	16Φ8 @200	7680 830 830 l=9340	3Φ20	7680 l=7680	3Φ20	7680 l=7680	2Φ12	830 380 l=2630	40Φ8 @200
GJJ 2B-1-3	1800x2900	2930	4850	550	300	300	600	400	1730 l=1830	21Φ8 @150	2830 l=2930	12Φ8 @200	100 850 390 410 150	21Φ8 @150	4780 830 830 l=6440	3Φ18	4780 l=4780	3Φ18	4780 l=4780	2Φ12	830 380 l=2630	26Φ8 @200
GJJ 2B-2-3	1800x2900	4350	6350	550	300	300	600	400	1730 l=1830	21Φ8 @150	2830 l=2930	12Φ8 @200	100 850 390 410 150	21Φ8 @150	6280 830 830 l=7940	3Φ20	6280 l=6280	3Φ20	6280 l=6280	2Φ12	830 380 l=2630	33Φ8 @200
GJJ 2B-3-3	1800x2900	5670	7750	550	300	300	600	400	1730 l=1830	21Φ8 @150	2830 l=2930	12Φ8 @200	100 850 390 410 150	21Φ8 @150	7680 830 830 l=9340	3Φ20	7680 l=7680	3Φ20	7680 l=7680	2Φ12	830 380 l=2630	40Φ8 @200
GJJ 2B-1-4	2000x2900	2730	4850	550	300	300	600	400	1930 l=2030	24Φ8 @130	2830 l=2930	13Φ8 @200	100 850 390 410 150	24Φ8 @130	4780 830 830 l=6440	3Φ18	4780 l=4780	3Φ18	4780 l=4780	2Φ12	830 380 l=2630	26Φ8 @200
GJJ 2B-1-5	2200x2900	3960	6350	550	250	300	600	400	2130 l=2230	30Φ8 @100	2830 l=2930	14Φ8 @200	100 850 390 410 150	30Φ8 @100	6280 830 830 l=7940	3Φ20	6280 l=6280	3Φ20	6280 l=6280	2Φ12	830 380 l=2630	33Φ8 @200
GJJ 2B-1-6	2400x2900	2310	4850	550	250	300	600	400	2330 l=2330	16Φ10 @200	2830 l=2930	15Φ8 @200	100 850 390 410 150	16Φ10 @200	4780 830 830 l=6440	3Φ18	4780 l=4780	3Φ18	4780 l=4780	2Φ12	830 380 l=2630	26Φ8 @200
GJJ 2B-2-6	2400x2900	5080	7750	550	250	300	600	400	2330 l=2330	16Φ10 @200	2830 l=2930	15Φ8 @200	100 850 390 410 150	16Φ10 @200	7680 830 830 l=9340	3Φ20	7680 l=7680	3Φ20	7680 l=7680	2Φ12	830 380 l=2630	40Φ8 @200

附注：

1. ①~⑦钢筋数量为整个基础钢筋数量的一半。

GJJ2B-X-1~6尺寸配筋表						图集号	01R414
审核	徐世林	校对	黄淑瑾	设计	张永良	页	92

尺寸配筋表

基础代号	尺寸								①		②		③		④		⑤		⑥		⑦	
	A×B	a	a_1	a_2	b_2	h_1	h_2	h_3	简图	直径数量	简图	直径数量	简图	直径数量	简图	直径数量	简图	直径数量	简图	直径数量	简图	直径数量
GJJ 2B-1-7	2600x2900	3550	6350	550	200	300	600	400	2530 l=2530	16Φ10 @200	2830 l=2930	16Φ8 @200	100 850 390 410 150	16Φ10 @200	830 6280 830 l=7940	3Φ20	6280 l=6280	3Φ20	6280 l=6280	2Φ12	830 380 l=2630	33Φ8 @200
GJJ 2B-1-8	2800x2900	4670	7750	550	200	300	600	400	2730 l=2730	21Φ10 @150	2830 l=2930	17Φ8 @200	100 850 390 410 150	21Φ10 @150	830 7680 830 l=9340	3Φ20	7680 l=7680	3Φ20	7680 l=7680	2Φ12	830 380 l=2630	40Φ8 @200
GJJ 2B-1-9	2800x3100	1900	4850	500	200	300	600	400	2730 l=2730	22Φ10 @150	3030 l=3130	17Φ8 @200	100 850 390 410 150	22Φ10 @150	830 4780 830 l=6440	3Φ18	4780 l=4780	3Φ18	4780 l=4780	2Φ12	830 380 l=2630	26Φ8 @200
GJJ 2B-1-10	3000x3300	3140	6350	500	200	300	600	400	2930 l=2930	23Φ10 @150	3230 l=3330	18Φ8 @200	100 850 390 410 150	23Φ10 @150	830 6280 830 l=7940	3Φ20	6280 l=6280	3Φ20	6280 l=6280	2Φ12	830 380 l=2630	33Φ8 @200
GJJ 2B-2-10	3000x3300	4460	7750	500	200	300	600	400	2930 l=2930	23Φ10 @150	3230 l=3330	18Φ8 @200	100 850 390 410 150	23Φ10 @150	830 7680 830 l=9340	3Φ20	7680 l=7680	3Φ20	7680 l=7680	2Φ12	830 380 l=2630	40Φ8 @200
GJJ 2B-1-11	3100x3300	4360	7750	450	200	300	600	400	3030 l=3030	23Φ10 @150	3230 l=3330	20Φ8 @200	100 850 390 410 150	25Φ10 @150	830 7680 830 l=9340	3Φ20	7680 l=7680	3Φ20	7680 l=7680	2Φ12	830 380 l=2630	40Φ8 @200

附注：

1. ①~⑦钢筋数量为整个基础钢筋数量的一半。

GJJ2B-X-7~11尺寸配筋表						图集号	01R414
审核	徐世琥	校对	黄彩霞	设计	张永良	页	93

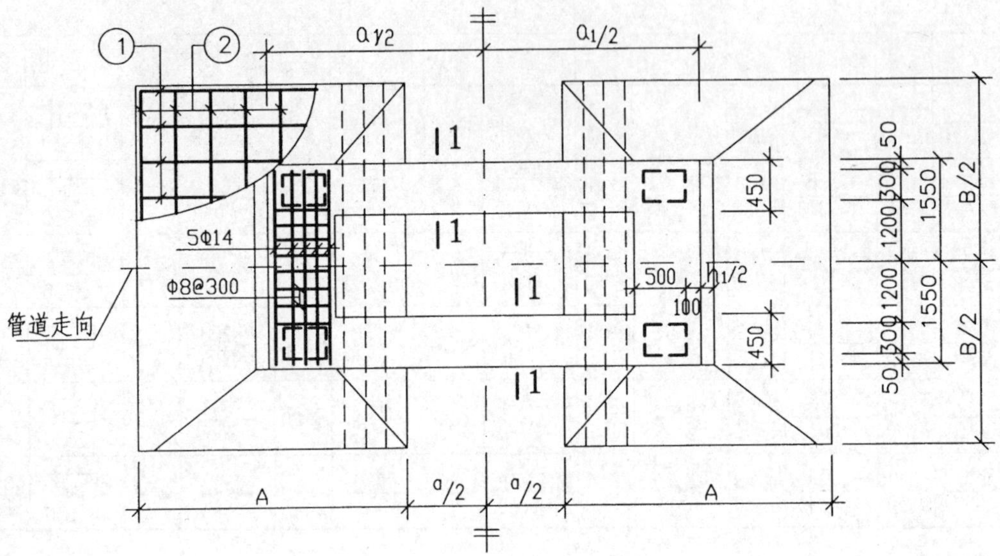

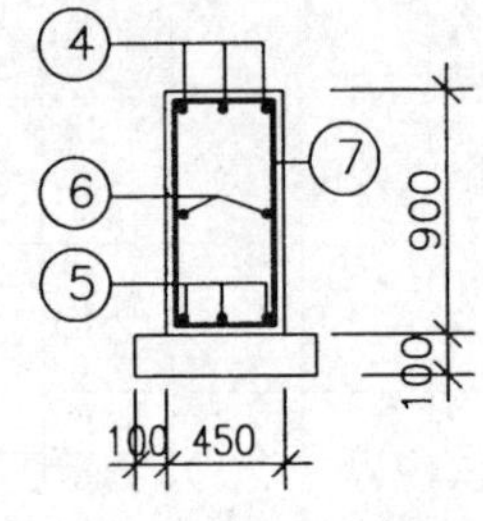

1-1

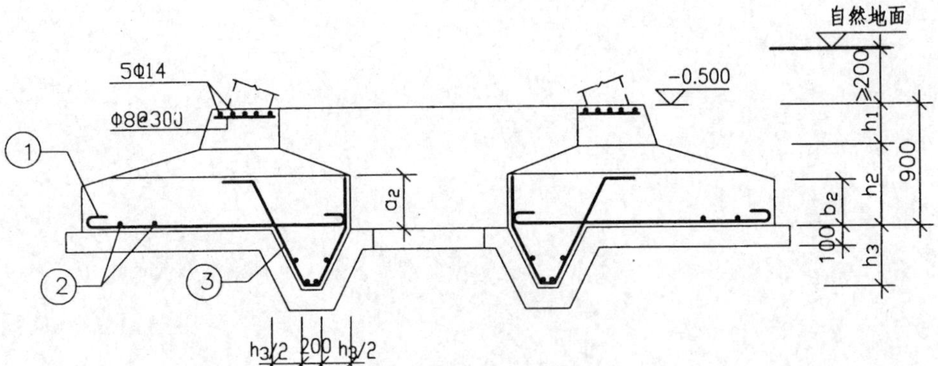

附注：

1. 垫层用 C10 级混凝土，每边比基础大100。
2. 基础用 C20 级混凝土，钢筋保护层厚35。
3. ①~⑦ 钢筋数量为整个基础钢筋数量的一半。

GJJ3B-X-X详图						图集号	01R414
审核	[signature]	校对	[signature]	设计	[signature]	页	94

尺寸配筋表

基础代号	尺寸 A×B	a	a_1	a_2	b_2	h_1	h_2	h_3	① 简图	① 直径数量	② 简图	② 直径数量	③ 简图	③ 直径数量	④ 简图	④ 直径数量	⑤ 简图	⑤ 直径数量	⑥ 简图	⑥ 直径数量	⑦ 简图	⑦ 直径数量
GJJ 3B-1-1	1300x3300	3430	4850	500	400	300	600	400	1230 l=1330	18Φ8 @200	3230 l=3330	10Φ8 @200	100 850 390 410 150	18Φ8 @200	830 4780 830 l=6440	3Φ18	4780 l=4780	3Φ18	4780 l=4780	2Φ12	830 380 l=2630	26Φ8 @200
GJJ 3B-2-1	1300x3300	6170	7750	500	400	300	600	400	1230 l=1330	18Φ8 @200	3230 l=3330	10Φ8 @200	100 850 390 410 150	18Φ8 @200	830 7680 830 l=9340	3Φ20	7680 l=7680	3Φ20	7680 l=7680	2Φ12	830 380 l=2630	40Φ8 @200
GJJ 3B-1-2	1500x3300	3210	4850	500	350	300	600	400	1430 l=1530	18Φ8 @200	3230 l=3330	11Φ8 @200	100 850 390 410 150	18Φ8 @200	830 4780 830 l=6440	3Φ18	4780 l=4780	3Φ18	4780 l=4780	2Φ12	830 380 l=2630	26Φ8 @200
GJJ 3B-2-2	1500x3300	4660	6350	500	350	300	600	400	1430 l=1530	18Φ8 @200	3230 l=3330	11Φ8 @200	100 850 390 410 150	18Φ8 @200	830 6280 830 l=7940	3Φ20	6280 l=6280	3Φ20	6280 l=6280	2Φ12	830 380 l=2630	33Φ8 @200
GJJ 3B-3-2	1500x3300	5980	7750	500	350	300	600	400	1430 l=1530	18Φ8 @200	3230 l=3330	11Φ8 @200	100 850 390 410 150	18Φ8 @200	830 7680 830 l=9340	3Φ20	7680 l=7680	3Φ20	7680 l=7680	2Φ12	830 380 l=2630	40Φ8 @200
GJJ 3B-1-3	1750x3300	2980	4850	500	300	300	600	400	1680 l=1780	23Φ8 @150	3230 l=3330	12Φ8 @200	100 850 390 410 150	23Φ8 @150	830 4780 830 l=6440	3Φ18	4780 l=4780	3Φ18	4780 l=4780	2Φ12	830 380 l=2630	26Φ8 @200
GJJ 3B-2-3	1750x3300	4400	6350	500	300	300	600	400	1680 l=1780	23Φ8 @150	3230 l=3330	12Φ8 @200	100 850 390 410 150	23Φ8 @150	830 6280 830 l=7940	3Φ20	6280 l=6280	3Φ20	6280 l=6280	2Φ12	830 380 l=2630	33Φ8 @200
GJJ 3B-3-3	1750x3300	5720	7750	500	300	300	600	400	1680 l=1780	23Φ8 @150	3230 l=3330	12Φ8 @200	100 850 390 410 150	23Φ8 @150	830 7680 830 l=9340	3Φ20	7680 l=7680	3Φ20	7680 l=7680	2Φ12	830 380 l=2630	40Φ8 @200
GJJ 3B-1-4	1850x3300	2380	4850	500	300	300	600	400	1780 l=1880	23Φ8 @150	3230 l=3330	13Φ8 @200	100 850 390 410 150	23Φ8 @150	830 4780 830 l=6440	3Φ18	4780 l=4780	3Φ18	4780 l=4780	2Φ12	830 380 l=2630	26Φ8 @200
GJJ 3B-1-5	2000x3300	4140	6350	500	250	300	600	400	1930 l=2030	23Φ8 @150	3230 l=3330	13Φ8 @200	100 850 390 410 150	23Φ8 @150	830 6280 830 l=7940	3Φ20	6280 l=6280	3Φ20	6280 l=6280	2Φ12	830 380 l=2630	33Φ8 @200
GJJ 3B-1-6	2200x3300	2510	4850	500	250	300	600	400	2130 l=2230	34Φ8 @100	3230 l=3330	14Φ8 @200	100 850 390 410 150	34Φ8 @100	830 4780 830 l=6440	3Φ18	4780 l=4780	3Φ18	4780 l=4780	2Φ12	830 380 l=2630	26Φ8 @200
GJJ 3B-2-6	2200x3300	5280	7750	500	250	300	600	400	2130 l=2230	34Φ8 @100	3230 l=3330	14Φ8 @200	100 850 390 410 150	34Φ8 @100	830 7680 830 l=9340	3Φ20	7680 l=7680	3Φ20	7680 l=7680	2Φ12	830 380 l=2630	40Φ8 @200

附注：

1. ①~⑦钢筋数量为整个基础钢筋数量的一半。

GJJ3B-X-1~6尺寸配筋表	图集号	01R414
审核 徐佑斌 校对 黄瑞瑾 设计 张永良	页	95

尺寸配筋表

基础代号	尺寸								①		②		③		④		⑤		⑥		⑦	
	A×B	a	a_1	a_2	b_2	h_1	h_2	h_3	简图	直径数量	简图	直径数量	简图	直径数量	简图	直径数量	简图	直径数量	简图	直径数量	简图	直径数量
GJJ 3B-3-6	2200x3300	2690	4950	500	200	300	600	400	2130 l=2230	34Φ8 @100	3230 l=3330	14Φ8 @200	100 850 390 410 150	34Φ8 @100	4880 830 830 l=6540	3Φ18	4880 l=4880	3Φ18	4880 l=4880	2Φ12	830 380 l=2630	26Φ8 @200
GJJ 3B-4-6	2200x3300	4070	6450	500	200	300	600	400	2130 l=2230	34Φ8 @100	3230 l=3330	14Φ8 @200	100 850 390 410 150	34Φ8 @100	6380 830 830 l=8040	3Φ20	6380 l=6380	3Φ20	6380 l=6380	2Φ12	830 380 l=2630	34Φ8 @200
GJJ 3B-1-7	2300x3300	3850	6350	500	200	300	600	400	2230 l=2330	34Φ8 @100	3230 l=3330	15Φ8 @200	100 850 390 410 150	34Φ8 @100	6280 830 830 l=7940	3Φ20	6280 l=6280	3Φ20	6280 l=6280	2Φ12	830 380 l=2630	33Φ8 @200
GJJ 3B-1-8	2500x3300	4970	7750	500	200	300	600	400	2430 l=2430	18Φ10 @200	3230 l=3330	16Φ8 @200	100 850 390 410 150	18Φ10 @200	7680 830 830 l=9340	3Φ20	7680 l=7680	3Φ20	7680 l=7680	2Φ12	830 380 l=2630	40Φ8 @200
GJJ 3B-2-8	2500x3300	5030	7850	500	200	300	600	400	2430 l=2430	18Φ10 @200	3230 l=3330	16Φ8 @200	100 850 390 410 150	18Φ10 @200	7780 830 830 l=9440	3Φ20	7780 l=7780	3Φ20	7780 l=7780	2Φ12	830 380 l=2630	41Φ8 @200
GJJ 3B-1-9	2600x3300	2010	4850	500	200	300	600	400	2530 l=2530	23Φ10 @150	3230 l=3330	16Φ8 @200	100 850 390 410 150	23Φ10 @150	4780 830 830 l=6440	3Φ18	4780 l=4780	3Φ18	4780 l=4780	2Φ12	830 380 l=2630	26Φ8 @200
GJJ 3B-1-10	2800x3300	3340	6350	500	200	300	600	400	2730 l=2730	23Φ10 @150	3230 l=3330	17Φ8 @200	100 850 390 410 150	23Φ10 @150	6280 830 830 l=7940	3Φ20	6280 l=6280	3Φ20	6280 l=6280	2Φ12	830 380 l=2630	33Φ8 @200
GJJ 3B-2-10	2800x3300	4660	7750	500	200	300	600	400	2730 l=2730	23Φ10 @150	3230 l=3330	17Φ8 @200	100 850 390 410 150	23Φ10 @150	7680 830 830 l=9340	3Φ20	7680 l=7680	3Φ20	7680 l=7680	2Φ12	830 380 l=2630	40Φ8 @200
GJJ 3B-1-11	3100x3300	4360	7750	500	200	300	600	400	3030 l=3030	23Φ10 @150	3230 l=3330	20Φ8 @200	100 850 390 410 150	23Φ10 @150	7680 830 830 l=9340	3Φ20	7680 l=7680	3Φ20	7680 l=7680	2Φ12	830 380 l=2630	40Φ8 @200
GJJ 3B-2-11	3100x3300	1790	4950	500	200	300	600	400	3030 l=3030	23Φ10 @150	3230 l=3330	20Φ8 @200	100 850 390 410 150	23Φ10 @150	4880 830 830 l=6540	3Φ18	4880 l=4880	3Φ18	4880 l=4880	2Φ12	830 380 l=2630	26Φ8 @200
GJJ 3B-1-12	3200x3300	1690	4950	500	200	300	600	400	3130 l=3130	23Φ12 @150	3230 l=3330	19Φ8 @200	100 850 390 410 150	23Φ12 @150	4880 830 830 l=6540	3Φ18	4880 l=4880	3Φ18	4880 l=4880	2Φ12	830 380 l=2630	26Φ8 @200
GJJ 3B-1-13	3300x3300	2970	6450	500	200	300	600	400	3230 l=3230	23Φ12 @150	3230 l=3330	20Φ8 @200	100 850 390 410 150	23Φ12 @150	6380 830 830 l=8040	3Φ20	6380 l=6380	3Φ20	6380 l=6380	2Φ12	830 380 l=2630	34Φ8 @200

附注：

1. ①~⑦钢筋数量为整个基础钢筋数量的一半。

GJJ3B-X-6~13尺寸配筋表	图集号	01R414
审核 [signature] 校对 [signature] 设计 [signature]	页	96

尺寸配筋表

基础代号	尺寸								①		②		③		④		⑤		⑥		⑦	
	AxB	a	a_1	a_2	b_2	h_1	h_2	h_3	简图	直径数量	简图	直径数量	简图	直径数量	简图	直径数量	简图	直径数量	简图	直径数量	简图	直径数量
GJJ 3B-1-14	3500x3500	4030	7850	450	200	300	600	400	3430 l=3430	25Φ12 @150	3430 l=3430	21Φ8 @200	100 850 150 410 390	25Φ12 @150	l=7780, 830 830 l=9440	3Φ20	7780 l=7780	3Φ20	7780 l=7780	2Φ12	830 380 l=2630	41?8 @200

GJJ3B-1-14尺寸配筋表						图集号	01R414
审核	[signature]	校对	[signature]	设计	張永良	页	97

尺寸配筋表

支架代号	尺寸			①		②		③		柱脚代号
	L_1	a_1	h_1	规格	长度(数量)	规格	长度(数量)	规格	长度(数量)	
GGJ 1-1	300	100	37	ø76x4	H-163 (1)	[5	300 (1)	-100x10	100 (1)	GGZJ1-1
GGJ 1-2	300	110	37	ø89x4	H-163 (1)	[5	300 (1)	-110x10	110 (1)	GGZJ1-3
GGJ 1-3	300	120	37	ø102x4	H-163 (1)	[5	300 (1)	-120x10	120 (1)	GGZJ1-5
GGJ 1-4	300	140	37	ø121x4	H-163 (1)	[5	300 (1)	-140x10	140 (1)	GGZJ1-8
GGJ 1-5	300	140	37	ø121x5	H-165 (1)	[5	300 (1)	-140x10	140 (1)	GGZJ1-8
GGJ 1-6	300	150	37	ø127x5	H-165 (1)	[5	300 (1)	-150x10	150 (1)	GGZJ1-9
GGJ 1-7	300	160	37	ø140x5	H-165 (1)	[5	300 (1)	-160x10	160 (1)	GGZJ1-11
GGJ 1-8	300	170	37	ø146x5	H-167 (1)	[5	300 (1)	-170x10	170 (1)	GGZJ1-12

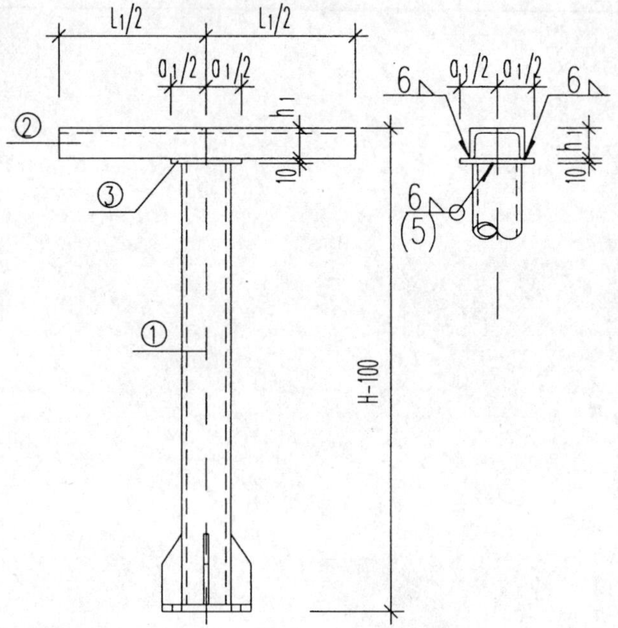

附注：括号内数字用于GGJ 1-1~GGJ 1-4.

GGJ 1-x 详图	图集号	01R414
审核 校对 设计	页	98

尺寸配筋表

支架代号	尺寸			①		②		③		柱脚代号
	L_1	a_1	h_1	规格	长度(数量)	规格	长度(数量)	规格	长度(数量)	
GGJ 2-1	500	100	37	ø76x4	H-163 (1)	[5	500 (1)	-100x10	100 (1)	GGZJ1-1
GGJ 2-2	500	110	37	ø89x4	H-163 (1)	[5	500 (1)	-110x10	110 (1)	GGZJ1-3
GGJ 2-3	500	120	37	ø95x4	H-163 (1)	[5	500 (1)	-120x10	120 (1)	GGZJ1-4
GGJ 2-4	500	120	37	ø102x4	H-163 (1)	[5	500 (1)	-120x10	120 (1)	GGZJ1-5
GGJ 2-5	500	130	37	ø108x4	H-163 (1)	[5	500 (1)	-130x10	130 (1)	GGZJ1-6
GGJ 2-6	500	140	37	ø114x4	H-163 (1)	[5	500 (1)	-140x10	140 (1)	GGZJ1-7
GGJ 2-7	500	140	37	ø121x4	H-163 (1)	[5	500 (1)	-140x10	140 (1)	GGZJ1-8
GGJ 2-8	500	140	37	ø121x5	H-165 (1)	[5	500 (1)	-140x10	140 (1)	GGZJ1-8
GGJ 2-9	500	150	37	ø127x5	H-165 (1)	[5	500 (1)	-150x10	150 (1)	GGZJ1-9
GGJ 2-10	500	160	37	ø140x5	H-165 (1)	[5	500 (1)	-160x10	160 (1)	GGZJ1-11
GGJ 2-11	500	170	37	ø152x5	H-167 (1)	[5	500 (1)	-170x10	170 (1)	GGZJ1-13
GGJ 2-12	500	190	37	ø168x5	H-167 (1)	[5	500 (1)	-190x10	190 (1)	GGZJ1-15
GGJ 2-13	500	200	37	ø180x5	H-167 (1)	[5	500 (1)	-200x10	200 (1)	GGZJ1-16
GGJ 2-14	500	200	37	ø180x6	H-169 (1)	[5	500 (1)	-200x10	200 (1)	GGZJ1-17
GGJ 2-15	500	220	37	ø194x6	H-169 (1)	[5	500 (1)	-220x10	220 (1)	GGZJ1-18
GGJ 2-16	500	230	37	ø203x8	H-169 (1)	[5	500 (1)	-230x10	230 (1)	GGZJ2-1
GGJ 2-17	500	240	37	ø219x8	H-171 (1)	[5	500 (1)	-240x10	240 (1)	GGZJ2-2
GGJ 2-18	500	270	37	ø245x8	H-175 (1)	[5	500 (1)	-270x10	270 (1)	GGZJ3-1
GGJ 2-19	500	300	37	ø273x8	H-175 (1)	[5	500 (1)	-300x10	300 (1)	GGZJ3-2

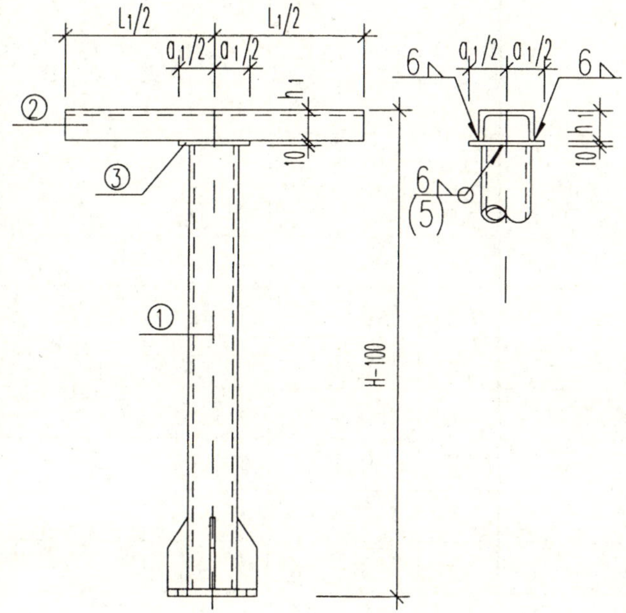

附注：括号内数字用于GGJ 2-1~GGJ 2-7.

GGJ 2-x 详图	图集号	01R414
审核 校对 设计	页	99

尺寸配筋表

支架代号	尺寸 L1	尺寸 a1	尺寸 h1	① 规格	① 长度(数量)	② 规格	② 长度(数量)	③ 规格	③ 长度(数量)	柱脚代号
GGJ 3-1	700	100	37	ø76x4	H-163 (1)	[5	700 (1)	-100x10	100 (1)	GGZJ1-1
GGJ 3-2	700	110	37	ø83x4	H-163 (1)	[5	700 (1)	-110x10	110 (1)	GGZJ1-2
GGJ 3-3	700	110	37	ø89x4	H-163 (1)	[5	700 (1)	-110x10	110 (1)	GGZJ1-3
GGJ 3-4	700	120	37	ø95x4	H-163 (1)	[5	700 (1)	-120x10	120 (1)	GGZJ1-4
GGJ 3-5	700	120	37	ø102x4	H-163 (1)	[5	700 (1)	-120x10	120 (1)	GGZJ1-5
GGJ 3-6	700	130	37	ø108x4	H-163 (1)	[5	700 (1)	-130x10	130 (1)	GGZJ1-6
GGJ 3-7	700	140	37	ø114x4	H-163 (1)	[5	700 (1)	-140x10	140 (1)	GGZJ1-7
GGJ 3-8	700	140	37	ø121x4	H-163 (1)	[5	700 (1)	-140x10	140 (1)	GGZJ1-8
GGJ 3-9	700	140	37	ø121x5	H-165 (1)	[5	700 (1)	-140x10	140 (1)	GGZJ1-8
GGJ 3-10	700	150	37	ø127x5	H-165 (1)	[5	700 (1)	-150x10	150 (1)	GGZJ1-9
GGJ 3-11	700	160	37	ø133x5	H-165 (1)	[5	700 (1)	-160x10	160 (1)	GGZJ1-10
GGJ 3-12	700	160	37	ø140x5	H-165 (1)	[5	700 (1)	-160x10	160 (1)	GGZJ1-11
GGJ 3-13	700	170	37	ø146x5	H-167 (1)	[5	700 (1)	-170x10	170 (1)	GGZJ1-12
GGJ 3-14	700	180	37	ø159x5	H-167 (1)	[5	700 (1)	-180x10	180 (1)	GGZJ1-14
GGJ 3-15	700	190	37	ø168x5	H-167 (1)	[5	700 (1)	-190x10	190 (1)	GGZJ1-15
GGJ 3-16	700	200	37	ø180x5	H-167 (1)	[5	700 (1)	-200x10	200 (1)	GGZJ1-16
GGJ 3-17	700	200	37	ø180x6	H-169 (1)	[5	700 (1)	-200x10	200 (1)	GGZJ1-17
GGJ 3-18	700	220	37	ø194x5	H-169 (1)	[5	700 (1)	-220x10	220 (1)	GGZJ1-18
GGJ 3-19	700	220	40	ø194x6	H-172 (1)	[6.3	700 (1)	-220x10	220 (1)	GGZJ1-18
GGJ 3-20	700	230	40	ø203x6	H-172 (1)	[6.3	700 (1)	-230x10	230 (1)	GGZJ2-1
GGJ 3-21	700	240	40	ø219x6	H-172 (1)	[6.3	700 (1)	-240x10	240 (1)	GGZJ2-2

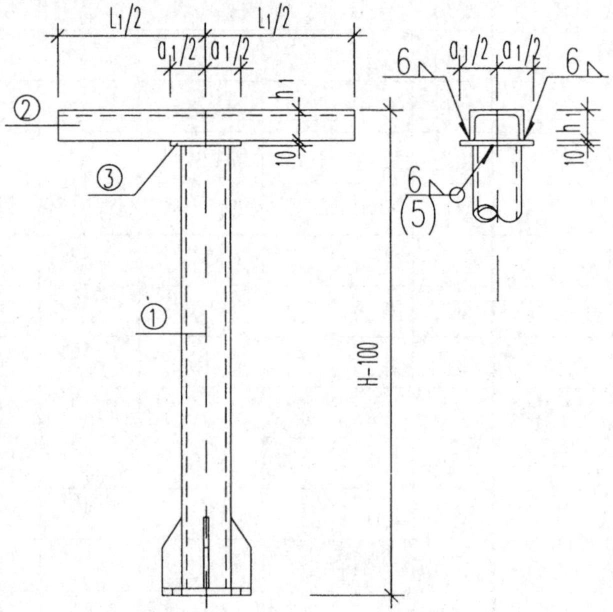

附注：括号内数字用于GGJ 3-1~GGJ 3-8.

GGJ 3-x 详图一			图集号	01R414
审核	校对	设计	页	100

尺寸配筋表

支架代号	尺寸			①		②		③		柱脚代号
	L_1	a_1	h_1	规格	长度(数量)	规格	长度(数量)	规格	长度(数量)	
GGJ 3-22	700	230	40	ø203x8	H-172 (1)	[6.3	700 (1)	-230x10	230 (1)	GGZJ2-1
GGJ 3-23	700	240	40	ø219x8	H-174 (1)	[6.3	700 (1)	-240x10	240 (1)	GGZJ2-2

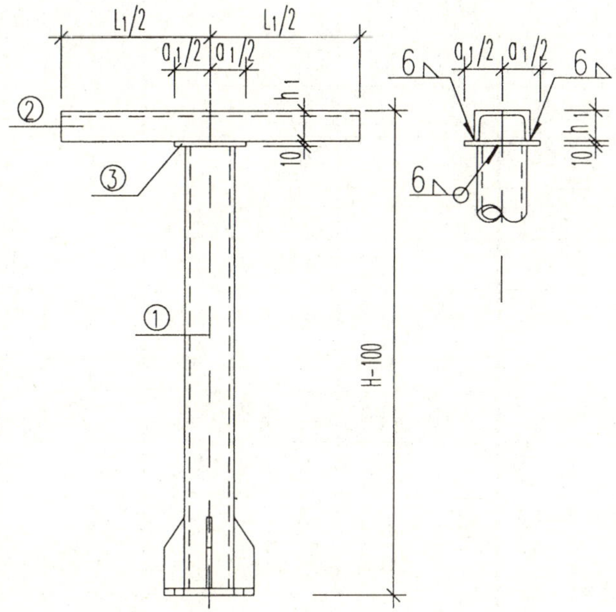

GGJ 3-x 详图二	图集号	01R414
审核 校对 设计	页	101

尺寸配筋表

支架代号	尺寸			①		②		③		柱脚代号
	L_1	a_1	h_1	规格	长度(数量)	规格	长度(数量)	规格	长度(数量)	
GGJ 4-1	900	140	40	ø114x4	H-166 (1)	[6.3	900 (1)	-140x10	140 (1)	GGZJ1-7
GGJ 4-2	900	140	40	ø121x4	H-166 (1)	[6.3	900 (1)	-140x10	140 (1)	GGZJ1-8
GGJ 4-3	900	140	40	ø121x5	H-168 (1)	[6.3	900 (1)	-140x10	140 (1)	GGZJ1-8
GGJ 4-4	900	150	40	ø127x5	H-168 (1)	[6.3	900 (1)	-150x10	150 (1)	GGZJ1-9
GGJ 4-5	900	160	40	ø133x5	H-168 (1)	[6.3	900 (1)	-160x10	160 (1)	GGZJ1-10
GGJ 4-6	900	170	40	ø146x5	H-170 (1)	[6.3	900 (1)	-170x10	170 (1)	GGZJ1-12
GGJ 4-7	900	180	40	ø159x5	H-170 (1)	[6.3	900 (1)	-180x10	180 (1)	GGZJ1-14
GGJ 4-8	900	190	40	ø168x5	H-170 (1)	[6.3	900 (1)	-190x10	190 (1)	GGZJ1-15
GGJ 4-9	900	140	48	ø121x5	H-176 (1)	[10	900 (1)	-140x10	140 (1)	GGZJ1-8
GGJ 4-10	900	150	48	ø127x5	H-176 (1)	[10	900 (1)	-150x10	150 (1)	GGZJ1-9
GGJ 4-11	900	160	48	ø133x5	H-176 (1)	[10	900 (1)	-160x10	160 (1)	GGZJ1-10
GGJ 4-12	900	170	48	ø146x5	H-178 (1)	[10	900 (1)	-170x10	170 (1)	GGZJ1-12
GGJ 4-13	900	170	48	ø152x5	H-178 (1)	[10	900 (1)	-170x10	170 (1)	GGZJ1-13
GGJ 4-14	900	180	48	ø159x5	H-178 (1)	[10	900 (1)	-180x10	180 (1)	GGZJ1-14
GGJ 4-15	900	190	48	ø168x5	H-178 (1)	[10	900 (1)	-190x10	190 (1)	GGZJ1-15
GGJ 4-16	900	200	48	ø180x5	H-178 (1)	[10	900 (1)	-200x10	200 (1)	GGZJ1-16
GGJ 4-17	900	200	48	ø180x6	H-180 (1)	[10	900 (1)	-200x10	200 (1)	GGZJ1-17
GGJ 4-18	900	240	48	ø219x6	H-180 (1)	[10	900 (1)	-240x10	240 (1)	GGZJ2-2
GGJ 4-19	900	240	48	ø219x8	H-182 (1)	[10	900 (1)	-240x10	240 (1)	GGZJ2-2
GGJ 4-20	900	270	48	ø245x8	H-186 (1)	[10	900 (1)	-270x10	270 (1)	GGZJ3-1

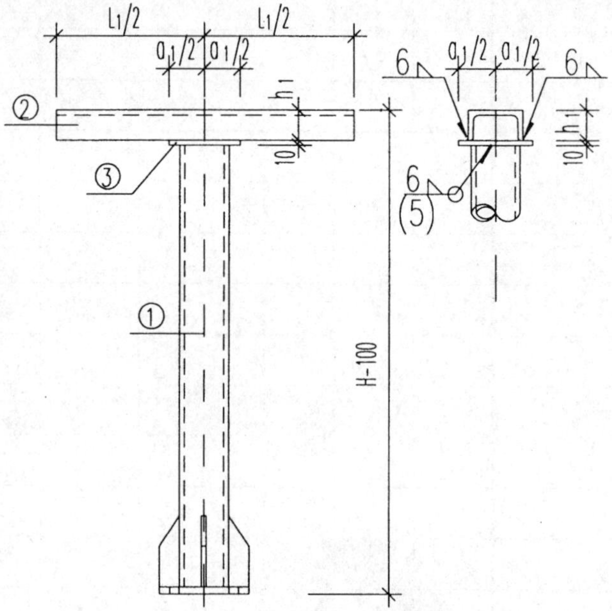

附注：括号内数字用于GGJ 4-1~GGJ 4-2.

GGJ 4-x 详图一	图集号	01R414
审核 校对 设计	页	102

尺寸配筋表

支架代号	尺寸 L1	尺寸 a1	尺寸 h1	① 规格	① 长度(数量)	② 规格	② 长度(数量)	③ 规格	③ 长度(数量)	柱脚代号
GGJ 4-21	900	140	63	ø121x5	H-181 (1)	[6.3	900 (2)	-140x10	140 (1)	GGZJ1-8
GGJ 4-22	900	150	63	ø127x5	H-191 (1)	[6.3	900 (2)	-150x10	150 (1)	GGZJ1-9
GGJ 4-23	900	160	63	ø133x5	H-191 (1)	[6.3	900 (2)	-160x10	160 (1)	GGZJ1-10
GGJ 4-24	900	160	63	ø140x5	H-191 (1)	[6.3	900 (2)	-160x10	160 (1)	GGZJ1-11
GGJ 4-25	900	170	63	ø146x5	H-193 (1)	[6.3	900 (2)	-170x10	170 (1)	GGZJ1-12
GGJ 4-26	900	170	63	ø152x5	H-193 (1)	[6.3	900 (2)	-170x10	170 (1)	GGZJ1-13
GGJ 4-27	900	220	63	ø194x6	H-195 (1)	[6.3	900 (2)	-220x10	220 (1)	GGZJ1-18
GGJ 4-28	900	230	63	ø203x6	H-195 (1)	[6.3	900 (2)	-230x10	230 (1)	GGZJ2-1
GGJ 4-29	900	240	63	ø219x6	H-195 (1)	[6.3	900 (2)	-240x10	240 (1)	GGZJ2-2
GGJ 4-30	900	240	63	ø219x8	H-197 (1)	[6.3	900 (2)	-240x10	240 (1)	GGZJ2-2
GGJ 4-31	900	300	63	ø273x8	H-201 (1)	[6.3	900 (2)	-300x10	300 (1)	GGZJ3-2
GGJ 4-32	900	320	63	ø299x8	H-201 (1)	[6.3	900 (2)	-320x10	320 (1)	GGZJ3-3
GGJ 4-33	900	320	80	ø299x8	H-218 (1)	[8	900 (2)	-320x10	320 (1)	GGZJ3-3
GGJ 4-34	900	320	80	ø299x10	H-218 (1)	[8	900 (2)	-320x10	320 (1)	GGZJ3-4
GGJ 4-35	900	320	80	ø299x12	H-218 (1)	[8	900 (2)	-320x10	320 (1)	GGZJ3-5
GGJ 4-36	900	320	80	ø299x14	H-220 (1)	[8	900 (2)	-320x10	320 (1)	GGZJ3-6

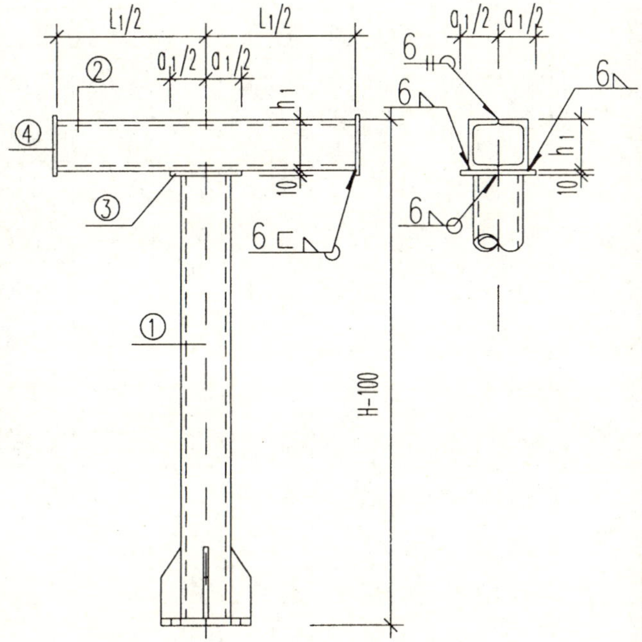

附注:

④钢板规格为(h1 +15)x6, 长度为h1+15

GGJ 4-x 详图二	图集号	01R414
审核 校对 设计	页	103

尺寸配筋表

柱脚代号	尺寸												①		②		③		锚栓		柱脚形式
	a_1	a_2	a_3	b_1	b_2	b_3	h	t	ød	h_{f1}	h_{f2}	h_{f3}	规格	长度(数量)	规格	长度(数量)	规格	长度(数量)	规格	数量	
GGZJ1-1	200	120	40	200	120	40	100	16	ø25	6	5	5	-200x16	200(1)	-60x8	150(4)	---	--	M20	4	图一
GGZJ1-2	200	120	40	200	120	40	100	16	ø25	6	5	5	-200x16	200(1)	-55x8	150(4)	---	--	M20	4	图一
GGZJ1-3	200	120	40	200	120	40	100	16	ø25	6	5	5	-200x16	200(1)	-50x8	150(4)	---	--	M20	4	图一
GGZJ1-4	200	120	40	200	120	40	100	16	ø27	6	5	5	-200x16	200(1)	-50x8	150(4)	---	--	M22	4	图一
GGZJ1-5	200	120	40	200	120	40	100	16	ø27	6	5	5	-200x16	200(1)	-45x8	150(4)	---	--	M22	4	图一
GGZJ1-6	250	150	50	250	150	50	100	16	ø29	6	5	5	-250x16	250(1)	-70x8	150(4)	---	--	M24	4	图一
GGZJ1-7	250	150	50	250	150	50	100	16	ø29	6	5	5	-250x16	250(1)	-65x8	150(4)	---	--	M24	4	图一
GGZJ1-8	250	150	50	250	150	50	100	16	ø29	6	5	5	-250x16	250(1)	-60x8	150(4)	---	--	M24	4	图一
GGZJ1-9	250	150	50	250	150	50	100	18	ø32	6	6	6	-250x18	250(1)	-60x8	150(4)	---	--	M27	4	图一
GGZJ1-10	300	190	55	300	190	55	150	18	ø32	6	6	6	-300x18	300(1)	-80x8	200(4)	---	--	M27	4	图一
GGZJ1-11	300	190	55	300	190	55	150	18	ø32	6	6	6	-300x18	300(1)	-75x8	200(4)	---	--	M27	4	图一
GGZJ1-12	300	190	55	300	190	55	150	20	ø35	6	6	6	-300x20	300(1)	-75x8	200(4)	---	--	M30	4	图一
GGZJ1-13	300	190	55	300	190	55	100	20	ø35	6	6	6	-300x20	300(1)	-70x8	150(4)	---	--	M30	4	图一
GGZJ1-14	350	230	60	350	230	60	200	20	ø35	8	6	6	-350x20	350(1)	-95x8	250(4)	---	--	M30	4	图一
GGZJ1-15	350	230	60	350	230	60	200	20	ø35	8	6	6	-350x20	350(1)	-90x8	250(4)	---	--	M30	4	图一
GGZJ1-16	350	230	60	350	230	60	150	20	ø35	8	6	6	-350x20	350(1)	-85x8	200(4)	---	--	M30	4	图一
GGZJ1-17	350	230	60	350	230	60	150	22	ø38	8	6	6	-350x22	350(1)	-85x8	200(4)	---	--	M33	4	图一
GGZJ1-18	350	230	60	350	230	60	150	22	ø38	8	6	6	-350x22	350(1)	-75x8	200(4)	---	--	M33	4	图一
GGZJ2-1	400	270	65	450	320	65	200	22	ø38	8	7	7	-400x22	450(1)	-95x10	250(2)	-140x10	250(4)	M33	4	图二
GGZJ2-2	400	270	65	450	320	65	200	22	ø41	8	7	7	-400x22	450(1)	-90x10	250(2)	-130x10	250(4)	M36	4	图二

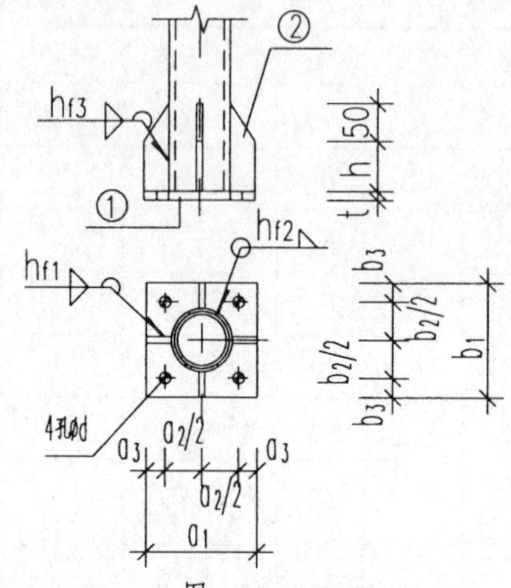

图一

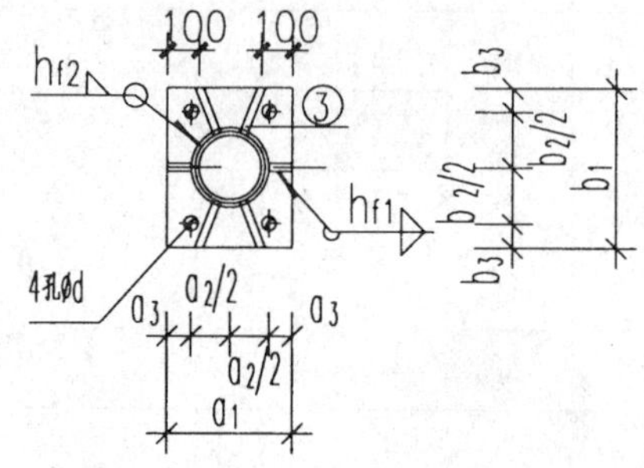

图二

附注：

锚栓详图见第105页。

GGZJx-x及锚栓详图一	图集号	01R414
审核 校对 设计	页	104

尺寸配筋表

柱脚代号	尺寸												①		②		③		锚栓		柱脚
	a_1	a_2	a_3	b_1	b_2	b_3	h	t	ϕd	h_{f1}	h_{f2}	h_{f3}	规格	长度(数量)	规格	长度(数量)	规格	长度(数量)	规格	数量	形式
GGZJ3-1	450	320	65	550	420	65	300	28	ϕ41	10	10	10	-450x28	550 (1)	-130x10	350 (4)	-170x10	350 (4)	M36	6	图三
GGZJ3-2	450	320	65	550	420	65	300	28	ϕ41	10	10	10	-450x28	550 (1)	-120x10	350 (4)	-155x10	350 (4)	M36	6	图三
GGZJ3-3	450	320	65	550	420	65	300	28	ϕ41	10	10	10	-450x28	550 (1)	-105x10	350 (4)	-140x10	350 (4)	M36	6	图三
GGZJ3-4	500	360	70	600	460	70	300	28	ϕ41	12	12	12	-500x28	600 (1)	-140x10	350 (4)	-175x10	350 (4)	M36	6	图三
GGZJ3-5	500	360	70	600	460	70	300	28	ϕ44	14	12	12	-500x28	600 (1)	-140x12	350 (4)	-175x12	350 (4)	M39	6	图三
GGZJ3-6	500	360	70	600	460	70	300	30	ϕ47	14	12	12	-500x30	600 (1)	-140x12	350 (4)	-175x12	350 (4)	M42	6	图三

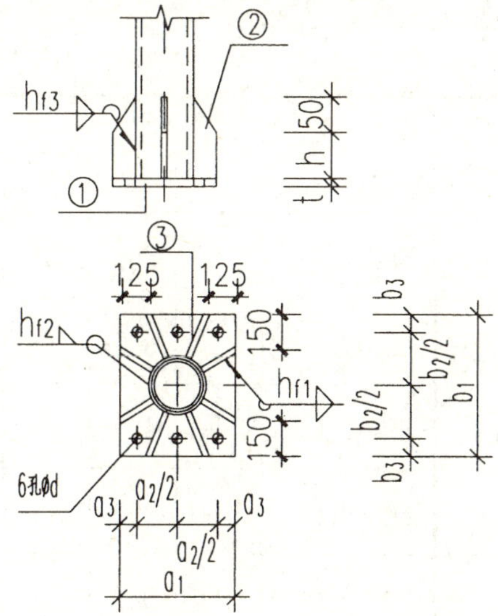

图三

锚栓尺寸表

尺寸 \ 锚栓	M20	M22	M24	M27	M30	M33	M36	M39	M42
d	20	22	24	27	30	33	36	39	42
A	90	95	100	105	110	120	125	130	140
B	50	50	50	50	50	50	50	50	50
C	400	440	480	540	600	660	720	780	840
D	80	90	100	110	120	140	150	160	170
E	60	65	70	75	80	85	90	95	100
F	--	--	--	--	--	--	--	--	130
t	--	--	--	--	--	--	--	--	16
锚栓形式	锚栓详图一	锚栓详图一	锚栓详图一	锚栓详图一	锚栓详图一	锚栓详图一	锚栓详图一	锚栓详图一	锚栓详图二

锚栓详图一

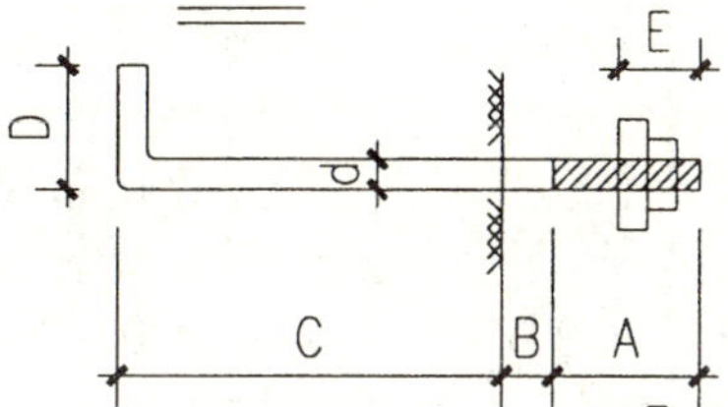

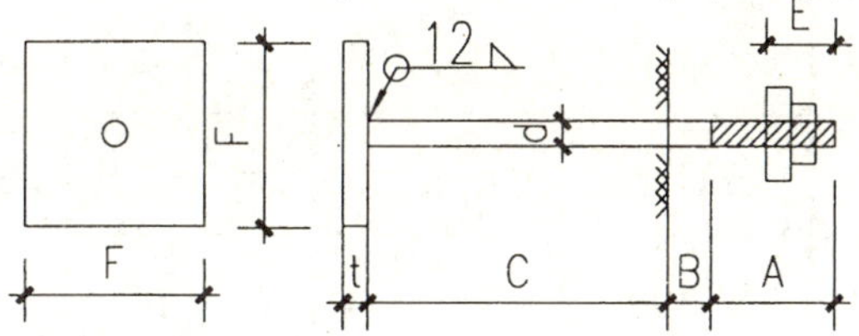

锚栓详图二

GGZJx-x及锚栓详图二	图集号	01R414
审核 徐兆湘 校对 黄瑞瑶 设计 郭惠琴	页	105

尺寸配筋表

基础代号	尺寸							①		②	
	AxB	a	a_1	a_2	b	b_1	b_2	简图	直径数量	简图	直径数量
GGJJ 1-1	600x650	150	350	50	175	350	50	--	--	--	--
GGJJ 1-2	600x700	150	350	50	200	350	50	--	--	--	--
GGJJ 1-3	600x750	150	350	50	225	350	50	--	--	--	--
GGJJ 1-4	600x800	150	350	50	250	350	50	--	--	--	--
GGJJ 1-5	600x850	150	350	50	275	350	50	--	--	--	--
GGJJ 1-6	600x950	150	350	50	325	300	100	--	--	--	--
GGJJ 1-7	600x1000	150	350	50	350	300	100	--	--	--	--
GGJJ 1-8	650x650	175	350	50	175	350	50	--	--	--	--
GGJJ 1-9	650x700	175	350	50	200	350	50	--	--	--	--
GGJJ 1-10	650x750	175	350	50	225	350	50	--	--	--	--
GGJJ 1-11	650x800	175	350	50	250	350	50	--	--	--	--
GGJJ 1-12	650x1000	175	350	50	350	300	100	580 L=680	6ø8 @200	930 L=1030	4ø8 @200
GGJJ 1-13	700x700	200	350	50	200	350	50	--	--	--	--
GGJJ 1-14	700x750	200	350	50	225	350	50	--	--	--	--

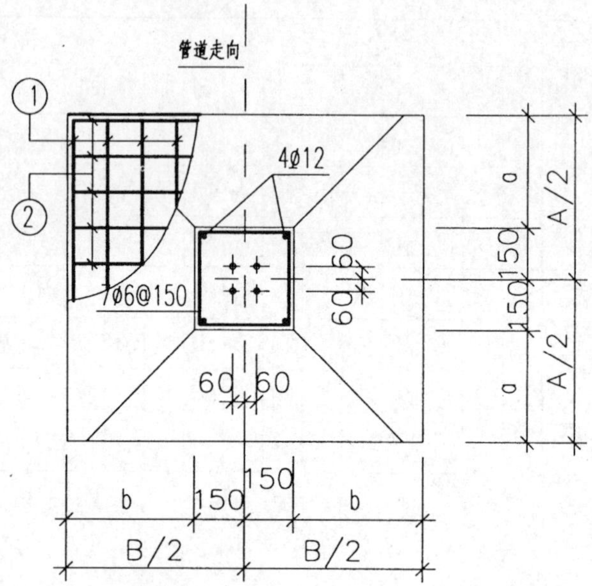

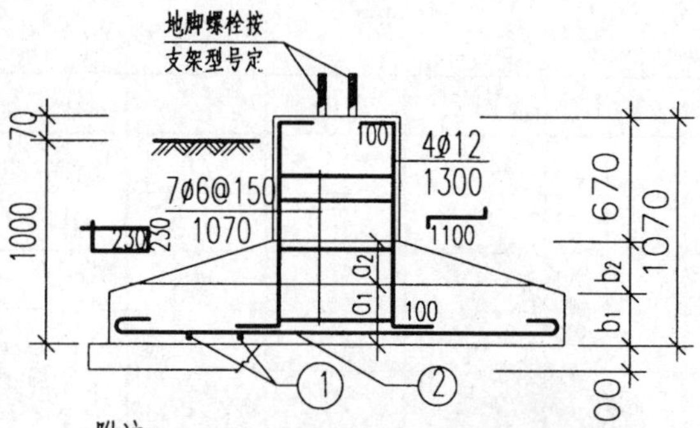

附注:

1.垫层用C10级混凝土,每边比基础大100.
2.基础用C20级混凝土,钢筋保护层厚35.
3.基础长向钢筋放下排.

GGJJ1-x详图及尺寸配筋表一						图集号	01R414
审核	[signature]	校对	[signature]	设计	[signature]	页	106

尺寸配筋表

基础代号	尺寸							①		②	
	AxB	a	a1	a2	b	b1	b2	简图	直径数量	简图	直径数量
GGJJ 1-15	700x800	200	350	50	250	350	50	--	--	--	--
GGJJ 1-16	700x850	200	350	50	275	350	50	--	--	--	--
GGJJ 1-17	700x900	200	350	50	300	300	100	--	--	--	--
GGJJ 1-18	700x950	200	350	50	325	300	100	--	--	--	--
GGJJ 1-19	700x1000	200	350	50	350	300	100	630 L=730	6ø8 @200	930 L=1030	5ø8 @200
GGJJ 1-20	700x1050	200	350	50	375	300	100	630 L=730	6ø8 @200	980 L=1080	5ø8 @200
GGJJ 1-21	700x1150	200	350	50	425	300	100	630 L=730	7ø8 @200	1080 L=1180	5ø8 @200
GGJJ 1-22	750x750	225	350	50	225	350	50	--	--	--	--
GGJJ 1-23	750x800	225	350	50	250	350	50	--	--	--	--
GGJJ 1-24	750x850	225	350	50	275	350	50	--	--	--	--
GGJJ 1-25	750x950	225	350	50	325	300	100	--	--	--	--
GGJJ 1-26	750x1000	225	350	50	350	300	100	680 L=780	6ø8 @200	930 L=1030	5ø8 @200
GGJJ 1-27	750x1050	225	350	50	375	300	100	680 L=780	6ø8 @200	980 L=1080	5ø8 @200
GGJJ 1-28	750x1200	225	350	50	450	250	150	680 L=780	7ø8 @200	1130 L=1230	5ø8 @200

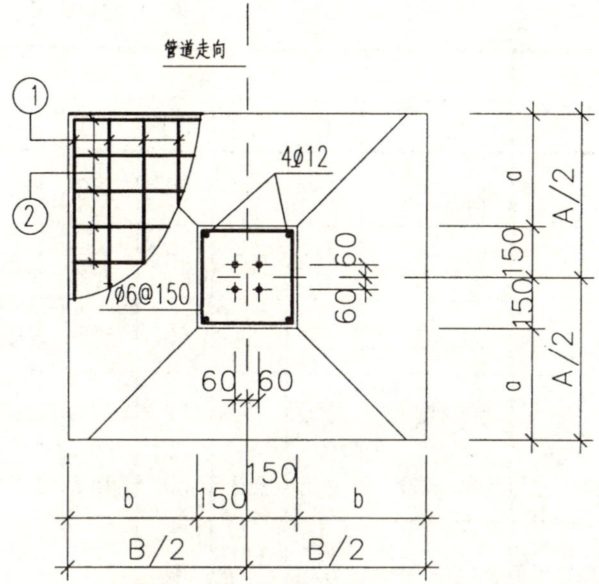

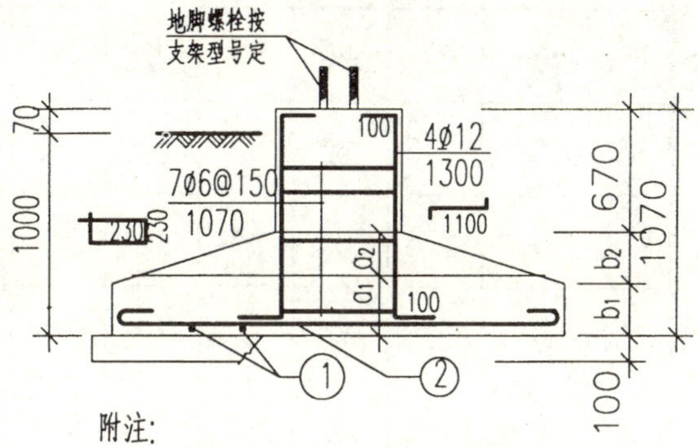

附注:

1.垫层用C10级混凝土,每边比基础大100 .

2.基础用C20级混凝土,钢筋保护层厚35 .

3.基础长向钢筋放下排.

GGJJ1-x详图及尺寸配筋表二	图集号	01R414
审核 校对 设计	页	107

尺寸配筋表

基础代号	尺寸							①		②	
	AxB	a	a_1	a_2	b	b_1	b_2	简图	直径数量	简图	直径数量
GGJJ 1-29	800x800	250	350	50	250	350	50	--	--	--	--
GGJJ 1-30	800x900	250	350	50	300	300	100	--	--	--	--
GGJJ 1-31	800x950	250	350	50	325	300	100	--	--	--	--
GGJJ 1-32	800x1250	250	350	50	475	250	150	730 L=830	7ø8 @200	1180 L=1280	5ø8 @200
GGJJ 1-33	850x600	275	350	50	150	350	50	--	--	--	--
GGJJ 1-34	850x700	275	350	50	200	350	50	--	--	--	--
GGJJ 1-35	850x750	275	350	50	225	350	50	--	--	--	--
GGJJ 1-36	850x850	275	350	50	275	350	50	--	--	--	--
GGJJ 1-37	850x900	275	350	50	300	300	100	--	--	--	--
GGJJ 1-38	850x950	275	350	50	325	300	100	--	--	--	--
GGJJ 1-39	850x1000	275	350	50	350	300	100	780 L=880	6ø8 @200	930 L=1030	5ø8 @200
GGJJ 1-40	850x1300	275	350	50	500	250	150	780 L=880	8ø8 @200	1230 L=1330	5ø8 @200
GGJJ 1-41	900x650	300	300	100	175	350	50	--	--	--	--
GGJJ 1-42	900x700	300	300	100	200	350	50	--	--	--	--

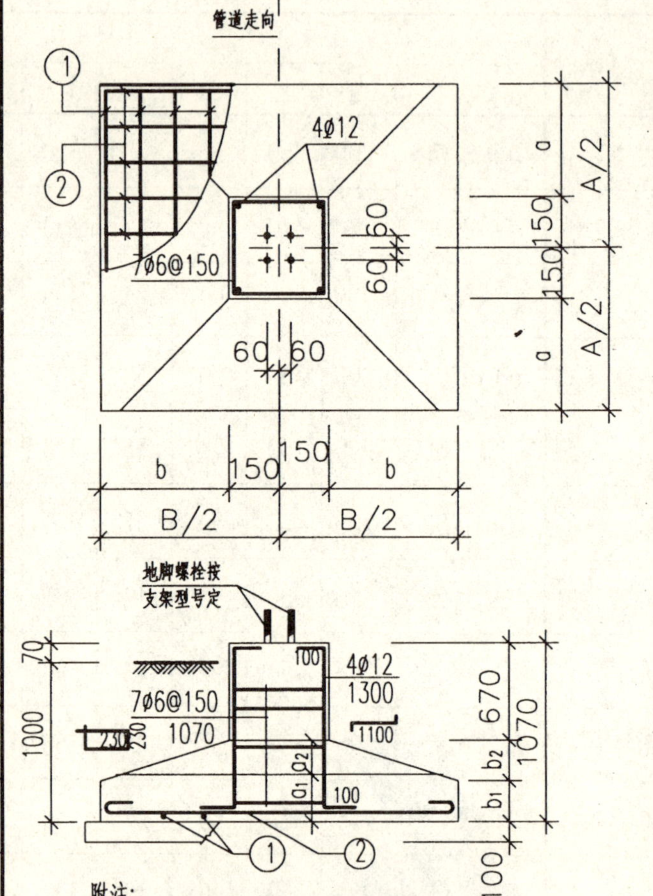

附注:

1.垫层用C10级混凝土,每边比基础大100 .

2.基础用C20级混凝土,钢筋保护层厚35 .

3.基础长向钢筋放下排.

GGJJ1-x详图及尺寸配筋表三	图集号	01R414
审核 [签名] 校对 [签名] 设计 [签名]	页	108

尺寸配筋表

基础代号	尺寸							①		②	
	AxB	a	a_1	a_2	b	b_1	b_2	简图	直径数量	简图	直径数量
GGJJ 1-43	900x750	300	300	100	225	350	50	--	--	--	--
GGJJ 1-44	900x800	300	300	100	250	350	50	--	--	--	--
GGJJ 1-45	900x850	300	300	100	275	350	50	--	--	--	--
GGJJ 1-46	900x1000	300	300	100	350	300	100	830 L=930	6ø8 @200	930 L=1030	6ø8 @200
GGJJ 1-47	900x1050	300	300	100	375	300	100	830 L=930	6ø8 @200	980 L=1080	6ø8 @200
GGJJ 1-48	950x700	325	300	100	200	350	50	--	--	--	--
GGJJ 1-49	950x750	325	300	100	225	350	50	--	--	--	--
GGJJ 1-50	950x850	325	300	100	275	350	50	--	--	--	--
GGJJ 1-51	950x900	325	300	100	300	300	100	--	--	--	--
GGJJ 1-52	950x950	325	300	100	325	300	100	--	--	--	--
GGJJ 1-53	950x1100	325	300	100	400	300	100	880 L=980	7ø8 @200	1030 L=1130	6ø8 @200
GGJJ 1-54	1000x600	350	300	100	150	350	50	930 L=1030	4ø8 @200	530 L=630	6ø8 @200
GGJJ 1-55	1000x650	350	300	100	175	350	50	930 L=1030	4ø8 @200	580 L=680	6ø8 @200
GGJJ 1-56	1000x700	350	300	100	200	350	50	930 L=1030	5ø8 @200	630 L=730	6ø8 @200

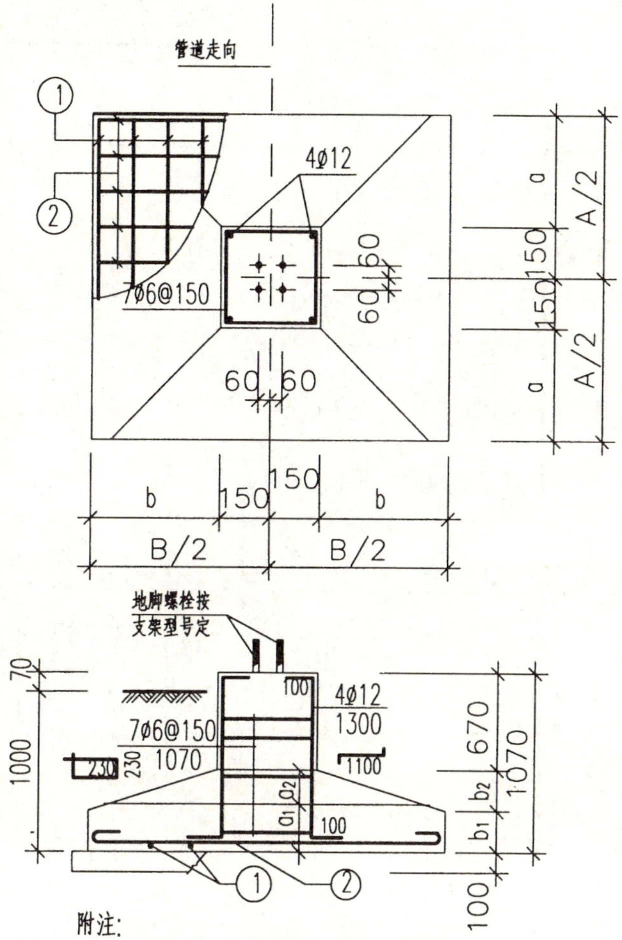

附注:

1.垫层用C10级混凝土,每边比基础大100.

2.基础用C20级混凝土,钢筋保护层厚35.

3.基础长向钢筋放下排.

GGJJ1-x详图及尺寸配筋表四	图集号	01R414
审核 [signature] 校对 [signature] 设计 [signature]	页	109

尺寸配筋表

基础代号	尺寸 AxB	a	a_1	a_2	b	b_1	b_2	① 简图	① 直径数量	② 简图	② 直径数量
GGJJ 1-57	1000x750	350	300	100	225	350	50	930 L=1030	5ø8 @200	680 L=780	6ø8 @200
GGJJ 1-58	1000x800	350	300	100	250	350	50	930 L=1030	5ø8 @200	730 L=830	6ø8 @200
GGJJ 1-59	1000x850	350	300	100	275	350	50	930 L=1030	5ø8 @200	780 L=880	6ø8 @200
GGJJ 1-60	1000x900	350	300	100	300	300	100	930 L=1030	6ø8 @200	830 L=930	6ø8 @200
GGJJ 1-61	1000x950	350	300	100	325	300	100	930 L=1030	6ø8 @200	880 L=980	6ø8 @200
GGJJ 1-62	1050x700	375	300	100	200	350	50	980 L=1080	5ø8 @200	630 L=730	6ø8 @200
GGJJ 1-63	1050x800	375	300	100	250	350	50	980 L=1080	5ø8 @200	730 L=830	6ø8 @200
GGJJ 1-64	1050x1000	375	300	100	350	300	100	980 L=1080	6ø8 @200	930 L=1030	6ø8 @200
GGJJ 1-65	1100x700	400	300	100	200	350	50	1030 L=1130	5ø8 @200	630 L=730	7ø8 @200
GGJJ 1-66	1100x800	400	300	100	250	350	50	1030 L=1130	5ø8 @200	730 L=830	7ø8 @200
GGJJ 1-67	1100x850	400	300	100	275	350	50	1030 L=1130	5ø8 @200	780 L=880	7ø8 @200
GGJJ 1-68	1100x900	400	300	100	300	300	100	1030 L=1130	6ø8 @200	830 L=930	7ø8 @200
GGJJ 1-69	1150x700	425	300	100	200	350	50	1080 L=1180	5ø8 @200	630 L=730	7ø8 @200
GGJJ 1-70	1150x750	425	300	100	225	350	50	1080 L=1180	5ø8 @200	680 L=780	7ø8 @200

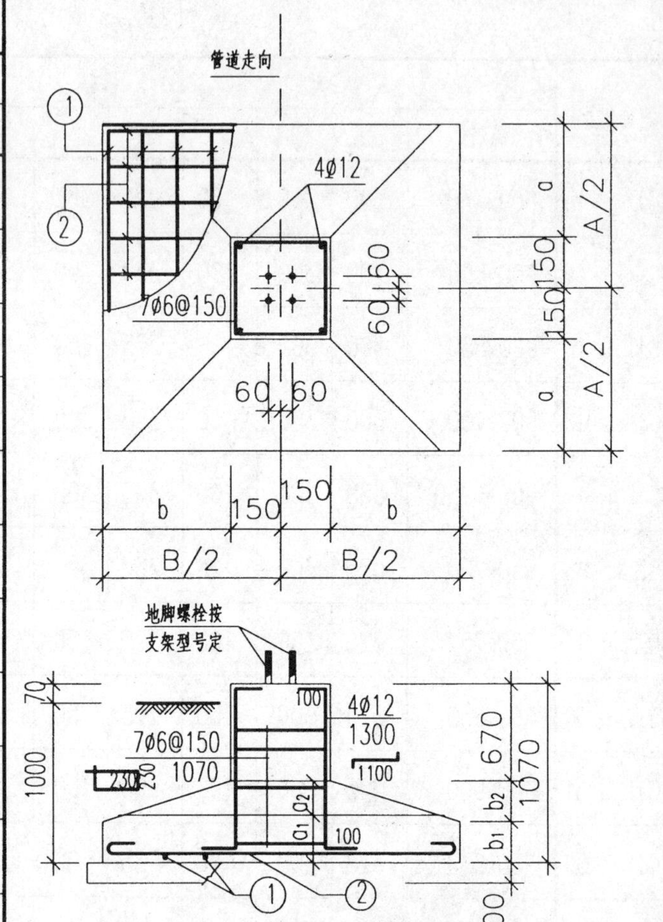

附注:

1. 垫层用C10级混凝土,每边比基础大100 .
2. 基础用C20级混凝土,钢筋保护层厚35 .
3. 基础长向钢筋放下排.

GGJJ1－X详图及尺寸配筋表五	图集号	01R414
审核 校对 设计	页	110

尺寸配筋表

基础代号	尺寸							①		②	
	AxB	a	a_1	a_2	b	b_1	b_2	简图	直径数量	简图	直径数量
GGJJ 1-71	1150x900	425	300	100	300	300	100	1080 L=1180	6ø8 @200	830 L=930	7ø8 @200
GGJJ 1-72	1200x750	450	250	150	225	350	50	1130 L=1230	5ø8 @200	680 L=780	7ø8 @200
GGJJ 1-73	1200x850	450	250	150	275	350	50	1130 L=1230	5ø8 @200	780 L=880	7ø8 @200
GGJJ 1-74	1200x950	450	250	150	325	300	100	1130 L=1230	6ø8 @200	880 L=980	7ø8 @200
GGJJ 1-75	1250x800	475	250	150	250	350	50	1180 L=1280	5ø8 @200	730 L=830	7ø8 @200
GGJJ 1-76	1300x800	500	250	150	250	350	50	1230 L=1330	5ø8 @200	730 L=830	8ø8 @200
GGJJ 1-77	1300x1000	500	250	150	350	300	100	1230 L=1330	6ø8 @200	930 L=1030	8ø8 @200
GGJJ 1-78	1400x900	550	250	150	300	300	100	1330 L=1460	6ø10 @200	830 L=930	8ø8 @200

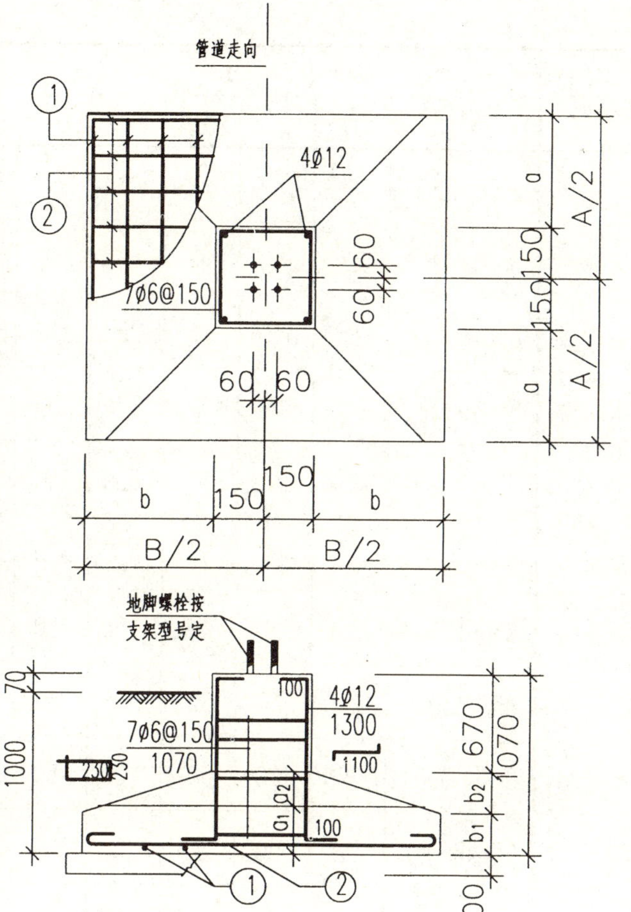

附注:

1.垫层用C10级混凝土,每边比基础大100.

2.基础用C20级混凝土,钢筋保护层厚35.

3.基础长向钢筋放下排.

GGJJ1—x详图及尺寸配筋表六	图集号	01R414
审核 校对 设计	页	111

尺寸配筋表

基础代号	尺寸							①		②	
	AxB	a	a_1	a_2	b	b_1	b_2	简图	直径数量	简图	直径数量
GGJJ 2-1	800x1250	225	350	50	450	250	150	730 L=830	7ø8 @200	1180 L=1280	5ø8 @200
GGJJ 2-2	800x1300	225	350	50	475	250	150	730 L=830	8ø8 @200	1230 L=1330	5ø8 @200
GGJJ 2-3	850x850	250	350	50	250	350	50	--	--	--	--
GGJJ 2-4	850x900	250	350	50	275	350	50	--	--	--	--
GGJJ 2-5	850x950	250	350	50	300	300	100	--	--	--	--
GGJJ 2-6	850x1050	250	350	50	350	300	100	780 L=880	6ø8 @200	980 L=1080	5ø8 @200
GGJJ 2-7	850x1250	250	350	50	450	250	150	780 L=880	7ø8 @200	1180 L=1280	5ø8 @200
GGJJ 2-8	850x1300	250	350	50	475	250	150	780 L=880	8ø8 @200	1230 L=1330	5ø8 @200
GGJJ 2-9	850x1350	250	350	50	500	250	150	780 L=880	8ø8 @200	1280 L=1410	5ø10 @200
GGJJ 2-10	900x850	275	350	50	250	350	50	--	--	--	--
GGJJ 2-11	900x1000	275	350	50	325	300	100	830 L=930	6ø8 @200	930 L=1030	6ø8 @200
GGJJ 2-12	900x1050	275	350	50	350	300	100	830 L=930	6ø8 @200	980 L=1080	6ø8 @200
GGJJ 2-13	900x1400	275	350	50	525	250	150	830 L=930	8ø8 @200	1330 L=1460	6ø10 @200
GGJJ 2-14	950x850	300	300	100	250	350	50	--	--	--	--

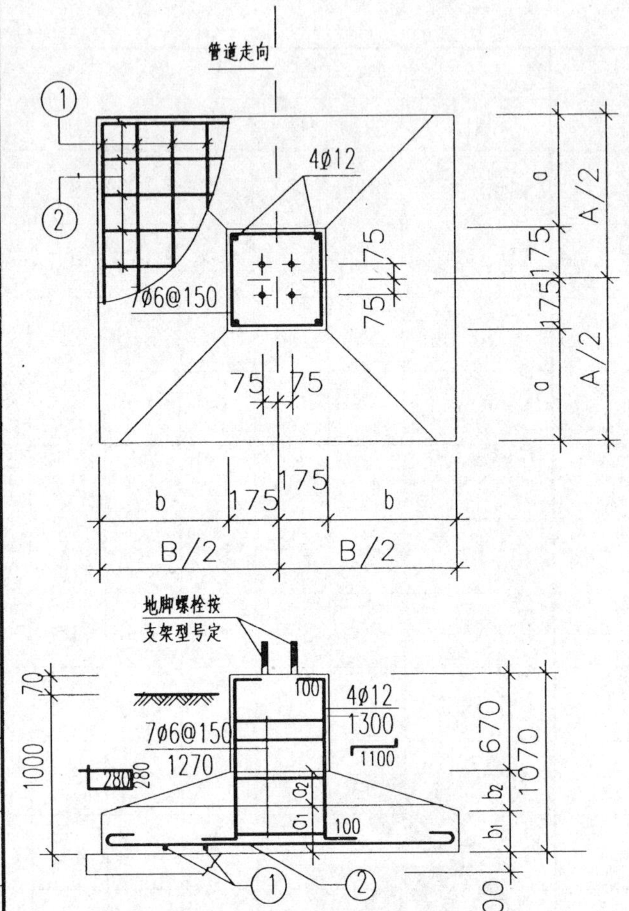

附注:

1.垫层用C10级混凝土,每边比基础大100 .
2.基础用C20级混凝土,钢筋保护层厚35 .
3.基础长向钢筋放下排.

GGJJ2－x详图及尺寸配筋表一	图集号	01R414
审核 校对 设计	页	112

尺寸配筋表

基础代号	尺寸 AxB	a	a_1	a_2	b	b_1	b_2	① 简图	① 直径数量	② 简图	② 直径数量
GGJJ 2-15	950x900	300	300	100	275	350	50				
GGJJ 2-16	950x1050	300	300	100	350	300	100	880 L=980	6Ø8 @200	980 L=1080	6Ø8 @200
GGJJ 2-17	950x1100	300	300	100	375	300	100	880 L=980	7Ø8 @200	1030 L=1130	6Ø8 @200
GGJJ 2-18	950x1450	300	300	100	550	250	150	880 L=980	8Ø8 @200	1380 L=1510	6Ø10 @200
GGJJ 2-19	950x1500	300	300	100	575	250	150	880 L=980	9Ø8 @200	1430 L=1560	6Ø10 @200
GGJJ 2-20	1000x850	325	300	100	250	350	50	930 L=1030	5Ø8 @200	780 L=880	6Ø8 @200
GGJJ 2-21	1000x950	325	300	100	300	300	100	930 L=1030	6Ø8 @200	880 L=980	6Ø8 @200
GGJJ 2-22	1000x1150	325	300	100	400	300	100	930 L=1030	7Ø8 @200	1080 L=1180	6Ø8 @200
GGJJ 2-23	1000x1600	325	300	100	625	250	150	930 L=1030	9Ø8 @200	1530 L=1660	8Ø10 @150
GGJJ 2-24	1050x850	350	300	100	250	350	50	980 L=1080	5Ø8 @200	780 L=880	6Ø8 @200
GGJJ 2-25	1050x950	350	300	100	300	300	100	980 L=1080	6Ø8 @200	880 L=980	6Ø8 @200
GGJJ 2-26	1100x850	375	300	100	250	350	50	1030 L=1130	5Ø8 @200	780 L=880	7Ø8 @200
GGJJ 2-27	1100x900	375	300	100	275	350	50	1030 L=1130	6Ø8 @200	830 L=930	7Ø8 @200
GGJJ 2-28	1100x1000	375	300	100	325	300	100	1030 L=1130	6Ø8 @200	930 L=1030	7Ø8 @200

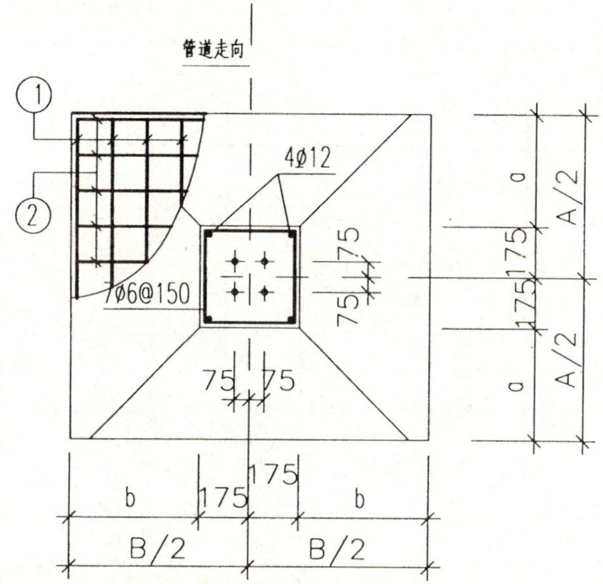

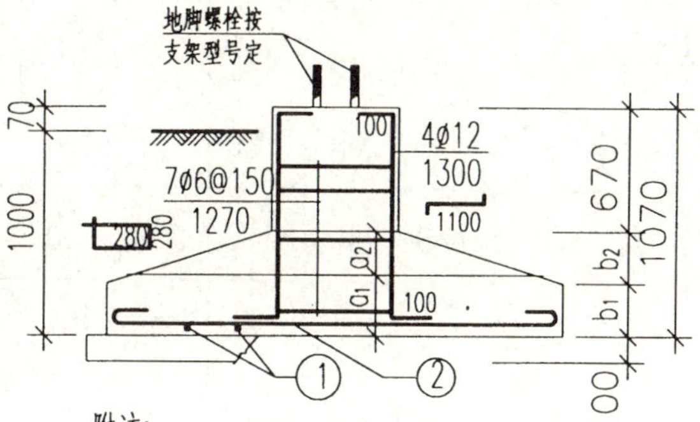

附注:

1. 垫层用C10级混凝土,每边比基础大100 .
2. 基础用C20级混凝土,钢筋保护层厚35 .
3. 基础长向钢筋放下排.

GGJJ2-x详图及尺寸配筋表二	图集号	01R414
审核 校对 设计	页	113

尺寸配筋表

基础代号	尺寸							①		②	
	AxB	a	a_1	a_2	b	b_1	b_2	简图	直径数量	简图	直径数量
GGJJ 2-29	1100x1100	375	300	100	375	300	100	1030 L=1130	7ø8 @200	1030 L=1130	7ø8 @200
GGJJ 2-30	1150x850	400	300	100	250	350	50	1080 L=1180	5ø8 @200	780 L=880	7ø8 @200
GGJJ 2-31	1150x950	400	300	100	300	300	100	1080 L=1180	6ø8 @200	880 L=980	7ø8 @200
GGJJ 2-32	1200x750	425	300	100	200	350	50	1130 L=1230	5ø8 @200	680 L=780	7ø8 @200
GGJJ 2-33	1200x900	425	300	100	275	350	50	1130 L=1230	6ø8 @200	830 L=930	7ø8 @200
GGJJ 2-34	1200x950	425	300	100	300	300	100	1130 L=1230	6ø8 @200	880 L=980	7ø8 @200
GGJJ 2-35	1200x1100	425	300	100	375	300	100	1130 L=1230	7ø8 @200	1030 L=1130	7ø8 @200
GGJJ 2-36	1250x800	450	250	150	225	350	50	1180 L=1280	5ø8 @200	730 L=830	7ø8 @200
GGJJ 2-37	1250x850	450	250	150	250	350	50	1180 L=1280	5ø8 @200	780 L=880	7ø8 @200
GGJJ 2-38	1250x900	450	250	150	275	350	50	1180 L=1280	6ø8 @200	830 L=930	7ø8 @200
GGJJ 2-39	1250x950	450	250	150	300	300	100	1180 L=1280	6ø8 @200	880 L=980	7ø8 @200
GGJJ 2-40	1250x1000	450	250	150	325	300	100	1180 L=1280	6ø8 @200	930 L=1030	7ø8 @200
GGJJ 2-41	1250x1250	450	250	150	450	250	150	1180 L=1280	7ø8 @200	1180 L=1280	7ø8 @200
GGJJ 2-42	1300x800	475	250	150	225	350	50	1230 L=1330	5ø8 @200	730 L=830	8ø8 @200

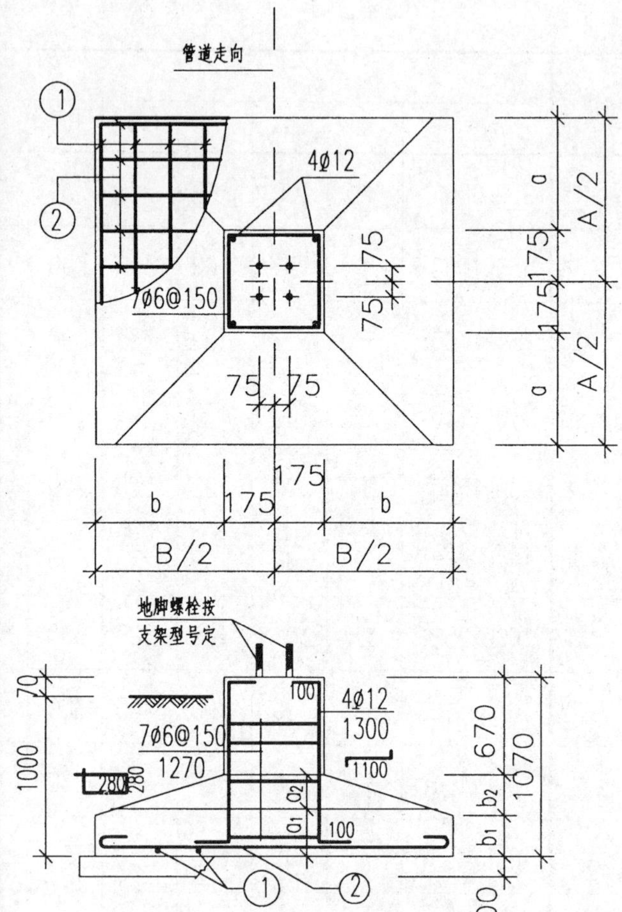

附注:

1.垫层用C10级混凝土,每边比基础大100.
2.基础用C20级混凝土,钢筋保护层厚35.
3.基础长向钢筋放下排.

GGJJ2－x详图及尺寸配筋表三	图集号	01R414
审核 校对 设计	页	114

尺寸配筋表

基础代号	尺寸							①		②	
	AxB	a	a_1	a_2	b	b_1	b_2	简图	直径数量	简图	直径数量
GGJJ 2-43	1300x850	475	250	150	250	350	50	1230 L=1330	5ø8 @200	780 L=880	8ø8 @200
GGJJ 2-44	1300x950	475	250	150	300	300	100	1230 L=1330	6ø8 @200	880 L=980	8ø8 @200
GGJJ 2-45	1300x1000	475	250	150	325	300	100	1230 L=1330	6ø8 @200	930 L=1030	8ø8 @200
GGJJ 2-46	1300x1050	475	250	150	350	300	100	1230 L=1330	6ø8 @200	980 L=1080	8ø8 @200
GGJJ 2-47	1350x850	500	250	150	250	350	50	1280 L=1410	5ø10 @200	780 L=880	8ø8 @200
GGJJ 2-48	1350x900	500	250	150	275	350	50	1280 L=1410	6ø10 @200	830 L=930	8ø8 @200
GGJJ 2-49	1350x1000	500	250	150	325	300	100	1280 L=1410	6ø10 @200	930 L=1030	8ø8 @200
GGJJ 2-50	1350x1050	500	250	150	350	300	100	1280 L=1410	6ø10 @200	980 L=1080	8ø8 @200
GGJJ 2-51	1400x850	525	250	150	250	350	50	1330 L=1460	5ø10 @200	780 L=880	8ø8 @200
GGJJ 2-52	1400x900	525	250	150	275	350	50	1330 L=1460	6ø10 @200	830 L=930	8ø8 @200
GGJJ 2-53	1400x950	525	250	150	300	300	100	1330 L=1460	6ø10 @200	880 L=980	8ø8 @200
GGJJ 2-54	1450x900	550	250	150	275	350	50	1380 L=1510	6ø10 @200	830 L=930	8ø8 @200
GGJJ 2-55	1450x950	550	250	150	300	300	100	1380 L=1510	6ø10 @200	880 L=980	8ø8 @200
GGJJ 2-56	1450x1050	550	250	150	350	300	100	1380 L=1510	6ø10 @200	980 L=1080	8ø8 @200

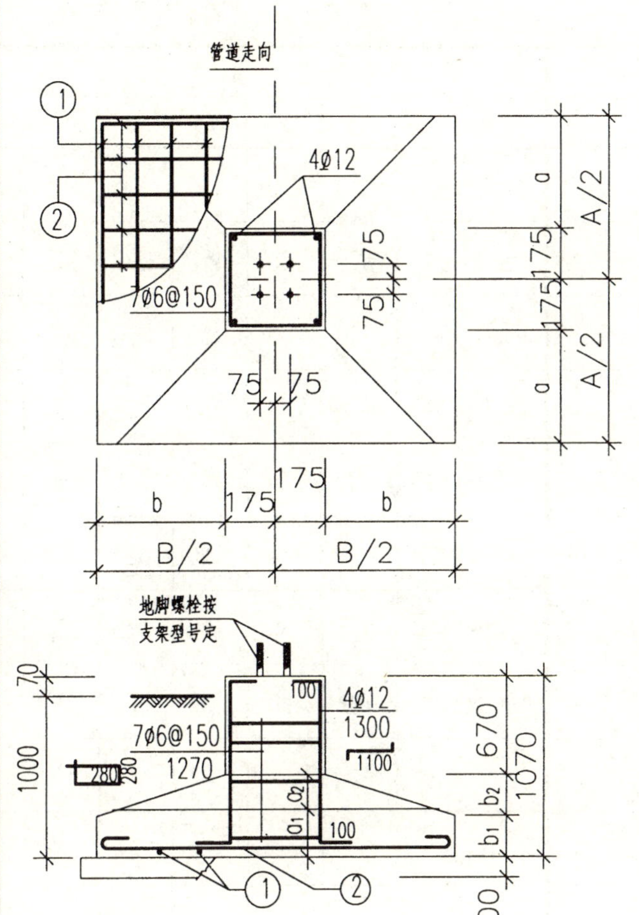

附注:

1.垫层用C10级混凝土,每边比基础大100 .

2.基础用C20级混凝土,钢筋保护层厚35 .

3.基础长向钢筋放下排.

GGJJ2-x详图及尺寸配筋表四	图集号	01R414
审核 徐世琳 校对 黄瑞瑛 设计 郭慕琴	页	115

尺寸配筋表

基础代号	尺寸 AxB	a	a_1	a_2	b	b_1	b_2	① 简图	① 直径数量	② 简图	② 直径数量
GGJJ 2-57	1450x1100	550	250	150	375	350	50	1380 L=1510	7ø10 @200	1030 L=1130	8ø8 @200
GGJJ 2-58	1500x950	575	250	150	300	300	100	1430 L=1560	6ø10 @200	880 L=980	9ø8 @200
GGJJ 2-59	1550x950	600	250	150	300	300	100	1480 L=1610	7ø10 @150	880 L=980	9ø8 @200
GGJJ 2-60	1550x1000	600	250	150	325	300	100	1480 L=1610	8ø10 @150	930 L=1030	9ø8 @200
GGJJ 2-61	1550x1100	600	250	150	375	300	100	1480 L=1610	8ø10 @150	1030 L=1130	9ø8 @200
GGJJ 2-62	1600x1000	625	250	150	325	300	100	1530 L=1660	8ø10 @150	930 L=1030	9ø8 @200
GGJJ 2-63	1700x1100	675	250	150	375	300	100	1630 L=1760	8ø10 @150	1030 L=1130	10ø8 @200
GGJJ 2-64	1800x1100	725	250	150	375	300	100	1730 L=1860	8ø10 @150	1030 L=1130	10ø8 @200

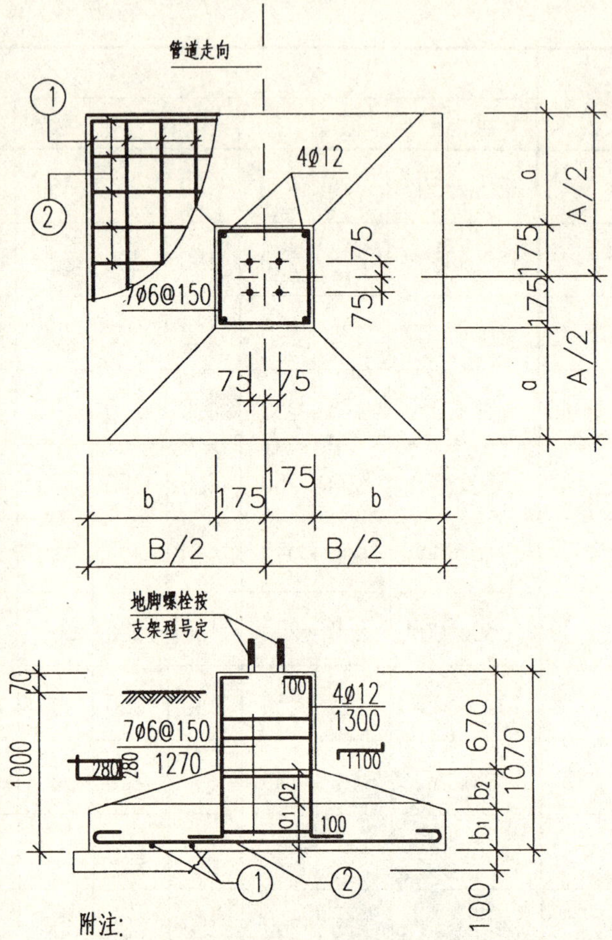

附注:

1.垫层用C10级混凝土,每边比基础大100 .

2.基础用C20级混凝土,钢筋保护层厚35 .

3.基础长向钢筋放下排.

GGJJ2－x详图及尺寸配筋表五	图集号	01R414
审核 [signature] 校对 [signature] 设计 [signature]	页	116

尺寸配筋表

基础代号	尺寸							①		②	
	AxB	a	a_1	a_2	b	b_1	b_2	简图	直径数量	简图	直径数量
GGJJ 3-1	1150x1150	375	300	100	375	300	100	1080 L=1180	7φ8 @200	1080 L=1180	7φ8 @200
GGJJ 3-2	1250x1150	425	300	100	375	300	100	1180 L=1280	7φ8 @200	1080 L=1180	7φ8 @200
GGJJ 3-3	1300x1200	450	250	150	400	300	100	1230 L=1330	7φ8 @200	1130 L=1230	8φ8 @200
GGJJ 3-4	1300x1300	450	250	150	450	250	150	1230 L=1330	8φ8 @200	1230 L=1330	8φ8 @200
GGJJ 3-5	1400x850	500	250	150	225	350	50	1330 L=1460	5φ10 @200	780 L=880	8φ8 @200
GGJJ 3-6	1400x900	500	250	150	250	350	50	1330 L=1460	6φ10 @200	830 L=930	8φ8 @200
GGJJ 3-7	1400x1000	500	250	150	300	300	100	1330 L=1460	6φ10 @200	930 L=1030	8φ8 @200
GGJJ 3-8	1400x1300	500	250	150	450	250	150	1330 L=1460	8φ10 @200	1230 L=1330	8φ8 @200
GGJJ 3-9	1450x900	525	250	150	250	350	50	1380 L=1510	6φ10 @200	830 L=930	8φ8 @200
GGJJ 3-10	1450x950	525	250	150	275	300	100	1380 L=1510	6φ10 @200	880 L=980	8φ8 @200
GGJJ 3-11	1450x1350	525	250	150	475	250	150	1380 L=1510	8φ10 @200	1280 L=1410	8φ10 @200
GGJJ 3-12	1500x950	550	250	150	275	350	50	1430 L=1560	6φ10 @200	880 L=980	9φ8 @200
GGJJ 3-13	1550x950	575	250	150	275	350	50	1480 L=1610	7φ10 @150	880 L=980	9φ8 @200
GGJJ 3-14	1550x1000	575	250	150	300	300	100	1480 L=1610	8φ10 @150	930 L=1030	9φ8 @200

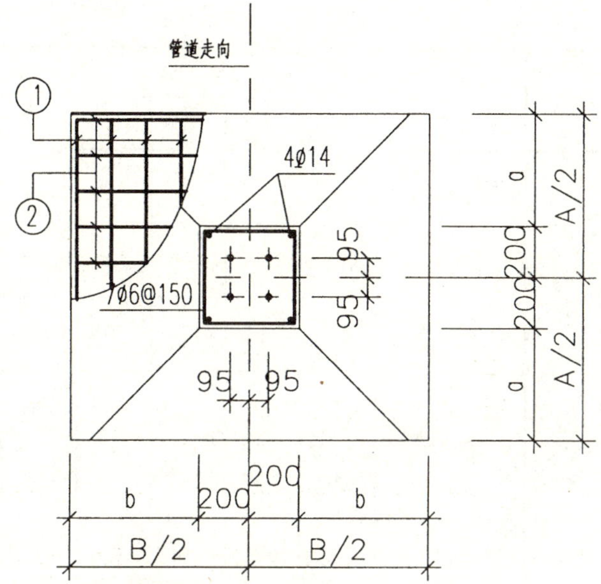

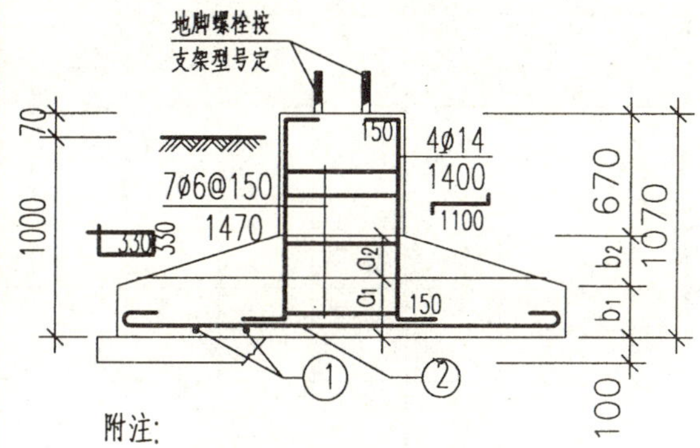

附注:

1.垫层用C10级混凝土,每边比基础大100 .
2.基础用C20级混凝土,钢筋保护层厚35 .
3.基础长向钢筋放下排.

GGJJ3—x详图及尺寸配筋表一	图集号	01R414
审核 校对 设计	页	117

尺寸配筋表

基础代号	尺寸							①		②	
	AxB	a	a_1	a_2	b	b_1	b_2	简图	直径数量	简图	直径数量
GGJJ 3-15	1600x1000	600	250	150	300	300	100	1530 L=1660	8ø10 @150	930 L=1030	9ø8 @200
GGJJ 3-16	1600x1050	600	250	150	325	300	100	1530 L=1660	8ø10 @150	980 L=1080	9ø8 @200
GGJJ 3-17	1650x1000	625	250	150	300	300	100	1580 L=1710	8ø10 @150	930 L=1030	9ø8 @200
GGJJ 3-18	1650x1050	625	250	150	325	300	100	1580 L=1710	8ø10 @150	980 L=1080	9ø8 @200
GGJJ 3-19	1700x1050	650	250	150	325	300	100	1630 L=1760	8ø10 @150	980 L=1080	10ø8 @200
GGJJ 3-20	1700x1100	650	250	150	350	300	100	1630 L=1760	8ø10 @150	1030 L=1130	10ø8 @200
GGJJ 3-21	1800x1100	700	250	150	350	300	100	1730 L=1860	8ø10 @150	1030 L=1130	10ø8 @200
GGJJ 3-22	1900x1200	750	250	150	400	300	100	1830 L=1830	7ø12 @200	1130 L=1230	11ø8 @200

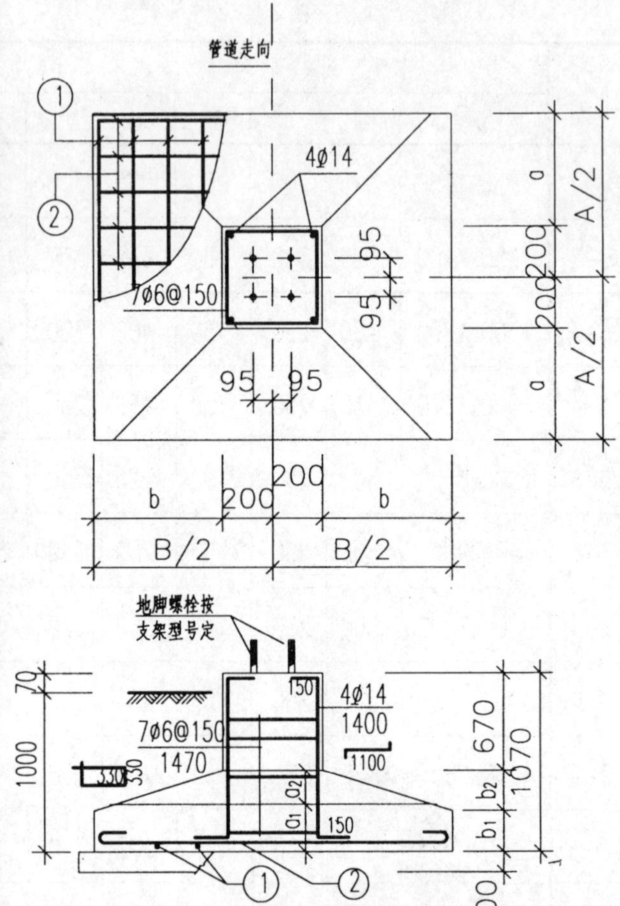

附注:

1.垫层用C10级混凝土,每边比基础大100.

2.基础用C20级混凝土,钢筋保护层厚35.

3.基础长向钢筋放下排.

GGJJ3－x详图及尺寸配筋表二	图集号	01R414
审核　校对　设计	页	118

尺寸配筋表

基础代号	尺寸							①		②	
	AxB	a	a_1	a_2	b	b_1	b_2	简图	直径数量	简图	直径数量
GGJJ 4-1	1600x1050	575	250	150	300	300	100	1530 L=1660	8ø10 @150	980 L=1080	9ø8 @200
GGJJ 4-2	1650x1050	600	250	150	300	300	100	1580 L=1710	8ø10 @150	980 L=1080	9ø8 @200
GGJJ 4-3	1700x1050	625	250	150	300	300	100	1630 L=1760	8ø10 @150	980 L=1080	10ø8 @200
GGJJ 4-4	1700x1100	625	250	150	325	300	100	1630 L=1760	8ø10 @150	1030 L=1130	10ø8 @200
GGJJ 4-5	1750x1100	650	250	150	325	300	100	1680 L=1810	8ø10 @150	1030 L=1130	10ø8 @200
GGJJ 4-6	1800x1100	675	250	150	325	300	100	1730 L=1860	8ø10 @150	1030 L=1130	10ø8 @200
GGJJ 4-7	1800x1150	675	250	150	350	300	100	1730 L=1860	9ø10 @150	1080 L=1180	10ø8 @200
GGJJ 4-8	1850x1150	700	250	150	350	300	100	1780 L=1780	7ø12 @200	1080 L=1180	10ø8 @200
GGJJ 4-9	1850x1200	700	250	150	375	300	100	1780 L=1780	7ø12 @200	1130 L=1230	10ø8 @200
GGJJ 4-10	1900x1200	725	250	150	375	300	100	1830 L=1830	7ø12 @200	1130 L=1230	11ø8 @200
GGJJ 4-11	1950x1200	750	250	150	375	300	100	1880 L=1880	7ø12 @200	1130 L=1230	11ø8 @200
GGJJ 4-12	1950x1250	750	250	150	400	300	100	1880 L=1880	7ø12 @200	1180 L=1280	11ø8 @200
GGJJ 4-13	2000x1250	775	250	150	400	300	100	1930 L=1930	7ø12 @200	1180 L=1280	11ø8 @200
GGJJ 4-14	2000x1300	775	250	150	425	300	100	1930 L=1930	8ø12 @200	1230 L=1330	11ø8 @200

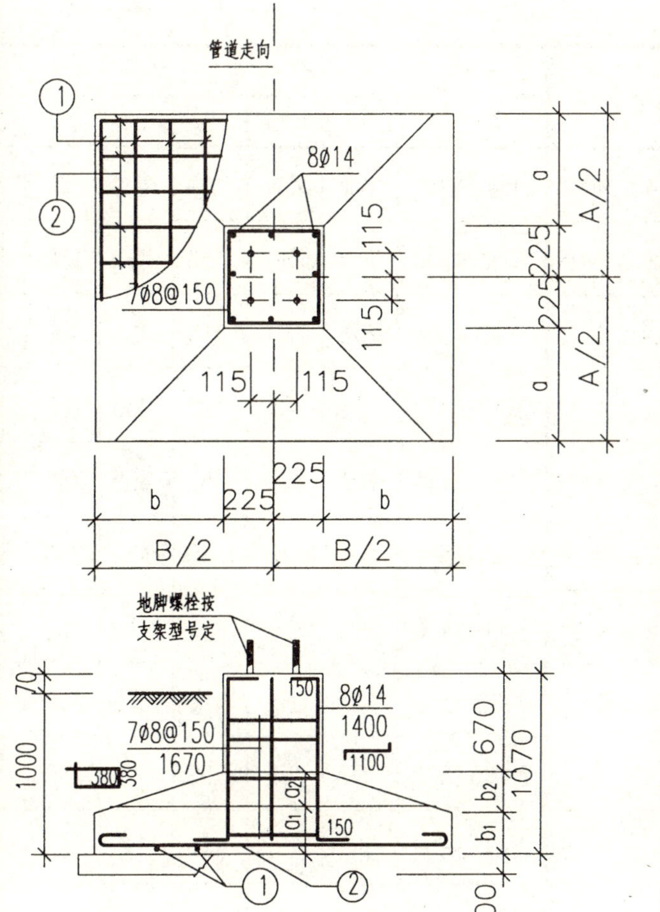

附注:

1.垫层用C10级混凝土,每边比基础大100 .
2.基础用C20级混凝土,钢筋保护层厚35 .
3.基础长向钢筋放下排.

GGJJ4-x详图及尺寸配筋表一	图集号	01R414
审核 校对 设计	页	119

尺寸配筋表

基础代号	尺寸							①		②	
	AxB	a	a_1	a_2	b	b_1	b_2	简图	直径数量	简图	直径数量
GGJJ 4-15	2050x1250	800	250	150	400	300	100	1980 L=1980	7ø12 @200	1180 L=1280	11ø8 @200
GGJJ 4-16	2050x1300	800	250	150	425	300	100	1980 L=1980	8ø12 @200	1230 L=1330	11ø8 @200
GGJJ 4-17	2100x1300	825	250	150	425	300	100	2030 L=2030	8ø12 @200	1230 L=1330	12ø8 @200
GGJJ 4-18	2100x1350	825	250	150	450	250	150	2030 L=2030	8ø12 @200	1280 L=1410	12ø10 @200
GGJJ 4-19	2150x1350	850	250	150	450	250	150	2080 L=2080	8ø12 @200	1280 L=1410	12ø10 @200
GGJJ 4-20	2200x1350	875	250	150	450	250	150	2130 L=2130	8ø12 @200	1280 L=1410	12ø10 @200
GGJJ 4-21	2200x1400	875	250	150	475	250	150	2130 L=2130	8ø12 @200	1330 L=1460	12ø10 @200
GGJJ 4-22	2300x1500	925	250	150	525	250	150	2230 L=2230	9ø14 @200	1430 L=1560	13ø10 @200
GGJJ 4-23	2400x1500	975	250	150	525	250	150	2330 L=2330	9ø14 @200	1430 L=1560	13ø10 @200
GGJJ 4-24	2500x1600	1025	250	150	575	250	150	2430 L=2430	9ø14 @200	1530 L=1660	18ø10 @150

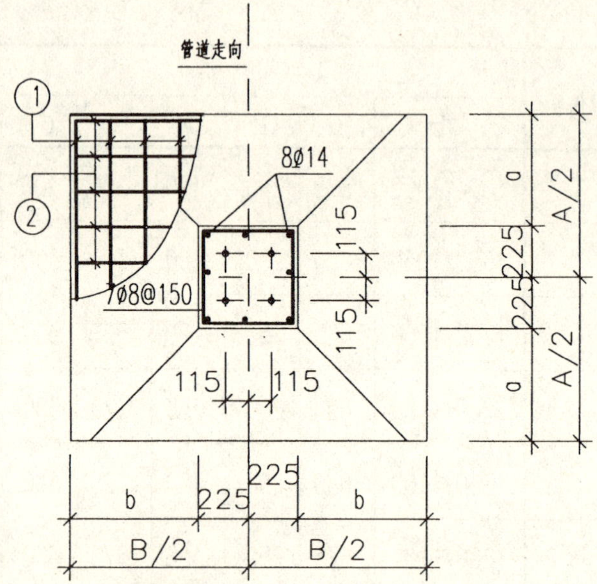

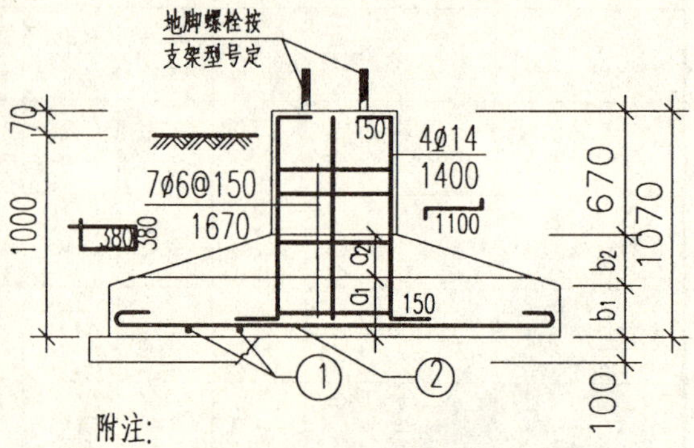

附注:

1. 垫层用C10级混凝土,每边比基础大100 .
2. 基础用C20级混凝土,钢筋保护层厚35 .
3. 基础长向钢筋放下排.

GGJJ4-x详图及尺寸配筋表二	图集号	01R414
审核 [signature] 校对 [signature] 设计 [signature]	页	120

尺寸配筋表

基础代号	尺寸							①		②	
	AxB	a	a1	a2	b	b1	b2	简图	直径数量	简图	直径数量
GGJJ 5-1	1950x1250	700	250	150	375	300	100	1880 L=1880	7ø12 @200	1180 L=1280	11ø8 ø200
GGJJ 5-2	2000x1250	725	250	150	375	300	100	1930 L=1930	7ø12 @200	1180 L=1280	11ø8 @200
GGJJ 5-3	2100x1300	775	250	150	400	300	100	2030 L=2030	8ø12 @200	1230 L=1330	12ø8 @200
GGJJ 5-4	2100x1350	775	250	150	425	300	100	2030 L=2030	8ø12 @200	1280 L=1410	12ø10 @200
GGJJ 5-5	2150x1350	800	250	150	425	300	100	2080 L=2080	8ø12 @200	1280 L=1410	12ø10 @200
GGJJ 5-6	2200x1350	825	250	150	425	300	100	2130 L=2130	8ø12 @200	1280 L=1410	12ø10 @200
GGJJ 5-7	2200x1400	825	250	150	450	250	150	2130 L=2130	8ø12 @200	1330 L=1460	12ø10 @200
GGJJ 5-8	2250x1400	850	250	150	450	250	150	2180 L=2180	8ø14 @200	1330 L=1460	12ø10 @200
GGJJ 5-9	2250x1450	850	250	150	475	250	150	2180 L=2180	8ø14 @200	1380 L=1510	12ø10 @200
GGJJ 5-10	2300x1450	875	250	150	475	250	150	2230 L=2230	8ø14 @200	1380 L=1510	13ø10 @200
GGJJ 5-11	2350x1450	900	250	150	475	250	150	2280 L=2280	8ø14 @200	1380 L=1510	13ø10 @200
GGJJ 5-12	2350x1500	900	250	150	500	250	150	2280 L=2280	9ø14 @200	1430 L=1560	13ø10 @200
GGJJ 5-13	2400x1500	925	250	150	500	250	150	2330 L=2330	9ø14 @200	1430 L=1560	13ø10 @200
GGJJ 5-14	2400x1550	925	250	150	525	250	150	2330 L=2330	9ø14 @200	1480 L=1610	17ø10 @150

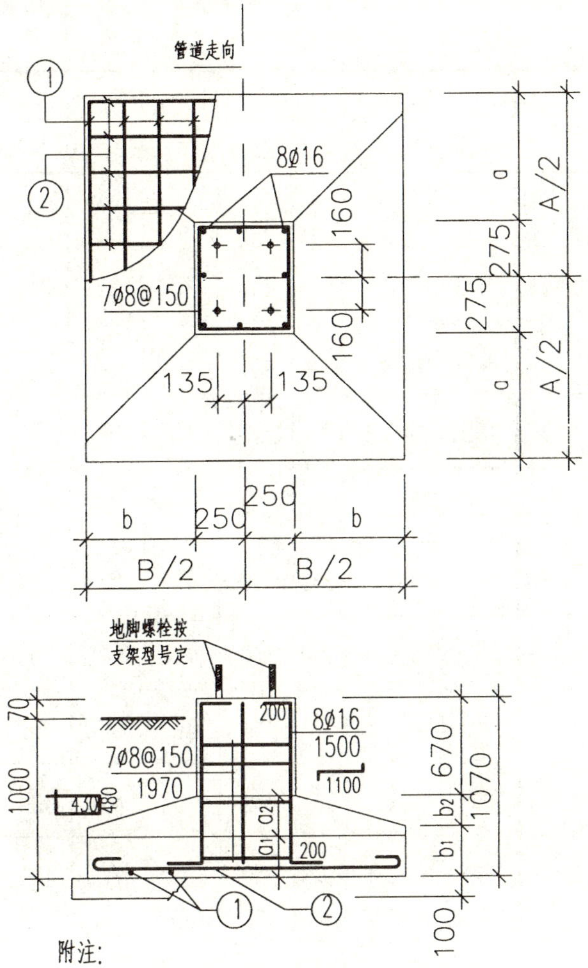

附注:

1.垫层用C10级混凝土,每边比基础大100 .
2.基础用C20级混凝土,钢筋保护层厚35 .
3.基础长向钢筋放下排.

GGJJ5－x详图及尺寸配筋表一	图集号	01R414
审核 校对 设计	页	121

尺寸配筋表

基础代号	尺寸 AxB	a	a_1	a_2	b	b_1	b_2	① 简图	① 直径数量	② 简图	② 直径数量
GGJJ 5-15	2450x1500	950	250	150	500	250	150	2380 L=2380	9ø14 @200	1430 L=1560	13ø10 @200
GGJJ 5-16	2450x1550	950	250	150	525	250	150	2380 L=2380	9ø14 @200	1480 L=1610	17ø10 @150
GGJJ 5-17	2500x1550	975	250	150	525	250	150	2430 L=2430	9ø14 @200	1480 L=1610	18ø10 @150
GGJJ 5-18	2500x1600	975	250	150	550	250	150	2430 L=2430	9ø14 @200	1530 L=1660	18ø10 @150
GGJJ 5-19	2550x1600	1000	250	150	550	250	150	2480 L=2480	12ø14 @150	1530 L=1660	18ø10 @150
GGJJ 5-20	2600x1650	1025	250	150	575	250	150	2530 L=2530	12ø14 @150	1580 L=1710	18ø10 @150
GGJJ 5-21	2650x1650	1050	250	150	575	250	150	2580 L=2580	12ø14 @150	1580 L=1710	19ø10 @150
GGJJ 5-22	2700x1700	1075	250	250	600	300	200	2630 L=2630	10ø14 @200	1630 L=1760	19ø10 @150
GGJJ 5-23	2800x1800	1125	250	250	650	300	200	2730 L=2730	10ø14 @200	1730 L=1860	20ø10 @150
GGJJ 5-24	2900x1900	1175	250	250	700	300	200	2830 L=2830	11ø14 @200	1830 L=1960	20ø10 @150

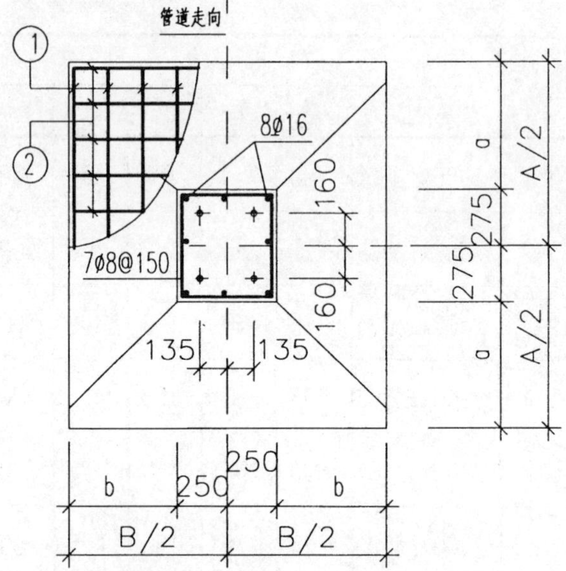

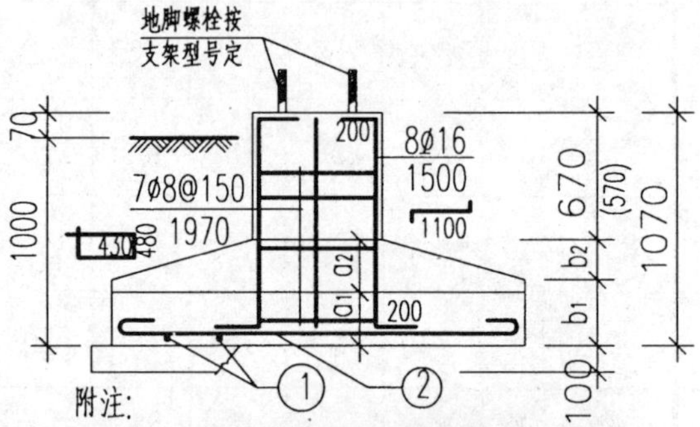

附注:

1.垫层用C10级混凝土,每边比基础大100 .
2.基础用C20级混凝土,钢筋保护层厚35 .
3.基础长向钢筋放下排.
4.括号内数字仅用于GGJJ5-22,23,24.

GGJJ5—x详图及尺寸配筋表二	图集号	01R414
审核 校对 设计	页	122

尺寸配筋表

基础代号	尺寸							①		②	
	AxB	a	a_1	a_2	b	b_1	b_2	简图	直径数量	简图	直径数量
GGJJ 6-1	2550x1600	950	250	250	525	350	150	2480 L=2480	9ø14 @200	1530 L=1660	14ø10 ø200
GGJJ 6-2	2600x1600	975	250	250	525	350	150	2530 L=2530	9ø14 @200	1530 L=1660	14ø10 ø200
GGJJ 6-3	2600x1650	975	250	250	550	350	150	2530 L=2530	9ø14 @200	1580 L=1710	14ø10 ø200
GGJJ 6-4	2650x1650	1000	250	250	550	350	150	2580 L=2580	9ø14 @200	1580 L=1710	14ø10 ø200
GGJJ 6-5	2650x1700	1000	250	250	575	350	150	2580 L=2580	10ø14 @200	1630 L=1760	14ø10 ø200
GGJJ 6-6	2700x1700	1025	250	250	575	350	150	2630 L=2630	10ø14 @200	1630 L=1760	15ø10 ø200
GGJJ 6-7	2750x1700	1050	250	250	575	350	150	2680 L=2680	10ø14 @200	1630 L=1760	15ø10 ø200
GGJJ 6-8	2750x1750	1050	250	250	600	300	200	2680 L=2680	10ø14 @200	1680 L=1810	15ø10 ø200
GGJJ 6-9	2800x1750	1075	250	250	600	300	200	2730 L=2730	10ø14 @200	1680 L=1810	15ø10 ø200
GGJJ 6-10	2800x1800	1075	250	250	625	300	200	2730 L=2730	10ø14 @200	1730 L=1860	15ø10 ø200
GGJJ 6-11	2850x1750	1100	250	250	600	300	200	2780 L=2780	10ø14 @200	1680 L=1810	15ø10 ø200
GGJJ 6-12	2850x1800	1100	250	250	625	300	200	2780 L=2780	10ø14 @200	1730 L=1860	15ø10 ø200
GGJJ 6-13	2900x1800	1125	250	250	625	300	200	2830 L=2830	10ø14 @200	1730 L=1860	16ø10 ø200
GGJJ 6-14	2900x1850	1125	250	250	650	300	200	2830 L=2830	10ø14 @200	1780 L=1910	16ø10 ø200

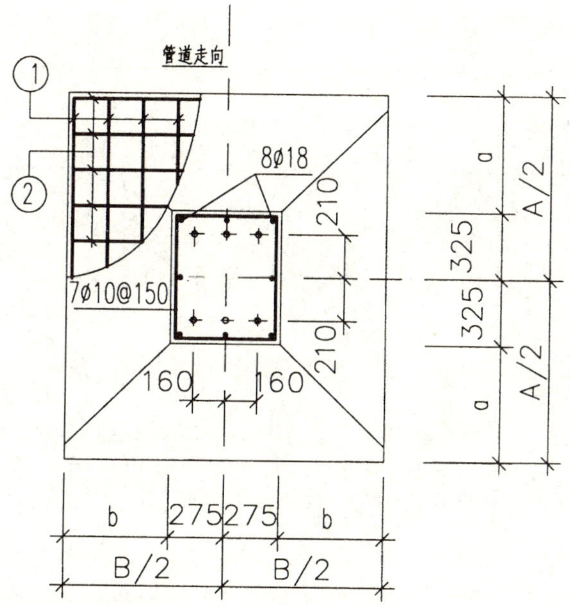

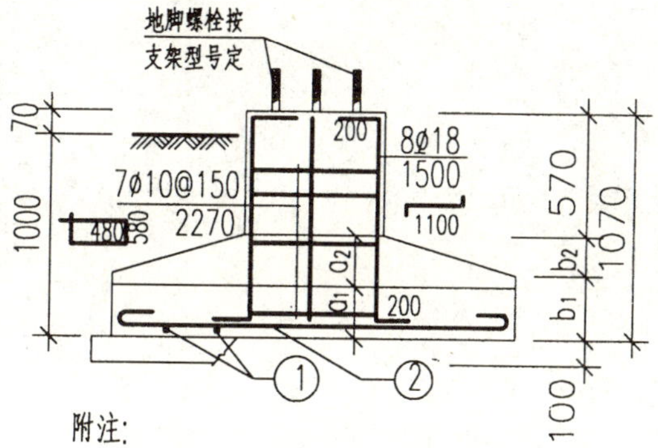

附注:

1.垫层用C10级混凝土,每边比基础大100 .

2.基础用C20级混凝土,钢筋保护层厚35 .

3.基础长向钢筋放下排.

GGJJ6—x详图及尺寸配筋表一	图集号	01R414
审核 徐世斌 校对 黄瑞强 设计 郭惠琴	页	123

尺寸配筋表

基础代号	尺寸							①		②	
	AxB	a	a_1	a_2	b	b_1	b_2	简图	直径数量	简图	直径数量
GGJJ 6-15	2950x1850	1150	250	250	650	300	200	2880 L=2880	10ø14 @200	1780 L=1910	16ø10 ø200
GGJJ 6-16	3000x1850	1175	250	250	650	300	200	2930 L=2930	10ø14 @200	1780 L=1910	16ø10 ø200
GGJJ 6-17	3000x1900	1175	250	250	675	300	200	2930 L=2930	11ø14 @200	1830 L=1960	16ø10 ø200
GGJJ 6-18	3100x1950	1225	250	250	700	300	200	3030 L=3030	14ø14 @150	1880 L=2010	17ø10 ø200
GGJJ 6-19	3150x1950	1250	250	250	700	300	200	3080 L=3080	14ø14 @150	1880 L=2010	17ø10 ø200
GGJJ 6-20	3300x2100	1325	250	300	775	300	250	3230 L=3230	15ø14 @150	2030 L=2160	23ø10 ø150
GGJJ 6-21	3400x2150	1375	250	300	800	300	250	3330 L=3330	15ø14 @150	2080 L=2210	24ø10 ø150
GGJJ 6-22	3500x2200	1425	250	300	825	300	250	3430 L=3430	16ø14 @150	2130 L=2260	24ø10 ø150

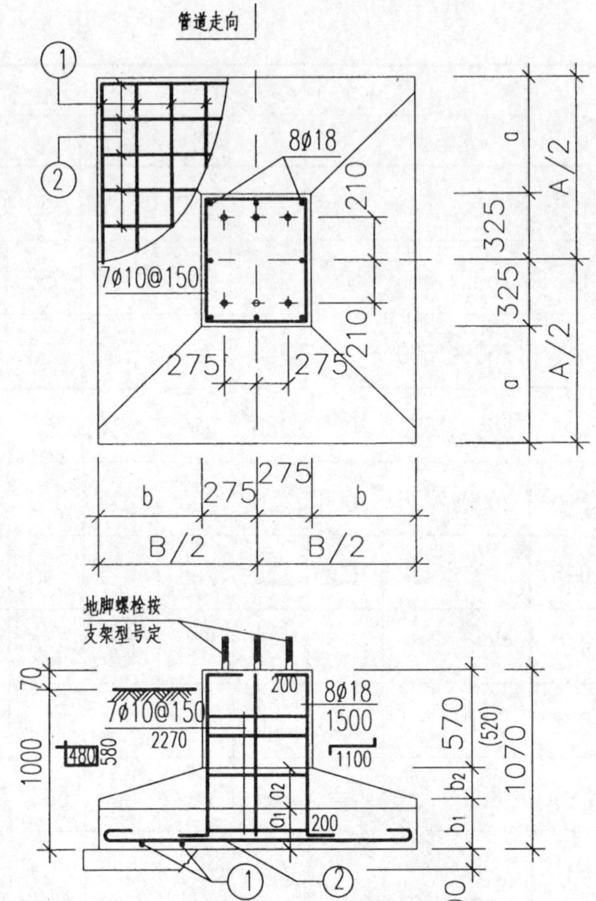

附注:

1. 垫层用C10级混凝土,每边比基础大100.
2. 基础用C20级混凝土,钢筋保护层厚35.
3. 基础长向钢筋放下排.
4. 括号内数字仅用于GGJJ6-20,21,22.

GGJJ6-x详图及尺寸配筋表二	图集号	01R414
审核 [signature] 校对 [signature] 设计 [signature]	页	124

尺寸配筋表

基础代号	尺寸							①		②	
	AxB	a	a_1	a_2	b	b_1	b_2	简图	直径数量	简图	直径数量
GGJJ 7-1	3200x2000	1250	250	300	700	300	250	3130 L=3130	14Ø14 @150	1930 L=2060	17Ø10 Ø200
GGJJ 7-2	3250x2050	1275	250	300	725	300	250	3180 L=3180	15Ø14 @150	1980 L=2110	23Ø10 Ø150
GGJJ 7-3	3300x2050	1300	250	300	725	300	250	3230 L=3230	15Ø14 @150	1980 L=2110	23Ø10 Ø150
GGJJ 7-4	3300x2100	1300	250	300	750	300	250	3230 L=3230	15Ø14 @150	2030 L=2160	23Ø10 Ø150
GGJJ 7-5	3400x2100	1350	250	300	750	300	250	3330 L=3330	15Ø14 @150	2030 L=2160	24Ø10 Ø150
GGJJ 7-6	3400x2150	1350	250	300	775	300	250	3330 L=3330	15Ø14 @150	2080 L=2210	24Ø10 Ø150
GGJJ 7-7	3450x2150	1375	250	300	775	300	250	3380 L=3380	15Ø14 @150	2080 L=2210	24Ø10 Ø150
GGJJ 7-8	3500x2200	1400	250	300	800	300	250	3430 L=3430	16Ø14 @150	2130 L=2260	24Ø10 Ø150
GGJJ 7-9	3550x2200	1425	250	350	800	350	250	3480 L=3480	16Ø16 @150	2130 L=2260	25Ø10 Ø150
GGJJ 7-10	3700x2300	1500	250	350	850	350	250	3630 L=3630	16Ø16 @150	2230 L=2230	20Ø12 Ø200
GGJJ 7-11	3800x2400	1550	250	350	900	350	250	3730 L=3730	17Ø16 @150	2330 L=2330	20Ø12 Ø200
GGJJ 7-12	4000x2500	1650	250	350	950	350	250	3930 L=3930	18Ø16 @150	2430 L=2430	21Ø12 Ø200

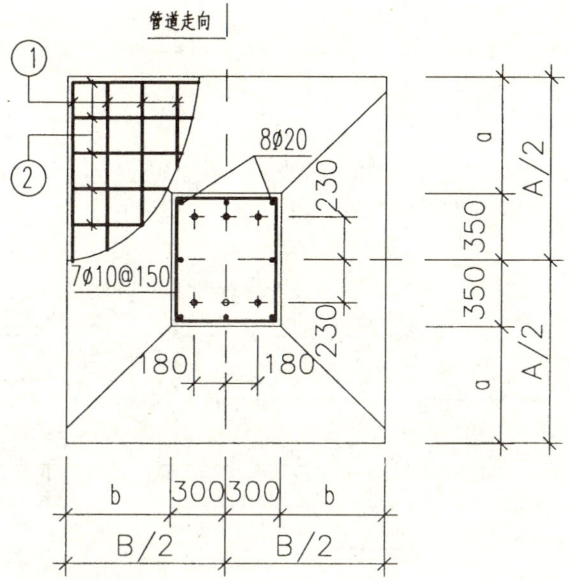

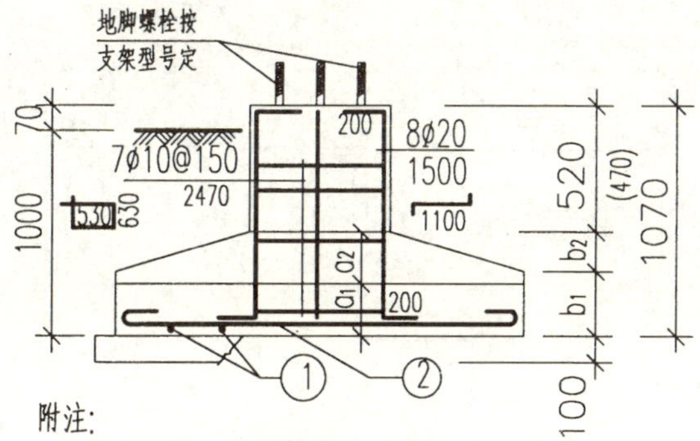

附注:

1. 垫层用C10级混凝土,每边比基础大100 .
2. 基础用C20级混凝土,钢筋保护层厚35 .
3. 基础长向钢筋放下排.
4. 括号内数字仅用于GGJJ7-9,10,11,12.

GGJJ7-x详图及尺寸配筋表	图集号	01R414
审核 校对 设计	页	125

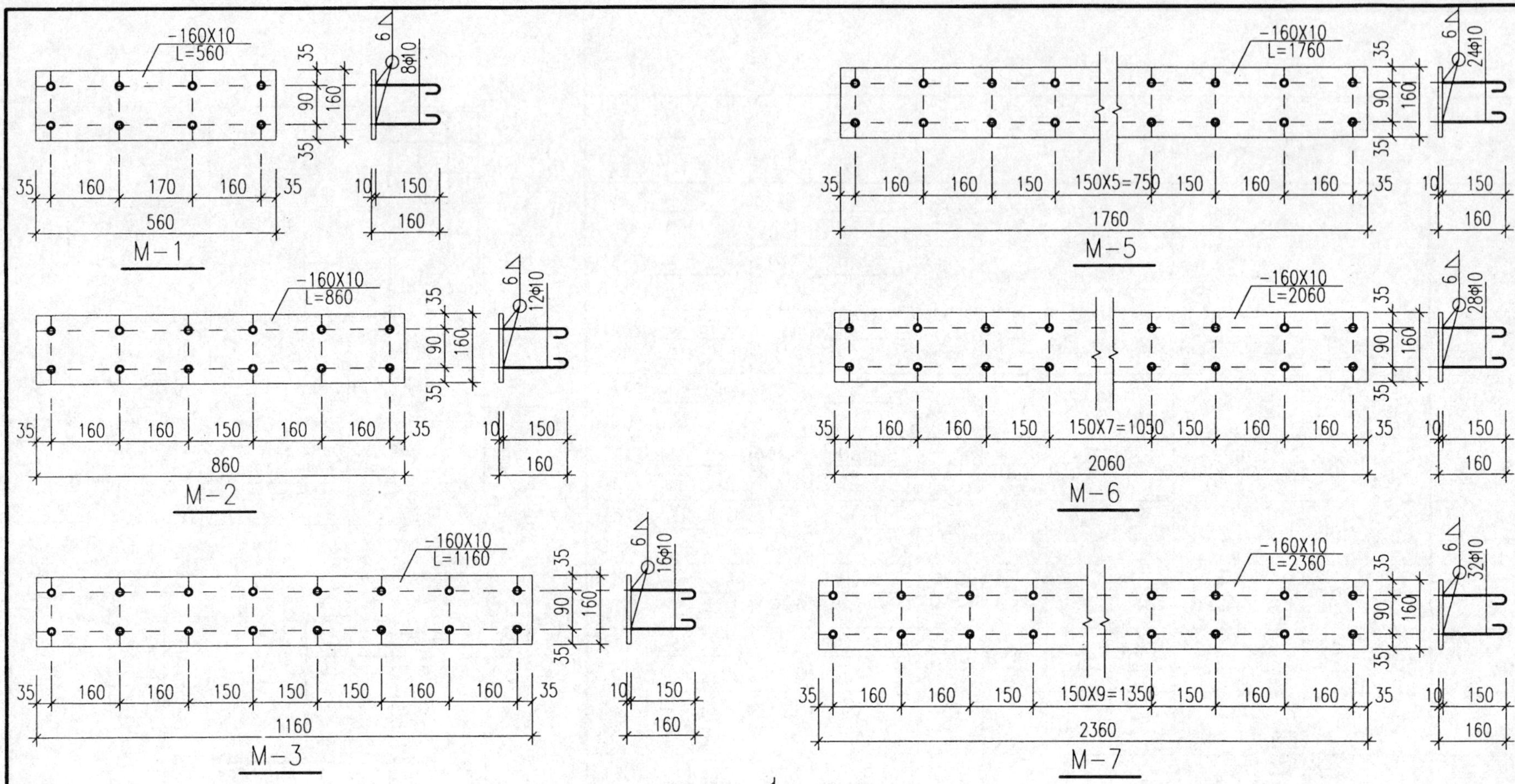

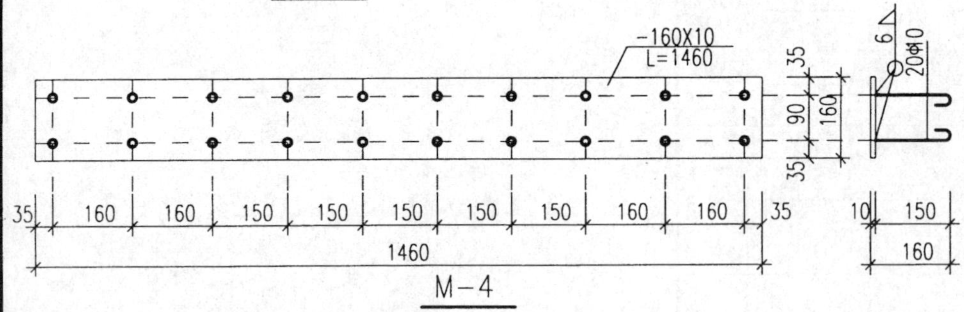

M-1~M-7详图						图集号	01R414
审核	[签名]	校对	[签名]	设计	[签名]	页	126

固定管道支架预埋件选用表（一）

支架代号	GJ1−x−1	GJ1−x−2/3	GJ1−1−4	GJ1−2/3/4−4	GJ1−x−5/6	GJ2−x−1/2	GJ2−x−3/4	GJ2−1/2/3−5	GJ3−x−1/2	GJ3−x−3	GJ3−1/2/3−4
预埋件代号	M−11	M−12	M−13	M−14	M−14a	M−15	M−16	M−16	M−19	M−18	M−18

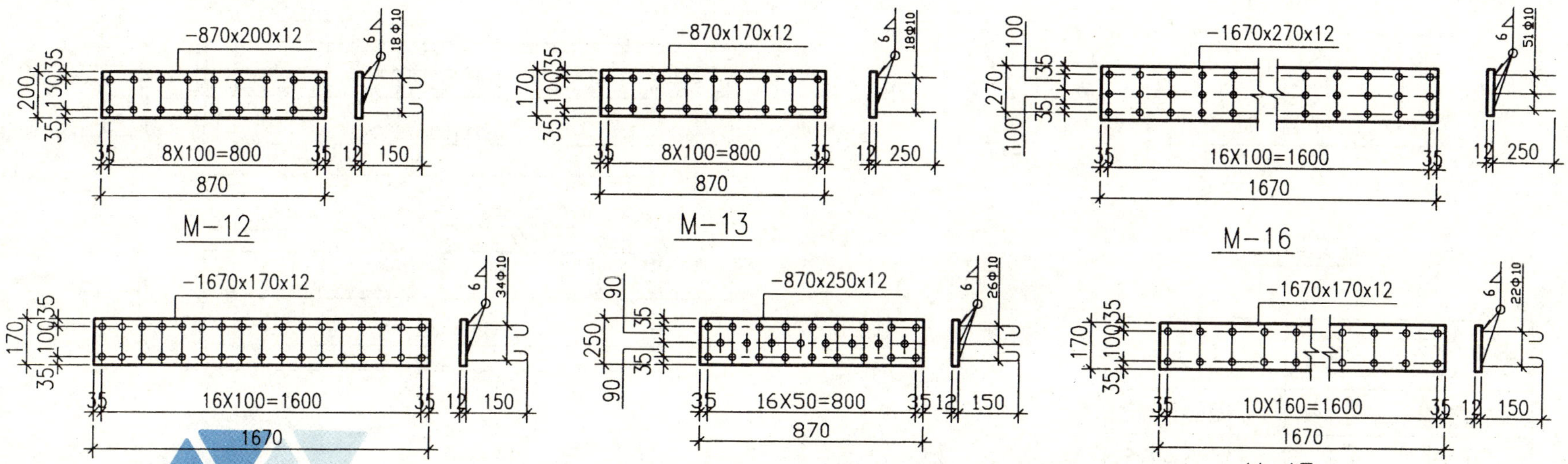

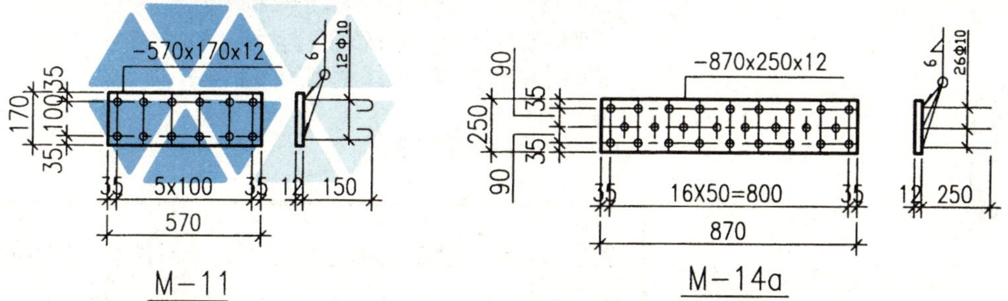

附注

1. 钢材选用Q235−B，焊条选用E43XX
2. 本选用表中支架，当单根管道水平推力大于40KN时，采用挡板式固定支座。梁侧需加埋件时，该埋件由选用者另行设计。
3. 予埋件在梁表面上居中布置。

固定管架预埋件选用表一及M−11~17详图	图集号	01R414
审核 [签名] 校对 [签名] 设计 [签名]	页	127

固定管道支架预埋件选用表（二）

支架代号		GJ2-4-5	GJ2-x-6/7/8	GJ3-4-4	GJ3-x-5/6/7	GJ3-1/2/3-8	GJ3-4-8				
预埋件代号	上梁底	M-17	M-17	M-20	M-20	M-20	M-20				
	下梁顶	M-16	M-16	M-18	M-18	M-18	M-18				

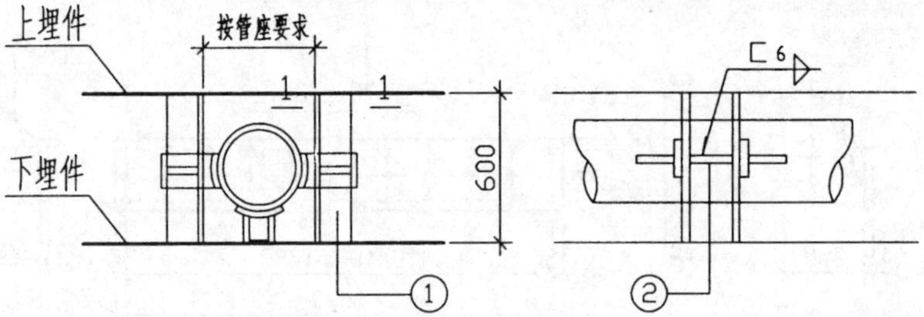

固定支座形式

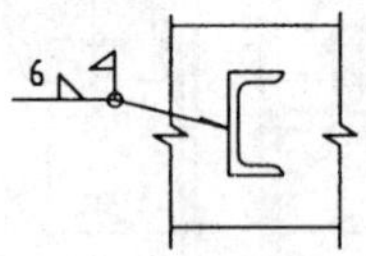

1-1

单根管道推力 N(KN)	①	②
120<N≤160	[14a	-130x52x8
80<N≤120	[12.6	-117x47x8
40<N≤80	[10	-91x47x8

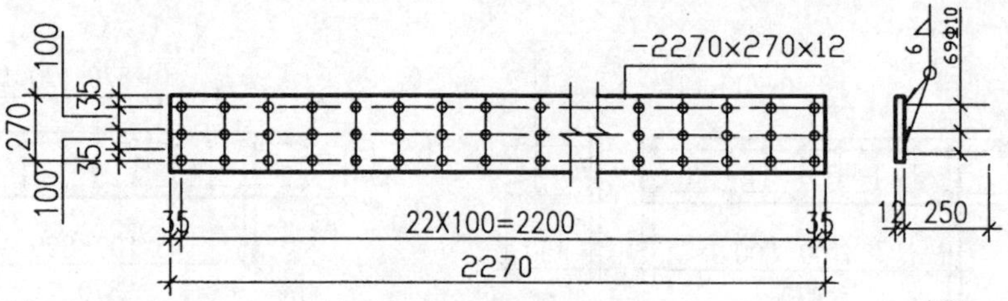

M-18

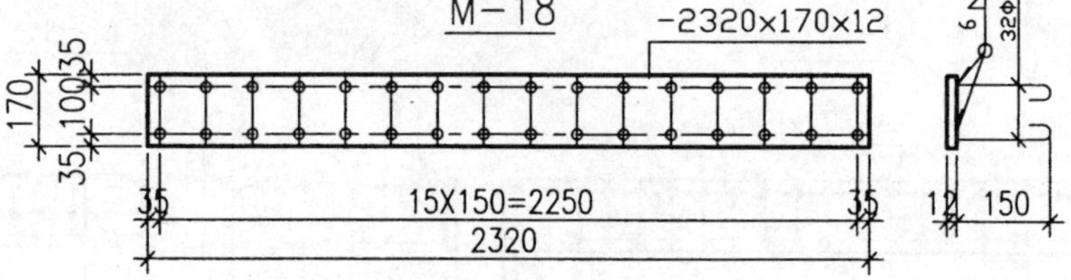

M-20

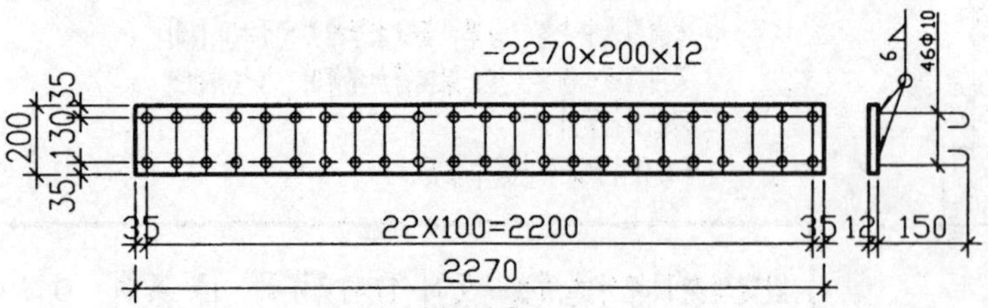

M-19

附注：

1. 钢材选用Q235-B，焊条选用E43XX
2. 本选用表中支架，当单根管道水平推力大于40KN时，采用本图所示固定支座。当采用本图支座形式无法满足使用要求时，埋件系统应另行设计，但应保证上下梁共同受力
3. 予埋件在梁表面上居中布置。

固管支架预埋件选用表二及M-18~20详图	图集号	01R414
审核 校对 设计	页	128

GUOJIAJIANZHUBIAOZHUNSHEJI 01R414

国家建筑标准设计图集 **01R414**

01（03）R414

室外热力管道安装

（架空支架）

（含2003年局部修改版）

中国建筑标准设计研究院

室外热力管道安装—架空支架结构

2003年局部修改版

批准部门	中华人民共和国建设部	批准文号	建质［2003］32号
主编单位	北京中铁工建筑工程设计院	统一编号	GJBT-559(03)
实行日期	二OO三年三月一日	图集号	01(03)R414

主编单位负责人 [signature]
主编单位技术负责人 [signature]
技术审定人 [signature]
设计负责人 [signature]

目录

目录						图集号	01(03)R414
审核	[signature]	校对	[signature]	设计	[signature]	页	1

修 改 说 明

1、室外热力管道安装（架空管架结构）局部修改版图集是贯彻建设部建标[2002]212号文，按照新版规范的规定对01R414图集进行修改而成，主要修改以下几项：

1.1 抗震设防烈度按新规范划分，对烈度8度及8度以下地区的管架重新进行了核算。

1.2 管架及其基础使用环境类别按二类环境的b类，设计使用年限按50年设计。

1.3 基础混凝土强度等级、配筋及抗震设防地区管架应采取的措施做了相应调整，详见总说明修订内容。

2、本局部修改版图集，修改了总说明、活动管架选用表、固定管架选用表和部分管架配筋，未修改部分同原图。

3、本局部修改版图集应与01R414图集配套使用。

修 改 说 明						图集号	01(03)R414
审核	徐兰	校对	张建华	设计	张鸣侠	页	2

总 说 明 修 订 内 容

1. 同原说明

2. 适用范围

2.1~2.6同原说明

2.7 管架及其基础设计使用年限为50年，混凝土结构的环境类别为二b类，结构混凝土耐久性的基本要求：最大水灰比0.55，最小水泥用量275kg/m³，最大氯离子含量0.2%，最大碱含量3.0kg/m³。

3. 主要设计依据

建筑结构荷载规范（GB50009-2001）

混凝土结构设计规范（GB50010-2002）

钢结构设计规范（GBJ17-88）

建筑地基基础设计规范（GB50007-2002）

建筑抗震设计规范（GB50011-2001）

混凝土结构工程施工质量验收规范（GB 50204-2002）

钢结构工程施工质量验收规范（GB50205-2001）

构筑物抗震设计规范（GB50191-93）

4. 同原说明

5. 同原说明

6. 设计原则

6.1. 设计计算系数

1） 抗震等级：固定管架为三级，活动管架为四级。

2） 构件的安全等级为二级，结构重要性系数$\gamma_0=1.0$。

3） 荷载分项系数：永久荷载1.2，可变荷载1.4。

4） 荷载组合值系数：沿管道纵向水平推力与侧向风荷载效应组合时，组合值系数取0.6。其余组合值系数取1.0。

6.2~6.5. 同原说明

7. 在抗震设防地区使用时，应对管架采取以下措施：

7.1. 钢筋混凝土活动管架柱在基础杯口以上500mm且不小于柱净高1/3的范围内，箍筋直径不小于8mm，箍筋间距100mm箍筋肢距不大于300mm。

7.2. 钢筋混凝土固定T型Π型管架柱在柱上端600mm范围和基础杯口以上600mm且不小于1/3柱净高的范围内，箍筋直径不小于8mm。箍筋间距按100mm。箍筋肢距不大于250mm和20倍箍筋直径中的较大值。

7.3. 钢筋混凝土四柱固定管架柱在上下两端各600mm范围内，箍筋直径不小于8mm，箍筋间距100mm。底层柱在基础杯

总说明修订内容						图集号	01(03)R414
审核	徐向东	校对	张耀中	设计	张鸣侠	页	3

口以上600mm且不小于1/3柱净高的范围内，箍筋直径不小于8mm，箍筋间距100mm，箍筋肢距不大于250mm和20倍箍筋直径中的较大值。

7.4 同原说明

8. 采用材料：

8.1. 混凝土

管架混凝土强度等级为C30

基础混凝土强度等级不低于C25，由设计选用人确定。

基础垫层混凝土强度等级为C10

8.2. 钢筋

Φ HPB235级钢筋， Φ HRB335级钢筋

8.3. 钢材 Q235B

8.4. 焊条 E43xx

9. 生产制作、堆放、施工安装等

9.1. 制作、施工安装应执行现行各相关工程施工质量验收规范。

9.2. 生产施工所用各种材料应符合现行各类材料标准。

9.3. 钢筋混凝土支架

1） 钢筋采用绑扎骨架，钢筋保护层厚度：预制支架为30mm，现浇固定支架为35mm，基础为40mm，箍筋的末端均做成135°弯钩，弯钩端头平直段长度不应小于箍筋直径的10倍。横梁的第一个箍筋距柱边50mm，柱节点区箍筋间距100mm。

2）～ 5）同原说明

6）. 预制管架柱脚安装详图见原图，管架基础杯口底标高应测定，以保证柱在安装后柱顶标高的准确性。

应根据柱的实际长度调整垫层厚度。

9.4~9.8 同原说明

9.9 地基承载力特征值低于100kPa的固定支架基础，基础混凝土垫层下加300mm厚碎卵石垫层。

10. 基础工程

10.1 基础底板受力钢筋直径不应小于8mm,间距不应大于200mm。原图中有不符合者由设计选用人修改。

10.2 基础其他说明见原图。

11. 验收与检验

11.1. 按现行各相应工程施工质量验收规范验收。

11.2. 质量检验按现行各相应工程质量检验评定标准进行。

总说明修订内容						图集号	01(03)R414
审核	[signature]	校对	[signature]	设计	[signature]	页	4

横梁长度		600				900					
布管型号		1	1	2	3	4	5	6	6	7	8
管架间距 (m)		12	12	8	8	8	8	10	10	8	8
管座材料		钢板	聚四氟乙烯	钢板	钢板	钢板	钢板	钢板	聚四氟乙烯	钢板	钢板
基本风压 kN/m²	标志高度 (m)										
0.4	0.7	HJ06-1-1	HJ06-1-1	HJ06-1-1	HJ06-1-1	HJ09-1-1	HJ09-1-1	HJ09-1-1	HJ09-1-1	HJ09-1-1	HJ09-1-1
0.4	2.5	HJ06-2-1	HJ06-2-1	HJ06-2-1	HJ06-2-1	HJ09-2-1	HJ09-2-1	HJ09-2-1	HJ09-2-1	HJ09-2-1	HJ09-2-1
0.4	4.0	HJ06-3-3	HJ06-3-1	HJ06-3-1	HJ06-3-1	HJ09-3-1	HJ09-3-1	HJ09-3-3	HJ09-3-1	HJ09-3-1	HJ09-3-1
0.4	5.5	HJ06-4-4	HJ06-4-2	HJ06-4-1	HJ06-4-1	HJ09-4-2	HJ09-4-2	HJ09-4-3	HJ09-4-2	HJ09-4-1	HJ09-4-1
0.7	0.7	HJ06-1-1	HJ06-1-1	HJ06-1-1	HJ06-1-1	HJ09-1-1	HJ09-1-1	HJ09-1-1	HJ09-1-1	HJ09-1-1	HJ09-1-1
0.7	2.5	HJ06-2-2	HJ06-2-1	HJ06-2-1	HJ06-2-1	HJ09-2-1	HJ09-2-1	HJ09-2-2	HJ09-2-1	HJ09-2-1	HJ09-2-1
0.7	4.0	HJ06-3-4	HJ06-3-2	HJ06-3-1	HJ06-3-1	HJ09-3-2	HJ09-3-2	HJ09-3-3	HJ09-3-2	HJ09-3-1	HJ09-3-1
0.7	5.5	HJ06-4-5	HJ06-4-3	HJ06-4-1	HJ06-4-1	HJ09-4-3	HJ09-4-3	HJ09-4-4	HJ09-4-2	HJ09-4-1	HJ09-4-2

横梁长度		1200								1500	
布管型号		9	10	11	12	13	13	14	14	15	16
管架间距 (m)		12	10	12	8	10	10	8	8	12	10
管座材料		聚四氟乙烯	聚四氟乙烯	聚四氟乙烯	钢板	钢板	聚四氟乙烯	钢板	聚四氟乙烯	聚四氟乙烯	钢板
基本风压 kN/m²	标志高度 (m)										
0.4	0.7	HJ12-1-2	HJ12-1-4	HJ12-1-3	HJ12-1-1	HJ12-1-1	HJ12-1-1	HJ12-1-1	HJ12-1-1	HJ15-1-3	HJ15-1-2
0.4	2.5	HJ12-2-3	HJ12-2-4	HJ12-2-3	HJ12-2-1	HJ12-2-2	HJ12-2-1	HJ12-2-1	HJ12-2-1	HJ15-2-6	HJ15-2-4
0.4	4.0	HJ12-3-4	HJ12-3-5	HJ12-3-4	HJ12-3-1	HJ12-3-3	HJ12-3-1	HJ12-3-2	HJ12-3-1	HJ15-3-8	HJ15-3-6
0.4	5.5	HJ12-4-6	HJ12-4-6	HJ12-4-4	HJ12-4-1	HJ12-4-3	HJ12-4-2	HJ12-4-3	HJ12-4-1	HJ15-4-8a	HJ15-4-6
0.7	0.7	HJ12-1-2	HJ12-1-4	HJ12-1-3	HJ12-1-1	HJ12-1-1	HJ12-1-1	HJ12-1-1	HJ12-1-1	HJ15-1-3	HJ15-1-2
0.7	2.5	HJ12-2-4	HJ12-2-5	HJ12-2-4	HJ12-2-1	HJ12-2-2	HJ12-2-1	HJ12-2-2	HJ12-2-1	HJ15-2-7a	HJ15-2-5
0.7	4.0	HJ12-3-5	HJ12-3-6	HJ12-3-5	HJ12-3-1	HJ12-3-5	HJ12-3-2	HJ12-3-3	HJ12-3-2	HJ15-3-8	HJ15-3-7
0.7	5.5	HJ12-4-7	HJ12-4-8	HJ12-4-7	HJ12-4-2	HJ12-4-5	HJ12-4-3	HJ12-4-5	HJ12-4-2	HJ15-4-9a	HJ15-4-7

附注：1. 管座材料采用聚四氟乙烯者系指管架上DN>200的所有热管管托座板的材料。

2. 布管型号以工艺图为准，主要由其中的若干根主要热管介质管径所控制，次要管道不计。

3. 管架代号加脚标"a"的详见本次修改图，其余管架详见原图。

活动管架选用表一						图集号	01(03)R414
审核	徐兴成	校对	张国柱	设计	张鸣侠	页	5

横梁长度				1500					1800				
布管型号				16	17	18	19	20	21	22	23	24	24
管架间距 (m)				10	12	10	8	8	10	12	8	10	10
管座材料				聚四氟乙烯	聚四氟乙烯	聚四氟乙烯	钢板	钢板	聚四氟乙烯	聚四氟乙烯	钢板	钢板	聚四氟乙烯
基本风压 $\frac{kN}{m^2}$	0.4	标志高度 (m)	0.7	HJ15-1-2	HJ15-1-2	HJ15-1-1	HJ15-1-1	HJ15-1-1	HJ18-1-1	HJ18-1-3	HJ18-1-1	HJ18-1-2	HJ18-1-1
			2.5	HJ15-2-2	HJ15-2-4	HJ15-2-1	HJ15-2-1	HJ15-2-1	HJ18-2-1	HJ18-2-5	HJ18-2-1	HJ18-2-3	HJ18-2-1
			4.0	HJ15-3-3	HJ15-3-5	HJ15-3-2	HJ15-3-1	HJ15-3-1	HJ18-3-2	HJ18-3-5	HJ18-3-2	HJ18-3-4	HJ18-3-2
			5.5	HJ15-4-3	HJ15-4-4	HJ15-4-2	HJ15-4-1	HJ15-4-1	HJ18-4-2	HJ18-4-6	HJ18-4-1	HJ18-4-4	HJ18-4-1
	0.7		0.7	HJ15-1-2	HJ15-1-2	HJ15-1-1	HJ15-1-1	HJ15-1-1	HJ18-1-1	HJ18-1-3	HJ18-1-1	HJ18-1-2	HJ18-1-1
			2.5	HJ15-2-2	HJ15-2-5	HJ15-2-3	HJ15-2-1	HJ15-2-1	HJ18-2-2	HJ18-2-6	HJ18-2-1	HJ18-2-4	HJ18-2-2
			4.0	HJ15-3-5	HJ15-3-6	HJ15-3-4	HJ15-3-2	HJ15-3-1	HJ18-3-3	HJ18-3-6	HJ18-3-2	HJ18-3-4	HJ18-3-3
			5.5	HJ15-4-4	HJ15-4-7	HJ15-4-5	HJ15-4-2	HJ15-4-2	HJ18-4-3	HJ18-4-7	HJ18-4-2	HJ18-4-5	HJ18-4-3
横梁长度				1800	2100								2400
布管型号				25	26	27	27	28	28	29	30	30	31
管架间距 (m)				8	12	8	8	10	10	10	8	8	10
管座材料				钢板	聚四氟乙烯	钢板	聚四氟乙烯	钢板	聚四氟乙烯	聚四氟乙烯	钢板	聚四氟乙烯	聚四氟乙烯
基本风压 $\frac{kN}{m^2}$	0.4	标志高度 (m)	0.7	HJ18-1-1	HJ21-1-5	HJ21-1-3	HJ21-1-1	HJ21-1-4	HJ21-1-2	HJ21-1-4	HJ21-1-1	HJ21-1-1	HJ24-1-4
			2.5	HJ18-2-1	HJ21-2-8	HJ21-2-5	HJ21-2-1	HJ21-2-7	HJ21-2-2	HJ21-2-7	HJ21-2-3	HJ21-2-1	HJ24-2-6a
			4.0	HJ18-3-1	HJ21-3-8	HJ21-3-6	HJ21-3-1	HJ21-3-7	HJ21-3-2	HJ21-3-7	HJ21-3-3	HJ21-3-1	HJ24-3-5
			5.5	HJ18-4-1	HJ21-4-7a	HJ21-4-5	HJ21-4-1	HJ21-4-9	HJ21-4-2	HJ21-4-6a	HJ21-4-1	HJ21-4-1	HJ24-4-7
	0.7		0.7	HJ18-1-1	HJ21-1-5	HJ21-1-3	HJ21-1-1	HJ21-1-4	HJ21-1-2	HJ21-1-4	HJ21-1-1	HJ21-1-1	HJ24-1-4
			2.5	HJ18-2-1	HJ21-2-8	HJ21-2-6	HJ21-2-3	HJ21-2-7	HJ21-2-4	HJ21-2-7	HJ21-2-3	HJ21-2-3	HJ24-2-6
			4.0	HJ18-3-2	HJ21-3-9	HJ21-3-6	HJ21-3-3	HJ21-3-7	HJ21-3-4	HJ21-3-7	HJ21-3-5	HJ21-3-3	HJ24-3-5
			5.5	HJ18-4-2	HJ21-4-11	HJ21-4-8	HJ21-4-3	HJ21-4-10	HJ21-4-4	HJ21-4-9	HJ21-4-3	HJ21-4-3	HJ24-4-10a

附注：1. 管座材料采用聚四氟乙烯者系指管架上DN>200的所有热管管托座板的材料.

2. 布管型号以工艺图为准，主要由其中的若干根主要热管介质管径所控制，次要管道不计.

3. 管架代号加脚标"a"的详见本次修改图，其余管架详见原图.

活动管架选用表二						图集号	01(03)R414
审核	徐照志	校对	张书中	设计	张鸣侠	页	6

横梁长度				2400									
布管型号				32	33	34	35						
管架间距 (m)				10	10	10	8						
管座材料				聚四氟乙烯	聚四氟乙烯	聚四氟乙烯	钢板						
基本风压 kN/m^2	0.4	标志高度 (m)	0.7	HJ24-1-3	HJ24-1-3	HJ24-1-2	HJ24-1-1						
			2.5	HJ24-2-3	HJ24-2-3	HJ24-2-2	HJ24-2-1						
			4.0	HJ24-3-3	HJ24-3-3	HJ24-3-2	HJ24-3-1						
			5.5	HJ24-4-5	HJ24-4-3	HJ24-4-4	HJ24-4-1						
	0.7		0.7	HJ24-1-3	HJ24-1-3	HJ24-1-2	HJ24-1-1						
			2.5	HJ24-2-5	HJ24-2-5a	HJ24-2-4	HJ24-2-1						
			4.0	HJ24-3-4	HJ24-3-3	HJ24-3-2	HJ24-3-1						
			5.5	HJ24-4-9	HJ24-4-6	HJ24-4-8	HJ24-4-2						

横梁长度													
布管型号													
管架间距 (m)													
管座材料													
基本风压 kN/m^2	0.4	标志高度 (m)	0.7										
			2.5										
			4.0										
			5.5										
	0.7		0.7										
			2.5										
			4.0										
			5.5										

附注:1.管座材料采用聚四氟乙烯者系指管架上DN>200的所有热管管托座板的材料.
2.布管型号以工艺图为准,主要由其中的若干根主要热管介质管径所控制,次要管道不计.
3.管架代号加脚标"a"的详见本次修改图,其余管架详见原图.

活动管架选用表三	图集号	01(03)R414
审核 校对 设计	页	7

固　定　管　道　支　架　选　用　表

管道水平推力 (kN)				5	10	20	30	50	80	130	190	250	340	430
横梁长度 (mm)	600	标志高度 (m)	0.7	GJ1-1-1a										
			2.5	GJ1-2-1a										
			4.0	GJ1-3-1a										
			5.5	GJ1-4-1a										
	1000	标志高度 (m)	0.7		GJ1-1-2a	GJ1-1-3	GJ1-1-4	GJ1-1-5a	GJ1-1-6					
			2.5		GJ1-2-2	GJ1-2-3	GJ1-2-4a	GJ1-2-5	GJ1-2-6					
			4.0		GJ1-3-2	GJ1-3-3a	GJ1-3-4	GJ1-3-5	GJ1-3-6a					
			5.5		GJ1-4-2	GJ1-4-3	GJ1-4-4	GJ1-4-5	GJ1-4-6					
	1800	标志高度 (m)	0.7			GJ2-1-1	GJ2-1-2	GJ2-1-3a	GJ2-1-4	GJ2-1-5	GJ2-1-6a	GJ2-1-7a	GJ2-1-8a	
			2.5			GJ2-2-1	GJ2-2-2a	GJ2-2-3	GJ2-2-4	GJ2-2-5a	GJ2-2-6	GJ2-2-7	GJ2-2-8	
			4.0			GJ2-3-1a	GJ2-3-2	GJ2-3-3	GJ2-3-4a	GJ2-3-5a	GJ2-3-6	GJ2-3-7	GJ2-3-8	
			5.5			GJ2-4-1	GJ2-4-2	GJ2-4-3a	GJ2-4-4a	GJ2-4-5	GJ2-4-6	GJ2-4-7	GJ2-4-8	
	2400	标志高度 (m)	0.7				GJ3-1-1	GJ3-1-2a	GJ3-1-3	GJ3-1-4	GJ3-1-5a	GJ3-1-6a	GJ3-1-7a	GJ3-1-8a
			2.5				GJ3-2-1a	GJ3-2-2	GJ3-2-3	GJ3-2-4a	GJ3-2-5	GJ3-2-6	GJ3-2-7	GJ3-2-8
			4.0				GJ3-3-1	GJ3-3-2	GJ3-3-3a	GJ3-3-4a	GJ3-3-5	GJ3-3-6	GJ3-3-7	GJ3-3-8
			5.5				GJ3-4-1	GJ3-4-2a	GJ3-4-3a	GJ3-4-4	GJ3-4-5	GJ3-4-6	GJ3-4-7	GJ3-4-8

注

管架代号加脚标"a"的详见本次修改图，其余管架详见原图.

固定管架选用表						图集号	01(03)R414
审核	[signature]	校对	[signature]	设计	[signature]	页	8

尺 寸 配 筋 图

管架代号	H/h	L	截面尺寸 b1	h1	b2	h2	① 简图	① 直径数量	② 简图	② 直径数量	③ 简图	③ 直径数量	④ 简图	④ 直径数量	⑤ 简图	⑤ 直径数量
HJ15-2-7a	3500/500	1500	200	250	250	250	1430; 180 750 750 180; L=3290	2?14	130 180; L=780	Φ6 @100	100; 3440 L=3640; 100	4?18	180 180; L=880	Φ6 @150		
HJ15-4-8a	6500/500	1500	200	250	300	300	1430; 180 750 750 180; L=3290	2?14	130 180; L=780	Φ6 @100	100; 6440 L=6640; 100	4?20	230 230; L=1080	Φ6 @150		
HJ15-4-9a	6500/500	1500	200	250	350	350	1430; 180 750 750 180; L=3290	2?14	130 180; L=780	Φ6 @100	100; 6440 L=6640; 100	4?20	280 280; L=1280	Φ6 @150		
HJ21-4-6a	6500/500	2100	200	250	300	300	2030; 180 1050 1050 180; L=4490	2?20	130 180; L=780	Φ6 @100	100; 6440 L=6640; 100	4?18	230 230; L=1080	Φ6 @150		
HJ21-4-7a	6500/500	2100	200	300	350	300	2030; 230 1050 1050 230; L=4590	2?18	130 230; L=880	Φ6 @100	100; 6440 L=6640; 100	4?18	280 230; L=1180	Φ6 @150		
HJ24-2-5a	3500/500	2400	200	250	250	250	2330; 180 1200 1200 180; L=5090	2?18	130 180; L=780	Φ6 @100	100; 3440 L=3640; 100	4?16	180 180; L=880	Φ6 @150		
HJ24-2-6a	3500/500	2400	200	300	300	250	2330; 230 1200 1200 230; L=5190	2?18	130 230; L=880	Φ6 @100	100; 3440 L=3640; 100	4?16	230 180; L=980	Φ6 @150		
HJ24-4-10a	6500/500	2400	200	300	400	400	2330; 230 1200 1200 230; L=5190	2?18	130 230; L=880	Φ6 @100	100; 6440 L=6640; 100	4?20	330 330; L=1480	Φ6 @150	100; 6440 L=6640; 100	4?14

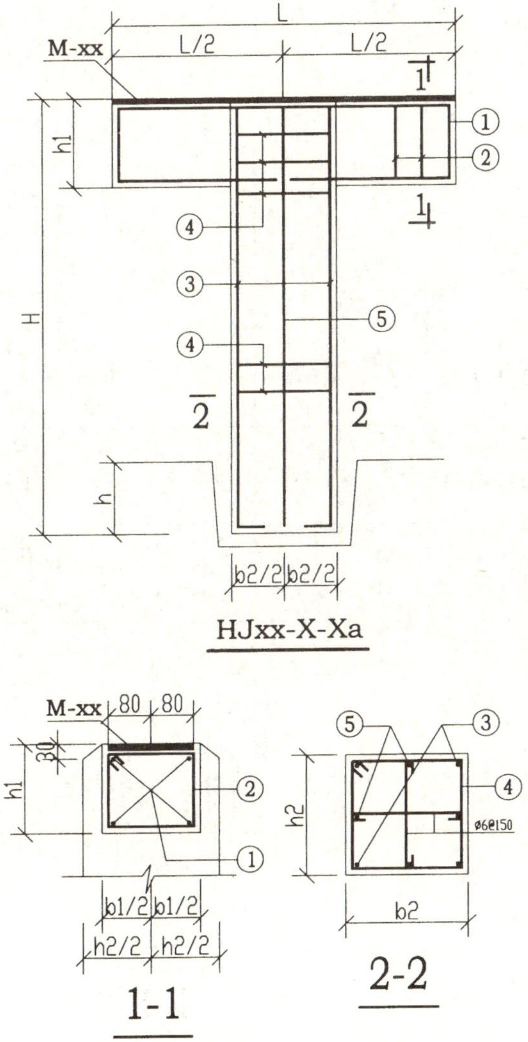

附注：

1. 支架梁顶预埋件M-xx仍按原图预埋。
2. 其余附注见原图集。

部分活动支架修改后配筋表	图集号	01(03)R414
审核 徐[签名] 校对 [签名] 设计 张鸣侠	页	9

尺寸配筋图

管架代号	H/h	L	截面尺寸 b2	截面尺寸 h2	① 简图	① 直径数量	② 简图	② 直径数量	③ 简图	③ 直径数量	④ 简图	④ 直径数量	⑤ 简图	⑤ 直径数量
GJ1-1-1a	1700/500	600	300	300	530; 130; 340 340; 130; L=1470	2?12	130; 130; L=680	4ø6 @100	100; 1630; L=1730; 0	4?12	230; 230; L=1130	14ø8 @150		
GJ1-2-1a	3500/500	600	300	300	530; 130; 340 340; 130; L=1470	2?12	130; 130; L=680	4ø6 @100	150; 3430; L=3680; 100	4?16	230; 230; L=1130	26ø8 @150		
GJ1-3-1a	5000/500	600	300	300	530; 130; 340 340; 130; L=1470	2?12	130; 130; L=680	4ø6 @100	200; 4930; L=5230; 100	4?18	230; 230; L=1130	37ø8 @150		
GJ1-4-1a	6500/500	600	300	400	530; 130; 340 340; 130; L=1470	2?12	130; 130; L=680	4ø6 @80	200; 6430; L=6730; 100	4?18	230; 330; L=1330	45ø8 @150	0; 6430; L=6430; 0	4?12

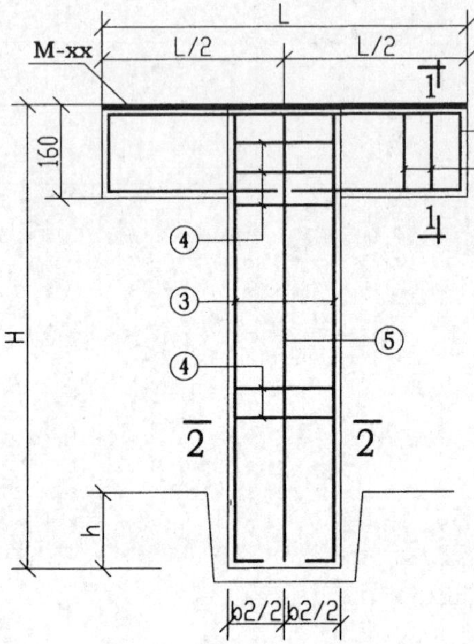

GJ1-X-1a

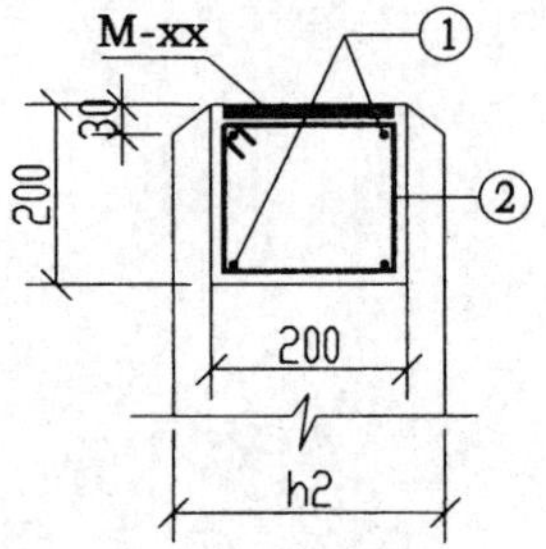

1-1

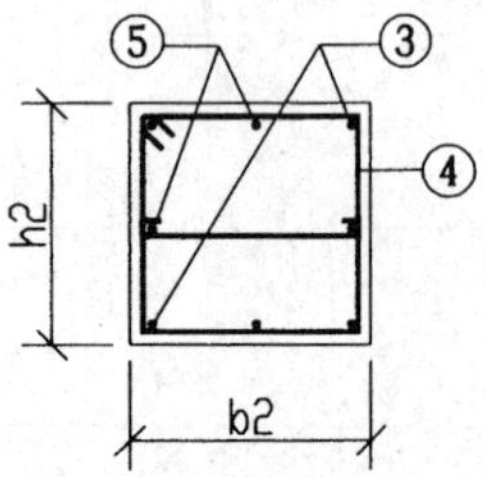

2-2

附注：

1. 支架梁顶预埋件M－××仍按原图预埋.
2. 其余附注见原图集.

部分固定支架修改后配筋表·一			图集号	01(03)R414
审核	校对	设计	页	10

尺寸配筋图

管架代号	H/h	L	截面尺寸			①		②		③		④		⑤	
			b1	b2	h2	简图	直径数量	简图	直径数量	简图	直径数量	简图	直径数量	简图	直径数量
GJ1-1-2a	1700/500	1000	200	200	300	150 930 150 L=1230	4?14	130 130 L=730	5ø8 @80	100 1650 L=1750 0	8?16	230 230 L=1130	44ø8 @100		
GJ1-1-5a	1700/500	1000	300	300	350	200 930 200 L=1330	4?16	230 230 L=1130	5ø8 @80	200 1630 L=1980 150	12?18	230 280 L=1230	44ø10 @100		
GJ1-2-4a	3500/500	1000	300	250	350	150 930 150 L=1230	4?14	230 180 L=1030	5ø8 @80	200 3430 L=3830 200	12?20	230 280 L=1230	54ø10 @150		
GJ1-3-3a	5000/500	1000	250	200	350	150 930 150 L=1230	4?14	180 130 L=830	5ø8 @80	200 4930 L=5330 200	12?20	230 280 L=1230	74ø10 @150		
GJ1-3-6a	5150/650	1000	400	350	650	300 930 300 L=1530	4?20	330 280 L=1480	4ø10 @100	200 5080 L=5580 300	16?25	230 580 L=1830	76ø10 @150	5080	4?12
GJ2-1-3a	1700/500	1800	300	350	350	250 1730 250 L=2230	4?18	230 280 L=1230	15ø8 @80	200 1630 L=1980 200	12?18	230 280 L=1230	44ø10 @100		
GJ2-2-2a	3500/500	1800	300	250	350	150 1730 150 L=2030	4?14	230 180 L=1030	15ø8 @80	200 3430 L=3830 200	12?20	230 280 L=1230	54ø10 @150		
GJ2-2-5a	3800/800	1800	500	400	650	350 1730 350 L=2430	4?22	430 330 L=1780	12ø10 @100	200 3730 L=4230 300	16?25	230 580 L=1830	58ø10 @150	3730	4?12

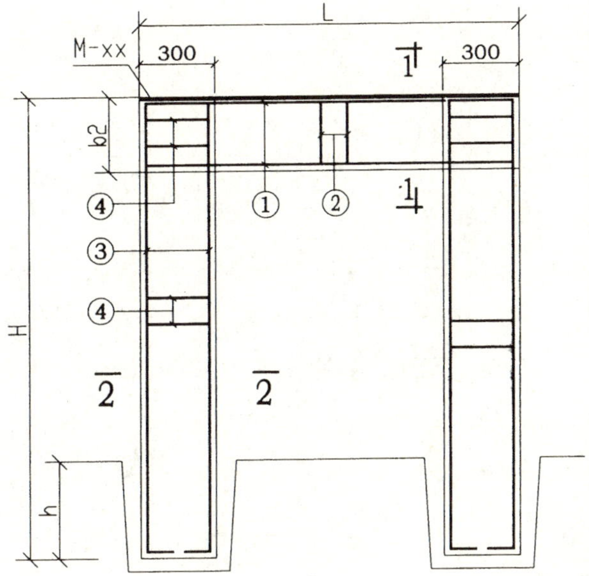

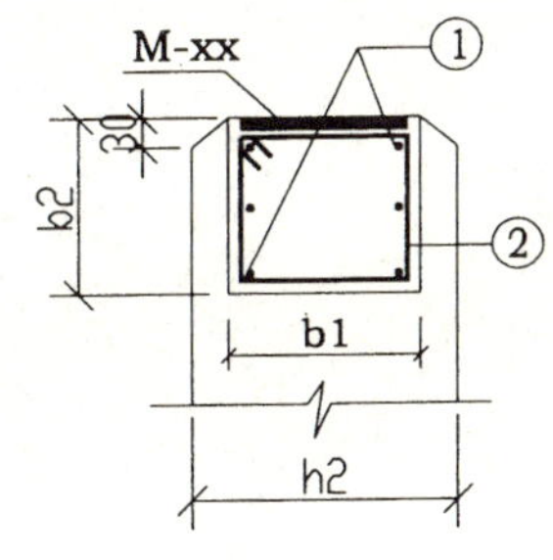

1-1

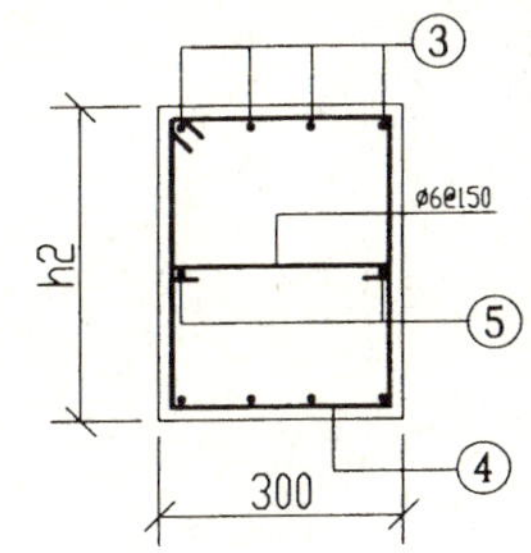

2-2

附注：

1. 支架梁顶预埋件M－××仍按原图预埋。
2. 其余附注见原图集。

部分固定支架修改后配筋表 二						图集号	01(03)R414
审核	[signature]	校对	[signature]	设计	[signature]	页	11

尺寸配筋图

管架代号	H / h	L	截面尺寸 b1	截面尺寸 b2	截面尺寸 h2	① 简图	① 直径数量	② 简图	② 直径数量	③ 简图	③ 直径数量	④ 简图	④ 直径数量	⑤ 简图	⑤ 直径数量
GJ3-1-2a	1700 / 500	2400	300	350	350	250 2330 250 L=2830	4?18	230 280 L=1230	23ø8 @80	200 1630 1980 150	12?18	230 280 L=1230	44ø10 @100		
GJ3-2-1a	3500 / 500	2400	300	250	350	200 2330 200 L=2730	4?16	230 180 L=1030	23ø8 @80	200 3430 L=3830 200	12?20	230 280 L=1230	54ø10 @150		
GJ3-2-4a	3900 / 900	2400	500	400	650	300 2330 300 L=2930	6?20	430 330 L=1780	18ø10 @100	200 3830 L=4330 300	16?25	230 580 L=1830	58ø10 @150	3830	4?12

钢筋号	简图	直径	长度	数量	备注
⑥	230	ø8 @150	440	58	用于GJ 3-2-4

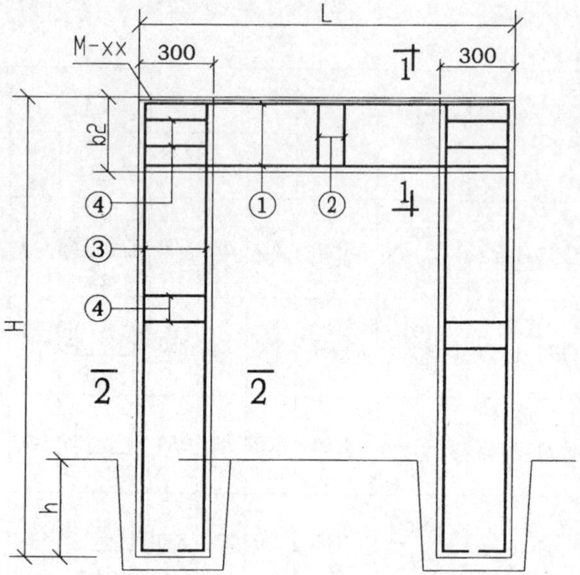

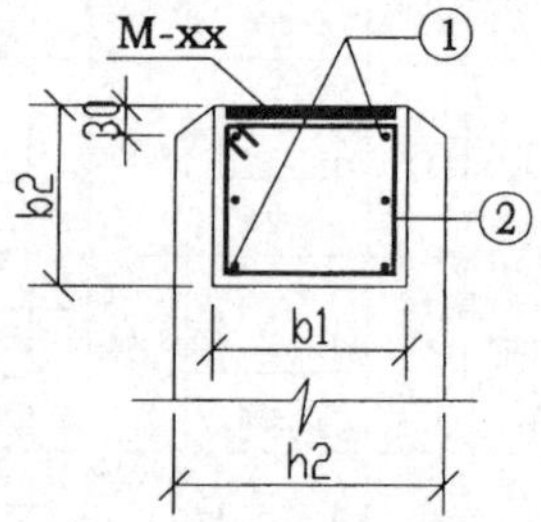

1-1

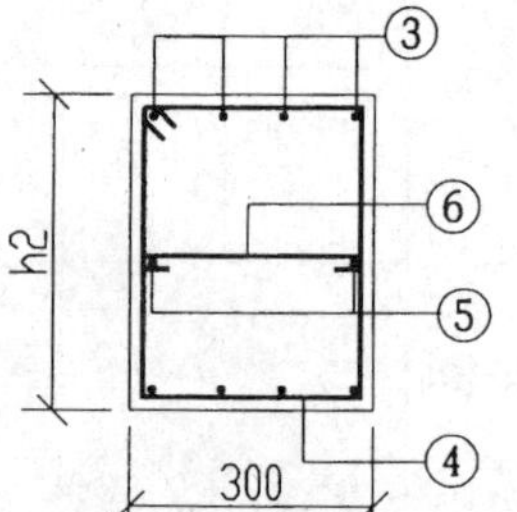

2-2

附注:

1. 支架梁顶预埋件M－××仍按原图预埋.
2. 其余附注见原图集.

部分固定支架修改后配筋表 三	图集号	01(03)R414
审核 徐兰城 校对 张飞伸 设计 张鸣侠	页	12

尺寸配筋图

管架代号	L / L1	截面尺寸 b1	截面尺寸 b2	截面尺寸 h2	① 简图	① 直径数量	② 简图	② 直径数量	③ 简图	③ 直径数量	④ 简图	④ 直径数量	⑤ 简图	⑤ 直径数量
GJ2-1-6a	2400 / 1800	500	350	650	250 2330 250 L=2830	16?20	430 280 L=1680	18ø10 @100	200 3110 L=3310	16?20	230 580 L=1830	54ø10 @100	250 3180 L=3430	4?12
GJ2-1-7a	2400 / 1800	500	350	700	250 2330 250 L=2830	16?20	430 280 L=1680	18ø10 @100	200 3110 L=3310	16?22	230 630 L=1930	54ø10 @100	250 3180 L=3430	4?12
GJ2-1-8a	2400 / 1800	550	350	900	250 2330 250 L=2830	16?20	480 280 L=1780	18ø10 @100	200 3110 L=3310	16?25	230 830 L=2330	54ø10 @100	250 3180 L=3430	8?12
GJ3-1-5a	3000 / 2400	500	350	650	300 2930 300 L=3530	16?22	430 280 L=1680	24ø10 @100	200 3060 L=3260	16?20	230 580 L=1830	54ø10 @100	250 3180 L=3430	4?12
GJ3-1-6a	3000 / 2400	500	350	700	300 2930 300 L=3530	16?22	430 280 L=1680	24ø10 @100	200 3060 L=3260	16?22	230 630 L=1930	54ø10 @100	250 3180 L=3430	4?12
GJ3-1-7a	3000 / 2400	550	350	900	300 2930 300 L=3530	16?22	480 280 L=1780	24ø10 @100	200 3110 L=3310	16?25	230 830 L=2330	54ø10 @100	250 3180 L=3430	8?12
GJ3-1-8a	3000 / 2400	600	400	900	300 2930 300 L=3530	16?22	530 330 L=1980	24ø10 @100	200 3160 L=3360	16?25	230 830 L=2330	54ø10 @100	250 3230 L=3480	8?12

钢筋号	简图	直径	长度	数量	备注
⑥	230	ø8 @150	440	72	用于h2=900
⑥	230	ø6 @150	390	36	用于h2≠900

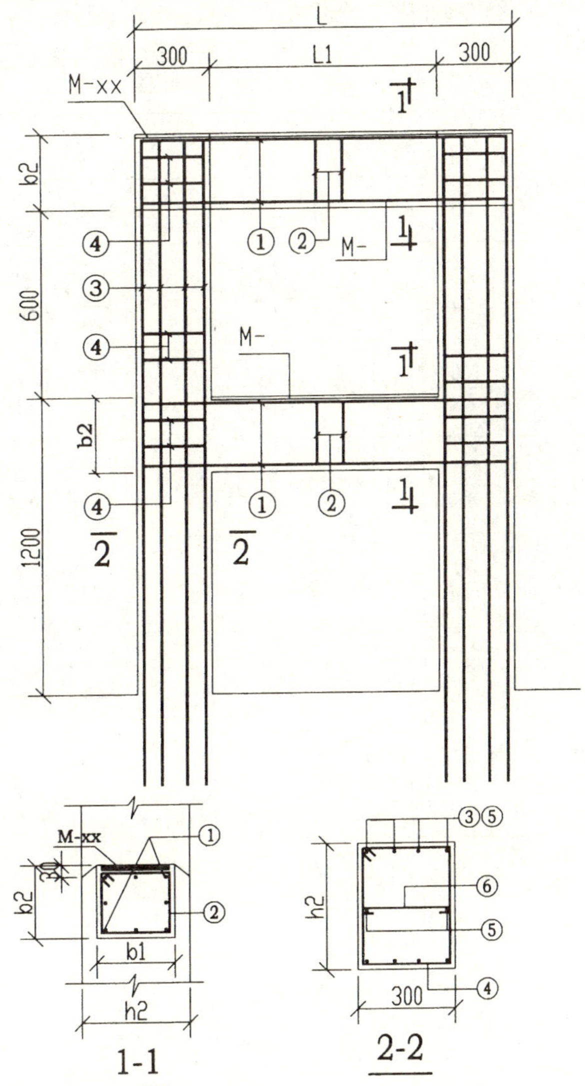

附注：

1. 支架梁顶预埋件M−xx仍按原图预埋。
2. 其余附注见原图集。

部分固定支架修改后配筋表 四	图集号	01(03)R414
审核 校对 设计	页	13

尺寸配筋图

管架代号	H/h	截面尺寸 b1	b2	h2	① 简图	① 直径数量	② 简图	② 直径数量	③ 简图	③ 直径数量	④ 简图	④ 直径数量	⑤ 简图	⑤ 直径数量
GJ2-3-1a	5000/500	250	200	350	150 1730 150 L=2030	4?14	180 130 L=830	15ø8 @80	200 4930 200 L=5330	12?20	230 280 L=1230	74ø10 @150		
GJ2-3-4a	5300/800	400	350	650	300 1730 300 L=2330	4?20	330 280 L=1480	12ø10 @100	200 5230 300 L=5730	16?25	230 580 L=1830	80ø10 @150	5230	4?12
GJ2-3-5a	5300/800	500	400	900	350 1730 350 L=2430	4?22	430 330 L=1780	12ø10 @100	200 5230 300 L=5730	16?25	230 830 L=2330	80ø10 @150	5230	8?12
GJ2-4-3a	6700/700	350	300	650	250 1730 250 L=2230	4?18	280 230 L=1230	15ø8 @80	200 6630 250 L=7080	16?22	230 580 L=1830	96ø10 @150	6630	4?12
GJ2-4-4a	6800/800	400	350	800	300 1730 300 L=2330	4?20	330 280 L=1480	12ø10 @100	200 6730 300 L=7230	16?25	230 730 L=2130	98ø10 @150	6730	8?12

钢筋号	简图	直径	长度	数量	备注
⑥	150 2330 150	?12	2030	4	各型号支架均相同
⑦	180 230	ø6 @150	880	9	
⑧	230	ø8 @150	440	78	用于GJ2-3-4
		ø8 @150	440	160	用于GJ2-3-5
		ø8 @150	440	198	用于GJ2-4-4
		ø8 @150	440	96	用于GJ2-4-3

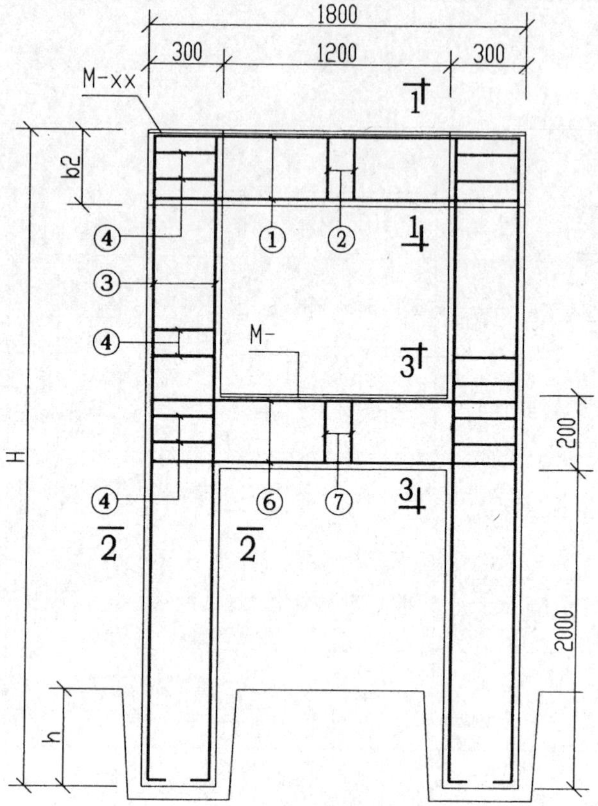

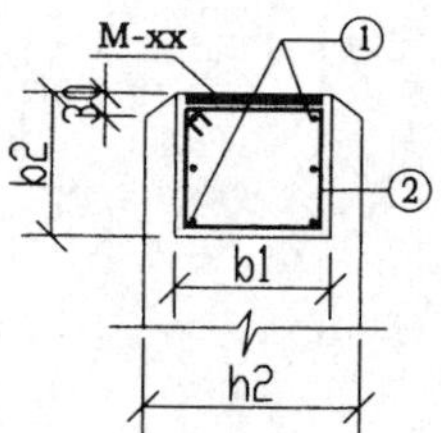

1-1

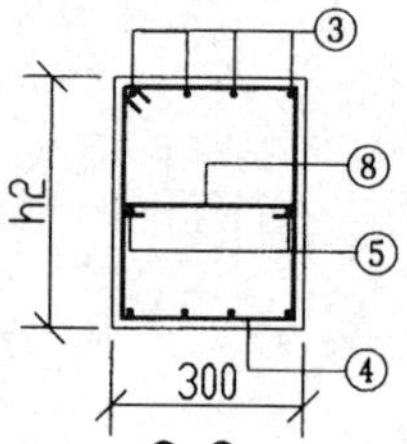

2-2

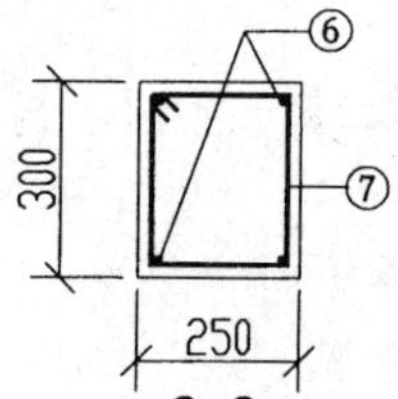

3-3

附注:

1. 支架梁顶预埋件M-××仍按原图预埋.
2. 其余附注见原图集.

部分固定支架修改后配筋表 五	图集号	01(03)R414
审核 [签名] 校对 [签名] 设计 张鸣侠	页	14

尺 寸 配 筋 图

管架代号	H/h	截面尺寸 b1	截面尺寸 b2	截面尺寸 h2	① 简图	① 直径数量	② 简图	② 直径数量	③ 简图	③ 直径数量	④ 简图	④ 直径数量	⑤ 简图	⑤ 直径数量
GJ3-3-3a	5150/650	400	350	650	250 2330 250 L=2830	6?18	330 280 L=1480	18ø10 @100	200 5080 L=5580 300	16?25	230 580 L=1830	76ø10 @150	5080	4?12
GJ3-3-4a	5400/900	500	400	900	300 2330 300 L=2930	6?20	430 330 L=1780	18ø10 @100	200 5330 L=5830 300	16?25	230 830 L=2330	80ø10 @150	5330	8?12
GJ3-4-2a	6650/650	350	300	650	150 2330 150 L=2630	4?16	280 230 L=1280	23ø10 @80	200 6580 L=7030 250	16?22	230 580 L=1830	96ø10 @150	6580	4?12
GJ3-4-3a	6900/900	400	350	800	250 2330 250 L=2830	6?18	330 280 L=1480	18ø10 @100	200 6830 L=7330 300	16?25	230 730 L=2130	98ø10 @150	6830	8?12

钢筋号	简图	直径	长度	数量	备注
⑥	150 2330 150	?12	2630	4	各型号支架均相同
⑦	180 230	ø6 @150	980	13	
⑧	230	ø8 @150	440	78	用于 GJ3-3-3
		ø8 @150	440	160	用于 GJ3-3-4
		ø8 @150	440	198	用于 GJ3-4-3
		ø8 @150	440	96	用于 GJ3-4-2

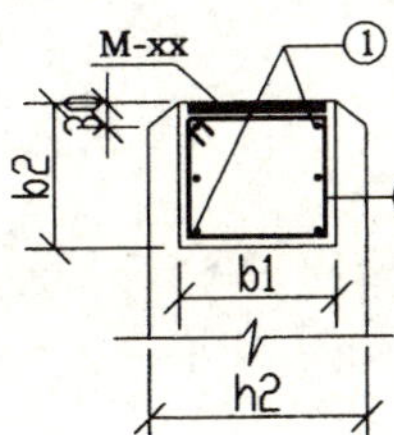

1-1

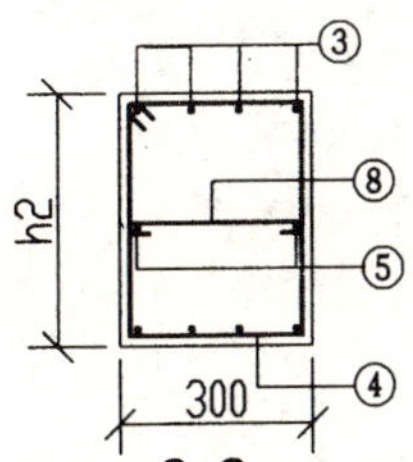

2-2

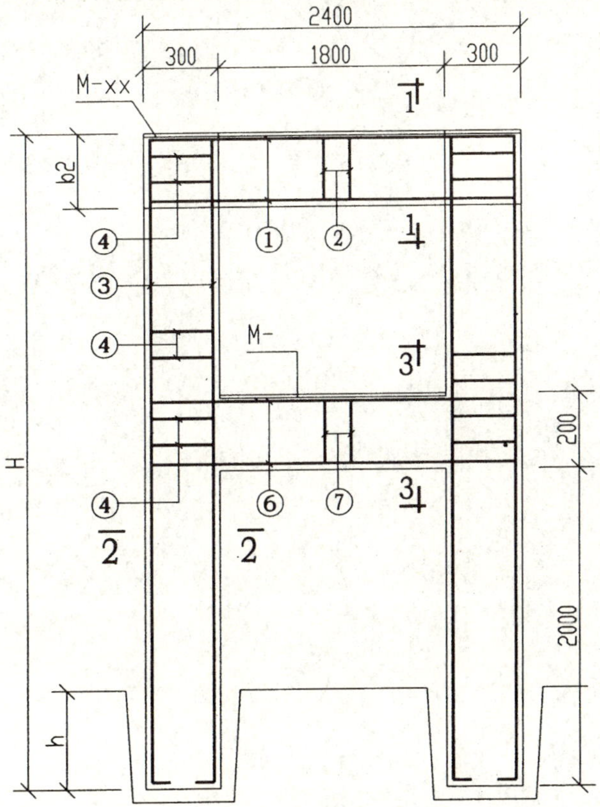

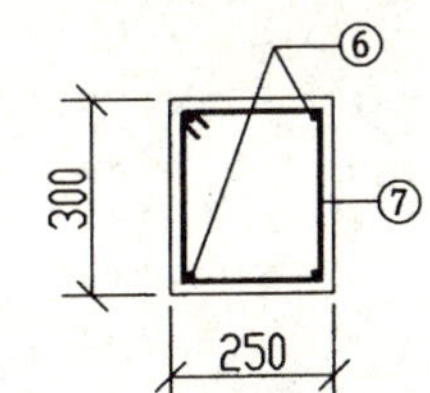

3-3

附注：

1. 支架梁顶预埋件M－××仍按原图预埋。
2. 其余附注见原图集。

部分固定支架修改后配筋表 六	图集号	01(03)R414
审核 徐增武 校对 张明华 设计 张鸣侠	页	15